2024

Alice Silva Amidani • **Atalá** Correia • **Bernardo** Franke Dahinten • **Bruno** Miragem • **Camila** Affonso Prado • **Carlos Edison** do Rêgo Monteiro Filho • **Carlos Eduardo** Pianovski Ruzyk • **Cassio** Gama Amaral • **Catarina** Anselmo • **Cláudia** Fialho • **Daniel** Dias • **Eduardo** Nunes de Souza • **Fábio** Franco Pereira • **Fábio** Siebeneichler de Andrade • **Fernanda** Paes Leme • **Flaviana** Rampazzo Soares • **Gabriel** Schulman • **Giovana** Benetti • **Gustavo** de Medeiros Melo • **Igor** de Lucena Mascarenhas • **Ilan** Goldberg • **José Luiz** de Moura Faleiros Júnior • **Juan José** Martínez-Mercadal • **Karina** Pinheiro de Castro • **Laura** Pelegrini • **Lídia Suellen** Noronha Lima • **Lucas** Nascimento • **Luciana** Dadalto • **Luiza** Petersen • **Marcelo** Catania Ramos • **Marcia** Cicarelli Barbosa de Oliveira • **Marco Fábio** Morsello • **Michael César** Silva • **Nelson** Rosenvald • **Pedro** Gueiros • **Pedro Guilherme** Gonçalves de Souza • **Pedro Ivo** Mello • **Pery** Saraiva Neto • **Rodolfo** Mazzini Silveira • **Rodrigo** da Guia Silva • **Rodrigo** de Almeida Távora • **Sergio Ruy** Barroso de Mello • **Thais** Ribeiro Muchiuti • **Thiago** Junqueira • **Victor** Willcox • **Walter** A. Polido

COORDENADORES
CAMILA AFFONSO **PRADO**
CARLOS EDISON DO RÊGO **MONTEIRO FILHO**
FLAVIANA RAMPAZZO **SOARES**
NELSON **ROSENVALD**

SEGUROS E RESPONSABILIDADE CIVIL

Dados Internacionais de Catalogação na Publicação (CIP) de acordo com ISBD

S456

Seguros e responsabilidade civil / coordenado por Carlos Edison do Rêgo Monteiro Filho, Camila Affonso Prado, Flaviana Rampazzo Soares e Nelson Rosenvald. - Indaiatuba, SP : Editora Foco, 2024.

648 p. ; 17cm x 24cm.

Inclui bibliografia e índice.

ISBN: 978-65-6120-083-7

1. Direito. 2. Direito civil. 3. Seguros. 4. Responsabilidade civil. I. Monteiro Filho, Carlos Edison do Rêgo. II. Prado, Camila Affonso. III. Soares, Flaviana Rampazzo. IV. Rosenvald, Nelson. V. Título.

2024-1080

CDD 347   CDU 347

Elaborado por Odilio Hilario Moreira Junior - CRB-8/9949

Índices para Catálogo Sistemático:

1. Direito civil 347

2. Direito civil 347

Alice Silva Amidani • **Atalá** Correia • **Bernardo** Franke Dahinten • **Bruno** Miragem • **Camila** Affonso Prado • **Carlos Edison** do Rêgo Monteiro Filho • **Carlos Eduardo** Pianovski Ruzyk • **Cassio** Gama Amaral • **Catarina** Anselmo • **Cláudia** Fialho • **Daniel** Dias • **Eduardo** Nunes de Souza • **Fábio** Franco Pereira • **Fábio** Siebeneichler de Andrade • **Fernanda** Paes Leme • **Flaviana** Rampazzo Soares • **Gabriel** Schulman • **Giovana** Benetti • **Gustavo** de Medeiros Melo • **Igor** de Lucena Mascarenhas • **Ilan** Goldberg • **José Luiz** de Moura Faleiros Júnior • **Juan José** Martínez-Mercadal • **Karina** Pinheiro de Castro • **Laura** Pelegrini • **Lídia Suellen** Noronha Lima • **Lucas** Nascimento • **Luciana** Dadalto • **Luiza** Petersen • **Marcelo** Catania Ramos • **Marcia** Cicarelli Barbosa de Oliveira • **Marco Fábio** Morsello • **Michael César** Silva • **Nelson** Rosenvald • **Pedro** Gueiros • **Pedro Guilherme** Gonçalves de Souza • **Pedro Ivo** Mello • **Pery** Saraiva Neto • **Rodolfo** Mazzini Silveira • **Rodrigo** da Guia Silva • **Rodrigo** de Almeida Távora • **Sergio Ruy** Barroso de Mello • **Thais** Ribeiro Muchiuti • **Thiago** Junqueira • **Victor** Willcox • **Walter** A. Polido

---

COORDENADORES

CAMILA AFFONSO **PRADO**

CARLOS EDISON DO RÊGO **MONTEIRO FILHO**

FLAVIANA RAMPAZZO **SOARES**

NELSON **ROSENVALD**

SEGUROS E RESPONSABILIDADE CIVIL

2024 © Editora Foco

Coordenadores: Camila Affonso Prado, Carlos Edison do Rêgo Monteiro Filho,
Flaviana Rampazzo Soares e Nelson Rosenvald

Autores: Alice Silva Amidani, Atalá Correia, Bernardo Franke Dahinten, Bruno Miragem,
Camila Affonso Prado, Carlos Edison do Rêgo Monteiro Filho,
Carlos Eduardo Pianovski Ruzyk, Cassio Gama Amaral, Catarina Anselmo, Cláudia Fialho, Daniel Dias,
Eduardo Nunes de Souza, Fábio Franco Pereira, Fábio Siebeneichler de Andrade, Fernanda Paes Leme,
Flaviana Rampazzo Soares, Gabriel Schulman, Giovana Benetti, Gustavo de Medeiros Melo,
Igor de Lucena Mascarenhas, Ilan Goldberg, José Luiz de Moura Faleiros Júnior, Juan José Martínez-Mercadal,
Karina Pinheiro, Laura Pelegrini, Lídia Suellen Noronha Lima, Lucas Nascimento, Luciana Dadalto,
Luiza Petersen, Marcelo Catania Ramos, Marcia Cicarelli Barbosa de Oliveira, Marco Fábio Morsello,
Michael César Silva, Nelson Rosenvald, Pedro Gueiros, Pedro Guilherme Gonçalves de Souza, Pedro Ivo Mello,
Pery Saraiva Neto, Rodolfo Mazzini Silveira, Rodrigo da Guia Silva, Rodrigo de Almeida Távora,
Sergio Ruy Barroso de Mello, Thais Ribeiro Muchiuti, Thiago Junqueira, Victor Willcox e Walter A. Polido

Diretor Acadêmico: Leonardo Pereira
Editor: Roberta Densa
Assistente Editorial: Paula Morishita
Revisora Sênior: Georgia Renata Dias
Capa Criação: Leonardo Hermano
Diagramação: Ladislau Lima e Aparecida Lima
Impressão miolo e capa: FORMA CERTA

DIREITOS AUTORAIS: É proibida a reprodução parcial ou total desta publicação, por qualquer forma ou meio, sem a prévia autorização da Editora FOCO, com exceção do teor das questões de concursos públicos que, por serem atos oficiais, não são protegidas como Direitos Autorais, na forma do Artigo 8º, IV, da Lei 9.610/1998. Referida vedação se estende às características gráficas da obra e sua editoração. A punição para a violação dos Direitos Autorais é crime previsto no Artigo 184 do Código Penal e as sanções civis às violações dos Direitos Autorais estão previstas nos Artigos 101 a 110 da Lei 9.610/1998. Os comentários das questões são de responsabilidade dos autores.

NOTAS DA EDITORA:

Atualizações e erratas: A presente obra é vendida como está, atualizada até a data do seu fechamento, informação que consta na página II do livro. Havendo a publicação de legislação de suma relevância, a editora, de forma discricionária, se empenhará em disponibilizar atualização futura.

Erratas: A Editora se compromete a disponibilizar no site www.editorafoco.com.br, na seção Atualizações, eventuais erratas por razões de erros técnicos ou de conteúdo. Solicitamos, outrossim, que o leitor faça a gentileza de colaborar com a perfeição da obra, comunicando eventual erro encontrado por meio de mensagem para contato@editorafoco.com.br. O acesso será disponibilizado durante a vigência da edição da obra.

Impresso no Brasil (4.2024) – Data de Fechamento (4.2024)

2024
Todos os direitos reservados à
Editora Foco Jurídico Ltda.
Rua Antonio Brunetti, 593 – Jd. Morada do Sol
CEP 13348-533 – Indaiatuba – SP

E-mail: contato@editorafoco.com.br
www.editorafoco.com.br

PREFÁCIO

Recebi com grande satisfação o convite para escrever o prefácio desta obra coletiva a respeito de seguro e responsabilidade civil, uma notável contribuição do Instituto Brasileiro de Estudos de Responsabilidade Civil (IBERC) aos debates jurídicos. Sob a coordenação de Nelson Rosenvald, Carlos Edison do Rêgo Monteiro Filho, Flaviana Rampazzo e Camila Prado, o livro reúne trinta artigos de renomados juristas, que exploram as complexas interseções entre esses dois temas.

A responsabilidade civil é um pilar do sistema jurídico, estabelecendo as bases para a justa reparação de danos causados a terceiros. Por outro lado, o seguro desempenha um papel crucial na gestão de riscos, oferecendo proteção financeira e promovendo confiança nas atividades econômicas em geral. A combinação desses dois domínios em uma única obra é uma iniciativa louvável e oportuna.

Os artigos compilados neste livro exploram uma ampla gama de questões que são essenciais para o entendimento da relação entre seguro e responsabilidade civil. Desde a análise do "duty to defend" no Brasil até a complexa interface entre seguros e sistemas de inteligência artificial, os autores tratam com percuciência de vários tópicos que desafiam a reflexão jurídica contemporânea.

Entre os temas abordados, encontram-se discussões cuidadosas acerca do princípio da boa-fé objetiva na perspectiva do seguro de responsabilidade civil, o papel do seguro-garantia como instrumento de gerenciamento de riscos em contratos de infraestrutura, bem como os desafios e oportunidades apresentados pela inteligência artificial nos contratos de seguros.

Além disso, este livro examina de perto a gestão de riscos nos contratos de seguros de riscos cibernéticos, uma área de crescente importância em um mundo cada vez mais digital e interconectado. Também oferece *insights* valiosos quanto ao papel vital do seguro de responsabilidade civil na resolução adequada de conflitos envolvendo profissionais da medicina e pacientes, entre outros temas de grande relevância que seria tedioso enumerar num prefácio que se destina a despertar o interesse dos leitores.

À medida que o direito continua a evoluir e se adaptar às incessantes mudanças na sociedade e na técnica, o conhecimento sobre a interseção entre seguro e responsabilidade civil se torna mais crucial do que nunca, para alocar adequadamente os riscos e garantir a justa reparação dos danos causados pelo uso de tecnologias crescentemente complexas, invasivas e de elevado grau de risco. Esta obra coletiva contribui significativamente para essa compreensão e com certeza será referência valiosa para acadêmicos, juristas, profissionais do direito e estudantes.

Brasília, 19 de outubro de 2023.

Ricardo Villas Bôas Cueva

APRESENTAÇÃO

Há aproximadamente um ano, foi concebida a ideia de publicar uma obra jurídica, dirigida exclusivamente às interfaces entre o direito securitário e a responsabilidade civil. Durante esse percurso, uma pluralidade de coautores, todos especialistas em suas respectivas áreas, acolheram com entusiasmo os convites para contribuir com o projeto, trazendo as suas perspectivas e conhecimentos nos temas que mais despertam o seu interesse atualmente.

A análise do sumário da obra permite extrair a riqueza e a diversidade dos temas propostos, bem como identificar a aplicabilidade prática de cada ensinamento, análise ou proposição. Cada contribuição foi escrita e, sobretudo, *comunicada*, com esmero, clareza, solidez, refletindo a expertise dos autores e a profundidade e comprometimento de suas pesquisas e escritos.

Isso faz com que esta obra nasça com o propósito de ser um importante e útil meio de pesquisa não somente aos que estudam sobre o tema, mas também aos que os aplicam diariamente na sua prática jurídica, a servir como um recurso valoroso aos profissionais do direito, estudantes e acadêmicos, por ofertar tanto uma abordagem geral quanto de vários pontos específicos, e por expor *insights* valiosos sobre os temas mais relevantes e atuais dessas duas importantes áreas do direito. Adicionalmente, esta obra evidencia os benefícios da interlocução entre diferentes áreas do direito e como elas se imbricam, trazendo resultados inegavelmente proveitosos aos leitores, além de comprovar que a diversidade de perspectivas pode enriquecer a compreensão do direito dos seguros e a responsabilidade civil.

Estruturalmente, a obra é composta por dois grandes blocos, um da parte geral e outro da parte especial. Sérgio Ruy de Mello inaugura a parte geral com o texto intitulado "A responsabilidade civil e o seu seguro", no qual introduz o leitor ao universo dos seguros de responsabilidade civil, incursionando sobre a influência da evolução da responsabilidade civil sobre o seguro de responsabilidade civil, inclusive quanto ao princípio indenitário, sobre a influência das inovações tecnológicas no âmbito do fortuito e da força maior nos contratos de seguro; os deveres básicos do segurado; a concepção de risco, de sinistro, de interesse, de dano e a evitabilidade deste no seguro da responsabilidade civil; a intervenção do segurador em casos de acordos com terceiros; as delimitações temporal e geográfica, a prescrição e o sistema *Claims made*.

A seguir, Pery Saraiva Neto subscreve o texto intitulado "Contrato de seguro: elementos históricos e técnicos", no qual discorre sobre os elementos gerais tradicionais do contrato de seguro. O autor expõe uma visão geral de conceitos básicos e elementos fundamentais do contrato de seguro, sua natureza jurídica, sua evolução histórica, elencando as principais modalidades disponíveis e as peculiaridades técnicas e jurídicas desse instrumento contratual. O texto reforça a necessidade de proteção contra acontecimentos imprevisíveis que resultam em perdas, de valores materiais ou imateriais, com foco no transporte de cargas e mercadorias. O autor trata especificamente da função, classificação e delimitação dos atuais gêneros securitários e riscos cobertos, concluindo com a análise da estrutura contratual do contrato de seguro.

No artigo "O seguro de responsabilidade civil como tipo contratual", Bruno Miragem e Luiza Petersen apresentam uma abordagem geral do seguro de responsabilidade civil e versam sobre a sua disciplina no sistema jurídico brasileiro, cujos fundamentos tanto do seguro quanto a sua vinculação com a responsabilidade civil são capazes de trazer contornos específicos de um tipo contratual, sobretudo quando analisados os seus temas centrais, como a garantia do segurador, o sinistro e os deveres do segurado, a distinção entre o seguro de responsabilidade civil facultativo e o obrigatório, e a prescrição.

Camila Affonso Prado e Laura Pelegrini escrevem sobre o "Atual Panorama dos Seguros de Responsabilidade Civil no Brasil". A partir do estudo das normas regulatórias mais atuais sobre o tema, vale dizer, a Resolução CNSP 407/2021 que trata sobre os seguros de grandes riscos, e as Circulares SUSEP 621/2021 e 637/2021 que versam, respectivamente, sobre a operação das coberturas dos seguros de danos e sobre os seguros do grupo de responsabilidades, as autoras analisam as tendências e os temas recentes envolvendo os principais tipos de seguros de responsabilidade civil: Responsabilidade Civil Geral, D&O, E&O, Riscos Cibernéticos e Riscos Ambientais.

Cláudia Fialho apresenta uma abordagem significativa no campo do seguro de responsabilidade civil, sob a perspectiva do princípio da boa-fé objetiva. A pesquisa explora a essencialidade do aludido princípio em todas as fases do contrato de seguro de responsabilidade civil, destacando as implicações da falta de reparação civil nos casos de sua violação. A partir de uma contextualização histórica dos contratos de seguro, a autora efetua minuciosa análise do princípio da boa-fé objetiva e suas multifunções, da gestão de riscos contratuais e do seguro de responsabilidade civil.

Giovana Benetti examina o dever de informar no contrato de seguro, considerando as peculiaridades envolvidas neste tipo contratual, como a assimetria informativa que recai, no mais das vezes, sobre ambas as partes. Para tanto, o exame é dividido em duas partes. A primeira dedica-se ao estudo do dever de informar nos contratos em geral, abordando os seus elementos e a sua incidência sobre as diferentes fases da relação obrigacional. Na sequência, o foco recai sobre as nuances do dever de informar no contrato de seguro, considerando, dentre outras peculiaridades, a confiança envolvida, a mutualidade e o dever de levar em conta o interesse alheio neste tipo de contratação.

Daniel Dias e Thiago Junqueira analisam a obrigação do segurado em avisar o sinistro à seguradora em face da previsão e dos requisitos contidos no artigo 771 do Código Civil de 2002, bem como das interpretações dadas pela doutrina e jurisprudência. Para tanto, discorrem sobre a forma e o momento em que o aviso de sinistro deve ser feito a depender da modalidade de seguro contratada e, ainda, examinam o instituto da perda do direito à indenização e os pressupostos exigidos para a sua aplicação em caso de descumprimento do aviso tempestivo do sinistro.

Walter A. Polido examina a horizontalização na contratação de seguros de responsabilidade civil como fator propulsor na escalada de sua demanda. A conscientização sobre os riscos que cada profissional autônomo, assim como os empresários percebem em razão do desempenho de suas atividades perante clientes e terceiros em geral tem crescido significativamente. Esses movimentos resultam em demanda cada vez maior por seguros de responsabilidade civil, sendo que a exigência da prova da existência de um determinado seguro, de uma parte para com a outra – para a celebração dos mais diversos tipos de contratos –, tem aumentado de forma expressiva. O texto elucida o mencionado fenômeno, sistematizando os procedimentos usuais visando a sua aplicação ainda mais acentuada.

Juan José Martínez-Mercadal, com base na recente lei uruguaia sobre contratos de seguro, procura desvendar o real significado em relação à exigência de comprovação da relação causal entre o fato, omissão ou comportamento que constitua agravamento do estado do risco e a ocorrência do sinistro para fins de permitir que a seguradora seja liberada de suas obrigações. Nesse contexto, Martínez-Mercadal propõe abordagem interpretativa alinhada com uma visão contemporânea do contrato de seguro. A análise da nova legislação uruguaia serve como ponto de partida para reflexões sobre o estado atual do debate e para onde devem caminhar a doutrina, a jurisprudência e as propostas legislativas do Direito dos Seguros.

Atalá Correia trata do contrato de seguro sob uma perspectiva metodológica histórico-legislativa, a fim de avaliar as origens, o alcance e a atualidade do Enunciado 465 da Súmula do Superior Tribunal de Justiça. Dentro do seu propósito, a pesquisa toma em perspectiva os efeitos do tempo sobre o contrato, com agravamento ou diminuição de riscos, para então analisar a cessão do contrato de seguro, suas hipóteses e consequências. O panorama traçado pelo autor proporciona uma avaliação crítica do referido enunciado, evidenciando que regra consolidada na jurisprudência surgiu sob premissas que já não existem. Trata-se de expediente cujo objetivo é exemplificar as controvérsias que surgem a partir da aplicação da regra sob discussão.

Victor Willcox introduz o delicado tema da extensão do dever de declaração inicial do risco no seguro de responsabilidade civil, cujo cumprimento satisfatório pelo segurado ou tomador é imprescindível à preservação da garantia securitária. No âmbito do seguro de responsabilidade civil, a análise do cumprimento desse dever pelo segurado ou tomador enfrenta diversos desafios, relacionados não só à constante expansão da responsabilidade civil, mas também ao próprio descasamento temporal entre o evento danoso e a instauração da reclamação pelo terceiro prejudicado, objeto da cobertura. Neste passo, o autor examina o entendimento adotado pelos Tribunais brasileiros concernente ao alcance do dever de informar adequadamente à seguradora sobre o risco que será objeto do seguro, proporcionando, assim, uma contribuição valiosa para o entendimento das complexidades envolvidas nesse aspecto crucial das relações securitárias.

Subsequentemente, Fábio Siebeneichler de Andrade e Bernardo Franke Dahinten conduzem uma análise aprofundada a respeito do regime jurídico dos salvados no âmbito do direito securitário brasileiro. Os autores sintetizam e sistematizam os principais pontos que cercam essa figura jurídica, que apresenta inegável interesse prático, iniciando por uma abordagem conceitual e estrutural, a sua relevância e aspectos de aplicabilidade, com ênfase na fase de adimplemento do contrato de seguro, que é o momento no qual o tema terá repercussão prática relevante em diversos aspectos, não apenas naqueles relacionados à posse, propriedade e transferência, mas, inclusive, sobre a sua manutenção e a responsabilidade pelas despesas envolvidas.

Eduardo Nunes de Souza e Rodrigo da Guia Silva examinam a complexidade das questões concernentes à definição do regime de prescrição no contexto de relações securitárias. As dúvidas concernentes à definição do âmbito de incidência do prazo prescricional específico do art. 206, §1º, II intensificam-se ao se levar em consideração a existência de outros potenciais titulares de pretensões correlatas ao regime securitário. Os autores dedicam-se a comentar os prazos prescricionais aplicáveis ao segurador, ao segurado e ao terceiro beneficiário. Adicionalmente, empreendem cautelosa análise do caso específico da seguradora que, vindo a arcar com o custo da indenização securitária em favor do segurado nos seguros de dano, passa a estar sub-rogada nos direitos deste. O trabalho surge com a missão de contribuir para a construção de um regime prescricional mais claro e seguro para as relações securitárias, destacando a premente necessidade de estabelecer critérios sólidos diante do atual tratamento legislativo lacunoso e carente de sistematização.

No texto a seguir, Flaviana Rampazzo Soares prossegue no tema da prescrição. O enfoque do estudo é o enunciado da Súmula 229, o qual trata do termo inicial da prescrição das ações dos segurados ou beneficiários contra a seguradora, quando esta rejeita cobertura ou se paga indenização a menor, após o pedido do interessado. A Súmula aludida foi editada sob a regência do Código Civil de 1916 e não foi revogada expressamente. O desafio enfrentado pela autora foi o de investigar se o texto do enunciado da súmula referida é compatível com o atual Código Civil, se é possível manter vigente a mencionada súmula ou se é o caso de revogação e como o Superior Tribunal de Justiça vem enfrentando a questão em alguns de seus julgados mais recentes.

Ilan Goldberg trata dos desafios à aplicação da inteligência artificial nos contratos de seguros. A uberização do mercado de seguros produz efeitos visíveis, como se infere do próprio do papel dos corretores de seguros especificamente no tocante à aproximação das partes. O autor também reflete a respeito da missão a ser exercida pelos órgãos reguladores, agora voltada à matriz da inovação. Relativamente às seguradoras, da mesma maneira, é preciso repensar a sua atuação, não mais valorada pelo número de segurados/apólices que comercializa, porém por melhor prover uma experiência ao segurado. O autor sopesa os ônus e os bônus decorrentes do massivo advento de inteligência artificial nos contratos de seguros, privilegiando mecanismos de salvaguarda da dignidade da pessoa humana e direitos fundamentais à intimidade e privacidade.

Nelson Rosenvald e José Luiz de Moura Faleiros Jr. cuidam dos seguros e fundos de compensação para sistemas de inteligência artificial. Tais seguros ostentam peculiaridades que os diferenciam dos contratos tradicionais, demandando regulamentação específica. Embora o uso de algoritmos possa trazer benefícios em termos de agilidade e eficiência, é importante criar mecanismos de controle para identificar e corrigir situações peculiares de agravação de riscos. Para tanto, o Estado atuará proativamente na regulação dos contratos de seguro a partir do iminente panorama normativo voltado aos sistemas de IA, garantindo direitos dos consumidores, evitando zonas desreguladas ou carentes de qualquer alternativa de proteção de direitos. Lado outro, os fornecedores devem seguir princípios ético-jurídicos, como a vulnerabilidade do consumidor, boa-fé objetiva, informação, transparência e confiança, para garantir o equilíbrio da relação jurídica e a proteção efetiva do consumidor no mercado digital fomentado por sistemas de IA.

Marco Fábio Morsello investiga a atual compreensão da socialização dos ricos no mundo globalizado a partir da análise do modelo aplicado na Nova Zelândia, que impôs ao Estado a obrigação de velar pela justa indenização das vítimas. Nesse sentido, o estudo discorre sobre a evolução da responsabilidade civil, perpassando pela posição ocupada pela figura do risco desde sua origem. A ótica, sempre singular, é a de defender ao máximo as garantias e os direitos fundamentais, em especial a obrigação de proteção às vítimas, que se autonomizou. Ademais, o autor examina os desafios da aplicação do instituto da socialização dos riscos, designadamente o risco de *spreading* e suas novas perspectivas, que impôs revisão ao instituto, não mais como substituta da responsabilidade civil, mas figura essencial que coexiste com a responsabilidade objetiva e subjetiva de forma harmônica, garantindo-se reparação célere até determinado patamar.

O tema sobre a cláusula de insolvência nas apólices de seguro de D&O é analisado por Pedro Guilherme Gonçalves de Souza e Rodolfo Mazzini Silveira. Partindo da premissa de que o seguro D&O é contratado para proteger os diretores e administradores de empresas em momentos de crise, e que as situações de insolvência, falência e recuperação judicial têm se elevado no país, os autores propõem solução alternativa para as apólices que, atualmente, afastam a incidência de cobertura com fundamento na alteração significativa e agravamento do risco originalmente subscrito.

O seguro de responsabilidade civil de executivos (D&O) e a cláusula de exclusão para atos lesivos contra a administração pública é o objeto de estudo de Marcia Cicarelli Barbosa de Oliveira e Thais Muchiuti. As autoras iniciam sua análise a partir das principais coberturas presentes no seguro D&O – o pagamento de custos de defesa e condenações pecuniárias dos segurados – e as três formas de liquidação denominadas coberturas A, B e C, para, então, darem enfoque na cláusula para atos lesivos contra a administração pública, que se revela uma excludente de risco. Ao final, é traçado um paralelo com a exclusão para atos dolosos, tida como excludente de conduta, a fim de delimitar as diferenças entre ambas as cláusulas de exclusão.

Pedro Ivo Mello e Catarina Anselmo analisam a importância da contratação do seguro D&O em face dos crescentes e sofisticados riscos de responsabilização pessoal por atos de gestão a que os diretores e administradores de empresas estão sujeitos, sendo um instrumento de garantia de defesa adequada e de pagamento de eventuais condenações no âmbito de demandas judiciais, arbitrais, administrativas ou criminais. Nesse contexto e com fundamento no princípio da presunção de inocência, os autores estudam a cobertura para os custos de defesa e seu adiantamento – antes da conclusão da regulação de sinistro –, bem como os limites das exclusões contidas em determinadas apólices que afastam a possibilidade de sua antecipação.

Karina Pinheiro assina o artigo intitulado "Seguro (E&O) de responsabilidade civil profissional: aspectos conceituais, regulatórios e processuais", no qual discute os aspectos mais significativos do contrato de seguro (E&O) de responsabilidade civil profissional, com ênfase na responsabilidade civil médica. A partir da análise da doutrina, da legislação e da jurisprudência a respeito do referido tipo de contrato de seguro, a autora expõe os principais preceitos conceituais, normativos e processuais que permeiam o tema, com ênfase nas hipóteses de intervenção de terceiros e suas implicações nas formas de efetiva indenização dos danos que os profissionais médicos vierem a causar aos seus pacientes, no contexto de sua atuação profissional.

"Advocacia e seguro de responsabilidade civil profissional" é o título do artigo escrito por Carlos Eduardo Pianovski Ruzyk e Lídia Suellen Noronha Lima. No texto, os autores examinam a responsabilidade do advogado no contexto de sua atuação profissional, sob imputação subjetiva, que está especificamente contemplado no Estatuto da Advocacia, recentemente modificado pelas Leis 14.365/22 e 14.612/23, bem como na Circular 637/21, da Superintendência de Seguros Privados (SUSEP). Os autores também tratam da responsabilidade civil pela perda de uma chance como uma hipótese frequente de responsabilização e a necessidade de que seja tratada como risco segurado, bem como o reflexo do dever de mitigar o dano sobre a responsabilidade do advogado e seus consequentes desdobramentos no que diz respeito à cobertura securitária.

Fernanda Paes Leme e Pedro Gueiros partem do crescente desenvolvimento de produtos voltados à proteção em face de ataques cibernéticos para estudar a gestão de riscos nesses contratos de seguros. Sob o prisma da responsabilidade civil, buscam equacionar a cobertura dos seguros e a conduta potencialmente culposa dos causadores dos danos, o que, na visão dos autores, envolve a análise necessária da gestão de riscos, sobretudo diante da função social dos seguros, encontrada, conforme os autores, inclusive nos seguros contra riscos cibernéticos.

O novo regime instituído pela Lei 14.599/2023 sobre os seguros aplicáveis ao transporte rodoviário de cargas é analisado por Camila Affonso Prado e Lucas Nascimento. Os autores partem do estudo do contexto legislativo e regulatório vigente antes da promulgação da nova lei, passam pelo exame da Medida Provisória 1.153/2022 e, finalmente, avaliam as principais alterações trazidas pela Lei 14.599/2023 e seus impactos na operação das seguradoras, transportadores e embarcadores de carga, mais especificamente no tocante aos seguros de contratação obrigatória, à estipulação do seguro RCTR-C em nome do transportador, aos planos de gerenciamento de riscos e às cartas de dispensa de direito de regresso emitidas por seguradoras.

Fábio Franco Pereira analisa a constitucionalidade do regime de seguros de transporte rodoviário de carga instituído pela Lei 14.599/2023, iniciando o estudo com o exame do Decreto-lei 73/1966 e verificando sua recepção pelas Constituições e Emendas Constitucionais subsequentes. Com isso, apura o *status* do Decreto-lei na ordem jurídica. Com foco no rol de seguros obrigatórios, examina a jurisprudência do Supremo Tribunal Federal em relação ao sistema de seguros e conclui que tanto a Medida Provisória 1.153/2022 como a Lei 14.599/2023, normas com força de lei ordinária, podem tratar validamente de seguros obrigatórios.

Carlos Edison do Rêgo Monteiro Filho e Rodrigo de Almeida Távora, a partir da constatação da ausência de disciplina normativa específica sobre os elementos estruturais do contrato de seguro-garantia, oferecem uma análise crítica dos contratos privados de empreitada e das contratações públicas envolvendo a realização de obras, identificando desafios significativos nesse cenário, a exemplo dos problemas relacionados ao tema do agravamento do risco. Ao final, os autores sugerem importantes critérios de interpretação capazes de assegurar maior efetividade a esse tipo *sui generis* de contrato de seguro, notadamente no âmbito das contratações públicas envolvendo obras de infraestrutura, possibilitando, assim, o cumprimento de sua relevante função promocional. O trabalho destaca-se também por demonstrar que será possível utilizar o seguro-garantia como instrumento apto a mitigar com maior efetividade o descumprimento de obrigações estabelecidas em contratos de empreitada e de contratações públicas envolvendo a realização de obras, a propiciar maior eficiência a essas operações negociais no ordenamento brasileiro.

No artigo intitulado "Revisitando a doença preexistente no contrato de seguro de vida: um estudo sobre a densificação do princípio da boa-fé objetiva nas relações securitárias", Michael César Silva examina os impactos da doença preexistente do segurado na formação e na execução do contrato de seguro de vida, proporcionando uma releitura do contrato de seguro, à luz dos preceitos da principiologia contratual contemporânea. Essa releitura, para o autor, está assentada no princípio da boa-fé objetiva, especialmente no que tange ao dever de informar, com o objetivo de compatibilizar o contrato de seguro de vida, em seus aspectos controversos, aos princípios fundamentais consagrados no Estado Democrático de Direito e aos contornos atuais do Direito Contratual.

A seguir, Gabriel Schulman traz importante aporte doutrinário sobre a "Responsabilidade civil das operadoras de planos de saúde: responsabilidade solidária, danos por má prática ("erro médico") e ações regressivas na saúde suplementar". Segundo Schulman, a partir da análise de inúmeros julgados do STJ, os planos de saúde são solidariamente responsáveis quanto aos atos praticados pelos prestadores de serviços da rede credenciada, embora da análise de alguns casos não tenha sido verificada a ocorrência de conduta equivocada exclusiva do prestador ou da operadora, tratando-se inegavelmente de um setor complexo quanto aos seus partícipes, a demandar atenção na análise das respectivas responsabilidades de cada um. Para o autor, ainda não estão claros os efeitos práticos da Súmula 608 do STJ, que excluiu a solidariedade dos planos de saúde de autogestão por atos da rede credenciada, pela ausência de julgados posteriores à sua edição. Esse contexto não elimina o dever do paciente de observar, definir e comprovar a atuação de cada envolvido no que diz respeito a sua pretensão, pois a responsabilidade médica não implica necessariamente a hospitalar, já que isso depende do contexto do atendimento prestado e da natureza do vínculo entre o hospital e o prestador de serviços. E, no âmbito da proteção de dados, ainda não há julgados no STJ que permitam identificar o posicionamento da Corte quanto à eventual solidariedade na hipótese de violação. Segundo o autor, é necessário rever a vedação da denunciação da lide entre os envolvidos e, quanto à lide regressiva, conquanto seja complexa, demandará a análise do nexo causal e de atribuição para que se especifique a responsabilidade de quem tenha causado o dano, e a sua extensão.

Alice Silva Amidani aborda a plausibilidade da cobertura de cirurgias mamárias relacionadas aos procedimentos de implante, troca ou explante de próteses de silicone no contexto do caráter terapêutico dessas intervenções. Diante das mudanças recentes na interpretação do Superior Tribunal de Justiça em relação aos procedimentos do Rol da ANS e da promulgação da Lei 14.454/2022, a autora empreende uma investigação abrangente sobre a negação reiterada de cobertura para cirurgias reparadoras, frequentemente rotuladas como procedimentos meramente estéticos. O artigo busca elucidar as características e particularidades dessas cirurgias, com a conclusão de que quando possuem um propósito terapêutico, elas transcendem o mero viés estético e, portanto, devem ser cobertas pelas seguradoras, em conformidade com as normas estabelecidas pela ANS.

Gustavo de Medeiros Melo apresenta o estágio atual da ação direta da vítima (terceiro prejudicado) no Brasil, considerando a evolução por que vem passando o seguro de responsabilidade civil à luz da função social do contrato e do acesso à Justiça. A exposição começa pelo reconhecimento da ação direta nos tribunais brasileiros, avança com sua estabilização em nível de uniformização de jurisprudência e examina o estado da arte de seus desdobramentos materiais e processuais, na qual atua como técnica processual a serviço da compreensão evoluída em torno do seguro de responsabilidade civil e do acesso à Justiça.

Cassio Gama Amaral e Marcelo Catania Ramos introduzem o tema do *duty to defend*. Apesar de largamente utilizado em diversos países, o instrumento não é oferecido no mercado brasileiro como uma cobertura/utilidade adicional nos seguros de responsabilidade civil. Dentre outros motivos, isso deriva de questionamentos sobre a sua legalidade e sobre como seria implementado na prática processual. Advogando pela oferta e utilização dessa cobertura/utilidade no Brasil, o artigo busca identificar caminhos para que o *duty to defend* seja implementado em nosso sistema.

Luciana Dadalto e Igor de Lucena Mascarenhas investigam o atual cenário da judicialização da medicina no Brasil e dos seguros de responsabilidade civil médica. Os autores alertam para a necessidade de que as seguradoras alterem seus contratos a fim de permitir a realização de acordos extrajudiciais. O estudo propõe a superação de uma cultura jurídica centrada no conflito e na postura adversarial, incentivando a reflexão sobre métodos apropriados de resolução de disputas. O texto destaca importância de não considerar a resolução judicial como a única fonte de pacificação, reconhecendo a existência de caminhos menos complexos e danosos para todas as partes envolvidas.

Camila Affonso Prado
Carlos Edison do Rêgo Monteiro Filho
Flaviana Rampazzo Soares
Nelson Rosenvald

SUMÁRIO

PREFÁCIO

Ricardo Villas Bôas Cueva V

APRESENTAÇÃO

Camila Affonso Prado, Carlos Edison do Rêgo Monteiro Filho, Flaviana Rampazzo
Soares e Nelson Rosenvald VII

SEGUROS E RESPONSABILIDADE CIVIL
PARTE GERAL

ASPECTOS GERAIS DOS SEGUROS DE RESPONSABILIDADE CIVIL

A RESPONSABILIDADE CIVIL E O SEU SEGURO

Sergio Ruy Barroso de Mello 5

CONTRATO DE SEGURO: ELEMENTOS HISTÓRICOS E TÉCNICOS

Pery Saraiva Neto 17

O SEGURO DE RESPONSABILIDADE CIVIL COMO TIPO CONTRATUAL

Bruno Miragem e Luiza Petersen 51

ATUAL PANORAMA DOS SEGUROS DE RESPONSABILIDADE CIVIL NO BRASIL

Camila Affonso Prado e Laura Pelegrini 65

O SEGURO DE RESPONSABILIDADE CIVIL NA PERSPECTIVA DO PRINCÍPIO DA BOA-FÉ OBJETIVA

Cláudia Fialho 91

O DEVER DE INFORMAR NO CONTRATO DE SEGURO

Giovana Benetti 109

AVISO DO SINISTRO AO SEGURADOR: CONTRIBUTOS PARA A INTERPRETAÇÃO DO ART. 771 DO CÓDIGO CIVIL

Daniel Dias e Thiago Junqueira 127

HORIZONTALIZAÇÃO NA CONTRATAÇÃO DOS SEGUROS DE RESPONSABILIDADE CIVIL

Walter A. Polido 147

SOBRE A RELAÇÃO CAUSAL ENTRE O AGRAVAMENTO DO RISCO E A OCORRÊNCIA DA PERDA NO SEGURO DE DANOS – A LEGISLAÇÃO URUGUAIA SOBRE CONTRATOS DE SEGUROS E SUA PROJEÇÃO NA DOUTRINA E NA JURISPRUDÊNCIA DO DIREITO COMPARADO

SOBRE LA RELACIÓN CAUSAL ENTRE LA AGRAVACIÓN DEL RIESGO Y LA OCURRENCIA DEL SINIESTRO EN EL SEGUROS DE DAÑOS. LA LEY DE CONTRATO DE SEGUROS DE URUGUAY Y SU PROYECCIÓN EN DOCTRINA Y JURISPRUDENCIA DE DERECHO COMPARADO

Juan José Martínez-Mercadal 171

REVISITANDO A SÚMULA 465 DO SUPERIOR TRIBUNAL DE JUSTIÇA

Atalá Correia 195

DECLARAÇÃO INICIAL DO RISCO NO SEGURO DE RESPONSABILIDADE CIVIL: COMPORTAMENTO EXIGÍVEL DO SEGURADO (OU TOMADOR) EM FACE DE RISCOS DE LATÊNCIA PROLONGADA

Victor Willcox 215

PANORAMA SOBRE O REGIME JURÍDICO DA FIGURA DOS SALVADOS NO DIREITO SECURITÁRIO BRASILEIRO

Fábio Siebeneichler de Andrade e Bernardo Franke Dahinten............................ 231

NOTAS SOBRE A PRESCRIÇÃO NAS RELAÇÕES ORIUNDAS DOS SEGUROS DE DANO E DE RESPONSABILIDADE CIVIL

Eduardo Nunes de Souza e Rodrigo da Guia Silva 247

O PEDIDO DE PAGAMENTO E O PRAZO PRESCRICIONAL PARA A INDENIZAÇÃO NOS CONTRATOS DE SEGURO

Flaviana Rampazzo Soares 271

DESAFIOS À APLICAÇÃO DA INTELIGÊNCIA ARTIFICIAL NOS CONTRATOS DE SEGUROS

Ilan Goldberg 289

SEGUROS E FUNDOS DE COMPENSAÇÃO PARA SISTEMAS DE INTELIGÊNCIA ARTIFICIAL: BREVES REFLEXÕES

Nelson Rosenvald e José Luiz de Moura Faleiros Júnior 309

A SOCIALIZAÇÃO DOS RISCOS NA NOVA ZELÂNDIA: DESAFIOS, REFORMULAÇÕES E PERSPECTIVAS

Marco Fábio Morsello.. 321

SEGUROS E RESPONSABILIDADE CIVIL
PARTE ESPECIAL

SEGUROS DE LINHAS FINANCEIRAS

SEGURO D&O, INSOLVÊNCIA E RECUPERAÇÃO JUDICIAL: REFLEXÕES PARA UMA ADEQUADA ANÁLISE DE RISCO

Pedro Guilherme Gonçalves de Souza e Rodolfo Mazzini Silveira......................... 343

O SEGURO DE RESPONSABILIDADE CIVIL DE EXECUTIVOS (D&O) E A CLÁUSULA DE EXCLUSÃO PARA ATOS LESIVOS CONTRA A ADMINISTRAÇÃO PÚBLICA

Marcia Cicarelli Barbosa de Oliveira e Thais Ribeiro Muchiuti 355

CLÁUSULAS DE EXCLUSÃO NO SEGURO D&O: COBERTURA DOS CUSTOS DE DEFESA E A PRESUNÇÃO DE INOCÊNCIA

Pedro Ivo Mello e Catarina Anselmo.. 371

SEGURO (E&O) DE RESPONSABILIDADE CIVIL PROFISSIONAL: ASPECTOS CONCEITUAIS, REGULATÓRIOS E PROCESSUAIS

Karina Pinheiro... 389

ADVOCACIA E SEGURO DE RESPONSABILIDADE CIVIL PROFISSIONAL

Carlos Eduardo Pianovski Ruzyk e Lídia Suellen Noronha Lima 411

SEGUROS DE RISCOS CIBERNÉTICOS, TRANSPORTE E GARANTIA

A GESTÃO DE RISCOS E OS CONTRATOS DE SEGUROS DE RISCOS CIBERNÉTICOS

Fernanda Paes Leme e Pedro Gueiros 433

IMPACTOS DA LEI 14.599/2023 NOS SEGUROS DE TRANSPORTE RODOVIÁRIO DE CARGA

Camila Affonso Prado e Lucas Nascimento.. 447

ANÁLISE DA CONSTITUCIONALIDADE DO REGIME DE SEGUROS DE TRANSPORTE RODOVIÁRIO DE CARGA INSTITUÍDO PELA LEI 14.599/2023

Fábio Franco Pereira 469

SEGURO-GARANTIA: CRITÉRIOS PARA SUA EFICAZ UTILIZAÇÃO COMO INSTRUMENTO DE GERENCIAMENTO DE RISCOS EM CONTRATOS DE INFRAESTRUTURA

Carlos Edison do Rêgo Monteiro Filho e Rodrigo de Almeida Távora 491

SEGUROS DE PESSOAS E SAÚDE

REVISTANDO A DOENÇA PREEXISTENTE NO CONTRATO DE SEGURO DE VIDA: UM ESTUDO SOBRE A DENSIFICAÇÃO DO PRINCÍPIO DA BOA-FÉ OBJETIVA NAS RELAÇÕES SECURITÁRIAS

Michael César Silva 509

RESPONSABILIDADE CIVIL DAS OPERADORAS DE PLANOS DE SAÚDE: RESPONSABILIDADE SOLIDÁRIA, DANOS POR MÁ PRÁTICA ("ERRO MÉDICO") E AÇÕES REGRESSIVAS NA SAÚDE SUPLEMENTAR

Gabriel Schulman 533

A INTERPRETAÇÃO DO ROL DA ANS E O DILEMA DA COBERTURA DE PRÓTESES MAMÁRIAS PELAS SEGURADORAS DE PLANO DE SAÚDE

Alice Silva Amidani... 555

SEGURO E PROCESSO

PANORAMA ATUAL DA AÇÃO DIRETA DA VÍTIMA NO BRASIL

Gustavo de Medeiros Melo.. 579

SEGURO DE RESPONSABILIDADE CIVIL. CAMINHOS PARA A IMPLEMENTAÇÃO DO *DUTY TO DEFEND* NO BRASIL

Cassio Gama Amaral e Marcelo Catania Ramos 595

O PAPEL DO SEGURO DE RESPONSABILIDADE CIVIL NA RESOLUÇÃO ADEQUADA DE CONFLITOS ENVOLVENDO PROFISSIONAIS DA MEDICINA E PACIENTES: O PAPEL DAS SEGURADORAS

Luciana Dadalto e Igor de Lucena Mascarenhas... 615

SEGUROS E
RESPONSABILIDADE CIVIL
PARTE GERAL

ASPECTOS GERAIS DOS SEGUROS DE RESPONSABILIDADE CIVIL

A RESPONSABILIDADE CIVIL
E O SEU SEGURO

Sergio Ruy Barroso de Mello

Pós-Graduado em Direito de Seguro e Resseguro pela Universidade de Santiago de Compostela – USC, Espanha – DEA (2004/2005). Pós-Graduado em Direito Privado pela Universidade Federal Fluminense – UFF em 1991. Graduado pela Faculdade de Direito da Universidade Federal do Rio de Janeiro – UFRJ em 1988. Vice-Presidente Mundial da Associação Internacional de Direito do Seguro – AIDA. Advogado.

Resumo: O presente artigo tem por objetivo discorrer sobre a responsabilidade civil e o seu seguro. A intenção deste estudo é analisar a responsabilidade civil em seus aspectos mais peculiares, de maneira a promover uma ponte intelectual com a instituição do seguro. O maior desafio é levar ao leitor, em linguagem objetiva, conhecimento suficiente para compreensão das possíveis coberturas securitárias ao fenômeno da responsabilidade civil contratual e extracontratual.

Sumário: I. Introdução – II. Conceito legal de responsabilidade civil – III. Qualificação legal do seguro de responsabilidade civil – IV. Influência da evolução da RC sobre o seguro de RC – V. Diminuição do espectro fortuito e da força maior pelas inovações tecnológicas – VI. O dano no seguro de responsabilidade civil – VII. A evitabilidade do dano ao segurado por meio do seguro de RC – VIII. A reclamação do terceiro e a assunção da defesa pelo segurador – IX. O risco no seguro de responsabilidade civil – X. O sinistro no seguro de RC – XI. Definição de interesse no seguro de RC – XII. O princípio indenitário no seguro de RC – XIII. Delimitação temporal – XIV. O sistema *claims made* – XV. Delimitação geográfica – XVI. Atos de disposição do segurado sobre o crédito – XVII. Deveres básicos do segurado de RC – XVIII. Necessidade de intervenção do segurador nos acordos com terceiros – XIX. Início do curso da prescrição no seguro de responsabilidade civil – XX. Conclusão – Referências.

I. INTRODUÇÃO

A responsabilidade civil é um dos tópicos da ciência jurídica que maior evolução tem apresentado nos últimos tempos. Esse é um registro histórico que a ninguém surpreenderia, porque guarda plena correspondência com dois fatos sociais que atuam como motivadores do desenvolvimento ora comentado: identifico em um primeiro plano a consciência cidadã acerca da existência de seus direitos e das tutelas oferecidas para sua proteção, e, em uma segunda perspectiva, a incidência da ciência e da tecnologia na vida do mundo moderno, que consigo trouxe como paradoxo, dada a massificação do uso das forças e energia, maiores riscos e perigos para a comunidade.

Cada vez mais nos deparamos com situações corriqueiras em nossas vidas que, em tempos anteriores, jamais poderiam gerar dívidas tendo como fundamento a responsabilidade civil. A atividade seguradora, ao perceber esse fenômeno social, respaldada pelo arcabouço jurídico, apresentou significativa evolução em suas coberturas, tanto do ponto de vista qualitativo quanto quantitativo.

Pela relevância do tema, torna-se conveniente o exame mais detalhado do fenômeno que cerca a responsabilidade civil e o seu seguro.

II. CONCEITO LEGAL DE RESPONSABILIDADE CIVIL

Responsabilidade é um dever jurídico consequente à violação da obrigação. É o dever que alguém tem de reparar o prejuízo decorrente da violação de outro dever jurídico.

Por outro lado, só se cogita da responsabilidade civil onde houver violação de um dever jurídico e dano. No dizer de Maria Helena Diniz:[1]

> A responsabilidade civil é a aplicação de medidas que obriguem uma pessoa a reparar dano moral ou patrimonial causado a terceiros, em razão de ato por ela mesma praticado, por pessoa por quem ela responde, por alguma coisa a ela pertencente ou de simples imposição legal.

O Código Civil traz atualmente o conceito de responsabilidade civil ligado ao denominado ato ilícito e a sua reparação. Nas exatas palavras de Carlos Roberto Gonçalves,[2] "o art. 186 do Código Civil consagra uma regra universalmente aceita: a de que todo aquele que causa dano a outrem é obrigado a repará-lo". A leitura do referido dispositivo, em conjunto com o artigo 927, do mesmo diploma legal, nos dá a exata noção da responsabilidade civil aquiliana, senão, vejamos:

> Art. 186. Aquele que, por ação ou omissão voluntária, negligência ou imprudência, violar direito e causar dano a outrem, ainda que exclusivamente moral, comete *ato ilícito*.
>
> Art. 927. Aquele que, por ato ilícito (arts. 186 e 187), causar dano a outrem, é obrigado a repará-lo. (destaque nosso)

A conclusão imediata a que se chega é a de que toda conduta humana que, violando dever jurídico originário (ato ilícito), causar prejuízo a outrem é fonte geradora de responsabilidade civil.

III. QUALIFICAÇÃO LEGAL DO SEGURO DE RESPONSABILIDADE CIVIL

O seguro de responsabilidade civil é um contrato em virtude do qual o segurador se obriga, por conta do pagamento do prêmio, a evitar que o segurado sofra um *dano patrimonial* em consequência do exercício, por parte de terceiros, de *reclamações cobertas* no contrato de seguro de responsabilidade civil.[3]

---

1. *Curso de Direito Civil Brasileiro*. 39. ed. São Paulo, 2022, p. 36.
2. GONÇALVES, Carlos Alberto. *Responsabilidade Civil*. 20. ed. São Paulo: Saraiva, 2021.
3. Para o Ministro José Augusto Delgado, o seguro de responsabilidade civil "faz parte dos seguros contra danos, abrindo ao segurado possibilidade para proteger os seus bens contra os riscos que os ameaçam." *Comentários ao Novo Código Civil*. Rio de Janeiro: Forense, 2004, v. XI, t. I, p. 561.

Essa modalidade de seguro se tornou tão relevante que o legislador preferiu concei-tuá-la expressamente, o que fez por meio do artigo 787, do Código Civil, assim redigido:

Art. 787. No seguro de responsabilidade civil, o segurador garante o pagamento de perdas e danos devidos pelo segurado a terceiro.

O seguro de responsabilidade civil, nas corretas palavras de Rui Stoco,[4] tem as características e atributos de um contrato *condicional* e *aleatório*, de forma que o objeto da garantia será sempre uma responsabilidade.

IV. INFLUÊNCIA DA EVOLUÇÃO DA RC SOBRE O SEGURO DE RC

A evolução experimentada pelo direito no campo da responsabilidade civil tem produzido influência decisiva no seguro de responsabilidade civil. O fenômeno se verifica pela consolidação desse ramo da atividade seguradora, quantitativa e qualitativamente.

No campo quantitativo, determinou considerável expansão do seguro de RC (obri-gatórios e facultativos) e, do ponto de vista qualitativo, deu lugar a certas mudanças em suas cláusulas e condições, além do surgimento de inúmeras modalidades. Dentre as mais tradicionais se encontram as seguintes:

- Responsabilidade Civil *Facultativa de Veículos* – RCF-V;
- Responsabilidade Civil *Geral* – RCG;
- Responsabilidade Civil *Profissional* (Médicos, Advogados etc.);
- Responsabilidade Civil *Ambiental;*
- Responsabilidade Civil do *Fabricante;*
- Responsabilidade de *Diretores e Gerentes* – D & O;
- Responsabilidade Civil para *Riscos Cibernéticos.*

V. DIMINUIÇÃO DO ESPECTRO FORTUITO E DA FORÇA MAIOR PELAS INOVAÇÕES TECNOLÓGICAS

É sabido que o mundo moderno trouxe enorme vantagem ao homem comum com as mudanças tecnológicas e o domínio do processo de informação cibernética. Esse processo se alavancou muito fortemente ao largo dos últimos cinquenta anos e produziu elevados índices de desenvolvimento humano e empresarial, justo por sua contribuição à medicina e à engenharia, por exemplo.

Pois bem, tais inovações, cada dia mais velozes e próximas da perfeição técnica, também contribuíram para a sensível diminuição das naturais dificuldades de previsão de dados e informações antes não conhecidas. Exemplo significativo, por muitos, é a área meteorológica, cada vez mais precisa nas previsões climáticas, de forma que muito têm contribuído para evitar perdas humanas e patrimoniais.

---

4. STOCO, Rui. *Tratado de Responsabilidade Civil.* 5. ed. São Paulo: Ed. RT, p. 524.

O mesmo ocorre em outros setores, como a área industrial, que hoje opera com mais segurança tecnológica, capaz de permitir maior conhecimento do risco e boa gestão de suas consequências.

Tudo isso leva ao raciocínio lógico de que a força maior ou o caso fortuito não podem mais ser invocados como excludentes de responsabilidade de forma tão clássica e ortodoxa como se fazia há alguns anos no direito brasileiro, inegavelmente, o aumento do domínio tecnológico provocou a diminuição do risco e, por consequência, tal fato precisa ser considerado quando examinada a responsabilidade daquele que deverá indenizar o dano provocado a terceiro.

VI. O DANO NO SEGURO DE RESPONSABILIDADE CIVIL

O seguro de responsabilidade civil, por sua própria localização na estrutura conceitual do Código Civil, se configura como seguro de dano, já que se inclui no Título VI, Capítulo XV, Seção II da referida norma.

O segurado pretende efetivamente proteger-se de uma ameaça ou consequência desfavorável a seu patrimônio, entendido esse em sua totalidade, decorrente de ato por ele praticado, sem dolo. Por esta razão, o seguro de responsabilidade civil protege o segurado contra a ameaça de diminuição de seu patrimônio, justo pelo nascimento de uma dívida de responsabilidade na qual tenha incorrido.

O dano no seguro de responsabilidade civil, portanto, está representado pelo nascimento da dívida de responsabilidade civil a cargo do segurado. É o dano que o segurado sofre em decorrência do descumprimento de sua responsabilidade, contratual ou extracontratual, para com terceiros, capaz de ocasionar ato ilícito.

Portanto, no seguro de responsabilidade civil, o dano consiste no gravame patrimonial que se produz pelo mero nascimento da dívida de responsabilidade civil.

VII. A EVITABILIDADE DO DANO AO SEGURADO POR MEIO DO SEGURO DE RC

Quando se pretende proteger os bens materiais por meio do seguro de dano tradicional, essa proteção consistirá em proporcionar ao prejudicado (segurado) uma indenização, diante da ocorrência do dano.

Se, ao contrário, por meio de um seguro, se procura proteger o segurado contra o dano que representa o pagamento de uma dívida de responsabilidade civil (art. 787 do Código Civil), o segurador pode evitar que o segurado tenha que realizar desembolso, pagando em seu lugar à vítima do dano, tendo em conta que o pagamento da indenização não necessita ocorrer de forma simultânea com a causa de que se deriva.

Trata-se, contudo, de faculdade do segurador, jamais obrigação legal ou dever contratual, porquanto essa espécie de seguro se caracteriza por seu caráter indenizatório, de forma que a liberalidade não terá o condão de alterar a sua qualificação jurídica, calcada eminentemente no princípio indenitário.

VIII. A RECLAMAÇÃO DO TERCEIRO E A ASSUNÇÃO DA DEFESA PELO SEGURADOR

A reclamação por parte do terceiro prejudicado deve ser estimada como relevante, apesar de não se tratar, por si só, de dívida declarada de responsabilidade do segurado. A relevância da reclamação se justifica porque representa ameaça concreta de diminuição do patrimônio do segurado e, por consequência, do segurador, já que é ínsita no contrato com este último celebrado.

Para o cidadão normal, que não seja bacharel em direito, a simples reclamação, seja judicial ou extrajudicial, causa uma série de prejuízos mensuráveis economicamente (como é exemplo a perda de horas de trabalho, ocupação excessiva, *stress* gerado pela preocupação com a resolução do caso etc.), que, indubitavelmente, constituem dano (interpretado este em sentido amplo) e afeta o seu patrimônio, nascendo assim a pretensão de que seja solucionado pela companhia seguradora, fazendo valer a concepção tradicional e característica fundamental desse instituto que é o de *sentir-se seguro*.

Na premissa de que essa reclamação já constitui dano para o patrimônio do segurado, pode ser significativo para o segurador, do ponto de vista econômico, que a direção jurídica da defesa do segurado corra a seu cargo e sob o seu total comando neste tipo de seguro. Esta providência, que deve estar expressa nas condições contratuais – tenha-se em conta que é um preceito de direito dispositivo – tem a função precípua de favorecer o segurador, que deve proteger-se pessoalmente da reclamação, como também do segurado, eliminando os prejuízos porventura reclamados pelo terceiro.

Afinal, no seguro de responsabilidade civil, a determinação do dano não comporta interesses contrapostos entre segurado e segurador, como nos seguros de danos tradicionais, tanto que o legislador impõe ao segurado a obrigação de ter a anuência do segurador para transigir com o terceiro prejudicado (art. 787, 3º do Código Civil).

Por isso, o segurador deve dirigir e organizar toda a defesa do segurado frente à reclamação do terceiro, devendo o segurado prestar a colaboração necessária para o seu sucesso.

IX. O RISCO NO SEGURO DE RESPONSABILIDADE CIVIL

Risco segurável é aquele que ameaça o interesse que, por sua vez, é segurável, é dizer, é a possibilidade de alguém sofrer danos em consequência da realização de determinado ato danoso.

O risco compreende, portanto, de um lado, o acontecimento que é causa do dano, e, de outro, o dano em si mesmo.

No seguro de responsabilidade civil o risco compreende os seguintes elementos:

a) o fato de incorrer *real* ou *remotamente* em responsabilidade civil;

b) a *reclamação do terceiro*;

c) a *declaração de responsabilidade* civil correspondente; e

d) as *consequências econômicas* derivadas desses elementos.

X. O SINISTRO NO SEGURO DE RC

Conceitualmente, podemos dizer que sinistro é a realização do risco previsto no contrato de seguro, e, em princípio, gera a obrigação de indenizar do segurador.

No seguro de responsabilidade civil o sinistro não se identifica com um único fato, constitui-se por um conjunto de fatos complexos que compreenderiam vários momentos (fundamentalmente fatos danosos e a reclamação do terceiro), sendo necessário determinar qual o fato relevante a caracterizar a obrigação de indenizar do segurado e, em consequência, o sinistro propriamente.

A solução do tema ligado ao sinistro nos seguros de responsabilidade vem determinada pela concepção do contrato de seguro como contrato de trato sucessivo. Na medida em que uma das características naturais do contrato de seguro é o fato de que o segurado pretende permanecer segurado, é dizer, *estar seguro*, as obrigações no contrato não surgem no momento em que ocorre o sinistro, mas por meio do mesmo surgirá o direito a indenização que deve pagar o segurador, e, portanto, de forma correlativa, a sua obrigação contratual.

Mas esta é só uma parte, ainda que seja a fundamental, das obrigações do segurador. Há outras obrigações, que no caso do seguro de responsabilidade civil podem ser observadas claramente, e se correspondem com essa situação desejada pelo segurado de *estar seguro*, como é a assunção da defesa jurídica.

Por outro lado, a teor do artigo 787, § 1º, do Código Civil, tão logo saiba o segurado das consequências de ato seu, suscetível de lhe acarretar a responsabilidade incluída na garantia, comunicará o fato ao segurador. Trata-se de obrigação positiva, porém, sem sanção expressa para a hipótese de seu descumprimento. Todavia, se a ausência de aviso do segurado acarretar prejuízo ao segurador, poderá ser invocado o artigo 771, do mesmo código, a fundar a perda do direito à indenização.

XI. DEFINIÇÃO DE INTERESSE NO SEGURO DE RC

O interesse se define geralmente pela relação econômica de uma pessoa com certo bem. Quando essa relação se vê lesionada o interessado sofre o correspondente dano.

Logo, não pode haver dano sem a prévia existência de interesse e o seu valor será o dano máximo que pode sofrer o interessado.

Nos seguros de dano o interesse é decisivo para sua celebração. Se faltar, não haverá risco e, sem risco, não há seguro.

O que se protege no seguro de responsabilidade civil é a relação do segurado com o seu patrimônio ativo, já que este pode resultar afetado no caso do risco se realizar.

XII. O PRINCÍPIO INDENITÁRIO NO SEGURO DE RC

A teor do art. 787 pode-se dizer que o seguro de responsabilidade civil tem *caráter preventivo*, ou seja, tem por objeto evitar o dano ao segurado. Nos seguros preventivos, como o ora em estudo, o princípio indenitário se manifesta de forma distinta dos seguros de danos clássicos.

No entanto, para ser acionado o seguro de responsabilidade civil é fundamental que o terceiro receba a correspondente indenização paga pelo segurado.

Mesmo que o segurador pague diretamente ao terceiro, caso queira, o seguro de responsabilidade civil consistirá na mesma finalidade de todo seguro de dano – proteger o segurado frente a possível prejuízo –, na forma mais ampla, como é a de evitar que um dano ocorra no patrimônio do segurado, sem que isto suponha a quebra do princípio indenitário.

XIII. DELIMITAÇÃO TEMPORAL

Tradicionalmente, a causa geradora da responsabilidade deverá ocorrer durante a vigência do contrato de seguro para tornar-se coberto. Em nossos dias somos testemunhas de eventos geradores de danos de caráter instantâneo nos quais a causa, o fato e o dano, ocorrem quase simultaneamente no tempo (queda de um avião, acidente automobilístico etc.).

Mas há eventos nos quais se sucedem uma série de situações de ordem temporal que podem durar muitos anos, a saber:

> • Momento da causa geradora do dano: corresponde ao momento em que se realiza a ação por parte do agente, ação que finalmente produzirá o dano (por exemplo: a fabricação de um produto, a construção de um edifício, o exercício de atividade profissional etc.);

> • Momento da exposição: em certas ocasiões a causa não gera dano imediatamente, mas será necessário que a vítima esteja exposta a ele durante o período que se denomina normalmente de *latência*. Tal é o caso da exposição ao asbesto ou ao consumo de medicamentos defeituosos;

> • Momento de manifestação: é aquele no qual o dano aflora afetando a integridade física ou o patrimônio da vítima do dano. É, por exemplo, o momento em que se diagnostica a enfermidade, ou em que se paralisa certa construção.

Tem ocorrido casos nos quais entre o momento da causa e o momento da manifestação do dano transcorreram-se mais de vinte anos, durante os quais o responsável contratou múltiplas apólices de seguro com distintas companhias, fato que mostra a grande dificuldade de estabelecer a escolha correta do contrato de seguro que dará cobertura ao dano.

De qualquer forma e independente da reclamação ocorrer dentro do período segurado, tão logo o segurador seja informado pelo segurado de ato seu capaz de acarretar responsabilidade, fica obrigado a evitar o dano correspondente ao segurado (Ref.: § 1º, do art. 787 do Código Civil).

A verdade é que o sistema de ocorrência é aplicável sem maiores problemas para os danos instantâneos, dado que é fácil identificar o momento específico de configuração do sinistro e a respectiva apólice. Nos eventos de manifestação tardia a solução é distinta, por existir períodos de latência, ou quando, tratando-se de danos instantâneos, a vítima reclama muito tempo depois da ocorrência dos fatos, circunstância cuja extensão é definida pelo término da prescrição da responsabilidade civil específica definida em lei.

É a prescrição na responsabilidade civil um dos elementos mais relevantes na busca dos potenciais responsáveis e, obviamente, dos seguradores.

XIV.   O SISTEMA *CLAIMS MADE*

Em razão da situação descrita no item anterior, foram desenvolvidas cláusulas contratuais específicas que delimitam temporalmente o risco no seguro de responsabilidade civil, referidas expressamente pela primeira vez na Circular SUSEP 336/2007 e depois consagradas pela Circular SUSEP 637/2021, conhecidas como *claims made*.[5]

O sistema de cláusula denominada *claims made* geralmente é utilizado quando se intenta garantir determinados riscos caracterizados por período longo de *latência* (como ocorre com a responsabilidade civil profissional, por determinados produtos ou serviços etc.). Essa sistemática modificou o critério clássico de imputação do fato gerador de responsabilidade civil a partir da ocorrência do ato, para o da apresentação da reclamação (pelo terceiro). Além disso, a referida cláusula trabalha, por vezes, com certo descasamento entre os prazos de cobertura e os de prescrição, com o primeiro menor do que o segundo.

Fundamentalmente, estas cláusulas estabelecem que não estejam compreendidas no seguro de responsabilidade civil as hipóteses nas quais tendo ocorrido o ato danoso dentro do período segurado, a reclamação do terceiro tenha lugar transcorrido certo prazo, a contar da extinção do contrato de seguro e seu prazo suplementar.

Para Ricardo Bechara,[6] a cláusula do tipo *claims made* objetiva a "cobertura para danos que, aflorando ao conhecimento do segurado e ou emergindo mesmo no período de vigência do contrato, constituem efeito imprevisto de causas ou fatos preexistentes. A *claims made* fora idealizada para as hipóteses em que o segurado ignore a 'incubação de um sinistro' e daí se veja privado da cobertura tradicional à base de ocorrência."

Este tipo de cláusula supõe a delimitação válida do risco coberto justificada pela finalidade de evitar:

a) que a companhia permaneça demasiado tempo na incerteza com respeito à possibilidade de cobrir as consequências de eventual responsabilidade do segurado; e

b) possíveis casos de transações espúrias entre segurado e vítima, tendo em vista que reclamações excessivamente tardias obedecem frequentemente a essas situações;

Se tivermos presente que o sinistro é a concretização do risco coberto pelo seguro, devemos concluir que a cláusula *claims made*, ao exigir que a reclamação se efetue em determinado prazo, para que opere o amparo do seguro de responsabilidade civil, realiza

---

5. *Claims made*, em tradução literal, outra coisa não seria senão "*reclamação (ou reivindicação) feita*".
6. *Direito de Seguro no Novo Código Civil e Legislação Própria*. Rio de Janeiro: Forense, 2006, p. 527.

verdadeira delimitação temporal do risco e, consequentemente, da responsabilidade do segurador. Disso, aliás, depende o seu equilíbrio econômico, pois se o valor do prêmio é estabelecido com base nos cálculos estatísticos e atuariais, segue-se, como consequência lógica, que é essencial o acordo das partes sobre a extensão dos riscos e os limites da indenização. Qualquer alteração nessa equação importa quebra do equilíbrio contratual.

XV.   DELIMITAÇÃO GEOGRÁFICA

É comum o seguro de responsabilidade civil garantir apenas aqueles atos nos quais o dano se produza em determinado território que, normalmente, se restringe ao país no qual se contrata.

No Brasil, todavia, é possível pactuar-se a extensão da garantia a danos causados em outros territórios mediante o correspondente aumento de prêmio, a teor da Circular SUSEP 621/2021.

XVI. ATOS DE DISPOSIÇÃO DO SEGURADO SOBRE O CRÉDITO

A natureza do crédito do segurado de responsabilidade civil não lhe permite a cessão a outras pessoas distintas do terceiro prejudicado (vítima).

A única exceção se dá em caso de sub-rogação válida, na qual o terceiro venha a ceder a outros o seu crédito. De qualquer sorte, este ato não legitima o sub-rogado a acionar ao segurador, com quem não contratou, mas sim ao segurado.

A dívida do segurado frente ao terceiro pode ser extinta pelo instituto da compensação de crédito, em havendo dívidas líquidas, vencidas e de coisas fungíveis (Ref.: Art. 1.010, do Código Civil).

De qualquer forma, nessas situações o segurado sofre um dano, porque a compensação sempre se dará pelo sacrifício de um direito de crédito líquido e certo. Portanto, o segurador de responsabilidade civil deve cumprir a sua obrigação indenizatória relativa ao dano sofrido por seu segurado.

XVII.   DEVERES BÁSICOS DO SEGURADO DE RC

O segurado tem, fundamentalmente, o dever de:

• Comunicar ao segurador, imediatamente, todo ato capaz de acarretar responsabilidade coberta pela garantia do seguro (Ref. § 1º, do Art. 787, do Código Civil);

• Promover atos de defesa da ação judicial intentada pelo terceiro prejudicado (Ref. § 2º, do Art. 787, do Código Civil);

• Solicitar anuência expressa do segurador para transigir com o terceiro ou indenizá-lo diretamente (Ref. § 2º, do Art. 787, do Código Civil). Destaque-se a ação penal e o acordo intentado nos seguros de RC automóvel;

• Dar imediata ciência da lide ao segurador, após citado (Ref. § 2º, do Art. 787, do Código Civil);

• Minorar as consequências derivadas do fato danoso para o terceiro (Ref. Art. 779, do Código Civil).

XVIII. NECESSIDADE DE INTERVENÇÃO DO SEGURADOR NOS ACORDOS COM TERCEIROS

No seguro de responsabilidade civil, segundo o disposto no § 2º, do art. 788, do Código Civil, é defeso ao segurado reconhecer sua responsabilidade ou confessar a ação, bem como transigir com o terceiro prejudicado, ou indenizá-lo diretamente, sem anuência expressa do segurador.

Significa dizer que o segurado está proibido de transigir com o terceiro, em especial de reconhecer a sua responsabilidade, sem a autorização da seguradora, cuja restrição visa possibilitar a este último o direito de ingressar com eventual ação judicial para promover o regresso do que pagou. Até porque, o segurado, transigindo, renuncia ou desiste de alegações que poderiam ser feitas pelo segurador em favor de sua pretensão legítima.

XIX. INÍCIO DO CURSO DA PRESCRIÇÃO NO SEGURO DE RESPONSABILIDADE CIVIL

Trata-se de tema dos mais controvertidos na doutrina e na jurisprudência nos últimos anos, até encontrar solução legal transparente.

Segundo o disposto no artigo 787, § 3º, do Código Civil, intentada a ação contra o segurado, dará este ciência da lide ao segurador. Vale notar que essa comunicação é no momento da citação, pois a teor do artigo 206, inciso II, "a", é desse instante que tem início o prazo prescricional, entre ambos, em seguro de responsabilidade civil, vejamos:

> Art. 206
>
> Art. 206. *Prescreve:*
>
> § 1º *Em um ano:*
>
> I – omissis;
>
> II – a pretensão do segurado contra o segurador, ou a deste contra aquele, *contado o prazo:*
>
> para o segurado, *no caso de seguro de responsabilidade civil,* da data em que é *citado* para responder à ação de indenização proposta pelo terceiro prejudicado, ou da data que a este indeniza, com a anuência do segurador.

XX. CONCLUSÃO

Podemos asseverar, em comentários finais, que o seguro de responsabilidade civil apresenta-se como modalidade contemporânea de garantia de cobertura aos efeitos econômicos do dano no patrimônio do segurado, por ato praticado pelo segurado em prejuízo de terceiros, que desafia, para seu sucesso, a criatividade e agilidade do segurador na atuação e defesa dos interesses de seu cliente em face do terceiro (vítima do dano), porquanto a sorte de ambos encontra-se intimamente ligada a atuação conjunta e eficiente dos reguladores de sinistros e, fundamentalmente, dos advogados contratados.

REFERÊNCIAS

BECHARA, Ricardo. *Direito de Seguro no Novo Código Civil e Legislação Própria*. Rio de Janeiro: Forense, 2006.

DINIZ, Maria Helena. *Curso de Direito Civil Brasileiro*. 39. ed. São Paulo, 2022.

Delgado, José Augusto. *Comentários ao Novo Código Civil*. Rio de Janeiro: Forense, 2004. v. XI, t. I.

GONÇALVES, Carlos Alberto. *Responsabilidade Civil*. 20. ed. São Paulo: Saraiva, 2021.

STOCO, Rui. *Tratado de Responsabilidade Civil*. 5. ed. São Paulo: Ed. RT, 2001.

CONTRATO DE SEGURO:
ELEMENTOS HISTÓRICOS E TÉCNICOS

Pery Saraiva Neto

Pós-doutorando pela UNISINOS/PEPEEC/CAPES – Emergências Climáticas, Eventos Extremos e Acidentes Ambientais. Doutor em Direito/PUCRS, com estágio doutoral na Universidade de Coimbra – FDUC (PDSE/CAPES). Mestre em Direito/UFSC. Diretor Acadêmico da AIDA/Brasil. Professor de pós-graduação e Advogado.

Resumo: Com uma abordagem que compreende uma perspectiva histórica, perpassando por reflexões sobre sua relevância social e econômica, para além de sua estrutura técnica, o objetivo deste artigo ocupa-se dos elementos gerais do contrato de seguro, sem quaisquer pretensões de inovação sobre a matéria ou seu esgotamento. Para tanto, em retrospectiva histórica, relata a necessidade inicial de proteção contra acontecimentos imprevisíveis que resultam em perdas, de valores materiais ou imateriais, com fulcro nas atividades de transporte de cargas e mercadorias, elaborando também uma cronologia das formas e ideias iniciais de contrato de seguro – mesmo que bastante distantes da concepção hodierna. Ademais, aborda de forma individual e pontual a função, classificação e delimitação dos atuais gêneros securitários e riscos cobertos, tratando também da dispersão e variabilidade deste último grupo, finalizando com ponderações acerca da estrutura contratual do contrato de seguro. Quer-se com isso construir um panorama geral acerca de conceitos básicos e elementos centrais do contrato de seguro, bem como de sua transformação histórica, elencando também as principais modalidades disponíveis e as peculiaridades técnicas e jurídicas desse instrumento contratual.

Sumário: I. Introdução – II. Elementos do seguro em perspectiva histórica – III. Sobre a função e a importância dos seguros – IV. Classificação dos seguros; IV.1 Seguro de danos e seguro de pessoas; IV.2 Seguros de danos e o seguro de responsabilidade civil; IV.3 Seguros facultativos e seguros obrigatórios – V. Risco assegurável e sua delimitação; V.1 Dispersão de riscos; V.2 Classificação e delimitação de riscos; V.2.1 Delimitação objetiva; V.2.2 Delimitação subjetiva; V.2.3 Delimitação temporal; V.2.4 Delimitação quantitativa; V.2.5 Delimitação espacial – VI. Variabilidade do risco – VII. O contrato de seguro; VII.1 Conceito e elementos relevantes; VII.2 Um peculiar contrato de adesão – VIII. Considerações finais – Referências.

I. INTRODUÇÃO

O presente artigo, sem quaisquer pretensões de inovação sobre a matéria, pretende apresentar elementos gerais sobre os contratos de seguro, desde uma perspectiva história, perpassando por reflexões sobre sua relevância social e econômica, bem como de sua estrutura técnica.

II. ELEMENTOS DO SEGURO EM PERSPECTIVA HISTÓRICA

Quando de sua emergência, os seguros apresentavam peculiaridades bastante distintas da ideia de seguro vigente na atualidade. Seus fundamentos passaram por transformações, fruto de influências culturais e práticas, inclusive jurídicas. Não se pretende, neste tópico, proceder a um resgate histórico completo sobre os seguros ou aos detalhes de sua origem, mas, sim, localizar o nascimento de alguns conceitos e elementos que foram fundamentais para o seu desenvolvimento.

O seguro surgiu da necessidade humana de proteção contra acontecimentos imprevisíveis (riscos) que resultam em perdas, sejam de valores materiais ou imateriais. Sua origem está associada às atividades de transporte de mercadorias e ao risco envolvido: raramente os patrimônios individuais podiam suportar os prejuízos decorrentes dos riscos dessa atividade. A base para o surgimento e desenvolvimento dos seguros foi a percepção de que se fazia necessária uma ação de forma comum entre os diversos envolvidos e praticantes da atividade de transportes – com sentido comunitário, portanto.

De fato, "como o nosso sistema de direito privado conserva-se ligado às fontes romanas, que concebiam o direito com uma relação rigorosamente bilateral, é compreensível que o contrato haja desempenhado um papel fundamental na destruição do *comunitarismo* medieval". A "atitude na ação social – no caso particular ou em média ou no tipo puro – repousa no *sentimento* subjetivo dos participantes de pertencer (afetiva ou tradicionalmente) *ao mesmo grupo*".[1]

Embora se atribuam às práticas mutualistas a origem dos seguros, o mutualismo, na realidade, é apenas uma técnica (exitosa) para lidar com os riscos, sendo certo que outras técnicas de dispersão do risco eram aplicadas[2] – ainda que, em um primeiro momento, não seja possível denominar tais práticas propriamente como securitárias.[3] Assim, para alguns, a origem dos seguros remonta à antiguidade, ainda que em tal época estes institutos fossem apenas remotamente comparáveis aos seguros de hoje.[4]

---

1. BAPTISTA DA SILVA, Ovídio A. *O seguro e as sociedades cooperativas*: relações jurídicas comunitárias. Porto Alegre: Livraria do Advogado, 2008, p 8.

2. Segundo Cordeiro, "vários esquemas conseguiam, na prática, uma dispersão do risco. Mas não se apurou um tipo negocial que, de modo expresso e assumido, a isso se destinasse". CORDEIRO, António Menezes. *Direito dos Seguros*. Coimbra: Almedina, 2016, p. 59.

3. Conforme narra Luhmann, "En el antiguo comercio marítimo oriental existía ya una conciencia del riesgo, con la disposiciones legales correspondientes. En un comienzo éstas eran difícilmente separables de programas adivinatorios, invocación a deidades protectoras etc. Sin embargo, en lo legal, en especial en la división de funciones de los prestadores de capital y los navegantes, hacían claramente las veces de *aseguradoras*, un papel que habría de extenderse de manera relativamente continua hasta ya entrada la Edad Media e influir en la conformación del derecho comercial marítimo, así como en los seguros de este tipo". LUHMANN, Niklas. *Sociología del riesgo*. Coord. Trad. Javier Torres Nafarrate. México D.F.: Universidad Iberoamericana, 2006, p. 53. Em complementação – inclusive para frisar a hipótese (uma delas) de que foram nas práticas comerciais e de seguros que teve origem a expressão 'risco', vale referir que "Los contextos importantes en los que se aplica [la palabra riesgo] son los de la navegación marítima y los contextos comerciales. Los seguros marítimos constituyen un caso temprano de control de riesgo planificado, pero también e independientemente de esto se encuentra en los contratos cláusulas como '*adrisicum et fortunam...*', '*pro securitate et risico*', o '*ad omnem risicum, periculum et fortuna Dei*', que regulan quién ha de hacerse cargo de las reparaciones en el caso de que hubiera un daño". Idem, p. 54.

4. Neste sentido, dentre outros, CORDEIRO, António Menezes. *Direito dos Seguros*. Coimbra: Almedina, 2016, p. 49 e seguintes, bem como PASQUALOTTO, Adalberto. *Garantias no Direito das Obrigações*: um ensaio de sistematização. Tese (Doutorado em Direito) – Faculdade de Direito, Universidade Federal do Rio Grande do Sul. Porto Alegre, 2005, p. 187.

Sem pretender esgotar o tema, ou ir a fundo a fim de localizar o ponto histórico inicial de surgimento dos seguros em diferentes experiências ou períodos históricos, é interessante mencionar práticas semelhantes ao seguro no período romano, momento em que a tomada do risco ganha proeminência. Nota-se, então, a atração pelo risco como forma de auferir ganho. Antes do mutualismo, portanto, a necessidade, de um lado, e a aceitação, de outro, de transferência e pulverização ou de compartilhamento do risco. Na origem, portanto, o contrato de seguros tinha o elemento risco como fator anterior de maior relevância, e instituiu a capacidade e a praxe de lidar com o risco como objeto de práticas comerciais. O elemento risco tornou-se foco de práticas negociais (no interesse em auferir ganho sobre o risco) e, mais tarde, das técnicas de pulverização do risco, quando, de fato, sobressai o mutualismo.[5]

O que avulta em relevância – a justificar essa breve investida histórica – é a relação social e econômica com o risco, especialmente pelas práticas mercantis. Enquanto, para muitos, o risco gera aversão, para outros, o risco e sua aceitação – nem sempre de forma profissional e metódica – geram uma oportunidade. É em um cenário de oportunidades frente aos riscos que se desenvolvem os seguros.[6]

Na experiência romana, a existência de uma figura comparável à do seguro pressupõe uma observação contextualizada, pois, a rigor, em tal período não havia instituto que se assemelhasse aos seguros como compreendidos na atualidade. O fator risco era uma constante vinculada às práticas comerciais: se, então, havia expressiva atividade mercantil, isso implicava operações de compra, venda e transporte de mercadorias pela navegação; para viabilizar tais atividades, era comum o uso de empréstimo ou mútuo. Havia, assim, a noção de risco (*periculum*) e a possibilidade de dar cobertura aos acidentes nas atividades comerciais, ou, em outros termos, a possibilidade e o interesse na transferência e na pulverização do risco – uma forma de compartilhamento.[7]

---

5. Não se olvida que, a rigor, as práticas mutualistas antecedam as de seguros. Tratam-se, no entanto, de mecanismos de solidariedade em face dos riscos e não, propriamente, de formas de obtenção de ganhos sobre os riscos. Sobre os primórdios das práticas mutualistas – ressalvando não se tratarem propriamente de atividades de seguros, afirma Delgado que "Há [...] unanimidade entre os estudiosos do seguro no ponto de vista de que ele nasce da imperiosa necessidade do ser humano descobrir meios de ser protegido dos acontecimentos imprevisíveis e que resultavam em perdas de valores materiais ou imateriais. Exemplo antigo dessa necessidade é o que registra a história e consistente no procedimento adotado na antiga Babilônia, quando os cameleiros celebravam acordo no sentido de que seria indenizado cada camelo que morresse durante a viagem por todos os integrantes da caravana". Nesse sentido, DELGADO, José Augusto. *Comentários ao novo Código Civil*. Rio de Janeiro: Forense, 2007, v. XI: das várias espécies de contrato, do seguro. p. 4 e ss.

6. Embora o trecho a seguir transcrito esteja em um contexto de localização da origem da palavra risco, vale mencionar, pois acentua o elemento "correr riscos": "sospechamos que el problema reside en la opinión de que solamente es posible alcanzar ciertas ventajas cuando se pone en juego (se arriesga) algo. No se trata aquí del problema de los costos, que pueden calcularse previamente y que se pueden sopesar en relación a los beneficios. Se trata, más bien, de una decisión que, tal como se puede prever, se lamentará más tarde en el caso de que ocurra un daño que se esperaba poder evitar". LUHMANN, Niklas. *Sociología del riesgo* (Coord.). Trad. Javier Torres Nafarrate. México D.F.: Universidad Iberoamericana, 2006, p. 55.

7. PERANDONES, Pablo Girgado. *El principio indemnizatorio en los seguros de daños*: una aproximación a su significado. MERCATURA – Coleción Estudios de Derecho Mercantil n. 19. Granada: Comares, 2005, p. 12-18.

As proposições de dar cobertura e transferência, que se gestavam em nível embrionário, vinculavam-se às modalidades de empréstimo ou mútuo (*pecunia traiectia*) no interesse da navegação (*phoenus nauticum*), em que a concedente do crédito passava a seguir a sorte (*following the fortunes*) do captador do crédito, quando a devolução da quantia, com a respectiva remuneração,[8] estava condicionada ao "*feliz arribo de la nave a puerto*". O risco decorrente das perdas corria por conta do prestador do crédito. Nota-se que essa transferência do risco não decorria de um contrato autônomo, que se assemelhasse ao contrato de seguro, mas, sim, de um dispositivo acessório ao mútuo (*stipulatio usurarum*), de condicionamento da não concretização do risco; uma condição não vinculada a uma obrigação do devedor, mas ao risco assumido pelo credor.[9] Como explica Cordeiro,

> [...] inicialmente, o *phoenus* é o ganho ou o produto. Surge utilizado no préstimo marítimo, em similitude com a expressão *pencuia traictia*. O nauta, tendo recebido o valor, obriga-se a restituí-lo: uma criação consuetudinária, com influências greco-orientais e que veio a ser acolhida pelo pretor.
>
> Associado ao *phoenus nauticum* estava, muitas vezes, uma cláusula penal: o prestamista assumia riscos graves, pelo que mais se justificava o cumprimento. Encontramos, aqui, o antepassado do dever de diligência e de boa-fé do tomador do seguro. O acordo seria concluído por uma *stipulatio*, que fazia surgir, na esfera do armador, o dever de restituir o capital e os juros, com o retorno da nave. [...]
>
> Esse perigo começa a correr no dia em que, segundo o acordado, o navio deixe o porto. A responsabilidade do armador surgiria pela aceitação da coisa, sendo inicialmente ilimitada.[10]

O professor português conclui destacando que é a visão comercial sobre o risco que está por trás do advento do seguro no período romano, afirmando:

> O *phoenus nauticum* visava, simplesmente, financiar um transpor por mar: eventualidade perigosa, mas que, quando bem sucedida, proporcionava lucros elevados. Em termos econômicos, ela assume parte da função do seguro marítimo. Noutros termos, na falta de verdadeiros contratos de seguro, as associações e as parcerias entre capitalistas e empresários, no florescente comércio marítimo da Antiguidade, preenchiam este papel.[11]

Essa referência à experiência romana visa frisar que, se, na Idade Média, usaram-se técnicas para transferência e compartilhamento de riscos e para auferir ganho sobre os mesmos, não se pode negar que houve expressivo desenvolvimento de institutos relacionados à modulação do risco nesse período. Destaca-se, portanto, que o desenvolvimento das técnicas de enfrentamento dos riscos decorrido no período medieval seguiu um legado acumulado pelos romanos.

---

8. "El riesgo derivado de la pérdida del dinero o de las mercancias corre a cargo del acreedor o prestamista, que ló compensa mediante la fijación de un interés (*usurae*; la expresión *faenerare* significa, en sentido técnico jurídico, *prestar com interes*)." PERANDONES, Pablo Girgado. *El principio indemnizatorio en los seguros de daños*: una aproximación a su significado. MERCATURA – Colección Estudios de Derecho Mercantil n. 19. Granada: Comares, 2005, p. 15.

9. PERANDONES, Pablo Girgado. *El principio indemnizatorio en los seguros de daños*: una aproximación a su significado. MERCATURA – Coleción Estudios de Derecho Mercantil n. 19. Granada: Comares, 2005, p. 12-18.

10. CORDEIRO, António Menezes. *Direito dos Seguros*. Coimbra: Almedina, 2016, p. 55-56.

11. CORDEIRO, António Menezes. *Direito dos Seguros*. Coimbra: Almedina, 2016, p. 57.

Na Idade Média, ocorre um salto no desenvolvimento dos seguros, com o aparecimento de formas originárias de mecanismos e conceitos que estão na essência do instituto até a atualidade. Foram inicialmente desenvolvidos pelos costumes e práticas comerciais para, em um segundo momento, receberem tratamento doutrinário e normativo. Durante a Idade Média "o seguro veio a surgir, em duas frentes muito distantes: a assistencial e a negocial, também chamada de seguro a prêmio".[12]

No ponto de partida do surgimento de uma figura seguradora esteve a dificuldade de controle pelos prestadores de crédito sobre a veracidade das operações, ao que se somou a prática de captação de crédito para uma mesma operação. Ademais, a ascensão de um conjunto de motivos levou à proibição da usura[13] – estopim para o desenvolvimento dos seguros, pois despertou a necessidade de criação de outras soluções para lidar com o risco. Surgiu o "interesse" para justificar a taxação sobre o capital emprestado, a se conciliar os excessos da doutrina da Igreja às necessidades da realidade do tráfego econômico,[14] em um processo que visava substituir a oposição à prática da usura por uma adaptação de suas atividades aos ditames da Igreja.[15]

---

12. CORDEIRO, António Menezes. *Direito dos Seguros*. Coimbra: Almedina, 2016, p. 59.
13. PERANDONES, Pablo Girgado. *El principio indemnizatorio en los seguros de daños*: una aproximación a su significado. MERCATURA – Coleción Estudios de Derecho Mercantil n. 19. Granada: Comares, 2005, p. 19-20. O Direito Canônico, durante a Idade Média, impôs regras morais às relações comerciais, inclusive com a proibição da usura. O autor aponta os excessos na taxação dos empréstimos como razão para defini-los como usura, em razão, especialmente, do caráter rudimentar da projeção sobre o risco, que dificultava o estabelecimento de liames entre taxas e riscos. Esta discrepância (já que "a veces, cuantías que suponían más del cinquenta por ciento del capital prestado", p. 20) vinha a caracterizar uma mera especulação sobre os riscos, ausente um interesse. Segundo o autor, a prática da usura, pela Igreja, decorre tanto de fatores socioeconômicos quanto de fatores éticorreligiosos. Os fatores socioeconômicos vinculam-se à restrição, pela Igreja, da ascensão do "capitalista sedentário", ou seja, o mercador e o banqueiro durante um período de transição de "uma economía eminentemente agrícola" para um período "inmerso en el tránsito a una economía comercial". Já os fatores éticorreligiosos, de maior relevância e abrangência para a justificação da proibição da usura vinculam-se a razões como: "1º El tiempo es un bien otorgado por Dios a los hombres y no es lícito comerciar com él; 2º El dinero es um bien estéril que no produce frutos; 3º El dinero comprende tanto la cosa en sí como su uso y, por ello, pedir la devolución de la misma y unos intereses por su empleo significa reclamar uma doble restitución, ló que se juzga condenable". É bem verdade que esta postura categórica não foi uníssona durante a Idade Média, sendo relevante notar que na Escolástica existiam posturas mais brandas, como a de São Tomás de Aquino, em que "la licitud o ilicitud de la actividad negocial no está ligada a la actividad en si considerada, sino a la intencionalidad de quien la ejerce. De tal modo, el lucro no es nada opuesto a la virtud, pudiendo proponérselo el comerciante cuando se ordene a un fin necesario u honesto". No mesmo sentido, sobre a consideração do fator risco a justificar a usura, afirma o autor que "Respecto del interes, aporta Santo Tomás nuevas vias para entender com mayor exactitud el significado del préstamo mercantil, haciendo referencia al 'riesgo' que supone para el prestamista, la posibilidad de que no vea devuelto su dinero por el prestatario. De este modo, el 'riesgo' justifica la exigencia de um interes, que, por ello, se considera lícito (justo)" (p. 22-30). Para um estudo sobre a proibição da usura, ver CORDEIRO, António Menezes. *Direito dos Seguros*. Coimbra: Almedina, 2016, p. 61 e ss.
14. PERANDONES, Pablo Girgado. *El principio indemnizatorio en los seguros de daños*: una aproximación a su significado. MERCATURA – Colección Estudios de Derecho Mercantil n. 19. Granada: Comares, 2005, p. 29. Segundo afirma, a ideia que viria a se afirmar, com amparo no Direito Romano, era a de recuperar a noção de interesse "para afirmar la legitimidad de una cantidad suplementaria al principal del préstamo, mientras con ello no se superen unos límites moderados, que le haría incurrir en usura y que, por tanto, están prohibidos". Idem.
15. PERANDONES, Pablo Girgado. *El principio indemnizatorio en los seguros de daños*: una aproximación a su significado. MERCATURA – Coleción Estudios de Derecho Mercantil n. 19. Granada: Comares, 2005, p. 31. Esclarece: "A sí y ante la citada prohibición, los comerciantes y navegantes, que se niegan, lógicamente, a tal

O desenvolvimento crescente do transporte marítimo, ao necessitar do aporte de recursos, fez com que os operadores passassem a substituir o contrato de empréstimo por uma espécie inédita de contrato de compra e venda, pelo qual o comerciante transmitia a propriedade do bem (a embarcação e a carga) ao suposto comprador, mas esse só realizava o pagamento em caso de sinistro,[16] havendo, outrossim, uma cláusula resolutória para o caso de o transporte não ser concluído com a chegada ao porto de destino.[17]

É correto afirmar que o seguro, então, funcionava como uma técnica de diluição do risco entre um coletivo de comerciantes, não se tratando, por si só, de uma atividade comercial propriamente dita. A evolução do instituto, porém, transformou-o progressivamente em um tipo comercial, ainda que o tenha acompanhado a noção comunitária (hoje compreendida como mutualismo). Desenvolveu-se um mecanismo de transferência dos riscos individuais a um administrador, que formava e gerenciava um fundo comum, integrado pelas contribuições individuais pagas pelos segurados, capaz de indenizar aqueles do grupo eventualmente atingidos por um evento danoso. Assim, o prejuízo individual era repartido pela coletividade comum.

Aos poucos, produziu-se um refinamento do instituto do seguro por meio de mecanismos como o princípio indenizatório, a repartição de riscos, a delimitação de critérios para fixação do prêmio, o estabelecimento de franquias, a estimação prévia de indenização e o recurso ao princípio da boa-fé.[18] Diversos institutos começaram a ser desenvolvidos, todavia visando evitar o enriquecimento indevido por meio do seguro e a localização do interesse como seu elemento.

---

resultado, buscan una solución a las consecuencias perjudiciales que éste pueda provocar. De tal modo, la doctrina canónica parece ejercer un incuestionable ascendiente en la configuración de los contratos".

16. Sendo relevante o dado histórico, cumpre apreciar o seguinte episódio: "o comerciante genovês Benedetto Zaccaria, que em 1298 tinha de entregar em Bruges 30 toneladas de alúmen que se encontrava numa vila piscatória da orla mediterrânea da costa francesa, em Aigues-Mortes. Temendo o risco de um naufrágio e da perda da mercadoria que devia entregar no porto de Bruges, o exportador propôs-se vender simulada ou ficticiamente a mercadoria a dois compatriotas seus, Enrico Suppa e Baliano Grilli, comprometendo-se a recomprar essa mercadoria quando, e se, ela fosse descarregada naquele porto do Atlântico, por um preço superior ao preço inicial. Não havendo azar, os compradores-revendedores ganhariam na diferença dos preços; em contrapartida, perecendo no mar a mercadoria, o risco correria pelos compradores e o vendedor guardaria o preço das mercadorias. Através deste complexo mecanismo jurídico-contratual, as partes evitavam o risco de assimilar o lucro dos compradores-revendedores a um juro, então proibido pela Igreja de Roma, ou a celebrar um empréstimo para grande aventura, também visto com desfavor pela doutrina na Igreja". MENDES, Armindo Ribeiro. Novos horizontes do contrato de seguro as exigências do século XXI. In: MOREIRA, António; MARTINS, M. Costa (Coord.). *I Congresso Nacional de Direito dos Seguros* (Lisboa). Coimbra: Almedina, 2000, p. 245. O relato original está contido em BRIYS, Eric; VARENNE, François de. Assurance et marches financiers: concurrence ou complémentarité? In: EWALD, François; LORENZI, Jean-Hervé. *Encyclopédie de l'assurance*. Paris: Economica, 1998, p. 1666-1681. O objetivo é demonstrar a semelhança entre os seguros e os produtos financeiros. Do trecho reproduzido, é de se notar que aquela prática negocial, ao mesmo tempo em que tinha características de um seguro, também se assemelhava a um financiamento bancário qualquer. O que parece relevante, na análise deste movimento embrionário dos seguros, é a questão do risco, do seu enfrentamento e a construção de formas para sua transferência.

17. PERANDONES, Pablo Girgado. *El principio indemnizatorio en los seguros de daños*: una aproximación a su significado. MERCATURA – Colección Estudios de Derecho Mercantil n. 19. Granada: Comares, 2005, p. 31-32.

18. PERANDONES, Pablo Girgado. *El principio indemnizatorio en los seguros de daños*: una aproximación a su significado. MERCATURA – Colección Estudios de Derecho Mercantil n. 19. Granada: Comares, 2005, p. 32-39.

Foi apenas no século XX que a prática de seguros se desvinculou do comércio rotineiro e ganhou autonomia negocial, passando a ser gerida por empresas (empresarialidade) e assumindo a capacidade e os métodos formais de gestão dos riscos[19] e originando as grandes companhias seguradoras da atualidade.[20] A partir de então, como explica Martinez,

> O seguro altera-se com o desenvolvimento da indústria seguradora, mediante a celebração de contratos de seguro em larga escala, deixando de atender-se ao risco esporádico – numa situação contratada – para passar a considerar-se o risco associado ao cálculo probabilístico, ao risco dos grandes números. Evoluiu-se do risco como álea esporádica para uma indústria com finalidade lucrativa, recorrendo à prática do seguro em larga escala seguindo regras matemáticas de previsão de sinistros.[21]

Desde seus primórdios, os seguros apresentaram capacidade de adaptação a novos cenários de riscos, o que é válido até a atualidade[22] no cumprimento de suas funções e expectativas, conforme será visto a seguir.

III. SOBRE A FUNÇÃO E A IMPORTÂNCIA DOS SEGUROS

A complexidade da vida moderna trouxe considerável transformação na concepção de risco. O que antigamente era entendido como infortúnio ou fato excepcional, hoje se entende como dado objetivo, projetável e mensurável, passando a ser encarado como "risco". Os acidentes já não são, essencialmente, surpresas, nem exceção na vida social, mas elementos constantes do dia a dia, prognosticáveis desde a sua gênese até seus efeitos.[23] A vida humana em sociedade, intensa e perigosa, fez com que o seguro, que manifesta sobremaneira a ideia de garantia, se desenvolvesse a ponto de alcançar atualmente um lugar de destaque na vida econômica e social.

---

19. MONTI, Alberto. *Environmental risks and insurance*: a comparative analysis of the role of insurance in the management of environment-related risks. OCDE, 2002. Disponível em: www.oecd.org/finance/financial-markets/1939368.pdf. Acesso em: 18 nov. 2017, p. 5. Sobre as diferentes perspectivas de percepção e convivência com os riscos, afirma o autor que "Economic actors have different attitudes towards risks. It depends on several factors, including the nature of the risk, the probability of loss, the potential magnitude of the loss and the ability to absorb its economic consequences. Assuming rationality and perfect information, economic actors are able to calculate the actual value of a given risk by discounting the magnitude of the loss by the probability of its occurrence (PxL)".
20. PASQUALOTTO, Adalberto. *Garantias no Direito das Obrigações*: um ensaio de sistematização. Tese (Doutorado em Direito) – Faculdade de Direito, Universidade Federal do Rio Grande do Sul. Porto Alegre, 2005, p. 188.
21. MARTINEZ, Pedro Romano. *Direito dos Seguros*: apontamentos. S. João do Estoril: Principia, 2006, p. 29-30.
22. Para exemplificar situações que demonstram a capacidade de adaptação da técnica seguradora a novas modalidades de risco, vale referir o advento das apólices *claims made*, as quais serão abordadas em momento próprio e, entre outros, apenas para mencionar exemplos sobre os quais já tivemos oportunidade de dissertar, os seguros com apólices abertas para o transporte de cargas, em SARAIVA NETO, Pery; FENILI, Maiara B. Declaração/averbação de cargas nas apólices abertos do Seguro de Responsabilidade Civil do Transportador de Cargas: Julgado do STJ – REsp 1.318.021. *Revista Jurídica de Seguros*. Rio de Janeiro: CNSeg, v. 4, p. 240-253, 2016) e os seguros paramétricos, em SARAIVA NETO, Pery. Seguros paramétricos frente aos desafios de adaptação às mudanças climáticas. In: CARLINI, Angélica; SARAIVA NETO, Pery (Org.). *Aspectos jurídicos dos contratos de seguro* – Ano V. Porto Alegre: Livraria do Advogado, 2017, p. 61-72).
23. TZIRULNIK, Ernesto; CAVALCANTI, Flávio de Queiroz B.; PIMENTEL, Ayrton. *O contrato de seguro*: de acordo com o novo Código Civil brasileiro. São Paulo: Ed. RT, 2003, p. 132-133.

A atividade seguradora exerce relevantes funções econômicas e sociais. O seguro tem a função social de permitir a continuidade das atividades econômicas após a ocorrência de eventos danosos e traumáticos, pois, repondo as perdas, preserva a condição econômica e social, seja do segurado, seja de terceiros. As funções econômicas podem ser compreendidas por duas vertentes: uma relacionada à influência positiva que os seguros desempenham sobre as atividades econômicas, promovendo conforto, segurança e garantia para as relações negociais e patrimoniais, e outra relacionada à capacidade do segurador, enquanto gestor de provisões, de atuar como importante investidor, em razão dos robustos importes financeiros que administra.

A função social exercida pelos seguros é consequência da lógica mutualista,[24] segundo a qual o segurador é capaz de distribuir equitativamente, entre muitos, os prejuízos sofridos por poucos, de modo que todos suportem as perdas de alguns. A menção a "todos" deve ser contextualizada: a pulverização dos prejuízos individuais é a pulverização dos prejuízos individuais dos segurados. As vítimas, que nos interessam especialmente pela perspectiva dos seguros de responsabilidade civil, não são abrangidas por esta pulverização de perdas, salvo nos seguros obrigatórios. Conforme afirma Miragem,

> A importância dos seguros para a sociedade contemporânea é notória. Expressão amplamente difundida é a de sociedade de risco, indicando um traço da realidade atual, em que a evolução tecnológica e as profundas alterações nas relações sociais importam na multiplicação e socialização dos riscos de dano e com isso, a necessidade de incremento nas técnicas de prevenção, mitigação e garantia em relação a estes riscos.[25]

Como observam Carlini e Faria,

> Os contratos de seguro são cada vez mais importantes na época histórica em que vivemos e, em especial, em nosso país. [...] Fruto do gênio criativo e da inteligência humana, a operação de seguros é fundamental para que a Humanidade possa viver com as consequências dos riscos, muitos dos quais criados por ela própria, mas essenciais na busca de progresso tecnológico e, consequentemente, de melhores condições de vida. Os contratos de seguro ao longo da história da Humanidade têm cumprido esse relevante papel social e econômico, de garantir a todos aqueles que são vítimas de um dano que tenham condições de retornar ao estado anterior ou, no mínimo, que tenham recursos financeiros para buscar alternativas de qualidade de vida diante de nova situação criada após a ocorrência do risco.[26]

---

24. O mutualismo, neste contexto, não se confunde com as práticas mutualistas e cooperativas que estão nas origens dos seguros. A figura do segurador profissional, capaz de compreender, valorar e distribuir riscos (gerir) faz com que a lógica mutualista apareça como mero reflexo da atividade seguradora (e, portanto, realize uma função social), mas que não traduz sua essência. Nesse sentido, Baptista da Silva já afirmava que "ao lado do seguro a prêmio fixo, conhece-se a figura denominada seguro mútuo, forma mais perfeita, sem dúvida e, em certo sentido, mais antiga do seguro, onde a ideia de mutualidade encontra expressão mais autêntica. [...] A diferença que separa as duas espécies está em que, no seguro a prêmio fixo, existirá um capital social, estranho aos segurados, que deve ser remunerado, o que implica a ideia de uma empresa capitalista (segurador de profissão), alheia aos segurados, que administra e explora o seguro, em benefício próprio, ao passo que no seguro mútuo não existe, sob essa forma, o capital social". BAPTISTA DA SILVA, Ovídio A. *O seguro e as sociedade cooperativas*: relações jurídicas comunitárias. Porto Alegre: Livraria do Advogado, 2008, p. 46.

25. MIRAGEM, Bruno. O direito dos seguros no sistema jurídico brasileiro: uma introdução. In: MIRAGEM, Bruno; CARLINI, Angélica. *Direito dos seguros*: fundamentos de direito civil, direito empresarial e direito do consumidor. São Paulo: Ed. RT, 2014, p. 25.

26. CARLINI, Angélica; FARIA, Maria da Glória. Fundamentos jurídicos e técnicos dos contratos de seguro: o dever de proteção da mutualidade. In: MIRAGEM, Bruno; CARLINI, Angélica. *Direito dos seguros*: fundamentos de direito civil, direito empresarial e direito do consumidor. São Paulo: Ed. RT, 2014, p. 63 e 82-83.

Carvalho e Damacena destacam a importância dos seguros como elemento de estruturação de resiliência. Discorrendo sobre os desastres e os fatores transversais intrínsecos aos desastres, abordam o papel da vulnerabilidade como agravante, e da resiliência como pressuposto de reorganização e resposta aos desastres. Nesse sentido, ao tratarem da resiliência, sustentam que ela se vincula a escolhas com relação a futuras perdas, enfatizando o elemento da responsabilidade individual – como cada um escolhe e decide se preparar para eventuais infortúnios. Afirmam que "reconhecer a parcela de responsabilidade humana diante dos desastres significa repensar as ações, ter um plano de reconstrução e desenvolver capacidade para implementá-lo, ter seguros e priorizar uma restruturação eficaz diante de futuras intempéries.[27]

IV. CLASSIFICAÇÃO DOS SEGUROS

O desenvolvimento dos inúmeros tipos de seguros é uma construção decorrente das práticas e das necessidades sociais e econômicas. Conforme observa Cordeiro,

As diversas modalidades de seguro surgiram, ao longo da História, de acordo com as necessidades da vida comercial. Primeiro acantonadas ao sector marítimo, elas vieram a alargar-se às pessoas e, depois, aos vários riscos terrestres. Não obedecem a qualquer plano de conjunto ou, sequer, de enquadramento: antes conheceram um desenvolvimento periférico, quiçá empírico.[28]

Para Vasques, os seguros são passíveis de várias classificações e para cada espécie haverá peculiaridades. Propõe as seguintes classificações:

Parecem de registrar, entre muitas possíveis, pelo menos as seguintes classificações: seguros de danos e seguros de pessoas; seguros de coisa, de patrimônio e de pessoas; seguros a prêmio e seguros mútuos; seguro do ramo Vida e dos ramos Não vida; seguros por conta própria e por conta de outrem; seguros terrestres e seguros marítimos; seguros temporários e não temporários; seguros de prestações convencionadas e de prestações indemnizatórias; seguro de grupo e seguros individuais; seguros de grandes riscos e seguro de risco de massa; seguros obrigatórios e seguros voluntários; seguros sociais e seguros privados; segundo seu regime de formação; seguro directo e resseguro.[29]

Os diversos tipos de seguro poderão ser combinados, sendo possível encontrar contratos de seguro que reúnam várias características destas diversas classificações.[30] Importa-nos atentar para a definição de seguros de danos e de pessoas, passando pela compreensão do seguro garantia e pela distinção entre seguros obrigatórios e facultativos.

IV.1 Seguro de danos e seguro de pessoas

A diferenciação encontra amparo na legislação, especificamente no Código Civil brasileiro – os artigos 778 a 802 tratam de dois gêneros de seguros: os seguros de danos

---

27. CARVALHO, Délton Winter de; DAMACENA, Fernanda Dalla Libera. *Direito dos desastres*. Porto Alegre: Livraria do Advogado, 2013, p. 61.
28. CORDEIRO, António Menezes. *Direito dos Seguros*. Coimbra: Almedina, 2016, p. 791.
29. VASQUES, José. *Contrato de seguro*: notas para uma teoria geral. Coimbra: Coimbra Editora, 1999, p. 47 e seguintes.
30. VASQUES, José. *Contrato de seguro*: notas para uma teoria geral. Coimbra: Coimbra Editora, 1999, p. 55.

e os seguros de pessoas. Nessa divisão se encontram as bases para as derivações dos seguros a suas diversas espécies (ramos) disponibilizadas pelo mercado segurador. Essa classificação inicial, prevista em lei, é absolutamente justificável: seria incabível pretender, na legislação, discorrer sobre e regular todas as espécies possíveis de seguros. Além de resultar em uma exposição demasiado exaustiva, por certo geraria um marco legal fadado à defasagem, pois novos riscos são constantemente assumidos pelo mercado segurador, o que permite e estimula a criação de novas espécies de seguros constantemente.

O seguro de pessoas é o gênero que visa garantir ao segurado ou aos seus beneficiários o pagamento de determinada soma em dinheiro caso ocorra algum evento danoso capaz de afetar a vida ou a saúde do segurado. Ao contrário do seguro de dano, não tem natureza indenitária, pela razão de ser impossível aferir valores monetários à vida e à saúde humana. Por isso, os seguros de pessoas, a rigor, não apresentam um limite máximo de cobertura securitária. A quantia que eventualmente será devida pelo segurador, em caso de sinistro (valor do capital segurado), pode ser livremente estipulada pelo proponente do seguro,[31] admitindo-se até mesmo a contratação de mais de um seguro sobre o mesmo interesse,[32] conforme dispõe o artigo 789 do Código Civil brasileiro.[33]

Por outro lado, os seguros de danos têm especial importância, pois é a partir desse gênero que se localizam a espécie e as subespécies dos seguros de responsabilidade civil. Diferentemente dos seguros de pessoas, esses detêm "natureza tipicamente indenitária, ou seja, são voltados à recomposição patrimonial do segurado, de modo que, ocorrendo o sinistro, o sujeito favorecido pela indenização deverá fazer prova dos prejuízos econômicos sofridos".[34]

São seguros de danos todos aqueles de caráter indenitário, em que o interesse legítimo segurável, objeto do contrato, incide sobre um bem economicamente apreciável, pelo qual se indeniza o prejuízo que o segurado efetivamente sofreu.[35] A finalidade é a recomposição patrimonial do segurado diante de uma perda que tenha experimentado, seja por danos aos próprios bens, seja pela perda patrimonial decorrente de uma obrigação para com terceiros, em razão de sujeição ao regime de responsabilidade civil.

IV.2 Seguros de danos e o seguro de responsabilidade civil

Os seguros de danos dividem-se entre patrimoniais e de responsabilidade civil. Ambos servem ao objetivo de resguardo ou de reposição dos bens e do patrimônio do

---

31. Nesse sentido, vide PERANDONES, Pablo Girgado. *El principio indemnizatorio en los seguros de daños*: una aproximación a su significado. MERCATURA – Colección Estudios de Derecho Mercantil, n. 19. Granada: Comares, 2005, e do mesmo autor, *La póliza estimada*: la valoración convencional del interés en los seguros de daños. Madrid: Marcial Pons, 2015.
32. SILVA, Ivan de Oliveira. *Curso de direito do seguro*. São Paulo: Saraiva, 2012, p. 220.
33. Código Civil, artigo 789: Nos seguros de pessoas, o capital segurado é livremente estipulado pelo proponente, que pode contratar mais de um seguro sobre o mesmo interesse, com o mesmo ou diversos seguradores.
34. SILVA, Ivan de Oliveira. *Curso de direito do seguro*. São Paulo: Saraiva, 2012, p. 213.
35. BECHARA SANTOS, Ricardo. *Direito de seguro no Código Civil e legislação própria*. Rio de Janeiro: Forense, 2006, p. 188-189.

segurado. Nos patrimoniais, protegem-se seus bens diretos; nos de responsabilidade civil, a reposição patrimonial cumpre a obrigação de reparar algum dano causado a terceiros. Os seguros de danos, como os seguros em geral, servem ao segurado e aos seus interesses – a proteção de terceiros somente surgirá de maneira reflexa, como garantia, nas hipóteses de insuficiência ou de indisponibilidade do patrimônio pessoal do segurado.

O seguro de responsabilidade civil representa uma das diversas espécies do vasto campo de atuação dos seguros, consistindo em importante instrumento diante das atuais contingências da vida moderna.[36] Pode ser definido como aquele em que se obriga o segurador a indenizar terceiros, em conformidade com o previsto no contrato e dentro dos limites legais e contratuais, diante da condição de um segurado que esteja civilmente responsável por danos causados a outrem.[37] O Código Civil de 2002 estabelece um conceito legal para o seguro de responsabilidade civil: seu art. 787 dispõe que "no seguro de responsabilidade civil, o segurador garante o pagamento de perdas e danos devidos pelo segurado a terceiro".

Para Ricardo Bechara Santos, o seguro de responsabilidade civil apresenta natureza patrimonial, uma vez que visa repor o patrimônio do segurado que tenha sido desfalcado pelo deslocamento de uma quantia em razão de dano causado ao bem de terceiro. O seguro deve repará-lo, respeitando os limites e condições estabelecidos no contrato.[38] O objeto dessa espécie de contrato será sempre uma responsabilidade, por isso se diferencia de outras convenções.

O seguro de responsabilidade civil está vinculado ao interesse do segurado em manter seu patrimônio protegido contra o risco de ser-lhe imposta alguma responsabilidade; ou seja, busca no seguro a garantia de não precisar diminuir seu patrimônio em razão dos resultados civis negativos que venha a causar a outrem. O risco coberto por essa classe de seguro é a eventualidade de ocorrência de danos a terceiros que sejam imputados ao segurado, de modo que tenha que responder por tais danos.[39] O risco, portanto, liga-se à possibilidade de perda do próprio segurado, quando compelido a indenizar terceiro.[40] Há, assim, uma direta vinculação com o resguardo do patrimônio pessoal do segurado. A esse propósito:

---

36. FERREIRA SILVA, Rita Gonçalves. *Do contrato de seguro de responsabilidade civil geral*: seu enquadramento e aspectos jurídicos essenciais. Coimbra: Coimbra, 2007, p. 101.

37. BARBAT, Andrea Signorino. *Los seguros de responsabilidad civil*: caracteres generales y coberturas principales. Montevideo: Fundación de Cultura Universitaria, 2011, p. 55-56.

38. BECHARA SANTOS, Ricardo. *Direito de seguro no cotidiano*: coletânea de ensaios jurídicos. Rio de Janeiro: Forense, 2002, p. 59.

39. REGO, Margarida Lima. *Contrato de seguro e terceiros*: estudo de direito civil. Coimbra: Coimbra Editora/ Wolters Kluwer, 2010, p. 646. A autora faz uma ressalva importante em relação ao que, no Brasil, denominamos de Custos de Defesa, uma cobertura largamente presente nos seguros de responsabilidade civil, ainda que não se enquadre propriamente nessa categoria. Diz respeito a custos que possam incorrer ao segurado no exercício de sua defesa perante terceiros. Assinala a autora, neste sentido, que "deixo de fora a cobertura de despesas associadas à refutação de pretensões infundadas de terceiro por considerar que, ainda que estas se encontrem por vezes cobertas num seguro de responsabilidade civil, não o definem".

40. Usa-se a expressão "terceiro" com a conotação típica, relacionada ao instituto da responsabilidade civil sobre "outrem", na forma da regra básica de responsabilidade aquiliana insculpida no artigo 927 do Código Civil brasileiro.

Costuma dizer-se que o bem protegido é, nestes seguros, o patrimônio do segurado como um todo – porque o fim deste seguro é proteger o segurado contra o desembolso das indemnizações por si devidas. Daí não ser rigorosa a asserção de que a separação entre os seguros de coisas e os seguros de responsabilidade civil distinguiria seguros de riscos próprios e seguros de riscos de "terceiros". Os riscos seguros, nos seguros de responsabilidade civil, também são riscos próprios – do segurado, entenda-se, não necessariamente do tomador – e não de terceiros (eventuais lesados).[41]

Veiga Copo ressalta que, nos seguros de responsabilidade civil, o que se protege é o segurado em relação ao seu patrimônio ativo, "já que sobre este é que recai a obrigação de pagar uma dívida de responsabilidade civil frente a terceiros. Trata-se de cobrir o risco de ameaça ao eventual responsável, e que se concentra e materializa sobre seu patrimônio".[42] Fica clara a finalidade e o escopo dos seguros de responsabilidade civil: têm por objetivo a proteção do segurado (mais especificamente, o resguardo patrimonial do próprio segurado) contra eventuais perdas que tenha em razão de uma obrigação de indenizar terceiros. Note-se que os seguros de responsabilidade civil não cobrem, como regra, todos os riscos de responsabilização civil do segurado, sendo praxe restringir coberturas a uma determinada dimensão ou modalidade de responsabilidade, ou, ainda, limitar a cobertura a uma determinada prática profissional, com a exclusão de qualquer outra.[43]

Não se olvida, outrossim, a preocupação com a solvência do segurado, no sentido de que tenha capacidade financeira, meios e recursos para honrar sua obrigação perante terceiros. O seguro proporciona a reposição patrimonial do segurado em caso de perda decorrente da indenização que pagará ao terceiro, portanto sua função social aparece destacada nas hipóteses em que o patrimônio do segurado seja insuficiente (ou inexistente) para honrar sua obrigação. Em outros termos, o segurado seria incapaz de honrar sua dívida com patrimônio próprio, valendo-se, portanto, da garantia ofertada pelo contrato de seguro, através da qual o segurador honrará uma obrigação originariamente sua. Embora o segurador cubra o risco de responsabilização do segurado, a obrigação do primeiro não se confunde com o dever de indenizar do segundo perante o terceiro. O dever do segurador decorre de um dever primário de prestar, fundado no contrato e não na responsabilidade civil.[44]

Alguns autores, como Ferreira da Silva, entendem que esse ramo vise, simultaneamente, resguardar o patrimônio do segurado (evitando que sofra diminuição ativa ou aumento passivo) e proteger os "legítimos interesses" dos terceiros lesados, cujos danos sofridos são ressarcidos pela seguradora.[45] Não há como negar, portanto, a pos-

---

41. REGO, Margarida Lima. *Contrato de seguro e terceiros*: estudo de direito civil. Coimbra: Coimbra Editora/ Wolters Kluwer, 2010, p. 647.

42. Tradução livre. VEIGA COPO, Abel B. *El riesgo en el contrato de seguro*: ensayo dogmático sobre el riesgo. Cizur Menor (Navarra): Aranzadi, 2015, p. 397.

43. REGO, Margarida Lima. *Contrato de seguro e terceiros*: estudo de direito civil. Coimbra: Coimbra Editora/ Wolters Kluwer, 2010, p. 648.

44. REGO, Margarida Lima. *Contrato de seguro e terceiros*: estudo de direito civil. Coimbra: Coimbra Editora/ Wolters Kluwer, 2010, p. 647.

45. FERREIRA SILVA, Rita Gonçalves. *Do contrato de seguro de responsabilidade civil geral*: seu enquadramento e aspectos jurídicos essenciais. Coimbra: Coimbra, 2007, p. 105.

sibilidade de atendimento de um compromisso com dimensão de ética social no seguro de responsabilidade civil. Os seguros de responsabilidade civil transmitem a ideia de dever social, pois "o plexo relacional de indivíduos, cada qual podendo causar danos e prejuízos a outro membro da coletividade e cada indivíduo lesado repercutindo o seu dano também a outras pessoas, necessita de garantia de indenização".[46]

Para elucidar um preceito não imputado pelo modelo brasileiro:[47] em alguns países, o lesado pode exercer autonomamente o seu direito, acionando diretamente a empresa de seguros. Esse mecanismo reveste o seguro de responsabilidade civil de cunho social, uma vez que dá garantia, legalmente estabelecida, à vítima, cabendo à empresa seguradora o ressarcimento dos prejuízos causados e satisfazendo, assim, necessidades individuais, bem como as necessidades da sociedade em geral.[48] Qualquer dano causado a alguma pessoa tem repercussão na sociedade e ocasiona um conflito social; sendo assim, pode-se concluir que esse seguro ofereça, ao mesmo tempo, uma proteção pessoal e patrimonial à vítima, ao segurado e à comunidade em geral.[49]

IV.3   Seguros facultativos e seguros obrigatórios

Seguros facultativos, tal como explícito em sua nomenclatura, são aqueles de livre escolha e contratação pelo segurado. A opção pelos seguros, nesse caso, está a depender essencialmente do nível de compreensão sobre responsabilidade e prevenção que detenha certo indivíduo. Por evidente, quanto maior seu grau de consciência sobre previdência, o indivíduo estará mais apto e propenso a contratar seguros ou outras formas de resguardo.

A opção pelos seguros, de forma facultativa, decorre, ainda, da maior ou menor propensão do indivíduo aos riscos; maior ou menor aversão a eles. Não se pode olvidar, outrossim, a própria noção de resiliência. Se, por um lado, seguros proporcionam resiliência, por outro, entidades ou indivíduos com maior capacidade de autorresiliência, com recursos e capacidades próprios, podem não optar por esses serviços. Os seguros facultativos, portanto, atendem a interesses (legitimamente) egoísticos, de resguardo pessoal, familiar ou institucional. Diferem substancialmente dos seguros obrigatórios.

Os seguros obrigatórios são compulsórios por força de lei, sendo muito comum a instituição desse tipo de obrigação nos seguros de responsabilidade civil. Se anteriormente se afirmou que os seguros têm foco nos interesses e na proteção do segurado e de seu patrimônio, nos obrigatórios há uma alteração do foco, cuja preocupação está na proteção da coletividade, difusamente considerada. Trata-se, aqui, de situação des-

---

46. POLIDO, Walter. *Contrato de seguro*: novos paradigmas. São Paulo: Roncarati, 2010, p. 191.
47. Reza o enunciado da Súmula 529 do Superior Tribunal de Justiça que "No seguro de responsabilidade civil facultativo, não cabe o ajuizamento de ação pelo terceiro prejudicado direta e exclusivamente em face da seguradora do apontado causador do dano". Em sentido oposto, portanto, possível a ação direta nos seguros obrigatórios.
48. FERREIRA SILVA, Rita Gonçalves. *Do contrato de seguro de responsabilidade civil geral*: seu enquadramento e aspectos jurídicos essenciais. Coimbra: Coimbra, 2007, p. 109-110. Ressalva-se desta passagem, porém, a questão da ação direita, que preponderantemente não é possível no Brasil.
49. FERREIRA SILVA, Rita Gonçalves. *Do contrato de seguro de responsabilidade civil geral*: seu enquadramento e aspectos jurídicos essenciais. Coimbra: Coimbra, 2007, p. 111.

tacada de cumprimento de uma função social pelos seguros, evidenciando-se o viés da solidariedade. Solidariza-se a obrigação de reparar os danos.

No Brasil, os seguros obrigatórios possuem previsão no artigo 20 do Decreto-Lei 73/1966.

V. RISCO ASSEGURÁVEL E SUA DELIMITAÇÃO

Em relação à acepção de riscos, a definição de risco assegurável ganha contornos muito próprios. Se à exaustão afirmou-se, anteriormente, que o risco depende significativamente de processos e de fatores perceptivos e contextuais, tais variáveis ainda se aplicam ao tratar de seguros. A percepção e a definição de riscos asseguráveis depende do contexto compreensivo delimitado pela técnica seguradora. Isso envolve quatro pontos principais de avaliação do risco em questão, a saber: "sua natureza; a probabilidade de ocorrência; a característica da população que está exposta a ele; e a magnitude de suas consequências".[50] Note-se que o risco assegurável pouco tem em comum com os riscos em sentido sociológico ou com os riscos ambientais. Em virtude disso, destacou-se, a própria responsabilidade como um risco.

Como observa Alvarez, discorrendo sobre o risco como negócio securitário, dois pontos são relevantes: "que a ocorrência do evento não necessariamente será futura, podendo ser presente e atual, ou mesmo pretérita" e, que "o risco não se relaciona com a incerteza individual, pois o risco é um dado social objetivo, e, portanto, deve estar relacionado com uma incerteza objetiva, consubstanciada na possibilidade de um acontecimento real".[51] Por conseguinte, pontua:

> O risco do negócio securitário precisa, outrossim, ser segurável tecnicamente e juridicamente [...]. Para ser segurável, requer: (i) possibilidade de ocorrência de um evento; (ii) incerteza da ocorrência de tal evento; por consequência da incerteza, (iii) involuntariedade quanto à ocorrência; e (iv) licitude, porquanto o risco deve se relacionar a interesse lícito.[52]

Algumas noções começam a se evidenciar relevantes. Uma primeira e central é a de que os riscos asseguráveis precisam ser necessariamente acidentais, afinal, se houvesse uma aceitação para além dos riscos acidentais, o segurado poderia determinar a seu gosto e modo o nascimento das obrigações do segurador.[53] Por conseguinte, o contrato ficaria ao arbítrio de apenas um dos contratantes, o que não só geraria problemas jurídicos, mas também, e especialmente, não despertaria interesse econômico ao segurador.[54] Esse

---

50. PEREIRA, Fernanda. Fundamentos técnicos – atuariais do seguro. In: MIRAGEM, Bruno; CARLINI, Angélica. *Direito dos seguros*: fundamentos de direito civil, direito empresarial e direito do consumidor. São Paulo: Revista dos Tribunais, 2014, p. 36-38.

51. ALVAREZ, Ana Maria Blanco Montiel. *Resseguro e seguro*: pontos de contato entre negócios jurídicos securitários. Porto Alegre: Livraria do Advogado, 2014, p. 103-104.

52. ALVAREZ, Ana Maria Blanco Montiel. *Resseguro e seguro*: pontos de contato entre negócios jurídicos securitários. Porto Alegre: Livraria do Advogado, 2014, p. 104.

53. Código Civil, art. 762. Nulo será o contrato para garantia de risco proveniente de ato doloso do segurado, do beneficiário, ou de representante de um ou de outro.

54. MALO, Albert Azagra. *Daños del amianto*: litigación, aseguramiento de riesgos y fondos de compensación. Madri: Fundación Mapfre, 2011, p. 69.

pressuposto afasta, portanto, riscos não acidentais, ou seja, aqueles decorrentes de atos voluntários do segurado. Esse princípio gera consequências na questão do agravamento intencional do risco.[55]

Afastando-se das especificidades dos seguros mútuos, parece apropriado enfocar os principais elementos dos processos de asseguramento, próprios à atividade e operação negocial dos seguros ou, em outros termos, precisar os principais pontos de aplicação da técnica de seguros. Analisando-se, então, os seguros como operação e prática comercial, cumpre verificar os principais elementos da técnica asseguradora. Optou-se, para atingir esse objetivo, por dividir a análise em duas categorias: a delimitação do que seja um risco assegurável e a dispersão desse risco, sendo esta última categoria abordada inicialmente.

V.1   Dispersão de riscos

A teoria geral do risco indica que esse varia conforme as percepções: o que é risco para alguns, pode não ser para outros. Desse modo, um particular, diante de uma determinada ameaça, na sua vida ou no seu negócio, definirá se aceita ou não correr determinado risco. Aceitando-o, poderá optar por suportá-lo sozinho (autosseguro)[56] ou transferi-lo, havendo, de fato, diversos mecanismos para tal transferência e pulverização, além dos seguros. Discorrendo sobre a socialização racional dos prejuízos, afirma Polido:

> Graças ao mecanismo do seguro há, portanto, a possibilidade de ocorrer a socialização racional e científica dos prejuízos sofridos pelos membros de determinada sociedade em situação semelhante de risco. A álea – inerente ao risco – uma vez conhecida e cientificamente mensurada pode ser repassada ao segurador. Na verdade, o seguro não é a única alternativa dentro das técnicas de gerenciamento de risco conhecidas, mas constitui uma das opções mais utilizadas pelas sociedades modernas. O gestor pode assumir o seu próprio risco; pode modificá-lo a ponto de neutralizar o perigo completamente; pode ainda extingui-lo, por exemplo, deixando de atuar com aquela determinada atividade de risco; pode ainda estabelecer mecanismos de autogestão, com a estipulação de fundo financeiro de reserva para fazer frente a situações de danos. O seguro pode representar, além da garantia contra os riscos, simplificação operacional, apesar de as seguradoras aplicarem igualmente técnicas de gerenciamento visando à melhoria dos riscos, as quais obrigatoriamente devem ser observadas pelos segurados.[57]

Analisando desde a perspectiva dos seguros, por tratarem os riscos aqui abordados (riscos de responsabilização), vale assinalar a íntima ligação entre seguros e responsabilidade civil. Enquanto a responsabilidade ameaça impor um custo à parte responsável, essa se assegura contra esse risco; caso o mesmo se concretize, poderá o responsável

---

55. Sobre cobertura para atos dolosos, vide MATOS, Filipe Albuquerque. Contrato de seguro – a cobertura de actos dolosos. In: NUNES, António José Avelãs; CUNHA, Luís Pedro; MARTINS, Maria Inês de Oliveira (Org.) *Estudos em Homenagem ao Prof. Doutor Aníbal de Almeida*. Boletim da Faculdade de Direito (Stvdia Ivridica 107 – Ad Honorem 7). Coimbra: Coimbra Editora, 2012, p. 677-701.

56. Pelo autosseguro, um "potencial segurado, em vez de ajustar um contrato de seguro com uma seguradora, faz o seu próprio seguro, nomeadamente provisionando uma verba para acudir a eventuais prejuízos". MARTINEZ, Pedro Romano. *Direito dos Seguros*: apontamentos. S. João do Estoril: Principia, 2006, p. 63-64.

57. POLIDO, Walter. *Contrato de seguro*: novos paradigmas. São Paulo: Roncarati, 2010, p. 91-92.

recorrer à sua seguradora para cobrir a perda.[58] A decisão de transferir o risco por meio da contratação, assegurando-se, é uma forma, e uma decisão, de dispersão dos riscos. O segurado transfere, parcial ou totalmente, um risco que era seu, iniciando um processo de dispersão. Desse modo, uma vez realizada a transferência do risco, também o segurador se vale de técnicas de dispersão, que podem ocorrer de diversas maneiras.[59]

O mutualismo, por exemplo, é uma forma de dispersão dos riscos, pela qual o risco de um é fragmentado entre o risco de muitos. Como explica Polido:

> O caráter mutual do seguro é preponderantemente, insiste-se, em razão de sua natureza comunitária. Não haveria seguro se apenas um ou meia dúzia de riscos fossem subscritos, uma vez que as apólices consideradas nesse universo não consubstanciariam a atividade seguradora em toda a sua acepção técnica e jurídica. [Para instituição de seguros, exige-se] volume substancial de riscos homogêneos, tecnicamente calculados e com prêmios representativos do custo real dos riscos assumidos pelo seu tomador. Esse volume de negócios forma o fundo garantidor do pagamento dos sinistros que sucederão.[60]

O mutualismo dispersa riscos, portanto, porque, em caso de sinistros, a soma de contribuições arcará com os prejuízos individuais. Assim, é pela pulverização dos próprios riscos em uma grande comunidade social que se dá suporte e segurança técnica para a própria atividade de seguros.[61]

Outra forma de realizar a dispersão ocorre quando o segurador divide com o próprio segurado a responsabilidade sobre o risco, limitando o início de sua responsabilidade. Essa fragmentação ocorre pelo esquema de franquias ou de participação obrigatória do segurado, pelo qual ao segurado se atribui a primeira responsabilidade sobre as perdas.

Ainda sobre os mecanismos de dispersão dos riscos, ou, mais precisamente, da responsabilidade sobre o risco, é importante analisar o conceito de "excesso": como todo seguro funciona com limites, quando o segurador se limita a assegurar uma determinada quantia, o que exceder ao limite máximo de responsabilidade da seguradora volta a recair sob a responsabilidade do segurado. Esse excesso, no entanto, também poderá ser objeto de seguro. Daí o conceito de seguro a segundo risco,[62] aplicável às ocasiões em

---

58. BERGKAMP, Lucas. Environmental risk spreading and insurance. *Review of European Community and International Environmental Law (RECIEL)*. Oxford: Blackwell, v. 12, n. 3, p. 270, 2003.

59. Nesse sentido, "The traditional insurance mechanism can be divided into four phases: – *risk assessment* (the evaluation of risk, which is usually performed through statistical and probabilistic analyses) – *risk transfer* (the shifting of its harmful consequences by way of the insurance contract) – *risk pooling* (the placement of the risk in a pool of homogeneous but independent risks allows the insurer to spread the risk and to benefit from the law of large numbers) – *risk allocation* (the pricing of the risk though premium setting)". MONTI, Alberto. *Environmental risks and insurance*: a comparative analysis of the role of insurance in the management of environment-related risks. OCDE, 2002. Disponível em: www.oecd.org/finance/financial-markets/1939368.pdf. Acesso em: 18 nov. 2017, p. 5.

60. POLIDO, Walter. *Contrato de seguro*: novos paradigmas. São Paulo: Roncarati, 2010, p. 93-94.

61. BAPTISTA DA SILVA, Ovídio A. *O seguro e as sociedades cooperativas*: relações jurídicas comunitárias. Porto Alegre: Livraria do Advogado, 2008, p 69.

62. Define-se Seguro a Segundo Risco como sendo o seguro feito em outra seguradora para complementar a cobertura a primeiro risco absoluto, sempre que o segurado queira prevenir-se contra a possibilidade da ocorrência de sinistro de montante superior à importância segurada naquela condição. O segundo risco segue o primeiro

que, para um mesmo risco, o segurado disponha de mais de uma cobertura de seguro, com seguradoras diferentes. Nesse caso, delimita-se previamente qual dos seguros atuará no primeiro risco transferido e somente ante o esgotamento da respectiva cobertura é que haverá o acionamento da cobertura do outro seguro.[63] Por isso, existe a cláusula padrão de excesso, que serve para evitar margem de interpretação de que possa haver dois seguros de danos para um mesmo risco, ou para o mesmo interesse. Matos observa:

> Apesar de um tal argumento se manifestar particularmente relevante quando o limite indenizatório do primeiro seguro celebrado exceder o quantitativo do dano sofrido pelo lesado, o mesmo não sucederá quando os prejuízos por este reclamados se afigurarem superiores ao montante coberto pela dita seguradora. Com efeito, em tais situações, poderá revelar-se útil acionar a segunda ou terceira seguradora que assumiram a cobertura do mesmo interesse e pelo mesmo período, porquanto apenas desse modo o(s) lesado(s) poderia(m) obter o ressarcimento integral dos danos sofridos, conquanto lhe(s) esteja vedado a atribuição de um montante indemnizatório superior ao dano, apesar de tal à partida lhe(s) ser formalmente permitido, atendendo aos montantes facultados pela segunda ou terceira coberturas.[64]

É interessante sublinhar, do trecho reproduzido, que, a rigor, não se trata de seguros sobre um mesmo risco, mas sobre um mesmo interesse. Diz-se que não se trata de um mesmo risco – levando em conta o esclarecimento sobre o risco de responsabilização, pelo qual se entende que seja sobre essa particular espécie de risco que recai a atuação do segurador –, pois haverá, em tais situações, o risco do segurado (limitado pela franquia), o primeiro risco assegurado, o segundo e assim por diante. Tudo, é evidente, limitado pelo interesse segurado e guiado pelo princípio indenizatório.[65]

É significativa a relação entre o princípio indenizatório e a noção de interesse segurado: tal princípio serve de orientação para a valoração do interesse no contrato de

---

risco, sendo definido o Seguro a Primeiro Risco, como Absoluto ou Relativo. Conceitua-se: a Primeiro Risco Absoluto é aquele em que o segurador responde pelos prejuízos integralmente, até o montante da importância segurada, não se aplicando, em qualquer hipótese, cláusula de rateio. Só se justifica essa contratação, tecnicamente, quando a expectativa de dano médio for igual a 100% (cem por cento) do risco coberto; a Primeiro Risco Relativo é aquele pelo qual são indenizados os prejuízos até o valor da importância segurada, desde que o valor em risco não ultrapasse determinado montante fixado na apólice. Se esse montante for ultrapassado, o segurado participará dos prejuízos como se o seguro fosse proporcional. IRB – Brasil Re. *Dicionário de seguros*: vocabulário conceituado de seguros. Rio de Janeiro: Funenseg, 2011, p. 199.

63. O Código Civil determina, no seu artigo 782, que "o segurado que, na vigência do contrato, pretender obter novo seguro sobre o mesmo interesse, e contra o mesmo risco junto a outro segurador, deve previamente comunicar sua intenção por escrito ao primeiro, indicando a soma por que pretende segurar-se, a fim de se comprovar a obediência ao disposto no art. 778." O artigo 778, por sua vez, trata do princípio indenizatório dos seguros de dano, prevendo que "a garantia prometida não pode ultrapassar o valor do interesse segurado no momento da conclusão do contrato".

64. MATOS, Filipe Albuquerque. Danos ambientais / danos ecológicos: o fundo de intervenção ambiental. In: MONTEIRO, Jorge Sinde; BARBOSA, Mafalda Miranda (Coord.). *Risco ambiental*: atas do colóquio de homenagem ao Senhor Professor Doutor Adriano Vaz Serra. Coimbra: Instituto Jurídico/FDUC, 2015, p. 77.

65. Para um estudo de fundo sobre o princípio indenizatório, sugere-se PERANDONES, Pablo Girgado. *El principio indemnizatorio en los seguros de daños*: una aproximación a su significado. MERCATURA – Colección Estudios de Derecho Mercantil, n. 19. Granada: Comares, 2005. E ainda, como desdobramento deste primeiro estudo indicado, o mesmo autor apresenta uma nova configuração e conformação para o princípio indenizatório em PERANDONES, Pablo Girgado. *La póliza estimada*: la valoración convencional del interés en los seguros de daños. Madrid: Marcial Pons, 2015.

seguro.[66] A compreensão desses dois elementos é central para afastar qualquer comparação do seguro ao jogo ou à aposta.[67] O princípio indenizatório, eixo central e limitador de obrigações nos seguros de danos, tem a função de inviabilizar o enriquecimento injusto. Como explica Miragem,

> O princípio indenitário constitui um dos traços principais que explicam o fundamento e funcionalidade do contrato de seguro. [...] resulta do princípio indenitário que sendo a função do seguro a de garantir a indenização do interesse protegido, não pode servir para dar causa a um acréscimo patrimonial ao segurado em decorrência do sinistro, limitando a liberdade contratual no tocante a estipulação do valor do interesse segurado.[68]

Por outro lado, o seguro a segundo o risco, ou mesmo os sucessivos, tidos aqui como forma de dispersão do risco, não se confundem com o cosseguro. Embora ambos tenham relevo em uma lógica de dispersão de riscos, está-se, no fundo, diante de uma situação em que o segurador conclui não ter capacidade de suportar o risco e dar a garantia.

Pelo cosseguro, verificada a necessidade de pulverizar o risco, forma-se uma estrutura constituída por companhias seguradoras alinhadas (*pool*), na qual cada uma, proporcionalmente, haverá de receber o prêmio pago pelo segurado e, consequentemente, assumirá a responsabilidade pela importância segurada equivalente à sua cota de prêmio auferida.[69]

Por fim, quanto à dispersão de riscos, seguradores valem-se da transferência pela via do resseguro, assim definido por Polido:

> O resseguro é uma forma seguradora de segundo grau, em que, através das diversas modalidades, as entidades seguradoras procuram homogeneizar e limitar as suas responsabilidades, para normalizar o comportamento da carteira de riscos assumidos, por meio da cobertura dos desvios ou desequilíbrios que afetem a frequência, a intensidade, a distribuição temporal ou o valor individual dos sinistros que a afetarem".[70]

Como explica Alvarez, o resseguro é um mecanismo de partilha do risco adotado para dispersar o risco do segurador. Esclarece, recorrendo à lição de Paulo Luiz de Toledo Piza:

---

66. PERANDONES, Pablo Girgado. *El principio indemnizatorio en los seguros de daños*: una aproximación a su significado. MERCATURA – Colección Estudios de Derecho Mercantil, n. 19. Granada: Comares, 2005, p. 3.
67. PERANDONES, Pablo Girgado. *El principio indemnizatorio en los seguros de daños*: una aproximación a su significado. MERCATURA – Colección Estudios de Derecho Mercantil, n. 19. Granada: Comares, 2005, p. 208.
68. MIRAGEM, Bruno. O direito dos seguros no sistema jurídico brasileiro: uma introdução. In: MIRAGEM, Bruno; CARLINI, Angélica. *Direito dos seguros*: fundamentos de direito civil, direito empresarial e direito do consumidor. São Paulo: Ed. RT, 2014, p. 36-38.
69. Dispõe o Código Civil, no artigo 761, que "quando o risco for assumido em cosseguro, a apólice indicará o segurador que administrará o contrato e representará os demais, para todos os seus efeitos". Nos termos do artigo 2º, inciso II, da Lei Complementar 126/2007, "cosseguro: operação de seguro em que 2 (duas) ou mais sociedades seguradoras, com anuência do segurado, distribuem entre si, percentualmente, os riscos de determinada apólice, sem solidariedade entre elas."
70. POLIDO, Walter. *Resseguro*: cláusulas contratuais e particulares sobre responsabilidade civil. 2. ed. Rio de Janeiro: Funenseg, 2011, p. 6.

No âmbito securitário, a Teoria da Assunção de Risco implica a apreensão de uma unicidade da estrutura e da funcionalidade no contrato de resseguro, independentemente da forma ou modalidade técnica considerada, revelando a sua função precípua como garantidor da "proteção e viabilização do próprio exercício da atividade securitária". [...] o resseguro se constitui em "fator de produção do seguro", pelo qual "se reduzirá um risco do segurador, qual seja, o de ter de responder por eventual incorreção na repartição mutualística dos riscos segurados a que se volta". Em outros termos, o resseguro reduz o risco que recai sobre o segurador, o segurado fica a salvo de novas contribuições a serem fixadas para tratar de resultados negativos oriundos dos desvios e desequilíbrios aos quais o seguro está sujeito.[71]

V.2   Classificação e delimitação de riscos

Para os objetivos do que passa a ser tratado, é pertinente recorrer a Molinaro, em passagem na qual pondera:

> [...] não há ação que não esteja limitada no tempo e no espaço. Toda a atividade humana, física ou psíquica, está limitada em extensão conformando fronteiras que não podem ser ultrapassadas impunemente. O que tem limites está *determinado*, isto é, está demarcado, e o que está demarcado tem *utilidade*, vale dizer, é conveniente ou valioso.[72]

Para os seguros, enquanto atividade econômica, a possibilidade de atribuir valor a um risco é da sua essência. Como observa Veiga Copo:

> Previsibilidade, possibilidade, probabilidade e evitabilidade são constantes, mas também um cálculo, uma magnitude. Pesar e redistribuir esse risco, calibrando-o e permeando-o, é essencial no e para o contrato de seguro, pois as contingências são as possibilidades de verificar ou não o risco delimitado que, definitivamente, traça a fronteira ou fronteiras do risco.[73]

O patamar atual dos seguros como prática de negócios pressupõe a capacidade de empresas especializadas, dotadas de técnicas de gestão de riscos, de anteverem os mesmos[74] e de definirem seus escopos e dimensões, com tipologias e possibilidades de sua determinação. Afinal, racionalizar sobre:

---

71. ALVAREZ, Ana Maria Blanco Montiel. *Resseguro e seguro*: pontos de contato entre negócios jurídicos securitários. Porto Alegre: Livraria do Advogado, 2014, p. 104.

72. MOLINARO, Carlos Alberto. *Direito ambiental*: proibição de retrocesso. Porto Alegre: Livraria do Advogado, 2007, p. 81.

73. Tradução livre. VEIGA COPO, Abel B. *El riesgo en el contrato de seguro*: ensayo dogmático sobre el riesgo. Cizur Menor (Navarra): Aranzadi, 2015, p. 25.

74. Para antever riscos, o segurador se vale, dentre outros mecanismos, da Lei dos Grandes Números, assim explicada por Colombo: "Em 1692, Jacob Bernoulli demonstrou o seguinte teorema: quando se conhece a probabilidade de ocorrência de um evento num experimento aleatório, é possível indicar quais são as expectativas da frequência da sua ocorrência, se o mesmo experimento for repetido um número considerável de vezes sob condições semelhantes. Por outro lado, se a probabilidade de um evento é desconhecida, mas o número de experimentos é muito grande, a sua probabilidade pode ser aproximada. A frequência relativa de um evento é definida como a relação entre o número de vezes que um evento aconteceu numa dada série de repetições de um experimento aleatório e o número total de repetições do referido experimento. [...] numa série imensa de experimentos, a frequência relativa de um evento se aproxima cada vez mais da sua probabilidade. Em outras palavras, quando se repete um experimento um número suficientemente grande de vezes é possível, na equação apresentada, substituir a expressão 'frequência relativa' por 'probabilidade' com erro desprezível. Assim, dada uma longa série de experimentos, pode-se calcular a probabilidade de um evento". COLOMBO, Angelo. Contrato de seguros: limites técnicos de negociação entre seguradora e segurado. In: SCHALCH, Debora (Org.). *Seguros e resseguros*: aspectos técnicos, jurídicos e econômicos. São Paulo: Saraiva/Virgília, 2010, p. 29-30.

[...] o que, o quem, o como, o quando, o quanto, onde ocorrem, configuram e delimitam o risco efetivo que o contrato de seguro traça e o segurador cobre. Definir e delimitar. Incluir e excluir, evitando o esvaziamento do contrato e do risco ou, dito de outro modo, evitar a desnaturalização do contrato de seguro é o objetivo, mas também a essência do risco e por extensão do contrato de seguro.[75]

Para ressaltar a tecnicidade inerente à operação securitária, cuja conformação deve estar retratada no conteúdo do contrato de seguro, é relevante consignar que:

A operação asseguradora se desenvolve em forma técnica e a aproximação a seus resultados depende da estatística, do cálculo de probabilidade, da lei dos grandes números, do desvio médio de sinistralidade, da máxima perda provável, da medição da frequência dos acidentes, da severidade e da sua correlação com o preço adequado a cobrar.[76]

A atividade seguradora pressupõe, no processo de transferência e aceitação do risco, um exercício constante e qualificado de delimitação do risco que estará sendo aceito e que passará a ser coberto pelo segurador. Veiga Copo propõe as seguintes tipologias de delimitação: extensão objetiva, extensão subjetiva, extensão espacial, extensão quantitativa e extensão temporal, afirmando que

A determinação do risco segurado requer uma tarefa de dissecação prévia, individualização do risco através da naturalização do evento e do interesse sobre o qual ele cai, assim como, finalmente, sua delimitação causal, espacial e temporal. Entramos no campo estrito, mas necessário, do exame do nexo entre causa e evento, mas também em uma análise mais ampla, o elo etiológico entre evento e dano; e se esse evento foi descrito, individualizado, incluído no escopo do risco assumido e segurado, o evento ocorrido, causando dano ou não, esteja excluído da cobertura e assunção pela seguradora.[77]

Antes de analisar essas diversas formas de delimitação dos riscos, é necessário referir o tênue limite, aqui tratado em termos contratuais, entre a delimitação de riscos no contrato de seguro e as cláusulas limitativas de diretos. Se a delimitação de riscos é necessária, é fundamental que seja coerente e racional para ser legítima.[78]

V.2.1   Delimitação objetiva

A delimitação objetiva dos riscos se dá pelo exercício material e formal de definição, com precisão, do que sejam riscos cobertos e riscos excluídos do seguro. Afinal,

---

75. Tradução livre. VEIGA COPO, Abel B. *El riesgo en el contrato de seguro*: ensayo dogmático sobre el riesgo. Cizur Menor (Navarra): Aranzadi, 2015, p. 20.

76. Tradução livre. PRIETO, Hilda Esperanza Zornosa. *Escritos sobre riesgos y seguros*. Bogotá: Universidad Externado de Colombia, 2012, p. 585.

77. Tradução livre. VEIGA COPO, Abel B. *El riesgo en el contrato de seguro*: ensayo dogmático sobre el riesgo. Cizur Menor (Navarra): Aranzadi, 2015, p. 309-310.

78. VEIGA COPO, Abel B. *El riesgo en el contrato de seguro*: ensayo dogmático sobre el riesgo. Cizur Menor (Navarra): Aranzadi, 2015, p. 311.

A delimitação do risco na apólice ou nas condições deve partir de uma premissa, definição e delimitação objetivas conclusivas. Objetividade e neutralidade no próprio núcleo, na essência da cobertura causal. [...] O que é coberto e o que é excluído requer clareza, precisão e definição.[79]

Em complementação,

A delimitação objetiva significa materialmente e objetivamente especificar aqueles bens, objetos, coisas, patrimônio, vida, saúde etc. que são e serão objeto do contrato de seguro específico, seja de danos ou de pessoas, ou assistência. As coberturas específicas e garantias que se enquadram neste seguro são definidas de forma rigorosa e específica. Configurar, direta e indiretamente, a hipótese ou hipóteses de sinistro.

Uma delimitação material ou objetiva do risco que define, especifica, mas também pode excluir a cobertura de risco.[80]

A questão da delimitação objetiva, portanto, não é outra coisa senão a clarificação imediata do escopo de um determinado seguro, ou seja, a definição da atividade contemplada, para compreensão dos riscos que lhe são próprios. Tendo clareza de quais sejam os riscos, definem-se as respectivas coberturas e, ao contrário, tão importante quanto, os riscos que não serão cobertos, chamados de riscos excluídos (seja por opção do segurador ou do próprio segurado).

V.2.2 Delimitação subjetiva

A delimitação pelos seguros envolve a definição de quem sejam o segurado e os beneficiários do seguro. Trata-se de delimitação subjetiva no contrato de seguro, sobre a qual discorre Veiga Copo:

A delimitação subjetiva implica especificar a pessoa ou as pessoas determinadas sobre quem recai o seguro, tanto em seus atos e comportamentos quanto na própria pessoa em si. Cláusulas e delimitações que determinam e especificam nomeadamente os segurados, seja a quem corresponda ou com determinabilidade no futuro, seja por determinações genéricas como 'terceiro', 'familiares', 'empregados', 'dependente' etc.

Delimitação subjetiva onde a atitude e o comportamento do segurado e das pessoas que dependem dele prefiguram e acabam configurando a cobertura ou não do risco por parte da seguradora.[81]

Significa dizer que os seguros cobrem riscos gerados pela atividade do próprio segurado ou daqueles outros nomeados no contrato de seguro que ajam em seu nome. Jamais cobrirá riscos ou arcará com indenizações por danos ocasionados por qualquer um que não seja seu segurado. Embora isso seja óbvio, não é simples. Não é simples

---

79. Tradução livre. VEIGA COPO, Abel B. *El riesgo en el contrato de seguro*: ensayo dogmático sobre el riesgo. Cizur Menor (Navarra): Aranzadi, 2015, p. 311.
80. Tradução livre. VEIGA COPO, Abel B. *El riesgo en el contrato de seguro*: ensayo dogmático sobre el riesgo. Cizur Menor (Navarra): Aranzadi, 2015, p. 313.
81. Tradução livre. VEIGA COPO, Abel B. *El riesgo en el contrato de seguro*: ensayo dogmático sobre el riesgo. Cizur Menor (Navarra): Aranzadi, 2015, p. 344 e 347.

em razão de duas variáveis que, em matéria de responsabilidade civil, avultam em complexidade: (i) a responsabilidade decorrente de evento pluricausal e (ii) a questão de que o segurador, ao definir quem será ou quem serão seu(s) segurado(s), projeta as possibilidades de responsabilização daquele(s) para os riscos que ele, segurador, esteja assumido. Ao cogitar essas possibilidades de responsabilização, projeta um limite provável de perdas, ou seja, estima até onde poderá ir a responsabilidade civil de seu(s) segurado(s) no âmbito de suas atividades e nos limites do contrato de seguro. Isso é feito com base nas regras previstas no sistema jurídico. A questão ganha novos contornos e se converte em um problema complexo quando o sistema não é claro sobre qual será o limite de responsabilidade – pois o sistema jurídico tampouco explicita, de forma precisa, as circunstâncias que poderão fazer com que a responsabilidade recaia sobre os indivíduos.

V.2.3   Delimitação temporal

De fundamental importância para os seguros é a questão da sua delimitação temporal, o que significa determinar o início e fim de sua vigência, mas, também, os efeitos das renovações e, mais além, a própria responsabilidade do segurador em período que extrapole, antes ou depois, a vigência do contrato. Como afirma Veiga Copo,

> Determinar o alcance da cobertura, seu início exato, a eficácia retroativa ou posterior da mesma, especialmente no seguro de responsabilidade civil, a incidência da dimensão tempo na taxa de prêmio, seu pagamento sucessivo ou periódico e as consequências do não pagamento e o tempo, o fracionamento do prêmio ao longo do tempo, a equivalência entre cobertura e prêmio durante a vigência do contrato, independentemente de ocorrer ou não uma perda, o tempo da perda, a reclamação, a exigibilidade, judicial ou não, são infinitos problemas da prática de seguros.[82]

A delimitação do tempo terá importância, ainda, para definir o período de retroatividade da apólice, quer dizer, a possibilidade de o seguro dar garantia para eventos ocorridos anteriormente ao início da sua vigência (desde que desconhecidos, necessariamente) – limites esses que devem estar claros e delimitados no contrato de seguro.

Para exemplificar a importância da questão do tempo, vale discorrer sobre os modelos e pressupostos de acionamento (gatilho) das coberturas em caso de sinistros, reflexão especialmente válida a respeito dos seguros de responsabilidade civil. Há basicamente dois formatos de apólices de responsabilidade civil, conhecidas como modalidades à base de ocorrência (*occurrence losses*) e à base de reclamação (*claims made basis*). As apólices acionáveis à base de ocorrência garantem o pagamento de indenização pelos danos causados a terceiro, quando os danos tenham ocorrido durante a vigência da apólice e o terceiro pleiteie do segurado a indenização, e esse último, da seguradora, observados os prazos legais, ou seja, mesmo após o término da vigência de uma apólice. Esse modelo, que é o mais comum nesse tipo de seguro, é utilizado em situações de riscos

---

82. Tradução livre. VEIGA COPO, Abel B. *El riesgo en el contrato de seguro*: ensayo dogmático sobre el riesgo. Cizur Menor (Navarra): Aranzadi, 2015, p. 363.

em que o aparecimento ou a constatação do dano ou de perdas garantidas pelo segurado ocorram de forma imediata, estando distante de qualquer complicação aparente para a sua percepção.[83]

Já para os riscos cuja possibilidade de sinistro impliquem sinistros de latência prolongada (*long-term exposure*), a apólice à base de ocorrência demonstra-se inadequada, devendo esses riscos ser garantidos por apólices especialmente desenvolvidas para tal particularidade. Sobressaem, então, as apólices à base de reclamação, que garantem o pagamento de indenização pelos danos causados a terceiro, desde que os danos tenham ocorrido durante o período de vigência da apólice ou durante o período de retroatividade (contratualmente ajustado), e que o terceiro apresente a reclamação durante a vigência da apólice, no prazo complementar ou, ainda, durante o prazo suplementar. Assim, diferentemente das apólices por ocorrência, nas sujeitas à reclamação, as reclamações podem ocorrer no prazo de vigência da apólice ou de suas extensões. O advento da modalidade de apólice à base de reclamação é claro exemplo de adaptação do instituto dos seguros às novas necessidades de riscos, pelo qual, para riscos peculiares, de longa latência, se estatuiu uma modalidade específica de delimitação temporal.[84]

Segundo Barbat, o surgimento das cláusulas *claims made* tem registro na década de 1960 no mercado londrino, com expansão a partir do ano de 1985, no mercado norte-americano, quando foi autorizado o uso dessa cláusula,

> [...] como consequência dos resultados devastadores que afetaram os mercados de seguros e resseguros em razão da comercialização de contratos de seguro de responsabilidade civil com base em "ocorrências" cobrindo certos riscos com danos tardios ou danos diferidos, especialmente aqueles denominados "cauda longa" ou "long tail".[85]

Um evento marcante, a esse respeito, foi a constatação de danos decorrentes do amianto,[86] que gerou elevado impacto nos seguros para produtos desenvolvidos com o uso desse mineral. Conforme explica Barbat:

---

83. POLIDO, Walter. *Seguros de responsabilidade civil*: manual prático e teórico. Curitiba: Juruá, 2013, p. 430.
84. Sobre o desenvolvimento das apólices à base de reclamação, no Brasil, vide MENDES, Carla Dila Lessa; ZETTEL, Christine de Faria; COSTA, Marcelo Bittencourt Ferro. As apólices à base de reclamações no Brasil. *Revista Brasileira de Risco e Seguro*. Rio de Janeiro, v. 3, n. 6, out.2007/mar.2008, p. 135-170.
85. Tradução livre. BARBAT, Andrea Signorino. *Los seguros de responsabilidad civil*: caracteres generales y coberturas principales. Montevideo: Fundación de Cultura Universitaria, 2011, p. 88.
86. O amianto, também conhecido por asbesto, é a denominação para minerais metamórficos fibrosos, ou silicatos hidratados. Como estes minerais possuem fibras largas e resistentes, altamente flexíveis, foram durante muito tempo utilizadas, de forma ampla, nos mais diversos produtos, tais como materiais de construção (telhas e caixas d'água), indústria automotivo e de maquinários, indústria têxtil, entre outros. A descoberta de suas utilidades e ampliação do uso para os mais diversos produtos e setores, em inquestionáveis processos de inovação, por certo geraram grande euforia, decorrente da potencialidade econômica e da utilidade social. O tempo, porém, demonstrou-se que da euforia veio a catástrofe. Ocorre que a inalação das fibras do amianto é causa relevante de doenças cujas características são o longo tempo de latência (hibernação). Implicam em enfermidades que se desenvolvem ao longo de período expressivo de exposição e acumulação no organismo. Neste sentido, MALO, Albert Azagra. *Daños del amianto*: litigación, aseguramiento de riesgos y fondos de compensación. Madri: Fundación Mapfre, 2011, p. 30-31.

Mais a asbestose desequilibrou as seguradoras porque, por um lado, era uma doença nova e, portanto, fora do risco previsível, e por outro, era uma doença de longa incubação que excedia as provisões lógicas de reservas para enfrentar as eventuais reclamações.

Assim, as reclamações daqueles afetados por asbestose a fabricantes, distribuidores, depositários e também segurados vieram oito ou dez anos após o término da validade das apólices, superando as reservas existentes, e causaram a insolvência e liquidação de muitas seguradoras e resseguradoras.[87]

Tal contexto de danos justifica a necessidade de estrita observação e clareza sobre a delimitação temporal das coberturas e da proteção ofertada pelos seguros.

V.2.4 Delimitação quantitativa

Seguros sempre funcionam com limites quantitativos. As coberturas e as indenizações serão limitadas de diversas formas, pois estão atreladas ao prêmio que, salvo exceções, será previamente estabelecido com base no risco que se pretende garantir. Há, por evidente, correlação entre prêmio e coberturas. Nos seguros de danos, há um limite elementar, vinculado ao princípio indenizatório e ao interesse segurado. Pela delimitação quantitativa, como esclarece Veiga Copo,

> A soma segurada ou valor segurado encontra seu limite, por um lado, no interesse segurável, ou seja, o valor real do objeto ou bem segurado e, por outro lado, atua como limite para cada sinistro, quando uma coisa ou um bem, ou pessoa em caso de acidente ou assistência médica [...], a seguradora é obrigada a indenizar cada um deles – os sinistros – dentro desse limite específico. Regula-se, em suma, pelo princípio de indenização no seguro de danos que impede o enriquecimento do segurado. Este, como detentor do interesse segurado, recebe um equivalente no caso em que a compensação do prejuízo é pecuniária ou monetária, o prejuízo sofrido por seus ativos com a destruição da coisa ou objeto do contrato.[88]

Os limites quantitativos poderão ocorrer, ainda, por cobertura (para cada cobertura de um risco objetivamente delimitado), mas, também, por sinistro (LMI) ou mesmo para um limite máximo de garantia (LMG) e sempre estarão, em cada contrato, condicionados ao limite agregado, ou seja, ao valor máximo indenizável pelo contrato, em todos os sinistros, durante a sua vigência.

Outro exemplo de limitação quantitativa é a franquia ou participação obrigatória do segurado nos prejuízos ocorridos com o sinistro (instituto sobre o qual se discorreu anteriormente, situando-o também como forma de dispersão de risco). No que se refere à franquia, Bechara Santos define "a franquia, na sua expressão mais simples, nada mais é do que um valor determinado no contrato de seguro, que representa o limite de participação do segurado nos prejuízos resultantes de cada sinistro, contribuindo com uma pequena percentagem do dano".[89]

---

87. Tradução livre. BARBAT, Andrea Signorino. *Los seguros de responsabilidad civil*: caracteres generales y coberturas principales. Montevideo: Fundación de Cultura Universitaria, 2011, p. 89.
88. Tradução livre. VEIGA COPO, Abel B. *El riesgo en el contrato de seguro*: ensayo dogmático sobre el riesgo. Cizur Menor (Navarra): Aranzadi, 2015, p. 386-387.
89. BECHARA SANTOS, Ricardo. *Direito de Seguro no Cotidiano*. Rio de Janeiro: Forense, 2012, p. 251.

Por outro lado, a franquia tem a função de estimular o segurado a zelar pelo próprio patrimônio ou interesse segurado, na medida em que na ocorrência de um risco coberto poderá vir a participar financeiramente com o segurador no montante final do prejuízo. Há próxima ligação entre franquia e prêmio, pois quanto maior for a participação do segurado, menor será o prêmio.

V.2.5 Delimitação espacial

A delimitação espacial refere-se à descrição e âmbito territorial de incidência do seguro, ou seja, o lugar ou os lugares em que está localizado o risco. Segundo Veiga Copo:

Quanto às cláusulas de delimitação espacial ou geográfica, estas dependem em grande medida do tipo de risco envolvido. Neste campo terá que atender à natureza móvel ou imóvel da coisa segurada, de sua mobilidade ou não, de sua localização inicial e, finalmente, especialmente se mediou ou não o consentimento da seguradora para mover a coisa de um lugar para outro diferente do inicialmente declarado no contrato.[90]

A questão do lugar, para os seguros ambientais, é das mais complexas e relevantes. Pensando em um segurado que seja uma indústria, é necessário considerar a delimitação e a compreensão do lugar, do seu histórico, dos seus passivos, de outros tipos de atividades já realizadas no mesmo espaço, as demais indústrias localizadas proximamente, a existência de recursos naturais, bem como a qualidade destes recursos naturais, o perfil e quantidade de pessoas em comunidades e moradias próximas. Todos esses elementos serão de enorme importância para uma adequada compreensão e mensuração do risco.

VI. VARIABILIDADE DO RISCO

Uma vez que a delimitação dos riscos, em suas diversas formas, possui acentuada influência na prática de seguros, uma variável que deve ser apreciada é a hipótese de variabilidade do risco, bem como os reflexos da alteração dos riscos para os seguros. Como explica Andrade, "o negócio jurídico de seguro deve manter uma correlação entre o prêmio e o risco contratados. Nesses termos, se houver um aumento da probabilidade de ocorrência do risco, esta circunstância pode afetar, de modo sensível, o referido equilíbrio contratual".[91]

Os riscos podem variar, inclusive durante a vigência do contrato, tanto por razões internas quanto por razões externas ao segurado, sendo tal variação possível tanto para o aumento quanto para a diminuição dos riscos. Quando isso ocorrer, decorrerá na obrigação do segurado de comunicar ao segurador as condições de alteração.[92] A comu-

---

90. Tradução livre. VEIGA COPO, Abel B. El riesgo en el contrato de seguro: ensayo dogmático sobre el riesgo. Cizur Menor (Navarra): Aranzadi, 2015, p. 395.

91. ANDRADE, Fábio Siebeneichler de. O desenvolvimento do contrato de seguro no direito civil brasileiro atual. *Revista de Derecho Privado*. Bogotá: Universidad Externado de Colombia, n. 28, enero-junio, 2015, p. 219.

92. Código Civil, art. 769. O segurado é obrigado a comunicar ao segurador, logo que saiba, todo incidente suscetível de agravar consideravelmente o risco coberto, sob pena de perder o direito à garantia, se provar que silenciou de má-fé. 1º O segurador, desde que o faça nos quinze dias seguintes ao recebimento do aviso da agravação

nicação do agravamento do risco tem o objetivo de preservar o equilíbrio contratual, de modo que a seguradora conheça e avalie a situação do risco real, objetivo, apropriado ao momento efetivo.[93] Por conseguinte, diante de uma situação de agravamento, o segurado perderá o direito à garantia se deixar de comunicar à seguradora sobre o incidente ou a situação relevante que possa interferir nesse equilíbrio.

Sobre o agravamento do risco, é apropriado fazer referência ao comentário de Miragem, quando esclarece a definição dos casos de agravamento que deverão ser comunicados:

> Na hipótese de agravamento do risco durante a execução do contrato, tem o segurado dever de comunicação ao segurador. Deve-se ter em conta, entretanto, quais circunstâncias devem ser levadas obrigatoriamente ao conhecimento do segurador. [...] O caráter abrangente que se retira da invocação genérica "todo incidente", exige em seguida juízo de valoração quanto a sua capacidade de "agravar consideravelmente", de modo que se exija aqui alguma demonstração, seja de probabilidade, seja de causalidade entre o incidente e o sinistro efetivo ou hipotético.[94]

Adicionalmente, é válida a reflexão sobre quem terá conduta capaz de gerar um agravamento tal que deverá ser comunicado ao segurador. Sobre isso:

> A noção de agravamento de risco, e da conduta que dá causa a tal situação é objeto de interpretação. Exige-se que seja conduta pessoal do segurado, ou pode abranger também os riscos relativamente a terceiros que com ele se relacionem, caso, por exemplo, dos empregados que dão causa ao sinistro. A melhor compreensão, contudo, resulta da identificação do que sejam riscos ordinários em relação ao interesse objeto da garantia, em vista dos quais deverá se pautar a conduta de abstenção do segurado em promover seu agravamento, seja pessoalmente ou por intermédio da permissão da ação de terceiros.[95]

Questão derivada e de alta importância é a do agravamento intencional do risco,[96] que se vinculada às importantes reflexões sobre a assimetria informacional, a seleção

---

do risco sem culpa do segurado, poderá dar-lhe ciência, por escrito, de sua decisão de resolver o contrato. 2º A resolução só será eficaz trinta dias após a notificação, devendo ser restituída pelo segurador a diferença do prêmio. Código Civil, art. 770. Salvo disposição em contrário, a diminuição do risco no curso do contrato não acarreta a redução do prêmio estipulado; mas, se a redução do risco for considerável, o segurado poderá exigir a revisão do prêmio, ou a resolução do contrato.

93. VEIGA COPO, Abel B. *El riesgo en el contrato de seguro*: ensayo dogmático sobre el riesgo. Cizur Menor (Navarra): Aranzadi, 2015, p. 245.

94. MIRAGEM, Bruno. O direito dos seguros no sistema jurídico brasileiro: uma introdução. In: MIRAGEM, Bruno; CARLINI, Angélica. *Direito dos seguros*: fundamentos de direito civil, direito empresarial e direito do consumidor. São Paulo: Ed. RT, 2014, p. 51.

95. MIRAGEM, Bruno. O direito dos seguros no sistema jurídico brasileiro: uma introdução. In: MIRAGEM, Bruno; CARLINI, Angélica. *Direito dos seguros*: fundamentos de direito civil, direito empresarial e direito do consumidor. São Paulo: Ed. RT, 2014, p. 52-53.

96. Sobre o agravamento de risco, vide importante estudo que explora os mais comuns casos de agravamento de risco submetidos ao Judiciário, em DAHINTEN, Augusto Franke. *A proteção dos consumidores como direito fundamental e as negativas de cobertura em contratos securitários*: cláusulas limitativas *versus* cláusulas abusivas à luz da jurisprudência. Dissertação (Mestrado em Direito) – Pontifícia Universidade Católica do Rio Grande do Sul, 2015, especialmente p. 125 e seguintes.

adversa[97] e o risco moral (*moral hazard*).[98] Cumpre destacar, desde já, que o Código Civil disciplina a questão do agravamento intencional no artigo 768, dispondo que o segurado perderá o direito à garantia se agravar intencionalmente o risco objeto do contrato. Como explica Andrade, não é todo comportamento que caracterizará o agravamento intencional do risco, sendo necessário o preenchimento de requisitos previstos na lei. Pondera Andrade:

> Um primeiro pressuposto consiste na intencionalidade da conduta do segurado: o agravamento do risco decorrente de sua iniciativa deverá ser voluntário. Deve-se verificar, portanto, a conduta do segurado, a fim de observar se houve por parte dele o propósito consciente de elevar o risco.

Um segundo requisito consiste na efetiva contribuição do ato do segurado para ampliar o risco, o que exigirá uma comprovação técnica. Em essência, faz-se mister uma análise da causalidade entre o ato praticado pelo segurado e os fatores determinantes do sinistro. Do contrário, não se configura a previsão legal.[99]

VII. O CONTRATO DE SEGURO

O contrato de seguro, como qualquer contrato, reflete uma realidade econômico--social que lhe subjaz e da qual representa a tradução científico-jurídica. Os contratos envolvem "sempre uma realidade exterior a si próprios, uma realidade de interesses, de relações, de situações econômico-sociais, relativamente aos quais cumprem, de diversas maneiras, uma função instrumental".[100]

Roppo, após distinguir o contrato-operação econômica e o contrato-conceito jurídico, afirma:

> Igualmente verdade que aquela formalização jurídica nunca é construída como fim em si mesma, mas sim com vista e em função da operação, da qual representa, por assim dizer, o invólucro ou a veste exterior, e prescindindo da qual resultaria vazia, abstrata e, consequentemente, incompreensível: mais precisamente, com vista e em função do arranjo que se quer dar às operações econômicas, dos interesses que no âmbito das operações econômicas se querem tutelar e prosseguir.[101]

---

97. "[...] a antisseleção está presente em todos os contratos de seguro: ela é a característica que afirma que o segurado conhece mais do seu risco do que a própria seguradora. [...] aqueles que procuram um seguro normalmente possuem uma maior propensão ao risco para o qual estão buscando proteção do que o restante da população". PEREIRA, Fernanda. Fundamentos técnicos – atuariais do seguro. In: MIRAGEM, Bruno; CARLINI, Angélica. *Direito dos seguros*: fundamentos de direito civil, direito empresarial e direito do consumidor. São Paulo: Ed. RT, 2014, p. 122.

98. "Risco moral é a possibilidade de que o comportamento dos titulares de apólices se altere a partir do momento em que eles estejam protegidos por um contrato de seguro, tornando maior o risco do evento segurado ocorrer ou de ser mais custoso. [...] O 'risco moral' pode resultar em mais sinistros do que a seguradora esperava e resultar no aumento do prêmio para todos os titulares de apólices, se não for gerenciado de maneira apropriada". PEREIRA, Fernanda. Fundamentos técnicos – atuariais do seguro. In: MIRAGEM, Bruno; CARLINI, Angélica. *Direito dos seguros*: fundamentos de direito civil, direito empresarial e direito do consumidor. São Paulo: Ed. RT, 2014, p. 122.

99. ANDRADE, Fábio Siebeneichler de. O desenvolvimento do contrato de seguro no direito civil brasileiro atual. *Revista de Derecho Privado*. Bogotá: Universidad Externado de Colombia, n. 28, p. 219, enero-junio, 2015.

100. ROPPO, Enzo. *O contrato*. Trad. Ana Coimbra e M. Januário Gomes. Coimbra: Almedina, 1988, p. 7.

101. ROPPO, Enzo. *O contrato*. Trad. Ana Coimbra e M. Januário Gomes. Coimbra: Almedina, 1988, p. 9.

Frisa-se essa questão a modo de atribuir sentido, previamente, à logicidade dos clausulados de seguros que, ao tempo em que adotam termos e cláusulas delimitadoras (risco coberto, risco excluído, delimitações, entre outros), em realidade buscam atender exatamente aquela utilidade instrumental ao contrato de seguro.

VII.1 Conceito e elementos relevantes

O contrato de seguro é o contrato pelo qual uma das partes, dita segurador, obriga--se para com outra, dita segurado, mediante o recebimento de uma contraprestação, a garantir-lhe interesse legítimo, contra riscos delimitados no contrato. É condição para o contrato de seguro que o interesse legítimo esteja sob risco determinado no contrato de seguro. O interesse deve estar claro, assim como os riscos cobertos pelo seguro. Conforme expressa previsão legal, no Código Civil, no artigo 757: "pelo contrato de seguro, o segurador se obriga, mediante o pagamento do prêmio, a garantir interesse legítimo do segurado, relativo a pessoa ou a coisa, contra riscos predeterminados". A própria dicção legal traz elementos importantes do contrato, a saber: segurador e segurado, prêmio, garantia, interesse legítimo e riscos predeterminados.

O Código Civil em vigor imprimiu nova base conceitual para o contrato de seguro, distanciando-o da ideia de indenização e bilateralidade estrita, própria da noção tradicional, e aproximando-se da visão moderna de garantia.[102] O conceito de garantia é o elemento nuclear para a compreensão da natureza jurídica e dos efeitos do contrato de seguro. A positivação conjugada de garantia e interesse e o abandono do critério único da indenização como elemento essencial do contrato é a principal e substancial alteração legislativa do novo Código Civil em relação ao contrato de seguro.[103]

Tzirulnik, Cavalcanti e Pimentel salientam que a comutatividade do contrato tem por base justamente o reconhecimento de que a prestação do segurador não se restringe ao pagamento de eventual indenização, mas, antes de tudo, consiste no fornecimento da garantia, que é devida durante toda a vigência do pacto. A comutação ocorre entre prêmio (prestação) e garantia (contraprestação) e não entre prêmio e indenização.[104] Isso evidencia o caráter comutativo e não aleatório de tal espécie contratual.[105]

Outro elemento importante do seguro é a solidariedade, chamada tecnicamente de mutualismo. Sobre o princípio da mutualidade, importante a lição de Tzirulnik, Cavalcanti e Pimentel, de que:

---

102. TZIRULNIK, Ernesto; CAVALCANTI, Flávio de Queiroz B.; PIMENTEL, Ayrton. *O contrato de seguro*: de acordo com o novo Código Civil brasileiro. São Paulo: Ed. RT, 2003, 21.

103. TZIRULNIK, Ernesto; CAVALCANTI, Flávio de Queiroz B.; PIMENTEL, Ayrton. *O contrato de seguro*: de acordo com o novo Código Civil brasileiro. São Paulo: Ed. RT, 2003, p. 22.

104. TZIRULNIK, Ernesto; CAVALCANTI, Flávio de Queiroz B.; PIMENTEL, Ayrton. *O contrato de seguro*: de acordo com o novo Código Civil brasileiro. São Paulo: Ed. RT, 2003, p. 22.

105. Em sentido contrário, apontando a aleatoriedade como característica do contrato de seguro, ver PASQUALOTTO, Adalberto. *Garantias no Direito das Obrigações*: um ensaio de sistematização. Tese (Doutorado em Direito) – Faculdade de Direito, Universidade Federal do Rio Grande do Sul. Porto Alegre, 2005, 2005, e ANDRADE, Fábio Siebeneichler de. O desenvolvimento do contrato de seguro no direito civil brasileiro atual. *Revista de Derecho Privado*. Bogotá: Universidad Externado de Colombia, n. 28, enero-junio, 2015, p. 203-236.

[...] na verdade a operação de seguro implica a organização de uma mutualidade, ou o agrupamento de um número mínimo de pessoas submetidas aos mesmos riscos, cuja ocorrência e tratamento são suscetíveis de tratamento atuarial, ou previsão estatística segundo a lei dos grandes números, o que permite a repartição proporcional das perdas globais, resultante dos sinistros, entre os seus componentes. A atividade do segurador consiste justamente na organização dessa mutualidade, segundo a exigência técnica de compensação do conjunto de sinistros previsíveis pela soma total de contribuições pagas pelos segurados.

Prepondera no seguro, portanto, a natureza solidária. Trata-se de um negócio jurídico que se assenta no princípio da solidariedade entre seus participantes, sob a batuta de um administrador, que é o segurador.

Mais um elemento essencial à relação securitária é a exigência de boa-fé entre seus participantes. A boa-fé, que constitui princípio geral dos contratos (art. 422 do Código Civil), é ressaltada nos contratos de seguro como condição e elemento fundamental (art. 765 do Código Civil),[106] tendo em vista que a sinceridade e a verdade constituem a base primeira da declaração de vontade que o origina. É a partir das declarações dos segurados que as bases contratuais são fixadas (estipulação do valor do prêmio e taxa atuarial da apólice). Sobre a boa-fé no contrato de seguro, anota Andrade:

Com a adoção deste preceito, expressa-se a importância do princípio da boa-fé para o contrato de seguro, decorrente da relevância dos deveres – como o de informação – a serem atendidos pelas partes na sua relação contratual. Precisamente por este fundamento que se considera o contrato de seguro como o vínculo de boa-fé por excelência, como anteriormente ressaltado.

O fundamento para a determinação do dever de informar decorre da própria estrutura do contrato de seguro: ele visa à garantia contra um risco, que decorre de dados preexistentes das próprias partes. Para que o vínculo possua um equilíbrio, cumpre então que se atente à realidade do que se declara no contrato.[107]

Cumpre assinalar, por outro lado, que o contrato de seguro é um instrumento complexo, no sentido de que se forma da união de diversos elementos contratuais. Comumente se confunde contrato de seguro com apólice, embora a apólice seja apenas um dos instrumentos que compõem o complexo contratual de um seguro e, no rigor da lei, seja apenas uma das formas de provar a existência do contrato. A apólice, em termos práticos, pode significar apenas um resumo do conjunto contratual, ou, ainda, a forma como se particulariza o contrato de seguro. Martinez pensa a apólice como a forma composta e complexa do contrato de seguro, afirmando:

A apólice, ao reduzir a escrito o contrato de seguro, refletirá o seu conteúdo, sendo frequente que a apólice de seguro se encontre dividida em três partes: *condições gerais, condições especiais e condições particulares*, que respeitam àquele tomador do seguro. As condições gerais da apólice correspondem às cláusulas que definem basicamente o tipo de seguro acordado. [...] As condições especiais concretizam as cláusulas gerais, delimitando o tipo de seguro, nomeadamente excluindo certos

---

106. Art. 765. O segurado e o segurador são obrigados a guardar na conclusão e na execução do contrato, a mais estrita boa-fé e veracidade, tanto a respeito do objeto como das circunstâncias e declarações a ele concernentes.
107. ANDRADE, Fábio Siebeneichler de. O desenvolvimento do contrato de seguro no direito civil brasileiro atual. *Revista de Derecho Privado*. Bogotá: Universidad Externado de Colombia, n. 28, p. 222-223, enero-junio, 2015.

aspectos do risco assumido pela seguradora. [...] Nas condições particulares incluem-se as cláusulas identificadoras do tomador do seguro especificamente ajustado.[108]

Um instrumento complementar necessário é o documento com as Condições Gerais do Seguro, onde estará prevista a maioria das regras que regerão o contrato. Trata-se de documento regulado, sujeito a aprovação pelo órgão de controle da atividade securitária, merecendo detalhada compreensão.

Por fim, cumpre fazer referência ao prêmio, que, segundo Luccas Filho, "é o preço, isto é, o valor pago pelo segurado ao segurador para que este assuma o risco".[109] Prêmio, portanto, é a prestação paga pelo segurado ao segurador para que esse assuma um risco daquele. É a "importância paga pelo segurado, ou estipulante, à seguradora, em troca da transferência do risco contratado. Em princípio, o prêmio resulta da aplicação de uma porcentagem (taxa) à importância segurada".[110]

A formação do prêmio, no entanto, não é de técnica simples. Há um longo e complexo percurso a ser percorrido até a formação do prêmio comercial, esse que é, de fato, o preço de um seguro, o valor que a seguradora cobra do segurado para assumir seus riscos. Com efeito, sobre o prêmio básico (estabelecido com referência a algum tipo de experiência do risco), há carregamentos que envolvem, por exemplo, o valor esperado do sinistro, as despesas de comercialização que serão pagas, as despesas administrativas esperadas, o lucro a ser atingido, os impostos, as despesas esperadas com a cessão do risco (cosseguro e/ou resseguro), o resultado financeiro esperado e a oscilação do risco. Como adverte Luccas Filho, é necessária "uma eficiente gestão das despesas administrativas para não ficarem comprometidas as operações da seguradora, uma vez que o dimensionamento dos gastos é fundamental para a fixação do preço final do seguro".[111]

VII.2   Um peculiar contrato de adesão

Não há dúvida de que o contrato de seguro seja essencialmente um contrato de adesão,[112] ainda que as partes, nas condições especiais e particulares, possam negociar e implementar ajustes. Esses ajustes, no entanto, não podem alterar a essência das condições gerais, que traduzem a essência do tipo securitário.

Há duas particularidades que tornam o contrato de seguro, no âmbito deste estudo, muito peculiar; uma de ordem geral, outra, pelas características do risco aqui tratado. A

---

108. MARTINEZ, Pedro Romano. *Direito dos Seguros*: apontamentos. S. João do Estoril: Principia, 2006, p. 82. No que se refere à identificação do tomador do seguro, além de elementos tais como nome e domicílio ou o objeto do seguro (descrição do risco), devem constar também "dados que deverão ser prestados pelo segurado para se incluírem nas condições particulares".

109. LUCCAS FILHO, Olívio. *Seguros*: fundamentos, formação de preço, provisões e funções biométricas. São Paulo: Atlas, 2011, p. 9.

110. IRB – Brasil Re. *Dicionário de seguros*: vocabulário conceituado de seguros. Rio de Janeiro: Funenseg, 2011, p. 165.

111. LUCCAS FILHO, Olívio. *Seguros*: fundamentos, formação de preço, provisões e funções biométricas. São Paulo: Atlas, 2011, p. 10.

112. CORDEIRO, António Menezes. *Direito dos Seguros*. Coimbra: Almedina, 2016, p. 641.

particularidade de ordem geral decorre do fato de que os contratos de seguro, ao mesmo tempo que não são livremente negociados pelas partes, tampouco são livremente dispostos pelo segurador. Todo clausulado de seguros deve ser submetido à prévia chancela do órgão estatal regulador da atividade.

A atividade seguradora está altamente sujeita à regulação do Estado.[113] Esta contundente fiscalização do Poder Público, que passa pela aprovação do conteúdo dos contratos e alcança a inspeção de toda a atividade das empresas seguradoras, justifica-se porque as seguradoras administram significativa massa de capital de terceiros. As seguradoras nascem, diferentemente das sociedades empresárias em geral, balizadas por especial capacitação patrimonial, e operam em cada ramo, em cada região, em cada nível de grandeza operacional, à medida que preencham rigorosos requisitos atinentes a capital e a provisões que efetivamente possam garantir solvência.[114]

Assim, um contundente controle estatal incide sobre o conteúdo dos contratos de seguro de forma prévia à comercialização, com a submissão das condições gerais do seguro para aprovação pelo órgão regulador. Desse modo, qualquer contrato de seguro – não particularmente, mas quanto às condições gerais – antes de ser disponibilizado ao mercado, passa pela prévia verificação de suas cláusulas, requisitos mínimos, requisitos obrigatórios e verificação de possíveis abusividades ou ilegalidades.

Uma segunda particularidade torna singular o contrato de seguro no que toca à adesão. Há importante distinção entre os seguros massificados e os seguros de grandes riscos, ditos esses últimos, também, como customizados, pois "a margem de negociação e participação do segurado na confecção do produto apresenta função direta da especificidade do interesse segurado e, não menos importante, do seu tamanho e complexidade".[115] Colombo trata dessa distinção com os seguintes esclarecimentos, inicialmente sobre os seguros massificados:

> Os seguros massificados têm como características fundamentais a simplicidade na contratação e a abrangência de um grande universo de segurados, cuja relação com a seguradora é comumente intermediada por um corretor, que conhece profundamente as características do produto. Nessa modalidade, as seguradoras buscam desenvolver pacotes abrangentes, que atendam a um público com caraterísticas e interesses homogêneos. O espaço negocial é bastante limitado, ficando restrito ao acerto de parâmetros básicos que definem a quantidade de risco que se deseja reter e transferir, tais como a importância segurada, franquias, limites máximos de garantia, coberturas acessórias, serviços opcionais e agregados.[116]

---

113. MIRAGEM, Bruno. O direito dos seguros no sistema jurídico brasileiro: uma introdução. In: MIRAGEM, Bruno; CARLINI, Angélica. *Direito dos seguros*: fundamentos de direito civil, direito empresarial e direito do consumidor. São Paulo: Revista dos Tribunais, 2014, p. 32 e ss.

114. TZIRULNIK, Ernesto; CAVALCANTI, Flávio de Queiroz B.; PIMENTEL, Ayrton. *O contrato de seguro*: de acordo com o novo Código Civil brasileiro. São Paulo: Ed. RT, 2003, p. 40.

115. COLOMBO, Angelo. Contrato de seguros: limites técnicos de negociação entre seguradora e segurado. In: SCHALCH, Debora (Org.). *Seguros e resseguros*: aspectos técnicos, jurídicos e econômicos. São Paulo: Saraiva/Virgília, 2010, p. 21.

116. COLOMBO, Angelo. Contrato de seguros: limites técnicos de negociação entre seguradora e segurado. In: SCHALCH, Debora (Org.). *Seguros e resseguros*: aspectos técnicos, jurídicos e econômicos. São Paulo: Saraiva/Virgília, 2010, p. 21-22.

Com entendimento equivalente, pondera Cordeiro:

> Na realidade do tráfego jurídico, o modelo singular de contratação não é, em regra, o praticado. Nos sectores mais emblemáticos da economia [incluso o dos seguros] por razões de ordem diversa, não há margem para um livre exercício da autonomia privada. Os interessados limitam-se a aderir a esquemas contratuais pré-elaborados pelos fornecedores dos serviços e produtos pretendidos [...]. Temos um modelo coletivo de contratação, efetivado através da adesão a cláusulas contratuais gerais.[117]

Já os seguros de grandes riscos, pelo contrário, não preenchem aquelas características próprias dos massificados, sendo geralmente contratos customizados. Assim é, pois, no caso dos grandes riscos, "um fator-chave, para que o produto final de transferência de riscos atenda aos objetivos das partes envolvidas, é que a triangulação – segurado, intermediário e seguradora – ocorra com suficiente antecedência à celebração do contrato de transferência dos riscos.[118]

VIII. CONSIDERAÇÕES FINAIS

Buscou-se no presente texto, sem quaisquer pretensões de inovação sobre a matéria, apresentar elementos gerais sobre os contratos de seguro, desde uma perspectiva história, perpassando por reflexões sobre sua relevância social e econômica, bem como de sua estrutura técnica, para quiçá sirva de base para aproximar o leitor de conceitos estruturantes e subsidie estudos mais aprofundados e inovadores sobre a matéria.

REFERÊNCIAS

ALVAREZ, Ana Maria Blanco Montiel. *Resseguro e seguro*: pontos de contato entre negócios jurídicos securitários. Porto Alegre: Livraria do Advogado, 2014.

ANDRADE, Fábio Siebeneichler de. O desenvolvimento do contrato de seguro no direito civil brasileiro atual. *Revista de Derecho Privado*. Bogotá: Universidad Externado de Colombia, n. 28, enero-junio, 2015.

BAPTISTA DA SILVA, Ovídio A. *O seguro e as sociedade cooperativas*: relações jurídicas comunitárias. Porto Alegre: Livraria do Advogado, 2008.

BARBAT, Andrea Signorino. *Los seguros de responsabilidad civil*: caracteres generales y coberturas principales. Montevideo: Fundación de Cultura Universitaria, 2011.

BECHARA SANTOS, Ricardo. *Direito de seguro no Código Civil e legislação própria*. Rio de Janeiro: Forense, 2006.

BECHARA SANTOS, Ricardo. *Direito de seguro no cotidiano*: coletânea de ensaios jurídicos. Rio de Janeiro: Forense, 2002.

BERGKAMP, Lucas. Environmental risk spreading and insurance. *Review of European Community and International Environmental Law* (RECIEL). Oxford: Blackwell, v. 12, n. 3, 2003.

BRIYS, Eric; VARENNE, François de. Assurance et marches financiers: concurrence ou complémentarité? In: EWALD, François; LORENZI, Jean-Hervé. *Encyclopédie de l'assurance*. Paris: Economica, 1998.

---

117. CORDEIRO, António Menezes. *Direito dos Seguros*. Coimbra: Almedina, 2016, p. 641.

118. COLOMBO, Angelo. Contrato de seguros: limites técnicos de negociação entre seguradora e segurado. In: SCHALCH, Debora (Org.). *Seguros e resseguros*: aspectos técnicos, jurídicos e econômicos. São Paulo: Saraiva/Virgília, 2010, p. 21-22.

CARLINI, Angélica; FARIA, Maria da Glória. Fundamentos jurídicos e técnicos dos contratos de seguro: o dever de proteção da mutualidade. In: MIRAGEM, Bruno; CARLINI, Angélica. *Direito dos seguros*: fundamentos de direito civil, direito empresarial e direito do consumidor. São Paulo: Ed. RT, 2014.

CARVALHO, Délton Winter de; DAMACENA, Fernanda Dalla Libera. *Direito dos desastres*. Porto Alegre: Livraria do Advogado, 2013.

COLOMBO, Angelo. *Contrato de seguros*: limites técnicos de negociação entre seguradora e segurado. In: SCHALCH, Debora (Org.). *Seguros e resseguros*: aspectos técnicos, jurídicos e econômicos. São Paulo: Saraiva/Virgília, 2010.

CORDEIRO, António Menezes. *Direito dos Seguros*. Coimbra: Almedina, 2016.

DAHINTEN, Augusto Franke. *A proteção dos consumidores como direito fundamental e as negativas de cobertura em contratos securitários*: cláusulas limitativas *versus* cláusulas abusivas à luz da jurisprudência. Dissertação (Mestrado em Direito) – Pontifícia Universidade Católica do Rio Grande do Sul, 2015.

DELGADO, José Augusto. *Comentários ao novo Código Civil*. Rio de Janeiro: Forense, 2007. v. XI: das várias espécies de contrato, do seguro.

FERREIRA SILVA, Rita Gonçalves. *Do contrato de seguro de responsabilidade civil geral*: seu enquadramento e aspectos jurídicos essenciais. Coimbra: Coimbra, 2007.

IRB – Brasil Re. *Dicionário de seguros*: vocabulário conceituado de seguros. Rio de Janeiro: Funenseg, 2011.

LUCCAS FILHO, Olívio. *Seguros*: fundamentos, formação de preço, provisões e funções biométricas. São Paulo: Atlas, 2011.

LUHMANN, Niklas. *Sociología del riesgo* (Coord.). Trad. Javier Torres Nafarrate. México D.F.: Universidad Iberoamericana, 2006.

MALO, Albert Azagra. *Daños del amianto*: litigación, aseguramiento de riesgos y fondos de compensación. Madri: Fundación Mapfre, 2011.

MARTINEZ, Pedro Romano. *Direito dos Seguros*: apontamentos. S. João do Estoril: Principia, 2006.

MATOS, Filipe Albuquerque. Contrato de seguro – a cobertura de actos dolosos. In: NUNES, António José Avelãs; CUNHA, Luís Pedro; MARTINS, Maria Inês de Oliveira (Org.) *Estudos em Homenagem ao Prof. Doutor Aníbal de Almeida*. Boletim da Faculdade de Direito (Stvdia Ivridica 107 – Ad Honorem 7). Coimbra: Coimbra Editora, 2012.

MATOS, Filipe Albuquerque. Danos ambientais / danos ecológicos: o fundo de intervenção ambiental. In: MONTEIRO, Jorge Sinde; BARBOSA, Mafalda Miranda (Coord.). *Risco ambiental*: atas do colóquio de homenagem ao Senhor Professor Doutor Adriano Vaz Serra. Coimbra: Instituto Jurídico/FDUC, 2015.

MENDES, Armindo Ribeiro. Novos horizontes do contrato de seguro as exigências do século XXI. Em MOREIRA, António; MARTINS, M. Costa (Coord.). *I Congresso Nacional de Direito dos Seguros* (Lisboa). Coimbra: Almedina, 2000.

MENDES, Carla Dila Lessa; ZETTEL, Christine de Faria; COSTA, Marcelo Bittencourt Ferro. As apólices à base de reclamações no Brasil. *Revista Brasileira de Risco e Seguro*. Rio de Janeiro, v. 3, n. 6, out.2007/mar.2008.

MIRAGEM, Bruno. O direito dos seguros no sistema jurídico brasileiro: uma introdução. In: MIRAGEM, Bruno; CARLINI, Angélica. *Direito dos seguros*: fundamentos de direito civil, direito empresarial e direito do consumidor. São Paulo: Ed. RT, 2014.

MOLINARO, Carlos Alberto. *Direito ambiental*: proibição de retrocesso. Porto Alegre: Livraria do Advogado, 2007.

MONTI, Alberto. *Environmental risks and insurance*: a comparative analysis of the role of insurance in the management of environment-related risks. OCDE, 2002.

PASQUALOTTO, Adalberto. *Garantias no Direito das Obrigações*: um ensaio de sistematização. Tese (Doutorado em Direito) – Faculdade de Direito, Universidade Federal do Rio Grande do Sul. Porto Alegre, 2005.

PERANDONES, Pablo Girgado. *El principio indemnizatorio en los seguros de daños*: uma aproximación a su significado. MERCATURA – Colección Estudios de Derecho Mercantil, n. 19. Granada: Comares, 2005.

PERANDONES, Pablo Girgado. *La póliza estimada*: la valoración convencional del interés en los seguros de daños. Madrid: Marcial Pons, 2015.

PEREIRA, Fernanda. Fundamentos técnicos – atuariais do seguro. In: MIRAGEM, Bruno; CARLINI, Angélica. *Direito dos seguros*: fundamentos de direito civil, direito empresarial e direito do consumidor. São Paulo: Ed. RT, 2014.

POLIDO, Walter. *Contrato de seguro*: novos paradigmas. São Paulo: Roncarati, 2010.

POLIDO, Walter. *Resseguro*: cláusulas contratuais e particulares sobre responsabilidade civil. 2. ed. Rio de Janeiro: Funenseg, 2011.

POLIDO, Walter. *Seguros de responsabilidade civil*: manual prático e teórico. Curitiba: Juruá, 2013, p. 430.

PRIETO, Hilda Esperanza Zornosa. *Escritos sobre riesgos y seguros*. Bogotá: Universidad Externado de Colombia, 2012.

REGO, Margarida Lima. *Contrato de seguro e terceiros*: estudo de direito civil. Coimbra: Coimbra Editora/ Wolters Kluwer, 2010.

ROPPO, Enzo. *O contrato*. Trad. Ana Coimbra e M. Januário Gomes. Coimbra: Almedina, 1988.

SARAIVA NETO, Pery. Seguros paramétricos frente aos desafios de adaptação às mudanças climáticas. In: CARLINI, Angélica; SARAIVA NETO, Pery (Org.). *Aspectos jurídicos dos contratos de seguro* – Ano V, Porto Alegre: Livraria do Advogado, 2017.

SARAIVA NETO, Pery; FENILI, Maiara B. Declaração/averbação de cargas nas apólices abertos do Seguro de Responsabilidade Civil do Transportador de Cargas: Julgado do STJ – REsp 1.318.021. *Revista Jurídica de Seguros*. Rio de Janeiro: CNSeg, 2016.

SILVA, Ivan de Oliveira. *Curso de direito do seguro*. São Paulo: Saraiva, 2012.

TZIRULNIK, Ernesto; CAVALCANTI, Flávio de Queiroz B.; PIMENTEL, Ayrton. *O contrato de seguro*: de acordo com o novo código civil brasileiro. São Paulo: Ed. RT, 2003.

VASQUES, José. *Contrato de seguro*: notas para uma teoria geral. Coimbra: Coimbra Editora, 1999.

VEIGA COPO, Abel B. *El riesgo en el contrato de seguro*: ensayo dogmático sobre el riesgo. Cizur Menor (Navarra): Aranzadi, 2015.

O SEGURO DE RESPONSABILIDADE CIVIL COMO TIPO CONTRATUAL

Bruno Miragem

Professor da Universidade Federal do Rio Grande do Sul. Advogado e parecerista.

Luiza Petersen

Doutora em Direito pela Universidade Federal do Rio Grande do Sul. Professora e advogada.

Resumo: O presente estudo trata do seguro de responsabilidade civil e sua disciplina no sistema jurídico brasileiro. Nele são analisados os fundamentos do seguro de responsabilidade civil, discorrendo-se sobre temas centrais do tipo, como a garantia do segurador, o sinistro e os deveres do segurado, a distinção entre o seguro de responsabilidade civil facultativo e o obrigatório, e a prescrição.

Sumário: I. Introdução – II. A garantia no seguro de responsabilidade civil – III. O sinistro e os deveres do segurado – IV. O seguro de responsabilidade civil obrigatório – V. A prescrição no seguro de responsabilidade civil – Referências.

I. INTRODUÇÃO

O seguro de responsabilidade civil compreende diversas modalidades. Entre elas, o seguro de responsabilidade civil geral, o de responsabilidade civil ambiental, de responsabilidade para profissionais (médicos, advogados, engenheiros), para administradores de sociedades (*D&O, Directors and Offices*) e riscos cibernéticos. Também, o seguro de responsabilidade civil obrigatório, o qual se distingue do seguro de responsabilidade civil facultativo em razão da imposição legal da sua contração.

A rigor, o seguro de responsabilidade civil é espécie de seguro de dano.[1] Envolve a preservação do patrimônio do segurado em relação a obrigações que possam lhe ser exigidas por terceiros. Nesses termos, é seguro patrimonial. Observa o regime especial do

---

1. Seguro de dano é gênero que compreende as espécies de seguro que tem por objeto o ressarcimento do segurado ou de terceiro de uma perda patrimonial, economicamente estimável, decorrente de um evento danoso, o sinistro. O interesse, nos seguros de dano, relaciona-se com bem ou direito passível de avaliação econômica. Os seguros de danos, assim, podem garantir interesse legítimo do segurado em relação ao próprio patrimônio, caso do seguro sobre coisas que o integram (seguro patrimonial ou de bens), ou que devem vir a integrá-lo, assim como vantagens econômicas presentes ou futuras, determinadas ou determináveis pelo contrato; ou, ainda, dizer respeito à preservação do patrimônio do segurado em relação a obrigações que possam lhe ser exigidas por terceiros, também denominado seguro de responsabilidade. Para aprofundamento, veja-se: MIRAGEM, Bruno. PETERSEN, Luiza. *Direito dos seguros*. 2. ed. Rio de Janeiro: Forense, 2024.

seguro de dano (arts. 778 a 788 do Código Civil), para além das normas gerais, aplicáveis a todos os tipos de seguro (art. 757 a 777 do Código Civil). Como espécie de seguro de dano, se submete ao princípio indenitário, pelo qual a indenização securitária – prestação devida pelo segurador em caso de sinistro – tem por finalidade a recomposição do patrimônio, de modo a colocar o segurado na situação em que estava antes da ocorrência do sinistro (retorno ao *status quo ante*), não podendo ser fonte de lucro. Indeniza-se, portanto, o que concretamente perdeu o patrimônio.[2]

O seguro de responsabilidade civil, e sua disciplina jurídica, se particulariza em muitos aspectos. No direito brasileiro, tratam especificamente do tipo os arts. 787[3] e 788[4] do Código Civil. Da mesma forma, a Circular da Susep 637/2021, norma administrativa regulamentar que dispõe sobre os seguros do grupo responsabilidades.

A complexidade do seu regime jurídico, a justificar o seu tratamento normativo e doutrinário[5] em apartado das demais espécies de seguro, decorre da sua própria causa (função econômico e social), que é a garantia da responsabilidade civil do segurado por danos causados a terceiros, e que pressupõe duas relações jurídicas distintas – aquela estabelecida entre o segurado e o segurador, fundada no contrato de seguro, e aquela estabelecida entre o segurado e o terceiro, vítima do acidente, por cujos danos suportados o segurado seja responsabilizado.

Daí a previsão de regras especiais ao seguro de responsabilidade civil, relativas ao conteúdo da garantia e ao modo de sua implementação pelo segurador; à caracterização do sinistro, ao modo da sua gestão e os deveres do segurado; de regras especiais sobre a prescrição; de normas de natureza processual, como a obrigação do segurado de denunciar da lide o segurador na ação proposta pelo terceiro prejudicado, e o direito, que se reconhece ao terceiro prejudicado, de ajuizar ação direta contra o segurador do causador do dano. Da mesma forma, o seguro de responsabilidade civil obrigatório, cuja função econômica e social fundamenta todo um regime especial, particularmente no que diz respeito à posição jurídica do terceiro prejudicado – beneficiário do seguro.

Nesse contexto, o presente estudo se propõe a analisar o seguro de responsabilidade civil como tipo contratual, apresentando os fundamentos e as características da

---

2. PONTES DE MIRANDA, Francisco Cavalcante. *Tratado de direito privado*. Atual. Bruno Miragem. São Paulo: Ed. RT, 2012, , v. 45, p. 460.

3. Art. 787. "No seguro de responsabilidade civil, o segurador garante o pagamento de perdas e danos devidos pelo segurado a terceiro. § 1º Tão logo saiba o segurado das consequências de ato seu, suscetível de lhe acarretar a responsabilidade incluída na garantia, comunicará o fato ao segurador. § 2º É defeso ao segurado reconhecer sua responsabilidade ou confessar a ação, bem como transigir com o terceiro prejudicado, ou indenizá-lo diretamente, sem anuência expressa do segurador. § 3º Intentada a ação contra o segurado, dará este ciência da lide ao segurador. § 4º Subsistirá a responsabilidade do segurado perante o terceiro, se o segurador for insolvente".

4. Art. 788. "Nos seguros de responsabilidade legalmente obrigatórios, a indenização por sinistro será paga pelo segurador diretamente ao terceiro prejudicado. Parágrafo único. Demandado em ação direta pela vítima do dano, o segurador não poderá opor a exceção de contrato não cumprido pelo segurado, sem promover a citação deste para integrar o contraditório".

5. Veja-se, por exemplo, no direito italiano, veja-se: ROSSETTI, Marco. *Il diritto della assicurazioni*. Padova: Cedam, 2013. v. III. p. 2-758. No direito francês: BIGOT; KULLMANN; MAYAUX. Les assurances de dommages. In: BIGOT, Jean (Dir.) *Droit des Assurance*. Paris: 2017. t. 5.

sua disciplina no direito brasileiro. Para tanto, é dividido em quatro partes. A primeira, se ocupa da garantia no seguro de responsabilidade civil. A segunda, do sinistro e dos deveres do segurado. A terceira, do seguro de responsabilidade civil obrigatório. A quarta, do prazo prescricional e seu termo inicial.

II. A GARANTIA NO SEGURO DE RESPONSABILIDADE CIVIL

No seguro de responsabilidade civil, o segurador garante o pagamento da indenização por perdas e danos devida pelo segurado a terceiro (art. 787 do Código Civil). Ou seja, no caso do segurado ser responsabilizado, porque foi o causador do dano ao terceiro ou porque a lei lhe imputa a obrigação de indenizá-lo, o segurador, por força do contrato de seguro, fica obrigado a responder, nos termos e nos limites da garantia contratada.

A rigor, o seguro de responsabilidade civil visa a garantia do interesse do segurado em relação ao seu próprio patrimônio, que pode ser desfalcado pela imputação de responsabilidade com fundamento na lei ou em contrato. Assim, no caso da responsabilidade do segurado, por danos ao terceiro, ser reconhecida – por decisão judicial, decisão arbitral ou acordo entre o segurado e o terceiro prejudicado com a anuência do segurador –, o segurador fica obrigado ao pagamento da indenização securitária, o que pode se dar diretamente ao terceiro ou assumir a forma de reembolso, ao segurado, do que pagou ao terceiro (art. 3, §§ 1º e 2º, Circular Susep 637/2021).[6]

O conteúdo específico da garantia do seguro de responsabilidade dependerá das características e extensão dos riscos contra os quais se busca preservar a integridade patrimonial do segurado, e, assim, da própria modalidade de seguro. Os riscos da responsabilidade civil em razão do exercício de cargos de direção ou administração de empresas são objeto do Seguro de Responsabilidade Civil de Diretores e Administradores de Empresas (RC *D&O*); os riscos da responsabilidade civil profissional, no caso do médico, advogado e engenheiro, do seguro de Responsabilidade Civil Profissional (RC Profissional); os riscos da responsabilidade civil ambiental, do Seguro de Responsabilidade Civil Ambiental (RC Riscos Ambientais); os riscos da responsabilidade civil por incidentes cibernéticos, do Seguro de Responsabilidade Civil Riscos Cibernéticos (RC Riscos Cibernéticos); entre outros tantos riscos, relacionados a outras esferas de responsabilidade, que podem ser objeto do seguro de Responsabilidade Civil Geral (RC Geral), conforme prevê o art. 4 da Circular Susep 637/2021.

A despeito das particularidades de cada uma das suas modalidades, algumas características gerais se projetam sobre o seguro de responsabilidade. Neste, a indenização securitária

---

6. Art. 3 da Circular da Susep 637/2021: "No seguro de responsabilidade civil, a sociedade seguradora garante o interesse do segurado, quando este for responsabilizado por danos causados a terceiros e obrigado a indenizá-los, a título de reparação, por decisão judicial ou decisão em juízo arbitral, ou por acordo com os terceiros prejudicados, mediante a anuência da sociedade seguradora, desde que atendidas as disposições do contrato. § 1º A forma de garantir o interesse do segurado a que se refere o caput deve estar claramente expressa nas condições contratuais dos seguros de responsabilidade civil, seja por indenização direta ao segurado ou outra forma definida entre as partes. § 2º A sociedade seguradora poderá incluir, entre as hipóteses a que se refere o caput, a decisão administrativa do Poder Público que obrigue os segurados a indenizar os terceiros prejudicados".

em caso de sinistro se dá segundo a extensão dos danos causados ao terceiro, vítima do evento danoso, definindo-se, como limite máximo da garantia, determinado valor livremente estipulado pelo segurado para cada uma das coberturas contratadas, o qual representa o limite a ser pago pelo segurador a título de indenização (art. 781 do Código Civil).

No seguro de responsabilidade, a garantia costuma contemplar três espécies de danos a terceiro. Os danos materiais, compreendidos, na definição da Susep, como "toda alteração de um bem corpóreo que reduza ou anule seu valor econômico"; os danos corporais (ou pessoais), decorrentes de "lesão exclusivamente física causada ao corpo da pessoa"; e os danos morais, quando há "lesão ao patrimônio psíquico ou à dignidade da pessoa, ou, mais amplamente, aos direitos da personalidade".[7] A esse respeito, inclusive, há Súmula do Superior Tribunal de Justiça que estende a cobertura de danos corporais (ou pessoais) causados a terceiros para abranger, também, os danos morais quando estes não sejam objeto de expressa exclusão na apólice ("O contrato de seguro por danos pessoais compreende os danos morais, salvo cláusula expressa de exclusão" – Súmula 402 do STJ). O entendimento se justifica a partir da compreensão do que sejam danos corporais (ou pessoais), e das dificuldades técnico-jurídicas de sua distinção dos danos morais, o que fundamenta a expectativa legítima do segurado de cobertura dos danos morais naqueles casos em que não haja exclusão expressa na apólice.

Por outro lado, a garantia no seguro de responsabilidade pode se dar na modalidade à base de ocorrências (*occurence basis*) ou na modalidade à base de reclamações (*claims made basis*), esta destinada a abarcar riscos de latência prolongada ou sinistros com manifestação tardia. No primeiro caso, à base de ocorrências, a garantia é condicionada a que: "a) os danos ou o fato gerador tenham ocorrido durante o período de vigência da apólice; e b) o segurado apresente o pedido de indenização à seguradora durante a vigência da apólice ou nos prazos prescricionais em vigor" (art. 2º, I, Circular Susep 637/2021). No segundo caso, à base de reclamações, a garantia pressupõe que: "a) os danos ou o fato gerador tenham ocorrido durante o período de vigência da apólice, ou durante o período de retroatividade; e b) o terceiro apresente a reclamação ao segurado durante a vigência da apólice, ou durante o prazo adicional, conforme estabelecido no contrato de seguro" (art. 2º, II, Circular Susep 637/2021).[8]

---

7. As definições são do glossário da Susep, disponível em: https://www.gov.br/susep/pt-br/central-de-conteudos/glossario.

8. Quando estipulado à base de reclamações (*claims made*), o seguro de responsabilidade pode ser (i) com notificações ou (ii) a primeira manifestação ou descoberta. No primeiro caso, se exige que: "a) os danos ou o fato gerador tenham ocorrido durante o período de vigência da apólice, ou durante o período de retroatividade; ou b) o segurado tenha notificado fatos ou circunstâncias ocorridas durante a vigência da apólice, ou durante o período de retroatividade; e c) na hipótese 'a', o terceiro apresente a reclamação ao segurado durante a vigência da apólice, ou durante o prazo adicional, conforme estabelecido na apólice; ou d) na hipótese 'b', o terceiro apresente a reclamação ao segurado durante a vigência da apólice, ou durante os prazos prescricionais legais". No segundo caso, se exige que: "a) os danos ou o fato gerador tenham ocorrido durante o período de vigência da apólice, ou durante o período de retroatividade; e b) o terceiro apresente a reclamação ao segurado durante a vigência da apólice, ou durante o prazo adicional, conforme estabelecido na apólice; ou c) o segurado apresente o aviso à sociedade seguradora do sinistro por ele descoberto ou manifestado pela primeira vez durante a vigência da apólice, ou durante o prazo adicional, conforme estabelecido na apólice" (art. 2º, III e IV, Circular Susep 637/2021).

O seguro de responsabilidade garante a indenização devida pelo segurado ao terceiro, e também as despesas emergências incorridas pelo segurado para evitar ou minorar os danos ao terceiro. É o que dispõe o art. 3º, § 6º, da Circular da Susep 637/2021: "O seguro de responsabilidade civil cobre, também, as despesas emergenciais efetuadas pelo segurado ao tentar evitar e/ou minorar os danos causados a terceiros, atendidas as disposições do contrato, até o seu LMG, independentemente da contração de cobertura específica para tais situações". Também pode oferecer cobertura para os custos de defesa do segurado (por exemplo, dos honorários advocatícios ou outros valores despendidos no âmbito de ações judiciais movidas pelo terceiro), assim como para multas e penalidades impostas ao segurado (art. 3º, § 3º, Circular Susep 637/2021).

Em relação à cobertura dos custos de defesa, duas questões se colocam particularmente no Seguro de Responsabilidade Civil de Diretores e Administradores de Empresas (RC *D&O*). A primeira é se a sua cobertura seria um poder ou um dever do segurador. Neste aspecto, parcela da doutrina tem se posicionado no sentido de que a ausência de cobertura para os custos de defesa, ou a sua exclusão na apólice, desnaturaria a própria causa (interesse útil) do seguro, razão pela qual corresponderia a um dever de garantia do segurador.[9] A segunda questão, de relevância prática, diz respeito à possibilidade dos custos de defesa serem tão elevados a ponto de seu pagamento pelo segurador esgotar o limite máximo da apólice do seguro, sem que reste capital segurado para fazer frente à indenização devida pelo segurado ao terceiro. Daí a importância da previsão de limites máximos de garantia distintos para as referidas coberturas, de modo que não se comuniquem, e a garantia dos custos de defesa (acessória) não venha a esvaziar a garantia principal, que é a indenização devida pelo segurado ao terceiro.[10]

Outra questão que se coloca no âmbito do Seguro D&O diz respeito à natureza da multa cuja cobertura é permitida, se apenas a multa civil ou administrativa ou, também, a penal. A antiga Circular da Susep 553/2017, no seu art. 5º, § 5º, admitia a garantia de multas cíveis e administrativas, sem fazer menção às multas de natureza penal. A atual Circular da Susep 637/2021, no art. 3º, § 3º, não especifica a natureza da multa cuja cobertura é permitida. A questão é objeto de debate não apenas no sistema jurídico brasileiro, mas também estrangeiro, encontrando limites no próprio interesse legítimo que deve presidir a contratação (art. 757 do Código Civil), assim como nos princípios da ordem pública e dos bons costumes. Da mesma forma, na vedação à garantia de ato doloso do segurado (art. 762 do Código Civil), particularmente quando a multa decorra da prática de ato doloso pelo segurado.

Em relação ao ato doloso do segurado, é digno de registro que sua garantia é vedada pelo art. 762 do Código Civil, sob pena de nulidade do contrato (Art. 762: "Nulo será o contrato para garantia de risco proveniente de ato doloso do segurado, do beneficiário, ou de representante de um ou de outro"). O seguro de responsabilidade, nesse sentido, vincula-se, primordialmente, às situações em que o segurado age com culpa, causando

---

9. GOLDBERG, Ilan. *O contrato de seguro D&O*. São Paulo: Ed. RT, 2019. p. 398.
10. GOLDBERG, Ilan. *O contrato de seguro D&O*. São Paulo: Ed. RT, 2019. p. 399.

dano a terceiro (responsabilidade civil subjetiva), mas também às situações em que a lei ou o contrato imputa ao segurado a responsabilidade pelo dano ao terceiro em razão da posição jurídica que ocupa (responsabilidade civil objetiva).

Neste particular, segundo dispõe o art. 6 da Circular da Susep 637/2021: "No seguro de responsabilidade civil, não podem ser excluídos da garantia os danos atribuídos ao segurado causados por: I – atos ilícitos culposos ou dolosos praticados por seus empregados ou pessoas a estes assemelhados; II – atos ilícitos culposos praticados pelo segurado, pelo beneficiário ou pelo representante legal de um ou de outro, se o segurado for pessoa física; ou III – atos ilícitos culposos praticados pelos sócios controladores, dirigentes, administradores legais, beneficiários, subcontratados e respectivos representantes legais, se o segurado for pessoa jurídica". A norma não trata da exclusão da culpa grave do segurado, cuja legitimidade é questionada por parcela da doutrina por contrastar com a própria causa do seguro de responsabilidade.[11]

III. O SINISTRO E OS DEVERES DO SEGURADO

O sinistro é o fato que desencadeia o direito do segurado à indenização securitária. Trata-se da concretização do risco garantido. Do evento futuro e incerto, desfavorável ao interesse legítimo do segurado, cuja ocorrência faz surgir o direito à prestação principal do segurador.[12] No seguro de responsabilidade, o sinistro não se apresenta de modo unívoco e imediato com as suas características definidas. Seus elementos característicos se formam e são identificados ao longo do tempo, de modo que sua plena configuração pressupõe certo período e uma sucessão de atos. Em outros termos, a ocorrência do evento danoso ao terceiro não constitui, a rigor, a concretização do risco garantido, cuja configuração pressupõe a reclamação dos danos pelo terceiro, a qual pode ou não ocorrer, e o reconhecimento da responsabilidade do segurado pela indenização ao terceiro, o que pode se dar por acordo entre o segurado e o terceiro, com anuência do segurador, ou por decisão judicial ou arbitral.[13] Daí a particularidade da disciplina do aviso do sinistro no seguro de responsabilidade e das demais exigências, impostas ao segurado, em caso de iminência do sinistro ou de sua ocorrência parcial, ainda que sem a plena configuração de todos os seus elementos característicos.

---

11. Nesse sentido: POLIDO, Walter A. *Culpa grave nos seguros de responsabilidade civil*: A exclusão é inapropriada? Disponível em: https://conhecerseguros.com.br/. Acesso em: set. 2023.

12. NICOLAS, Véronique. Le règlement du sinistre: la détermination de la dette de l'assureur. In: BIGOT, Jean (Dir.). *Traité de droit des assurances*. Le contrat d'assurance. Paris: LGDJ, 2002. t. 3, p. 974.

13. O que configura o sinistro no seguro de responsabilidade civil é tema controvertido na doutrina, a qual diverge quanto aos seus elementos característicos, destacando a complexidade do tema, ora identificando o sinistro no fato gerador do dano ao terceiro (DONATI, Antigono. *Trattato del diritto delle assicurazioni private*. Milano: Giuffrè, 1952. v. III. p. 349), ora na reclamação do terceiro (PICARD, Maurice; BESSON, André. *Les assurances terrestres en droit français*. 4. ed. Paris: LGDJ, 1975. t. I. p. 543-544) ou, mesmo, no ato que reconhece do débito do segurado. Mais acertada, porém, é a compreensão do sinistro como uma "factispécie composta", "a cujas partes (facto causal, dano, reclamação) a lei ou o contrato, neste ou naquele caso, se reportam" (ALMEIDA, J. C. Moitinho. *O contrato de seguro no direito português e comparado*. Lisboa: Livraria Sá da Costa, 1971. p. 271).

De acordo com o § 1º do art. 787 do Código Civil, no seguro de responsabilidade civil, "tão logo saiba o segurado das consequências de ato seu, suscetível de lhe acarretar a responsabilidade incluída na garantia, comunicará o fato ao segurador". Esse ônus do aviso de sinistro se interpreta em termos mais amplos do que o estritamente previsto para os seguros em geral. Aqui não é necessário que o dano tenha se realizado concretamente ou, mesmo, que o sinistro esteja plenamente configurado, com todos os seus elementos característicos. A exigência de comunicação se dá em relação às "consequências de ato seu [do segurado], suscetível de lhe acarretar a responsabilidade incluída na garantia". Não se exige, portanto, absoluta certeza e atualidade do dano, e a própria caracterização da responsabilidade não é certa. Porém, o ônus do aviso se vincula à necessidade de um comportamento cooperativo do segurado, visando permitir ao segurador, inclusive, avaliar corretamente a realização concreta do risco e a possibilidade de sinistro, assim como a eventual defesa do segurado em relação à sua responsabilização.

O ônus do aviso também serve para que o segurador promova a competente regulação do sinistro quando cabível, ou seja, quando presentes os elementos caracterizadores do sinistro que justificam a sua regulação. Quando se trate de responsabilidade por inadimplemento contratual, define-se, nas condições da apólice, quais eventos determinam o ônus do aviso pelo segurado. Sua não observância atende, como regra, o preceito geral do art. 771 c/c o art. 769 do Código Civil, dando causa à perda da garantia se for provado que o segurado silenciou de má-fé.

Outra situação é a hipótese objetiva do § 3º, do mesmo art. 787, que impõe o dever do segurado de dar ciência ao segurador no caso de lhe ser intentada ação que possa levar à responsabilização ("Intentada a ação contra o segurado, dará este ciência da lide ao segurador"). Nesse caso, as providências do segurado são exigidas para logo que receba a respectiva citação. Do mesmo modo, a regra visa permitir, ao segurador, que promova, no seu interesse, a defesa do segurado. Meio próprio para a ciência é a denunciação da lide, prevista no Código de Processo Civil (art. 125 e ss.), nada impedindo que o segurado venha a comunicar o segurador diretamente, antes mesmo da resposta no processo judicial.

Do dever de cooperação do segurado, por outro lado, resulta a proibição legal de que reconheça sua responsabilidade ou confesse a ação, bem como transija com o terceiro prejudicado, ou o indenize diretamente, sem a anuência expressa do segurador (art. 787, § 2º). Não se deve retirar do segurador a possibilidade de lançar mão das defesas disponíveis, ou ainda, de gerir o risco já na fase de execução do contrato de seguro, quando caiba lhe demandar a indenização. Será da natureza do contrato de seguro esse comportamento cooperativo, o que – bem se observe – não impede que o segurado transija com o terceiro ou o indenize diretamente; todavia, para manter o direito à garantia, não poderia fazê-lo sem a anuência do segurador.

Em outro sentido, orienta-se o entendimento de que essa perda do direito à garantia, por não estar prevista de modo expresso na lei, não é automática, devendo o exame da situação concreta pautar-se pelo princípio da boa-fé. Sustenta-se, desse modo, que "a vedação imposta ao segurado não será causa de perda automática do direito à garantia/reembolso para aquele que tiver agido com probidade e boa-fé, sem causar prejuízo à seguradora, sendo os atos que tiver praticado apenas ineficazes perante esta, a qual, na hipótese de ser demandada, poderá discutir e alegar todas as matérias de defesa, no sentido de excluir ou diminuir sua responsabilidade".[14] Preside essa intepretação a ideia de que "a perda da garantia securitária apenas se dará em caso de prejuízo efetivo ao ente segurador, a exemplo de fraude (conluio entre segurado e terceiro) ou de ressarcimento de valor exagerado (superfaturamento) ou indevido, resultantes de má-fé do próprio segurado."[15] Nesse sentido, também, prevê o Enunciado 373 da IV Jornada de Direito Civil do CJF/STJ, ao referir: "Embora sejam defesos pelo § 2º do art. 787 do Código Civil, o reconhecimento da responsabilidade, a confissão da ação ou a transação não retiram do segurado o direito à garantia, sendo apenas ineficazes perante a seguradora." E, igualmente, o Enunciado 546 da VI Jornada, ao referir que "O § 2º do art. 787 do Código Civil deve ser interpretado em consonância com o art. 422 do mesmo diploma legal, não obstando o direito à indenização e ao reembolso."

As razões desse entendimento, exigindo do segurado, na hipótese, apenas que não esteja agindo de má-fé, justificam-se, também, pelo fato de que "uma interpretação estritamente literal de tal dispositivo legal pode prejudicar ainda mais o segurado, que, nos casos de cumulação de responsabilidade civil e criminal, deixa de se beneficiar de atenuantes, comprometendo, entre outros aspectos, sua liberdade de defesa." Essa interpretação, restritiva, apoia-se na boa-fé do segurado e do terceiro que transigem, o que pode emergir, inclusive, da ausência de conhecimento ou informação acerca da disposição do art. 787, § 2º, no âmbito dos seguros que se caracterizem como contratos de consumo (os ditos 'massificados'), segundo as circunstâncias do caso concreto. Ademais, a ausência de prejuízo ao segurador pode ser, a depender da espécie de seguro de responsabilidade, ou sobre quais interesses ou riscos diga respeito, matéria suscetível de divergência relevante.

Por outro lado, há precedente que reconhece o fato de que a participação do segurador na audiência em que se celebra transação judicial entre o segurado e o terceiro prejudicado, deixando de recorrer da decisão que homologa o acordo, deve ser interpretado como anuência expressa, nos termos do art. 782, § 2º, do Código Civil.[16]

Por fim, renove-se que o seguro de responsabilidade civil é relação contratual entre o segurado e o segurador, visando a garantia de eventual responsabilização que seja imputável ao segurado. Cumpre, naturalmente, importante função social, em especial no tocante à garantia de reparação para terceiros-vítimas de dano frente a insuficiência de meios do segurado que lhe deu causa. Porém, não desresponsabiliza o segurado ou

---

14. STJ, REsp n. 1.604.048/RS, rel. Min. Nancy Andrighi, 3ª Turma, j. 25.05.2021, DJe 09.06.2021.
15. REsp 1.133.459/RS, rel. Min. Ricardo Villas Bôas Cueva, 3ª Turma, j. 21.08.2014, DJe de 03.09.2014.
16. STJ, REsp 1.116.108/RO, rel. Min. Antonio Carlos Ferreira, rel. para acórdão Min. Marco Buzzi, 4ª Turma, j. 02.12.2014, DJe de 27.10.2015.

mitiga seu dever de reparar, razão pela qual o § 4º do art. 787 do Código Civil é definitivo ao estabelecer que "subsistirá a responsabilidade do segurado perante o terceiro, se o segurador for insolvente."

IV. O SEGURO DE RESPONSABILIDADE CIVIL OBRIGATÓRIO

O seguro de responsabilidade civil pode ser facultativo ou obrigatório. No primeiro, a contratação se dá por liberalidade das partes. No segundo, por imposição legal, como condição para o exercício de determinada posição jurídica pelo segurado. São espécies de seguro de responsabilidade civil obrigatório: o de danos pessoais a passageiros de aeronaves comerciais; do proprietário de aeronaves e do transportador aéreo; do construtor de imóveis em zonas urbanas por danos a pessoas ou coisas; de danos pessoais causados por veículos automotores de vias terrestres, ou por sua carga, a pessoas transportadas ou não (Seguro DPVAT); entre outros, previstos no art. 20 do Dec. Lei 73/66[17] ou em lei especial.

A disciplina jurídica do seguro de responsabilidade obrigatório se particulariza em diversos aspectos. Para além do disposto em lei especial, que trate da modalidade específica,[18] o Código Civil prevê duas regras especiais ao seguro de responsabilidade obrigatório. A primeira, do *caput* do art. 788 ("Nos seguros de responsabilidade legalmente obrigatórios, a indenização por sinistro será paga pelo segurador diretamente ao terceiro prejudicado"). A segunda, do parágrafo único do art. 788 ("Demandado em ação direta pela vítima do dano, o segurador não poderá opor a exceção de contrato não cumprido pelo segurado, sem promover a citação deste para integrar o contraditório").

Esse regime especial do seguro de responsabilidade obrigatório se justifica pela própria finalidade do tipo, cuja causa (função), diferentemente do seguro de responsabilidade facultativo, é a garantia de uma indenização ao terceiro vítima do acidente. O terceiro prejudicado, nesses termos, é o beneficiário do seguro contratado pelo segurado. Acentua-se, na modalidade, a função social do seguro.[19]

---

17. "Art 20. Sem prejuízo do disposto em leis especiais, são obrigatórios os seguros de: a) danos pessoais a passageiros de aeronaves comerciais; b) responsabilidade civil do proprietário de aeronaves e do transportador aéreo; c) responsabilidade civil do construtor de imóveis em zonas urbanas por danos a pessoas ou coisas; d) (Revogado pela Lei 13.986, de 2020); e) garantia do cumprimento das obrigações do incorporador e construtor de imóveis; f) garantia do pagamento a cargo de mutuário da construção civil, inclusive obrigação imobiliária; g) edifícios divididos em unidades autônomas; h) incêndio e transporte de bens pertencentes a pessoas jurídicas, situados no País ou nele transportados; i) (Revogada pela Lei Complementar 126, de 2007); j) crédito à exportação, quando julgado conveniente pelo CNSP, ouvido o Conselho Nacional do Comércio Exterior (CONCEX); l) danos pessoais causados por veículos automotores de vias terrestres e por embarcações, ou por sua carga, a pessoas transportadas ou não; m) responsabilidade civil dos transportadores terrestres, marítimos, fluviais e lacustres, por danos à carga transportada. Parágrafo único. Não se aplica à União a obrigatoriedade estatuída na alínea "h" deste artigo".

18. Cita-se, por exemplo, a Lei 6.194/74, que dispõe sobre o Seguro Obrigatório de Danos Pessoais causados por veículos automotores de via terrestre, ou por sua carga, a pessoas transportadas ou não – Seguro DPVAT.

19. COMPARATO, Fábio. Substitutivo ao capítulo referente ao contrato de seguro no anteprojeto do Código Civil. *Revista de Direito Mercantil, Industrial, Econômico e Financeiro*. São Paulo: n. 5, ano XI, p. 149, 1972.

Daí o reconhecimento do direito do terceiro prejudicado de receber diretamente a indenização do segurador do causador do dano, assim como de mover ação direta contra este, sem que o segurado esteja necessariamente no polo passivo. Por outro lado, considerando que a garantia do segurador é obrigação que decorre de contrato, resguarda-se o seu direito de opor exceção de contrato não cumprido, desde que promovida a citação do segurado para integrar a ação. Com isso, preserva-se a garantia do terceiro, cuja indenização por perdas e danos, na hipótese de não ser devida pelo segurador, poderá o ser pelo segurado.[20]

Neste particular, a disciplina do seguro de responsabilidade obrigatório se distingue do seguro de responsabilidade facultativo. Neste, a jurisprudência tem admitido a ação direta da vítima contra o segurador do causador do dano desde que o segurado integre o polo passivo da ação.[21] Nos termos da Súmula 529 do STJ: "No seguro de responsabilidade civil facultativo, não cabe o ajuizamento de ação pelo terceiro prejudicado direta e exclusivamente em face da seguradora do apontado causador do dano". Com este entendimento, busca-se preservar o direito do segurado ao contraditório, em ação na qual é discutida a sua responsabilidade pelo evento danoso, assim como o direito do segurador de opor exceção de contrato não cumprido para eximir-se da obrigação de garantia. Nada obstante, admite-se que o segurador, denunciado da lide, seja condenado direta e solidariamente com o segurado ao pagamento da indenização ao terceiro, respeitado o limite da garantia contratada, conforme prevê a Súmula 537 do STJ ("Em ação de reparação de danos, a seguradora denunciada, se aceitar a denunciação ou contestar o pedido do autor, pode ser condenada, direta e solidariamente junto com o segurado, ao pagamento da indenização devida à vítima, nos limites contratados na apólice").

Relativamente ao Seguro Obrigatório de Danos Pessoais Causados por Veículos Automotores de Vias Terrestres, ou por sua Carga, a Pessoas Transportadas ou Não (Seguro DPVAT),[22] destaca-se o papel ativo da jurisprudência do Superior Tribunal de Justiça, especialmente por meio da edição de Súmulas. Nesse sentido, destaca-se a Súmula 257, segundo a qual: "A falta de pagamento do prêmio do seguro obrigatório de Danos Pessoais Causados por Veículos Automotores de Vias Terrestres (DPVAT) não é motivo para a recusa do pagamento da indenização"; a Súmula 580, que dispõe: "A correção monetária nas indenizações do seguro DPVAT por morte ou invalidez, prevista no § 7º do art. 5º da Lei 6.194/1974, redação dada pela Lei 11.482/2007, incide desde a data do evento danoso"; a Súmula 474: "A indenização do seguro DPVAT, em caso de invalidez parcial do beneficiário, será paga de forma proporcional ao grau da invalidez";

---

20. COMPARATO, Fábio. Substitutivo ao capítulo referente ao contrato de seguro no anteprojeto do Código Civil. *Revista de Direito Mercantil, Industrial, Econômico e Financeiro.* São Paulo: n. 5, ano XI, p. 149, 1972.

21. O tema da ação direta do terceiro prejudicado contra o segurador nos seguros de responsabilidade civil pode ser aprofundado em: MELO, Gustavo de Medeiros. *Ação direta da vítima no seguro de responsabilidade civil.* São Paulo: Contracorrente, 2016; SILVA, Ovídio A. Baptista. *O seguro e as sociedades cooperativas.* Relações Jurídicas Comunitárias. Porto Alegre: Livraria do Advogado, 2008. p. 99 e ss.

22. A respeito do Seguro DPVAT, faz-se referência à obra *DPVAT: Um seguro em evolução.* O DPVAT visto por seus administradores e pelos juristas. Rio de Janeiro, Renovar, 2013.

a Súmula 544: "É válida a utilização de tabela do Conselho Nacional de Seguros Privados para estabelecer a proporcionalidade da indenização do seguro DPVAT ao grau de invalidez também na hipótese de sinistro anterior a 16.12.2008, data da entrada em vigor da Medida Provisória 451/2008"; e a Súmula 426: "Os juros de mora na indenização do seguro DPVAT fluem a partir da citação".

Tratando de aspectos de natureza processual em ações de cobrança do Seguro DPVAT, registra-se, ainda, a Súmula 450 do STJ ("Na ação de cobrança do seguro DPVAT, constitui faculdade do autor escolher entre os foros do seu domicílio, do local do acidente ou ainda do domicílio do réu"), e o entendimento jurisprudencial que exige o prévio requerimento administrativo e a recusa do segurador em efetuar o pagamento para justificar o interesse de agir do terceiro prejudicado na ação que move contra o segurador.[23] Por outro lado, "o valor do seguro obrigatório deve ser deduzido da indenização judicialmente fixada", conforme dispõe a Súmula 246 do STJ. Assim, caso o segurado e/ou o segurador venha a ser condenado a indenizar o terceiro, vítima do acidente, o valor do seguro obrigatório recebido pelo terceiro deve ser descontado da indenização judicialmente fixada.

V. A PRESCRIÇÃO NO SEGURO DE RESPONSABILIDADE CIVIL

O Código Civil estabelece prazos prescricionais distintos conforme se trate de seguro de responsabilidade civil facultativo ou seguro de responsabilidade civil obrigatório. No caso do seguro de responsabilidade facultativo, aplica-se a regra geral do art. 206, § 1º, II, do Código Civil, segundo a qual: "Prescreve em um ano a pretensão do segurado contra o segurador, ou a deste contra aquele". Neste caso, o prazo prescricional é de um ano, tanto para que o segurado exerça a sua pretensão contra o segurador como para que o segurador exerça a sua pretensão contra o segurado.[24]

O regime da prescrição no seguro de responsabilidade civil facultativo particulariza-se no tocante ao termo inicial do prazo prescricional, o qual, como regra, quanto aos demais seguros, conta-se da ciência do fato gerador da pretensão do segurado (art. 206, § 1º, II, "b"), porém, no seguro de responsabilidade, tem início na data em que o segurado é citado para responder à ação de indenização proposta pelo terceiro prejudicado ou na data em que indeniza o terceiro com a anuência do segurador. É o que prevê o art. 206, § 1º, II, alínea "a", do Código Civil ("Prescreve em um ano a pretensão do segurado contra o segurador, ou a deste contra aquele, contado o prazo (...) para o segurado, no caso de seguro de responsabilidade civil, da data em que é citado para responder à ação de indenização proposta pelo terceiro prejudicado, ou da data que a este indeniza, com a anuência do segurador").

---

23. STJ, REsp n. 1.987.853/PB, rel. Min. Marco Buzzi, 4ª Turma, j. 14.06.2022, DJe de 20.06.2022.
24. Para aprofundamento do tema da prescrição no contrato de seguro, veja-se: MIRAGEM, Bruno. PETERSEN, Luiza. Prescrição no contrato de seguro. *Revista de Direito do Consumidor*. v. 148. jul./ago. 2023. p. 209-231.

A especialidade da regra se justifica pelas particularidades do tipo, cujo implemento da garantia em caso de sinistro pressupõe a reclamação do terceiro prejudicado e a responsabilidade do segurado pelos danos (art. 787 do Código Civil), a qual é apurada em juízo ou administrativamente, podendo ser reconhecida pelo segurado desde que com a anuência do segurador (art. 787, § 2º, do Código Civil). Neste caso, portanto, o próprio exercício da pretensão pelo terceiro prejudicado é pressuposto do direito do segurado à prestação de pagamento do segurador.

Por outro lado, tratando-se de seguro de responsabilidade civil obrigatório, é de três anos o prazo prescricional para o exercício da pretensão pelo terceiro prejudicado contra o segurador, conforme dispõe o art. 206, § 3º, IX, do Código Civil ("Prescreve em três anos a pretensão do beneficiário contra o segurador, e a do terceiro prejudicado, no caso de seguro de responsabilidade civil obrigatório"). Em relação ao Seguro DPVAT, inclusive, há súmula do Superior Tribunal de Justiça (Súmula 405 – "A ação de cobrança do seguro obrigatório (DPVAT) prescreve em três anos").

Por ocasião da vigência do Código Civil de 1916, aplicava-se, ao Seguro DPVAT, na ausência de prazo menor fixado em lei, o prazo prescricional de 20 anos previsto no art. 177 do Código Civil de 1916, razão pela qual assume relevância a regra de transição prevista no art. 2.028 do atual Código Civil ("Serão os da lei anterior os prazos, quando reduzidos por este Código, e se, na data de sua entrada em vigor, já houver transcorrido mais da metade do tempo estabelecido na lei revogada"). Daí o entendimento firmado pela jurisprudência, e que deu origem à Sumula 405 do STJ, de que "o prazo prescricional das ações de cobrança fundadas no seguro obrigatório – DPVAT, é de três anos, em consonância com o artigo 206, § 3º, do Código Civil, se, na data da sua entrada em vigor, ainda não havia transcorrido mais da metade do prazo prescricional, que no sistema do Código de 1916 era vintenário".[25]

Ainda no tocante ao Seguro DPVAT, especificamente em relação à cobertura de invalidez, há o entendimento jurisprudencial de que o termo inicial da prescrição é a data da ciência inequívoca da invalidez.[26] Esse entendimento é complementado pela Súmula 573, segundo a qual, "nas ações de indenização decorrente de seguro DPVAT, a ciência inequívoca do caráter permanente da invalidez, para fins de contagem do prazo prescricional, depende de laudo médico, exceto nos casos de invalidez permanente notória ou naqueles em que o conhecimento anterior resulte comprovado na fase de instrução". Da mesma forma, destaca-se o entendimento de que o termo inicial do prazo prescricional, no caso da pretensão de complementação da indenização do seguro DPVAT, é a data do pagamento administrativo a menor.[27]

---

25. STJ, AgRg no Ag 1088420 SP, rel. Min. Sidnei Beneti, 3ª Turma , j. 23.06.2009, DJe 26.06.2009.
26. REsp 1.388.030/MG, Rel. Ministro Paulo de Tarso Sanseverino, Segunda Seção, julgado em 11.06.2014, DJe 1º.08.2014.
27. REsp 1.418.347/MG, Rel. Ministro Ricardo Villas Bôas Cueva, Segunda Seção, julgado em 08.04.2015, DJe 15.04.2015.

REFERÊNCIAS

ALMEIDA, J. C. Moitinho. *O contrato de seguro no direito português e comparado*. Lisboa: Livraria Sá da Costa, 1971.

BIGOT; KULLMANN; MAYAUX. Les assurances de dommages. In: BIGOT, Jean (Dir.). *Droit des Assurance*. Paris: 2017. t. 5.

COMPARATO, Fábio. Substitutivo ao capítulo referente ao contrato de seguro no anteprojeto do Código Civil. *Revista de Direito Mercantil, Industrial, Econômico e Financeiro*. São Paulo: n. 5, ano XI, 1972.

DONATI, Antigono. *Trattato del diritto delle assicurazioni private*. Milano: Giuffrè, 1952. v. III.

DPVAT: Um seguro em evolução. O DPVAT visto por seus administradores e pelos juristas. Rio de Janeiro, Renovar, 2013.

GOLDBERG, Ilan. *O contrato de seguro D&O*. São Paulo: Ed. RT, 2019.

GOLDBERG; JUNQUEIRA. *Direito dos Seguros*. Comentários ao Código Civil. Rio de Janeiro: Editora Forense, 2023. p. 431 e ss.

MELO, Gustavo de Medeiros. *Ação direta da vítima no seguro de responsabilidade civil*. São Paulo: Contracorrente, 2016.

MIRAGEM, Bruno. PETERSEN, Luiza. *Direito dos seguros*. 2. ed. Rio de Janeiro: Forense, 2024.

MIRAGEM, Bruno. PETERSEN, Luiza. Prescrição no contrato de seguro. *Revista de Direito do Consumidor*. v. 148. p. 209-231, jul./ago. 2023.

NICOLAS, Véronique. Le règlement du sinistre: la détermination de la dette de l'assureur. In: BIGOT, Jean (Dir.). *Traité de droit des assurances*. Le contrat d'assurance. Paris: LGDJ, 2002. t. 3.

PICARD, Maurice; BESSON, André. *Les assurances terrestres en droit français*. 4. ed. Paris: LGDJ, 1975. t. I.

POLIDO, Walter A. *Culpa Grave nos Seguros de Responsabilidade Civil*: A exclusão é inapropriada? Disponível em: https://conhecerseguros.com.br/. Acesso em: set. 2023.

PONTES DE MIRANDA, Francisco Cavalcante. *Tratado de direito privado*. Atual. Bruno Miragem. São Paulo: Ed. RT, 2012. v. 45.

ROSSETTI, Marco. *Il diritto della assicurazioni*. Padova: Cedam, 2013. v. III.

SILVA, Ovídio A. Baptista. *O seguro e as sociedades cooperativas*. Relações jurídicas comunitárias. Porto Alegre: Livraria do Advogado, 2008.

ATUAL PANORAMA DOS SEGUROS DE RESPONSABILIDADE CIVIL NO BRASIL

Camila Affonso Prado

Doutora e Mestre em Direito Civil pela Universidade de São Paulo. Especialista em Direito Civil pela Universidade Presbiteriana Mackenzie. Associada Titular do Instituto Brasileiro de Estudos de Responsabilidade Civil (IBERC). Sócia da área de Seguros, Resseguros, Previdência Privada e Saúde Suplementar do Demarest Advogados.

Laura Pelegrini

Mestre em Direito pela Pontifícia Universidade Católica de São Paulo. Especialista em Direito Contratual pela Escola Paulista de Direito, e em Direitos Difusos e Coletivos pela Pontifícia Universidade Católica de São Paulo. Sócia da área de Seguros, Resseguros, Previdência Privada e Saúde Suplementar do Demarest Advogados. Presidente do Grupo Nacional de Trabalho de Seguro de Pessoas da AIDA-BRASIL. Professora convidada em diversos cursos de extensão em Direito dos Seguros.

Resumo: O artigo tem por objetivo apresentar o cenário dos seguros de responsabilidade civil no Brasil a partir da análise do novo contexto regulatório que os permeia – especialmente a Resolução CNSP 407/21 e as Circulares SUSEP 621/2021 e 637/2021 –, bem como de temas atuais envolvendo os principais tipos de seguros de responsabilidade civil, quais sejam os de Responsabilidade Civil Geral, D&O, E&O, Riscos Cibernéticos e Riscos Ambientais.

Sumário: I. Introdução – II. Contexto regulatório: modernização e simplificação dos seguros de responsabilidade civil – III. Modalidades de seguros de responsabilidade civil: aspectos relevantes; III.1 Responsabilidade civil geral; III.2 Responsabilidade civil de diretores e administradores – D&O; III.3 Responsabilidade civil profissional – E&O; III.4 Riscos cibernéticos – III.5 Riscos ambientais – IV. Conclusão – Referências.

I. INTRODUÇÃO

A interação entre o instituto da responsabilidade civil e o contrato de seguro é altamente significativa. Afinal, uma das modalidades de seguro que mais tem crescido no mercado é o seguro de responsabilidade civil, que visa justamente à garantia dos danos culposamente causados pelo segurado a terceiros.

No período de janeiro a junho de 2023, o prêmio arrecado pelas seguradoras nos diversos tipos de seguros de responsabilidade civil alcançou R$ 1,94 bilhões, revelando um crescimento de cerca de 13,6% em relação ao mesmo período do ano anterior.[1] A

---

1. Dados disponíveis em: https://www.gov.br/susep/pt-br/arquivos/arquivos-dados-estatisticos/sinteses-mensais/2023/SinteseMensaJun2023_v3.pdf. Acesso em: 18 ago. 2023.

demanda por este tipo de seguro tem aumentado à medida que novos riscos surgiram – especialmente em razão da pandemia da COVID-19 – ou se intensificaram, principalmente se considerada a evolução do instituto da responsabilidade civil, cada vez mais voltado à proteção da vítima. Nesse sentido, os seguros de responsabilidade civil são um importante instrumento de mitigação de riscos, pois oferecem proteção financeira ao patrimônio dos segurados e, ainda, de forma indireta, ao próprio terceiro, ante a garantia de que o dano sofrido será reparado e liquidado.

É em razão da inegável expressão e função dos seguros de responsabilidade civil que o objetivo deste artigo é apresentar um panorama atual de suas principais modalidades, passando pela análise de suas características, questões controvertidas e tendências. Nesse contexto, serão abordados os seguros de Responsabilidade Civil Geral, Responsabilidade Civil de Diretores e Administradores (D&O), Responsabilidade Civil Profissional (E&O), Riscos Cibernéticos e Riscos Ambientais. O propósito não é esgotar a análise de cada um desses seguros, mas expor aspectos relevantes que possam dar ao leitor uma visão geral dos seguros de responsabilidade civil e, sobretudo, transmitir a abrangência de seu escopo e diversidade de coberturas.

Além das modalidades de seguros referidas acima, será estudado o atual contexto regulatório dos seguros de danos, que, fundado nos ideais de simplificação, modernização e flexibilização das normas, tem impactado positivamente não apenas os seguros de responsabilidade civil, mas o mercado em geral. Para tanto, serão verificadas as bases sobre as quais os seguros eram regulados até se chegar ao momento atual, com o Novo Marco Regulatório dos Seguros de Danos.

Assim, alcançar-se-á o objetivo final deste artigo: difundir o estudo dos seguros de responsabilidade civil e demonstrar a importância deste instrumento como mitigador dos riscos de danos a terceiros.

II. CONTEXTO REGULATÓRIO: MODERNIZAÇÃO E SIMPLIFICAÇÃO DOS SEGUROS DE RESPONSABILIDADE CIVIL

O mercado de seguros é regulado pelo Conselho Nacional de Seguros Privados (CNSP) e pela Superintendência de Seguros Privados – SUSEP, autarquia vinculada ao Ministério da Economia e responsável pela fiscalização e controle dos mercados de seguro, resseguro, previdência aberta e capitalização.[2] Tal regulação, assim como ocorre no setor bancário, é essencialmente voltada à garantia da capacidade de solvência das entidades reguladas e da proteção dos consumidores, assegurando-se liquidez, transparência de informações e coibindo-se práticas abusivas.

O rol de competências da SUSEP está contido no artigo 36 do Decreto-Lei 73/1966, que, nas alíneas "b" e "c", estabelece que cabe ao órgão "baixar instruções e expedir circulares relativas à regulamentação das operações de seguro, de acordo com as dire-

---

2. Disponível em: https://www.gov.br/susep/pt-br/acesso-a-informacao/institucional/sobre-a-susep. Acesso em: 19 ago. 2023.

trizes do CNSP" e "fixar condições de apólices, planos de operações e tarifas a serem utilizadas obrigatoriamente pelo mercado segurador nacional". É nesse contexto que, historicamente, viu-se um mercado de seguros altamente padronizado no que tange às condições contratuais das apólices, com pouca liberdade de negociação e desenvolvimento de novos produtos.

Exemplificativamente, a revogada Circular SUSEP 437/2012 ditava as regras básicas para os seguros de Responsabilidade Civil Geral, além de disponibilizar as condições contratuais para o plano padronizado deste tipo de seguro. Na prática, eram estas as condições que prevaleciam e eram comercializadas pelo mercado, muitas vezes independentemente da complexidade da operação do segurado ou dos riscos a que estava exposto. A concorrência recaía essencialmente sobre as condições de preço e, nos casos mais diferenciados, em que havia certa margem para negociação, a alteração das condições padronizadas do clausulado era, em geral, feita por meio de Cláusulas Particulares, acarretando desafios na interpretação e aplicação nas regulações de sinistro.

Este cenário é assim sintetizado por Walter Polido, que, ao traçar um panorama sobre o mercado de seguros brasileiro, diz que:

> Ele sempre esteve sujeito à imposição de modelos padronizados de condições contratuais, quer no regime de monopólio do resseguro, que perdurou por aproximadamente setenta anos, quer por determinação da própria Susep. Liberdade de elaboração de seus próprios produtos, nunca existiu para as Seguradoras, nem mesmo para as grandes contas internacionais. Este panorama, extremamente negativo, freou o desenvolvimento não só dos seguros de responsabilidade civil no país, como também de outros ramos, significativamente. O mercado nacional, notadamente a partir da edição da Circular Susep 437, de 2012, a qual determinava modelos de coberturas para o ramo RC Geral, se manteve apartado da realidade internacional, retrocedendo em termos conceituais. Os clausulados que o ressegurador monopolista praticava, antes da referida Circular, tinha qualidade muito superior e atendia os consumidores muito mais objetivamente. Apesar disso, não evoluíram com o passar dos anos e a Circular Susep 437/2012, assumindo o comando após a quebra do monopólio, retrocedeu no tempo, piorando, e muito, todos eles.[3]

Conforme se observa, a conjuntura acima referida contribuía para frear o desenvolvimento do mercado local de seguros, especialmente quando comparado à realidade internacional. A forte regulação sobre o modelo e o próprio conteúdo dos clausulados de seguros acabava por limitar não apenas a inovação e oferta de produtos adaptados e específicos a uma gama de novos riscos e ao próprio modelo de negócios dos segurados, como também a concorrência entre as seguradoras e a liberdade contratual.

Tal panorama começou a ser alterado nos últimos anos, positivamente. Tem-se verificado um movimento pela "modernização, simplificação e flexibilização do ambiente regulatório e, consequentemente, do contrato de seguro, em contraposição a um cenário passado marcado pela padronização, excessiva regulação e autonomia contratual

---

3. POLIDO, Walter. *Circular Susep 637, de 27.07.2021.* Disponível em: https://www.editoraroncarati.com.br/v2/Colunistas/Walter-A.-Polido/Circular-Susep-n%C2%BA-637-de-27-07-2021.html. Acesso em: 21 ago. 2023.

limitada".[4] É possível afirmar que estamos diante de um Novo Marco Regulatório dos Seguros de Danos.

Especificamente no que interessa aos seguros de responsabilidade civil, três normas merecem ser analisadas no âmbito do Novo Marco Regulatório de Seguros de Danos. São elas: a Resolução 407/21 do Conselho Nacional de Seguros Privados (CNSP) e as Circulares 621/2021 e 637/2021 da SUSEP. Em síntese, esta última é norma própria dos seguros de responsabilidade civil, enquanto as duas primeiras disciplinam de forma geral os seguros de danos na medida em que segregam a regulação dos seguros de danos massificados e dos seguros de grandes riscos, impactando diretamente os seguros de responsabilidade civil.

Primeiramente, vale ressaltar que a separação dos seguros de danos entre "grandes riscos" e "massificados" tem um objetivo bem delineado. Por um lado, trata-se de flexibilizar a regulação dos primeiros que, em razão de sua natureza e complexidade, podem ser livremente negociados pelas partes, como qualquer outro tipo de contrato civil, propiciando-se a oportunidade de criação de produtos e coberturas mais adequadas às especificidades do modelo de negócio e operação do segurado, além de maior concorrência entre as seguradoras, cuja expectativa é que recaia não apenas sobre o valor do prêmio, estendendo-se também ao conteúdo das próprias garantias securitárias ofertadas. Conforme exposto pela SUSEP, espera-se, ainda, que a simplificação da regulação de grandes riscos estimule o ingresso de novos *players* no mercado e o aumento da procura por produtos inovadores, contribuindo diretamente com o crescimento do setor.[5-6]

De outro lado, os esforços do órgão regulador passam a ser acertadamente concentrados nos seguros massificados ante a necessidade de proteção dos consumidores, que se encontram em posição de vulnerabilidade técnica e financeira quando comparados aos segurados das apólices de grandes riscos, justificando-se, portanto, a intervenção regulatória. Segundo a SUSEP, "o avanço na regulação de seguros massificados visa maior simplicidade e clareza para os produtos, sempre com a preocupação de aumento de transparência para o consumidor".[7]

---

4. PRADO, Camila Affonso. *Perspectivas para os seguros de responsabilidade civil*. Disponível em: https://www. migalhas.com.br/coluna/migalhas-de-responsabilidade-civil/354479/perspectivas-para-os-seguros-de-responsabilidade-civil. Acesso em: 21 ago. 2023.

5. *SUSEP avança na simplificação das normas de grandes riscos*. Disponível em: http://novosite.susep.gov.br/noticias/susep-avanca-na-simplificacao-das-normas-de-seguros-de-grandes-riscos/. Acesso em: 25 jan. 2022.

6. De acordo com dados disponíveis no website da SUSEP, há espaço significativo para o crescimento do mercado de seguros no Brasil. "No final de 2020, os seguros de danos somaram em prêmios R$ 78,9 bilhões, representando 1,1% do PIB. Dentro do volume total de receitas do setor – R$ 274,1 bilhões em 2020 – os seguros de danos representaram apenas 28,8% do mercado. Nos EUA, este número gira em torno de 50%. Enquanto o setor aqui está perto de 1% do PIB em prêmios de seguros de danos, países latino-americanos apresentam números bem superiores: Colômbia com 1,4%, Chile com 1,5% e Argentina com 3,6%. Em países mais desenvolvidos, como França, EUA e Holanda, os números são respectivamente 4,6%, 6,6% e 7,8%. Ou seja, entre 4 a 7 vezes maior do que no Brasil". *SUSEP aprova avanços nos seguros de danos massificados*. Disponível em: http://novosite.susep. gov.br/noticias/susep-aprova-avancos-nos-seguros-de-danos-massificados-e-grandes-riscos/. Acesso em: 25 jan. 2022.

7. *SUSEP aprova avanços nos seguros de danos massificados*. Disponível em: http://novosite.susep.gov.br/noticias/susep-aprova-avancos-nos-seguros-de-danos-massificados-e-grandes-riscos/. Acesso em: 25 jan. 2022.

Nesse sentido, são automaticamente considerados seguros de grandes riscos, nos termos do artigo 2º, inciso I, da Resolução CNSP 407/2021, aqueles inseridos nos seguintes ramos: petróleo, riscos nomeados e operacionais, global de bancos, aeronáuticos, marítimos, nucleares, crédito interno e crédito à exportação. Para os demais ramos, aí incluídos os seguros de responsabilidade civil, o inciso II do referido artigo dispõe que ao menos uma das seguintes características deve estar presente no momento da contratação e renovação da apólice: (i) o limite máximo de garantia (LMG) deve ser superior a R$ 15 milhões; (ii) o segurado deve possuir ativos totais superiores a R$ 27 milhões no exercício imediatamente anterior à contratação; ou (iii) o faturamento bruto anual do segurado no exercício imediatamente anterior deve ser maior que R$ 57 milhões. No caso de apólice individual contratada por mais de um tomador ou segurado, basta que os requisitos dos itens (ii) ou (iii) acima sejam cumpridos por apenas um deles, conforme dispõe o § 1º do artigo 2º.

A Resolução CNSP 407/2021 está em vigor desde 01/04/2021. Isso significa que as apólices renovadas ou emitidas a partir desta data podem ser negociadas livremente entre segurados e seguradoras, seguindo os princípios e valores básicos elencados no artigo 4º, vale dizer, boa-fé, transparência e objetividade nas informações, tratamento paritário entre os contratantes, estímulo aos meios alternativos de solução de controvérsias e intervenção estatal subsidiária e excepcional na formatação dos produtos.

É importante ressaltar que, ainda que os requisitos do artigo 2º, incisos I e II, da Resolução CNSP 407/2021 estejam presentes, as partes têm a faculdade de negociar as apólices nos moldes de um clausulado de riscos massificados. Ou seja, embora os produtos padronizados tenham sido revogados pela Circular SUSEP 621/2021, as seguradoras podem continuar a comercializar os planos padronizados ou não padronizados de outrora. No momento, a prática tem revelado a comercialização de poucas apólices de grandes riscos, porém, espera-se que a médio e longo prazo o mercado se adapte ao novo cenário regulatório.

É inegável que o Novo Marco Regulatório representa uma transformação sensível na forma como as apólices podem ser negociadas e formatadas. A mudança é profunda e requer um período de adequação por todos os envolvidos. Todavia, a expectativa é que esse processo de adaptação efetivamente ocorra e que as seguradoras, gradativamente, passem a adequar seus clausulados e a criar produtos de seguros de grandes riscos, e que os segurados, por sua vez, revisitem seus programas de seguros e reavaliem os riscos a que estão expostos, negociando com as seguradoras novas condições contratuais e coberturas mais adequadas ao seu modelo de negócio. Trata-se de um processo natural e gradual de amadurecimento do mercado, mas que não "deve, ao mesmo tempo, perder de vista o dinamismo necessário à implementação prática das novas regras que certamente beneficiarão todos os envolvidos e contribuirão para o desenvolvimento e modernização do mercado de seguros brasileiro".[8]

---

8. PRADO, Camila Affonso. *Perspectivas para os seguros de responsabilidade civil*. Disponível em: https://www.migalhas.com.br/coluna/migalhas-de-responsabilidade-civil/354479/perspectivas-para-os-seguros-de-responsabilidade-civil. Acesso em: 21 ago. 2023.

Já no tocante especificamente aos seguros massificados, além da Circular 621/2021, a SUSEP aprovou a Circular 637/2021, "que revisa e consolida as regras aplicáveis aos seguros de responsabilidades, dando continuidade ao processo de simplificação regulatória, flexibilização na elaboração de produtos e estímulo à inovação".[9] Esta Circular entrou em vigor em 01/09/2021 e trouxe uma série de novas previsões que devem contribuir para a promoção dos seguros de responsabilidade civil e para o crescimento do setor e do acesso dos segurados a este tipo de proteção.

Inicialmente, a Circular 637/2021 delimita, em seu artigo 4º, os tipos de seguros de responsabilidade civil, da seguinte forma: (i) seguro de Responsabilidade Civil de Diretores e Administradores (D&O), que garante os riscos de responsabilidade civil decorrentes do exercício dos cargos de direção ou administração de empresas; (ii) seguro de Responsabilidade Civil Profissional (E&O), que assegura os riscos de responsabilidade civil do segurado por danos causados no exercício de sua atividade profissional; (iii) seguro de Riscos Ambientais, voltado à garantia da responsabilidade civil do segurado por danos ambientais; (iv) seguro de Riscos Cibernéticos (*Cyber*), relacionado aos danos decorrentes de incidentes cibernéticos; e (v) seguro de Responsabilidade Civil Geral (RCG) para os demais riscos de responsabilidade civil não enquadrados nos ramos acima especificados.

Na mesma linha seguida pela Circular 621/2021, que colocou termo aos produtos padronizados, a Circular 637/2021 revogou as Circulares SUSEP 437/2012 e 553/2017, que tratavam dos seguros de Responsabilidade Civil Geral (RCG) e D&O, respectivamente. Estes seguros, agora, estão previstos nos artigos 10 a 15 da Circular 637/2021, que estabelecem definições básicas, diretrizes e o escopo geral de cobertura. Assim, ao contrário das normas revogadas, a atual regulação para os seguros de RCG e D&O é mais simples e de natureza principiológica, conferindo maior liberdade na definição do conteúdo das coberturas.

Além disso, ao dispor sobre o objetivo geral dos seguros de responsabilidade civil, a Circular 637/2021 manteve a possibilidade de cobertura para a responsabilidade do segurado reconhecida por decisão judicial ou arbitral, ou por acordo com o terceiro prejudicado anuído pela seguradora. Como novidade, o artigo 3º, § 2º, passou a expressamente permitir cobertura para os casos em que a decisão impondo o dever de indenizar seja de natureza administrativa, emanada do Poder Público.

Ainda, eliminou-se o requisito do trânsito em julgado das decisões para o pagamento da indenização securitária, conferindo-se maior celeridade à regulação do sinistro. Em diversos casos, a partir da experiência obtida na regulação em tipos de sinistros recorrentes, a seguradora, durante esse procedimento, "já tem condições de estabelecer a verossimilhança das alegações feitas, de modo a promover a indenização devida".[10]

---

9. *SUSEP avança na simplificação dos seguros de responsabilidades com nova norma.* Disponível em: http://novosite.susep.gov.br/noticias/susep-avanca-na-simplificacao-dos-seguros-de-responsabilidades-com-nova-norma/. Acesso em: 30 jan. 2022.

10. POLIDO, Walter. *Circular Susep 637, de 27.07.2021.* Disponível em: https://www.editoraroncarati.com.br/v2/Colunistas/Walter-A.-Polido/Circular-Susep-n%C2%BA-637-de-27-07-2021.html. Acesso em: 21 ago. 2023.

Outra novidade introduzida pela norma refere-se aos gatilhos (os denominados *triggers*) dos seguros de responsabilidade civil. Já era praxe no mercado a comercialização das seguintes apólices: (i) à base de ocorrências (*occurrence basis*), em que o *trigger* é a data de ocorrência do dano, que deve se dar na vigência da apólice; (ii) à base de reclamações (*claims made*), cujo gatilho é a data de apresentação da reclamação pelo terceiro prejudicado ao segurado, o que deve ocorrer na vigência ou no prazo adicional previsto na apólice;[11] e (iii) à base de reclamações com notificação, gatilhada a partir da notificação do segurado à seguradora sobre fatos ou circunstâncias potencialmente danosos ocorridos na vigência ou período de retroatividade da apólice e que podem dar origem a uma futura reclamação do terceiro.

A partir da Circular 637/2021, foi disciplinado na norma um novo gatilho, nos termos do artigo 2º, inciso IV, que trata da apólice à base de reclamações com primeira manifestação ou descoberta,[12] cujo *trigger* é a data em que o segurado avisa a seguradora sobre o sinistro por ele descoberto ou manifestado pela primeira vez durante a vigência ou no prazo adicional previsto na apólice. Da mesma forma que nas demais apólices à base de reclamações, os danos devem ter ocorrido no período de vigência ou de retroatividade.

Ainda no que diz respeito ao gatilho das apólices, mais especificamente das apólices à base de reclamações, a Circular 637/2021 criou o conceito de "prazo adicional" – em substituição aos prazos complementar e suplementar – para a apresentação da reclamação pelo terceiro, principalmente quando a apólice não é renovada.[13] Segundo o artigo 2º, inciso XII, o prazo adicional consiste no "prazo extraordinário em que estarão cobertas as reclamações apresentadas ao segurado, por terceiros, contratado junto à sociedade seguradora, com ou sem cobrança de prêmio, conforme estabelecido no contrato de seguro". Portanto, o prazo adicional continua a ser de previsão obrigatória, mas, ao contrário dos prazos complementar e suplementar,[14] trata-se de prazo único, cujo período pode ser negociado entre as partes.

---

11. Nos termos do artigo 16 da Circular SUSEP 637/2021, "os seguros de responsabilidade civil à base de reclamações destinam-se àqueles sujeitos a risco de latência prolongada ou a sinistros com manifestação tardia".

12. A "primeira manifestação ou descoberta" já era prevista em determinadas apólices como condição de cobertura, principalmente nas de Riscos Ambientais. Contudo, foi apenas a partir da Circular 637/2021 que este *trigger* foi expressamente previsto na regulação da SUSEP.

13. Além da hipótese de não renovação da apólice (inciso i), o artigo 19 da Circular 637/2021 estabelece que a cláusula de prazo adicional se aplicará, no mínimo, nos seguintes casos: "II – se o seguro à base de reclamações for transferido para outra sociedade seguradora que não admita, integralmente, o período de retroatividade da apólice precedente; III – se o seguro, ao final de sua vigência, for transformado em um seguro à base de ocorrência na mesma sociedade seguradora ou em outra; ou IV – se o seguro for extinto, desde que a extinção não tenha ocorrido por determinação legal, por falta de pagamento do prêmio ou por esgotamento do limite máximo de garantia do contrato com o pagamento das indenizações".

14. O prazo complementar tinha duração mínima de um ano e deveria ser obrigatoriamente concedido pela Seguradora sem a cobrança de prêmio adicional. Já o prazo suplementar iniciava-se na data do término do prazo complementar, sua contratação não era obrigatória, a cobrança de prêmio adicional era facultativa e os prazos poderiam variar, o que na prática se dava entre um e três anos.

Por fim, dentre as novas disposições da norma, pode-se mencionar a autorização expressa para a oferta de cobertura de multas e penalidades impostas ao segurado, nos termos do artigo 3º, § 3º; e, quanto à cobertura para os custos de defesa, a possibilidade de livre escolha pelos segurados ou da utilização de profissionais referenciados pela seguradora, além do direito de ressarcimento da seguradora com relação aos valores adiantados ao segurado ou tomador, quando os danos a terceiros tenham sido causados por atos ilícitos dolosos, conforme dispõem os incisos II e III do artigo 9º.

Estas são algumas das disposições mais relevantes do Novo Marco Regulatório de Seguros de Danos, que, no que tange aos seguros de responsabilidade civil, pode-se dizer ser essencialmente composto das três normas analisadas acima. Tais normas, conforme se observa, revelam um ambiente marcado pela simplificação, liberdade e inovação. O novo cenário descortina inúmeras possibilidades a serem exploradas pelas seguradoras, resseguradores, corretores e segurados, as quais certamente contribuirão para a modernização e crescimento do mercado, além do desenvolvimento da cultura de seguros, ainda tão incipiente no Brasil. A mudança é paradigmática e a adaptação, necessária.

III. MODALIDADES DE SEGUROS DE RESPONSABILIDADE CIVIL: ASPECTOS RELEVANTES

Apresentado o panorama regulatório geral dos seguros de dano no Brasil e, em especial, dos seguros de responsabilidade civil, cabe tratar mais especificamente do cenário atual e tendências relativas a algumas modalidades desse seguro: o seguro de Responsabilidade Civil Geral; o seguro de Responsabilidade Civil dos Diretores e Administradores (D&O); o seguro de Responsabilidade Civil Profissional (E&O); o seguro de Riscos Cibernéticos (*Cyber*) e, por fim, o seguro de Riscos Ambientais.

III.1 Responsabilidade civil geral

O seguro de responsabilidade civil geral, como o próprio nome diz, é uma modalidade de seguro de responsabilidade civil que visa à cobertura dos riscos residuais, que não se amoldam nos seguros específicos de D&O, E&O, Riscos Ambientais e Riscos Cibernéticos. Seu escopo de cobertura, portanto, é bastante abrangente e representa um importante instrumento de mitigação dos mais variados riscos a que os segurados podem estar expostos no exercício de sua atividade empresarial e que possuem o potencial de causar danos a terceiros.

O objetivo deste tipo de seguro está expressamente previsto no artigo 787 do Código Civil, segundo o qual "no seguro de responsabilidade civil, o segurador garante o pagamento de perdas e danos devidos pelo segurado a terceiro". Nesse sentido, o artigo 15 da Circular SUSEP 637/2021 dispõe de modo mais específico que:

> No seguro de RC Geral a sociedade seguradora deve garantir o interesse do segurado que for responsabilizado por danos causados a terceiros e obrigado a indenizá-los, por decisão judicial ou decisão em juízo arbitral, ou por acordo com os terceiros prejudicados, mediante a anuência da sociedade seguradora, desde que atendidas as disposições do contrato.

Vê-se, pois, que a condição primária para a incidência de cobertura é a responsabilização civil do segurado por danos causados a terceiros. Em outras palavras, trata-se da caracterização do dever de indenizar em razão de imprudência, negligência ou imperícia do segurado ou, ainda, do desenvolvimento de atividade de risco que cause dano a terceiro. Assim, a garantia securitária é voltada tanto aos casos de responsabilidade civil subjetiva (com culpa) ou objetiva (sem culpa), sendo importante ressaltar, desde já, que a prática de qualquer ato doloso não está coberta, conforme preconiza o artigo 762 do Código Civil.[15]

Nesse tipo de seguro, a caracterização da responsabilidade pode se dar tanto em razão de decisão dada por autoridade competente, que reconheça ser o segurado responsável pelo dano ao terceiro, como de acordo entre o segurado e o terceiro mediante anuência da seguradora. O Código Civil estabelece, ainda, dois deveres impostos ao segurado e que merecem ser analisados, quais sejam o de (i) obter o consentimento prévio da seguradora para transigir com o terceiro, e (ii) avisar imediatamente a seguradora sobre as consequências do ato danoso.

Quanto ao primeiro, o artigo 787, §2º, do Código Civil,[16] prevê não apenas a necessidade de o segurado pedir a anuência da seguradora antes de firmar acordo que objetive indenizar o terceiro, como também veda que o segurado reconheça sua responsabilidade ou confesse a ação, sem o consentimento da seguradora. Logo, a interpretação literal deste artigo levaria à conclusão de que o descumprimento do dever pelo segurado, em qualquer hipótese, acarretaria a perda do direito à indenização. Esta, contudo, não parece ser a melhor interpretação.

Com efeito, o objetivo da norma é garantir a oportunidade de manifestação da seguradora nas hipóteses em que o segurado voluntariamente decide indenizar o terceiro, seja por meio de acordo ou qualquer outra forma de reconhecimento expresso de sua responsabilidade. Isso porque, existindo um seguro de responsabilidade civil contratado, a indenização a que se comprometeu o segurado será, em última análise, paga pela seguradora. Daí o requisito da anuência prévia, cujo objetivo é evitar que a seguradora seja prejudicada em razão de obrigação que é assumida pelo segurado, mas que será arcada pelo seguro.

Não obstante, segundo Flávio Tartuce,[17] a previsão do artigo 787, § 2º, traz complicações de duas ordens. Primeiramente, negar-se-ia um direito personalíssimo do segurado, que é o de reconhecer a existência de sua culpa, conforme o artigo 11 do Código Civil. Depois, porque o direito de transigir também é inerente ao segurado,

---

15. Artigo 762 do Código Civil: "Nulo será o contrato para garantia de risco proveniente de ato doloso do segurado, do beneficiário, ou de representante de um ou de outro".

16. Artigo 787, § 2º, do Código Civil: "É defeso ao segurado reconhecer sua responsabilidade ou confessar a ação, bem como transigir com o terceiro prejudicado, ou indenizá-lo diretamente, sem anuência expressa do segurador".

17. SCHREIBER, Anderson *et al. Código Civil comentado*: doutrina e jurisprudência. 3. ed. Rio de Janeiro: Forense, 2021, p. 582.

sendo-lhe vedada a renúncia, nos termos dos artigos 424 do Código Civil e 51, inciso IV, do Código de Defesa do Consumidor.

Dessa forma, a interpretação mais adequada do referido artigo deve ser realizada de forma sistemática para, por um lado, assegurar que o contrato de seguro não seja onerado indevidamente, como nos casos de má-fé do segurado ou do terceiro, e, por outro lado, que o direito de transigir e confessar seja garantido ao segurado. Nesse sentido, o Enunciado 546 foi aprovado na VI Jornada de Direito Civil para prever que "o § 2º do art. 787 do Código Civil deve ser interpretado em consonância com o art. 422 do mesmo diploma legal, não obstando o direito à indenização e ao reembolso". Veja-se a clareza da justificativa de sua aprovação:[18]

> A vedação ao reconhecimento da responsabilidade pelo segurado deve ser interpretada como a proibição que lhe foi imposta de adotar posturas de má-fé perante a seguradora, tais como provocar a própria revelia e/ou da seguradora, assumir indevidamente a responsabilidade pela prática de atos que sabe não ter cometido, faltar com a verdade com o objetivo de lesar a seguradora, agir ou não em conluio com o suposto lesado/beneficiário, entre outras que venham a afetar os deveres de colaboração e lealdade recíprocos. Caracteriza-se, portanto, como valorização da cláusula geral da boa-fé objetiva prevista no art. 422 do Código Civil.

Logo, a interpretação que prevalece é de que a falta de anuência da seguradora não deve conduzir à perda automática do direito à indenização. Para que isso ocorra, deve estar evidenciado que o acordo ou reconhecimento da responsabilidade do segurado causou efetivo prejuízo à seguradora ou que o segurado tenha agido com má-fé. A jurisprudência do Superior Tribunal de Justiça está consolidada nessa mesma linha de entendimento, havendo, inclusive, julgado recente sobre o tema, em 25.05.2021, no Recurso Especial 1.604.048/RS, de relatoria da Ministra Nancy Andrighi.[19]

Já o segundo dever, conforme indicado acima, está previsto no artigo 787, § 1º, do Código Civil, que dispõe que, "tão logo saiba o segurado das consequências de ato seu, suscetível de lhe acarretar a responsabilidade incluída na garantia, comunicará o fato ao segurador".[20] Ainda, o § 2º do mesmo dispositivo legal estabelece que "intentada a ação contra o segurado, dará este ciência da lide ao segurador". A controvérsia, aqui, reside no momento em que o aviso deve ser feito à seguradora: logo após a prática do ato danoso ou apenas com a reclamação formulada pela vítima?

Primeiramente, deve-se considerar que nem sempre o segurado tem conhecimento imediato do dano, como por exemplo nos casos de obras de construção que causam rachaduras ou afetam a estrutura de propriedades vizinhas.[21] É por essa razão que o §

---

18. VI Jornada de Direito Civil. Brasília: Conselho da Justiça Federal, Centro de Estudos Judiciários, 2013, p. 98-99. Disponível em: https://www.cjf.jus.br/cjf/corregedoria-da-justica-federal/centro-de-estudos-judiciarios-1/publicacoes-1/jornadas-cej/vijornadadireitocivil2013-web.pdf. Acesso em: 21 ago. 2023.

19. REsp 1604048/RS, Rel. Ministra Nancy Andrighi, Terceira Turma, julgado em 25.05.2021, DJe 09.06.2021.

20. Na mesma linha é a previsão do artigo 771 do Código Civil, aplicável a qualquer modalidade de seguro, que prevê: "Sob pena de perder o direito à indenização, o segurado participará o sinistro ao segurador, logo que o saiba, e tomará as providências imediatas para minorar-lhe as consequências".

21. Cf. GODOY, Claudio Luiz Bueno de et al. *Código Civil comentado*: doutrina e jurisprudência. 15. ed. Barueri: Manole, 2021, p. 759.

1º dispõe que a comunicação à seguradora deve ser feita "tão logo saiba o segurado das consequências de ato seu", isto é, a partir da ciência do dano causado ao terceiro. Isso pode se dar logo após a prática do ato lesivo ou mediante reclamação extrajudicial da vítima ou, ainda, apenas quando o segurado é demandado judicialmente. Seja como for, a determinação legal é no sentido de que a seguradora deve ser avisada assim que o segurado souber que seu ato provocou dano, ainda que não exista demanda da vítima neste momento e a despeito da dificuldade do ônus probatório da seguradora em demonstrar, em determinados casos, que a ciência do segurado é anterior à reclamação do terceiro. É importante ressaltar que a obrigação de aviso imediato do sinistro não se confunde com o termo inicial da prescrição no seguro de responsabilidade civil que, de acordo com o artigo 206, § 1º, inciso II, alínea 'a', do Código Civil, é de um ano a contar da data em que o segurado "é citado para responder à ação de indenização proposta pelo terceiro prejudicado ou, da data que a este indeniza, com a anuência do segurador".

De qualquer forma, e no mesmo sentido da interpretação do § 2º do artigo 787, o aviso tardio não deve gerar automaticamente a perda do direito à indenização. A boa-fé objetiva também é elemento essencial nesta análise, de tal modo que apenas nos casos em que o atraso causar prejuízo à seguradora é que a perda do direito à indenização terá lugar. Na lição de Claudio Luiz Bueno de Godoy:

> omitido o aviso de sinistro, não haverá automática perda do direito ao recebimento do valor segurado, senão quando demonstrado pelo segurador que, por isso, foi-lhe retirada factível oportunidade de evitar ou atenuar os efeitos do evento e, assim, minorar o importe do seguro a ser pago.[22]

De fato, um dos fundamentos do aviso imediato do sinistro é a teoria da mitigação das perdas, "segundo a qual os contratantes devem atuar com boa-fé objetiva, cooperando um com o outro no sentido de mitigar as perdas sofridas".[23] Por isso, o aviso de sinistro apenas acarretará a perda do direito à indenização quando, em razão de sua extemporaneidade, a seguradora tiver sido impedida de minorar as consequências do evento danoso e o agravamento dos prejuízos.

Feita esta análise sobre o escopo do seguro de responsabilidade civil geral e os principais deveres do segurado, é relevante destacar algumas das coberturas disponíveis no mercado a fim de demonstrar a vasta gama de riscos presentes na operação dos segurados, com potencial de causar danos a terceiros, e que podem mitigados por esta modalidade de seguro. São elas:

> (i) RC Empregador, que garante os riscos de morte e invalidez permanente dos empregados, em casos de acidente do trabalho;
>
> (ii) RC Produtos, voltada à cobertura de danos causados por defeitos em produtos pelos quais o segurado seja responsável;

---

22. GODOY, Claudio Luiz Bueno de et at. *Código Civil comentado*: doutrina e jurisprudência, op. cit., p. 743.
23. PIMENTA, Melisa Cunha. *Seguro de responsabilidade civil*. Dissertação (Mestrado em Direito) – Pontifícia Universidade Católica de São Paulo, São Paulo, 2009, p. 155.

(iii) Recall, que indenizará o segurado pelas despesas de retirada do mercado de produtos potencialmente danosos;

(iv) Poluição Súbita, que cobre danos a terceiros causados por poluição, contaminação ou vazamento de natureza súbita e inesperada, desde que preenchidos alguns requisitos, como a emissão ou vazamento da substância poluente ter cessado em determinado período de tempo fixado na apólice – em geral 72 horas – e os danos a terceiros também tenham se manifestado no mesmo intervalo de tempo;

(v) RC Obras Civis e Serviços de Instalação e Montagem, para os danos a terceiros decorrentes da realização de obras civis ou serviços de instalação, montagem ou manutenção de máquinas e equipamentos;

(vi) RC Operações, cujo risco coberto são os danos a terceiros causados no interior do estabelecimento comercial ou industrial do segurado;

(vii) RC Eventos, que garante os danos decorrentes de eventos promovidos ou patrocinados pelo segurado, como aqueles de natureza artística ou esportiva;

(viii) Prestação de serviços em locais de terceiros, que cobre os danos causados pelo segurado durante a prestação de determinado serviço, como de manutenção ou guarda, por exemplo.

Estes são apenas alguns exemplos dentre as diversas coberturas disponíveis no seguro de responsabilidade civil geral. Ressalte-se que, em todas elas, como premissa de cobertura desta modalidade de seguro, os danos devem decorrer de um acidente, ou seja, de evento de natureza súbita, imprevista e extrínseca à vítima ou coisa danificada. Assim, os eventos esperados e previstos estão excluídos, eis que desprovidos da álea para sua materialização.[24]

Por fim, não se deve olvidar que em razão do Novo Marco Regulatório de Seguros de Danos, conforme exposto acima, cumpridos os requisitos para a caracterização do seguro de grandes riscos, as coberturas podem ser negociadas e amoldadas de forma personalizada à operação e riscos de cada segurado em particular.

III.2 Responsabilidade civil de diretores e administradores – D&O

O seguro de Responsabilidade Civil dos Diretores e Administradores, conhecido por sua sigla em inglês *D&O*, é uma modalidade de seguro de responsabilidade civil contratado para garantia do interesse legítimo do tomador contratante, em geral pessoa jurídica, por danos causados a terceiros pelos segurados – seus diretores e administradores – no exercício de suas funções de gestão. Em regra, a cobertura conferida abrange (i) os custos de defesa, isto é, as despesas incorridas para defesa dos gestores nas ações ou procedimentos administrativos em que é demandado por atos gestão; e (ii) eventuais condenações a eles impostas, incluindo acordos previamente aprovados pela seguradora.

Referido seguro foi inicialmente regulamentado pela SUSEP por meio da Circular 553/2017. Até aquele momento, o D&O não contava com norma regulatória específica, mas, de outro lado, já demonstrava pujança significativa no mercado, o que colocava

---

24. POLIDO, Walter. *Seguros de responsabilidade civil*: manual prático e teórico. Curitiba: Juruá, 2013, p. 389.

à prova a necessidade de sua minuciosa regulamentação. Tal Circular conceituava o segurado como:

> um seguro de responsabilidade civil, contratado por uma pessoa jurídica (tomador) em benefício de pessoas físicas que nela, e/ou em suas subsidiárias, e/ou em suas coligadas, exerçam, e/ou passem a exercer, e/ou tenham exercido, cargos de administração e/ou de gestão, executivos, em decorrência de nomeação, eleição ou contrato de trabalho (segurados), ou pela própria pessoa física.[25]

A norma anterior era extensa e detalhada, estabelecendo uma série de conceitos a serem adotados pelas condições contratuais do seguro D&O, bem como cláusulas obrigatórias, como por exemplo, a disposição acerca da liberdade total de escolha dos advogados pelos segurados para sua defesa no juízo civil, trabalhista, penal ou administrativo, além da necessidade de o clausulado estar dividido em condições gerais, especiais e particulares.

Além disso, a Circular determinava a obrigatoriedade de que o seguro fosse contratado mediante apólice à base de reclamações, ficando vedada a sua transformação em apólice à base de ocorrência.[26] E, como principal inovação trazida à época, a Circular SUSEP 553/2017 expressamente previu a possibilidade de oferecimento de cobertura para multas e penalidades cíveis e administrativas que sejam impostas aos gestores em virtude de suas atividades à frente do tomador,[27] o que, até então, era vedado no entendimento do órgão regulador.

A Circular SUSEP 637/2021, ao dispor sobre os seguros do grupo responsabilidades, incluindo o seguro D&O, revogou expressamente a Circular SUSEP 553/2017 e passou a fazer uma regulamentação mais principiológica também dessa modalidade, afastando a extensa lista de conceitos, cláusulas obrigatórias e a forma mandatória de organização dos clausulados anteriormente prevista.

O conceito do seguro D&O não sofreu alterações significativas, sendo assim definido pelo artigo 11 da Circular SUSEP 637/2021:

> No seguro de RC D&O a sociedade seguradora deve garantir o interesse do segurado que for responsabilizado por danos causados a terceiros, em consequência de atos ilícitos culposos praticados no exercício das funções para as quais tenha sido nomeado, eleito ou contratado, e obrigado a indenizá-los, por decisão judicial ou decisão em juízo arbitral, ou por acordo com os terceiros prejudicados, mediante a anuência da sociedade seguradora, desde que atendidas as disposições do contrato.

Ainda, a norma trouxe, especificamente para o seguro de D&O, somente as definições dos termos "segurado", "subsidiária" e "coligada", que são utilizados nos artigos 11 e 12 ao se referirem ao escopo de cobertura do seguro e às exclusões de garantia.

---

25. Artigo 4º da Circular SUSEP 553/2017.
26. Artigo 4º, §§ 1º e 2º, da Circular SUSEP 553/2017: "§ 1º O seguro de RC D&O deve ser contratado com apólice à base de reclamações. § 2º Aplicam-se as disposições dos normativos em vigor que regulam as apólices à base de reclamações, exceto: I – a possibilidade de transformação da apólice para base de ocorrências.
27. Artigo 5º da Circular SUSEP 553/2017: "§ 5º A garantia poderá abranger cobertura de multas e penalidades cíveis e administrativas impostas aos segurados quando no exercício de suas funções, no tomador, e/ou em suas subsidiárias, e/ou em suas coligadas".

Na mesma linha do já preceituado pela Circular SUSEP 621/2021, a nova regulamentação do D&O afasta a necessidade de que o clausulado seja obrigatoriamente dividido em condições gerais, especiais e particulares, e que o produto seja comercializado necessariamente por meio de apólice à base de reclamações, conferindo maior liberdade às seguradoras para estruturação dos produtos e, desse modo, incentivando a inovação e a concorrência no mercado.

A nova norma também previu, nos aspectos gerais aplicáveis a todos os seguros de responsabilidade civil, a possibilidade de oferecimento de cobertura para multa,[28] antes apenas indicada na Circular que disciplinava o seguro D&O e, ainda, inseriu a faculdade de indicação de rede referenciada de profissionais pela seguradora para prestação de serviços advocatícios aos segurados quanto à cobertura de custos de defesa.[29]

Há, nesse sentido, maior abertura regulatória para que os produtos se diversifiquem e possam atender diversos nichos de mercado. Isto é, para os grandes tomadores de seguros, em que a contratação do seguro D&O já é prevista em seus orçamentos, por ser prática de suas matrizes no exterior ou exigência do seu estatuto social, será possível oferecer produto personalizado, sem necessidade de adotar conceitos e formato preestabelecido pela SUSEP. De outro lado, a possibilidade de oferecimento de cobertura de custos de defesa com rede referenciada de escritórios de advocacia indicados pela seguradora poderá gerar maior previsibilidade dos gastos, aliada às análises de sinistralidade. Nessa linha, é possível que haja maior penetração do seguro D&O para empresas de pequeno e médio porte, dado o oferecimento de produtos com listagem preestabelecida de prestadores e aprovação prévia de valores mais econômico, acarretando possível impacto positivo na sua precificação.

De outro lado, a disseminação do seguro D&O, incentivada no Brasil também pela edição da Lei Anticorrupção (Lei 12.846/2013) e pela Operação Lava-Jato, tem resultado em maior judicialização dos temas relativos à cobertura securitária. Atualmente, já há, especialmente no âmbito do Tribunal de Justiça de São Paulo, diversos julgados tratando do tema, com profundidade e maior familiaridade dos julgadores com essa modalidade de seguro de responsabilidade civil. No Superior Tribunal de Justiça, inclusive, já houve julgamento sobre a omissão de informações que leva à perda do direito à garantia securitária no D&O, e a não incidência de cobertura para atos praticados pelo administrador visando ao seu favorecimento pessoal, como o caso de *insider trading*.[30]

---

28. Artigo 3º, § 3º, da Circular SUSEP 637/2021: "§ 3º A sociedade seguradora poderá oferecer outras coberturas, além daquela descrita no caput, inclusive para os custos de defesa dos segurados, e a cobertura de multas e penalidades impostas aos segurados".

29. Artigo 9º, inciso II, da Circular SUSEP 637/2021: "Nas condições contratuais dos seguros de responsabilidade civil, deve haver expressa menção sobre: II – a possibilidade de livre escolha ou da utilização de profissionais referenciados, pelos segurados, no caso de ser comercializada cobertura para os custos de defesa;".

30. AgInt no REsp 1.504.344/SP, relator Ministro Raul Araújo, Quarta Turma, julgado em 16.08.2022, DJe de 23.08.2022. REsp 1.601.555/SP, relator Ministro Ricardo Villas Bôas Cueva, Terceira Turma, julgado em 14.02.2017, DJe de 20.02.2017.

Verifica-se, assim, uma maturidade do mercado de seguro D&O no Brasil, seja em razão do crescimento dos seus números, seja em função das discussões judiciais sobre o tema. É de se esperar que as alterações na regulação dos seguros de responsabilidade civil contribuam com a continuidade do desenvolvimento desse mercado.

III.3 Responsabilidade civil profissional – E&O

O Seguro de Responsabilidade Civil Profissional – também denominado *Errors & Omissions* (E&O) – garante ao segurado o reembolso das indenizações pelas quais for responsabilizado em função da ocorrência de uma falha ou erro profissional, além dos custos de defesa incorridos em reclamações judiciais ou administrativas apresentadas por terceiros. Diversamente do Seguro de Responsabilidade Civil Geral, que garante a responsabilidade do segurado frente a terceiros, tenham ou não relação contratual com o segurado, e do Seguro de Responsabilidade Civil Diretores e Administradores (D&O), que oferece garantia para a responsabilização pessoal dos gestores por atos de gestão, o seguro E&O pressupõe a existência de uma relação contratual de prestação de serviço profissional entre o segurado e os terceiros.

Trata-se, assim, de um importante instrumento de gerenciamento de riscos profissionais e que está em pleno desenvolvimento no Brasil. Uma das justificativas para o aumento da demanda está relacionada à própria evolução do regime de responsabilidade civil que, em muitos casos, permite a responsabilização objetiva do profissional, independentemente da comprovação de culpa, ou ainda pela perda de uma expectativa de benefício ou diminuição de prejuízos, em razão da teoria da perda de uma chance.

Com efeito, a responsabilidade civil profissional caracteriza-se como contratual, pois nasce da violação de um dever previsto em determinado contrato que rege a prestação de serviços profissionais. Trata-se da obrigação de indenizar os danos causados durante o exercício de profissão autônoma ou subordinada em decorrência de um erro profissional.

O regramento legal está, em geral, previsto no Código Civil, no Código de Defesa do Consumidor e em normas administrativas que regem profissões específicas, as quais, em razão do risco que lhes é inerente, estão sujeitas a disciplina especial.[31] Nesse sentido, o artigo 14, § 4º, do Código de Defesa do Consumidor estabelece que a responsabilidade civil do profissional liberal será subjetiva, ou seja, além do erro, do dano e do nexo causal, a culpa também deve ser demonstrada.

Contudo, não são todos os casos de responsabilidade profissional que serão disciplinados pelo regime tradicional da responsabilidade subjetiva, seja porque nem todos

---

31. Em determinados casos, o erro profissional pode causar graves danos, razão pela qual alguns requisitos devem ser observados para o próprio exercício da profissão, como a formação em curso universitário que confira habilitação técnica, assim como inscrição em órgão especial. É o caso dos advogados, médicos e engenheiros, por exemplo. Todavia, é importante ressaltar que, independentemente do preenchimento de tais requisitos, o profissional que incorrer em erro e causar dano ao seu cliente será obrigado a indenizá-lo. Cf. CAVALIERI FILHO, Sergio. *Programa de responsabilidade civil*. 14. ed. São Paulo: Grupo Gen, 2020, p. 410.

serão considerados como contrato de consumo, seja porque a natureza da obrigação, se de meio ou resultado, será determinante para a definição da natureza da própria responsabilidade civil. Segundo Sergio Cavalieri Filho, "em face do particularismo das diversas profissões, é quase impossível formular um sistema geral para equacionar os problemas da responsabilidade profissional em seu conjunto", já que "alguns geram obrigação de resultado, como no caso do construtor" e "outros dão causa a obrigação de meio ou de diligência, de sorte que o estudo de cada profissão deve ser feito separadamente".[32]

Em linhas gerais, na obrigação de meio o profissional obriga-se a empreender técnica e diligência no exercício de sua atividade com vistas a obter o resultado, porém, sem garanti-lo ao final. Logo, tratando-se de obrigação de meio, a responsabilidade do profissional será subjetiva. Isso porque, ele não será responsabilizado por não ter atingido o resultado esperado, mas sim por ter atuado na execução de sua obrigação profissional com negligência, imprudência ou imperícia, ou seja, com culpa.

Já na obrigação de resultado, o profissional não se obriga a apenas atuar diligentemente na busca por um determinado resultado. Neste caso, sua obrigação também reside na obtenção propriamente dita do resultado, de tal modo que o inadimplemento desta obrigação, ou seja, a não produção do resultado, acarretará sua responsabilização pelos danos causados. Neste ponto, surge a seguinte questão: considerando que a obrigação de resultado prescinde da demonstração de culpa, a responsabilidade civil do profissional será objetiva?

A resposta é negativa. Na responsabilidade objetiva, a culpa não é discutida de forma alguma, nem como matéria de defesa, cabendo ao credor tão somente demonstrar o ato ilícito, o dano e o nexo causal. Ocorre que na responsabilidade civil envolvendo obrigações de resultado, ainda que o credor não tenha que provar a culpa, esta poderá ser arguida como tese de defesa pelo profissional para demonstrar que empreendeu toda a técnica e diligência necessárias para a obtenção do resultado. Isso significa que a responsabilidade civil será subjetiva, porém, com presunção de culpa.[33]

Nesse sentido, Pablo Stolze Gagliano e Rodolfo Pamplona Filho afirmam que nas obrigações de meio o profissional apenas será responsável se o "credor comprovar a ausência total do comportamento exigido ou uma conduta pouco diligente, prudente e leal"; já nas obrigações de resultado o profissional "só se isentará de responsabilidade se demonstrar que não agiu culposamente. Ou seja, em ambas as situações, o elemento culpa é relevante, mas o ônus de sua prova deverá ser distribuído em função da forma de obrigação avençada".[34]

Caracterizada a responsabilidade civil por erro profissional, a quantificação dos danos é matéria controversa especialmente nas obrigações de meio, sendo discutida

---

32. CAVALIERI FILHO, Sergio. *Programa de responsabilidade civil*, op. cit., p. 410.
33. ARAUJO, Vaneska Donato de. *A responsabilidade civil profissional e a reparação de danos*. Dissertação de Mestrado. Faculdade de Direito da Universidade de São Paulo, 2011, p. 156.
34. GAGLIANO, Pablo Stolze; PAMPLONA FILHO, Rodolfo. *Novo curso de direito civil*: responsabilidade civil. 19. ed. São Paulo: Editora Saraiva, 2021, p. 96.

também no âmbito do seguro E&O, com destaque para os casos em que o segurado é advogado. Neste tipo de obrigação, a doutrina e a jurisprudência têm aplicado a teoria da perda de uma chance para o cálculo da indenização, pois não é possível assegurar que, caso o profissional tivesse adotado uma conduta diligente, o resultado seria alcançado com certeza. Assim, "a perda de uma chance consiste em uma oportunidade dissipada de obter futura vantagem ou de evitar um prejuízo em razão da prática de um dano injusto".[35]

A partir da aplicação de tal teoria, reduz-se proporcionalmente a indenização em face da probabilidade, séria e real, que o cliente teria de obter o resultado caso o profissional tivesse atuado diligentemente. Para Sérgio Savi, a perda da chance apenas se caracterizará quando representar uma probabilidade maior que 50% e, ainda assim, "a indenização da chance perdida será sempre inferior ao valor do resultado útil esperado".[36] Nessa linha, o Superior Tribunal de Justiça decidiu que "na responsabilidade civil pela perda de uma chance, o valor da indenização não equivale ao prejuízo final, devendo ser obtido mediante valoração da chance perdida, como bem jurídico autônomo".[37] Isso não significa que o princípio da reparação integral do dano está sendo violado, pois "o dano – perda da chance – será ressarcido de modo absoluto".[38]

Considerando este cenário, a regulação de sinistros envolvendo apólices de E&O é marcada não apenas pela análise da responsabilidade civil do segurado, mas também pela quantificação dos danos, baseada na aplicação da teoria da perda de uma chance para os sinistros envolvendo o descumprimento de obrigação de meio. Não se deve olvidar que, em diversos casos, o seguro é acionado antes mesmo de o terceiro ingressar com demanda judicial contra o segurado, já que, diante da constatação do erro profissional pelo terceiro, o segurado já solicita aprovação da seguradora para negociação de acordo como forma de preservar a relação profissional com seu cliente. Assim, a seguradora deve se posicionar antes mesmo da existência de decisão judicial sobre a responsabilidade civil do segurado e, para tanto, deverá verificar as circunstâncias do caso concreto para concluir sobre a responsabilização e extensão dos danos causados pelo segurado.

Conforme exposto, tratando-se de sinistro envolvendo a assunção de obrigação de meio pelo segurado, a teoria da perda de uma chance deverá ser aplicada pela seguradora. Indaga-se, então, se a referida teoria deveria estar expressamente prevista no clausulado da apólice. A resposta também é negativa. Tratando-se de teoria amplamente aceita pela doutrina e jurisprudência e que, portanto, integra o ordenamento jurídico, não há que se falar em previsão expressa na apólice como condição de sua incidência. Nessa mesma linha, Thiago Junqueira ensina que "a sua aplicação será medida imposi-

---

35. NETTO, Felipe Peixoto Braga; FARIAS, Cristiano Chaves de; ROSENVALD, Nelson. *Novo tratado de responsabilidade civil*. 4. ed. São Paulo: Saraiva Educação, 2019, p. 322.
36. SAVI, Sérgio. *Responsabilidade civil por perda de uma chance*. São Paulo: Atlas, 2012, p. 63 e 80.
37. STJ, REsp 1677083/SP, Relator Ministro Ricardo Villas Bôas Cueva, Terceira Turma, julgado em 14.11.2017, DJe 20.11.2017.
38. JUNQUEIRA, Thiago. A aplicação da teoria da perda de uma chance no âmbito do seguro E&O de advogados. *Revista IBERC*, v. 5, n. 1, p. 23, 30.11.2021.

tiva, uma vez que decorre da própria análise, à luz do ordenamento jurídico brasileiro, da responsabilidade civil do segurado".[39]

Portanto, vê-se que as perdas cobertas pelo E&O estarão sempre atreladas à própria extensão da responsabilidade civil do Segurado, de acordo com o regime de responsabilidade aplicável e com os limites estabelecidos pelo contrato celebrado entre o segurado e seu cliente. Nesse sentido, tal modalidade de seguro consubstancia importante instrumento de proteção econômica da atividade profissional diante do alargamento das fronteiras da responsabilidade civil profissional.

III.4 Riscos cibernéticos

O seguro de Riscos Cibernéticos tem como objetivo garantir os interesses legítimos do segurado em decorrência de prejuízos causados por ataques cibernéticos, que podem determinar a necessidade de incorrer em diversos custos de remediação e mitigação dos impactos à sua operação, bem como reclamações, judiciais ou extrajudiciais, ajuizadas por terceiros afetados.

Tal seguro é classificado pela SUSEP como sendo um produto de responsabilidade civil, integrante do Grupo 03 – Responsabilidades, previsto na classificação de produtos existente na Circular SUSEP 682/2022, dada a importância das coberturas que preveem o ressarcimento dos custos de defesa e eventuais indenizações às quais o segurado seja obrigado a pagar a terceiros como resultado de ataques cibernéticos sofridos.

Na Circular SUSEP 637/2021, o seguro também é listado dentre os seguros de responsabilidade civil e os riscos por ele amparados são definidos como os "riscos decorrentes da responsabilização civil vinculada a incidentes cibernéticos (danos aos equipamentos e sistemas de tecnologia da informação, às suas informações ou à sua segurança)".[40]

Apesar de sua classificação regulatória como seguro de responsabilidade civil, o seguro de riscos cibernéticos tem uma característica peculiar, em comparação com as demais espécies de seguros de responsabilidade civil. Ao invés de garantir apenas os danos causados a terceiros, o seguro também contempla diversas coberturas para os custos incorridos pelo próprio segurado para a mitigação e remediação do incidente cibernético. Em geral, as garantias englobam custos do segurado com a contratação de consultor de relações públicas para emissão de comunicados à mídia e aos clientes, de empresas de investigação forense para determinação da causa do incidente e prestadores de serviços de informática para recuperação dos sistemas diretamente afetados pelo sinistro.

Ainda, é possível que o seguro preveja a cobertura para lucros cessantes sofridos pelo segurado no caso de o ataque cibernético ocasionar a paralisação de suas ativida-

---

39. JUNQUEIRA, Thiago. A aplicação da teoria da perda de uma chance no âmbito do seguro E&O de advogados, op. cit., p. 22.
40. Artigo 4º, inciso IV, da Circular SUSEP 637/21.

des empresariais, situação que é comum e bastante impactante nos casos de ataques de *ransomware*.

Assim, verifica-se que o seguro de Riscos Cibernéticos, a depender das coberturas contratadas, pode assumir caráter híbrido: seguro de responsabilidade civil e seguro de dano para os prejuízos incorridos diretamente pelo próprio segurado.

A Circular SUSEP 637/2021, como acima visto, apenas listou o seguro de Riscos Cibernéticos como seguro de responsabilidade civil e indicou a natureza dos riscos cobertos, sem tecer regras específicas a serem adotadas nos clausulados. Tal postura regulatória, a nosso ver, é adequada em virtude da especialidade desse tipo de seguro e de seu desenvolvimento natural no mercado brasileiro.

Uma inovação trazida pela norma que poderá ser adotada pelos clausulados é o novo gatilho de incidência de cobertura, denominado "seguro à base de reclamações com primeira manifestação ou descoberta". Isso porque, além das modalidades de seguro à base de reclamações, com ou sem notificações, e seguro à base de ocorrências, a Circular SUSEP 637/2021 regulamentou a forma de contratação denominada "seguro à base de reclamações com primeira manifestação ou descoberta", já utilizada no mercado de seguros internacional e que poderá ser de grande valia para o seguro de Riscos Cibernéticos. Seu conceito está inserido no inciso IV do artigo 5º da norma, abaixo transcrito:

> Art. 5º O seguro de responsabilidade civil pode ser contratado à base de reclamações, à base de reclamações com notificações, à base de reclamações com primeira manifestação ou descoberta ou à base de ocorrências.
>
> IV – seguro de responsabilidade civil à base de reclamações (claims made basis) com primeira manifestação ou descoberta: tipo de contratação em que a indenização a terceiros obedece aos seguintes requisitos:
>
> a) os danos ou o fato gerador tenham ocorrido durante o período de vigência da apólice, ou durante o período de retroatividade; e
>
> b) o terceiro apresente a reclamação ao segurado durante a vigência da apólice, ou durante o prazo adicional, conforme estabelecido na apólice; ou
>
> c) o segurado apresente o aviso à sociedade seguradora do sinistro por ele descoberto ou manifestado pela primeira vez durante a vigência da apólice, ou durante o prazo adicional, conforme estabelecido na apólice.

Como se vê do conceito regulatório, essa base de contratação prevê que, além de (i) o fato gerador de uma reclamação ter ocorrido durante a vigência da apólice, ou o período de retroatividade contratado, e (ii) a reclamação seja apresentada pelo terceiro durante a vigência ou no prazo adicional acordado, requisitos já aplicáveis a apólices à base de reclamações, também é necessário que (iii) o aviso seja relativo a sinistro descoberto ou manifestado pela primeira vez durante a vigência da apólice.

Esse terceiro requisito temporal tem como objetivo definir a necessidade de que o sinistro – ataque cibernético – não seja conhecido pelo segurado previamente à contratação da apólice, ainda que sem uma consequência significativa. Isso porque, considerando a peculiaridade dos riscos cobertos nesse seguro, é possível que a ameaça cibernética ou o ingresso de terceiros não autorizados no sistema do segurado tenha sido verificada em momento anterior, mas somente decorrido certo tempo é que o ataque cibernético é realmente realizado, com criptografia de dados, paralisação de sistemas e outros resultados danosos.

No entanto, adotada a contratação da apólice à base de reclamação com primeira manifestação ou descoberta, será imprescindível a demonstração de que o sinistro tenha se manifestado ou sido descoberto pelo segurado pela primeira vez durante a vigência da apólice. Caso contrário, os critérios temporais estabelecidos para a cobertura não estarão configurados e não haverá incidência de garantia.

Referido critério está em linha com o próprio conceito de contrato de seguro, previsto no artigo 757 do Código Civil,[41] que estabelece a garantia de interesse legítimo do segurado contra riscos predeterminados, que devem ser incertos e futuros. Nesse sentido, a data da primeira manifestação ou descoberta determinará, em conjunto com os demais critérios, a apólice aplicável ao sinistro no caso de renovação com seguradoras diferentes e tal modalidade de contratação, agora regulamentada, poderá ser utilizada nas apólices de Riscos Cibernéticos.

Quanto às tendências, o cenário atual é de crescimento significativo do seguro de Riscos Cibernéticos no Brasil. Conforme último Relatório de Síntese Mensal, divulgado pela SUSEP com dados do mercado consolidados até junho do corrente ano,[42] essa modalidade registrou crescimento de prêmios arrecadados na ordem de R$ 98,12 milhões no primeiro semestre de 2023, o que representa um crescimento de 27,2% em relação ao mesmo período de 2022.

Tal crescimento pode ser explicado pela conjunção de alguns fatores, em especial: (i) o aumento dos ataques cibernéticos; (ii) a entrada em vigor da Lei Geral de Proteção de Dados (Lei 13.709/2018) no Brasil em 18/08/2020 e de suas penalidades em 1º.08.2021; e (iii) a virtualização das atividades, acelerada pela pandemia da COVID-19 desde março/2020.

Os ataques cibernéticos têm crescido de forma significativa no Brasil e, conforme resultados de estudo realizado pela empresa de cibersegurança Kaspersky, foram registradas 481 milhões de tentativas de invasão a sistemas no país em 2021, um crescimento de 23% se comparado ao ano anterior.[43] Esse aumento foi incentivado pelo maior uso da internet para diversas atividades que antes eram realizadas presencialmente e pelo trabalho remoto, tudo em razão da pandemia da COVID-19.

O avanço do número de ataques cibernéticos, aliado ao alto custo envolvido na contratação de profissionais especializados para a contenção de prejuízos, gera uma

---

41. Artigo 757 do Código Civil: "Pelo contrato de seguro, o segurador se obriga, mediante o pagamento do prêmio, a garantir interesse legítimo do segurado, relativo a pessoa ou a coisa, contra riscos predeterminados".

42. Disponível em: https://www.gov.br/susep/pt-br/arquivos/arquivos-dados-estatisticos/sinteses-mensais/2023/SinteseMensaJun2023_v3.pdf. Acesso em: 19 ago. 2023.

43. Disponível em: https://valor.globo.com/empresas/noticia/2021/09/01/ataques-ao-brasil-crescem-23-neste-ano-ate-agosto.ghtml. Acesso em: 18 ago. 2023.

maior percepção do risco no ambiente corporativo, resultando na maior procura pelo seguro.

De outro lado, a alteração do cenário legislativo com a entrada em vigor da LGPD determinou que todas as organizações, incluindo aquelas de direito público, revisassem seus fluxos internos de tratamento de dados e se adequassem às novas exigências legais. Importante registrar que o conceito de tratamento de dados trazido pela LGPD é bastante amplo, englobando diversos tipos de atividades que envolvem a utilização de dados pessoais, conforme artigo 5º, inciso X, da Lei 13.709/2018 (LGPD).[44]

A LGPD também previu expressamente o dever de notificação aos titulares de dados pessoais afetados por incidente cibernético que possa lhes acarretar risco ou dano relevante, obrigação que pode gerar custos operacionais significativos e pode contar com cobertura securitária específica.

Além disso, aliado aos preceitos constitucionais e do Código Civil sobre proteção à honra e intimidade, a LGPD previu a responsabilidade do controlador ou operador por danos de ordem patrimonial, moral, individual ou coletiva por violação aos preceitos da norma,[45] além da possibilidade de aplicação de sanções pela Autoridade Nacional de Proteção de Dados.

Nesse contexto, o seguro de Riscos Cibernéticos se justifica diante da possibilidade de funcionar como importante instrumento de transferência, pelo segurado à seguradora, dos riscos financeiros decorrentes de um ataque cibernético, incluindo tanto os prejuízos diretamente sofridos como aqueles que eventualmente vier a causar a terceiros. Desse modo, o cenário do seguro de Riscos Cibernéticos é de expansão e ganho de maturidade no país, mostrando-se o cenário regulatório aberto, sem amarras e disposições obrigatórias para seu clausulado, um ponto positivo para o seu desenvolvimento.

III.5 Riscos ambientais

O seguro de Riscos Ambientais pode ser definido como o contrato de seguro que garante o interesse legítimo do segurado contra riscos relacionados à afetação do meio ambiente, que se manifestem de maneira súbita ou gradual. Tal seguro necessariamente engloba em seu rol de coberturas aquelas dirigidas ao reembolso de indenizações decorrentes de danos causados a terceiros, seja a pessoas físicas, bens materiais ou ao próprio meio ambiente.

Assim, também como seguro de responsabilidade civil, sua função primordial é de garantir o patrimônio do segurado contra indenizações que seja obrigado a arcar frente a terceiros em decorrência de um risco coberto.

---

44. Artigo 5º, inciso X, da Lei 13.709/2018 (LGPD): "Para os fins desta Lei, considera-se: X – tratamento: toda operação realizada com dados pessoais, como as que se referem a coleta, produção, recepção, classificação, utilização, acesso, reprodução, transmissão, distribuição, processamento, arquivamento, armazenamento, eliminação, avaliação ou controle da informação, modificação, comunicação, transferência, difusão ou extração".

45. Artigo 42 da Lei 13.709/2018 (LGPD): "O controlador ou o operador que, em razão do exercício de atividade de tratamento de dados pessoais, causar a outrem dano patrimonial, moral, individual ou coletivo, em violação à legislação de proteção de dados pessoais, é obrigado a repará-lo".

É bastante comum, todavia, e inclusive recomendável, que o seguro de Riscos Ambientais preveja, além das coberturas destinadas a amparar indenizações devidas a terceiros, coberturas que garantam custos próprios do contratante. São exemplos de tais custos as despesas de remediação e limpeza de um determinado local em que ocorreu um derramamento ambiental, assim como o monitoramento das eventuais consequências danosas, que demandam a contratação de serviço técnico especializado.

Desse modo, a exemplo do tratado quanto ao seguro de Riscos Cibernéticos, o seguro de Riscos Ambientais também pode assumir natureza híbrida na medida em que contemple uma combinação de coberturas, típicas de um seguro de dano tradicional, aplicáveis a prejuízos sofridos diretamente pelo segurado, com coberturas do ramo de responsabilidade civil, aplicáveis a prejuízos causados a terceiros e imputados ao segurado.

Ainda na mesma linha do seguro de Riscos Cibernéticos, o seguro de Riscos Ambientais poderá se valer da nova base de contratação trazida pela SUSEP – apólice à base de reclamação com primeira manifestação ou descoberta – já que, aqui, a poluição gradual, apesar de coberta, deve ser verificada pelo segurado após a contratação da apólice e durante sua vigência. Conforme explica Walter Polido, este tipo de apólice com primeira manifestação ou descoberta tem aplicação especial aos seguros de Riscos Ambientais, pois nestes,

> pretender que o trigger da apólice seja acionado apenas com a reclamação do terceiro prejudicado é algo inexequível para o segmento especial. Se assim fosse, a garantia do seguro estaria prejudicada, até porque determinadas situações pontuais ensejam a tomada de medidas emergenciais por parte do segurado, antes mesmo de o terceiro sequer ter sido alcançado pela situação configuradora de potencial sinistro coberto pela apólice. O caminhão que entra no recinto industrial e abalroa a tubulação aérea provocando vazamento de líquido tóxico, certamente deve prescindir da reclamação do terceiro para que o segurado inicie de imediato ações ou medidas contentoras daquela situação de possíveis danos. (...) Assim exemplificando, fica bastante claro o fato de uma apólice do tipo *claims made* não poder garantir as coberturas usualmente concedidas por um seguro específico de riscos ambientais.[46]

O seguro de Riscos Ambientais, para fins de classificação da SUSEP, se enquadra no Grupo 03 – Responsabilidades, conforme disciplinado pela Circular SUSEP 682/2022 e, nesse sentido, foi referido também no artigo 4º, inciso III, da Circular SUSEP 637/2021. Não há, todavia, seção específica na norma ou outra regra que regulamente o seguro, o que está em consonância com a sua especialidade e desnecessidade de regulamentação protetiva dos interesses do segurado, vez que, em regra, não é configurado como consumidor.

A cobertura do seguro de Riscos Ambientais pode ser acionada após a configuração de um evento de poluição, conceito que deve ser definido na apólice. Assim, diante desse evento, o segurado poderá requerer cobertura tanto para os prejuízos próprios, como para eventuais danos causados a terceiros, determinados ou não, considerando a natureza dos riscos cobertos.

---

46. POLIDO, Walter. *Seguros de responsabilidade civil*, op. cit., p. 452-453.

Tal seguro poderá, assim, funcionar como instrumento econômico ambiental a serviço do agente econômico de modo a reduzir sua exposição econômica frente a riscos ambientais e, de outro lado, possibilitar, indiretamente, a atuação da seguradora como auditora do cenário de riscos apresentado pelo proponente do seguro, gerando ganhos à proteção ambiental. Nesse sentido, Walter Polido ensina que:[47]

> Nenhuma seguradora aceitará propostas de seguros para locais que não apresentarem qualquer tipo de proteção adequada em matéria de riscos ambientais. Não dispondo do "poder de polícia", o qual é privativo do Estado e indelegável, elas poderão apenas indicar as medidas que deverão ser observadas pelos proponentes antes mesmo deles poderem adquirir o respectivo seguro, mas não poderão impor a observância, de forma alguma. Pretender repassar o dever de fiscalização do cumprimento da lei ambiental, do Estado para a Iniciativa Privada, é algo inexequível por princípio. Cabe ao Estado cumprir as suas respectivas obrigações ou deveres em prol da sociedade. A Seguradora, através do Seguro Ambiental, poderá desempenhar função complementar quanto à busca e o incentivo das *boas práticas gerenciais* em relação aos riscos ambientais, mas também este procedimento visará, pragmaticamente, os interesses privativos dela, enquanto tomadora de riscos e garantidora de indenizações futuras em sobrevindo sinistros.

Todavia, o mercado desse seguro no Brasil ainda é restrito, diante do baixo número de seguradoras atuantes nessa linha, do alto risco envolvido, considerando o regime de responsabilidade civil aplicável à esfera ambiental – responsabilidade objetiva e solidária dos agentes envolvidos[48] –, requisitos rígidos de subscrição do risco e, consequentemente, alto valor de prêmio geralmente cobrado. Portanto, o que se verifica é que o desafio desse seguro é alinhar a amplitude da responsabilidade civil no ordenamento jurídico brasileiro, que é objetiva e solidária entre todos os integrantes da cadeia de produção, além de imprescritível, conforme entendimento jurisprudencial consolidado, com o contrato de seguro, que é instrumento jurídico e econômico que se baseia necessariamente na delimitação de riscos, que deve ser estritamente respeitada durante sua execução.

De todo modo, acredita-se que o Novo Marco Regulatório de Seguros de Danos, referido anteriormente, poderá contribuir com a maior disseminação do seguro de Riscos Ambientais, uma vez que possibilita a contratação de seguros particularmente concebidos para empresas que se enquadrarem nos requisitos da norma, possibilitando a realização de subscrição de riscos mais profunda e a delimitação mais específica dos riscos cobertos, afastando, desde o início, potenciais reclamações de terceiros por fatos já conhecidos.

---

47. POLIDO, Walter. *Programa de Seguros de Riscos ambientais no Brasil*: estágio de desenvolvimento atual. Rio de Janeiro: ENS-CPES, 2015, p. 229-230.

48. Jurisprudência em tese – STJ – Edição n. 30 – Direito Ambiental – Disponível em: https://scon.stj.jus.br/SCON/jt/toc.jsp?edicao=EDI%C7%C3O%20N.%2030:%20DIREITO%20AMBIENTAL. Acesso em: 22 ago. 2023.
"7) Na ação civil pública ou coletiva por danos ambientais, a responsabilização civil pela degradação ambiental é solidária, logo a pretensão pode ser ajuizada contra qualquer um dos corresponsáveis, a regra geral é o litisconsórcio facultativo".
"10) A responsabilidade por dano ambiental é objetiva, informada pela teoria do risco integral, sendo o nexo de causalidade o fator aglutinante que permite que o risco se integre na unidade do ato, sendo descabida a invocação, pela empresa responsável pelo dano ambiental, de excludentes de responsabilidade civil para afastar sua obrigação de indenizar". (Tese julgada sob o rito do art. 543-C do CPC/1973).

IV. CONCLUSÃO

Como visto, o seguro de responsabilidade civil tem demonstrado sua importância como instrumento necessário a viabilizar o desenvolvimento econômico e apto a mitigar as consequências prejudiciais decorrentes da materialização de danos a terceiros na sociedade.

Nesse sentido, o instrumento tem evoluído de acordo com o desenvolvimento social e econômico, mostrando-se capaz de se adaptar para oferecer proteção contra novos riscos, tais como os riscos cibernéticos. O ambiente regulatório atual é favorável à continuidade do crescimento dos seguros de responsabilidade civil no Brasil, bem como à sua adequação às necessidades do mercado, considerando o Novo Marco Regulatório de Seguros de Danos. Isso porque, ao revogar restrições e clausulados padronizados, bem como conferir liberdade contratual ampla para os seguros de grandes riscos, o novo cenário possibilita maior criatividade no oferecimento de produtos inovadores para atender às necessidades de consumidores e empresas de diversos portes.

Com relação aos tipos deste seguro, viu-se que o de Responsabilidade Civil Geral oferece uma variedade de coberturas para os mais diversos riscos de danos a terceiros que o segurado possa estar exposto em sua operação empresarial. O seguro D&O, por sua vez, tem crescido anualmente ao oferecer garantias eficazes contra riscos a que os diretores e administradores estão expostos, no exercício da função de gestão, em diversas esferas – por exemplo, penal, ambiental, tributária, trabalhista, cível e administrativa. Já o E&O está voltado, em geral, para os profissionais liberais, mas também pode ser contratado por corporações que prestam serviços profissionais a terceiros, como hospitais, clínicas, empresas de engenharia e arquitetura, escritórios de advocacia etc. Estas são as três modalidades de seguros de responsabilidade civil mais consolidadas no mercado, que têm crescido de forma constante com relação à demanda de contratação e acionamento pelos segurados para a cobertura aos sinistros.

De outro lado, os seguros de Riscos Cibernéticos e Riscos Ambientais são as modalidades mais recentes, tendo o primeiro sido destaque de crescimento exponencial nos últimos anos, especialmente em razão da maior percepção do risco impulsionada pela LGPD e pela pandemia da COVID-19, além do aumento no número de ataques cibernéticos. O seguro de Riscos Ambientais, apesar de sua importância para mitigar a exposição a danos ambientais, ainda está se desenvolvendo, pois são poucas as seguradoras que oferecem este tipo de produto localmente e há um caminho de aperfeiçoamento da compreensão deste instrumento por parte dos segurados, além do alto custo de contratação inerente a um mercado limitado.

O panorama dos seguros de responsabilidade civil, portanto, é positivo tanto em termos regulatórios quanto em relação à amplitude dos interesses garantidos. Com o Novo Marco Regulatório de Seguros de Danos, espera-se que todos os *players* do mercado gradualmente se adaptem ao novo cenário e, com isso, os seguros ora tratados se consolidem ainda mais e outras modalidades e tipos de coberturas surjam em vista de novos riscos de responsabilização civil.

REFERÊNCIAS

ARAUJO, Vaneska Donato de. *A responsabilidade civil profissional e a reparação de danos*. Dissertação de Mestrado. Faculdade de Direito da Universidade de São Paulo, 2011.

BRAGA NETTO, Felipe Peixoto; FARIAS, Cristiano Chaves de; ROSENVALD, Nelson. *Novo tratado de responsabilidade civil*. 4. ed. São Paulo: Saraiva Educação, 2019.

CAVALIERI FILHO, Sergio. *Programa de responsabilidade civil*. 14. ed. São Paulo: Grupo Gen, 2020.

GAGLIANO, Pablo Stolze; PAMPLONA FILHO, Rodolfo. *Novo curso de direito civil*: responsabilidade civil. 19. ed. São Paulo: Editora Saraiva, 2021.

GODOY, Claudio Luiz Bueno de *et at. Código Civil comentado*: doutrina e jurisprudência. 15. ed. Barueri: Manole, 2021.

JUNQUEIRA, Thiago. A aplicação da teoria da perda de uma chance no âmbito do seguro E&O de advogados. *Revista IBERC*, Belo Horizonte, v. 5, n. 1, p. 13-28, jan./abr. 2022.

PIMENTA, Melisa Cunha. *Seguro de responsabilidade civil*. Dissertação (Mestrado em Direito) – Pontifícia Universidade Católica de São Paulo, São Paulo, 2009.

POLIDO, Walter. Circular Susep 637, de 27.07.2021. Disponível em: https://www.editoraroncarati.com.br/v2/Colunistas/Walter-A.-Polido/Circular-Susep-n%C2%BA-637-de-27-07-2021.html. Acesso em: 21/08/2023.

POLIDO, Walter. *Programa de Seguros de Riscos ambientais no Brasil*: estágio de desenvolvimento atual. Rio de Janeiro: ENS-CPES, 2015.

POLIDO, Walter. *Seguros de responsabilidade civil*: manual prático e teórico. Curitiba: Juruá, 2013.

PRADO, Camila Affonso. *Perspectivas para os seguros de responsabilidade civil*. Disponível em: https://www.migalhas.com.br/coluna/migalhas-de-responsabilidade-civil/354479/perspectivas-para-os-seguros--de-responsabilidade-civil. Acesso em: 21 ago. 2023.

SAVI, Sérgio. *Responsabilidade civil por perda de uma chance*. São Paulo: Atlas, 2012.

SCHREIBER, Anderson *et al. Código Civil comentado*: doutrina e jurisprudência. 3. ed. Rio de Janeiro: Forense, 2021.

SUSEP avança na simplificação das normas de grandes riscos. Disponível em: http://novosite.susep.gov.br/noticias/susep-avanca-na-simplificacao-das-normas-de-seguros-de-grandes-riscos/. Acesso em: 25 jan. 2022.

SUSEP avança na simplificação dos seguros de responsabilidades com nova norma. Disponível em: http://novosite.susep.gov.br/noticias/susep-avanca-na-simplificacao-dos-seguros-de-responsabilidades--com-nova-norma/. Acesso em: 30 jan. 2022.

SUSEP aprova avanços nos seguros de danos massificados. Disponível em: http://novosite.susep.gov.br/noticias/susep-aprova-avancos-nos-seguros-de-danos-massificados-e-grandes-riscos/. Acesso em: 25 jan. 2022.

O SEGURO DE RESPONSABILIDADE CIVIL NA PERSPECTIVA DO PRINCÍPIO DA BOA-FÉ OBJETIVA

Cláudia Fialho

Doutora em Direito pela Pontifícia Universidade Católica de Minas Gerais (2017). Mestre em Direito Privado pela Pontifícia Universidade Católica de Minas Gerais (2012). Graduada em Direito pela Pontifícia Universidade Católica de Minas Gerais (2001). Graduanda em Psicologia pela Pontifícia Universidade Católica de Minas Gerais. Professora Adjunto I da Pontifícia Universidade Católica de Minas Gerais e leciona na Faculdade Mineira de Direito (FMD) da Pontifícia Universidade Católica de Minas Gerais em Direito Privado. Coordenadora da pós-graduação em Regularização Fundiária, em Direito Privado e Inteligência Artificial, em Direito das Organizações da Sociedade Civil. Coordenadora de Eventos na PUC Minas, Unidade Praça da Liberdade. Associada do Instituto Brasileiro de Estudos em Responsabilidade (IBERC). Integrante da Comissão de Responsabilidade Civil da OAB/MG. Advogada de Entidades Beneficentes de Assistência Social, que executam atividades nas políticas de assistência social, saúde e educação. Introdução à Terapia por Contingências de Reforçamento (ITCR, Campinas), em formação. Tem experiência em Contratos, Sucessões, Família, Responsabilidade Civil e Direito das Coisas.

Resumo: A presente pesquisa tem por objeto "o seguro de responsabilidade civil na perspectiva do princípio da boa-fé objetiva". Para tanto, o trabalho foi iniciado com a introdução, passando para o estudo dos contratos, contextualizando-os historicamente e comprovando sua importância social, promocional e econômica. Posteriormente, discorreu-se sobre a gestão de riscos contratuais, destacando sua relevância na atualidade. Em seguida, foram feitas considerações sobre o contrato de seguro. Por último, aprofundou-se nos institutos fulcrais da pesquisa, o seguro de responsabilidade civil e o princípio da boa-fé objetiva, apresentando fundamentos teóricos, jurisprudência e legislações, comprovando-se, ao final, a essencialidade das partes se comportarem conforme a normatividade da boa-fé objetiva.

Sumário: I. Introdução – II. O contrato: contextualização histórica e suas funções social, promocional e econômica; II.1 Gestão de riscos contratuais; II.2 Contrato de seguro: visão geral, riscos e interesses envolvidos; II.3 O seguro de responsabilidade civil: finalidade e modalidades – III. O princípio da boa-fé objetiva e suas multifunções; III.1 A essencialidade da boa-fé objetiva nos seguros de responsabilidade civil – IV. Conclusão – Referências.

I. INTRODUÇÃO

O presente trabalho versa sobre o seguro de responsabilidade civil na perspectiva do princípio da boa-fé objetiva. Tem por finalidade analisar a essencialidade do princípio da boa-fé objetiva em todas as fases do contrato de seguro de responsabilidade civil, afastando-se a reparação civil nos casos de sua violação, problemática desta pesquisa. A partir desta problemática, a hipótese ora tratada afirma que a ausência de reparação civil nos contratos de seguro de responsabilidade civil por violação ao princípio da boa-fé objetiva produz efeitos nefastos na relação contratual, perante terceiros, além de efeitos sociais e econômicos profundos. Neste espeque, a pesquisa analisa os contratos, contextualizando-os, historicamente e sua relevância econômica e social, o princípio da boa-fé objetiva e suas multifunções, a gestão de riscos contratuais e o seguro de responsabilidade civil, detidamente. A pesquisa adota o método dedutivo, com análise bibliográfico-doutrinária. Ao final, será apresentada a conclusão, confirmando-se ou não a hipótese inicial.

II. O CONTRATO: CONTEXTUALIZAÇÃO HISTÓRICA E SUAS FUNÇÕES SOCIAL, PROMOCIONAL E ECONÔMICA

O contrato passou por várias transformações ao longo da história e da cultura em que esteve inserido. A moldura contratual foi sendo redesenhada conforme o paradigma estatal e as teorias filosóficas vigentes ao seu tempo. Nestes termos, os contratos, no Brasil, possuem uma forte influência romano-germânica, sendo certo que também foram fortemente influenciados pelo código napoleônico e pelo BGB Alemão, como se observou no Código Civil de 1916 e no vigente Código Civil de 2002 (CC/02). Os contratos também passaram a sofrer mudanças com os avanços tecnológicos e com a inteligência artificial. Hoje, grandes discussões vêm sendo travadas em torno dos *smart contracts*.

Nesse sentido, José Luiz de Moura Faleiros Júnior acentua:

> Noutro extremo, em averiguação prospectiva, tem-se os contratos 'inteligentes' (smart contracts) como modelos confiáveis, porquanto tecnicamente imutáveis e estáveis, voltados à autoexecutoriedade dos parâmetros obrigacionais, mas sem qualquer flexibilidade ou permeabilidade para intervenções supervenientes.[1]

Localizados, estão os contratos, na categoria contratual dos negócios jurídicos, sendo importante instrumento de concretização dos valores constitucionais, como dignidade humana, solidariedade, livre iniciativa e trabalho, corroborando para a erradicação da pobreza e a justiça social.

Os contratos estabelecem-se pela manifestação bilateral de vontades, produzindo os efeitos desejados pelas partes, desde que observadas as normas de ordem pública e promovendo os valores constitucionais. Portanto, não se trata mais de uma epistemologia contratual centralizada no dogma da vontade, da liberdade individual, em que o pacta sunt servanda era lido de maneira absoluta, sendo esse o "contexto histórico do Estado moderno-liberal".[2] O *pacta sunt servanda* continua sendo sumamente relevante na teoria contratual, mas sua leitura é relativa.

---

1. FALEIROS JÚNIOR, José Luiz de Moura. Contratos algorítmicos e onerosidade excessiva: as consequências da inflexibilidade. *Civilistica.com*, Rio de Janeiro, a. 11, n. 2, 2022. Disponível em: https://civilistica.com/contratos-algoritmicos/. Acesso em: 15 ago. 2023.
2. FACHIN, Luiz Edson; BREKAILO, Uiara Andressa. Apontamentos sobre aspectos da reforma do código civil alemão na perspectiva de um novo arquétipo contratual. Superior Tribunal de Justiça. *Doutrina*: edição comemorativa 20 anos. Brasília: STJ, 2009. p. 141-184, p. 144. Disponível em: https://www.stj.jus.br/publicacaoinstitucional/index.php/dout20anos/article/view/3421/3545. Acesso em: 22 ago. 2023.

Nos contratos, os pressupostos de existência, validade e eficácia dos negócios jurídicos devem ser observados, como os princípios contratuais e valores constitucionais, conciliando a livre-iniciativa com a justiça social, sob pena de invalidade dos contratos e a consequente não produção dos efeitos previstos no instrumento negocial.

Nesse sentido, a declaração de vontade é elemento essencial de validade dos contratos. E o acordo bilateral de vontades pode se dar entre partes simétricas ou assimétricas, sendo os contratos paritários ou não. Quando concretizado entre civis ou empresários – dois grandes players – o contrato é paritário e a liberdade contratual é mais ampla. O *pacta sunt servanda* será cumprido nos termos exarados pelas partes, com a mínima intervenção estatal, o que não impede revisão contratual.

A revisão contratual no judiciário – especialmente com as alterações promovidas pela denominada Lei de Liberdade Econômica, Lei 13.874, de 20 de setembro de 2019,[3] passa a ser excepcional.

A principiologia contratual no modelo do atual Estado Democrático de Direito tem nova feição. Na atualidade, destacam-se os princípios da função social dos contratos, da justiça contratual e da boa-fé objetiva.

Sobre o princípio da função social dos contratos, Miguel Reale, explica:

> O que o imperativo da 'função social do contrato' estatui é que este não pode ser transformado em um instrumento para atividades abusivas, causando dano à parte contrária ou a terceiros, uma vez que, nos termos do Art. 187, 'também comete ato ilícito o titular de um direito que, ao exercê-lo, excede manifestamente os limites impostos pelo seu fim econômico ou social, pela boa-fé ou pelos bons costumes'.[4]

Nestes termos, o princípio da função social dos contratos ressignifica sua eficácia *inter partes*. A função social dos contratos pode ser lida na perspectiva de suas eficácias interna e externa, distinções – cujas nomenclaturas, não são unanimidade na doutrina. É importante que haja promoção e respeito à dignidade dos não contratantes, que, por sua vez, também não podem perturbar a relação jurídica negocial dos contratantes. Ou seja, a liberdade contratual dos contratantes não pode ser mitigada por ingerências indevidas dos não contratantes, que, por sua vez, devem ver realizados, pelos contratantes, os interesses sociais relevantes, como a proteção ao meio ambiente e práticas negociais íntegras, que não provoquem danos aos consumidores e venham a solapar a livre concorrência.

---

3. BRASIL. Lei 13.874, de 20 de setembro de 2019. Institui a Declaração de Direitos de Liberdade Econômica; estabelece garantias de livre mercado; altera as Leis 10.406, de 10 de janeiro de 2002 (Código Civil), 6.404, de 15 de dezembro de 1976, 11.598, de 3 de dezembro de 2007, 12.682, de 9 de julho de 2012, 6.015, de 31 de dezembro de 1973, 10.522, de 19 de julho de 2002, 8.934, de 18 de novembro 1994, o Decreto-Lei 9.760, de 5 de setembro de 1946 e a Consolidação das Leis do Trabalho, aprovada pelo Decreto-Lei 5.452, de 1º de maio de 1943; revoga a Lei Delegada 4, de 26 de setembro de 1962, a Lei 11.887, de 24 de dezembro de 2008, e dispositivos do Decreto-Lei 73, de 21 de novembro de 1966; e dá outras providências. *Diário Oficial da União*, Brasília, 20 set. 2019. Disponível em: https://www.planalto.gov.br/ccivil_03/_ato2019-2022/2019/lei/L13874.htm. Acesso em: 15 ago. 2023.
4. REALE, Miguel. *Função social do contrato*. São Paulo, [s.d.]. Disponível em: . Acesso em: 20 ago. 2023.

Carlos Eduardo Pianovsk Ruzyk traz do debate doutrinário a função social intrínseca e extrínseca do contrato, para avançar no estudo da liberdade (s) e função, objeto de estudo do autor em sua tese de doutoramento. A função social intrínseca ou endógena do contrato teria por objetivo trazer "alguma espécie de prestação em favor dos próprios contratantes"[5] e a função social exógena ou extrínseca vincularia interesses coletivos e de sujeitos determinados, não integrantes da relação negocial como partes, o que vai de encontro às distinções apontadas sobre eficácia interna e externa da função social dos contratos.

Na vertente da função como liberdade (s), Carlos Eduardo Pianovsk Ruzyk esclarece:

> Integrar a função como liberdade(s) ao fundamento da função social pode conduzir à conclusão de que a liberdade (abstrata) de contratar deve ser exercida (ainda que não exclusivamente) em razão da proteção intersubjetiva e manutenção da liberdade como efetividade. [...] A função como liberdade (s) não é equivalente à função social, mas admite espaço de interseção entre elas. [...] O contrato também pode ser compreendido nessa mesma racionalidade. Instrumento de satisfação de necessidades, ele é também ferramenta de exercício e promoção de liberdade(s), tanto como materialização de autonomia formalmente assegurada, quanto no que dele pode resultar em termos de acesso a funcionamentos que, a seu turno, ampliam liberdade(s).[6]

Após examinar várias concepções da função social dos contratos, passa-se à análise do princípio da justiça contratual.

A justiça contratual é um princípio central para se entender o papel do contrato na dinâmica social e econômica. Na pandemia da Covid-19, vários contratos foram atingidos no seu equilíbrio econômico-financeiro, gerando injustiça contratual, que precisou ser enfrentada pelas partes e tribunais.

Prefaciando a obra "O Contrato", de Enzo Roppo, Vicenzo Roppo, reafirmou a relevância da justiça contratual, no tempo histórico-cultural:

> Do ponto de vista dos conteúdos e dos valores, aumenta a sensibilidade para o problema da 'justiça contratual'. Cada vez mais frequentemente pede-se ao legislador e ao intérprete que saiam da lógica segundo a qual – repetindo as palavras de Georges Ripert – o 'contractuel' é automaticamente sinónimo (sic) de 'juste'; e até mesmo que superem o velho dogma da inatacabilidade do equilíbrio económico (sic) do contrato.[7]

A justiça contratual será alcançada na intersubjetividade e considerando a simetria e assimetria das partes contratantes, como observando-se se os contratos o são de lucro ou existenciais.

---

5. RUZYK, Carlos Eduardo Pianovsk. *Liberdade(s) e função*: contribuição crítica para uma nova fundamentação da dimensão funcional do direito civil brasileiro. 2009. Tese (Doutorado em Direito) – Universidade Federal do Paraná, Curitiba, 2009. p. 304. Disponível em: https://www.acervodigital.ufpr.br/bitst ream/handle/1884/19174/?sequence=1. Acesso em: 20 ago. 2023.
6. RUZYK, Carlos Eduardo Pianovsk. *Liberdade(s) e função*: contribuição crítica para uma nova fundamentação da dimensão funcional do direito civil brasileiro. 2009. Tese (Doutorado em Direito) – Universidade Federal do Paraná, Curitiba, 2009. p. 341, 376, 378. Disponível em: . Acesso em: 20 ago. 2023.
7. ROPPO, Enzo. *O contrato*. Trad. Ana Coimbra e M. Januário C. Gomes. Coimbra: Almedina, 2009. p. 5, grifo no original.

Nos contratos paritários, a justiça contratual, material, há de ser balizada pela liberdade contratual, autonomia privada dos grandes players envolvidos, evitando-se, diante do desequilíbrio econômico-financeiro do contrato, a intervenção judicial – que há de ser mínima.

Os instrumentos postos à disposição das partes para sanar os desequilíbrios supervenientes, no Código Civil de 2002, são a revisão judicial e a resolução contratual por onerosidade excessiva, ambos situados nos arts. 317[8] e 478 a 480,[9] respectivamente.

O contrato possui função social, promocional e econômica, a ele imbricadas. Manter a justiça contratual é realizar essas funções.

No que tange ao conceito de contrato, Enzo Roppo acrescentou que para conhecer o conceito de contrato, para além da acepção jurídica, necessário "tomar em atenta consideração a realidade *econômico-social* (sic) que lhe subjaz e da qual ele representa a tradução científico-jurídica [...]".[10] Para este autor, os elementos que constituem a substância real dos contratos estão centrados na ideia de operação econômica.[11]

Enzo Roppo, concluiu sobre a interseção do conceito de contrato na acepção jurídica e como operação econômica:

> *a)* que o contrato-conceito jurídico e o direito dos contratos são instrumentais da operação económica (*sic*), constituem a sua veste formal, e não seriam pensáveis abstraindo dela; *b)* que, todavia, o contrato-conceito jurídico e o direito dos contratos não são exclusivamente redutíveis à operação económica, mas têm em relação a esta uma certa autonomia, que se exprime de vários modos.[12]

Para os fins desta pesquisa, pode-se observar que os contratos de seguro de responsabilidade civil servem a propósitos sociais, econômicos e promocionais dos valores constitucionais. A função econômica do contrato, "reflexo patrimonial da liberdade

---

8. Art. 317. Quando, por motivos imprevisíveis, sobrevier desproporção manifesta entre o valor da prestação devida e o do momento de sua execução, poderá o juiz corrigi-lo, a pedido da parte, de modo que assegure, quanto possível, o valor real da prestação. (BRASIL. Lei 10.406, de 10 de janeiro de 2002. Institui o Código Civil. *Diário Oficial da União*, Brasília, 11 jan. 2002. Disponível em: http://www.planalto.gov.br/ccivil_03/leis/2002/l10406compilada.htm. Acesso em: 30 jun. 2023).

9. Art. 478. Nos contratos de execução continuada ou diferida, se a prestação de uma das partes se tornar excessivamente onerosa, com extrema vantagem para a outra, em virtude de acontecimentos extraordinários e imprevisíveis, poderá o devedor pedir a resolução do contrato. Os efeitos da sentença que a decretar retroagirão à data da citação. Art. 479. A resolução poderá ser evitada, oferecendo-se o réu a modificar equitativamente as condições do contrato. Art. 480. Se no contrato as obrigações couberem a apenas uma das partes, poderá ela pleitear que a sua prestação seja reduzida, ou alterado o modo de executá-la, a fim de evitar a onerosidade excessiva. (BRASIL. Lei 10.406, de 10 de janeiro de 2002. Institui o Código Civil. *Diário Oficial da União*, Brasília, 11 jan. 2002. Disponível em: http://www.planalto.gov.br/ccivil_03/leis/2002/l10406compilada.htm. Acesso em: 30 jun. 2023).

10. ROPPO, Enzo. *O contrato*. Trad. Ana Coimbra e M. Januário C. Gomes. Coimbra: Almedina, 2009. p. 7.

11. "[...] existe operação económica (*sic*) – e, portanto, possível matéria de contrato – onde existe circulação da riqueza, actual (*sic*) ou potencial transferência de riqueza de um sujeito para outro. (naturalmente, falando de 'riqueza' não nos referimos só ao dinheiro e aos outros bens materiais, mas consideramos todas as 'utilidades' susceptíveis de avaliação económica (*sic*) [...]." (ROPPO, Enzo. *O contrato*. Trad. Ana Coimbra e M. Januário C. Gomes. Coimbra: Almedina, 2009. p. 13).

12. ROPPO, Enzo. *O contrato*. Trad. Ana Coimbra e M. Januário C. Gomes. Coimbra: Almedina, 2009. p. 11, grifo no original.

individual, constitucionalmente assegurada",[13] se harmoniza com a sua função social e promocional dos contratos. Ademais, o seguro de responsabilidade civil fomenta a economia, traz segurança jurídica às partes, produz externalidades positivas na sociedade, sendo que todos esses efeitos se sustentam, precipuamente, a partir do fundamento do princípio da boa-fé objetiva, como se verá com mais profundidade à frente.

Na sequência, importante discorrer sobre a gestão de riscos contratuais, por sua dinâmica interna e externa nos contratos e sob a perspectiva de sua aplicabilidade na modalidade contratual ora em estudo.

II.1   Gestão de riscos contratuais

É certo que os contratos trazem riscos que lhes são inerentes e que são assumidos pelas partes. Entretanto, essa assunção dos riscos pelos contratantes, culturalmente, nem sempre significou a gestão dos riscos contratuais. Nos últimos anos, no Brasil, especificamente no período de 2020 a 2022, muito se passou a falar em gestão dos riscos contratuais em decorrência da pandemia da Covid 19. Muitos contratos atingidos objetivamente em seus efeitos e as sequelas prejudiciais também foram sentidas nos mais diversos setores.

Neste cenário, repensar a gestão de riscos contratuais se tornou medida relevante para proteção do patrimônio dos contratantes e cumprimento das obrigações assumidas. E quando se fala em gestão de riscos contratuais, alguns pontos devem ser objeto de tratativas entre as partes, quando das negociações preliminares, para a formação dos contratos, além da gestão interna dos riscos contratuais, a partir de auditórias internas e *accountability*, a depender das partes contratantes, como nas organizações empresariais, em que essas auditorias se mostram essenciais.

Durante a fase de puntuação, nos contratos de seguro de responsabilidade civil, as partes já podem gerir os riscos, para além daqueles riscos já presentes nesta modalidade contratual. Ou seja, as partes já podem avaliar os riscos, elaborar cláusulas contratuais que possam mitigar os riscos e trazer previsões de renegociações em caso de alteração da base objetiva do contrato ou mesmo de outras situações incertas e imprevisíveis, como dos seus efeitos, que possam impactar o contrato, tornando-o economicamente prejudicial, para o contratante do seguro, sendo também defensável esta gestão de riscos contratuais mesmo diante de situações subjetivas do contratante, que possa tornar o adimplemento contratual impossível para ela. É claro que a assunção dos riscos para a seguradora é da essência do contrato de seguro, posto se tratar de contrato aleatório, mas para o contratante se trata de contrato comutativo e por adesão, mais detalhados à frente. Salienta-se que várias são as possibilidades para as partes contratantes gerir os riscos contratuais. Elas podem pactuar cláusulas de renegociação obrigatória, assunção

---

13.   WALD, Arnoldo. A dupla função econômica e social do contrato. *Revista da Academia Brasileira de Letras Jurídicas*, Rio de Janeiro, v. 20, n. 25, p. 14, jan./jun. 2004. Disponível em: http://www.ablj.org.br/ revistas/revista25/ revista25%20%20ARNOLD%20WALD%20%E2%80%93%20A%20dupla%20fun%C3%A7%C3%A3o%20 econ%C3%B4mica%20e%20social%20do%20contrato.pdf. Acesso em: 25 ago. 2023.

da responsabilidade civil mesmo em casos de força maior, cláusulas de garantia de responsabilidade civil, negociação processual e a repartição dos riscos contratuais.

Sobre o tema da renegociação contratual, Cristiano Chaves de Farias e Nelson Rosenvald, apresentam a cláusula *hardship*, utilizada no direito contratual internacional. Por meio desta cláusula, durante a execução contratual, se fatores de ordem econômica, política e social impactarem nos contratos, de modo a ocorrer a ruptura do equilíbrio contratual, as partes, por terem previsto a *hardship*, passam a ter o dever de renegociação contratual. "A cláusula de *hardship* permite que os contratantes estabeleçam quais serão os eventos que caracterizarão a sua incidência".[14] Com isso, o contrato será conservado, a economia contratual tenderá ao reequilíbrio, promover-se-á boas práticas mercadológicas e sociais, corroborando com a compreensão de "que o contrato não pode ser analisado fora de um contexto de mercado",[15] com vistas ao atendimento do interesse das partes e a promoção de justiça social. Prosseguindo no propósito desta pesquisa, passa-se ao estudo dos contratos de seguro.

II.2 Contrato de seguro: visão geral, riscos e interesses envolvidos

O contrato de seguro está disciplinado no código civil de 2002 nos arts. 757 a 802, subdividido em três partes: parte geral, seguro de danos e seguro de pessoas.[16] Além desta legislação, várias outras versam sobre a temática, como a Lei 9.656, de 3 de junho de 1998[17] e suas alterações, que trata dos planos e seguros privados de assistência à saúde, o Decreto 73, de 21 de novembro de 1966, com várias alterações, que dispõe sobre o Sistema Nacional de Seguros Privados, regula as operações de seguros e resseguros e dá outras providências. Essa é a norma que regulamenta as atividades das seguradoras, sendo a Superintendência de Seguros Privados (SUSEP) responsável pela fiscalização das seguradoras, que devem nela ser inscritas, após autorização de funcionamento pelo Conselho Nacional de Seguros Privados (CNSP).[18]

No art. 757, tem-se a definição do contrato de seguro, nos seguintes termos: "pelo contrato de seguro, o segurador se obriga, mediante o pagamento do prêmio, a garantir interesse legítimo do segurado, relativo a pessoa ou a coisa, contra riscos predeterminados".[19] E o parágrafo único do mesmo artigo complementa: "somente

---

14. FARIAS, Cristiano Chaves de; ROSENVALD, Nelson. *Curso de direito civil*. 3. ed. rev., ampl. e atual. Salvador: JusPodivm, 2013. v. 4: Contratos: teoria geral e contratos em espécie, p. 248.

15. NALIN, Paulo. *Do contrato*: conceito pós-moderno em busca de sua formulação na perspectiva civil-constitucional. 2. ed. rev. e atual. Curitiba: Juruá, 2008. p. 125.

16. BRASIL. Lei 10.406, de 10 de janeiro de 2002. Institui o Código Civil. *Diário Oficial da União*, Brasília, 11 jan. 2002. Disponível em: http://www.planalto.gov.br/ccivil_03/leis/2002/l10406compilada.htm. Acesso em: 30 jun. 2023.

17. BRASIL. Lei 9.656, de 3 de junho de 1998. Dispõe sobre os planos privados de assistência à saúde. *Diário Oficial da União*, Brasília, 4 de jun. 1998. Disponível em: https://www.planalto.gov.br/ccivil_03/leis/l9656.htm. Acesso em: 30 jun. 2023.

18. RIZZARDO, Arnaldo. *Contratos*. 21. ed. Rio de Janeiro: Forense, 2023. *E-book*. p. 777.

19. BRASIL. Lei 10.406, de 10 de janeiro de 2002. Institui o Código Civil. *Diário Oficial da União*, Brasília, 11 jan. 2002. Disponível em: http://www.planalto.gov.br/ccivil_03/leis/2002/l10406compilada.htm. Acesso em: 30 jun. 2023.

pode ser parte, no contrato de seguro, como segurador, entidade para tal fim legalmente autorizada".[20]

Logo, se pode afirmar que o contrato de seguro é um contrato aleatório e que para o segurador atuar no mercado de seguros, será necessária autorização legal.

Sobre a definição do contrato de seguro, apresentada na legislação civil, extrai-se o seu regime jurídico. É um contrato típico, com algum conteúdo traçado na legislação. As partes contratantes são designadas segurado e segurador. O contrato pactuado entre segurado e segurador é bilateral, tanto na sua formação, quanto nos seus efeitos. Ou seja, para a formação do contrato é necessário um acordo bilateral de vontades, ainda que se trate de um contrato por adesão, em que uma das partes adere à manifestação de vontade da outra. Nos contratos de seguro de responsabilidade civil dos administradores, Maria Elisabete Gomes Ramos questiona se eles seriam contratos de adesão ou não, para logo concluir:

> [...] o contrato de seguro de responsabilidade civil dos administradores, embora conheça algum intervalo de negociação que versa sobre determinadas cláusulas, tem o conteúdo, no *essencial*, regido pelas cláusulas prévias e abstractamente (*sic*) formuladas pelo segurador sem intervenção negociadora da tomadora. O contrato de seguro de responsabilidade civil dos administradores configura, assim, um *contrato de adesão* concluído através de cláusulas contratuais gerais.[21]

É bilateral quanto aos seus efeitos, na medida em há obrigações para ambas as partes, com correspectividade – verificando-se o sinalagma contratual. O contrato é também oneroso, haja vista o pagamento do prêmio pelo segurado. Para Arnaldo Rizzardo, trata-se de contrato formal, "porque só obriga depois de documentado através da apólice ou do bilhete, ou da prova do pagamento do prêmio".[22] Referido autor menciona que "há quem defenda a consensualidade".[23] É contrato de execução continuada ou de trato sucessivo, posto subsistir por determinado lapso temporal. Por fim, trata-se de contrato essencialmente aleatório, pois "[...] o segurador aceita os riscos sem uma correspondência entre as prestações recebidas e o valor que está sujeito a satisfazer".[24] Entende-se que se trata de contrato comutativo para o segurado.

Os elementos essenciais do contrato de seguro estão previstos no art. 760, que diz: "A apólice ou o bilhete de seguro serão nominativos, à ordem ou ao portador, e mencionarão os riscos assumidos, o início e o fim de sua validade, o limite da garantia e o prêmio devido, e, quando for o caso, o nome do segurado e o do beneficiário".[25]

---

20. BRASIL. Lei 10.406, de 10 de janeiro de 2002. Institui o Código Civil. *Diário Oficial da União*, Brasília, 11 jan. 2002. Disponível em: http://www.planalto.gov.br/ccivil_03/leis/2002/l10406compilada.htm. Acesso em: 30 jun. 2023.

21. RAMOS, Maria Elisabete Gomes. *O seguro de responsabilidade civil dos administradores*: entre a exposição ao risco e a delimitação da cobertura. Coimbra: Almedina, 2010. p. 502.

22. RIZZARDO, Arnaldo. *Contratos*. 21. ed. Rio de Janeiro: Forense, 2023. *E-book*. p. 777.

23. RIZZARDO, Arnaldo. *Contratos*. 21. ed. Rio de Janeiro: Forense, 2023. *E-book*. p. 777.

24. RIZZARDO, Arnaldo. *Contratos*. 21. ed. Rio de Janeiro: Forense, 2023. *E-book*. p. 777.

25. BRASIL. Lei 10.406, de 10 de janeiro de 2002. Institui o Código Civil. *Diário Oficial da União*, Brasília, 11 jan. 2002. Disponível em: http://www.planalto.gov.br/ccivil_03/ leis/2002/l10406compilada.htm. Acesso em: 30 jun. 2023.

Nessa modalidade contratual, o segurado busca garantir os riscos a que está sujeito. Objetiva a não ocorrência do sinistro, evento adverso, de que possa lhe resultar um dano, mas, diante de sua concretização, que o segurador assuma tais riscos.

O interesse no seguro de danos é a vinculação existente entre o segurado e o bem que se encontra exposto ao risco.[26] O interesse do segurado é garantir esse bem contra eventuais danos.

O seguro poderá ser contratado para atender a interesse do próprio segurado – garantia do seu patrimônio, ou em interesse de terceiro.

No seguro de responsabilidade civil, o interesse tutelado "é o patrimônio do segurado"[27] e visa a não ocorrência de diminuição de seu patrimônio diante do sinistro, que, materializado, importará no pagamento da indenização pelo segurador, que se obrigou à cobertura do risco.

É possível a contratação de duas ou mais seguradoras, sobre um mesmo seguro direto, com a emissão de única apólice, em que são fixadas as obrigações dessas seguradoras, pelo segurado. É possível também que o segurado contrate apenas uma seguradora e que estas tenham uma relação de cosseguro entre si. O cosseguro está previsto no art. 761, do código civil de 2002, que dispõe: "Quando o risco for assumido em co-seguro (*sic*), a apólice indicará o segurador que administrará o contrato e representará os demais, para todos os seus efeitos".

Na Lei complementar 126, de 15 de janeiro de 2007, que dispõe sobre a política de resseguro, retrocessão e sua intermediação, as operações de co-seguro (*sic*), as contratações de seguro no exterior e as operações em moeda estrangeira do setor securitário; altera o Decreto-Lei 73, de 21 de novembro de 1966, e a Lei 8.031, de 12 de abril de 1990; e dá outras providências, o cosseguro, no art. 2º, inciso II, está definido como a "operação de seguro em que 2 (duas) ou mais sociedades seguradoras, com anuência do segurado, distribuem entre si, percentualmente, os riscos de determinada apólice, sem solidariedade entre elas".[28]

Quando se tratar de resseguro e não for consignado na apólice a obrigação de cada uma das seguradoras, elas serão solidariamente responsáveis pela indenização diante da ocorrência do sinistro. Além disso, se o contrato foi celebrado com apenas uma seguradora, somente ela será acionada para fins indenizatórios – regressivamente ela poderá

---

26. RAMOS, Maria Elisabete Gomes. *O seguro de responsabilidade civil dos administradores*: entre a exposição ao risco e a delimitação da cobertura. Coimbra: Almedina, 2010. p. 424.

27. RAMOS, Maria Elisabete Gomes. *O seguro de responsabilidade civil dos administradores*: entre a exposição ao risco e a delimitação da cobertura. Coimbra: Almedina, 2010. p. 425.

28. BRASIL. Lei complementar 126, de 15 de janeiro de 2007. Dispõe sobre a política de resseguro, retrocessão e sua intermediação, as operações de cosseguro, as contratações de seguro no exterior e as operações em moeda estrangeira do setor securitário; altera o Decreto-Lei 73, de 21 de novembro de 1966, e a Lei 8.031, de 12 de abril de 1990; e dá outras providências. *Diário Oficial da União*, Brasília, 16 jan. 2007. Disponível em: https://www.planalto.gov.br/ccivil_03/leis/lcp/lcp126.htm. Acesso em: 26 ago. 2023.

acionar as demais entidades, situações estas de resseguro. O resseguro está definido no inciso III do art. 2º da Lei complementar 126, de 15 de janeiro de 2007, nestes termos: "operação de transferência de riscos de uma cedente para um ressegurador, ressalvado o disposto no inciso IV deste parágrafo".[29]

Em síntese, pelo contrato de seguro visa-se garantir interesse legítimo do segurado, a fim de que este possa receber a devida indenização ou compensação do dano ou prejuízo experimentado, seja ele patrimonial ou pessoal, quando a sinistralidade ocorrer.

II.3   O seguro de responsabilidade civil: finalidade e modalidades

O seguro de responsabilidade civil tem por finalidade a proteção patrimonial do segurado em caso de ocorrência do sinistro. Ele pode ser considerado um importante instrumento de gestão de riscos contratuais – no âmbito interno, permitindo o gerenciamento de crises, tanto para as empresas quanto para os profissionais autônomos que venham a contratá-lo, na medida em que cobrirá os danos patrimoniais ou extrapatrimoniais causados a terceiros por suas atividades.

Em igual sentido, pondera Angélica Carlini:

> Em alguns segmentos específicos, como o de responsabilidade civil de diretores e gerentes (D&O) e o de responsabilidade civil e riscos cibernéticos, tem havido crescimento na contratação dessa modalidade de seguros, exatamente pela compreensão da utilidade que possuem no gerenciamento de crises e na reparação de danos a terceiros, decorrentes das atividades empresariais praticadas pelo segurado.[30]

No art. 3º da circular SUSEP 637, de 27 de julho de 2021, que dispões sobre os seguros do grupo responsabilidades, está descrita a finalidade destes seguros, a seguir transcrita:

> Art. 3º No seguro de responsabilidade civil, a sociedade seguradora garante o interesse do segurado, quando este for responsabilizado por danos causados a terceiros e obrigado a indenizá-los, a título de reparação, por decisão judicial ou decisão em juízo arbitral, ou por acordo com os terceiros prejudicados, mediante a anuência da sociedade seguradora, desde que atendidas as disposições do contrato.[31]

---

29. BRASIL. Lei complementar 126, de 15 de janeiro de 2007. Dispõe sobre a política de resseguro, retrocessão e sua intermediação, as operações de cosseguro, as contratações de seguro no exterior e as operações em moeda estrangeira do setor securitário; altera o Decreto-Lei 73, de 21 de novembro de 1966, e a Lei 8.031, de 12 de abril de 1990; e dá outras providências. *Diário Oficial da União*, Brasília, 16 jan. 2007. Disponível em: https://www.planalto.gov.br/ccivil_03/leis/lcp/lcp126.htm. Acesso em: 26 ago. 2023.
30. CARLINI, Angélica. Nova regulação dos seguros de responsabilidade civil no Brasil e os seguros para riscos cibernéticos. *Revista IBERC*, Belo Horizonte, v. 5, n. 2, p. 1-17, maio/ago. 2022. p. 2. Disponível em: https://revistaiberc.responsabilidadecivil.org/iberc/article/view/225/171. Acesso em: 27 ago. 2023.
31. SUPERINTENDÊNCIA DE SEGUROS PRIVADOS. *Circular SUSEP 637*, de 27 de julho de 2021. Dispõe sobre os seguros do grupo responsabilidades. Vigência: a partir de 1º de setembro de 2021. Rio de Janeiro, 27 jul. 2021. Disponível em: https://www2.susep.gov.br/safe/scripts/bnweb/bnmapi.exe?router=uploa d/25074. Acesso em: 27 ago. 2023.

No Código Civil, os seguros de responsabilidade civil estão previstos nos artigos 787[32] e 788,[33] que cuidam dos seguros facultativos e obrigatórios, respectivamente.

Como modalidades de seguros do grupo responsabilidades, agrupados conforme a natureza dos riscos a serem cobertos pela SUSEP, na circular 637, que entrou em vigor em 1º de setembro de 2021, no art. 4º, estão descritos:

i) Seguros de responsabilidade civil de diretores e administradores de empresas (RC D&O);

ii) Seguros de responsabilidade profissional (RC profissional);

iii) Seguros de responsabilidade civil de riscos ambientais (RC riscos ambientais);

iv) Seguros compreensivos de responsabilidade civil de riscos cibernéticos (RC riscos cibernéticos); e

v) Seguros de responsabilidade civil geral (RC geral).[34]

Na contratação de quaisquer das modalidades de seguro de responsabilidade civil citadas deve imperar a boa-fé objetiva das partes, que devem gerir os potenciais conflitos existentes, para a conservação do contrato e o adimplemento regular.

III. O PRINCÍPIO DA BOA-FÉ OBJETIVA E SUAS MULTIFUNÇÕES

O princípio da boa-fé objetiva encontra-se espraiado por todo o Código Civil de 2002. Como princípio, tem tessitura aberta, conteúdo poroso e força normativa.

A boa-fé objetiva é lida de modo multifacetado, se desdobrando em três importantes funções. No art. 113, foi prevista a sua função interpretativa, no art. 187, a função de controle ou limite e no art. 422, a função integrativa, todos esses artigos do código civil de 2002.

Sobre a boa-fé objetiva, Maria Judith-Martins Costa explica que ela "aponta para um modelo ou instituto jurídico indicativo de: "*(i)* uma estrutura jurídica dotada de prescritibilidade; *(ii)* um cânone de interpretação dos contratos e *(iii)* um standard comportamental".[35]

---

32. Art. 787. No seguro de responsabilidade civil, o segurador garante o pagamento de perdas e danos devidos pelo segurado a terceiro. § 1º Tão logo saiba o segurado das consequências de ato seu, suscetível de lhe acarretar a responsabilidade incluída na garantia, comunicará o fato ao segurador. § 2º É defeso ao segurado reconhecer sua responsabilidade ou confessar a ação, bem como transigir com o terceiro prejudicado, ou indenizá-lo diretamente, sem anuência expressa do segurador. § 3º Intentada a ação contra o segurado, dará este ciência da lide ao segurador. § 4º Subsistirá a responsabilidade do segurado perante o terceiro, se o segurador for insolvente. (BRASIL. Lei 10.406, de 10 de janeiro de 2002. Institui o Código Civil. *Diário Oficial da União*, Brasília, 11 jan. 2002. Disponível em: http://www.planalto.gov.br/ccivil_03/leis/2002/l10406compila da.htm. Acesso em: 30 jun. 2023).

33. Art. 788. Nos seguros de responsabilidade legalmente obrigatórios, a indenização por sinistro será paga pelo segurador diretamente ao terceiro prejudicado. Parágrafo único. Demandado em ação direta pela vítima do dano, o segurador não poderá opor a exceção de contrato não cumprido pelo segurado, sem promover a citação deste para integrar o contraditório. (BRASIL. Lei 10.406, de 10 de janeiro de 2002. Institui o Código Civil. *Diário Oficial da União*, Brasília, 11 jan. 2002. Disponível em: http://www.planalto.gov.br/ccivil_03/leis/200 2/l10406compilada.htm. Acesso em: 30 jun. 2023).

34. SUPERINTENDÊNCIA DE SEGUROS PRIVADOS. *Circular SUSEP 637*, de 27 de julho de 2021. Dispõe sobre os seguros do grupo responsabilidades. Vigência: a partir de 1º de setembro de 2021. Rio de Janeiro, 27 jul. 2021. Disponível em: https://www2.susep.gov.br/safe/scripts/bnweb/bnmapi.exe?router=uploa d/25074. Acesso em: 27 ago. 2023.

35. MARTINS-COSTA, Judith. *A boa-fé no direito privado*: critérios para a sua aplicação. 2. ed. São Paulo: Saraiva, 2018. p. 42.

Entretanto, não há uma definição conceitual, *a priori*, da boa-fé objetiva, o que não impede que sua aplicação seja realizada de forma segura e com respeito aos valores constitucionais. Assim, "conquanto não se possa definir um conceito, os juristas chegam ao seu conteúdo pela análise de diferentes situações nas quais os Tribunais encontram a razão de decidir (ou uma delas) na violação a esse *standard* comportamental".[36]

Logo, para uma definição conceitual da boa-fé objetiva será necessário recorrer ao contexto em que ela se encontra implicada. Todavia, não ter uma conceituação prévia da boa-fé objetiva não significa que ela deva ser concretizada a partir de um subjetivismo jurídico ou discricionariedade judicial ampla, o que pode ser bastante perigoso para os fins do estado democrático de direito. Por isso, é preciso ter em mente os parâmetros mínimos e nucleares para a operatividade desse princípio tão caro ao direito obrigacional e contratual.

E os parâmetros mínimos para a concretização da boa-fé objetiva podem ser observados nas palavras da autora Judith-Martins Costa, a seguir:

> O agir segundo a boa-fé objetiva concretiza as exigências de probidade, correção e comportamento leal hábeis a viabilizar um adequado tráfico negocial, consideradas a finalidade e a utilidade do negócio do qual se vinculam, vincularam ou cogitam vincular-se, bem como o específico campo de atuação em que situada a relação obrigacional.[37]

Por sua vez, Antônio Manuel da Rocha e Menezes Cordeiro explica que "a boa-fé traduz um estádio juscultural, manifesta uma Ciência do Direito e exprime um modo de decidir próprio de certa ordem sociojurídica".[38] Veja, que neste momento, o autor está abordando a boa-fé de maneira ampla, incluindo, inclusive, a boa-fé subjetiva, de que é exemplo o art. 1.201 do Código Civil de 2002, que cuida da posse.

Por consequência, a construção do conteúdo conceitual da boa-fé objetiva se dá no contexto sociocultural em que ela está implicada e o Direito, como ciência jurídica que é, deve resolver questões concretas, aplicando-a.

E essa construção é bastante complexa. Em obra clássica sobre a boa-fé, Antônio Manuel da Rocha Menezes e Cordeiro, considera:

> A boa-fé objetiva [...], bem mais complexa, requer uma averiguação separada dos três grandes grupos dotados de autonomia institucional: a actuação (*sic*) de boa-fé, que inclui a culpa na formação dos contratos, a execução das obrigações outras figuras, o exercício inadmissível de posições jurídicas, ainda conhecido por abuso do direito e a modificação das obrigações por alteração das circunstâncias.[39]

Volvendo o interesse para o estudo dos três grandes grupos da boa-fé objetiva - o que já foi intitulado por multifunções, nesse estudo, passa-se ao seu detalhamento.

---

36. MARTINS-COSTA, Judith. *A boa-fé no direito privado*: critérios para a sua aplicação. 2. ed. São Paulo: Saraiva, 2018. p. 42.
37. MARTINS-COSTA, Judith. *A boa-fé no direito privado*: critérios para a sua aplicação. 2. ed. São Paulo: Saraiva, 2018. p. 43.
38. CORDEIRO, Antônio Manuel da Rocha e Menezes. *Da boa fé no direito civil*. Coimbra: Almedina, 2007. p. 18.
39. CORDEIRO, Antônio Manuel da Rocha e Menezes. *Da boa fé no direito civil*. Coimbra: Almedina, 2007. p. 18.

A primeira multifunção da boa-fé objetiva ora em análise é a função interpretativa, que se encontra tipificada no art. 113[40] do Código Civil de 2002, modificado pela Lei da Liberdade Econômica, Lei 13. 874, de 20 de setembro de 2019.[41]

A hermenêutica desta função diz que a regra insculpida no art. 113 deve direcionar os julgadores quando do juízo de aplicação da norma. E interpretar significa buscar o sentido da relação negocial - aquele sentido que seja a expressão da declaração de vontade das partes, constante do instrumento contratual, sem perder de vista a necessária conformidade com os valores constitucionais. E, há de chamar a atenção para o fomento à autonomia privada dos contratantes constante do Código Civil, art. 113,[42] § 2º, introduzido pela Lei 13.874, de 2019. Esse espaço de liberdade de criação de regras interpretativas tem por base um dos fundamentos nucleares da boa-fé objetiva, a confiança. Diga-se, "nas relações contratuais, o que se exige é uma atitude positiva de cooperação, e, assim sendo, o princípio é a fonte normativa impositiva de comportamentos que se devem pautar por específico *standard* ou arquétipo, qual seja, a conduta segundo a boa-fé".[43]

Acerca da função integrativa da boa-fé objetiva começa-se pontuando que a relação jurídica obrigacional deve ser analisada em sua totalidade. Ou seja, a relação jurídica obrigacional além da prestação de dar, fazer ou não fazer, que vincula as partes, é composta, integrada por deveres de conduta, deveres jurídicos anexos, que também são vinculativos.

Diante destas noções, Antônio Manuel da Rocha Menezes e Cordeiro, escreve:

---

40. Art. 113. Os negócios jurídicos devem ser interpretados conforme a boa-fé e os usos do lugar de sua celebração. § 1º A interpretação do negócio jurídico deve lhe atribuir o sentido que: (Incluído pela Lei 13.874, de 2019); I – for confirmado pelo comportamento das partes posterior à celebração do negócio; (Incluído pela Lei 13.874, de 2019); II – corresponder aos usos, costumes e práticas do mercado relativas ao tipo de negócio; (Incluído pela Lei 13.874, de 2019); III – corresponder à boa-fé; (Incluído pela Lei 13.874, de 2019); IV – for mais benéfico à parte que não redigiu o dispositivo, se identificável; e (Incluído pela Lei 13.874, de 2019); V – corresponder a qual seria a razoável negociação das partes sobre a questão discutida, inferida das demais disposições do negócio e da racionalidade econômica das partes, consideradas as informações disponíveis no momento de sua celebração. (Incluído pela Lei 13.874, de 2019); § 2º As partes poderão livremente pactuar regras de interpretação, de preenchimento de lacunas e de integração dos negócios jurídicos diversas daquelas previstas em lei. (Incluído pela Lei 13.874, de 2019). (BRASIL. Lei 10.406, de 10 de janeiro de 2002. Institui o Código Civil. *Diário Oficial da União*, Brasília, 11 jan. 2002. Disponível em: http://www.planalto.gov.br/ccivil_03/leis/2002/l10406compilada.htm. Acesso em: 30 jun. 2023).
41. BRASIL. Lei 13.874, de 20 de setembro de 2019. Institui a Declaração de Direitos de Liberdade Econômica; estabelece garantias de livre mercado; altera as Leis 10.406, de 10 de janeiro de 2002 (Código Civil), 6.404, de 15 de dezembro de 1976, 11.598, de 3 de dezembro de 2007, 12.682, de 9 de julho de 2012, 6.015, de 31 de dezembro de 1973, 10.522, de 19 de julho de 2002, 8.934, de 18 de novembro 1994, o Decreto-Lei 9.760, de 5 de setembro de 1946 e a Consolidação das Leis do Trabalho, aprovada pelo Decreto-Lei 5.452, de 1º de maio de 1943; revoga a Lei Delegada 4, de 26 de setembro de 1962, a Lei 11.887, de 24 de dezembro de 2008, e dispositivos do Decreto-Lei 73, de 21 de novembro de 1966; e dá outras providências. *Diário Oficial da União*, Brasília, 20 set. 2019. Disponível em: https://www.planalto.gov.br/ccivil_03/_ato2019-2022/2019/lei/L13874.htm. Acesso em: 15 ago. 2023.
42. Já transcrito.
43. MARTINS-COSTA, Judith. *A reconstrução do direito privado*: reflexos dos princípios, diretrizes e direitos fundamentais constitucionais no direito privado. São Paulo: Ed. RT, 2002. p. 612.

CLÁUDIA FIALHO

A complexidade intraobrigacional traduz a ideia de que o vínculo obrigacional abriga no seu seio, não um simples dever de prestar, simétrico a uma pretensão creditícia, mas antes vários elementos jurídicos dotados de autonomia bastante para, de um conteúdo unitário, fazerem uma realidade composta.[44]

Neste cenário, junto do dever de prestar, os elementos jurídicos dotados de autonomia seriam os deveres acessórios, na acepção de Antônio Manuel da Rocha Menezes e Cordeiro. E o inadimplemento a esses deveres acessórios traz como consequência a violação positiva dos contratos. "Deve considerar-se como integrando hipóteses de violação positiva do contrato, os casos de cumprimento defeituoso da prestação principal, de incumprimento ou impossibilitação de prestações secundárias e de violação de deveres acessórios".[45]

A função integrativa da boa-fé objetiva está prevista no Código Civil de 2002, art. 422, que diz: "os contratantes são obrigados a guardar, assim na conclusão do contrato, como em sua execução, os princípios de probidade e boa-fé".[46] Em razão da norma do art. 422, as partes devem se comportar de acordo com padrões éticos de confiança e lealdade. Estes comportamentos, típicos da boa-fé objetiva, atravessam todo o escopo contratual em seus diferentes momentos, quando das tratativas, ainda sem contrato, como na fase contratual e pós-contratual. E a parte que violar qualquer um desses momentos causando danos ao outro contratante será responsabilizada civilmente.

A terceira multifunção da boa-fé objetiva a ser analisada é a função de controle ou limite, cuja compreensão decorre da leitura do art. 187 do CC/02, assim expresso: "também comete ato ilícito o titular de um direito que, ao exercê-lo, excede manifestamente os limites impostos pelo seu fim econômico ou social, pela boa-fé ou pelos bons costumes".[47]

Trata do exercício inadmissível de posições jurídicas sob o fundamento do abuso de direito, que é um ato ilícito objetivo. "O mérito do art. 187 do Código de 2002 é realçar que o critério do abuso não reside no plano psicológico da culpabilidade, mas no desvio do direito de sua finalidade ou função social".[48]

E pode-se citar como tratamentos típicos de exercícios inadmissíveis, brevemente explicados: a) o *venire contra factuam proprium*, cuja "[...] expressão traduz o exercício de uma posição jurídica em contradição com o comportamento assumido anteriormente pelo agente";[49] b) a *supressio* e a *surrectio* – ambas originadas do direito alemão significa

---

44. CORDEIRO, Antônio Manuel da Rocha e Menezes. *Da boa fé no direito civil*. Coimbra: Almedina, 2007. p. 586.

45. CORDEIRO, Antônio Manuel da Rocha e Menezes. *Da boa fé no direito civil*. Coimbra: Almedina, 2007. p. 602.

46. BRASIL. Lei 10.406, de 10 de janeiro de 2002. Institui o Código Civil. *Diário Oficial da União*, Brasília, 11 jan. 2002. Disponível em: http://www.planalto.gov.br/ccivil_03/leis/2002/l10406compilada.htm. Acesso em: 30 jun. 2023.

47. BRASIL. Lei 10.406, de 10 de janeiro de 2002. Institui o Código Civil. *Diário Oficial da União*, Brasília, 11 jan. 2002. Disponível em: http://www.planalto.gov.br/ccivil_03/leis/2002/l10406compilada.htm. Acesso em: 30 jun. 2023.

48. FARIAS, Cristiano Chaves de; ROSENVALD, Nelson. *Curso de direito civil*. 3. ed. rev., ampl. e atual. Salvador: JusPodivm, 2013. v. 4: Contratos: teoria geral e contratos em espécie, p. 184.

49. FARIAS, Cristiano Chaves de; ROSENVALD, Nelson. *Curso de direito civil*. 3. ed. rev., ampl. e atual. Salvador: Juspodivm, 2013. v. 4: Contratos: teoria geral e contratos em espécie, p. 196.

O SEGURO DE RESPONSABILIDADE CIVIL NA PERSPECTIVA DO PRINCÍPIO DA BOA-FÉ OBJETIVA | **105**

a perda e a aquisição de um direito subjetivo em decorrência da inércia habitual de seu titular e o exercício tardio significaria um exercício desleal inadmissível, como exemplo, pode-se citar o art. 330[50] do Código Civil de 2002. Como faces de uma mesma moeda, a impossibilidade do exercício tardio do direito traz como consequência, para a outra parte, a constituição de novos direitos subjetivos, ou seja, a *surrectio*. "Diz-se *supressio* a situação do direito que, não tendo sido, em certas circunstâncias, exercido durante um determinado lapso de tempo não possa mais sê-lo, de outra forma, se contrariar a boa-fé";[51] c) *tu quoque*, situação em que um sujeito viola uma norma e posteriormente quer dela se beneficiar, sendo exemplo a regra prevista no art. 476[52] do Código Civil de 2002. O *tu quoque* proíbe o ineditismo, o comportamento surpresa.; e d) *duty to mitigate the own loss* – em que o credor sofrerá os efeitos negativos do seu comportamento omissivo – quando poderia atuar para mitigar ou evitar o agravamento das próprias perdas, não o faz.

Logo, pode-se perceber a imanência do princípio da boa-fé objetiva no direito contratual. É fundamento imprescindível para a concretização da teoria contratual e dos valores constitucionais.

III.1   A essencialidade da boa-fé objetiva nos seguros de responsabilidade civil

O respeito ao princípio da boa-fé objetiva é essencial para a produção de regulares efeitos do seguro de responsabilidade civil contratado. Embora a boa-fé seja relevante em todos os contratos, no seguro de responsabilidade civil, a razão de ser é ainda mais premente, pois o seguro se concretiza a partir das declarações mútuas prestadas pelos estipulantes.

Consequentemente, ambas as partes devem agir com base nos deveres de confiança, lealdade, transparência e informação que emanam da boa-fé objetiva.

No Código Civil de 2002, o respeito à boa-fé foi expressamente previsto nas disposições gerais do contrato de seguro, nos artigos 765 e 766, assim consignados: "Art. 765. O segurado e o segurador são obrigados a guardar na conclusão e na execução do contrato, a mais estrita boa-fé e veracidade, tanto a respeito do objeto como das circunstâncias e declarações a ele concernentes".[53] No art. 766, *caput* e parágrafo único, está escrito:

---

50. Art. 330. O pagamento reiteradamente feito em outro local faz presumir renúncia do credor relativamente ao previsto no contrato. (BRASIL. Lei 10.406, de 10 de janeiro de 2002. Institui o Código Civil. *Diário Oficial da União*, Brasília, 11 jan. 2002. Disponível em: http://www.planalto.gov.br/ccivil_03/leis/2002/l10406compi lada. htm. Acesso em: 30 jun. 2023.

51. CORDEIRO, Antônio Manuel da Rocha e Menezes. *Da boa fé no direito civil*. Coimbra: Almedina, 2007. p. 798.

52. Art. 476. Nos contratos bilaterais, nenhum dos contratantes, antes de cumprida a sua obrigação, pode exigir o implemento da do outro. (BRASIL. Lei 10.406, de 10 de janeiro de 2002. Institui o Código Civil. *Diário Oficial da União*, Brasília, 11 jan. 2002. Disponível em: http://www.planalto.gov.br/ccivil_03/leis/2002/l1040 6compilada. htm. Acesso em: 30 jun. 2023).

53. BRASIL. Lei 10.406, de 10 de janeiro de 2002. Institui o Código Civil. *Diário Oficial da União*, Brasília, 11 jan. 2002. Disponível em: http://www.planalto.gov.br/ccivil_03/leis/2002/l10406compilada.htm. Acesso em: 30 jun. 2023.

Art. 766. Se o segurado, por si ou por seu representante, fizer declarações inexatas ou omitir circunstâncias que possam influir na aceitação da proposta ou na taxa do prêmio, perderá o direito à garantia, além de ficar obrigado ao prêmio vencido. Parágrafo único. Se a inexatidão ou omissão nas declarações não resultar de má-fé do segurado, o segurador terá direito a resolver o contrato, ou a cobrar, mesmo após o sinistro, a diferença do prêmio.[54]

Importante mencionar que já nas negociações preliminares as partes devem guardar a mais estrita boa-fé e veracidade quanto às informações prestadas. "[...] Não são toleradas informações falsas ou insuficientes acerca do objeto do contrato ou a ostentação de vantagens que não se verificam na prática".[55]

No tocante ao segurador, a sua conduta contrária aos imperativos da boa-fé também lhe acarretará responsabilidades. Nestes termos, é a previsão insculpida no art. 773: "O segurador que, ao tempo do contrato, sabe estar passado o risco de que o segurado se pretende cobrir, e, não obstante, expede a apólice, pagará em dobro o prêmio estipulado". Por sua vez, o segurado que violar o princípio da boa-fé objetiva não terá direito à indenização se prestar informações incorretas ou insuficientes.

Assim sendo, a violação ao princípio da boa-fé objetiva na relação contratual pode significar a não produção dos efeitos contratuais previstos pelas partes. O contrato poderá ser extinto sem o seu regular cumprimento, com as consequências inerentes.

Neste sentido, já decidiu o Superior Tribunal de Justiça (STJ) ao enfrentar o tema da inobservância da boa-fé objetiva na contratação do seguro de responsabilidade civil de conselheiros, diretores e administradores de sociedades comerciais (RC D&O):

> Processual civil e civil. Agravo interno no recurso especial. Ação de cobrança de indenização securitária. Seguro de responsabilidade civil de conselheiros, diretores e administradores (seguro RC D&O). Omissão dolosa de informações na contratação. Erro na avaliação do risco segurado. Atos de gestão dolosos e lesivos à sociedade. Favorecimento pessoal do administrador. Penalidade de perda da garantia securitária. Reexame fático-probatório (súmula 7 do STJ). Agravo interno desprovido. 1. O seguro de responsabilidade civil de conselheiros, diretores e administradores de sociedades comerciais (RC D&O) tem por objetivo garantir o risco de eventuais prejuízos causados em consequência de atos ilícitos culposos praticados por executivos durante a gestão de sociedade, e/ou suas subsidiárias, e/ou suas coligadas. 2. O segurado que agir de má-fé ao fazer declarações inexatas ou omitir circunstâncias que possam influir na aceitação da proposta pela seguradora ou na taxa do prêmio está sujeito à perda da garantia securitária, conforme dispõem os arts. 765 e 766 do Código Civil. 3. No caso, as instâncias ordinárias concluíram que a tomadora, na contratação do seguro, omitiu intencionalmente a existência de investigação do Banco Central de irregularidades na administração da sociedade, o que resultou em erro na avaliação do risco segurado, e que o administrador praticou atos de gestão lesivos à companhia e aos investidores em busca de favorecimento pessoal, circunstâncias que dão respaldo à sanção de perda do direito à indenização securitária. 4. A modificação da conclusão do acórdão recorrido acerca da ciência da tomadora sobre as irregularidades na administração da

---

54. BRASIL. Lei 10.406, de 10 de janeiro de 2002. Institui o Código Civil. *Diário Oficial da União*, Brasília, 11 jan. 2002. Disponível em: http://www.planalto.gov.br/ccivil_03/leis/2002/l10406compilada.htm. Acesso em: 30 jun. 2023.
55. RIZZARDO, Arnaldo. *Contratos*. 21. ed. Rio de Janeiro: Forense, 2023. *E-book*.

sociedade é inviável em sede de recurso especial, nos termos da Súmula 7 do STJ. 5. Agravo interno a que se nega provimento.[56]

Logo, pode-se concluir acerca da importância do respeito à boa-fé objetiva pelas partes, cujo cumprimento impactará positivamente na relação contratual estabelecida pelos estipulantes, como para o mercado e sociedade.

IV. CONCLUSÃO

O seguro de responsabilidade civil tem uma importância crescente na sociedade. Através deste seguro, empresas, diretores e administradores, como profissionais autônomos e todos aqueles que contratem uma das categorias desta modalidade de seguro, podem ter seus patrimônios protegidos em caso de danos patrimoniais ou extrapatrimoniais causados a terceiros.

Desta forma, o fomento a esta modalidade contratual é relevante, pois impactará positivamente a relação contratual entre os estipulantes, como a economia contratual, o mercado e a sociedade, o que pôde ser verificado neste estudo.

Como cerne da pesquisa, adentrou-se, detalhadamente, no princípio da boa-fé objetiva, trazendo a dificuldade de sua definição conceitual, mas abordando seus conteúdos essenciais, os *standards* que servem de direção para a solução de conflitos que chegam aos tribunais, além de prevenir eventuais conflitos, na medida em que a boa-fé objetiva deve ser cumprida pelas partes nas tratativas, na fase contratual e pós-contratual.

Paralelamente, o contrato de seguro foi minuciosamente estudado naquilo que interessa para os fins deste trabalho.

Ao final, confirmou-se a hipótese inicial, entendendo-se que o princípio da boa-fé objetiva é essencial no contrato de seguro de responsabilidade civil. Nas declarações iniciais, o segurado deve agir com probidade e lealdade, prestando as informações de forma correta e suficientes, como o segurador também deve agir pautado na boa-fé objetiva, com conduta diligente, assumindo os riscos deveras existentes e a reparação civil diante da sinistralidade.

REFERÊNCIAS

CARLINI, Angélica. Nova regulação dos seguros de responsabilidade civil no Brasil e os seguros para riscos cibernéticos. *Revista IBERC*, Belo Horizonte, v. 5, n. 2, p. 1-17, maio/ago. 2022. Disponível em: https://revistaiberc.responsabilidadecivil.org/iberc/article/vie w/225/171. Acesso em: 27 ago. 2023.

CORDEIRO, Antônio Manuel da Rocha e Menezes. *Da boa fé no direito civil.* Coimbra: Almedina, 2007.

FACHIN, Luiz Edson; BREKAILO, Uiara Andressa. Apontamentos sobre aspectos da reforma do código civil alemão na perspectiva de um novo arquétipo contratual. Superior Tribunal de Justiça. *Doutrina*: edição

---

56. BRASIL. Superior Tribunal de Justiça. Agravo Interno no Recurso Especial 1.504.344/SP. 4. T., Rel. Min. Raul Araújo, j. 16.08.2022. *Diário de Justiça Eletrônico*, Belo Horizonte, 23 ago. 2022. Disponível em: https://scon.stj.jus.br/SCON/pesquisar.jsp. Acesso em: 27 ago. 2023.

comemorativa 20 anos. Brasília: STJ, 2009. Disponível em: https://www.stj.jus.br/publicacaoinstitucional/index. php/dout20anos/article/view/3421/3545. Acesso em: 22 ago. 2023.

FALEIROS JÚNIOR, José Luiz de Moura. Contratos algorítmicos e onerosidade excessiva: as consequências da inflexibilidade. *Civilistica.com*, Rio de Janeiro, a. 11, n. 2, 2022. Disponível em: https://civilistica.com/contratos-algoritmicos/. Acesso em: 15 ago. 2023.

FARIAS, Cristiano Chaves de; ROSENVALD, Nelson. *Curso de direito civil*. 3. ed. rev., ampl. e atual. Salvador: JusPodivm, 2013. v. 4: Contratos: teoria geral e contratos em espécie.

MARTINS-COSTA, Judith. *A boa-fé no direito privado*: critérios para a sua aplicação. 2. ed. São Paulo: Saraiva, 2018.

MARTINS-COSTA, Judith. *A reconstrução do direito privado*: reflexos dos princípios, diretrizes e direitos fundamentais constitucionais no direito privado. São Paulo: Ed. RT, 2002.

NALIN, Paulo. *Do contrato*: conceito pós-moderno em busca de sua formulação na perspectiva civil-constitucional. 2. ed. rev. e atual. Curitiba: Juruá, 2008.

RAMOS, Maria Elisabete Gomes. *O seguro de responsabilidade civil dos administradores:* entre a exposição ao risco e a delimitação da cobertura. Coimbra: Almedina, 2010.

REALE, Miguel. *Função social do contrato*. São Paulo, [s.d.]. Disponível em: https://www.miguelreale.com.br/artigos/funsoccont.htm. Acesso em: 20 ago. 2023.

RIZZARDO, Arnaldo. *Contratos*. 21. ed. Rio de Janeiro: Forense, 2023. *E-book*.

ROPPO, Enzo. *O contrato*. Trad. Ana Coimbra e M. Januário C. Gomes. Coimbra: Almedina, 2009.

RUZYK, Carlos Eduardo Pianovsk. *Liberdade(s) e função*: contribuição crítica para uma nova fundamentação da dimensão funcional do direito civil brasileiro. 2009. Tese (Doutorado em Direito) - Universidade Federal do Paraná, Curitiba, 2009. Disponível em: https://www. acervodigital.ufpr.br/bitstream/handle/1884/19174/?sequence=1. Acesso em: 20 ago. 2023.

SUPERINTENDÊNCIA DE SEGUROS PRIVADOS. *Circular SUSEP 637*, de 27 de julho de 2021. Dispõe sobre os seguros do grupo responsabilidades. Vigência: a partir de 1º de setembro de 2021. Rio de Janeiro, 27 jul. 2021. Disponível em: https://www2.susep.gov.br /safe/scripts/bnweb/bnmapi.exe?router=upload/25074. Acesso em: 27 ago. 2023.

WALD, Arnoldo. A dupla função econômica e social do contrato. *Revista da Academia Brasileira de Letras Jurídicas*, Rio de Janeiro, v. 20, n. 25, p. 13-20, jan./jun. 2004. Disponível em: http://www.ablj.org.br/revistas/revista25/revista25%20%20ARNOLD%20W ALD%20%E2%80%93%20A%20dupla%20 fun%C3%A7%C3%A3o%20econ%C3%B4mica%20e%20social%20do%20contrato.pdf. Acesso em: 25 ago. 2023.

O DEVER DE INFORMAR NO CONTRATO DE SEGURO

Giovana Benetti

Doutora em Direito Civil pela Universidade de São Paulo, com Pós-Doutorado pela mesma Universidade. Professora Adjunta da Universidade Federal do Rio Grande do Sul.

Resumo: O presente ensaio objetiva analisar o dever de informar no contrato de seguro, considerando as peculiaridades envolvidas neste tipo contratual, como a assimetria informativa que recai, no mais das vezes, sobre ambas as partes. Para tanto, o exame é dividido em duas partes. A primeira dedica-se ao estudo do dever de informar nos contratos em geral, abordando os seus elementos e a sua incidência sobre as diferentes fases da relação obrigacional. Na sequência, o foco recairá, mais especificamente, sobre as nuances do dever de informar no contrato de seguro, considerando, dentre outras peculiaridades, a confiança envolvida, a mutualidade e o dever de levar em conta o interesse alheio (*tua res agitur*) neste tipo de contratação. Finalmente, serão tecidas algumas considerações a título conclusivo.

Sumário: I. Introdução – II. Notas sobre o dever de informar nos contratos; II.1 Fase pré-contratual; II.2 Fase da execução contratual e fase pós-contratual – III. As nuances do dever de informar no contrato de seguro; III.1 Fase pré-contratual; III.2 Fase da execução contratual – IV. Conclusão – Referências.

I. INTRODUÇÃO

O termo "informação" remete a sentidos diversos.[1] Pode indicar, por exemplo, a exposição de situação de fato sobre pessoas, coisas, ou qualquer outra relação,[2] sem envolver a sugestão de conduta futura.[3] Diversamente, se adotado um sentido amplo, a "informação" abrange o conselho e a recomendação,[4] os quais compreendem a sugestão de conduta a ser adotada.[5]

---

1. O presente ensaio contém ideias desenvolvidas de modo mais detalhado nas seguintes obras, correspondendo, em parte, ao seu conteúdo: BENETTI, Giovana. *Dolo no Direito Civil*: uma análise da omissão de informações. São Paulo: Quartier Latin, 2019; BENETTI, Giovana. Dever de informar versus ônus de autoinformação na fase pré-contratual. In: Henrique Barbosa; Jorge Cesa Ferreira da Silva. (Org.). *A evolução do direito empresarial e obrigacional*. 18 anos do Código Civil. São Paulo: Quartier Latin, 2021, v. 2, p. 89-121; BENETTI, Giovana. Dolo e fraude no contrato de seguro: duas faces da mesma moeda?. In: GOLDBERG, Ilan; JUNQUEIRA, Thiago (Org.). *Temas Atuais de Direito dos Seguros*. São Paulo: Revista dos Tribunais, 2020, v. 1, p. 606-635.
2. SINDE MONTEIRO, Jorge. *Responsabilidade por Informações, Conselhos e Recomendações*. Coimbra: Almedina, 1989, p. 15.
3. SILVA, Eva Sónia Moreira da. *Da Responsabilidade Pré-Contratual por Violação dos Deveres de Informação*. Coimbra: Almedina, 2003, p. 68.
4. SINDE MONTEIRO, Jorge Ferreira. *Responsabilidade por Informações, Conselhos e Recomendações*. Coimbra: Almedina, 1989, p. 18. Igualmente por esta razão, seria possível, em princípio, conceder-lhes o mesmo tratamento jurídico, segundo Jorge Sinde Monteiro (idem, p. 17).
5. SINDE MONTEIRO, Jorge Ferreira. *Responsabilidade por Informações, Conselhos e Recomendações*, cit., p. 15. Na doutrina francesa, difere-se entre '*conseil*' e '*renseignement*', sendo este último considerado como a informação

A informação pode ser expressada por diferentes formas no âmbito contratual: pode consistir, por exemplo, na *prestação principal* do contrato, como ocorre no caso de contrato com agência de publicidade responsável por divulgar determinada informação ao público-alvo, ou apresentar caráter acessório, atuando como *dever anexo* ao dever principal, como se verifica em um manual de instruções. Ademais, a informação pode caracterizar *dever de proteção* (*v.g.*, informar sobre riscos no manuseio de uma máquina perigosa); *dever legal* (por exemplo, informação devida pelos administradores aos acionistas) ou, ainda, *ônus*, como o "dever de se informar" de um profissional a respeito dos serviços que ele mesmo prestará.[6]

A partir dessas categorias, tem-se que o dever de informar é, mais frequentemente, considerado como instrumental, contribuindo para o devido cumprimento da prestação principal.[7] Por exemplo, a informação prestada, na fase pré-contratual, a fim de possibilitar o consentimento esclarecido à determinada proposta ou, então, a informação volta a elucidar, após a celebração do contrato, o modo de utilização da coisa vendida.[8]

Certo é que o grau da informação devida é mais ou menos intenso, a depender do regulamento de interesses do tipo contratual envolvido. Em outras palavras, os diferentes interesses, obrigações e riscos derivados do contrato ensejam a variação do nível de informação tido como relevante para sua formação e a sua execução. Isso significa que, a depender do regime do contrato, o regulamento dos interesses dos contratantes variará e, consequentemente, diferentes serão os reflexos no dever de informar.

Pense-se, de início, nos negócios bilaterais: o interesse de uma das partes encontra limite nos interesses da contraparte que sejam dignos de proteção (*mea res agitur*), sendo comum dizer-se que os deveres de informar, avisar e aconselhar serão "menores quando existirem interesses contraditórios do que quando uma actividade no interesse de outrem se torna conteúdo do contrato".[9] Já na hipótese de ser atribuída a posição de poder a uma das partes sobre o interesse de outrem, tem-se o mandamento de agir em benefício do interesse alheio (*tua res agitur*) e, quando a cooperação se desenvolve em

---

no 'estado bruto' ("Devoir un renseignement, c'est devoir une information à l'état brut, alors que «le conseil a pour but d'orienter une décision"). (LEYSSAC, C. Lucas. L'obligation de renseignemts dans les contrats. In: LASSOUARN, Yvon; LEGARD, Paul (Ed.). *L'information en droit privé*. Paris: LGDJ, 1978, p. 306). Contudo, a expressão '*renseignement*' também é utilizada em sentido genérico para abranger outras modalidades ('*mis en garde*', '*conseil*' etc.) (SINDE MONTEIRO, Jorge Ferreira. *Responsabilidade por Informações, Conselhos e Recomendações*, cit., p. 17, notas de rodapé 17 e 18).

6. Todas essas qualificações são mencionadas por MARTINS-COSTA, Judith. *A Boa-fé no Direito Privado*. Critérios para a sua Aplicação. São Paulo: Marcial Pons, 2015, p. 526.

7. "The giving of information, like the giving of advice, may, it is true, be the principal subject-matter of an agreement. [...]. Most commonly, however, the obligation to give information is merely accessory, designed to make possible the due performance of the principal obligation. [...]" (GHESTIN, Jacques. The pre-contractual obligation to disclose information. In: HARRIS, Donald; TALLON, Denis. *Contract Law Today*. Oxford: Oxford University Press, 1989, p. 152).

8. Esses e outros exemplos constam em MARTINS-COSTA, Judith. *A Boa-fé no Direito Privado. Critérios para a sua Aplicação*, cit., p. 529.

9. SINDE MONTEIRO, Jorge Ferreira. *Responsabilidade por Informações, Conselhos e Recomendações*, cit., p. 628.

O DEVER DE INFORMAR NO CONTRATO DE SEGURO **111**

nível máximo, requer-se disposição para o trabalho conjunto e sacrifícios em vista do fim comum (*nostra res agitur*).[10] Nesse cenário, quando o tipo contratual envolver uma especial carga de confiança entre as partes (como no seguro, no mandato e no contrato de sociedade), admite-se maior intensidade do dever de uma parte informar a outra.[11]

Tendo em conta os diferentes impactos que esse regulamento de interesses acarreta sobre o dever de informar, o presente ensaio enfrenta, de modo breve, essa temática sob duas perspectivas. De início, discorre-se sobre o dever de informar nos contratos em geral,[12] abordando os seus elementos e a sua incidência sobre as diferentes fases da relação obrigacional. Na sequência, o foco recairá sobre as nuances do dever de informar no contrato de seguro,[13] considerando a peculiaridade de os interesses envolvidos compreenderem o dever de levar em conta o interesse alheio (*tua res agitur*). Finalmente, serão tecidas algumas considerações a título conclusivo.

Cumprindo com os deveres informativos ao leitor, é necessário registrar um esclarecimento desde logo: *não* se está aqui defendendo a incidência do dever de informar de modo geral *nem* a sua aplicação sem critérios. Como é sabido, as partes contratantes são, a princípio, reputadas como iguais, sendo a regra a de que cada contratante deve buscar as informações por si mesmo. Tem-se em mente, porém, situações em que pode surgir um desnível elucidativo gerador de desigualdade entre os contraentes, podendo levar ao surgimento do dever de o figurante mais bem informado fornecer dados ao menos informado,[14] sem esquecer, é claro, a necessidade de avaliar o ônus da contraparte de obter as informações em seu benefício.

II.   NOTAS SOBRE O DEVER DE INFORMAR NOS CONTRATOS

O dever de informar pode incidir na formação e na execução dos contratos, além de poder se manifestar na fase pós-contratual.[15] O exame desenvolvido neste estudo enfocará a sua incidência na fase pré-contratual e na fase da execução contratual, sem prejuízo de uma breve menção à sua aplicação na fase pós-contratual. Ainda que essa divisão em fases possa ser difícil em determinadas situações – especialmente diante da

---

10. COUTO E SILVA, Clóvis do. *A Obrigação como Processo*. Rio de Janeiro: FGV Editora, 2006, p. 34. Sobre *mea res agitur, tua res agitur* e *nostra res agitur* na sua correlação com a boa-fé, vide MARTINS-COSTA, Judith. *A Boa-fé no Direito Privado. Critérios para a sua Aplicação*, cit., p. 324-377.

11. LEYSSAC, C. Lucas. L'obligation de renseignements dans les contrats, cit., p. 326.

12. Cabe esclarecer que não se está defendendo a existência de um dever geral de informar, mas apenas discorrendo de modo mais genérico sobre o tema, sem enfocar determinados tipos contratuais.

13. Ressalta-se, desde logo, que o presente estudo não abordará a temática do contrato de seguro à luz das regras do Código de Defesa do Consumidor.

14. FRADERA, Vera. Informar ou não informar, eis a questão! In: FRADERA, Vera; MARTINS-COSTA, Judith. (Org.) *Estudos de Direito Privado e Processual Civil*. Em homenagem a Clovis do Couto e Silva. São Paulo: Ed. RT, 2014, p. 236. Em sentido semelhante, para Eva Sónia da Silva, é necessária a existência de interesse digno de proteção, o que ocorre quando estiver presente, no caso, a desigualdade de informação dos contraentes e a especial necessidade de proteção da parte menos informada ou, pelo menos, cognoscível pela parte obrigada a informar (SILVA, Eva Sónia Moreira da. *Da Responsabilidade Pré-Contratual por Violação dos Deveres de Informação*, cit., p. 121-145).

15. FABIAN, Christoph. *O dever de informar no Direito civil*. São Paulo: Ed. RT, 2002.

formação progressiva dos contratos[16] –, optou-se por adotá-la a fim de melhor organizar a abordagem da matéria.

II.1 Fase pré-contratual

Na fase de formação do vínculo, não há relação de crédito, o que *não* significa a ausência de deveres impostos aos envolvidos nas tratativas. Além do princípio de a ninguém lesar (*noeminem laedere*), entende-se que haveria deveres especiais de fonte legal voltados à proteção, à preservação da integridade da esfera jurídica e à confiança dos participantes da negociação, em razão da peculiaridade de os negociadores terem se aproximado para firmar possível contrato.[17]

Os deveres especiais, como aludido acima, visam à tutela de interesses de proteção, sendo, consequentemente, denominados *deveres de proteção*.[18-19] Eles compreendem, por exemplo, o sigilo a respeito de dados obtidos na negociação; a informação de dados corretos; a vedação à contradição desleal.[20]

Na fase de formação do vínculo, o dever de informar serve, portanto, para que o consentimento se dê de modo esclarecido e atende a um interesse de proteção,[21] sendo qualificado como um dever de proteção. Diante dessas peculiaridades, costuma-se apontar dois elementos para a configuração desse dever: um material e um moral.

O *elemento material* seria um *fato pertinente*, suscetível de causar, no credor da informação, a reação de que, se tivesse conhecimento daquele dado específico, teria adotado um comportamento diferente.[22] Ou seja, o *fato pertinente* é aquele "relacionado ao objeto das obrigações derivadas do contrato, útil para o contratante e cuja revelação não seja ilícita".[23]

Logo, se a informação, ainda que suscetível de interessar ao contratante, *não* apresenta qualquer relação com as obrigações derivadas do contrato,[24] *não* há o dever de informar a contraparte. Trata-se, no entanto, de um critério demasiado amplo,[25] sendo necessário adicionar o exame da *utilidade* da informação para o credor, isto é, o dado a

---

16. FABRE-MAGNAN, Muriel. *De l'obligation d'information dans les contrats. Essai d'une théorie*. Paris: LGDJ, 1992, p. 223.
17. MARTINS-COSTA, Judith. *A Boa-fé no Direito Privado*. Critérios para a sua Aplicação, cit., p. 383-385 e p. 418. Abertas as negociações, aí estão compreendidos deveres imediatamente derivados da lei ou por meio do princípio da boa-fé, que desempenharia, além da função corretora de comportamentos no tráfico jurídico, a de criação desses deveres especiais (idem, ibidem).
18. MARTINS-COSTA, Judith. *A Boa-fé no Direito Privado*. Critérios para a sua Aplicação, cit., p. 223.
19. Os interesses de proteção voltam-se para a proteção da integridade pessoal e patrimonial, alcançando, inclusive, os deveres de preservação da integridade no período *in contrahendo*. (CARNEIRO DA FRADA, Manuel A. *Contrato e deveres de protecção*. Coimbra: Coimbra Editora, 1994, p. 103 e 114).
20. MARTINS-COSTA, Judith. *A Boa-fé no Direito Privado*. Critérios para a sua Aplicação, cit., p. 385.
21. MARTINS-COSTA, Judith. *A Boa-fé no Direito Privado*. Critérios para a sua Aplicação, cit., p. 529.
22. FABRE-MAGNAN, Muriel. *De l'obligation d'Information dans les contrats*. Essai d'une théorie, cit., p. 132.
23. FABRE-MAGNAN, Muriel. *De l'obligation d'Information dans les contrats*. Essai d'une théorie, cit., p. 216.
24. FABRE-MAGNAN, Muriel. *De l'obligation d'Information dans les contrats*. Essai d'une théorie, cit., p. 135.
25. FABRE-MAGNAN, Muriel. *De l'obligation d'Information dans les contrats*. Essai d'une théorie, cit., p. 137.

O DEVER DE INFORMAR NO CONTRATO DE SEGURO **113**

ser informado é tido como *útil* quando interessa ao contratante e lhe permite, ao esclarecer suas decisões, poder modificar seu comportamento.[26]

O exame da utilidade da informação deve levar em conta o interesse do contratante, no caso específico, em receber as informações relevantes para decidir sobre a contratação e para que os termos contratuais reflitam o quanto foi negociado. Contudo, não basta que o fato seja pertinente e útil. Para o surgimento do dever de informar pré-contratual, deve restar preenchido o *elemento moral*.

Por vezes de difícil definição, o *elemento moral* consistiria no *conhecimento ou na ignorância ilegítima* do devedor sobre a importância da informação e da relevância que esta apresenta para a contraparte (*i.e.*, o credor da informação).[27] Esta noção se conecta ao possível conhecimento da informação, isto é, deve-se averiguar, igualmente, se o desconhecimento da informação pelo *credor* é legítimo a ponto de justificar a imposição à contraparte do dever de informar. Ademais, é preciso avaliar se o desconhecimento da informação pelo *devedor* seria legítimo ao invocá-lo para se escusar de transmitir dados relevantes.

Do lado do *devedor da informação*, a ignorância seria ilegítima quando deveria conhecer a importância da informação para a outra parte, bem como seu conteúdo. Assim, teria de buscar as informações necessárias, tanto quanto possível, para instruir o outro contratante.[28] Do lado do *credor da informação*, a ignorância ilegítima seria assimilada a seu conhecimento da informação, no sentido de que não caberia à outra parte instruí-lo se, por si próprio, pudesse, por meios razoáveis, obter a informação de modo menos custoso.[29] Diversamente, seria qualificada como legítima a sua ignorância se não tivesse como conhecer a informação por seus próprios meios[30] ou se fosse titular de confiança legítima[31] em relação à contraparte e, assim, pudesse razoavelmente esperar que esta o informasse.[32]

---

26. FABRE-MAGNAN, Muriel. *De l'obligation d'Information dans les contrats. Essai d'une théorie*, cit., p. 139.

27. FABRE-MAGNAN, Muriel. *De l'obligation d'Information dans les contrats. Essai d'une théorie*, cit., p. 216. É importante deixar claro que a autora diferencia entre o elemento moral do dever de informar e o elemento moral da violação de tal dever. Neste ponto, está sendo abordado o elemento moral que constitui o dever de informar (idem, p. 186-187). Ademais, a autora distingue, dentro do elemento classificado como moral, entre o elemento psicológico e o elemento intencional, sendo que este último embora esteja contido no dolo nem sempre estará presente (idem, p. 215).

28. FABRE-MAGNAN, Muriel. *De l'obligation d'Information dans les contrats. Essai d'une théorie*, cit., p. 190 e p. 192.

29. FABRE-MAGNAN, Muriel. *De l'obligation d'Information dans les contrats. Essai d'une théorie*, cit., p. 197.

30. Esclarece Muriel Fabre-Magnan que "le principe reste que chacun doit prendre l'initiative de s'informer sur ce qui l'intéresse: il convient de déroger à ce principe uniquement lorsque le contractant ne peut découvrir par lui-même tous les éléments pouvant avoir une incidence sur son consentement ou sur l'exécution du contrat" (*De l'obligation d'Information dans les contrats. Essai d'une théorie*, cit., p. 197-198).

31. Para Muriel Fabre-Magnan, "[...] les deux parties ont un égal accès à l'information, mais l'une d'elle a une confiance légitime en son cocontractant et peut raisonnablement penser, compte tenu de certaines circonstances, que l'autre prendra l'initiative de l'informer. Une obligation d'information peut alors peser sur son cocontractant" (*De l'obligation d'Information dans les contrats. Essai d'une théorie*, cit., p. 198).

32. FABRE-MAGNAN, Muriel. *De l'obligation d'Information dans les contrats. Essai d'une théorie*, cit., p. 197: "L'ignorance de l'information par le créancier apparaît particulièrement légitime dans deux hypothèses: d'une part, lorsque le créancier ne peut connaître l'information et, d'autre part, lorsqu'il fait une confiance légitime à son cocontractant".

O comportamento do credor da informação auxilia a medir o grau da informação que o outro figurante deve fornecer, pois, para ser considerado, efetivamente, como credor, a sua ignorância tem de ser legítima,[33] o que significa ter buscado preencher com o seu ônus de autoinformação,[34] o qual encontra limite nos esforços razoáveis das partes.[35] Pense-se no comprador de determinado produto que não pesquisou preços em diferentes lojas previamente à contratação e acabou o adquirindo por um valor superior (justamente por não ter verificado que, em outro local, estava mais barato). Ao não observar o seu ônus de autoinformação, só pode imputar a si mesmo a responsabilidade por seu prejuízo.

Para exemplificar a aplicação dos critérios acima mencionados e ilustrar a diversidade com que o regulamento dos interesses, a depender do tipo contratual envolvido, impacta o dever de informar, selecionou-se um caso envolvendo contrato de compra e venda, por ser o maior exemplo dos contratos marcados pela contraposição de interesses.[36]

Por meio desse tipo de contrato, o vendedor e o comprador esperam obter vantagem patrimonial com o contrato: ao sacrifício da perda da coisa, corresponde o proveito do recebimento do preço e vice-versa.[37] Ao vendedor cabe entregar a coisa e transferir a propriedade ao comprador, garantindo a efetividade de seu direito sobre o bem. Isto é, deve assegurar as qualidades essenciais e as prometidas e, se ausentes, pode responder pela evicção[38] ou pelos vícios redibitórios[39] (e, inclusive, por omissão dolosa ou dolo comissivo). Já o comprador deve pagar o preço no modo acordado.

Durante uma negociação, os figurantes costumam trocar informações sobre as qualidades essenciais do que será objeto do contrato. É razoável supor que o comprador visa à aquisição do bem nas condições acordadas com o vendedor, tendo interesse em conhecer informações que levem à diminuição de sua utilidade, a ponto de não ter contratado naquelas condições ou de os termos do contrato terem sido outros se os conhecesse.

---

33. GHESTIN, Jacques (Coord.). *Traité de Droit Civil. La formation du contrat*. Tome I. Le contrat, le consentement. Paris: LGDJ, 2013, p. 1411.
34. Tratou-se, com maior aprofundamento, da temática do ônus em BENETTI, Giovana. *Dolo no Direito Civil: uma análise da omissão de informações*, cit., 2019; BENETTI, Giovana. Dever de informar versus ônus de autoinformação na fase pré-contratual, cit., p. 89-12.
35. MARTINS-COSTA, Judith. *A Boa-fé no Direito Privado*. Critérios para a sua Aplicação, cit., p. 540.
36. Os contratos marcados pela contraposição de interesses são denominados contratos de troca ou de intercâmbio, na conhecida distinção de Jhering (JHERING, Rudolf von. *A evolução do direito*. Salvador: Editora Progresso, 1953, p. 192-197, em especial, p. 195).
37. GOMES, Orlando. *Contratos*. 26. ed. Atual. Antonio Junqueira de Azevedo e Francisco Paulo De Crescenzo Marino. Rio de Janeiro: Forense, 2007, p. 266-267.
38. No tocante à evicção, o alienante responderá pela deterioração da coisa alienada, exceto se o adquirente procedeu com dolo ao deteriorar ou diminuir propositadamente a coisa "na intenção de reclamar, depois, o preço ao alienante" (CARVALHO SANTOS, João Manuel de. *Código Civil brasileiro interpretado*. 6. ed. Rio de Janeiro: Freitas Bastos, 1954, v. XV, p. 423). Nessa linha, vide art. 451 do Código Civil de 2002 e art. 1.110 do Código de 1916.
39. GOMES, Orlando. *Contratos*, cit., p. 279-280.

Passando agora ao exemplo, tem-se julgado do Tribunal de Justiça de São Paulo, no qual foi considerada como violadora da boa-fé objetiva a conduta de vendedores de quotas de sociedade proprietária de usina asfáltica que informaram potencial de produção superior àquele compatível com o maquinário instalado.[40] Entendeu-se haver descompasso entre os ativos da sociedade cujas quotas foram transferidas e a declaração negocial. Assim, caso o comprador tivesse recebido informações acuradas a respeito do potencial de produção, poderia ter celebrado o contrato em outros termos. O julgado versa sobre um dado *pertinente* e *útil* ao comprador, pois, se este tivesse conhecimento do real potencial de produção, poderia ter adotado comportamento diferente, além de sinalizar que os vendedores agiram em contrariedade à boa-fé objetiva.

Partindo do conceito e dos elementos do dever de informar pré-contratual, já se pode alcançar algumas conclusões prévias: o credor (no exemplo acima representado pelo comprador), ao alegar a violação ao dever de informar, deve demonstrar (*i*) a importância e a utilidade da informação para a contratação; (*ii*) seu desconhecimento a respeito, embora tenha buscado, razoavelmente, preencher o seu ônus de autoinformação; (*iii*) o conhecimento da informação relevante pelo devedor; e (*iv*) a ocultação pelo devedor.

Ultrapassada a abordagem do dever de informar na fase pré-contratual, cabe agora focar o exame da fase de execução do contrato.

II.2   Fase da execução contratual e fase pós-contratual

A fase da execução contratual compreende um "conjunto de ações teleológica e vinculativamente direcionadas para a produção de efeitos jurídicos coerentes com o que foi desenhado ou planificado no acordo contratual".[41] Nesta fase, são desenvolvidas atividades voltadas a tornar realidade concreta o programa contratual expresso pelas declarações negociais, levando em consideração, igualmente, as normas jurídicas cogentes e, quando não afastadas pelas partes, as supletivas.[42]

A relação obrigacional é, como se sabe, "algo que se encadeia e se desdobra em direção ao adimplemento, à satisfação dos interesses do credor", expressando uma verdadeira "ordem de cooperação" entre credor e devedor.[43] No desenvolvimento desse vínculo, as partes visam à realização dos deveres de prestação, aos quais são adicionados deveres voltados a "preparar, promover e finalmente segurar a prestação primária".[44]

---

40. TJSP. Ap. 0185809-45.2009.8.26.0100. 1ª Câmara Reserva de Direito Empresarial. Rel. Des. Fortes Barbosa. J. em 11.09.2014: "A conduta dos apelados foi maliciosa, ostenta relevância e não pode ser desconsiderada. A boa-fé objetiva, consagrada em cláusula geral inserta no artigo 422 do Código Civil vigente, não foi observada pelos apelados, pois, ao ser celebrado o contrato em relevo, comprometeram-se à transferência da posse de uma usina de asfalto em condições diversas daquelas concretas. Por ter indicado estar a usina em pleno funcionamento, bem como ter o potencial para uma produção superior àquela compatível com o equipamento instalado, os apelados violaram a boa-fé que lhes era exigida". O julgado foi citado por BUSCHINELLI, Gabriel Saad Kik. *Compra e Venda de Participações Societárias de Controle*. São Paulo: Quartier Latin, 2018, p. 331.
41. MARTINS-COSTA, Judith. *A Boa-fé no Direito Privado*. Critérios para a sua Aplicação, cit., § 47, p. 471.
42. MARTINS-COSTA, Judith. *A Boa-fé no Direito Privado*. Critérios para a sua Aplicação, cit., § 47, p. 471.
43. COUTO E SILVA, Clóvis do. *A Obrigação como Processo*, cit., p. 17-19.
44. FABIAN, Christoph. *O dever de informar no Direito civil*, cit., p. 126.

Neste contexto, o dever de informar tem como finalidade "assegurar ao credor uma execução satisfatória do contrato", isto é, a boa execução do ajuste,[45] podendo se qualificar como a prestação principal do contrato, como dever anexo ao dever principal, como dever de proteção e como ônus, conforme mencionado na Introdução.

Ademais, o dever de informar assume diferentes contornos a partir do programa contratual desenhado pelas partes, o que dificulta tentativas de sistematizar o conteúdo dos deveres que podem incidir, concretamente, nesta fase.[46] Outro reflexo disso é o impacto no grau da informação devida, o que variará a depender do regulamento de interesses envolvido (*mea res agitur, tua res agitur* ou *nostra res agitur*), como referido na Introdução).

Assim como verificado ao tratar da fase pré-contratual, o dever de informar no momento do desenvolvimento do vínculo é composto por um *elemento material* e um *elemento moral*.

O elemento material é representado, igualmente, por meio do *fato pertinente* que deve ser informado por um contratante ao outro ao longo da execução contratual. A informação considerada como *útil* é aquela que, se conhecida, permitiria a modificação do comportamento da contraparte durante o desenvolvimento do vínculo a fim de obter a execução satisfatória do contrato. É o que ocorre, por exemplo, na relação envolvendo o médico e o seu paciente, tendo o profissional o dever de informar as precauções que devem ser adotadas durante o tratamento.[47]

Já o *elemento moral* também se relaciona com o dever de conhecer.[48] De modo semelhante ao examinado na fase pré-contratual, o elemento moral consistiria no *conhecimento ou na ignorância ilegítima* do devedor sobre a importância da informação e da relevância que esta apresenta para a contraparte (*i.e.*, o credor da informação).

A título de exemplo, aponta-se a existência de dever de informar quando, durante o desenvolvimento do vínculo, a parte não consegue obter a informação necessária ou, então, quando a execução contratual se prolonga no tempo e há o dever de informar sobre alguma alteração ou modificação na prestação.[49]

Cite-se, neste sentido, julgado do Tribunal de Justiça de São Paulo, envolvendo contrato de prestação de serviços de modernização de elevadores de um condomínio. A contratante alegou ter havido prestação defeituosa dos serviços, o que foi reconhecido pela perícia. E, neste contexto, o acórdão, após constatar a falha em informar questões técnicas atinentes ao projeto de modernização, registrou caber à contratada o "dever de informar correta e adequadamente quanto às providências necessárias à correta execução do contrato".[50]

---

45. FABRE-MAGNAN, Muriel. *De l'obligation d'Information dans les contrats*. Essai d'une théorie, cit., p. 332.

46. FABRE-MAGNAN, Muriel. *De l'obligation d'Information dans les contrats*. Essai d'une théorie, cit., p. 332, 338.

47. FABRE-MAGNAN, Muriel. *De l'obligation d'Information dans les contrats*. Essai d'une théorie, cit., p. 340.

48. FABRE-MAGNAN, Muriel. *De l'obligation d'Information dans les contrats*. Essai d'une théorie, cit., p. 341.

49. FABRE-MAGNAN, Muriel. *De l'obligation d'Information dans les contrats*. Essai d'une théorie, cit., p. 127.

50. TJSP. 31ª Câmara de Direito Privado. Apelação Cível 1171031-0/2 (02480546). Rel.: Des. Ronnie Herbert Barros Soares. J. em 02.06.2009.

O julgado contribui para ilustrar que a informação devida versava sobre um dado *pertinente* e *útil* ao contratante, pois, se este tivesse conhecimento das questões técnicas necessárias para a modernização dos elevadores, poderia ter adotado comportamento diferente com vistas a assegurar que a execução do contrato estivesse alinhada ao programa contratual. Ademais, não poderia a prestadora dos serviços desconhecer as questões técnicas que levaram ao mau funcionamento dos elevadores, considerando, especialmente, o fato de ter realizado análise técnica prévia e a sua relevância para a boa execução do contrato. Ou seja, o seu desconhecimento a este respeito seria *ilegítimo*.

Após a finalização da execução do contrato, os deveres de prestação são extintos, mas as partes devem agir com vistas a não inviabilizar os fins perseguidos pelo negócio, estando vinculadas a observar deveres de proteção.[51]

Além do clássico exemplo do dever de não concorrência, costuma-se mencionar o dever de informar pós-contratual, como aquele aplicável ao médico no sentido de dar acesso ao prontuário ou, então, o dever de o fornecedor informar o consumidor sobre a periculosidade posteriormente descoberta de um produto ou serviço,[52] nos termos do artigo 10, § 1º do Código de Defesa do Consumidor.[53]

Feita essa breve menção acerca da fase pós-contratual, é alcançado o momento de endereçar as peculiaridades envolvendo o dever de informar no contrato de seguro.

III. AS NUANCES DO DEVER DE INFORMAR NO CONTRATO DE SEGURO

O contrato de seguro, como já mencionado, envolve a consideração do interesse alheio (*tua res agitur*).[54] Costuma-se dizer que se trata de tipo contratual permeado por especial confiança, além de ter como peculiaridade a estrutura comunitária e a transindividualidade dos interesses envolvidos.[55]

---

51. MARTINS-COSTA, Judith. *A Boa-fé no Direito Privado*. Critérios para a sua Aplicação, cit., § 48, p. 473.
52. FABIAN, Christoph. *O dever de informar no Direito civil, cit.*, p. 132. Em sentido diverso, vide DONINI, Rogério. *Responsabilidade civil pós-contratual*. 3. ed. São Paulo: Saraiva, 2011, p. 147: "[...] a norma do CDC que determina o dever de informação caso o fornecedor insira no mercado produtos dotados de nocividade ou periculosidade ao consumidor (art. 10, § 1º) é exemplo típico de aparente pós-eficácia, tendo em vista que, por se tratar de dispositivo legal, esses efeitos são impostos por comando legal, o que deixa de configurar a noção exata de responsabilidade pós-contratual ou pós-eficácia em sentido estrito".
53. Código de Defesa do Consumidor: Art. 10. O fornecedor não poderá colocar no mercado de consumo produto ou serviço que sabe ou deveria saber apresentar alto grau de nocividade ou periculosidade à saúde ou segurança. § 1º O fornecedor de produtos e serviços que, posteriormente à sua introdução no mercado de consumo, tiver conhecimento da periculosidade que apresentem, deverá comunicar o fato imediatamente às autoridades competentes e aos consumidores, mediante anúncios publicitários.
54. Ainda que, na atualidade, estejam presentes as circunstâncias da massificação e do "ânimo" empresarial, a fiduciariedade está presente em certo grau no contrato de seguro (MARTINS-COSTA, Judith. *A Boa-fé no Direito Privado*. Critérios para a sua Aplicação, cit., p. 370).
55. A relação de seguro envolve tanto aspectos contratuais quanto aspectos institucionais, pois o risco é inserido em uma mutualidade, *i.e.*, "num agrupamento organizado que o *segurador gere no interesse de todos*". Busca-se a proteção tanto da comunidade segurada quanto do segurado individualmente considerado. (MARTINS-COSTA, Judith. *A Boa-fé no Direito Privado*. Critérios para a sua Aplicação, cit., p. 371).

Muito embora a boa-fé deva ser guardada em todos os tipos contratuais, afirma-se que, no seguro, a exigência de sua observância seria ainda maior, sendo "contrato de boa-fé".[56] Isso porque seria "indispensável que as partes confi[ass]em nos dizeres uma da outra", respeitando o "dever comum de dizer-se a verdade".[57]

Tal lógica reflete uma sociedade com possibilidades informativas e tecnológicas diferentes das empregadas na atualidade:[58] ao imaginar uma balança para medir a assimetria informativa entre as partes, identifica-se que, sob a égide do Código Civil de 1916, ela pendia em desfavor do segurador",[59] de modo que os deveres informativos recaíam com maior intensidade sobre o tomador do seguro (ou, para fins de simplificação, o segurado). Afinal, eram restritos os meios para avaliação do risco e o segurador dependia largamente das informações recebidas pelo segurado para conhecer as circunstâncias influentes na apreciação do risco. Logo, o segurado deveria atender à boa-fé subjetiva, ao informar ao segurador sobre as circunstâncias que, no seu entender, poderiam influenciar o cálculo do risco.[60]

Posteriormente, a inclinação da balança foi sendo modificada. As mudanças na sociedade, o incremento das possibilidades tecnológicas e a existência de novas fontes de risco contribuíram para que, às regras sobre boa-fé subjetiva, fossem adicionadas normas contemplando sua faceta objetiva como *standard* de conduta exigível de *ambas as partes*.[61]

Atualmente, afirma-se, inclusive, que o segurado é quem "necessita de proteção para sua posição",[62] não obstante também possa se aproveitar do oportunismo quando omite dolosamente uma informação devida.[63] Fato é que o contrato de seguro envolve assimetria informativa em um contexto "efectivamente apto a potenciar comportamentos descuidados ou oportunistas" por ambas as partes.[64]

---

56. BEVILAQUA, Clovis. *Código Civil dos Estados Unidos do Brasil Commentado*. Rio de Janeiro: Francisco Alves, 1926, v. V, p. 205. Miguel Maria de Serpa Lopes também realça a especial importância da boa-fé no contrato de seguros: "*O contrato de seguros é um contrato de boa-fé.* [...] Assim, [...] se a boa-fé é elemento importante no terreno contratual, ela assume ainda maior realce no que tange ao contrato de seguros. [...]" (*Curso de Direito Civil. Fonte das Obrigações: Contratos*. 3. ed. Rio de Janeiro: Freitas Bastos, 1962, v. IV, p. 375-376).
57. Os trechos entre aspas estão em BEVILAQUA, Clovis. *Código Civil dos Estados Unidos do Brasil Commentado*, cit., p. 205.
58. MONTI, Alberto. Boa-fé e seguro. O novo Código Civil brasileiro e o direito comparado. *III Fórum de Direito do Seguro José Sollero Filho*. São Paulo: IBDS, 2003, p. 106-122.
59. MARTINS-COSTA, Judith. *A Boa-fé no Direito Privado. Critérios para a sua Aplicação*, cit., p. 373.
60. MARTINS-COSTA, Judith. *A Boa-fé no Direito Privado. Critérios para a sua Aplicação*, cit., p. 373. Também neste sentido Miguel Maria de Serpa Lopes destaca a "[...] peça principal [no contrato de seguro] consiste nas declarações do segurado, a respeito do seu conteúdo, da proporção dos riscos e das circunstâncias que possam influir na intensidade de sua gravidade. Ao segurado, portanto, se impõe um comportamento de absoluta franqueza e lealdade, o que justifica a série de sanções contra êle cominadas, no caso de um proceder em contrário à sua boa-fé, em circunstâncias em que o segurador não pode se alongar em pesquisas, fiando-se tão-só no dito do segurado". (*Curso de Direito Civil. Fonte das Obrigações: Contratos*, cit., p. 376).
61. MARTINS-COSTA, Judith. *A Boa-fé no Direito Privado. Critérios para a sua Aplicação*, cit., p. 373-374. A autora cita os artigos 762; 766, parágrafo único, *a contrário*, e 769, *in fine*, como exemplos de dispositivos que tratam da boa-fé subjetiva, e os artigos 765; 766, *caput*, e 771 como referentes à faceta objetiva.
62. MARTINS-COSTA, Judith. *A Boa-fé no Direito Privado. Critérios para a sua Aplicação*, cit., p. 375.
63. MARTINS-COSTA, Judith. *A Boa-fé no Direito Privado. Critérios para a sua Aplicação*, cit., p. 375.
64. MARTINS, Maria Inês de Oliveira. *Contrato de Seguro e Conduta dos Sujeitos Ligados ao Risco*. Coimbra: Almedina, 2018, p. 169.

Neste contexto, cabe examinar as nuances do dever de informar na fase pré-contratual e na fase da execução do contrato de seguro.

III.1 Fase pré-contratual

Como reflexo da incidência da boa-fé objetiva no âmbito do contrato de seguro, o Código Civil atual prevê que tanto o tomador do seguro (ou, para fins de simplificação, o segurado) quanto o segurador devem guardar, na conclusão e na execução do contrato, "a mais estrita boa-fé e veracidade", a respeito do objeto, das circunstâncias e das declarações a ele concernentes (artigo 765). Aponta-se, neste contexto, que "a boa-fé impõe deveres anexos de informação e deveres de proteção para com o segurado" na fase formativa do contrato.[65] Nessa fase, também incidem deveres de informação a cargo do segurado em benefício do segurador.

Na perspectiva do segurado, é necessário descrever com clareza e precisão a natureza dos riscos envolvidos, além de ser veraz nas informações relativas à sua pessoa e em outras declarações que forneça. Destaca-se o papel desempenhado pela declaração inicial do risco,[66] elaborada pelo segurado, que o vincula a, na fase de formação do contrato, comunicar circunstâncias que particularizam o seu interesse.[67]

Não se exige que o segurado informe o que não sabe, nem o que não poderia saber, mas sim a veracidade e completude do que informa. Ou seja, o segurado não deve mentir dados nem omitir circunstâncias relevantes à apreciação do risco pelo segurador. Esclareça-se, ainda, não se poder exigir a observância tão estrita do ônus de autoinformação pelo segurado, como se impõe ao segurador, que é, afinal, o "profissional" na relação.[68-69]

Sem prejuízo de o Código Civil referir, em seu artigo 759, a necessidade de a proposta ser precedida da "declaração dos elementos essenciais do interesse a ser garantido e do risco", reconhece-se a existência de avanços tecnológicos e do aumento da quantidade de informações disponíveis ao segurador, de modo a atribuir, gradualmente, uma posição mais ativa ao segurador na "busca e processamento da informação relevante",[70] conforme assim permitirem as circunstâncias concretas.

---

65. MARTINS-COSTA, Judith; BENETTI, Giovana; GIANNOTTI, Luca. Comentários ao Art. 422. In: GOLDBERG, Ilan; JUNQUEIRA, Thiago. *Direito dos seguros*: comentários ao Código Civil. Rio de Janeiro: Forense, 2023, p. 103.
66. POÇAS, Luís. *O dever de declaração inicial do risco no contrato de seguro*. Coimbra: Almedina, 2013, p. 60: "[...] a declaração inicial do risco constitui uma declaração [...] dirigida pelo proponente ao segurador e que tem por conteúdo uma descrição caracterizadora do risco proposto, de acordo com os conhecimentos do proponente e segundo o critério da relevância que resulta da maior ou menor probabilidade de produção do sinistro e da amplitude provável das respectivas consequências".
67. MIRAGEM, Bruno; PETERSEN, Luiza. *Direito dos Seguros*. Disponível em: Minha Biblioteca, Grupo GEN, 2022.
68. MARTINS-COSTA, Judith. *A Boa-fé no Direito Privado. Critérios para a sua aplicação*, cit., p. 377.
69. O Projeto de Lei 29, de 2017 ("Projeto de Lei Geral do Seguro" ou PL 29 de 2017), que atualmente está tramitando no Congresso Nacional prevê, em seu art. 49, o dever de a seguradora alertar o proponente a respeito das informações relevantes para a fase formativa do contrato.
70. MIRAGEM, Bruno; PETERSEN, Luiza. *Direito dos Seguros, cit.*, Minha Biblioteca.

De todo modo, o segurado deve se abster de realizar declarações inexatas ou incompletas. De acordo com o parágrafo único do artigo 766 do Código Civil, quando as inexatidões ou as omissões nas declarações do segurado *não* derivarem da "má-fé", o segurador poderá resolver o contrato ou cobrar a diferença do prêmio mesmo após a ocorrência do sinistro.[71-72]

Diversamente, se o segurado (ou por meio de seu representante) emitir "de má-fé"[73] declarações inexatas ou omitir circunstâncias que possam influir na aceitação da proposta ou na taxa do prêmio, a consequência será a perda do direito à garantia, permanecendo obrigado a pagar o prêmio vencido[74-75] (Código Civil, artigo 766, *caput*). Nesta hipótese, está presente o elemento volitivo, qual seja a intenção de enganar o segurador, podendo configurar a hipótese chamada de "dolo comissivo" ou, então, a "omissão dolosa" no contrato de seguro.[76-77]

A omissão dolosa requer a ocultação intencional de circunstâncias pelo interessado em contratar o seguro. As informações omitidas podem dizer respeito à sua pessoa ou à coisa, de modo que a omissão leve ao engano do segurador e tenha impacto determinante na contratação, a qual poderia não ocorrer, se o segurador tivesse conhecimento das circunstâncias, ou dar-se-ia em termos diferentes. Já se o segurado presta intencionalmente informações inexatas, levando o segurador a incorrer em erro, o dolo deve ser enquadrado como comissivo. As duas modalidades disparam as consequências previstas no *caput* do artigo 766, antes referido.

---

71. Trata-se, segundo José Augusto Delgado, de inexatidão ou de omissão "meramente culposas em sentido estrito", de modo que não ensejarão efeitos tão gravosos quanto a perda do direito à garantia cumulada com a necessidade de pagamento do prêmio vencido – sanção essa aplicável apenas aos atos dolosos (DELGADO, José Augusto. *Comentários ao Novo Código Civil: Das várias espécies de contrato. Do seguro.* Rio de Janeiro: Forense, 2004, v. XI, p. 204).

72. O PL 29/2017 distingue os efeitos decorrentes da omissão dolosa ou da violação culposa ao dever de informar, adotando redação mais clara em comparação ao art. 766 do Código Civil. Vide os §§ 1º e 2º do art. 47.

73. Conforme José Augusto Delgado, as "declarações feitas de má-fé" são "as que atentam contra a obrigação do segurado de agir com lealdade, de não faltar a verdade e de atuar com sinceridade" (*Comentários ao Novo Código Civil. Das várias espécies de contrato, do seguro,* cit., p. 204).

74. Este sentido depreende-se da leitura conjugada entre o artigo 766 e seu parágrafo único. Nesta linha, também indica a doutrina. Para José Augusto Delgado, ao comentar o referido dispositivo, as declarações proferidas pelo segurado devem, então, representar a verdade dos fatos e das circunstâncias, não sendo permitida a omissão de dados que poderiam influir diretamente sobre a decisão do segurador de contratar (seja pelo fato de ter aceito a proposta, seja pelo fato de a taxa do prêmio ter um valor diferenciado em relação ao que fixaria, se soubesse das circunstâncias) (*Comentários ao Novo Código Civil. Das várias espécies de contrato, do seguro,* cit., p. 204.)

75. O PL 29/2017 distingue os efeitos decorrentes da omissão dolosa ou da violação culposa ao dever de informar, adotando redação mais clara em comparação ao art. 766 do Código Civil. Vide, neste sentido, os parágrafos 1º e 2º do art. 47, respectivamente: "O descumprimento doloso do dever de informar importará perda da garantia"; "A garantia, quando culposo o descumprimento, será reduzida proporcionalmente à diferença entre o prêmio pago e o que seria devido caso prestadas as informações, salvo se, diante dos fatos não revelados, a garantia for tecnicamente impossível ou tais fatos corresponderem a tipo de risco que não seja subscrito pela seguradora, hipótese em que será resolvido o contrato".

76. Tratou-se, com maior aprofundamento, da temática do dolo em BENETTI, Giovana. *Dolo no Direito Civil: uma análise da omissão de informações,* cit., 2019.

77. Neste sentido, Antônio Chaves ao discorrer sobre o verbete 'dolo' refere o artigo 1.444 do Código Civil de 1916 (equivalente ao artigo 766 do Código de 2002) como um "exemplo expressivo" do dolo negativo (Dolo. In: LIMONGI FRANÇA, Rubens (Coord.). *Enciclopédia Saraiva do Direito.* São Paulo: Saraiva, v. XXIX. 1977-, p. 275).

Para a configuração da omissão dolosa ou do dolo comissivo por defeito informativo, um ponto será comum: é preciso comprovar a violação *intencional* ao dever de informar. Assim, "não é a simples inexatidão das informações prestadas pelo segurado" que conduzirá à isenção no pagamento da cobertura.[78] A este respeito, a jurisprudência vem considerando que a má-fé do segurado deve ser devidamente comprovada, não comportando presunções.

A título de exemplo, constatou-se a má-fé do segurado que, no momento da contratação, contava com 33 anos e já padecia de moléstias relacionadas ao alcoolismo, as quais não haviam sido reveladas ao segurador e foram as causadoras de seu óbito.[79] De igual modo, entendeu-se ter agido com má-fé o segurado que, à época da contratação, tinha conhecimento de doença que o atingia (síndrome do intestino curto), já tendo sofrido internações e procedimentos cirúrgicos em decorrência da moléstia cujas complicações vieram a lhe causar a morte.[80]

Já na perspectiva do segurador, o dever de informar visa à "formação esclarecida da vontade contratual do potencial tomador do seguro", o qual "dependerá do conhecimento sobre o conteúdo do contrato visado e sobre a respectiva aptidão para satisfazer as concretas necessidades de segurança daquele".[81] Logo, esse dever abrange os dados atinentes à cobertura, os quais devem ser disponibilizados claramente a fim de que o segurado tenha plena ciência da extensão da garantia[82] e de suas exclusões, assim como em relação ao valor ou método de cálculo do prêmio e as consequências da falta de pagamento.[83]

O segurador deve, ainda, guardar a boa-fé objetiva ao formular os questionários, de modo a perguntar os dados relevantes para a aceitação do contrato e a fixação do prêmio, sem importar em ônus excessivo ao segurado.[84] Cabe também ao segurador observar o ônus de autoinformação, pois, muitas vezes, é ele quem terá a maior possibilidade de obter dados pertinentes ao cálculo do risco, especialmente nos seguros de grandes riscos.[85]

Finalmente, a omissão dolosa também pode ser cometida pelo segurador, nos termos do artigo 773 do Código Civil. O segurador que, ao tempo da celebração do contrato, tem conhecimento de já se ter materializado o risco que o segurado pretende ver assegurado e, não obstante, expede a apólice, comete dolo por omissão.[86]

---

78. TJSP. Apelação Cível 9125409-18.2009.8.26.0000. 30ª Câmara de Direito Privado. Rel. Des. Andrade Neto. J. em 06.02.2013.
79. TJSP. Apelação Cível 0033655-61.2003.8.26.0000. 35ª Câmara de Direito Privado. Rel. Des. Artur Marques. J. em 15.08.2005.
80. TJSP. Apelação Cível 0004396-84.2013.8.26.0286. 25ª Câmara de Direito Privado. Rel. Des. Hugo Crepaldi. J. em 06.04.2016.
81. POÇAS, Luís. *O dever de declaração inicial do risco no contrato de seguro*, cit., p. 51.
82. GOLDBERG, Ilan. Reflexões a Respeito do Contrato de Seguro. In: CARVALHOSA, Modesto et al. *Tratado de Direito Empresarial*. São Paulo: Ed. RT, 2016, v. 4, item 4 (Acesso pelo ProView).
83. POÇAS, Luís. *O dever de declaração inicial do risco no contrato de seguro*, cit., p. 51.
84. MARTINS-Costa, Judith. *A Boa-fé no Direito Privado: Critérios para a sua aplicação*, cit., p. 376.
85. MARTINS-Costa, Judith. *A Boa-fé no Direito Privado. Critérios para a sua aplicação*, cit., p. 377.
86. Nesse sentido, Serpa Lopes explana que o dolo negativo "tem especial reflexo no contrato de seguro dispondo o art. 1.446 [...] [equivalente ao artigo 773 do Código Civil de 2002]". (*Curso de Direito Civil*. 4. ed. Rio de Janeiro: Freitas Bastos, 1962, v. I. p. 440-441).

Tendo em vista as particularidades do contrato de seguro e a evolução apresentada em relação à disciplina da boa-fé objetiva, percebe-se que o dever de informar na fase pré-contratual recai tanto sobre o segurado quanto sobre o segurador, assim como o ônus de autoinformação incide para ambos.

A partir do que foi exposto acima, também se pode concluir pela importância do elemento material e do moral para a verificação do dever de informar pré-contratual, no sentido de envolver dados *pertinentes* e *úteis* ao credor, que os ignora de modo legítimo. Ademais, na hipótese de se invocar o dolo omissivo ou comissivo é fundamental a comprovação do elemento intencional, observando-se as consequências previstas no *caput* do artigo 766 do Código Civil.

O dever de informar também incide na execução do contrato de seguro, sendo disciplinado em alguns artigos do Código Civil, como se passa a abordar.

III.2 Fase da execução contratual

Assim como na fase pré-contratual, durante a execução contratual, observam-se deveres de informar a cargo do segurado e do segurador.

O segurado deve zelar para que o risco seja mantido em níveis equivalentes aos do momento da contratação ou da renovação do seguro, pois a sua alteração pode levar ao aumento das chances de ocorrência do sinistro, com prejuízo para a coletividade envolvida.[87] Na hipótese, porém, de identificar incidente "suscetível de agravar consideravelmente o risco coberto" deve comunicar o segurador a este respeito, nos termos do artigo 769 do Código Civil. Ou seja, cabe ao segurado informar o segurador quanto a incidentes suscetíveis de agravar *consideravelmente* o risco coberto.

Como o agravamento do risco equivale "a aumentar de forma relevante e duradoura a probabilidade de ocorrência da lesão ao interesse garantido, ou a severidade dessa lesão",[88] é preciso que o ato superveniente à celebração do contrato seja dotado de certa *gravidade* a ponto de, em análise retrospectiva, identificar-se que a seguradora não teria aceitado segurar aquele risco ou o teria feito em termos diferentes (seja em relação ao valor do prêmio, seja em relação à cobertura).[89]

O agravamento considerável do risco pode ser verificado diante de ato intencional (doloso) do segurado;[90-91] do impacto substancial nos termos originais da

---

87. AGUIAR Júnior, Ruy Rosado de. Agravamento de risco – Conceitos e limites. *VII Fórum de Direito do Seguro José Sollero Filho*. São Paulo: IBDS, 2017, p. 126.
88. TZIRULNIK, Ernesto; CAVALCANTI, Flávio de Queiroz B; PIMENTEL, Ayrton. *O contrato de seguro. De acordo com o Código Civil Brasileiro*. Art. 768. 3. ed. São Paulo: Editora Roncarati, 2016, p. 122.
89. AGUIAR JÚNIOR, Ruy Rosado de. *Agravamento de risco* – Conceitos e limites, cit., p. 126.
90. Quando o agravamento do risco não for doloso, aplica-se o art. 769 do Código Civil, debatendo a doutrina acerca das diferenças entre o agravamento com culpa e sem culpa: *v.g.*, AGUIAR JÚNIOR, Ruy Rosado de. *Agravamento de risco* – Conceitos e limites, cit., p. 135; TZIRULNIK, Ernesto; CAVALCANTI, Flávio de Queiroz B; PIMENTEL, Ayrton. *O contrato de seguro. De acordo com o Código Civil Brasileiro*. Art. 769. 3. ed. São Paulo: Editora Roncarati, 2016, p. 127-130.
91. Discute-se se o art. 768 também seria voltado ao agravamento do risco com culpa grave: STJ. (3. Turma). REsp 1.485.717/SP. Rel.: Min. Ricardo Villas Bôas Cueva. J. em 22.11.2016.

contratação;[92] e, em certos casos, da persistência deste agravamento. Logo, estão fora do escopo da regra as situações que levem à modificação sutil, ocasional ou pontual no risco contratado e não impactem na alteração da comutatividade das obrigações assumidas pelas partes.

Como reflexo disso, afirma-se que o conteúdo da comunicação do agravamento do risco abrange "as circunstâncias capazes de aumentar a probabilidade ou a intensidade de sinistro, e, enquanto tais, sejam conhecidas pelo segurado, assim como as que este deveria conhecer, de acordo com as regras ordinárias da experiência". Também é importante observar que "'o limite dessa exigência' dependerá do grau de conhecimento do segurado 'a respeito de quais sejam os dados necessários a repassar ao segurador'", cabendo ao segurador orientar o segurado a respeito do que constitua aumento relevante do risco.[93]

Outro dever de informar a cargo do segurado corresponde ao dever de comunicar a ocorrência do sinistro. Diz o artigo 771 do Código Civil: "Sob pena de perder o direito à indenização, o segurado participará o sinistro ao segurador, logo que o saiba, e tomará as providências imediatas para minorar-lhe as consequências". Essa medida se justifica para que o segurador possa tomar as providências que entender necessárias para melhor apurar as causas do sinistro, assim como para evitar ou atenuar as consequências dele decorrentes.

O dever de comunicar a ocorrência do sinistro é uma expressão do dever de colaboração, objetivando evitar que, a partir da execução do contrato, resultem danos ao patrimônio da contraparte.[94]

O segurador, por sua vez, deve fornecer informações exatas sobre o contrato, visando à formação esclarecida da vontade contratual do segurado, como visto no tópico anterior. Também cabe ao segurador redigir o contrato de modo claro, evitando dispositivos ou interpretações que limitem sua responsabilidade frente ao segurado.[95] Finalmente, destaca-se que a regulação de sinistro ocorre na fase de execução do contrato e compreende um dever secundário da seguradora, tendo como objeto "a informação sobre a existência e a extensão de crédito indenizatório do segurado".[96]

À luz do exposto, tem-se que o dever de informar no curso da execução contratual abrange informações que relevam para a boa execução do contrato, considerando a sua pertinência e utilidade para pautar o comportamento das partes, assim como a proteção da mutualidade envolvida.

---

92. Segundo Marcelo Guerreiro, "Pode-se dizer que há agravação do risco quando, posteriormente ao contrato de seguro, sobrevém em relação às circunstâncias declaradas no momento de sua conclusão uma mudança que aumenta a probabilidade ou a intensidade do risco assumido pelo segurador." (GUERREIRO, Marcelo da Fonseca. *Seguros Privados*. Doutrina, Legislação, Jurisprudência. 2. ed. Rio de Janeiro: Forense, 2004, p. 109).

93. Os trechos entre aspas deste parágrafo estão em MIRAGEM, Bruno; PETERSEN, Luiza. Alteração do risco no contrato de seguro e critérios para sua qualificação: agravamento e diminuição relevante do risco. In: GOLDBERG, Ilan; JUNQUEIRA, Thiago (Coord.). *Temas Atuais de Direito dos Seguros*. São Paulo: Thomson Reuters Brasil, 2021, t. I. p. 474.

94. MARTINS-Costa, Judith. *A Boa-fé no Direito Privado: Critérios para a sua aplicação*, cit., § 37, p. 383.

95. SOUZA, Antonio Lober Ferreira de; Ribeiro, Teresinha Castello. Boa-Fé. *Dicionário de Seguros. Vocabulário Conceituado de Seguros*. Rio de Janeiro: FUNENSEG, 1996, p. 10.

96. MARTINS-COSTA, Judith; BENETTI, Giovana; GIANNOTTI, Luca. *Comentários ao Art. 422*, cit., p. 105.

IV. CONCLUSÃO

As partes, a princípio, são reputadas como iguais em contratações que se sujeitam ao Direito Civil comum e devem buscar as informações que atendam os seus interesses. Contudo, algumas situações envolvem desnível elucidativo gerador de desigualdade entre os contraentes, o que pode levar ao surgimento do dever de o figurante mais bem informado fornecer dados ao menos informado.

Nessas hipóteses, o dever de informar pode incidir em todas as fases de desenvolvimento do vínculo. Na fase de formação do contrato, o dever de informar serve para que o consentimento se dê de modo esclarecido, abrangendo um elemento material, qualificado como o fato pertinente e útil para a contraparte, assim como o elemento moral, consistente no conhecimento ou na ignorância ilegítima do devedor sobre a importância da informação e da relevância que esta apresenta para o credor da informação. Na fase de execução, o dever de informar também envolve um elemento material e um moral, os quais têm como norte os dados que permitiriam a modificação do comportamento da contraparte durante o desenvolvimento do vínculo a fim de obter a execução satisfatória do contrato.

Em relação ao contrato de seguro, no qual tanto o segurado quanto o segurador devem guardar, na conclusão e na execução do contrato, "a mais estrita boa-fé e veracidade", a respeito do objeto, das circunstâncias e das declarações a ele concernentes (artigo 765 do Código Civil), o dever de informar também se manifesta em todas as fases de desenvolvimento do vínculo, recaindo sobre ambas as partes. Como visto, o dever de informar também pode ser construído a partir dos elementos material e moral, sendo necessário atentar para as nuances deste tipo contratual e para as regras previstas no Código Civil a este respeito.

REFERÊNCIAS

AGUIAR JÚNIOR, Ruy Rosado de. Agravamento de risco – Conceitos e limites. *VII Fórum de Direito do Seguro José Sollero Filho*. São Paulo: IBDS, 2017.

BENETTI, Giovana. *Dolo no Direito Civil*: uma análise da omissão de informações. São Paulo: Quartier Latin, 2019.

BENETTI, Giovana. Dever de informar versus ônus de autoinformação na fase pré-contratual. In: Henrique Barbosa; Jorge Cesa Ferreira da Silva. (Org.). *A evolução do direito empresarial e obrigacional*. 18 anos do Código Civil. São Paulo: Quartier Latin, 2021. v. 2.

BENETTI, Giovana. Dolo e fraude no contrato de seguro: duas faces da mesma moeda?. In: GOLDBERG, Ilan; JUNQUEIRA, Thiago (Org.). *Temas Atuais de Direito dos Seguros*. São Paulo: Ed. RT, 2020. v. 1.

BEVILAQUA, Clovis. *Código Civil dos Estados Unidos do Brasil Commentado*. Rio de Janeiro: Francisco Alves, 1926. v. V.

BUSCHINELLI, Gabriel Saad Kik. *Compra e Venda de Participações Societárias de Controle*. São Paulo: Quartier Latin, 2018.

CARNEIRO DA FRADA, Manuel A. *Contrato e deveres de protecção*. Coimbra: Coimbra Editora, 1994.

CARVALHO SANTOS, João Manuel de. *Código Civil brasileiro interpretado*. 6. ed. Rio de Janeiro: Freitas Bastos, 1954. v. XV.

COUTO E SILVA, Clóvis do. *A Obrigação como Processo*. Rio de Janeiro: FGV Editora, 2006.

DELGADO, José Augusto. *Comentários ao Novo Código Civil*: Das várias espécies de contrato. Do seguro. Rio de Janeiro: Forense, 2004. v. XI.

DONINI, Rogério. *Responsabilidade civil pós-contratual*. 3. ed. São Paulo: Saraiva, 2011.

FABIAN, Christoph. *O dever de informar no Direito civil*. São Paulo: Ed. RT, 2002.

FABRE-MAGNAN, Muriel. *De l'obligation d'information dans les contrats*. Essai d'une théorie. Paris: LGDJ, 1992.

FRADERA, Vera. Informar ou não informar, eis a questão! In: FRADERA, Vera; Martins-Costa, Judith. (Org.) *Estudos de Direito Privado e Processual Civil*. Em homenagem a Clovis do Couto e Silva. São Paulo: Ed. RT, 2014.

GHESTIN, Jacques. The pre-contractual obligation to disclose information. In: HARRIS, Donald; TALLON, Denis. *Contract Law Today*. Oxford: Oxford University Press, 1989.

GHESTIN, Jacques (Coord.). *Traité de Droit Civil. La formation du contrat*. Le contrat, le consentement. Paris: LGDJ, 2013. t. I.

GOMES, Orlando. *Contratos*. 26. ed. Atual. Antonio Junqueira de Azevedo e Francisco Paulo De Crescenzo Marino. Rio de Janeiro: Forense, 2007.

GOLDBERG, Ilan. Reflexões a Respeito do Contrato de Seguro. In: CARVALHOSA, Modesto et al. *Tratado de Direito Empresarial*. São Paulo: Ed. RT, 2016, v. 4, item 4 (Acesso pelo ProView).

GUERREIRO, Marcelo da Fonseca. *Seguros Privados*. Doutrina, Legislação, Jurisprudência. 2. ed. Rio de Janeiro: Forense, 2004.

JHERING, Rudolf von. *A evolução do direito*. Salvador: Editora Progresso, 1953.

LEYSSAC, C. Lucas. L'obligation de renseignements dans les contrats. In: LASSOUARN, Yvon; LEGARD, Paul (Ed.). *L'information en droit privé*. Paris: LGDJ, 1978.

MARTINS, Maria Inês de Oliveira. *Contrato de Seguro e Conduta dos Sujeitos Ligados ao Risco*. Coimbra: Almedina, 2018.

MARTINS-COSTA, Judith. *A Boa-fé no Direito Privado*. Critérios para a sua Aplicação. São Paulo: Marcial Pons, 2015.

MARTINS-COSTA, Judith; BENETTI, Giovana; GIANNOTTI, Luca. Comentários ao Art. 422. In: GOLDBERG, Ilan; JUNQUEIRA, Thiago. *Direito dos seguros*: comentários ao Código Civil. Rio de Janeiro: Forense, 2023.

MIRAGEM, Bruno; PETERSEN, Luiza. *Direito dos Seguros*. Disponível em: Minha Biblioteca, Grupo GEN, 2022.

MIRAGEM, Bruno; PETERSEN, Luiza. Alteração do risco no contrato de seguro e critérios para sua qualificação: agravamento e diminuição relevante do risco. In: GOLDBERG, Ilan; JUNQUEIRA, Thiago (Coord.). *Temas Atuais de Direito dos Seguros*. São Paulo: Thomson Reuters Brasil, 2021. t. I.

MONTI, Alberto. Boa-fé e seguro. O novo Código Civil brasileiro e o direito comparado. *III Fórum de Direito do Seguro José Sollero Filho*. São Paulo: IBDS, 2003.

POÇAS, Luís. *O dever de declaração inicial do risco no contrato de seguro*. Coimbra: Almedina, 2013.

SERPA LOPES, Miguel Maria de. *Curso de Direito Civil. Fonte das Obrigações*: Contratos. 3. ed. Rio de Janeiro: Freitas Bastos, 1962. v. IV.

SERPA LOPES, Miguel Maria de. *Curso de Direito Civil*. 4. ed. Rio de Janeiro: Freitas Bastos, 1962. v. I.

SINDE MONTEIRO, Jorge. *Responsabilidade por Informações, Conselhos e Recomendações*. Coimbra: Almedina, 1989.

SILVA, Eva Sónia Moreira da. *Da Responsabilidade Pré-Contratual por Violação dos Deveres de Informação.* Coimbra: Almedina, 2003.

SOUZA, Antonio Lober Ferreira de; Ribeiro, Teresinha Castello. Boa-Fé. *Dicionário de Seguros. Vocabulário Conceituado de Seguros.* Rio de Janeiro: FUNENSEG, 1996.

TZIRULNIK, Ernesto; CAVALCANTI, Flávio de Queiroz B; PIMENTEL, Ayrton. *O contrato de seguro.* De acordo com o Código Civil Brasileiro. Art. 768. 3. ed. São Paulo: Editora Roncarati, 2016.

AVISO DO SINISTRO AO SEGURADOR: CONTRIBUTOS PARA A INTERPRETAÇÃO DO ART. 771 DO CÓDIGO CIVIL

Daniel Dias

Doutor em Direito Civil pela USP, com períodos de pesquisa na *Ludwig-Maximilians-Universität München* (LMU) e no Instituto Max-Planck de Direito Comparado e Internacional Privado, na Alemanha. Estágio pós-doutoral na *Harvard Law School*, nos EUA. Advogado e consultor jurídico. Professor da FGV Direito Rio.

Thiago Junqueira

Doutor em Direito Civil pela UERJ, Mestre em Ciências Jurídico-Civilísticas pela Universidade de Coimbra, pesquisador visitante do Instituto Max-Planck de Direito Comparado e Internacional Privado (Hamburgo, Alemanha). Professor convidado da FGV Direito Rio, da FGV Conhecimento e da Escola de Negócios e Seguros. Diretor de relações internacionais da Academia Brasileira de Direito Civil. Parecerista e advogado.

Resumo: O presente artigo examina a vinculação do segurado (em termos amplos) em informar o segurador sobre a ocorrência do sinistro, conforme disposto no artigo 771 do Código Civil. O estudo aborda a importância da comunicação tempestiva do sinistro para evitar o agravamento das suas consequências e permitir a sua regulação adequada pela seguradora, bem como as repercussões contratuais do inadimplemento do aviso tempestivo do sinistro. Em especial, são examinados criticamente os seguintes requisitos para a perda do direito à indenização pelo segurado: (i) ocorrência do sinistro; (ii) ciência efetiva ou ignorância indesculpável do segurado; (iii) a não comunicação culposa do segurado (omissão injustificada); (iv) prejuízo para a seguradora pela falta ou demora na comunicação; e (v) necessidade ou interesse da seguradora em ser avisada. Por fim, conclui-se que a aplicação do art. 771 do Código Civil deve considerar todos esses elementos, bem como as ressalvas pertinentes a cada um deles, para assegurar um equilíbrio entre os interesses do segurado e do segurador.

Sumário: I. Introdução – II. Aspectos essenciais do aviso do sinistro ao segurador – III. Breve relato da abordagem da matéria no Código Civil de 1916 – IV. Disciplina do aviso do sinistro no Código Civil de 2002: exame dos requisitos para a perda do direito à indenização; IV.1 Ocorrência do sinistro; IV.2 Ciência (efetiva ou potencial) do sinistro pelo segurado; IV.3 Não participação do sinistro ao segurador, logo que o soube: culpa do segurado (omissão injustificada); IV.4 Prejuízo para a seguradora pela falta ou demora na comunicação; IV.5 Necessidade ou interesse do aviso do sinistro – V. Considerações finais – Referências.

I. INTRODUÇÃO

A vinculação do segurado em informar o segurador sobre a ocorrência do sinistro é um tema antigo no sistema jurídico brasileiro, presente no Código Comercial de 1850, no Código Civil de 1916 e no Código Civil de 2002.[1]

---

1. Art. 719 do Código Comercial de 1850, ainda em vigor em relação aos seguros marítimos: "O segurado deve sem demora participar ao segurador, e, havendo mais de um, somente ao primeiro na ordem da subscrição, todas as

Apesar disso, a sua atual previsão é mais nebulosa do que à primeira vista parece. A forma com que está prevista no CC/2002 não corresponde à forma como tem sido entendida pela doutrina e aplicada pelos tribunais. Na verdade, como se perceberá, a interpretação que se dá ao dispositivo do Código Civil vigente corresponde a um curioso retorno, ainda que parcial, à previsão existente no CC/1916.

Este artigo tem como objetivo analisar criticamente e sistematizar os requisitos que levam à perda do direito à indenização por parte do segurado, quando este falha em informar prontamente o segurador sobre a ocorrência do sinistro. Para alcançar esse objetivo, a abordagem será estruturada em cinco tópicos distintos.

Após esta breve introdução, serão examinados alguns aspectos fundamentais relacionados ao aviso do sinistro ao segurador (*infra*, 2) e a sua regulamentação no Código Civil de 1916 (*infra*, 3). Em seguida, será esmiuçado o atual regramento da matéria no Código Civil de 2002, especialmente os requisitos necessários para que ocorra a perda do direito à indenização por parte do segurado (*infra*, 4, e seus subtópicos). Por fim, serão apresentadas as conclusões decorrentes desta análise (*infra*, 5).

II. ASPECTOS ESSENCIAIS DO AVISO DO SINISTRO AO SEGURADOR

A concretização do risco segurado e a consequente ocorrência do sinistro, em princípio, gera ao segurado o direito a ser indenizado pelo segurador. O processo de análise da cobertura e extensão da prestação do segurador, designado como regulação do sinistro,[2] inicia-se, em regra, com a participação do segurado ao segurador – contendo as circunstâncias e as prováveis causas e consequências do sinistro.

A relevância dessa comunicação do segurado – tecnicamente referida como aviso de sinistro – é mais do que intuitiva.[3] Conforme destacado por Menezes Cordeiro:

---

notícias que receber de qualquer sinistro acontecido ao navio ou à carga. A omissão culposa do segurado a este respeito, pode ser qualificada de presunção de má-fé". O presente estudo retoma e aprofunda artigo publicado anteriormente por um dos seus coautores, conforme: DIAS, Daniel. *Sistematização do aviso do sinistro – Partes 1 e 2*, disponíveis em: https://www.conjur.com.br/2022-set-08/seguros-contemporaneos-sistematizacao-aviso-sinistro-segurador-parte. Acesso em: 29 jul. 2023. Tal qual ocorrido na publicação original, extravasa ao escopo do presente artigo o exame da matéria à luz de sua disciplina no Código Comercial.

2. "Didaticamente, é possível ilustrar a usual sequência de acontecimentos da seguinte maneira: após a ocorrência do sinistro, o segurado faz o seu aviso diretamente ao segurador ou ao corretor de seguros, que o repassará ao segurador, acompanhado da entrega de alguns documentos, conforme a modalidade de seguro envolta no caso concreto. O exame de tais documentos e das condições do sinistro será feito pelo regulador do sinistro. Na sequência, o regulador irá emitir um relatório que será utilizado como guia para a efetiva, ainda que parcial, cobertura do sinistro pelo segurador ou a sua recusa, que necessariamente terá quer ser fundamentada". GOLDBERG, Ilan; JUNQUEIRA, Thiago. Regulação do sinistro no século XXI. In: ROQUE, Andre Vasconcelos; OLIVA Milena Donato. *Direito na era digital*: aspectos negociais, processuais e registrais. Salvador: JusPodivm, 2022. p. 260.

3. A doutrina diverge sobre a correta qualificação do aviso do sinistro. Seria ela um dever, um ônus, uma incumbência, um encargo? Por limite de espaço, o tema não será enfrentado neste artigo, tendo-se optado pelo uso do termo "vinculação". Para um exame detalhado das figuras do ônus, do encargo (por vezes traduzido como incumbência) e do dever, consulte-se POÇAS, Luís. *O dever de declaração inicial do risco no contrato de seguro*. Lisboa: Almedina, 2013. pp. 644 e ss.; DIAS, Daniel. *Mitigação de danos na responsabilidade civil*. São Paulo: Ed. RT, 2020, p. 245 e ss. Sobre a necessária interpretação ampliativa dessa vinculação de aviso tempestivo do sinistro às figuras do "tomador do seguro" e do "beneficiário", para além do "segurado", confira-se *infra*, 4.2.

O segurado, pela natureza das coisas, está numa situação privilegiada para se aperceber da ocorrência do sinistro. Ora este deve ser levado, o mais cedo possível, ao conhecimento do segurador: só assim este poderá tomar as medidas necessárias para minorar os danos. Além disso, apenas nos momentos imediatamente subsequentes ao evento, é possível, muitas vezes, apurar a extensão do dano e o processo etiológico donde ele derive.[4]

Na doutrina nacional, Pedro Alvim igualmente adverte:

> Tem o segurador necessidade de saber da ocorrência, não só para tomar as providências de pagamento da indenização, como conhecer as circunstâncias de que se revestiu o acontecimento, determinar suas causas imediatas e adotar as medidas que julgar oportunas para minorar os prejuízos, se for o caso.[5]

O aviso imediato do sinistro mantém mesmo relação próxima com as chamadas despesas de contenção/salvamento, a serem empregadas a fim de minorar as perdas do segurado e, ao mesmo tempo, da seguradora. Essa vinculação, presente na parte final do *caput* do art. 771 do CC/2002, remete à noção da mitigação das próprias perdas (*duty to mitigate the loss,* no direito anglo-saxão).

Tendo como exemplo a modalidade de seguro garantia de obra, o aviso tardio do sinistro pelo segurado tem o potencial de impedir a seguradora de, entre outras coisas: (i) atenuar os danos sofridos pelo segurado; (ii) controlar as condições e circunstâncias em que o sinistro se produziu; (iii) recolher elementos probatórios; (iv) eventualmente, substituir a construtora; e (v) tomar as medidas necessárias à proteção dos seus interesses, consubstanciado na efetivação da contragarantia firmada junto ao tomador do seguro. Por isso, o segurado deve informar o sinistro de forma ágil e assertiva.

Ao contrário do que costuma ocorrer na experiência estrangeira,[6] o legislador brasileiro não dispôs sobre um prazo decadencial contado em dias para o aviso do sinistro, tendo preferido utilizar a locução "logo que o saiba" para firmar a vinculação do segurado de reportar o sinistro ao segurador, sob pena de perder o direito à *indenização*.[7] Confira-se, nesse particular, a literalidade do *caput* do art. 771 do CC/2002: "Sob pena de perder o direito à indenização, o segurado participará o sinistro ao segurador, logo que o saiba, e tomará as providências imediatas para minorar-lhe as consequências".

---

4. CORDEIRO, António Menezes. *Direito dos Seguros*. Coimbra: Almedina, 2013. p. 698.
5. ALVIM, Pedro. *O Seguro e o novo Código Civil*. Rio de Janeiro: Forense, 2007. pp. 67-68.
6. Por exemplo: prazo decadencial de oito dias, salvo estipulação contratual em contrário, no direito português (Decreto-Lei 72/2008 – "Regime Jurídico do Contrato de Seguro", art. 100°, n. 1), três dias, no direito argentino (Lei 17.418/1967 – "Ley de Seguros", art. 46), sete dias, salvo estipulação contratual de um prazo mais amplo, no direito espanhol (Lei 50/1980 – "Ley de Contrato de Seguro", art. 16), três dias, salvo nos seguros de animais, no qual o prazo é de 24h, no direito italiano (Codice Civile de 1942, art. 1913). Destaque-se, por oportuno, que algumas dessas leis possuem requisitos complementares a serem observados para a perda integral do direito à indenização pelo segurado.
7. A consequência do aviso intempestivo do sinistro é a *perda do direito à indenização* e não a *perda do direito à garantia* (disposta, por exemplo, no *caput* do art. 766 do CC/2002, que trata da declaração inicial do risco). Isso significa que, em regra, mesmo que o art. 771 do CC/2002 seja aplicado, a apólice em questão continuará em vigor e, na ocorrência de um sinistro diverso que atinja outro interesse legítimo do segurado, o seu aviso tempestivo poderá resultar na cobertura do sinistro pelo segurador.

Diante da gravidade da consequência de seu inadimplemento, mesmo sem a presença de um prazo decadencial fixo, uma parcela considerável da doutrina e jurisprudência têm temperado o rigor do indigitado dispositivo legal. Os requisitos para a perda do direito do segurado à indenização em virtude da demora no aviso do sinistro serão enfrentados nos próximos tópicos. Desde logo, cabe adiantar que, embora disposto na seção I ("Disposições gerais") do capítulo do CC/2002 que regula os seguros, a aplicação do art. 771 será distinta a depender da modalidade securitária. Esse fato, inclusive, está presente na forma do tratamento infralegal do tema no Brasil.

Conforme disposto no art. 41 da Circular SUSEP 621/2021, que trata dos seguros de danos, no clausulado da seguradora "[d]everão ser informados os procedimentos para comunicação, regulação e liquidação de sinistros, incluindo a listagem dos documentos básicos previstos a serem apresentados para cada cobertura, facultando-se às sociedades seguradoras, no caso de dúvida fundada e justificável expressamente informada ao segurado, a solicitação de outros documentos". No que aqui interessa, estatui o art. 42 da Circular: "É vedada a inclusão de cláusula que fixe prazo máximo para a comunicação de sinistro".

A proibição de fixação de um prazo determinado para o aviso de sinistro está disposta ainda no art. 50 da Circular SUSEP 667/2022 (que dispõe sobre as regras complementares de funcionamento e os critérios para operação das coberturas de risco de seguros de pessoas).

No âmbito do seguro garantia, porém, não há semelhante proibição. Ao tratar do tema, o art. 19 da Circular SUSEP 662/2022 se restringe a mencionar: "A comunicação do sinistro deverá ser encaminhada à seguradora, logo após o conhecimento de sua caracterização, de acordo com os critérios e contendo os documentos definidos nas condições contratuais do seguro, para que seja iniciado o processo de regulação pela seguradora". Tampouco a norma que trata dos seguros do grupo de responsabilidades contém proibição semelhante. Sobre o tema, o art. 25 da Circular SUSEP 637/2021 ressalta apenas que "[o]s seguros à base de reclamações com primeira manifestação ou descoberta devem apresentar, no mínimo, as seguintes informações adicionais: (...) III – o aviso de sinistro deve ser apresentado à sociedade seguradora tão logo o segurado descubra o sinistro ou quando ele se manifestar pela primeira vez, indicando, da forma mais completa possível, as características do evento ocorrido, a natureza dos danos ou das lesões corporais, entre outras informações que identifiquem a ocorrência".

Por serem modalidades alinhadas à categoria dos seguros de danos, pode-se concluir que atualmente a seguradora não poderá, em regra, dispor contratualmente de um prazo decadencial fixo para o aviso do sinistro, tanto no seguro garantia, quanto no seguro do grupo responsabilidades (por exemplo, seguro D&O, seguro E&O e seguro RC Geral). Há, todavia, uma importante exceção: se essas modalidades se constituírem, no caso concreto, em um seguro de danos para a cobertura de grandes riscos.[8]

---

8. Art. 2º da Resolução CNSP 407/2021: "Entendem-se como contratos de seguros de danos para cobertura de grandes riscos aqueles que apresentem as seguintes características: I – estejam compreendidos nos ramos ou

Essa conclusão é alcançada pela leitura conjunta do art. 1º, § 2º, da Circular SU-SEP 621/2021[9] e do art. 10 da Resolução CNSP 407/2021, que, ao tratar desses seguros vultosos, dispõe apenas o seguinte: "Deverão constar expressamente nas condições contratuais cláusulas dispondo, no mínimo, sobre: (...) VII – a comunicação, a regulação e a liquidação de sinistros, incluindo a documentação mínima e o fluxo geral para regulação de sinistro".

No âmbito do seguro agrícola contratado por meio do programa de subvenção ao prêmio rural,[10] há norma fixando em dias o prazo para aviso de sinistros. É o que prevê a Resolução 73/2020 do Comitê Gestor Interministerial do Seguro Rural (CGSR):

> Art. 5º Nas apólices beneficiadas pelo PSR, deverão ser adotados os seguintes prazos no tocante à ocorrência de sinistros:
>
> I – Pelos produtores rurais: na ocorrência de evento(s) coberto(s), o segurado por si, ou por seu representante legal ou preposto, sob pena de perder o direito à indenização, deverá comunicar o fato à seguradora, através do canal de comunicação da respectiva empresa, tão logo saiba do evento ocorrido, respeitando o prazo em dias, conforme abaixo especificado:
>
> a) Prazo máximo de 8 (oito) dias corridos, a contar da data da ocorrência do evento, para as coberturas de: chuva excessiva na colheita, geada, granizo, incêndio/raio, inundação, variação excessiva de temperatura, ventos frios e ventos fortes/vendaval.
>
> b) Para as coberturas de seca e chuva excessiva, prazo máximo de 5 (cinco) dias corridos do término do período de estiagem ou chuva, limitado ainda a 30 (trinta) dias corridos do início da colheita.

O STJ já se pronunciou pela não abusividade de cláusula contratual que dispunha de prazo decadencial fixo para o aviso do sinistro.[11] A sua discussão, porém, parece

---

grupos de ramos de riscos de petróleo, riscos nomeados e operacionais – RNO, global de bancos, aeronáuticos, marítimos e nucleares, além de, na hipótese de o segurado ser pessoa jurídica, crédito interno e crédito à exportação; ou II – demais ramos, desde que sejam contratados mediante pactuação expressa por pessoas jurídicas, incluindo tomadores, que apresentem, no momento da contratação e da renovação, pelo menos, uma das seguintes características: a) limite máximo de garantia (LMG) superior a R$ 15.000.000,00 (quinze milhões de reais); b) ativo total superior a R$ 27.000.000,00 (vinte e sete milhões de reais), no exercício imediatamente anterior; ou c) faturamento bruto anual superior a R$ 57.000.000,00 (cinquenta e sete milhões de reais), no exercício imediatamente anterior. § 1º Também poderão ser considerados seguros de danos para cobertura de grandes riscos, na forma prevista no inciso II deste artigo, aqueles seguros que tenham sido contratados, por meio de uma apólice individual, por mais de um tomador ou segurado, desde que, ao menos um dos tomadores ou segurados apresentem, pelo menos uma das características constantes das alíneas "b" ou "c" deste inciso. § 2º No caso do seguro garantia, o contrato também poderá ser classificado como de grandes riscos se o tomador ou segurado pertencer a um grupo econômico que atenda as disposições contidas nas alíneas "b" e "c" deste inciso, devendo constar na apólice expressa menção ao vínculo existente, de forma clara e objetiva. § 3º A hipótese prevista no parágrafo anterior aplica-se apenas ao tomador ou segurado que possua personalidade jurídica própria e integre grupo econômico sob controle ou direção administrativa comum ou ainda sob o mesmo controle acionário".

9. Art. 1º, § 2º, Circular SUSEP 621/2021: "As disposições desta Circular se aplicam facultativamente aos contratos de seguros de danos para coberturas de grandes riscos, na forma definida em regulamentação específica, não sendo vedada a aquisição de produtos regidos por esta Circular por contratantes de coberturas de grandes riscos".

10. Conforme disposto na Resolução CGSR 96, de 14 de abril de 2023, o Ministério da Agricultura e Pecuária (MAPA) provisionou a quantia de R$ 1.063.376.377,00 para subsidiar a contratação do seguro rural (v.g., seguro agrícola, seguro pecuário, seguro de florestas) no ano de 2023 no Brasil.

11. "Tal e qual posto no voto vencido do Desembargador Maurílio Passos da Silva Braga, não se pode dizer abusiva cláusula que comanda a imediata comunicação do acidente quando o próprio direito positivo assim dispõe. De fato, tanto o art. 1.457 do Código Civil de 1916 quanto o art. 771 do Código Civil vigente têm

manter-se em aberto, diante de alguns atos normativos endereçando a matéria de forma proibitiva ou omissiva e da carência de julgados recentes examinando a questão. Como exceções, podem ser mencionados os seguros de danos para a cobertura de grandes riscos e os seguros agrícolas subvencionados, modalidades nas quais é permitida a inclusão de um prazo decadencial fixo.

Navegando em outras águas, o ordenamento jurídico pátrio não estabelece uma forma especial para o aviso do sinistro. Por isso mesmo, há decisão do STJ mencionando que "o segurado ou beneficiário pode fazer o aviso por telefone, e-mail, carta, ou qualquer outro meio de comunicação colocado à sua disposição pela seguradora".[12] Embora seja recomendável que o aviso seja feito de forma escrita, notadamente por e-mail, com os documentos pertinentes para a regulação do sinistro pelo segurador a ele anexos, de fato o segurado poderá se valer de outros meios, desde que eles tenham sido disponibilizados pelo segurador para esse fim.

Em decisão relativamente recente, o STJ decidiu que o termo inicial da prescrição seria a recusa de cobertura da seguradora,[13] e não a ciência do dano (ou seja, a ciência do sinistro, com a sua suspenção ao longo da regulação de sinistro, tal qual presente na súmula 229 do STJ).[14] Em face disso, afigura-se imperiosa uma análise mais rigorosa do aviso tardio do sinistro, sob pena de imprescritibilidade dos pleitos dos segurados (afinal, para a eventual recusa de cobertura a seguradora terá que ter sido previamente provocada para regular o sinistro) e uma grande insegurança para as seguradoras no provisionamento dos valores necessários para a quitação dos sinistros.

Ainda que considerando essa importante ressalva, a aplicação literal do art. 771 do CC/2002 pode não encontrar respaldo do ordenamento jurídico brasileiro em alguns casos. Antes de examinar a questão, convém pincelar a disciplina da matéria no CC/1916. É o que segue.

---

dispositivos no mesmo sentido. Neste último, ainda mais severo é o comando legal mencionando a pena de perder o segurado o direito de indenização se não participar o sinistro ao segurador, 'logo que saiba, e tomará as providências imediatas para minorar-lhe as consequências'. Ora, no presente caso, como asseverou o voto vencido, 'se a segurada, sem qualquer comunicação à seguradora, desfaz o local do acidente e determinou que terceiros procedessem ao conserto do bem segurado, a toda evidência, não poderá imputar à seguradora a obrigação do pagamento do seguro, na medida em que retirou, da seguradora, o direito de vistoriar a coisa segurada e decidir ser ou não devida a indenização' (fls. 303/304). E destacou, ainda, ao meu sentir corretamente, que mesmo que se considerasse exíguo o prazo estabelecido na apólice, a questão 'torna-se irrelevante, na medida em que a seguradora só foi cientificada do acidente mais de um ano depois' (fl. 304). Não me parece razoável admitir que um atraso de 435 dias na comunicação da avaria deixe intacto o direito de receber o seguro. Pode até, como afirmou o voto prevalecente, não induzir 'fraude contumaz' (fl. 298), mas, certamente, não autoriza ultrapassar a limitação contratual sobre a comunicação. Afasto, portanto, a decretação de nulidade da cláusula. O fato de que tenha havido o atraso, evidentemente injustificado, tem consequências para a exoneração da seguradora". STJ, 3ª Turma, REsp 604510/RJ, Rel. Min. Carlos Alberto Menezes Direito, j. 14.06.2005, DJ 03.10.2005.

12. STJ, 3ª Turma, REsp 2.050.513/MT, Rel. Min. Nancy Andrighi, j. 25.04.2023, DJe 27.04.2023.

13. STJ, 3ª Turma, REsp 1.970.111/MG, Rel. Min. Nancy Andrighi, j. 15.03.2022, DJe 30.03.2022.

14. Súmula 229 do STJ: "O pedido do pagamento de indenização à seguradora suspende o prazo de prescrição até que o segurado tenha ciência da decisão".

III. BREVE RELATO DA ABORDAGEM DA MATÉRIA NO CÓDIGO CIVIL DE 1916

No CC/1916, havia a seguinte previsão de vinculação do segurado de informar o segurador da ocorrência de sinistro:

> Art. 1.457. Verificando o sinistro, o segurado, logo que saiba, comunicá-lo-á ao segurador.
>
> Parágrafo único. A omissão injustificada exonera o segurador, se este provar que, oportunamente avisado, lhe teria sido possível evitar, ou atenuar, as consequências do sinistro.

Da leitura do dispositivo, extraem-se os seguintes requisitos para a "exoneração" do segurador (leia-se, a perda do direito à indenização do segurado): (i) verificação do sinistro; (ii) ciência do segurado; (iii) não comunicação imediata ao segurador; (iv) ausência de justificativa para omissão; e (v) possibilidade de o segurador evitar ou atenuar as consequências do sinistro.

No tópico subsequente, serão avaliados como esses requisitos se entrelaçam com a atual disciplina da matéria, provida no art. 771 do CC/2002, especialmente considerando os influxos da doutrina e da jurisprudência.

IV. DISCIPLINA DO AVISO DO SINISTRO NO CÓDIGO CIVIL DE 2002: EXAME DOS REQUISITOS PARA A PERDA DO DIREITO À INDENIZAÇÃO

No CC/2002, a vinculação do segurado de informar o segurador da ocorrência de sinistro encontra-se assim prevista:

> Art. 771. Sob pena de perder o direito à indenização, o segurado participará o sinistro ao segurador, logo que o saiba, e tomará as providências imediatas para minorar-lhe as consequências.
>
> Parágrafo único. Correm à conta do segurador, até o limite fixado no contrato, as despesas de salvamento consequente ao sinistro.

Fora a inserção da vinculação de minorar as consequências, que ultrapassa o horizonte do presente estudo, há uma diferença considerável em relação à previsão do CC/1916: a alteração do parágrafo único, com a consequente não repetição dos referidos requisitos de (iv) ausência de justificativa para omissão e (v) possibilidade do segurado de evitar ou atenuar as consequências do sinistro.

Essa norma corresponde em essência ao que já era previsto orginalmente no PL 634/1975 (art. 781).[15] A redação parece ter sido baseada no art. XII do Substitutivo ao Capítulo referente ao Contrato de Seguro no Anteprojeto de Código Civil, elaborado por Konder Comparato a pedido do Miguel Reale.[16] Nos debates parlamentares não se encontra as razões para as mudanças em relação ao CC/1916.

---

15. PASSOS, Edilenice; LIMA, João Alberto de Oliveira. *Memória Legislativa do Código Civil*. Brasília: Senado Federal, 2012. v. 1. p. 211-212.
16. COMPARATO, Fábio Konder. Substitutivo ao Capítulo referente ao Contrato de Seguro no Anteprojeto de Código Civil. *Revista de direito mercantil, industrial, econômico e financeiro*, ano XI, n. 5, p. 144, 1972.

Trata-se, aparentemente, de um movimento de objetivação da norma e facilitação da sua incidência sob a perspectiva da seguradora, visando ao resguardo do fundo mutual. Acontece que essa supressão acabou sendo relativizada por considerável parcela da doutrina e da jurisprudência.

Na sequência, analisar-se-á um a um quais são os atuais pressupostos exigidos para que o segurado perca o direito à indenização em caso de descumprimento do aviso tempestivo do sinistro ao segurador.

IV.1 Ocorrência do sinistro

Em primeiro lugar, tem de ter havido sinistro, isto é o risco assegurado tem de ter se concretizado. Como já lecionava J. M. Carvalho Santos, "a obrigação de dar o aviso pressupõe [...] um momento *objetivo*, a verificação do sinistro previsto no contrato".[17] Se a vinculação é de "participar o sinistro", sem a ocorrência do sinistro não há que se falar, em regra, em perda do direito à indenização a ele relativo.

Em determinadas modalidades securitárias, porém, pode haver a necessidade de aviso da designada expectativa de sinistro. Ao tratar do seguro garantia (que tem por objetivo garantir o fiel cumprimento das obrigações garantidas, por exemplo, no âmbito de uma obra), a Circular SUSEP 662/2022 estabelece o seguinte:

> Art. 17. Define-se como expectativa de sinistro o fato ou ato que indique a possibilidade de caracterização do sinistro e o início da realização de trâmites e/ou verificação de critérios para comprovação da inadimplência, nos termos do § 1º do art. 18.
>
> § 1º Caso seja prevista a expectativa de sinistro, as condições contratuais do seguro deverão descrever claramente o ato ou fato que a define e estabelecer se haverá, ou não, a exigência de sua comunicação à seguradora, hipótese em que deverão estar descritos os critérios para esta formalização.
>
> § 2º Na hipótese de ser prevista a exigência de comunicação da expectativa de sinistro à seguradora, sua não comunicação, ou sua não comunicação de acordo com os critérios estabelecidos nas condições contratuais do seguro, somente poderá gerar perda de direito ao segurado caso configure agravamento do risco e impeça a seguradora de adotar as medidas dos incisos II e III do artigo 29.[18]

Nos termos da referida norma, havendo previsão contratual exigindo o aviso da expectativa de sinistro à seguradora, em alguns casos a sua ausência poderá gerar a perda de direito à indenização pelo segurado.

Ademais, no âmbito do seguro de responsabilidade civil à base de reclamações (*claims made basis*) com notificações, a seguradora deverá dispor em seu clausulado o seguinte: "as notificações devem ser apresentadas tão logo o segurado tome conhecimento de fatos ou circunstâncias relevantes, potencialmente danosos, que possam

---

17. CARVALHO SANTOS, João Manuel de. *Código civil brasileiro interpretado*. 12 ed. Rio de Janeiro: Freitas Bastos, 1988. v. XIX: direito das obrigações (arts. 1.363-1.504). p. 351.
18. Art. 29 da Circular SUSEP 662/2022. "Desde que prévia e expressamente acordado entre as partes, o Seguro Garantia poderá prever, isolada ou conjuntamente, a possibilidade ou a obrigação de a seguradora: I – realizar o acompanhamento e/ou monitoramento do objeto principal; II – atuar como mediadora da inadimplência ou de eventual conflito entre segurado e tomador; ou III – prestar apoio e assistência ao tomador".

acarretar uma reclamação futura por parte de terceiros, nelas indicando, da forma mais completa possível, informações do evento ocorrido, do terceiro atingido, da natureza dos danos ou lesões corporais, e suas possíveis consequências" (conforme o art. 24, inc. IV, da Circular SUSEP 637/2021).

Nessa modalidade contratual, o segurado, ao fazer a notificação tempestivamente, garante que, mesmo que a reclamação do terceiro ocorra após a vigência do seguro de responsabilidade civil, se o dano tiver ocorrido durante a sua vigência (ou no período de retroatividade contratado), a seguradora terá que cobrir o sinistro, desde que respeitados os demais termos contratuais.[19]

IV.2 Ciência (efetiva ou potencial) do sinistro pelo segurado

Em segundo lugar, há o requisito da ciência do segurado em relação à verificação do sinistro. O art. 771 do CC/2002 fala que "o *segurado* participará o sinistro ao segurador, logo que o *saiba*" (destacou-se).

Uma primeira questão que se coloca é: a vinculação em tela é inerente apenas ao "segurado", ou também ao "tomador do seguro" e ao "beneficiário"?[20] Bem-vistas as

---

19. Para melhor compreensão, confira-se, ainda, os seguintes dispositivos da indigitada Circular SUSEP 637/2021: "Art. 2º Para fins desta Circular, são adotadas as seguintes definições: (...) III – seguro de responsabilidade civil à base de reclamações (*claims made basis*) com notificações: tipo de contratação em que a indenização a terceiros obedece aos seguintes requisitos: a) os danos ou o fato gerador tenham ocorrido durante o período de vigência da apólice, ou durante o período de retroatividade; ou b) o segurado tenha notificado fatos ou circunstâncias ocorridas durante a vigência da apólice, ou durante o período de retroatividade; e c) na hipótese "a", o terceiro apresente a reclamação ao segurado durante a vigência da apólice, ou durante o prazo adicional, conforme estabelecido na apólice; ou d) na hipótese "b", o terceiro apresente a reclamação ao segurado durante a vigência da apólice, ou durante os prazos prescricionais legais. (...) X – notificação: ato por meio do qual o tomador ou o segurado comunicam à sociedade seguradora, nos seguros à base de reclamações com notificações, exclusivamente durante a vigência da apólice, fatos ou circunstâncias, potencialmente danosos, ocorridos entre a data limite de retroatividade e o término de vigência da apólice, os quais poderão levar a uma reclamação no futuro; (...) XIII – reclamação: manifestação de terceiro, pedindo indenização ao segurado, alegando sua responsabilidade civil por ato possivelmente danoso". Art. 24. "Os seguros à base de reclamações com notificações devem apresentar, no mínimo, as seguintes informações: I – que tais seguros cobrem, inclusive, reclamações futuras de terceiros prejudicados, relativas a fatos ou circunstâncias ocorridos entre a data limite de retroatividade e o término de vigência da apólice, desde que tenham sido notificados pelo segurado, durante a vigência da apólice; II – que a entrega de notificação à sociedade seguradora, dentro do período de vigência da apólice, garante que as condições desta serão aplicadas às reclamações futuras de terceiros, vinculadas ao fato ou à circunstância notificados pelo segurado; III – que mesmo quando contratada, a cláusula de notificações somente produzirá efeitos se o segurado tiver apresentado, durante a vigência da apólice, a notificação relacionada ao fato, ou à circunstância que gerou a reclamação efetuada pelo terceiro prejudicado".

20. Enquanto o "tomador do seguro" representa a pessoa que efetivamente celebra o contrato de seguro com o segurador, o "segurado" é a pessoa, nem sempre coincidente com o tomador, que abrange o risco presente no seguro em concreto. No seguro de responsabilidade civil dos diretores e administradores das companhias (seguros D&O), por exemplo, a companhia é quem costuma ser a tomadora e o seu administrador o segurado. Já a figura do beneficiário é a da pessoa que terá direito à prestação da indenização ou do capital segurado, geralmente por indicação expressa do segurado, na ocorrência do sinistro. Feita essa distinção conceitual, cabe aqui uma ressalva: a fim de se evitar a repetição do enunciado "tomador do seguro e, quando díspares, o segurado e o beneficiário" para referir-se àqueles que estão vinculados a avisar o sinistro ao segurador, utilizar-se-ão os termos "tomador do seguro" (ou, simplesmente, "tomador"), "segurado" e "beneficiário" com o mesmo sentido no presente texto. Sendo necessário diferenciar, chamar-se-á, tempestivamente, a atenção para tanto.

coisas, a vinculação não se restringe ao segurado, podendo abarcar também as outras duas figuras mencionadas.[21]

No seguro de vida, por exemplo, em caso de morte do segurado, é claro que a vinculação não será mais dele, e, sim, do beneficiário. Por outro lado, no seguro D&O contratado por uma companhia para garantia dos interesses de seu diretor que seja responsabilizado por danos causados a terceiros, em consequência de atos ilícitos culposos praticados no exercício das funções para as quais tenha sido nomeado, a vinculação ao aviso do sinistro abrangerá tanto o tomador (companhia) quanto o segurado (diretor).

Apesar de o CC/2002 não fazer a referida ressalva, ela é facilmente extraída do ordenamento jurídico brasileiro. Melhor seria, todavia, se o Código tivesse tido uma maior precisão terminológica na matéria. A lei portuguesa de seguros, por exemplo, dispõe expressamente em seu art. 100: "1 – A verificação do sinistro deve ser comunicada ao segurador pelo tomador do seguro, pelo segurado ou pelo beneficiário, no prazo fixado no contrato ou, na falta deste, nos oito dias imediatos àquele em que tenha conhecimento". Ao comentar o referido artigo, Arnaldo Costa Oliveira assevera:

> O obrigado será quem, de entre aquelas categorias [tomador do seguro, segurado e beneficiário], esteja concretamente de posse da informação da ocorrência do sinistro. Se, p. ex., só o tomador do seguro é o obrigado e incumpre, é aplicável o previsto para o incumprimento – eventual responsabilização do tomador do seguro ante o segurado e ou o beneficiário far-se-á tão só ao abrigo de relação subjacente ao contrato de seguro, não ao abrigo deste.[22]

Uma segunda questão a ser examinada é se seria de fato necessária uma ciência *efetiva* ou bastaria que o segurado *pudesse e devesse* saber da verificação do sinistro?

Esse trecho do art. 771 do CC/2002 é idêntico ao que era previsto no art. 1.457 do CC/1916. A doutrina dessa época defendia posição, em consonância com o sentido literal do texto legal, de que era necessária ciência *efetiva*. Segundo J. M. Carvalho Santos, "a obrigação de dar o aviso pressupõe [...] um momento *subjetivo*, ou seja, o conhecimento do sinistro, da parte do segurado, mas conhecimento real e efetivo, não bastando haver suposição de que o segurado o deveria conhecer".[23]

Atualmente, porém, encontram-se posições diversas. Bruno Miragem e Luiza Petersen, por exemplo, *s.m.j.*, dão a entender que não seria indispensável a ciência efetiva, bastando que o segurado pudesse e devesse conhecer a verificação do sinistro. Em tópico sobre proteção do consumidor segurado na execução do contrato, afirmam que a

---

21. "El deber de comunicación del siniestro corresponde al tomador del seguro, al asegurado o al beneficiario. Cuando sean personas diversas, cualquiera de ellas habrá de efectuar esta comunicación. El cumplimiento por una de ellas libera de esa carga las demás, en cuanto que por medio de ese cumplimiento el asegurador adquiere conocimiento del hecho del siniestro". SÁNCHES CALERO, Fernando. *Ley de Contrato de Seguro: Comentarios a la Ley 50/1980, de 8 de octubre, y a sus modificaciones*. 4. ed. Navarra: Aranzadi, 2010. p. 401. Na doutrina nacional, *vide* BECHARA, Ricardo. *Direito de Seguro no Novo Código Civil e Legislação Própria*. 2. ed. Rio de Janeiro: Forense, 2008. p. 126.
22. MARTINEZ, Pedro Romano et al. *Lei do Contrato de Seguro anotada*. Coimbra: Almedina, 2011. p. 383.
23. CARVALHO SANTOS, *Código Civil brasileiro interpretado*, cit.. p. 351.

obrigação de participação do sinistro deve ser considerada "de acordo com a capacidade e possibilidade concreta do consumidor de identificá-lo".[24]

Essa linha de raciocínio mais rigorosa à vinculação do segurado tem razão.[25] Contudo, destoa do que está literalmente previsto no art. 771 do CC/2002, afinal "logo que o *saiba*" é diferente de dizer "logo que o saiba *ou logo que pudesse e devesse saber do sinistro*". Por isso, essa posição, apesar de acertada, tem de se desincumbir de um ônus argumentativo de fundamentação.

Por conta da semelhança da problemática envolvida, para resolver essa questão, vale recorrer a uma discussão análoga em relação às duas concepções de boa-fé subjetiva: a *psicológica* e a *ética*. Como ensina António Menezes Cordeiro:

> a boa-fé subjetiva podia ser usada em dois sentidos diversos: – um sentido puramente psicológico: estaria de boa-fé quem pura e simplesmente desconhecesse certo facto ou estado de coisas, por muito óbvio que fosse; – um sentido ético: só estaria de boa-fé quem se encontrasse num desconhecimento não culposo; noutros termos: é considerada de má-fé a pessoa que, com culpa, desconheça aquilo que deveria conhecer.[26]

A concepção ética, portanto, "postula a presença de deveres de cuidado e de indagação: por simples que sejam, sempre se exigiria, ao agente, uma consideração elementar pelas posições dos outros".[27]

Menezes Cordeiro apresenta três fundamentos decisivos para preferir a concepção ética da boa-fé subjetiva em detrimento da concepção psicológica:

> – a juridicidade do sistema: o Direito não associa consequências a puras casualidades como o ter ou não conhecimento de certa ocorrência; o Direito pretende intervir nas relações sociais; ora, ao lidar com uma boa-fé subjetiva ética ele está, de modo implícito, a incentivar o acatamento de deveres de cuidado e de diligência;
>
> – a adequação do sistema: uma conceção puramente psicológica de boa-fé equivale a premiar os ignorantes, os distraídos e os egoístas, que desconheçam mesmo o mais evidente; paralelamente, ir-se-ia penalizar os diligentes, os dedicados e os argutos, que se aperceberiam do que escapa ao cidadão comum;
>
> – a praticabilidade do sistema: não é possível (nem desejável) provar o que se passa no espírito das pessoas; assim e em última análise, nunca se poderá demonstrar que alguém conhecia ou não certo

---

24. MIRAGEM, Bruno; PETERSEN, Luiza. *Direito dos Seguros*. Rio de Janeiro: Grupo GEN, 2022. p. 127.
25. Sobre o tema "saber" vs. "dever saber" nas relações securitárias, consulte-se TARTUCE, Flávio. Do contrato de seguro empresarial e algumas de suas polêmicas: natureza jurídica, boa-fé e agravamento do risco. In: GOLDBERG, Ilan; JUNQUEIRA, Thiago. *Temas atuais de direito dos seguros*. São Paulo: Thomson Reuters Brasil, 2020. t. I, p. 543; GOLDBERG, Ilan. *Saber ou dever saber?* Eis a questão. Disponível em: https://www. migalhas.com.br/coluna/migalhas-de-responsabilidade-civil/342338/saber-ou-dever-saber-eis-a-questao. Acesso em: 29 jul. 2023, e, mais recentemente, JUNQUEIRA, Thiago. Comentários ao art. 766 do Código Civil. In: GOLDBERG, Ilan; JUNQUEIRA, Thiago. *Direito dos Seguros*: comentários ao Código Civil. Rio de Janeiro: Forense, 2023. p. 253 e ss. Todos os autores mencionados defendem que, nas relações securitárias empresariais, as vinculações informativas podem também abranger as circunstâncias que os segurados deveriam saber.
26. CORDEIRO, António Menezes. *Tratado de Direito Civil I*. Coimbra: Almedina, 2016. p. 965.
27. CORDEIRO, António Menezes. *Tratado de Direito Civil I*, cit.. p. 965.

facto; apenas se poderá constatar que o sujeito considerado, dados os factos disponíveis, ou sabia ou devia saber; em qualquer das hipóteses, há má-fé.[28]

Esses três argumentos, somados aos influxos da boa-fé objetiva na matéria, podem ser aplicados aqui à questão da ciência do segurado e também levam à conclusão de que não se deve exigir a efetiva ciência do segurado, mas apenas que ele podia e devia saber da ocorrência do sinistro, pois: a) é mais adequado aceitar como requisito não só a efetiva ciência do segurado, mas também a sua *ignorância indesculpável*, uma vez que assim se incentiva o segurado à observância de deveres de cuidados (juridicidade do sistema); b) não se premia o segurado ignorante e distraído (adequação do sistema); e c) evita-se o obstáculo prático, muitas vezes insuperável para a seguradora, de ter de provar que o segurado efetivamente sabia da ocorrência do sinistro (praticabilidade do sistema).

Ainda que sejam bem-intencionadas, interpretações em sentido diverso vão de encontro ao padrão de conduta esperado e exigido pelo ordenamento jurídico ao longo de todo o vínculo negocial.

Por essas razões, não só a efetiva ciência, mas também a ignorância indesculpável, satisfazem o presente requisito do art. 771 do CC/2002.

IV.3 Não participação do sinistro ao segurador, logo que o soube: culpa do segurado (omissão injustificada)

Um terceiro requisito é que o segurado não deve deixar de comunicar o sinistro ao segurador "logo" após ter conhecimento de sua ocorrência. Mas o que exatamente essa exigência significa? Será que a previsão é absolutamente objetiva, requerendo que o segurado tome medidas imediatas, independentemente das circunstâncias? Ou será que ela permite uma análise subjetiva, levando em consideração as particularidades do caso e o comportamento do segurado, a fim de determinar se houve justificativa para sua omissão ou demora na comunicação, e se houve culpa de sua parte em não informar prontamente?

No CC/1916, a previsão do *caput* do art. 1.457 era muitas vezes entendida de maneira objetiva. Segundo J. M. Carvalho Santos, tratava-se de exigência de comunicação imediata: "o aviso deverá ser dado imediatamente, desde que a notícia do sinistro tenha chegado ao conhecimento do segurado, nada obstando que outro maior prazo seja estipulado na apólice".[29]

Por outro lado, havia no parágrafo único do art. 1.457 um requisito adicional, de ausência de justificativa da omissão, o que permitia que se analisasse o comportamento do segurado, se agiu ou não culposamente. Assim, segundo o mesmo Carvalho Santos, "a *omissão injustificada*, diz o texto legal, deixando ver claramente que se o inadimplemento da obrigação de avisar a verificação do sinistro resultar de força maior ou caso fortuito,

---

28. CORDEIRO, António Menezes. *Tratado de Direito Civil I*, cit., p. 966.
29. CARVALHO SANTOS, *Código civil brasileiro interpretado*, cit.. p. 351-352.

em hipótese alguma poderá legitimar a recusa da Companhia em pagar a indenização. Mas, para tanto, é essencial que o segurado prove o caso fortuito".[30]

No CC/2002, a previsão do parágrafo único do art. 1.457 não foi repetida. E quais são as implicações disso? A intenção do legislador foi de objetivar a exigência de conduta do segurado, de modo a que ele precise informar o segurador imediatamente, aconteça o que acontecer?

Uma tal leitura em abstrato poderia, no caso concreto, ser excessivamente rigorosa com o segurado e, em princípio, deve ser repelida. Por outro lado, uma parcela da doutrina e da jurisprudência têm caminhado em direção diametralmente oposta e vêm consagrando o entendimento de que a omissão precisa ser dolosa ou decorrente de culpa grave do segurado.

Segundo José Augusto Delgado:

> A conclusão a que chegamos é no sentido de que o art. 771 do Código Civil de 2002 deve receber da jurisprudência uma interpretação harmônica com os objetivos do contrato de seguro. A literalidade do seu conteúdo não deve ser empregada com a força cogente que, ao primeiro exame, parece possuir.
>
> [...]
>
> O segurador, na nossa opinião, para se liberar da obrigação de pagar a indenização, tem o ônus de provar a *omissão dolosa ou culposa, esta de forma grave, do segurado*, bem como a expansão do dano.[31]

O STJ já aplicou esse entendimento, em 2016, em um caso no qual o segurado teve o seu carro roubado, sinistro coberto pelo contrato de seguro de automóvel, mas demorou três dias para comunicar o evento à seguradora. Esta indeferiu o pedido administrativo do segurado à indenização, com base no art. 771 do CC/2002, alegando que "o atraso na notificação do sinistro é causa de perda do direito à indenização securitária".[32]

O Min. Ricardo Villas Bôas Cueva, relator do caso, em face do art. 771, afirmou:

> Desse modo, é ônus do segurado comunicar prontamente ao ente segurador a ocorrência do sinistro, já que possibilita a este tomar medidas que possam amenizar os prejuízos da realização do risco bem como a sua propagação.
>
> Todavia, não é em qualquer hipótese que a ausência da pronta notificação do sinistro acarretará a perda da indenização securitária; isto é, a sanção não incide de forma automática.
>
> Com efeito, para tanto, deve ser imputada ao segurado uma omissão dolosa, que beire a má-fé, ou culpa grave, que prejudique, de forma desproporcional, a atuação da seguradora, que não poderá se beneficiar, concretamente, da redução dos prejuízos indenizáveis com possíveis medidas de salvamento, de preservação e de minimização das consequências.[33]

Assim, complementou o Ministro Cueva:

---

30. CARVALHO SANTOS, *Código civil brasileiro interpretado*, cit.. p. 351-352.
31. DELGADO, José Augusto. *Comentários ao novo Código Civil*: Das várias espécies de contrato. Do seguro. In: TEIXEIRA, Sálvio de Figueiredo (Coord.). Rio de Janeiro: Forense, 2004. v. XI, t. I, p. 291-295, itálico aditado.
32. STJ, 3ª Turma, REsp 1.546.178/SP, Rel. Min. Ricardo Villas Bôas Cueva, j. 13.09.2016, DJe 19.09.2016.
33. STJ, 3ª Turma, REsp 1.546.178/SP, Rel. Min. Ricardo Villas Bôas Cueva, j. 13.09.2016, DJe 19.09.2016.

se existirem fatos relevantes que impeçam o segurado de promover a comunicação de sinistro e o acautelamento de eventuais consequências indesejadas – a exemplo de providências que lhe possam causar efeitos lesivos ou a outrem –, não há como penalizá-lo com a drástica sanção de perda do direito à indenização, especialmente considerando a presença da boa-fé objetiva, princípio-chave que permeia todas as relações contratuais, incluídas as de natureza securitária.[34]

O Min. Cueva chega a essa conclusão por meio de uma interpretação sistemática do art. 771 "com as cláusulas gerais da função social do contrato e de probidade, lealdade e boa-fé previstas nos arts. 113, 421, 422 e 765 do CC, devendo a punição recair primordialmente em posturas de má-fé ou culpa grave, que lesionem legítimos interesses da seguradora".[35]

Com base nisso, retornou o Min. Relator ao caso:

> Na espécie, não houve má-fé ou omissão injustificada do segurado quanto ao atraso na comunicação do aviso de sinistro, de modo que não merece ser sancionado com a perda do direito à indenização securitária.
>
> De fato, o atraso de 3 (três) dias para informar o roubo do automóvel se deu em razão de ameaças de morte feitas pelo criminoso quando da subtração do bem à mão armada no interior da residência da própria vítima. Na ocasião, o meliante havia prometido ao segurado "retornar para matar seus familiares, ordenando que não comunicasse a polícia por pelo menos uma semana" (fl. 560).
>
> Assim, o temor de represálias era real e não seria razoável exigir do segurado comportamento diverso, que poderia colocar em risco não só sua segurança mas também de sua família.[36]

Da lição doutrinária e da decisão judicial percebe-se que, mesmo sem a previsão análoga à do parágrafo único do art. 1.457, a exigência de omissão injustificada acabou retornando. E, aparentemente, retornou agravada. Não bastaria omissão culposa, como era o caso, ter-se-ia agora supostamente de haver omissão dolosa ou por culpa grave.

Não há, porém, base legal ou sistemática para essa interpretação. Do ponto de vista legal, a situação atual seria aparentemente mais rigorosa para com o segurado do que era sob a vigência do CC/1916, pois houve a supressão do requisito da "omissão injustificada".

Por outro lado, pelas regras gerais do direito das obrigações, o CC/2002 na realidade estabelece uma interpretação e aplicação conjunta do art. 771 com o art. 392, norma geral do inadimplemento das obrigações, a qual prevê que, "nos contratos onerosos, responde cada uma das partes por culpa". E os argumentos apresentados não são capazes de agravar regramento legal expresso e findam por violá-lo.

A omissão do segurado, portanto, precisa ser culposa, com base na aplicação conjunta dos arts. 771 e 392, e não necessariamente decorrente de dolo ou culpa grave.[37] No caso julgado pelo STJ, a solução alcançada afigura-se adequada em virtude de suas

---

34. STJ, 3ª Turma, REsp 1.546.178/SP, Rel. Min. Ricardo Villas Bôas Cueva, j. 13.09.2016, DJe 19.09.2016.
35. STJ, 3ª Turma, REsp 1.546.178/SP, Rel. Min. Ricardo Villas Bôas Cueva, j. 13.09.2016, DJe 19.09.2016.
36. STJ, 3ª Turma, REsp 1.546.178/SP, Rel. Min. Ricardo Villas Bôas Cueva, j. 13.09.2016, DJe 19.09.2016.
37. Em sentido convergente, NEVES, José Roberto de Castro. Comentários ao art. 771 do Código Civil. In: GOLDBERG, Ilan; JUNQUEIRA, Thiago. *Direito dos Seguros*: comentários ao Código Civil. Rio de Janeiro: Forense, 2023. p. 302.

particularidades (demora de poucos dias do segurado e ameaças de morte feita pelo criminoso caso o segurado tomasse providências). Não é recomendável, porém, que o requisito da culpa grave ou do dolo seja ampliado para outros casos, por exemplo, nos quais o atraso do aviso de sinistro seja contado em meses – ou até mesmo anos.[38]

Quisesse o legislador ter criado um sistema diverso, levando em consideração o grau de culpabilidade do segurado, especialmente para restringir a aplicação do dispositivo em análise apenas aos casos de dolo e culpa grave do segurado, o teria feito expressamente. Não foi esse o caso e, neste sentido, há de se ter em conta a discricionariedade do poder legislativo e do conjunto de legisladores que elaboraram e aprovaram o CC/2002.

IV.4 Prejuízo para a seguradora pela falta ou demora na comunicação

A doutrina e a jurisprudência têm defendido mais um requisito para a incidência da perda do direito à indenização prevista no art. 771 do CC/2002: a não comunicação do segurado, logo que soube do sinistro, tem de ter gerado prejuízo para a seguradora.[39] Ou seja, tem de ficar demonstrado que, caso tivesse sido avisada prontamente, a seguradora teria efetivamente podido evitar a ocorrência ou agravamento de consequências do sinistro.

Como visto, esse requisito era presente no parágrafo único do art. 1.457 do CC/1916, mas não foi repetido no CC/2002. Curiosamente, apesar disso, ele simplesmente retorna sendo construído pela doutrina e jurisprudência.

Nesse sentido, leciona José Roberto de Castro Neves:

> Entre nós, o melhor entendimento parece ser no sentido de que a mera ausência da comunicação ao segurador não funciona automaticamente como gatilho para a perda do direito à indenização pelo segurado. Deve o segurador provar que a ausência (ou atraso) de comunicação do sinistro provocou consequências (danos) que poderiam ter sido evitadas ou atenuadas caso o fato fosse comunicado imediatamente.
>
> Se a função da disposição legal consiste em evitar consequências maiores do que as já existentes, a norma deve ser interpretada a partir da sua finalidade. Na hipótese de a ausência de comunicação não ter gerado qualquer dano ao segurador, a aplicação da letra da norma garantirá ao segurador um benefício contrário à finalidade da norma. Deve-se provar, de igual modo, que a omissão foi dolosa ou culposa.[40]

---

38. Ora, se o próprio prazo prescricional nas relações securitárias é mais restrito – um ano, conforme disposto no CC/2002 – do que nos demais negócios jurídicos, como justificar algumas decisões judiciais que relativizam a mora no aviso do segurado, mesmo que ela tenha ocorrido diversos meses ou até mais de um ano depois do sinistro? Como a seguradora faria a devida regulação dos sinistros nesses casos?

39. "Conquanto este dispositivo não faça referência à necessidade de prova do prejuízo decorrente de eventual atraso na comunicação do sinistro por parte do segurado (tal como fazia o CC/1916), esta é a solução que se impõe por decorrência do princípio da boa-fé objetiva, a que o segurador – tanto quanto o segurado – está obrigado, por força no disposto no art. 765 do CC". TEPEDINO, Gustavo; BARBOZA, Heloísa Helena; BODIN, Maria Celina. *Código Civil interpretado conforme a Constituição da República*, 2. ed. Rio de Janeiro: Renovar. 2012. v. II, p. 582-583. Mais recentemente, por exemplo, TEPEDINO, Gustavo; KONDER, Carlos Nelson; BANDEIRA, Paula Greco. *Fundamentos do Direito Civil*, Contratos. Rio de Janeiro: Editora Forense, 2020. v. 3, p. 472.

40. NEVES, José Roberto de Castro. Comentários ao art. 771 do Código Civil, cit.,. p. 302.

O STJ tem ecoado esse entendimento, conforme o caso do seguro de automóvel narrado anteriormente.[41] O reconhecimento desse requisito faz sentido e está ligado à finalidade do art. 771. A vinculação de informar do segurado não é uma exigência meramente formal. De fato, serve ao propósito de permitir à seguradora a possibilidade de evitar, ou atenuar, as consequências do sinistro. Se tal possibilidade não havia de fato, não faz sentido privar o segurado da indenização. Essa sanção, numa tal hipótese, seria materialmente vazia.

Então, se a não participação do segurado ao segurador, logo que soube do sinistro, não prejudicar o segurador, o segurado não deve perder o direito à indenização. A conclusão deriva de uma interpretação teleológica do art. 771 do CC/2002. A análise desse requisito, porém, terá que ser rigorosa.

Além da ausência de provisão do sinistro ocorrido, que auxiliaria na adequada gestão do fundo mutual, especialmente nos seguros de danos, a incapacidade de se examinar o local do sinistro e suas reais circunstâncias tende a causar prejuízos ao segurador. Somem-se, ainda, as comuns hipóteses de o segurador restar negativamente afetado, em virtude de o aviso extemporâneo do sinistro pelo segurado, no contexto de sua sub-rogação nos direitos do segurado contra o terceiro causador do dano (imagine-se que o terceiro, que era solvente no momento do sinistro, deixou de sê-lo quando do aviso tardio do sinistro, obstaculizando a cobrança do segurador após o pagamento da indenização),[42] e, no seguro garantia, no contexto da execução do contrato de contragarantia firmado com o tomador do seguro.[43]

IV.5 Necessidade ou interesse do aviso do sinistro

Em regra, o aviso do sinistro é imprescindível para que o segurador inicie a regulação do sinistro e a sua demora resulta nas consequências dispostas no art. 771 do CC/2002.

> O art. 771 do CC/02 exige que o segurado comunique o sinistro à seguradora, logo que o saiba, sob pena de perder o direito à indenização. Embora a finalidade precípua dessa norma seja evitar o agravamento das consequências geradas pelo sinistro, o aviso de sinistro representa a formalização do pedido de pagamento da indenização securitária. Antes disso, a seguradora não está obrigada a pagar, simplesmente porque não tem ciência do evento.[44]

Sem embargo, desde o CC/1916, uma parcela da doutrina defende que a vinculação do segurado de informar o segurador da ocorrência de sinistro "desaparece desde que

---

41. STJ, 3ª Turma, REsp 1.546.178/SP, Rel. Min. Ricardo Villas Bôas Cueva, j. 13.09.2016, DJe 19.09.2016.
42. Art. 786 do CC/2002. "Paga a indenização, o segurador sub-roga-se, nos limites do valor respectivo, nos direitos e ações que competirem ao segurado contra o autor do dano".
43. Conforme destaque da doutrina: "Posto não obrigatório, é comum que o contrato de seguro garantia seja acompanhado de contragarantia celebrada entre sociedade seguradora e tomador, a fim de proteger a própria seguradora contra a ocorrência do sinistro, já que lhe permite recobrar do tomador os valores despendidos em favor do segurado diante do implemento do risco". TERRA, Aline de Miranda Valverde. SALGADO, Bernardo. O risco no seguro garantia e o inadimplemento anterior ao termo. In: GOLDBERG, Ilan. JUNQUEIRA, Thiago (Coord.). *Temas atuais de Direito dos Seguros*. São Paulo: Thomson Reuters Brasil, 2020. p. 490.
44. STJ, 3ª Turma, REsp 2.050.513/MT, Rel. Min. Nancy Andrighi, j. 25.04.2023, DJe 27.04.2023.

se torne supérfluo qualquer aviso, pela notoriedade do fato, ou quando, pela espécie do seguro, não tenha a Companhia interesse algum em ser avisada imediatamente da ocorrência, como, por exemplo, no seguro sobre vida".[45]

O STJ já reconheceu e aplicou esse entendimento:

> Mesmo se não houvesse a efetiva comunicação do sinistro, situação que não se coaduna com a hipótese dos autos, o art. 771 do CC/2002 não autoriza a seguradora a recusar o pagamento da indenização pelo simples fato de o segurado não ter comunicado o sinistro, pois a obrigação de informar (a seguradora) desaparece desde que se torne supérfluo qualquer aviso, pela notoriedade do fato ou quando, pela espécie de seguro, não tenha a seguradora interesse algum em ser avisada imediatamente da ocorrência.[46]

A noção de ausência de interesse do segurador em ser prontamente avisado está entrelaçada ao requisito de necessidade de prejuízo oriundo da demora da aviso do sinistro para a aplicação integral do art. 771 do CC/2002. Nesse sentido, remete-se o leitor ao tópico anterior, recordando que a modalidade securitária em causa influenciará na análise da amplitude da vinculação do segurado.[47]

Antes de se avançar na hipótese da notoriedade do sinistro, convém recordar que, em alguns casos, mesmo ocorrendo o sinistro, o segurado pode não ter interesse em reportá-lo: "imagine-se que não quer perder o bónus (hipótese frequente) ou que o sinistro ocorreu em circunstâncias que prefere manter secretas, sem com isso violar a lei (por exemplo: um acidente pouco significativo num local onde era suposto o segurado não se encontrar)".[48]

Na análise do tema, o intérprete não deve perder isso de vista, pois, caso contrário, impor-se-ia um ônus excessivo ao segurador de se autoinformar e tomar as medidas apropriadas para mitigação dos prejuízos, sem levar em consideração os próprios interesses do segurado.

Especificamente sobre a "notoriedade" do sinistro e de seu potencial conhecimento do segurador, ainda que não tenha havido a comunicação pelo segurado, é necessário

---

45. CARVALHO SANTOS, *Código civil brasileiro interpretado*, cit.. p. 351.
46. STJ, 3ª Turma, REsp 1.969.653/MS, Rel. Min. Nancy Andrighi, j. 29.03.2022, DJe 1º.04.2022.
47. PETERSEN, Luíza Moreira. A prescrição e a decadência no contrato de seguro: a prescrição da pretensão do segurado e o aviso de sinistro. In: OSMA, Félix Benito (Coord.). *Revista CILA* (Comitê Ibero-Latinoamericano de AIDA). n. 3, 2015 (septiembre-diciembre). p. 102 e ss. A autora esclarece os impactos do aviso tardio no seguro de dano e de pessoas, explicando o motivo pelo qual, nos primeiros, a observância do "logo que o saiba" previsto no dispositivo se mostra ainda mais relevante: "Em primeiro lugar, o prazo deverá variar de acordo com a modalidade do seguro, de acordo com a natureza do interesse segurado e com o prejuízo que a demora do aviso poderá trazer à regulação do sinistro. Evidentemente, a urgência da comunicação do sinistro não será a mesma nos seguros de dano e nos seguros de vida. No primeiro caso, o aviso deve ocorrer o mais rápido possível, considerando que o segurador deverá intervir para minorar os danos e deverão ser apuradas – em tempo útil – a causa do sinistro e a extensão dos danos. Já, no caso do seguro de vida, não há tanta urgência para o aviso do sinistro. Este deve ocorrer, em prazo razoável, mas não há necessidade de se impor ao segurado e aos beneficiários prazo semelhante àquele estabelecido para os seguros de dano, tendo em vista que a natureza do interesse segurado não permite que a intervenção da seguradora para a minoração das consequências do sinistro e que a regulação tende a ser menos complexa." (p. 113).
48. CORDEIRO, António Menezes. *Direito dos Seguros*, cit., p. 534.

considerar que geralmente as seguradoras possuem uma enorme quantidade de contratos em vigor, celebrados pelas suas equipes comerciais e de subscrição. Em situações de sinistro, o processo de regulação é conduzido por uma equipe própria que, a menos que tenha ocorrido algum sinistro anterior com o mesmo segurado ou com um segurado distinto na mesma apólice, provavelmente não terá conhecimento prévio do contrato em questão.

Como, então, delinear as circunstâncias que são ou deveriam ser conhecidas pelo segurador, posto notórias, tornando despiciendo o aviso tempestivo do sinistro pelo segurado? Infelizmente, não há uma fórmula mágica. A análise há de ser casuística, sendo um bom parâmetro a utilização de outra indagação: *será razoável que o segurado confie ser a participação do sinistro um fato totalmente supérfluo para a regulação do sinistro, em virtude de ter por certo o seu conhecimento pelo segurador?*[49] Em resposta positiva, que, adiante-se, ocorrerá apenas em casos muito excepcionais, a ausência de aviso do sinistro pelo segurado será suprida pela notoriedade do fato.

Desde o Código Civil de 1916, o requisito examinado neste tópico não possuía base legal expressa. No entanto, é possível reconhecê-lo, de forma restritiva, no caso concreto, através de uma interpretação teleológica do dispositivo.

Além do aviso do sinistro, o segurado geralmente precisa enviar diversos documentos para que a regulação do sinistro possa progredir. Nesse sentido, o prazo de trinta dias para a regulação do sinistro previsto pela SUSEP somente se iniciará com o recebimento destes documentos dispostos no clausulado da seguradora.[50]

V. CONSIDERAÇÕES FINAIS

A vinculação do segurado de informar o segurador da ocorrência de sinistro é prevista no art. 771 do CC/2002. A partir da leitura dessa previsão ter-se-ia apenas os

---

49. Em termos semelhantes, mas com relação à eventual desnecessidade de o candidato a segurado fornecer determinada informação no momento da subscrição do contrato, visto que tal circunstância já seria conhecida pelo segurador, POÇAS, Luís. *O dever de declaração inicial do risco no contrato de seguro*, cit., p. 439. Propondo cautela na análise casuística do ônus de conhecimento das circunstâncias inerentes ao segurador (inclusive levando em conta o fato de que esse conhecimento possa ser insuficiente ou desatualizado) e, ainda, que durante a análise seja considerado o impacto da ausência dos dados oriundos da omissão do tomador/segurado, *vide* TELES, Joana Galvão. Deveres de informação das partes. *Temas de Direito dos Seguros*. Coimbra: Almedina, 2012. p. 262.

50. Conforme presente no art. 43 da Circular SUSEP 621/2021, que trata dos seguros de danos, o segurador deverá estabelecer "prazo para a liquidação dos sinistros, limitado a trinta dias, contados a partir da entrega de todos os documentos básicos previstos" no clausulado. O art. 41 da mesma Circular faculta "às sociedades seguradoras, no caso de dúvida fundada e justificável expressamente informada ao segurado, a solicitação de outros documentos". Retornando ao art. 43, cite-se o teor do § 1º "Deverá ser estabelecido que, no caso de solicitação de documentação complementar, na forma prevista no art. 41, o prazo de que trata o caput será suspenso, voltando a correr a partir do dia útil subsequente àquele em que forem atendidas as exigências", e do § 2º "Deverá ser estabelecido que o não pagamento da indenização no prazo previsto no caput implicará aplicação de juros de mora a partir daquela data, sem prejuízo de sua atualização, nos termos da legislação específica". No âmbito do seguro de responsabilidade civil profissional (seguro E&O), por exemplo, são comumente requeridos os seguintes documentos pelas seguradoras: (i) relatório circunstanciado sobre o fato gerador, com demonstrativo qualitativo e quantitativo das perdas e danos envoltas; (ii) reclamação formal do terceiro; (iii) cópia integral do processo objeto da reclamação (se houver); (iv) contrato de prestação de serviços firmado entre segurado e terceiro; (v) comprovante de vínculo entre funcionário, responsável pela falha, e o segurado; (vi) contrato social do segurado; e (vii) comprovante de eventuais pagamentos feitos pelo segurado ao terceiro.

seguintes três requisitos para a perda do direito do segurado à indenização: sinistro, ciência efetiva do segurado e não comunicação por parte do segurado logo que soube. Da leitura do dispositivo, fica-se com a impressão de que a simples não comunicação imediata, assim que o segurado ficou sabendo da verificação do sinistro, levaria à perda do direito à indenização.

Mas não é isso que acontece. O dispositivo costuma ser interpretado de maneira a dele se a extrair ao todo cinco requisitos: (i) ocorrência do sinistro; (ii) ciência efetiva ou ignorância indesculpável do segurado; (iii) a não comunicação culposa do segurado (omissão injustificada); (iv) prejuízo para a seguradora pela falta ou demora na comunicação; e (v) necessidade ou interesse da seguradora em ser avisada.

Dessa forma, é essencial considerar todos esses elementos na análise do dispositivo, de modo a evitar sobrecarregar o segurado de maneira não razoável e garantir o equilíbrio dos interesses divergentes entre as partes envolvidas no contrato de seguro.

É curioso notar que os requisitos (iii) e (iv) estavam presentes no CC/1916 e foram suprimidos no CC/2002, o que levou a doutrina e jurisprudência a ter de reafirmar sua existência, apesar da falta da mesma base legal. Nesse particular, pode-se concluir que houve, portanto, uma piora do regramento legal do CC/2002 em relação ao CC/1916.

Em relação ao requisito (iii), parcela da doutrina e da jurisprudência vão longe demais na proteção do segurado ao defender a necessidade de dolo ou culpa grave do segurado. O sistema já prevê a exigência de culpa (art. 392 do CC/2002), não sendo devido esse agravamento do regime geral.

Os requisitos (iv) e (v), apesar de não previstos expressamente, são extraíveis do art. 771 do CC/2002 a partir de interpretação teleológica do dispositivo. A aplicação desses requisitos, porém, deve ser feita de maneira rigorosa e atenta ao adequado ônus de fundamentação por parte do intérprete.

REFERÊNCIAS

ALVIM, Pedro. *O Seguro e o novo Código Civil*. Rio de Janeiro: Forense, 2007.

BECHARA, Ricardo. *Direito de Seguro no Novo Código Civil e Legislação Própria*. 2. ed. Rio de Janeiro: Forense, 2008.

CARVALHO SANTOS, João Manuel de. *Código civil brasileiro interpretado*. 12 ed. Rio de Janeiro: Freitas Bastos, 1988. v. XIX: direito das obrigações (arts. 1.363-1.504).

COMPARATO, Fábio Konder. Substitutivo ao Capítulo referente ao Contrato de Seguro no Anteprojeto de Código Civil. *Revista de direito mercantil, industrial, econômico e financeiro*, ano XI, n. 5, 1972.

CORDEIRO, António Menezes. *Direito dos Seguros*. Coimbra: Almedina, 2013.

CORDEIRO, António Menezes. *Tratado de Direito Civil I*. Coimbra: Almedina, 2016.

DELGADO, José Augusto. *Comentários ao novo Código Civil*: Das várias espécies de contrato. Do seguro. In: TEIXEIRA, Sálvio de Figueiredo (Coord.). Rio de Janeiro: Forense, 2004. v. XI, t. I.

DIAS, Daniel. *Sistematização do aviso do sinistro – Partes 1 e 2*, disponíveis em: https://www.conjur.com.br/2022-set-08/seguros-contemporaneos-sistematizacao-aviso-sinistro-segurador-parte. Acesso em: 29 jul. 2023.

DIAS, Daniel. *Mitigação de danos na responsabilidade civil*. São Paulo: Ed. RT, 2020.

GOLDBERG, Ilan. *Saber ou dever saber?* Eis a questão. Disponível em: https://www.migalhas.com.br/coluna/migalhas-de-responsabilidade-civil/342338/saber-ou-dever-saber-eis-a-questao. Acesso em: 29 jul. 2023.

GOLDBERG, Ilan; JUNQUEIRA, Thiago. Regulação do sinistro no século XXI. In: ROQUE, Andre Vasconcelos; OLIVA Milena Donato. *Direito na era digital*: aspectos negociais, processuais e registrais. Salvador: JusPodivm, 2022.

JUNQUEIRA, Thiago. Comentários ao art. 766 do Código Civil. In: GOLDBERG, Ilan; JUNQUEIRA, Thiago. *Direito dos Seguros*: comentários ao Código Civil. Rio de Janeiro: Forense, 2023.

MARTINEZ, Pedro Romano et al. *Lei do Contrato de Seguro anotada*. Coimbra: Almedina, 2011.

MIRAGEM, Bruno; PETERSEN, Luiza. *Direito dos Seguros*. Rio de Janeiro: Grupo GEN, 2022.

NEVES, José Roberto de Castro. Comentários ao art. 771 do Código Civil. In: GOLDBERG, Ilan; JUNQUEIRA, Thiago. *Direito dos Seguros*: comentários ao Código Civil. Rio de Janeiro: Forense, 2023.

PASSOS, Edilenice; LIMA, João Alberto de Oliveira. *Memória Legislativa do Código Civil*. Brasília: Senado Federal, 2012. v. 1.

PETERSEN, Luíza Moreira. A prescrição e a decadência no contrato de seguro: a prescrição da pretensão do segurado e o aviso de sinistro. In: OSMA, Félix Benito (Coord.). *Revista CILA* (Comité Ibero-Latinoamericano de AIDA). n. 3/2015 (septiembre-diciembre).

POÇAS, Luís. *O dever de declaração inicial do risco no contrato de seguro*. Lisboa: Almedina, 2013.

SÁNCHES CALERO, Fernando. *Ley de Contrato de Seguro*: Comentarios a la Ley 50/1980, de 8 de octubre, y a sus modificaciones, 4. edición. Navarra: Aranzadi, 2010.

TARTUCE, Flávio. Do contrato de seguro empresarial e algumas de suas polêmicas: natureza jurídica, boa-fé e agravamento do risco. In: GOLDBERG, Ilan; JUNQUEIRA, Thiago. *Temas atuais de direito dos seguros*. São Paulo: Thomson Reuters Brasil, 2020. t. I

TELES, Joana Galvão. Deveres de informação das partes. *Temas de Direito dos Seguros*. Coimbra: Almedina, 2012.

TEPEDINO, Gustavo; BARBOZA, Heloísa Helena; BODIN, Maria Celina. *Código Civil interpretado conforme a Constituição da República*. 2. ed. Rio de Janeiro: Renovar, 2012. v. II.

TEPEDINO, Gustavo; KONDER, Carlos Nelson; BANDEIRA, Paula Greco. *Fundamentos do Direito Civil*. Rio de Janeiro: Editora Forense, 2020. vol. 3, Contratos.

TERRA, Aline de Miranda Valverde. SALGADO, Bernardo. O risco no seguro garantia e o inadimplemento anterior ao termo. In: GOLDBERG, Ilan. JUNQUEIRA, Thiago (Coord.). *Temas atuais de Direito dos Seguros*. São Paulo: Thomson Reuters Brasil, 2020.

HORIZONTALIZAÇÃO NA CONTRATAÇÃO DOS SEGUROS DE RESPONSABILIDADE CIVIL

Walter A. Polido

Mestre em Direitos Difusos e Coletivos pela PUC-SP. Árbitro e autor de livros sobre seguros e resseguro. Professor universitário. Consultor-Parecerista.

Resumo: Um fator propulsor tem se sobressaído na escalada da demanda por seguros de responsabilidade civil no Brasil: *a horizontalização*. A conscientização sobre os riscos que cada profissional autônomo, assim como os empresários percebem em razão do desempenho de suas atividades perante clientes e terceiros em geral tem crescido significativamente. Esses movimentos resultam em demanda cada vez maior por seguros de responsabilidade civil, sendo que a exigência da prova da existência de um determinado seguro, de uma parte para com a outra – para a celebração dos mais diversos tipos de contratos, tem aumentado de forma expressiva. Anteriormente, o seguro não era um elemento de verificação. Este texto buscará elucidar o mencionado fenômeno, sistematizando os procedimentos usuais e até mesmo visando a sua aplicação ainda mais acentuada.

Sumário: I. Apresentação – II. Evolução do tema no mercado de seguros nacional – III. Gerenciamento da responsabilidade civil empresarial quando da participação de terceiros na atividade – IV. Tipos de exposições de riscos empresariais em face de terceiros que atuam por interesse do segurado principal da apólice de seguro de responsabilidade civil – V. Conclusões – Referências.

I. APRESENTAÇÃO

Aproximadamente no período de pouco mais de uma década, o mercado de seguros brasileiro tem vivenciado franca evolução do interesse na contratação dos mais diferentes tipos de Seguros de Responsabilidade Civil. Os empresários se dão conta de suas exposições em razão das múltiplas atividades e buscam a garantia dos próprios riscos no tocante à responsabilidade civil, como também acabam exigindo de outras empresas, que lhes prestam serviços, a comprovação de que possuem seguro de responsabilidade civil. Esse *modus operandi* nem sempre aconteceu dessa forma. No passado, apenas empresas conscientizadas de seus riscos contratavam seguros de responsabilidade civil e, por conta da expressiva possibilidade de grande parte dos empresários não contratar, aqueles que adquiriam o referido seguro buscavam ampliar o conceito de "segurado" nas respectivas apólices. De modo que elas pudessem acolher os eventuais prestadores de serviços ou mesmo aqueles não tão eventuais sob a mesma garantia oferecida ao segurado principal, o termo era estendido. Não deixava de ser um procedimento anômalo, certamente enfraquecendo o conceito da boa técnica securitária, além de não ampliar o número de contratantes do seguro.

A situação resumida nos parágrafos anteriores esteve presente em grande parte das apólices de riscos industriais emitidas no Brasil, por longo período. Era comum e até mesmo aceito de maneira natural o fato de que as empresas estrangeiras com subsidiárias no Brasil contratavam seguros de responsabilidade civil e aquelas genuinamente brasileiras não. As estrangeiras, por sua vez, buscavam a ampliação do conceito de segurado, justamente em razão daquele cenário. O tempo passou e o procedimento deixou de ser acolhido na mesma proporção que esteve presente nos anos anteriores.

Os contornos dessa mudança conceitual serão explorados no seguimento deste texto.

II. EVOLUÇÃO DO TEMA NO MERCADO DE SEGUROS NACIONAL

O padrão que prevalecia no mercado de seguros nacional até o despertar para as novas exigências, repise-se, estava centrado no fato de uma apólice de seguro de responsabilidade civil, contratada por uma determinada empresa, acolher no seu contexto várias outras empresas que de alguma forma pudessem causar algum tipo de dano a terceiras pessoas. O contrato de seguro, portanto, garantia a responsabilidade civil de outras empresas, sequer pertencentes ao mesmo grupo econômico do segurado principal. Essa transversalidade das operações seguradas era conhecida e praticada de maneira natural, apesar da disfunção que representava, inclusive sob aspectos comerciais, uma vez que os seguros de responsabilidade civil eram contratados por um número muito menor de empresas e profissionais autônomos.

Com base nesse paradigma estruturante, eram encontradas várias formas de aceitação de riscos, sendo que algumas delas ainda permanecem, apesar da anormalidade que elas comportam. O acolhimento desse tipo de cobertura, sem nenhuma salvaguarda para a seguradora, constitui um procedimento não só atécnico, como também demonstra a falta de amadurecimento dos métodos de subscrição de algumas seguradoras no país. Dentre as formas empregadas para a admissão de cobertura da parcela de responsabilidade civil de outrem na apólice do segurado principal, destacam-se as seguintes:

- Utilização do mesmo padrão estabelecido nos seguros de propriedades, na medida em que as apólices de seguros dessa categoria podem abranger garantias de interesses sobre bens de propriedade do segurado *ou de terceiros*, mas que estão sob o controle do segurado titular do seguro. Para determinar este tipo de situação, o mercado de seguros insere na apólice, no campo "segurado", a expressão *"por conta própria e/ou de terceiros"*. Em princípio, os seguros de propriedades só admitem a cobertura para bens próprios, sendo que deve ficar demonstrado o interesse legítimo do segurado sobre bens de terceiros sob a sua posse e/ou controle para fazerem jus à garantia da referida apólice. Através da mencionada expressão consignada na apólice, pretende-se deixar claro que a indenização poderá ser paga diretamente ao legítimo proprietário do bem atingido pelo sinistro coberto. Uma espécie de "cláusula de beneficiário", portanto, já que a garantia se refere a bens de terceiros que estão sob a posse do segurado. Nos seguros de responsabilidade civil, por sua vez, a apólice não garante originalmente a responsabilidade civil de outrem, mas tão somente a do próprio segurado e abrangendo aquela parcela proveniente de atos de terceiros sob a responsabilidade dele, mas tão somente em relação às situações preconizadas pela lei (por atos e fatos de empregados, subcontratados, filhos menores, prepostos, alunos, hóspedes, conforme o disposto no art. 932, CC).[1] Impende desta-

---

1. POLIDO, Walter A. *Seguro de Responsabilidade Civil*. Manual prático e teórico. Curitiba: Juruá, 2013, p. 427.

car, desde logo, que a utilização da expressão *"por conta própria e/ou de terceiros"* se mostra completamente descabida em apólices de seguros de responsabilidade civil. Mesmo na categoria dos seguros de propriedades o procedimento é inadequado e faz tempo, lembrando que o objeto do contrato de seguro, nos termos da legislação vigente, art. 757 do CC, repousa no *legítimo interesse* do segurado sobre determinada coisa, independentemente da titularidade sobre o bem garantido. A partir da pós-modernidade, as relações das pessoas com os mais diversos bens se tornaram cada vez mais fluidas. Atualmente, não mais persiste a vinculação efetiva de propriedade, com o mesmo grau que existia no passado recente, sendo que essa situação nem sempre é identificada instantaneamente. O conceito de *interesse segurável* também se transformou, ressignificando aquela visão patrimonialista que sempre permeou o Direito Civil, mesmo com a modernidade trazida pelo CC de 2002. As seguradoras brasileiras ainda não se adaptaram integralmente ao novo paradigma, apesar de o "novo" Código Civil ter mais de 20 anos, sendo que elas não podem persistir nos conceitos obsoletos por muito mais tempo em face da transformação tecnológica que é muito rápida, exponencialmente. Se ainda há resistência na admissão da contratação de mais de um seguro para um mesmo bem, por força do pensamento patrimonialista que permeava com rigor absoluto o Código Civil anterior de 1916, fruto de concepções do século XIX, atualmente essa resistência tem de ser neutralizada por conta das novas relações de consumo que se acentuam de forma muito ágil. O seguro de danos para um imóvel alugado, para exemplificar, sempre foi suscetível à existência de dois contratos de seguros *simultaneamente*, mesmo porque o *interesse* pela incolumidade do imóvel contra danos diversos é binário: do *proprietário-locador* e do *locatário*. O mercado de seguros brasileiro, mesmo diante dessa realidade fática e jurídica, sempre reagiu ao preceito e até hoje não admite duas apólices, mas apenas uma delas e, se for o locatário o contratante, é incluída uma cláusula a favor do proprietário do imóvel. Pontes de Miranda e Konder Comparato, desde há muito preconizaram, sob a legítima convivência das duas apólices e por conta do *legítimo interesse* que sempre foi o *objeto direto* do contrato de seguro e não a coisa ou a pessoa segurada. Respectivamente, os autores afirmaram: "o que se segura não é propriamente o bem, razão por que, nas expressões "seguro de bens" ou "seguro de coisas" e "seguro de responsabilidade", há elipse. O que se segura é o status quo patrimonial ou do ser humano (acidentes, vida). Segura-se o interesse positivo como se segura o interesse negativo";[2] "... o que o segurado garante pelo contrato não é propriamente uma coisa, mas o interesse que possui em relação a esta coisa".[3] A moderna doutrina não deixa espaço para o surgimento de eventual dúvida a respeito do objeto central do contrato de seguro: "e mais, um mesmo sinistro pode afetar e causar um dano a diferentes interesses patrimoniais, concorrentes, porém distintos e que são suscetíveis de se assegurar independentemente".[4] Com base nessa justificativa doutrinária, voltando ao exemplo do imóvel alugado, *retro*, na hipótese de o dano sofrido por ele ter sido causado por ato/fato do locatário, sendo o proprietário o contratante da apólice, de acordo com a letra da apólice, a seguradora indenizará o segurado (proprietário do bem) e se sub-rogará contra o causador efetivo do dano (locatário), nos termos do artigo 786 do CC. Na prática, todavia, a sub-rogação inocorre numa situação dessa e seria até mesmo injusta, caso houvesse a pretensão de acioná-la, diante da não admissão, pela seguradora, da contratação de apólice simultânea pelo locatário. Este procedimento, da não admissão de mais de uma apólice para o mesmo bem, apesar da natureza diferenciada do *interesse* sobre ele, é anacrônico e o mercado de seguros brasileiro precisa evoluir a respeito, ainda que tardiamente. Por conta do *princípio indenitário*[5] e muito voltado para o pensamento de que o seguro não

---

2. PONTES DE MIRANDA, Francisco Cavalcanti. *Tratado de Direito Privado*. Parte Especial, Rio de Janeiro: Borsoi, 1964, t. XLV, p. 275.
3. COMPARATO, Fábio Konder. *O Seguro de Crédito*. São Paulo: Ed. RT, 1968, p. 25.
4. COPO, Abel B. Velga. El *interés en el contrato de seguro*. Ensayo dogmático sobre el interés. España: Thomson Reuters – Civitas, 2018, p. 31.
5. O princípio indenitário remonta ao Código Comercial brasileiro de 1850, conforme o disposto no art. 677, no tocante aos seguros marítimos.

pode gerar enriquecimento, ou seja, a garantia do contrato de seguro não pode ultrapassar o valor da coisa, assim como está preconizado no art. 778 do CC, o mercado nacional sempre se manteve refratário à cobertura de um mesmo bem através de mais de uma apólice, apesar de os interesses seguráveis serem diferentes e não caracterizar, necessariamente, o sobresseguro. Ainda neste contexto, através do qual fica demonstrada a necessidade premente de os paradigmas de subscrição de riscos evoluírem, o fato de um consumidor utilizar uma bicicleta disponibilizada por um banco ou por um outro fornecedor qualquer, qual o interesse do usuário sobre a integridade do bem, de uso eventual e fluido? O usuário está isento de qualquer tipo de responsabilidade sobre os danos que porventura vier a causar ao bem utilizado e também a terceiras pessoas? Ele conhece, de fato, as bases contratuais desse tipo de serviço ao aderir, *automaticamente*, o procedimento de utilização do bem compartilhado? Embora sendo pouco provável a afirmação do questionamento provocado, sequer imaginado pelo senso comum quando da utilização dos serviços, juridicamente a situação não pode ser ignorada, pois ela existe na realidade cotidiana.[6] Projetando a utilização compartilhada para *automóveis elétricos*, não só o volume do bem aumenta, como também a aparente responsabilidade do usuário, até porque um veículo custa muito mais do que uma bicicleta e pode, aparentemente, causar danos a terceiras pessoas com maior gravidade. A responsabilização do usuário-aderente ao serviço, no entanto, é a mesma e não haveria como ser diferente. *O mercado de seguros nacional oferece cobertura para a responsabilidade civil dos usuários desses tipos de bens?* Muito recentemente foi divulgada pelo Órgão Regulador do mercado de seguros, a Circular Susep 639, de 9 de agosto de 2021, a qual, entre outras medidas, indicou a possibilidade de ser ofertado o seguro de Responsabilidade Civil do Condutor em relação a danos a terceiros, através do qual *não há qualquer identificação do veículo* utilizado pelo segurado da apólice. Com base nessa conceituação, a apólice pode admitir também a cobertura para os danos sofridos pelo *próprio veículo* utilizado pelo condutor, sem que haja qualquer identificação prévia do referido bem na apólice. Em outros mercados internacionais de seguros a cobertura para a Responsabilidade Civil do Condutor já existe há muito tempo, sendo que no Brasil sempre prevaleceu, como condição essencial, *a identificação do veículo segurado*, até o surgimento da nova regulamentação da Susep, *supra* indicada. A oferta desse tipo de produto pelas seguradoras nacionais, entretanto, ainda é extremamente reduzida e o comportamento ratifica a obsolescência dos conceitos de propriedade ainda presentes e de maneira significativa no mercado de seguros brasileiro.

• Cláusula de Responsabilidade Civil Cruzada. Através deste dispositivo contratual, pretende-se garantir numa mesma e única apólice a responsabilidade civil do segurado principal e dos demais cossegurados por danos causados a terceiros e também a responsabilidade civil por danos provocados entre eles (segurado principal e cossegurados entre si). Este mecanismo não é uma criação tipicamente brasileira, uma vez que pode ser encontrado em outros mercados e muito voltado aos

---

6. As Normas de Utilização determinam, dentre outras regras e bastante extensas, o seguinte: "14.4. O usuário deverá zelar pelo bom uso das estações e das bicicletas. Se o usuário empregar a bicicleta em uso diverso do ajustado, ou do uso a que se destina, ou se a bicicleta e/ou as estações forem danificadas ou se a bicicleta for perdida por culpa do usuário, além da reparação dos danos, a operadora poderá exigir perdas e danos, nos termos do artigo 570 do Código Civil brasileiro; 14.5. As cobranças referidas neste item serão efetivadas no prazo de até 10 (dez) dias da ocorrência do fato mediante cobrança no cartão de crédito ou por meio de boleto, podendo ultrapassar esse prazo devido a intercorrências administrativas. (...) 15.2. Considera-se uso inadequado da bicicleta: qualquer conduta que extrapole o uso comum de uma bicicleta urbana, como por exemplo: pedalar erguendo a roda dianteira da bicicleta; utilizar o freio dianteiro para erguer a parte traseira da bicicleta ou o freio traseiro para realizar derrapagens, pedalar em velocidade inadequada à via em que transita ou em desacordo com as normas de trânsito, bem como deixar a bicicleta desassistida, abandonada e/ou estacionada fora da Estação. Eventuais danos causados em decorrência dessas práticas serão cobrados do usuário; (...) 21.9. Não nos responsabilizamos por qualquer dano físico, material ou moral causado a si ou a terceiros durante o uso da bicicleta". Política de Condições Gerais de Uso de Sistema de Bicicletas Compartilhadas", no site https://bikeitau.com.br/wp-content/uploads/2021/06/Politica-de-Condicoes-de-Uso-1.pdf. Acesso em: 23 ago. 2023.

seguros de Responsabilidade Civil Obras Civis, sendo que nos canteiros de obras, de um modo geral, atuam inúmeros empreiteiros e subempreiteiros. Há diferentes níveis de coberturas oferecidos por este tipo de cláusula, sendo que no Brasil se limita à garantia dos danos pessoais causados de um empreiteiro para outro, assim como em relação aos danos materiais a *bens não envolvidos diretamente* com a obra objeto da apólice (essa determinação reduz drasticamente a cobertura oferecida).[7]

- Segurados Nomeados *(named insured)* e Segurados Adicionais *(additional insured)*. Essa nomenclatura é utilizada de forma mais expressiva nos EUA, sendo que no Brasil este conceito ainda não se desenvolveu completamente. Nas apólices específicas de seguros ambientais,[8-9] a referida indicação é usual, determinando que o Segurado Nomeado se refere ao segurado principal da apólice, representado pelas empresas interligadas ou pertencentes a um mesmo grupo econômico. O Segurado Adicional, por sua vez, aparece de maneira incidental, notadamente quando ele interfere na operação empresarial prestando algum tipo de serviço específico em nome e/ou por interesse da empresa, mesmo porque ele não faz parte dela. A empresa de engenharia ambiental que estiver prestando, por exemplo, um serviço de limpeza em uma determinada área do complexo industrial, pode ser designada na apólice de seguro ambiental sob a condição de "segurada adicional", sendo que a garantia visa tão somente preservar os interesses do "segurado nomeado". Com base nessa nomenclatura, na hipótese de uma ação do Ministério Público, por exemplo, ser interposta contra o segurado nomeado e/ou contra o segurado adicional ou contra os dois, não haverá nenhum tipo de óbice na cobertura do seguro, destacando que o segurado adicional sempre estará sujeito à sub-rogação de direitos da seguradora do segurado nomeado. O direito de regresso preservado para a seguradora, indica a necessidade de o segurado adicional contratar a sua apólice pela prestação de serviços ambientais, em face de sua exposição aos riscos inerentes.

O passar do tempo tem demonstrado que o mecanismo que servia de base para que uma mesma e única apólice de seguro de responsabilidade civil, ao ser contratada por uma empresa consciente de seus riscos e respectivas exposições, atrelava inúmeras outras empresas e profissionais no seu âmbito de cobertura, está deixando de existir. Efetivamente, nenhuma seguradora está obrigada a garantir este tipo de situação, sendo que ela sequer recebe informações suficientes sobre cada um dos protagonistas da apólice. A ausência de informação gera, inclusive, dificuldade na precificação adequada dos riscos. A tendência tem seguido no sentido de que cada empresário, cada profissional deve buscar a contratação do seu seguro de maneira individualizada. Além disso, o fato de a seguradora poder aceitar um conjunto de participantes, não significa, necessariamente,

---

7. Modelo de cláusula praticado no mercado segurador: "Cobertura de Responsabilidade Civil Cruzada – 1. Considerando-se o pagamento de um prêmio adicional, e não obstante o que em contrário possa constar da Cláusula 19 – Cobertura de Responsabilidade Civil, fica estabelecido que: 1.1. A palavra Segurado, quando usada nesta cláusula, significa as empresas especificadas neste contrato; 1.2. A cobertura e as disposições da cláusula de Responsabilidade Civil, aplicam-se para cada Segurado da mesma forma como se tivesse sido contratado um seguro separado para cada um deles; 1.3. A responsabilidade da Seguradora, apesar do disposto no subitem 1.2 anterior, não excederá o limite previsto na cobertura de Responsabilidade Civil, ainda que um mesmo evento garantido pela cláusula envolva um dos Segurados ou todos eles; 1.4. O desligamento de qualquer dos Segurados será efetuado sem devolução de prêmio, cessando imediata e automaticamente a cobertura em relação ao excluído; 1.5. Os Segurados indicados nesta cláusula são considerados terceiros entre si, exceto no tocante a bens ou coisas diretamente envolvidas com a obra objeto deste seguro". N.A.: Impende destacar que os danos sofridos pelos próprios bens objeto da obra, devem ser garantidos através da apólice de seguro específica, do ramo Riscos de Engenharia.

8. POLIDO, Walter Antonio. *Seguros para Riscos Ambientais no Brasil*. 5. ed. Curitiba: Juruá, 2021.

9. POLIDO, Walter A. Seguro de Riscos Ambientais no Brasil: particularidades. In: GOLDBERG, Ilan. JUNQUEIRA, Thiago (Coord.). *Temas Atuais de Direito dos Seguros*. São Paulo: Thomson Reuters Brasil, 2020. t. II.

que ela abriu mão do direito de ressarcimento, por conta da sub-rogação contra aquele que efetivamente provocou os danos garantidos, não sendo o segurado principal da apólice. A preocupação atual está muito mais voltada para a perenidade ou o alongamento da garantia do seguro, protraindo-se no tempo, em relação àqueles que efetivamente são segurados nas apólices, do que na garantia de protagonistas eventuais no âmbito das atividades empresariais seguradas. Desse modo, as exigências recaem sobre a consideração dos diretores e administradores *atuais* e *futuros*, também se estendendo sobre aqueles *já afastados* (aposentadoria; término do mandato; saída voluntária) em relação ao seguro de Responsabilidade Civil de Diretores e Administradores (D&O); sobre a continuidade de cobertura, na apólice de Responsabilidade Civil Produtos, de produtos já distribuídos e que deixaram de ser produzidos e comercializados; cobertura para a responsabilidade civil de produtos que foram distribuídos exclusivamente no Brasil, mas acabaram sendo exportados por outrem (exportação indireta); responsabilidade civil póstuma sobre áreas que já foram ocupadas pela empresa, em relação ao Seguro Ambiental; a ampliação e até mesmo a fluidez do conceito de "interesse segurável" em face do avanço tecnológico e da movimentação de bens entre vários agentes do comércio eletrônico; outras situações pontuais. A subscrição e o controle de tais exposições de riscos são muito mais viáveis e inerentes às garantias que podem ser contempladas pelas apólices de seguros de responsabilidade civil contemporâneas, do que a admissão de cobertura para pessoas além dos segurados principais. Cada empresário, cada profissional, repise-se, deve contratar o respectivo seguro de responsabilidade civil, individualmente. Os corretores de seguros estão cientes dessa realidade e sequer se movimentam em sentido contrário, uma vez que o mercado de seguros é refratário à adoção de modelos antiquados de contratação de seguros de responsabilidade civil.

III. GERENCIAMENTO DA RESPONSABILIDADE CIVIL EMPRESARIAL QUANDO DA PARTICIPAÇÃO DE TERCEIROS NA ATIVIDADE

Sempre que ocorrer a participação de terceiras pessoas (naturais e jurídicas) no desempenho das atividades empresariais, há que existir o olhar sobre as responsabilidades advindas e de modo não só a identificá-las, como também para gerenciar, suprimir, transferir ou mitigar os possíveis riscos. A questão nodal deste texto está voltada para as *demais pessoas e/ou empresas* intervenientes nas operações cotidianas do segurado principal, sem vínculo societário com ele. A produção em cadeia de um mesmo grupo econômico, fica de fora das considerações, até porque se trata de uma situação padrão e os seguros da área de responsabilidades podem contemplar todas as coligadas numa mesma apólice e sob a condição de cosseguradas. Interessa especular, portanto, as responsabilidades advindas nas relações de pessoas e/ou empresas sem vínculo com o segurado principal e que atuam na prestação de um serviço, cujo leque de atividades é impossível de enumerar em face da diversidade encontrada. Um sem número de situações acontecem e nem todas elas passam pelo crivo interno e pela atenção devida dos próprios empresários e, não menos raro, pela atenção dos analistas de riscos para fins de seguros (corretores de seguros e subscritores das seguradoras).

A sociedade pós-moderna e consumista, propiciou uma acentuada diversificação nas relações, com a atuação de muitos protagonistas no desempenho das atividades empresariais. Este cenário, repise-se, não pode passar despercebido dos corretores de seguros, enquanto analistas de riscos, sendo que o contato direto que eles mantêm com os proponentes dos seguros permite conhecer as diferentes situações e de modo a mencioná-las na proposta e/ou nos questionários, cujos documentos servirão para a análise dos subscritores das seguradoras. O corretor de seguros tem a oportunidade, inclusive, de orientar os seus clientes a respeito das possíveis exigências que podem ser feitas por eles em relação aos seguros de responsabilidade civil junto dos prestadores de serviços que eles contratam. Não há um padrão predefinido a ser aplicado, sendo que cada proponente de seguro pode apresentar situações peculiares, cuja análise deve ser feita de forma individualizada.

A detecção de todas as situações possíveis passa pela especialização dos profissionais de seguros envolvidos, desde a proposta inicial do seguro, até o momento crucial da análise das informações, de modo a subscrever os riscos, estabelecendo os *termos e condições* adequados para aquele determinado segurado. A elaboração de Questionários objetivos e de modo que as informações a serem prestadas sejam efetivas, já demanda especialização de quem os redige. Ultrapassada essa fase pré--contratual importantíssima, a qual pode e deve requer contatos pessoais entre as partes interessadas (proponente do seguro/ corretor de seguros) e até mesmo para esclarecer/modificar/preencher possíveis respostas desconformes e/ou inexatas, a fase seguinte, da subscrição, analisará as informações, de forma aguçada, com o objetivo de converter as exposições de riscos seguráveis em coberturas efetivamente garantidas pelo contrato de seguro.

Quanto maior e mais diversificada for a empresa na sua atuação, a prática demonstra que ela também apresenta situações multiformes de atuações de diversos protagonistas externos para a obtenção/entrega do produto e/ou serviço final. As condições contratuais das apólices de responsabilidade civil não podem ignorar este cenário e sob pena de criar não só conflitos no momento crucial do sinistro, como também a possível inocuidade do seguro contratado, sendo que essas situações são inadmissíveis em face dos consumidores. A eventual desconformidade das exposições de riscos em face das coberturas efetivamente determinadas pelas apólices, não pode simplesmente ser suportada pelo segurado, usualmente a parte aderente do contrato de seguro. Antes da seguradora que emitiu a apólice, *responsabilizando-se pela sua utilidade*, aparece o corretor de seguros, cuja atuação é remunerada através de parcela do prêmio pago pelo segurado, intermediário entre as partes contratantes, *pressupondo-se a sua especialização profissional* no setor. O ônus, portanto, não repousa no segurado, repise-se, na hipótese de ele ter sido mal assistido profissionalmente. Esse viés consumerista não se restringe aos seguros de massa e, na medida em que a *exigência do conhecimento profissional* em seguros é *principiológica*, espraia-se para todos os tipos de contratos avençados, também nos chamados grandes riscos. A norma legal preconizada pelo artigo 423 do CC, ratifica a afirmação feita.

No seguimento deste texto, serão analisadas determinadas situações pontuais de exposições de riscos relativas à atuação de terceiros na atividade empresarial segurada e os possíveis tratamentos no âmbito dos seguros de responsabilidade civil.

IV. TIPOS DE EXPOSIÇÕES DE RISCOS EMPRESARIAIS EM FACE DE TERCEIROS QUE ATUAM POR INTERESSE DO SEGURADO PRINCIPAL DA APÓLICE DE SEGURO DE RESPONSABILIDADE CIVIL

1. Profissionais da Saúde

Na prestação de serviços no setor de saúde, várias situações são encontradas, em face das inter-relações que os profissionais apresentam, a partir do momento em que exercem a profissão além do âmbito do consultório, na condição de autônomos. Os profissionais, notadamente os médicos, podem atuar em hospitais de maneira contínua ou eventualmente, assim como podem locar espaço – p. ex. um centro cirúrgico, liderar equipe cirúrgica,[10] atuar como credenciados de operadoras de planos de saúde[11] e também sob a condição de terceirizados em empresas de todos os tipos, entre outras possibilidades. Essas situações repercutem em diferentes responsabilidades, quer proveniente da atuação individual do profissional, quer das empresas onde eles praticam a medicina, quer solidariamente. Há, inclusive, natureza diversa para a caracterização da responsabilidade civil: *subjetiva* para o profissional autônomo;[12] *objetiva* para a pessoa jurídica.[13]

As empresas (hospitais, clínicas e afins), de um modo geral, sempre buscaram se garantir dos riscos inerentes à atividade desenvolvida, contratando o seguro de Res-

---

10. Equipe médica: responsabilidade civil isolada de cada membro, desde que possa ser atribuída a culpa pela falha na tarefa desempenhada. Se um médico controla/coordena todo o processo cirúrgico ele será o responsável pelos danos causados ao paciente. O médico-chefe da equipe responde solidariamente.

11. Recurso especial. Processual civil. Consumidor. Civil. Responsabilidade solidária das operadoras de plano de saúde. Erro médico. Defeito na prestação do serviço. Dano moral reconhecido. Valor da indenização. Majoração. Recurso provido. 1. Se o contrato for fundado na livre escolha pelo beneficiário/segurado de médicos e hospitais com reembolso das despesas no limite da apólice, conforme ocorre, em regra, nos chamados seguros-saúde, não se poderá falar em responsabilidade da seguradora pela má prestação do serviço, na medida em que a eleição dos médicos ou hospitais aqui é feita pelo próprio paciente ou por pessoa de sua confiança, sem indicação de profissionais credenciados ou diretamente vinculados à referida seguradora. A responsabilidade será direta do médico e/ou hospital, se for o caso. 2. Se o contrato é fundado na prestação de serviços médicos e hospitalares próprios e/ou credenciados, no qual a operadora de plano de saúde mantém hospitais e emprega médicos ou indica um rol de conveniados, não há como afastar sua responsabilidade solidária pela má prestação do serviço. 3. A operadora do plano de saúde, na condição de fornecedora de serviço, responde perante o consumidor pelos defeitos em sua prestação, seja quando os fornece por meio de hospital próprio e médicos contratados ou por meio de médicos e hospitais credenciados, nos termos dos arts. 2º, 3º, 14 e 34 do Código de Defesa do Consumidor, art. 1.521, III, do Código Civil de 1916 e art. 932, III, do Código Civil de 2002. Essa responsabilidade é objetiva e solidária em relação ao consumidor, mas, na relação interna, respondem o hospital, o médico e a operadora do plano de saúde nos limites da sua culpa. 4. Tendo em vista as peculiaridades do caso, entende-se devida a alteração do montante indenizatório, com a devida incidência de correção monetária e juros moratórios. 5. Recurso especial provido. REsp 866371/RS – Recurso Especial 2006/0063448-5 – Relator: Ministro Raul Araújo. Órgão Julgador: T4 – Quarta Turma. Data do Julgamento: 27.03.2012. Fonte: DJe 20.08.2012 – STJ.

12. Responsabilidade civil subjetiva do profissional liberal: art. 14, § 4º, do CDC.

13. Responsabilidade civil objetiva da pessoa jurídica, art. 14, *caput*, do CDC.

ponsabilidade Civil Profissional (*Medical Malpractice Insurance*),[14] incluindo o risco da atuação dos diferentes profissionais, quer daqueles efetivos do quadro, quer dos eventuais. Contemporaneamente, a situação se mantém, mas o fenômeno da horizontalização tem modificado a natureza da operação: é comum as empresas exigirem, do profissional autônomo que adentra nos locais sob o controle e/ou responsabilidade delas, a comprovação de que possui o seguro de Responsabilidade Civil Profissional correspondente ao exercício da atividade. Ainda que a empresa disponha do seu próprio seguro, o fato de ela exigir a referida comprovação da existência do seguro dos autônomos, altera a exposição do risco dela perante a sua seguradora, na medida em que esta tem a garantia do possível ressarcimento, por conta do sinistro indenizado pela apólice empresarial. Restando provada a culpabilidade do profissional autônomo, naquela determinada ocorrência, a seguradora, sub-rogada, buscará o ressarcimento junto ao culpado e este, possuindo uma apólice de Responsabilidade Civil Profissional individual, confere maior garantia do pagamento. Essa horizontalização, inclusive, pode constituir fator de verificação por parte da seguradora da apólice RC Profissional empresarial, inclusive na precificação do seguro, uma vez verificada a garantia do possível ressarcimento. Esta gestão de riscos não pode passar despercebida dos empresários do setor, como também dos corretores de seguros enquanto analistas efetivos de riscos, sendo que estes devem orientar os seus clientes a respeito.

No tocante ao repertório jurisprudencial, o campo é bastante fértil e produz decisões para as mais diversas situações vivenciadas, podendo ser utilizadas como parâmetros de gestão dos riscos, com vistas na contratação dos seguros de responsabilidade civil

---

14. Seguro de Responsabilidade Civil Profissional de Erro Médico, também conhecido por Responsabilidade Civil Erros e Omissões (E&O). A expressão "erro médico" tem sido combatida atualmente, sendo que há corrente na doutrina que advoga pela sua impropriedade: "... adequado seria utilizar a expressão Acidente Médico-hospitalar (AMH), pois por AMH pode-se entender uma intercorrência médico-hospitalar imprevisível e não satisfatória, causadora de dano decorrente de culpa ou não. Desse modo, pode ocorrer sem que haja necessariamente um erro médico, de modo que aquele abrangeria maior número de situações do que este, em casos de defeitos na prestação dos serviços médicos", conforme LIMA, Alexandre Augusto Batista de. Erro Médico: expressão obsoleta e suas implicações. In: TITO, Karenina Carvalho. MELO, Auricélia do Nascimento. MEDEIROS, Maria Gessi-Leila. *Temas contemporâneos de responsabilidade civil*. Natal-RN: Polimatia, 2022, p. 96. [e-book – acesso gratuito: www.oabpi.org.br/cartilhas/. Acesso em: 14 ago. 2023. O Colégio Brasileiro de Cirurgiões (CBC) apresentou ao Conselho Nacional de Justiça um pedido de providências para a revisão da expressão "erro médico" nas ações indenizatórias de todo o país, conforme noticiou o Consultor Jurídico: conjur.com.br – 10.08.2023. Disponível em: https://www.conjur.com.br/2023-ago-10/entidade-fim-expressao-erro-medico-acoes-judiciais. Acesso em: 14 ago. 2023. Este tema, "erro médico" e/ou "acidente médico-hospitalar", está diretamente relacionado à *"iatrogenia"*, cujo conceito permeia as discussões doutrinárias e judiciais a respeito da atuação dos profissionais da saúde. Iatrogênico: *é todo prejuízo provocado por ato médico em pessoas sadias ou doentes*, conforme SORIN, Miguel. Iatrogenia problemática general. Buenos Aires: El Ateneo, 1975. A iatrogenia tem o sentido da influência benéfica, ou nociva, que o médico e seu comportamento têm sobre a ação terapêutica, na preleção de LAIN ENTRALGO P. História de la medicina. Barcelona: Salvat, 1978. Atualmente, o mesmo autor ressalta que "esta amplitude semântica do termo não mais persiste", e assinala que "a palavra iatrogenia designa os aspectos negativos ou nocivos dessa influência, vinculado ao tratamento". Exemplos de situações iatrogênicas: mastectomia na mulher; reações alérgicas pelo uso de contrastes radiológicos; gastrectomias; cirurgias mutiladoras; massagem cardíaca acompanhada de fratura de costelas; cirurgia plástica estético-embelezadora na qual o paciente criou expectativas infundadas não reveladas (não assumidas pelo cirurgião) com resultado não esperado e consequente desilusão, tristeza e revolta; etc. Ver: CARVALHO, José Carlos Maldonado de. *Iatrogenia e Erro Médico sob o enfoque da Responsabilidade Civil*. Rio de Janeiro: Lumen Juris, 2005.

correspondentes. O ponto que merece destaque, dado o escopo deste texto, o fato de as seguradoras apresentarem, não sem razão, resistência à pretensão de uma única apólice acolher profissionais diversos, especialmente em relação àqueles sem vínculo permanente com o segurado principal, suprimindo o exercício do direito de regresso contra os efetivos causadores das perdas e danos reclamados no exercício da profissão de cada um deles. Cada atuante deve dispor, como condição mandatória, da apólice de Responsabilidade Civil Profissional individual.

No segmento dos Seguros de Responsabilidade Civil Profissional, as mais diversas categorias profissionais são atendidas pelo mercado de seguros na oferta e comercialização de coberturas para as possíveis demandas de terceiros e/ou clientes em razão de falhas no desempenho das atividades correspondentes, prejudicando-os. No campo do operador do Direito, é usual os advogados subestabelecerem para outros profissionais, mormente em face das longas distâncias geográficas no país, repercutindo em economia de custos. O subestabelecimento implica na assunção de responsabilidade civil por conta daquele que contrata o outro para representá-lo e esta situação implica em majoração do prêmio do seguro de Responsabilidade Civil Profissional do escritório de advocacia. Também nessa situação, o fato de prevalecer a sub-rogação de direitos para a seguradora emitente da apólice E&O, pode mitigar a cobrança do prêmio adicional, sendo que o contratante pode exigir, do subestabelecido, a contratação do seguro de Responsabilidade Civil Profissional, como condição prévia para a prestação do mencionado serviço.

Não só no campo da atividade médica e da advocacia é possível acontecer o envolvimento esporádico de profissionais alheios aos quadros funcionais e/ou societários, para a realização de serviços específicos. Desse modo, a questão da verificação da existência de uma apólice de Responsabilidade Civil Profissional individualizada, como pré-condição para a contratação de serviços, pode repercutir de maneira geral. Não existindo o seguro, a exigência da contratação, determinada pelo contratante, pode repercutir em vantagens, já comentadas anteriormente neste tópico.

2. Transportes terceirizados de empregados, alunos, atletas, artistas, outros

A utilização de transportes terceirizados pelas empresas, de um modo geral, constitui a prática preponderante na atualidade. Uma forma de transferência de risco empresarial, na medida em que a gestão da operação deixa de ser ponto de atenção das empresas, podendo se concentrar nas suas respectivas atividades-fim.

No que se refere à responsabilidade civil dos contratantes dos serviços, especialmente no tocante a empregados,[15] alunos, atletas e outras categorias de pessoas transportadas, não resta nenhum tipo de dúvida sobre o alcance e a possibilidade de as empresas

---

15. Ver: POLIDO, Walter A. anos Pessoais sofridos por empregados do segurado durante a circulação de veículos: aspectos jurídicos e técnicos das coberturas. In: TZIRULNIK, Ernesto. BLANCO, Ana Maria. CAVALCANTI, Carolina. XAVIER, Vítor Boaventura. (Org.). *Direito do Seguro Contemporâneo*. Edição comemorativa dos 20 anos do IBDS. São Paulo: Contracorrente, 2021, p. 275-304.

serem responsabilizadas em havendo danos, não importando se o transporte foi ou não terceirizado. O fato de o serviço ser repassado a outrem, não significa que a gestão dos riscos, por parte dos contratantes, deva ser ignorada. O padrão de verificação e de exigências determinantes, assim como o tipo da frota a ser disponibilizada, as medidas de manutenção e de prevenção de acidentes, treinamentos dos motoristas, entre outros, são mandatórios. Entre as exigências, a contratação do seguro de responsabilidade civil é fundamental. O contratante dos serviços deve exigir e verificar o cumprimento, pelo contratado, não só em relação às condições de coberturas que devem ser consistentes, como também a determinação de um limite adequado de garantia. Essas pré-condições, nem sempre são percebidas e requeridas de forma cuidadosa pelas empresas nacionais. Usualmente, elas buscam a inclusão do risco na apólice contratada diretamente por elas, através do seguro de Responsabilidade Civil Operações[16] e/ou nas condições de Responsabilidade Civil Empregador, cuja medida resolve a questão para a empresa. Todavia, pelo fato de a seguradora manter o direito de regresso contra os prestadores dos serviços, eles podem ser surpreendidos com essa situação. Se tivesse sido exigido deles a contratação do seguro correspondente, o prejuízo seria diluído. Este ponto deve ser considerado pelo corretor de seguros, enquanto analista de riscos e provedor de soluções de coberturas para os clientes dele, sendo que as empresas precisam gerir essa transferência de riscos para terceiros, impondo exigências pontuais para o cumprimento dos serviços, passando pela comprovação da contratação de seguro de responsabilidade civil. Impende destacar, que na eventualidade de as empresas contratadas não possuírem liquidez em face de eventuais obrigações de indenizar por danos provocados por elas ou, ainda que exista seguro de responsabilidade civil contratado por elas e o limite de cobertura seja insuficiente, a empresa contratante sempre será responsável subsidiariamente, respondendo de forma integral ou complementar, de modo que as vítimas sejam devidamente indenizadas.

3. *Sistemas de dados digitais – Riscos Cibernéticos*

A civilização, na pós-modernidade, parece estar refém do mundo digital, na medida, inclusive, que já são alardeados o *pós-humanismo* e os avanços alcançados através da IA,[17] apesar da utopia que reveste a pretensão. Embora esta pretensão não tenha sido alcançada, os reflexos do desenvolvimento tecnológico na sociedade, mais precisamente no cotidiano das pessoas, são alarmantes e criam novos riscos, sendo que nem todos eles são perfeitamente contidos, sequer conhecidos os possíveis efeitos futuros. Os elemen-

---

16. As condições contratuais da apólice do Seguro de RC Estabelecimentos Comerciais e/ou Industriais (Operações) ou do Seguro RC Empregador, usualmente trazem o seguinte risco coberto: "danos corporais sofridos por empregados, quando a serviço do segurado ou durante o percurso de ida e volta ao trabalho, *sempre que a viagem for realizada por veículo contratado pelo segurado*". A garantia fica limitada aos riscos de Morte e Invalidez Permanente.

17. IA – Inteligência Artificial *"área de pesquisa que tenta emular a inteligência humana em uma máquina. As áreas dentro da IA incluem sistemas baseados em conhecimento, sistemas especialistas, reconhecimento de padrões, aprendizado automático, compreensão da linguagem natural, robótica e outras"*, conforme KURZWEIL, Ray. *A Era das Máquinas Espirituais*. São Paulo: Aleph, 2007, p. 412.

tos *nanotechs*, presentes no dia a dia, nos mais diferentes produtos que são consumidos mundialmente, *quase* suplantaram as preocupações que sempre estiveram presentes em relação aos *produtos geneticamente modificados* (ogm), certamente não decifrados por inteiro até o momento e persistem indagações[18] acerca dos eventuais efeitos nos seres vivos. Maria Garcia questiona, assertivamente sobre a evolução tecnológica, aduzindo que "a tecnologia é produto do livre arbítrio do homem e de sua cultura e deve ser referida a seus valores e ética, e não aos gestores das grandes corporações".[19] As palavras da prestigiada professora constitucionalista ainda não tocaram a todos, com certeza. Na preleção de Borjes, Gomes e Engelmann, "ainda que se leve em conta a velocidade atingida pelo desenvolvimento tecnológico, em evidente descompasso com a evolução do ordenamento jurídico brasileiro, não se pode admitir uma sociedade "cega", blindada dos riscos que poderão advir da utilização das nanotecnologias".[20] Hans Jonas colmata, afirmando: "as novas obrigações reais ainda não podem ser sistematizadas, pois só começarão a se tornar visíveis como reflexo dos fatos novos da práxis tecnológica".[21] A indústria de seguros não pode se apartar dessas discussões, ficando alheia aos debates, sequer em relação às inquietudes. Como promotora de garantia para exposições de riscos e representadas pelos mais diversificados "interesses seguráveis", as seguradoras profissionais devem prover coberturas aos interessados, desde que sejam cientificamente analisados todos os fatores inerentes. No caminhar da humanidade pós-moderna, não se vislumbra qualquer tipo de estagnação; longe disso, o avanço tecnológico é muito mais rápido do que a própria ciência do Direito pode prever, antecipando-se. A defasagem é uma constante e o mercado segurador deve trabalhar com este elemento, na medida em que o negócio de seguros tem como objetivo oferecer garantia, tranquilidade, certeza da continuidade das atividades econômicas e profissionais. A era tecnológica determina um novo olhar sobre a atividade seguradora e transcende dos conceitos construídos no século passado, em grande parte. Não há paliativo para a continuidade da atividade, se o setor pretender, de fato, cumprir o seu papel.

A utilização de algoritmos é real e invadiu todos os setores da atividade humana de forma positiva, mas trouxe também efeitos nefastos, sendo que a quantificação e a

---

18. Longe de se tornarem um tema pacífico, os *ogm* propiciam, até mesmo, a construção de novas teses a respeito da responsabilidade civil cabendo, para justificar essa asserção, a preleção de Patrícia Lemos: *"o nexo causal deve ser apreciado como questão jurídica e não fática, repousando suas bases na relação entre o dano e a potencialidade do agente de evitá-lo. Propugnamos por verdadeira responsabilidade preventiva".* In: LEMOS, Patrícia Faga Iglecias. *Resíduos Sólidos e Responsabilidade Civil Pós-Consumo.* 3. ed. São Paulo: Ed. RT, 2014, p. 258. Também Frota doutrina com este mesmo olhar: "a flexibilização do nexo causal, com construções como causalidade alternativa, causalidade virtual e presunção de causalidade, entre outras, permite que danos anteriormente não reparados possam, no mínimo, adentrar no campo de análise da literatura jurídica e dos tribunais, como no caso de danos difusos ambientais e/ou nas situações de responsabilidade coletiva". In: FROTA, Pablo Malheiros da Cunha. *Responsabilidade por Danos. Imputação do nexo de causalidade.* Curitiba: Juruá, 2014, p. 285.

19. GARCIA, Maria. *Limites da Ciência.* A dignidade da pessoa humana. A ética da responsabilidade. São Paulo: Ed. RT, 2004, p. 141.

20. BORJES, Isabel Cristina Porto. GOMES, Taís Ferraz. ENGELMANN, Wilson. *Responsabilidade Civil e Nanotecnologias.* São Paulo: Atlas, 2014, p. 140.

21. JONAS, Hans. *O princípio responsabilidade.* Ensaio para uma ética para a civilização tecnológica. Rio de Janeiro: Contraponto e PUC-Rio, 2006, p. 351.

mensuração deles é o primeiro desafio para se poder adotar medidas de precaução e de prevenção, ao menos mitigatórias. Interessante ressaltar as reflexões que outros países têm entabulado acerca da *utilização de robôs*, por exemplo, assim como os princípios traçados pelo Parlamento Europeu sobre o tema, em resolução de 16 de fevereiro de 2017: "Princípio 52: Considera que, seja qual for a solução jurídica aplicável à responsabilidade civil pelos danos causados por robôs em caso de danos não patrimoniais, o futuro instrumento legislativo não deverá nunca limitar o tipo ou a extensão dos danos a indenizar nem as formas de compensação à parte lesada, pelo simples fato de os danos terem sido provocados por um agente não humano".[22] O seguro, nesta concepção, tem caráter *compulsório*, além da constituição de um *fundo de compensação* objetivando aquelas situações eventualmente não amparadas pelo contrato de seguro ou também, conforme as indagações de Henrique Antunes: "prevenção da insolvabilidade da seguradora? Financiamento de medidas de prevenção ou, mesmo, de precaução dos danos? Financiamentos das entidades de fiscalização? Outros fins?",[23] sendo que ainda não foram traçadas as posições definitivas a respeito. As reflexões aqui mencionadas resultaram no Regulamento do "Regime de Responsabilidade Civil aplicável à Inteligência Artificial", cujo trabalho foi publicado pelo Parlamento Europeu em 20 de outubro de 2020, incluídas as considerações pertinentes ao seguro de responsabilidade civil, conforme as notas introdutórias 23 a 25 do referido Regulamento.[24] Ocorrerá, também, a promulgação da

---

22. ANTUNES, Henrique Sousa. Inteligência Artificial e Responsabilidade Civil. In: ROCHA, Manuel Lopes. PEREIRA, Rui Soares (Coord.). *Inteligência Artificial & Direito*. Coimbra: Almedina, 2020, p. 32.

23. Op. cit., p. 32.

24. (...) Seguros e sistemas de IA

23. Considera que a cobertura da responsabilidade é um dos principais fatores que define o sucesso das novas tecnologias, produtos e serviços; observa que uma cobertura adequada da responsabilidade também é essencial para garantir ao público que pode confiar na nova tecnologia, não obstante a possibilidade de existirem danos ou ações legais movidas pelas pessoas lesadas; observa, ainda, que este sistema regulamentar se centra na necessidade de explorar e reforçar as vantagens dos sistemas de IA, ao mesmo tempo que estabelece salvaguardas sólidas;

24. Considera que, com base no grande potencial de causar danos ou prejuízos e tendo em conta a Diretiva 2009/103/CE do Parlamento Europeu e do Conselho, de 16 de setembro de 2009, relativa ao seguro de responsabilidade civil que resulta da circulação de veículos automóveis e à fiscalização do cumprimento da obrigação de segurar esta responsabilidade, todos os operadores dos sistemas de IA de alto risco enumerados no anexo do regulamento proposto devem ser titulares de um seguro de responsabilidade civil; considera que um regime de seguro obrigatório dessa natureza para sistemas de IA de alto risco deve abranger os montantes e a extensão da indenização previstos no regulamento proposto; está ciente do fato de que essa tecnologia ainda é muito rara, uma vez que pressupõe um elevado grau de tomada de decisão autônoma e que, por conseguinte, os debates atualmente em curso estão sobretudo orientados para o futuro; considera, no entanto, que a incerteza relativamente aos riscos não deve tornar os prêmios de seguro proibitivamente elevados e, por conseguinte, um obstáculo à investigação e à inovação;

25. Considera que um mecanismo de indenizações a nível da União, financiado com fundos públicos, não é a solução ideal para colmatar eventuais lacunas em matéria de seguros; considera que a falta de dados sobre os riscos associados aos sistemas de IA, combinada com a incerteza quanto à evolução futura, torna difícil o setor dos seguros encontrar produtos de seguros adaptados ou novos; considera provável que deixar que os seguros obrigatórios sejam totalmente desenvolvidos pelo mercado resulte numa solução única aplicável a todos os casos, com prêmios desproporcionalmente elevados e incentivos errados, incentivando os operadores a optarem pelo seguro mais barato e não pela melhor cobertura, podendo tornar-se um obstáculo à investigação e à inovação; defende que a Comissão deve trabalhar em estreita colaboração com o setor dos seguros para ver como será possível utilizar dados e modelos inovadores para criar políticas de seguros que ofereçam uma cobertura adequada a um preço acessível;

"*AI Liability Directive*", cujo instrumento não revogará o Regulamento, mas o complementará. Há, nessas iniciativas, também a proposta de revisão da Diretiva 85/374/EEC, a qual tratou da responsabilidade civil dos fabricantes de produtos defeituosos e serviu de base, inclusive, para a elaboração do Código de Defesa do Consumidor no Brasil. Com o avanço tecnológico e a introdução de produtos com componentes de inteligência artificial no mercado, a União Europeia sentiu a necessidade de rever aquele instrumento, próximo dos quarenta anos de existência. A proposta da *AI Liability Directive*, busca amainar a questão da responsabilidade subjetiva no tocante à responsabilização do fornecedor de produtos AI e a assimetria de conhecimento existente entre consumidor e fornecedor. A Diretiva cria, com este propósito, dois mecanismos: *a presunção de causalidade* (quando a falha do produto por identificada com facilidade diante das circunstâncias do caso) e *o direito de acesso às evidências* (acesso às informações sobre o sistema IA de alto risco com evidência de ter provocado o dano reclamado pela vítima). A responsabilidade civil objetiva resolveria as questões, mas foi evitada pelo sistema europeu, o qual apenas amenizou a possível dificuldade de comprovação do dano pelo prejudicado, mediante a inserção dos dois mecanismos citados. Esses novos estamentos legais movimentarão o segmento de seguros, requerendo a adaptação das condições contratuais das apólices de forma tal e visando absorvê-los positivamente, sendo impossível imaginar qualquer tipo de dissociação, menos ainda a apatia diante dos fatos e/ou a recusa da absorção dos novos tipos de exposições de riscos. Os seguros de Responsabilidade Civil Produtos e também os seguros de Responsabilidade Civil Profissional são diretamente afetados por essas mudanças tecnológicas e normativas legais. O mercado de seguros brasileiro, impende destacar, não está fora desse cenário e das discussões pertinentes, sendo que também aqui medidas no tocante aos novos riscos e às coberturas a serem oferecidas precisam ser empreendidas, urgentemente.

No Brasil, o Projeto de Lei 2.338/2023, do Senado, dispõe sobre o uso da Inteligência Artificial, mas sequer menciona a garantia financeira que seria representada pelo contrato de seguro de responsabilidade civil, diferentemente da postura dos legisladores europeus, sendo que essa ausência só pode ser lamentada, na medida em que ela demonstra a falta de cultura nacional no tocante aos seguros de um modo geral, em prejuízo da sociedade. Uma vez promulgada a lei, em face da ausência legislativa, o seguro será tratado de forma facultativa, dependendo do interesse de cada fornecedor[25] e operador[26] de sistemas de inteligência artificial. Convém destacar a importância que os seguros têm nos países desenvolvidos, assim como ficou demonstrado no Regulamento da Responsabilidade Civil da Inteligência Artificial, da União Europeia, sendo que na nota 25 do referido

---

25. Fornecedor de sistema de inteligência artificial: pessoas natural ou jurídica, de natureza pública ou privada, que desenvolva um sistema de inteligência artificial, diretamente ou por encomenda, com vistas a sua colocação no mercado ou a sua aplicação em serviço por ela fornecido, sob seu próprio nome ou marca, a título oneroso ou gratuito. (definição contida no art. 4º, inciso II, do PL 2338/2023)

26. Operador de sistema de inteligência artificial: pessoas natural ou jurídica, de natureza pública ou privada, que empregue ou utilize, em seu nome ou benefício, sistema de inteligência artificial, salvo se o referido sistema for utilizado no âmbito de uma atividade pessoal de caráter não profissional (definição contida no art. 4º, inciso III, do PL 2338/2023)

instrumento, reproduzida *retro*, a "Comissão deve trabalhar em estreita colaboração com o setor dos seguros para ver como será possível utilizar dados e modelos inovadores para criar políticas de seguros que ofereçam uma cobertura adequada a um preço acessível". No tocante ao regime da responsabilidade civil, o projeto de lei brasileiro adota *dois mecanismos* determinantes, ou seja, a *responsabilidade objetiva* quando o sistema de IA for de alto risco e da *culpa presumida*, aplicando-se a inversão do ônus da prova em favor da vítima, quando não se tratar de sistema de alto risco.[27] Haverá elisão da responsabilidade quando ficar comprovado que o agente não colocou o sistema de IA em circulação, empregou ou tirou proveito dele e também quando o dano se der por fato exclusivo da vítima ou de terceiro, assim como em decorrência de caso fortuito externo (arts. 27 a 29). As apólices de seguros nacionais, repise-se, principalmente as dos seguros de Responsabilidade Civil Produtos e de Riscos Profissionais são alvos diretos desses novos estamentos, cabendo ao mercado antecipar-se nas discussões, ficando preparado para oferecer as garantias necessárias, prontamente. No campo da inovação tecnológica, já presente no cotidiano, a contratação dos seguros mencionados deve levar em conta as necessidades atuais de garantias, revisitando as condições contratais das apólices, usualmente "padronizadas" no mercado brasileiro e com nível de absorção de novos riscos muito baixo. Há uma revolução tecnológica em curso e o mercado de seguros precisa estar presente, atuando no mesmo compasso. Qual empresa atualmente não dispõe de algum tipo de inovação tecnológica no desempenho de suas atividades ou mesmo como provedora de tecnologias? As suas respectivas apólices de seguros estão atualizadas de modo a atenderem os novos conceitos? Elas exigem, por sua vez, que os fornecedores de tecnologias apresentem a comprovação de que dispõem de seguros de responsabilidade civil bem estruturados, mitigando os riscos e garantindo a elas as eventuais indenizações por falhas na prestação dos referidos serviços? A continuidade dos negócios pode estar em jogo, uma vez ausente a garantia protetiva do seguro.

Os temas são tão vastos e conexos a respeito do desenvolvimento tecnológico que não se pode pretender exauri-los nessa oportunidade. No que pertine ao escopo deste texto, precisamente a assunção da responsabilidade civil por conta da atividade de contratados ou a exigência da comprovação de seguros contratados por eles, convém destacar algumas situações pontuais. Sempre que uma empresa contrata serviços de informática de outra, o processo cria automaticamente duas situações: (a) possíveis perdas e danos sofridos pelo *contratante* por conta de falhas nos serviços; (b) possíveis perdas e danos sofridos por *terceiras pessoas* (clientes/pacientes/consumidores) do contratante por conta de falhas nos serviços. A responsabilidade civil decorrente, apresenta diferentes conotações: na *primeira situação*, ela corresponde diretamente ao contratado, razão pela qual é usual que os contratantes exijam a comprovação da existência de Seguro de Responsabilidade Civil garantindo indenizações decorrentes de erros e omissões no desempenho da atividade profissional; na *segunda situação*, a responsabilidade primeira

---

27. Os sistemas de IA de "alto risco" estão previstos no art. 17 do PL 2338/2023, podendo ser ampliado o rol, conforme o disposto no art. 18 do mesmo instrumento legislativo.

será do contratante em face das terceiras pessoas prejudicadas que com ele se relacionam comercialmente. A seguradora do contratante, indenizando os terceiros prejudicados, uma vez sub-rogada, promoverá o ressarcimento, se for devido, junto ao efetivo causador das perdas e danos, o contratado. Essa construção possibilita que os seguros funcionem, conforme o objeto de interesse garantido pelas apólices, de maneira individualizada, o que é normal acontecer em qualquer sociedade desenvolvida. A ideia que se tinha no Brasil de uma única apólice de responsabilidade civil garantir de maneira sistêmica toda a cadeia de riscos e respectivos interesses, sendo que o procedimento envolvia diferentes empresas – sequer associadas, não encontra mais eco no mercado de seguros atual. Cada empresa deve contratar o seu seguro individualizado, sem exceção. A aceitação de modelo diverso a essa base conceitual, se for concretizada, terá como pressuposto uma situação que em princípio justifique a adoção, assim como, para exemplificar, um contrato sob o regime de *"joint venture"* de duas ou mais empresas para a concepção e a execução de um determinado projeto individualizado: *de informática; de engenharia e/ou arquitetura; fabricação de um produto etc.*

No campo da contratação de um projeto de sistema computacional, também envolvendo a sua manutenção, despontam as mais diversas situações geradoras de possíveis perdas e danos, assim como os respectivos custos para repará-los, ora relacionados diretamente com o *contratante*, ora com *terceiras pessoas* que interagem com ele comercialmente:

- Falhas no projeto/instalação/manutenção do sistema (*hardware* e *software*) pelo prestador de serviços
- Falhas na proteção dos dados
- Invasão do sistema por terceira pessoa com ameaça e/ou devassa das informações pessoais ou corporativas (extorsão, chantagem, quebra da privacidade, divulgação de dados sensíveis)
- Perdas causadas por empregados
- Perdas de dados decorrentes de roubo ou desaparecimento
- Publicação indevida de informação que pode ocasionar a violação de leis, ou de direitos de terceiros (propriedade intelectual, privacidade, sigilo profissional, outros)
- Custos de defesa do segurado (perante órgãos reguladores, esfera judicial)
- Custos de investigação de uma ocorrência
- Custos com a recomposição dos dados, inclusive não eletrônicos

A exigência a ser feita pelo contratante dos serviços, para que o contratado comprove a existência de uma apólice de Seguros de Responsabilidade Civil de Riscos Cibernéticos, não é matéria de fácil gestão, mesmo porque o procedimento requer conhecimento sobre o referido seguro, especialmente sobre as coberturas e as exclusões previstas de modo geral nas apólices disponibilizadas pelas seguradoras do mercado. Podem ser encontrados vários tipos de apólices e algumas delas voltadas especificamente para a garantia dos riscos profissionais inerentes a este tipo de atividade. Desse modo, nem sempre a exigência poderá ser atendida de forma satisfatória, mormente na hipótese de os pré-requisitos estarem desconectados da realidade do mercado de seguros. Este fator, todavia, não é impeditivo para que a exigência seja requerida pelo contratante dos serviços, na medida em que o seu corretor de seguros pode auxiliá-lo na formulação dos requisitos pertinentes ao contrato de seguro exigível. O fato de o contratante dispor de uma apólice de Seguro de Riscos Cibernéticos, não equivale a afirmar que também o *prestador dos serviços contratado* (projeto/instalação/manutenção do sistema) conta com a mesma proteção, automaticamente garantida pela apólice. De fato, o contratado não é um *cossegurado* no referido contrato de seguro, sendo que por conta da sub-rogação de direitos, a seguradora poderá acioná-lo, pleiteando o ressarcimento da indenização que pagou, sempre que a ocorrência do sinistro puder ser atribuída por ato/fato do contratado. Por essa razão, o contratado deve dispor de apólice específica garantindo a sua individual responsabilidade.

4. Distribuição de Produtos

Na distribuição de produtos de modo geral, notadamente no exterior, pode acontecer de determinados importadores[28] e/ou vendedores-distribuidores[29] exigirem a comprovação da existência do Seguro de Responsabilidade Civil Produtos, inclusive com a designação deles na apólice sob a condição de *cossegurados*. Exigem, algumas vezes, a apresentação de um Certificado de Seguro, demonstrando os dados principais da apólice brasileira. Este tipo de exigência nem sempre é atendida de forma pronta e tampouco com a extensão pretendida. Verdadeiramente, o importador, com esse comportamento, está buscando se desvencilhar do ônus da responsabilidade que ele tem no seu país, em razão da distribuição de produtos brasileiros, sendo que ele deveria contratar o seguro de Responsabilidade Civil Produtos localmente. Através desse tipo de solicitação, o ônus pela contratação do referido seguro fica com o fabricante brasileiro, sempre que for admitida a condição de cossegurado para o distribuidor estrangeiro. Assim como o ordenamento brasileiro preconiza a responsabilidade civil do *importador* brasileiro em razão de produtos provenientes do exterior, conforme o disposto no art. 12 do CDC, as legislações estrangeiras adotam o mesmo mecanismo de proteção dos consumidores. Impende esclarecer que a garantia do seguro de Responsabilidade Civil Produtos se aplica no território nacional, assim como ela pode se estender para os territórios estrangeiros, de modo geral. A questão dos importadores que solicitam a condição expressa de *cossegurados* na apólice brasileira é apenas uma situação pontual e isolada.

Além da eventual assunção da responsabilidade civil de estrangeiros pelo segurado fabricante de produtos no Brasil e distribuídos por eles no exterior, outra situação peculiar se apresenta e merece ser destacada: a empresa segurada pode comercializar seus produtos exclusivamente no território nacional, sendo que outra empresa incorpora os produtos segurados ao seu *produto final*, colocando-o em países estrangeiros.

---

28. *Hold-harmless Agreement* – contrato de isenção de responsabilidade. In: POLIDO, Walter A. Seguros de *Responsabilidade Civil*. Manual prático e teórico. Curitiba: Juruá, 2013, p. 737.

29. *Vendors' Endorsements – Limited Form e Broad Form*, sendo que o modelo "broad form" abrange também a cobertura para os riscos das operações completadas – *completed operations* (montagens, assistência técnica etc.), além do risco da distribuição em si dos produtos. In: POLIDO, Walter A. *Seguros de Responsabilidade Civil*. Manual prático e teórico. Op. cit., p. 736.

O procedimento, conhecido por "exportação indireta" de produtos, se não estiver estipulado de forma objetiva na apólice de Responsabilidade Civil Produtos do fabricante nacional, muito provavelmente repercutirá em prejuízos para ele pela não garantia do seguro, conhecida a possibilidade de a seguradora do produto final, uma vez sub-rogada, buscar o ressarcimento junto ao fabricante do produto componente que foi adicionado ao produto final, do qual originou as perdas e danos no exterior.

A inovação tecnológica em curso, já comentada *supra*, reflete de maneira expressiva no segmento do seguro de Responsabilidade Civil Produtos, requerendo novos conceitos em face das exposições de riscos também modificadas. Os modelos de apólices que foram construídos há algum tempo atrás no Brasil, podem não atender no atual cenário, requerendo atualizações.[30] Os corretores de seguros devem estar atentos a este tipo de situação, assim como as seguradoras devem se antecipar modificando as condições contratuais comercializadas. Os seguros *devem ser úteis* para os segurados.

5. *Descontaminação de Áreas*

Seja em razão da autopromoção da limpeza de áreas contaminadas, seja por determinação de autoridade competente, os serviços pertinentes importam em exposições de riscos significativas. A operação de remediação e/ou limpeza é usualmente realizada por empresas especializadas, contratadas pela empresa interessada na descontaminação. O mercado de seguros oferece duas possibilidades de coberturas para o denominado *Contractors' Pollution Liability* (CPL): (1) CCIP – *Contractor-Controlled Insurance Policy* – quando o seguro é adquirido diretamente pelo empreiteiro contratado para executar os serviços; e (2) OCIP – *Owner-Controlled Insurance Policy* – quando é adquirido pelo contratante dos serviços.[31] A segunda possibilidade (OCIP), pode ser contratada para garantir *em excesso* da responsabilidade do contratado (CCIP), sendo que o contratante dos serviços pode exigir que o empreiteiro-executante contrate o seguro CCIP. Uma questão, extremamente relevante, repousa na incidência do conceito "segurado adicional", conforme já foi comentado *supra*, na modalidade OCIP.

6. *Disposição final de Resíduos em Locais de Terceiros*

Em razão principalmente da promulgação da Lei 12.305, de 02 de agosto de 2010 (Política Nacional de Resíduos Sólidos), a destinação final de rejeitos passou a ter capital importância para as empresas produtoras. Aterros sanitários receptores de tipos especiais de resíduos foram construídos e a responsabilidade civil apresenta novos contornos, assim como a questão da responsabilidade compartilhada pelo ciclo de vida dos produtos,

---

30. POLIDO, Walter A. Circular Susep 637, de 27.07.2021, dispõe sobre os seguros do grupo de responsabilidades. Disponível em: www.conhecerseguros.br – Centro de Pesquisas – Publicações Digitais Gratuitas (2021) / O que esperar de resultado do mercado de seguros em razão da flexibilização das bases contratuais promovida pela Circular Susep 621/2021 e Resolução CNSP 407/2021. Disponível em: www.conhecerseguros.br – Centro de Pesquisas – Livros e Artigos Científicos – Acesso em: 17 ago. 2023.

31. POLIDO, Walter Antonio. *Seguros para Riscos Ambientais no Brasil*. 5. ed. Curitiba: Juruá, 2021, p. 243.

logística reversa, padrões sustentáveis de produção e consumo, reciclagem, reutilização. O fato de os resíduos industriais terem a sua destinação final em locais de terceiros, ou seja, a operação é realizada por empresas especializadas, não significa a cessação da responsabilidade civil dos produtores. De modo a mitigar esse cenário, as empresas podem exigir que os aterros contratados por elas disponham de Seguro Ambiental específico e com coberturas adequadas e limite de garantia suficientemente significativo para fazer frente a possíveis sinistros envolvendo também os resíduos que ela destinou para aquele local. Os corretores de seguros devem estar atentos a essa realidade de risco e respectiva exposição, sendo primordial que ela seja devidamente avaliada e sobre todos os contornos envolvidos. Usualmente, os profissionais de seguros sempre se limitaram a observar e a considerar, para a projeção das exposições dos riscos nos seguros de propriedades, inclusive para estabelecer o valor da perda máxima provável, eventos relacionados e/ou provenientes principalmente daquelas situações curiais como incêndio, explosão, alagamento, climáticos, perdas de produção. Os danos ambientais, assim como o olhar sobre a destinação final de rejeitos, ainda não passam pela atenção concentrada dos profissionais do setor de seguros no Brasil, apesar da produção de eventos catastróficos já presenciados e do ordenamento jurídico existente.

V. CONCLUSÕES

O tema central deste texto – *a horizontalização da exigência de comprovação da existência de apólice de seguro de responsabilidade civil* – realizada pelo contratante de serviços junto ao contratado, constitui fenômeno recente no Brasil e ainda não alcançou o seu auge. Em razão da falta de cultura sobre seguros que ainda persiste no país e nos mais diferentes setores econômicos, muitas vezes a referida exigência deixa de ser requerida, mesmo porque o contratante também não dispõe de seguros ou, quando contrata determinadas apólices, elas podem possuir garantias insignificantes em face das reais exposições de riscos existentes e/ou os limites se situam em patamares muito baixos, sendo que o seguro pode se aproximar na inocuidade. Este cenário, de descaso para com o seguro, apesar da natureza garantidora que ele apresenta, foi significativamente alterado no Brasil nas duas últimas décadas principalmente, mas ainda há um largo espaço a ser preenchido. O termo "horizontalização", cunhado que foi para propugnar que os direitos fundamentais previstos na Constituição também devem ser invocados diretamente nas relações privadas,[32] foi emprestado para este texto com a finalidade de designar a exigência do contratante em relação àquele que se propõe a ser contratado por ele, da comprovação da existência de uma apólice de seguro de responsabilidade civil. Não há nenhuma espécie de altruísmo nesse procedimento, mesmo porque o contratante só está preocupado com ele mesmo e busca se garantir, na hipótese de sofrer algum prejuízo em decorrência da prestação do serviço contratado, que será prontamente indenizado pela seguradora, independentemente da liquidez do contratado.

---

32. Ver SARMENTO, Daniel. *Direitos Fundamentais e Relações Privadas*. 2. ed. Rio de Janeiro: Lumen Juris, 2006.

Subjacente ao tema central deste texto, a questão dos *interesses* segurados, sendo que o contrato de seguro tem como objeto justamente a *garantia de interesses*, conforme o disposto no *caput* do art. 757, do CC, desvinculado da coisa ou da pessoa. Por essa razão, a possibilidade de existir mais de um contrato de seguro garantindo um mesmo bem corpóreo é patente, na medida em que diferentes pessoas podem ter interesses (necessidade, valia econômica, usufruto, possibilidade de sofrer desvantagem econômica etc.) também diversos sobre ele. Na preleção de Margarida Rego, "pode precisar-se que o interesse corresponde à relação de valor entre um sujeito e um bem".[33] Calmeiro finaliza, afirmando: "os interesses não coincidem, mas apenas concorrem sobre a mesma coisa",[34] sendo necessário destacar que o mesmo conceito relativo ao interesse sobre bens corpóreos e incorpóreos, também se aplica a *pessoas* em se tratando de seguros. Esse paradigma estruturante do contrato de seguro contemporâneo, não só dá azo à existência de mais de um contrato de seguro, como também ele desconstrói o procedimento que há muito foi praticado no mercado de seguros brasileiro, representado pela admissão de várias pessoas sob a condição de "segurado principal", ainda que o interesse de cada uma delas tivesse diferente conotação. Cada pessoa, cada interessado numa determinada situação de risco que possa lhe causar um prejuízo financeiro, deve contratar o seu respectivo seguro, individualmente. A sub-rogação de direitos, preconizada nos artigos 346 a 351 do CC, aplicável à seguradora que indeniza perdas e danos causados por outrem, deve ser preservada sempre, para o equilíbrio do sistema e o fomento da contratação de seguros, elevando a produção do mercado. Convém destacar, todavia, que a ação regressiva constitui um *direito* da seguradora e não uma *obrigação*, sendo que a eventual renúncia, livremente exercida por ela, representa um ato jurídico perfeito, incontestavelmente. Naqueles contratos de seguros que envolvem expressivamente o resseguro, em face dessa relação não individualizada, a seguradora-cedente pode ser instada a promover o ressarcimento, mesmo porque o direito discricionário dela, se relativiza.

Com os fundamentos apresentados *supra*, as apólices de seguros de responsabilidade civil devem garantir os interesses seguráveis diretos de cada segurado, sendo que a responsabilidade de outrem deve ficar circunscrita aos interesses do segurado principal (ou nomeado), mantido o direito de sub-rogação da seguradora. Não há mais justificativa plausível para a admissão de "cossegurados" diversos indiscriminadamente, em especial para aqueles sem qualquer relação de sociedade com o segurado principal. Exceções continuam sendo admitidas, mas elas são limitadas a determinados parâmetros: (i) a título de *cobertura subsidiária* - responsabilidade civil indireta do segurado principal em razão da possível iliquidez do causador direto dos danos – *um transportador de mercadorias do segurado*, por exemplo; ou (ii) *cobertura complementar e/ou em excesso* – diante da limitação econômica de o causador direto do dano liquidar a obrigação em face dos danos por ele causado. Os contratos de seguros de responsabilidade civil são subscritos a partir desses conceitos. De todo modo, a cláusula de sub-rogação da

---

33. REGO, Margarida Lima. *Contrato de Seguro e Terceiros*. Coimbra: Wolters Kluwer – Coimbra Editora, 2010, p. 216.
34. CALMEIRO, Ana Serra. *A Pluralidade de Seguros*. Coimbra: Almedina, 2021, p. 91.

seguradora se mantém intacta na apólice, podendo ser acionada, se for exequível para a seguradora exercer a prerrogativa do direito.

O Brasil, módico em *seguros obrigatórios* de responsabilidade civil, se comparado aos países europeus, tem, repise-se, um largo espaço a ser preenchido. Desde os anos 1980, Orlando Gomes, ao propugnar pelo *giro conceitual* de *ato ilícito* para *dano injusto*, indicava o seguro de responsabilidade civil como o meio mais eficaz para a monetarização dos riscos suportados em sociedade, socializando-os. Não sem críticas na ocasião, mormente sob a alegação de que o seguro amplamente comercializado romperia os filtros da dissuasão, o ilustre autor defendia a ideia contrapondo que "a responsabilidade civil não perde a 'sua lógica nem a sua moralidade', como pensam alguns, e adquire, por outro lado, uma carga pesada de solidarismo, como outros acreditam".[35] A pretensão do autor, na atualidade, ainda não alcançou a sua plenitude, mas não significa afirmar que somente através da *compulsoriedade* de inúmeros tipos de seguros de responsabilidade civil poderá ser efetivada, exitosamente. A obrigatoriedade de seguros no Brasil, de longa data, nunca foi uma medida acertada e sempre se mostrou ineficaz.[36] A facultatividade da contratação encontra mais eco na sociedade em face da cultura do país, ainda marcado pela imposição desmedida de atos governamentais, inclusive durante regimes não democráticos. A vontade do povo, não sendo efetivamente representada, deixa de prosperar.

Para concluir, ainda que os avanços *na busca* e *na oferta* de produtos de seguros de responsabilidade civil, no mercado nacional, ocorram de forma mais lenta, percorrendo o caminho passo a passo, mesmo assim a prevalência do regime da não compulsoriedade se mostra o mais acertado. O seguro de responsabilidade civil, seja qual for a atividade por ele alcançada e com destaque para o setor empresarial, deve representar apenas uma entre outras *garantias financeiras de livre opção* para o empreendedor/fornecedor, em face das exposições de riscos criadas por ele. A horizontalização estabelecida entre parceiros privados paritários constitui procedimento perfeitamente legítimo e deve ser estimulado sempre, desde que seja mantida a lógica necessária subjacente nos contratos de seguros: *cada interessado deve contratar o seu próprio seguro individualmente*. Qualquer eventual exigência que deixe de acolher essa premissa, se mostrará disfuncional e, como tal, não terá chance alguma de prosperar.

---

35. GOMES, Orlando. Tendências modernas na teoria da responsabilidade civil. In: FRANCESCO, José Roberto Pacheco di. (Org.). *Estudos em homenagem ao Professor Silvio Rodrigues*. São Paulo: Saraiva, 1989, p. 302.

36. O Decreto-lei 73, de 21 de novembro de 1966 (Sistema Nacional de Seguros Privados), determina os seguros obrigatórios no país, sendo que o referido artigo foi regulamentado pelo Decreto-lei 61.867, de 07 de dezembro de 1967. Dentre os obrigatórios, há um rol de seguros de responsabilidades. Leis especiais também introduziram seguros obrigatórios e até mesmo instrumentos infralegais, sendo que esta categoria contraria flagrantemente a prerrogativa exclusiva da União de legislar sobre seguros no país, conforme o disposto no art. 22, inciso VII, da Constituição Federal. A compulsoriedade de seguros no Brasil, repise-se, não tem alcançado plenamente o objetivo pretendido, na medida em que não há controle e fiscalização adequadas sobre o cumprimento da obrigação, na maioria das situações preconizadas. A contratação do Seguro de Responsabilidade Civil pelo Construtor de Imóveis em Zonas Urbanas, para exemplificar, previsto na alínea "c", do art. 20 do citado DL 73/1966, é realizada 'facultativamente', uma vez que não há nenhum tipo de controle da exigência legal, por qualquer órgão da administração direta, mesmo por aqueles com a prerrogativa de conceder o alvará ou licença para a construção. A lei, portanto, deixa de ser efetiva.

REFERÊNCIAS

ANTUNES, Henrique Sousa. Inteligência Artificial e Responsabilidade Civil. In: ROCHA, Manuel Lopes. PEREIRA, Rui Soares (Coord.). *Inteligência Artificial & Direito*. Coimbra: Almedina, 2020.

BORJES, Isabel Cristina Porto. GOMES, Taís Ferraz. ENGELMANN, Wilson. *Responsabilidade Civil e Nanotecnologias*. São Paulo: Atlas, 2014.

CALMEIRO, Ana Serra. *A Pluralidade de Seguros*. Coimbra: Almedina, 2021.

CARVALHO, José Carlos Maldonado de. *Iatrogenia e Erro Médico sob o enfoque da Responsabilidade Civil*. Rio de Janeiro: Lumen Juris, 2005.

COMPARATO, Fábio Konder. *O Seguro de Crédito*. São Paulo: Ed. RT, 1968.

CONSULTOR JURÍDICO: conjur.com.br – 10.08.2023. Disponível em: https://www.conjur.com.br/2023-a-go-10/entidade-fim-expressao-erro-medico-acoes-judiciais. Acesso em: 14 ago. 2023.

COPO, Abel B. Velga. *El interés en el contrato de seguro*. Ensayo dogmático sobre el interés. España: Thomson Reuters – Civitas, 2018.

FROTA, Pablo Malheiros da Cunha. *Responsabilidade por Danos*. Imputação do nexo de causalidade. Curitiba: Juruá, 2014.

GARCIA, Maria. *Limites da Ciência. A dignidade da pessoa humana*. A ética da responsabilidade. São Paulo: Ed. RT, 2004.

GOMES, Orlando. Tendências modernas na teoria da responsabilidade civil. In: FRANCESCO, José Roberto Pacheco di (Org.). *Estudos em homenagem ao Professor Silvio Rodrigues*. São Paulo: Saraiva, 1989.

JONAS, Hans. *O princípio responsabilidade. Ensaio para uma ética para a civilização tecnológica*. Rio de Janeiro: Contraponto e PUC-Rio, 2006.

JUNQUEIRA, Thiago. *Tratamento de Dados Pessoais e Discriminação Algorítmica nos Seguros*. São Paulo: Thomson Reuters Brasil, 2020.

KURZWEIL, Ray. *A Era das Máquinas Espirituais*. São Paulo: Aleph, 2007.

LAIN ENTRALGO P. *História de la medicina*. Barcelona: Salvat, 1978.

LEMOS, Patrícia Faga Iglecias. *Resíduos Sólidos e Responsabilidade Civil Pós-Consumo*. 3. ed. São Paulo: Ed. RT, 2014.

LIMA, Alexandre Augusto Batista de. Erro Médico: expressão obsoleta e suas implicações. In: TITO, Karenina Carvalho. MELO, Auricélia do Nascimento. MEDEIROS, Maria Gessi-Leila. *Temas contemporâneos de responsabilidade civil*. Natal-RN: Polimatia, 2022. [e-book – acesso gratuito: www.oabpi.org.br/cartilhas/] Acesso em: 14 ago. 2023.

POLIDO, Walter A. *Seguro de Responsabilidade Civil*. Manual prático e teórico. Curitiba: Juruá, 2013.

POLIDO, Walter A. Seguro de Riscos Ambientais no Brasil: particularidades. In: GOLDBERG, Ilan. JUNQUEIRA, Thiago (Coord.) *Temas Atuais de Direito dos Seguros*. t. II. São Paulo: Thomson Reuters Brasil, 2020.

POLIDO, Walter Antonio. *Seguros para Riscos Ambientais no Brasil*. 5. ed. Curitiba: Juruá, 2021.

POLIDO, Walter A. anos Pessoais sofridos por empregados do segurado durante a circulação de veículos: aspectos jurídicos e técnicos das coberturas. In: TZIRULNIK, Ernesto. BLANCO, Ana Maria. CAVALCANTI, Carolina. XAVIER, Vítor Boaventura. (Org.) *Direito do Seguro Contemporâneo*. Edição comemorativa dos 20 anos do IBDS. São Paulo: Contracorrente, 2021.

POLIDO, Walter A. Subscrição/*underwriting*. Quem é o segurado na apólice de seguros de responsabilidade civil? Disponível em: www.conhecerseguros.br – Centro de Pesquisas – Livros e Artigos Científicos. Disponível em: https://conhecerseguros.com.br/centro-de-pesquisa-academica-e-publicacoes/publicacoes-digitais/seguros-rc-quem-e-o-segurado/, 2022.

POLIDO, Walter A. Circular Susep 637, de 27.07.2021, dispõe sobre os seguros do grupo de responsabilidades. Disponível em: www.conhecerseguros.br – Centro de Pesquisas – Publicações Digitais Gratuitas (2021).

POLIDO, Walter A. O que esperar de resultado do mercado de seguros em razão da flexibilização das bases contratuais promovida pela Circular Susep 621/2021 e Resolução CNSP 407/2021. Disponível em: www.conhecerseguros.br – Centro de Pesquisas – Livros e Artigos Científicos (2021).

POLIDO, Walter Antonio. *Contratos de Resseguro na Arbitragem*. Teoria e Prática. Curitiba: Juruá, 2023.

POLÍTICA de Condições Gerais de Uso de Sistema de Bicicletas Compartilhadas". Disponível em: https://bikeitau.com.br/wp-content/uploads/2021/06/Politica-de-Condicoes-de-Uso-1.pdf. Acesso em: 23 ago. 2023.

PONTES DE MIRANDA, Francisco Cavalcanti. *Tratado de Direito Privado*. Parte Especial. Rio de Janeiro: Borsoi, 1964. t. XLV.

REGO, Margarida Lima. *Contrato de Seguro e Terceiros*. Coimbra: Wolters Kluwer – Coimbra Editora, 2010.

SARMENTO, Daniel. *Direitos Fundamentais e Relações Privadas*. 2. ed. Rio de Janeiro: Lumen Juris, 2006.

SORIN, Miguel. *Iatrogenia problemática general*. Buenos Aires: El Ateneo, 1975.

SOBRE A RELAÇÃO CAUSAL ENTRE O AGRAVAMENTO DO RISCO E A OCORRÊNCIA DA PERDA NO SEGURO DE DANOS – A LEGISLAÇÃO URUGUAIA SOBRE CONTRATOS DE SEGUROS E SUA PROJEÇÃO NA DOUTRINA E NA JURISPRUDÊNCIA DO DIREITO COMPARADO

SOBRE LA RELACIÓN CAUSAL ENTRE LA AGRAVACIÓN DEL RIESGO Y LA OCURRENCIA DEL SINIESTRO EN EL SEGUROS DE DAÑOS LA LEY DE CONTRATO DE SEGUROS DE URUGUAY Y SU PROYECCIÓN EN DOCTRINA Y JURISPRUDENCIA DE DERECHO COMPARADO

Juan José Martínez-Mercadal

Especialista en Derecho de Daños. Magíster en Derecho con orientación en Derecho de Daños de la Facultad de Derecho, Universidad de la República/Uruguay. Diplomado en Derecho e Innovación de la Facultad de Derecho, Universidad de Tucumán. Alumno de los Cursos de Actualización Jurídica válidos para el Doctorado en Derecho (área civil) de la Facultad de Derecho de la Universidad de Buenos Aires. Docente Asistente de Derecho Civil II (Obligaciones, Contratos y Responsabilidad Civil) y III (Contratos Especiales) de la Facultad de Derecho de la Universidad de la República/ Uruguay. Docente de Posgrado en la Maestría de Derecho, Orientación Derecho de Daños y en la Carrera de Especialización en Derecho de Daños en la Escuela de Posgrado de la Facultad de Derecho de la Universidad de la República/ Uruguay. Miembro del Núcleo de Derecho Civil (Grupo de Investigación de la Universidad de la República/ Uruguay). Secretario de redacción de Revista Crítica de Derecho Privado (Uruguay). Abogado.

Resumen: Los análisis sobre la exigencia de la relación causal para concatenar la omisión del asegurado de comunicar un agravamiento del estado de riesgo y el siniestro han despertado encontrados debates en doctrina y jurisprudencia. Con sustento en la nueva ley uruguaya de contratos de seguros, que construye un subsistema de Derecho que procura dialogar con el Derecho de Consumo, en el presente capítulo procuramos ingresar en un aspecto que hace al diálogo del Derecho de Seguros con la Teoría General del Derecho Privado y desentrañar el correcto significado en relación a la exigencia, o no, de prueba de la relación causal entre el hecho, omisión o comportamiento que se constituye en agravación del estado del riesgo y el acaecimiento del evento (siniestro) a efectos de permitir liberarlo de sus obligaciones. El análisis de la nueva legislación de Uruguay es la excusa para realizar consideraciones sobre el estado actual del debate y hacia dónde debe discurrir la doctrina, la jurisprudencia y las propuestas legislativas del Derecho de Seguros.

> **Resumo:** As análises sobre a necessidade, ou não, de exigir a relação causal concatenando a omissão do segurado em comunicar um agravamento do estado de risco e do acidente têm suscitado debates mistos na doutrina e na jurisprudência. Com base na nova lei uruguaia sobre contratos de seguros, que constrói um subsistema do Direito que busca dialogar com o Direito do Consumidor, neste capítulo procuramos entrar em um aspecto que faz com que o diálogo do Direito dos Seguros com a Teoria Geral dos Seguros de Responsabilidade Civil e desvendar o correto significado em relação à exigência, ou não, de comprovação da relação causal entre o fato, omissão ou comportamento que constitua agravamento do estado do risco e a ocorrência do evento (acidente) para permitir a liberação ele de suas obrigações. A análise da nova legislação do Uruguai é o pretexto para tecer considerações sobre o estado atual do debate e para onde devem caminhar a doutrina, a jurisprudência e as propostas legislativas do Direito dos Seguros.

> **Sumário:** I. El riesgo asegurable – II. El dinamismo del estado del riesgo – III. La institucionalización de la agravación del riesgo – IV. La delimitación del riesgo por exclusiones convencionales. Falsedades y reticencia. Transparencia e información asimétrica – V. Agravamiento del riesgo en caso de siniestro y relación de causalidad según la ley uruguaya de contrato de seguros – VI. Sobre la causalidade – VII. El proyecto de ley modelo sobre el contrato de seguros para latinoamérica y los principios de derecho europeo del contratemde seguros – VIII. La ley española de contrato de seguros – IX. Reflexiones finales – Bibliografía.

I. EL RIESGO ASEGURABLE

El riesgo y el interés asegurable constituyen elementos esenciales del contrato de seguros, discutiéndose en doctrina de derecho comparado si integran la causa o el objeto del mismo, o permean ambos.[1] Conforme I. Halperin el "riesgo es una eventualidad prevista en el contrato: la noción de eventualidad es entendida como excluyente de certidumbre y de la imposibilidad, comprendiendo al caso fortuito, sin excluir en cambio, en absoluto, la voluntad de las partes, siempre que el acontecimiento no dependa inevitable y exclusivamente de ella. La incertidumbre no debe ser absoluta, sino económica, para lo cual basta la incertidumbre del momento en el que se producirá; es decir, sea en cuanto a la realización del hecho mismo, sea en cuanto a la época o momento en que ocurrirá".[2]

Según J. Garrigues, citado por V. Bado, "el riesgo es la *conditio legis* para que el asegurador pueda exigir el pago de la prima. El sinestro, en cambio es la *conditio legis* para que el asegurado pueda reclamar la prestación del asegurador".[3] Por su parte R. Stiglitz, analizando el objeto del contrato de seguros señala que "la materia es (debe ser) la cobertura de un riesgo asegurable, pues lo que al tiempo del perfeccionamiento del

---

1. Discusión que seguramente se traslade a nuestro ordenamiento, no obstante, la redacción de la ley 19.678 que prevé como objeto del contrato al riesgo y al interés asegurable (art. 5).
2. HALPERIN, Isaac. *Seguros. Exposición Critica de las leyes 17.418 y 20091*. 2. ed. actualizada por Juan Carlos Félix Morandi. Buenos Aires: Ed. Depalma, 1986, t. II, p. 505.
3. GARRIGUES, Joaquín. Estudios sobre el contrato de seguros. *Revista de Derecho Mercantil*, N. 105-106, 1967, p. 25, citado por BADO CARDOZO, Virginia. *La declaración de los riesgos en los contratos de seguros*. Ed. La Ley Uruguay. Montevideo, 2016, p. 9.

contrato aquéllos (asegurado y asegurador) consideran es la hipótesis de realización del mismo (siniestro). Es en virtud del aludido riesgo que las partes acuerdan (tienen en vista) que, mediante el pago de una prima o cotización a cargo del asegurado, el asegurador elimine las consecuencias derivadas de la eventualidad de su realización (siniestro), comprometiéndose, en ese caso, a resarcirle el daño o a cumplir la prestación acordada. Ésa es la materia (objeto) del contrato de seguro.[4]

Por su parte, D. López Saavedra señala que "el objeto del contrato de seguros no es el riesgo en sí mismo sino el resarcimiento que pretende el asegurado en razón de la prima que ha abonado por los eventuales daños que pueda sufrir a consecuencia de un siniestro amparado por dicho contrato, por supuesto de acuerdo a sus términos, condiciones y límites".[5] El tratadista español A. Veiga Copo enseña que "la razón o causa que late a la hora de contratar un seguro no es otra más que la de prevenirse o anticiparse a las consecuencias dañinas que puede suponer la verificación de un siniestro (…) Solo así es comprensible que el riesgo tanto en su intensidad como en su esencialidad, se entienda como la posibilidad de que se produzca o verifique el evento dañoso. Por ello mismo ha de ser un riesgo real, es decir, existente desde el momento al menos de la conclusión y perfección del contrato de seguro".[6] Por su parte, F. Sánchez Calero señala que el riesgo "es un elemento esencial, como presupuesto para que el asegurador, asuma su obligación fundamental y se conecta con una característica esencial del contrato de seguro, cuál es su aleatoriedad".[7]

En definitiva, "el riesgo está, de hecho, presente en todos los aspectos estructurales y funcionales del seguro, es el presupuesto fundamental del contrato, más al mismo tiempo está presente en el objeto y, sobre todo, en la causa del contrato mismo. La causa que justifica el vínculo contractual no es otro que la neutralización más amplia o más relativa del riesgo".[8]

No hay duda alguna que el riesgo, como tal, es un concepto polisémico (ambiguo), a la vez que "equívoco y complejo", "como también son sus adjetivaciones, sus grados de cobertura y sus diferentes niveles de intensidad", "porque el riesgo, no es estático ni homogéneo ni transversal a lo largo de la relación jurídica de seguro", "cambia, muta, se debilita o se robustece, atemperado por grados de intensidades, mayores o menores, pues será mayor en unos casos, menor en otros, la probabilidad del siniestro, de la pérdida del bien objeto de garantía o cobertura",[9] y de ello es que queremos hablar en el presente trabajo.

---

4. STIGLITZ, R. *Derecho de Seguros*. 3era Ed. Abeledo Perrot, 2001, t. I, p. 186.
5. LÓPEZ SAAVEDRA, Domingo M. *Ley de Seguros 17.418. Comentada y Anotada*. Ed. La Ley, 2009, p. 45.
6. VEIGA COPO, Abel, *Tratado del Contrato de Seguros*. Madrid: ED. Civitas, 2009, p. 35 citado por LACRUZ MANTECÓN, Miguel L. *Formación del contrato de Seguros y cobertura del riesgo*. Madrid: Ed. Reus, 2013, p. 79.
7. SÁNCHEZ CALERO, Fernando. Artículo 4. Existencia del riesgo. *Comentarios a la Ley de Contrato de Seguro*. Madrid, 1982, p. 116, citado por LACRUZ MANTECÓN, Miguel. (2013). p. 79.
8. VEIGA COPO, Abel B. *El seguro. Hacia una reconfiguración del contrato*. Cuaderno Civitas, Pamplona: Ed. Thomposn Reuters, 2018, p. 88-89.
9. VEIGA COPO, Abel (2018). p. 95-96.

A modo de ejemplo la más reciente ley de contratos de seguros uruguaya[10] (2018) en su art. 14 señala que: "*Se entiende por riesgo el acontecimiento futuro, posible e incierto en cuanto a su producción o en cuanto al momento de su ocurrencia. El contrato de seguro será nulo si al tiempo de su celebración no existía el riesgo o había ocurrido el siniestro. Si el riesgo desaparece comenzada la cobertura, el contrato se rescinde a partir del momento en que esta circunstancia llegue a conocimiento del asegurador por cualquier medio y el asegurador podrá percibir el premio solo por el período transcurrido hasta ese momento*". El art. 5 en sede de objeto del contrato de seguros dispone que: "*El contrato de seguros puede tener por objeto toda clase de riesgos si existe interés asegurable al momento de la celebración de la convención. Es nulo el seguro que tiene por objeto operaciones ilícitas así como el que asegure bienes que se encuentren en posesión ilícita del asegurado o que cubran el riego de un negocio o empresa ilícita. Asimismo, el interés asegurable deberá existir a la época del siniestro*".

II. EL DINAMISMO DEL ESTADO DEL RIESGO

Dentro de la polisemia que implica el riesgo como eje del contrato de seguros, conviene que nos detengamos en lo que se ha dado en llamar estado del riesgo. La determinación del riesgo asegurable desde el comienzo de la relación contractual supone el mantenimiento de una situación de hecho constante e invariable sobre la cual se edificará la ecuación económica actuarial del seguro.

Si bien las técnicas actuariales y las nuevas tecnologías han atemperado la incertidumbre y la aleatoriedad propia del contrato de seguros, no por ello ha dejado de ser un contrato aleatorio entre la certeza y la incertidumbre de la ocurrencia de los hechos contemplados. Señala el jurista español Sánchez Calero que "la posibilidad es un juicio que resulta de los conocimientos del hombre y que se sitúa entre dos conceptos opuestos, como son el de la imposibilidad y el de la necesidad o certeza; en otros términos, se exige que estemos ante un evento incierto; y nadie lo concede para acontecimientos ciertos".[11]

Según F. Morandi, "el estado del riesgo está constituido por un conjunto de circunstancias de hecho que le permiten al asegurador al momento de la conclusión del negocio formarse una opinión de su peligrosidad; es decir, la probabilidad de que, dado ese conjunto de hechos, se produzca el siniestro (...) por lo cual es fundamental que el estado de riesgo se encuentre correctamente delimitado debido a que el asegurador presta su consentimiento para el perfeccionamiento de la relación contractual sobre la base de los factores "ponderados" de probabilidad e intensidad, y el azar moral".[12]

---

10. https://www.impo.com.uy/bases/leyes/19678-2018.

11. SÁNCHEZ CALERO, Fernando (Dir). *Ley de Contrato de Seguro*. Comentarios a la Ley 50/1980 de 8 de octubre, y sus modificaciones. Pamplona: Aranzandi, 1999, p. 115.

12. MORANDI, Juan C. F. *El riesgo en el contrato de seguros. Régimen de las modificaciones que lo agravan*. Ed. Astrea, Bs. As., 1974, p. 34-35 citado por ROITMAN, Horacio; AGUIRRE, Felipe F. *La agravación del Riesgo en el Contrato de Seguros*. 2. ed. Ed. Abeledo Perrot, 2012, p. 13.

Es por ello que podemos hablar de cierta estabilidad del estado del riesgo. Pero, dicha representación del riesgo, declarada al comienzo de la relación contractual (conforme los arts. 5; 14; 15; y 33 lit. d. ley uruguaya de contrato de seguros), no implica la creación de un estado de inmovilidad e inflexibilidad, porque precisamente las modificaciones no significativas hacen al propio estado del riesgo que se quiere asegurar. La necesidad de la permanencia de cierto estado de riesgo no implica que el mismo sea estático ni homogéneo ni transversal a lo largo de la relación jurídica. Y es por ello que hablamos de cierto dinamismo del estado del riesgo, propio de la conceptualización misma del riesgo, siempre y cuando el mismo no afecte la base estructural del contrato de seguros, so pena de desnaturalizarlo.

La Doctrina es conteste es exigir cierta relevancia, trascendencia, permanencia y un claro desequilibrio en circunstancias (hechos u omisiones) que impliquen la agravación del estado de riesgo y operen las severas consecuencias previstas en las legislaciones o en las cláusulas contractuales. Señalan H. Roitman y F. Aguirre que "la representación conceptual del estado del riesgo como inalterable no puede entenderse rígida ni estricta. Si nos atuviéramos a la aparente inflexibilidad que se desprende de su concepto, cualquier modificación, por inverosímil que fuere, haría cargar con las consecuencias de la agravación a una de las partes, lo que está muy lejos de ser justo ni equitativo. Así, hay una serie de modificaciones al estado del riesgo que no pueden acarrearle al asegurado ni al asegurador las sanciones impuestas por la ley, ni otorgar la facultad de rescindir el contrato, cuando esas mismas modificaciones – previsibles e imprevisibles – no son otra cosa que parte del estado de riesgo; v.gr: la vejez en el seguro de vida o animales, el deterioro normal o por el uso de las cosas en cualquiera de los seguros de daños etc."[13]

Desde esta perspectiva, y a los efectos de mantener el estado del riesgo, la ley uruguaya Nº 19.678 establece dos cargas especiales al asegurado desde la fase precontractual, que se prolongará en la ejecución del contrato y que hace a la transparencia del mismo: a) por un lado la declaración del riesgo al momento del perfeccionamiento del contrato de la forma más exacta posible, debiendo "proporcionar al asegurador, antes de la celebración del contrato, no solo la información que figura en el cuestionario que éste le suministre, sino todas las circunstancias por él conocidas que pueden influir en la valoración del riesgo (art. 33 lit.d), so pena de incurrir en declaraciones falsas, inexactas o reticencia lo que hace nulo el contrato (art. 46); y por otro lado, b) la carga de denunciar al asegurador todas las circunstancias que agraven o disminuyan el riesgo según lo dispuesto en los arts. 18 a 22 (art. 33 lit. e) so pena de incurrir en las sanciones previstas en los arts. 18 a 22.

III. LA INSTITUCIONALIZACIÓN DE LA AGRAVACIÓN DEL RIESGO

El Código de Comercio de Uruguay, como muchos códigos decimonónicos, no contenía normas precisas sobre agravación del riesgo salvo las referencias en el seguro

---

13. ROITMAN, Horacio – AGUIRRE, Felipe F. (2012) p. 4.

de incendio en su art. 681 C. Comercio;[14] por lo que la regulación del mismo quedaba librada al asegurador predisponente en un contrato de adhesión como lo es el seguro. Siendo la autonomía de la voluntad el principio rector en el código decimonónico, no existía obstáculo alguno para aceptar el agravamiento por la vía convencional por cuanto el mismo no contrariaba ni el ordenamiento positivo, ni el orden público, ni las buenas costumbres ni los principios generales del derecho, como marco formal y material de la juridicidad de nuestro sistema de Derecho.

Señala V. Bado, respecto del Código de Comercio Uruguayo, que "no establece deber alguno a cargo del tomador o del asegurado de informar el cambio de destino. Sólo se limita a establecer la consecuencia, una vez que se ha verificado la modificación" (…) el legislador uruguayo, en este caso, es indiferente que el cambio se haya conocido gracias a la declaración del tomador o porque el asegurador se ha procurado por sí mismo la información. La consecuencia legal será, siempre, el cese de las obligaciones derivadas del seguro (…) Fuera del caso de cambio de destino, el régimen de comunicación de otras modificaciones y las sanciones para el caso de su incumplimiento habrán de regularse de acuerdo a lo establecido en el contrato".[15]

La ley 19.678 en su art. 18 conceptualiza al agravamiento del riesgo como "toda circunstancia que si hubiere existido al tiempo de la celebración del contrato lo hubiera impedido o modificado sus condiciones". La norma, dispuesta en el capítulo general, es aplicable de todas las especies de seguros salvo regulación en contrario y sin perjuicio de las previsiones normativas para el seguro de personas.[16]

Es posible afirmar que esas circunstancias son de tal imprevisibilidad que no forman parte del estado de riesgo correspondiente a la declaración inicial del asegurado en un momento histórico determinado. En tal sentido, I. Halperin recuerda que "solo forman parte de las circunstancias que se dicen influyentes sobre el riesgo y que son las que según la experiencia de que ocurra el siniestro. El estado del riesgo está sujeto a modificaciones previsibles e imprevisibles. El asegurador debe asumir las consecuencias previsibles (v.g. vejez en seguro de vida, deterioro en las coas), aunque agraven el riesgo. Mas cuando las modificaciones son imprevisibles el asegurador debe ser amparado, porque destruyen los presupuestos de la fijación de la prima y la clasificación del riesgo, es decir, no alterarlo por un acto suyo y la de informar toda alteración del estado del riesgo, por un acto suyo o por obra de un tercero".[17] Es decir que la fundamentación reside en mantener el equilibrio

---

14. Código de Comercio de Uruguay. Artículo 681: "La obligación resultante del seguro cesa, cuando a un edificio asegurado se le da otro destino que lo expone más al incendio; de manera que el asegurador no lo habría asegurado o habría verificado el seguro bajo distintas condiciones, si el edificio hubiera tenido ese destino, antes del contrato".

15. BADO CARDOZO, Virginia. (2016) p. 87.

16. La ley también regula la carga de informar la agravación del riesgo en el seguro de incendio y puntalmente señala que la carga de "informar, inmediatamente de conocida, toda modificación de los linderos que notoriamente signifique un agravamiento de los riesgos asegurados, bajo pena de rechazo de cobertura" (art. 70). Y en el seguro de personas véase los artículos 102 (agravamiento del riesgo) y 103 (plazo de incontestabilidad).

17. HALPERIN, Isaac. *Lecciones de Seguros*. 8. Reimpr. Depalma. Bs. As. 1997, p. 57.

económico entre la prima y el riesgo, pero también para poder clasificar el riesgo en el elenco de la mutualidad de asegurados.

Por su parte F. Morandi fundamenta que la previsión del agravamiento es un elemento necesario para restablecer el equilibrio del sinalgama;[18] mientras que C. Schiavo postula la tesis de la modificación del objeto del contrato de seguros en virtud de la cual los contratantes están ante una nueva realidad. Señala el autor que con el agravamiento del riesgo "se han alterado los presupuestos en virtud de los cuales concluyeron el marco regulatorio de sus derechos y obligaciones, entonces deben ser liberados del convenio que ahora queda vacío porque ya otro es el objeto y sobre él no se han manifestado concurrentemente".[19] F. Sánchez Calero, postula que la agravación o disminución del riesgo influye en la causa del contrato al producir un desequilibrio de las prestaciones bien porque se estime que se produce una excesiva onerosidad de la prestación de una de las partes, o bien porque se diga que la base objetiva del negocio se ha alterado profundamente.[20]

La ley 19.678 no hace referencia a qué características especiales debe revestir el agravamiento del riesgo para que tenga incidencia en la relación contractual, pero de las referencias a que si el mismo hubiera sido conocido al momento del perfeccionamiento del contrato, éste no se hubiera celebrado o lo hubiera sido en otras condiciones, es posible inferir sin hesitación que el legislador está marcando la impronta relevancia propia del instituto, es decir, esos riesgos absolutamente imprevisibles y que no obedecen a la dinámica del estado de riesgo (hechos u omisiones; propios o ajenos). La agravación del riesgo puede ser por una conducta propia del asegurado pero también por un hecho de un tercero (art. 19).

Entre los caracteres esenciales que conceptualizan el agravamiento del riesgo, Roitman y Aguirre enuncian los siguientes: "1) debe tratarse de un hecho o una circunstancia que incida sobre el riesgo asegurado como tal; 2) debe de tratarse de un hecho nuevo, con respecto al momento de celebración del contrato y el hecho no debe haber sido previsto según los términos del contrato, ni haber sido previsible (…) 3) debe tratarse de un hecho que agrave el riesgo en forma relevante: es decir que aumente la posibilidad que el siniestro se verifique o agrave la entidad de las consecuencias dañosas".[21]

La relevancia y previsibilidad de la modificación del estado del riesgo constituyen sus notas esenciales y adjetivas, por cuanto si no son hechos relevantes ni imprevisibles no es posible que se configure el agravamiento y sus consecuencias. Señala C. I. Jaramillo que "si los hechos son razonablemente previsibles o identificables ex ante, es natural que no se pueda con éxito pretextar después una agravación con connotación jurídica, en la medida que el prenotado desenvolvimiento del riesgo asegurado, en lo que toca con este

---

18. MORANDI, Juan C. F. (1974) ps. 50-51.
19. SHIAVO, Carlos A. Contrato de Seguros. Reticencia y agravación del riesgo. Colección Derecho de Seguros, N. 1, Ed. Hammurabi. Bs. As, 2006, p. 268.
20. SÁNCHEZ CALERO, F. (2018) p. 23.
21. ROITMAN, H - AGUIRRE, F. (2012), p. 16.

aspecto, era previsible, amén de recreable, o sea que había – o debía haber – consciencia acerca de esta situación de hecho, para nada accidental o trivial, lo que origina que la mutación proyectada – o representada individualmente – forme parte del supuesto asegurado, o sea del estado del riesgo material del contrato".[22] Agrega el jurista que la previsibilidad debe ir acompañada de la razonabilidad según la interpretación dada al art. 1060 inc. 1° Código de Comercio de Colombia, lo que se traduce en que para "dar cuenta del surgimiento de nuevos e imprevistos hechos, hay que sobreentender que sólo habrá que hacer alusión a los que devengan o sean razonables, y no a la totalidad de los mismos, pues aparte de que se tornaría insufrible y abusiva, ella conspira con el criterio de razonabilidad".[23]

De esta forma no cualquier alteración en el estado del riesgo será suficiente para señalar que se ha alterado la ecuación económica con las consiguientes consecuencias. Como ha señalado Latorre Chiner será relevante "solo si, de haber conocido el asegurador la nueva circunstancia agravatoria – o el nuevo estado de riesgo –, hubiera condicionado su actuación en el sentido de no celebrar el contrato o de hacerlo en otras condiciones. El asegurado va a ser el sujeto encargado de aplicar el método que consiste en trasladar mentalmente al momento inicial de la conclusión del contrato el nuevo estado del riesgo y conjeturar sobre cuál hubiera sido la actitud del asegurador de haber conocido o de haber existido la nueva circunstancia. Tal deducción proyectada a un momento pretérito, opera como un juicio de probabilidad retrospectivo y tiene por objeto, en abstracto, la probabilidad sobre las consecuencias que se hubieran verificado en el pasado si se hubiesen acaecido ciertos hechos que no han acaecido y viceversa".[24]

IV. LA DELIMITACIÓN DEL RIESGO POR EXCLUSIONES CONVENCIONALES. FALSEDADES Y RETICENCIA. TRANSPARENCIA E INFORMACIÓN ASIMÉTRICA

En el negocio del seguro suele advertirse la presencia del riesgo moral[25] a la vez que se puede apreciar un claro fenómeno de asimetría entre la información que conocía el asegurador y la que manejaba el asegurado, con un clara incidencia en los costos del contrato. Tradicionalmente el fenómeno de riesgo moral es un ejemplo de una situación de información asimétrica, en la cual un agente económico que actúa en un mercado (en ese caso, el asegurado) tiene mayor control sobre el riesgo que se genera en el mismo que otro (en ese caso, el asegurador). Normalmente en la configuración del

---

22. JARAMILLO JARAMILLO, C. I. La modificación del estado del riesgo en el contrato de seguro. Su "agravación" y su "disminución", tendencias e incidencia del "criterio de la razonabilidad. *Revista Ibero Latinoamericana de Seguros*. Bogotá, Colombia, vol. 31 (56), enero/junio 2022, p. 83.
23. JARAMILLO JARAMILLO, C. I . (2022) p. 84.
24. LATORRE CHINER, Nuria. *La agravación del riesgo en el derecho de seguros*. Comares, Granada, 2000, pp. 75-76 citada por JARAMILLO JARAMILLO, C. I. (2022) p. 88)
25. En el entendido de que un sujeto está en condiciones de afectar con su conducta al beneficio o utilidad del otro y el segundo no puede observar, controlar, o someter a contrato legalmente valido y eficaz las acciones del primero. (GÓMEZ POMAR, Fernando. *Prevención de Daños, Incumplimiento e indemnización*. Ed. Civitas, Madrid, 2002).

riesgo moral el asegurado es quien tiene un mayor control del riesgo y bajo el pretexto de la garantía asegurativa incurre en infraprevención. En dicha circunstancia, y al decir de Hall Varian, la asimetría informativa se debe a la existencia de acciones que efectúa uno de los agentes económicos que están ocultas para el otro (por ejemplo, el nivel de precaución y mitigación). La otra fuente posible de asimetría informativa se da cuando un agente económico o un grupo de agentes económicos tienen mayor conocimiento que el resto respecto de las características del bien que se comercia en el mercado. Esta situación de "conocimiento oculto" genera que ciertos agentes económicos (por ejemplo, los oferentes) actúen en un contexto de menor incertidumbre que otros (por ejemplo, los demandantes) y que dicha interacción determine divergencias entre los valores de lo que se está comerciando para uno y otro grupo.[26]

Las relaciones asimétricas de información exigen transparencia tanto del asegurado o tomador del seguro, pero también del asegurador para evitar la desnaturalización del contrato de seguros. Transparencia del asegurador de hablar en forma "clara, precisa y suficiente", y permitirle a su contratante adherente (puede ser consumidor de seguro), conocer el estado de riesgo que el asegurador asumirá y cual quedará excluido o restringido o limitado (art. 15, 16; 25 lit. E y 26). Transparencia del asegurado en no omitir información relevante para la "valoración del riesgo" (art. 33 lit.d) y comunicar las alteraciones posteriores (art. 18, 33 lit. e).

En tal sentido, "no cabe duda que cuanta mayor y más asequible sea la información disponible para el solicitante del seguro, menores serán los costes de transacción del contrato y por tanto, más eficiente será la asignación de recursos tutelando en todo momento la libertad de decisión negocial del futuro tomador. Como bien se ha dicho, lo que garantiza la libre decisión de los consumidores no es la negociación, sino la selección entre opciones alternativas y transparentes"[27] Es por ello que, "una de las funciones de la transparencia como no podía ser de otro modo, consiste en dotar al cliente de la información necesaria y suficiente en la fase precontractual para que pueda tomar una decisión fundada y racional, ya sea para que opte entre contratar o desistir a tal contratación, ya sea para que una vez que sí se ha decidido contratar pueda seleccionar y discriminar racionalmente entre las distintas ofertas del mercado".[28] La concreción exige una total descripción impidiendo que el predisponente obtenga ventajas de la formulación de una cláusula derivada de su carácter vago o poco preciso de manera que le dejen un ámbito a la interpretación discrecional.

En la determinación del estado del riesgo asegurado, resulta fundamental distinguir entre conceptos afines que pueden conducir al error del intérprete: por un lado, la exclusión de cobertura (art. 16, art. 25 lit. E, art. 26) y por otro la reticencia (art. 46).

En las cláusulas de exclusión de cobertura estamos ante un supuesto conocido como "no seguro". En esa delimitación del riesgo asegurado podemos decir que "hay una

---

26. VARIAN, Hal R. *Intermediate Microeconomics*. A modern Approach. 8. ed. W.W Norton & Company. 2010.

27. VEIGA COPO, A. (2018). p. 178.

28. VEIGA COPO, A. (2018) p. 177.

voluntad explícita, directa y formal de no asumir el riesgo, de manera tal que si ese riesgo excluido se verifica el asegurado carece de derecho a la garantía, es decir que estamos frente a un supuesto de no seguro, en cambio en la agravación de riesgo, si bien esta no ha sido tomada a su cargo por el asegurador, al tiempo de celebración del contrato, es susceptible de serlo ulteriormente, ya que lo real es que tampoco se rehúsa en términos absolutos a negarles garantía".[29]

Señala F. Morandi, citado por H. Roitman y F. Aguirre, que "mientras la agravación es configurativa de una situación riesgosa, que se diferencia del riesgo asumido en su aspecto "cuantitativo", para la agravación se prevé un régimen especial tendiente a mantener viva la relación contractual y cubierto al asegurado, sin desmedro del derecho del asegurador a rescindir el negocio o liberarse de pagar la indemnización si el tomador no cumpliera con la carga de información que la ley le impone en resguardo y protección de su propio interés,[30] lo que no existe en el supuesto de no seguro (exclusión de cobertura). Los comportamientos o hechos excluidos no forman parte del riesgo asegurado, ergo son ajenos al contrato, en cambio cuando se configura un supuesto de agravación del riesgo si bien hay un riesgo no contemplado al momento de celebración del contrato que se adiciona al previsto, aquel puede ser susceptible de ser asumido en las mismas o distintas condiciones o en su caso ser objeto de recisión contractual.

El deber o carga de comunicar el agravamiento del estado de riesgo (art. 18) es una prolongación de los deberes precontractuales de declaración del riesgo (art. 33 lit. d), lo que remarcar el rol que desempeña la buena fe en este tipo contractual. Pero las omisiones en la declaración del estado inicial del riesgo o las declaraciones falsas o inexactas en la fase pre-contractual nos conducen a otro supuesto que la ley recibe y cataloga como reticencia en su art. 46, instituto que también debemos distinguirlo del agravamiento del riesgo.

Las diferencias entre ambos institutos (agravamiento de riesgo y reticencia), vinculados con los deberes de información del asegurado o tomador del seguro, son relevantes, así como también las consecuencias enunciadas. Mientras que la reticencia supone una discordancia de entidad entre el riesgo declarado y un estado del riesgo real y actual por omisión o falsedad del tomador o asegurado al momento de perfeccionamiento del contrato; en la agravación del riesgo hay una variación del estado de riesgo declarado que es superviniente y en la etapa de ejecución del contrato; que hasta que el asegurador no lo evalúe, se desconoce si lo aceptará o no, salvo que acaezca el evento dañoso con dicha circunstancia.

La reticencia en el sistema de seguros uruguayo (art. 46, como principio general, sin perjuicio de las disposiciones en seguro de personas) implica siempre nulidad del contrato tal y como lo preveía el art. 640 del C. Com, con las consecuencias conocidas. Mientras que la agravación no es causa de nulidad del contrato, el que podrá continuar

---

29. MANGIALARDI, Eduardo – CRESO DE COLLINO, Susana. *Cláusulas de Exclusión de cobertura*. Publicación del Instituto de Derecho del Seguro del Colegio de Abogados de Rosario n. 24. Rosario, 2006, p. 125.

30. MORANDI, Juan C. F. (1974) p. 68 y 71 citado por ROITMAN, H - AGUIRRE, F. (2012). p. 36. 58.

o podrá ser rescindido, o liberará al asegurador en caso de siniestro por omisión en denunciar el agravamiento (art. 19 y 20).

Mientras que la reticencia implica dolo o error, aún de buena fe, del asegurador en su declaración (art. 46); la agravación del riesgo puede derivar de hechos voluntarios o involuntarios, e incluso omisiones, propios del tomador, del asegurado o de un tercero, pueden ser circunstancias conocidas, o no.

En la ley de contrato de seguros uruguaya, el art. 46 prevé para el caso de reticencia el juicio de peritos, pero no lo prevé para el caso de agravación del riesgo, dejando la libertad de prueba al respecto e impidiendo la ley estipulaciones destinadas a limitarla (art. 26 inc. 2). El sistema opta por consagrar la exigencia del "juicios de peritos" solo para el caso de reticencia y no así para los casos de agravamiento del riesgo, a diferencia de la ley argentina de seguros que los prevé para ambos.

En conclusión, es importante que el intérprete distinga las cláusulas de exclusión de cobertura como riesgo no contemplado en la delimitación del circulo obligacional según los arts. 15 y 16, ergo excluido del objeto y causa del contrato de seguro (inexistencia); como así también las declaraciones falsas o inexactas y reticencia según los arts. 33, lit. d y 46) (nulidad); del instituto de agravación del riesgo (art. 18 a 22).

V. AGRAVAMIENTO DEL RIESGO EN CASO DE SINIESTRO Y RELACIÓN DE CAUSALIDAD SEGÚN LA LEY URUGUAYA DE CONTRATO DE SEGUROS

La mencionada ley distingue los supuestos de agravación del riesgo no existiendo siniestro (art. 19)[31] con la opción para el asegurador de mantener el contrato en las mismas condiciones, modificarlo (cobrando una sobre-prima por el aumento del riesgo) o rescindirlo; y por otro lado regula el agravamiento del riesgo en caso de ocurrencia del siniestro o evento dañoso (art. 20).[32]

En caso de ocurrencia del siniestro y habiendo omitido el tomador o el asegurado denunciar al segurador del agravamiento del riesgo, el art. 20 libera de su prestación al

---

31. Artículo 19. (Agravamiento del riesgo no existiendo siniestro). No existiendo siniestro, si el agravamiento del riesgo se debe a hecho del tomador, asegurado o de quienes lo representen, la cobertura quedará suspendida desde el momento en que el agravamiento se produzca.

     Si el agravamiento se debe al hecho de tercero, la cobertura quedará suspendida desde el momento en que es conocida por el asegurado o habiendo tomado conocimiento el asegurador, desde el momento en que notifica al asegurado tal circunstancia.

     Si transcurrieran quince días corridos desde que al asegurador le fuera declarado el agravamiento del riesgo, sin que se acordara modificar el contrato de seguro o sin que este manifestara su voluntad de rescindirlo, el contrato se mantendrá en las condiciones pactadas inicialmente.

     En caso de rescisión del contrato el asegurador tendrá derecho a percibir el premio solo por el período transcurrido hasta ese momento.

     Quedan exceptuados de las disposiciones de este artículo, los seguros sobre personas.

32. Artículo 20 (Agravamiento del riesgo en caso de siniestros). Si el tomador o el asegurado omitieron denunciar el agravamiento del riesgo cubierto por el contrato, y sobreviniere un siniestro, el asegurador queda liberado de su prestación si el siniestro fue provocado por hecho o circunstancias agravantes del riesgo que no fueron denunciadas.

asegurador. Es decir, sanciona al asegurado y tomador por su omisión en denunciar el agravamiento del estado del riesgo en términos que de haber sabido esa modificación de la situación contractual no hubiera celebrado el contrato o lo hubiera modificado (art. 18). Pero como vimos no cualquier modificación del estado de riesgo habilita este supuesto, so pena de dejar el contrato al arbitrio de uno de los contrayentes, precisamente quien es el experto en una relación de consumo o el predisponente en caso de no estemos ante un consumidor de seguros (art. 1253 Código Civil Uruguayo).

Ahora bien, y deteniéndonos en el supuesto de ocurrencia de un siniestro en dónde el asegurado omitió declarar la agravación del estado de riesgo, sea ya causado por él o por un tercero, sea ya que sea conocido o no por él: ¿el asegurador queda automáticamente liberado de sus obligaciones? La respuesta negativa se impone ante el nuevo texto legal.

La ley le exige al asegurador dos pautas objetivas para que, una vez acaecido un siniestro, se configure un agravamiento del riesgo relevante con aptitud para poder liberar al mismo de sus obligaciones: a) que se trate de circunstancias que si hubiesen existido al tiempo de la celebración del contrato lo hubiera impedido o modificado sus condiciones (art. 18) y b) que exista relación causal entre la circunstancia que configura el agravamiento del estado de riesgo y el siniestro o evento dañoso (art. 20).

Entendemos que no alcanza con que el asegurador oponga el agravamiento del riesgo al asegurado por la mera acreditación del hecho, omisión o comportamiento que configure el mismo sino que además se requiere que el siniestro sea "provocado por hecho o circunstancia agravante del riesgo que no fueron denunciadas" (art. 20).

En Derecho Comparado mucho se ha discutido sobre la exigencia de relación de causalidad entre el comportamiento que agrava el estado de riesgo y el siniestro, y la mayor parte de las legislaciones omiten referencia a ello.

En Argentina, en dónde no hay una referencia expresa a la necesidad de vínculo causal, el art. 40 de la ley 17.418 de contrato de seguros dispone que "el asegurador no está obligado a su prestación si el siniestro se produce durante la subsistencia de la agravación del riesgo, excepto que: a) el tomador incurra en la omisión o demora sin culpa o negligencia; b) el asegurador conozca la agravación al tiempo en que debía hacérsele la denuncia".

Como se puede ver no hay referencia alguna a vínculo causal y al respecto H. Roitman y F. Aguirre concluyen que "la agravación del riesgo alegada por el asegurador no basta para liberarlo de la prestación a su cargo, si no existe relación de causalidad adecuada entre aquella y las circunstancias reales que ocasionaron el siniestro".[33]

En nuestro país, A. Signorino ha expresado que, no obstante hablar el legislador de que el siniestro "fue provocado" por hechos o circunstancias agravantes del riesgo que no fueron denunciadas", ello no habilita a exigir relación de causalidad. El fundamento de la autora estiva en señalar que "provocar no es lo mismo que causar"; "la causalidad

---

33. ROITMAN, H. - AGUIRRE, F.F. (2012) p. 18.

debe ser tomada con un alcance diferente al habitual, máxime en materia de agravación del riesgo".[34] Agrega que "provocar alude a una causa indirecta o coadyuvante, a un elemento que no tiene por qué ser la causa directa. Esta interpretación parece la más adecuada al instituto de la agravación del riesgo en derecho de seguros: el riesgo se agrava independientemente de la ocurrencia o no del siniestro y si el legislador se inclina por exigir cierta relación entre la agravación y el siniestro no debe ser necesariamente la causa directa, puede ocurrir que el siniestro se haya visto "provocado" es decir, favorecido, ayudado o facilitado por la agravación no denunciada, aunque esta no sea su causa directa".[35]

No tenemos el honor de compartir el razonamiento de la prestigiosa autora. El propio texto legal (art. 20) tanto en su literalidad y como en su contexto discursivo exige una vinculación causal entre la circunstancia agravante y el siniestro para que se configure la liberación del asegurador (sin perjuicio de los requisitos del art. 18). En ningún momento exige que debe ser causa exclusiva o que se constituya en concausa de la producción del daño, solo requiere participación causación desde un punto de vista jurídico.

Sólo cuando se verifique la misma (causa o concausa) es posible aceptar la liberación del asegurador en los términos del art. 20. Bastaría la prueba de la participación causal del hecho, omisión o circunstancia agravante del estado de riesgo no denunciada para que el asegurador se libere de su obligación, pero no podrá hacerlo en caso de no existir dicha vinculación causal e invocar la agravación del riesgo en forma abstracta y genérica, cual si fuera un supuesto de exclusión de cobertura.

La sanción del art. 20 en virtud del cual el asegurador queda librado de sus obligaciones por la omisión del asegurado o el tomador de denunciar el agravamiento del estado del riesgo, es de suma gravedad para descartar cualquier análisis causal y puede conducir a abusos y excesos del asegurador, algo que el legislador ha querido evitar con la referencia lingüística "si el siniestro fue provocado".

En la práctica contractual, en especial pólizas de responsabilidad civil, no se describen comportamientos o hechos puntuales que puedan configurar agravamiento del riesgo, y sí se describen las exclusiones de cobertura, es decir la delimitación del contrato respecto del riesgo asegurado y lo puntualmente excluido. Éstas constan en forma detallada y ahora deben ser informados en forma clara, precisa y suficiente, y constar en caracteres destacados y fácilmente legibles, y en caso de constar en documento

---

34. SIGNORINO BARBAT, Andrea. *Derecho de Seguros. Ley 19.678 de Contratos de Seguros. Comentada y Anotada.* Ed. La Ley Uruguay, 2019, p. 181. En igual sentido, SIGNORINO BARBAT, Andrea. "Una mirada actual sobre la agravación del riesgo" en JARAMILLO JARAMILLO, Carlos I. (dir). *Derecho de Seguros y Reaseguros.* Bogotá, 2015, pp. 87 a 107. Agrega la autora que "... "provocar", de acuerdo con el Diccionario de la Real Academia Española significa "hacer que una cosa produzca otra como reacción o respuesta a ella" pero también "facilitar, ayudar, inducir". En cambio, "causar" significa, "dicho de una causa, producir su efecto, y ser causa, razón y motivo de que suceda algo"

35. SIGNORINO BARBAT, Andrea. *Derecho de Seguros.* (2019) p. 181 – En igual sentido, SIGNORINO BARBAT, Andrea. "Una mirada actual sobre la agravación del riesgo" (2015) p. 101.

separado deberá hacerse referencia a éste en el texto de las condiciones particulares conforme lo dispone el art. 16. Si bien puede entenderse, en los hechos, que algunas de ellas puedan ser entendidas como supuestos de agravación del riesgo, lo cierto es que desde un punto de vista jurídico no pueden considerarse como agravamiento de un estado de riesgo algo que no forma parte de la cobertura (riesgo asegurado) y que fue previamente excluido del contrato (art. 16).

No podemos desconocer que el agravamiento del riesgo es un concepto relativamente impreciso en su contenido y hay que atender a la casuística para poder determinar sus caracteres, y que efectivamente no sea una modificación previsible de la dinámica del estado de riesgo. En tal sentido, como bien sostiene H. Roitman y F. Aguirre, "se exige al intérprete un análisis cuidadoso de cada cláusula en particular, y según la naturaleza del riesgo asegurado".[36]

Ahora bien, en ocasión de las exclusiones de cobertura (supuestos que son denominados como de "no seguro") no corresponde ingresar a analizar relación de causalidad en caso de ocurrencia de un evento para determinar si es un siniestro comprendido en el estado del riesgo asegurado porque literalmente no hay riesgo cubierto. No es posible ingresar a debatir o analizar relación de causalidad entre conductas ilícitas no comprendidas en el estado del riesgo y que han sido expresamente excluidas convencionalmente, con el acaecimiento del evento dañoso. Señala R. Stiglitz que "las exclusiones de cobertura funcionan objetivamente o sea, en abstracto, por el solo hecho de su configuración, con prescindencia de que esas conductas ponderadas previamente a los fines de las referidas exclusiones hayan tenido relación causal adecuada (o no) en la producción del hecho dañoso".[37]

En cambio, no sucede lo mismo en la agravación del riesgo. No es posible aplicar el mismo nivel de abstracción respecto de comportamientos imprevisibles para las partes. Transitamos así desde el análisis en abstracto del riesgo asegurado al momento del perfeccionamiento del contrato (arts. 15 y 16), a un análisis en concreto del riesgo cuando hay un hecho, omisión o circunstancia con aptitud de ser catalogado como agravante del riesgo.

Entendemos que conforme la redacción actual del art. 20 de la ley 18.679 es necesaria una relación causal entre la circunstancia del agravamiento y el siniestro. Incluso la determinación de si el agravamiento es relevante o no, conforme describe la doctrina, implica adentrarnos en juicios causales. De haber querido el legislador que no exista conexión alguna entre ambos, y que la sanción por la omisión de declarar e informar sobre agravamiento del estado del riesgo sea la pérdida objetiva de cobertura, debió haber omitido toda referencia a una participación o co-participación causal.

---

36. ROITMAN, H - AGUIRRE, F.F. (2012) p. 39.
37. STIGLITZ, Rubén S. "La inaplicabilidad del análisis de la relación causal a las exclusiones de cobertura fundadas en actos ilícitos del asegurado", LA LEY 21/09/2010.

A modo de ejemplo, la conducción de vehículos sin licencia habilitante o bajo los efectos de alcohol o estupefacientes (supuestos prohibidos en la normativa de tránsito, ley 18.191 y concordantes) son conductas prohibidas y frecuentemente incluidas como supuestos de no seguro (exclusión de cobertura). El asegurador no considera riesgo asegurable esas conductas, ergo no hay un estado del riesgo que las incluya en el contrato de seguros al momento del perfeccionamiento; menos aún pueden considerarse un agravamiento en caso de ocurrir las mismas. Al encontrarnos en presencia de circunstancias no aseguradas, no corresponde ingresar a analizar relación de causalidad entre ellas y el evento dañoso que pueda acaecer (que no es técnicamente siniestro en el lenguaje del seguro).

En cambio, en el agravamiento del estado de riesgo hay comportamientos o circunstancias que no han sido excluidos per se (por imprevisibles) previamente e incluso el asegurador puede llegar a aceptarlos antes de la ocurrencia del evento en caso de ser declarados (art. 19). Donati señala que si el hecho no incide sobre la probabilidad de chances que el evento ocurra, o sobre la entidad de sus consecuencias, o incide en una ínfima medida, no tiene ninguna relevancia y no produce ningún efecto".[38]

Previo a la nueva legislación, en sentencia n° 195 del Tribunal de Apelaciones en lo Civil de 7° Turno de 16 de diciembre de 2015 de Uruguay, respecto del cambio de domicilio del asegurado en un contrato de seguro de vehículo automotor y la omisión de informar a la compañía, se expresó que "el tema medular consiste en decidir si efectivamente la mudanza equivale a incremento del riesgo y si en tanto ello no fue comunicado, amerita la exclusión de cobertura del seguro. Dado que el vehículo fue hurtado frente al lugar dónde la accionante concurría a estudiar, es irrelevante que residiera en Montevideo o en El Pinar, por cuanto igualmente habría acudido a dicho centro de estudios (…) La aseguradora hace hincapié en el cambio de domicilio a Montevideo, pero el rodado no fue robado en dicho domicilio (…) Existe hoy una verdadera comunidad geográfica entre el Pinar y Montevideo, donde no hay mayor diferencia ni mayores barreras y donde el riesgo de siniestros como el ocurrido a la actora se suceden por igual como es de público conocimiento. (…) No parece que haya agravado el riesgo en el caso de autos, no que alter de manera trascendente el balance de las partes en el contrato" Estimamos que la sentencia, sin decirlo, hace consideraciones causales para calificar la relevancia y previsibilidad de la que venimos de señalar.

VI. SOBRE LA CAUSALIDADE

John Fleming[39] señalaba que la causalidad ha atormentado a los tribunales y a los académicos más que ningún otro tópico. El principal problema vinculado a la causalidad como herramienta de definición o atribución de la responsabilidad al causante del daño es su amplitud. La causalidad se presenta hoy como un juicio de imputación excesivamente

---

38. DONATI Antígono. *Tratatto del Diritto delle assicurazzioni private*. Milán, 1959 citado por ROITMAN, H – AGUIRRE, F. (2012) p. 40.

39. FLEMING, Johm. *The law of Torts*. 9ed Sydney, 1998.

amplio. Señala C. Gómez Lingüerre "que el concepto de partida es el de la denominada teoría de la equivalencia de las condiciones para la que es impensable que un efecto sea consecuencia de una sola causa. Cualquier condición previa al resultado y que ha modificado su producción es causa del mismo. Un resultado perfectamente lógico para las leyes de la naturaleza, pero inviable para quien pretende usarlo como fundamento de la responsabilidad de un agente demandado por el daño que sufre la víctima. Los problemas con la causalidad empiezan cuando el operador jurídico comprueba la amplitud del juicio causal. La relación entre causalidad (entendida según la doctrina tradicional) y responsabilidad es compleja. La complejidad deriva de querer sustraer casos concretos de la vigencia de leyes causales generales.[40]

Como consecuencia del primer intento de definición de un concepto de causalidad jurídica, nacieron las denominadas 'teorías individualizadoras de la causalidad' dentro de la cual la causalidad adecuada es hoy pacíficamente aceptada en nuestras latitudes. No podemos dejar de señalar que además de referir a una cuestión de imputación objetiva del daño, la relación de causalidad también procura la delimitación del daño indemnizable, máxime en tiempos de ensanchamiento del mismo, de los legitimados y del propio sistema de responsabilidad civil y derecho de daños. Como ha sostenido Trimarchi, "la agudización del problema (de la causalidad) es debida a la expansión del área dentro de la cual se propagan las consecuencias dañosas de un acto ilícito o de un incidente inicial, expansión debida a los desarrollos técnicos e industriales que permiten la acumulación cada vez mayor y más frecuente de energía destructiva, unido a la continuidad física de los individuos, a la mayor amplitud de las actividades económicas y a las estrechas relaciones existentes entre éstas. Se plantea así el problema de fijar límites oportunos a la responsabilidad, el principal de los cuales es el de la selección de las consecuencias dañosas, cuya finalidad consiste en afirmar la responsabilidad en alguno de los casos y negarla en otros".[41]

Dejando de lado el estudio las distintas teorías individualizadoras de la causalidad, no podemos ignorar que el punto de partida de todas ellas es precisamente la teoría de la *conditio sine qua non* de Von Buri, por la cual la suma de todas las fuerzas que tienen eficacia para producir el evento dañoso debe ser consideradas como causas del mismo, porque entre todas ellas no se puede distinguir una en particular. A partir de la necesidad de realizar una selección de causas, so pena de extender la responsabilidad hasta el infinito (v.gr las vacas de J. Pothier[42]) apareció el juicio de probabilidad como parte estructural de la relación causal adecuada (es decir como forma de individualizar causas entre las causas generales que nos proporciona la *condicto sine qua non*).

---

40. GÓMEZ LINGUERRE, CARLOS. *Solidaridad y Responsabilidad. La responsabilidad conjunta en el Derecho Español de Daños.* Tesis doctoral dirigida por Pablo Salvador Coderch. Universitat Pompeu Fabra. Programa de Doctorat en Dret Patrimonial. Barcelona, marzo de 2005, p. 252.

41. DIEZ PICAZO, Luis. *Derecho de Daños.* Ed. Civitas, 2000. Madrid. España. p. 332.

42. POTHIER, Robert Joseph. Tratado de las Obligaciones. Tribunal Superior de Justicia del Distrito Federal. México. Dirección General de Anales de Jurisprudencia y Boletín Judicial, prr. 166.

Es decir que el pensamiento fundamental de la causalidad adecuada estiba, según Diez Picazo, en que para imponer a alguien la obligación de reparar el daño sufrido por otro, no basta que el hecho haya sido, en el caso concreto, condición sine qua non del daño, sino que es necesario además que, en virtud de los referidos juicios de probabilidad resulte una causa adecuada para ello".[43] La cuestión, más que una elección de causas físicas en base a proximidad o eficiencia, se traslada a determinar el juicio de probabilidad de las causas y como se mide el mismo, algo que no es para nada ajeno en el seguro y en la técnica actuarial. Es decir si la probabilidad debe ser determinada en base a las circunstancias del caso concreto, conocidas o cognoscibles con posterioridad (pero que debieron ser tenidas en cuenta); o solamente a las circunstancias del caso concreto conocidas al tiempo del suceso por el actor del evento.

Ahora bien, ¿probabilidad implica previsibilidad? La causalidad adecuada y el juicio de probabilidades nos conduce al juicio de la previsibilidad. Un verdadero juicio retrospectivo póstumo y necesariamente abstracto (no concreto sin ánimo de introducir juicios de valoraciójn subjetiva en el juicio causal), que aplicado al caso de análisis debe realizar el asegurador y probar la incidencia causal del agravamiento del riesgo en el acaecimiento del siniestro o evento si procura liberarse de sus obligaciones, ante la omisión del tomador o asegurado de denunciar conforme el art. 20. Debe tenerse presente que, como señala A. Mariño, "la previsibilidad no es la del sujeto específico autor de la condición analizada, sino la que surge de analizar en forma general y abstracta la probabilidad que dicho antecedente produjera el daño ocasionado".[44]

em resumen, de entre todos los desarrollos, lagnitudeiad adecuademha sido la de mayor aceptación doctrinaria y jurisprudencial, pero no está exenta de críticas que llevan a la modeagnitudeción del Derecho privado a cuestionarse el alcance de la misma y a analizareagnitudealidad no estamosagnitudevagnitra teoría de imputación sujeta al juicio póstumo de probabilidades que efectúa el mageagnioemn dónde una alternativa esagnitude los criterios de imputación objetiva de la dogmática alemana como herramientas paagnitudei la causalidad adeudada.

VII. EL PROYECTO DE LEY MODELO SOBRE EL CONTRATO DE SEGUROS PARA LATINOAMÉRICA Y LOS PRINCIPIOS DE DERECHO EUROPEO DEL CONTRATEMDE SEGUROS

En el año 1994, bajo la dirección del jurista argentino Juan Carlos Moemndi sagnituda en forma expresemla necesidad de un vínculo causal entre las circunstancias agravantes del estado del riemgo y el siniestro en el Proyecto de Modelo de Ley de Contrato de Seguros para Latinoamérica. El art. 64 del proyecto señalaagnitude*el tomador o asegurado omite denunciar la agravación proveniente de ciremnstancias preagnitudeiel ar. 62, el asegurador no está obligado a su prestación si el siniestragnitudeia durante la*

---

43. DIEZ PICAZO, L. (2000). p. 332.
44. MARIÑO LÓPEZ, Andrés. *Tratado Jurisprudencial y Doctrinario Derecho de Daños*. Montevideo, 2018. Ed. La Ley, t. I, p. 375.

subsistencia de la agravación del riesgo, excepto que: ... c) no exista relación causal entre el siniestro y las circuemtancias agravantes ni en emanto a su producción ni en la magnitud de las circunstancias".[45]

En igual sentido discurren los Principios de Derecho Europeo del Contrato de Seguros al exigir el nexo causal entre el agravamiento y el siniestro al que se le adiciona un nuevo elemento de valoración que refiere a que el asegurador habría celebrado el contrato de haber conocido la circunstancia agravante. Señala Jaramillo Mor que por medio de una interpretación conjunta de los principios puede llegarse a idéntica conclusión sobre la necesidad del nexo causal conforme lo preceptuado por el art. 4:202 que le atribuye relevancia causal a efectos de la aplicación de las sanciones correspondientes a la omisión de denunciar el agravamiento del estado del riesgo.

Agrega el jurista colombiano que el numeral tercero de la norma cita que "en caso de incumplir el deber de comunicación, el asegurado no podrá rehusar por esta razón el pago de cualquier pérdida que provenga de un suceso que se encuentre dentro de la cobertura, a menos que dicha pérdida provenga de un suceso que se encuentre dentro de la cobertura a menos que dicha pérdida haya sido causada por la falta de comunicación de la agravación del riesgo".[46]

VIII. LA LEY ESPAÑOLA DE CONTRATO DE SEGUROS

La Ley Española 5/2023 de 28 de junio, en el capítulo II referente a la consagración del Derecho al Olvido y el Contrato de seguros ha introducido modificaciones en el art. 10 de la ley 50/1980 de Contrato de Seguros. De esa forma los artículos 10, 11 y 12 regulan lo atinente a la regulación de la modificación del estado del riesgo tanto desde los deberes pre-contractuales y su proyección en la etapa de ejecución del contrato de seguros.

La ley en su art. 10 prevé un supuesto en dónde el asegurador podrá rescindir el contrato (ante el incumplimiento del tomador de completar el formulario que se le proporcione con indicación de las circunstancias que puedan influir en la valoración del riesgo y que no estén comprendidas en él) mediante comunicación dirigida al tomador en el plazo de un mes desde el conocimiento de la reserva o inexactitud de la información. Pero en caso que el siniestro ocurra antes de esa comunicación, la prestación a abonar se reducirá proporcionalmente a la diferencia entre la prima convenida y la que se hubiese aplicado de haberse conocido la verdadera entidad del riesgo. Y para el caso de haber mediado dolo o culpa grave del tomador, quedará el asegurador liberado de su responsabilidad.

---

45. Proyecto de Ley Modelo sobre Contrato de Seguros para Latinoamérica 1994, citado por JARAMILLO MOR, Carlos. E. (2021) "Reflexiones en torno a la exigencia de la relación de causalidad entre el incumplimiento del deber de declarar el verdadero estado del riesgo y la ulterior materialización del siniestro. Proyección internacional y breve referencia al Derecho Colombiano". *Revista Ibero latinoamericana de Seguros*, Bogotá, v. 30, p. 90, julio/diciembre, 2021.

46. JARAMILLO MOR, Carlos. E. (202), p. 92

Por su parte el art. 11 prevé que el tomador deberá comunicar las alteraciones del estado del riesgo durante la vigencia del contrato, agregando expresamente que la variación de las circunstancias relativas al estado de salud del asegurado en ningún caso se considerarán agravación del riesgo. Y finalmente el art. 12 prevé las consecuencias del supuesto de incumplimiento en comunicar el cambio del estado del riesgo y respecto del supuesto de agravación y verificación del siniestro dispone dos reglas según la conducta del tomador o asegurado: a) en el caso de que el tomador del seguro o el asegurado no haya efectuado su declaración y sobreviniere un siniestro, el asegurador queda liberado de su prestación si el tomador o el asegurado ha actuado con mala fe, b) en cualquier otro caso, la prestación del asegurador se reducirá proporcionalmente a la diferencia entre la prima convenida y la que se hubiera aplicado de haberse conocido la verdadera entidad del riesgo.

La reciente reforma no ingresa a debatir sobre incidencia causal entre el riesgo agravado y el siniestro, sino que analiza el comportamiento del tomador o asegurado (dolo o culpa grave) para excluir cualquier indemnización, y para el caso de ausencia de mala fe la prestación del asegurador queda reducida a la diferencia señalada, optando por la conservación del contrato de seguros aún en supuestos de agravamiento del estado de riesgo contratado. De todas formas, los análisis de conductas se ven influenciados por el análisis de comportamientos causales.

Conviven en España las tendencias jurisprudenciales que rechazan la aplicación de vínculos causales en la agravación del riesgo y el siniestro, y una reciente jurisprudencia que lo releva y le atribuye relevancia en especial en las Sentencias de las Audiencias Provinciales.[47]

Por su parte, el Tribunal Supremo de España en sentencia 4562/2021 de 02.12.2021 señala "La sentencia 611/2020, con cita de las sentencias 333/2020, de 22 de junio, y 345/2020, de 23 de junio, reitera, en primer lugar, que del art. 10 LCS[48] resulta claramente que lo determinante de la liberación del pago de la prestación a cargo del asegurador no es la mera inexactitud en las respuestas del asegurado sino el dolo o la culpa grave, es decir, "la inexactitud intencionada o debida a una culpa o negligencia de especial intensidade", y en segundo lugar, en cuanto a la relevancia de la relación causal entre el dato omitido y el riesgo cubierto, que como resulta de la 345/2020, y de las sentencias 562/2018, de 10 de octubre, 307/2004, de 21 de abril, y 119/2004, de 19 de febrero, el incumplimiento del deber de declaración leal del art. 10 LCS precisa que concurran los requisitos siguientes: 1) que se haya omitido o comunicado incorrectamente un dato relevante; 2) que dicho dato hubiera sido requerido por la aseguradora mediante el correspondiente cuestionario y de manera clara y expresa; 3) que el riesgo declarado sea distinto del real; 4) que el dato omitido o comunicado con inexactitud fuera conocido o debiera haber sido conocido con un mínimo de diligencia por el solicitante en el momento de realizar la declaración; 5) que el dato sea desconocido para la aseguradora en ese mismo momento; y 6) que

---

47. JARAMILLO MOR, C..E. (2021) p. 81
48. Ley de Contrato de Seguros 50 / 1980

exista una relación causal entre la circunstancia omitida y el riesgo cubierto. (…) (…) De aplicar la doctrina jurisprudencial anteriormente expuesta a los motivos del recurso se desprende que deben ser desestimados por las siguientes razones: … En cuanto al motivo primero, porque aunque existió ocultación de patologías … y de sus consiguientes cirugías y periodos de baja, por las que el asegurado fue expresamente preguntado y cuya realidad conocía o no podía razonablemente desconocer al haber sido diagnosticadas años antes, lo relevante para excluir la infracción del art. 10 LCS es que dichas patologías no fueron la causa de la cardiopatía isquémica crónica que se diagnosticó al asegurado casi ocho años después de suscribir la póliza y que fue la razón de que se revisara el grado de invalidez y de que se le reconociera la absoluta…"

IX. REFLEXIONES FINALES

Entendemos que no es posible asignarle al art. 20 ley uruguaya de contrato de seguros 19.678 otra significación que la descripta en cuanto a que el asegurado debe probar la relación causal. Ello permite hacer gala de la transparencia y buena fe del contrato por una modificación del estado de riesgo concreta que no tiene incidencia causal en la ecuación económica. Permite la conservación del contrato, principio general del derecho (art. 1300 Código Civil Uruguayo y art. 296 Código de Comercio de Uruguay) que también es recibido en ocasión del agravamiento del riesgo en el contrato de seguro en el art. 19 cuando le admite que al asegurador pueda modificar el contrato o mantenerlo en las condiciones pactadas inicialmente.

La ley uruguaya no establece un régimen particular de prueba legal o tasada para determinar y evaluar el agravamiento del riesgo a diferencia de la exigencia del juicio de peritos en sede de reticencia (art. 46); por lo que debemos consagrar un régimen amplio de prueba y no serán válidas las estipulaciones destinadas a limitar los medios de prueba ni las que supediten las prestaciones de las partes a medidas complementarias no previstas en la póliza (art. 26 inc. 2). En Argentina la ley 17.418 prevé el juicio de peritos para la prueba del agravamento,[49] lo que ha encendido debates encontrados sobre si se trata de una prueba legal tasada o si concurre o coadyuva al resto del material probatorio.

La interpretación del texto legal que propugnamos es conforme las reglas del Título Preliminar del Código Civil Uruguayo[50] (arts. 17 a 20), y permite realizar un abordaje ligústico por parte del intérprete acorde a los desarrollos actuales de la tarea interpretativa. Sin apegarnos a un arcaico examen literal, que tradicionalmente "es signo de una cultura jurídica que sigue apoyándose en los dogmas de la exégesis, de la aplicación mecánica de las normas y de la subsunción y muy poco en los paradigmas teóricos del

---

49. Ley Argentina de Seguros 17.418. Art. 37. Toda agravación del riesgo asumido que, si hubiese existido al tiempo de la celebración, a juicio de peritos hubiera impedido el contrato o modificado sus condiciones, es causa especial de rescisión del mismo.

50. MARIÑO LÓPEZ, Andrés. "Estudio del Título Preliminar del Código Civil de Uruguay de 1868. La constitución del sistema de fuentes de derecho y de reglas para la interpretación e integración de las normas en el orden jurídico uruguayo" en LÓPEZ FERNÁNDEZ, Carlos – CAUMONT, Arturo – CAFFERA, Gerardo (Coord.). *Estudios de Derecho Civil en Homenaje al Profesor Jorge Gamarra*. Ed. FCU, Montevideo 2001.

siglo XX",[51] entendemos que el texto legal (art. 20) no peca de ambigüedad (polisemia) ni de vaguedad en su significación lingüística, y es posible una labor interpretativa con argumentación racional "en la justificación de las decisiones ante la obligación del juez de fundar racionalmente su fallo como garantía de las partes".[52] Y ello enmarcado en una lectura contextual, sea ya lingüística o extra-lingüística del nuevo texto legal de seguros decididamente enmarcado en la tutela del asegurado (art. 1 inc. 2), sea consumidor o no, con un orden público que en principio se presenta como tuitivo pero que deja espacios a la autonomía de la voluntad en una relación contractual de adhesión (consumo) o predispuesta.

Entendemos que exigir al asegurador la prueba de la relación de causalidad, no solo emerge de la literalidad interpretativa del art. 20 sino también del contexto lingüístico del discurso de la ley 19.678 (orden público, protección del asegurado o tomador, conservación del contrato y diferenciación con los institutos de exclusión de cobertura y reticencia como moldeadores del estado de riesgo inicial). Como señala Mariño "el texto es un todo y debe atribuirse sentido considerándolo en forma integral y total, estudiando en conjunto las diferentes partes del mismo. La coherencia se caracteriza por el conjunto de elementos de conexión, de entramado entre las partes de un texto. Si los elementos del texto no se vincularan solidariamente, sino se concretaran los distintos elementos que conforman un sintagma, una frase, el resultado sería una contracción inaceptable, agramatical".[53]

La interpretación del discurso se impone a la del signo en los modernos esquemas de interpretación, pues "es sobre el texto y no en el signo individualmente considerado que debe realizarse la actividad interpretativa de atribución de significado. Si bien puede asignarse sentido a un signo, el mismo se encuentra inserto en un proceso discursivo que le permite generar un significado, es decir, está inmerso en un texto y vinculado con un determinado contexto (.....) el significado global de un texto resulta superior a la suma de significaciones de las frases que lo componen, es decir, existe un suplemento de significación peculiar del texto en cuanto estructura y no como una suma de frases".[54]

Si bien es cierto que la exigencia causal es una decisión de política legislativa, el abordaje interpretativo que proponemos es acorde con una moderna visión del

---

51. CÁRDENAS GARCÍA, Jaime. "Remover los dogmas" en Cuestiones Constitucionales, N. 6, México ene-jun 2002, p. 20 citado por BARDAZANO, Gianella. Literalidad y decisión. Ed. Carlos Álvarez, Montevideo, 2008, p. 70

52. BARDAZANO, G. (2008) p. 71.

53. MARIÑO LÓPEZ, Andrés. (2001) p. 302. MARIÑO LÓPEZ, Andrés. "La Interpretación Judicial del Contrato en el Derecho Uruguayo. Estudio del Sistema de Reglas Hermenéuticas del Código Civil", en *Anuario de Derecho Civil Uruguayo*, 1997. FCU. T. XXVIII, p. 599.

54. MARIÑO LÓPEZ, Andrés. (1977) p. 599 y ss. En igual sentido véase CAUMONT, Arturo. *Doctrina General del Contrato. Proposiciones teóricas de innovación*. Ed. La Ley, Montevideo, 2014: Expresa Caumont que: "todo agente que vuelque su atención crítica sobre una pieza con significación debe necesariamente considerarla, a partir de su conformación por signos, en el nivel del sentido discursivo que se independiza de aquellos para generar precisamente la significación final, global, totalizadora, desde la que devendrá posible encontrar la dirección integral sobre la cual el intérprete comprenderá el mensaje y dirigirá su conducta de manera concordante con los dictados y exigencias que del mismo dimanen".

contrato de seguros. No siempre el incumplimiento del deber de comunicar el cambio y agravamiento del riesgo implica una alteración *per se* de la ecuación contractual y del estado del riesgo. Salvo casos de dolo o culpa grave, la exigencia de una vinculación causal, considerando las modernas teorías de identificación de condiciones hábiles para producir un efecto (en especial la causalidad adecuada o los criterios de imputación objetiva), se constituye en un expediente de tutela del contrato, de los débiles y de la propia ecuación económica.

A modo de colofón, expresa F. Veiga Copo, "la bóveda del seguro es la transferencia y asunción de ese riesgo, seleccionándolo, valorándolo, analizándolo pero, sobre todo, antiseleccionando aquellos riesgos que otro, la entidad aseguradora, asumirá o por el contrario excluirá a cambio de un precio", porque "el contrato de seguro gira y bascula en torno al riesgo.[55] La vinculación causal dispuesta en el art. 20 de la ley se constituye en un claro mediador de los intereses contrapuestos en un contrato de adhesión que procura la distribución del riesgo y su dilución, sin desnaturalizar su función, a la vez que se constituye en un punto de equilibro entre la selección adversa (información asimétrica), aversión al riesgo y riesgo moral, y equilibrio económico contractual, sin alterar el alea que debe caracterizar a la relación contractual.

BIBLIOGRAFÍA

BADO CARDOZO, Virginia. *La declaración de los riesgos en los contratos de seguros.* Ed. La Ley Uruguay. Montevideo, 2016.

BARDAZANO, Gianella. *Literalidad y decisión.* Ed. Carlos Álvarez, Montevideo, 2008.

CÁRDENAS GARCÍA, Jaime. "Remover los dogmas" en Cuestiones Constitucionales, N. 6, México ene-jun 2002.

CAUMONT, Arturo. *Doctrina General del Contrato.* Proposiciones teóricas de innovación. Ed. La Ley, Montevideo, 2014.

DIEZ PICAZO, Luis. *Derecho de Daños.* Madrid. España: Ed. Civitas, 2000.

DONATI Antígono. *Tratatto del Diritto delle assicurazzioni private.* Milán, 1959.

FLEMING, Johm. *The law of Torts.* 9ed Sydney, 1998.

GARRIGUES, Joaquín. Estudios sobre el contrato de seguros. *Revista de Derecho Mercantil,* N. 105-106, 1967.

GÓMEZ LINGUERRE, CARLOS. *Solidaridad y Responsabilidad. La responsabilidad conjunta en el Derecho Español de Daños.* Tesis doctoral dirigida por Pablo Salvador Coderch. Universitat Pompeu Fabra. Programa de Doctorat en Dret Patrimonial. Barcelona, marzo de 2005.

GÓMEZ POMAR, Fernando. *Prevención de Daños, Incumplimiento e indemnización.* Madrid: Ed. Civitas, 2002.

HALPERIN, Isaac. *Lecciones de Seguros.* 8. reimpr. Depalma. Bs. As. 1997.

HALPERIN, Isaac. *Seguros. Exposición Critica de las leyes 17.418 y 20091.* 2. ed. actualizada por Juan Carlos Félix Morandi. Ed. Depalma. Buenos Aires, 1986. t. II.

---

55. VEIGA COPO, A. (2018) p. 17.

JARAMILLO JARAMILLO, C. I. La modificación del estado del riesgo en el contrato de seguro. Su "agravación" y su "disminución", tendencias e incidencia del "criterio de la razonabilidad. *Revista Ibero Latinoamericana de Seguros*. Bogotá, Colombia, v. 31 (56), enero/junio 2022.

JARAMILLO MOR, Carlos. E. (2021) Reflexiones en torno a la exigencia de la relación de causalidad entre el incumplimiento del deber de declarar el verdadero estado del riesgo y la ulterior materialización del siniestro. Proyección internacional y breve referencia al Derecho Colombiano. *Revista Ibero latinoamericana de Seguros*. Bogotá, v. 30, julio/diciembre, 2021.

LACRUZ MANTECÓN, Miguel L. *Formación del contrato de Seguros y cobertura del riesgo.* Madrid: Ed. Reus, 2013.

LÓPEZ SAAVEDRA, Domingo M. *Ley de Seguros 17.418. Comentada y Anotada.* Ed. La Ley, 2009.

MANGIALARDI, Eduardo - CRESO DE COLLINO, Susana. *Cláusulas de Exclusión de cobertura.* Publicación del Instituto de Derecho del Seguro del Colegio de Abogados de Rosario N. 24. Rosario, 2006.

MARIÑO LÓPEZ, Andrés. Estudio del Título Preliminar del Código Civil de Uruguay de 1868. La constitución del sistema de fuentes de derecho y de reglas para la interpretación e integración de las normas en el orden jurídico uruguayo. En: LÓPEZ FERNÁNDEZ, Carlos; CAUMONT, Arturo – CAFFERA, Gerardo (Coord.). *Estudios de Derecho Civil en Homenaje al Profesor Jorge Gamarra.* Montevideo: Ed. FCU, 2001.

MARIÑO LÓPEZ, Andrés. La Interpretación Judicial del Contrato en el Derecho Uruguayo. Estudio del Sistema de Reglas Hermenéuticas del Código Civil. *Anuario de Derecho Civil Uruguayo.* Montevideo: FCU, 1997. Tomo XXVIII.

MARIÑO LÓPEZ, Andrés. *Tratado Jurisprudencial y Doctrinario Derecho de Daños.*Montevideo: Ed. La Ley, 2018. t. I.

MORANDI, Juan C. F. *El riesgo en el contrato de seguros.* Régimen de las modificaciones que lo agravan. Ed. Astrea, Bs. As., 1974.

POTHIER, Robert Joseph. *Tratado de las Obligaciones.* Tribunal Superior de Justicia del Distrito Federal. México. Dirección General de Anales de Jurisprudencia y Boletín Judicial.

ROITMAN, Horacio - AGUIRRE, Felipe F. *La agravación del Riesgo en el Contrato de Seguros.* 2. ed. Ed. Abeledo Perrot, 2012.

SÁNCHEZ CALERO, Fernando (Dir.). *Ley de Contrato de Seguro.* Comentarios a la Ley 50/1980 de 8 de octubre, y sus modificaciones. Aranzandi, Pamplona 1999.

SÁNCHEZ CALERO, Fernando. Artículo 4. Existencia del riesgo. *Comentarios a la Ley de Contrato de Seguro.* Madrid, 1982.

SHIAVO, Carlos A. *Contrato de Seguros.* Reticencia y agravación del riesgo. Colección Derecho de Seguros, N. 1, Ed. Hammurabi. Bs. As, 2006.

SIGNORINO BARBAT, Andrea. Una mirada actual sobre la agravación del riesgo. En: JARAMILLO JARAMILLO, Carlos I. (Dir.). *Derecho de Seguros y Reaseguros.* Bogotá, 2015.

SIGNORINO BARBAT, Andrea. *Derecho de Seguros. Ley 19.678 de Contratos de Seguros.* Comentada y Anotada. Ed. La Ley Uruguay, 2019.

STIGLITZ, Rubén S. *Derecho de Seguros.* 3era Ed. Abeledo Perrot, 2001. t. I.

STIGLITZ, Rubén S. La inaplicabilidad del análisis de la relación causal a las exclusiones de cobertura fundadas en actos ilícitos del asegurado. LA LEY 21.09.2010.

VARIAN, Hal R. *Intermediate Microeconomics.* A modern Approach. 8. ed. W.W Norton & Company. 2010.

VEIGA COPO, Abel B. El seguro. Hacia una reconfiguración del contrato. *Cuaderno Civitas.* Pamplona: Ed. Thompson Reuters, 2018.

VEIGA COPO, Abel. *Tratado del Contrato de* Seguros. Madrid: Ed. Civitas, 2009.

REVISITANDO A SÚMULA 465
DO SUPERIOR TRIBUNAL DE JUSTIÇA

Atalá Correia

Doutor (2020) e Mestre (2005) em Direito Civil pela Faculdade de Direito do Largo São Francisco da Universidade de São Paulo. Professor do Instituto Brasileiro de Ensino, Desenvolvimento e Pesquisa (IDP). É Juiz de Direito no Tribunal de Justiça do Distrito Federal e Territórios, onde vem ao longo dos anos atuando em jurisdição cível e penal. Foi Assessor de Ministra no Superior Tribunal de Justiça, entre 2007 e 2009. Advogou no contencioso cível e societário entre 1998 e 2005. É Presidente da Seção Estadual do Distrito Federal da Associação de Direito de Família e das Sucessões (ADFAS). Membro da Rede de Pesquisa em Direito Civil Contemporâneo. Membro do Instituto Brasileiro de Estudos em Responsabilidade Civil.

Resumo: O presente artigo dispõe-se a avaliar as origens, o alcance e a atualidade do enunciado 465 da Súmula de jurisprudência do Superior Tribunal de Justiça (STJ). Ao cuidar de sinistros que recaem sobre automóveis transferidos a terceiros, o STJ concluiu que "ressalvada a hipótese de efetivo agravamento do risco, a seguradora não se exime do dever de indenizar em razão da transferência do veículo sem a sua prévia comunicação". Dentro do seu propósito, o artigo toma em perspectiva os efeitos do tempo sobre o contrato, com agravamento ou diminuição de riscos. Avalia-se, então, a cessão do contrato de seguro, suas hipóteses e consequências. Esse panorama permitirá fazer uma avaliação crítica do referido enunciado, à luz de legislação estrangeira e propostas de reformas legislativas. Ao final, propõe-se a revisão das conclusões a que chegou o STJ.

Sumário: I. Introdução – II. Origem, alcance e atualidade da súmula – III. Conceito de seguro – IV. Aspectos históricos – V. Efeitos do tempo no contrato de seguro – VI. Cessão do contrato de seguro – VII. Críticas à súmula 465 do STJ – VIII. Conclusões – Referências.

I. INTRODUÇÃO

O artigo trata do contrato de seguro sob uma perspectiva metodológica histórico-legislativa, a fim de avaliar as origens, o alcance e a atualidade do Enunciado 465 da Súmula de jurisprudência do Superior Tribunal de Justiça (STJ). Procura-se, com isso, demonstrar que a regra consolidada na jurisprudência surgiu sob premissas que já não existem. Apesar da justiça pontual que possa justificar sua aplicação, o precedente aplica-se igualmente para situações diversas sem que se possa dizer que também haja aí algum sentido de equidade. Assim, alterados os pressupostos de aplicação da norma, esta haveria de ser reformulada.

A legislação proposta e atualmente sob discussão no Congresso Nacional encontra-se melhor alinhada com a tendência da legislação internacional. Sem pretensões de rigor comparatístico, a legislação estrangeira vem referida com caráter exemplificativo, a demonstrar que o tema pode e deve ser tratado de forma diversa.

O que se verifica na legislação igualmente pode ser dito com relação à recorrente menção a precedentes de Tribunais estaduais pertencentes a regiões diversas do país (TJDFT, TJSP e TJRS). Trata-se de expediente cujo objetivo é exemplificar as controvérsias que surgem a partir da aplicação da regra sob discussão.

II. ORIGEM, ALCANCE E ATUALIDADE DA SÚMULA

O STJ, ao promulgar o Enunciado 465 de sua Súmula de Jurisprudência, estabeleceu que "ressalvada a hipótese de efetivo agravamento do risco, a seguradora não se exime do dever de indenizar em razão da transferência do veículo sem a sua prévia comunicação" e, para tanto, tomou por base os artigos 1.432,[1] 1.443[2] e 1463[3] do Código Civil de 1916 (CC/1916), bem como os artigos 757,[4] 765[5] e 785[6] do Código Civil de 2002.

Ainda foram expressamente considerados 4 precedentes, proferidos entre 2000 e 2010: (i) REsp 188.694/MG, Rel. Min. Cesar Asfor Rocha, 4ª Turma, julgado em 18/04/2000, DJ 12/06/2000, p. 114;[7] (ii) AgRg no REsp 302.662/PR, Rel. Min. Nancy Andrighi, 3ª Turma, julgado em 22/05/2001, DJ 25/06/2001, p. 174;[8] (iii) REsp 600.788/SP, Rel. Min. Humberto Gomes de Barros, 3ª Turma, julgado em 25.09.2006, DJ 30.10.2006, p. 293;[9] (iv) REsp 771.375/SP, Rel. Min. Aldir Passarinho Junior, 4ª T., julgado em 25.05.2010, DJe 22.06.2010.[10] É de se ressalvar, no entanto, a existência de

---

1. Art. 1.432, CC/1916. "Considera-se contrato de seguro aquele pelo qual uma das partes se obriga para com outra, mediante a paga de um prêmio, a indenizar-lhe o prejuízo resultante de riscos futuros, previstos no contrato".
2. Art. 1443, CC/1916. "O segurado e o segurador são obrigados a guardar no contrato a mais estrita boa fé e veracidade, assim a respeito do objeto, como das circunstâncias e declarações a ele concernentes".
3. Art. 1.463, CC/1916. "O direito a indenização, pode ser transmitido a terceiro como acessório da propriedade, ou de direito real sobre a coisa segura".
4. Art. 757, CC/2002. "Pelo contrato de seguro, o segurador se obriga, mediante o pagamento do prêmio, a garantir interesse legítimo do segurado, relativo a pessoa ou a coisa, contra riscos predeterminados".
5. Art. 765, CC/2002. "O segurado e o segurador são obrigados a guardar na conclusão e na execução do contrato, a mais estrita boa-fé e veracidade, tanto a respeito do objeto como das circunstâncias e declarações a ele concernentes".
6. Art. 785, CC/2002. "Salvo disposição em contrário, admite-se a transferência do contrato a terceiro com a alienação ou cessão do interesse segurado".

   § 1º Se o instrumento contratual é nominativo, a transferência só produz efeitos em relação ao segurador mediante aviso escrito assinado pelo cedente e pelo cessionário.

   § 2º A apólice ou o bilhete à ordem só se transfere por endosso em preto, datado e assinado pelo endossante e pelo endossatário.
7. "(...) A só e só transferência de titularidade do veículo segurado sem comunicação à seguradora não constitui agravamento do risco. Na hipótese, como retratado pela decisão recorrida, não houve má-fé por parte do anterior e do atual proprietário do veículo no que seja atinente à sua transferência, não tendo havido, objetivamente, ofensa aos termos do contrato, pois ausente qualquer comprovação de que a transferência se fizera para uma pessoa inabilitada, seja técnica ou moralmente. (...)".
8. "(...) Na hipótese de alienação de veículo segurado, não restando demonstrado o agravamento do risco, a seguradora é responsável perante o adquirente pelo pagamento da indenização devida por força do contrato de seguro".
9. "(...) A transferência de titularidade do veículo segurado sem comunicação à seguradora, por si só, não constitui agravamento do risco".
10. "(...) A jurisprudência desta Corte sedimentou-se no sentido de que a simples ausência de comunicação de venda do veículo à seguradora não exclui o dever da seguradora perante o novo proprietário, desde que não haja agravamento do risco (...)".

precedentes mais antigos, que remontam ao início da década de 1990, com idêntica solução.[11]

Todos esses casos tinham base fática semelhante: tratavam de seguro de automóvel, em que o segurado transfere o veículo a terceiro. Concluído o negócio, o adquirente vê-se diante de um sinistro (furto ou acidente automobilístico) e busca ressarcimento da seguradora. Ao julgar este tipo de conflito, o STJ asseverou que: (i) o seguro de automóvel pode ser transferido a terceiro, mesmo sem comunicação ao segurador; (ii) que a transmissão a terceiro não implica, por si só, em agravamento do risco.

Assim, em 2010, a Comissão de Jurisprudência, nos termos do art. 44, IV, do Regimento Interno do STJ, verificando que não havia divergência na aplicação do direito, propôs à Segunda Seção que fosse compendiada em Súmula a razão que permeava esses julgamentos.

A Segunda Seção aprovou, em 13.10.2010, o Enunciado 465 da Súmula de Jurisprudência daquele Tribunal, ora sob análise.

Desde então, há poucos precedentes sobre o tema no STJ, mas todos mantêm a solução preconizada pela Súmula. A existência de poucos acórdãos sobre o tema justifica-se, pois, pacificada a jurisprudência, os recursos que visam rediscutir o tema passam a ser recusados ou reformados em decisões monocráticas.

Em breve pesquisa perante os Tribunais de Justiça de São Paulo,[12] do Distrito Federal e Territórios[13] e do Rio Grande do Sul,[14] constatou-se que a diretriz vem sendo aceita e mantida. A pesquisa poderia ser estendida para outros tribunais, mas acredita-se que estes sejam ilustrativos das disputas que cercam o tema. Há precedentes que mantêm o vínculo mesmo quando o novo proprietário simplesmente renova a apólice em nome do proprietário anterior e mesmo quando o veículo foi subtraído em endereço diverso do indicado inicialmente.[15] Eventualmente é excluída a cobertura quando a alienação do bem foi feita a motorista de outra faixa etária.[16]

Mas antes que se faça uma análise crítica deste enunciado jurisprudencial, é necessário que se retomem alguns conceitos sobre o contrato de seguro e algumas noções gerais sobre sua evolução.

---

11. "(...) I – Inexiste ofensa ao art. 1.454, do Código Civil, mas, sim, interpretação correta pelo acordão recorrido, já que a simples transferência do bem segurado não lhe agrava o risco (...)" (REsp 3.053/RJ, Rel. Ministro Waldemar Zveiter, 3ª T, j. em 21.08.1990, DJ 17.09.1990, p. 9509).

12. TJSP; Apelação 1046793-15.2016.8.26.0100; Rel. Gilberto Leme; 35ª Câm. Direito Privado; Foro Central Cível – 4ª Vara Cível; j. em 20.03.2017.

13. TJDFT, Ac. 705817, 20110110183266APC, Rel. Simone Lucindo, Rev. Alfeu Machado, 1ª T. Cív., j. em 21.08.2013, DJE: 28.08.2013, p. 64.

14. TJRS, Ap. Cív. 70041156183, 6ª. Câm. Cív., Rel. Niwton Carpes da Silva, j. em 04.04.2013.

15. TJSP; Ape. 0021290-82.2011.8.26.0003; Rel.: Edgard Rosa; 25ª Câm. de Direito Privado; Foro Regional III – Jabaquara – 5ª Vara Cível; j. em 18.09.2014.

16. TJDFT, Ac. 868457, 20130111907088APC, Rel. Angelo Passareli, Rev. Maria de Lourdes Abreu, 5ª T. Cív., j. em 20.05.2015, DJE: 22.05.2015, p. 223.

III. CONCEITO DE SEGURO

Contra o imprevisto, o único remédio é a previsão, o seguro. É inerente ao ser humano um desejo por segurança que só pode ser efetivamente alcançada em meio à coletividade. Distribuem-se entre muitos as consequências danosas dos riscos. Isso é possível quando a coletividade mutuamente se precavê contra os riscos.

Na sua forma mais básica, o seguro mútuo, um grupo de pessoas se associa e se compromete a partilhar os custos de um prejuízo específico. A Associação dos Magistrados do Distrito Federal, por exemplo, desconta de cada um dos seus associados um salário mínimo que é pago à família do associado falecido. O Enunciado 185, da III Jornada de Direito Civil do CJF, estabeleceu que "a disciplina dos seguros do Código Civil e as normas da previdência privada que impõem a contratação exclusivamente por meio de entidades legalmente autorizadas não impedem a formação de grupos restritos de ajuda mútua, caracterizados pela autogestão".

No seguro a prêmio fixo, uma sociedade anônima necessariamente atua como seguradora, estando sujeita às normas da entidade reguladora, o Conselho Nacional de Seguros Privados (CNSP) e a Superintendência de Seguros Privados (SUSEP). A seguradora tem como função organizar e gerir os recursos que são vertidos a fundos comuns por segurados, utilizando-se de tais recursos conforme a ocorrência de eventos predeterminados, denominados riscos. Os recursos devem ser suficientes para pagar as indenizações relativas a ocorrência desses riscos (prêmio puro) e para pagar a remuneração da seguradora, chamada taxa de carregamento.

Toma-se risco como evento lícito possível, futuro e incerto, quanto a sua ocorrência ou quanto ao seu momento, "que não depende exclusivamente da vontade nem do segurado nem do segurador, e cuja ocorrência obriga o último a pagar àquele a prestação convencionada ou a indenizá-lo dos prejuízos sofridos em consequência do mesmo acontecimento".[17] O contrato de seguro dá segurança econômica contra os efeitos do risco.[18] O risco, quando concretizado a afetar os interesses de um segurado, passa a ser chamado sinistro.[19]

Pelas regras de matemática estatística, o segurador consegue avaliar a frequência dos riscos e perdas em determinado universo, para distribuir esse prejuízo entre o maior número possível de segurados. Com isso, o risco é diretamente suportado pelo segurador com os recursos vinculados ao fundo por ele administrado e que, como visto, é formado pela contribuição pecuniária de um número razoavelmente amplo de segurados.[20]

---

17. ALVIM, Pedro. *Responsabilidade Civil e Seguro Obrigatório*. São Paulo: Ed. RT, 1972, p. 54.
18. SZTAJN, Rachel. Seguro de dano moral resultante de acidente com veículo automotor. *Revista de Direito Mercantil Industrial, Econômico e Financeiro*, São Paulo, v. 106, p. 26, 1997.
19. Idem, p. 29.
20. Alguns autores preferem afirmar que o risco é distribuído pela coletividade, e não transferido a seguradora. (FRANCO, O contrato de seguro. In: BITTAR, Carlos Alberto. (Org.). *Novos contratos empresariais*. São Paulo: Ed. RT, 1990, p. 183). De todo o modo, comunicado o sinistro, o segurador deve pagar a indenização com os recursos do fundo específico, e não de outros fundos. Caso o fundo não tenha recursos suficientes para pagar as indenizações dos riscos segurados e efetivamente concretizados, a seguradora deve pagá-las com seus bens (COELHO, Fabio Ulhoa. *Curso de Direito Comercial*. São Paulo: Saraiva, 2008, v. 3, p. 153).

Fala-se, assim, em base mutuaria do seguro, pois os segurados cobrem reciprocamente os riscos a que estão expostos. Não se trata, como se vê, de contrato aleatório para o segurador,[21] cuja função é valer-se de cálculos atuariais para formar fundos solváveis. De todo o modo, o segurador paga até o montante do que foi estipulado em contrato, ainda que o prejuízo suportado pelo segurado seja superior. É dever do segurador pagar em dinheiro, salvo convenção em contrário, o prejuízo resultante do risco assumido (art. 776, CC/2002).

Pressupõe-se que os segurados tenham nível de renda mínimo, que exceda suas necessidades básicas, para que possam suportar coletivamente os riscos. Os riscos não podem ser absurdamente irregulares e nem absurdamente frequentes, pois ou não haveria interessados em contratar o seguro ou o ônus coletivo seria muito maior que a renda excedente disponível.

Daí exsurge o conceito de risco segurável. Chama-se seleção dos riscos a operação que determina os efeitos do risco garantidos pelo seguro. A responsabilidade do segurador é limitada ao risco.

Ao contrário do que se possa imaginar, no contrato de seguro, o segurador está em grande assimetria de informação, pois ele não conhece a pessoa do segurado, quais riscos podem sobre ele se abater. Por isso, o segurado formula proposta ao segurador, descrevendo minudentemente os riscos que espera sejam assumidos pelo segurador.[22] Espera-se, por isso, que o segurado aja na mais estrita boa-fé.[23]

Colocando-se essas características de forma sintética, a contratação do seguro pressupõe três elementos essenciais, a saber: (i) necessidade de segurança contra um risco; (ii) mutualismo ou necessidade de formação de fundos coletivos (socialização dos riscos); e (iii) seleção dos riscos ou a operação que determina os efeitos do risco garantidos pelo seguro. A responsabilidade do segurador é limitada ao risco assumido.

Sob a ótica econômica, diz-se que o seguro é "a operação de transferência do risco para uma empresa que administra um fundo comum, alimentado pelas contribuições

---

21. "O contrato, portanto, é comutativo" (FRANCO, Vera Helena de Mello. *O contrato de seguro*. In: BITTAR, Carlos Alberto. (Org.). *Novos contratos empresariais*. São Paulo: Ed. RT, 1990, p. 191).

22. "O contrato na grande maioria dos casos é formado tomando por base os dados obtidos mediante a proposta, já que o segurador se funda, quase que totalmente, nas informações transmitidas pelo segurado" (FRANCO, Vera Helena de Mello. A formação do contrato de seguro no direito brasileiro: a proposta e a apólice de seguro (confronto com o direito comparado). *Revista de Direito Mercantil Industrial, Econômico e Financeiro*, São Paulo, v. 31, p. 54, 1978). Sobre as assimetrias informacionais no contrato de seguro, vide, por exemplo, COHEN, Alma. Asymmetric Information and Learning: Evidence from the Automobile Insurance Market. *The Review of Economics and Statistics*, Vol. 87, pp. 197-207, 2005. Disponível em https://ssrn.com/abstract=289966 or http://dx.doi.org/10.2139/ssrn.289966. Acesso em 19 dez. 2021; e GARCIA E SOUZA, Thelma de Mesquita. *O Dever de Informar e Sua Aplicação no Contrato de Seguro*. Tese de Doutoramento. Faculdade de Direito da Universidade de São Paulo, São Paulo, 2012, p. 14

23. No direito inglês, está bem estabelecido que o interesse coberto é do segurado e, por isso, ele tem comumente o conhecimento dos riscos envolvidos. A teoria da *uberrimae fidei*, a mais estrita boa-fé, tem origens na era Vitoriana quando predominavam os seguros marítimos. Mais recentemente, houve adaptações para os seguros contratados por consumidores (Conf. LOWRY, John; RAWLINGS, Philip; MERKIN, Robert. *Insurance law: doctrines and principles*. 3. ed. Oxford: Hart Publishing, 2011, p. 83).

das pessoas que se sentem ameaçadas pelos mesmos riscos",[24] ou "a cobertura recíproca de uma necessidade fortuita e estimável, relativa a múltiplas economias ameaçadas de igual modo".[25]

Considerando essa dinâmica, o art. 757, CC/2002, indica que "pelo contrato de seguro, o segurador se obriga, mediante o pagamento do prêmio, a garantir interesse legítimo do segurado, relativo a pessoa ou a coisa, contra riscos predeterminados". Deixou-se de lado, portanto, a definição trazida pelo Código Civil de 1916, que partia da obrigação do segurador em indenizar "prejuízo resultante de riscos futuros" (art. 1.432, CC/1916) e que, dada a estreiteza econômica da expressão, deixava de abranger interesses sem conteúdo econômico, como a vida.[26]

A doutrina nacional ecoa essa definição, indicando que, estando formalizado em apólice,[27] "seguro é o contrato em que uma das partes (a sociedade seguradora) assume, mediante o recebimento do prêmio, a obrigação de garantir interesse legítimo da outra (o segurado), ou a terceiro (beneficiário), contra riscos predeterminados".[28] Diz-se que seguro visa a "garantia a reparação de um dano ou a recomposição patrimonial decorrente de necessidade provocada pela ocorrência do evento previsto, ou, ainda, uma forma de compor necessidades ou perdas patrimoniais resultantes de outros tantos eventos previstos".[29]

Essa perspectiva é ainda semelhante a apresentada por António Menezes Cordeiro, ao afirmar que "no contrato de seguro, uma pessoa transfere, para outra, o risco da verificação de uma eventualidade, na esfera jurídica própria ou alheia, mediante o pagamento de determinada remuneração".[30]

José Luiz Gavião de Almeida e José Antônio Remédio esclarecem-nos que:

> O objeto do contrato de seguro não é apenas o direito dos sujeitos, mas também seus interesses. Interesse não protegido pelo ordenamento jurídico pode, ainda assim, ser protegido pelo contrato de seguro. Assim não fosse, o interesse do motorista de automóvel que tem seu carro abalroado por sua própria culpa não poderia ser protegido nem indenizado por um seguro, por não ser direito seu a reparação.[31]

---

24. ALVIM, Pedro. *O Contrato de Seguro*. 3. ed. Rio de Janeiro, Forense, 2001, p. 93.
25. FRANCO, Vera Helena de Mello. *O contrato de seguro*. In: BITTAR, Carlos Alberto. (Org.). *Novos contratos empresariais*. São Paulo: Ed. RT, 1990, p. 183.
26. Para um resumo dessa crítica, vide TEPEDINO, Gustavo; BARBOZA, Heloísa Helena; BODIN DE MORAES, Maria Celina. *Código Civil Interpretado*: Conforme a Constituição da República. 2. ed. Rio de Janeiro: Renovar, 2012, v. II, p. 563-564.
27. "A apólice não é o contrato de seguro; mas sim o instrumento que evidencia o contrato de seguro. Apesar das opiniões em contrário, o contrato de seguro não é um contrato formal e a apólice não é constitutiva do contrato" (FRANCO, Vera Helena de Mello. A formação do contrato de seguro no direito brasileiro: a proposta e a apólice de seguro (confronto com o direito comparado). *Revista de Direito Mercantil Industrial, Econômico e Financeiro*, São Paulo, v. 31, p. 57).
28. COELHO, Fabio Ulhoa. *Curso de Direito Comercial*. São Paulo: Saraiva, 2008, v. 3, p. 154.
29. SZTAJN, Rachel. Seguro de dano moral resultante de acidente com veículo automotor. *Revista de Direito Mercantil Industrial, Econômico e Financeiro*, São Paulo, v. 106, p. 25, 1997.
30. MENEZES CORDEIRO, António. *Direito dos Seguros*. 2. ed. Coimbra: Almedina, 2016, p. 33.
31. ALMEIDA, José Luiz Gavião de; REMEDIO, José Antônio. Algumas questões sobre o seguro no Código Civil de 2002. *Cadernos de Direito*. Piracicaba, v. 16, n. 30, p. 8, jan./jun. 2016.

Dessa definição, é importante destacar que o seguro não põe a pessoa ou a coisa sob proteção, mas resguarda um interesse específico.

IV. ASPECTOS HISTÓRICOS

Desde os mais remotos tempos, as partes contratantes, sobretudo nas modalidades de transporte terrestre e marítimos,[32] preocupam-se com os riscos que eventualmente se abatem sobre sua atividade e lhes levam a perdas. Entre os mesopotâmicos, gregos e romanos antigos há institutos jurídicos que tentam minimizar o peso desses acidentes sobre os ombros dos transportadores,[33] mas, por conta da baixa complexidade do conhecimento matemático e estatístico, não se desenvolveu o contrato de seguro.

É na Idade Média, com as corporações de ofício e com o comércio marítimo, que os seguros tomam forma.[34] Primeiro, no século XIII, nas cidades de Gênova, Palermo e Florença, o instituto se desenvolveu, atrelado, sobretudo, ao transporte marítimo. No século XV, em Veneza, o seguro a prêmio era praticado com refinamento. Em Portugal, "apenas a partir de 1573 se conservam, na Torre do Tombo, atos notariais relativos a seguros. Eles permitem apurar a presença em Lisboa e nessa altura, de catorze seguradores: fundamentalmente espanhóis, cristãos-novos e judeus".[35]

Como era de se esperar, dado o incipiente desenvolvimento da pratica securitária, não se formulou então o tratamento teórico do tema e tampouco a sistematização do contrato de seguro. Hugo Grotius, por exemplo, trata em um parágrafo do tema, mencionando a existência deste contrato.[36] Exceção deve ser feita a Pedro de Santarém, que escreve de forma pioneira seu Tratado de Seguros em 1552. Com isso, as leis que surgiram sobre o tema, regulavam o funcionamento das sociedades seguradoras de forma assistemática. Sem o benefício da tradição romana, formaram-se aos poucos as regras desse contrato.[37] Em 1523, Dom João III cria o cargo de escrivão de seguros. Em 1578, dom Sebastião cria o ofício de corretor de seguros, hereditário, no que abre caminho para a formação da velha Casa de Seguros de Lisboa. Na França, por sua vez, via-se a *Ordonance de la Marine* de 1681 a regular a prática, conquanto proibisse o seguro de vida por considerá-lo, nas palavras de Pothier, contra a honestidade pública e porque a vida humana não é passível de valoração. A proibição, naquele país, perdurou até 1787.[38]

---

32. BEVILACQUA, Clóvis. *Direito das Obrigações*. 5. ed. Rio de Janeiro: Freitas Bastos, 1940, p. 378-379.
33. MENEZES CORDEIRO, António. *Direito dos Seguros*. 2. ed. Coimbra: Almedina, 2016, p. 50-58.
34. BEVILACQUA, Clóvis. *Direito das Obrigações*. 5. ed. Rio de Janeiro: Freitas Bastos, 1940, p. 382.
35. MENEZES CORDEIRO, António. *Direito dos Seguros*. 2. ed. Coimbra: Almedina, 2016, p. 83.
36. GROTIUS, Hugo. *O Direito da Guerra e da Paz* (De Iure Belli ac Pacis). 2. ed. Trad. Ciro Mioranza. Ijuí: ed. Unijuí, 2005, v. I. p. 593.
37. VENOSA, Silvio de Salvo. *Código Civil Interpretado*. São Paulo: Atlas, 2010, p. 703.
38. MENEZES CORDEIRO, *op. cit., passim*, p. 68-112. De toda a sorte, a separação tem motivos práticos mais evidentes. No seguro de dano, vale o princípio indenitário, para que o contrato não seja fonte de enriquecimento. No seguro de pessoas, diante da própria impossibilidade de cálculo, essa máxima não se aplica (conf. CAMPOBASSO, Gian Franco. *Manuale di Diritto Commerciale*. 2. ed. Torino: UTET, 2005, p. 474-475). Dada a distinção, a forma de cálculo estatístico é diversa.

Como os ingleses assumem a liderança da navegação no século XVIII, o seguro passa a se desenvolver no sistema da *common law*. Formam-se, então, as grandes companhias de seguro marítimo e de seguro de vida.[39]

Em particular, no Brasil, a primeira companhia seguradora passa a atuar somente em 1808.[40]

Com isso, é possível compreender que a prática securitária se desenvolveu ao largo da consolidação do sistema de direito civil, apenas com amparo em tratamento legislativo e estudos teóricos pontuais. Dada a forte influência do direito romano, as Ordenações Filipinas e grande parte do movimento codificador civil ignoraram essa modalidade contratual. Não se vê assim um capítulo dedicado ao contrato de seguro no *Code Napoleon*, no *Bürgerlichen Gesetzbuche*, no Código Civil Português e no Código Civil Argentino, situação que perdura até os dias atuais. O Esboço de Teixeira de Freitas tampouco dedicou-se ao tema.[41]

A partir do século XIX, vê-se algo distinto nas codificações comerciais. Os Códigos Comerciais de Portugal, tanto de 1833, dito Ferreira Borges, quanto o de 1888, dito Veiga Beirão, e o próprio Código Comercial Brasileiro de 1850 dedicaram capítulos específicos ao câmbio marítimo (evolução do *phenus nauticus* romano) e aos seguros náuticos.[42] A bem da verdade, o Código Veiga Beirão acaba por estender o seguro a outros ramos, com flexibilidade suficiente para permitir que essas regras vigessem até a Lei Portuguesa do Contrato de Seguro de 2008.[43] De toda a sorte, não se vê aí tratamento sistemático ao tema, mas apenas soluções tópicas para conflitos eventualmente surgidos no campo securitário.

Desse modo, o contrato de seguro, salvo na modalidade marítima, era atípico até o advento do Código Civil de 1916.[44] Consideravam-se comerciais, os seguros que estivessem vinculados a atividade dos comerciantes, mas não os demais, como os "seguros mútuos" e os seguros de vida. Assim, a jurisprudência vinha decidindo sobre tais casos, sem um norte mais claro.[45] Clóvis Beviláqua seguiu a inspiração austríaca, trazendo a regulação geral do contrato de seguro para a legislação civil.[46]

Repisados os fundamentos históricos do contrato de seguro e feita uma breve análise de sua evolução, é possível enfrentar os seus efeitos no tempo, para, então, avaliar a majoração ou minoração de riscos.

---

39. MENEZES CORDEIRO, António. *Direito dos Seguros*. 2. ed. Coimbra: Almedina, 2016, p. 59-67.
40. POLIDO, Walter Antonio. Sistemas jurídicos: Codificação específica do contrato de seguro. *Revista dos Tribunais*, São Paulo: Ed. RT, v. 864, ano 96, p. 45-63, out. 2007.
41. TEIXEIRA DE FREITAS, A. *Código Civil*: Esboço. Brasília: Ministério da Justiça, 1983.
42. Art. 666, Código Comercial.
43. MENEZES CORDEIRO, António. *Direito dos Seguros*. 2. ed. Coimbra: Almedina, 2016, p. 102.
44. Clóvis Beviláqua afirmava "nosso direito civil ainda não havia regulado o contrato de seguro em qualquer de suas modalidades, antes da codificação vigente", porque o seguro marítimo estava regulado pela legislação comercial (BEVILACQUA, *Direito das Obrigações*, p. 377; no mesmo sentido, vide VENOSA, op. cit., p. 704.
45. BEVILACQUA, Clóvis. *Direito das Obrigações*. 5. ed. Rio de Janeiro: Freitas Bastos, 1940, p. 378-381.
46. BEVILACQUA, Clóvis. *Código Civil dos Estados Unidos do Brasil*. 5. ed. Rio de Janeiro: Francisco Alves, 1943, v. 5, p. 220.

V. EFEITOS DO TEMPO NO CONTRATO DE SEGURO

O contrato de seguro pode ter duração de tempo ínfima, como o tempo de uma viagem aérea, mas é comum que, nos demais casos, tenha prazo de um ano. Por ser um contrato que, na maior parte das vezes, é de trato sucessivo ou diferido, surge a questão da modificação dos riscos contratados durante sua vigência. Nada garante que o risco inicialmente selecionado permaneça inalterado ao longo do tempo.

Diante dessa percepção, pode-se dizer que o risco pode ser agravado ou diminuído, com ou sem a interferência do segurado.

O Código Civil de 1916 estipulou, então, três regras para tratar do tema: (i) o segurador, salvo estipulação em contrário, suporta o aumento involuntário dos riscos;[47] (ii) o segurado deve abster-se de tudo quanto possa majorar os riscos;[48] (iii) o segurado deve comunicar ao segurador todos os eventos que majorem os riscos.[49]

O Código Civil de 2002 trouxe algumas mudanças pontuais nesse campo.[50] Em primeiro lugar não há uma regra expressa a impor que o segurador suporte o aumento involuntário dos riscos. Não se repetiu, portanto, a redação do art. 1.453, CC/1916. Manteve-se a proibição de agravamento intencional dos riscos, por parte do segurado, de modo que "o segurado perderá o direito à garantia se agravar intencionalmente o risco objeto do contrato" (art. 768, CC/2002). Mas, quanto ao aumento involuntário, estipulou-se que "o segurado é obrigado a comunicar ao segurador, logo que saiba, todo incidente suscetível de agravar consideravelmente o risco coberto, sob pena de perder o direito à garantia, se provar que silenciou de má-fé" (art. 769, *caput*, CC/2002).[51] Nesse caso, "o segurador, desde que o faça nos quinze dias seguintes ao recebimento do aviso da agravação do risco sem culpa do segurado, poderá dar-lhe ciência, por escrito, de sua decisão de resolver o contrato" (art. 769, § 1º CC/2002) e "a resolução só será eficaz trinta dias após a notificação, devendo ser restituída pelo segurador a diferença do prêmio" (art. 769, § 2º CC/2002). Então, diferentemente do que ocorria até então, a partir da vigência do Código Civil de 2002, o aumento involuntário dos riscos pode ensejar a resolução do contrato.

---

47. Art. 1.453. Embora se hajam agravado os riscos, além do eu era possível antever no contrato, nem por isso, a não haver nele clausula expressa terá direito o segurador a aumento do prêmio.

48. Art. 1.454. Embora vigorar o contrato, o segurado abster-se-á de tudo quanto possa aumentar os riscos, ou seja contrário aos termos do estipulado, sob pena de perder o direito ao seguro.
    Art. 1.456. No aplicar a pena do art. 1.454, procederá o juiz com equidade, atentando nas circunstâncias reais, e não em probabilidade infundadas, quando à agravação dos riscos.

49. Art. 1.455. Sob a mesma pena do artigo antecedente, comunicará o segurado ao segurador todo incidente, que de qualquer modo possa agravar o risco.

50. De modo geral, as mudanças foram mais significativas. "O estatuto substantivo civil de 2002 trata do contrato de seguro em 45 artigos, um a mais que o Código Civil de 1916. Mas são 23 artigos sem correspondentes no Código anterior. E muita modificação foi feita nos artigos que guardam correspondência. Isso tudo é suficiente para verificar como a matéria foi alterada, o que justifica uma análise mais detalhada e aprofundada sobre o tema" (ALMEIDA, José Luiz Gavião de; REMEDIO, José Antônio. Algumas questões sobre o seguro no Código Civil de 2002. *Cadernos de Direito*. Piracicaba, v. 16, n. 30, p. 1-26, jan./jun. 2016).

51. O art. 771, *caput*, CC/2002, ainda acresce que "sob pena de perder o direito à indenização, o segurado participará o sinistro ao segurador, logo que o saiba, e tomará as providências imediatas para minorar-lhe as consequências".

O Código Civil de 2002 ainda inovou porque passou a prever regra aplicável para a diminuição dos riscos. Nos termos do art. 770, CC/2002, "salvo disposição em contrário, a diminuição do risco no curso do contrato não acarreta a redução do prêmio estipulado; mas, se a redução do risco for considerável, o segurado poderá exigir a revisão do prêmio, ou a resolução do contrato".

A solução preconizada pela Lei de Contrato de Seguro Portuguesa é análoga. Se, durante a vigência do contrato, houver alterações nos riscos, as partes devem comunicá-lo (art. 91). Se ocorrer diminuição inequívoca e duradoura do risco com reflexo nas condições do contrato, o segurador deve reduzir o prêmio cobrado (art. 92).

VI. CESSÃO DO CONTRATO DE SEGURO

A controvérsia que envolve a cessibilidade do contrato de seguro é diversa na forma, pois não envolve necessariamente a modificação do risco. Como ficará mais claro ao longo desta exposição, pode haver transferência de seguro sem aumento de risco.

O Código Civil de 1916 estabelecia que "as apólices podem ser nominativas, à ordem ou ao portador" (art. 1.447, primeira parte).[52] Conquanto seja difícil de imaginar apólices nominativas cessíveis, pois o risco é avaliado em razão da pessoa do segurado, a doutrina admite que esses contratos sejam transferidos por cessão de posição contratual.[53] As demais apólices podem ser cessíveis à ordem ou ao portador.

Existia, contudo, uma regra específica para o seguro de coisas. O seguro de coisas pode recair sobre uma coisa específica ou sobre coisas inespecíficas, como aquelas que sejam guardadas pelo depositário.[54] Para os seguros de coisas determinadas, o art. 1.463 do Código Civil de 1916 estabelecia exceção, segundo a qual "o direito a indenização pode ser transmitido a terceiro como acessório da propriedade, ou de direito real sobre a coisa segura".[55]

Essa última regra é a que mais de perto interessa ao presente estudo. Como reconhece Clóvis Beviláqua, o art. 1.463, CC/1916 tinha inspiração nos arts. 675[56] e 676[57] do Código Comercial. Esclarecia ele que:

---

52. Assim também no direito italiano, conf. CAMPOBASSO, Gian Franco. *Manuale di Diritto Commerciale*. 2. ed. Torino: UTET, 2005, p. 477.

53. A doutrina admite que sejam cessíveis por cessão contratual ordinária (VENOSA, Silvio de Salvo. *Código Civil Interpretado*. São Paulo: Atlas, 2010, p. 710).

54. "Essas são as apólices flutuantes, onde é prevista a substituição da coisa segura ou a alteração de seu número ou quantidade. Ocorrendo a hipótese, a substituição da coisa prevista não importa em nenhuma modificação do contrato, pois, no caso, a seguradora comprometeu-se a garantir o interesse, apesar de suas variações" (FRANCO, Vera Helena de Mello. A formação do contrato de seguro no direito brasileiro: a proposta e a apólice de seguro (confronto com o direito comparado). *Revista de Direito Mercantil Industrial, Econômico e Financeiro*, São Paulo, v. 31, p. 59).

55. Ao tratar de regra análoga existente no Código Comercial Português de 1880, Menezes Cordeiro afirma que "essa regra operava perante seguro de coisas. Tratando-se de outras modalidades, designadamente do seguro de responsabilidade civil, ela não pode ter aplicação" (MENEZES CORDEIRO, António. *Direito dos Seguros*. 2. ed. Coimbra: Almedina, 2016, p. 763).

56. Art. 675, Código Comercial. "A apólice de seguro é transferível e exequível por via de endosso, substituindo o endossado ao segurado em todas as suas obrigações, direitos e ações (artigo n. 363) ".

57. Art. 676, Código Comercial. "Mudando os efeitos segurados de proprietário durante o tempo do contrato, o seguro passa para o novo dono, independentemente de transferência da apólice; salvo condição em contrário".

Também se transfere o direito à indemnização, declara o art. 1.463, como acessório da propriedade ou de direito real sobre a coisa segura. A transferência não é forçosa. Pode ser transmitido o direito, é a expressão de que usa o Código. Por um lado, é possível que o interesse contra o risco continue a ser do alienante, apesar de já não ter direito sobre a coisa segura; por outro, ao adquirente pode ser inútil o seguro; finalmente, pode o contracto com o segurador prever hypothese para a regular.[58]

Apesar das advertências de Clóvis Beviláqua, o art. 1.463 do Código Civil de 1916 passou a ser interpretado como transmissão necessária. Sob essa perspectiva, estar-se-ia diante de seguro por conta de quem pertencer e, como ressalta Pedro Alvim, "à semelhança do que acontece nas obrigações reais, a relação jurídica é mais *in re* que *in persona*, pois o seguro se incorpora ao bem segurado".[59] De modo análogo, Vera Helena de Mello Franco assim se manifesta sobre a referida regra:

> O seguro de danos é um contrato *intuito rei*, realizado em função da coisa segura. O legislador equipara expressamente, por ficção legal, o seguro de danos a um acessório da propriedade (art. 1.463 do CC). Isto, todavia, não quer significar que o seguro constitua um direito real sobre a coisa segura. (...) A intenção do legislador, no texto legal invocado, é precisar que o seguro se transmite como um acessório da propriedade ou um direito real sobre a coisa segurada.[60]

Essa interpretação permitia, por exemplo, que um vendedor realizasse a tradição da mercadoria, sob cláusula FOB (*free on board*), no seu embarque no veículo transportador e, com isso, a partir de então, presumia-se que o seguro, nominativo feito em seu favor e em vigor, haveria de beneficiar o adquirente da mercadoria.

Aos poucos, o art. 1.463, do CC/1916, passou a ser interpretado como transferência automática não só em caso de seguro de danos diretos sobre a coisa segurada, mas também indiretos (como o seguro de responsabilidade civil). Assim, na hipótese de seguro obrigatório sobre veículo automotor (DPVAT), desde 1978 entendia-se que "independentemente da transferência da apólice, os direitos derivados do contrato são transmitidos ao adquirente do veículo segurado".[61] O art. 21 da Resolução do CNSP 332, de 2015 caminhava nessa mesma linha, quando estabelecia que "em caso de transferência de propriedade do veículo, o bilhete de Seguro DPVAT se transfere automaticamente para o novo proprietário, independentemente de emissão de endosso". Mas atualmente, a Resolução CNSP 399, de 2020 silencia sobre o tema.

Conquanto haja inegável praticidade em se presumir que todo seguro de dano é transmissível com a coisa, facilitando o comércio, muitos inconvenientes daí podem

---

58. BEVILACQUA, Clóvis. *Código Civil dos Estados Unidos do Brasil*. 5. ed. Rio de Janeiro: Francisco Alves, 1943, v. 5, p. 220.

59. Pedro Alvim trata dessa modalidade fora do contexto do seguro de veículos (ALVIM, Pedro. *O Contrato de Seguro*. 3. ed. Rio de Janeiro, Forense, 2001, p. 205).

60. FRANCO, Vera Helena de Mello. A formação do contrato de seguro no direito brasileiro: a proposta e a apólice de seguro (confronto com o direito comparado). *Revista de Direito Mercantil Industrial, Econômico e Financeiro*, São Paulo, v. 31, p. 53-64, 1978, p. 60.

61. Apesar da afirmação textual, Vera Helena de Mello Franco diferencia a cessibilidade da apólice da transferência do seguro. Assim, "a condição para a transferência do direito à indenização, é a alienação da coisa segurada. E tanto assim é que o segurador está obrigado a comunicar, à seguradora, a venda do veículo (...)". (FRANCO, A formação do contrato, p. 61-62).

advir. O adquirente, por exemplo, haveria de responder pelo prêmio não pago pelo alienante ou suportar o ônus da inadimplência correlata. O segurador, por sua vez, poderia ter dúvidas legítimas sobre o real beneficiário da indenização.

Deve-se reconhecer que a transmissibilidade automática da cobertura não foi uma solução isolada do direito pátrio. O Código Comercial Português de 1880, em seu art. 431, estabelecia que "mudando o objeto segurado de proprietário durante o tempo do contrato, o seguro passa para o novo dono pelo facto da transferência do objeto seguro, salvo se entre o segurador e originário segurado outra cousa for ajustada". O Código Civil Suíço, em vigor desde 1908, também trouxe solução análoga, com transmissibilidade automática da cobertura.[62]

O Código Civil de 2002 manteve uma regulamentação similar sobre a cessibilidade do contrato ao estabelecer que "a apólice ou o bilhete de seguro serão nominativos, à ordem ou ao portador, e mencionarão os riscos assumidos, o início e o fim de sua validade, o limite da garantia e o prêmio devido, e, quando for o caso, o nome do segurado e o do beneficiário" (art. 760, CC), destacando que, "no seguro de pessoas, a apólice ou o bilhete não podem ser ao portador" (art. 760, parágrafo único, CC/2002).

Contudo, ao tratar do seguro de dano, e mais especificamente do seguro de coisa,[63] o Código Civil de 2002 estipulou que, "salvo disposição em contrário, admite-se a transferência do contrato a terceiro com a alienação ou cessão do interesse segurado" (art. 785, CC), mas há a ressalva de que, "se o instrumento contratual é nominativo, a transferência só produz efeitos em relação ao segurador mediante aviso escrito assinado pelo cedente e pelo cessionário" (art. 785, § 1º, CC). Por outro lado, "a apólice ou o bilhete à ordem só se transfere por endosso em preto, datado e assinado pelo endossante e pelo endossatário" (art. 785, § 2º, CC).

Com isso, o regime de transmissibilidade do seguro de dano foi reconduzido à regra geral de transferência contratual. A cessão do contrato só é possível com a anuência das partes. Se for tomado o mesmo exemplo anterior, ter-se-á que o vendedor transfere a mercadoria, na hipótese de cláusula FOB, assim que embarcada, mas o seguro, se nominativo, não lhe acompanha, salvo se comunicado o segurador por aviso escrito. Caso o contrato seja cessível por endosso, a cobertura a partir do embarque dependerá da validade deste.

Essa é, aliás, a solução preconizada pelo art. 95, 2, da Lei de Contrato de Seguro Portuguesa, segundo o qual "salvo disposição legal ou convenção em contrário, em caso de transmissão do bem seguro, sendo segurado o tomador do seguro, o contrato

---

62. O artigo atualmente vige com a seguinte redação: "Art. 54. Changement de propriétaire: 1. Si l'objet du contrat change de propriétaire, les droits et obligations découlant du contrat passent au nouveau propriétaire. 2 Le nouveau propriétaire peut refuser le transfert du contrat par écrit dans les 30 jours suivant le changement de propriétaire. 3 L'entreprise d'assurances peut résilier le contrat dans les 14 jours après avoir eu connaissance de l'identité du nouveau propriétaire. Le contrat prend fin au plus tôt 30 jours après sa résiliation. 4 Les art. 28 a 32 s'appliquent par analogie si le changement de propriétaire provoque une aggravation du risque.

63. Orlando Gomes trata como sinônimas as expressões "seguro de coisas" e "de danos" (GOMES, Orlando. *Contratos*. 13. ed. Rio de Janeiro: Forense, 1994, p. 414). Campobasso trata de forma diversa as expressões (CAMPOBASSO, Gian Franco. *Manuale di Diritto Commerciale*. 2. ed. Torino: UTET, 2005, p. 477).

de seguro transmite-se para o adquirente, mas a transferência só produz efeito depois de notificada ao segurador", esclarecendo-se, ainda, que "verificada a transmissão da posição do tomador do seguro, o adquirente e o segurador podem fazer cessar o contrato nos termos gerais" (art. 95, 4).

A Lei Espanhola 50/1980, de 8 de outubro, sobre o Contrato de Seguro, em seu artigo 34, impõe a cessão automática do seguro de danos com a transmissão do objeto assegurado, deixando claro que o adquirente se sub-roga em deveres e direitos, salvo se pactuado de forma diversa no caso de apólices nominativas para riscos não obrigatórios. De todo o modo, o segurado deverá comunicar ao adquirente e ao segurador.[64]

O Código Civil Italiano, em seu art. 1.918, estabelece que, nos contratos de seguro de dano, com apólice nominativa, a alienação da coisa não é causa de extinção do contrato,[65] mas o segurado deve comunicar a existência do seguro ao adquirente e a transmissão à seguradora, sob pena de permanecer obrigado a pagar o prêmio remanescente. Caso o adquirente permaneça em silêncio, pressupõe-se que consentiu com a transferência. Após a comunicação, o segurador pode resolver o contrato.

Dentro dos esforços de uniformização do direito privado europeu, a solução de 'lege ferenda' pode ser ainda mais rígida. Em 2004 o Comitê Europeu Econômico e Social manifestou opinião em favor da unificação do direito securitário. Constatou-se que a diversidade dos direitos nacionais constituía sério impedimento à formação de um mercado único de seguros. Essa opinião foi dada com base nos estudos conduzidos pelo grupo denominado 'Restatement of European Insurance Contract Law', liderado pelo Professor Emérito da Universidade de Innsbruk, Fritz Reichert-Facilides. Formou--se, então, rede de pesquisa em direito privado europeu que, em 2009, sugeriu que os Princípios do Direito Securitário Europeu ("Principles of European Insurance Contrac Law" ou simplesmente PEICL) fossem adotados como lei modelo.[66]

---

64. Artículo 34. "En caso de transmisión del objeto asegurado, el adquirente se subroga en el momento de la enajenación en los derechos y obligaciones que correspondían en el contrato de seguro al anterior titular. Se exceptúa el supuesto de pólizas nominativas para riesgos no obligatorios, si en las condiciones generales existe pacto en contrario. El asegurado está obligado a comunicar por escrito al adquirente la existencia del contrato del seguro de la cosa transmitida. Una vez verificada la transmisión, también deberá comunicarla por escrito al asegurador o a sus representantes en el plazo de quince días. Serán solidariamente responsables del pago de las primas vencidas en el momento de la transmisión el adquirente y el anterior titular o, en caso de que éste hubiera fallecido, sus herederos".

65. Art. 1918, Codice Civile. "L'alienazione delle cose assicurate non è causa di scioglimento del contratto di assicurazione (1). L'assicurato, che non comunica all'assicuratore l'avvenuta alienazione e all'acquirente l'esistenza del contratto di assicurazione, rimane obbligato a pagare i premi che scadono posteriormente alla data dell'alienazione (2). I diritti e gli obblighi dell'assicurato passano all'acquirente, se questi, avuta notizia dell'esistenza del contratto di assicurazione, entro dieci giorni dalla scadenza del primo premio successivo all'alienazione, non dichiara all'assicuratore, mediante raccomandata, che non intende subentrare nel contratto. Spettano in tal caso all'assicuratore i premi relativi al periodo di assicurazione in corso. L'assicuratore, entro dieci giorni da quello in cui ha avuto notizia dell'avvenuta alienazione, può recedere dal contratto con preavviso di quindici giorni, che può essere dato anche mediante raccomandata. Se è stata emessa una polizza all'ordine o al portatore, nessuna notizia dell'alienazione deve essere data all'assicuratore, e così quest'ultimo come l'acquirente non possono recedere dal contratto".

66. Trata-se, portanto, do encampamento de soluções propostas por grupo de especialistas, e não uma proposta oficial de uniformização ou projeto de lei. Esclareça-se que, em janeiro de 2013, a Comissão Europeia decidiu

Assim, o PEICL, quanto ao tema ora sob análise, sugeriu, após o estudo comparatístico, que "se a titularidade da propriedade assegurada é transferida, a apólice será extinta 1 mês após a transferência, salvo se segurado e adquirente consentirem no término em prazo anterior ou se o seguro foi feito em benefício do futuro adquirente" (art. 12:102.1), sendo que o "adquirente será considerado segurado desde o momento em que o risco lhe for transferido" (art. 12:102.2).[67]

VII. CRÍTICAS À SÚMULA 465 DO STJ

Diante do que foi aqui exposto, deve-se retomar o texto do Enunciado 465 da Súmula do STJ, segundo o qual "ressalvada a hipótese de efetivo agravamento do risco, a seguradora não se exime do dever de indenizar em razão da transferência do veículo sem a sua prévia comunicação".

Embora não seja expressa nos seus termos, depreende-se que, para encaminhar essa solução, o STJ pressupõe que a regra da ampla cessibilidade da posição contratual aplica-se ao seguro de veículo automotor, como se esse fosse simples seguro de coisa.

O seguro facultativo de veículo automotor guarda algumas coincidências pontuais com o seguro de coisas, pois pode cobrir o risco relativo ao extravio do bem, por furto ou roubo.[68] No entanto, ainda que tivesse natureza equivalente, o STJ só poderia chegar a aludida conclusão se ignorasse completamente as mudanças introduzidas pelo Código Civil de 2002, segundo as quais, nas apólices nominativas, deve haver notificação à seguradora (art. 785, § 1º, CC). Dessa forma, a referida Súmula inovou no sistema jurídico, para admitir a ampla cessibilidade do seguro automotivo, sempre que essa não implicar aumento de risco.

Para além da constatação evidente de violação à regra legislada, não há explicação razoável para exonerar o segurado do dever de informar ao segurador a alienação de seu veículo. Se não houvesse a regra expressa, seria de se esperar a colaboração com base na cláusula geral de boa-fé objetiva. O entendimento sumulado favorece a inação do segurado, que, ao se desfazer do bem, sequer deve comunicar tal fato à seguradora.

Como desdobramento mais sério dessa questão, tem-se incontornável falta de segurança sobre diversas situações contratuais. Em primeiro lugar, o segurador, diante

---

formar um grupo de especialistas para estudo do tema e as conclusões daí advindas caminham no mesmo sentido de necessidade de uniformização.

67. Article 12:102. Transfer of Property. (1) If the title to insured property is transferred, the insurance contract shall be terminated one month after the time of transfer, unless the policyholder and transferee agree on termination at an earlier time. This rule shall not apply if the insurance contract was taken out for the benefit of a future transferee. (2) The transferee of the property shall be deemed to be the insured from the time that the risk in the insured property is transferred. (3) Paras. 1 and 2 shall not apply (a) if insurer, policyholder and transferee agree otherwise; or (b) to a transfer of title by inheritance".

68. A Circular SUSEP 639, de 09 de agosto de 2021, consolidou as regras e os critérios de funcionamento e de operação dos contratos de seguros de automóveis, com inclusão ou não, de forma conjugada, da cobertura de responsabilidade civil facultativa de veículos e/ou acidentes pessoais de passageiros, o que evidencia a possibilidade de coberturas múltiplas e distintas, circunstâncias que não vem sendo avaliadas na jurisprudência.

da inadimplência do prêmio, não terá meios de notificar o novel segurado, para resolver por culpa o contrato. Com isso, estará vinculado ao pagamento da indenização a um segurado inadimplente. Por outro lado, caso a apólice tenha sido transferida sem o pagamento do prêmio, estar-se-á presumindo que o adquirente do bem, concordou em assumir a dívida em questão, devendo honrá-la.

Em contrapartida, tem-se que o seguro automotivo tem características relevantes que o aproximam muito mais de um seguro de responsabilidade civil.[69] Como se sabe, os seguros desse ramo mantêm o segurado indene, nos limites da apólice, quanto aos danos por ele causados a terceiros. Não por outro motivo, vigora a praxe de conceder descontos aos segurados com reiterados históricos positivos. Mais do que assumir o risco sobre o perecimento da coisa, a seguradora assume o risco de que o segurado venha indenizar terceiros por acidentes causados na condução do automóvel.

Vê-se que o problema não é de agravamento de risco,[70] que pode até mesmo diminuir com a transferência do bem a terceiros. Tome-se, por hipótese, a venda de um veículo por um jovem do sexo masculino a uma mulher,[71] com longo histórico de direção cuidadosa.[72] Com a transferência automática do seguro, sem comunicação à seguradora, a adquirente poderia estar obrigada a pagar mais do que se contratasse o seguro diretamente. A solução encontrada pelo STJ retirou da companhia seguradora a possibilidade de se manifestar sobre o tema de antemão, tornando obrigatória uma transferência de posição contratual que nem sempre será desejada.

A Súmula, como não poderia deixar de ser, tem algum sentido de justiça em situações bastante específicas. Tome-se a situação em que houve alienação do bem e posterior furto sem aumento de risco e com prêmio integralmente pago. Sob esse cenário, o segurador aufere o prêmio que lhe cabia e, se não entrega a cobertura ajustada ao adquirente, experimenta enriquecimento sem causa. Note-se que, diante desse quadro,

---

69. Quando há cobertura RCF-V ou Seguro Responsabilidade Civil Facultativa de Veículos. "Define-se seguro de responsabilidade civil como o seguro contra o risco de ter o patrimônio ativo atingido por obrigação de indenizar vítima, obrigação essa derivada de ação ou omissão do segurado" (SZTAJN, Rachel. Seguro de dano moral resultante de acidente com veículo automotor. *Revista de Direito Mercantil Industrial, Econômico e Financeiro*, São Paulo, v. 106, p. 28, 1997).

70. O art. 95, 3, da Lei de Contrato de Seguro Portuguesa deixa o ponto claro: "salvo disposição legal ou convenção em contrário, em caso de transmissão do bem seguro por parte de segurado determinado transmite-se a posição de segurado para o adquirente, sem prejuízo do regime de agravamento do risco".

71. "Os dados do Relatório Anual da Seguradora Líder revelam que as mulheres são mais cuidadosas quando o assunto é trânsito. Das mais de 328 mil indenizações pagas pelo Seguro DPVAT no ano passado, apenas 25% foram para vítimas do sexo feminino. Além disso, entre os motoristas indenizados em 2018, 15% eram mulheres". PORTAL CORREIO. *Mulheres são mais cuidadosas ao volante, aponta relatório.* 2019. Disponível em: https://portalcorreio.com.br/mulheres-sao-mais-cuidadosas-ao-volante-aponta-relatorio. Acesso em: 20 dez. 2021.

72. Nesse sentido, têm razão José Luiz Gavião de Almeida e José Antônio Remédio quando afirmam que "transferir veículo para outrem que fará a mesma utilização dele, ou para quem não se mostre com maior risco, não é fundamento para a perda da garantia. Da mesma forma, mudar de residência para outra de igual situação não é provocar aumento dos riscos, especialmente os naturais, como o raio" (ALMEIDA, José Luiz Gavião de; REMEDIO, José Antônio. Algumas questões sobre o seguro no Código Civil de 2002. *Cadernos de Direito*. Piracicaba, v. 16, n. 30, p. 1-26, jan./jun. 2016).

o antigo proprietário não poderia haver o pagamento da indenização de um veículo que não lhe pertence.[73]

A circunstância de existir justiça em situações pontuais não deveria levar à redação de regra muito mais ampla, que não toma como pressupostas as situações fáticas que lhe justificam (tradição do bem, não elevação do risco e pagamento integral do prêmio). Ao estabelecer ampla cessibilidade do seguro surgem inúmeras outras injustiças, notadamente a de fazer com que o segurador mantenha o adquirente indene por danos que ele cause a terceiros.

Assim, a jurisprudência dissonante, que restou vencida no âmbito do STJ, estava com a razão no ponto. Confira-se:

> Seguro de automóvel. Ação intentada pelo antigo proprietário para receber a indenização pelo fato ocorrido após a venda do veículo. Código Civil, art. 1.463. I – A lei não determina a obrigatoriedade de o seguro ser automaticamente honrado pela seguradora, em relação a parte distinta daquela que figurou no contrato. II – Recurso especial não conhecido (REsp. 136.619/SP, Rel. Min. Antônio de Pádua Ribeiro, 3ª T, j. em 29.08.2000, DJ 02.10.2000, p. 161).

Os ordenamentos jurídicos recentemente reformados procuram tratar a regra de transmissibilidade do seguro de coisas de forma mais específica. Como ressaltado acima, diversas legislações preveem notificações sobre a transferência e regulam o problema do prêmio em aberto. Antônio Menezes Cordeiro, com apoio em ampla jurisprudência de seu país, destaca que, afora os seguros de coisa,

> É fundamental, para avaliar o risco, a pessoa do segurado: poderá dar mais ou menos garantias de incorrer em danos ou de provocar sinistros. É o que se passa com o seguro de viação, considerado pessoal e *intuitu personae*: não se transfere para o novo proprietário só porque houve uma transmissão do veículo automóvel.[74]

Entre nós, a indicar que a Súmula deve ser superada, destaca-se o Projeto de Lei 3.555/2004, apresentado pelo então Deputado José Eduardo Cardozo, em 13.4.2004, cujo propósito é estabelecer "normas gerais em contratos de seguro privado e revoga dispositivos do Código Civil, do Código Comercial Brasileiro e do Decreto-Lei 73 de 1966", revogando os dispositivos correspondentes do Código Comercial e do Código Civil. Este Projeto de Lei foi aprovado pela Câmara dos Deputados em março de 2017,

---

73. Essa situação é bem descrita pelo seguinte precedente: "Seguro de automóvel. Ação intentada pelo antigo proprietário para receber a indenização pelo furto ocorrido após a venda. Código de Defesa do Consumidor. Art. 1.463 do Código Civil. 1. Não é abusiva nem iníqua a cláusula que prescreve a comunicação da transferência da apólice para o adquirente do bem, sob pena de isentar a seguradora da responsabilidade (art. 1.463 do Código Civil). 2. O antigo proprietário, mesmo admitida a transferência automática da apólice, não pode ingressar em Juízo para reclamar a indenização pelo furto ocorrido após a venda. 3. Recurso especial não conhecido" (REsp 164.128/RJ, Rel. Ministro Carlos Alberto Menezes Direito, Terceira Turma, julgado em 19.08.1999, DJ 18.10.1999, p. 228)

74. MENEZES CORDEIRO, António. *Direito dos Seguros*. 2. ed. Coimbra: Almedina, 2016, p. 763. Ressalte-se que a Diretiva 2009/103/CE do Parlamento Europeu e do Conselho, de 16 de setembro de 2009, impôs adoção de seguro obrigatório de responsabilidade civil que resulta da circulação de veículos automóveis, com valores coberturas mínimas de Eur$1.000.000,00.

sendo, em seguida encaminhado ao Senado Federal.[75] No que tange à controvérsia sob análise, o projeto propôs sistemática distante daquela que se vê na Súmula 465 do STJ, pois a transferência da cobertura deve ser comunicada à seguradora, que pode exigir ajustes no prêmio em caso de majoração dos riscos ou, no limite, a sua resolução, com restituição de valores pagos em excesso ao vendedor. Confira-se:

> Art. 107. A transferência do interesse garantido implica a cessão do seguro correspondente, obrigando-se o cessionário no lugar do cedente.
>
> § 1º A cessão não ocorrerá quando o adquirente exercer atividade capaz de aumentar o risco ou não preencher os requisitos exigidos pela técnica de seguro, hipóteses em que o contrato será resolvido com a devolução proporcional do prêmio, ressalvado, na mesma proporção, o direito da seguradora às despesas realizadas.
>
> § 2º Caso a cessão implique alteração da taxa de prêmio, será feito o ajuste e creditada a parte favorecida.
>
> § 3º As bonificações, taxações especiais e outras vantagens personalíssimas do cedente não se comunicam ao novo titular do interesse.
>
> Art. 108. A cessão do interesse segurado deixará de ser eficaz quando não for comunicada à seguradora nos trinta dias posteriores à transferência.
>
> § 1º A cessão do direito à indenização somente deverá ser comunicada para o fim de evitar que a seguradora efetue o pagamento válido ao credor putativo.
>
> § 2º Se não ocorrer sinistro, a seguradora poderá, no prazo de quinze dias, contados da comunicação, recusar o contrato com o cessionário, com redução proporcional do prêmio e devolução da diferença ao contratante original, ressalvado, na mesma proporção, o direito da seguradora às despesas realizadas.
>
> § 3º A recusa deverá ser notificada ao cedente e ao cessionário e produzirá efeitos após quinze dias contados do recebimento da notificação.
>
> § 4º Se não houver cessão do contrato, nem substituição do interesse decorrente de sub-rogação real, o segurado fará jus à devolução proporcional do prêmio, ressalvado, na mesma proporção, o direito da seguradora às despesas realizadas.
>
> Art. 109. A cessão dos seguros obrigatórios ocorre de pleno direito com a transferência do interesse (BRASIL, 2004).

Vê-se, que as regras propostas, regulam os inúmeros aspectos da questão que foram ignorados pelo enunciado da Súmula sob análise e apresenta solução mais razoável e efetiva ao problema.

VIII. CONCLUSÕES

Procurou-se demonstrar, ao longo desta análise, que o Enunciado 465 da Súmula de Jurisprudência do STJ, ao estipular a transmissibilidade automática dos contratos de seguro de veículo automotor, encontra sua razão de ser em situações específicas e conforme lenta evolução legislativa. É razoável que, em se tratando de seguro sobre coisa, com prêmio integralmente pago, anuência das partes e notificações prévias, a apólice nominativa seja transferida automaticamente ao adquirente.

---

75. Onde passou a ser denominado Projeto de Lei da Câmara 29, de 2017.

A existência desses requisitos não se reflete na redação da Súmula e nem na análise dos casos que lhe deram origem. Os precedentes que levaram a este Enunciado tampouco enfrentam as diferenças existentes nos seguros facultativos sobre veículos automotores e nos seguros de dano em sentido estrito.

Com isso, ao estabelecer ampla cessibilidade do seguro, surgem inúmeras outras injustiças, notadamente a de fazer com que o segurador mantenha o adquirente indene por danos que ele cause a terceiros, o que é próprio de coberturas relativas à responsabilidade civil. Ignorou-se não só a tendência mais moderna verificada em outros países, mas a exigência expressa do art. 785, § 1º, CC/2002, segundo a qual, nas apólices nominativas, a transferência do bem deve ser seguida de notificação à seguradora.

De toda a forma, o Projeto de Lei 3.555/2004, atualmente aguardando apreciação pelo Senado Federal, caso venha a ser definitivamente aprovado pelo Congresso Nacional, sancionado e promulgado, trará solução mais consentânea com os problemas vivenciados na prática. Transferida a coisa segurada, supõe-se notificação das partes envolvidas e realização dos ajustes necessários. Se estes não forem feitos, a apólice mantém-se em vigor, sem alteração subjetiva das partes, com possibilidade, então, de resolução.

REFERÊNCIAS

ALMEIDA, José Luiz Gavião de. *Contrato de Seguro e Furto de Automóvel.* Belo Horizonte: Lex, 2000.

ALMEIDA, José Luiz Gavião de; REMEDIO, José Antônio. Algumas questões sobre o seguro no Código Civil de 2002. *Cadernos de Direito.* Piracicaba, v. 16, n. 30, p. 1-26, jan./jun. 2016.

ALVIM, Pedro. *O Contrato de Seguro.* 3. ed. Rio de Janeiro, Forense, 2001.

ALVIM, Pedro. *Responsabilidade Civil e Seguro Obrigatório.* São Paulo: Ed. RT, 1972.

ASCARELLI, Tullio. O conceito unitário do contrato de seguro. *Revista de Direito da Universidade de São Paulo,* v. 36, n. 3, p, 388-437, 1941.

AZEVEDO, Álvaro Villaça. *Teoria Geral das Obrigações.* 8. ed. São Paulo: Ed. RT, 2000.

AZEVEDO, Álvaro Villaça. *Teoria geral dos contratos típicos e atípicos.* 2. ed. São Paulo: Atlas, 2004.

BARBAS, Stela. Dos novos contratos de seguro. Direito e Justiça. *Revista da Faculdade de Direito da Universidade Católica Portuguesa,* v. 24, n. 3, Lisboa, 2000.

BEVILACQUA, Clóvis. *Código Civil dos Estados Unidos do Brasil.* 5. ed. Rio de Janeiro: Francisco Alves, 1943. v. 5.

BEVILACQUA, Clóvis. *Direito das Obrigações.* 5. ed. Rio de Janeiro: Freitas Bastos, 1940.

BRASIL. *Projeto de Lei 3.555,* de 13 de maio de 2004.

BRASIL. Superior Tribunal de Justiça. *Súmula 465.* Brasília, DF, 13 de outubro de 2010. Brasília, 25 out. 2010. Disponível em: https://scon.stj.jus.br/SCON/sumstj/toc.jsp. Acesso em: 20 dez. 2021.

CALEIRO, Fernando Sánchez (Org.). *Ley de Contrato de Seguro.* 3. ed., Madrid, Thomson-Aranzadi, 2005.

CAMPOBASSO, Gian Franco. *Manuale di Diritto Commerciale.* 2. ed. Torino: UTET, 2005.

COELHO, Fabio Ulhoa. *Curso de Direito Comercial.* São Paulo: Saraiva, 2008. v. 3.

COHEN, Alma. Asymmetric Information and Learning: Evidence from the Automobile Insurance Market. *The Review of Economics and Statistics,* v. 87, p. 197-207, 2005. Disponível em: https://ssrn.com/abstract=289966 or http://dx.doi.org/10.2139/ssrn.289966. Acesso em: 19 dez. 2021.

COMPARATO, Fábio Konder. *O seguro de crédito*. Estudo jurídico. São Paulo: Ed. RT, 1968.

FRANCO, Vera Helena de Mello. A formação do contrato de seguro no direito brasileiro: a proposta e a apólice de seguro (confronto com o direito comparado). *Revista de Direito Mercantil Industrial, Econômico e Financeiro*, São Paulo, v. 31, p. 53-64, 1978.

FRANCO, Vera Helena de Mello. A operação econômica de seguros. Qualificação jurídica. *Revista de Direito Mercantil Industrial, Econômico e Financeiro*, São Paulo, v. 67, p. 39-56, 1987.

FRANCO, Vera Helena de Mello. Breves reflexões sobre o contrato de seguro no novo código civil brasileiro. In: IBDS. (Org.). *II Fórum de Direito do Seguro "José Sollero Filho"*. S. Paulo: Bei, p. 443-451, 2002.

FRANCO, Vera Helena de Mello. O contrato de seguro. In: BITTAR, Carlos Alberto. (Org.). *Novos contratos empresariais*. São Paulo: Ed. RT, 1990.

FRANCO, Vera Helena de Mello. Seguro de acidentes – Compreensão do de vida – Suicídio não premeditado – Indenização devida – Voto vencido. *Revista de Direito Mercantil Industrial, Econômico e Financeiro*, São Paulo, v. 34, p. 98-101, 1979.

FUJITA, Jorge Shiguemitsu; SCAVONE JUNIOR, L. A. (Org.); CAMILLO, C. E. N. (Org.); TALAVERA, G. M. (Org.). *Comentários ao Código Civil Artigo por Artigo*. 3. ed. São Paulo: Ed. RT, 2014.

GARCIA E SOUZA, Thelma de Mesquita. *O Dever de Informar e Sua Aplicação no Contrato de Seguro*. Tese de Doutoramento. Faculdade de Direito da Universidade de São Paulo, São Paulo, 2012.

GOMES, Orlando. *Contratos*. 13. ed. Rio de Janeiro: Forense, 1994.

GROTIUS, Hugo. *O Direito da Guerra e da Paz* (De Iure Belli ac Pacis). 2. ed. Trad. Ciro Mioranza. Ijuí: ed. Unijuí, 2005. v. I.

LOWRY, John; RAWLINGS, Philip; MERKIN, Robert. *Insurance law*: doctrines and principles. 3. ed. Oxford: Hart Publishing, 2011.

MENEZES CORDEIRO, António. *Direito dos Seguros*. 2. ed. Coimbra: Almedina, 2016.

POLIDO, Walter Antonio. Sistemas jurídicos: Codificação específica do contrato de seguro. *Revista dos Tribunais*, São Paulo: Ed. RT, v. 864, ano 96, . 45-63, out. 2007,.

SANTOS, Ricardo Bechara. *Direito de Seguro no Cotidiano*. Rio de Janeiro: Forense, 1999.

STIGLITZ, Rubén S. *Derecho de seguros*. Buenos Aires: Abeledo-Perrot, 2001.

SZTAJN, Rachel. Seguro de dano moral resultante de acidente com veículo automotor. *Revista de Direito Mercantil Industrial, Econômico e Financeiro*, São Paulo, v. 106, p. 25-34, 1997.

TEPEDINO, Gustavo; BARBOZA, Heloísa Helena; BODIN DE MORAES, Maria Celina. *Código Civil Interpretado*: Conforme a Constituição da República. 2. ed. Rio de Janeiro: Renovar, 2012. v. II.

TZIRULNIK, Ernesto et al. *O contrato de seguro de acordo com o Novo Código Civil Brasileiro*. 2. ed. São Paulo: Ed. RT, 2003.

VENOSA, Silvio de Salvo. *Código Civil Interpretado*. São Paulo: Atlas, 2010.

DECLARAÇÃO INICIAL DO RISCO NO SEGURO DE RESPONSABILIDADE CIVIL: COMPORTAMENTO EXIGÍVEL DO SEGURADO (OU TOMADOR) EM FACE DE RISCOS DE LATÊNCIA PROLONGADA

Victor Willcox

Doutor e Mestre em Direito Civil pela Universidade do Estado do Rio de Janeiro – UERJ.
Pesquisador Visitante (Postdoctoral Fellow) no Instituto de Estudos Políticos de Paris
(Sciences Po). Professor da Fundação Getúlio Vargas – FGV Direito Rio.

Resumo: O trabalho pretende examinar a extensão do dever de declaração inicial do risco no seguro de responsabilidade civil. O dever de declaração inicial do risco é importantíssimo para a disciplina do contrato de seguro, sendo o seu correto cumprimento imprescindível à aceitação do risco pela seguradora, bem como à sua correta mensuração. No âmbito do seguro de responsabilidade civil, a análise do cumprimento desse dever pelo segurado ou tomador enfrenta diversos desafios, relacionados não só à constante expansão da responsabilidade civil, mas também ao próprio descasamento temporal entre o evento danoso e a instauração da reclamação pelo terceiro prejudicado, objeto da cobertura. Nesse contexto, o presente trabalho examinará como os Tribunais brasileiros vêm delineando o alcance do dever de informar a seguradora adequadamente sobre o risco que será objeto do seguro.

Sumário: I. Introdução: confluências entre seguro e responsabilidade civil – II. Declaração inicial do risco: regime legal estabelecido pelo art. 766 do Código Civil – III. Seguro de responsabilidade civil: risco e interesse – IV. Valoração do dever de declaração inicial do risco no âmbito do seguro de responsabilidade civil – V. Considerações finais – Referências.

I. INTRODUÇÃO: CONFLUÊNCIAS ENTRE SEGURO E RESPONSABILIDADE CIVIL

Tanto o seguro como a responsabilidade civil são instrumentos vocacionados à reparação de danos – o primeiro com fonte contratual, na autonomia privada, o segundo com origem heterônoma, na própria lei. Ambos os institutos, cada qual à sua forma, implicam na transferência das consequências patrimoniais do dano para a esfera jurídica de outra pessoa, que não aquela que originalmente o suportou.

Não obstante, historicamente, seguro e responsabilidade civil foram por muito tempo vistos como instrumentos apartados. Na perspectiva clássica da responsabilidade civil como mecanismo de represão da conduta culposa do ofensor, chegava-se mesmo a reputar imoral que o causador do dano transferisse ao segurador o ônus financeiro da indenização.[1] À medida do tempo, com o arrefecimento do papel desempenhado pela culpa no âmbito da responsabilidade civil, cuja atenção primária se tem deslocado para a proteção da vítima,[2] tal receio vem esvanecendo. Seguro e responsabilidade civil passam paulatinamente a ter uma relação simbiótica: a expansão da reparação civil tornar-se-ia demasiadamente onerosa se não tivesse respaldo na proteção securitária por trás.[3]

No âmbito das mais diversas atividades, vem ganhando relevância o seguro de responsabilidade civil, por meio do qual, segundo a definição adotada no ordenamento brasileiro, "o segurador garante o pagamento de perdas e danos devidos pelo segurado a terceiro" (CC, art. 787, *caput*). Nesse contexto, o presente trabalho propõe-se a examinar, no âmbito do seguro de responsabilidade civil, o delicado tema da declaração inicial do risco, cujo cumprimento satisfatório pelo segurado (ou tomador) é imprescindível à preservação da garantia securitária.

II. DECLARAÇÃO INICIAL DO RISCO: REGIME LEGAL ESTABELECIDO PELO ART. 766 DO CÓDIGO CIVIL

A aleatoriedade característica do contrato de seguro intensifica o papel desempenhado pela boa-fé na disciplina da relação contratual (CC, art. 765), notadamente no estágio de formação do contrato, a fim de se evitar a seleção adversa.[4]

Nos termos do disposto no artigo 766, *caput*, do Código Civil: "Se o segurado, por si ou por seu representante, fizer declarações inexatas ou omitir circunstâncias que pos-

---

1. "Ao tempo em que prevalecia a ideia de que toda responsabilidade deveria ser fundada na culpa, era considerada imoral a possibilidade de o lesante transferir para uma companhia seguradora a obrigação de indenizar" (NORONHA, Fernando. *Direito das obrigações*. São Paulo: Saraiva, 2003. v. 1. p. 546).
2. "O princípio da proteção da pessoa humana, determinado constitucionalmente, gerou no sistema particular da responsabilidade civil a sistemática extensão da tutela da pessoa da vítima, em detrimento do objetivo anterior de punição do responsável. Tal extensão, neste âmbito, desdobrou-se em dois efeitos principais: de um lado, no expressivo aumento das hipóteses de dano ressarcível; de outro, na perda de importância da função moralizadora, outrora tida como um dos aspectos nucleares do instituto" (MORAES, Maria Celina Bodin de. *Na medida da pessoa humana*: estudos de direito civil-constitucional. Rio de Janeiro: Renovar, 2010. p. 323).
3. "Au spectaculaire développement de la responsabilité civile, l'assurance a servi tout à la fois de cause et d'effet. L'une se nourrit de l'autre. Le besoin toujours croissant de réparation eût été d'un poids insupportable sans la soupape de l'assurance. Or, celle-ci dénature la responsabilité civile et en favorise l'expansion (...)" (FLOUR, Yvonne. *Faute et responsabilité civile*: déclin ou renaissance? *Droits – Revue Française de Théorie Juridique*, Paris: PUF, n. 5, p. 40, 1987).
4. Sobre o tema, na doutrina portuguesa: "Quer a assimetria informativa, quer a relação de confiança, assumem especial relevância face ao caráter aleatório do contrato de seguro. A necessidade de equilíbrio das posições das partes e o perigo da selecção adversa, directamente condicionados pela partilha de informação, permitem entrever a álea contratual como fundamento objectivo – tendencialmente inerente à própria natureza do contrato de seguro – da declaração do risco.
   Por seu turno, a referida relação de confiança permite qualificar o seguro como contrato *uberrima fides*, exigindo, portanto, a observância de um padrão de conduta na formação e execução do negócio, de acordo com parâmetros de boa-fé especialmente severos. (...)
   Em suma, é em virtude de o contrato de seguro ser aleatório que se impõe a uma das partes (a que não é afectada pela assimetria informativa) um especial dever de actuação conforme a boa-fé, com particular relevo para a observância do dever de informação, de modo a que a vontade da parte contrária não seja viciada por erro" (POÇAS, Luís. *O dever de declaração inicial do risco no contrato de seguro*. Coimbra: Almedina, 2013, p. 230).

sam influir na aceitação da proposta ou na taxa do prêmio, perderá o direito à garantia, além de ficar obrigado ao prêmio vencido". Por outro lado, estabelece o parágrafo único do mesmo dispositivo que, "se a inexatidão ou omissão nas declarações não resultar de má-fé do segurado, o segurador terá direito a resolver o contrato, ou a cobrar, mesmo após o sinistro, a diferença do prêmio".

A declaração inicial do risco compreende as circunstâncias relevantes para o exame e a subscrição do risco pelo segurador, quando possam influenciar na aceitação da proposta por este ou no cálculo do prêmio.[5] A conduta exigível do segurado ou do tomador decorre da assimetria informativa relacionada ao risco: é ele, em princípio, quem melhor conhece o risco que pretende segurar.[6] A impossibilidade de conhecimento, pelo segurador, das informações atinentes ao risco pode decorrer de razões materiais, legais ou mesmo econômicas.[7] Por outro lado, o dever anexo de cooperação, inerente à boa-fé, impõe ao segurador que esclareça aquilo que deve ser revelado.[8] Conforme sublinham Margarida Lima Rego e Maria Inês de Oliveira Martins,

> a assimetria informativa desfavorece ora uma, ora outra, das partes da relação: o segurado conhece de perto a sua esfera, mas não sabe o que releva para avaliar o risco; e o segurador sabe de que informações precisa para avaliar o risco, mas não conhece de perto a esfera do segurado. A correção destes desequilíbrios na distribuição da informação convoca o princípio da boa-fé, que se impõe, pois, de igual modo a ambas as partes.[9]

Nesse cenário, incumbe ao segurador indicar as informações que devem ser fornecidas. Afinal, conforme sublinha Menezes Cordeiro, "não é expectável que o tomador se arvore em serviçal do segurador", já que "o segurador, melhor do que ninguém, sabe o que é significativo para o cálculo do risco que (apenas) ele irá fazer".[10] Quando fornecido

---

5. Discute-se, na doutrina, se a declaração inicial do risco consistiria em um dever propriamente dito ou em um ônus ou encargo. Sobre o tema, v. MIRAGEM, Bruno; PETERSEN, Luiza. *Direito dos seguros*. Rio de Janeiro: Forense, 2022. p. 209 e ss.
6. Segundo Thiago Junqueira: "(...) se, por um lado, o candidato a tomador do seguro, ao ansiar contratar um seguro, espera precaver-se das possíveis sequelas econômicas que determinado risco possa vir a acarretar; por outro, o segurador necessita ter acesso às particularidades desse risco, para então aferir os termos em que é capaz de contratar" (GOLDBERG, Ilan; JUNQUEIRA, Thiago (Org.). *Direito dos seguros*: comentários ao Código Civil. Rio de Janeiro: Forense, 2023. p. 241).
7. POÇAS, Luís. *O dever de declaração inicial do risco no contrato de seguro*. Coimbra: Almedina, 2013, p. 116 e ss.
8. "Se o segurado deverá comunicar exatamente as informações que podem traçar o seu perfil, delineando sua própria situação de risco, o segurador, por seu turno, deverá conformar-se ao *standard* da boa-fé objetiva, contribuindo ativamente para a individualização clara, precisa e transparente das circunstâncias típicas necessárias, do ponto de vista funcional, para a avaliação e a classificação securitária do risco" (MARTINS-COSTA, Judith. *A boa-fé no direito privado*: critérios para a sua aplicação. 2. ed. São Paulo: Saraiva Educação, 2018. Edição Kindle).
9. REGO, Margarida Lima; MARTINS, Maria Inês de Oliveira. Seguro D&O com cobertura de custos de defesa em processo penal ou sancionatório. Declaração inicial do risco. Notificação do sinistro. Causação dolosa do sinistro. Prescrição. *Revista de Direito Privado*, v. 97, jan./fev. 2019, versão eletrônica.
10. MENEZES CORDEIRO, António. *Direito dos seguros*. 2. ed. Coimbra: Almedina, 2016. p. 632. Na doutrina brasileira, a respeito do papel desempenhado pelo questionário na declaração inicial do risco, veja-se a lição de Thiago Junqueira: "O questionário, ao estabelecer um quadro de referência, dá guarida a indicadores ou padrões que transcendem as próprias questões formuladas e acarretam a declaração de outros fatos conexos ou, até mesmo, aviva as memórias dos tomadores, incitando-os a pesquisar para responder corretamente. Geralmente, ele é o ponto de partida das declarações e, na maioria das vezes, o destino final.

questionário de risco ao segurado ou tomador, o segurador deverá examinar as respostas apresentadas, se há alguma omissão ou contradição etc.[11]

À medida do tempo, com os avanços tecnológicos e a difusão da informação acessível pelo segurador, tem-se mitigado a assimetria informativa havida em seu desfavor.[12] O segurador, em determinados casos, passa a ter um maior protagonismo na busca das informações concernentes ao risco (pense-se, por exemplo, na possibilidade de uso de *drones* para se inspecionar determinado estabelecimento previamente à contratação do seguro). Tal fenômeno, contudo, não tem o condão de eximir o segurado ou tomador do dever, que lhe é exigível, de responder com veracidade e precisão às indagações feitas pelo segurador.

Não é, contudo, qualquer omissão ou equívoco nas declarações do segurado (ou tomador) que ensejará a penalidade estabelecida pelo legislador, o que somente deverá ocorrer quando a conduta tiver o condão de induzir o segurador em erro no que tange à percepção do risco ou ao cálculo do prêmio. O exame do cumprimento imperfeito do dever de declaração inicial de risco deve-se dar à luz do critério funcional, não se podendo considerar impeditivas à higidez da relação securitária as reticências inócuas, que não tenham o condão de repercutirem efetivamente no risco concretamente garantido.[13]

O questionário deve ser redigido pelo segurador de forma clara, com vocábulos compreensíveis por um intérprete mediano que ocupa a posição de proponente naquela modalidade contratual. A abordagem das circunstâncias há de ser harmonicamente ordenada, permitindo ao tomador responder sem esforços interpretativos elevados" (GOLDBERG, Ilan; JUNQUEIRA, Thiago (Org.). *Direito dos seguros*: comentários ao Código Civil. Rio de Janeiro: Forense, 2023. p. 248).

11. "Em concreto, *corre então por conta do segurador o risco da sua formulação clara, correta e completa*: colocado perante o questionário, o segurado *apenas tem o dever de responder com verdade às perguntas que lhe são colocadas, e não a fornecer ulteriores indicações*. E sobre o segurador impende também o ónus de verificação do questionário que apresentou: compete-lhe *confirmar se as respostas são pertinentes face às perguntas que formulou, ou se são insuficientes ou contraditórias*. Se o segurador aceita um conjunto de respostas parcialmente omisso ou contraditório, e deixa correr o contrato arrecadando tranquilamente os prémios respectivos, não pode, caso venha a acontecer um sinistro, vir alegar tais incorreções no dever de informar para se escusar à sua prestação" (REGO, Margarida Lima; MARTINS, Maria Inês de Oliveira. Seguro *D&O* com cobertura de custos de defesa em processo penal ou sancionatório. Declaração inicial do risco. Notificação do sinistro. Causação dolosa do sinistro. Prescrição. *Revista de Direito Privado*, v. 97, jan./fev. 2019, versão eletrônica).

12. "Se, inicialmente, diz Alberto Monti, era o segurador que sofria com a assimetria informativa, atualmente é o segurado que necessita de proteção para a sua posição. A tecnologia e a 'transparência' na Sociedade da Informação ampliaram as possibilidades de o segurador mensurar o risco" (MARTINS-COSTA, Judith. *A boa-fé no direito privado*: critérios para a sua aplicação. 2. ed. São Paulo: Saraiva Educação, 2018. Edição Kindle).

13. Nessa linha, observam Gustavo Tepedino, Heloisa Helena Barboza e Maria Celina Bodin de Moraes, ao comentarem o art. 766 do Código Civil: "Cabe, portanto, a seguinte indagação: a circunstância omitida teria induzido a fixação de uma taxa de prêmio mais elevada, caso fosse levada ao conhecimento do segurador? Veja-se que a reticência do segurado não terá influência alguma sobre a eficácia do contrato de seguro se o fato como tal considerado seja reconhecidamente dos hábitos do segurado e o risco que dele poderia resultar seja evidentemente daqueles que o segurador deveria ter tomado em consideração, ao emitir a apólice. Nesse sentido, nos lugares onde não haja iluminação elétrica, por exemplo, embora não fique esclarecido que o segurado faz uso de querosene na iluminação da sua casa, se o uso do querosene era generalizado para tal fim, é evidente que a omissão de tal circunstância não poderia influir sobre a eficácia do seguro, porque se presume, na intenção das partes, que o seu uso estaria compreendido implicitamente na apólice. Tal observação, de autoria de Carvalho Santos, implica um temperamento dos rigores da lei, por razões de bom senso e equidade" (TEPEDINO, Gustavo; BARBOZA, Heloisa Helena; BODIN DE MORAES, Maria Celina (Org.). *Código Civil interpretado conforme a Constituição da República*. Rio de Janeiro: Renovar, 2006, v. II, p. 573-574).

A despeito do silêncio do art. 766 do Código Civil, tem-se entendido que a exoneração do segurador depende de efetivo *nexo causal* entre o cumprimento insatisfatório do dever de declaração de risco e o sinistro, especialmente nas hipóteses em que o segurado ou tomador estiver de boa-fé (subjetiva).[14]

A esse respeito, aprovou-se, na VII Jornada de Direito Civil do CJF, o Enunciado 585, com a seguinte redação: "Impõe-se o pagamento de indenização do seguro mesmo diante de condutas, omissões ou declarações ambíguas do segurado que não guardem relação com o sinistro". De modo semelhante, a jurisprudência do STJ tem entendido que "as declarações inexatas ou omissões no questionário de risco (...) não autorizam, automaticamente, a perda da indenização securitária. É preciso que tais inexatidões ou omissões tenham acarretado concretamente o agravamento do risco contratado e decorram de ato intencional do segurado (...)".[15]

Feitas essas considerações acerca do conteúdo do dever de declaração inicial do risco exigível do segurado (ou tomador), passa-se a examinar as peculiaridades do seguro de responsabilidade civil, necessárias ao enfrentamento do tema.

III. SEGURO DE RESPONSABILIDADE CIVIL: RISCO E INTERESSE

O art. 787, *caput*, do Código Civil dispõe que, "no seguro de responsabilidade civil, o segurador garante o pagamento de perdas e danos devidos pelo segurado a terceiro". De modo semelhante dispõe o art. 3º, *caput*, da Circular SUSEP 637/21: "No seguro de responsabilidade civil, a sociedade seguradora garante o interesse do segurado, quando este for responsabilizado por danos causados a terceiros e obrigado a indenizá-los, a título de reparação, por decisão judicial ou decisão em juízo arbitral, ou por acordo com os terceiros prejudicados, mediante a anuência da sociedade seguradora (...)".

No seguro de responsabilidade civil, o interesse do segurado recai sobre a preservação do seu próprio patrimônio, tradicionalmente conceituado como "o complexo das relações jurídicas de uma pessoa, apreciáveis economicamente".[16] Segundo Ernesto Tzirulnik, Flávio de Queiroz B. Cavalcanti e Ayrton Pimentel, o objeto do seguro de responsabilidade civil consiste no "interesse exposto ao risco de imputação de respon-

---

14. Ressalvando que o nexo causal seria prescindível nas hipóteses de má-fé do segurado (ou tomador): "(...) na reticência de boa-fé (...), apesar da lacuna do Código Civil, o nexo de causalidade ora mencionado deve estar configurado. Cuida-se, afinal, de um requisito típico de responsabilidade civil (...). Quando, porém, a reticência é acompanhada da má-fé, não há falar em atração dos pressupostos da responsabilidade civil, em especial o do liame causal. Pensamento diverso iria contra a finalidade reprovadora da norma" (OLIVEIRA, Leonardo David Quintanilha de. O dever de prestar declaração de risco no contrato de seguro e o Direito Civil Sancionatório. *Revista Jurídica de Seguros*. Rio de Janeiro: CNSeg, n. 8, p. 50-51, 2018).
15. STJ, REsp 1.210.205/RS, Rel. Min. Luis Felipe Salomão, 4ª Turma, j. 1º.09.2011.
16. PEREIRA, Caio Mário da Silva. *Instituições de direito civil*. 20. ed. Rio de Janeiro: Forense, 2004, v. I, p. 391. O autor prossegue afirmando: "quando uma pessoa entra em comércio com outra e realiza um negócio, gera-se um fenômeno econômico ou de natureza patrimonial, mesmo que não se saiba de antemão se o resultado será positivo ou negativo. Mas, de uma ou de outra forma, este resultado afetará o patrimônio da pessoa. Daí dizer-se que patrimônio não é apenas o conjunto de bens" (PEREIRA, Caio Mário da Silva. *Instituições de direito civil*. 20. ed. Rio de Janeiro: Forense, 2004, v. I, p. 391).

sabilidade civil não decorrente de dolo do segurado, trate-se de responsabilidade civil contratual, trate-se de responsabilidade civil aquiliana".[17]

Rubén S. Stiglitz observa que, em tal modalidade de seguro, "a causa do contrato consiste no interesse cujo portador é o titular de um patrimônio, no sentido de que este seja mantido indene ante o surgimento de uma dívida de responsabilidade civil".[18] Tal afirmação tem sido alvo de críticas. Tem-se objetado que, se o interesse consiste na relação do segurado com o seu próprio patrimônio, seria ilógico que a obrigação do segurador surgisse com a reclamação formulada por terceiro (insuficiente, por si só, para comprometer o patrimônio do segurado). Também se tem ponderado que o seguro de responsabilidade civil continuaria hígido ainda que o segurado não dispusesse de patrimônio ativo.[19]

Uma corrente intermediária tem sustentado que, no seguro de responsabilidade civil, o interesse do segurado recairia sobre "o bem concreto que haveria de sacrificar-se para pagamento da dívida resultante da responsabilidade civil".[20] Tal entendimento não logrou superar as mesmas críticas já formuladas à tese de que o interesse recairia sobre o patrimônio, notadamente porque, "até que os bens concretos que respondam pela indenização se sacrifiquem, não há lesão ao interesse, além de que se mantém o funcionamento do seguro mesmo que não haja no patrimônio do segurado bens concretos ou suficientes para responder pela indenização".[21] Acresce-se a isso o fato de que o seguro de responsabilidade civil não se destina a proteger bens determinados, e sim o patrimônio do segurado como um todo.

Em sentido contrário, chegou-se a afirmar que, no seguro de responsabilidade civil, inexistiria propriamente interesse em sentido técnico-jurídico. Esta corrente, contudo,

---

17. TZIRULNIK, Ernesto; CAVALCANTI, Flávio de Queiroz B.; PIMENTEL, Ayrton. *O contrato de seguro de acordo com o código civil brasileiro*. 3. ed. São Paulo: Roncarati, 2016, p. 206. Veja-se também a definição proposta por Caio Mário da Silva Pereira: "Seguro de responsabilidade civil tem por objeto transferir para o segurador as consequências de danos causados a terceiros, pelos quais possa o segurado responder civilmente" (PEREIRA, Caio Mário da Silva. *Instituições de direito civil*. 11. ed. rev. e atual. por Regis Fichtner. Rio de Janeiro: Forense, 2003, v. 3, p. 470).

18. Tradução livre do original: "(...) *la causa del contrato consiste en el interés de que es portador el titular de un patrimonio, de que el mismo (entendido como unidad) sea mantido indemne ante la aparición de una deuda de responsabilidad civil*" (STIGLITZ, Rubén S. *Derecho de seguros*. 4. ed. Buenos Aires: La Ley, 2004, t. I p. 331). Em sentido semelhante, na doutrina portuguesa: "No seguro de responsabilidade civil, o *interesse* tutelado é o *patrimônio do segurado*; o contrato de seguro protege contra a diminuição do patrimônio do segurado que ocorrerá em consequência da obrigação de indemnização. De modo a evitar o prejuízo resultante desta diminuição patrimonial, o segurado, através do contrato de seguro, poderá garantir a integridade do seu patrimônio. Pelo seu lado, o *risco de responsabilidade civil* traduz-se na possibilidade de no patrimônio do segurado se constituir a obrigação de indemnizar e o interesse é a relação que liga um sujeito ao seu patrimônio. E a prestação do segurador vai de encontro à satisfação deste interesse do segurado – traduz-se naquela cobertura do risco de constituição, no patrimônio do segurado, de uma obrigação de indemnizar terceiros" (RAMOS, Maria Elisabete Gomes. *O seguro de responsabilidade civil dos administradores*: entre a exposição ao risco e a delimitação de cobertura. Coimbra: Almedina, 2010, p. 425).

19. VASQUES, José. *Contrato de seguro*. Notas para uma teoria geral. Coimbra: Coimbra Editora, 1999, p. 133-134.

20. VASQUES, José. *Contrato de seguro*. Notas para uma teoria geral. Coimbra: Coimbra Editora, 1999, p. 134.

21. VASQUES, José. *Contrato de seguro*. Notas para uma teoria geral. Coimbra: Coimbra Editora, 1999, p. 134.

não logra explicar de forma satisfatória por que o segurado quereria proteger-se de eventual imputação de responsabilidade, suscetível de lhe causar danos.[22]

Por outro lado, para além do interesse do próprio segurado, há também quem sustente que o seguro de responsabilidade civil destinar-se-ia também a tutelar o interesse das vítimas, tal como adverte Diogo José Paredes Leite de Campos:

> Não esqueçamos que a tipicidade do seguro de responsabilidade consiste, antes de mais, e sobretudo, na simultânea satisfação de dois interesses – o do responsável à própria liberação e o do lesado à indemnização – por efeito de um único acto de cumprimento – o pagamento pela seguradora ao terceiro – que, satisfazendo o crédito do lesado extingue contemporaneamente o débito da seguradora e do lesante.[23]

Esse entendimento também se difundiu amplamente na doutrina brasileira. Na VI Jornada de Direito Civil promovida pelo Conselho da Justiça Federal, aprovou-se o Enunciado 544, segundo o qual "o seguro de responsabilidade civil facultativo garante dois interesses, o do segurado contra os efeitos patrimoniais da imputação de responsabilidade e o da vítima à indenização, ambos destinatários da garantia, com pretensão própria e independente contra a seguradora". Parte-se da premissa de que o seguro de responsabilidade civil consistiria em uma estipulação em favor de terceiro (em princípio, indeterminado).

Feita essa breve análise a respeito da função do seguro de responsabilidade civil, passa-se a examinar os desafios trazidos pela expansão dos confins da responsabilidade civil à aferição do dever de declaração inicial do risco exigível do segurado (ou tomador).

IV. VALORAÇÃO DO DEVER DE DECLARAÇÃO INICIAL DO RISCO NO ÂMBITO DO SEGURO DE RESPONSABILIDADE CIVIL

Pode-se afirmar que a expansão da responsabilidade civil é fruto de uma miríade de fatores, tais como o esvanecimento do papel outrora desempenhado pela culpa no dever de indenizar, a ampliação dos danos ressarcíveis, a flexibilização do nexo causal etc.[24] A constante evolução social também repercute diretamente sobre a responsabilidade civil, impondo o dever de reparar lesões a novos interesses, antes não cogitados.[25]

---

22. VASQUES, José. *Contrato de seguro*. Notas para uma teoria geral. Coimbra: Coimbra Editora, 1999, p. 134.

23. CAMPOS, Diogo José Paredes Leite de. *Seguro da responsabilidade civil fundada em acidentes de viação: da natureza jurídica*. Coimbra: Almedina, 1971, p. 40.

24. Sobre o tema, v. SCHREIBER, Anderson. *Novos paradigmas da responsabilidade civil*: da erosão dos filtros da reparação à diluição dos danos. São Paulo: Atlas, 2009.

25. "Quanto ao aumento das hipóteses de ressarcimento, sabe-se que a responsabilidade civil é um dos instrumentos jurídicos mais flexíveis, dotado de extrema simplicidade, estando apto a oferecer a primeira forma de tutela a interesses novos, considerados merecedores de tutela tão logo a sua presença seja identificada pela consciência social, e que de outra maneira ficariam desprotegidos, porque ainda não suficientemente amadurecidos para receberem atenção e, portanto, regulamentação própria por parte do legislador ordinário" (MORAES, Maria Celina Bodin de. *Na medida da pessoa humana*: estudos de direito civil-constitucional. Rio de Janeiro: Renovar, 2010. p. 323).

Some-se ainda a esse cenário complexo a circunstância de que o risco de imputação de responsabilidade, objeto do seguro de responsabilidade civil, é extremamente dinâmico. Trata-se de riscos de *latência prolongada*,[26] aos quais é intrínseco o descasamento temporal entre o evento potencialmente danoso e a deflagração da reclamação pelo terceiro prejudicado.[27]

Volta-se, então, à indagação central que instigou o presente trabalho: no âmbito do seguro de responsabilidade civil, que garante interesse legítimo do segurado contra a imputação de responsabilidade por danos das mais diversas ordens, quais informações devem ser prestadas sob pena de perda da garantia? Naturalmente, as informações exigíveis do segurado (ou tomador) devem ser fidedignas à realidade objetivamente considerada, refletindo o estado do risco naquele específico recorte temporal.

Em determinada controvérsia envolvendo seguro de responsabilidade civil de diretores e administradores de pessoas jurídicas (denominado *D&O*), a Comissão de Valores Mobiliários havia imputado ao diretor de determinada companhia a prática de *insider trading*, instaurando procedimento administrativo investigatório. Em seguida, o segurado postulou à seguradora o ressarcimento dos custos de defesa perante a CVM e dos valores a serem despendidos em sede de eventual acordo a ser celebrado com a autarquia.

A cobertura securitária referente a ambas as rubricas foi negada pela seguradora – conduta endossada pelo STJ, com fundamento em omissão no preenchimento do questionário de risco, uma vez que a aludida investigação na CVM já se encontrava em curso àquela época:

> Recurso especial. Civil. Seguro de responsabilidade civil de diretores e administradores de pessoa jurídica (seguro de RC *D&O*). Renovação da apólice. Questionário de avaliação de risco. Informações inverídicas do segurado e do tomador do seguro. Má-fé. Configuração. Perda do direito à garantia. Investigações da CVM. Prática de *insider trading*. Ato doloso. Favorecimento pessoal. Ato de gestão. Descaracterização. Ausência de cobertura.
>
> 1. Cinge-se a controvérsia a definir (i) se houve a omissão dolosa de informações quando do preenchimento do questionário de risco para fins de renovação do seguro de responsabilidade civil de diretores e administradores de pessoa jurídica (seguro de RC *D&O*) e (ii) se é devida a indenização securitária no caso de ocorrência de *insider trading*.
>
> 2. A penalidade para o segurado que agir de má-fé ao fazer declarações inexatas ou omitir circunstâncias que possam influir na aceitação da proposta pela seguradora ou na taxa do prêmio é a perda da garantia securitária (arts. 765 e 766 do CC). Ademais, as informações omitidas ou prestadas em desacordo com a realidade dos fatos devem guardar relação com a causa do sinistro, ou seja, deverão estar ligadas ao agravamento concreto do risco (Enunciado 585 da VII Jornada de Direito Civil).

---

26. No seguro de responsabilidade civil, "os seguradores verificaram existir um *gap* temporal (por vezes significativo) entre o facto gerador de responsabilidade, a produção do dano e a subsequente reclamação. Constitui-se, assim, o conhecido problema dos *long tail risks*, sinistros tardios ou, na linguagem seguradora, IBNR (*Incurred But Not Reported*)" (RAMOS, Maria Elisabete Gomes. *O seguro de responsabilidade civil dos administradores*: entre a exposição ao risco e a delimitação de cobertura. Coimbra: Almedina, 2010, p. 457-458).

27. Nos termos do art. 2º, XIII, da Circular SUSEP 637/21, entende-se por reclamação a "manifestação de terceiro, pedindo indenização ao segurado, alegando sua responsabilidade civil por ato possivelmente danoso".

3. Na hipótese dos autos, as informações prestadas pela tomadora do seguro e pelo segurado no questionário de risco não correspondiam à realidade enfrentada pela empresa no momento da renovação da apólice, o que acabou por induzir a seguradora em erro na avaliação do risco contratual. *A omissão dolosa quanto aos eventos sob investigação da CVM dá respaldo à sanção de perda do direito à indenização securitária.*

4. Os fatos relevantes omitidos deveriam ter sido comunicados mesmo antes de o contrato ser renovado, pois decorre do postulado da boa-fé o dever do segurado "comunicar ao segurador, logo que saiba, todo incidente suscetível de agravar consideravelmente o risco coberto, sob pena de perder o direito à garantia, se provar que silenciou de má-fé" (art. 769 do CC).[28]

Em outro precedente mais recente, também envolvendo seguro *D&O*, o STJ novamente referendou a negativa da seguradora em prestar a cobertura securitária, devido à reticência da tomadora no momento da contratação, ao deixar de informar investigação deflagrada pelo Banco Central já em curso à época da contratação:

Ação de cobrança de indenização securitária. Seguro de responsabilidade civil de conselheiros, diretores e administradores (seguro RC *D&O*). Omissão dolosa de informações na contratação. Erro na avaliação do risco segurado. Atos de gestão dolosos e lesivos à sociedade. Favorecimento pessoal do administrador. Penalidade de perda da garantia securitária. (...)

(...)

2. O segurado que agir de má-fé ao fazer declarações inexatas ou omitir circunstâncias que possam influir na aceitação da proposta pela seguradora ou na taxa do prêmio está sujeito à perda da garantia securitária, conforme dispõem os arts. 765 e 766 do Código Civil.

3. No caso, as instâncias ordinárias concluíram que a tomadora, na contratação do seguro, *omitiu intencionalmente a existência de investigação do Banco Central de irregularidades na administração da sociedade*, o que resultou em erro na avaliação do risco segurado, e que o administrador praticou atos de gestão lesivos à companhia e aos investidores em busca de favorecimento pessoal, circunstâncias que dão respaldo à sanção de perda do direito à indenização securitária.[29]

O dever de informar à seguradora as reclamações já conhecidas pelo segurado ou tomador estende-se também às demais modalidades de seguro de responsabilidade civil, a exemplo do seguro de responsabilidade civil profissional (*E&O*), consoante já decidiu o TJPR, no seguinte precedente:

Ação de cobrança. Seguro de responsabilidade profissional contratado por escritório de advocacia. Sentença que julgou improcedente o pleito autoral. (...) 3. Cobertura securitária. Deflagração de mandado de busca e apreensão na sede do escritório advocatício. Procuração outorgada pelo autor logo após no procedimento investigativo. Conhecimento da existência da investigação criminal em curso previamente à renovação da apólice do seguro. *Circunstâncias omitidas no preenchimento do questionário.* Possibilidade de eventual acionamento da cobertura securitária. Declaração incompleta que importou na quebra da boa-fé contratual (art. 765, CC). Perda do direito à indenização (art. 766, CC). (...) Inexistência de dano indenizável. Obrigação constituída de forma alheia à vontade da seguradora.[30]

---

28. STJ, REsp 1.601.555/SP, Rel. Min. Ricardo Villas Bôas Cueva, julgado em 14.02.2017, 3ª Turma.
29. STJ, REsp 1.504.344/SP, Rel. Min. Raul Araújo, julgado em 16.08.2022, 4ª Turma.
30. TJPR, Apelação 0033270-35.2016.8.16.0001, Rel. Des. Luis Sergio Swiech, julgado em 27.05.2021, 9ª Câmara Cível.

Não obstante, deve-se ter cautela ao se pretender exigir do segurado ou tomador que conjecture quais as possíveis consequências jurídicas de determinado evento potencialmente danoso, porquanto o dever de informação não deve abranger valorações subjetivas.[31]

Questiona-se, especificamente, em relação ao dever de responder com precisão às perguntas, comumente formuladas pelos seguradores em questionários de risco, a respeito da *expectativa* a respeito de futura e eventual reclamação. Afinal, não parece razoável exigir que o segurado ou tomador antecipe se determinado evento potencialmente lesivo, regularmente informado, seria suscetível de ensejar uma futura reclamação, a menos que haja circunstâncias concretas que sinalizem a provável concretização de tal risco.

Em determinado precedente do TJSP envolvendo seguro *D&O*, a seguradora havia negado a cobertura securitária com fundamento em omissão, previamente à contratação da apólice, a respeito de determinado inquérito policial no qual se investigava a possível ocorrência de crime contra o sistema financeiro nacional, que, àquela época, já se encontrava em curso. Em sua defesa, o executivo segurado alegou que, à época da declaração inicial do risco, ele havia sido intimado para prestar depoimento tão somente na condição de testemunha, apenas vindo a se tornar formalmente investigado em momento posterior ao preenchimento do questionário de risco.

Após examinar o cenário fático existente à época da declaração do risco, o Relator do TJSP, Des. Sergio Alfieri, entendeu que "[o] desenrolar dos fatos investigados sinalizava no sentido de que todos os personagens que participaram das operações financeiras teriam suas condutas apuradas, (...) de modo que a existência do Inquérito Policial mencionado tinha que ser informada pelo tomador do seguro para evitar que a seguradora fosse induzida em erro na avaliação do risco contratual".[32] O acórdão possui a seguinte ementa:

> Seguro de Responsabilidade Civil Geral de Executivos – Seguro *Diretors & Officers – D&O* – Fundos de Pensão. (...) Recusa à cobertura ao fundamento de omissão no preenchimento do questionário de avaliação de risco. Tramitação de Inquérito Policial perante a Delegacia de Repressão de Crimes Financeiros instaurado em 04.02.2010 para apuração de suposto delito praticado por terceiros. Habilitação do apelante no Inquérito Policial em 20.04.2010, comportamento que demonstra sua ciência dos fatos investigados antes da contratação do seguro, celebrado em 1º.11.2013, tendo respondido negativamente à expectativa de demanda judicial contra seus diretores. O desenrolar dos fatos investigados sinalizava no sentido de que todos os personagens que participaram das operações financeiras teriam suas condutas apuradas, sem a exclusão de qualquer um, de modo que a existência do Inquérito Policial mencionado tinha que ser informada pelo tomador do seguro para evitar que a seguradora fosse induzida em erro na avaliação do risco contratual. Omissão de informação relevante no preenchimento do questionário de avaliação de riscos (art. 766, *caput,* do CC), configurou violação

---

31. OLIVEIRA, Leonardo David Quintanilha de. O dever de prestar declaração do risco no contrato de seguro e o Direito Civil Sancionatório. *Revista Jurídica de Seguros*. Rio de Janeiro: CNSeg, n. 8, p. 33, 2018.
32. TJSP, Apelação 1052076-19.2016.8.26.0100, Rel. Des. Sergio Alfieri, julgado em 09.06.2020, 35ª Câmara de Direito Privado.

à boa-fé objetiva por parte da tomadora do seguro, fazendo incidir a disposição contida na cláusula 4, letra D que respalda a sanção à perda do direito à indenização securitária.[33]

Em outro precedente envolvendo *D&O*, o segurado pretendia a obtenção de cobertura dos custos de defesa referentes a determinada ação penal de natureza ambiental. Conquanto a ação penal apenas tivesse sido deflagrada durante a vigência da apólice, o inquérito preparatório que lhe dera origem já se encontrava em curso quando da declaração inicial do risco e foi omitido da seguradora, tendo sido apresentada resposta negativa à indagação acerca da existência de expectativa de futuras reclamações contra os segurados.

Segundo observou Relator do TJRJ, Des. Carlos Eduardo da Rosa da Fonseca Passos, "o princípio da boa-fé objetiva, que rege as relações contratuais securitárias (art. 765, do Código Civil), exigia que a resposta à 'expectativa' não se pautasse em considerações pessoais quanto ao arquivamento do inquérito, mas na *possibilidade objetiva* de uma ação penal dele decorrer, o que, àquela altura, se afigurava um *acontecimento potencial* e, por conseguinte, deveria ter sido pormenorizadamente relatado".[34] Nesse contexto, por conta da reticência da tomadora no preenchimento do questionário, o Tribunal entendeu pela exoneração da seguradora do dever de indenizar, em acórdão a seguir ementado:

> Direito securitário. (...) Contrato de seguro de responsabilidade civil por ato de administradores – RC D&O (*Directors and Officers Insurance*). (...) Modalidade de contrato de seguro de responsabilidade civil cujo objetivo é garantir o risco de eventuais prejuízos causados por atos de gestão de diretores, administradores e conselheiros que, na atividade profissional, agirem com culpa (Circular/SUSEP 541/2016). Finalidade de preservação do patrimônio individual dos administradores (segurados), com consequente incremento das práticas corporativas inovadoras, do patrimônio social da empresa tomadora do seguro e de seus acionistas. Prestígio aos princípios da função social da empresa e da livre iniciativa. Pretensão de indenização por Custos de Defesa suportados em decorrência da deflagração de ação penal de natureza ambiental. Cobertura recusada com base na excludente denominada *known actions*. Admissibilidade. Existência de inquérito policial para apuração de crimes ambientais quanto a fatos pretéritos à vigência da apólice. Retroatividade ilimitada prevista no contrato, desde que os atos ensejadores dos processos/procedimentos destinados à apuração das responsabilidades fossem desconhecidos da tomadora e dos segurados. Inocorrência. Ciência prévia da instauração do inquérito. Informação sonegada no questionário de riscos. Comportamento contrário à boa-fé objetiva que emerge nos contratos securitários. Exclusão da cobertura (...).[35]

Por outro lado, em sentido contrário, em determinado precedente envolvendo seguro *E&O*, o TJSP entendeu pela impossibilidade de exoneração da seguradora, em virtude da generalidade e da subjetividade da indagação feita ao segurado na declaração inicial do risco:

---

33. TJSP, Apelação 1052076-19.2016.8.26.0100, Rel. Des. Sergio Alfieri, julgado em 09.06.2020, 35ª Câmara de Direito Privado.
34. TJRJ, Apelação 0035225-17.2012.8.19.0209, Rel. Des. Carlos Eduardo da Rosa da Fonseca Passos, julgado em 11.10.2017, 18ª Câmara Cível.
35. TJRJ, Apelação 0035225-17.2012.8.19.0209, Rel. Des. Carlos Eduardo da Rosa da Fonseca Passos, julgado em 11.10.2017, 18ª Câmara Cível.

> Apelação. Responsabilidade civil contratual. Seguro de responsabilidade civil profissional. Indenização. Falha na atividade de segurada, empresa prestadora de serviço contábil, que resultou em imposição de infração à cliente por recolhimento incorreto de impostos. Cobertura negada pela seguradora sob alegação de omissão em relação à circunstância capaz de influir na contratação. Pretensão de recebimento da indenização contratada. Sentença de improcedência. Insurgência pela autora. Cabimento. Resposta negativa formulada pelo segurado em questionário de risco quanto a ter conhecimento de qualquer fato que pudesse advir em reclamação contra a empresa. Momento da declaração em que não havia imposição de auto de infração em desfavor de seu cliente, com efetivo prejuízo financeiro, mas mero procedimento de apuração instaurado pela Receita Federal pela suposta incorreção no recolhimento de tributos. Generalidade da indagação, sem qualquer menção, mesmo que exemplificativa, de quais seriam as circunstâncias a serem informadas, que não permitia a identificação pelo segurado de que o procedimento de apuração, sem conclusão, gerando mera expectativa de eventual imposição de penalidade, seria evento relevante a ser informado. Contrato de adesão cuja presença de cláusulas dúbias ou contraditórias deve ser interpretado em favor do aderente. Art. 423 CC. Entendimento pacífico da jurisprudência quanto à indispensabilidade de prova da má-fé do segurado, com omissão deliberada e intencional quanto a aspecto relevante e suficiente a influir na contratação a justificar a perda do direito à indenização. Má fé não comprovada. Indenização devida. (...) Sentença reformada (...).[36]

No seguro *D&O*, especificamente, um ponto sensível consiste no risco de desconsideração da personalidade jurídica do tomador, de modo a atingir o patrimônio dos diretores ou administradores segurados na apólice, em consonância com o rito estabelecido nos arts. 133 e seguintes do Código de Processo Civil. Não seria exagero afirmar que toda e qualquer reclamação movida contra a companhia tomadora, em tese, pode *eventualmente* ser redirecionada contra os seus diretores e administradores, caso o reclamante venha a formular requerimento de desconsideração da personalidade jurídica e tenha êxito em sua postulação.

No entanto, considerando o princípio da autonomia patrimonial vigente em nosso ordenamento jurídico (tal como reconhecido no art. 49-A do Código Civil, incluído pela Lei 13.874/19),[37] não parece razoável presumir, para fins de delimitação do alcance do dever de declaração inicial do risco no *D&O*, que todo e qualquer risco existente contra a sociedade tomadora seria efetivamente suscetível de atingir o patrimônio de seus diretores e administradores – a menos que, em caráter excepcional, haja elementos concretos que objetivamente tornem provável a materialização de tal risco.

Tal premissa foi reconhecida pelo TJRJ em precedente no qual a seguradora havia negado a cobertura securitária referente a determinada ação de responsabilidade civil ajuizada contra os executivos, sob o fundamento de que a resposta ao questionário de risco não havia discriminado a ação cautelar de exibição de documentos, de caráter preparatório, anteriormente ajuizada contra a pessoa jurídica. Observou o Relator, Des. Sérgio Ricardo de Arruda Fernandes, que "o seguro foi contratado em prol dos administradores e sobre eles recai a obrigação de prestar declarações exatas. A existência de

---

36. TJSP, Apelação 1014864-33.2017.8.26.0001, Rel. Des. Mariella Ferraz de Arruda Pollice Nogueira, julgado em 20.07.2020, 9ª Câmara de Direito Privado.
37. "A técnica da personalização visa, sobretudo, a conferir à pessoa jurídica autonomia negocial e patrimonial" (STJ, REsp 2.057.706/RO, Rel. Min. Nancy Andrighi, 3ª Turma, j. em 13.06.2023).

demanda envolvendo a sociedade empresária não foi objeto do questionário de análise do risco".[38] Transcreve-se a ementa do julgado:

> Apelação cível. Direito civil. Contrato de seguro de responsabilidade civil por ato de administradores (*D&O – Directors and Officers Insurance*). Modalidade de contrato de seguro cujo objetivo é garantir o risco de eventuais prejuízos causados por atos de gestão de diretores e administradores da empresa estipulante, inclusive o ressarcimento de despesas com ações judiciais. Ocorrência do sinistro. Negativa de pagamento da indenização securitária. Alegação de omissão de informações relevantes para a análise do risco para fins de cobertura do seguro. Descabimento. Existência de ação cautelar de exibição de documentos que não guarda relação com a ação judicial que deu ensejo ao sinistro.[39]

De modo semelhante, o TJSP, em determinado precedente envolvendo *D&O*, entendeu prescindível a discriminação pormenorizada da reclamação judicial ajuizada contra a tomadora, na qual posteriormente viria a ser decretada a desconsideração de sua personalidade jurídica, atingindo o patrimônio de determinado executivo. O Relator, Des. Francisco Loureiro, observou que "os questionários fornecidos pelas seguradoras não devem se ater a questões puramente formais e genéricas, mas, ao contrário, instigar os interessados a responder temas concretos e relevantes".[40] O acórdão possui a seguinte ementa:

> Seguro – Cobrança – Seguro de responsabilidade civil de administradores de empresa (*D&O Insurance*) – Autor que teve a conta bancária bloqueada nos autos de reclamação trabalhista movida contra a empresa de que era diretor, por força de desconsideração de sua personalidade jurídica – Dever da apelante de indenizar o apelado pelo prejuízo que sofreu, que configura sinistro coberto pela apólice – (...) Alegação de omissão de circunstância relevante que não deve prosperar – Do questionário preenchido pela empresa contratante constou expressamente a informação de que se encontrava em recuperação judicial – Ação corretamente julgada procedente – Recurso não provido.[41]

Outro ponto delicado, em se tratando de seguro de responsabilidade civil, diz respeito àquelas situações em que a reclamação (seja ela judicial ou extrajudicial) é precedida por uma série de atos antecedentes (como, por exemplo, atos administrativos preparatórios, investigações etc.), os quais *podem* vir a tê-la como desdobramento.

Em determinado precedente envolvendo *D&O*, no qual se postulava cobertura pelos prejuízos decorrentes da instauração de processo administrativo sancionador pelo Banco Central do Brasil, o TJRS entendeu que a tomadora não teria deixado de cumprir adequadamente o dever de declarar a contento o risco, conquanto tenha deixado de informar os ofícios que lhe haviam sido endereçados pelo BACEN anteriormente à contratação, porquanto os aludidos atos administrativos não possuíam conotação sancionatória:

---

38. TJRJ, Apelação 01912223020158190001, Rel. Des. Sérgio Ricardo de Arruda Fernandes, julgado em 29.09.2020, 1ª Câmara Cível.

39. TJRJ, Apelação 01912223020158190001, Rel. Des. Sérgio Ricardo de Arruda Fernandes, julgado em 29.09.2020, 1ª Câmara Cível.

40. TJSP, Apelação 0056740-55.2012.8.26.0002, Rel. Des. Francisco Loureiro, julgado em 16.06.2015, 1ª Câmara de Direito Privado.

41. TJSP, Apelação 0056740-55.2012.8.26.0002, Rel. Des. Francisco Loureiro, julgado em 16.06.2015, 1ª Câmara de Direito Privado.

Apelação cível. Seguros. Ação ordinária. Seguro de responsabilidade civil. Modalidade *D&O* (*Directors & Officers*). Negativa de cobertura. Indevida. Sentença reformada.

(...)

– No caso, a parte autora, ora apelante, contratou (mediante processo licitatório) Seguro de Responsabilidade Civil para cobrir eventuais danos experimentados por seus executivos em razão de reclamações relacionadas a atos de gestão, o que foi representado pela emissão, pela seguradora ré em 2016. O contrato foi pactuado na modalidade *D&O* (*Directors & Officers*). No curso da relação contratual, tal qual havia ocorrido em apólices anteriores, a contratação foi antecedida pelo "questionário do segurado".

– No ano de 2019, quando o Apelante enviou à Apelada aviso de sinistro – cujo objeto envolvia a instauração de processo administrativo realizado em 2018, pelo BACEN, em face do Apelante e de diversos dos seus administradores, referente a supostas irregularidades que teriam sido praticadas pelos últimos, no período de fiscalização compreendido entre 2011 e 2016 – houve a negativa de cobertura securitária, sob o fundamento de que inexistiria "cobertura securitária por conta do conhecimento prévio dos Segurados e a não aplicação da retroatividade da Apólice para fatos conhecidos".

– No entanto, verifica-se que os oficiamentos ocorridos e referidos pela seguradora sequer possuíam caráter sancionador, decorrendo tão somente de poder de polícia e de fiscalização inerente ao BACEN sobre todas as instituições financeiras do País. Neste torvelinho, é inconteste que houve o alerta por parte do BACEN, mas também é inconteste que de "tais alertas", isoladamente, sequer deram supedâneo à abertura de PAS.

– Sendo assim, a recusa da indenização não pode se dar em virtude de pontos de auditoria que são produzidos no decorrer da atividade financeira, que não possuem caráter sancionador. Ademais, a instauração do processo administrativo se perfectibilizou apenas em 05/2020. Inclusive, no ano de 2019 tais ofícios não foram objeto de cotejo pela seguradora, pois sequer faziam parte do "questionário do segurado". Portanto, se não eram exigidos naquele tempo, não podem ser fator preponderante para a negativa (...).[42]

V. CONSIDERAÇÕES FINAIS

Os precedentes jurisprudenciais examinados neste artigo evidenciam os desafios a serem enfrentados, à luz do caso concreto, na análise da conduta do segurado ou tomador ao declarar o risco à seguradora para contratar seguro de responsabilidade civil. A declaração inicial deverá refletir o retrato mais fidedigno possível do risco objetivamente considerado, impondo-se cautela, por parte do intérprete, no exame de considerações a respeito da mera *expectativa* de futuras reclamações, em resposta às indagações porventura feitas pelos seguradores nos questionários de risco.[43]

---

42. TJRS, Apelação 51011330620218210001, Rel. Des. Niwton Carpes da Silva, julgado em 02.12.2022, 6ª Câmara Cível.

43. Nesse sentido, observa Judith Martins-Costa: "Para o segurado, há dever de veracidade sobre as condições de sua pessoa e do patrimônio segurado, fornecendo dados acerca da situação da coisa a ser segurada. Não se exige, contudo, que informe o que não saiba, o que não poderia saber (...)" (MARTINS-COSTA, Judith. *A boa-fé no direito privado*: critérios para a sua aplicação. 2. ed. São Paulo: Saraiva Educação, 2018. Edição Kindle).

De modo semelhante, adverte Thiago Junqueira: "A declaração inicial do risco do segurado tem como balizas as *circunstâncias conhecidas* e *razoáveis*. Esses dois limites, que são cumulativos, possuem como critério geral de aferição a diligência do *bonus pater familias*, de modo que, não obstante se poder advogar um apertado dever por parte do tomador em investigar as circunstâncias – de simples acesso – que podem ter considerável impacto no risco que pretende segurar, se deve arredar o entendimento de que cabe a ele perpetrar uma extensa pesquisa para melhor informar o segurador. Afinal, a ignorância, em alguns casos, também é legítima" (GOLDBERG, Ilan; JUNQUEIRA, Thiago (Org.). *Direito dos seguros*: comentários ao Código Civil. Rio de Janeiro: Forense, 2023. p. 252-253).

Apenas excepcionalmente se poderá imputar ao segurado ou tomador, com base na boa-fé (CC, arts. 765 e 766), o dever de declarar à seguradora a *iminência* de uma reclamação futura (conquanto tal risco ainda não se tenha perfectibilizado no momento da declaração), sempre que tal circunstância puder ser aferida com base em elementos objetivos, por meio de um juízo probabilístico.

Em regra, contudo, o dever de declaração alcançará apenas fatos já materializados e reclamações já conhecidas, não se podendo impor ao segurado ou tomador quaisquer elucubrações de ordem subjetiva acerca de quais *poderão ser* os seus futuros e eventuais desdobramentos, em um inexigível exercício de adivinhação. No caso específico do seguro *D&O*, a declaração deve-se ater aos riscos que, naquele momento, recaiam sobre o patrimônio dos diretores e administradores, e não sobre todas as reclamações existentes contra a pessoa jurídica tomadora.

REFERÊNCIAS

CAMPOS, Diogo José Paredes Leite de. *Seguro da responsabilidade civil fundada em acidentes de viação*: da natureza jurídica. Coimbra: Almedina, 1971.

FLOUR, Yvonne. *Faute et responsabilité civile*: déclin ou renaissance? *Droits – Revue Française de Théorie Juridique*, Paris: PUF, n. 5, p. 29-43, 1987.

GOLDBERG, Ilan; JUNQUEIRA, Thiago (Org.). *Direito dos seguros*: comentários ao Código Civil. Rio de Janeiro: Forense, 2023.

MARTINS-COSTA, Judith. *A boa-fé no direito privado*: critérios para a sua aplicação. 2. ed. São Paulo: Saraiva Educação, 2018. Edição Kindle.

MENEZES CORDEIRO, António. *Direito dos seguros*. 2. ed. Coimbra: Almedina, 2016.

MIRAGEM, Bruno; PETERSEN, Luiza. *Direito dos seguros*. Rio de Janeiro: Forense, 2022.

MORAES, Maria Celina Bodin de. *Na medida da pessoa humana*: estudos de direito civil-constitucional. Rio de Janeiro: Renovar, 2010.

NORONHA, Fernando. *Direito das obrigações*. São Paulo: Saraiva, 2003. v. 1.

OLIVEIRA, Leonardo David Quintanilha de. O dever de prestar declaração do risco no contrato de seguro e o Direito Civil Sancionatório. *Revista Jurídica de Seguros*. Rio de Janeiro: CNSeg, n. 8, p. 20-63, 2018.

PEREIRA, Caio Mário da Silva. *Instituições de direito civil*. 11. ed. rev. e atual. por Regis Fichtner. Rio de Janeiro: Ed. Forense, 2003. v. 3.

PEREIRA, Caio Mário da Silva. *Instituições de direito civil*, 20. ed. Rio de Janeiro: Forense, 2004. v. I.

POÇAS, Luís. *O dever de declaração inicial do risco no contrato de seguro*. Coimbra: Almedina, 2013.

RAMOS, Maria Elisabete Gomes. *O seguro de responsabilidade civil dos administradores*: entre a exposição ao risco e a delimitação de cobertura. Coimbra: Almedina, 2010.

REGO, Margarida Lima; MARTINS, Maria Inês de Oliveira. Seguro *D&O* com cobertura de custos de defesa em processo penal ou sancionatório. Declaração inicial do risco. Notificação do sinistro. Causação dolosa do sinistro. Prescrição. *Revista de Direito Privado*, v. 97, jan./fev. 2019, versão eletrônica.

SCHREIBER, Anderson. *Novos paradigmas da responsabilidade civil*: da erosão dos filtros da reparação à diluição dos danos. São Paulo: Atlas, 2009.

STIGLITZ, Rubén S. *Derecho de seguros*. 4. ed. Buenos Aires: La Ley, 2004. t. I.

TEPEDINO, Gustavo; BARBOZA, Heloisa Helena; BODIN DE MORAES, Maria Celina (Org.). *Código Civil interpretado conforme a Constituição da República*. Rio de Janeiro: Renovar, 2006. v. II.

TZIRULNIK, Ernesto; CAVALCANTI, Flávio de Queiroz B.; PIMENTEL, Ayrton. *O contrato de seguro de acordo com o código civil brasileiro*. 3. ed. São Paulo: Roncarati, 2016.

VASQUES, José. *Contrato de seguro*. Notas para uma teoria geral. Coimbra: Coimbra Editora, 1999.

PANORAMA SOBRE O REGIME JURÍDICO DA FIGURA DOS SALVADOS NO DIREITO SECURITÁRIO BRASILEIRO

Fábio Siebeneichler de Andrade

Mestre em Direito pela UFRGS. *Visiting Professor* na Universidade de Roma 1, La Sapienza, 2022. Professor titular de Direito Civil da Escola de Direito da PUC-RS. Professor do Programa de Pós-Graduação em Direito da PUC-RS. Doutor em Direito na Universidade de Regensburg, Alemanha. Advogado.

Bernardo Franke Dahinten

Doutor em Direito pela PUC-RS. Advogado.

Resumo: O presente texto tem por objetivo apresentar, de forma sintética e sistematizada, a figura dos salvados dentro do Direito Securitário. A estrutura do texto está dividida em duas partes principais, contendo, cada uma, capítulos internos. A primeira parte busca contextualizar o tema ao leitor, apresentando aspectos introdutórios e conceituais do assunto. A segunda parte objetiva tratar das principais polêmicas envolvendo os salvados, através de três capítulos. Ao final, conclui-se que o assunto, apesar de muito pouco tratado na doutrina, na legislação e na jurisprudência, detém substancial importância, inclusive social, merecendo maior atenção e desenvolvimento.

Sumário: I. Introdução – II. Noção geral da figura dos salvados; II.1 Conceituação e relevância dos salvados; II.2 A delimitação da noção de salvados – III. Implicações relativas à disciplina dos salvados; III.1 Âmbito de incidência da matéria de salvados e seu fundamento jurídico; III.2 A exigibilidade dos salvados na fase de adimplemento do contrato de seguro; III.3 Despesas com a proteção do salvado – IV. Considerações finais – Referências.

I. INTRODUÇÃO

A matéria de contrato de seguro envolve uma ampla gama de temas doutrinários e práticos, que espelham a sua relevância dogmática e operacional.[1]

Dentre suas características essenciais, sobressai a circunstância de se caracterizar como um contrato em que prepondera a boa-fé entre as partes[2] – trata-se de contrato de

---

1. Ver, por exemplo, NICOLAS, Véronique. *Essai d'une nouvelle analyse du contrat d'assurance*. Paris: LGDJ, 1996, p. 21 e segs., ASCARELLI, Tulio. O conceito unitário do contrato de seguro. *Problemas das Sociedades Anônimas e Direito Comparado*. 2. ed. São Paulo: Saraiva, 1969, p. 203 e ss.; HARTEN, Carlos. *O Contrato de seguro visto pelo Superior Tribunal de Justiça*. São Paulo: Instituto Brasileiro de Direito do Seguro, 2009, p. 35 e ss.
2. Nesse sentido, ver, por exemplo, LA TORRE, Antonio. *Le Assicurazioni*. Milão: Giuffrè Editore, 2000, p. 09.

uberrimae fidei. O Código Civil brasileiro reconhece este traço relevante do contrato de seguro, explicitando, no artigo 765, que as partes devem observar a boa-fé.

Dessa premissa decorrem outras implicações, como serve de exemplo a determinação contida no artigo 771, que impõe ao segurado, sob pena de perda da indenização, dois deveres: de um lado, o de participar o sinistro ao segurador, logo que o saiba; de outro, o de tomar as providências imediatas para minorar-lhe as consequências.

Com efeito, configurado o sinistro, opera-se a devida concretização do risco, elemento indispensável para a noção de seguro,[3] razão pela qual dar-se-á, obedecidas as devidas premissas, o pagamento da indenização pelo segurador.

Surge o objetivo, portanto, de se pretender favorecer a prevenção do sinistro, bem como a diminuição das suas consequências econômicas,[4] razão pela qual o direito brasileiro estabelece para o segurado o dever de salvamento.

O objetivo do presente trabalho concerne, porém, a um ponto mais específico do desenvolvimento do contrato de seguro: no caso, cuida-se de tecer algumas reflexões sobre a noção de "salvados", isto é, os bens que remanescem do sinistro.

Entre os assuntos normalmente explorados por aqueles que se dedicam a estudar, pesquisar e escrever sobre o direito e os contratos securitários, os "salvados" são um exemplo de temática pouquíssimo abordada, por vezes sequer citada ou mencionada nas obras e artigos que tratam sobre seguros e seus aspectos jurídicos.

Com efeito, os salvados não são objeto de disciplina específica na legislação geral securitária. Como antecipado acima, o Código Civil refere-se, concretamente, ao assunto apenas em dois momentos (no artigo 771, parágrafo único,[5] ao falar das "despesas de salvamento"; e no artigo 779,[6] ao prever que o segurado tem o dever de, entre outras questões, "salvar a coisa").

No Código Comercial, de 1850, relativamente ao seguro marítimo, havia a regra do artigo 721, no sentido de determinar deveres ao seguro para salvar ou reclamar os objetos seguros.[7]

---

3. A par de elemento essencial do contrato de seguro, tem sido destacada a circunstância de o risco ser fator determinante da sociedade contemporânea. Ver a respeito, exemplificativamente: BECK, U. *Sociedade de Risco: rumo a uma outra modernidade.* São Paulo: Editora 34, 2010. p. 1 e ss. (no original, *Risikogesellschaft:auf dem Weg in eine andere Moderne,* München, 1986); e ARGIROFFI, Alessandro; AVITABILE, Luisa. *Responsabilità, Rischio, Diritto e Postmoderno – Percorsi di Filosofia e fenomenologia giuridica e morale.* Torino: Giappichelli Editore, 2008. p. 1 e ss.
4. Ver, por exemplo, LA TORRE, Antonio. *Le Assicurazioni,* op. cit., p. 184.
5. Art. 771. Sob pena de perder o direito à indenização, o segurado participará o sinistro ao segurador, logo que saiba, e tomará as providências imediatas para minorar-lhe as consequências. Parágrafo único. Correm à conta do segurador, até o limite fixado no contrato, as despesas de salvamento consequente ao sinistro.
6. Art. 779. O risco do seguro compreenderá todos os prejuízos resultantes ou consequentes, como sejam os estragos ocasionados para evitar o sinistro, minorar o dano, ou salvar a coisa.
7. Art. 721. Nos casos de naufrágio ou varação, presa ou arresto de inimigo, o segurado é obrigado a empregar toda a diligência possível para salvar ou reclamar os objetos seguros, sem que para tais atos se faça necessária a procuração do segurador, do qual pode o segurado exigir o adiantamento do dinheiro preciso para a reclama-

Por outro lado, há que se ter presente as referências normativas especiais, como nos casos do Código de Trânsito Brasileiro (que trata do assunto pontualmente no artigo 126, parágrafo único[8]), das Leis Federais 7. 203/1984, (cuida da matéria de assistência e salvamento de embarcação, coisa ou bem em perigo no mar, nos portos e nas vias navegáveis interiores); 7.542/1986, (versa, entre outros temas, sobre a remoção de bens submersos e encalhados), 8.722/1993 (trata da obrigatoriedade da baixa dos veículos vendidos como sucata) e 12.977/2014 (que trata da atividade de desmontagem de veículos automotores terrestres), além de algumas circulares da Superintendência de Seguros Privados (SUSEP), como a 269/04.

No Projeto de Lei da Câmara 29/2017, ainda em tramitação no Congresso Federal, cujo objetivo é o de instituir uma lei geral de seguros no direito brasileiro, a matéria possui uma previsão específica no artigo 72,[9] sem que se estabeleça um grande detalhamento ao tema.

Muito embora a escassa disciplina no âmbito do regime geral do código civil, o tema se reveste de inquestionável importância na estrutura do contrato de seguro, a partir da fase em que se configura o sinistro, e se deve necessariamente concretizar o valor da indenização a ser paga pelo segurador e verificar se este poderá remanescer com bens preservados do sinistro.

Trata-se de tema objeto de disciplina específica em outros ordenamentos, como é o caso do direito italiano: merece regulação expressa no artigo 1.914, do Código civil italiano, que regula a matéria do dever de salvamento (*obbligo di salvataggio*) e que pode ter servido de inspiração para a disciplina prevista no referido Projeto de Lei 29/2017.

Por outro lado, conforme será indicado, também na jurisprudência os salvados não encontram grande repercussão. De fato, no âmbito do Superior Tribunal de Justiça (STJ), a grande maioria das decisões relacionadas à matéria versava sobre a incidência, ou não, do Imposto sobre Circulação de Mercadorias ou Serviços (ICMS) quando da alienação de salvados pelas seguradoras. Por anos, esta foi a grande controvérsia jurisprudencial sobre o tema, o que conduziu o Supremo Tribunal Federal (STF) a editar, em fevereiro de 2011, a súmula vinculante 32, cujo enunciado tem o seguinte teor: "O ICMS não incide sobre alienação de salvados de sinistro pelas seguradoras".

Diante deste cenário, o presente texto, sem qualquer pretensão de esgotar o assunto, pretende traçar, de forma sintética, os contornos gerais sobre o tema dos salvados,

---

ção intentada ou que se possa intentar, sem que o mau sucesso desta prejudique ao embolso do segurado pelas despesas ocorridas.

8. Art. 126. O proprietário de veículo irrecuperável, ou destinado à desmontagem, deverá requerer a baixa do registro, no prazo e forma estabelecidos pelo Contran, vedada a remontagem do veículo sobre o mesmo chassi de forma a manter o registro anterior. Parágrafo único. A obrigação de que trata este artigo é da companhia seguradora ou do adquirente do veículo destinado à desmontagem, quando estes sucederem ao proprietário.

9. Art. 72. Nos seguros de dano, as despesas com as medidas de salvamento para evitar o sinistro iminente ou atenuar seus efeitos, mesmo que realizadas por terceiros, correm por conta da seguradora, até o limite pactuado pelas partes, sem reduzir a garantia do seguro.

apresentando suas linhas mestras e algumas das principais controvérsias doutrinarias e jurisprudenciais atualmente existentes.

Nesse sentido, inicialmente, apresenta-se a noção geral da figura de salvados, para, em uma segunda parte, especificar a sua implicação para o contrato de seguro.

II. NOÇÃO GERAL DA FIGURA DOS SALVADOS

II.1 Conceituação e relevância dos salvados

Conforme redação comumente prevista na doutrina,[10] e inserida nas condições gerais de contratos de seguros, salvados são "as coisas com valor econômico que escapam ou sobram do sinistro".

Pontes de Miranda, com sua precisão característica, preceitua que os salvados seriam "o que resta, o que se recolhe, dos destroços e conteúdo" dos objetos segurados.[11]

De acordo com o Guia de Orientação e Defesa do Segurado da Superintendência de Seguros Privados (SUSEP),[12] o salvado seria "o objeto que se consegue resgatar de um sinistro que ainda possui valor econômico".

Em sentido similar, o Dicionário de Seguros da Escola Nacional de Seguros (FUNENSEG)[13] define a figura no seguinte sentido: "São os objetos que se consegue resgatar de um sinistro e que ainda possuem valor econômico. Assim são considerados tanto os bens que tenham ficado em perfeito estado como os que estejam parcialmente danificados pelos efeitos do sinistro."

O Anexo da Circular 306/2005, também da SUSEP, por sua vez, ratificando a questão, esclarece que, a depender do seguro contratado, podem ser considerados salvados "tanto os bens que tenham ficado em perfeito estado, como os que estejam parcialmente danificados pelos efeitos do sinistro".

Em âmbito específico, cumpre ter presente o disposto na Lei 7.203/1984, que o salvamento deve ser compreendido como o ato ou atividade efetuado para assistir e salvar uma embarcação, coisa ou bem em perigo no mar, nos portos e nas vias navegáveis interiores

No presente âmbito, há que se diferenciar, desde logo, a noção de salvados da de sucata. Enquanto nesta situação se está diante de bem imprestável/inútil, na hipótese

---

10. Ver por exemplo VASQUES, José. *Contrato de Seguro*, Coimbra: Coimbra Editora, 1999, p. 310; ALVIM, Pedro. *O Contrato de Seguro*. 3. ed. Rio de Janeiro: Forense, p. 420.

11. MIRANDA, Francisco Cavalcanti Pontes de. *Coleção Tratado de Direito Privado*. Atual. Bruno Miragem. São Paulo: Ed. RT, 2013. v. 45, p. 604.

12. SUPERINTENDÊNCIA DE SEGUROS PRIVADOS. *Guia de Orientação e Defesa do Segurado*. 2. ed. Rio de Janeiro: SUSEP, 2006. p. 7.

13. *Dicionário de seguros*: vocabulário conceituado de seguros. 3. ed. rev. e ampl. Antonio Lober Ferreira de Souza et al; técnico de documentação. Teresinha Castello Ribeiro. Rio de Janeiro: Funenseg, 2011. p. 193.

dos salvados verifica-se a existência de um objeto passível de nova utilização e que, por decorrência, é reinserido no mercado.

Como regra, salvo hipóteses específicas e previstas em contrato, os salvados pertencem, de direito, à seguradora, o que objetiva, entre outras questões, justamente reduzir os custos das empresas seguradoras, reduzindo o preço (prêmio) pago pelos segurados. A expectativa da seguradora em ter acesso aos salvados é, em princípio, considerada nos cálculos atuariais, a fim de diminuir o valor dos prêmios e, em teoria, viabilizar, desta forma, que mais seguros possam ser contratados.[14]

Neste sentido, Ricardo Bechara Santos[15] reputa que o direito ao ressarcimento sub-rogatório, conferido ao segurador na alienação de salvados, reflete positivamente no cálculo do prêmio, em benefício do consumidor segurado".

Salvados, após serem transferidos às seguradoras, podem, a depender da situação, do bem em si e da extensão dos danos, encontrar diversas destinações. O melhor exemplo para clarear o quão presente podem ser os salvados na esfera securitária encontra-se no âmbito dos automóveis batidos/acidentados. Como regra, em um seguro de automóvel convencional, se um veículo sofrer danos cujo prejuízo atinja 75% do seu valor, há o que se denomina "perda total", ainda que o contrato possa, eventualmente, prever um percentual inferior para equivaler à tal condição. No caso de perda total, o segurado passa a ter direito à indenização integral prevista na apólice, e a seguradora tem direito a receber, em contrapartida, o salvado, ou seja, o que restou do carro segurado.

Conforme acima indicado, um carro não será, necessariamente, uma sucata, podendo ser passível de conserto e utilização. A verdade é que, muitas vezes, o salvado poderá ser, de fato, um veículo que não apenas não sofreu "perda total", como, na realidade, encontra-se em perfeito estado, sequer precisando de algum reparo. É o caso, por exemplo, dos veículos roubados/furtados e que não são encontrados em determinado prazo (como regra, 30 dias). Aqui, a situação é contratualmente equivalente a uma perda total e o segurado faz jus à indenização integral. E o veículo, por sua vez, caso encontrado (não são raras, por exemplo, notícias de operações da polícia que encontram locais com diversos carros roubados), é de direito da seguradora, podendo estar intacto.

Outro exemplo é o transporte de carga para carros 0 km (carros novos). Nestes casos, os contratos preveem, como regra, que um mínimo arranhão ou mossa equivale, também, à perda total, e o segurado tem direito à indenização integral, e a seguradora ao(s) veículo(s) "danificados".

Estes veículos, quando não estiverem imprestáveis e sem condições de reparados (ou seja, quando não forem sucatas), possuem evidente valor econômico, pelo que podem e são reintroduzidos no mercado e na sociedade. Lojas e revendas de carros, não raro,

---

14. Um exemplo prático e ilustrativo de como os salvados geram uma redução no valor dos prêmios pode ser encontrado em SANTOS, Ricardo Bechara. *Direito de Seguro no Novo Código Civil e Legislação Própria*. 2. ed. rev. e atual. Rio de Janeiro. Forense, 2008. p. 194-195.

15. SANTOS, Ricardo Bechara. *Direito de Seguro no Novo Código Civil e Legislação Própria*, op. cit., p. 683.

comercializam carros "salvados" como seminovos, o que se pode reputar como normal e saudável para a sociedade, salvo quando ausente tal informação e a correlata depreciação no preço dos produtos. Além disso, diversas lojas e estabelecimentos vendem produtos que se pode qualificar como sendo de natureza de "salvados", desde eletrodomésticos, roupas, calçados e eletrônicos a itens de utilização doméstica.

O efeito benéfico social gerado, portanto, a partir dos salvados, é, desta forma, bastante perceptível: não apenas reduz o valor dos prêmios dos seguros, permitindo que mais contratos sejam contratados (diluindo, de certa forma, os riscos em geral da sociedade), como se torna um importante mecanismo de reinserção de bens e mercadorias no mercado.

Feita esta apresentação sobre o tema, cabe agora apresentar as principais discussões doutrinárias e jurisprudências que gravitam ao entorno dos salvados.

II.2   A delimitação da noção de salvados

A seguradora, ao indenizar o segurado, sub-roga-se nos direitos deste. No âmbito dos seguros, é o art. 786, do Código Civil, que trata do tema, prevendo que "paga a indenização, o segurador sub-roga-se, nos limites do valor respectivo, nos direitos e ações que competirem ao segurado contra o autor do dano".

Para efeitos práticos, duas são as decorrências da sub-rogação no contexto dos seguros (de danos): a seguradora tem direito a ressarcir-se frente àquele que causou o dano no segurado; e a seguradora tem direito a receber o salvado, que passa a ser de sua propriedade.

No entanto, pondera-se sobre o que aconteceria se, eventualmente, uma pessoa contratasse um seguro para um bem que não é de sua propriedade? Um criminoso, por exemplo, que rouba um carro e contrata um seguro de automóvel: neste caso, se ocorrer um sinistro que gere a perda total do automóvel e a seguradora for acionada pelo segurado, haveria de ser paga a indenização? E qual seria a destinação do salvado?

Na doutrina, explora o assunto ao tratar das consequências da indenização quando o objeto segurado é ilícito: "[...] se o objeto do seguro e sua propriedade relacionados ao seguro são ilícitos [...] nulo é o contrato [...] E nulo de pleno direito, por isso que improducente de qualquer efeito. Todavia, se comprovadamente de boa-fé o segurado, o segurador, neste caso, deveria, a rigor, colocar a devolução dos prêmios a disposição".[16]

É que, conforme se esclarece, no seguro de danos, faz-se mister que o bem segurado seja e de propriedade do segurado, de modo que possa transferir o seu risco para o segurador e, por conseguinte, tornar possível a sub-rogação deste com relação aos salvados [...]".[17]

---

16. SANTOS, Ricardo Bechara. *Direito de Seguro no Cotidiano*: coletânea de ensaios jurídicos. Rio de Janeiro: Forense, 1999. p. 243.
17. SANTOS, Ricardo Bechara. *Direito de Seguro no Cotidiano*: coletânea de ensaios jurídicos. Rio de Janeiro: Forense, 1999. p. 243.

Desta forma, "a seguradora que aceitar o risco nessas circunstâncias também não poderá ficar com direito ao salvado porque este deverá ser reclamado, *erga omnes*, pelo verdadeiro proprietário, que até pode ser uma seguradora sub-rogada de um seguro original [...]".[18]

Tem-se presente que a sub-rogação, mediante a transferência da propriedade do bem à seguradora, é nula juridicamente se o objeto em questão não for de propriedade do segurado. Cabe à seguradora, portanto, ao receber uma solicitação de seguro de determinado bem, primeiramente realizar as vistorias necessárias para não aceitar uma contratação eventualmente ilícita. Caso, todavia, venha a fazê-lo, o seguro será nulo, não devendo, em nenhuma hipótese, indenizar o segurado, pois não terá acesso jurídico ao salvado. Caso venha a aceitar o seguro de bem de origem ilícita e caso pague a indenização, a seguradora arcará com os prejuízos decorrentes dessa conduta imprópria.[19]

III. IMPLICAÇÕES RELATIVAS À DISCIPLINA DOS SALVADOS

III.1 Âmbito de incidência da matéria de salvados e seu fundamento jurídico

Os seguros são passíveis de serem classificados sob diversas óticas, a depender do critério utilizado. Pode-se, por exemplo, diferenciá-los entre facultativos e obrigatórios;[20] distingue-se, igualmente, os seguros entre privados e sociais;[21] faz-se também a separação entre seguros que se caracterizam como relação de consumo ou empresariais;[22] outra distinção consiste na definição utilizada pela SUSEP, que classifica os seguros em grupos e ramos.[23]

---

18. SANTOS, Ricardo Bechara. *Direito de Seguro no Novo Código Civil e Legislação Própria*. 2. ed. rev. e atual. Rio de Janeiro. Forense, 2008. p. 11.

19. Indispensável salientar, ainda, que para além de ser extremamente importante em qualquer operação ou relação jurídica, a boa-fé (objetiva) detém especial relevância e função nos contratos de natureza securitária. Não é por acaso que está expressamente prevista em mais de um dispositivo do Código Civil que trata dos seguros. Neste ínterim, em uma contratação de seguro para um bem que não seja de propriedade do segurado, no mínimo sem a menção prévia de tal questão a seguradora, já haveria, por si só, uma evidente violação à boa fé. Ver, por exemplo, MONTI, A. *Buona Fede e Assicurazione*. Milano: Giuffrè, 2002, p. 5 e ss.

20. O Decreto-Lei 73/66, conhecido com a Lei dos Seguros, prevê, por exemplo, diversas hipóteses de seguros obrigatórios, ou seja, cuja contratação é obrigatória para determinadas situações. Entre os exemplos mais conhecidos de seguros obrigatórios pode-se citar o seguro DPVAT, o seguro de danos pessoais a passageiros de aeronaves comerciais, o seguro de responsabilidade civil do constructor de imóveis em zonas urbanas por danos a pessoas ou coisas, seguro de responsabilidade civil do transportador por danos à carga transportada; e o seguro para edifícios divididos em unidades autônomas.

21. Netor Cuña usa esta como sendo uma das classificações possíveis, e refere que "seguros privados" são aqueles que "interesan exclusivamente al asegurado", ao passo que os "seguros sociales" seriam aqueles que "persiguen la satisfacción de un interés público" (CUÑA, Néstor A. Gutiérrez. *El Contrato de Seguro*: parte general. Montevideo: Fundación de Cultura Universitaria, 2007. p. 14).

22. Ver, por exemplo, PASQUALOTTO, Adalberto; DAHINTEN, Augusto Franke. O Contrato de Seguro e o CDC: questões controvertidas. *Revista de Direito do Consumidor*. São Paulo: Ed. RT, p. 125-154, maio/jun. 2016; ANDRADE, Fabio S. de. O Desenvolvimento do contrato de seguro no direito brasileiro atual. *Revista de Derecho Privado*, 2015, p. 203 e ss.

23. A Circular 455/2012, da SUSEP, divide e classifica os seguros em grupos e ramos. Os grupos seriam: patrimonial, responsabilidades, automóvel, transportes, riscos financeiros, pessoas coletivo, habitacional, rural, outros, pessoas individual, marítimos, aeronáuticos e microseguros. Dentro de cada grupo, existiriam diversos ramos.

O Código Civil, porém, parte da premissa básica relativamente aos seguros, que tem como estrutura a sua finalidade essencial: diferencia os seguros de pessoas dos seguros de danos.

Em essência, o Código Civil, ao tratar do contrato dos seguros, é subdividido em três partes: "disposições gerais"; "do seguro de dano"; e "do seguro de pessoa". Em outras palavras, o referido diploma legal divide os seguros em apenas dois grandes grupos, sendo o primeiro o seguro de dano, que seria o seguro relativo à possibilidade de riscos envolvendo coisas, e o segundo, o seguro de pessoa, que seria aquele em que estariam incluídos os seguros de pessoa em geral, seguro de vida, seguro de saúde e de acidente pessoal.

Trata-se, com efeito, da diferenciação que ocupa a doutrina, a fim de verificar se o seguro pode ser qualificado como um conceito unitário,[24] na medida em que estes dois grandes campos apresentam distinções entre si.

Ora, conceitualmente, há que se considerar que os salvados existem, apenas, nos seguros de danos, pois nos seguros de pessoas esta noção pura e simplesmente não se apresenta: ontologicamente não resta algo decorrente do sinistro que poderia ser transferido a seguradora.[25]

Muito embora a regra sobre as despesas de salvamento encontra-se, no caso, no artigo 771, parágrafo único, na Seção I, relativa às disposições gerais, e não na seção específica destinada aos seguros de danos, cumpre efetivamente ter presente que esse preceito está, portanto, essencialmente vinculado aos seguros de danos. De um lado, porque emprega a palavra 'indenização', incompatível com os seguros de pessoas em face de sua reconhecida natureza não indenizatória.[26] De outro, e aqui se apresenta a razão essencial, porque esclarece, ainda, que, de fato, "o indivíduo, no seguro de pessoa, obviamente não poderia ser "coisificado" como que um "salvado de sinistro".[27]

Explicitado esse ponto, surge outra questão a respeito do fundamento da regra dos salvados. Com efeito, nos termos indicados acima, o Código Civil, no artigo 786, estabelece que o segurador se sub-roga nos direitos e deveres que competirem ao segurado frente ao causador do dano.

Esta regra decorre do pagamento da indenização feita pelo segurador, que, no direito brasileiro, é regulado pelo Código Civil de forma singela, no artigo 776, com a simples indicação de que ele deve ser feito em dinheiro.

---

24. Nesse sentido, ver ASCARELLI, Tulio. O conceito unitário do contrato de seguro. *Problemas das Sociedades Anônimas e Direito Comparado*, op. cit., p. 203 e ss.
25. Vale lembrar que o corpo e órgãos humanos não são passíveis de comercialização, vide, neste sentido, disposições previstas na Constituição Federal, no Código Civil, na Lei Federal 9.434/97.
26. SANTOS, Ricardo Bechara. *Direito de Seguro no Novo Código Civil e Legislação Própria*. 2. ed. rev. e atual. Rio de Janeiro. Forense, 2008. p. 133.
27. SANTOS, Ricardo Bechara. *Direito de Seguro no Novo Código Civil e Legislação Própria*. 2. ed. rev. e atual. Rio de Janeiro. Forense, 2008. p. 133.

Nesse contexto, verifica-se que inexiste uma determinação clara, na lei, no sentido de que os salvados pertencem ao segurador.[28] Essa disposição decorre, porém, de uma interpretação vinculada à estrutura do contrato, na medida em que o segurado tem seu interesse garantido pelo segurador, frente ao risco contratado, que caso concretizado, resultará no recebimento da indenização, a partir da base jurídica do artigo 757, do Código Civil.

Logo, sendo paga a indenização, não se poderia pretender que o segurado mantivesse ainda os bens remanescentes do sinistro. A par das razões externadas introdutoriamente para a justificativa para a existência dessa solução, haveria no caso uma situação passível de configurar no enriquecimento por parte do segurado.

Na praxe contratual securitária, as apólices contêm uma cláusula nesse sentido, explicitando o destino dos bens objeto de salvamento. No direito brasileiro, pode-se apontar a Circular 18, de 20.04.1983, da Susep, como o marco pela qual se determinou às seguradoras, no ramo do seguro de automóveis, que inserissem nas apólices a disposição sobre o destino dos salvados em seu favor.[29]

Observe-se ainda que, nas hipóteses em que o contrato de seguro se constituir em relação de consumo, as eventuais cláusulas relativas a salvados deverão obedecer ao princípio da transparência, estabelecidos no Código de Defesa do Consumidor (CDC). Haverá a necessidade, por exemplo, de ressaltar a cláusula, nos termos das disposições contidas no artigo 54, do CDC, preceito relativo aos contratos de adesão e ao regime das previsões restritivas de direito.

III.2 A exigibilidade dos salvados na fase de adimplemento do contrato de seguro

Muito embora tenha sido apontado acima que os contratos de seguro contêm previsão contratual estabelecendo que os salvados devem pertencer ao segurador, nada impede que surjam discussões a respeito.

Um tema sobre o qual se debateu judicialmente, por ocasião da fase do pagamento da indenização, consistiu em saber se o segurado deveria, efetivamente, entregar os salvados à seguradora.

A matéria foi objeto de decisão pelo Superior Tribunal de Justiça, que, por exemplo, no caso do REsp 286.571/ES, Rel. Min. Aldir Passarinho Junior, j. 7/10/2002, decidiu pela existência desse dever: cumpre ao segurado entregar à seguradora os salvados, em face da caracterização da perda total do bem.

Vinculado ao tema encontra-se a decisão proferida no AgRg no Ag 1.241.492/PR, de Relatoria da Ministra Maria Isabel Gallotti, da Quarta Turma, julgado em 17.03.2016,

---

28. Sobre o tema ver, por exemplo, LANGSTONE, Fee. *Who gets what?* Dividing recovery proceeds between insured and insurer. https://www.lexology.com/library/detail.aspx?g=824ee5b5-bec1-492e-8a64-fbf596d9344f.

29. Trata-se do item 8.3: "No caso de indenização por perda total ou da substituição de peças ou de partes do veículo, os salvados (o veículo sinistrado, as peças ou partes substituídas, conforme o caso) pertencerão à Seguradora".

em que constou da decisão a seguinte orientação relativa à operacionabilidade da matéria de salvados: "No momento da execução, deverá ser obedecido o estabelecido na apólice, em relação ao procedimento de transferência ou dedução do valor dos salvados, com a devida entrega dos documentos que comprovem a propriedade do veículo livre e desembaraçado de ônus".

Apesar de as decisões não contemplem maiores elucidações sobre o tema, elas permitem concluir inicialmente sobre a validade da cláusula relativa ao destino dos salvados, afastando qualquer indagação sobre o eventual caráter abusivo dessa disposição contratual.

Além disso, dela decorre a consequência de que o segurado não pode recusar-se à entrega dos salvados à seguradora, sob pena de não receber a indenização securitária.

Estabelecida esta premissa, surge a questão de saber se seria possível à seguradora condicionar o pagamento da indenização à entrega do salvado.

Muito embora a escassez de decisões relativas ao tema dos salvados no ordenamento jurídico brasileiro, a questão foi enfrentada, por exemplo, nos Embargos de Declaração Cível 70082774290, da Quinta Câmara Cível, Des. Jorge Luiz Lopes do Canto, julgado em 25.09.2019, nos seguintes termos: "A parte demandante deverá apresentar os documentos necessários para que a seguradora realize a transferência dos salvados. No entanto, descabe a vinculação do dever de indenizar à apresentação dos documentos livres e desembaraçados de qualquer ônus, tendo em vista que nem todos os gravames incidentes sobre o veículo serão de responsabilidade do segurado."

Sobre o tema, há que se concordar com a orientação de que não se deve condicionar o pagamento da indenização à entrega do salvado, na medida em que não se apresenta correlação precisa entre as prestações. Muito embora na doutrina seja dominante a orientação sobre o caráter sinalagmático do contrato de seguro,[30] há que se ter presente que entre o pagamento da indenização e a entrega do salvado não se apresenta simetria. Em essência, enquanto o pagamento da indenização corresponde à concretização do dever principal do segurador, a entrega do salvado corresponde ao cumprimento de um dever anexo, na medida em que o dever principal do segurado constitui o pagamento do prêmio.

Nesses termos, não se deve considerar autorizado o segurador a reter o pagamento da indenização até o recebimento do salvado.

Merece consideração ainda a circunstância de ocorrer, na fase do pagamento da indenização, a situação de não ser encontrado o salvado, como por exemplo no caso em que ele foi vendido pelo segurado a terceiro. Nessa hipótese, já se decidiu pelo estabelecimento de um percentual de redução no valor da indenização, a fim de não configurar enriquecimento em favor do segurado.[31]

---

30. A respeito, cf. LA TORRE, Antonio. *Le Assicurazioni*, op. cit., p. 7.
31. Ver a respeito a decisão proferida nos Embargos de Declaração 70079107363, da 5ª Câmara Cível do TJRS, Rel. Des. Jorge Luiz do Canto, julgado em 26.09.2018.

III.3 Despesas com a proteção do salvado

Uma outra controvérsia que pode ser encontrada na doutrina diz respeito às despesas com a proteção do salvado. Conforme anteriormente referido, no citado artigo 771, do Código Civil, constitui-se como dever do segurado, tão logo saiba do sinistro, tomar as necessárias cautelas para minorar as consequências do evento, sob pena de, inclusive, perder o direito à indenização, total ou parcialmente.

Isto significa, na prática, que o segurado, dentro do bom senso e do razoável, não pode, nem deve, desconsiderar ou negligenciar, ou mesmo esquecer-se de eventual salvado decorrente de um sinistro. Ou seja, não lhe é assegurado o direito de simplesmente informar à seguradora acerca do sinistro e posteriormente não tomar medidas concretas para minorar o dano.

Em caso de um acidente automobilístico, por exemplo, salvo circunstâncias justificadoras (como um local notoriamente perigoso), o segurado não pode simplesmente abandonar o veículo; no caso de um incêndio, por sua vez, o segurado deve, dentro do possível, tentar tirar os móveis que guarneçam o bem imóvel, bem como retirar do local eventuais obstáculos que possam impedir ou dificultar que o corpo de bombeiros chegue às chamas.

A questão que se suscita especificamente diz respeito às despesas com a proteção do salvado, se as mesmas estariam dentro da garantia do bem principal, ou se dever-se-ia contratar um seguro específico para elas.[32] Em um sinistro de um bem cuja garantia é de R$ 100.000,00, pense-se que o segurado gasta R$ 10.000,00 para proteger o salvado, minorando assim os danos. Neste caso, o segurado receberia da seguradora uma indenização de R$ 90.000,00 ou de R$ 110.000,00? Em outras palavras, quem, em última análise, incorreria com as despesas de salvamento?

Em essência, a controvérsia decorre da mudança na redação do antigo para o atual Código Civil,[33] pois verifica-se do caput que a obrigação de minorar as consequências do sinistro, que no Código de 1916 pertencia à seguradora, passa a ser do segurado, enquanto que o parágrafo único estabelece que as despesas de salvamento consequentes aos sinistros correm à conta do segurador, até o limite fixado no contrato.

Na doutrina, sustenta-se que o melhor seria o estabelecimento, na apólice, de previsão específica para as despesas de salvamento com limite próprio, o que implicaria na cobrança de um prêmio adicional correspondente.[34]

Nesse contexto, pode ocorrer a circunstância de que se não contratado um limite de garantia próprio para despesas de salvamento, ela correrá por conta do limite máximo

---

32. SANTOS, Ricardo Bechara. *Direito de Seguro no Novo Código Civil e Legislação Própria*. 2. ed. rev. e atual. Rio de Janeiro. Forense, 2008. p. 130-131.
33. SANTOS, Ricardo Bechara. *Direito de Seguro no Novo Código Civil e Legislação Própria*. 2. ed. rev. e atual. Rio de Janeiro. Forense, 2008. p. 130.
34. SANTOS, Ricardo Bechara. *Direito de Seguro no Novo Código Civil e Legislação Própria*. 2. ed. rev. e atual. Rio de Janeiro. Forense, 2008. p. 131.

da garantia ou do capital segurado estipulados, destes deduzidas se acaso aquelas utilizadas, de modo que, se na sequência de vigência da apólice ocorrer sinistro, mormente com perda total, coberto pela garantia básica, a indenização ou capital segurado serão pagos com a dedução do valor indenizado para despesas de salvamento".[35]

Não obstante a referida posição, é imperioso pontuar que a referida questão pode conhecer entendimentos em sentido contrário, na medida em o artigo 779 estabelece que os riscos do seguro compreenderão os prejuízos ocasionados para salvar a coisa. Logo, não é difícil defender que tais valores seriam de responsabilidade da seguradora, não sendo necessária a contratação de um seguro específico: ou seja, tais valores não poderiam ser deduzidos da indenização a ser paga ao segurado, sob pena, inclusive, de evidentemente desestimular o empenho na proteção dos salvados.

Nesse sentido orienta-se a disposição da Circular 256/2004, da Susep, em seu artigo 31, I: no aludido preceito consta que as despesas de salvamento comprovadamente efetuadas pelo segurado correrão, obrigatoriamente, por conta da sociedade seguradora, até o limite máximo da garantia fixado no contrato.

Trata-se de solução que se aproxima da estabelecida pelo Código civil italiano, que no citado artigo 1.914 prevê que as despesas feitas nesse sentido pelo segurado ficam a cargo da seguradora, em proporção ao valor assegurado.[36] Da mesma forma, esta é a previsão contida no aludido artigo 72, do Projeto de Lei 29/2017.

Cabe, aqui, ainda observar que na citada Lei 7.203/1984, no seu artigo 12, cujo objeto é o de dispor sobre assistência e salvamento de embarcação, prevê-se o prazo prescricional de 02 (dois) anos para a ação de qualquer salvador para exigir a remuneração pelos serviços prestados, contados do dia em que terminarem as operações de assistência e salvamento. Tendo presente esta circunstância, cabe indagar se essa regra poderia ser aplicada, por analogia, para as demais hipóteses de salvamento, ou se prevaleceria por exemplo a regra geral do artigo 206, § 5º, I, do Código civil, em se tratando de valor constante de instrumento particular, ou mesmo o prazo decenal, contido no artigo 205, também do Código civil. Em princípio, tendo em vista a especificidade do dispositivo contido na Lei 7.203/1984, há que se considerar que o prazo de dois anos deve ser limitado aos seus casos precípuos, sem qualquer extensão a outras hipóteses de despesas de salvamento.

Pode-se ainda debater a questão sobre a quem compete efetivar a transferência dos salvados. A orientação prevalente é a de que cabe à seguradora arcar com esse ônus. Veja-se, por exemplo, o caso em que um segurado havia sido inscrito em órgão restritivo

---

35. SANTOS, Ricardo Bechara. *Direito de Seguro no Novo Código Civil e Legislação Própria*. 2. ed. rev. e atual. Rio de Janeiro. Forense, 2008. p. 131.

36. "L'assicurato deve fare quanto gli è possibile per evitare o diminuire il danno.
    Le Spese fatte a questo scopo dall'assicurato sono a carico dell'assicuratore, in proporzione del valore assicurato rispetto a quello che la cosa aveva nel tempo del sinistro, anche se il loro ammontare, unitamente a quello del danno, supera la somma assicurata, e anche se non si è raggiunto lo scopo salvo che l'assicuratore provi che le spese sono state fatte inconsideratamente".

de crédito por conta de inadimplemento de imposto incidente sobre o veículo (salvado) que já havia sido transferido à seguradora por conta de um sinistro anterior. A seguradora, no entanto, não havia tomado as providências para formalizar a transferência junto ao órgão cabível, o acabou gerando a cobrança e a inscrição restritiva. Diante do caso, entendeu-se que em razão da sub-rogação nos direitos e deveres referentes ao veículo, a seguradora havia recebido os documentos para a respectiva transferência e baixa do veículo, o que, no entanto, não havia sido feito, gerando os citados problemas ao segurado. Como consequência, a seguradora foi condenada a indenizar o segurado por danos morais.[37]

Em síntese, portanto, a partir das decisões encontradas, pode-se considerar que as questões relativas aos salvados possuem extrema relevância na fase do pagamento da indenização, a partir da concretização do risco objeto do seguro. Com efeito, trata-se de pontos que surgem cotidianamente e possuem ampla vinculação com a base teórica do contrato de seguro, razão pela qual mereceriam previsão mais detalhada em nosso ordenamento.

IV. CONSIDERAÇÕES FINAIS

No presente trabalho, examinou-se, de modo singelo, a figura dos salvados, a fim de que, de forma aproximativa, fosse compreendida a sua verdadeira função dentro do contexto do mercado dos seguros e das relações securitárias em geral.

Os salvados são indubitavelmente relevantes do ponto de vista jurídico, relativamente à estrutura do contrato de seguro. De um lado, servem em tese para reduzir o preço dos seguros e torná-los mais acessíveis; de outro, são bens que eventualmente são colocados novamente no mercado, propiciando a circulação econômica.

Do que foi sumariamente exposto, há que se concluir que o tema dos salvados constitui um tópico a que ainda se dá pouca atenção no Direito privado brasileiro, muito embora a sua relevância já explicitada no presente trabalho, sendo escassas as ocasiões em que o Judiciário efetivamente abordou o assunto e seus desdobramentos.

É certo que se pode justificar a circunstância da escassa tratativa do tema no Judiciário em decorrência da sua escassa judicialização, na medida em que muitos dos litígios envolvendo a temática securitária são resolvidos em arbitragem.

Observa-se, igualmente, que a vasta maioria das demandas relativas a seguro volta-se para outras questões (como o próprio direito ou não à indenização), de modo que, na prática forense, há poucos precedentes sobre o tema.

A ausência de uma normatização mais clara e sistemática quanto à destinação dos salvados configura, porém, foco de questionamento e preocupação. Consoante

---

37. Recurso Cível 71008833246, da Quarta Turma Recursal Cível, do TJRS, Relatoria da Juíza Gisele Anne Vieira de Azambuja, julgado em 19.09.2019.

se verificou, o Código Civil brasileiro é econômico na disciplina da matéria, deixando questões relevantes sem a devida disciplina.

A par disso, o projeto legislativo sobre seguros, atualmente em tramitação no Congresso, que poderia contribuir para melhor estabelecer uma disciplina mais ampla sobre o tema, não propicia um maior detalhamento da questão. Até o momento, não há qualquer notícia ou perspectiva de que isto possa ocorrer, de sorte que o mais provável seja que, ainda que aprovado, a nova lei securitária mantenha, na prática, o estado atual de escassez de regras sobre o assunto.

Nesse contexto, muito embora a previsão esparsa no âmbito administrativo, mediante circulares da Susepe, há que se concluir pela necessidade de que o tema mereça maior atenção do legislador – bem como da doutrina nacional –, a fim de que o regime dos salvados obtenha, definitivamente, melhor solução legislativa, de modo a contribuir para a maior segurança jurídica e melhor operacionalidade do contrato de seguro no direito brasileiro.

REFERÊNCIAS

ALVIM, Pedro. *O Contrato de Seguro*. 3. ed. Rio de Janeiro: Forense, 2001.

ANDRADE, Fabio Siebeneichler de. O desenvolvimento do contrato de seguro no direito civil brasileiro atual", *Revista de Derecho Privado*, Universidad Externado de Colombia, n.º 28, enero-junio de 2015, pp. 203-236..

ARGIROFFI, Alessandro; AVITABILE, Luisa. *Responsabilità, Rischio, Diritto e Postmoderno* – Percorsi di Filosofia e fenomenologia giuridica e morale. Torino: Giappicheli Editore, 2008.

ASCARELLI, Tulio. O conceito unitário do contrato de seguro. *Problemas das Sociedades Anônimas e Direito Comparado*. 2. ed. São Paulo: Saraiva, 1969.

BECK, U. *Sociedade de Risco*: rumo a uma outra modernidade. São Paulo: Editora 34, 2010.

CUÑA, Néstor A. Gutiérrez. *El Contrato de Seguro*: parte general. Montevideo: Fundación de Cultura Universitaria, 2007.

DICIONÁRIO DE SEGUROS: vocabulário conceituado de seguros – 3. ed. rev. e ampliada/Antonio Lober Ferreira de Souza et al; técnico de documentação. Teresinha Castello Ribeiro. Rio de Janeiro: Funenseg, 2011.

HARTEN, Carlos. *O Contrato de Seguro Visto pelo Superior Tribunal de Justiça*. São Paulo: ÕTE, 2009.

LANGSTONE, Fee. *Who gets what?* Dividing recovery proceeds between insured and insurer. Disponível em: https://www.lexology.com/library/detail.aspx?g=824ee5b5-bec1-492e-8a64-fbf596d9344f.

LA TORRE, Antonio. *Le Assicurazioni*. Milão: Giuffrè Editore, 2000.

MIRANDA, Francisco Cavalcanti Pontes de. *Coleção Tratado de Direito Privado*. São Paulo: Ed. RT, 2013. v. 45.

MONTI, Alberto. *Buona Fede e Assicurazione*. Milano: Giuffrè, 2002.

NICOLAS, Véronique. *Essai d'une nouvelle analyse du contrat d'assurance*. Paris: LGDJ, 1996.

PASQUALOTTO, Adalberto; DAHINTEN, Augusto Franke. O Contrato de Seguro e o CDC: questões controvertidas. *Revista de Direito do Consumidor*. São Paulo: Ed. RT, p. 125/154, maio/jun. 2016.

SANTOS, Ricardo Bechara. *Direito de Seguro no Cotidiano*: coletânea de ensaios jurídicos. Rio de Janeiro: Forense, 1999.

SANTOS, Ricardo Bechara. *Direito de Seguro no Novo Código Civil e Legislação Própria*. 2. ed. rev. e atual. Rio de Janeiro. Forense, 2008.

SUPERINTENDÊNCIA DE SEGUROS PRIVADOS. *Guia de Orientação e Defesa do Segurado*. 2. ed. Rio de Janeiro: SUSEP, 2006.

VASQUES, José. *Contrato de Seguro*, Coimbra: Coimbra Editora, 1999.

NOTAS SOBRE A PRESCRIÇÃO NAS RELAÇÕES ORIUNDAS DOS SEGUROS DE DANO E DE RESPONSABILIDADE CIVIL

Eduardo Nunes de Souza

Doutor e Mestre em Direito Civil pela Universidade do Estado do Rio de Janeiro (UERJ). Professor Associado de Direito Civil da Faculdade de Direito da UERJ. Professor permanente dos cursos de Mestrado e Doutorado em Direito Civil do Programa de Pós-Graduação em Direito da UERJ.

Rodrigo da Guia Silva

Doutor e Mestre em Direito Civil pela Universidade do Estado do Rio de Janeiro (UERJ). Professor Adjunto de Direito Civil da Faculdade de Direito da UERJ. Advogado.

Resumo: A complexidade das questões concernentes à definição do regime de prescrição no contexto de relações securitárias é inversamente proporcional à aparente simplicidade dos dispositivos que o Código Civil dispensa ao tema. O presente artigo se propõe a analisar a normativa dispensada pelo Código Civil às diversas pretensões que podem surgir entre as partes e terceiros beneficiários e prejudicados no âmbito dos contratos de seguro de dano e de responsabilidade civil. Confere-se particular destaque ao caso da seguradora sub-rogada nos direitos do segurado no seguro de dano e das repercussões em matéria de prescrição dessa sub-rogação.

Sumário: I. Introdução: as pretensões e os titulares abrangidos pelo regime da prescrição em matéria securitária – II. Notas sobre o regime de prescrição pertinente ao "terceiro beneficiário" e ao "terceiro prejudicado" – III. Qualificação jurídica da pretensão da seguradora em face do segurado, no âmbito do seguro de dano: repercussão da sub-rogação na definição do prazo prescricional aplicável – IV. Termo inicial da prescrição nas relações securitárias e o problema da *accessio temporis* no caso da pretensão da seguradora sub-rogada – V. Síntese conclusiva – Referências.

I. INTRODUÇÃO: AS PRETENSÕES E OS TITULARES ABRANGIDOS PELO REGIME DA PRESCRIÇÃO EM MATÉRIA SECURITÁRIA

A[1] preocupação com a delimitação de um regime específico para a prescrição em matéria securitária é tradicional na experiência jurídica brasileira, já podendo ser observada sob a égide do Código Civil de 1916. Além de regras específicas sobre a deflagração do prazo prescricional, desde a codificação anterior verificava-se a previsão de

---

1. Este estudo traduz o aprofundamento de reflexões antes desenvvolvidas em: SOUZA, Eduardo Nunes de. Comentários aos arts. 189 e 206, § 1º, II, e § 3º, IX do Código Civil. In: GOLDBERG, Ilan; JUNQUEIRA, Thiago (Coord.). *Direito dos seguros*: comentários ao Código Civil. Rio de Janeiro: Forense, 2023, passim.

prazo prescricional específico para reger essas relações. O Código, com efeito, adotava um critério próprio para a estipulação do prazo prescricional, a saber, ter o fato que justificasse a pretensão em questão ocorrido no exterior ou em território nacional. A distinção se justificava à luz da realidade social do início do século XX: de fato, a própria ciência acerca do fato gerador do direito (sobretudo o próprio direito à indenização securitária) poderia levar um período significativo de tempo caso tal fato houvesse ocorrido no estrangeiro.[2]

Assim, o Código revogado dispunha prescrever em um ano a "ação" (terminologia usada pelo diploma, que não cogitou da figura da pretensão) do segurado em face do segurador e vice-versa, caso o fato que a autorizasse se tivesse verificado no País (art. 178, § 6º, II), e em dois anos, caso o fato houvesse ocorrido no exterior (art. 178, § 7º, V). Abandonada a distinção quanto ao local do fato pelo Código atual, foi mantida a opção pelo prazo ânuo (art. 206, § 1º, II). De fato, se o codificador de 2002 promoveu uma importante redução dos prazos prescricionais na maioria dos casos,[3] no setor securitário entendeu que o prazo da lei anterior remanescia adequado e suficiente aos tempos atuais.

Desde a vigência do Código Civil de 1916, entende-se que a regra do atual art. 206, § 1º, II se aplica a "qualquer ação decorrente do contrato de seguro, quer em favor do segurado contra o segurador, quer em favor deste contra aquele", o que abrange, entre outros, além da pretensão do segurado à indenização securitária, também a pretensão da seguradora ao pagamento do prêmio e a pretensão do segurado a ser ressarcido pelos prejuízos oriundos do sinistro, tais como estragos sofridos pela coisa ao se tentar evitá-lo, minorar o dano ou salvar a coisa (hipótese prevista no atual art. 779).[4] A jurisprudência recente tem esclarecido que o prazo ânuo do inciso II se aplica também à cobrança, pelo segurado ou pelo segurador, do cumprimento de deveres secundários ou anexos do contrato, não se restringindo às obrigações principais.[5]

Sob a égide do Código anterior, Câmara Leal acrescentava ao rol de hipóteses de aplicação também a ação "de extinção do seguro, que compete ao segurador", nos casos de agravamento intencional do risco, não comunicação do agravamento ou não comunicação

---

2. Cf. TEPEDINO, Gustavo; BARBOZA, Heloisa Helena; BODIN DE MORAES, Maria Celina et alii. *Código Civil interpretado conforme a Constituição da República*. Rio de Janeiro: Renovar, 2014, v. I, p. 400.

3. Registra Caio Mário da Silva PEREIRA: "levou o Código em consideração que as facilidades de transporte e dos meios de comunicação não mais se compadecem com a extensão dos prazos anteriormente consagrados" (*Instituições de direito civil*. Rio de Janeiro: GEN, 2020, v. I, p. 584).

4. Os exemplos são listados por LEAL, Antônio Luís da Câmara. *Da prescrição e da decadência*. Rio de Janeiro: Forense, 1959, p. 259-260.

5. Este o conteúdo da tese firmada no IAC 2/STJ: "É ânuo o prazo prescricional para exercício de qualquer pretensão do segurado em face do segurador – e vice-versa – baseada em suposto inadimplemento de deveres (principais, secundários ou anexos) derivados do contrato de seguro, 'ex vi' do disposto no artigo 206, § 1º, II, 'b', do Código Civil de 2002 (artigo 178, § 6º, II, do Código Civil de 1916)" (STJ, REsp. 1.303.374/ES, 2ª S., Rel. Min. Luis Felipe Salomão, julg. 30.11.2021). No mesmo sentido, v., ilustrativamente, STJ, AgInt no AREsp. 2.090.726/MG, 3ª T., Rel. Min. Marco Aurélio Bellizze, julg. 12.09.2022; STJ, AgInt no REsp. 1.305.141/SP, 4ª T., Rel. Min. Raul Araújo, julg. 21.2.2022.

do sinistro pelo segurado.[6] Bem estabelecidos, porém, no direito civil contemporâneo, os limites entre prescrição e decadência, constata-se que o direito do segurador, nesses casos, tem natureza potestativa e se sujeita, assim, a prazo decadencial e não prescricional.[7] Pela mesma razão, não parece assistir razão ao posicionamento já manifestado pelo STJ no sentido de que o prazo ânuo seria aplicável ao pedido de "declaração de abusividade" de cláusula estipulada em contrato de seguro cumulado com o pedido de repetição de valores pagos daí decorrente. A rigor, nesse exemplo, o que está em discussão é a prerrogativa do segurado de pedir a declaração de nulidade da cláusula, prerrogativa esta que não apenas consiste em direito potestativo como, mais ainda, não se sujeita a nenhum prazo decadencial, por expressa opção do art. 169 do Código Civil.[8] O eventual pedido de restituição de valores pagos a maior, por seu turno, decorre de fato jurídico diverso do contrato de seguro em si (a saber, a própria declaração de nulidade da cláusula) e se justifica diante da vedação ao enriquecimento sem causa,[9] motivo pelo qual o prazo mais adequado para a pretensão parece ser o trienal (art. 206, § 3º, IV do Código Civil).

Ainda no que tange ao âmbito de aplicação do prazo ânuo previsto pelo inciso II do § 1º do art. 206, a jurisprudência do STJ já pacificou o entendimento de que a norma não se aplica à pretensão do segurado de obter o reembolso, por parte de operadoras de seguro-saúde ou de plano de saúde, dos valores desembolsados com despesas médicas.[10] Entende-se que os contratos de assistência à saúde não ostentam características típicas dos contratos de seguro (a Lei 9.656/1998 veda, por exemplo, a estipulação de limites de tempo ou valor de cobertura), além de apresentarem um tipo de aleatoriedade diverso daquele ordinariamente observado no seguro (eis que, ao menos quanto a exames e consultas de rotina, a indeterminação desaparece quase por completo, sendo raros os beneficiários que não utilizam pelo menos algum tipo de cobertura periodicamente),

---

6. LEAL, Antônio Luís da Câmara. *Da prescrição e da decadência*, cit., p. 259.

7. SOUZA, Eduardo Nunes de. A perda do direito à garantia securitária prevista pelo art. 766 do Código Civil à luz da teoria geral das invalidades do negócio jurídico. *Revista Eletrônica Direito e Sociedade*, a. 10, n. 1, 2022.

8. A respeito da natureza de direito potestativo da prerrogativa de declaração da nulidade, pouco admitida expressamente em doutrina, bem como da interpretação contemporânea da regra da "imprescritibilidade", cf. SOUZA, Eduardo Nunes de. *Teoria geral das invalidades do negócio jurídico*: nulidade e anulabilidade no direito civil contemporâneo. São Paulo: Almedina, 2017, p. 205 e ss.

9. Sobre o ponto, cf. SILVA, Rodrigo da Guia. *Enriquecimento sem causa*: as obrigações restitutórias no direito civil. 2. ed. São Paulo: Thomson Reuters Brasil, 2022, p. 265 e ss.

10. "Plano de saúde. Reembolso de despesas médicas. Seguro-saúde. [...] 2. A Lei 9.656/1998, com a redação da Medida Provisória 2.177-44/2001, não mais faz distinção de disciplina jurídica entre 'seguro-saúde' e 'plano de saúde'. 3. Aplica-se o mesmo prazo prescricional de três anos à pretensão de reembolso, pela operadora do plano ou seguro de saúde, das despesas médicas que o usuário teve de fazer como decorrência da injusta recusa de cobertura, por não se tratar de contrato típico de seguro" (STJ, REsp. 1.608.809, 4ª T., Rel. Min. Maria Isabel Gallotti, julg. 16.11.2017). No mesmo sentido: STJ, AgInt no REsp. 1.769.697, 3ª T., Rel. Min. Ricardo Villas Bôas Cueva, julg. 11.11.2019; STJ, AgInt nos EDcl no Ag em REsp. 1.474.268, 3ª T., Rel. Min. Marco Aurélio Bellizze, julg. 12.05.2020. Registre-se, por oportuno, a controvérsia no âmbito do STJ sobre o prazo prescricional nesses casos de reembolso – se trienal (como nos exemplos acima) ou decenal –, como reflexo da polêmica jurisprudencial acerca do prazo aplicável à pretensão indenizatória na responsabilidade contratual (STJ, REsp 1.756.283/SP, 2ª S., Rel. Min. Luis Felipe Salomão, julg. 11.03.2020). No mesmo sentido: STJ, AgInt no REsp. 1.756.015/SP, 4ª T., Rel. Min. Raul Araújo, julg. 12.02.2019. Para uma crítica à tese da aplicação do prazo geral decenal em matéria indenizatória, cf. SOUZA, Eduardo Nunes de. Problemas atuais de prescrição extintiva no direito civil: das vicissitudes do prazo ao merecimento de tutela. *Civilistica.com*. Rio de Janeiro, a. 10, n. 3, p. 19 e ss., 2021.

motivo pelo qual se afasta, nessas relações contratuais, a aplicação dos prazos prescricionais específicos das relações securitárias.[11]

As dúvidas concernentes à definição do âmbito de incidência do prazo prescricional específico do art. 206, § 1º, II se intensificam ao se levar em consideração a existência de outros potenciais titulares de pretensões correlatas ao regime securitário. Ao exame de tais situações se dedicam os itens subsequentes, a começar pelo esforço de delineamento do regime de prescrição pertinente ao "terceiro beneficiário" (item 2, *infra*). Na sequência, uma vez comentados os prazos aplicáveis ao segurador, ao segurado e ao terceiro beneficiário, passa-se a se analisar o caso específico de um "outro" titular de pretensões nas relações securitárias – ou melhor, de um titular já conhecido, imbuído, porém, de um interesse de natureza diversa. Trata-se do caso da seguradora que, vindo a arcar com o custo da indenização securitária em favor do segurado nos seguros de dano, passa a estar sub-rogada nos direitos deste. A qualificação jurídica dessa hipótese será sucedida pelos seus reflexos no campo prescricional (item 3, *infra*). Ao final do percurso, retornar-se-á ao problema da modulação do termo inicial do prazo prescricional nas relações securitárias (item 4, *infra*). É o que se passa a expor.

II. NOTAS SOBRE O REGIME DE PRESCRIÇÃO PERTINENTE AO "TERCEIRO BENEFICIÁRIO" E AO "TERCEIRO PREJUDICADO"

Ao estipular os prazos prescricionais aplicáveis às relações securitárias, o Código Civil de 1916 não fazia qualquer referência à figura do terceiro beneficiário; limitava-se a aludir à "ação do segurado contra o segurador e vice-versa". Tampouco mencionava o terceiro prejudicado no seguro de responsabilidade civil. Autorizada doutrina, porém, costumava interpretar que os prazos previstos pelos § 6º, II e § 7º, V do art. 178 da codificação revogada eram aplicáveis a absolutamente todas as situações direta ou indiretamente oriundas do contrato de seguro, de modo a abranger também o terceiro beneficiário e o terceiro prejudicado[12] – muito embora estes, a rigor, não figurem como partes no contrato de seguro. Tornou-se célebre, por outro lado, a crítica de Carvalho Santos ao entendimento, sustentando a necessidade de se conferir interpretação restritiva às normas sobre prescrição.[13] Nessa esteira posicionou-se também a jurisprudência, afirmando que a quem não chegou a integrar o contrato deveria aplicar-se o prazo geral.[14]

---

11. O entendimento foi firmado em julgamento paradigmático da 2ª Seção (STJ, REsp. 1.360.969, 2ª S., Rel. Min. Marco Buzzi, julg. 10.08.2016).

12. Nessa direção, lecionava SERPA LOPES: "tem-se por assente que o lapso temporal [de um ano previsto pelo art. 178, § 6º, II do Código Civil de 1916] se aplica genericamente a todas as ações resultantes do contrato de seguro", pois "deve-se entender o termo segurado como empregado em sentido amplo, compreensivo não só diretamente do que contratou como ainda extensivo à pessoa do beneficiário" (*Curso de direito civil*. Rio de Janeiro: Freitas Bastos, 1996, v. I, p. 604).

13. Segundo o autor, "sendo princípio trivial de Direito que os textos sobre prescrição devem ser interpretados restritivamente, não seria possível ampliá-lo para abranger prazo não previsto em lei" (SANTOS, J. M. de Carvalho. *Código Civil brasileiro interpretado*. Rio de Janeiro: Freitas Bastos, 1986, v. III, p. 478).

14. Assim decidia reiteradamente o STJ: "O prazo de um ano refere-se à ação do segurado, não à do beneficiário que não contratou o seguro" (STJ, REsp. 157.366, 3ª T., Rel. Min. Moura Ribeiro, julg. 23.08.1999). No mesmo

Em prol dessa última posição, colocava-se também o argumento de que o beneficiário e o terceiro prejudicado, não tendo integrado a relação contratual com a seguradora, poderiam talvez desconhecer suas próprias posições jurídicas e, assim, precisariam de lapso temporal superior ao prazo ânuo para exercerem suas respectivas pretensões. A questão chegou a ser objeto de enunciado sumular do extinto Tribunal Federal de Recursos, que, em 1982, fez constar do verbete 125: "Prescreve em vinte anos a ação do beneficiário, ou do terceiro sub-rogado nos direitos deste, fundada no seguro obrigatório de responsabilidade civil". O Código Civil atual, atento a essa orientação, estabeleceu, no inciso IX do § 3º do art. 206, prazo superior ao de um ano para o exercício da pretensão "do beneficiário contra o segurador, e a do terceiro prejudicado, no caso de seguro de responsabilidade civil obrigatório". Para ambos os casos, contudo, em lugar de simplesmente permitir a incidência do prazo geral de prescrição (como sustentara a jurisprudência até então), estipulou prazo específico, de duração trienal.

A redação conferida à norma não foi a mais cuidadosa. De um lado, porque, em princípio, não há "terceiro beneficiário" no seguro de responsabilidade civil, que consiste em modalidade securitária pensada para proteger o próprio segurado que venha a ser instado a pagar indenizações a terceiros e não a estes últimos (embora não se ignore a grande mudança que essa perspectiva sofreu, sobretudo em tema de seguros obrigatórios como mecanismos de socialização dos danos no âmbito da responsabilidade objetiva).[15] Assim, o "beneficiário" nesses seguros, na estrita técnica jurídica, seria o próprio segurado, o que colocaria a norma em frontal antinomia com o prazo ânuo do art. 206, § 1º, II.[16] Por outro lado, ao tratar da pretensão do beneficiário em face do segurador, mas não remeter a este último quando trata do terceiro prejudicado, a redação do inciso IX poderia sugerir que qualquer pretensão do terceiro prejudicado nos seguros de responsabilidade civil, inclusive em face do causador do dano, estaria ali contemplada. Muito ao contrário, a pretensão do terceiro prejudicado contra o causador do dano efetivamente se sujeita a prazo trienal, mas por força do inciso V do mesmo parágrafo;[17] logo, o inciso IX apenas pode referir-se à pretensão do terceiro contra a seguradora.

A interpretação lógica que se poderia extrair da norma do inciso IX, de modo a se evitarem tais inconvenientes, seria a de que ele contemplaria as pretensões de terceiros

---

sentido: STJ, REsp. 151.766, 4ª T., Rel. Min. Sálvio de Figueiredo Teixeira, julg. 10.02.1998; STJ, REsp. 247.347, 4ª T., Rel. Min. Barros Monteiro, julg. 05.06.2001.

15. Cf. THEODORO JÚNIOR, Humberto. O seguro de responsabilidade civil: disciplina material e processual. *Revista de Direito Privado*. São Paulo: Ed. RT, v. 46, p. 301 e ss., abr. 2011; BARBOSA, Fernanda Nunes. O seguro de responsabilidade civil do profissional liberal. In: BODIN DE MORAES, Maria Celina; GUEDES, Gisela Sampaio da Cruz (Coord.). *Responsabilidade civil dos profissionais liberais*. Rio de Janeiro: GEN, 2018, p. 360 e ss.

16. A questão foi, em parte, objeto de emenda parlamentar durante a tramitação do Projeto de Código Civil pela Câmara Federal (emenda 278, do Deputado Marcelo Gato), cuja justificativa indicava que o beneficiário no seguro de responsabilidade civil poderia ser o próprio segurado e que, por isso, a redação do inciso confundia a ação do segurado com a ação de terceiros (PASSOS, Edilenice; LIMA, João Alberto de Oliveira. *Memória Legislativa do Código Civil*. Brasília: Senado Federal, 2012, v. II, p. 198).

17. Sobre a aplicabilidade do prazo trienal tanto às hipóteses de responsabilidade civil contratual quanto extracontratual, cf. SOUZA, Eduardo Nunes de. *Problemas atuais de prescrição extintiva no direito civil*, cit., p. 19 e ss.

beneficiários em face das seguradoras em qualquer modalidade de seguro (por exemplo, nos seguros de vida) e as pretensões dos terceiros prejudicados em face das seguradoras especificamente nos seguros obrigatórios de responsabilidade civil. *A contrario sensu*, seria de se concluir que o prazo geral (hoje decenal, nos termos do art. 205 do Código Civil) só seria aplicável ao terceiro prejudicado que eventualmente titularizasse pretensão[18] em face da seguradora nos seguros de responsabilidade civil de natureza facultativa, que não teriam sido expressamente contemplados pelo inciso IX. Essa interpretação, porém, não parece ter encontrado nenhum eco na doutrina ou na jurisprudência,[19] que entendem, de forma relativamente pacífica, que o inciso IX trata única e exclusivamente de seguros obrigatórios de responsabilidade civil.[20]

A despeito da aparente objetividade dos critérios adotados pelo art. 206 do Código Civil em matéria securitária, inúmeras controvérsias têm sido apresentadas ao Poder Judiciário quanto à sua interpretação. Tornou-se célebre, por exemplo, a divergência acerca do prazo aplicável às indenizações cobradas pela vítima no âmbito do seguro DPVAT. Com efeito, perdurou por alguns anos a controvérsia acerca da própria natureza desse seguro para fins de estipulação do prazo prescricional aplicável à pretensão do terceiro prejudicado, em grande parte diante da drástica diminuição de prazo prescricional ocorrida na transição do Código Civil anterior para o atual (de vinte para três anos). Em diversos casos nos quais a vítima, não atendendo aos requisitos do art. 2.028 do Código Civil, não era beneficiada pela aplicação do prazo geral do Código Civil de 1916, buscou-se argumentar que o seguro DPVAT, embora obrigatório, não configuraria seguro de responsabilidade civil[21] e que, portanto, mesmo sob a vigência do Código atual, a pretensão do terceiro vitimado pelo acidente deveria submeter-se ao prazo geral de prescrição. O STJ finalmente pacificou a controvérsia com o Enunciado 405 de sua Súmula, ao estabelecer que "a ação de cobrança do seguro obrigatório (DPVAT) prescreve em três anos", com base na regra prevista pelo inciso IX do § 3º do art. 206 do Código Civil, por entender que o caso era, efetivamente, de seguro obrigatório de responsabilidade civil.[22]

Outro exemplo frequente que tem levado o STJ a examinar os limites de incidência do prazo do inciso IX do § 3º do art. 206 do Código Civil é, sem dúvida, o da pretensão

---

18. Como se sabe, a jurisprudência do STJ consolidou em 2015, no enunciado sumular de n. 529, o entendimento de que, "no seguro de responsabilidade civil facultativo, não cabe o ajuizamento de ação pelo terceiro prejudicado direta e exclusivamente em face da seguradora do apontado causador do dano".

19. Em rara exceção, esta parece ser a posição registrada, embora não expressamente, em: TEPEDINO, Gustavo; BARBOZA, Heloisa Helena; BODIN DE MORAES, Maria Celina et alii. *Código Civil interpretado conforme a Constituição da República*, v. I, cit., p. 416.

20. Ilustrativamente, cf. CAHALI, Yussef Said. *Prescrição e decadência*. São Paulo: Ed. RT, 2008, p. 170, para quem "o inciso IX cuida especificamente do seguro obrigatório de responsabilidade civil, [...] representando modalidade especial de seguro, não compreendida no seguro de pessoa, ou seguro facultativo [...]".

21. Aludiu-se, por exemplo, à reforma do art. 20 do Decreto-lei 73/1966 pela Lei 6.194/1974, que renomeou o DPVAT, antes seguro de "responsabilidade civil dos proprietários de veículos automotores", para seguro de "danos pessoais causados por veículos automotores".

22. Cf. um dos julgamentos que resultou no enunciado sumular: "DPVAT exibe a qualidade de seguro obrigatório de responsabilidade civil e, portanto, prescreve em 3 anos a ação de cobrança intentada pelo beneficiário" (STJ, REsp. 1.071.861, Rel. Min. Luís Felipe Salomão, Rel. p/ Ac. Min. Fernando Gonçalves, julg. 10.06.2009).

do terceiro beneficiário em face da seguradora nos seguros de vida em grupo, hipótese em que a Corte tem reiteradamente afastado o lapso trienal e sustentado a incidência do prazo geral de prescrição.[23] Em geral, adota-se como fundamento o já mencionado entendimento do STJ, anterior à vigência do Código Civil de 2002, de que seria aplicável o prazo geral (então vintenário) para as pretensões de beneficiários e terceiros prejudicados porque não havia prazo específico previsto na lei.

Como o Código atual expressamente alude ao terceiro beneficiário no inciso IX do § 3º do art. 206, a interpretação que se tem adotado para justificar que se continue a aplicar o prazo geral de prescrição é a de que o inciso IX diria respeito apenas a seguros obrigatórios (na prática, quase exclusivamente ao DPVAT) e não aos facultativos.[24] Contudo, a intenção do codificador de 2002 parece ter sido justamente a oposta, isto é, a de estabelecer prazo específico para a maior parte das pretensões de terceiros em matéria securitária no inciso IX do § 3º. Sem dúvida, no que tange ao terceiro prejudicado (expressão que costuma ser utilizada apenas nos seguros de responsabilidade civil),[25] somente o fez para os seguros obrigatórios; mas, em relação aos beneficiários não segurados (expressão pouco usual nos seguros de responsabilidade civil), não aparenta ter distinguido entre seguros obrigatórios e facultativos.

Em se tratando de pretensão deduzida pelo segurado propriamente dito (que figurou como parte do contrato) nos seguros em grupo, aliás, aplica-se ainda hoje o enunciado sumular 101 do STJ, de 1994,[26] que determina a incidência da prescrição ânua (nesse caso, em plena consonância com a norma codificada). Salta aos olhos a disparidade entre o prazo de um ano para os segurados propriamente ditos e de dez anos para os terceiros em seguros facultativos – discrímen que aparenta ser desproporcional mesmo em face da eventual disparidade informacional que possa existir entre eles sobre a própria

---

23. Ilustrativamente: "[...] Prazo prescricional para exercício da pretensão deduzida em face da seguradora por pessoa designada como beneficiária do seguro de vida (terceiro beneficiário), a qual não se confunde com a figura do segurado. Lapso vintenário (artigo 177 do Código Civil de 1916) ou decenal (artigo 205 do Código Civil de 2002), não se enquadrando na hipótese do artigo 206, § 1º, inciso II, do mesmo Codex (prescrição ânua para cobrança de segurado contra segurador). Inaplicabilidade, outrossim, do prazo trienal previsto para o exercício da pretensão do beneficiário contra o segurador em caso de seguro de responsabilidade civil obrigatório (artigo 206, § 3º, inciso IX, do Código Civil)" (STJ, AgRg no AREsp. 545.318, 4ª T., Rel. Min. Marco Buzzi, julg. 20.11.2014). E ainda: "[...] Seguro de vida. Ação de cobrança. Terceiro beneficiário. [...] A jurisprudência do Superior Tribunal de Justiça possui entendimento no sentido de que, no caso de terceiro beneficiário de contrato de seguro de vida em grupo, o qual não se confunde com a figura do segurado, o prazo para propositura da ação indenizatória é decenal, em consonância com o artigo 205 do Código Civil de 2002" (STJ, AgRg no AREsp. 615.675, 4ª T., Rel. Min. Maria Isabel Gallotti, julg. 18.12.2014). No mesmo sentido: STJ, AgInt no REsp. 1.384.942, 4ª T., Rel. Min. Antônio Carlos Ferreira, julg. 15.06.2021).

24. Ilustrativamente: "[...] Seguro de vida em grupo. Ação de cobrança. Terceiro beneficiário. Prescrição de direito pessoal. 1. O prazo prescricional para a propositura da ação pelo beneficiário é de dez anos, na forma do art. 205 do Código Civil, e não o de três anos, previsto no art. 206, § 3º, IX, do mesmo diploma legal, que se aplica à pretensão ao recebimento de seguro de vida obrigatório, o que não é a hipótese dos autos [...]" (STJ, (AgRg no REsp. 1.311.406, 3ª T., Rel. Min. Sidnei Beneti, julg. 15 mai. 2012). Em outros casos, afirma-se que o inciso IX diria respeito apenas a seguros de responsabilidade civil (exemplo: STJ, REsp. 1694257, 3ª T., Rel. Min. Nancy Andrighi, julg. 28.08.2018).

25. Assim se afirma, por exemplo, no Capítulo XXI do Anexo II da Resolução CNSP 355/2017. Ademais, a expressão é utilizada nos arts. 787 e 788 do Código Civil, que tratam especificamente do seguro de responsabilidade civil.

26. *In verbis*: "A ação de indenização do segurado em grupo contra a seguradora prescreve em um ano".

existência de sua pretensão. Não se pode ignorar, por outro lado, que o inciso IX do § 3º não condiciona o início do fluxo do prazo prescricional à ciência pelo interessado, diversamente do que faz o inciso II do § 1º, o que talvez evidencie a conveniência, na ordem jurídica atual, da interpretação prevalente, que aplica o prazo decenal à pretensão dos terceiros, à exceção dos seguros obrigatórios de responsabilidade civil.

III. QUALIFICAÇÃO JURÍDICA DA PRETENSÃO DA SEGURADORA EM FACE DO SEGURADO, NO ÂMBITO DO SEGURO DE DANO: REPERCUSSÃO DA SUB-ROGAÇÃO NA DEFINIÇÃO DO PRAZO PRESCRICIONAL APLICÁVEL

A disposição normativa que maior conexão apresenta com as normas próprias das relações securitárias consiste, não por acaso, na previsão de outro prazo prescricional: nomeadamente, o prazo trienal para as pretensões de restituição de enriquecimento sem causa previsto pelo art. 206, § 3º, IV do Código Civil. A norma se relaciona com a viva controvérsia existente em torno da prescrição incidente sobre a pretensão da seguradora que se sub-rogou nos direitos do segurado em face do causador do dano – hipótese que é admitida pelo Código Civil nos seguros de dano (art. 786), embora seja vedada nos seguros de pessoa (art. 800), e é qualificada expressamente pelo codificador como caso de sub-rogação pessoal. Referida qualificação, aliás, parece ser mesmo a mais coerente com as normas da teoria geral das obrigações, na medida em que o caso é de pagamento por terceiro interessado (com sub-rogação legal), prevista pelo art. 346, III do Código Civil, e não de pagamento por terceiro não interessado, que acarretaria, quando muito, o direito de regresso sem sub-rogação (art. 305 do Código Civil).

A propósito, não parece despiciendo consignar que o estudo do fenômeno restitutório no direito brasileiro (*locus* no qual se situa a norma do referido art. 206, § 3º, IV do Código Civil) revela que a assistematicidade do respectivo regime jurídico é prenunciada, desde o início, pela confusão conceitual verificada na matéria.[27] Não se trata, contudo, de peculiaridade da experiência brasileira, o que se ilustra pela afirmação, colhida da doutrina portuguesa, no sentido de que "[a] primeira dificuldade com que nos deparamos nesta matéria consiste na própria linguagem".[28] Entre outras expressões passíveis de gerar dúvida conceitual, podem-se apontar, ilustrativamente, as seguintes: *restituição, devolução, repetição, regresso, indenização, reparação, ressarcimento, reembolso* e *compensação*.

Trata-se de expressões que, não raramente, assumem relação recíproca de sinonímia, a qual poderia ser traduzida, em termos técnicos, em uma identidade ou similitude estrutural. Encontraria considerável dificuldade, por exemplo, o intérprete que, ao se deparar com a obrigação do proprietário-reivindicante de pagar o valor equivalente ao das benfeitorias necessárias realizadas pelo possuidor (na hipótese de não poderem elas ser levantadas sem prejuízo ao bem principal), pretendesse diferenciar rigidamente os

---

27. Sobre o ponto, cf. SILVA, Rodrigo da Guia. *Enriquecimento sem causa*, cit., p. 220 e ss.
28. GOMES, Júlio Manuel Vieira. *O conceito de enriquecimento, o enriquecimento forçado e os vários paradigmas do enriquecimento sem causa*. Porto: Universidade Católica Portuguesa, 1998, p. 77.

conceitos de *restituição, devolução, ressarcimento* e *reembolso*. Nesse cenário de acentuada similitude (quando não identidade) estrutural, pode-se afirmar, em caráter preliminar, que a imprecisão conceitual verificada na presente matéria decorre, fundamentalmente, da recorrente dificuldade de delimitação do perfil funcional próprio de cada obrigação no direito civil.

A referida confusão conceitual poderia se afigurar irrelevante em termos práticos caso o ordenamento jurídico não diferenciasse o regramento dos regimes obrigacionais gerais. Não foi essa, porém, a opção brasileira. Com efeito, muito mais do que o mero distanciamento topográfico das normas especificamente referentes aos negócios jurídicos (Título I do Livro III da Parte Geral e Títulos I ao VI do Livro I da Parte Especial),[29] à responsabilidade civil (Título IX do Livro I da Parte Especial) e ao enriquecimento sem causa (*rectius*: à cláusula geral do dever de restituir – Capítulo IV do Título VII do Livro I da Parte Especial), o legislador pátrio estabelece regimes obrigacionais acentuadamente distintos entre si, de que constitui importante exemplo a distinção entre o prazo prescricional aplicável à "pretensão de ressarcimento de enriquecimento sem causa" (prazo trienal, nos termos do art. 206, § 3º, IV do Código Civil) e aquele aplicável à "pretensão do segurado contra o segurador, ou a deste contra aquele" (prazo ânuo, nos termos do art. 206, § 1º, II do Código Civil).

Diante desse cenário, a superação da imprecisão conceitual consiste em esforço teórico imprescindível, uma vez que o significado atribuído a cada significante há de repercutir diretamente na identificação do regime jurídico aplicável. Não se pode, portanto, tomar por absolutamente fungíveis todas as expressões supramencionadas, sob pena de se entregar ao puro arbítrio do intérprete a definição da disciplina a reger certa hipótese de obrigação.[30] Se é verdade, como parece, que a consagração de distintos regimes jurídicos obrigacionais pelo ordenamento brasileiro não tolera a primazia do arbítrio do intérprete-aplicador do direito, incumbe à civilística a tarefa de determinar critérios objetivamente aferíveis para a definição do regime jurídico a disciplinar cada concreta relação jurídica obrigacional.

---

29. Cumpre ressaltar que, embora os Títulos I ao VI do Livro I da Parte Especial destinem-se primordialmente à tutela das obrigações provenientes de negócio jurídico, algumas das suas normas assumem utilidade para o regramento de obrigações não negociais. Assim sucede, por exemplo, com a previsão de que, "[n]as obrigações provenientes de ato ilícito, considera-se o devedor em mora, desde que o praticou" (artigo 398), a disciplinar obrigações fundadas na responsabilidade civil.

30. A partir de semelhante preocupação, afirma-se, na doutrina francesa: "Até o presente não existe qualquer teoria das restituições e qualquer definição única. Esta carência pode ser uma ausência de uniformidade. A restituição seria uma instituição multiforme cujos significados e aplicações são numerosos e sem muita homogeneidade. A diversidade de situações em que a restituição pode ocorrer é uma prova disso: por exemplo, um contrato de empréstimo ou um pagamento indevido fazem nascer, todos os dois, uma dívida de restituição, mas o reembolso de um empréstimo ou a repetição de um pagamento indevido resultam de duas instituições diferentes (um contrato ou quase-contrato). À primeira vista, o regime da restituição depende, portanto, da instituição da qual resulta. A diversidade de qualificadores é uma outra manifestação da disparidade das restituições: fala-se de reintegração, de repetição, de reembolso, de regresso (legal ou convencional), recompra, de retirada, de retrocessão, de redução, de reposição e mesmo, de certa forma, de recompensa... ora, a forma geralmente traduz o fundo. A ausência de uma unidade terminológica está ligada à ausência de uma unidade na matéria" (MALAURIE, Marie. *Les restitutions en droit civil*. Paris: Cujas, 1991, p. 23. Tradução livre).

Ao que mais diretamente importa ao presente estudo, cumpre ter em mente a distinção funcional entre o *regresso* e a *sub-rogação*. Com efeito, a disciplina codificada acerca das relações patrimoniais e as correlatas reflexões doutrinárias são fartas em menções ao *regresso*, o que justifica que se lhe dedique destacada menção entre os termos relativos a pretensões de cunho restitutório. Assim, por exemplo, alude-se ao direito de regresso do devedor solidário que satisfaz a dívida por inteiro em face de cada um dos demais codevedores solidários, na proporção das suas cotas no débito (art. 283 do Código Civil); ao direito de regresso do devedor solidário em face do codevedor solidário a quem interesse exclusivamente a dívida (art. 285 do Código Civil); ao direito de regresso do terceiro não interessado que paga a dívida alheia em nome e por conta própria (art. 305 do Código Civil); e ao direito de regresso dos codevedores inocentes em face do codevedor que tiver dado causa à incidência da cláusula penal (art. 414, parágrafo único, do Código Civil). A se pensar no exemplo do direito de regresso do terceiro não interessado que paga a dívida alheia em nome e por conta própria, *ex vi* do art. 305 do Código Civil, vê-se que o perfil funcional restitutório da pretensão em comento tem sido atentamente destacado pela doutrina.[31]

A disciplina do pagamento por terceiro propicia, ademais, o reconhecimento de uma distinção fundamental entre o *regresso* e outro termo que comumente gera dúvida na presente matéria – *sub-rogação*.[32] O regresso traduz autêntica pretensão restitutória, ao passo que a sub-rogação traduz hipótese de modificação subjetiva da relação obrigacional – a qual, de resto, mantém seus caracteres originais.[33] Tal distinção repercute

---

31. "Assim, quando o pagamento é efetuado por terceiro não interessado, o reembolso não se funda em sub-rogação, mas se fundará em *actio in rem verso*, para evitar o enriquecimento sem causa do devedor (art. 884, do CC/02), sem qualquer das garantias decorrentes do vínculo obrigacional originário. Isto é, pode buscar o direito de regresso, mas seu crédito é quirografário (...)" (ROSENVALD, Nelson; BRAGA NETTO, Felipe. *Código Civil comentado*. Salvador: JusPodivm, 2020, p. 410). Em semelhante linha de sentido, ao analisar o artigo 305 do Código Civil, afirma-se: "Tal direito de reembolso inspira-se no princípio de proibição ao enriquecimento sem causa – neste caso, por parte do devedor – e, a rigor, poderia ser obtido por meio da ação *in rem verso* se o ordenamento não o tivesse previsto expressamente" (TEPEDINO, Gustavo; SCHREIBER, Anderson. *Fundamentos do direito civil*. Rio de Janeiro: Forense, 2020, v. 2: obrigações. p. 208).

32. Em crítica à recorrente confusão entre *regresso* e *sub-rogação* no âmbito do regime da solidariedade passiva, afirma-se: "A ação de regresso, por expressa disposição do art. 283, circunscreve-se à quota-parte de cada codevedor. Isto porque, excluído da relação o credor originário por meio do pagamento integral efetuado por um dos devedores solidários, extingue-se a solidariedade, que é característica apenas da relação externa. 'Em rigor, não devia ser assim, acentuam os tratadistas, porque, operando-se a seu favor uma sub-rogação deveria ele poder exigir dos outros e a cada um a dívida inteira, por constituir um direito do credor, que em virtude da sub-rogação, a ele se transferiu, excetuada apenas a sua cota, que se extinguiu pela confusão e pela qual toda a sub-rogação seria impossível'. No entanto, o recurso à noção de sub-rogação como fundamento da ação de regresso não apenas criaria diversos inconvenientes práticos, incentivando ações sucessivas ou até paralelas entre os diversos coobrigados pela dívida integral, mas também se mostraria inconsistente com a estrutura e a função da obrigação solidária, instituída apenas externamente e no interesse exclusivo do credor originário" (TEPEDINO, Gustavo; SCHREIBER, Anderson. *Fundamentos do direito civil*. v. 2, cit., p. 141-142).

33. "O pagamento por terceiro interessado gera dois efeitos: o terceiro pode reaver do devedor o que pagou para exonerá-lo com a vantagem da sub-rogação (art. 346, III do CC). Assim, o fiador que paga a dívida ao credor, pode cobrar do devedor a quantia paga e substituir o credor em todos os direitos e garantias. O pagamento por terceiro não interessado pode se dar em nome do devedor (a quitação é dada ao próprio devedor) ou em nome do terceiro (na quitação se mencionada que João pagou a dívida de José). (...) Se o pagamento foi feito em nome do terceiro, este pode cobrar do devedor as quantias pagas, mas sem a vantagem da sub-rogação. Isso significa

tanto nas prerrogativas em cada uma das hipóteses ("simples" restituição no âmbito do regresso em oposição à cobrança investida de eventuais garantias do crédito original no âmbito da sub-rogação) e na definição dos respectivos prazos prescricionais (prazo prescricional trienal do art. 206, § 3º, IV, do Código Civil no âmbito do regresso em oposição à incidência do prazo prescricional próprio da pretensão originária no âmbito da sub-rogação).[34]

Tais esclarecimentos são necessários porque, por muito tempo, perdurou o entendimento de que a seguradora titularizaria um suposto direito de regresso em face do causador do dano após pagar a indenização securitária à vítima. O Enunciado 188 da Súmula do Supremo Tribunal Federal, por exemplo, datado de 1963, previa que "o segurador tem *ação regressiva* contra o causador do dano, pelo que efetivamente pagou, até ao limite previsto no contrato de seguro". Como direito autônomo surgido do fato do pagamento, o regresso conta com prazo prescricional próprio para seu exercício – que, por derivar da vedação ao enriquecimento sem causa, é o prazo trienal do art. 206, § 3º, IV do Código Civil. E, de fato, ainda hoje é prevalente na doutrina o entendimento de que, ultimado o pagamento da indenização ao segurado, contaria a seguradora com três anos para exercer sua cobrança em face do causador do dano.[35]

A jurisprudência, contudo, de forma mais compatível com a noção de sub-rogação (reitere-se, uma modificação subjetiva da relação jurídica original existente entre segurado e causador do dano, de todo distinta de uma hipotética aquisição originária de direito pela seguradora), tem afirmado que o prazo para o exercício da pretensão da seguradora em face do causador do dano é o mesmo de que dispunha o segurado para

---

que, se a amiga pagar a dívida do amigo junto ao banco e este contava com uma garantia hipotecária, a amiga não poderá executar tal garantia, que se extingue com o pagamento" (SIMÃO, José Fernando. Artigo 305 [verbete]. In: SCHREIBER, Anderson; TARTUCE, Flávio; SIMÃO, José Fernando; MELO, Marco Aurélio Bezerra de; DELGADO, Mário Luiz. *Código Civil comentado*: doutrina e jurisprudência. Rio de Janeiro: Forense, 2019, p. 178).

34. O último ponto destacado tem sido observado pela jurisprudência do STJ, que reconhece, ainda, a renovação do termo inicial por ocasião do efetivo pagamento deflagrador da sub-rogação (ponto a ser analisado mais detidamente no item 4, *infra*): "3. Uma vez efetivado o pagamento com sub-rogação, o sub-rogatário fica investido, em relação ao débito pago, de todos os direitos, ações, privilégios e garantias que o credor originário possuía. Logo, a prescrição da pretensão de ressarcimento rege-se pela natureza da obrigação originária, ou seja, do crédito sub-rogado, no caso, trabalhista. A sub-rogação não promove propriamente a extinção da obrigação, remanescendo o devedor originário incumbido de proceder a sua quitação, doravante, a credor diverso (o sub-rogatário). Em se tratando da mesma obrigação, portanto, não seria correto impor ao devedor originário prazos prescricionais diversos, como se cuidasse de pretensões advindas de vínculos obrigacionais distintos, do que efetivamente não se cuida. (...) 5. Efetivada a sub-rogação do ex-sócio nos direitos do credor trabalhista, em razão do pagamento do débito trabalhista devido pela sociedade empresarial, permanecem todos os elementos da obrigação primitiva, inclusive o prazo prescricional (de dois anos), modificando-se tão somente o sujeito ativo (credor), e, também, por óbvio, o termo inicial do lapso prescricional, que, no caso, será a data do pagamento da dívida trabalhista" (STJ, REsp. 1.707.790/SP, 3ª T., Rel. Min. Marco Aurélio Bellizze, julg. 14.12.2021).

35. Muitas vezes, porém, a doutrina entende que o prazo seria trienal porque o regresso teria natureza de reparação civil (sendo aplicável, portanto, o prazo previsto pelo art. 206, § 3º, V). Nesse sentido, cf., entre outros, CAHALI, Yussef Said. *Prescrição e decadência*, cit., p. 170; RIZZARDO, Arnaldo *et alii. Prescrição e decadência*, cit., p. 135. A questão já foi também objeto do Enunciado 580 da V Jornada de Direito Civil do CEJ/CJF (2011), que, embora afirme a natureza de sub-rogação, afirma: "É de 3 anos, pelo art. 206, § 3º, V, do CC, o prazo prescricional para a pretensão indenizatória da seguradora contra o causador de dano ao segurado, pois a seguradora sub-roga-se em seus direitos".

exercer sua pretensão em face dele,[36] ainda quando tal prazo fosse determinado por característica pessoal do segurado não compartilhada pela seguradora (por exemplo, a sua condição de consumidor).[37] As repercussões podem ser drásticas, pois em diversas hipóteses o prazo da pretensão indenizatória do segurado em face do causador do dano é substancialmente mais amplo do que o lapso de um ano aplicável à pretensão desse mesmo segurado em face do segurador.

Um dos exemplos mais claros ocorre quando o segurado sofre o dano no âmbito de relação de consumo e aciona o segurador em seguida. Refutada, ao menos no campo jurisprudencial, a longeva corrente hermenêutica que propunha a aplicação do prazo prescricional quinquenal do art. 27 do CDC à pretensão do segurado em face do segurador nesses casos, encontra-se consolidado o entendimento de que essa pretensão deve se sujeitar ao prazo ânuo do Código Civil.[38] Ocorrida, porém, a sub-rogação do segurador nos direitos do segurado, o prazo para o exercício da pretensão do segurador em face do autor do dano é o mesmo prazo quinquenal de que dispunha o consumidor para cobrar a indenização diretamente em face do causador do prejuízo.[39]

Pense-se, ainda, no impressionante prazo com que contará a seguradora sub-rogada caso o dano sofrido pelo segurado decorra de ilícito contratual. Na hipótese, a jurisprudência do STJ tem aplicado o entendimento, bastante criticável,[40] de que a pretensão

---

36. Sem embargo da controvérsia atinente à incidência, ou não, da *accessio temporis* na hipótese de sub-rogação pela seguradora, tema analisado no item 4, *infra*.

37. Nesse sentido já decidiu o STJ: "[...] Esta Corte já firmou entendimento de que, ao efetuar o pagamento da indenização ao segurado em decorrência de danos causados por terceiro, a seguradora sub-roga-se nos direitos daquele, podendo, dentro do prazo prescricional aplicável à relação jurídica originária, buscar o ressarcimento do que despendeu, nos mesmos termos e limites que assistiam ao segurado. [...] No caso de não se averiguar a relação de consumo no contrato de transporte firmado, já decidiu esta Corte Superior que é de 1 (um) ano o prazo prescricional para propositura de ação de segurador sub-rogado requerer da transportadora o ressarcimento pela perda da carga [...]" (STJ, AgRg no REsp. 1.169.418, 3ª T., Rel. Min. Ricardo Villas Bôas Cueva, julg. 06.02.2014).

38. Cf. o posicionamento atual do STJ: "Incidente de assunção de competência. Recurso especial. Seguro de vida. Pretensões que envolvam segurado e segurador e que derivem da relação jurídica securitária. Prazo prescricional ânuo. [...] Inaplicabilidade do prazo prescricional quinquenal previsto no artigo 27 do CDC, que se circunscreve às pretensões de ressarcimento de dano causado por fato do produto ou do serviço (o chamado 'acidente de consumo'), que decorre da violação de um 'dever de qualidade-segurança' imputado ao fornecedor como reflexo do princípio da proteção da confiança do consumidor (artigo 12)" (STJ, REsp. 1.303.374, 2ª S., Rel. Min. Luís Felipe Salomão, julg. 30 nov. 2021).

39. Assim já decidiu o STJ: "5. Partindo-se da premissa de que a seguradora recorrente promoveu o pagamento da indenização securitária à passageira (titular do cartão de crédito) pelo extravio de sua bagagem, é inegável que esta sub-rogou-se nos direitos da segurada, ostentando as mesmas prerrogativas para postular o ressarcimento pelo prejuízo sofrido pela própria passageira. 6. Dentro do prazo prescricional aplicável à relação jurídica originária, a seguradora sub-rogada pode buscar o ressarcimento do que despendeu com a indenização securitária, nos mesmos termos e limites que assistiam ao segurado. Precedentes. 7. Sob o prisma em que analisada a questão, pode-se concluir que: i) está configurada a relação de consumo entre passageira e a companhia aérea; ii) foi paga indenização securitária pela seguradora à passageira; e iii) houve sub-rogação daquela nos direitos do próprio consumidor lesado, de modo que o prazo prescricional aplicável será o mesmo previsto para este, isto é, o de 5 (cinco) anos, previsto no art. 27 do CDC" (STJ, REsp. 1.651.936/SP, 3ª T., Rel. Min. Nancy Andrighi, julg. 05.10.2017).

40. Para uma crítica a esse posicionamento, permita-se remeter, ainda uma vez, a SOUZA, Eduardo Nunes de. Problemas atuais de prescrição extintiva no direito civil, cit., item 3.

indenizatória da vítima do dano em face do contratante inadimplente estaria sujeita ao prazo prescricional geral de dez anos.[41] O segurado que sofreu o dano apenas contará com um ano para exercer sua pretensão contratual em face da seguradora, não havendo divergência quanto a este ponto; uma vez paga a indenização securitária e operada a sub-rogação em favor da seguradora, contudo, sujeita-se ela ao prazo prescricional da relação originária para exercer sua pretensão em face do causador do dano – a prevalecer o entendimento do STJ, o décuplo do tempo de que dispôs o segurado para acioná-la.

IV. TERMO INICIAL DA PRESCRIÇÃO NAS RELAÇÕES SECURITÁRIAS E O PROBLEMA DA *ACCESSIO TEMPORIS* NO CASO DA PRETENSÃO DA SEGURADORA SUB-ROGADA

Em linhas gerais, os dilemas mais candentes em tema de prescrição costumam ser encontrados na demarcação do termo inicial da prescrição. As regras para essa demarcação variam entre os diversos sistemas, mas, em geral, todos eles demonstram algum nível de preocupação com circunstâncias concretas que podem influenciar o exercício da pretensão. Alguns países adotam parâmetros subjetivos para determinar o começo da fluência do prazo (como o momento em que o titular do direito toma ciência, ou poderia ter tomado, do fato que originou a pretensão ou da pessoa que violou seu direito),[42] ao passo que outros abandonam a consideração cognitiva e adotam critérios mais objetivos (como a inexistência de óbice fático ou jurídico ao exercício).[43] Embora

---

41. Conforme entendimento sufragado pela Corte Especial do STJ: "III – A unidade lógica do Código Civil permite extrair que a expressão 'reparação civil' empregada pelo seu art. 206, § 3º, V, refere-se unicamente à responsabilidade civil aquiliana, de modo a não atingir o presente caso, fundado na responsabilidade civil contratual. IV – Corrobora com tal conclusão a bipartição existente entre a responsabilidade civil contratual e extracontratual, advinda da distinção ontológica, estrutural e funcional entre ambas, que obsta o tratamento isonômico. V – O caráter secundário assumido pelas perdas e danos advindas do inadimplemento contratual, impõe seguir a sorte do principal (obrigação anteriormente assumida). Dessa forma, enquanto não prescrita a pretensão central alusiva à execução da obrigação contratual, sujeita ao prazo de 10 anos (caso não exista previsão de prazo diferenciado), não pode estar fulminado pela prescrição o provimento acessório relativo à responsabilidade civil atrelada ao descumprimento do pactuado" (STJ, EREsp. 1.281.594/SP, C.E., Rel. p/ acórdão Min. Felix Fischer, julg. 15.05.2019).

42. Dispõe o § 199 do BGB: "[...] O prazo prescricional regular começa, desde que nenhum outro prazo prescricional seja definido, com o fim do ano em que: 1. a pretensão surge e 2. o credor toma conhecimento ou deveria tomar conhecimento, sem negligência grave, das circunstâncias motivadoras da pretensão e da pessoa do devedor" (tradução livre). Assim também o art. 2.224 do *Code* francês: "As ações pessoais ou mobiliárias prescrevem em cinco anos a contar do dia em que o titular de um direito conheceu ou deveria conhecer os fatos que lhe permitiram exercê-lo" (tradução livre). Particularmente quanto ao sistema francês, afirma-se que, após uma progressiva valorização, pela jurisprudência, da ignorância do direito como causa obstativa (quando decorrente de causa razoável), a tese foi apoiada também legislativamente, embora se leve em conta mais "uma impossibilidade objetiva de conhecer do que a ignorância pessoal do credor" (CARBONNIER, Jean. *Droit civil*, Paris: PUF, 2004, v. II, p. 2522. Tradução livre). A redação atual do art. 2.224 decorre da reforma legislativa de 2008, que uniformizou a tendência anterior ao estipular um *"point de départ 'glissant'"*, como afirma a doutrina: "Ao dizer *'aurait dû connaître'*, a lei recua ainda mais o ponto de partida, a fim de moralizar a prescrição em face da brevidade do novo prazo de prescrição extintiva do direito comum, mas tendo por inconveniente um risco de discussão interminável perante os tribunais" (MALAURIE, Philippe; AYNÈS, Laurent; STOFFEL-MUNCK, Philippe. *Droit des obligations*. Paris: LGDJ, 2016, p. 711. Tradução livre).

43. Dispõe o art. 306º do Código Civil português: "1. O prazo da prescrição começa a correr quando o direito puder ser exercido; se, porém, o beneficiário da prescrição só estiver obrigado a cumprir decorrido certo tempo sobre

cada ordenamento siga um critério distinto, quase nenhum parece conformar-se com a mera lesão ao direito como critério bastante e suficiente para a deflagração do prazo.

O art. 189 do Código Civil brasileiro rompeu com essa tendência ao referir-se única e exclusivamente à lesão do direito. Abriu margem, com isso, à crença de que o termo inicial da prescrição coincidiria sempre com o surgimento da pretensão.[44] Essa é, provavelmente, a principal dificuldade interpretativa suscitada pelo dispositivo. Afinal, como eventualmente se concluiu, a violação do direito e o surgimento da pretensão podem corresponder a momentos cronológicos anteriores ao termo inicial do prazo prescricional, e, a rigor, apenas o último é capaz de operar uma tutela efetiva dos interesses das partes em matéria de prescrição.[45] Assim, mesmo após duas décadas de vigência do dispositivo e da aparentemente objetiva regra de demarcação do termo inicial da prescrição, são frequentes as referências a antigos recursos interpretativos que buscam, à semelhança dos sistemas estrangeiros, modular o início do curso do prazo prescricional. Sem, porém, a ordenação ideal que apenas pode ser promovida pela norma positiva, muito incertas são as concepções extraídas dessas construções.

A mais conhecida delas é, provavelmente, a teoria da *actio nata*, expressão oriunda do adágio *actioni nondum natae non praescribitur* ("as ações ainda não nascidas não prescrevem"). Trata-se de teoria atribuída a Savigny, que a desenvolveu associando-a à

---

a interpelação, só findo esse tempo se inicia o prazo da prescrição [...]". O art. 251 do Código Civil grego também exige a possibilidade de exigir o cumprimento em juízo. No caso de ordenamentos como o chileno, o espanhol e o suíço, ao lado de regras especiais, a lei estipula como princípio geral que o termo inicial será o momento em que o direito "se torna exigível" ou "pode ser exercido" (art. 2.514 do Código Civil chileno, arts. 1.694 – reformado em 2015 – e 1.699 do Código Civil espanhol e art. 130 do Código das Obrigações suíço). O *Codice* italiano prevê em seu art. 2.935: "A prescrição começa a correr a partir do dia em que o direito pode ser feito valer" (Tradução livre). Particularmente quanto ao direito italiano, afirma-se que "a possibilidade jurídica de exercício do direito determina a decorrência da prescrição, ao passo que não releva a simples impossibilidade de fato (por exemplo, a ignorância inculpável do próprio crédito, ou então o fato de que os pressupostos do direito sejam objeto de contestação judicial [...]). Esta pode apenas suspender o decurso do termo nos casos taxativamente previstos pelos arts. 2.941 e 2.942, ou por leis especiais" (ROSELLI, Frederico. In: LIPARI, Nicolò; RESCIGNO, Pietro. *Diritto civile*. Milano: Giuffrè, 2009, v. IV, t. II, p. 494. Tradução livre). Registre-se, no ponto, que a previsão da suspensão da prescrição contra menores e interditos no referido art. 2.942 do *Codice* de 1942 representou um avanço em relação ao anterior Código de 1865 (art. 2.145), o qual somente assegurava o direito de regresso (em crítica à previsão anterior, cf. PUGLIESE, Giuseppe. *La prescrizione nel diritto civile*. Parte Seconda: la prescrizione estintiva. Torino: UTET, 1924, p. 134-138). Embora boa parte da doutrina italiana afaste a relevância das impossibilidades de fato para o exercício, ressalvam-se certos casos que se tornam juridicamente relevantes, como a coação perpetrada contra o titular (GAZZONI, Francesco. *Manuale di diritto privato*. Napoli: ESI, 2015, p. 114). Muitos autores criticam essa restrição às impossibilidades de fato (TESCARO, Mauro. *Decorrenza della prescrizione e autoresponsabilità*: la rilevanza civilistica del principio *contra non valentem agere non currit praescriptio*. Padova: CEDAM, 2006, p. 11), enquanto outros equiparam à impossibilidade a "extrema dificuldade" de exercício (PERLINGIERI, Pietro. *Manuale di diritto civile*. Napoli: ESI, 2014, p. 429). Por sua vez, o Código Civil e Comercial argentino de 2014, na esteira do art. 3.980 do Código Civil anterior, prevê a regra da "dispensa da prescrição" em seu art. 2.550: "O juiz pode dispensar da prescrição já verificada o titular da ação, se dificuldades de fato ou manobras dolosas obstaculizaram temporalmente o exercício da ação e o titular faz valer seus direitos dentro dos seis meses seguintes da cessação dos obstáculos [...]" (Tradução livre).

44. Este foi o objetivo deliberado do Projeto do Código Civil ao tratar da pretensão, como registra MOREIRA ALVES (*A Parte Geral do Projeto de Código Civil brasileiro*. São Paulo: Saraiva, 1986, p. 151-152).

45. Nesse sentido, cf. GUEDES, Gisela Sampaio da Cruz; LGOW, Carla Wainer Chalréo. Prescrição extintiva: questões controversas. *Revista do Instituto do Direito Brasileiro*, ano 3, n. 3, p. 1855, 2014.

própria lesão do direito. Para que haja prescrição, afirmava Savigny, é preciso "um direito sério, atual e suscetível de ser reclamado na justiça"; é preciso, ainda, "uma violação do direito, que determina uma ação do titular".[46] A definição que o autor destinava à *actio nata*, contudo, destoa radicalmente dos empregos conferidos à expressão por autores brasileiros, que costumam aludir à teoria para indicar que apenas começaria a correr a prescrição com a ciência do lesado a respeito do fato lesivo,[47] ou, ainda, com a possibilidade de ajuizamento da ação pelo titular do direito.[48]

Curiosamente, a ciência acerca da lesão ao direito e a possibilidade de exercício da pretensão pelo titular correspondem a dois modelos distintos de adequação concreta do termo inicial dos prazos prescricionais, frequentemente designados, respectivamente, como sistemas subjetivo e objetivo.[49] O primeiro costuma ser adotado em um contexto de redução dos prazos prescricionais, como aquela que ocorreu por ocasião da reforma do BGB ocorrida em 2001.[50] O segundo reputa-se mais adequado em um contexto de longos prazos prescricionais, sendo adotado, por exemplo, pelo direito português.[51] O Código Civil brasileiro, surpreendentemente, contentou-se em não adotar qualquer sistema, desperdiçando uma valiosa oportunidade de avançar na disciplina do termo inicial da prescrição[52] (como, aliás, o CDC fizera, mais de uma década

---

46. SAVIGNY, Friedrich Karl von. *Traité de droit romain*. Paris: Firmin Didot Frères, 1858, t. 5. p. 288.
47. Por exemplo, DE PLÁCIDO E SILVA: "A teoria da *actio nata* tem por conteúdo o entendimento de que o prazo prescricional ou decadencial somente se inicia com a ciência da lesão pelo interessado" (*Vocabulário jurídico*. Rio de Janeiro: GEN, 2008, p. 57). Ironicamente, SAVIGNY definia a *actio nata* como a simples violação ao direito, "pouco importando" a ciência pelo titular (*Traité de droit romain*. t. 5, cit., p. 289).
48. Por todos, cf. Orlando GOMES, que sustenta ser um dos pressupostos da prescrição "a violação desse direito; a *actio nata*, em síntese" (*Introdução ao direito civil*. Rio de Janeiro: Forense, 2008, p. 444), mas, em outra passagem, confere sentido diverso à *actio nata*, reputando-a "o instante em que a pretensão pode ser exercida (*actioni nondum natae non praescribitur*)" (Ibidem, p. 447). Esse último sentido se difundiu na doutrina francesa, que afirma que, mesmo antes da reforma legislativa de 2008, a jurisprudência já reconhecia que "a prescrição tinha como ponto de partida o dia em que o credor podia agir, o que se dizia por vezes em latim: '*actioni non natae non currit praescriptio*'" (MALAURIE, Philippe *et alii*. *Droit des obligations*, cit., p. 711).
49. "Pelo sistema objetivo, o prazo começa a correr assim que o direito possa ser exercido e independentemente do conhecimento que, disso, tenha ou possa ter o respectivo credor. Pelo subjetivo, tal início só se dá quando o credor tenha conhecimento dos elementos essenciais relativos ao seu direito. O sistema objetivo é tradicional, sendo compatível com prazos longos; o subjetivo joga com prazos curtos [...]" (CORDEIRO, António Menezes. *Tratado de direito civil*. Coimbra: Almedina, 2015, v. V, p. 202). A designação não é isenta de críticas: de fato, no sistema dito subjetivo, é comum que o critério da ciência efetiva da lesão do direito seja substituído pela possibilidade de ciência; da mesma forma, o sistema dito objetivo não deixa de levar em conta circunstâncias pessoais dos sujeitos na relação jurídica.
50. Aduz MENEZES CORDEIRO: "pela reforma [do BGB], a prescrição inicia-se com o surgimento da obrigação em jogo e pelo conhecimento, por parte do credor, das circunstâncias originadoras da obrigação visada, salvo desconhecimento grave negligente [...]. Abandonou-se o sistema anterior, objetivo, a favor de um sistema subjetivo" (*Tratado de direito civil*, v. V, cit., p. 182).
51. A propósito, aduz MENEZES LEITÃO: "Em relação ao início do prazo de prescrição, a lei determina que este só se verifica a partir do momento em que o direito puder ser exercido (art. 306º, n. 1 [do Código Civil português], ou seja, a partir do momento em que o credor tem a possibilidade de exigir do devedor que realize a prestação devida" (*Direito das obrigações*. Coimbra: Almedina, 2010, v. II, p. 116-117).
52. Veja-se a crítica precisa de Rodrigo Xavier Leonardo: "[...] o Código Civil perdeu a oportunidade de estabelecer causas de impedimento ao curso prescricional em moldes mais abertos para determinadas situações de grave vulnerabilidade, e de difícil verificação do surgimento da pretensão e do polo passivo contra qual ela se dirige [...]. Numa sociedade marcada por relações tão impessoais, os resquícios do discurso sobre o direito romano na

antes, ao adotar o sistema subjetivo para a prescrição da pretensão indenizatória).[53] Diante da omissão, a doutrina segue aludindo à *actio nata*, já muito modificada, em formulações que buscam suprir, na medida do possível, a lacuna legal, ante a necessidade hermenêutica de se valorizarem as circunstâncias concretas na demarcação do termo inicial.

Interessante notar que critério muito mais específico para a demarcação do termo inicial do prazo prescricional foi previsto pelo próprio codificador de 2002 no que diz respeito às pretensões do segurado, do beneficiário e do terceiro prejudicado em matéria securitária, nos termos do art. 206, § 1º, II. A regra sobre as pretensões do segurado e do segurador consiste em uma das raras hipóteses nas quais se preocupou o legislador em desenvolver parâmetros um pouco mais sofisticados para a estipulação do termo inicial do prazo prescricional desde a vigência do Código Civil de 1916. Neste, com efeito, o art. 178, nos seus § 6º, II e § 7º, V, já registrava que a prescrição somente começava a correr a partir da data em que o interessado teve conhecimento do fato. A rigor, a regra, que veio a ser mantida pelo Código Civil atual, já parecia suficiente para suprir as dificuldades oriundas da demora para o conhecimento de fatos ocorridos no exterior, tornando ociosa a distinção quanto ao local do fato que era adotada pela codificação anterior. Essa constatação, aliada ao evidente avanço nas telecomunicações ao longo de quase um século, demonstra ter andado bem o codificador de 2002 em aludir somente à ciência do fato e não mais ao local, critério que merece elogio e poderia ter sido incorporado, inclusive, como regra geral da prescrição civil pelo art. 189 do Código Civil. Em diversos casos, porém, coloca-se em dúvida qual "fato" deve ser considerado propriamente o gerador da pretensão – sobretudo da pretensão do segurado ao pagamento da indenização securitária, eis que esta nem sempre se reputa surgida com a verificação do sinistro.

Em linhas gerais, ainda sob o Código Civil de 1916, desenvolveu a jurisprudência do STJ uma causa suspensiva própria para a prescrição da pretensão do segurado à indenização securitária, sustentando que nenhum prazo correria entre o requerimento à seguradora pelo segurado e o momento em que este viesse a ser cientificado da negativa daquela de realizar o pagamento. Editou-se, com isso, o Enunciado 229 da Súmula do STJ, em 1999, com o seguinte teor: "O pedido do pagamento de indenização à seguradora suspende o prazo de prescrição até que o segurado tenha ciência da decisão". A jurisprudência da Corte alterou-se, porém, nos anos seguintes para a concepção de que o prazo prescricional permaneceria impedido até o momento da recusa da seguradora ao requerimento administrativo do segurado, sendo a ciência deste acerca da recusa o efetivo termo inicial da prescrição. Embora o verbete sumular não tenha sido formal-

---

chamada teoria da *actio nata* precisariam encontrar válvulas de alteração conforme as situações dos envolvidos" (A prescrição no Código Civil brasileiro (ou o jogo dos sete erros). *Revista da Faculdade de Direito da UFPR.* Curitiba: UFPR, n. 51, p. 116. 2010).

53. Dispõe o art. 27 do CDC que prescreve em cinco anos a pretensão à reparação pelos danos causados por fato do produto ou serviço, "iniciando-se a contagem do prazo a partir do conhecimento do dano e de sua autoria".

mente cancelado,[54] é este último entendimento que parece predominar na atualidade,[55] com algumas ressalvas.[56]

Realmente, contraria a própria lógica do instituto da prescrição que o decurso do tempo prejudique o titular do direito à indenização securitária enquanto ele aguarda a resposta da seguradora, sobre a qual não tem nenhuma ingerência. Assim, a doutrina, embora tenha propendido, quando do advento do Código de 2002, por interpretar o "fato gerador" como o próprio sinistro, acabou por aderir à interpretação jurisprudencial.[57] Por outro lado, não se pode ignorar que fixar o termo inicial da prescrição tão somente no momento da ciência, pelo interessado, da recusa da seguradora equivaleria a colocar nas mãos do titular do direito o poder de obstar indefinidamente o início do prazo (eis que, enquanto não viesse a deflagrar o procedimento administrativo de requerimento da indenização, jamais daria à seguradora a oportunidade de regular o sinistro, recusar-se a pagar e, assim, dar início à contagem do prazo). Essa era a *ratio* do verbete 229 do STJ e o motivo pelo qual se cogitava de causa suspensiva (e não impeditiva) nesses casos.

---

54. Nesse tema, cf. a crítica de TZIRULNIK, Ernesto. Em respeito ao Código Civil e ao segurado, STJ deve cancelar Súmula 229. *Conjur*, 20.11.2019. Para o autor, antes da regulação do sinistro, "nem o segurador pode prestar, nem o segurado tem o que exigir-lhe, senão a prestação desses serviços para a revelação da existência e da grandeza do crédito que surge com o sinistro e é fundado no contrato de seguro [...]".

55. "Com relação aos seguros em geral, na vigência do CC/16, a Segunda Seção assentou a tese de que não poderia transcorrer prazo prescricional algum enquanto a seguradora não decidisse o pleito indenizatório endereçado a ela pelo segurado. Editou-se, assim, o enunciado da Súmula 229. Todavia, ainda na vigência desse diploma civilista, passou a jurisprudência do STJ a perfilhar a tese segundo a qual o termo inicial do prazo prescricional seria o momento da recusa de cobertura pela seguradora, ao fundamento de que só então nasceria a pretensão do segurado em face da seguradora. [...] antes da regulação do sinistro e da recusa de cobertura nada pode exigir o segurado do segurador, motivo pelo qual não se pode considerar iniciado o transcurso do prazo prescricional tão somente com a ciência do sinistro. Por essa razão, é, em regra, a ciência do segurado acerca da recusa da cobertura securitária pelo segurador que representa o 'fato gerador da pretensão'" (STJ, REsp. 1.970.111/MG, 3ª T., Rel. Min. Nancy Andrighi, julg. 15.03.2022).

56. Por exemplo: "1. 'A prescrição da pretensão reparatória decorrente de contrato de seguro possui como termo inicial a data da ciência inequívoca da incapacidade do segurado. Fica suspenso o prazo no período compreendido entre a comunicação do sinistro e a recusa de cobertura pela seguradora, conforme estabelece a Súmula 229 do STJ. Em tal hipótese, não se dá a interrupção, mas tão somente a suspensão do prazo prescricional' [...]. 2. Essa orientação tem sido reiterada no âmbito desta Corte Superior. De fato, 'o cômputo do prazo ânuo começa a correr da data em que o segurado teve ciência inequívoca da incapacidade laboral (Súmula 278/STJ), permanecendo suspenso entre a comunicação do sinistro e a data da recusa do pagamento da indenização (Súmula 229/STJ)' [...]. 3. O Tribunal de origem entendeu que o termo inicial do prazo prescricional seria a data em que o segurado obteve ciência da recusa de cobertura, o que vai de encontro à jurisprudência desta Corte Superior" (STJ, AgInt no AgInt no AREsp. 1.972.673/RJ, 4ª T., Rel. Min. Antonio Carlos Ferreira, julg. 27.03.2023); "O termo inicial do prazo prescricional ânuo, na ação de indenização, é a data em que o segurado teve ciência inequívoca da incapacidade laboral (Súmula 278/STJ), permanecendo suspenso entre a comunicação do sinistro e a data da recusa do pagamento da indenização (Súmula 229/STJ)" (STJ, AgInt no AREsp. 1.115.628/RS, 3ª T., Rel. Min. Marco Aurélio Bellizze, julg. 05.06.2018).

57. "Também nós, na primeira hora de vigência do Código de 2002, nos deixamos impressionar por aquela antiga, reiterada e firme jurisprudência do STJ [...]. Mas, em seguida, nosso entendimento evoluiu, para considerar que na sistemática do novo Código (art. 189) a pretensão do segurado somente poderia nascer depois da recusa de pagamento manifestada pelo segurador posteriormente à comunicação do sinistro prevista no art. 771" (THEODORO JÚNIOR, Humberto. Contrato de seguro. Ação do segurado contra o segurador. Prescrição. *Revista dos Tribunais*. São Paulo: Ed. RT, v. 101, n. 924, p. 94, out. 2012). Cf., ainda, TZIRULNIK, Ernesto. Ornitorrinco securitário: a prescrição da pretensão indenizatória. Disponível em: https://www.ibds.com.br/.

Para equacionar a questão, nos casos em que reconhece a ciência da recusa da seguradora como causa impeditiva, a jurisprudência tem se apoiado na norma do art. 771 do Código Civil,[58] que prevê a perda do direito à indenização quando o segurado deixa de comunicar imediatamente o sinistro à seguradora. Cria-se, assim, um sistema que, se por um lado não prejudica o segurado com os efeitos da prescrição antes da ciência da recusa, por outro o compele, em tese, a agir imediatamente após o sinistro.[59] A norma do art. 771, contudo, sempre foi restrita pela doutrina aos casos em que há interesse da seguradora na ciência imediata do sinistro (para orientar o segurado quanto à mitigação dos danos, adotar medidas de apuração das causas ou preservação dos salvados etc.).[60] Por isso mesmo, quando não há interesse premente da seguradora a ser protegido, ou até mesmo quando se tratar de fato notório, parte da doutrina sustenta ser inaplicável o dispositivo.[61] A norma, como se vê, oferece solução frágil para equilibrar o problema, pois não se pode afirmar que o segurado estaria sempre compelido a agir imediatamente após o sinistro.

Nesse cenário, ainda na atualidade encontram-se julgados do STJ que, deixando de lado as discussões associadas ao verbete 229,[62] seguem aplicando o critério que mais literalmente parece decorrer da norma codificada, fixando o termo inicial da prescrição no momento da ciência do próprio sinistro. No caso de seguro de pessoa em que o sinistro submeteu a vítima a transplante de órgão, por exemplo, entendeu a Corte que o termo inicial da prescrição era a cirurgia, "pois o transplante de órgãos somente é realizado com o consentimento expresso do paciente".[63] No que tange a sinistros traduzidos na invalidez da vítima, exige-se dela o conhecimento inequívoco

---

58. "Não se argumente, ademais, que atribuir à recusa de cobertura o efeito de promover o nascimento da pretensão significaria eternizar o prazo prescricional naquelas hipóteses em que o segurado não comunica o fato ao segurador, deixando de dar início à regulação do sinistro. Isso porque o art. 771" impõe a "obrigação ao segurado de comunicar a ocorrência do sinistro ao segurador, sob pena de perder o direito à indenização" (STJ, REsp. 1.970.111, 3ª T., Rel. Min. Nancy Andrighi, julg. 15.03.2022. Trecho do voto da relatora).

59. Para Ernesto Tzirulnik, "O legislador corretamente, embora sem a clareza que toda mudança de paradigmas sempre exige, fixa nessa norma [art. 771] um prazo curtíssimo de decadência do direito à indenização [...] e na regra prescricional fixa o prazo ânuo que fluirá a partir da violação do direito que se constituirá com a negativa (art. 189)"; assim, "o defeito do raciocínio nosso e de tantos outros, está associado à falta de compreensão a respeito do significado da regra do *caput* do artigo 771" (Ornitorrinco securitário, cit.). No mesmo sentido, THEODORO JÚNIOR, Humberto. Contrato de seguro, cit., p. 103.

60. Assim, por exemplo, Clóvis BEVILÁQUA afirmava que a lógica da norma equivalente do Código de 1916 era a de permitir que o segurador "acautele seus interesses", de modo que a perda do direito à garantia apenas ocorreria se ele puder "provar que, oportunamente avisado, evitaria ou pelo menos atenuaria as consequências do sinistro" (*Código Civil dos Estados Unidos do Brasil*. Rio de Janeiro: Editora Rio, 1976, v. II, p. 585).

61. Por todos, cf. SANTOS, J. M. de Carvalho. *Código Civil brasileiro interpretado*. Rio de Janeiro: Freitas Bastos, 1958, v. XIX, p. 351.

62. Ao sustentar que a ciência pelo segurado da recusa pela seguradora consistiria em causa impeditiva da prescrição, já afirmou o STJ que: "Não se ignora, é verdade, que esta Corte Superior, em hipóteses excepcionais, fixou o entendimento de que o termo inicial do prazo prescricional seria a data da ciência do sinistro pelo segurado. [...] No entanto, tais hipóteses específicas, não possuem o condão de afastar o entendimento acima delineado, máxime porque estão fundamentadas em circunstâncias fáticas próprias e, no caso do seguro DPVAT, também em dispositivo legal próprio" (STJ, REsp. 1.970.111, 3ª T., Rel. Min. Nancy Andrighi, julg. 15.03.2022. Trecho do voto da relatora).

63. STJ, AgInt no REsp. 1.802.343, 3ª T., Rel. Min. Paulo de Tarso Sanseverino, julg. 23.08.2021.

da incapacidade para que comece a fluir o prazo prescricional. Nesse sentido, o STJ fez registrar no Enunciado 278 de sua Súmula, de 2003, que "o termo inicial do prazo prescricional, na ação de indenização, é a data em que o segurado teve ciência inequívoca da incapacidade laboral". E, em matéria de DPVAT, o verbete 573 da Súmula do STJ, de 2016, estabelece que "a ciência inequívoca do caráter permanente da invalidez, para fins de contagem do prazo prescricional, depende de laudo médico, exceto nos casos de invalidez permanente notória ou naqueles em que o conhecimento anterior resulte comprovado na fase de instrução".

Havendo dúvida, caberá ao julgador estimar "a data em que o autor tomou conhecimento do mal que o aflige, fixando, assim, o termo inicial da prescrição".[64] Como se percebe, há que se compreender que o termo inicial da prescrição traduz importante mecanismo de controle do merecimento de tutela do exercício concreto pelas partes de suas posições jurídicas,[65] a demandar soluções que se pautem mais pela função e pelos valores subjacentes às causas legais obstativas do prazo do que à sua estrutura literal.

O Código Civil atual ainda inovou em relação ao anterior ao criar duas regras específicas para o termo inicial da prescrição nos seguros de responsabilidade civil. Em primeiro lugar, estabeleceu que, nestes, a prescrição da pretensão do segurado em face da seguradora somente começa a correr a partir do momento em que ele vem a ser citado na ação indenizatória proposta pelo terceiro prejudicado (art. 206, § 1º, II, a). A citação (e não a data do ajuizamento) foi eleita como marco temporal por se compreender que, na prática, a ação proposta pelo terceiro prejudicado pode tramitar por longo lapso temporal sem o conhecimento efetivo do segurado.[66] Não cogitou a lei do cenário em que a ação indenizatória promovida pelo terceiro prejudicado venha a ser julgada improcedente, o que fulminaria a pretensão que o segurado viu-se instado a exercer dentro de um ano após citação; parte da doutrina, por isso, interpreta que o prazo ânuo, neste caso, seria em verdade destinado a viabilizar que o segurado promova a denunciação da lide.[67]

Em segundo lugar, determinou o Código Civil que, no caso em que a vítima do dano vem a ser ressarcida pelo segurado sem a necessidade de judicialização da questão, a prescrição da pretensão do segurado em face da seguradora começa a correr na data em que pagar efetivamente a indenização (art. 206, § 1º, II, a, *in fine*). Neste caso, apenas se considera deflagrado o prazo prescricional caso a indenização tenha sido paga pelo segurado com a anuência da seguradora. O requisito, aqui, não decorre propriamente da disciplina da prescrição, mas se justifica por coerência sistemática com a norma prevista pelo art. 787, § 2º do Código Civil: sem essa anuência, o reconhecimento espontâneo da própria responsabilidade pelo segurado ou o pagamento direto da indenização à

---

64. STJ, REsp. 162.564, 4ª T., Rel. Min. Barros Monteiro, julg. 07.05.1998.
65. Como sustentado em SOUZA, Eduardo Nunes de. Problemas atuais de prescrição extintiva, cit., item 2.
66. Assim relata ALVES, José Carlos Moreira. *A Parte Geral do Projeto de Código Civil brasileiro*, cit., p. 150.
67. RIZZARDO, Arnaldo; RIZZARDO FILHO, Arnaldo; RIZZARDO, Carine Ardissone. *Prescrição e decadência*. Rio de Janeiro: GEN, 2015, p. 127.

vítima torna-se inoponível à seguradora, de modo que, tecnicamente, o segurado não terá, então, pretensão contra esta.[68]

A regra específica acerca do termo inicial do prazo prescricional nos seguros de responsabilidade civil parece ter atendido ao entendimento jurisprudencial surgido ainda sob a vigência do Código Civil de 1916, no sentido de que, embora a lei não houvesse cogitado de critério particular para essa modalidade de seguro, não era razoável permitir o curso da prescrição a partir da simples ciência do sinistro pelo segurado, eis que isso implicaria pressupor que o segurado estaria disposto, desde logo, a reconhecer a existência do dano e sua responsabilidade pelo respectivo ressarcimento.[69]

A jurisprudência mais recente, contudo, tem sofisticado ainda mais o sistema normativo. Assim, por exemplo, aludindo à teoria da *actio nata*, já decidiu o STJ que o termo inicial da prescrição da pretensão, em face da seguradora, por parte do segurado causador do dano que veio a responder à ação indenizatória proposta pelo terceiro prejudicado, seria a data do trânsito em julgado da sentença condenatória.[70] O julgado não parece sequer cogitar do critério normativo da citação. Curiosamente, em hipótese na qual a pretensão indenizatória do terceiro prejudicado foi extinta por transação judicial firmada entre ele e o segurado causador do dano, a Corte já se posicionou no sentido de que a prescrição sobre a pretensão do segurado em face da seguradora começaria a fluir a partir de um terceiro marco temporal: a data do pagamento da última parcela do acordo.[71] Em geral, porém, tem-se aplicado de forma estrita o critério legal da citação do segurado.[72]

---

68. Vale destacar, no ponto, que existe controvérsia sobre a consequência prevista pelo art. 787, § 2º do Código Civil para o reconhecimento da responsabilidade pelo segurado sem anuência da seguradora. Cf. por exemplo, o Enunciado 373 da IV Jornada de Direito Civil do CEJ-CJF em 2006: "Embora sejam defesos pelo § 2º do art. 787 do Código Civil, o reconhecimento da responsabilidade, a confissão da ação ou a transação não retiram do segurado o direito à garantia, sendo apenas ineficazes perante a seguradora".

69. A jurisprudência do STJ, por exemplo, já reconhecia que: "o prazo de prescrição, tratando-se de seguro de responsabilidade civil, não começa a fluir enquanto não estabelecida a responsabilidade do segurado para com o terceiro" (STJ, REsp. 135.372, 3ª T., Rel. Min. Eduardo Ribeiro, julg. 05.12.1997). Do inteiro teor do acórdão extrai-se que: "admitir-se que o prazo fluiria do sinistro, importaria ter-se como certo que o segurado haveria de reconhecer de logo sua culpa e efetuar o pagamento, pleiteando o reembolso da seguradora, ou demandar dessa que o fizesse diretamente. Ora, isso não é exigível e a própria seguradora não haveria, em regra, de considerar aceitável tal procedimento. A responsabilidade, mais das vezes, expõe-se a dúvidas, podendo ser questionada".

70. STJ, AgInt no AREsp. 752.819, 4ª T., Rel. Min. Raul Araújo, julg. 31.08.2021. Vale registrar que, no caso, o direito do segurado foi qualificado como "regresso", muito embora se trate, a rigor, de direito oriundo do próprio contrato e não de restituição de enriquecimento sem causa (v. item 3, *supra*). O julgado parece ter utilizado precedentes que tratavam de regresso propriamente dito (como o regresso do estipulante de seguro de vida demandado pela família da vítima ou até casos de regresso fora de relação securitária).

71. STJ, AgRg nos EDREsp. 1.413.595, 4ª T., Rel. Min. Ricardo Villas Bôas Cueva, julg. 20.05.2016. O julgado parece ter levado em conta um precedente no qual se aplicava o Código de 1916 (que não previa termo inicial específico para seguros de responsabilidade civil) e outro que tratava de direito de regresso propriamente dito.

72. Ilustrativamente: STJ, AgInt no REsp. 1.906.974, 4ª T., Rel. Min. Raul Araújo, julg. 17.05.2021; STJ, AgInt no AREsp. 1.274.536, 3ª T., Rel. Min. Ricardo Villas Bôas Cueva, julg. 09.09.2019; STJ, AgInt no REsp. 1.246.263, 4ª T., Rel. Min. Marco Buzzi, julg. 26.11.2019; STJ, AgInt no AREsp. 938.098, 4ª T., Rel. Min. Maria Isabel Gallotti, julg. 18.10.2018; e o muito citado julgamento do AgRg no Ag. 666.658, 4ª T., Rel. Min Aldir Passarinho Júnior, julg. 23.08.2005. Reconhece-se, por outro lado, que, se o terceiro prejudicado exige a indenização extrajudicialmente, o termo inicial da prescrição será o da recusa da seguradora: "Em se tratando de seguro de responsabilidade civil, [...] é preciso distinguir quatro cenários, a saber: a) aquele em que o terceiro prejudicado ajuíza ação

O caminho da adaptação ao caso concreto também já tem sido trilhado pela jurisprudência brasileira no que diz respeito a pretensões que, embora indiretamente associadas a relações securitárias, não se encontram propriamente contempladas nos referidos dispositivos. Assim, por exemplo, já se decidiu, aludindo-se à "*actio nata*", que, em caso de pagamento parcial de indenização securitária, o início do prazo prescricional incidente sobre a pretensão à complementação do valor se dá com a "plena ciência da lesão e de toda a sua extensão" pelo segurado, verificada com o recebimento de carta enviada pela seguradora com a informação sobre o pagamento parcial.[73]

Ainda com alusão à "*actio nata*", afirma a jurisprudência do STJ que, nos casos já aludidos de seguro de dano em que a seguradora se sub-roga nos direitos do segurado em face do causador do dano, o prazo prescricional recomeçaria a sua contagem desde o início a partir do pagamento da indenização ao segurado,[74] ao argumento de que a sub-rogação apenas se concretizaria (logo, a seguradora apenas adquire o direito em face do causador do dano) quando o pagamento é realizado integralmente.[75] Trata-se de aplicação interessante, que mitiga o rigor decorrente da aplicação estrita do regime jurídico da sub-rogação, impedindo que a seguradora sofra os efeitos da prescrição enquanto se encontra juridicamente impedida de exercitar a pretensão creditícia, muito embora fira flagrantemente o sentido já apresentado do instituto da sub-rogação.

Isso porque tal entendimento não reconhece a *accessio temporis*, regra prevista pelo art. 196 do Código Civil para todas as hipóteses de sucessão na posição jurídica de titular do direito.[76] Dessa forma, o pagamento da indenização ao segurado acaba por ser convertido em uma causa não legislada interruptiva do prazo prescricional – o qual, ao passar a correr contra a seguradora sub-rogada, teria sua contagem zerada e reiniciada. Mais uma vez, o argumento da *actio nata* costuma ser invocado como razão

---

contra o segurado, hipótese em que o termo inicial do prazo prescricional da pretensão do segurado em face da seguradora será a data da citação; b) aquele em que o segurado paga a indenização ao lesado, com anuência do segurador, hipótese em que o termo *a quo* do prazo prescricional será a data do pagamento; c) aquele em que o terceiro exerce sua pretensão extrajudicialmente, exigindo fora do juízo o pagamento da indenização, hipótese em que o termo inicial do prazo prescricional da pretensão do segurado em face do segurador será a data da recusa de cobertura [...]; e d) aquele em que o lesado nada exige do segurado, em juízo ou fora dele, hipótese em que o prazo prescricional da pretensão do segurado em face do segurador sequer terá início" (STJ, REsp. 1.922.146, 3ª T., Rel. Min. Nancy Andrighi, julg. 22.06.2021).

73. STJ, AgInt no AREsp. 1.805.328, 3ª T., Rel. Min. Marco Aurélio Bellizze, julg. 09.08.2021.

74. "Ação regressiva. Sub-rogação de seguro. [...] É firme a jurisprudência do Superior Tribunal de Justiça no sentido de que o termo inicial do prazo prescricional do direito de a seguradora pleitear a indenização do dano causado por terceiro ao segurado é a data em que foi efetuado o pagamento da indenização securitária" (STJ, AgInt no REsp. 1.959.955, 4ª T., Rel. Min. Marco Aurélio Bellizze, julg. 21.02.2022).

75. STJ, REsp. 1.297.362, 4ª T., Rel. Min. Ricardo Villas Bôas Cueva, julg. 10.11.2016.

76. Trata-se de regra clássica sobre a prescrição, já constante da lição de WINDSCHEID, que afirmava que a prescrição "continua a decorrer inalterada" mesmo que, por sucessão jurídica, um novo titular ou devedor ingresse na relação (*Diritto delle Pandette*. Trad. Carlo Fadda e Paolo Emilio Bensa. Torino: UTET, 1925, v. I, p. 381). Sobre o ponto, veja-se a lição de Câmara LEAL, ainda sob o Código de 1916: "A prescrição tem uma continuidade indivisível: os seus efeitos ativos ou passivos não sofrem solução de continuidade pela substituição de prescribentes ou titulares, em virtude da sucessão universal ou singular", em casos como "o legatário, o cessionário, o donatário, o adquirente em geral" (*Da prescrição e da decadência*, cit., p. 48).

justificadora,[77] em uma aparente subversão do próprio conceito de sub-rogação que, se fosse generalizada para outras hipóteses de modificação subjetiva das situações jurídicas, acabaria por transformar em letra morta a regra do art. 196 do Código Civil.

Nesse particular talvez fosse mais adequado considerar que, entre o requerimento formulado pelo segurado à seguradora e o pagamento efetivo da indenização, ficaria suspenso (não já interrompido) o prazo prescricional sobre a pretensão em face do causador do dano, voltando a correr a prescrição com a implementação da sub-rogação. Com isso, evitar-se-ia ao máximo o agravamento que a sub-rogação da seguradora acaba surtindo sobre a posição jurídica do causador do dano, uma preocupação central no regime da sub-rogação (que, justamente por isso, preserva contra o credor sub-rogado todas as exceções que o devedor dispunha contra o original),[78] sem, lado outro, sacrificar-se desnecessariamente a regra da acessão temporal.

V. SÍNTESE CONCLUSIVA

As precedentes considerações prestam-se a demonstrar que a complexidade das questões concernentes à definição do regime de prescrição no contexto de relações securitárias é inversamente proporcional à aparente simplicidade dos dispositivos que o Código Civil dispensa ao tema. Persiste, portanto, a (premente) necessidade de que a civilística elabore critérios seguros para o equacionamento da miríade de questões suscitadas pelo lacunoso (e assistemático) tratamento legislativo. A tal propósito se propôs o presente estudo, na esperança de auxiliar, conquanto modestamente, no desenvolvimento de um regime jurídico prescricional mais claro e, por assim dizer, mais *seguro* para a matéria.

REFERÊNCIAS

ALVES, José Carlos Moreira. *A Parte Geral do Projeto de Código Civil brasileiro*. São Paulo: Saraiva, 1986.

BARBOSA, Fernanda Nunes. O seguro de responsabilidade civil do profissional liberal. In: BODIN DE MORAES, Maria Celina; GUEDES, Gisela Sampaio da Cruz (Coord.). *Responsabilidade civil dos profissionais liberais*. Rio de Janeiro: GEN, 2018.

---

77. "[...] efetuado o pagamento da indenização ao segurado em decorrência de danos causados por terceiro, pode a seguradora, por força da sub-rogação operada, buscar o ressarcimento do que despendeu, dentro do prazo prescricional aplicável à relação originária e nos mesmos limites que assistiam ao segurado. [...] Isso não implica, contudo, que esteja a seguradora sujeita ao prazo prescricional já deflagrado em face do segurado. Com efeito, em observância ao princípio da *actio nata*, o prazo prescricional para o exercício da pretensão de regresso somente pode ser iniciado quando surja para a seguradora pretensão exercitável, o que apenas ocorre na data em que efetuado o pagamento da indenização ao segurado" (STJ, REsp. 1.842.120, 3ª T., Rel. Min. Nancy Andrighi, julg. 20.10.2020).

78. Afirma-se, em geral, que, na sub-rogação, o direito se transfere ao novo titular "com todas as suas qualidades e defeitos", pois o devedor não pode ser despojado de seus meios de defesa em decorrência de uma transmissão para a qual não concorreu com sua vontade (CORDEIRO, António Menezes. *Tratado de direito civil português*. Coimbra: Almedina, 2010, v. II, t. IV, p. 230). Na doutrina brasileira, no mesmo sentido, cf. PEREIRA, Caio Mário da Silva. *Instituições de direito civil*. Rio de Janeiro: GEN, 2020, v. II, segundo o qual "adquire o sub-rogatário o próprio crédito, tal qual é" e, "portanto, suporta as exceções que o sub-rogante teria de enfrentar".

BARBOZA, Heloisa Helena; BODIN DE MORAES, Maria Celina; TEPEDINO, Gustavo et alii. *Código Civil interpretado conforme a Constituição da República*. Rio de Janeiro: Renovar, 2014. v. I.

BEVILÁQUA, Clóvis. *Código Civil dos Estados Unidos do Brasil*. Rio de Janeiro: Editora Rio, 1976. v. II.

CAHALI, Yussef Said. *Prescrição e decadência*. São Paulo: Ed. RT, 2008.

CARBONNIER, Jean. *Droit civil*. Paris: PUF, 2004. v. II.

CORDEIRO, António Menezes. *Tratado de direito civil*. Coimbra: Almedina, 2015. v. V.

GAZZONI, Francesco. *Manuale di diritto privato*. Napoli: ESI, 2015.

GOMES, Júlio Manuel Vieira. *O conceito de enriquecimento, o enriquecimento forçado e os vários paradigmas do enriquecimento sem causa*. Porto: Universidade Católica Portuguesa, 1998.

GOMES, Orlando. *Introdução ao direito civil*. Rio de Janeiro: Forense, 2008.

GUEDES, Gisela Sampaio da Cruz; LGOW, Carla Wainer Chalréo. Prescrição extintiva: questões controversas. *Revista do Instituto do Direito Brasileiro*, ano 3, n. 3, 2014.

LEAL, Antônio Luís da Câmara. *Da prescrição e da decadência*. Rio de Janeiro: Forense, 1959.

LEITÃO, Luís Manuel Teles Menezes. *Direito das obrigações*. Coimbra: Almedina, 2010. v. II.

LEONARDO, Rodrigo Xavier. A prescrição no Código Civil brasileiro (ou o jogo dos sete erros). *Revista da Faculdade de Direito da UFPR*. n. 51. Curitiba: UFPR, 2010.

LOPES, Miguel Maria de Serpa. *Curso de direito civil*. Rio de Janeiro: Freitas Bastos, 1996. v. I.

MALAURIE, Marie. *Les restitutions en droit civil*. Paris: Cujas, 1991.

MALAURIE, Philippe; AYNÈS, Laurent; STOFFEL-MUNCK, Philippe. *Droit des obligations*. Paris: LGDJ, 2016.

PASSOS, Edilenice; LIMA, João Alberto de Oliveira. *Memória Legislativa do Código Civil*. Brasília: Senado Federal, 2012. v. II.

PEREIRA, Caio Mário da Silva. *Instituições de direito civil*. Rio de Janeiro: GEN, 2020. v. I.

PERLINGIERI, Pietro. *Manuale di diritto civile*. Napoli: ESI, 2014.

PUGLIESE, Giuseppe. *La prescrizione nel diritto civile*. Parte 2ª: la prescrizione estintiva. Torino: UTET, 1924.

RIZZARDO, Arnaldo; RIZZARDO FILHO, Arnaldo; RIZZARDO, Carine Ardissone. *Prescrição e decadência*. Rio de Janeiro: GEN, 2015.

ROSELLI, Frederico. In: LIPARI, Nicolò; RESCIGNO, Pietro. *Diritto civile*. Milano: Giuffrè, 2009. v. IV, t. II.

ROSENVALD, Nelson; BRAGA NETTO, Felipe. *Código Civil comentado*. Salvador: JusPodivm, 2020.

SANTOS, J. M. de Carvalho. *Código Civil brasileiro interpretado*. Rio de Janeiro: Freitas Bastos, 1986. v. III.

SANTOS, J. M. de Carvalho. *Código Civil brasileiro interpretado*. Rio de Janeiro: Freitas Bastos, 1958. v. XIX.

SAVIGNY, Friedrich Karl von. *Traité de droit romain*. Paris: Firmin Didot Frères, 1858. t. 5.

SILVA, Oscar Joseph de Plácido e. *Vocabulário jurídico*. Rio de Janeiro: GEN, 2008.

SILVA, Rodrigo da Guia. *Enriquecimento sem causa*: as obrigações restitutórias no direito civil. 2. ed. São Paulo: Thomson Reuters Brasil, 2022.

SIMÃO, José Fernando. Artigo 305 [verbete]. In: SCHREIBER, Anderson; TARTUCE, Flávio; SIMÃO, José Fernando; MELO, Marco Aurélio Bezerra de; DELGADO, Mário Luiz. *Código civil comentado*: doutrina e jurisprudência. Rio de Janeiro: Forense, 2019.

SOUZA, Eduardo Nunes de. A perda do direito à garantia securitária prevista pelo art. 766 do Código Civil à luz da teoria geral das invalidades do negócio jurídico. *Revista Eletrônica Direito e Sociedade*, a. 10, n. 1, 2022.

SOUZA, Eduardo Nunes de. Comentários aos arts. 189 e 206, § 1º, II, e § 3º, IX do Código Civil. In: GOLDBERG, Ilan; JUNQUEIRA, Thiago (Coord.). *Direito dos seguros*: comentários ao Código Civil. Rio de Janeiro: Forense, 2023.

SOUZA, Eduardo Nunes de. Problemas atuais de prescrição extintiva no direito civil: das vicissitudes do prazo ao merecimento de tutela. *Civilistica.com*. Rio de Janeiro, a. 10, n. 3, 2021.

SOUZA, Eduardo Nunes de. *Teoria geral das invalidades do negócio jurídico*: nulidade e anulabilidade no direito civil contemporâneo. São Paulo: Almedina, 2017.

TEPEDINO, Gustavo; SCHREIBER, Anderson. *Fundamentos do direito civil*. Rio de Janeiro: Forense, 2020. v. 2: obrigações

TESCARO, Mauro. *Decorrenza della prescrizione e autoresponsabilità*: la rilevanza civilistica del principio *contra non valentem agere non currit praescriptio*. Padova: CEDAM, 2006.

THEODORO JÚNIOR, Humberto. Contrato de seguro. Ação do segurado contra o segurador. Prescrição. *Revista dos Tribunais*. São Paulo: Ed. RT, v. 101, n. 924, out. 2012.

THEODORO JÚNIOR, Humberto. O seguro de responsabilidade civil: disciplina material e processual. *Revista de Direito Privado*. São Paulo: Ed. RT, v. 46, abr. 2011.

TZIRULNIK, Ernesto. Em respeito ao Código Civil e ao segurado, STJ deve cancelar Súmula 229. *Conjur*, 20.11.2019.

TZIRULNIK, Ernesto. *Ornitorrinco securitário*: a prescrição da pretensão indenizatória. Disponível em: www.ibds.com.br/.

WINDSCHEID, Bernard. *Diritto delle Pandette*. Trad. Carlo Fadda e Paolo Emilio Bensa. Torino: UTET, 1925. v. I.

O PEDIDO DE PAGAMENTO E O PRAZO PRESCRICIONAL PARA A INDENIZAÇÃO NOS CONTRATOS DE SEGURO

Flaviana Rampazzo Soares

Doutora e Mestre em Direito pela Pontifícia Universidade Católica do Rio Grande do Sul. Especialista em Direito Processual Civil pela Universidade do Vale do Rio dos Sinos – Unisinos. Professora em cursos de Pós-Graduação em Direito *lato sensu*. Advogada.

Resumo: Este artigo aborda os contornos, abrangência e aplicabilidade dos requisitos à definição do marco que será considerado como o termo inicial à contagem do prazo prescricional destinado à propositura de ações que busquem o recebimento da indenização na hipótese de ocorrência de sinistro nos contratos de seguro. A abordagem enfatiza decisões proferidas pelo Superior Tribunal de Justiça (STJ) que tratam da incidência do enunciado da Súmula 229 da referida Corte, o qual foi emitido ainda sob a vigência do Código Civil de 1916. Este artigo analisa algumas decisões judiciais, notadamente sob o enfoque interpretativo, nos moldes de "interpretação conforme", a demonstrar que atualmente o STJ parece tender a compatibilizar o texto da súmula referida ao conteúdo do Código Civil de 2002, conquanto ainda existam pronunciamentos que interpretam literalmente a súmula na resolução de casos concretos, ponto este que merece ser solucionado para que a Corte melhor atenda ao propósito de unificar entendimentos em matérias controversas para preservar a desejável segurança jurídica.

Sumário: I. Introdução – II. Linhas essenciais do contrato de seguro e o processo de regulação do sinistro – III. O prazo prescricional no contrato de seguro – IV. Prescrição: contornos conceituais e de incidência – V. O termo inicial da prescrição nas ações relacionadas aos contratos de seguro, o dever de informar e a boa-fé objetiva – VI. Considerações finais.

I. INTRODUÇÃO

Em sucessivas decisões emitidas nos anos 1990, o Superior Tribunal de Justiça (STJ) firmou o seu entendimento no sentido de que não pode ser contado o prazo prescricional na pendência de apreciação do pedido de pagamento da indenização apresentado pelo segurado à seguradora.

A partir da repetição de julgamentos nesse sentido, em 1999 o STJ pronunciou o enunciado da Súmula 229,[1] o qual consolidou a posição da Corte, tendo o seguinte teor: "o pedido do pagamento de indenização à seguradora suspende o prazo de prescrição até que o segurado tenha ciência da decisão".

Conquanto a Súmula 229 tenha sido emitida há mais de duas décadas e seja classificada como persuasiva, e não vinculante, tendo como base o texto do Código Civil de 1916, o tema ainda volta ao debate na mencionada Corte.

---

1. Disponível em: www.stj.jus.br.

Diante desse cenário, cabe investigar os contornos da "suspensão" do prazo prescricional na hipótese de pedido de pagamento de indenização formulado pelo segurado bem como verificar se a referida súmula é compatível com a legislação atual.

Para alcançar o propósito da investigação referida, este texto iniciará traçando um breve cenário a respeito do contrato de seguro e seus principais contornos, incluindo os caminhos da regulação do sinistro; tratando a seguir do prazo prescricional e seu termo inicial, bem como os seus fundamentos, basicamente alicerçados no dever de informar e na boa-fé objetiva e, por fim, verificará a compatibilidade do texto do Código Civil vigente com a referida súmula, bem como algumas decisões do STJ a respeito do tema e seus desafios para que se alcance da desejável segurança jurídica que a matéria demanda.

II. LINHAS ESSENCIAIS DO CONTRATO DE SEGURO E O PROCESSO DE REGULAÇÃO DO SINISTRO

O contrato, conquanto envolva polissemia, inegavelmente é um negócio jurídico voluntário e lícito, destinado a circular riquezas, atuais ou potenciais, por vinculação intersubjetiva, na qual há alteração imediata ou *a posteriori* de situação jurídica decorrente.[2]

Regulamentado pelos artigos 757 a 760 do Código Civil (CC), o contrato de seguro é um negócio jurídico típico, bilateral, oneroso, aleatório, consensual, geralmente firmado por adesão,[3] "a despeito de ser obrigatória a forma escrita",[4] no qual o segurador assume a obrigação principal de garantir um "interesse legítimo do segurado, relativo a pessoa ou coisa, contra riscos predeterminados", que sejam incertos,[5] determinados e previstos no ajuste entre as partes.

A essa obrigação corresponde outra, contrapartida do segurado, que é o pagamento do "prêmio". A função do contrato é assegurar (garantir) a cobertura em caso de ocorrência de um risco predeterminado pelas partes, tratando-se de uma prestação eventual por parte da seguradora caso se concretize um evento danoso previsto contratualmente, geralmente correspondendo ao pagamento de uma quantia em dinheiro.

---

2. MARTINS-COSTA, Judith. Contratos. conceito e evolução. In: LOTUFO, Renan; NANNI, Giovanni Ettore (coord.). *Teoria geral dos contratos*. São Paulo: Atlas, 2011. p. 55. Segundo a autora (p. 60): "Identifica-o, *estruturalmente*, o "acordo contratual" que une os contraentes a partir de uma atividade comunicativa gerando-lhes uma *expectativa de confiança* legitimamente amparada em dados fatos e jurídicos, no sentido de que tal arranjo de interesses deve ser cumprido segundo a sua função e sua finalidade concreta. Por conta da conjugação entre essa função e estrutura que o direito assegura a *eficácia* geradora da vinculabilidade das partes à manutenção do que pactuaram e tal qual pactuaram, se a pactuação foi conforme com o Ordenamento e se essa conformidade permanecer durante o tempo da vigência do contrato".

3. Quanto ao referido nesse parágrafo, não há consenso na doutrina quanto ao contrato ser comutativo ou aleatório. A esse respeito vide PASQUALOTTO, Adalberto. *Contratos nominados III*. São Paulo: Ed. RT, 2008. p. 58-60.

   Quanto ao contrato ser ou não de adesão, os que são firmados nessa modalidade são os contratos de massa, embora haja uma gama de contratos que são objeto de negociação individualizada, notadamente os que envolvem riscos especiais ou elevados.

4. GOMES, Orlando. *Contratos*. 26. ed. Rio de Janeiro: Forense, 2008. p. 505.

5. Riscos futuros ou passados (nessa última hipótese, é possível que se contrate o seguro com um período de retroatividade, desde que o risco seja desconhecido do segurado).

O objeto jurídico da garantia e seus limites devem constar no ajuste entre as partes, o qual é fundamental tanto para estabelecer o valor do prêmio,[6] quanto para servir como parâmetro indenizatório ao segurado, na ocorrência de sinistro, na forma do art. 781 do CC.

Para o seguro de dano, embora esse parâmetro seja estimativo, é simplesmente referencial e não prepondera sobre o valor efetivo da coisa segurada, sendo que o montante indicado no ajuste escrito "serve apenas para estabelecer o limite máximo da responsabilidade do segurador", e, especificamente para o seguro de vida, é vinculativo aquele que for previamente estabelecido pelas partes. Nesse referido tipo, a quantia a pagar é a estabelecida no contrato, em face da sua natureza peculiar.

Há diferentes tipos de seguros disponíveis no mercado, tais como os pessoais ou de bens materiais; de responsabilidade ou de obrigações; de prêmio fixo ou variável; individuais ou coletivos; sujeitos à indenização (os seguros de danos patrimoniais) ou à compensação, para os seguros por danos extrapatrimoniais ou pessoais (incluindo, mas não se limitando, os danos morais, os danos estéticos, os danos à saúde, o seguro de vida ou o seguro por acidentes); obrigatórios ou facultativos; em benefício do próprio segurado ou de terceiros.

A apólice, por sua vez, pode ser nominativa (constando o nome das partes, e, se houver, de terceiro beneficiário ou em nome de quem é feito o seguro), à ordem (que permite o endosso translativo) ou ao portador (na qual não se nomina o segurado, a permitir ampla transferência, desde que o seguro não seja de pessoas, pois há vedação expressa dessa modalidade no parágrafo único do art. 760 do CC).[7]

Firmado o contrato e ocorrido o sinistro, entendido como a "concretização do risco coberto", cabe o aviso ao segurador sobre a ocorrência do evento previsto, objeto da cobertura prevista, que tornará exigível a obrigação de garantia. Inicia-se então o procedimento (denominado "regulação do sinistro") dirigido à averiguação dos fatores que poderão ensejar o cumprimento da obrigação de garantia do segurador, os quais incluem a conferência da ocorrência, das suas circunstâncias e da extensão do evento lesivo, assim como do dano, em cotejo com a cobertura contratada e incidente para, ao final, ser tomada uma decisão quanto à cobertura (total ou parcial) ou não cobertura, e à sua extensão (por exemplo o pagamento, quando tratar de prestação em dinheiro).[8]

A regulação do sinistro, como visto, desencadeia-se como um processo cujo grau de complexidade é variável, destinado a responder (grosso modo) aos seguintes questionamentos:

---

6. A aceitação do risco e fixação do prêmio designa-se como "subscrição do risco".
7. Vide, a respeito, RIZZARDO, Arnaldo. *Contratos*. 12. ed. Rio de Janeiro: Forense, 2011. p. 826 e MIRAGEM, Bruno. O direito dos seguros no sistema jurídico brasileiro: uma introdução. In: MIRAGEM, Bruno; Carlini, Angélica (Coord.). *Direito dos seguros*: fundamentos de direito civil, direito empresarial e direito do consumidor. São Paulo: Ed. RT, 2014. p. 42.
8. TZIRULNIK, Ernesto. *Regulação do sinistro*. 3. ed. São Paulo: Max Limonad. 2001. p. 84. Veja-se igualmente a respeito do tema: MIRAGEM, Bruno; PETERSEN, Luiza. Regulação do sinistro: pressupostos e efeitos na execução do contrato de seguro. *Revista dos Tribunais*. São Paulo. v. 1025, p. 291-324, mar. 2021.

a) O fato ocorreu (o sinistro existiu)?

b) O sinistro foi total ou parcial? Qual a sua causa? A causa diz respeito a alguma conduta do segurado que possa limitar ou excluir cobertura?

c) A ocorrência se concretizou no período de vigência?

d) Quais foram os prejuízos comprovados?

e) Há cobertura contratada para os prejuízos comprovados?

f) Qual é o limite da cobertura contratada?

g) O postulante da cobertura está regulamente habilitado?

h) Há participação obrigatória do segurado a ser exigida?

i) A solicitação foi apresentada no prazo cabível?

J) Foram adotadas as providências solicitadas e apresentados todos os dados e documentos cabíveis?

Esse processo é posto em marcha por iniciativa do beneficiário (contratante, vítima, terceiro), a envolver a análise de "causa e efeito", o cotejo entre o dano e o interesse segurado a oferecer os elementos aptos ao delineamento do prejuízo efetivamente experimentado e a comparação deste com a garantia contratada, qualificando-os juridicamente na classe dos riscos cobertos.[9]

O processo regulatório terá complexidade variável conforme o contrato e as suas circunstâncias e pode demandar tempo e providências de diversas ordens. Essa complexidade pode se desencadear horizontal ou verticalmente. Diz-se complexidade horizontal quando o volume de questões a serem respondidas é extenso, e a complexidade é vertical quando algum ou alguns dos elementos a serem investigados deverão sê-lo aprofundadamente (como por exemplo a realização de perícia, coleta de depoimentos ou realização de diligências). Há a possibilidade de que regulações sejam apenas horizontalmente complexas ou que sejam complexas vertical e horizontalmente, mas dificilmente há casos nos quais serão complexas apenas verticalmente.

À exceção do seguro de vida, no qual o pagamento abrange – em geral – a totalidade do capital segurado (sendo que esse ponto não costuma ter complexidade vertical porque a liquidez faz com que não seja comum haver liquidação de danos), os demais geralmente passam pelas fases de regulação mais completas, lembrando-se que a fase de regulação do sinistro visa preparar o adimplemento, ao trazer liquidez à prestação do segurador.

A regulação, mais do que um direito do segurado, é uma obrigação acessória do segurador, necessária e prévia ao adimplemento, confirmando a constatação de que a relação securitária compõe um processo obrigacional.[10] Ela demanda tempo, ajustado ao que seja razoável ser exigido de boa-fé para as apurações cabíveis, por vezes referidos

---

9. TZIRULNIK, Ernesto. *Regulação do sinistro*. 3. ed. São Paulo: Max Limonad. 2001. p. 31 e 83 e MIRAGEM, Bruno; PETERSEN, Luiza. Regulação do sinistro: pressupostos e efeitos na execução do contrato de seguro. *Revista dos Tribunais*. São Paulo. v. 1025, p. 291-324, mar. 2021.

10. COUTO E SILVA, Clóvis V. do. *A obrigação como processo*. Rio de Janeiro: Editora FGV, 2006. p. 81. THEODORO JR., Humberto. Contrato de seguro. Ação do segurado contra o segurador. Prescrição. In: MARTINS-COSTA, Judith; FRADERA, Véra Jacob de (Org.). *Estudos de Direito Privado e Processual Civil*. São Paulo: Ed. RT, 2014. p. 151.

no contrato de seguro e por vezes regulado, como o prazo de 30 dias para a liquidação do sinistro em seguros de pessoas, conforme previsto na Circular Susep 667/2022, contado a partir da recepção dos documentos preliminares necessários juntamente com o aviso de sinistro.

O cômputo dos prazos, nada sendo disposto em sentido distinto normativamente ou no contrato, deverá observar o disposto no art. 132 do CC, segundo o qual se exclui o dia do começo do prazo e inclui o do vencimento, se não for feriado.

O prazo para regulação do sinistro pode ser suspenso caso seja identificada a real necessidade de averiguações adicionais, como a apresentação de outros documentos ou de apurações complementares, apenas na medida dessa real necessidade, para evitar situações que possam ser caracterizadas como abuso de direito, *v.g.*, a solicitação de documentos ou providências apenas com finalidade procrastinatória. Uma medida para evitar a alegação de abuso de direito é o pagamento parcial adiantado, de modo a não deixar o segurado totalmente desamparado enquanto aguarda a resposta do segurador.

Como visto, a etapa de regulação é essencial e traz reflexos importantes ao tema sob debate, porque envolve o termo inicial da exigibilidade do cumprimento da obrigação de pagamento e, consequentemente, repercute diretamente na mora e na prescrição, que é diminuta para estes casos – um ano –, em especial se comparado, por exemplo, com o prazo relacionado à responsabilidade contratual, que é dez vezes maior.[11]

Sendo o prazo prescricional de um ano para o exercício da pretensão do segurado contra o segurador, conforme o texto do art. 206, § 1º, II, do Código Civil, há de se perguntar quando este tem início. O texto da Súmula 229 do STJ dá a entender que esse prazo se inicia a partir da data da ciência do sinistro por parte do beneficiado, suspendendo-se com o aviso de sinistro, durante a regulação e cuja contagem é retomada a partir da comunicação da decisão do segurador ao interessado, o que será objeto de análise neste texto.

Cabe agora traçar algumas linhas a respeito do que é a prescrição e como ela se delineia caso o segurado solicite a regulação (dirigida ao cumprimento da obrigação de cobertura nos termos contratados), notadamente quanto ao seu termo inicial, para a seguir cotejar os resultados da análise com o texto da Súmula 229 do STJ.

III. O PRAZO PRESCRICIONAL NO CONTRATO DE SEGURO

Conquanto este texto não aprofunde os prazos prescricionais aplicáveis, pois tem como foco a questão do seu *dies a quo*, há regras específicas estabelecendo os prazos prescricionais para o exercício da pretensão à indenização do segurado e os artigos de lei que tratam da matéria possuem redação razoavelmente clara quanto ao prazo.

---

11. O inadimplemento demanda uma prestação exigível, vale dizer, deve estar apta a ser cumprida pelo devedor. (ALMEIDA COSTA, Mário Júlio de. *Direito das Obrigações*. 9. ed. Coimbra: Almedina, 2006. p. 1.050).

Assim, o art. 206 do CC estabelece o prazo de um ano para exercício da pretensão entre segurado e segurador, o qual terá como termo inicial, para o segurado, a data da "ciência do fato gerador da pretensão" (§ 1º, inc. II, letra b), ou, tratando-se de seguro de responsabilidade civil, "da data em que é citado para responder à ação de indenização proposta pelo terceiro prejudicado, ou da data que a este indeniza, com a anuência do segurador" (§ 1º, inc. II, letra a) e de três anos para que o beneficiário ou terceiro prejudicado ajuíze ação contra o segurador, tratando-se de responsabilidade por danos objeto de seguro obrigatório (§ 3º, inc. IX).

Não se olvide, porém, que há outro diploma legislativo a tratar do assunto, quando o segurado ou o beneficiário puderem ser considerados como consumidores, que é o Código de Defesa do Consumidor (CDC), a indicar que, nas ações relativas à responsabilidade pelo fato do produto ou serviço, prevista nos arts. 12 a 17 do CDC, ou que tratem de cláusulas contratuais utilizadas para negar a cobertura do seguro e que violem o CDC, nesses casos o prazo prescricional deveria ser de cinco anos (art. 27).[12]

A Ministra Nancy Andrighi no REsp 1.303.374-ES, reconhece que a relação jurídica securitária é complexa, "cujo conteúdo eficacial é composto por diversas posições jurí-

---

12. RIZZARDO, 2011. p. 872.

O tema, porém, é cercado de nuances, pois, foi considerado o prazo de um ano do CC e rejeitada a aplicação do CDC nos seguintes casos julgados pelo STJ:

(a) no seguro de bens contra incêndio (STJ. 4ª T. REsp 1.277.250-PR. Rel. Min. Luis Felipe Salomão. J. em 18.05.2017. DJe 06.06.2017).

(b) na solicitação de cobertura de seguro habitacional feita pelo mutuário (STJ. 3ª Turma. AgInt no AREsp 821886-SP. Rel. Min. Moura Ribeiro. J. em 23.05.2017. DJe 05.06.2017). Essa questão está sob análise por meio do Tema 1.039, o qual trata do termo inicial da prescrição para propositura de ação indenizatória contra seguradora relativamente a contratos de seguro habitacional com cobertura compreensiva para riscos de danos físicos em imóvel no âmbito do Sistema Financeiro da Habitação (SFH);

(c) no seguro por acidente de veículo (STJ. 4ª T. ED no REsp 1.286.743-SP. Rel. Min. Antônio Carlos Ferreira. J. em 24.11.2015. DJe 1º.12.2015.

No caso de acidente de trânsito que trouxe sequelas permanentes com incapacidade parcial para o trabalho a uma usuária do transporte público decidiu-se que há relação de consumo e o acidente é considerado defeito na prestação do serviço, aplicando-se o prazo prescricional de cinco anos previsto no CDC, contado a partir da data em que a vítima teve ciência da extensão do dano e de sua autoria (STJ, REsp 1.461.535-MG, Rel. Min. Nancy Andrighi, j. em 20.02.2018).

E, ainda, conforme advertido pelo STJ: "Tal proposição não alcança, por óbvio, os seguros-saúde e os planos de saúde – dada a natureza sui generis desses contratos, em relação aos quais esta Corte assentou a observância dos prazos prescricionais decenal ou trienal, a depender da natureza da pretensão – nem o seguro de responsabilidade civil obrigatório (o seguro DPVAT), cujo prazo trienal decorre de dicção legal específica (artigo 206, § 3º, inciso IX, do Código Civil), já tendo sido reconhecida pela Segunda Seção a inexistência de relação jurídica contratual entre o proprietário do veículo e as seguradoras que compõem o correlato consórcio (REsp 1.091.756/MG, relator Ministro Marco Buzzi, relator para acordão Ministro Marco Aurélio Bellizze, Segunda Seção, julgado em 13.12.2017, DJe 5.2.2018).

Convém destacar, a respeito do assunto, o alerta do Min. Marco Buzzi no voto-vista do REsp 1.303.374-ES, no sentido de que não seria adequado que o Superior Tribunal de Justiça consolidasse entendimento peremptório a respeito da unificação do prazo prescricional anual para todas as pretensões em juízo que tratassem de interesses de segurado e segurador em contrato de seguro, pois há uma ampla variedade de reivindicações, com formas e conteúdos diversos, que podem ser compreendidos, veiculados e estabelecidos a partir ou em torno dessa relação jurídica e que não são compatíveis com uma resposta única.

Os acórdãos dos julgados referidos neste texto constam em: www.stj.jus.br.

dicas ativas e passivas atribuídas às partes" e que, nesse contexto, o prazo prescricional ânuo diz respeito à pretensão "do segurado em face do segurador ou deste contra aquele, desde que fundada em violação de posições jurídicas que integrem o conteúdo da própria relação jurídica securitária", isto é, "desde que se esteja a tratar de responsabilidade por ato ilícito relativo".

A razão dessa afirmação reside na gênese da relação, porque, para a Ministra, "o que determina o prazo prescricional incidente em cada hipótese é a natureza do dever jurídico violado e, consequentemente, da pretensão e da relação jurídica subjacentes".

Segundo Correia, trata-se de um critério objetivo, que se aproxima da base fundante da segurança em vez de vincular a ideia de sanção à inércia do autor (critério subjetivo). Para o jurista, no entanto, embora a regra da prescrição no CC seja baseada em critério objetivo, na prescrição anual para exercício da pretensão do segurado, a opção do legislador é calcada em um critério subjetivo,[13] o qual permite amplo debate quanto à demonstração da data em que o credor da prestação tomou conhecimento do acontecimento desencadeante da pretensão, que se enquadre no texto do § 1º do art. 206 do CC.

Traçadas essas considerações iniciais, torna-se necessário fazer uma breve análise sobre a prescrição referida nos dispositivos acima mencionados, o que será objeto do próximo tópico.

IV. PRESCRIÇÃO: CONTORNOS CONCEITUAIS E DE INCIDÊNCIA

A criação e a aplicação do ato-fato jurídico designado como "prescrição" ocorrem com a finalidade de estabelecer marcos de invocação e aplicação do direito, expressando uma preferência axiológica, que é a da finitude da eficácia da pretensão (embora não elimine o direito, que ainda pode ser exercido, contanto não possa ser exigido).[14]

A prescrição sela a proeminência da segurança jurídica,[15] a partir da ideia de que o decurso do tempo não deve servir para gerar instabilidades ou pendências, moldando-se sob a forma de exceção de uma parte à outra, a qual deixou de exercer uma ação ou pretensão, durante determinada fração de tempo,[16] e a conformar-se com o disposto

---

13. CORREIA, Atalá. *Prescrição*. Entre passado e futuro. São Paulo: Almedina, 2021. p. 168.
14. O texto deste item contempla uma revisão com alteração de posição quanto ao seguinte artigo: SOARES, Flaviana Rampazzo. Dos requisitos ao reconhecimento da prescrição intercorrente no novo CPC – comentários ao Recurso Especial n. 1.589.753/PR. *Revista da AJURIS*. Porto Alegre, v. 43, n. 140, p. 399-417, jun. 2016.
15. Segundo Pontes de Miranda, a prescrição "serve à segurança e à paz públicas, para limite temporal à eficácia das pretensões e das ações". Conforme o autor referido: "A proteção, que se contém nas regras jurídicas sobre a prescrição, corresponde à experiência humana de ser pouco provável a existência de direitos, ou ainda existirem direitos, que por longo tempo não foram invocados. Não é esse, porém, o seu fundamento. Os prazos prescricionais servem à paz social e à segurança jurídica. Não destroem o direito, que é; não cancelam, não apagam as pretensões; apenas, encobrindo a eficácia da pretensão, atendem à conveniência de que não perdure por demasiado tempo a exigibilidade ou a acionabilidade. Qual seja essa duração, tolerada, da eficácia pretensional, ou simplesmente acional, cada momento da civilização determina." PONTES DE MIRANDA, Francisco Cavalcante. *Tratado de Direito Privado*. São Paulo: Ed. RT, 1971. t. 6. p. 131.
16. É uma espécie de "usucapião da liberdade", nas palavras de Iudica e Zatti (IUDICA, Giovanni; ZATTI, Paolo. *Linguaggio e regole del diritto privato*. 7. ed. Padova: Cedam, 2006. p. 142).

no inciso LXXVIII, do art. 5º da Constituição Federal, o qual prevê o direito à razoável duração do processo como direito fundamental.

A prescrição assume concomitantemente uma conotação de gênese e de finalidade: no primeiro caso como uma figura jurídica autônoma, com repercussão processual relevante e, na segunda hipótese, tendo como objetivo a estabilização de situações jurídicas, uma vez que, embora mantido o direito,[17] a inércia é tida como uma desistência presumida do credor de exercer a sua pretensão em face de outrem.[18]

A intervenção da prescrição figuradamente se constitui como uma barreira intransponível erguida pela falta de exercício, em determinado lapso temporal previsto em lei, daquele "poder" (inclusive porque está em potência) que é afeito ao credor, de exigir de outrem uma prestação, aptidão essa que é inerente às ações com pedido de natureza condenatória e que também está presente nas ações constitutivas.

Isso significa que a inércia prolongada e injustificada daquele que detém esse poder tem o "preço" no mundo jurídico (no sentido de consequência jurídica) de equivaler ao "não exercício da pretensão",[19] constituindo a prescrição numa objeção que fere a ação processual,[20] comprometendo de modo crucial o exercício da pretensão nesse plano.

Mas, se o exercício de pretensões feito por meio das ações processuais, deve ter um limite temporal, a partir de quando a ação passa a ser exercitável? Doutrina, jurisprudência e normas jurídicas costumam indicar que esse termo ocorre a partir da exigibilidade do direito. Essa passa a ser, portanto, a linha demarcatória do início do prazo prescricional, a qual, como antes dito, alcança as ações constitutivas e as ações condenatórias.

A prescrição atinge duas dimensões, quais sejam, a prescrição "tradicional", que costuma se estabelecer em momento anterior ao da propositura da demanda, e a designada prescrição "intercorrente", a qual pode se concretizar no curso de um processo, a indicar que a parte credora não mais terá a possibilidade de dar andamento à causa, caso tenha permanecido inerte na prática de atos necessários ao seu alcance, no objetivo de obter a concretização da condenação, incluindo-se a prática de atos processuais na própria execução, por tempo no mínimo igual ao prazo de prescrição previsto no plano do direito material, que lhe dá uma feição de ônus ao credor.[21]

---

17. Assim, por exemplo, o crédito prescrito que é pago pelo devedor ao credor não pode ser alvo de pedido de repetição (SILVA, Ovídio Araújo Baptista da. *Curso de Processo Civil*: processo de conhecimento. 7. ed. Rio de Janeiro: Forense, 2005. p. 303).

18. CRAMER, Ronaldo. Ensaio sobre a distinção entre prescrição e decadência. In: ASSIS, Araken de et al. (Coord.). *Direito Civil e Processo*. Estudos em homenagem ao Professor Arruda Alvim. São Paulo: Ed. RT, 2008. p. 175.

19. CARDOSO, Paulo Leonardo Vilela. A prescrição intercorrente no novo Código de Processo Civil. In: ROSSI, Fernando et al. (Coord.). *O futuro do processo civil no Brasil*: uma análise crítica ao Projeto do novo CPC. Belo Horizonte: Fórum, 2011. p. 487-498.

20. AMORIM FILHO, Agnelo. Critério científico para distinguir a prescrição da decadência e para identificar as ações imprescritíveis. *Revista dos Tribunais*, v. 744, p. 725, out. 1997.

21. ARRUDA ALVIM, José Manuel de. Da prescrição intercorrente. In: CIANCI, Mirna (Coord.). *Prescrição no Código Civil*: uma análise interdisciplinar. São Paulo: Saraiva, 2005. p. 30 e 34.

Por isso, diz-se que a prescrição tem como *objeto* uma ação ajuizável (ou ajuizada, para a prescrição intercorrente), como *causa* a inércia de seu titular, como *fator operante* o decurso do tempo, como *efeito* a extinção da ação e como *fator neutralizante* as causas que impeçam a sua implementação.[22]

Feita essa resumida explanação a respeito da prescrição, no próximo tópico passa-se a tratar de outro aspecto central do tema proposto, que é o termo inicial do prazo prescricional da ação do segurado ou do beneficiário, tendo em vista a recusa total ou parcial ao pedido de pagamento extrajudicial.

V. O TERMO INICIAL DA PRESCRIÇÃO NAS AÇÕES RELACIONADAS AOS CONTRATOS DE SEGURO, O DEVER DE INFORMAR E A BOA-FÉ OBJETIVA

A Súmula 229 do STJ foi editada em 1999, ainda sob a vigência do Código Civil de 1916. O texto do artigo que tratava da prescrição nas ações de seguro era o art. 178, § 6º, II, segundo o qual a ação do segurado em face do segurador era de um ano, a contar da data em que o interessado tivesse *conhecimento do fato*. No Código Civil de 2002, a redação é distinta, e emprega a expressão *pretensão*, como é possível verificar pelo quadro comparativo do texto dos dois Códigos, abaixo estruturado:[23]

Código civil anterior (Lei 3.071/1916)	Código civil atual (Lei 3.071/1916
Art. 178. Prescreve: (...) § 6º. Em um ano: (...) II – a ação do segurado contra o segurador e vice-versa, se o fato que a autoriza se verificar no país; contado o prazo do dia em que o interessado tiver conhecimento do mesmo fato.	Art. 206. Prescreve: (...) § 1º. Em um ano: (...) II – a pretensão do segurado contra o segurador, ou a deste contra aquele, contado o prazo: a) para o segurado, no caso de seguro de responsabilidade civil, da data em que é citado para responder à ação de indenização proposta pelo terceiro prejudicado, ou da data que a este indeniza, com a anuência do segurador; b) quanto aos demais seguros, da ciência do fato gerador da pretensão;

É possível constatar a partir do texto do § 1º, letra b), inciso II do CC, que o início da contagem do prazo prescricional demanda a identificação do evento que pode ser considerado como "ciência do fato gerador da pretensão". Como o processo obrigacional no complexo contrato de seguro envolve a fase regulatória, a análise dessa fase é essencial para que se possa indicar em cada caso o termo inicial do prazo prescricional. Se um processo regulatório é complexo e demanda documentos e perícias, não se pode falar em pretensão exercitável e tampouco em início do prazo prescricional, sem que esse ciclo seja adequadamente percorrido.

Sendo a pretensão tida como um "poder conferido a alguém que seja titular de um direito, de exigir uma conduta comissiva ou omissiva de outrem",[24] o seu "fato gerador" representa o marco no plano fático, um "acontecimento-gatilho" consubstanciado na

---

22. LEAL, Antônio Luís da Câmara. *Da prescrição e da decadência*. Teoria Geral do Direito Civil. Atual. José de Aguiar Dias. 2. ed. Rio de Janeiro: Forense, 1959. p. 26 e 52.
23. Quadro comparativo disponível em: https://www2.senado.leg.br/bdsf/bitstream/handle/id/70309/704509.pdf.
24. BERNANRDINA DE PINHO, Humberto Dalla. Direito Individual homogêneo (uma leitura e releitura do tema). *Revista da EMERJ*. v. 7. n. 25, p. 123-136 (trecho da p. 124), 2004.

violação desse direito, cujo efeito é o de concretizar a possibilidade de efetivo exercício desse poder atribuído ao titular de um direito, iniciando o prazo para o exercício da pretensão processual de cobrança do crédito. Em geral, no contrato de seguro, ao ocorrer um sinistro, o segurado ou o beneficiário passa a ter o direito de exigir que o segurador cumpra a garantia concedida (mas a regulação atua como um fator que interfere diretamente na constituição e no "gatilho" da pretensão, como será visto).

A partir do sinistro, incide sobre o segurado ou o beneficiário o ônus de comunicar tal fato à seguradora (aviso de sinistro), iniciando-se a regulação pelo segurador, momento a partir do qual principia um procedimento de coleta e exame de dados, informações e documentos necessários à análise que resultará numa decisão do segurador, de conceder (total ou parcialmente), ou de não conceder a cobertura, a qual é vinculativa.[25]

Como adverte Rizzardo, na fase da regulação do sinistro, "desenvolviam-se tratativas para o acerto amigável", não sendo "ocasião de propor a demanda pertinente".[26] Segue-se, assim, a lógica de que não há prescrição enquanto não houver pretensão exercitável processualmente, com interesse jurídico, pois, conforme mencionado no voto do Ministro Cláudio Santos, no REsp 21.547-RS, na regulação exige-se "o preenchimento dos formulários" para apresentação do "pedido extrajudicial do pagamento do seguro pelo segurado", sob pena de negativa de cobertura, e manter a contagem do prazo prescricional poderia confrontar a lógica do sistema, de solucionar as questões extrajudicialmente, servindo o Poder Judiciário como alternativa apenas quando as próprias partes não chegam a um acordo quanto à condução de seus interesses sem remeter invariavelmente as partes à via judicial, em interpretação indesejável da lei.

Se, finalizada a fase de regulação, o segurador reconhece o sinistro e concede a cobertura (mediante indenização, compensação ou repristinação) ao segurado ou ao beneficiário, há cumprimento extrajudicial da obrigação. No entanto, caso o segurador rejeite a postulação de cumprimento do contrato com a concessão da cobertura em razão da ocorrência do sinistro, ou a aceite apenas parcialmente, é a partir da negativa da seguradora no primeiro caso, ou da data do pagamento parcial,[27] na segunda hipótese, que o segurado ou o beneficiário passa a ter o poder de exigir, processualmente, o cumprimento da garantia estabelecida no contrato de seguro. Ainda "por sua omissão prolongada e injustificável em concluir o procedimento de regulação" é "que nasce a pretensão indenizatória do segurado diante da possível violação do seu direito".[28]

Nessa linha parece trilhar o STJ, o que é possível verificar pelo teor do REsp 1.791.111-MG, julgado pela Terceira Turma em 15 de março de 2022 e relatado pela

---

25. É o que sustenta LEAL DE CARVALHO, Carlos Eduardo S. O princípio da boa-fé e a impossibilidade de a seguradora modificar, em sede judicial, os motivos do seu entendimento manifestado após a regulação de sinistro. In: TZIRULNIK, Ernesto. *Direito do seguro contemporâneo*: edição comemorativa dos 20 anos do IBDS. São Paulo: Editora Contracorrente, 2021. p. 481-492.

26. RIZZARDO, 2011. p. 871.

27. STJ. 4ª Turma. REsp 882588-SC. Rel. Min. Luis Felipe Salomão. J. em 12.04.2011. DJe 04.05.2011.

28. MELO, Gustavo de Medeiros. Os sete erros da Súmula 229 do STJ. Coluna Migalhas de peso. Publicado em 29/04/2023. Disponível em: https://www.migalhas.com.br/depeso/344691/os-sete-erros-da-sumula-229-do-stj.

Ministra Nancy Andrighi.[29] O caso tratou de ação proposta por uma pessoa jurídica contra seguradora diante da recusa da cobertura para seguro de eventos. O sinistro ocorreu no dia 24.12.2018, o comunicado à seguradora deu-se em 15.01.2019, a recusa da seguradora sobreveio em 11.02.2019 e a ação foi proposta em 11.02.2020.

No acórdão, constou que "antes da regulação do sinistro e da recusa de cobertura nada pode exigir o segurado do segurador, motivo pelo qual não se pode considerar iniciado o transcurso do prazo prescricional tão somente com a ciência do sinistro".

Por isso, "o prazo prescricional apenas começa a fluir com a ciência do segurado quanto à negativa da cobertura securitária", porque, segundo a teoria da *actio nata*, o "termo inicial do transcurso de seu prazo" é o "nascimento da posição jurídica (pretensão)". No julgado, foi tratada a questão do prazo para comunicação do sinistro, pois não há definição legal para isso, apenas uma referência genérica no art. 771 do CC. Para a relatora, isso não faz com que o prazo se eternize, porque caberá ao segurado comunicar "logo que saiba" do sinistro, o que evita que o segurado faça o comunicado tardiamente. Para a relatora:

> com o sinistro atribui-se ao segurado, tão somente, o direito à indenização, o crédito, mas ainda desprovido de exigibilidade. Nos termos da alínea b do inciso II, do § 1º do art. 206 do CC/2002 é, em regra, a ciência do segurado a respeito da recusa da cobertura securitária pelo segurador que representa o "fato gerador da pretensão" devendo, a partir deste instante, portanto, iniciar se o transcurso do prazo prescricional.

O assunto voltou à pauta do STJ no REsp 2.063.132-SP, que tratou de um caso de solicitação de cobertura securitária de seguro coletivo de pessoas em razão de tentativa de homicídio contra agente de segurança pública por parte de ex-interno de instituição de acolhimento de menores infratores. Nesse caso, o dia da ciência inequívoca do segurado acerca de sua incapacidade laborativa foi o da emissão da comunicação da perícia médica do INSS, ocorrida em 31.03.2016. A recusa da seguradora foi manifestada após 03.03.2017 e a propositura da ação deu-se em 29.03.2017.

No acórdão, sob a premissa de que a edição da Súmula 229/STJ ocorreu com base em disposições do revogado Código Civil de 1916, não deve o tradicional entendimento perdurar "diante das novas regras trazidas pelo Código Civil de 2002, interpretadas sistematicamente, prestigiando-se também a teoria da *actio nata*." Por isso, "o prazo prescricional não se inicia com a simples ciência do segurado acerca da ocorrência do sinistro, mas somente após a sua ciência quanto à recusa da cobertura securitária procedida pelo ente segurador".

Apenas com o inadimplemento, assim entendido como a recusa da cobertura, a cobertura a menor ou a ausência de resposta da seguradora ao pedido de indenização, no prazo cabível, é que será possível a ocorrência de violação do direito do segurado à cobertura securitária pois somente a partir disso nascerá a pretensão do beneficiário

---

29. DJE 30.03.2022.

contra o segurador, de acordo com o que dispõe o art. 189 do Código Civil, segundo o qual o nascimento da pretensão ocorre a partir da violação do direito.

No entanto, conquanto nos julgados atuais da Terceira Turma do STJ a questão pareça estar esclarecida e se encaminhando à superação das críticas da doutrina quanto à incompatibilidade do texto da Súmula 229 ao Código Civil de 2002, verifica-se julgado recente da Quarta Turma da mesma corte que parece manter a referência a suspensão do prazo prescricional segundo a redação original, em interpretação literal do texto da mencionada súmula.

Assim ocorreu no AgInt no AgInt no Agravo em REsp 1.972.673-RJ, relatado pelo Ministro Antônio Carlos Ferreira e julgado em 27 de março de 2023. No caso em análise, o segurado foi cientificado da sua incapacidade em 30.10.2005 e a Corte considerou ser este o termo inicial do prazo ânuo, "o qual foi sobrestado em 11.07.2006, com o aviso do sinistro à seguradora, e voltou a correr em 27.07.2006, com a notificação ao segurado da recusa de cobertura".

Segundo a redação literal do enunciado da Súmula 229 do STJ, o requerimento ao segurador de conceder a cobertura enquadrar-se-ia como hipótese de "suspensão" do prazo prescricional, de maneira que esse prazo seria computado desde a data do sinistro até o dia em que é formulado o requerimento pelo beneficiário ou pelo segurado, suspendendo-se a contagem até que este tenha conhecimento da recusa da seguradora ou da sua decisão pelo cumprimento parcial e, a partir de então, segue-se a contagem do prazo prescricional, pelo tempo que restar para complementar o prazo de um ano.[30]

Seguindo essa linha do texto literal da súmula indicada, para o Ministro Ferreira, embora a ação tenha sido proposta em 09.07.2007, antes de um ano a contar da recusa da seguradora, o prazo ânuo deveria ser reduzido de sete meses (prazo entre a data de ciência da invalidez [30.11.2005] e o marco suspensivo [11.07.2006]), motivo pelo qual a ação indenizatória deveria ter sido proposta dentro dos cinco meses restantes para o ajuizamento, em aplicação literal do teor da indigitada súmula.

Conquanto o caso acima apresente um indicativo inicial de dois fatos relevantes com datas distintas, quais sejam, a ciência da incapacidade e a decisão de recusa da cobertura, a leitura do texto da lei (Código Civil atual) remete ao exercício da pretensão, que só se consolida e inicia a partir da recusa da seguradora, sem que seja caso de suspensão, porque o prazo sequer havia iniciado.

O ideal é que entendimentos divergentes entre turmas sejam dissipados, pois o que se espera das Cortes superiores é uniformidade, para balizar as orientações extrajudi-

---

30. Quanto ao tema, vale lembrar que também pode haver interrupção do prazo, como ocorreu, por exemplo, no caso da propositura de ação contra a seguradora, ajuizada após o prazo de um ano, que foi precedida por uma primeira ação, extinta por ilegitimidade passiva da estipulante que agia como se fosse a seguradora, mas que fora validamente citada na ação extinta: "O ato citatório ocorrido na demanda proposta contra a estipulante teve o condão de interromper a prescrição da ação intentada posteriormente contra a seguradora". STJ. 4ª Turma. REsp 1402101-RJ. Rel. Min. Luis Felipe Salomão. J. em 24.11.2015. DJe 11.12.2015.

ciais e também para servir de norte às demais instâncias, trazendo maior segurança na aplicação do direito e à previsibilidade das condutas das partes envolvidas.

Esclarecido o ponto e seus desafios atuais, há que se pensar na hipótese de ocorrência de divergência de versões quanto ao momento em que houve a ciência dessa decisão da seguradora (veja-se que isso foi tema de debate, por exemplo, no REsp 52.149-SP e no REsp 70.367-SP[31]), gerando conflitos e dúvidas. É conveniente que não apenas o aviso de sinistro, feito pelo segurado ou beneficiário, mas, igualmente, a cientificação da resposta do segurador, sejam feitos de maneira a permitir a comprovação tanto de seu teor quanto do seu recebimento pelo correto destinatário, isso com a finalidade de funcionar como "memória" da forma de execução desse contrato, bem como para servir como prova e marco documental do termo inicial do prazo prescricional.

E a fluência do prazo prescricional se dará a partir da ciência do destinatário, que corresponde à data do recebimento da comunicação do segurador, e não da sua remessa ou da data desse documento. Ainda, de acordo com as circunstâncias concretas, poderá ter início a partir do recebimento a menor da indenização devida ou o decurso do prazo da regulação do sinistro sem resposta por parte do segurador, embora na maioria dos casos esse prazo não seja regulamentado.

Conforme mencionado no Voto Relator do Min. Athos Carneiro no REsp 8.770-SP, o aviso de sinistro ao segurador não pode ser considerado tecnicamente como condição suspensiva, pois, a partir da ocorrência do sinistro, não há mais evento futuro e incerto ou condição suspensiva. Igualmente não poderia ser considerada como causa interruptiva da prescrição, por não enquadramento nas hipóteses legais previstas no CC vigente ao tempo do referido julgamento.

Por outro lado, deveria ser revista a afirmação de que "feita a comunicação, tem-se por suspenso o prazo prescricional, enquanto a seguradora não cientificar o segurado dos motivos da recusa ao pagamento da indenização", contida na ementa do REsp 807-RS, que serviu como um dos precedentes da Súmula 229 do STJ. A redação da ementa do acórdão, como constou, poderia gerar uma divergência: e se a seguradora comunica ao beneficiário ou segurado apenas que não é o caso de conceder a cobertura, sem declinar algum motivo específico? O segurado ou o beneficiário pode interpelar a seguradora para declinar os motivos da recusa, mas isso é mera opção, e não obrigação deste, além de demandar mais tempo, o que é prejudicial a quem pretende ter a cobertura. O mais correto é compreender que a resposta da seguradora ao segurado ou ao beneficiário já é capaz de ensejar o início do prazo prescricional, independentemente da exposição de motivos de recusa da cobertura, bem como de remeter ao Poder Judiciário, em ação própria, o debate acerca da causa e sua pertinência ou exatidão.

---

31. Os julgados que foram base da Súmula 229, indicados nesse texto, constam na RSSTJ, a. 5, (17): 139-184, março 2011, disponível em: https://ww2.stj.jus.br/docs_internet/revista/eletronica/stj-revista-sumulas-2011_17_cap-Sumula229.pdf.

Outro aspecto a se considerar é a afirmação transcrita no REsp 80.444-PE, no sentido de que a comunicação do sinistro pelo segurado, deveria ser feita "na forma determinada no contrato", o que deve ser interpretado com a devida temperança, pois, atualmente, as Companhias de seguro dispõem de diferentes canais de atendimento, sendo que se, nas condições contratuais, constar que a comunicação deverá ser feita através de telefonema para um número determinado, mas o segurado faz o comunicado através do *site*, e recebe uma resposta do segurador por e-mail ou aplicativo de mensagens com comprovação de visualização ou de recebimento, então a finalidade de comunicação foi atendida, sendo desnecessário o cumprimento da determinação de aviso de sinistro na forma indicada no contrato de seguro.

Há, ainda, casos em que diversos fatos concorrem para gerar dúvida quanto à ciência inequívoca do segurado ou beneficiário quanto à ocorrência do sinistro, tal como constou no REsp 1179817-SP. Nesse processo, o segurado foi aposentado por invalidez pelo INSS (em 21.08.2001), e o segurador foi acionado administrativamente em 1º.07.2005 e judicialmente em 02.08.2005, tendo recusado a ocorrência do sinistro, a ponto de ensejar a realização de prova pericial no processo (em 31.05.2006) para dirimir a questão técnica relativa à condição de incapacitação incidente ou não, e desta, ao ser considerada incapacitante, provir das doenças que acometiam o segurado.

No julgado, afirmou-se que "na melhor das hipóteses, a ciência inequívoca do segurado ocorreu apenas em 31.05.2006, data em que o perito judicial afirmou com todas as letras que 'o autor é portador de invalidez total por doença isquemia cerebral, fibrilação atrial crônica e câncer de intestino'" e que, "havendo mais de um parâmetro razoável para se declarar a ciência inequívoca do segurado com aptidão a afastar a prescrição ânua", deve-se verificar se o caso está sujeito à aplicação do CDC e, caso incidente, "há primazia da exegese mais favorável ao consumidor (art. 47 do CDC) justamente pela necessidade legal (art. 6º, VIII, do CDC) e constitucional (art. 5º, XXXII, da CF/88) de o Estado facilitar a defesa de seus direitos em juízo", "de modo a favorecer o consumidor quando houver dúvida sobre o termo inicial da prescrição" e que, dentre "os princípios gerais do Direito que merecem maior atenção dos Tribunais estão os relativos à segurança jurídica e à boa-fé objetiva", ensejando a aplicação da máxima de que a dúvida favorece o consumidor.

A análise acima indica que, entre duas soluções ponderadas e razoáveis, há de preponderar a solução que proteja a parte hipossuficiente, de modo que, no processo referido, foi considerado como *dies a quo* da prescrição "a ciência inequívoca conferida pelo laudo do perito judicial".

Não obstante o fato de que o resultado desse julgamento pudesse ser questionável, debate que ultrapassaria os limites deste texto, o essencial é demonstrar que há diversas situações em que poderá haver dúvida quanto ao termo inicial da prescrição e aos elementos de fato que podem ser encaixados no conceito de "conhecimento inequívoco" exigido para o desencadeamento do prazo prescricional, e há entendimento no sentido de que, na dúvida, a interpretação a ser dada é a que favoreça o consumidor.

Ademais, a doutrina suscita que o teor literal da Súmula não está de acordo com a redação do Código Civil atual, porque não se trata de situação de suspensão de prescrição, "mas sim de impedimento para um prazo que sequer começou a fluir." Portanto, a leitura admissível para a súmula é no sentido de que o prazo de um ano "para exercício da pretensão do segurado contra a seguradora só começa a contar de sua ciência sobre a decisão negativa de cobertura apresentada por escrito pela companhia de seguros",[32] porque antes disso não há direito violado e tampouco pretensão resistida e, portanto, não há poder de exigir judicialmente algo da seguradora sobre o qual ela sequer havia sido chamada a decidir ou que ainda estava fazendo levantamentos para decidir (regulação).

Seria possível inclusive adotar a lógica do art. 200 do CC ao tema sob análise, no sentido de que, se não há contagem de prazo prescricional quanto à ação que depender de fato a ser apurado no juízo criminal até que seja proferida sentença definitiva, é razoável que não haja cômputo da prescrição quando o pagamento da indenização prevista em contrato de seguro quando depender de regulação, até que o segurado ou o beneficiário (conforme o caso), seja devidamente cientificado da decisão da seguradora.

Analisados pontos concretos quanto à questão do prazo prescricional, cabe referir, ainda que brevemente, que a obrigação de comunicação correta, completa e adequada entre as partes no decorrer da execução do contrato, especialmente da fase de regulação do sinistro é imperativo decorrente da incidência do princípio da boa-fé objetiva ao contrato de seguro, prevista expressamente no art. 765 do CC, e do correlato dever de informar.[33]

Com isso, legitimamente espera-se que uma das partes se conduza de modo a ter em conta os interesses da outra, "numa relação de cooperação, polarizada por uma finalidade comum",[34] que é o adimplemento das obrigações (diretas ou anexas). A boa-fé objetiva também atua como cânone interpretativo, como fator de contenção do exercício de direitos em desconformidade com o sistema jurídico, de promoção de condutas adequadas ou de produção de deveres secundários de conduta.[35]

Conforme dispõe o § 1º do art. 332 do CPC, nas causas que dispensarem instrução probatória para esclarecer fatos que repercutam na prescrição, o juiz poderá julgar liminarmente improcedente o pedido do segurado ou do beneficiário contra a seguradora, quando verificar, desde logo, a sua ocorrência.

Esse pronunciamento, na forma do inciso II do art. 487 do CPC, pode ocorrer de ofício ou a requerimento da parte, sendo que, se a causa depender de instrução, a análise quanto ao ponto deve ser feita posteriormente, por sentença, depois de ouvidas as

---

32. MELO, Gustavo de Medeiros. Os sete erros da Súmula 229 do STJ. *Coluna Migalhas de peso*. Publicado em 29.04.2023. Disponível em: https://www.migalhas.com.br/depeso/344691/os-sete-erros-da-sumula-229-do-stj.

33. Uma especificação quanto as particularidades do dever de informar no contrato de seguro, e sobre o fato de que a informação em excesso pode ser "contraproducente" consta em CORDEIRO, Antônio Menezes. *Direito dos seguros*. Coimbra: Almedina, 2013. p. 564-570.

34. PASQUALOTTO, 2008. p. 107.

35. Sobre esse tema, vide MARTINS-COSTA, Judith. *A boa-fé no direito privado*: sistema e tópica no processo obrigacional. São Paulo: Ed. RT, 2000. p. 427 a 472.

partes a respeito dessa possibilidade, considerando-se os termos do parágrafo único do referido artigo (pois as partes devem ter a oportunidade de alegar a eventual ocorrência de causas que suspendam, interrompam ou impeçam a prescrição).

A validade do reconhecimento da prescrição, porém, está condicionada à emissão de sentença, e não a mera decisão, de acordo com o art. 925 do CPC.[36]

E, quanto ao entendimento de que a nova interpretação dada à Súmula 229, no sentido de que ela poderia dar a entender que o segurado ou o beneficiário teria "um prazo ilimitado para comunicar o sinistro",[37] esse temor não teria razão de ser ao ser concedida interpretação razoável ao disposto no art. 771 do CC, segundo o qual a informação de ocorrência de sinistro ao segurador por parte do segurado deve ocorrer "logo que o saiba". Embora esse seja um típico exemplo de conceito jurídico indeterminado, não poderá o segurado injustificadamente demorar demasiado tempo para efetivar essa comunicação, e isso não traz qualquer insegurança ao direito securitário, conquanto o ideal seja – *de lege ferenda* – que o tema seja revisitado pelo legislador, a fixar um prazo para evitar dúvidas a respeito e tornar mais objetiva a apreciação da questão.

Efetivada a análise proposta, parte-se para as notas conclusivas.

VI. CONSIDERAÇÕES FINAIS

Neste texto, foram lançadas algumas noções a respeito do contrato de seguro e a sua dinâmica a partir da ocorrência do sinistro, com ênfase na regulação e no prazo para o ajuizamento da ação destinada à cobrança da indenização relacionada à cobertura que tenha sido negada, total ou parcialmente.

Destacou-se a complexidade do processo obrigacional envolvido na relação jurídica securitária, o conteúdo da Súmula 229 do STJ, seus problemas de redação e de interpretação, e a necessidade de que o seu teor seja reinterpretado e compatibilizado com o texto do atual Código Civil, o que já vem sendo feito pelo próprio STJ, a partir da análise de recentes julgados que trataram do termo inicial da prescrição e que efetivamente consideram a data da negativa da seguradora como o momento em que fluirá o prazo prescricional, sem que mais se fale em *suspensão* do prazo, embora a questão ainda não esteja completamente pacificada na Corte, pacificação essa altamente desejável à preservação da segurança jurídica e como pauta de conduta clara dos envolvidos.

Por fim, o tema suscita e seguirá suscitando controvérsias, tais como a inconsistência e insuficiência da redação do art. 206, § 1º, II, do Código Civil aos casos distintos

---

36. Nos termos do Enunciado 161 do Fórum Permanente de Processualistas Civis: "É de mérito a decisão que rejeita a alegação de prescrição ou de decadência".
37. BARBOSA DE OLIVEIRA, Márcia Cicarelli; PELLEGRINI, Laura. Aspectos práticos e controvertidos da prescrição nos contratos de seguro de pessoas e de danos. In: TZIRULNIK, Ernesto; BLANCO, Ana Maria; CAVALCANTI, Carolina; XAVIER, Vítor Boaventura. *Direito do seguro contemporâneo*. Edição comemorativa dos 20 anos do IBDS. São Paulo: Editora Contracorrente, 2021. t. I. p. 554.

dos expressamente indicados no texto da regra, *v.g.* nas situações de reembolsos ou pagamentos de custos de defesa em procedimentos administrativos ou de processos na esfera penal que podem fazer parte da cobertura de contratos de seguro de responsabilidade civil profissional (*Errors and Omissions – E&O*), debates estes que, conquanto sejam importantes, extrapolam os limites deste texto e que necessariamente demandarão respostas específicas.

REFERÊNCIAS

ALMEIDA COSTA, Mário Júlio de. *Direito das Obrigações.* 9. ed. Coimbra: Almedina, 2006.

AMORIM FILHO, Agnelo. Critério científico para distinguir a prescrição da decadência e para identificar as ações imprescritíveis. *Revista dos Tribunais*, v. 744, p. 725, out. 1997.

ARRUDA ALVIM, José Manuel de. Da prescrição intercorrente. In: CIANCI, Mirna (Coord.). *Prescrição no Código Civil*: uma análise interdisciplinar. São Paulo: Saraiva, 2005.

BARBOSA DE OLIVEIRA, Márcia Cicarelli; PELLEGRINI, Laura. Aspectos práticos e controvertidos da prescrição nos contratos de seguro de pessoas e de danos. In: TZIRULNIK, Ernesto; BLANCO, Ana Maria; CAVALCANTI, Carolina; XAVIER, Vítor Boaventura. *Direito do seguro contemporâneo*. Edição comemorativa dos 20 anos do IBDS. São Paulo: Editora Contracorrente, 2021. t. I.

BERNANRDINA DE PINHO, Humberto Dalla. Direito Individual homogêneo (uma leitura e releitura do tema). *Revista da EMERJ*. v. 7. n. 25, p. 123-136, 2004.

CARDOSO, Paulo Leonardo Vilela. A prescrição intercorrente no novo Código de Processo Civil. In: ROSSI, Fernando et al. (Coord.). *O futuro do processo civil no Brasil*: uma análise crítica ao Projeto do novo CPC. Belo Horizonte: Fórum, 2011.

CORDEIRO, Antônio Menezes. *Direito dos seguros.* Coimbra: Almedina, 2013.

CRAMER, Ronaldo. Ensaio sobre a distinção entre prescrição e decadência. In: ASSIS, Araken de et al. (Coord.). *Direito Civil e Processo.* Estudos em homenagem ao Professor Arruda Alvim. São Paulo: Ed. RT, 2008.

CORREIA, Atalá. *Prescrição.* Entre passado e futuro. São Paulo: Almedina, 2021.

COUTO E SILVA, Clóvis V. do. *A obrigação como processo.* Rio de Janeiro: Editora FGV, 2006.

GOMES, Orlando. *Contratos.* 26. ed. Rio de Janeiro: Forense, 2008.

IUDICA, Giovanni; ZATTI, Paolo. *Linguaggio e regole del diritto privato.* 7. ed. Padova: Cedam, 2006.

LEAL, Antônio Luís da Câmara. *Da prescrição e da decadência.* Teoria Geral do Direito Civil. Atual. José de Aguiar Dias. 2. ed. Rio de Janeiro: Forense, 1959.

LEAL DE CARVALHO, Carlos Eduardo S. O princípio da boa-fé e a impossibilidade de a seguradora modificar, em sede judicial, os motivos do seu entendimento manifestado após a regulação de sinistro. In: TZIRULNIK, Ernesto. *Direito do seguro contemporâneo*: edição comemorativa dos 20 anos do IBDS. São Paulo: Editora Contracorrente, 2021.

MELO, Gustavo de Medeiros. Os sete erros da Súmula 229 do STJ. *Coluna Migalhas de peso.* Publicado em: 29 abr. 2023. Disponível em: https://www.migalhas.com.br/depeso/344691/os-sete-erros-da-sumula-229-do-stj.

MARTINS-COSTA, Judith. *A boa-fé no direito privado*: sistema e tópica no processo obrigacional. São Paulo: Ed. RT, 2000.

MARTINS-COSTA, Judith. Contratos. conceito e evolução. In: LOTUFO, Renan; NANNI, Giovanni Ettore (Coord.). *Teoria geral dos contratos.* São Paulo: Atlas, 2011.

MIRAGEM, Bruno. O direito dos seguros no sistema jurídico brasileiro: uma introdução. In: MIRAGEM, Bruno; Carlini, Angélica (Coord.). *Direito dos seguros*: fundamentos de direito civil, direito empresarial e direito do consumidor. São Paulo: Ed. RT, 2014.

MIRAGEM, Bruno; PETERSEN, Luiza. Regulação do sinistro: pressupostos e efeitos na execução do contrato de seguro. *Revista dos Tribunais*. São Paulo. v. 1025, p. 291-324, mar. 2021.

PASQUALOTTO, Adalberto. *Contratos nominados III*. São Paulo: Ed. RT, 2008.

PONTES DE MIRANDA, Francisco Cavalcante. *Tratado de Direito Privado*. São Paulo: Ed. RT, 1971. t. 6.

RIZZARDO, Arnaldo. *Contratos*. 12. ed. Rio de Janeiro: Forense, 2011.

SILVA, Ovídio Araújo Baptista da. *Curso de Processo Civil*: processo de conhecimento. 7. ed. Rio de Janeiro: Forense, 2005.

SOARES, Flaviana Rampazzo. Dos requisitos ao reconhecimento da prescrição intercorrente no novo CPC – comentários ao Recurso Especial n. 1.589.753/PR. *Revista da AJURIS*. Porto Alegre, v. 43, n. 140, p. 399- 417, jun. 2016.

THEODORO JR., Humberto. Contrato de seguro. Ação do segurado contra o segurador. Prescrição. In: MARTINS-COSTA, Judith; FRADERA, Véra Jacob de (Org.). *Estudos de Direito Privado e Processual Civil*. São Paulo: Ed. RT, 2014.

TZIRULNIK, Ernesto. *Regulação do sinistro*. 3. ed. São Paulo: Max Limonad. 2001.

DESAFIOS À APLICAÇÃO DA INTELIGÊNCIA ARTIFICIAL NOS CONTRATOS DE SEGUROS

Ilan Goldberg

Doutor em Direito Civil pela Universidade do Estado do Rio de Janeiro – UERJ. Mestre em Regulação e Concorrência pela Universidade Cândido Mendes – UCAM e Pós-Graduado em Direito Empresarial LLM pelo IBMEC. Leciona na FGV Direito Rio, FGV Conhecimento, Escola de Magistratura do Estado do Rio de Janeiro – EMERJ e na Escola de Negócios e Seguros (ENS-Funenseg). Membro dos Conselhos Editoriais da Revista de Direito Civil Contemporâneo – RDCC e da Revista Jurídica da CNSeg. Sócio fundador de Chalfin, Goldberg & Vainboim Advogados Associados. Advogado e parecerista.

Resumo: Utilização massiva da *Internet*. Riscos. A relevância das *big techs*. Preocupações concernentes ao tratamento de dados pessoais. Assimetria de informação nos contratos de seguros. O *antes* e o *depois*. A abrangência da inteligência artificial nesses contratos. Perspectivas para o futuro. Para além dos seguros facultativos, a necessidade de desenvolvimento dos seguros obrigatórios.

Sumário: I. Introdução – II. Um parêntese importante: a relevância das *big techs* – III. O advento de tecnologia e suas consequências para os contratos de seguros; III.1 Assimetria de informação e a chamada "sistemática nova"; III.2 O tratamento dos dados; III.3 A abrangência da inteligência artificial nos contratos de seguros – IV. Inteligência artificial. Contratos de seguros e o porvir; IV.1 Pelo desenvolvimento dos seguros obrigatórios – V. Conclusões – Referências.

I. INTRODUÇÃO

A considerar que metade da população mundial[1] utiliza a *Internet*,[2] pode-se intuir que, em grossos números, 4 bilhões de pessoas encontram-se conectadas à grande rede. E nesse ritmo acelerado de crescimento, o tráfego de dados também se desenvolve de maneira agigantada, à ordem de dois dígitos por ano, pelo menos nos últimos dez anos,[3] o que se afigura ainda mais contundente a partir do exame específico dos dispositivos móveis (*tablets*, telefones portáteis etc.).

No Brasil, segundo pesquisa elaborada pela Fundação Getúlio Vargas, há mais de 424 milhões de dispositivos conectados à *Internet*, ou seja, para uma população de

---

1. A população mundial está em vias de superar os 8 bilhões de pessoas. Disponível em: https://www.worldometers.info/world-population/. Acesso em: 11 nov. 2022.
2. International Telecommunications Union. (ITU). ICT Facts& Figures 2015: The world in 2015. Disponível em: http://www.itu.int/en/ITU-D/Statistics/Documents/facts/ICTFactsFigures2015.pdf. Acesso em: 11 nov. 2022.
3. O tráfego de dados pela internet cresceu 31% em 2012, 24% em 2013 e 21% em 2014. Quando considerado apenas a utilização de dispositivos móveis, este volume cresceu 57% em 2012, 62% em 2013 e 64% em 2014. Somente pelo aplicativo WhatsApp, mais de 30 bilhões de mensagens são enviadas todos os dias. (KLEINER; PERKINS; CAUFIELD; BYERS (KPCB). *Internet Trends 2016: Code Conference.* Mary Meeker, june 2016. Disponível em: http://www.kpcb.com/internet-trends. Acesso em: 27 dez. 2022.

aproximadamente 220 milhões de pessoas, há cerca de 2 dispositivos móveis para cada cidadão.[4]

Nesse sentido, já é possível fazer uma singela constatação: à exata medida em que estar conectado à Internet é uma realidade incontestável, não há dúvida de que a reboque das facilidades e da conveniência trazidas pela grande rede apresentam-se os terríveis riscos cibernéticos, considerados pela OCDE como um dos piores males a afetar a sociedade contemporânea, com potencial ofensivo ainda pior do que o terrorismo.[5]

Os avanços tecnológicos propiciaram novas formas de se fazer negócios, designadamente as chamadas plataformas *peer to peer,* caracterizadas, entre outros atributos, pela desburocratização e pela desintermediação, ou seja, a possibilidade de que se pudesse concluir os mais variados negócios de maneira direta, eficiente, e independentemente de intermediários.

Foi nessa arena que a plataforma tecnológica *Uber* ganhou notoriedade, surgida em 2009.[6] Com ingresso, originalmente, nos serviços de transporte de passageiros, a empresa foi disruptiva na medida em que trouxe um serviço inovador, eficiente, de melhor qualidade e preço do que aquele comumente oferecido pelos táxis mundo afora. O resultado prático é conhecido por todos: num espaço de tempo curto, a plataforma passou a item de primeira utilidade/necessidade de pessoas nos mais diversos países, nada obstante a forte resistência empregada por taxistas, inclusive de maneira às vezes violenta. É que a inovação em termos de qualidade, preço e eficiência é mesmo dificilmente combatida. Quando se pensa no consumidor como o destinatário final do serviço oferecido, e na real necessidade de agradá-lo, não adianta resistir de maneira egoísta, deixando de refletir a respeito do maior interessado na prestação do serviço em questão.

Os efeitos trazidos pelo *Uber* se expandiram para muito além dos serviços prestados pela empresa, naquilo que os economistas batizaram como a *uberização* da economia, que se alastrou por nichos os mais diversos, como, *e.g.,* hospedagem (Air B&B), comércio

---

4. Disponível em: https://portal.fgv.br/noticias/brasil-tem-424-milhoes-dispositivos-digitais-uso-revela-31a-pesquisa-anual-fgvcia. Acesso em: 22 out. 2022.

5. "Cyber risk was identified as the risk of highest (or second-highest) concern to doing business in more than one third of OECD countries in the World Economic Forum's 2017 Global Risk Report (and among the five risks of greatest concern in more than half of OECD countries, a higher share than either terrorist attacks or natural disasters)." (OECD. *Enhancing the Role of Insurance in Cyber Risk Management.* Paris: OECD Publishing, 2017. p. 11. Disponível em http://dx.doi.org/10.1787/9789264282148-en. Acesso em: 27 dez. 2022). Ilustrativamente, no mesmo sentido é a análise de dados provenientes do empresariado na Alemanha: "Cyber risks (e.g. cybercrime, IT failure/outage, data breaches, fines and penalties) are among the most critical business risks for companies worldwide in the 21st century. [...] Over the past two years, for example, cyberattacks caused total losses for companies in Germany of around EUR 205.7 billion". (WREDE, Dirk; STEGEN, Tino; SCHULENBURG, Johann-Matthias Graf von der. Affirmative and silent cyber coverage in traditional insurance policies: Qualitative content analysis of selected insurance products from the German insurance market. *The Geneva Papers on Risk and Insurance – Issues and Practice,* n. 45, 2020, p. 657-689. Disponível em: https://doi.org/10.1057/s41288-020-00183-6. Acesso em: 14 dez. 2022).

6. A história contada pela própria empresa encontra-se disponível em: https://www.uber.com/pt-BR/newsroom/history/, acesso em: 27 dez. 2022.

eletrônico (Mercado Livre, Amazon, OLX), hotelaria (Booking, Hotéis), e, mais especificamente nos mercados financeiros e de seguros, as *fintechs* e as *insurtechs*.[7]

A *uberização* do mercado de seguros, queiramos ou não, já vem produzindo efeitos visíveis. O que pensar, por exemplo, a respeito do papel dos corretores de seguros, especificamente no tocante à aproximação das partes? Se, já há algum tempo, é perfeitamente possível contratar uma apólice por meio do *download* de um aplicativo num *smartphone*, claramente a referida função deixou de ser essencial. Por óbvio, ainda haverá alguns ramos mais específicos/complexos, nos quais esse fazer por parte dos corretores ainda estará presente, mas, convenhamos, à generalidade dos seguros de tipo massificado, esta não mais corresponde à realidade.

Também há que refletir a respeito da missão a ser exercida pelos órgãos reguladores. Se, no passado, as matrizes estiveram voltadas à higidez econômico-financeira das seguradoras e à proteção dos consumidores, na contemporaneidade, mais do que nunca, é preciso introduzir a matriz da inovação. É fundamental ter o olhar vertido, concomitantemente, à higidez do mercado, aos consumidores e à inovação, justamente para que os interesses daqueles sejam mais bem atendidos.

Às seguradoras, da mesma maneira, é preciso repensar a sua atuação. Se, antigamente, a pujança de uma seguradora era medida pelo número de segurados/apólices que ela comercializava, atualmente parece bem claro que a pedra de toque deixou de ser a quantidade e passou a ser a qualidade. Foi, como afirmou o executivo norte-americano Onno Bloemers, "*to provide a better insurance experience*".[8]

Não há como negar, assim, as sérias mudanças estruturais pelas quais os mercados de seguros estão a passar.

II.   UM PARÊNTESE IMPORTANTE: A RELEVÂNCIA DAS *BIG TECHS*

Ao refletir a respeito dos desafios em termos de inteligência artificial aplicada nos contratos de seguros, parece-nos fundamental abrir um parêntese para cuidar, ainda que brevemente, daqueles que, na quadra atual, verdadeiramente protagonizam a nova geopolítica global, quais sejam, as *big techs*.

A ilustração abaixo, bastante elucidativa, revela um mundo sem fronteiras, ou melhor, um mundo cujas fronteiras virtuais são estabelecidas pelas *big techs* – Amazon, Google, Facebook, Apple, Twitter etc.

---

7.   O que entender pela *uberização* da economia? "Uber is just one of the many firms who have shaped today's sharing economy and changed the way we think about products and services. In the wake of its success, to "uberize" has come to mean introducing a new and different way of buying or using a product or service. In fact, Professor Xavier Pavie argues the accessing of services, rather than ownership of products, has become the new center our economy". Disponível em https://knowledge.essec.edu/en/innovation/video-uberization-and-rise-service-economy.html. Acesso em: 27 dez. 2022.

8.   "The end of the policy driven approach. [...] Instead of answering the question how do we sell more policies? This is the time to ask in which business are we?" (BLOEMERS, J.H.F. Onno. *The Future of Insurance* – From Managing Policies to Managing Risks. Disponível em: https://doi.org/10.1002/9781119444565.ch44. Acesso em: 19 out. 2022).

Figura 1 – Fonte: BAKKER, Maarten. DE RIJKE, Vincent. Is "Open Insurance" the next Uber of the industry? Disponível em https://www.innopay.com/en/publications/open-insurance-next-uber-industry. Acesso em: 11 mar. 2022.

O poder detido por esses gigantes tecnológicos não é debatido com a profundidade necessária o que, possivelmente, corresponda a uma consequência das incontáveis benesses trazidas à população de uma maneira geral. Tomando-se o *Google* como exemplo, em sua origem ele foi concebido como uma ferramenta de buscas gratuita, acessível por qualquer pessoa que estivesse conectada à grande rede.

O aspecto gratuito, por óbvio, motivou a sua utilização de maneira massiva, o que fez com que o número de usuários crescesse de modo exponencial. Para muito além da ferramenta de buscas (*search engine machine*), veja-se como essa poderosa empresa foi além: (i) *Gmail* (*email* também gratuito), *Google maps* (é possível encontrar de tudo que se deseja – museus, restaurantes, templos religiosos, lojas, shoppings, estádios de futebol etc.), *Google for education* (instrumento dedicado à educação, empregado por escolas e universidades mundo afora, que concentra lições, exames, respostas, dados dos professores, alunos etc.), *Google earth* (imagens em tempo real do local que se deseje visualizar, com apenas um clique no *mouse* do computador ou telefone celular) etc. Há também calendário, fotos, filmes, agenda, entre outras utilidades.

Sem que os usuários se deem conta, porque tudo é concebido no sentido de gerar uma experiência que lhes seja plenamente satisfatória, eles disponibilizam seus dados pessoais, sensíveis ou não, a essas plataformas. E, venhamos e convenhamos, nada obstante os termos postos pela Lei Geral de Proteção de Dados Pessoais brasileira, ou o Regulamento de Proteção de Dados europeu, convém indagar: os usuários estariam realmente consentindo com o uso de seus dados por essas plataformas?

A fim de problematizar essa intrigante questão, alguns fatos devem ser relembrados. O primeiro refere-se ao escândalo protagonizado pelo *Google*, chamado *Google Street View*.

A fim de abastecer o seu sistema *Google Earth*, acima referido, veículos do *Google* transitaram por grandes cidades mundo afora, com o objetivo de coletar imagens daquelas localidades. O que a *Google* não informou, à época, foi que os sofisticados aparatos tecnológicos instalados nos seus carros estavam a coletar, para além das inofensivas imagens daquelas áreas, dados (sensíveis ou não), senhas, imagens íntimas etc. de todos os moradores das regiões pelas quais os carros passaram.

O escândalo ganhou a mídia de diversos países da Europa como, por exemplo, matéria publicada pelo tradicional tabloide inglês, *The Guardian*, quando a empresa admitiu o *equívoco* cometido – "*Google admits collecting Wi-Fi data through Street View Cars*", em 15.05.2010.

Ao leitor atento, talvez seja um pouco difícil imaginar que a gigante de tecnologia tivesse cometido um mero *equívoco*, não é mesmo? Em termos jurídicos, o *equívoco* corresponderia a uma conduta meramente culposa, uma saída honrosa à empresa, que acabou pagando algumas multas e resolveu a questão sem maior alarde. Se se quiser permanecer na seara da culpa, parece-nos que esta seria, no mínimo, uma culpa gravíssima, aquela que, segundo o brocardo romano, equivale ao dolo – *culpa lata dolo aequiparatur*, por uma questão de lógica bem simples: "com grandes poderes vêm grandes responsabilidades".[9] A obtenção das imagens de residências das pessoas, pelos quatro cantos do planeta, deveria ter sido conduzida com muito mais cautela.

Na ocasião, o Jornal "O Estado de São Paulo", de maneira irônica, publicou o seguinte comentário:

A Stasi ficaria verde de inveja se pudesse coletar esses tipos de dados", escreveu o jornal alemão Frankfurter Allgemeine Zeitung, em alusão ao órgão de inteligência e polícia secreta da República Democrática Alemã. "O que se chamava de 'espionagem estatal' no passado hoje se chama 'Google Street View'", acrescentou.[10]

Robert Epstein e Ronald Robertson publicaram, nos Estados Unidos da América, artigo no qual defendem que o *Google* (leia-se, *search engine machines*) teria a capacidade de influenciar o resultado das eleições.[11] De maneira ainda mais abrangente, Epstein concedeu uma longa entrevista ao polêmico *podcast* de Joe Rogan ("The Joe Rogan Experience"), no qual detalhou o *modus operandi* da empresa com essa finalidade.[12]

Segundo Epstein, no dia das eleições presidenciais em 2016, nos EUA, todos os usuários do *Google*, quando acessaram os seus dispositivos (*desktops, smartphones, Ipads* etc.), depararam-se como uma simpática mensagem que dizia: "*go vote!*". De viés democrático, a mensagem estimulava a que todos os usuários da empresa fossem exercer o direito ao voto, facultativo naquele país.

---

9. Em alusão à clássica fala do Tio Ben a Peter Parker, o Homem-Aranha. Disponível em: https://www.youtube.com/watch?v=9ZITJouEeY8. Acesso em: 27 dez. 2022.

10. ALEMANHA vai analisar a proposta do Google. O Estado de São Paulo, São Paulo, 12 de agosto de 2010. Disponível em: https://www.estadao.com.br/link/alemanha-vai-analisar-a-proposta-do-google/. Acesso em: 12 jan. 2023.

11. EPSTEIN, Robert. ROBERTSON, Ronald E. *The search engine manipulation effect (SEME) and its possible impact on the outcomes of elections*. Disponível em: www.pnas.org/cgi/doi/10.1073/pnas.1419828112. Acesso em: 28 out. 2022.

12. The Rogan Experience. Joe Rogan. Episódio 1768. Podcast. Disponível em: https://open.spotify.com/episode/4q0cNkAHQQMBTu4NmeNW7E?si=4a6cb24c7876417e&nd=1. Acesso em: 14 nov. 2022.

O que a empresa não divulgou foi o racional que embasou essa iniciativa. Baseada nos dados que coleta diuturnamente, a empresa sabia que os usuários de perfil mais democrata (alinhados à ideologia do partido democrata, nos EUA), costumavam votar mais do que os usuários da ala republicana.

Assim, a mensagem *"go vote"* teria tido a finalidade de fazer com que mais democratas votassem, justamente a fim de que sua candidata, Hillary Clinton, ganhasse o pleito. Por apartadíssima margem de fotos, a Sra. Clinton acabou derrotada nas urnas pelo candidato republicano, Donald Trump. Vale dizer que a candidata democrata teve mais votos do que o republicano, cuja vitória, nada obstante, decorreu do complexo sistema de eleições norte-americano.

Ainda de acordo com a pesquisa empírica de Robert Epstein, eleições em países democráticos costumam ser bastante acirradas e o vencedor é laureado por uma margem pequena de votos. Nota-se, dessa maneira, o poder detido pela empresa na escolha dos destinos de uma nação.[13]

Para fechar o parêntese relacionado às *big techs,* deseja-se sublinhar um aspecto derradeiro, qual seja, as chamadas *"Google black lists",* ou, no vernáculo, as listas sombrias do *Google.* Na qualidade de uma empresa privada, ela vende espaço aos seus anunciantes, o que, com efeito, afigura-se normal. Aqueles que compram espaço aparecem logo no início da primeira página da busca; os que anunciam, mas, pagam menos, na segunda, terceira, quarta posição, segunda, terceira página, e assim por diante. Estatisticamente, quando os usuários desejam comprar algo, muito dificilmente passam da primeira página.[14]

O que não está nos holofotes, porém, é que além da questão financeira própria do capitalismo no qual vivemos – aqueles que pagam mais têm direito à melhor posição no *site* – há uma questão relevantíssima em torno da manipulação das chamadas listas sombrias. Cabe ao *Google* e somente a ele, independentemente de qualquer fiscalização/ regulação, ao argumento de que se trata de uma empresa privada, que desenvolve atividade econômica, manipular uma lista de empresas que ficam de fora de sua rolagem, ou seja, encontram-se banidas do sistema. E, o que motiva essa extirpação, não é divulgado, tampouco comentado.

Em síntese, pobre será o empresário que, mesmo sem conhecer as razões, estiver foram da poderosíssima rolagem concebida pelo *Google.*

Fechado o parêntese, o que se deseja realçar é que as *Big techs* detém um poder enorme, capaz de, justamente por causa dos dados robustos que armazenaram e arma-

---

13. Para uma análise detalhada do conteúdo da entrevista de Robert Epstein a Joe Rogan, remete-se a EPSTEIN, Robert. *Google's triple threat. To democracy, our children and our minds. Prepared for the Joe Rogan experience.* January 20, 2022. Disponível em: https://redpilledtruthers.org/wp-content/uploads/2022/02/GOOGLES-TRI-PLE-THREAT.pdf. Acesso em: 27 dez. 2022. Os temas abordados pelo professor são tão relevantes que ele foi convidado a depor perante o Senado dos EUA. Para verificar a íntegra de seu depoimento, confira-se: https://www.judiciary.senate.gov/imo/media/doc/Epstein%20Testimony.pdf.

14. Essas também são conclusões de Robert Epstein e Ronald Robertson.

zenam, diariamente, há décadas, simplesmente zerar a assimetria de informação entre ela e os seus usuários. É como se não mais houvesse a possibilidade de guardar segredos, porque tudo, rigorosamente tudo, queiramos ou não, é ou será do conhecimento delas.[15]

Se, de fato, for possível eliminar a assimetria de informação, o que parece plenamente factível, quais seriam as consequências disto decorrentes aos contratos de seguros? E se, por hipótese, as *big techs* resolverem começar a operar em seguros, seja por iniciativa própria, seja associadas a outras empresas do setor?

III. O ADVENTO DE TECNOLOGIA E SUAS CONSEQUÊNCIAS PARA OS CONTRATOS DE SEGUROS

O aperfeiçoamento do sinalagma que qualifica o contrato de seguro está diretamente relacionado às informações transmitidas pelo proponente ao segurador, seja na fase pré-contratual, seja durante ou até mesmo após a extinção do vínculo, do que resultam deveres essenciais ao proponente e, posteriormente, uma vez concluído o contrato, ao segurado propriamente dito.

Na fase pré-contratual, por ocasião das tratativas, apresenta-se o dever de declaração inicial do risco, fundamental para que o segurador conheça as suas características e, assim, decida (ou não) pela subscrição. São conhecidos os problemas decorrentes da forma comumente empregada pelos seguradores para essa etapa, muitas vezes relacionados ao preenchimento de questionários imprecisos.

Disto advém entendimentos no sentido de impor a obrigação de garantia às seguradoras simplesmente porque não submeteram os proponentes à feitura de exames de saúde (seguros de pessoas), relativizando, assim, a incidência da máxima boa-fé a esses contratos.

Concluída a primeira etapa e emitida a apólice, na vigência do contrato poderão ocorrer circunstâncias que deverão ser levadas ao conhecimento da seguradora, considerando a modificação relevante do risco originalmente subscrito. (CC, art. 769).

Às duas etapas, antes e durante a execução do contrato, a máxima boa-fé como princípio caro e secular à funcionalidade desses contratos apresenta-se relevante, justamente no sentido de prover o segurador das informações necessárias à análise/subscrição do risco em questão. Toda assimetria de informação, segundo a sistemática ora aludida, pesa demais contra a seguradora que, a depender das circunstâncias, poderá ter emitido apólice pertinente a risco indesejado ou precificado a menor.

Essa sistemática, que preenchia esses dois deveres pela máxima boa-fé, prevaleceu desde os primórdios até a contemporaneidade. Assim o direito dos seguros sempre foi ensinado e, talvez por isso, na teoria geral dos contratos, a ele tenha sido atribuída a

---

15. Para que a abordagem não parecer apenas dedicada ao Google, veja-se, ilustrativamente, que o Twitter também está na berlinda, a partir de depoimento prestado por Peiter Zatko, ex-executivo da companhia, ao Senado dos EUA. Fonte: https://edition.cnn.com/webview/tech/live-news/peiter-zatko-hearing-twitter-privacy-security-09-13-2022/index.html. Acesso em: 22. Out. 2022.

característica de ser um contrato de máxima boa-fé (*uberrimae fides*), e não uma boa-fé comum, própria de quaisquer outros contratos. Esta foi, para boa compreensão do que será apresentado a seguir, a chamada *sistemática velha*.

III.1 Assimetria de informação e a chamada "sistemática nova"

Para bem compreender o que se deseja classificar como *sistemática nova*, tome-se como exemplo o funcionamento de *apps* (aplicativos) que, diuturnamente, coletam dados de saúde de seus usuários.

No universo dos esportes de *endurance* (resistência), são conhecidos os relógios (smart watches), além dos ciclocomputadores, capazes de armazenar, em tempo real, dados de saúde de seus usuários. Com enorme precisão – horas de sono, número de passadas e minutagem de exercícios praticados por dia (ciclismo, corrida, natação etc.), batimentos cardíacos, potência gerada etc. – vem ganhando notoriedade um aplicativo chamado *supersapiens*, que, em tempo real, além de acessar a todos os dados anteriormente referidos, provê informações relacionados à concentração de glicemia no sangue de seus usuários.[16]

A considerar que todos esses dados se encontram disponíveis e de acesso fácil, parece nítido que a assimetria de informação de outrora, própria da *sistemática velha*, está mesmo a ganhar novas cores na *sistemática nova*.

E em assim sendo, os dois deveres antes referidos – declaração inicial do risco e comunicação de fatos/circunstâncias agravantes/modificadoras do risco subscrito – devem ser revisitados, a considerar que a assimetria de informação caminha no sentido de sua redução/eliminação.[17]

Para além dos aplicativos de saúde, pense-se, também, nos seguros agrícolas cuja análise de risco passa a ser realizada a partir de informações colhidas via satélite e/ou através de drones e também na sistemática de contratação para os seguros paramétricos. Com efeito, é memo para se questionar e com razão a respeito da presença de assimetria de informação.

O advento da inteligência artificial aos contratos de seguros, preenchida por tecnologia de ponta, está a revolucionar esse mercado de uma maneira até então jamais vista. Já se podem observar os contratos de seguros para veículos *smart*, totalmente eletrônicos e baseados no uso de inteligência artificial. O mercado vem absorvendo

---

16. Para informações detalhadas, remete-se a: https://www.supersapiens.com/en-EN/. Acesso em: 23 out. 2022.

17. Especificamente no mercado dos seguros de pessoas, a companhia *Vitality* vem ganhando notoriedade nos Estados Unidos da América. Se a saúde debilitada de consumidores agrava os custos dos operadores de saúde em geral, a boa saúde pode ser remunerada, precificando-se os riscos respectivos positivamente. "If you had the chance to lower your health insurance premiums or to receive incentives for behaving healthily, would you do it? Vitality Health is counting on your answer being "yes." The company believes the way to revolutionize healthcare is to pay for wellness rather than pay for sickness as traditional insurance companies do. They use technology and data to track – and reward – healthy behavior." Disponível em: https://www.forbes.com/sites/bernardmarr/2019/05/27/this-health-insurance-company-tracks-customers-exercise-and-eating-habits-using-big-data-and-iot/?sh=5f1b8a4e6ef3. Acesso em: 27 dez. 2022.

essas mudanças e, assim, criando novas formas de contratação, muito mais eficientes e atentas às reais necessidades dos segurados. Citam-se, *e.g.*, seguros *taylor made*, *pay as you drive* ou *pay as you use*, seguros intermitentes, entre outros.

Admitindo este fato, observam-se aspectos verdadeiramente positivos aos participantes do mercado, quais sejam:

(i) a subscrição escorreita dos riscos: com assimetria de informação tendendo a zero; o segurador cobre exatamente aquilo que observa e, assim, precifica o risco respectivo. O segurado paga o prêmio exato, proporcional ao risco que oferece. O sinalagma torna-se, assim, perfeito, mesmo em contratos aleatórios.

(ii) Como segundo aspecto positivo, pode-se intuir que haverá uma redução acentuada do número de fraudes. Se grande parte delas decorre, justamente, de problemas relacionados à prestação de informações nas fases anterior e durante a vigência do contrato, a sua inexistência, claramente, contribuirá demais à sua redução substancial.

(iii) As regulações de sinistros cujos riscos tenham sido perfeitamente subscritos deverão ser mais eficientes e menos burocráticas. Historicamente, há litigiosidade intensa entre segurados e seguradores decorrente de problemas atrelados à assimetria de informação. A sua eliminação acabará por simplificar as regulações de sinistros.

(iv) Ainda, como consequência, observa-se um campo fértil ao desenvolvimento das *Insurtechs* e do *open insurance* (*open finance*). As *Insurtechs* são criadas no ambiente tecnológico, sendo certo que parte importante de sua engrenagem decorre da utilização de inteligência artificial. E o *open insurance*, por seu turno, vem a reboque desses avanços tecnológicos, colocando o consumidor no centro da operação, mediante disponibilização de informações amplas de parte a parte, isto é, consumidor e fornecedor.[18]

Observados os aspectos positivos, há que destacar agora as preocupações respectivas, relacionadas ao tratamento dos dados.

III.2   O tratamento dos dados

Nada obstante a vigência da Lei Geral de Proteção de Dados Pessoais (Lei 13.709/2018) no Brasil desde agosto de 2018, e, nesse sentido, a aplicabilidade de suas sanções a partir de agosto de 2021 (art. 65, inc. II), a questão subjacente é: como os dados dos usuários realmente estariam a ser empregados? Noutras palavras, haveria, verdadeiramente, consentimento livre e informado por parte dos usuários para o uso de seus dados nos mais diversos afazeres?

---

18. Para informações mais detalhadas a respeito do *open insurance* no Brasil, seja permitido referir ao nosso *O que esperar do Open Insurance no Brasil*. No prelo.

A essa altura, convém referir a uma obra pioneira e importantíssima à compreensão da matéria que, no País, por primeiro, tratou da discriminação pelos algoritmos justamente no mercado de seguros. Como bem pontuou Thiago Junqueira, especialmente na parte final do excerto a seguir:

> Ao uso desses e outros "dados não tradicionais" como munição à precificação algorítmica, contrapõe-se, todavia, a posição de vulnerabilidade do consumidor. Parece impositivo, com efeito, concordar-se acerca da necessidade de serem tomadas medidas aptas a moldar a aludida transição de eras, exigindo-se, por exemplo, acréscimo de transparência e accountability do segurador e buscando-se mitigar os riscos de invasão à privacidade e novas formas de discriminação. *De modo contrário, seria de se perguntar: caberia ao consumidor cruzar os dedos enquanto os seguradores cruzam os dados?*[19] (Destacou-se).

Sob a perspectiva dos riscos de origem cibernética – *e.g.* ação de *hackers*, pirataria, crimes virtuais, exigência de pagamento de recompensa para restituição de códigos fonte (*ransomware*) etc. – a questão relativa ao tratamento de dados se soma à anterior e, aqui, potencializam-se os problemas decorrentes, entre outros males, da discriminação por algoritmos.

Convém lembrar a essa altura daquela que é considerada a pioneira e mais bem sucedida *Insurtech*, a Lemonade, criada em Nova Iorque, Estados Unidos da América, em 2016.[20] Com atuação fortemente disruptiva, esta companhia adotou uma abordagem totalmente informal, simples, direta e no sentido de atender aos anseios dos segurados. Os clausulados enormes, densos e formais foram substituídos por pouquíssimas imagens a serem roladas nos *smartphones* dos segurados.

A subscrição dos riscos se fazia em instantes, tudo a partir do *download* de um aplicativo e da inserção dos dados respectivos. A mesma velocidade se observava na regulação dos sinistros, o que fez a novel companhia concluir este processo em impressionantes 3 segundos![21]

A instigante questão é: como regular e liquidar um sinistro de maneira tão rápida? Por intermédio de algoritmos programados para, a partir dos sinais identificados em mensagens de vídeo gravadas e enviadas pelos segurados, alcançar as conclusões necessárias.

Operando em ramos de seguros massificados – telefones celulares, residencial, locação, pets e, mais recentemente, automóveis, a *Lemonade* rapidamente conquistou parcela significativa do mercado em Nova Iorque, Estado no qual foi fundada. Outro

---

19. JUNQUEIRA, Thiago. *Tratamento de dados pessoais e discriminação algorítmica nos seguros*. São Paulo: Thomson Reuters Brasil, 2020. p. 30.
20. Para conhecer a história completa da seguradora, cfr.: https://investor.lemonade.com/home/default.aspx. Acesso em: 14 nov. 2022.
21. O impressionante feito foi amplamente divulgado pela mídia nos Estados Unidos da América. Veja-se: https://www.claimsjournal.com/news/east/2017/01/13/276202.htm. Acesso em: 14 nov. 2022.
   No Brasil, o prazo à regulação dos sinistros é de 30 (trinta) dias, segundo o disposto na Circular SUSEP 621/2021 (seg danos) e Circular SUSEP 667/2022 (seg pessoas). Às Insurtechs, o mesmo prazo de 30 dias foi assinalado pela Circular SUSEP 598/2020.

aspecto interessante de sua atuação dizia respeito à devolução, pela seguradora, de parte do prêmio recolhido para instituições de caridade de interesse dos segurados (*giveback*). Parte do valor recolhido, após paga a sinistralidade havida num determinado período, seria revertida à caridade, demonstrando o viés assistencial da empresa.

Revolucionária e disruptiva? Sim, sem dúvida. Aspectos positivos ao mercado, aos segurados, e, também às demais seguradoras, no sentido de estimular a concorrência e introduzir inovação? Sim, da mesma maneira. Algum aspecto negativo a ressaltar?

Uma *class action* proposta contra a Lemonade, baseada em argumento bastante delicado, ganhou importância midiática nos Estados Unidos. Segundo a narrativa autoral, a companhia teria programado os seus algoritmos de maneira a discriminar alguns de seus segurados, o que decorreria daqueles mesmos sinais enviados através dos vídeos gravados instantes após a ocorrência dos sinistros.

Afirma-se que a narrativa em questão é bem delicada porque ela coloca em xeque o próprio *modus operandi* da empresa. Se é a partir da programação dos algoritmos que ela decide pelo pagamento ou pela recusa de uma cobertura, nota-se aqui uma verdadeira pedra de toque de toda a operação.[22] Não teria sido sem razão que essa *class action* foi finalizada por acordo, por meio da qual a seguradora pagou o equivalente a US$ 4,000,000 e, assim, antes que o processo tenha sido julgado, encerrou-o.

Chega-se, assim, a um problema central no tocante ao emprego de inteligência artificial nos contratos de uma maneira geral, e, também, nos contratos de seguros, qual seja, a responsabilidade pelo uso dos algoritmos. Ora, o que são os algoritmos? É possível responsabilizá-los? Ou a seus programadores? E, à vítima de sua má programação, como endereçar a sua demanda indenizatória? Em tempos de tecnologia e inteligência artificial, seria viável continuar discutindo a responsabilidade civil baseada na culpa?

Em citação bastante curta e ao mesmo tempo explicativa, diz-se que "*Algorithms are simply a set of step by step instructions, to be carried out quite mechanically, so as to achieve some desired result*".[23]

Com as limitações próprias de um texto jurídico para questões tecnológicas, pode-se entender o algoritmo como um instrumento programado por alguém, com o propósito de alcançar uma determinada finalidade.

Tome-se novamente como exemplo as questões relacionadas aos dados de saúde, objeto de aplicativos (e seus algoritmos) capazes de absorvê-los e, assim, deles extrair respostas que induzem à precificação para mais ou para menos dos prêmios dos respectivos segurados.

---

22. A discriminação baseada no domicílio de usuários, no sentido de aumentar preços ou, simplesmente, rejeitar pedidos foi objeto da atenção de Laís Bergstein, ao abordar o "caso Decolar". (BERGSTEIN, Laís. Inteligência artificial nas práticas de geopricing e geoblocking: a tutela dos vulneráveis nos contratos eletrônicos. In TEPEDINO, Gustavo. SILVA, Rodrigo da Guia. *O direito civil na era da inteligência artificial*. São Paulo: Thomson Reuters Brasil, 2020. p. 21).
23. BARBIN, É. et al. *A History of Algorithms*. Berlin: Springer-Verlag., 1999, p. 1.

Imagine-se, assim, que o candidato A seja atlético, durma 8 horas por noite, não fume, não dirija em velocidade elevada etc. Já o candidato B é sedentário, dorme mal, fuma e guia como um desvairado. O algoritmo bem programado dirá: prêmio para A equivalente a 10 moedas; para B, 20 moedas.

O exemplo ora referido é manualístico e, ao menos aparentemente, parece fazer sentido, guardar lógica. Mas, e se, como dito, baseado no fato de que o candidato mora numa região menos favorecida da cidade, ele tiver a sua proposta rejeitada pelo algoritmo, que assim teria sido programado? Seria, como se observa, uma prática discriminatória por parte dele, a ensejar a reparação devida?

Prosseguindo com mais uma citação perspicaz, os algoritmos podem ser vistos como uma típica caixa preta: é possível neles observar *inputs* e *outpus*, mas não como um chega ou se converte no outro.[24]

Adicionalmente, parece pertinente a crítica que observa um acentuado reducionismo no processo de decisão adotado pelos algoritmos. É que, claramente, a realidade social hipercomplexa seria muito dificilmente passível de programação. É exatamente o que afirma D. McCloskey:

> A redução da realidade social complexa a teoremas matemáticos ganhou ainda mais atração a partir da segunda metade do século XX. Sua lógica subjacente, todavia, resta hoje questionada, inclusive pela própria tradição liberal, que reconhece a limitação da absorção da realidade por modelos numéricos: "o problema é que um número pode ser economicamente importante, mas nem por isso livre de ruído. E também pode ser lindamente livre de ruído, mas não ter a menor importância.[25]

Como, então, resolver o problema? Ana Frazão e Carlos Goettenauer sugerem um caminho interessante, ao proporem a necessidade de que as decisões/condutas dos controladores dos algoritmos sejam fundamentadas, assim como devem ser as decisões judiciais:

> [...] o direito à explicação corresponde, nessa proposta conciliatória, ao dever do controlador de apresentar as razões da decisão automatizada, de maneira compreensível à ordem jurídica, tal como um juiz fundamenta sua sentença.[26]

Como se observa, é preciso *escalar* o problema e endereçá-lo a quem de direito, qual seja, o controlador, responsável pela programação do algoritmo que, concordamos, deverá fundamentar a sua decisão tal como um juiz, ao proferir a sua. O problema, no concernente às demandas indenizatórias, parecer permanecer porque, às vítimas, o esforço no sentido de demandar contra os controladores seria enorme, dispendioso e, por isso, muitas vezes inatingível.

---

24. "[...] we can observe its inputs and outputs, but we cannot tell how one becomes the other." (PASQUALE, F. *The Black Box Society*. Cambridge: Harvard University Press, 2015, p. 3).
25. MCCLOSKEY, D. *Os pecados secretos da economia*. São Paulo: Ubu editora, 2017, p. 55.
26. FRAZÃO, Ana. GOETTENAUER, Carlos. O jogo da imitação jurídica: o direito à revisão de decisões algorítmicas como um mecanismo para a necessária conciliação entre linguagem natural e infraestrutura matemática. In TEPEDINO, Gustavo. SILVA, Rodrigo da Guia. *O direito civil na era da inteligência artificial*. São Paulo: Thomson Reuters Brasil, 2020. p. 59.

Então, sob a perspectiva indenizatória – responsabilidade civil – associada à securitária, como melhor tutelar os interesses das vítimas?

O tema em questão será objeto da quarta parte desse artigo. Antes disso, porém, parece oportuno debater o alcance das mudanças comentadas. Como se viu no caso da *Lemonade*, as espécies securitárias contempladas dizem respeito aos ramos massificados – residencial, telefone celular, pets, veículos. Realidade similar também já se viu no Brasil com duas *Insurtechs* que, há pouco, deixaram o *sandbox* regulatório criado pela SUSEP. São elas a Pier[27] e a Iza.[28] Assim sendo, o emprego de inteligência artificial seria de melhor utilidade apenas nos seguros massificados? Seguros vertidos a riscos mais sofisticados também teriam vez?

III.3   A abrangência da inteligência artificial nos contratos de seguros

A aplicabilidade da inteligência artificial nos seguros massificados é plena e dispensa comentários mais aprofundados. Basta verificar o que já é feito em termos mercadológicos tanto no Brasil, quanto no exterior. À completude da resposta, resta então saber se o alcance também refere a seguros mais sofisticados, que cubram, a sua vez, riscos mais complexos. Adianta-se que a resposta é positiva.

Iniciando pelo mercado de seguros dos Estados Unidos da América, lá já se podem observar iniciativas no sentido de automatizar, mediante a aplicação de inteligência artificial, seguros para as chamadas linhas financeiras, é dizer, *D&O, E&O, cyber*, entre outros. Veja-se, exemplificativamente, os riscos subscritos pela *Vouch*[29] e pela *Embroker*.[30]

Ambas se tratam de MGAs (*managing general agents*), que agem por conta de seguradoras/resseguradores que lhes oferecem capacidade técnica para que possam operar. O mais – subscrição dos riscos, regulação dos sinistros, intermediação etc. fica por conta dos MGAs.

No Brasil, esta figura institucional ainda não foi objeto de regulação específica pela autoridade reguladora, nada obstante os termos consignados na Resolução CNSP 431/2021, a tratar de figura a ele similar em alguma medida, qual seja, a do representante de seguros.

Em suma, nos EUA já se vê, em larga medida, inteligência artificial empregada a riscos complexos, como são os próprios às linhas financeiras.

No Brasil, movimento semelhante também começa a ser identificado, igualmente sob a forma de MGA. É, *e.g.*, o caso da *Dual Latam*[31] e da Latu seguros.[32] Ambas adotam em suas plataformas componentes altamente tecnológicos para, nessa direção, subscrever riscos próprios às chamadas linhas financeiras.

---

27. Disponível em: https://www.pier.digital. Acesso em: 14 nov. 2022.
28. Disponível em: https://iza.com.vc. Acesso em: 14 nov. 2022.
29. Disponível em: https://www.vouch.us. Acesso em: 14 nov. 2022.
30. Disponível em: https://www.embroker.com. Acesso em: 14 nov. 2022.
31. Disponível em: https://www.dualgroup.com/dual-expands-to-latin-america. Acesso em: 14 nov. 2022.
32. Disponível em: https://www.latuseguros.com. Acesso em: 14 nov. 2022.

Em síntese, tanto no exterior quanto no País, a incidência de inteligência artificial é observada nos seguros massificados e em seguros mais complexos. O advento de tecnologia aos contratos de seguros está a transformá-los de maneira substancial. Sob a perspectiva doutrinária, estamos a verificar uma mudança total, a implicar na reanálise de institutos clássicos dos seguros como (i) dever de declaração inicial do risco; (ii) agravamento/diminuição/modificação do risco; (iii) aplicabilidade do princípio da máxima boa-fé. Em termos mais abstratos – direito civil "macro", o sinalagma que nós conhecemos – prêmio *vs.* obrigação de garantia (interesse legítimo) estaria a ser mesmo seriamente reformulado.

IV. INTELIGÊNCIA ARTIFICIAL. CONTRATOS DE SEGUROS E O PORVIR

No século passado, ainda sob a égide do Código Civil de 1916, a sistemática da responsabilidade civil era baseada na culpa. A vítima teria êxito em sua demanda indenizatória se comprovasse a culpa, dano e nexo causal por parte do lesante.

A Constituição Federal de 5.10.1988, amparada, entre outros princípios fundamentais, na dignidade da pessoa humana e no solidarismo, trouxe à tona a necessidade de rever os postulados daquela disciplina, firme no sentido de que a vítima não poderia ficar sem indenização. Era, reconhecidamente, a, por assim dizer, "falência" do sistema baseado na culpa, designadamente porque as vítimas, numa esmagadora maioria de hipóteses, não conseguiam se desincumbir de seus ônus e, ao final, acabavam relegadas à sua própria sorte.

Sobrevieram, assim, variadas hipóteses de responsabilidade objetiva, a fim de viabilizar a indenização às vítimas. Do olhar à culpa (nexo causal e responsabilidade civil subjetiva), o norte passou a se dirigir em prol do ressarcimento dos danos injustos – o chamado giro conceitual da responsabilidade civil, bem-visto por Orlando Gomes.[33] Digno de nota, assim, o Código de Defesa do Consumidor, quando positivou a responsabilidade objetiva de fornecedores e produtores e a inversão do ônus da prova – e, de maneira ainda mais ampla, a cláusula geral de responsabilidade objetiva, prevista no art. 927, parágrafo único, do Código Civil de 2002, sempre que se reconhecesse que determinada atividade era geradora de riscos às pessoas.

Para além da responsabilidade civil objetiva, observam-se na doutrina cada vez mais estudos no sentido do desenvolvimento de responsabilidade preventiva, isto é, ao

---

33. "Hoje, mudou o ângulo visual dessa teoria no tratamento dos problemas. O regime da responsabilidade está passando por uma revisão importante, e manifestam-se tendências que o renovam significativamente. A mais interessante mudança de ângulo visual é o giro conceitual do ato ilícito para o dano injusto. Acompanham-na: a) a substituição pelo mecanismo do seguro; b) a monetarização dos riscos. [...] Todas as transformações e propensões que acabam de ser enumeradas resultam de causas diversas, que as explicam pela mudança de condições de vida na corrente metade do século em curso, propícias à multiplicação dos danos, à criação pela indústria de novos riscos, à ocorrência de "danos anônimos e inevitáveis" e à proliferação de atividades perigosas." (GOMES, Orlando. Tendências modernas na teoria da responsabilidade civil. In: DI FRANCESCO, José Roberto Pacheco (Org.). *Estudos em homenagem ao Professor Silvio Rodrigues*. São Paulo: Saraiva, 1989. p. 293-294).

invés de reparar os danos causados, evitar a sua deflagração.[34] E, também, a propósito do nexo causal, estudos no sentido de relativizar a sua demonstração concreta em hipóteses específicas, caracterizadas por severas dificuldades às vítimas, ensejando o desenvolvimento do chamado nexo causal probabilístico.[35]

No universo dos contratos de seguros, também estamos testemunhando mudanças substanciais, conforme destacamos na primeira parte desse artigo. A subscrição, a intermediação, a regulação dos sinistros e, assim também, a obrigação de garantia, vêm sendo seriamente revistas, consequências da revolução tecnológica que vem impactando a economia como um tudo – a chamada *uberização* da economia e o emprego massivo de inteligência artificial.

Se, como dissemos, a declaração inicial do risco, o agravamento/modificação do risco, a influência da boa-fé, a precificação/subscrição, elaboração de apólices, ou seja, se o todo está a ser modificado, a sistemática dos seguros facultativos ainda iria ao pleno encontro das necessidades das vítimas?

Quando se afirma sistemática dos seguros facultativos, refere-se à necessidade de demonstração de culpa dos segurados pelas vítimas, ou, ainda, à confissão de culpa, pelos mesmos, para que aquelas tenham êxito em seus pleitos indenizatórios.

Observando a penetração dos seguros no Brasil, pode-se afirmar, com convicção, que a sistemática dos seguros facultativos é claramente insuficiente para lidar com as demandas das vítimas. Embora, quantitativamente, os números alusivos às apólices vendidas sejam de constante crescimento, a penetração ainda é muito pequena comparada àquilo que se enxerga em mercados mais maduros.[36]

---

34. Vide, a propósito: VENTURI, Thaís Goveia Pascoaloto. *A construção da responsabilidade civil preventiva no direito civil contemporâneo*. 2012. 349 f. Tese (Doutorado em Direito das Relações Sociais) – Faculdade de Direito, Universidade Federal do Paraná, Curitiba, 2012; LEVY, Daniel de Andrade. *Responsabilidade civil: de um direito dos danos a um direito das condutas lesivas*. São Paulo: Atlas, 2012., especialmente o capítulo 3. p. 124-167 e CARRÁ, Bruno Leonardo Câmara. *Responsabilidade civil sem dano*: uma análise crítica. Limites epistêmicos a uma responsabilidade civil preventiva ou por simples conduta. São Paulo: Atlas, 2015.

35. "[...] Quando se adota tal expressão no âmbito da responsabilidade civil pretende-se chamar a atenção do leitor para uma nova e possível categorização da responsabilidade civil não mais calcada somente nos fatores de atribuição de responsabilidade, isto é, na culpa – base da responsabilidade subjetiva – ou no risco – fundamento da responsabilidade objetiva – como os dois polos dicotômicos da responsabilidade civil. A terceira via da responsabilidade civil considera um terceiro elemento como qualificador da responsabilidade civil: o nexo causal. A partir de sua investigação e análise será possível considerar-se uma nova forma de responsabilização – para além da clássica bipartição – agora ampliada para alcançar uma hipótese de presunção de responsabilidade, baseada num juízo de causalidade probabilístico. Propõe-se, a partir desta hipótese, que em determinadas situações danosas – como algumas decorrentes de atividades de risco; as geradas por conta de causalidade alternativa; e as geradoras de danos de massa – seja concedida ao magistrado a faculdade de considerar a configuração de um dever reparatório independentemente da prova estrita da existência de um nexo de causalidade ligando o dano à conduta ou atividade desenvolvida. Haveria assim, e verdadeiramente, um juízo de probabilidade a ser realizado pelo magistrado, admitido os princípios informados do Direito de Danos atual, decorrentes de princípios constitucionais e objetivando a plena reparação do dano injusto". (MULHOLLAND, Caitlin Sampaio. *A responsabilidade civil por presunção de causalidade*. Rio de Janeiro: GZ Ed., 2010. p. 282-283).

36. Enquanto nos Estados Unidos da América a penetração dos seguros é da ordem de 12,5% e na Inglaterra de 11,4%, no Brasil é de 3,4%. Os dados são da OCDE para o ano de 2020. Para maiores informações, remete-se a https://stats.oecd.org/index.aspx?queryid=25444. Acesso em: 14 nov. 2022.

IV.1   Pelo desenvolvimento dos seguros obrigatórios

Considerando que os seguros facultativos são insuficientes à reparação das vítimas, o que está relacionado à dificuldade de que elas possam lidar com a responsabilidade em temas tecnológicos – *e.g.* a deflagração de demanda de indenização contra o controlador de um algoritmo – vem ganhando relevo na doutrina um movimento em prol do desenvolvimento dos seguros obrigatórios.

Caracterizados, sobretudo, pela facilidade de que as vítimas possam ser indenizadas, independentemente das agruras das demandas de responsabilidade e respectiva busca da comprovação e demonstração de culpados, os seguros obrigatórios se apresentam como um instrumento útil, capazes de, concomitantemente, ir ao encontro das necessidades das vítimas e prover o mercado de seguros de desenvolvimento, resultado de sua maior penetração na sociedade.

Nesse sentido, refere-se à lição de Jürgen Basedow:

> As digitalization is increasingly permeating the production, distribution and consumption of goods and services, the existing system of loss allocation through rules on liability and all kinds of insurances is getting under pressure. *Technological innovations connected with the emergence of artificial intelligence, the internet of things and robotics raise the question to what extent existing liability rules based on fault, i.e., the human ability to control and manage risks in a responsible way can be maintained and to what extent they require a reversal of the burden of proof or the introduction and channeling of strict liability. [...]*
>
> The introduction of strict liability in combination with compulsory liability insurance seems to offer a simple solution and an easy escape from the complexity of the questions.[37] (Grifou-se).

No mesmo sentido, no Brasil, é a posição de Daniel Dias,[38] que a fórmula de maneira mais abrangente e compreensiva, cuidando também do desenvolvimento de fundos públicos com viés indenizatório, que funcionariam justamente naquelas hipóteses residuais nas quais não houvesse seguro algum. Dias inicia a sua abordagem atentando à Resolução do Parlamento Europeu de 16.2.2017 (2015-2013 – INL) – a tratar de temas relacionados à robótica –, cuja solução passa pela criação de seguros obrigatórios.

Em síntese, Daniel Dias propugna pelo desenvolvimento de (i) seguros obrigatórios aos produtores ou proprietários de IA, (ii) um sistema de seguro inteligente para robôs,[39] fundos nacionais de seguros, destinados a custear todas as indenizações

---

37. BASEDOW, Jürgen. Liability insurance in the European Union – Dressing up "naked" insurance duties. In VEIGA COPO, Abel. (Dir.). *Dimensiones y desafíos del seguro de responsabilidad civil. Cizur Menor.* Navarra: Thomson Reuters Civitas, 2021. p. 71-89.
38. DIAS, Daniel. Implementação de seguro obrigatório de responsabilidade civil no contexto da inteligência artificial. In TEPEDINO, Gustavo. SILVA, Rodrigo da Guia. *O direito civil na era da inteligência artificial.* São Paulo: Thomson Reuters Brasil, 2020. p. 651-662.
39. Esta ideia seria inspirada na obra de LEVY, David. Inteligent no-fault insurance for robots. *Journal of Future Robot Life.* v. 1, p. 50, 2020.

decorrentes de acidentes,[40] e, por fim (iv) um seguro social universal para lesões corporais.[41]

A proposta em referência elimina o sistema de responsabilidade civil e é consideravelmente ampla, porque, para fins de indenizar, não distingue acidentes "puramente" causados por inteligência artificial daqueles que não o são.[42]

Como fundamento de ordem econômica à sua proposta, Jin Yoshikawa afirma, nas palavras de Dias, que *"o aumento da adoção de IA tem o potencial de reduzir enormemente as taxas de lesões pessoais. De acordo com os mais otimistas, ao final do século XXI, a IA terá não só reduzido lesões, como irá reverter o aquecimento global e curado a morte."*

V. CONCLUSÕES

A propósito da inteligência artificial e do direito à intimidade, há uma obra fundamental. Ela remete, entre outros aspectos, a um período histórico sombrio da humanidade, protagonizado na Alemanha nazista nos idos da Segunda Grande Guerra Mundial (1939-1945), ou seja, um passado bem recente. O ideário adotado à época era no sentido de que a maior transparência possível entre o Governo e os cidadãos seria perfeita, ao argumento de que quem não tem nada a temer, não teria nada a esconder.

O final da história alusiva a um dos maiores horrores da humanidade é notório, com mais de 20 milhões de mortos, dos quais 6 milhões foram assassinados por serem judeus. O que se deseja sublinhar, trazendo a pena de Stefano Rodotà, é que em tempos de inteligência artificial, de *big techs*, de redes sociais etc., o nosso direito à intimidade deve ser preservado. Vale ler esse excerto final com a atenção que ele merece:

> Menos privacidade, mais segurança" é uma receita falsa, avisa Stefano Rodotà. A propósito, ele recorre com frequência à metáfora do homem de vidro, de matriz nazista. A ideia do homem de vidro é totalitária porque sobre ela se baseia a pretensão do Estado de conhecer tudo, até os aspectos mais íntimos da vida dos cidadãos, transformando automaticamente em "suspeito" todos aquele que quiser salvaguardar sua vida privada. Ao argumento de que "quem não tem nada a esconder, nada deve temer", o autor não se cansa de admoestar que o emprego das tecnologias da informação coloca justamente o cidadão que nada tem a temer com uma situação de risco, de discriminação. "Menos cidadãos, mais suspeitos" é a expressão estigmatizante do momento.[43]

> Rodotà diz-se muito preocupado com a vida nesta sociedade de vigilância, cada vez mais observada, espionada, espreitada e perscrutada. Nas palavras do então Garante, "assédios por computadores, espiados por olhos furtivos, filmados por telecâmeras invisíveis. Os cidadãos da sociedade da informação, correm o risco de parecer homens de vidro: uma sociedade que a informática e a telemática estão tornando totalmente transparente.

---

40. SCHROLL, Carrie. *Splitting the bill: Creating a national car insurance fund to pay for accidents in autonomous vehicles.* Northwestern University Law Review. v. 109, n. 3, p. 814 ss., 2015.

41. Em conformidade com o pensamento de Jin Yoshikawa. *Sharing the costs of Artificial Intelligence: Universal No-Fault Social Insurance for Personal Injuries.* Vanderblit Journal of Entertainment & Technology Law., v. 21, p. 1178, 2019.

42. DIAS, Daniel. Op. cit., p. 659.

43. RODOTÀ, Stefano. *A vida na sociedade da vigilância* – a privacidade hoje. Org. Maria Celina Bodin de Moraes. Trad. Danilo Doneda e Luciana Cabral Doneda. Rio de Janeiro: Renovar, 2008. p. 8.

É fundamental, assim, sopesar os ônus e os bônus decorrentes do massivo advento de inteligência artificial nos contratos de seguros. A salvaguarda da nossa dignidade, do direito à nossa intimidade/privacidade, enquanto pessoas humanas que somos não, não se qualifica como direito disponível.

REFERÊNCIAS

BAKKER, Maarten. DE RIJKE, Vincent. Is "Open Insurance" the next Uber of the industry? Disponível em: https://www.innopay.com/en/publications/open-insurance-next-uber-industry. Acesso em: 11 mar. 2022.

BARBIN, É. et al. *A History of Algorithms*. Berlin: Springer-Verlag., 1999.

BASEDOW, Jürgen. *Liability insurance in the European Union – Dressing up "naked" insurance duties*. In VEIGA COPO, Abel. (Dir.). Dimensiones y desafíos del seguro de responsabilidad civil. Cizur Menor (Navarra): Thomson Reuters Civitas, 2021.

BASEDOW, Jürgen. Liability insurance in the European Union – Dressing up "naked" insurance duties. In VEIGA COPO, Abel. (Dir.). *Dimensiones y desafíos del seguro de responsabilidad civil. Cizur Menor*. Navarra: Thomson Reuters Civitas, 2021.

BERGSTEIN, Laís. Inteligência artificial nas práticas de geopricing e geoblocking: a tutela dos vulneráveis nos contratos eletrônicos. In: TEPEDINO, Gustavo. SILVA, Rodrigo da Guia. *O direito civil na era da inteligência artificial*. São Paulo: Thomson Reuters Brasil, 2020.

BLOEMERS, J.H.F. Onno. *The Future of Insurance* – From Managing Policies to Managing Risks. Disponível em: https://doi.org/10.1002/9781119444565.ch44. Acesso em: 19 out. 2022.

CARRÁ, Bruno Leonardo Câmara. *Responsabilidade civil sem dano*: uma análise crítica. Limites epistêmicos a uma responsabilidade civil preventiva ou por simples conduta. São Paulo: Atlas, 2015.

DIAS, Daniel. Implementação de seguro obrigatório de responsabilidade civil no contexto da inteligência artificial. In: TEPEDINO, Gustavo. SILVA, Rodrigo da Guia. *O direito civil na era da inteligência artificial*. São Paulo: Thomson Reuters Brasil, 2020.

EPSTEIN, Robert. *Google's triple threat. To democracy, our children and our minds. Prepared for the Joe Rogan experience*. January 20, 2022. Disponível em: https://redpilledtruthers.org/wp-content/uploads/2022/02/GOOGLES-TRIPLE-THREAT.pdf. Acesso em: 28 ago. 2022.

EPSTEIN, Robert. ROBERTSON, Ronald E. *The search engine manipulation effect (SEME) and its possible impact on the outcomes of elections*. Disponível em: www.pnas.org/cgi/doi/10.1073/pnas.1419828112. Acesso em: 28 ago. 2022.

FRAZÃO, Ana. GOETTENAUER, Carlos. O jogo da imitação jurídica: o direito à revisão de decisões algorítmicas como um mecanismo para a necessária conciliação entre linguagem natural e infraestrutura matemática. In: TEPEDINO, Gustavo. SILVA, Rodrigo da Guia. *O direito civil na era da inteligência artificial*. São Paulo: Thomson Reuters Brasil, 2020.

GOLDBERG, Ilan. *O que esperar do Open Insurance no Brasil*. No prelo.

GOMES, Orlando. *Tendências modernas na teoria da responsabilidade civil*. In: DI FRANCESCO (Org.). *Estudos em homenagem ao Professor Silvio Rodrigues*. São Paulo: Saraiva, 1989.

INTERNATIONAL TELECOMMUNICATIONS UNION. (ITU). ICT Facts& Figures 2015: The world in 2015. Disponível em: http://www.itu.int/en/ITU-D/Statistics/Documents/facts/ICTFactsFigures2015.pdf. Acesso em: 11 nov. 2022.

JUNQUEIRA, Thiago. *Tratamento de dados pessoais e discriminação algorítmica nos seguros*. São Paulo: Thomson Reuters Brasil, 2020.

KLEINER; PERKINS; CAUFIELD; BYERS (KPCB). Internet Trends 2016: Code Conference. Mary Meeker, june 2016. Disponível em: http://www.kpcb.com/internet-trends. Acesso em: 20 maio 2020.

LEVY, Daniel de Andrade. *Responsabilidade* civil: de um direito dos danos a um direito das condutas lesivas. São Paulo: Atlas, 2012.

LEVY, David. Inteligent no-fault insurance for robots. *Journal of Future Robot Life*. v. 1, p. 50, 2020.

MCCLOSKEY, D. *Os pecados secretos da economia*. São Paulo: Ubu editora, 2017.

MULHOLLAND, Caitlin Sampaio. *A responsabilidade civil por presunção de causalidade*. Rio de Janeiro: GZ Ed., 2010.

OECD. *Enhancing the Role of Insurance in Cyber Risk Management*. Paris: OECD Publishing, 2017. Disponível em: http://dx.doi.org/10.1787/9789264282148-en. Acesso em: 03 set. 2021.

PASQUALE, F. *The Black Box Society*. Cambridge: Harvard University Press, 2015.

PAVIE, Xavier. *"Uberization" and the rise of the service economy*. Disponível em: https://knowledge.essec.edu/en/innovation/video-uberization-and-rise-service-economy.html. Acesso em: 14 nov. 2022.

RODOTÀ, Stefano. *A vida na sociedade da vigilância* – a privacidade hoje. Org. Maria Celina Bodin de Moraes. Trad. Danilo Doneda e Luciana Cabral Doneda. Rio de Janeiro: Renovar, 2008.

ROGAN, Joe. The Rogan Experience. Episódio 1768. Podcast. Disponível em: https://open.spotify.com/episode/4q0cNkAHQQMBTu4NmeNW7E?si=4a6cb24c7876417e&nd=1. Acesso em: 14 nov. 2022.

SCHROLL, Carrie. Splitting the bill: Creating a national car insurance fund to pay for accidents in autonomous vehicles. *Northwestern University Law Review*. v. 109, n. 3, 2015.

VENTURI, Thaís Goveia Pascoaloto. *A construção da responsabilidade civil preventiva no direito civil contemporâneo*. 2012. 349 f. Tese (Doutorado em Direito das Relações Sociais) – Faculdade de Direito, Universidade Federal do Paraná, Curitiba, 2012.

WREDE, Dirk; STEGEN, Tino; SCHULENBURG, Johann-Matthias Graf von der. Affirmative and silent cyber coverage in traditional insurance policies: Qualitative content analysis of selected insurance products from the German insurance market. *The Geneva Papers on Risk and Insurance – Issues and Practice*, n. 45, 2020, p. 657-689. Disponível em: https://doi.org/10.1057/s41288-020-00183-6. Acesso em: 27 ago. 2021.

SEGUROS E FUNDOS DE COMPENSAÇÃO PARA SISTEMAS DE INTELIGÊNCIA ARTIFICIAL: BREVES REFLEXÕES

Nelson Rosenvald

Pós-Doutor em Direito Civil na Università Roma Tre (IT-2011). Pós-Doutor em Direito Societário na Universidade de Coimbra (PO-2017). Doutor e Mestre em Direito Civil pela Pontifícia Universidade Católica de São Paulo – PUC/SP. *Visiting Academic*, Oxford University (UK-2016/17). Professor do corpo permanente do Doutorado e Mestrado do IDP/DF. Professor Visitante na Universidade Carlos III (ES-2018). Presidente do Instituto Brasileiro de Estudos de Responsabilidade Civil – IBERC. Advogado e Parecerista. Foi Procurador de Justiça do Ministério Público de Minas Gerais.

José Luiz de Moura Faleiros Júnior

Doutorando em Direito Civil pela Universidade de São Paulo – USP/Largo de São Francisco. Doutorando em Direito, na área de estudo 'Direito, Tecnologia e Inovação', pela Universidade Federal de Minas Gerais – UFMG. Mestre e Bacharel em Direito pela Universidade Federal de Uberlândia – UFU. Especialista em Direito Digital. Especialista em Direito Civil e Empresarial. Associado do Instituto Avançado de Proteção de Dados – IAPD. Membro do Instituto Brasileiro de Estudos de Responsabilidade Civil – IBERC. Advogado e Professor.

Resumo: Este artigo aborda a interseção entre o sistema de seguros e as tecnologias emergentes, com foco especial nas questões relacionadas à responsabilidade civil decorrente de decisões algorítmicas. Discute-se a necessidade de um esquema de seguro obrigatório para tecnologias de alta complexidade, propondo a criação de um fundo de compensação acessado por meio de registros específicos para garantir a reparação de danos causados por tecnologias não identificadas ou não seguradas. Além disso, explora-se a limitação da assegurabilidade de algumas tecnologias devido à falta de dados estatísticos. A pesquisa utiliza o método dedutivo, com revisão bibliográfica, para examinar o estado da arte da regulação de seguros e fundos de compensação no contexto dos sistemas de inteligência artificial.

Sumário: I. Introdução – II. Novas tecnologias e gestão de riscos em sistemas de inteligência artificial – III. Responsabilidade civil, sistema de seguros e fundos de compensação; III.1 Os seguros obrigatórios; III.2 Os fundos de compensação – IV. Conclusão – Referências.

I.   INTRODUÇÃO

O sistema de seguros é uma combinação de seguros públicos e privados, obrigatórios ou facultativos, que cobrem riscos pessoais ou responsabilidade contra terceiros. Com o surgimento de novas tecnologias digitais, é importante que o dever de cuidado de cada pessoa natural ou jurídica seja afetado pelo seguro o mínimo possível, sem excluir a cobertura de riscos elevados.

Um esquema de seguro obrigatório para categorias de alta complexidade que representam um risco considerável para terceiros é uma solução inescapável para o problema da alocação de responsabilidade por danos. Isso já acontece há muito tempo com veículos automotores, em que quanto maior a frequência ou gravidade dos potenciais danos, menos provável é que as vítimas sejam individualmente indenizadas. No entanto, a questão mais problemática do ponto de vista da responsabilidade civil é resolver os casos em que os danos não derivam de nenhum erro dos potenciais agentes, mas sim de uma decisão enviesada tomada pelo algoritmo. Outro aspecto relevante é determinar quem deve contratar o seguro obrigatório: o proprietário ou arrendatário da máquina, como acontece com veículos automotores, ou o fabricante?

Registra-se, desde logo, que seguros obrigatórios não são a única resposta para o problema de como gerenciar danos, substituindo completamente as regras de responsabilidade civil. Fundos de compensação financiados e operados pelo Estado ou por outras instituições podem ser utilizados para proteger as vítimas que possuam direito a indenização de acordo com as regras de responsabilidade civil, mas cujas pretensões não podem ser atendidas quando os demais regimes de responsabilidade forem insuficientes como resultado da operação de tecnologias digitais emergentes e na ausência de uma cobertura adequada.

Um caminho possível seria a criação de um fundo geral de compensação acessado pela matrícula individual de cada robô em um registro específico, permitindo sua segura rastreabilidade, pois, mediante mínima sobretaxação, quando o seguro de responsabilidade compulsória seja introduzido, residualmente se garantiria um fundo de compensação para reparar os danos causados por tecnologias não identificadas ou não seguradas.

Não obstante, algumas tecnologias sequer serão asseguráveis devido à falta de dados estatísticos e cálculos atuariais sobre sua capacidade lesiva. Para além do seguro obrigatório, com coberturas limitadas, o fundo compensaria danos que superassem a soma assegurada. Riscos elevados ou mesmo catastróficos não são completamente seguráveis, exigindo uma parceria público-privada. Com base nessas premissas, esta pesquisa se dedicará a explorar o estado da arte da regulação voltada aos seguros e aos fundos de compensação em relação aos sistemas de inteligência artificial.

A pesquisa se utilizará do método dedutivo, a partir da revisão bibliográfica, para a concretização da averiguação almejada.

II. NOVAS TECNOLOGIAS E GESTÃO DE RISCOS EM SISTEMAS DE INTELIGÊNCIA ARTIFICIAL

Sistemas de inteligência artificial seguem em constante evolução, com novas tecnologias sendo desenvolvidas a cada dia. Essas tecnologias têm o potencial de revolucionar a forma como se vive e trabalha, mas também apresentam desafios e riscos que precisam ser gerenciados. António Menezes Cordeiro aduz que o "[d]ireito dos seguros sistematiza as normas e os princípios conexionados com os contratos de seguro".[1] Nessa linha, um dos principais desafios na gestão de riscos em sistemas de IA é a complexidade desses sistemas, usualmente lastreados em algoritmos complexos e redes neurais que podem ser difíceis de entender e prever. Isso torna difícil avaliar os riscos associados a esses sistemas e desenvolver estratégias eficazes para gerenciá-los.[2]

Outro desafio é a velocidade com que as novas tecnologias são desenvolvidas e implementadas, o que pode levar à falta de compreensão sobre como essas tecnologias funcionam e quais são os riscos associados a elas. A partir disso, também se deve considerar questões éticas.[3] Por exemplo, como garantir que os sistemas de IA sejam justos e não discriminatórios? Como garantir que os dados usados para treinar esses sistemas sejam coletados e usados de maneira ética? Essas são questões importantes que precisam ser abordadas ao gerenciar os riscos associados à IA.

Uma abordagem eficaz para a gestão de riscos em sistemas de IA é a abordagem baseada em princípios, que envolve estabelecer princípios claros para o uso da IA, como transparência, responsabilidade e justiça, e garantir que esses princípios sejam seguidos ao desenvolver e implementar sistemas de IA. Também é importante envolver todas as partes interessadas no processo de gestão de riscos. Isso inclui desenvolvedores, usuários, reguladores e outras partes interessadas. Ao envolver todas as partes interessadas, é possível obter uma compreensão mais completa dos riscos associados aos sistemas de IA e desenvolver estratégias eficazes para gerenciá-los.

Segundo Filipe Medon, "a transferência gradual do foco da responsabilidade civil para a reparação dos danos levou a uma verdadeira diluição dos danos na sociedade, alicerçada na solidariedade social e concretizada por meio da ampliação das hipóteses de responsabilidade solidária, do crescimento dos mecanismos de prevenção e precaução e do desenvolvimento de seguros de responsabilidade civil".[4] Assim, o objetivo do contrato de seguro é transferir o risco associado à atividade econômica do segurado para a seguradora. Em troca de uma contribuição financeira acordada no contrato (prêmio), a seguradora se compromete a garantir um interesse legítimo segurável, seja em relação a bens ou pessoas, contra riscos previstos no contrato. Portanto, trata-se de uma obrigação de garantia por parte da seguradora, que visa eliminar os riscos que possam afetar o segurado. A seguradora assume a responsabilidade de indenizar, reparar ou ressarcir eventuais prejuízos (danos) que possam ocorrer em relação aos bens (seguro de danos) ou à vida (seguro de pessoas) do segurado.

---

1. CORDEIRO, António Manuel da Rocha e Menezes. *Direito dos seguros*. 2. ed., rev. e atual. Coimbra: Almedina, 2016, p. 33.
2. GRAVINA, Maurício Salomoni. *Direito dos Seguros*. 2. ed. São Paulo: Almedina, 2022, p. 236.
3. JUNQUEIRA, Thiago. Notas sobre a discriminação em virtude do sexo e o contrato de seguro. In: MIRAGEM, Bruno; CARLINI, Angélica (Coord.). *Direito dos Seguros*: fundamentos de Direito Civil, Direito Empresarial e Direito do Consumidor. São Paulo: Ed. RT, 2014, p. 292-293.
4. MEDON, Filipe. Seguros de responsabilidade civil como alternativa aos danos causados pela inteligência artificial. In: GOLDBERG, Ilan; JUNQUEIRA, Thiago (Coord.). *Temas atuais de direito dos seguros*. São Paulo: Thomson Reuters Brasil, 2021, t. 1, p. 186-219, p. 197.

Outra estratégia eficaz para gerenciar os riscos associados à IA é realizar avaliações regulares de risco. Isso envolve avaliar os riscos associados aos sistemas de IA em uso e identificar áreas onde melhorias podem ser feitas. Essas avaliações devem ser realizadas regularmente para garantir que os riscos sejam gerenciados de maneira eficaz. Também é importante ter planos de contingência em vigor para lidar com situações imprevistas ou emergências. Isso pode incluir planos para lidar com falhas no sistema ou violações de segurança. Ter planos de contingência em vigor pode ajudar a minimizar o impacto dessas situações e garantir que os sistemas de IA continuem funcionando de maneira eficaz.

III. RESPONSABILIDADE CIVIL, SISTEMA DE SEGUROS E FUNDOS DE COMPENSAÇÃO

O aumento exponencial da capacidade de coleta e processamento de informações, em grande parte devido ao desenvolvimento de sistemas de inteligência artificial, afeta a forma como o risco é medido no seguro e, consequentemente, todo o processo de subscrição do risco.[5] A informação sempre desempenhou um papel importante nesse contexto. É com base nas informações sobre o bem segurado (por exemplo, valor, localização), a pessoa segurada (por exemplo, idade, sexo, estado de saúde) e o comportamento do segurado (por exemplo, consumo de cigarro) que o segurador calcula o risco coberto, precifica o seguro e decide sobre a pertinência e as condições da contratação. Quanto maior a quantidade e qualidade das informações disponíveis sobre o risco segurado, maior a eficiência da subscrição do risco.

No entanto, os avanços da inteligência artificial têm levado ao surgimento de um modelo disruptivo de mensuração do risco. O desenvolvimento de sistemas de Inteligência Artificial voltados para o setor de seguros, juntamente com o *Big Data*, tem multiplicado as técnicas de coleta e processamento de informações disponíveis para o segurador. Isso permite acesso a uma série de dados sobre o estado do risco segurado, especialmente relacionados ao comportamento da pessoa segurada, em um grau sem precedentes. Essa nova realidade rompe com o paradigma moderno de mensuração do risco baseado no método estatístico tradicional[6] e justifica o reconhecimento de um novo modelo estruturado a partir de algoritmos automatizados.

---

5. MERCADAL, Juan José Martínez. La relación causal entre la agravación del riesgo y la ocurrencia del siniestro en el seguro de daños. *Revista IBERC*, Belo Horizonte, v. 5, n. 2, p. 290, maio/ago. 2022. Comenta: "Entre los caracteres esenciales que conceptualizan el agravamiento del riesgo, Roitman y Aguirre enuncian los siguientes: "1) debe tratarse de un hecho o una circunstancia que incida sobre el riesgo asegurado como tal; 2) debe de tratarse de un hecho nuevo, con respecto al momento de celebración del contrato y el hecho no debe haber sido previsto según los términos del contrato, ni haber sido previsible (...) 3) debe tratarse de un hecho que agrave el riesgo en forma relevante: es decir que aumente la posibilidad que el siniestro se verifique o agrave la entidad de las consecuencias dañosas".

6. Explica Walter Polido: "O contrato de seguro RC visa garantir o interesse do segurado em face da obrigação de indenizar (art. 927, do CC), a qual advém para ele a partir do dano causado a outra pessoa (terceiro). No contrato de seguro RC é estabelecida a triangulação representada pelas partes celebrantes – Segurado e Seguradora, mais o Terceiro prejudicado (art. 787, do CC). Este conceito tradicional e clássico do seguro de RC já não se sustenta plenamente na atualidade, uma vez que a evolução no campo dos interesses, assim como a socialização dos

SEGUROS E FUNDOS DE COMPENSAÇÃO PARA SISTEMAS DE INTELIGÊNCIA ARTIFICIAL: BREVES REFLEXÕES

Por isso é que se pode afirmar que a responsabilidade civil na esfera da inteligência artificial é marcada pela impermanência. Em 2021, embora se discuta a "singularidade tecnológica"[7] em caráter prospectivo, o que se tem são algoritmos sofisticados e capazes de resolver problemas cotidianos de alta complexidade e com máxima eficiência, mas ainda limitados ao campo da matemática.

Uma vantagem do sistema de responsabilidade civil brasileiro, comparativamente ao de países europeus, é a de que contamos com uma cláusula geral do risco da atividade (parágrafo único do art. 927, CC) e não de sua periculosidade. A despeito desta qualificação, diversas atividades baseadas em algoritmos não são intrinsecamente perigosas, mas detêm uma aptidão especial para a eclosão de lesões, sobremaneira danos extrapatrimoniais.[8]

O risco de haver danos é intrínseco à própria utilização de algoritmos de inteligência artificial, eis que o aprimoramento propiciado por processos como o *machine learning* permite "tomar decisões independentemente da vontade do seu desenvolvedor e, inclusive, chegar a resultados sequer passíveis de previsão pelos seus programadores".[9]

É importante destacar que, no contexto do contrato de seguro, a observância do princípio da boa-fé objetiva é fundamental para orientar os contratantes em sua atuação na relação jurídica securitária. Isso está em consonância com os preceitos normativos estabelecidos nos artigos 113, 187 e 422 do Código Civil e artigos 4º, III e 51, IV do Código de Defesa do Consumidor, que estabelecem a base principiológica da boa-fé objetiva no Direito Privado, com incidência desde a fase pré-contratual até a fase pós-contratual.

Nesse sentido, o artigo 765 do Código Civil consagrou expressamente o princípio da boa-fé objetiva no contrato de seguro. Sua observância, bem como de suas funções e deveres anexos, é imposta aos contratantes com o objetivo de garantir o cumprimento contratual e a percepção da justiça contratual.

Se a boa-fé é imprescindível nos contratos em geral, ela deve estar presente no contrato de seguro, pois a sinceridade e a verdade são a base da declaração de vontade que o origina. Tanto é assim que este tipo de contrato é o único dos nominados previstos na Lei Civil que possui regra pertinente a ele.

---

contratos de seguros têm acelerado as mudanças, modificando paradigmas conservadores". POLIDO, Walter A. Seguros de responsabilidade civil: uma necessidade social? Princípios técnico-jurídicos fundamentais sobre os diferentes tipos de seguros de responsabilidade civil. *Revista IBERC*, Belo Horizonte, v. 5, n. 2, p. 112, maio/ago. 2022.

7. A expressão é de VINGE, Vernor. The coming technological singularity: How to survive in the post-human era. Interdisciplinary Science and Engineering in the Era of Cyberspace. *NASA John H. Glenn Research Center at Lewis Field*, Cleveland, 1993, p. 11-22.

8. Neste sentido, o Enunciado 448 do CJF: "A regra do art. 927, parágrafo único, segunda parte, do CC aplica-se sempre que a atividade normalmente desenvolvida, mesmo sem defeito e não essencialmente perigosa, induza, por sua natureza, risco especial e diferenciado aos direitos de outrem. São critérios de avaliação desse risco, entre outros, a estatística, a prova técnica e as máximas de experiência".

9. PIRES, Thatiane Cristina Fontão; SILVA, Rafael Peteffi da. A responsabilidade civil pelos atos autônomos da inteligência artificial: notas iniciais sobre a resolução do Parlamento Europeu. *Revista Brasileira de Políticas Públicas*, Brasília, v. 7, n. 3, p. 243, 2017.

Portanto, em consonância com os preceitos normativos da boa-fé objetiva, os contratantes devem manter uma conduta proba, leal e sincera, com o objetivo de garantir o direito à informação tanto do segurado (consumidor) quanto do segurador (fornecedor) sobre todas as circunstâncias relacionadas ao conteúdo contratual. Isso inclui informações sobre cláusulas limitativas da contratação e riscos incidentes sobre o bem/vida do segurado que possam influenciar na mensuração dos riscos e, consequentemente, no valor do prêmio.

A Resolução do Parlamento Europeu, de 16/02/2017, sugere a gestão de riscos. Já a proposta de Regulamento do Parlamento Europeu e do Conselho, datada de 21 de abril de 2021, estabelece normas harmonizadas de inteligência artificial. Explora-se a importância da segurança e da ética no âmbito da inteligência artificial, destacando as diretrizes propostas pelo regulamento. Trata-se, ao fim e ao cabo, de um apelo à função preventiva da responsabilidade civil, que foca na pessoa que é capaz, em determinadas circunstâncias, de minimizar os riscos e de lidar com os impactos negativos, sem que o dever de prevenção de danos implique no desaparecimento da obrigação de indenizar os danos causados.[10]

Tendo em vista que nem todos os riscos potenciais são da mesma importância, a planificação se limita aos de maior impacto negativo e maior probabilidade de que venham a ser produzidos, o que supõe uma priorização de riscos identificados. Posteriormente, segue-se ao necessário controle, mediante monitoração de sua evolução e sua resolução, pela via da tomada de ações que mitiguem a exposição aos riscos, com o emprego de modelos heurísticos para os processos de tomada de decisão, que são baseados em dados.[11]

Ao contrário do que sugere a referida Resolução do Parlamento Europeu, parece-nos que gestão de riscos e responsabilidade objetiva não são alternativas, porém exigências complementares, para onde confluem os interesses de fornecedores e consumidores.

III.1 Os seguros obrigatórios

O sistema securitário é uma combinação de seguros públicos e privados, obrigatórios ou facultativos,[12] sobre a forma de seguros pessoais ou seguros de responsabilidade contra terceiros. Para preservar a segurança e confiabilidade das tecnologias digitais emergentes, o dever de cuidado de cada pessoa natural ou jurídica deve ser afetado pelo

---

10. Resolução do Parlamento Europeu, de 16 de fevereiro de 2017, que contém recomendações à Comissão sobre disposições de Direito Civil sobre Robótica (2015/2103(INL): "53. Considera que o futuro instrumento legislativo deverá basear-se numa avaliação aprofundada da Comissão que determine se a abordagem a aplicar deve ser a da responsabilidade objetiva ou a da gestão de riscos".

11. Conferir, a esse respeito: JUNQUEIRA, Thiago. Aplicação da LGPD no setor de seguros. *Consultor Jurídico*, 08 jul. 2021. Disponível em: https://www.conjur.com.br/2021-jul-08/seguros-contemporaneos-aplicacao-lgpd--setor-seguros. Acesso em: 26 jul. 2023.

12. Novas apólices de seguros facultativos (por exemplo, o seguro cibernético) são oferecidas aos interessados em cobrir riscos contra danos pessoais ou de terceiros. No geral, o mercado de seguros é bastante heterogêneo e pode se adaptar aos requisitos de todas as partes envolvidas.

seguro o mínimo possível, sem que isso exclua a asseguração de riscos elevados.[13] Como anota Thiago Junqueira, "hoje o segurador é tecnicamente capaz – não necessariamente permitido em termos jurídicos – de ter acesso a pelo menos outros dois tipos de dados: 'observados' e 'inferidos.'"[14]

O seguro facultativo praticamente se torna compulsório, pois, a fim de mitigar o impacto da responsabilidade objetiva, proprietários, usuários e operadores de robôs contratam seguros, da mesma forma que, tradicionalmente, os empregadores por seus prepostos. Essa é a lógica econômica das regras de responsabilidade objetiva, servindo como incentivo para que os empregadores amplifiquem o uso de algoritmos.

Um esquema de seguro obrigatório para categorias de alta complexidade que suponham um risco considerável para terceiros é uma inescapável solução para o problema de alocação de responsabilidade por danos,[15] tal como há muito acontece com os veículos automotores. Quanto maior a frequência ou gravidade dos potenciais danos, menos provável se torna a aptidão para que as vítimas sejam individualmente indenizadas. O ciberseguro é mencionado como uma possível modalidade para a inteligência artificial,[16] mas são apontadas suas limitações, destacando a necessidade de criar um seguro específico.[17]

No Brasil, Camila Affonso Prado e Laura Pelegrini relatam que "o seguro de Riscos Cibernéticos tem como objetivo a garantia dos interesses legítimos do segurado em decorrência de prejuízos causados por ataques cibernéticos, (...) é classificado pela SUSEP como sendo um produto de responsabilidade civil, integrante do Grupo 03 –

---

13. Atualmente, a legislação da UE exige seguro de responsabilidade obrigatória (de terceiros), por exemplo, para o uso de veículos a motor, transportadoras aéreas e operadores de aeronaves ou transportadores marítimos. Em complemento, a legislação dos Estados-Membros exige um seguro obrigatório de responsabilidade em vários outros casos, principalmente associados a regimes de responsabilidade objetiva, para o exercício de certas profissões. Diretiva 2009/103/EC (seguro para veículos motorizados); Regulamento (EC) 785/2004 (seguro de transporte aéreo); Regulamento (EC) 392/2009 (seguro de transporte marítimo).

14. JUNQUEIRA, Thiago. *Tratamento de dados pessoais e discriminação algorítmica nos seguros*. São Paulo: Thomson Reuters Brasil, 2020, p. 191.

15. Resolução do Parlamento Europeu, de 16 de fevereiro de 2017, que contém recomendações à Comissão sobre disposições de Direito Civil sobre Robótica (2015/2103(INL): "57. Destaca que uma possível solução para a complexidade de atribuir responsabilidade pelos danos causados pelos robôs cada vez mais autónomos pode ser um regime de seguros obrigatórios, conforme acontece já, por exemplo, com os carros; observa, no entanto que, ao contrário do que acontece com o regime de seguros para a circulação rodoviária, em que os seguros cobrem os atos e as falhas humanas, um regime de seguros para a robótica deveria ter em conta todos os elementos potenciais da cadeia de responsabilidade".

16. Segundo Manuel Ortiz Fernández: "podemos señelar que el cibersguro se presenta como la modalidad más adecuada, em principio, para hacer frente a las indemnizaciones que se produzcan en este ámbito". ORTIZ FERNÁNDEZ, Manuel. *La responsabilidad civil derivada de los daños causados por sistemas inteligentes y su aseguramiento.* Análisis del tratamiento ofrecido por la Unión Europea. Madri: Dykinson, 2021, p. 132.

17. Nesse ponto, se reporta a Elguero Merino e indica outras nomenclaturas usuais adotadas por empresas do mercado de seguros para o que designa como 'ciberseguro': "Seguridad em las Redes y Privacidad em los Datos, Seguro de Riesgos Cibernéticos, Security and Privacy, Protección de Riesgos Digitales, Beazley Breach Cyberclear, Chubb Cyber Enterprise Risk Management, Hiscox Cyberclear, Seguro de Cyber Riesgos, Riesgos Cibernéticos, Multimedia y de Privacidad de Datos, Cyber Suite Insurance o Cyber Plus Protection, entre otras". ELGUERO MERINO, José María. El seguro de riesgos cibernéticos. In: MONTERROSO CASADO, Esther (Dir.); MUÑOZ VILLAREAL, Alberto (Coord.). *Inteligencia artificial y riesgos cibernéticos*. Responsabilidad y aseguramiento. Valencia: Tirant lo Blanch, 2019, p. 379-380.

Responsabilidades, previsto na classificação de produtos existente na Circular SUSEP 535/2016, dada a importância das coberturas que preveem o ressarcimento dos custos de defesa e eventuais indenizações às quais o segurado seja obrigado a pagar a terceiros como resultado de ataques cibernéticos sofridos".[18]

Segundo Angélica Carlini, "a liberdade contratual no âmbito dos seguros de riscos cibernéticos para primeira parte, ou seja, riscos de danos que o segurado possa sofrer em decorrência da materialização desses riscos é muito importante, porque contribui para que o gradiente de riscos contemplados atenda com exatidão a matriz de riscos própria da atividade empresarial".[19] Por isso, a questão mais problemática, do ponto de vista da responsabilidade civil, consiste em resolver os casos nos quais os danos não derivam de nenhum erro dos potenciais agentes, mas, sim, de uma decisão enviesada levada a efeito pelo algoritmo, cuja matriz de risco não é perfeitamente aferível.[20] Outro aspecto relevante consiste em determinar sobre quem recairá a contratação do seguro obrigatório. Ao proprietário ou arrendatário da máquina, tal como ocorre com veículos automotores, ou ao fabricante?[21]

Daí que o seguro de responsabilidade obrigatória se torne mais adequado, prestando-se não apenas à proteção de futuras vítimas, como garantindo-as contra o risco de insolvência do responsável, promovendo a internalização dos custos das atividades que ele realiza. O seguro obrigatório pode enfrentar desafios ao lidar com riscos tecnológicos desconhecidos. Nesses casos, pode ser aconselhável limitar a responsabilidade por esses riscos a um valor predeterminado, semelhante ao que é feito na legislação de seguro obrigatório para veículos automotores. No entanto, o seguro obrigatório não pode ser a única solução para gerenciar danos causados pela inteligência artificial.

Fundos de compensação financiados pelo Estado ou outras instituições podem ser usados para proteger as vítimas cujas reivindicações de indenização não podem ser atendidas por outros regimes de responsabilidade. Esses fundos complementam o seguro obrigatório, cobrindo danos causados por robôs não segurados e limitando a responsabilidade civil dos agentes envolvidos. Eles garantem que haja recursos disponíveis para compensação, mesmo quando o robô não possui seguro ou quando os mecanismos de seguro obrigatório não são ativados por outras razões.

Além disso, é aconselhável estabelecer um fundo de compensação residual para reparar danos causados por tecnologias não identificadas ou não seguradas. Isso pode

---

18. PRADO, Camila Affonso; PELEGRINI, Laura. Atual panorama dos seguros de responsabilidade civil no Brasil. *Revista IBERC*, Belo Horizonte, v. 5, n. 2, , p. 163-164, maio/ago. 2022.

19. CARLINI, Angélica. Nova regulação dos seguros de responsabilidade civil no Brasil e os seguros para riscos cibernéticos. *Revista IBERC*, Belo Horizonte, v. 5, n. 2, p. 11, maio/ago. 2022.

20. PRADO, Camila Affonso; PELEGRINI, Laura. Atual panorama dos seguros de responsabilidade civil no Brasil. *Revista IBERC*, Belo Horizonte, v. 5, n. 2, p. 164, maio/ago. 2022. As autoras ainda detalham o seguinte: "Ainda, é possível que o seguro de Riscos Cibernéticos preveja a cobertura para lucros cessantes sofridos pelo segurado no caso de o ataque cibernético ocasionar a paralisação de suas atividades empresariais, situação que é comum e bastante impactante nos casos de ataques de *ransomware*".

21. ARIAS, José Antonio Badillo. *Responsabilidad civil y aseguramiento obligatorio de los robots, in inteligencia artificial y riesgos cibernéticos*. Madrid: Tirant, 2019. p. 53.

ajudar a garantir que as vítimas sejam adequadamente compensadas, mesmo em situações em que os riscos são desconhecidos ou difíceis de prever.

Cautelas são necessárias para a introdução do seguro obrigatório de responsabilidade civil, pois o mercado pode simplesmente não oferecer cobertura de seguro para um determinado risco, devido à falta de experiência para a sua quantificação, algo bastante provável com as tecnologias digitais emergentes, pois as seguradoras não se dispõem a subscrever riscos ainda desconhecidos.

Essa objeção pode ser superada, limitando-se a responsabilidade por riscos tecnológicos a um teto pré-determinado, como ocorre na legislação sobre seguro obrigatório de veículos automotores, cuja experiência é bem-sucedida, não obstante a necessidade de certas adaptações.[22] Com efeito, é aconselhável a cobertura de seguro obrigatória para determinadas tecnologias que impõem riscos significativos em termos qualitativos e quantitativos, em que parece improvável que os supostos ofensores sejam capazes de compensar integralmente as vítimas com seu próprio patrimônio ou com seguros privados.[23]

III.2   Os fundos de compensação

Um esquema de seguro obrigatório não pode ser considerado a única resposta para o problema de como gerenciar danos, substituindo completamente as regras de responsabilidade civil. Fundos de compensação financiados e operados pelo estado ou por outras instituições com o objetivo de compensar as vítimas pelas perdas sofridas podem ser utilizados para proteger as vítimas que possuam direito a indenização de acordo com as regras de responsabilidade civil, mas cujas pretensões não podem ser atendidas quando os demais regimes de responsabilidade forem insuficientes como resultado da operação de tecnologias digitais emergentes e na ausência de uma cobertura de seguro. Um caminho possível seria o da criação de um fundo geral de compensação acessado pela matrícula individual de cada robô em um registro específico, permitindo sua segura rastreabilidade.[24]

---

22. Resolução do Parlamento Europeu, de 16 de fevereiro de 2017, que contém recomendações à Comissão sobre disposições de Direito Civil sobre Robótica (2015/2103(INL): "59. Insta a Comissão a explorar, analisar e ponderar, na avaliação de impacto que fizer do seu futuro instrumento legislativo, as implicações de todas as soluções jurídicas possíveis, tais como: c) Permitir que o fabricante, o programador, o proprietário ou o utilizador beneficiem de responsabilidade limitada se contribuírem para um fundo de compensação ou se subscreverem conjuntamente um seguro para garantir a indemnização quando o dano for causado por um robô".

23. Art. 788 CC/2002: "Nos seguros de responsabilidade legalmente obrigatórios, a indenização por sinistro será paga pelo segurador diretamente ao terceiro prejudicado".

24. Resolução do Parlamento Europeu, de 16 de fevereiro de 2017, que contém recomendações à Comissão sobre disposições de Direito Civil sobre Robótica (2015/2103(INL): Art. 59. D "Decidir quanto à criação de um fundo geral para todos os robôs autônomos inteligentes ou quanto à criação de um fundo individual para toda e qualquer categoria de robôs e quanto à contribuição que deve ser paga a título de taxa pontual no momento em que se coloca o robô no mercado ou quanto ao pagamento de contribuições periódicas durante o tempo de vida do robô". O tema guarda relação, ademais, com a proposta de Frank Pasquale quanto à criação do princípio da "explicabilidade". PASQUALE, Frank. Toward a fourth law of robotics: Preserving attribution, responsibility, and explainability in an algorithmic society. *University of Maryland Legal Studies Research Papers*, Baltimore, n. 21, p. 1-13, jul. 2017. Disponível em: http://ssrn.com/abstract=3002546. Acesso em: 26 jul. 2023.

Os fundos compensatórios protegeriam vítimas em duas frentes complementares: a) cobrindo danos produzidos por robôs que não possuem seguro de responsabilidade civil; b) compensando danos ocasionados por robôs, limitando a responsabilidade civil dos agentes intervenientes e das próprias seguradoras. Assim, independentemente de um sistema de responsabilidade objetiva e de seguro, produzido o dano, haverá um patrimônio afetado à compensação, mesmo que o robô não tenha seguro ou quando mecanismos de seguro obrigatório não se ativem por outras causas

Mediante mínima sobretaxação, é aconselhável que, quando o seguro de responsabilidade compulsória seja introduzido, residualmente se garanta um fundo de compensação para reparar os danos causados por tecnologias não identificadas ou não seguradas. Algumas sequer serão asseguráveis devido à falta de dados estatísticos de sinistralidade e cálculos atuariais sobre a capacidade lesiva de novas máquinas. Para além do seguro obrigatório, com coberturas limitadas, o fundo compensaria danos que superassem a soma assegurada. Riscos de danos elevados ou mesmo catastróficos não são completamente seguráveis, exigindo, exemplificativamente, uma parceria público-privada.[25]

Além disso, é importante considerar que a implementação desses fundos deve ser acompanhada por medidas regulatórias eficazes para garantir sua eficácia e transparência. Isso inclui a definição clara dos critérios para elegibilidade e acesso aos fundos, bem como mecanismos eficazes para monitorar e avaliar seu desempenho. Como ressalta Medon, "quem irá alimentar os fundos? As propostas anteriormente referidas oscilam quanto à necessidade de os usuários e consumidores contribuírem, embora seja quase consensual que os fabricantes devem dar uma contribuição mais substancial".[26]

Outro aspecto importante é garantir que os fundos sejam financiados adequadamente para cumprir sua função. Isso pode incluir contribuições obrigatórias dos fabricantes e operadores de robôs, bem como do setor público. Além disso, pode ser necessário estabelecer mecanismos para garantir a sustentabilidade financeira dos fundos ao longo do tempo. Por fim, é importante destacar que os fundos compensatórios devem ser vistos como uma solução complementar às regras existentes de responsabilidade civil e aos esquemas obrigatórios de seguro. Eles não devem substituir completamente

---

25. Resolução do Parlamento Europeu, de 16 de fevereiro de 2017, que contém recomendações à Comissão sobre disposições de Direito Civil sobre Robótica (2015/2103(INL): "58. Considera que, à semelhança do que acontece com os veículos motorizados, esse regime de seguros poderia ser complementado por um fundo de garantia da reparação de danos nos casos não abrangidos por qualquer seguro; insta o setor dos seguros a criar novos produtos e novos tipos de ofertas que estejam em linha com os avanços na robótica".

26. MEDON, Filipe. Seguros de responsabilidade civil como alternativa aos danos causados pela inteligência artificial. In: GOLDBERG, Ilan; JUNQUEIRA, Thiago (Coord.). *Temas atuais de direito dos seguros*. São Paulo: Thomson Reuters Brasil, 2021, t. 1, p. 212. E complementa: "Além disso, quem deverá contratar os seguros obrigatórios? Será que todos os usuários? E para quais tipos de robôs? Como isso será definido? Certamente, por lei, que não pode vir desacompanhada de estudos técnicos prévios, que avaliem os impactos dos potenciais danos a serem causados por cada tipo de inteligência artificial a ser introduzida no mercado. Será que deve haver uma combinação entre seguros e fundos complementares? Qual a extensão da cobertura? Deveria haver uma contribuição única ou periódica? Será que a forma de contribuição não deveria depender do tipo de robô e do tipo de dano a ser potencialmente causado? Essa contribuição poderia vir na forma de um tributo aos produtores? Ou numa espécie de licenciamento anual do robô registrado, tal como ocorre com o DPVAT?".

esse regimes, mas sim fornecer uma camada adicional de proteção às vítimas em casos em que os demais regimes sejam insuficientes.

IV. CONCLUSÃO

Os contratos de seguro, cada vez mais comuns em razão da agravação de riscos que sistemas tecnológicos de alta complexidade passam a propiciar, impõem desafios que vão além da mera formalização de um acordo entre as partes. Com a utilização de algoritmos e sistemas de inteligência artificial, aspectos ligados à chamada discriminação algorítmica podem se tornar uma preocupação relevante, uma vez que esses mecanismos podem reproduzir e ampliar vieses sociais, raciais e de gênero, com os quais não se pode consentir, tanto quanto a própria dificuldade de delimitação do espectro de risco com o qual se pretende trabalhar contratualmente.

Embora não seja um problema novo, o uso crescente de algoritmos em tomadas de decisão aumentou sua relevância. Portanto, a regulação dos contratos de seguro deve levar em conta essa preocupação para evitar a reprodução e amplificação de preconceitos e desigualdades. Assim, seguros e fundos de compensação podem desempenhar um papel importante na gestão de riscos associados aos sistemas de IA. Em cenários futuros nos quais a atribuição individual de risco não seja mais viável, o seguro social pode ser uma alternativa. Isso pode incluir fundos de compensação ou um seguro de acidentes genuíno para certos tipos de acidentes relacionados à adoção, em sociedade, de sistemas de IA.

Tais seguros têm peculiaridades que os diferenciam dos contratos tradicionais e precisam de regulamentação específica. Embora o uso de algoritmos possa trazer benefícios em termos de agilidade e eficiência, é importante criar mecanismos de controle para identificar e corrigir situações peculiares de agravação de riscos. Para tanto, o Estado deve atuar proativamente na regulação dos contratos de seguro a partir do iminente panorama normativo voltado aos sistemas de IA, a fim de garantir os direitos dos consumidores e evitar zonas desreguladas ou carentes de qualquer alternativa de proteção de direitos, pois isso evitará a reprodução e amplificação de desigualdades a partir de danos seguráveis.

Por fim, os fornecedores devem seguir princípios ético-jurídicos, como a vulnerabilidade do consumidor, boa-fé objetiva, informação, transparência e confiança, para garantir o equilíbrio da relação jurídica de e a proteção efetiva do consumidor no mercado digital fomentado por sistemas de IA.

REFERÊNCIAS

ARIAS, José Antonio Badillo. *Responsabilidad civil y aseguramiento obligatorio de los robots, in inteligencia artificial y riesgos cibernéticos*. Madrid: Tirant, 2019.

CARLINI, Angélica. Nova regulação dos seguros de responsabilidade civil no Brasil e os seguros para riscos cibernéticos. *Revista IBERC*, Belo Horizonte, v. 5, n. 2, p. 1-17, maio/ago. 2022.

CORDEIRO, António Manuel da Rocha e Menezes. *Direito dos seguros*. 2. ed., rev. e atual. Coimbra: Almedina, 2016.

ELGUERO MERINO, José María. El seguro de riesgos cibernéticos. In: MONTERROSO CASADO, Esther (Dir.); MUÑOZ VILLAREAL, Alberto (Coord.). *Inteligencia artificial y riesgos cibernéticos*. Responsabilidad y aseguramiento. Valencia: Tirant lo Blanch, 2019.

GRAVINA, Maurício Salomoni. *Direito dos Seguros*. 2. ed. São Paulo: Almedina, 2022.

JUNQUEIRA, Thiago. Aplicação da LGPD no setor de seguros. *Consultor Jurídico*, 08 jul. 2021. Disponível em: https://www.conjur.com.br/2021-jul-08/seguros-contemporaneos-aplicacao-lgpd-setor-seguros. Acesso em: 26 jul. 2023.

JUNQUEIRA, Thiago. Notas sobre a discriminação em virtude do sexo e o contrato de seguro. In: MIRAGEM, Bruno; CARLINI, Angélica (Coord.). *Direito dos Seguros*: fundamentos de Direito Civil, Direito Empresarial e Direito do Consumidor. São Paulo: Ed. RT, 2014.

JUNQUEIRA, Thiago. *Tratamento de dados pessoais e discriminação algorítmica nos seguros*. São Paulo: Thomson Reuters Brasil, 2020.

MEDON, Filipe. Seguros de responsabilidade civil como alternativa aos danos causados pela inteligência artificial. In: GOLDBERG, Ilan; JUNQUEIRA, Thiago (Coord.). *Temas atuais de direito dos seguros*. São Paulo: Thomson Reuters Brasil, 2021. t. 1.

MERCADAL, Juan José Martínez. La relación causal entre la agravación del riesgo y la ocurrencia del siniestro en el seguro de daños. *Revista IBERC*, Belo Horizonte, v. 5, n. 2, p. 284-300, maio/ago. 2022.

ORTIZ FERNÁNDEZ, Manuel. *La responsabilidad civil derivada de los daños causados por sistemas inteligentes y su aseguramiento*. Análisis del tratamiento ofrecido por la Unión Europea. Madrid: Dykinson, 2021.

PASQUALE, Frank. Toward a fourth law of robotics: Preserving attribution, responsibility, and explainability in an algorithmic society. *University of Maryland Legal Studies Research Papers*, Baltimore, n. 21, p. 1-13, jul. 2017. Disponível em: http://ssrn.com/abstract=3002546. Acesso em: 26 jul. 2023.

PIRES, Thatiane Cristina Fontão; SILVA, Rafael Peteffi da. A responsabilidade civil pelos atos autônomos da inteligência artificial: notas iniciais sobre a resolução do Parlamento Europeu. *Revista Brasileira de Políticas Públicas*, Brasília, v. 7, n. 3, 2017.

POLIDO, Walter A. Seguros de responsabilidade civil: uma necessidade social? Princípios técnico-jurídicos fundamentais sobre os diferentes tipos de seguros de responsabilidade civil. *Revista IBERC*, Belo Horizonte, v. 5, n. 2, p. 111-144, maio/ago. 2022.

PRADO, Camila Affonso; PELEGRINI, Laura. Atual panorama dos seguros de responsabilidade civil no Brasil. *Revista IBERC*, Belo Horizonte, v. 5, n. 2, p. 145-172, maio/ago. 2022.

VINGE, Vernor. The coming technological singularity: How to survive in the post-human era. In: Interdisciplinary Science and Engineering in the Era of Cyberspace. *NASA John H. Glenn Research Center at Lewis Field*, Cleveland, 1993.

A SOCIALIZAÇÃO DOS RISCOS NA NOVA ZELÂNDIA: DESAFIOS, REFORMULAÇÕES E PERSPECTIVAS

Marco Fábio Morsello

Professor Associado do Departamento de Direito Civil da Faculdade de Direito da Universidade de São Paulo (USP). Bacharel em Direito, Doutor e Livre-Docente em Direito Civil pela Faculdade de Direito da Universidade de São Paulo (USP). Desembargador no Tribunal de Justiça do Estado de São Paulo (TJSP). Professor da Escola Paulista da Magistratura (EPM). *Visiting* Professor da Università di Sassari, Itália (disciplina Diritto della Navigazione). Professor convidado das seguintes Universidades e instituições, dentre outras, com destaque para a temática concernente ao Direito dos Transportes, Drones, Responsabilidade Civil e Contratos: Université de Lyon III – Jean Moulin (França); Università di Sassari, Università "Magna Graecia" di Catanzaro e Università degli Studi di Roma Tor Vergata (Itália); Universidad de Málaga e Facultad de Derecho de la Universidad de les Illes Balears (Espanha); Universidade de Lisboa, (Portugal); Universidade Lazarski, (Varsóvia, Polônia); Universidad de Buenos Aires e Asociación Latino Americana de Derecho Aeronáutico y Espacial (ALADA); Associação Brasileira de Direito Aeronáutico e Espacial (SBDA – Rio de Janeiro); Fundação Getúlio Vargas (FGV-LAW, São Paulo); Instituto Internacional de Ciências Sociais (IICS – São Paulo-CEU Law); International Air Transport Association (IATA). Visiting Researcher das Universidades La Sapienza (Roma – Istituto di Diritto della Navigazione) e Mc-Gill (Montreal – Institute of Air and Space Law – IASL). Membro Associado Titular do Instituto Brasileiro de Estudos de Responsabilidade Civil (IBERC). Membro Efetivo da SBDA (Associação Brasileira de Direito Aeronáutico e Espacial. Miembro Plenario e Correspondente no Brasil da Asociación Latino-Americana de Derecho Aeronáutico y Espacial (ALADA) e da Revista Latino-Americana de Derecho Aeronáutico, pertencente à referida Associação. Membro do Comitato Scientifico da *Rivista del Diritto della Navigazione*, Roma, Aracne.

Resumo: O presente artigo busca examinar a atual compreensão da socialização dos ricos no mundo globalizado a partir da análise do modelo aplicado na Nova Zelândia, que impôs ao Estado a obrigação de velar pela justa indenização das vítimas. Nesse sentido, o presente estudo discorrerá sobre a evolução da responsabilidade civil, perpassando pela posição ocupada pela figura do risco desde sua origem. A ótica, sempre singular, é a de defender ao máximo as garantias e os direitos fundamentais, em especial a obrigação de proteção às vítimas, que se autonomizou. Ademais, analisar-se-á os desafios da aplicação do instituto da socialização dos riscos, designadamente o risco de *spreading* e suas novas perspectivas, que impôs revisão ao instituto, não mais como substituto da responsabilidade civil, mas figura essencial que coexiste com a responsabilidade objetiva e subjetiva de forma harmônica, garantindo-se reparação célere até determinado patamar.

Sumário: I. Introdução – II. A perspectiva evolutiva da responsabilidade civil e o nascedouro das figuras do risco e do seguro – III. A socialização dos riscos na Nova Zelândia: desafios e novas perspectivas – IV. Considerações conclusivas – Referências.

I. INTRODUÇÃO

A análise do instituto da socialização dos riscos é consentânea com perspectiva evolutiva e diacrônica da responsabilidade civil, que, ao final, teve por escopo substitui-

-la, sem, no entanto, lograr êxito, de modo a se divisar na realidade contemporânea, a convivência dos institutos da responsabilidade subjetiva, da responsabilidade objetiva e da socialização dos riscos.

Nesse contexto, faz-se mister apresentar o propalado quadro evolutivo, que culminou na criação do referido instituto, cujo maior alcance e protagonismo foi efetivamente operacionalizado na Nova Zelândia, com o *spreading* correlato perante o corpo social e mitigação, em um primeiro momento, da função de prevenção, impondo-se a revisão do sistema, embora subsista, até o presente, o núcleo essencial de salvaguarda do patrimônio mínimo de modo célere e eficaz.

II. A PERSPECTIVA EVOLUTIVA DA RESPONSABILIDADE CIVIL E O NASCEDOURO DAS FIGURAS DO RISCO E DO SEGURO

Por proêmio, no contexto da Antiguidade, ínsito às relações não massificadas, a causa eficiente dos acidentes era atrelada à providência divina, sob o manto do determinismo e do fatalismo, o que evidenciava o nexo entre o risco e um destino inelutável. Tal cenário obstaculizava mecanismos de prevenção e constante aperfeiçoamento do aparato técnico, premissas consentâneas com a responsabilidade civil contemporânea.[1]

---

1. Nesse sentido: TAPINOS, Daphné. *Prévention, précaution et responsabilité civile*: risque avéré, risque suspecté et transformation du paradigme de la responsabilité civile. Paris: L'Harmattan, 2010. p. 26-27; PORCHY-SIMON, Stéphanie. *Droit civil 2e. année*: les obligations 2019. 11. ed. Paris: Dalloz, 2018. p. 347-348; VINEY, Geneviève. *In*: GHESTIN, Jacques (Dir.). *Traité de droit civil*. 2. ed. Paris: LGDJ, 1995. v. 1: Introduction à la responsabilité. p. 64; WILLIATE-PELLITERI, Lillian. *Contribution à l'élaboration d'un droit civil des événements aléatoires dommageables*. Paris: LGDJ, 2009. p. 1; KOURILSKY, Philippe; VINEY, Geneviève. *Le principe de précaution*: rapport au Premier Ministre. Paris: Éditions Odile Jacob, 2000. p. 18-19; BRONNER, Gérald; GÉHIN, Étienne. *L'inquiétant principe de précaution*. Paris: PUF: Quadrige, 2010. p. 15-45, observando que a evolução da prevenção passou a abranger o estado da técnica, inclusive riscos desconhecidos, fomentando o advento do princípio da precaução; THIBIERGE, Catherine. Libres propos sur l'évolution du droit de la responsabilité (vers un élargissement de la fonction de la responsabilité civile?). *Revue Trimestrielle de Droit Civil*, Paris: Dalloz, n. 3, jul./set. 1999. p. 567; JOURDAIN, Patrice. *Les principes de la responsabilité civile*. 4. ed. Paris: Dalloz, 1998. p. 3; BAUDOUIN, Jean Louis; DESLAURIERS, Patrice. *La responsabilité civile*. 5. ed. Québec: Yvon Blais, 1998. p. 4; CASTRONOVO, Carlo. *La nuova responsabilità civile*. 3. ed. Milano: Giuffrè, 2006. p. 341-365; BUSNELLI, Francesco Donato; PATTI, Salvatore. *Danno e responsabilità civile*. 3. ed. Torino: Giappichelli, 2013. p. 219-250; ALPA, Guido. *Trattato di diritto civile*: la responsabilità civile. Milano: Giuffrè, 1999. v. 4. p. 132; TOMMASINI, Raffaele. *La responsabilità civile nel terzo millennio*: linee di una evoluzione. Torino: Giappichelli, 2011. p. 369-372; LARENZ, Karl. *Lehrbuch des Schuldrechts*: Erster Band, Allgemeiner Teil. 14. ed. München: Ch. Beck Verlag, 1987. p. 423; BÄHR, Peter. *Grundzüge des Bürgerlichen Rechts*. 12. ed. rev. e atual. München: Verlag Franz Vahlen, 2013. p. 368-376; VON WESTPHALEN, Friedrich Graf; THÜSING, Gregor. *Vertragsrecht und AGB-Klauselwerke*. 35. ed. München, C. H. Beck Verlag, 2014. p. 309-311; LOPEZ, Teresa Ancona. *Princípio da precaução e evolução da responsabilidade civil*. Tese (Concurso de Professor Titular) – Faculdade de Direito, Universidade de São Paulo, São Paulo, 2008. p. 10-15; HIRONAKA, Giselda Maria Fernandes Novaes. *Responsabilidade pressuposta*. Belo Horizonte: Del Rey, 2005. p. 2-4 e 354-357; CHINELLATO, Silmara Juny de Abreu. Tendências da responsabilidade civil no direito contemporâneo: reflexos no Código de 2002. *Novo Código Civil*: questões controvertidas. Responsabilidade civil. São Paulo: Método, 2006. v. 5. p. 583-606 (587); CHINELLATO, Silmara Juny de Abreu. Da responsabilidade civil no Código de 2002: aspectos fundamentais. Tendências do direito contemporâneo. *In*: TEPEDINO, Gustavo; FACHIN, Luiz Edson (Coord.). *O direito e o tempo*: embates jurídicos e utopias contemporâneas. Estudos em homenagem ao Professor Ricardo Pereira Lira. Rio de Janeiro: Renovar, 2008. p. 939-968 (952); ALMEIDA, José Luiz Gavião de. Novos rumos da responsabilidade civil por ato ilícito. *In*: ALMEIDA, José Luiz Gavião de (Org.). *Temas atuais de responsabilidade civil*. São Paulo: Atlas, 2007. p. 62; SCAFF, Fernando Campos; LEMOS, Patrícia Faga Iglecias. Da culpa ao risco na responsabilidade civil. *In*: RODRIGUES JUNIOR, Otavio Luiz; MAMEDE, Gladston; ROCHA, Maria Vital

De fato, a ocorrência dos eventos danosos era submetida em nível universal aos desígnios dos deuses e à sua influência na cosmologia e na climatologia. Consultavam--se, *e.g.*, oráculos, restos de camelídeos, visando a obter predições. Mas predição não se confunde com prevenção. E, então, ocorrido o dano-evento, para que este não se repetisse, os sacrifícios propiciatórios, as prédicas, ou os maus presságios da Deusa Fortuna, justificariam o ocorrido. Em suma, o tempo presente, atrelado a condutas passadas.[2]

Sobreleva acrescentar, por oportuno, como preconiza Hofbauer, que, à época da Antiguidade, viajava-se, muito embora sem finalidades turísticas. Os deslocamentos ocorriam em virtude de fatores políticos, econômicos e religiosos, *e.g.*, as peregrinações. Subsiste a ideia, no modelo cultural de atitude da época, de que se sobrevivia às viagens, de modo que tardou a mudança de paradigmas.[3]

---

da (Coord.). *Responsabilidade civil contemporânea*: em homenagem a Sílvio de Salvo Venosa. São Paulo: Atlas, 2011. p. 75-86; FARIAS, Cristiano Chaves de; BRAGA NETO, Felipe Peixoto; ROSENVALD, Nelson. *Novo tratado de responsabilidade civil*. São Paulo: Atlas, 2015. p. 26-29 e 48-57; DAL PIZZOL, Ricardo. *Responsabilidade civil*: funções punitiva e preventiva. Indaiatuba: Foco, 2020. p. 283-290; VAN DAM, Cees. *European Tort Law*. 2. ed. Oxford: Oxford University Press, 2013. p. 297-306; KIONKA, Edward J. *Torts in a nutshell*. 2. ed. St Paul, Minn.: West Publishing Co., 1996. p. 10; KIONKA, Edward J. *Torts*. 4. ed. St Paul, Minn.: Thomson West. p. 34-36; HIGH COURT CASE SUMMARIES KEYED TO EPSTEIN'S CASEBOOK ON TORTS. 10. ed. St Paul, Minn.: West Academic Publishing, 2014. p. 83-127; BLUM, Brian A. *Contracts*. New York: Kluwer, 2017. p. 556, dando ênfase à teoria da alocação dos riscos na esfera contratual, na seara preventiva de inserção de cláusulas contratuais de força maior e *hardship*; CORDEIRO, António Manuel da Rocha e Menezes. *Tratado de direito civil*: 2. reimp. Coimbra: Almedina, 2010. v. VIII: Direito das obrigações. Gestão de negócios, enriquecimento sem causa e responsabilidade civil. t. III da parte II. p. 571-575; DÍEZ-PICAZO, Luis. *Fundamentos del derecho civil patrimonial*. Pamplona (Navarra): Thomson Reuters: Civitas, 2011. v. V: La responsabilidad extracontractual. p. 27-28; LORENZETTI, Ricardo Luis (Dir.). *Código Civil y Comercial de la Nación comentado*. Buenos Aires: Rubinzal-Culzoni, 2015. t. VIII: Arts. 1614 a 1881. p. 270-290, comentando o art. 1708 do novo Código, que assim dispõe: "Funciones de la responsabilidad. Las disposiciones de este Título son aplicables a la prevención del daño y su reparación"; ALTERINI, Atilio Aníbal; AMEAL, Oscar José; LÓPEZ CABANA, Roberto M. *Derecho de obligaciones civiles y comerciales*. 4. ed. Buenos Aires: Abeledo-Perrot, 2008. p. 161-164; JARAMILLO, Carlos Ignacio. *Los deberes de evitar y mitigar el daño en el derecho privado*: funções de la responsabilidad en el siglo XXI y trascendencia de la prevención. Bogotá: Pontifícia Universidad Javeriana: Facultad de Ciencias Jurídicas: Temis, 2013 (Col. Ensayos, n. 22). p. 161-164.

2. Nesse sentido, trazendo à baila efetiva síntese do paradigma de outrora, *vide*: HEINICH, Julia. *Le droit face à l'imprévisibilité du fait*. Aix en Provence: Presses Univesitaires D'Aix-Marseille, 2015. p. 105, elucidando que havia nesse período, que se estendeu à Antiguidade Clássica, o denominado "complexo de Prometeu", de modo a tudo prever e controlar, fomentando a magia, a adivinhação e o surgimento de oráculos. Desconhecia-se, por certo, a função preventiva norteadora da responsabilidade civil contemporânea, escudada na análise do risco, máxime tendo em vista que prever não é predizer. Esta última máxima denotava o determinismo fatalista que evidenciou de modo universal a realidade vivida naquela era. Cumpre, outrossim, trazer a lume interessante dado histórico que reverbera a mesma tendência, como elucida BERNSTEIN, Peter L. *Desafio aos deuses*: uma fascinante história do risco. Trad. Ivo Korylowski. 23. reimpr. Rio de Janeiro: Elsevier, 1997. p. 13, observando que, de fato, ao longo da História, o risco estava atrelado aos deuses, e mesmo nos jogos emergia referida característica, o que justifica a expressão "jogos de azar" – palavra de origem árabe, *Al Zahr*, que significa dados.

3. HOFBAUER, Markus. *Die mangelhafte Reise*: Das Gewährleistungssystem des Reisevertragsrechts aus der Sicht des Reisenden und unter Zugrundelegung des Reisecharakters für eine einzelfallbezogene Ermittlung und Beurteilung der Mangelhaftigkeit. Stuttgart: Ibidem-Verlag, 2009. p. 1, observando, ademais, que, na Idade Média tardia, nasceram as universidades e iniciou-se o deslocamento de alunos no Velho Continente, tornando-se costume nobre dos séculos XVI-XVIII o chamado *grand tour* da Europa, para compreender a arte do *savoir vivre*. Com o Iluminismo isso se dinamizou para terras de além-mar, com expedições. No entanto, a efetiva modificação de paradigmas, com o início de organização de atividades empresariais no ramo turístico e correlatas repercussões no âmbito do transporte, ocorreu em 1841, marco histórico do primeiro pacote completo que pode ser denominado *all-inclusive*, cuja organização foi efetuada pelo inglês Thomas Cook. Cumpre observar que referido conglomerado teve sua liquidação decretada somente em 2019.

Necessário, pois, analisar os elementos galvanizadores da modificação do arquétipo de outrora.

Dois fatores catalisadores propiciaram, no nível evolutivo, a modificação de tais paradigmas: a análise do risco, em caráter prospectivo, e o denominado maquinismo, com suas repercussões no âmbito dos transportes e a objetivação da responsabilidade civil, dinamizando a função preventiva alhures mencionada.

Dessume-se, pois, que o ponto nodal, que transformou o risco em uma opção e não em um destino inelutável como outrora, teve gênese em fatores metajurídicos, ensejando a modificação do *status quo,* o que se analisará a seguir.

De fato, o grande passo foi pôr o futuro a serviço do presente, compreendendo o risco, medindo-o e transformando-o em um dos principais catalisadores que impelem a sociedade moderna. Racionalizou-se, a partir disso, o processo de tomada de decisões, em efetivo "desafio aos deuses", como preconiza Bernstein.[4]

Deveras, referido autor observa, ademais, com acuidade, que

> [...] a ideia revolucionária que define a fronteira entre os tempos modernos e o passado é o domínio do risco: a noção de que o futuro é mais do que um capricho dos deuses e de que homens e mulheres não são passivos ante a natureza. Até os seres humanos descobrirem como transpor esta fronteira, o futuro era um espelho do passado ou o domínio obscuro de oráculos a adivinhos que detinham o monopólio sobre o conhecimento dos acontecimentos previstos.[5]

O Renascimento e a Reforma Protestante prepararam o terreno para o controle do risco, fomentando a inovação, ousando-se nos descobrimentos e no comércio marítimo, tendência que, posteriormente, espraiou-se em nível global.[6]

Posteriormente, Leibniz propõe a ideia de que a probabilidade é determinada pela evidência e razão, de modo que a palavra em alemão, *"warscheinlich"*, capta bem referido conceito, ou seja, atrela-o à aparência da verdade.[7]

Nesse contexto, visando à gestão e à análise do risco, a figura do seguro ocupa lugar de escol, cumprindo apenas enunciar sua origem na perspectiva evolutiva adrede mencionada.

Deveras, Bernstein, no âmbito metajurídico, traz à baila a relevante informação de que referida figura passou a ocupar papel central na análise do risco, tendo tido gênese em um café, que foi o berço da Lloyd's de Londres, no final do século XVII.[8]

Malgrado a assertiva *supra,* é cediço que a sedentarização do *Homo sapiens* permitiu alargar o âmbito das comunidades que poderiam acudir em caso de necessidade, surgindo, então, agremiações baseadas em efetivo mutualismo. Posteriormente, na

---

4. Cf. BERNSTEIN, Peter L. *Desafio aos deuses,* cit., p. 1-3.
5. Cf. BERNSTEIN, Peter L. *Desafio aos deuses,* cit., p. 1.
6. Cf. BERNSTEIN, Peter L. *Desafio aos deuses,* cit., p. 20-21.
7. Cf. BERNSTEIN, Peter L. *Desafio aos deuses,* cit., p. 48.
8. Cf. BERNSTEIN, Peter L. *Desafio aos deuses,* cit., p. 88.

área do direito comercial marítimo, houve o desenvolvimento da área do seguro de forma embrionária, que transcendeu a solidariedade própria da *venia debilium,* pois já se divisava a existência de um mercado, com trocas de mercadorias, transportes e dinheiro. Na seara dos antecedentes históricos, o Código de Hamurábi, e.g., já previa regras escritas acerca de viagens, dando conta da noção de risco, que corria por conta do financiador.[9]

No entanto, subsistiam as problemáticas relativas ao determinismo dos eventos ligados às predições. Por essa razão, com o Renascimento e a visão antropocêntrica, a análise do risco passou a ser essencial, vislumbrando-se no âmbito dos seguros diversos anteparos para a sua ampla consecução operacional. Ao fim da Idade Média, os mercadores italianos iniciaram a efetiva prática do seguro de viagens marítimas e, posteriormente, terrestres, mas se defrontaram com um problema grave: a Lei de Usura.[10]

Surgiram, então, a partir dessa constatação, as grandes sociedades de seguros, com destaque para a Lloyd's de Londres, que passou a indicar os movimentos dos navios.[11]

No entanto, a origem da referida seguradora revela o caráter embrionário da análise do risco. Com efeito, na gênese da Lloyd's, dessume-se que, na ausência dos meios de comunicação de massa, os cafés emergiram como a fonte principal e confiável de notícias. Como já mencionado, a propalada seguradora teve origem em um café fundado por Edward Lloyd em 1687, próximo ao Tâmisa, na Tower Street, ponto de encontro favorito dos marujos dos navios atracados nas docas de Londres. Com a natural expansão, o proprietário do estabelecimento lançou, em 1695, a *Lloyd's List*, que divulgava amplo rol de informações acerca do movimento de navios e das condições do exterior e do mar. Chegou até mesmo a descrever batalhas marítimas, propiciando a análise e a gestão do risco de modo cada vez mais precisos.[12]

Em 1771, quase cem anos após Edward Lloyd abrir seu café na Tower Street, 79 dos seguradores que negociavam no Lloyd's subscreveram cem libras cada um e se uniram na Society of Lloyd's, um grupo de empresários individuais não constituídos em pessoas jurídicas que operavam sob um código de conduta autorregulamentado. Posteriormente, os membros referidos passaram a ser conhecidos como "*Names*". Os *Names* empenhavam todos os seus bens terrenos e todo o seu capital financeiro para cumprir a promessa de cobrir o prejuízo dos clientes. Dessa forma, como elucida Bernstein, "criou-se a mais famosa empresa seguradora da História",[13] cujos métodos paradigmáticos de gestão e análise do risco em aperfeiçoamento técnico constante contribuíram para o amplo desenvolvimento do ramo securitário, por meio da elaboração de cálculos atuariais

---

9. Cf. CORDEIRO, António Manuel da Rocha e Menezes. *Direito dos seguros.* 2. ed. Coimbra: Almedina, 2016. p. 49-52.
10. Cf. CORDEIRO, António Menezes. *Direito dos seguros*, cit., p. 63.
11. Cf. CORDEIRO, António Menezes. *Direito dos seguros*, cit., p. 65.
12. Nesse sentido: BERNSTEIN, Peter L. *Desafio aos deuses*, cit., p. 89-90; CORDEIRO, António Menezes. *Direito dos seguros*, cit., p. 65.
13. Cf. elucida BERNSTEIN, Peter L. *Desafio aos deuses*, cit., p. 91.

complexos e caracterizadores de teoria própria do risco, elemento nuclear na consecução do direito dos seguros contemporâneo.[14]

Por fim, faz-se mister analisar o significado da expressão "risco". Como preleciona Menezes Cordeiro, a indefinição tem atingido a noção de risco, provindo, desde logo, de sua etimologia.[15]

Nesse contexto, muito embora não haja unanimidade, uma das versões mais críveis em nível histórico-científico tem esteio, como observa Menezes Cordeiro, no direito romano, no qual a eventualidade de um acontecimento incerto era expressa pelo termo "álea" e a hipótese de um evento negativo equivalia a *periculum* ou a *damnum*. De fato, no direito romano, surgiam esquemas coerentes com a atribuição do risco (ou *periculum*) em diversas áreas, com relevo para a compra e venda, para a locação e para contratos bilaterais. Não havia, no entanto, uma teoria geral, sendo mesmo apontado um quadro contraditório nas compilações justinianeias. No período intermédio, *periculum* também foi utilizado, mas recorreu-se ao latim *riscus*, baixo latim *risicus*, *rischium* ou *rischum*, para expressar a mesma ideia. Emergiu nessa gênese o grego de origem frísia (*riskos*), que exprimia um cofre, normalmente de madeira, local onde se guardavam joias e dinheiro. Posteriormente, passou-se ao latim *riscus*, que tinha sensivelmente o mesmo sentido; os etimologistas acentuam que *riscus* era, sobretudo, usado pelas mulheres, contrapondo-se ao *fiscus* (a cesta onde era guardado o dinheiro de casa).[16]

Tecidas referidas digressões, como aponta referido autor, "a ligação entre o *riscus* (cofre) e os perigos e eventualidades em que ele poderia incorrer levou a que estes fossem designados por aquele, num fenômeno de contágio semântico conhecido em linguística, como metonímia".[17]

A partir disso, o risco passou a atuar como uma realidade compreensiva, apta a exprimir essencialmente um sentir socioeconômico relativo ao devir humano e aos desconfortos a que ela possa estar associada.[18] Nesse contexto, estava atrelado nas obras metajurídicas ao termo "ousar", porquanto advinda do italiano antigo *risicare*, passando a evidenciar o caráter prospectivo e a ideia de que não é um destino inelutável, mas uma opção, como bem elucida Bernstein.[19]

A complexidade do desenvolvimento do estado da técnica evidenciou, em caráter prospectivo, que a essência da administração do risco está em maximizar as áreas nas quais temos certo controle sobre o resultado, enquanto são minimizadas as áreas onde não temos absolutamente nenhum controle sobre este e onde o vínculo entre efeito e causa está oculto de nós.[20]

---

14. Nesse sentido, CORDEIRO, António Menezes. *Direito dos seguros*, cit., p. 537.
15. Cf. CORDEIRO, António Menezes. *Direito dos seguros*, cit., p. 538.
16. Cf. CORDEIRO, António Menezes. *Direito dos seguros*, cit., p. 538-539.
17. Cf. CORDEIRO, António Menezes. *Direito dos seguros*, cit., p. 539.
18. Cf. CORDEIRO, António Menezes. *Direito dos seguros*, cit., p. 539.
19. Cf. BERNSTEIN, Peter L. *Desafio aos deuses*, cit., p. 8.
20. Cf. BERNSTEIN, Peter L. *Desafio aos deuses*, cit., p. 197. Bernstein, também observa com percuciência, que considerando a realidade de causas e efeitos, se conhecermos as causas poderemos prever os efeitos, robuste-

A SOCIALIZAÇÃO DOS RISCOS NA NOVA ZELÂNDIA: DESAFIOS, REFORMULAÇÕES E PERSPECTIVAS | **327**

Robustecendo a perspectiva evolutiva em comento, KEYNES trouxe à baila, em 1921, o *Treatise on probability*, que deu suporte à gestão e à prevenção prospectiva do risco.[21]

Dessume-se, portanto, que a mudança de paradigmas escudou-se justamente na premissa de que os pensadores supramencionados transformaram a percepção do risco da chance de perder em oportunidade de ganhar; a noção de destino e de projeto original, em previsões do futuro sofisticadas e baseadas nas probabilidades e de impotência para escolher. Desse modo, a probabilidade prospectiva, aliada aos mecanismos de prevenção, passou a caracterizar o guia da vida contemporânea, na lapidar análise de Bernstein.[22]

Nesse sentido, passam a ter suma relevância, na seara da responsabilidade civil e excludentes correlatas, sem descurar da teoria da assunção dos riscos, as repercussões contemporâneas dos custos de transação e previsibilidade respectiva, espraiando-se para a denominada *Law and Economics*.[23]

Patente, pois, a força expansiva da responsabilidade civil, em cotejo com sua obje-tivação na seara dos transportes e do maquinismo.[24]

---

cendo a função preventiva, alhures mencionada (p. 200). Nesse contexto, aliado ao estado da técnica, observa, com acuidade, que "o acaso para o ignorante, não é acaso para o cientista. O acaso é apenas a medida da nossa ignorância" (p. 200).

21. Nesse sentido: KEYNES, John Maynard. *A treatise on probability*. London: Macmillan, 1921. p. 3-4, observando que é favorável às previsões baseadas nas proposições, emergindo, como expressão de preferência, "graus de crença ou as probabilidades *a priori*"; BERNSTEIN, Peter L. *Desafio aos deuses*, cit., p. 224. Outrossim, como descreve Bernstein, surge posteriormente como ulterior elemento na análise e gestão do risco. Outro fator de extrema relevância diz respeito à teoria dos jogos, porquanto trouxe um novo sentido à incerteza. Sua verdadeira fonte residiria nas intenções dos outros, tendo sido inventada por John von Neumann e, também, explorada por Morgenstern (p. 232).

22. Cf. BERNSTEIN, Peter L. *Desafio aos deuses*, cit., p. 338. No mesmo diapasão: LOPEZ, Teresa Ancona. *Princípio da precaução e evolução da responsabilidade civil*, cit., p. 24-35; BECK, Ulrich. *Sociedade de risco*: rumo a uma outra modernidade. Tradução de Sebastião Nascimento. São Paulo: Editora 34, 2010. p. 85-87; GIDDENS, Anthony. *Runaway world*: how globalisation is reshaping our lives. 2. ed. London: Profile Books, 2002. p. 22; VEYRET, Yvette. *Os riscos*: o homem como agressor e vítima do meio ambiente. Tradução de Dilson Ferreira da Cruz. São Paulo: Contexto, 2007. p. 19.

23. Nesse sentido: WINTER, Harold. *Issues in law and economics*. Chicago: The University of Chicago Press, 2017. p. 212-216; FRIED, Charles. *Contract as promise: a theory of contractual obligation*. 2. ed. New York: Oxford University Press, 2017. p. 133-161; AMARAL, Francisco. *Direito civil*: introdução. 5. ed. Rio de Janeiro: Renovar, 2003. p. 562, propugnando, por seu turno, pela inserção da análise econômica do direito. Francisco Amaral baseia-se no escólio de Guido Calabresi (*The cost of accidents*), enfatizando o papel proeminente da função preventiva da responsabilidade civil, por meio de uma teoria da prevenção eficiente do custo social dos acidentes. No mesmo diapasão, ALPA, Guido; PULITINI, Francesco; RODOTÀ, Stefano; ROMANI, Franco. *Interpretazione giuridica e analisi economica*. Milano: Giuffrè, 1982. p. 456-458, na parte introdutória à responsabilidade civil, p. 489-495, item 3, "Costo degli incidenti", da lavra de Stefano Rodotà, e no prefácio da obra, redigido por Guido Calabresi (p. VII-XI).

24. Nesse sentido: CORDEIRO, António Manuel da Rocha e Menezes. *Tratado de direito civil*, cit., v. VIII, p. 409-419, observando, em síntese, que a "a dogmática da responsabilidade civil é toda inflectida pelo fenômeno da sua expansão" (p. 409). Para tanto, anota que ocupava ilhas isoladas no universo das XII Tábuas, e a matéria foi sendo alargada para os diversos *delicta*, culminando no papel emblemático da *Lex Aquilia* no século III a.C. Nesse contexto, discorre acerca da constatação empírica facilmente constatável no que concerne ao propalado alargamento, sobretudo por meio de precisões legais de imputação objetiva, que já sofriam pressões, seja no sentido da generalização, seja por meio da analogia. Posteriormente, o arquétipo correlato evidenciou ulterior alargamento como preconiza o autor: a responsabilidade civil veio a ser usada para a tutela das pessoas enquanto

No entanto, considerando a ampliação do denominado direito geral de personalidade, com arquétipo no Estado de Bem-Estar Social (*Welfare State*), em cujos ordenamentos passava a inserir com força normativa constitucional – densificando a construção de sociedade justa e solidária, especialmente após o término da Segunda Guerra Mundial[25] –, a objetivação da responsabilidade do transportador não denotava nexo causal automático com mecanismos céleres de reparação. Preconizava-se, inclusive, sua substituição pelo sistema de socialização dos riscos, o que não prosperou, na forma proposta originalmente, como se analisará a seguir.

III. A SOCIALIZAÇÃO DOS RISCOS NA NOVA ZELÂNDIA: DESAFIOS E NOVAS PERSPECTIVAS

Como é cediço, na seara da evolutiva da responsabilidade civil do transportador e da objetivação correlata, em cotejo com a eclosão de eventos inevitáveis e irresistíveis de diversas, amplas, inauditas dimensões e complexidade crescente, desveladas em causalidade múltipla, ínsitas ao propalado maquinismo e constante evolução do estado da técnica, emergiram danos de monta. Estes constituem fator catalisador do papel central exercido por referida figura no âmbito da responsabilidade civil, em substituição à pretérita proeminência da culpa.

Nessa senda, justamente, emergiu ulterior problemática, porquanto se fazia necessária a célere concepção de mecanismos aptos à reparação das diversas vítimas, especialmente tendo em vista que fixar o responsável, embora importante ponto a ser dirimido, não ensejava efetividade imediata da reparação.

De fato, muito embora a propalada objetivação tenha fomentado a função preventiva, considerada primordial no âmbito da responsabilidade civil contemporânea, impondo, por via de consequência, ao empreendedor da atividade de risco constante aperfeiçoamento de seu aparato técnico – e os correlatos efeitos nos índices de segurança e proteção no âmbito dos transportes –, observou-se que não havia efetividade imediata da reparação às vítimas, sem prejuízo de riscos de insolvência, além de se constatar empiricamente a inexistência de cobertura ampla por parte de seguros privados.[26]

---

tais, inclusive as coletivas, emergindo dogmáticas crescentemente especializadas, e.g., responsabilidade por conselhos, informações e recomendações, responsabilidade do produtor, responsabilidades profissionais, responsabilidades por acidentes e múltiplas outras hipóteses (p. 410-411). Prosseguindo, observa o autor que a problemática se tornou ainda mais complexa com o surgimento de dogmáticas horizontais na responsabilidade civil, isto é, de subsistemas que tocam vários dos setores, autonomizados por seu objeto (p. 413-414).

25. Para maiores detalhes acerca do amplo desenvolvimento tópico dos direitos da personalidade na *common law*, vide, outrossim: SOMA, John T.; RYNERSON, Stephen D.; KITAEV, Erica. *Privacy law in a nutshell*. 2. ed. St. Paul, Minn.: West Publishing, 2014. No mesmo sentido, observando a mudança de paradigmas, da denominada ordem pública de direção para a denominada ordem pública de proteção, vide: KHALIL, Magdi Sobhy. *Le dirigisme économique et les contrats*: étude de droit comparé – France-Egypte-URSS. Paris: LGDJ, 1967. p. 197-241; BARCELLONA, Pietro. *Intervento statale e autonomia privata*. Milano: Giuffrè, 1969. p. 21-37; VINEY, Geneviève; JOURDAIN, Patrice. *In*: GHESTIN, Jacques (Dir.). *Traité de droit civil*. 2. ed. Paris: LGDJ, 1996. v. 2: Les conditions de la responsabilité. p. 395.

26. Nesse sentido: HESPANHA, António Manuel. *O caleidoscópio do direito*: o direito e a justiça nos dias e no mundo de hoje. 2. ed. reelaborada. Coimbra: Almedina, 2009. p. 385, acerca dos desafios à eficácia das decisões do

Forte nessas premissas, em cotejo com a mudança de paradigmas, sobretudo após o término da Segunda Guerra Mundial, com amplo destaque para o denominado primado do direito geral de personalidade e da proteção à pessoa – normas de eficácia plena superadoras do caráter meramente programático de outrora –, fixou-se, outrossim, arquétipo ínsito à concretização do *Welfare State*, sob o primado de sociedade justa e solidária.

Nesse contexto, preconizou-se, em perspectiva evolutiva, o crepúsculo da responsabilidade civil, que seria substituída por um sistema de socialização de riscos, o que dinamizou a consecução de estudos doutrinários correlatos e a consequente implementação legislativa, como se verá a seguir.

Com efeito, por proêmio, Viney procedeu à análise minudente dos fenômenos advindos da organização social moderna, bem como do maquinismo. Sustentou essa jurista, em famosa monografia, publicada em 1965, o denominado declínio da responsabilidade individual,[27] conforme analisado em artigo redigido pelo autor desta tese acerca da matéria em comento, abrangendo as experiências neozelandesa e escandinava até o início do século XXI.[28]

No entanto, como se discorrerá em seguida, a sua implementação prática universal com o fito substitutivo mencionado deu gênese a problemáticas que, justamente, mitigaram sobremaneira a denominada função de prevenção ínsita à responsabilidade civil, em seu arquétipo contemporâneo, sem prejuízo de efetivo *spreading* perante o corpo social a níveis insustentáveis, sobretudo em um mundo competitivo diante dos efeitos da globalização, como a experiência neozelandesa demonstrou.

Nesse contexto, faz-se mister destacar que, à luz de constatação empírica, a iniciativa mais ousada, como frisado em trabalhos anteriores, proveio indubitavelmente da Nova Zelândia, com as críticas e modificações supervenientes à publicação correlata. Tal circunstância ensejou considerações conclusivas em cotejo com novos paradigmas do caso fortuito e da força maior nos transportes, designadamente considerando a existência de correntes doutrinárias que consideram a propalada socialização dos riscos como tábua de salvação final do instituto da responsabilidade civil.

Deveras, o ponto nodal do sistema neozelandês de socialização dos riscos, em sua concepção originária, fulcrou-se, em síntese, na edição do *Accident Compensation Act* pelo Parlamento da Nova Zelândia, em 1972, com entrada em vigor em 1974, reverberando a ideia de sociedade justa e solidária, com a implementação de tributação

---

Poder Judiciário na sociedade contemporânea. No mesmo diapasão, ressaltando os desafios da efetividade na órbita processual civil, *vide*: BEDAQUE, José Roberto dos Santos. *Efetividade do processo e técnica processual.* São Paulo: Malheiros, 2006. p. 49-54.

27. Cf. VINEY, Geneviève. *Le déclin de la responsabilité individuelle.* Paris: LGDJ, 1965. , p. 1-8.

28. Nesse sentido: MORSELLO, Marco Fábio. A responsabilidade civil e a socialização dos riscos: o sistema neozelandês e a experiência escandinava. *Revista da Escola Paulista da Magistratura*, ano 7, n. 2, p. 13-22, jul./dez. 2006; MORSELLO, Marco Fábio. *Contratos de transporte: novos paradigmas do caso fortuito e força maior*, p. 115-121, São Paulo: Thomson Reuters-Revista dos Tribunais, 2021. Cumpre observar que o autor deste trabalho efetuou estudos complementares e posteriores à referida data, especialmente tendo em vista o decurso de lapso superior a uma década entre a primeira publicação e este artigo, conforme se examinará a seguir. Tais estudos se afiguraram relevantes, sobretudo para trazer à baila considerações críticas e propositivas, objeto deste trabalho.

progressiva. Cabendo, portanto, ao Estado velar pela justa indenização das vítimas de acidentes (toda pessoa no território neozelandês, fosse ou não residente permanente ou proprietário), tornava-se despicienda a aferição da conduta dos causadores do dano (ferimentos ou morte) e absolutamente desnecessária a instauração de lides processuais.[29]

No entanto, o primeiro influxo externo proveio dos Estados Unidos da América na aceitação da figura dos *exemplary damages,* relativos a danos à pessoa, espraiando-se para o ramo de acidentes. *Quid juris,* então, se à época da concepção do sistema não se previu referida figura, com a premissa de ampla cobertura de todas as espécies de dano?

Exatamente com o escopo de dirimir esse ponto controvertido, em 1982 houve pronunciamento da *Court of Appeal* no precedente *Donselaar v. Donselaar,* decidindo-se que, muito embora a lei mencionada (*Accident Compensation Act*) não excluísse a viabilidade de ajuizamento de ações pessoais escudadas nos denominados *exemplary damages,* aconselhava-se vivamente aos magistrados a máxima prudência na aceitação do instituto.[30]

Forte nessas premissas, o *Accident Compensation Act,* de 1982, muito embora elogiável em sua gênese e teleologia protetiva, reverberou de forma concreta os princípios de solidariedade social, observando-se nele a mitigação pronunciada da função de prevenção, ínsita ao sistema da responsabilidade civil. Tal norma agravou sobremaneira os encargos sobre o corpo social, em inequívoco *spreading,* com déficits que se tornavam intoleráveis, máxime tendo em vista a necessidade de escala competitiva no âmbito da economia globalizada.

Com fundamento em tais fatores, a revisão do sistema afigurou-se incontornável. Nessa senda, em 1992 editou-se nova lei, qual seja, *The Accident Rehabilitation and Compensation Insurance Act,* por meio da qual se restringiu o alcance do termo *accident.* Além disso, foram suprimidos o pagamento à vista por incapacidade parcial e permanente e o dano moral (*exemplary damages*).[31]

A revisão do sistema e a fixação de patamar-limite indenizável emergiram como consectário lógico, sendo premente ressaltar, por oportuno, que experiências mais ousadas que as adotadas originalmente no *Accident Compensation Act* dos anos setenta do século XX, ou análogas a elas, dificilmente lograriam êxito em outros países. Isso

---

29. Nesse sentido: BOWER, Bradley. Exemplary damages: applying natural justice to ensure fundamental fairness. *New Zealand Law Review,* Auckland, 1998. p. 314; MANNING, Joanna. Torts and accident compensation. *New Zealand Law Review,* Auckland, p. 442-470, 1996.

30. Nesse sentido: BOWER, Bradley. Exemplary damages, cit., p. 316, observando que a aceitação do instituto decerto abriria a caixa de Pandora, ulterior fator que fomentou a revisão do caráter universal e ilimitado de cobertura do instituto na Nova Zelândia.

31. Nesse sentido: MORSELLO, Marco Fábio. A responsabilidade civil e a socialização dos riscos, cit., p. 17; SCHIAVON, Felipe Vanderlinde. *Socialização dos riscos e a experiência neozelandesa.* Orientador: Marco Fábio Morsello. 2017. Tese (Láurea) – Departamento de Direito Civil, Faculdade de Direito, Universidade de São Paulo, São Paulo, 2017. p. 51-54; MILLER, John. Trends in personal injury litigation: the 1990's. *Victoria University of Wellington Law Review,* Wellington, v. 34, n. 2, p. 407-422, 2003; STEPHENS, Robert. The economic and social context for the changes in accident compensation. *Victoria University of Wellington Law Review,* Wellington, v. 34, n. 2, p. 351-366, 2003.

porque a Nova Zelândia apresenta condições e índices socioeconômicos dificilmente superáveis para a propalada socialização dos riscos de forma eficaz.[32]

Tendo em vista essa nova realidade, o sistema foi adaptado. Na órbita administrativa, muito embora submetida a patamar-limite, conforme mencionado alhures, além de não se proceder à inclusão dos danos extrapatrimoniais – o que, aliás, tornou-se imprescindível, pois se abriria a caixa de Pandora –, observa-se que a *Accident Compensation Corporation* (ACC), atualmente, procede à regulação dos sinistros e pagamentos de forma célere e eficaz, preservando níveis patrimoniais aptos à subsistência digna.[33]

Visando à tentativa de implementação de ampla socialização dos riscos, embora sem a dimensão inaudita da Nova Zelândia, cumpre observar, por oportuno, que a Suécia editou, em 15 de dezembro de 1975, lei que assegurou indenização a todas as vítimas de acidentes de trânsito.[34]

---

32. De fato, conforme dados obtidos no *site Transparency International,* nos últimos cinco anos, a Nova Zelândia vem se alternando com a Dinamarca na primeira e na segunda posições dentre os países menos corruptos do mundo e com maior transparência no setor público. Para maiores detalhes, *vide*: https://www.transparency. org.nz/new-zealand-has-one-of-the-least-corrupt-publicsectors-in-the-world/. Acessos em: 5 jan. 2020 e 10 de agosto de 2023. Sem prejuízo desses dados, sobreleva acrescentar, por oportuno, que a população de aproximadamente cinco milhões, cento e cinquenta e um mil habitantes, em dezembro de 2022 (conforme dados obtidos em *site* governamental da Nova Zelândia, disponível em: https://www.stats.govt.nz/topics/ population. Acesso em: 11 de agosto de 2023) evidencia grande classe média com nível educacional elevado, jungida à subsistência de alta tributação. No entanto, malgrado referidas circunstâncias altamente favoráveis, diante dos constantes desafios representados pela realidade competitiva mundial, a Nova Zelândia apresentou índices de estagnação na década de 1980 e na metade dos anos 1990, dando início, neste último período, a uma política de liberalização, o que ensejou readaptação, inclusive da amplitude da socialização dos riscos originalmente concebida.

33. Nesse sentido, SCHIAVON, Felipe Vanderlinde. *Socialização dos riscos e a experiência neozelandesa*, cit., p. 37-40, observando, com percuciência, malgrado a exclusão dos danos extrapatrimoniais do sistema, que: "o processo de requerimento de uma indenização junto à ACC é transparente e eficiente, bastando comunicar-lhe a lesão para receber um determinado direito, como a reabilitação ou compensação. Assim, feita a comunicação, em aproximadamente 1.1. dias, a vítima já terá uma resposta se estará coberta pelo Ac. Act e, por exemplo, caso seja necessário receber uma compensação semanal em decorrência da impossibilidade de trabalho, o dinheiro começará a ser depositado em aproximadamente 8,3 dias. Por sua vez, a transparência do processo se dá na possibilidade de revisão das decisões da ACC, caso rejeite um pedido de compensação. As decisões são justificadas por escrito caso negativas, propiciando informações acerca de recurso para a própria ACC, sendo que o tempo médio para a decisão definitiva é de 88 dias. Tal aspecto demonstra, mais uma vez, a eficiência do sistema em não deixar a vítima sem uma compensação, ou ao menos, uma resposta sobre seus direitos" (p. 38). No que concerne aos montantes indenizáveis recentemente fixados, anota: "Importante salientar a suficiência do sistema de socialização dos riscos para a compensação de danos, a fim de garantir o patrimônio mínimo à vítima, comparada aos sistemas de responsabilidade individual. Quanto aos valores pagos às vítimas pela ACC, no ano de 2011, em caso de lesões não permanentes, semanalmente essas ganhariam 80% dos seus ganhos normais, sendo que o teto ficou estabelecido em NZ$ 1.341,31 (R$3.923,86), por semana. Ademais, caso a vítima ficasse permanentemente incapacitada, uma única prestação lhe seria paga, de no mínimo NZ$ 2.500,00 (R$ 7.313,50), caso sua incapacidade atingisse 10% do corpo e no máximo de NZ$ 100.000,00 (R$ 292.540,00), caso esta atingisse entre 80 a 100% deste. Esse valor, ademais, é corrigido anualmente e de acordo com a taxa de juros do país". As conversões entre parênteses são do autor deste trabalho, pelo câmbio oficial divulgado pelo Banco Central do Brasil em 11 de agosto de 2023, conforme https://www.bcb.gov.br/conversao.

34. Cf. TUNC, André. *La responsabilité civile*, p. 88. No mesmo diapasão, o escólio de CARLSON, Laura. *The fundamentals of Swedish law*. 2. ed. Lund: Studenlitteratur AB, 2012. p. 323-324.

Com efeito, essa tendência denotou grande relevância no referido país, bem como na Escandinávia em geral, como destaca CARLSON, com seguros sociais amplos, sem, no entanto, denotar escopo substitutivo em relação ao instituto da responsabilidade civil.[35]

De fato, a constatação empírica revelou que o sistema da ampla e exclusiva socialização dos riscos, diante do inequívoco *spreading*[36] e da mitigação dos mecanismos de prevenção ínsitos à responsabilidade civil contemporânea, não poderia subsistir como substitutivo da responsabilidade civil.

Doutra banda, desvelou-se, na realidade contemporânea, efetiva preocupação com a proteção à pessoa e a seus direitos, dando gênese à denominada obrigação de proteção autonomizada, robustecedora do princípio da prevenção, com as correlatas repercussões à luz dos contratos de transporte e responsabilidade objetiva do transportador.

Como corolário da assertiva *supra*, cumpre ao Estado velar, no âmbito da ordem pública de proteção alhures mencionada, pela edição de normas que fortaleçam o princípio da prevenção, impondo ao causador do dano indenização ampla – ou, quando esta não se afigurar factível, com fulcro em eventual insolvência, dinamizando e incentivando a utilização de mecanismos prévios de seguro privado, que se afigura nodal em situações deste jaez.

Desse modo, os seguros sociais estariam fulcrados em patamar-limite, devendo atender à célere reparação destinada ao núcleo caracterizador do denominado estatuto jurídico do patrimônio mínimo, na feliz acepção de FACHIN. Efetivaram eles o princípio fundante da dignidade da pessoa humana, sem suprimir, por outro lado, a responsabilidade civil e suas funções preventiva, punitiva e compensatória, ainda que em caráter complementar quanto ao último aspecto.[37]

À guisa de conclusão, dessume-se que a propalada extinção da responsabilidade civil não prosperou. Observa-se, na seara atual, a coexistência das responsabilidades

---

35. Nesse sentido: CARLSON, Laura. *The fundamentals of Swedish law*, cit., p. 336-337, destacando o alcance do seguro social local (*Socialförsäkringsbalk*), cujo Código entrou em vigor em 2010, teve amplo espectro garantidor, porém sem a inclusão de danos extrapatrimoniais e escudado em patamar-limite. Diante do amplo mosaico de situações objeto de cobertura, a autora destaca que a responsabilidade civil extracontratual denota papel residual na Suécia, não sendo objeto de alta litigiosidade como em outros países.

36. Nesse sentido, CASTRONOVO, Carlo. *La nuova responsabilità civile,* cit., p. 413-440. No mesmo diapasão, dando ênfase às problemáticas do *spreading, vide*: ALPA, Guido; PULITINI, Francesco; RODOTÀ, Stefano; ROMANI, Franco. *Interpretazione giuridica e analisi economica*, cit., p. 456-458, na parte introdutória referente à responsabilidade civil, p. 489-495, item 3, "Costo degli incidenti", da lavra de Stefano Rodotà, e no prefácio da obra, redigido por Guido Calabresi (p. VII-XI); SCAFF, Fernando Campos; LEMOS, Patrícia Faga Iglecias. Da culpa ao risco na responsabilidade civil, cit., p. 83; AMARAL, Francisco. *Direito civil*, cit., p. 562, propugnando, por seu turno, pela inserção da análise econômica do direito, escudando-se no escólio de Guido Calabresi (*The cost of accidents*) e enfatizando o papel proeminente da função preventiva da responsabilidade civil, por meio de uma teoria da prevenção eficiente do custo social dos acidentes.

37. Nesse sentido: FACHIN, Luiz Edson. *Estatuto jurídico do patrimônio mínimo*. 2. ed. Rio de Janeiro: Renovar, 2006. p. 177-184; JOURDAIN, Patrice. *Les principes de la responsabilité civile*, cit., p. 21-26; SARLET, Ingo Wolfgang. *Dignidade da pessoa humana e direitos fundamentais na Constituição Federal de 1988*. 6. ed. rev. e atual. Porto Alegre: Livraria do Advogado Editora, 2008. p. 102-113; LOPEZ, Teresa Ancona. *Princípio da precaução e evolução da responsabilidade civil*, cit., p. 10-15.

objetiva, subjetiva e da socialização dos riscos, com maior ênfase à denominada obrigação de proteção às vítimas, que se autonomizou.

IV. CONSIDERAÇÕES CONCLUSIVAS

Como é cediço, o tempo, no tempo, mudou com o tempo.

Com efeito, sob nossa ótica, há dois fatores catalisadores que propiciaram, no nível evolutivo, a modificação dos paradigmas na seara evolutiva da responsabilidade civil, quais sejam, a análise do risco, inclusive em caráter prospectivo, e o denominado maquinismo, com suas repercussões na seara dos transportes e a objetivação da responsabilidade civil, dinamizando a função preventiva ínsita à responsabilidade civil contemporânea.

Dessume-se, pois, que o ponto nodal, que transformou o risco em uma opção e não em um destino inelutável como outrora, teve gênese em fatores metajurídicos, ensejando modificação do *status quo*.

De fato, o grande passo foi inserir o futuro a serviço do presente, compreendendo o risco, medindo-o e transformando-o em um dos principais catalisadores que impelem a sociedade moderna, racionalizando-se, a partir disso, o processo de tomada de decisões.

Nesse contexto, o Renascimento, a Reforma Protestante e o Expansionismo da Missão Cristã prepararam o terreno para o controle do risco, fomentando a inovação, ousando-se nos descobrimentos e no comércio marítimo, tendência que, posteriormente, espraiou-se em nível global.

Forte em tais premissas, *o seguro* passou a ocupar papel central na análise do risco, com cálculos atuariais cada vez mais precisos, de modo a evidenciar uma realidade compreensiva, apta a exprimir, essencialmente, um sentir socioeconômico relativo ao devir humano, em cotejo com a complexidade do desenvolvimento do estado da técnica, de modo a demonstrar em caráter prospectivo que a essência da administração do risco está em maximizar as áreas onde há certo controle sobre o resultado, ao passo que se mitigam aquelas onde não o temos e nas quais o liame entre causa e efeito resta desconhecido.

Nessa senda, a gestão e a prevenção prospectiva do risco, ligadas à probabilidade estatística, passam a compor os *standards* do estado da técnica na figura da força maior extrínseca.

Destarte, passam a ter suma relevância, outrossim, na seara da responsabilidade civil e excludentes correlatas, sem descurar da teoria da assunção dos riscos, as repercussões contemporâneas dos custos de transação e previsibilidade respectiva, espraiando-se para a denominada *Law and Economics*, nomeadamente nos negócios jurídicos interempresariais e de lucro, retratados na seara dos transportes de coisas em seus diversos modais.

O segundo fator que ensejou a modificação de paradigmas na seara evolutiva da responsabilidade civil teve gênese inconcussa no denominado maquinismo.

Deveras, a perspectiva nitidamente desenvolvimentista, propiciadora de ciclo virtuoso de invenções e experimentos, culminou no maquinismo e nos transportes massificados, o que deu origem a ulteriores problemáticas, porquanto reveladoras do anacronismo do sistema jurídico vigente. De fato, o paradigma de outrora, escudado em relações individuais e em regra paritárias, sofreu total reviravolta com o advento da denominada Revolução Industrial.

Nesse sentido, para a compreensão da evolução da responsabilidade civil e sua objetivação, emerge, como dínamo da modificação do *status quo*, o maquinismo, justamente apresentando o ramo do transporte como um dentre seus baluartes, com eventos catastróficos insólitos em sede de acidentes. De fato, a produção em massa, com o correlato deslocamento da população para os centros urbanos, exigia o rápido escoamento das mercadorias aos centros consumidores e a importação célere de matérias-primas, visando à coordenação do ciclo produtivo. A partir disso, o desenvolvimento do transporte marítimo e ferroviário foi inquestionável. Outrossim, no perímetro urbano, considerando a criação de bolsões populacionais em áreas metropolitanas, houve a expansão dos transportes urbanos de massa, fato exacerbado com a invenção do automóvel. Por óbvio, os percentuais elevados de sinistros, com inúmeras vítimas de dano-evento, também revelaram a inadequação da responsabilidade subjetiva, escudada na prova da culpa do transportador, premissa do sistema jurídico vigente.

Outrossim, vinham a lume acidentes com dimensões catastróficas e frequentemente atrelados à causalidade múltipla, ulterior complicador para fins de aferição do efetivo responsável, designadamente com espeque na ampla segmentação de serviços que florescia. Com efeito, os mecanismos jurídicos existentes, escudados em realidade social diversa, à evidência, denotavam anacronismo, nomeadamente tendo em vista as dificuldades probatórias engendradas pela teoria da culpa, em cotejo com a complexidade na aferição técnica da prova de efetiva conduta culposa do transportador como causa eficiente do dano-evento.

Observa-se, nesse contexto, que a força expansiva da responsabilidade civil, em cotejo com sua objetivação na seara dos transportes e do maquinismo, que preludiou por meio de leis extravagantes e de interpretação jurisprudencial, posteriormente propiciou a fixação de cláusula geral escudada em atividade de risco, naturalmente consentânea com os contratos de transporte e excludentes correlatas, com interpretação restritiva progressiva destas.

Ademais, considerando a ampliação do denominado direito geral de personalidade, que passou a ser inserido com força normativa constitucional nos ordenamentos com arquétipo em *Welfare State,* densificando a construção de sociedade justa e solidária, nomeadamente após o término da Segunda Guerra Mundial, a objetivação da responsabilidade do transportador não denotava nexo causal automático com mecanismos céleres de reparação, preconizando-se, inclusive, por sua substituição pelo sistema de socialização dos riscos. No entanto, esta não prosperou, na forma apresentada originalmente, à luz do *spreading* inconcusso para o corpo social e da mitigação da função de prevenção, como se observou da experiência mais ousada nessa seara na Nova Zelândia.

Por outro lado, visando à proteção diante de eventos catastróficos que subsistem, porquanto, no porvir humano, inexiste risco zero, a socialização dos riscos – não como remédio substitutivo da responsabilidade civil, mas como elemento coadjuvador de célere reparação, até determinado patamar, que possa tornar eficaz a consecução de um patrimônio mínimo – revela-se útil e consentânea com os pressupostos de uma sociedade justa e solidária, sem, no entanto, eximir os efetivos responsáveis pelo dano, com a função preventiva remanescendo incólume. A revisão dos sistemas neozelandês e sueco revela referido intento de sopesamento.

Em suma, não se antevê o crepúsculo da responsabilidade civil, como já se preconizou, propugnando-se, destarte, pela coexistência desta com a socialização dos riscos, até determinado patamar, com a complementação correlata por meio de seguros privados, no âmbito da autorregulamentação de interesses.

REFERÊNCIAS

ALMEIDA, José Luiz Gavião de. Novos rumos da responsabilidade civil por ato ilícito. *In*: ALMEIDA, José Luiz Gavião de (Org.). *Temas atuais de responsabilidade civil*. São Paulo: Atlas, 2007.

ALPA, Guido. *Trattato di diritto civile*: la responsabilità civile. Milano: Giuffrè, 1999. v. 4.

ALPA, Guido; PULITINI, Francesco; RODOTÀ, Stefano; ROMANI, Franco. *Interpretazione giuridica e analisi economica*. Milano: Giuffrè, 1982.

ALTERINI, Atilio Aníbal; AMEAL, Oscar José; CABANA, Roberto M. López. *Derecho de obligaciones civiles y comerciales*. 4. ed. Buenos Aires: AbeledoPerrot, 2008.

AMARAL, Francisco. *Direito civil*: introdução. 5. ed. Rio de Janeiro: Renovar, 2003.

BÄHR, Peter. *Grundzüge des Bürgerlichen Rechts*. 12. ed. rev. e atual. München: Verlag Franz Vahlen, 2013.

BARCELLONA, Pietro. *Intervento statale e autonomia privata*. Milano: Giuffrè, 1969.

BAUDOUIN, Jean Louis; DESLAURIERS, Patrice. *La responsabilité civile*. 5. ed. Québec: Yvon Blais, 1998.

BECK, Ulrich. *Sociedade de risco*: rumo a uma outra modernidade. Trad. Sebastião Nascimento. São Paulo: Editora 34, 2010.

BEDAQUE, José Roberto dos Santos. *Efetividade do processo e técnica processual*. São Paulo: Malheiros, 2006.

BERNSTEIN, Peter L. *Desafio aos deuses*: a fascinante história do risco. Trad. Ivo Korylowski. 23. ed. Rio de Janeiro: Elsevier, 1997.

BLUM, Brian A. *Contracts*. New York: Kluwer, 2017.

BOWER, Bradley. Exemplary damages: applying natural justice to ensure fundamental fairness. *New Zealand Law Review*, Auckland, p. 313-344, 1998.

BRONNER, Gérald; GÉHIN, Étienne. *L'inquiétant principe de précaution*. Paris: PUF: Quadrige, 2010.

BUSNELLI, Francesco Donato; PATTI, Salvatore. *Danno e responsabilità civile*. 3. ed. Torino: Giappichelli, 2013.

CARLSON, Laura. *The fundamentals of Swedish law*. 2. ed. Lund: Studentlitteratur AB, 2012.

CASTRONOVO, Carlo. *La nuova responsabilità civile*. 3. ed. Milano: Giuffrè, 2006.

CHINELLATO, Silmara Juny de Abreu. Da responsabilidade civil no Código de 2002: aspectos fundamentais. Tendências do direito contemporâneo. *In*: TEPEDINO, Gustavo; FACHIN, Luiz Edson (Coord.). *O direito e o tempo*: embates jurídicos e utopias contemporâneas. Estudos em homenagem ao Professor Ricardo Pereira Lira. Rio de Janeiro: Renovar, 2008.

CHINELLATO, Silmara Juny de Abreu. Tendências da responsabilidade civil no direito contemporâneo: reflexos no Código de 2002. *Novo Código Civil*: questões controvertidas. Responsabilidade civil. São Paulo: Método, 2006. v. 5.

CORDEIRO, António Manuel da Rocha e Menezes. *Direito dos seguros*. 2. ed. Coimbra: Almedina, 2016.

CORDEIRO, António Manuel da Rocha e Menezes. *Tratado de direito civil*: 2. reimp. Coimbra: Almedina, 2010. v. VIII: Direito das obrigações. Gestão de negócios, enriquecimento sem causa e responsabilidade civil. t. III da parte II.

DAL PIZZOL, Ricardo. *Responsabilidade civil*: funções punitiva e preventiva. Indaiatuba: Foco, 2020.

DÍEZ-PICAZO, Luis. *Fundamentos del derecho civil patrimonial*. Pamplona (Navarra): Thomson Reuters: Civitas, 2011. v. V: La responsabilidad extracontractual.

FACHIN, Luiz Edson. *Estatuto jurídico do patrimônio mínimo*. 2. ed. Rio de Janeiro: Renovar, 2006.

FARIAS, Cristiano Chaves de; BRAGA NETTO, Felipe Peixoto; ROSENVALD, Nelson. *Novo tratado de responsabilidade civil*. São Paulo: Atlas, 2015.

FRIED, Charles. *Contract as promise*: a theory of contractual obligation. 2. ed. New York: Oxford University Press, 2017.

GIDDENS, Anthony. *Runaway world*: how globalisation is reshaping our lives. 2. ed. London: Profile Books, 2002.

HEINICH, Julia. *Le droit face à l'imprevisibilité du fait*. Aix en Provence: Presses Univesitaires D'Aix-Marseille, 2015.

HESPANHA, António Manuel. *O caleidoscópio do direito*: o direito e a justiça nos dias e no mundo de hoje. 2. ed. reelaborada. Coimbra: Almedina, 2009.

HIGH COURT CASE SUMMARIES KEYED TO EPSTEIN'S CASEBOOK ON TORTS. 10. ed. St Paul, Minn.: *West Academic Publishing*, 2014.

HIRONAKA, Giselda Maria Fernandes Novaes. *Responsabilidade pressuposta*. Belo Horizonte: Del Rey, 2005.

HOFBAUER, Markus. *Die mangelhafte Reise*: Das Gewährleistungssystem des Reisevertragsrechts aus der Sicht des Reisenden und unter Zugrundelegung des Reisecharakters für eine einzelfallbezogene Ermittlung und Beurteilung der Mangelhaftigkeit. Stuttgart: Ibidem Verlag, 2009.

JARAMILLO, Carlos Ignacio. *Los deberes de evitar y mitigar el daño en el derecho privado*: funciones de la responsabilidad en el siglo XXI y trascendencia de la prevención. Bogotá: Pontificia Universidad Javeriana, Facultad de Ciencias Jurídicas: Temis, 2013 (Colección Ensayos, n. 22).

JOURDAIN, Patrice. *Les principes de la responsabilité civile*. 4. ed. Dalloz: Paris, 1998.

KEYNES, John Maynard. *A treatise on probability*. London: Macmillan, 1921.

KHALIL, Magdi Sobhy. *Le dirigisme économique et les contrats*: étude de droit comparé – France-Egypte--URSS. Paris: LGDJ, 1967.

KIONKA, Edward J. *Torts in a nutshell*. 2. ed. St Paul, Minn.: West Publishing Co., 1996.

KIONKA, Edward J. *Torts*. 4. ed. St Paul, Minn: Thomson West, 2006.

LARENZ, Karl. *Lehrbuch des Schuldrechts*: Erster Band, Allgemeiner Teil. 14. ed. München: C. H. Beck Verlag, 1987.

LOPEZ, Teresa Ancona. *Princípio da precaução e evolução da responsabilidade civil*. 2008. Tese (Concurso de Professor Titular) – Faculdade de Direito, Universidade de São Paulo, São Paulo, 2008.

LORENZETTI, Ricardo Luiz. *Código Civil y Comercial de la Nación comentado*. Buenos Aires: Rubinzal--Culzoni, 2015. t. VIII: Arts. 1614 a 1881.

MANNING, Joanna. Torts and accident compensation. *New Zealand Law Review*, Auckland, p. 442-470, 1996.

MILLER, John. Trends in personal injury litigation: the 1990's. *Victoria University of Wellington Law Review*, Wellington, v. 34, n. 2, p. 407-422, 2003.

MORSELLO, Marco Fábio. *Contratos de transporte: novos paradigmas do caso fortuito e força maior*. São Paulo: Thomson Reuters-Revista dos Tribunais, 2021.

MORSELLO, Marco Fábio. A responsabilidade civil e a socialização dos riscos: o sistema neozelandês e a experiência escandinava. *Revista da Escola Paulista da Magistratura*, São Paulo, ano 7, n. 2, p. 13-22, jul./dez. 2006.

PORCHY-SIMON, Stéphanie. *Droit civil 2e. année*: les obligations 2019. 11. ed. Paris: Dalloz, 2018.

SARLET, Ingo Wolfgang. *Dignidade da pessoa humana e direitos fundamentais na Constituição Federal de 1988*. 6. ed. rev. e atual. Porto Alegre: Livraria do Advogado Editora, 2008.

SCAFF, Fernando Campos; LEMOS, Patrícia Faga Iglecias. Da culpa ao risco na responsabilidade civil. *In:* RODRIGUES JUNIOR, Otavio Luiz; MAMEDE, Gladston; ROCHA, Maria Vital da (Coord.). *Responsabilidade civil contemporânea*: estudos em homenagem a Sílvio de Salvo Venosa. São Paulo: Atlas, 2011.

SCHIAVON, Felipe Vanderlinde. *Socialização dos riscos e a experiência neozelandesa*. Orientador: Marco Fábio Morsello. 2017. Tese (Láurea) – Departamento de Direito Civil, Faculdade de Direito, Universidade de São Paulo, São Paulo, 2017.

SOMA, John T.; RYNERSON, Stephen D.; KITAEV, Erica. *Privacy law in a nutshell*. 2. ed. St. Paul: Minn, West Publishing, 2014.

STEPHENS, Robert. The economic and social context for the changes in accident compensation. *Victoria University of Wellington Law Review*, Wellington, v. 34, n. 2, p. 351-366, 2003.

TAPINOS, Daphné. *Prévention, précaution et responsabilité civile*: risque avéré, risque suspecté et transformation du paradigme de la responsabilité civile. Paris: L'Harmattan, 2010.

THIBIERGE, Catherine. Libres propos sur l'évolution du droit de la responsabilité (vers un élargissement de la fonction de la responsabilité civile?). *Revue Trimestrielle de Droit Civil*, Paris: Dalloz, n. 3, jul./set. 1999.

TOMMASINI, Raffaele. *La responsabilità civile nel terzo millennio*: linee di una evoluzione. Torino: Giappichelli, 2011.

TUNC, André. *La responsabilité civile*. Paris: Economica, 1981.

VAN DAM, Cees. *European Tort Law*. 2. ed. Oxford: Oxford University Press, 2013.

VEYRET, Yvette. *Os riscos*: o homem como agressor e vítima do meio ambiente. Tradução de Dilson Ferreira da Cruz. São Paulo: Contexto, 2007.

VINEY, Geneviève. *In:* GHESTIN, Jacques (Dir.). *Traité de droit civil*. 2. ed. Paris: LGDJ, 1995. v. 1: Introduction à la responsabilité.

VINEY, Geneviève. *Le déclin de la responsabilité individuelle*. Paris: LGDJ, 1965.

VINEY, Geneviève; JOURDAIN, Patrice. *In:* GHESTIN, Jacques (Dir.). *Traité de droit civil*. 2. ed. Paris: LGDJ, 1996. v. 2: Les conditions de la responsabilité.

VINEY, Geneviève; KOURILSKY, Philippe. *Le principe de précaution*: rapport au Premier Ministre. Paris: Éditions Odile Jacob, 2000.

VON WESTPHALEN, Friedrich Graf; THÜSING, Gregor. *Vertragsrecht und AGB-Klauselwerke*. 35. ed. München: C. H. Beck Verlag, 2014.

WILLIATE-PELLITERI, Lilian. *Contribution à l'élaboration d'un droit civil des événements aléatoires dommageables*. Paris: LGDJ, 2009.

WINTER, Harold. *Issues in law and economics*. Chicago: The University of Chicago Press, 2017.

SEGUROS E
RESPONSABILIDADE CIVIL
PARTE ESPECIAL

SEGUROS DE LINHAS FINANCEIRAS

SEGURO D&O, INSOLVÊNCIA E RECUPERAÇÃO JUDICIAL: REFLEXÕES PARA UMA ADEQUADA ANÁLISE DE RISCO

Pedro Guilherme Gonçalves de Souza

Mestre e Graduado em Direito pela Faculdade de Direito da Universidade de São Paulo, com período na Albert Ludwig Universität – Freiburg. Pós-graduado em Economia pela Escola de Economia de São Paulo – EESP/FGV. Presidente da Comissão de Seguros, Resseguros e Previdência Complementar do Instituto dos Advogados de São Paulo (IASP). Advogado em São Paulo/SP.

Rodolfo Mazzini Silveira

Pós-Graduado em Direito dos Contratos pela Fundação Getúlio Vargas. Graduado pela Faculdade de Direito da Universidade de São Paulo, com período na Erasmus Universiteit Rotterdam. Advogado em São Paulo/SP.

Resumo: O cenário econômico é difícil e cresce o número de empresas de todos os portes que recorrem aos institutos do direito das empresas em crise. Nesse contexto, a atenção de um número crescente de administradores se volta para uma de suas principais ferramentas de proteção: o Seguro D&O. Ocorre que muitas das apólices comercializadas no mercado brasileiro contém cláusulas que impedem ou restringem a cobertura exatamente no momento de crise. Estas limitações decorrem do entendimento que a insolvência, a recuperação judicial e a falência agravam o risco corrido pela seguradora. Todavia, esta premissa, em relação à insolvência e à recuperação judicial, é falsa; contraria, ademais, o próprio espírito da LREF. Por isso, a partir de análises teórica e empírica, este artigo foca em evidenciar que as restrições hoje impostas devem passar por uma revisão criteriosa.

Sumário: I. Introdução – II. Aspectos conceituais; II.1 Insolvência, falência e recuperação no direito brasileiro: situações diversas; II.1.1 Insolvência; II.1.2 Falência; II.1 3 Recuperação judicial; II.2 Falência e recuperação judicial na praxe do seguro D&O; II.2.1 Posição atual do mercado: exclusão de cobertura; II.2.2 Falência, recuperação judicial e o risco de diretores e administradores; II.2.3 Seguro D&O e Lei 11.101/2005: Harmonizando objetivos; II.2.3.1 Preservação da empresa e proteção dos administradores e diretores; II.2.3.2 Cobertura: recuperação judicial; II.2.3.3 Cobertura: insolvência; II.2.3.4 Exclusão de cobertura: falência; II.3 Análise empírica – III. Considerações finais – Referências.

I. INTRODUÇÃO

O cenário econômico (nacional e internacional) dos últimos anos impôs muitos desafios às empresas, os quais perduram em 2023: o pós-pandemia, que agora chega a uma relativa normalização; políticas fiscais contracionistas, incluindo os juros altos para frear tendências inflacionárias e aumento da tributação para "fechar as contas"; a desaceleração global do crescimento; entre outras dificuldades.[1]

---

1. PINHEIRO, Armando Castelar; MATOS, Silvia. 2023: um ano com muitos desafios, *in* Boletim Macro FGV IBRE, n. 139, jan./2023, p. 4. Disponível em: https://portalibre.fgv.br/sites/default/files/2023-01/2023-01-boletim-macro.pdf. Acesso em: 31 ago. 2023.

Não surpreende, portanto, que o Brasil enfrente um aumento no número de empresas que se socorrem do "direito das empresas em crise".[2] Segundo dados do Serasa Experian, o primeiro trimestre de 2023 apresentou elevação de 44% nos pedidos de falência e 37,6% nos pedidos de recuperação judicial, comparativamente ao mesmo período de 2022.[3]

À frente dessas empresas estão agentes que, em vários níveis, sujeitam-se ao risco de responsabilização por decisões tomadas no exercício da função; os conselheiros, diretores e administradores de toda sorte.

Muitas destas empresas são contratantes de seguro de responsabilidade civil de diretores e administradores (Seguro D&O), que deveria proteger essas pessoas em momentos de crise.

Entretanto, as apólices de Seguro D&O preponderantes no mercado não atendem às necessidades destes administradores em cenários de crise, devido à quase onipresente cláusula de *run*-off – por vezes conjugada com exclusão de cobertura –, para riscos relacionados à insolvência.

O objetivo deste artigo é contribuir para a diferenciação dos riscos enfrentados em situações de insolvência, falência e recuperação judicial. Com isto, procura-se demonstrar que a perda de eficácia do Seguro D&O ou a exclusão de cobertura para riscos relacionados a tais eventos são, *a priori*, solução pouco eficiente. Não dialogam adequadamente com o sistema excepcional instituído pela Lei de Recuperação de Empresas e Falências, nem com uma equação securitária equilibrada entre risco e retorno.

A adequada compreensão desse tipo de risco pode potencializar negócios securitários atualmente represados em virtude de uma percepção equivocada, ou no mínimo conservadora, de seus atributos,[4] beneficiando os segurados e as próprias seguradoras.

---

2. Conforme ensina Jorge LOBO, o "Direito das Empresas em Crise" é a evolução do antigo (e hoje antiquado) Direito Falimentar: "Em 1988, Giuseppe Baveta, Professor Associado na Universidade de Palermo, no excelente estudo *"Il Diritto dell'Impresa in Crisi"*, publicado na revista *Il Diritto Fallimentare*, advertiu aos amantes do milenar Direito Falimentar que, da pena criativa e ousada dos doutos, apesar de extraordinários percalços e incompreensões, começava a despontar uma complexa e desafiadora disciplina jurídica, diversa, por inúmeras razões, do arcaico Direito de Quebra, cuja denominação, propôs, poderia ser "Direito da Empresa em Crise", inspirado, nas palavras sábias de Angel Rojo Fernandes-Rio, numa "nova filosofia do Direito Concursal", que pretende garantir não apenas: *(a)* os direitos e interesses do devedor; *(b)* os direitos e interesses dos credores, mas também, quiçá sobretudo, *(e)* os superiores direitos e interesses da empresa, dos seus empregados e da comunidade em que ela atua [...]" (LOBO, Jorge. *Direito da Empresa em Crise*: a nova Lei de Recuperação da Empresa. *Revista do Ministério Público*. Rio de Janeiro: MPRJ, n. 23, jan./jun. 2006, p. 139).

3. Interessante notar, ademais, a presença de grandes empresas nas estatísticas: "Em termos proporcionais, os pedidos de recuperação judicial avançaram especialmente entre as grandes empresas, com aumento de 94,4% – ainda segundo a Serasa Experian. Entre as médias, o aumento foi de 8,9%; entre MPEs, 44%." (MOLITERNO, Daniel. Pedidos de falência e recuperação judicial aumentam em cenário de juro alto e crédito escasso. *CNN Brasil*, publicado em 18.04.2023. Disponível em: https://www.cnnbrasil.com.br/economia/pedidos-de-falencia-e-recuperacao-judicial-aumentam-em-cenario-de-juro-alto-e-credito-escasso/. Acesso em: 31 ago. 2023).

4. Para além do componente de risco propriamente dito, a recuperação judicial e a falência trazem no seu bojo um estigma. A empresa em crise é, antes de mais nada, uma empresa que falhou; esta falha, ao menos no imagi-

Neste contexto, parte-se da conceituação desses três institutos, a saber, insolvência, falência e recuperação judicial, avançando pela resposta atual do mercado segurador para essas figuras no que diz respeito ao Seguro D&O. Ao fim, após análise empírica da percepção de executivos que passaram por tais circunstâncias, propõe-se a mudança de entendimento harmonizando o propósito desse seguro com o princípio da preservação da empresa.

II. ASPECTOS CONCEITUAIS

II.1 Insolvência, falência e recuperação no direito brasileiro: situações diversas

Antes de adentrar no estudo do Seguro D&O, é necessário estabelecer as diferenças conceituais elementares entre o estado de insolvência e os institutos jurídicos da falência e da recuperação judicial. Destaque-se de antemão, entretanto, que não há unanimidade doutrinária sobre o assunto.

II.1.1 Insolvência

É corriqueiro que o termo "insolvência" seja utilizado para designar o estado de *déficit* patrimonial de uma pessoa física ou jurídica, quando os passivos do devedor superam o ativo, fatalmente levando-o ao inadimplemento de suas dívidas.

Parte da doutrina considera pouco técnica a acepção explicitada acima, buscando raízes principalmente na etimologia latina da palavra. Por todos, a lição de Fábio Konder Comparato:

> A insolvência é pois o estado do devedor que, sem escusa jurídica, deixa de solver as suas obrigações. Ele não as solve, seja porque não quer, seja porque não pode. [...] A inaptidão econômica a adimplir refere-se propriamente a um outro conceito: a insolvabilidade. O insolvável deixa de adimplir porque não pode fazê-lo, porque a situação econômica do seu patrimônio torna impossível a prestação devida.[5]

Assim, o que recorrentemente é referido como insolvente seria, a rigor, o insolvável, que não possui patrimônio suficiente para fazer frente às suas dívidas e, frise-se, não se vislumbra que virá a possuir; isto é, não está apenas momentaneamente impossibilitado de solver seus compromissos.[6]

---

nário popular, é indissociável da gestão dos negócios pelos administradores. Existe, portanto, um preconceito enraizado na sociedade, que pode influenciar inclusive nas decisões tomadas por (re)seguradores. Veja-se: CHECHELNITSKY, Ellen. *D&O Insurance in Bankruptcy*: Just Another Business Contract, *in* Fordham Journal of Corporate and Financial Law, v. 14, 2009, p. 826.

5. *O seguro de crédito*: estudo jurídico. São Paulo: Max Limonad, 1968, p. 49.
6. A distinção é relevante no Direito Civil, pois somente o insolvável está sujeito ao decreto de insolvência que dá início à execução concursal da pessoa física. PEREIRA, Caio Mário da Silva. *Instituições de Direito Civil*. 25. ed. Rio de Janeiro: Forense, 2012, v. 2, p. 383.

Na prática, como aponta Caio Mário da Silva Pereira,[7] os termos são utilizados indistintamente, especialmente ante o emprego, pelo legislador brasileiro, do termo "insolvência", mais amplo, que traz em seu bojo a "insolvabilidade".

Nesse sentido, dispõe o artigo 748 do Código de Processo Civil de 1973, que não foi revogado pelo novel diploma: "Dá-se a insolvência toda vez que as dívidas excederem à importância dos bens do devedor".[8]

Para o presente estudo, não há necessidade de se proceder com a rigorosa diferenciação técnica colocada acima, de modo que o termo "insolvência" será utilizado doravante irrestritamente para indicar o estado de impossibilidade de pagamento de dívidas por parte do devedor. Tal postura alinha-se com o escopo da Lei de Recuperação de Empresas e Falências.

II.1.2   Falência

A falência no direito brasileiro é disciplinada pela Lei 11.101, de 9 de fevereiro de 2005 ("Lei de Recuperação de Empresas e Falências" ou "LREF"), que revogou a antiga Lei de Concordata e Falências, instituindo um sistema mais moderno, ágil e eficaz que o anterior.[9]

Ao contrário da insolvência, situação de fato de simples caracterização, a falência é complexa, pois traduz uma situação de direito, decretada pelo juízo competente, em conformidade com uma das hipóteses descritas na LREF.

Exatamente para evitar que se torne inócuo o mecanismo de falência, os credores não têm a obrigação demonstrar o estado de insolvência do devedor. Basta a inadimplência na forma da lei. Ademais, houve preocupação do legislador em resguardar patrimônio hábil a honrar os créditos, evitando a dilapidação pelo devedor que se vê em rota inevitável de ruína.[10]

Como principais efeitos da falência, destacam-se o vencimento antecipado das dívidas; a formação do juízo universal, que concentrará todos os atos relativos à execução coletiva do devedor; bem como seu afastamento do comando dos negócios.[11]

II.1 3   Recuperação Judicial

Nem toda empresa que se encontra em situação de crise deverá ser decretada falida, pois a falência pressupõe a impossibilidade de superação do momento de crise

---

7. Ibidem, p. 384.
8. Adicionalmente, estabelece o art. 750 do mesmo diploma que: "Presume-se a insolvência quando: I – o devedor não possuir outros bens livres e desembaraçados para nomear à penhora: II – forem arrestados bens do devedor, com fundamento no art. 813, I, II e III."
9. TOLEDO, Paulo Fernando Campos Salles de. In: TOLEDO, Paulo Fernando Campos Salles de e ABRÃO, Carlos Henrique (Coord.). *Comentários à Lei de Recuperação de Empresas e de Falência*, São Paulo: Saraiva, 2009, p. 2.
10. Nesse sentido, Gladston Mamede fala, genericamente, em três hipóteses que legitimam a decretação de falência, espelhando o artigo 94 da LFRE: inadimplência injustificada (inciso I), execução frustrada (inciso II) e atos de falência (inciso III, alíneas "a" a "g") (MAMEDE, Gladston. *Manual de Direito Empresarial*, 2. ed. São Paulo: Atlas, 2007, p. 474).
11. Ibidem, p. 480.

económica. Para os casos em que a crise não seja, necessariamente, definitiva, a LREF prevê a recuperação, assim definido por Paulo Sérgio Restiffe:

> Instituto que se encontra equidistante da situação jurídico-econômica do empresário solvente e insolvente, de modo a prevenir e evitar eventualmente a decretação de sua quebra e os efeitos daí decorrem, renascendo, portanto, para a atividade negocial.[12]

A espinha dorsal da recuperação judicial (e extrajudicial) na LREF é o princípio da preservação da empresa.[13] Tal princípio estabelece o objetivo de viabilizar a superação da crise econômico-financeira, a fim de permitir a manutenção dos empregos e a produção de bens e serviços, cumprindo assim sua função social, conforme ditames do art. 47 do diploma falimentar.[14]

O pedido de recuperação judicial deve ser formulado pela empresa em crise ao juízo competente, e será deferido se atendidos os requisitos do art. 48 da LREF.[15] Com o deferimento, suspendem-se todas as execuções por quantia líquida contra o devedor,[16] centralizando-se todos os pedidos de credores no juízo unitário.

Com a aprovação do plano de recuperação judicial pela assembleia geral de credores, configura-se nova situação de direito, mediante novação das obrigações contraídas anteriormente ao pedido, que passarão a seguir os termos definidos no plano.[17]

Ao contrário do que ocorre na falência, o deferimento da recuperação judicial não implica o afastamento do devedor e seus administradores da condução da empresa, que seguirão à frente dos negócios (LREF, art. 64, *caput*). Trata-se de importação adaptada pelo legislador nacional do princípio do *debtor in possession* do direito norte-americano.[18]

II.2   Falência e recuperação judicial na praxe do seguro D&O

As situações de crise empresarial em muito interessam ao contrato de Seguro D&O, tanto no plano das seguradoras como dos segurados. Àquelas, por representar

---

12. *Recuperação de empresas*. Barueri: Manole, 2008, p. 1.
13. SCALZILLI, João Pedro; SPINELLI, Luís Felipe; TELLECHEA, Rodrigo. *Recuperação de Empresas e Falência*: teoria e prática na lei 11.101/2005. São Paulo: Almedina, 2016, p. 70.
14. Ibidem, p. 72.
15. Art. 48. Poderá requerer recuperação judicial o devedor que, no momento do pedido, exerça regularmente suas atividades há mais de 2 (dois) anos e que atenda aos seguintes requisitos, cumulativamente: I – não ser falido e, se o foi, estejam declaradas extintas, por sentença transitada em julgado, as responsabilidades daí decorrentes. II – não ter, há menos de 5 (cinco) anos, obtido concessão de recuperação judicial; III – não ter, há menos de 5 (cinco) anos, obtido concessão de recuperação judicial com base no plano especial de que trata a Seção V deste Capítulo; IV – não ter sido condenado ou não ter, como administrador ou sócio controlador, pessoa condenada por qualquer dos crimes previstos nesta Lei.
16. Trata-se do conhecido "*stay period*" do direito norte-americano, que tem por finalidade conceder ao empresário o fôlego necessário para reestruturar o negócio, e, assim, convencer os múltiplos credores da viabilidade da recuperação Judicial. Sobre a aplicação do *stay period* e reflexos no seguro D&O, veja-se: CHECHELNITSKY, Ellen. Op. cit., p. 833 e ss.
17. MAMEDE, Gladston. Op. cit., p. 458.
18. CEREZETTI, Sheila Neder. *A recuperação judicial de sociedade por ações*: o princípio da preservação da empresa na lei de recuperação e falência. São Paulo: Malheiros, p. 386-387.

II.2.1 Posição atual do mercado: exclusão de cobertura

Como destacado na abertura deste artigo, o Brasil enfrenta uma conjuntura econômica complicada, que levou muitas empresas à crise. Impulsionado, em parte, por este temor e pela pressão dos administradores, a contratação de Seguro D&O aumenta anualmente e em ritmo acelerado.[19-20]

A resposta do mercado é natural. Em tempos de crise, aumenta o grau de exigência de prestação de contas por parte de órgãos regulatórios e partes relacionadas, incluindo credores, e pela própria empresa, sujeitando os administradores a maior grau de exposição a risco. Mesmo aqueles que atuam com máxima diligência estão expostos a este aumento de exposição, o que os leva a buscar mecanismos que aumentem sua proteção.

Entretanto, para os administradores de empresas que se encontram em situação de crise (*v.g.* falência ou recuperação), o seguro D&O pode não ser uma alternativa viável, devido à reticência das seguradoras em conferir cobertura a riscos decorrentes desse *status*.[21]

O argumento das seguradoras é o fato de, supostamente, a falência, a insolvência e a recuperação judicial representarem uma mudança significativa do paradigma de risco coberto. Entende-se que há, nessas situações, aumento das responsabilidades dos administradores e recrudescimento da fiscalização sobre seus atos. Adicionalmente, inicia-se uma "corrida" dos credores para satisfazer seus créditos, que também visa ao patrimônio pessoal dos administradores.[22]

Como resposta, em regra, as seguradoras estabelecem em seus clausulados o chamado *run-off*[23] para a cobertura em relação às reclamações – i.e. os pedidos de indenização

---

19. "Entre 2014 e 2021, o seguro D&O teve crescimento de 436% no Brasil, passando de uma arrecadação de R$ 227,6 milhões para R$ 1,2 bilhão." (SANTOS, Gilmara. Escândalo da Americanas aumenta critérios para análise do seguro D&O no país. *InfoMoney*, 14 fev. 2023. Disponível em: https://www.infomoney.com.br/minhas-financas/escandalo-da-americanas-aumenta-criterios-para-analise-do-seguro-do-no-pais/. Acesso em: 31 ago. 2023)

20. BRONZATI, Aline. *Revisão de programas em cenário de crise impulsiona seguro para executivos no Brasil*. O Estado de São Paulo, São Paulo, 25 ago. 2017. Disponível em: http://economia.estadao.com.br/noticias/governanca,revisao-de-programas-em-cenario-de-crise-impulsiona-seguro-para-executivos-no-brasil,70001950845. Acesso em: 31 ago. 2023.

21. LACERDA descreve a falência ou pedido de recuperação da empresa como "casos clássicos de agravamento de risco", a indicar como a praxe do *run-off* está consolidada no mercado segurador (LACERDA, Maurício Andere von Bruck. *O seguro dos administradores no Brasil: o D&O insurance brasileiro*. Curitiba; Juruá, 2013, p. 121).

22. CHECHELNITSKY, Ellen. Op. cit., p. 842.

23. Perda de eficácia da cobertura a partir de um determinado evento (e.g. uma fusão, aquisição; *in casu*, a pedido de falência ou recuperação judicial), mantendo-se a cobertura para os fatos geradores ocorridos até aquela data.

– realizados após a decretação da falência, a constatação da insolvência ou o pedido de processamento da recuperação judicial.[24]

Embora este entendimento ainda seja a regra, há casos recentes de relaxamento da restrição pelas seguradoras em relação à recuperação judicial. Com lastro na prática do mercado londrino, algumas seguradoras locais buscam adaptar a realidade do D&O às necessidades dos contratantes, oferecendo coberturas específicas para situações de insolvência.[25]

II.2.2   Falência, recuperação judicial e o risco de diretores e administradores

Conforme observado acima, o mercado segurador brasileiro não diferencia, em regra, falência e recuperação judicial no tocante à eficácia do Seguro D&O. Atribui a ambos o caráter de agravamento de risco e o consequente *run-off* da cobertura securitária.

Entretanto, além da solução adotada não estar em linha com a demanda dos potenciais contratantes do seguro, também não atenta para as peculiaridades de cada instituto, conforme definido pelo próprio legislador.

Na falência, de fato, os administradores se sujeitam a um maior risco de verem demandas movidas contra si, pois: (i) é instaurada a execução concursal de ativo que, sabidamente, é inferior ao passivo da empresa falida, podendo estimular os credores a buscar responsabilização dos administradores para ampliar a capacidade de pagamento; (ii) conforme o art. 82 da LREF, na hipótese de decretação da falência, o juízo falimentar perquirirá a existência de responsabilidade pessoal dos administradores, a fim de averiguar atuação culposa que possa ter desencadeado a ruína da empresa[26]; (iii) também o administrador judicial fará uma radiografia detalhada de passado e presente da empresa falida, atendendo os ditames do art. 22, I e III da LREF, inclusive para se resguardar de eventual responsabilização quanto a desvios de gestão; e (iv) o Ministério Público e as fazendas federal, estaduais e municipais (quando aplicável) serão comunicados da falência para que tenham conhecimento e tomem as medidas que julgarem oportunas em sua esfera de atribuição (art. 99, XIII).

---

24. Ilustrativamente, veja-se o que dispõe o clausulado de Seguro D&O da Zurich Minas Brasil Seguros S.A., registrado sob o processo SUSEP 15414.901233/2017-93 (ver. mar. 2023): "*1.21. Alteração de Controle significa* [...] *(vi) seja nomeado um administrador judicial em falência ou recuperação judicial, liquidante, curador, ou funcionário ou pessoa equivalente na jurisdição aplicável para o Tomador, ou o Tomador torne-se um devedor em posse ("DIP" ou "debtor-in-possession") ou status equivalente na jurisdição aplicável. [...] 4 – Alteração de Risco [...] 4.3. Alteração de Controle. 4.3.1. Se, durante o Período de Vigência ocorrer uma Alteração de Controle, a cobertura desta Apólice somente se aplicará em relação a Atos Danosos ou outros eventos cobertos por esta Apólice cometidos ou ocorridos antes da data efetiva de uma Alteração de Controle.*"

25. Nesse sentido, enfatiza Maurício Bandeira: "As empresas que entram em recuperação judicial podem negociar com as seguradoras a manutenção da vigência da apólice que, geralmente é de 3 anos. As condições são adaptáveis. O mercado [de seguros] se adaptou." (BRONZATI, Aline. *Revisão de programas em cenário de crise impulsiona seguro para executivos no Brasil*. O Estado de São Paulo, São Paulo, 25 ago. 2017. Disponível em http://economia.estadao.com.br/noticias/governanca,revisao-de-programas-em-cenario-de-crise-impulsiona-seguro-para-executivos-no-brasil,70001950845. Acesso em 31 ago. 2023)

26. LOBO, Jorge. *Comentários à Lei de Recuperação de Empresas e de Falência*, Paulo Fernando Campos Salles de Toledo e Carlos Henrique Abrão (Coord.). São Paulo: Saraiva, 2009, p. 247.

Já na recuperação judicial, não se verifica *prima facie* tal agravamento. Pelo contrário. A LREF tece uma rede protetiva da empresa para conferir-lhe uma real oportunidade de reerguimento, contribuindo para a efetiva diminuição ou, ao menos, contingenciamento do risco dos administradores.

Em primeiro lugar, destaca-se a suspensão de todas as ações e execuções contra o devedor pelo prazo de 180 dias (art. 52, III), inclusive as que versem sobre débitos trabalhistas, os quais poderão ser quitados na forma definida no plano de recuperação judicial, desde que respeitados os termos do art. 54 da LREF. Nesse período de suspensão, a empresa poderá sanear suas contas e pagar os trabalhadores, evitando que estes ingressem com ações que, com frequência, incluem o administrador no polo passivo.

Em segundo lugar, a LREF criou a figura do administrador judicial, que desempenha papel central na dinâmica da recuperação judicial, cumprindo diversas funções necessárias ao auxílio técnico do juízo. Uma delas é a de agir como interlocutor centralizado com os credores (art. 22, I, "a", "b", "c" e "d"), com ganhos para a transparência e confiabilidade das comunicações, e redução do ônus sobre os administradores, que poderão focar nas demais matérias da gestão empresarial.

Em terceiro lugar, com a aprovação do plano de recuperação judicial, racionaliza-se o fluxo financeiro da companhia (art. 53, da LREF), conferindo-se, por um lado, diretrizes claras aos administradores sobre quais objetivos deverão ser perseguidos e, por outro, parâmetros aos credores para que acompanhem o cumprimento do compromisso do devedor, além do estabelecimento de uma ordem de pagamento, coibindo assim ações fúteis da administração.

Por último, não se pode ignorar o potencial incentivo à boa administração decorrente da fiscalização por entes externos à empresa; notadamente, no caso da recuperação judicial, o administrador judicial e os próprios credores. Nesse cenário, a atividade dos administradores já deverá estar alinhada aos ditames do plano. A fiscalização externa contribui para evitar comportamentos excessivamente arriscados.

Assim, ao contrário do que ocorre na falência, a recuperação judicial se mostra instituto que, ao proteger a empresa dos credores, acaba por resguardar também, ainda que indiretamente, os administradores que estão à frente dos negócios da recuperanda.

Portanto, a visão de que existiria um automático "agravamento de risco" para toda e qualquer empresa solicitante de recuperação judicial se mostra desconectada da realidade. A constatação do agravamento exige antes uma análise detalhada que considere as características daquela determinada empresa e as condições que a levaram à crise.

II.2.3 Seguro D&O e Lei 11.101/2005: harmonizando objetivos

A exclusão *a priori* da recuperação judicial do espectro de cobertura do Seguro D&O, além de não encontrar lastro em um real agravamento de risco, como foi analisado acima, não atende ao espírito primordial da LREF.

II.2.3.1 Preservação da empresa e proteção dos administradores e diretores

O objetivo central do sistema falimentar brasileiro é assegurar os mecanismos necessários à continuidade de empresas viáveis;[27] nesse sentido, o princípio da preservação da empresa,[28] embora constitua o núcleo da recuperação judicial, permeia toda a LREF, inclusive na medida em que define a falência como *ultima ratio*.

A seu turno, também o Seguro D&O tem importante papel em resguardar a empresa, a uma por evitar a dilapidação do patrimônio com custos de defesa em ações judiciais, e a duas por oferecer maior segurança aos administradores. Neste ínterim, o sistema de proteção facilita a contratação de profissionais de excelência e permite que estes atuem com a necessária eficiência e ousadia; não é raro, inclusive, que o processo de recuperação judicial motive a completa substituição do quadro de administradores.

Assim, há importante ponto de conexão entre o Seguro D&O e a Lei de Recuperação de Empresas e Falências. Ambos, na sua esfera de aplicação, buscam garantir a continuidade dos negócios, dando concretude ao princípio da preservação da empresa.

Não bastasse, o Seguro D&O funciona como um excelente complemento à recuperação judicial. De um lado, evita que o patrimônio da empresa devedora seja consumido em diversos procedimentos e processos judiciais e administrativos que podem ser movidos contra os administradores.[29] De outro, dá aos administradores a segurança para atuar com foco total na renovação da empresa e superação da crise.

Por essas razões, para além da mencionada necessidade de readequação do mercado segurador para atender à demanda das empresas pela cobertura de situações de crise, verifica-se que os princípios que orientam tanto a LREF quanto o Seguro D&O comportam perfeitamente a inserção de cobertura securitária em caso de recuperação judicial nesse tipo de seguro.

II.2.3.2 Cobertura: recuperação judicial

Como visto, a recuperação judicial, devido a seus diversos mecanismos que visam à preservação da empresa em crise, permite o contingenciamento dos riscos aos quais os administradores estão expostos. Não representa, em regra, agravamento que justifique o *run-off* da apólice de Seguro D&O, solução atualmente empregada na maioria desses seguros.

---

27. SCALZILLI, João Pedro; SPINELLI, Luís Felipe; TELLECHEA, Rodrigo. Op. cit., p. 68.
28. [Lei 11.101/2005] Art. 47. A recuperação judicial tem por objetivo viabilizar a superação da situação de crise econômico-financeira do devedor, a fim de permitir a *manutenção da fonte produtora*, do emprego dos trabalhadores e dos interesses dos credores, promovendo, assim, a *preservação da empresa, sua função social e o estímulo à atividade econômica*. (destacou-se)
29. Sobre a importância de tomador e segurados coordenarem a utilização do Seguro D&O em um cenário de crise da empresa, veja-se: BAILEY, Dan. D&O liability in the post-Enron era. *International Journal of Disclosure and Governance*, v. 2, n. 2, 2005, p. 169.

II.2.3.3 Cobertura: insolvência

A insolvência, por ser situação de fato, não deveria, *de per se*, motivar qualquer alegação de agravamento de risco pela seguradora; nem, muito menos, fundamentar o *run-off* da apólice de Seguro D&O.

Isto porque, para adquirir relevância no contexto empresarial, deverá produzir seus efeitos jurídicos; quer seja o deferimento da recuperação judicial do devedor,[30] quer a decretação de sua falência,[31] a depender da viabilidade de saneamento da situação financeira da empresa.

II.2.3.4 Exclusão de cobertura: falência

Ao contrário do que ocorre na recuperação judicial, a decretação de falência implica o afastamento do devedor e seus administradores da gestão dos negócios, que será então escrutinada pelo administrador judicial, pelo juízo da falência e – potencialmente – pelo Ministério Público, a fim de apurar eventuais irregularidades na condução da empresa que possam ter levado à situação de crise.

Por isso, há agravamento significativo do risco dos administradores que, ademais, não encontram as salvaguardas existentes na recuperação judicial. Frise-se, também, que já não incide mais na falência, pelo menos diretamente relacionado ao devedor, o princípio da preservação da empresa.

Assim, é plenamente justificável que, na hipótese de decretação da falência do devedor e, somente nesta, seja utilizado o *run*-off como mecanismo de limitação de risco das seguradoras no Seguro D&O.

II.3 Análise empírica

Para se afastar do plano estritamente teórico, realizou-se no âmbito do presente trabalho uma pesquisa empírica junto a administradores de empresas que passaram por situações de recuperação judicial, extrajudicial e/ou falência.

Cerca de 20 administradores ligados direta ou indiretamente à gestão jurídica de passivos das empresas que administravam foram abordados para responder à seguinte questão: "qual foi o impacto da recuperação judicial, recuperação extrajudicial, falência ou liquidação na responsabilização dos administradores da sociedade?"

O resultado foi surpreendente, contrariando o que (intuitivamente) é esperado de indivíduos que tenham vivido uma situação de insolvência empresarial. A maioria dos administradores considerou que a crise não impactava significativamente na responsabilização pessoal. O gráfico abaixo traduz o resultado de tal pesquisa:

---

30. Item II.2.3.2.
31. Item II.2.3.4.

Figura 1. Distribuição da resposta à questão: "Qual foi o impacto da recuperação judicial, recuperação extrajudicial, falência ou liquidação na responsabilização dos administradores da sociedade?"

Ou seja, na perspectiva das pessoas físicas que efetivamente vivenciam a gestão de empresas em recuperação judicial e/ou falência, estes procedimentos não representam um agravamento relevante do risco *vis-a-vis* a exposição usual do administrador.

Considerando o risco de exposição pessoal – *skin in the game* –[32] de cada um dos entrevistados ao objeto questionado, tal avaliação não pode ser descartada por um agente interessado em avaliar o grau de correlação entre os cenários de insolvência empresarial e os riscos de imputação de responsabilidade pessoal a administradores.

Embora não se pretenda, com este pequeno espaço amostral, traçar conclusões assertivas sobre mencionada correlação, a pesquisa reforça a necessidade de revisão dos clausulados e das políticas de subscrição de Seguro D&O avessas a empresas em recuperação judicial.

III. CONSIDERAÇÕES FINAIS

O Seguro D&O pode ser importante mecanismo para mitigar o risco de diretores e administradores no momento de instabilidade econômica enfrentado pelo país.

A prática consolidada do mercado segurador é considerar insolvência, falência e recuperação judicial como casos de agravamento de risco e impor *run-off* da cobertura securitária.

Para a adequação do Seguro D&O às necessidades atuais do mercado brasileiro, urge que as seguradoras passem a cobrir situações de insolvência e recuperação judicial. Em ambos os casos, como restou demonstrado, não há verdadeiro agravamento de risco. Na insolvência, isso se deve à ausência de consequência jurídica imediata. Na recuperação, em virtude do contingenciamento da crise empresarial promovido pela dinâmica da Lei de Recuperação de Empresas e Falências.

---

32. *If you give an opinion, and someone follows it, you are morally obligated to be, yourself, exposed to its consequences.* (TALEB, Nassim. *Skin in the game*. Random House. 2018, p. 17).

Não existe contraposição entre os objetivos da recuperação judicial e do Seguro D&O. Ambos contribuem para dar concretude ao princípio da preservação da empresa; aquele diretamente, na medida em que toda sua estrutura objetiva tal fim, e este indiretamente, enquanto complemento necessário à garantia dos bens do devedor e à segurança dos administradores durante o período de crise empresarial.

Compreender a correlação entre ambos para uma adequada precificação de risco poderá aprimorar o mercado brasileiro de colocação de Seguro D&O com ganhos potenciais para seguradoras e segurados.

REFERÊNCIAS

BAILEY, Dan. D&O liability in the post-Enron era. *International Journal of Disclosure and Governance*, v. 2, n. 2, p. 159-176, 2005.

BRONZATI, Aline. *Revisão de programas em cenário de crise impulsiona seguro para executivos no Brasil.* O Estado de São Paulo, São Paulo, 25 ago. 2017. Disponível em: http://economia.estadao.com.br/noticias/governanca,revisao-de-programas-em-cenario-de-crise-impulsiona-seguro-para-executivos-no-brasil,70001950845. Acesso em: 31 ago. 2023.

CEREZETTI, Sheila Neder. *A recuperação judicial de sociedade por ações*: o princípio da preservação da empresa na lei de recuperação e falência. São Paulo: Malheiros. 2012.

CHECHELNITSKY, Ellen. *D&O* Insurance in Bankruptcy: Just Another Business Contract. *Fordham Journal of Corporate and Financial Law*, v. 14, p. 825-847, 2009.

LACERDA, Maurício Andere von Bruck. *O seguro dos administradores no Brasil*: o D&O insurance brasileiro. Curitiba; Juruá, 2013.

LOBO, Jorge. In: TOLEDO, Paulo Fernando Campos Salles de e ABRÃO, Carlos Henrique (Coord.). *Comentários à Lei de Recuperação de Empresas e de Falência*. São Paulo: Saraiva, 2009.

LOBO, Jorge. *Direito da Empresa em Crise*: a nova Lei de Recuperação da Empresa. *Revista do Ministério Público*, Rio de Janeiro: Ministério Público do Estado do Rio de Janeiro, n. 23, jan./jun. 2006.

MAMEDE, Gladston. *Manual de Direito Empresarial*. 2. ed. São Paulo: Atlas, 2007.

MOLITERNO, Daniel. Pedidos de falência e recuperação judicial aumentam em cenário de juro alto e crédito escasso. *CNN Brasil*, São Paulo, 18 abr. 2023. Disponível em: https://www.cnnbrasil.com.br/economia/pedidos-de-falencia-e-recuperacao-judicial-aumentam-em-cenario-de-juro-alto-e-credito-escasso/. Acesso em: 31 ago. 2023.

PEREIRA, Caio Mário da Silva. *Instituições de Direito Civil*. 25. ed. Rio de Janeiro: Forense, 2012. v. 2.

PINHEIRO, Armando Castelar; MATOS, Silvia. 2023: um ano com muitos desafios. *Boletim Macro FGV IBRE*, n. 139, jan./2023, p. 3-5. Disponível em: https://portalibre.fgv.br/sites/default/files/2023-01/2023-01-boletim-macro.pdf. Acesso em: 31 ago. 2023.

TALEB, Nassim. *Skin in the game*: hidden asymmetrics in daily life, Nova Iorque: Random House, 2018.

TOLEDO, Paulo Fernando Campos Salles de. *Comentários à Lei de Recuperação de Empresas e de Falência*, Paulo Fernando Campos Salles de Toledo e Carlos Henrique Abrão (Coord.). São Paulo: Saraiva, 2009.

SANTOS, Gilmara. Escândalo da Americanas aumenta critérios para análise do seguro D&O no país. *InfoMoney*, 14 fev. 2023. Disponível em: https://www.infomoney.com.br/minhas-financas/escandalo-da-americanas-aumenta-criterios-para-analise-do-seguro-do-no-pais/. Acesso em: 31 ago. 2023.

SCALZILLI, João Pedro; SPINELLI, Luís Felipe; TELLECHEA, Rodrigo. *Recuperação de Empresas e Falência*: teoria e prática na Lei 11.101/2005. São Paulo: Almedina, 2016.

O SEGURO DE RESPONSABILIDADE CIVIL DE EXECUTIVOS (D&O) E A CLÁUSULA DE EXCLUSÃO PARA ATOS LESIVOS CONTRA A ADMINISTRAÇÃO PÚBLICA

Marcia Cicarelli Barbosa de Oliveira

Mestre em Direito Civil pela USP. Especialista em Direito do Seguro pela FGV. Bacharel em Direito pela Faculdade de Direito da USP. É sócia de Seguros, Resseguros, Previdência Privada e Saúde Suplementar do Demarest Advogados, Vice-Presidente do Comitê de Seguros e Riscos da Câmara Britânica, Vice-presidente da Comissão Permanente de Estudos de Seguros, Resseguros e Previdência Complementar do IASP, membro da AIDA-Brasil e acadêmica da ANSP – Academia Nacional de Seguros e Previdência. Advogada.

Thais Ribeiro Muchiuti

Mestranda em Direito das Relações Econômicas Internacionais pela Pontifícia Universidade Católica de São Paulo – PUC/SP. Bacharel em Direito pela Universidade Presbiteriana Mackenzie. Advogada da área de Seguros e Resseguros do Demarest Advogados.

Resumo: Por meio do presente artigo analisaremos o escopo geral do Seguro de Responsabilidade Civil de Diretores e Administradores (D&O), tratando sobre as suas principais coberturas. Em seguida, abordaremos os limites das responsabilidades atribuíveis aos administradores, bem como a relevância do referido seguro para a manutenção das atividades empresariais, especialmente no caso de empresas públicas, nas quais há intensa atuação de órgãos fiscalizadores e regulatórios, além de maior exposição a riscos, inclusive relacionados a corrupção. Por fim, adentraremos nas minúcias da cláusula de exclusão para atos lesivos à administração pública, tratando sobre seu histórico, forma de aplicação, precedentes dos tribunais pátrios sobre o tema e diferenciação quanto à exclusão para atos dolosos.

Sumário: I. Introdução – II. Escopo e relevância do seguro D&O – III. Principais coberturas – IV. Os limites de responsabilização dos administradores e a relação com o seguro D&O – V. A evolução da cláusula de exclusão para atos lesivos à administração pública; V.1 As primeiras cláusulas – exclusões de comissões; V.2 O aperfeiçoamento para as atuais exclusões para atos lesivos à administração pública – VI. Diferenciação entre a exclusão para atos lesivos à administração pública e a exclusão de atos dolosos – VII. Conclusão – Referências.

I. INTRODUÇÃO

O Seguro D&O (*directors and officers liability insurance*) é uma modalidade de Seguro de Responsabilidade Civil que tem por objetivo proteger o patrimônio dos diretores, administradores, conselheiros e outros executivos da empresa tomadora do seguro, contra reclamações de terceiros que requerem a sua responsabilização por danos involuntários decorrentes de atos de gestão.

Essa responsabilidade não está limitada à responsabilidade civil, considerando que, de acordo com o ordenamento jurídico brasileiro, os administradores das sociedades também estão sujeitos à responsabilidade nos âmbitos penal, tributário, trabalhista, previdenciário, ambiental, falimentar, concorrencial, consumidor, entre outros.[1]

É, portanto, ferramenta relevante nos mecanismos de proteção das empresas e dos próprios administradores, que devem ter segurança no exercício de seus cargos sem estarem expostos ao risco de verem seu patrimônio pessoal afetado por atos de gestão.

Partindo-se de tais pressupostos, o presente artigo traça um panorama geral sobre (i) as principais coberturas presentes no seguro D&O, quais sejam, o pagamento de custos de defesa e condenações pecuniárias dos segurados no âmbito das reclamações do terceiro, e (ii) as três faces de formas de liquidação, denominadas de A, B e C.

Num segundo momento, o artigo se debruça quanto à análise específica da excludente para atos lesivos à administração pública, considerando as possibilidades e limites de responsabilização dos administradores previstos no ordenamento jurídico brasileiro, especialmente na Lei 6.404/1976, das Sociedades Anônimas, e a relação deste cenário com o seguro D&O.

Referida excludente ganhou relevância com o advento das investigações realizadas no âmbito da Operação Lava Jato, especialmente no que diz respeito às apólices contratadas por empresas públicas, as quais passaram a enfrentar diversas fiscalizações, que, em muitos casos, envolviam acusações de corrupção, um risco normalmente excluído das apólices de D&O.

Nesse contexto, as cláusulas se apresentavam inicialmente como simples traduções dos clausulados estrangeiros, na modalidade de exclusão de comissões, evoluindo posteriormente para o que chamamos atualmente de exclusão para atos lesivos à administração pública, cuja redação se adequa melhor à nova realidade, tanto do ponto de vista fático, dos tipos de reclamações ajuizadas contra os segurados, quanto do ponto de vista de atualização legislativa.

Além da exclusão do risco de imputação de responsabilidade por corrupção, o presente artigo também analisa a exclusão para atos dolosos, típica exclusão de conduta que exige comprovação do ato por sentença transitada em julgado ou confissão do gestor. A diferenciação entre a excludente de risco e a excludente de conduta é tópico de extrema importância, tendo em vista as possíveis confusões que podem ser geradas pela interpretação das cláusulas em questão.

II. ESCOPO E RELEVÂNCIA DO SEGURO D&O

O seguro D&O é usualmente contratado pela pessoa jurídica na qual os gestores exercem suas funções, denominada tomadora, sendo esta a responsável pelo gerencia-

---

1. FARIA, Clara Beatriz Lourenço. *O seguro D&O e a proteção ao patrimônio dos administradores*. São Paulo: Almedina, 2011. p. 18.

mento da apólice e pagamento do prêmio correspondente, em favor de seus administradores.

Nas apólices atuais, as definições para os segurados, pessoas físicas, costumam ser amplas, contemplando não apenas os efetivos diretores, administradores e conselheiros das empresas, mas também quaisquer empregados que exerçam funções que impliquem na tomada de decisões e representação da sociedade perante terceiros, ou ainda empregados que não exerçam função de gestão, mas que foram responsabilizados por sua atuação conjunta com aqueles que exercem.

Assim, o interesse segurável primário é o do patrimônio do administrador, no que diz respeito aos custos incorridos para sua defesa ou pagamento de condenação pecuniária no âmbito da reclamação do terceiro. Contudo, não se pode deixar de observar que também é interesse da sociedade que o administrador seja inocentado, uma vez que, além da exposição de imagem gerada por uma condenação, as chances de a sociedade ser também responsabilizada podem ser aumentadas quando há confirmação da prática de um ato ilícito por um gestor.[2]

Com o desenvolvimento empresarial e o fortalecimento do controle dos órgãos fiscalizadores e regulatórios, assumir um cargo na alta administração das empresas passou a ser visto como uma atitude arriscada ou temerária, que os administradores não estavam dispostos a enfrentar com apenas o seu patrimônio. O Seguro D&O foi a solução encontrada para a questão, tornando-se condição quase essencial para aceitação dos cargos de administração e conselho em grandes empresas.

Isso porque, a demanda do terceiro não precisa ser bem fundamentada ou procedente para caracterizar o sinistro no seguro D&O, demonstrando a gravidade da exposição: "mesmo que frívola – uma típica aventura jurídica – o risco restará caracterizado e pesará sobre os ombros dos demandados".[3]

Nesse sentido, o risco presente na administração das sociedades é consideravelmente amplo, o que confirma a relevância do contrato de seguro D&O como um vetor capaz de, mediante a transferência financeira do risco à seguradora, absorvê-lo parcialmente.[4]

Ainda sobre a relevância deste seguro, havia um pensamento de que a sua contratação geraria um incentivo para que os gestores agissem de forma contrária aos seus deveres, já que seu patrimônio não seria atingido diretamente, em razão de a seguradora arcar com os seus custos de defesa e condenações pecuniárias. Entretanto, além de a cobertura não ser integral, existindo riscos e condutas não cobertas, , é interesse dos próprios ad-

---

2. GOLDBERG, Ilan. *Contrato de Seguro D&O*. 2. ed. São Paulo: Thomson Reuters Brasil, 2022. E-book. RB-1.14. Disponível em: https://next-proview.thomsonreuters.com/launchapp/title/rt/monografias/190058560/v2/page/RB-1.1. Acesso em: 27 jun. 2023.

3. GOLDBERG, Ilan. *Contrato de Seguro D&O*, cit., RB-1.13.

4. Dizemos que essa transferência é parcial porque a seleção e limitação de riscos é inerente ao contrato de seguro, conforme se depreende do art. 757 do Código Civil. Assim, haverá riscos, como por exemplo de insolvência do tomador e riscos de imputação de responsabilidade por corrupção, objeto do presente artigo, que podem não ser cobertos pelo Seguro D&O.

ministradores que os sinistros não se concretizem, seja do ponto de vista reputacional, seja porque a sinistralidade excessiva pode ocasionar aumento de prêmio e dificuldade na contratação do seguro, o que prejudica diretamente a sua gestão empresarial.

Nesse sentido, no que tange ao mecanismo de cobertura, trata-se de seguro *all risks*, isto é, paga-se a indenização a todos os sinistros classificados dentro dos riscos cobertos, de acordo com as coberturas e limites contratados, a não ser que estejam enquadrados em hipóteses de riscos excluídos.[5]

III. PRINCIPAIS COBERTURAS

Como já mencionado, as principais coberturas ofertadas são para os custos de defesa do gestor no âmbito da reclamação do terceiro, bem como da própria condenação pecuniária arbitrada pelo órgão competente julgador da demanda. São três faces distintas de formas de liquidação, quais sejam, as chamadas coberturas A, B e C.

A cobertura A garante o pagamento pela seguradora ao gestor, pelas perdas incorridas por ele de forma direta. Isto é, nesta hipótese, deve ter havido o desembolso, pelo gestor, de valores de seu próprio patrimônio para custeio de sua defesa ou pagamento de condenação pecuniária no âmbito da demanda do terceiro.

Já a cobertura B garante o reembolso pela seguradora à sociedade que, por liberalidade ou obrigação estatutária, realiza o pagamento dos custos de defesa ou condenação atribuída ao seu administrador, por atos de gestão.

Por sua vez, a cobertura C difere do escopo geral do seguro D&O, constando apenas em apólices de empresas registradas na Comissão de Valores Mobiliários – CVM, uma vez que esta garante o pagamento direto à sociedade por suas próprias perdas em demandas movidas no âmbito do mercado de capitais. Neste caso, o interesse segurável é próprio da sociedade, ampliando o interesse segurável primário que pertence aos administradores.

Destaque-se que, na regulamentação vigente, mais especificamente na Circular SUSEP 637/2021, que trata sobre os seguros do grupo de responsabilidade, o artigo 3º, § 3º, prevê que as seguradoras poderão oferecer cobertura para multas e penalidades impostas aos segurados.

A possibilidade de cobertura para multas já existia desde as revogadas Circulares SUSEP 541/2016 e 533/2017. Todavia, as normas anteriores mencionavam especificamente a possibilidade de abrangência de cobertura para "multas e penalidades cíveis e administrativas impostas aos segurados quando no exercício de suas funções, no tomador, e/ou em suas subsidiárias, e/ou em suas coligadas."

A nova redação apresentada pela Circular SUSEP 637/2021 deixou de especificar quais multas podem ser cobertas, tratando-se o termo "multas" de forma genérica: "art. 3º, §3º a sociedade seguradora poderá oferecer outras coberturas, além daquela descrita

---

5. FARIA, Clara Beatriz Lourenço. *O seguro D&O e a proteção ao patrimônio dos administradores*, cit., p. 86.

SEGURO DE RC DE EXECUTIVOS (D&O) E CLÁUSULA DE EXCLUSÃO **359**

no caput, inclusive para os custos de defesa dos segurados, e a cobertura de multas e penalidades impostas aos segurados."

Apesar da ausência de restrição regulatória, na prática, essa cobertura adicional costuma se limitar às multas e penalidades cíveis e administrativas. Isso porque, vigora mundialmente o entendimento de que a cobertura irrestrita para multas poderia gerar o chamado *moral hazard*. Isto é, o administrador, sabendo da probabilidade de cobertura para toda e qualquer penalidade, passaria a agir de forma negligente, uma vez que mesmo multas de caráter punitivo poderiam ser absorvidas pelo seguro. Assim, ainda que com diferentes nuances, a ausência de cobertura para multas penais é uma tendência mundial, justamente considerando estes fatores.

Desta forma, delimitado o escopo geral, principais coberturas e relevância do seguro D&O na sociedade de risco, passa-se a analisar os limites atribuíveis às responsabilidades impostas aos administradores e a consequente interligação com as coberturas e excludentes securitárias.

IV. OS LIMITES DE RESPONSABILIZAÇÃO DOS ADMINISTRADORES E A RELAÇÃO COM O SEGURO D&O

Do quanto exposto até o momento, não restam dúvidas de que as decisões tomadas pelos administradores vinculam as sociedades e também podem gerar responsabilidade para aqueles que as tomaram. Quanto mais complexas as operações das empresas, mais riscos existem na tomada de decisões, mesmo que decorrentes de atos regulares de gestão.

Esse cenário contribuiu para o aumento das contratações do seguro de responsabilidade civil de administradores e diretores, como uma tentativa de otimizar as atividades do meio empresarial, permitindo que o administrador possa atuar com maior segurança.

Nesse ponto, destacam-se as sociedades anônimas, que apesar de serem minoria quando comparadas aos demais tipos de sociedade empresária, apresentam-se relevantes nos quesitos de lucro, geração de empregos e retorno sobre o capital investido. As sociedades anônimas, especialmente as abertas, estão submetidas a diversos instrumentos de controle, tanto internos, como conselho de administração, fiscal, auditoria interna, controladoria e acionistas, quanto externos, como a CVM, BFM-Bovespa, órgãos antitruste, fisco, tribunal de contas da união e órgãos reguladores em geral.[6]

A Lei 6.404/1976, das Sociedades Anônimas, prevê, no artigo 158, a forma de responsabilização do administrador, determinando que este não é pessoalmente responsável por atos regulares de gestão.

A referida lei, contudo, deixa de definir quais seriam os "atos regulares de gestão", permitindo uma interpretação ampla da expressão. De acordo com Eizirik,[7] é a análise de

---

6. GOLDBERG, Ilan. *Contrato de Seguro D&O*, cit., RB 2.1.
7. EIZIRIK, Nelson, et al. *Mercado de capitais* – regime jurídico. 3. ed. Rio de Janeiro: Renovar, 2011. p. 495.

quais são os atos irregulares dos administradores, ou seja, as ações contrárias ao estatuto e à lei, a melhor forma de definir o que são os chamados atos de gestão.

De forma mais direta, os atos regulares de gestão também podem ser entendidos como aqueles que decorrem de decisão informada e refletida, no sentido do dever de diligência, além de se darem no interesse da sociedade, ou seja, com observância do dever de lealdade.

Por outro lado, o artigo 158 também dispõe que o administrador responderá pelos prejuízos causados com culpa ou dolo, violação de lei ou estatuto. No caso das companhias abertas, a responsabilidade será atribuída conforme o administrador tenha obrigação estatutária do cumprimento daquele dever. Para Eizirik,[8] isso significa que o ato praticado deve observar as disposições legais e estatutárias sobre a competência, objeto e interesses sociais da companhia.

Na primeira hipótese, de culpa ou dolo, a responsabilidade é subjetiva, devendo o demandante comprovar o dano, a culpa do administrador, bem como o nexo de causalidade com a conduta antijurídica. Já na segunda hipótese, há presunção de que o administrador é responsável, cabendo-lhe o ônus de comprovar a ausência de violação da lei ou do estatuto, ou ainda que não tinha poder ou obrigação de modificar a situação.[9]

Sobre a questão, não se pode deixar de mencionar a *business judgement rule*, cuja essência tem o objetivo de preservar o ato regular de gestão, afastando a responsabilidade pessoal dos administradores no caso de decisão negocial informada, refletida e desinteressada.

Para Modesto Carvalhosa,[10] a *business judgement rule* nada mais é que a consagração do princípio do livre convencimento motivado dos juízes, bem como da possibilidade do julgamento por equidade, conforme previsões do artigo 127 do Código de Processo Civil e do § 6º do artigo 159 da Lei das sociedades anônimas:

> A faculdade de julgamento por equidade que se estabelece no § 6º, conjugada com o art. 127 da lei processual, tem como pressuposto a boa-fé do administrador e convicção de que ele agiu no interesse da companhia. O primeiro exclui evidentemente o dolo e o segundo, a negligência e a imprudência, já que, nestes casos, impossível seria pensar-se em conduta visando ao interesse da companhia. Também estão excluídos do critério de equidade os casos de fraude à lei (arts. 153 a 157), pois, nestes, a conduta assumida pelo administrador, ao fraudar o direito da companhia, dos acionistas e dos investidores (*insider trading*), torna-o plenamente responsável, não podendo o juiz opor o critério de equidade àquela da estrita observância da lei (art. 158). Portanto, o critério de equidade aplica-se apenas aos casos de administração ordinária da companhia.

---

8. EIZIRIK, Nelson et al. *Mercado de capitais – regime jurídico*, cit., p. 499.
9. TEIXEIRA, Bárbara Bittar. *A Crise da Responsabilidade Civil e o Seguro D&O. Revista de Direito Bancário e do Mercado de Capitais*, v. 80, p. 229-247, 2018.
10. CARVALHOSA, Modesto. *Comentários à lei de sociedades anônimas Lei 6.404, de 15 de dezembro de 1976, com modificações das Leis 9.457, de 5 de maio de 1997, 10.303, de 31 de outubro de 2001, e 11.638, e 28 de dezembro de 2007*. 4. ed. São Paulo: Saraiva, 2009, v. 3, p. 380-381.

Traçando-se um paralelo entre o tema e o seguro D&O, de uma forma simplista, poder-se-ia dizer que o administrador diligente será tutelado pela *business judgment rule*, assim como pela apólice, caso preenchidos os demais requisitos de cobertura, do mesmo modo que o administrador desleal não será tutelado pela *business judgment rule*, nem pela apólice.[11]

Todavia, os casos práticos demonstram que as possibilidades de imputação de responsabilidade são muito mais complexas. O risco de responsabilização dos administradores ganhou novas camadas com a entrada em vigor da Lei Anticorrupção no ano de 2014, bem como com a deflagração de diversas operações de investigação de órgãos federais, dentre as quais aquela que ficou conhecida como "Operação Lava Jato".

Assim, o incremento dos riscos de responsabilização gerou um aumento na demanda pela contratação do seguro D&O, além da necessidade de as seguradoras adequarem seus clausulados aos riscos em maior evidência.

É nesse contexto que a cláusula de exclusão de comissões ou de exclusão de atos lesivos à administração pública adquiriu protagonismo tanto na subscrição de risco como nas regulações de sinistro.

Em razão da necessidade de melhor adequação às boas práticas empresariais e de combate à corrupção, também ocorreu o aumento da implantação das áreas de Compliance nas empresas, ou a atuação mais efetiva daquelas que já existiam.

Com este movimento, foi se disseminando a cultura "anticorrupção", de modo que atualmente é interesse das próprias companhias seguradas a inclusão de cláusulas como as de exclusão para atos lesivos à administração pública nas apólices contratadas, uma vez que tais limitações de cobertura reforçam as regras internas de Compliance e desincentivam qualquer tipo de conduta ilícita ou corrupta por parte de seus gestores.

Contudo, ainda há muitas dúvidas e controvérsias acerca do escopo e a forma de aplicação da referida cláusula, de modo que exploraremos nos próximos tópicos , os aspectos formais e factuais relacionados à incidência desta excludente de cobertura securitária.

V. A EVOLUÇÃO DA CLÁUSULA DE EXCLUSÃO PARA ATOS LESIVOS À ADMINISTRAÇÃO PÚBLICA

V.1   As primeiras cláusulas – exclusões de comissões

Inicialmente, as cláusulas das apólices brasileiras se apresentavam na modalidade de exclusão de comissões, cujas redações eram reflexo da tradução de apólices estrangeiras, razão pela qual, muitas vezes, o texto era bastante amplo e genérico, sem fazer referência a qualquer legislação específica.

---

11. GOLDBERG, Ilan. *Contrato de Seguro D&O*, cit., RB-2.12.

A título exemplificativo, colaciona-se abaixo cláusula prevista em apólice vigente entre os anos de 2014 e 2015, época do início da Operação Lava Jato:

> Fica entendido e acordado que a *Seguradora* não terá qualquer responsabilidade por quaisquer Reclamações, mediante a alegação, resultante de, com fundamento em ou atribuível a:
>
> (i) pagamentos e/ou recebimentos de comissões, doações, benefícios ou quaisquer outros favores para ou em benefício de qualquer agente, representante ou empregado de Órgão Governamental ou de Forças Armadas, doméstico ou estrangeiro, ou quaisquer membros de suas famílias ou qualquer entidade à qual estejam afiliados, ou
>
> (ii) pagamentos e/ou recebimentos de comissões, doações, benefícios ou quaisquer outros favores para ou em benefício de quaisquer conselheiros, diretores, agentes, sócios, representantes, acionista principal, proprietários, empregados, ou afiliados (conforme esse termo é definido no "The Securities Exchange Act" de 1934 dos Estados Unidos da América, incluindo qualquer de seus conselheiros, diretores, agentes, sócios, representantes, acionista principal, proprietários, empregados), de qualquer cliente da *Empresa* ou seus membros de família ou qualquer entidade com a qual são associados; ou
>
> (iii) doações políticas, sejam elas no Brasil ou no exterior.

De início, o que se observa da redação da referida cláusula é a previsão de ausência de responsabilidade total da seguradora para determinados tipos de reclamações, considerando a menção de que "a Seguradora não terá qualquer responsabilidade por quaisquer Reclamações mediante a alegação, resultante de, com fundamento em ou atribuível a (...)".

Isto é, pela literalidade da cláusula, se depreende que, para as reclamações que contenham alegação, sejam resultantes, tenham fundamento, ou sejam atribuíveis a uma das hipóteses previstas nos incisos seguintes, não haverá cobertura securitária, de maneira geral e ampla.

Nesse sentido, a exclusão se relaciona com o contexto da reclamação em si, e não com os atos específicos reconhecidos como praticados pelos segurados. Isso porque, dos termos empregados, não se verifica qualquer menção à necessidade de que os atos previstos sejam imputados individualmente aos segurados, provados ou mesmo objeto de decisão administrativa ou judicial para que a exclusão seja aplicável. Diferentemente, há apenas menção à ausência de responsabilidade da seguradora por reclamações cujo conteúdo ou fundamentos se relacionem com as hipóteses listadas na cláusula.

Adentrando especificamente nas hipóteses previstas, observa-se que os incisos (i) e (ii) apresentam a mesma redação inicial bastante ampla, qual seja, "pagamentos e/ou recebimentos de comissões, doações, benefícios ou quaisquer outros favores para ou em benefício de (...)", se diferindo posteriormente a quem estas ações são direcionadas. No primeiro caso, trata-se de Órgão Governamental ou de Forças Armadas, além de seus familiares ou entidades relacionadas. Já no segundo, trata-se de clientes, bem como seus familiares ou entidades relacionadas.

No mesmo sentido é o item (iii), que aponta genericamente a hipótese sobre doações políticas, no Brasil ou no exterior.

Ademais, ressalta-se que a cláusula não apresenta qualquer condição adicional para sua aplicação, como o efetivo envolvimento ou acusação específica dos segurados por esquema de desvio de recursos, de confissão ou decisão judicial transitada em julgado que reconheça a prática de ato doloso pelos segurados. Na realidade, sequer o termo corrupção é usado, prevendo a cláusula uma linguagem menos específica (comissão, doação, benefícios, favores), mas que indicam uma conduta de favorecimento pessoal, contrária aos interesses da empresa.

Conforme regra geral de interpretação dos contratos, esta deve ser realizada no sentido que mais convém à natureza do contrato, observando-se assim os usos, costumes e práticas do mercado relativas ao tipo de negócio.[12]

Nesse sentido, a exclusão de determinados riscos do âmbito de cobertura dos contratos de seguro é inerente à natureza contratual do seguro D&O e configura hipótese de ausência de seguro, isto é, quando não foi contratado seguro, vez que o risco não foi precificado através do prêmio cobrado, não sendo garantido pela apólice.[13]

Além disso, a relevância da exclusão de comissões está inserida no contexto de viabilização da contratação do Seguro D&O, uma vez que a sua inclusão permite a aceitação do risco pelas seguradoras que, em geral, não tem como objetivo garantir reclamações baseadas em atos de corrupção.. Desse modo, a cláusula se mostra como uma importante forma de limitação de riscos dessa natureza, permitindo a comercialização do seguro para todo tipo de empresas.

Ainda, essa relevância aumenta quando falamos sobre apólices contratadas por empresas públicas e sociedades de economia mista, em razão da alta exposição destas empresas a riscos relacionados à corrupção e à constante fiscalização de órgãos reguladores e de controle, como a Comissão de Valores Mobiliários ou o Tribunal de Contas da União, como já tratado anteriormente.

Desta forma, considerando os fatores que norteiam a interpretação dos contratos, bem como o contexto em que a cláusula está inserida, de desincentivo à corrupção e limitação dos riscos correspondentes, os termos da cláusula indicam que o seu objetivo é excluir, de forma ampla, a garantia securitária para hipóteses em que a reclamação do terceiro alegue, seja resultante, tenha fundamento ou seja atribuível ao pagamento ou recebimento de comissões, doações, benefícios ou quaisquer outros favores, independentemente do resultado da reclamação.

Isto é, mesmo que o segurado seja absolvido ou a demanda seja encerrada por qualquer motivo, ainda assim a aplicação da cláusula deve ser mantida, uma vez que não há qualquer ressalva em sua redação acerca de eventual vinculação do posicionamento da seguradora ao desfecho da reclamação.

---

12. Conforme previsão do artigo 113 do Código Civil.
13. Todo contrato de seguro limita os riscos cobertos, prevendo expressamente a exclusão de alguns riscos, desde que devidamente informados nas condições contratuais, o que é permitido pelo ordenamento jurídico brasileiro, a teor do artigo 757 do Código Civil, que determina que o segurador se obriga a garantir interesse legítimo do segurado contra riscos predeterminados.

Assim, entende-se que, para a aplicação da exclusão de comissões ao caso concreto, é fundamental que se analise as alegações constantes da reclamação, bem como quais foram os fundamentos para sua propositura. É a reclamação e os fatos e condutas ali imputadas ao segurado que determinarão a aplicação ou não da exclusão de comissões.

Desse modo, na prática, caso a reclamação seja fundamentada em contexto de pagamento ou recebimento de comissões, favores, benefícios ou doações políticas, aquele risco estará excluído desde o início, sem possibilidade de alteração de posicionamento com o desfecho da demanda, mesmo que favorável aos segurados.

Este entendimento foi ratificado em recentes decisões proferidas pelo Tribunal de Justiça do Estado do Rio de Janeiro.[14] Em acórdão proferido pela 20ª Câmara Cível, por exemplo, entendeu-se exatamente no sentido de que a redação da cláusula implica na exclusão de reclamações que simplesmente contenham alegações dos atos nela descritos, de modo que restaria afastada a necessidade de condenação dos segurados, comprovação de ocorrência de corrupção, ou individualização de condutas para que fosse possível sua aplicação. Assim, decidiu-se pela validade da negativa de cobertura securitária emitida pela seguradora.

No mesmo sentido o acórdão proferido pela 16ª Câmara Cível, que julgou improcedentes os pedidos formulados pela tomadora e segurados, tendo em vista que as investigações administrativas em que se incluíram os gestores estavam inseridas no contexto das matérias que possibilitam a exclusão securitária, ainda que estes tenham sido eventualmente absolvidos na esfera administrativa, cível ou criminal.

Por outro lado, o fato de a reclamação ter sido arquivada por pedido do próprio demandante foi determinante para a 23ª Câmara Cível entender que a exclusão de comissões não seria aplicável ao caso concreto, apesar de ser válida de maneira geral. Nesta ação, a seguradora foi condenada ao pagamento das perdas incorridas pelos segurados. Verifica-se, assim, que a excessiva abrangência da cláusula sem especificar de forma clara as consequências da absolvição do segurado ou mesmo a individualização de sua conduta contribuíram para o desfecho desfavorável para a seguradora no âmbito judicial.

Sendo assim, as seguradoras passaram a observar com mais atenção seus clausulados nesse ponto, oportunidade em que a redação das cláusulas de exclusão de comissões foi sendo alterada para melhor adequação aos riscos que desejavam efetivamente excluir da cobertura securitária, surgindo a exclusão para atos lesivos à administração pública, que será analisada detalhadamente a seguir.

V.2 O aperfeiçoamento para as atuais exclusões para atos lesivos à administração pública

As cláusulas atuais, de exclusão para atos lesivos à administração pública, se apresentam, em geral, mantendo o mesmo mecanismo de incidência, como uma exclusão de

---

14. Considerando que os autos tramitam em segredo de justiça, as decisões foram mencionadas de forma genérica, com referência às câmaras que as proferiram.

SEGURO DE RC DE EXECUTIVOS (D&O) E CLÁUSULA DE EXCLUSÃO | **365**

risco baseada nos fundamentos da reclamação, aplicável se a demanda for baseada em contexto de corrupção e benefícios ilícitos. Houve, contudo, o acréscimo de previsão de exclusão para reclamações fundamentadas em quaisquer atos lesivos à administração pública, conforme exemplificado pela cláusula abaixo:

> Para fins desta Cláusula Particular, adiciona-se seguinte Definição: "Atos Lesivos Contra à Administração Pública ou Privada Nacional ou Estrangeira" significa:
>
> Quaisquer atos tentados ou praticados por qualquer pessoa física ou jurídica, que atentem contra o patrimônio público ou privado, nacional ou estrangeiro, contra os princípios da administração pública direta ou indireta, contra os princípios de livre concorrência, contra os princípios da livre contratação em âmbito privado, ou ainda, ou contra os compromissos internacionais assumidos pelo Brasil, incluindo, mas não se limitando a:
>
> – Prometer, oferecer, dar ou receber, direta ou indiretamente, vantagem indevida a agente público, ou a terceira pessoa a ele relacionada;
>
> – Prometer, oferecer, dar ou receber, direta ou indiretamente, vantagem indevida a funcionários ou empresas privadas, de capital aberto ou fechado, de controle estatal ou economia mista;
>
> – financiar, custear, patrocinar, praticar ou de qualquer modo subvencionar a prática dos atos ilícitos previstos nas Leis 12.846/2013 (Lei Anticorrupção); Lei 8.666/1993 (lei de Licitações); Lei 8.429/1922 (Lei de Improbidade Administrativa); Lei 9.613/1998 (lei de Lavagem de Dinheiro) ou imputação de qualquer outro crime contra a administração pública direta ou indireta;
>
> – financiar, custear, patrocinar, praticar ou de qualquer modo subvencionar a prática dos atos ilícitos previstos nas Leis 12.846/2013 (Lei Anticorrupção); Lei 8.666/1993 (lei de Licitações); Lei 8.429/1922 (Lei de Improbidade Administrativa); Lei 9.613/1998 (Lei de Lavagem de Dinheiro) contra qualquer empresa de capital aberto ou fechado, de controle estatal, misto ou privado, conforme previsto na legislação vigente;
>
> – Fixar ou praticar, em acordo com concorrente, sob qualquer forma, preços e condições de venda de bens ou prestação de serviços;
>
> – Obter ou influenciar a adoção de conduta comercial uniforme ou concertada entre concorrentes.
>
> Em relação aos casos supramencionados, caso o Administrador não seja condenado por dolo ou culpa grave em sentença judicial final transitada em julgado ou no âmbito administrativo ou arbitral e sem possibilidade de recurso em qualquer instância; a seguradora deverá ressarcir os Custos de Defesa incorridos pelo Tomador ou pelo Administrador na defesa dos Segurados em Reclamações avisadas à Seguradora durante o Período de Vigência do Seguro ou, durante a Extensão do Período de Apresentação de Reclamação (Prazos Complementar e Suplementar), quando aplicável de acordo com os termos e condições desta Apólice.
>
> Os Sinistros negados com base nas hipóteses elencadas na presente *cláusula particular* serão considerados como meras expectativas de sinistro e a pretensão surgirá quando da sentença judicial transitada em julgado ou no âmbito administrativo ou arbitral, sem possibilidade de recurso em qualquer instância ou medida judicial que não condenar o Administrador em dolo ou culpa grave.
>
> A incidência da presente *cláusula particular* deverá considerar a conduta individual de cada Administrador.

De início, verifica-se que a cláusula define "atos Lesivos Contra à Administração Pública ou Privada Nacional ou Estrangeira" como "quaisquer atos tentados ou praticados por qualquer pessoa física ou jurídica, que atentem contra o patrimônio público ou privado, nacional ou estrangeiro, contra os princípios da administração pública direta ou indireta, contra os princípios de livre concorrência, contra os princípios da livre contratação em âmbito privado, ou ainda, ou contra os compromissos internacionais assumidos pelo Brasil."

Sendo assim, compreende-se que este é o objetivo geral da cláusula, no sentido de excluir reclamações baseadas nos atos listados como lesivos à administração pública. Desde logo é possível notar que, apesar de ainda abrangente, por englobar diversas hipóteses, a redação da exclusão de atos lesivos apresenta de forma clara o seu escopo, diferentemente da exclusão de comissões, que requer maior esforço interpretativo para tanto.

Especificamente sobre os itens previstos na cláusula, o primeiro deles trata sobre vantagens indevidas – prometer, oferecer, dar ou receber, direta ou indiretamente – a agente público ou pessoas relacionadas. O segundo igualmente se refere a vantagens indevidas, mas direcionadas a funcionários ou empresas – privadas, de capital aberto ou fechado, de controle estatal ou economia mista.

Nos itens seguintes, a cláusula traz um incremento importante, fazendo menção ao financiamento, custeio, patrocínio, prática ou subvenção da prática de atos ilícitos previstos em diversas leis que tratam, de alguma forma, sobre atos de corrupção, como a Lei 12.846 – Lei Anticorrupção; Lei 8.666/1993, Lei 14.133/2021 – Lei de Licitações e Contratos Administrativos; Lei 8.429/1992 – Lei de Improbidade Administrativa; Lei 12.529/2011 – Lei de Defesa da Concorrência ou Lei 9.613/1998 – Lei de Lavagem de Dinheiro.

As duas últimas hipóteses, por sua vez, se relacionam com práticas anticoncorrenciais contrárias aos princípios da livre concorrência e da livre contratação em âmbito privado.

No que diz respeito à forma de aplicação da exclusão para atos lesivos, sua redação indica que a sua incidência, assim como na exclusão de comissões, se relaciona com as alegações e fundamentos da reclamação, que deve ser baseada em alguma das hipóteses previstas para que a cobertura seja excluída.

Por outro lado, o que se verifica de essencialmente diferente nas apólices atuais, além da referência mais específica a diversas leis que tratam sobre corrupção, é que, ao contrário da exclusão de comissões, deve ser considerada a conduta individual de cada um dos administradores e não apenas o contexto da reclamação para que ocorra sua aplicação, conforme ressalva prevista ao final da cláusula.

Ademais, outra alteração relevante é a previsão de possibilidade de reembolso das perdas do segurado caso haja, ao final da reclamação, decisão definitiva que afaste sua responsabilidade pelos atos que lhe foram imputados. Portanto, não se trata de exclusão absoluta, tendo em vista que o desfecho da reclamação impacta diretamente no posicionamento de cobertura, que pode ser alterado caso seja proferida decisão favorável ao segurado. Tal decisão, porém, deve ser definitiva, não sendo suficiente a decisão favorável em instância que ainda permita recurso. Nos termos da cláusula, até que sobrevenha o trânsito em julgado, a reclamação é considerada como mera expectativa de sinistro.

SEGURO DE RC DE EXECUTIVOS (D&O) E CLÁUSULA DE EXCLUSÃO **367**

Sendo assim, as seguradoras deixam de adiantar os custos de defesa, porém, se ao final da demanda do terceiro se entender pela ausência de responsabilidade dos segurados, os valores incorridos com a sua defesa serão reembolsados. Isto é, caso verificada alguma das hipóteses previstas na cláusula excludente, o pagamento dos custos de defesa fica sobrestado até o final da reclamação, ocasião em que se avalia a existência ou não de culpabilidade do gestor, a fim de se verificar se o reembolso é ou não devido.

Nesse ponto, verifica-se que esse tipo de previsão apresenta uma inversão da lógica do seguro D&O, cuja principal cobertura é a de adiantamento dos custos de defesa,[15] já que interessa também à seguradora que o gestor tenha uma defesa satisfatória no âmbito da reclamação, a fim de se evitar o pagamento posterior de indenização, que também é, em princípio, coberto pelo seguro.

Por outro lado, condicionar o pagamento dos custos de defesa à inocência dos segurados é previsão adotada pelas seguradoras como forma de suspensão da efetivação de pagamentos que, ao menos no primeiro momento, não são devidos, com vistas à preservação do próprio seguro e do fundo mútuo mantido em favor dos segurados, sendo uma importante ferramenta de limitação de risco.

Entretanto, ressalte-se que esta limitação de risco não é absoluta, já que a aplicação da exclusão está vinculada ao desfecho da reclamação, obrigando a seguradora a permanecer monitorando o caso e a incluí-lo em suas provisões, até que este se encerre efetivamente. Não haverá, porém, pagamento de indenização, já que o pressuposto para o reembolso dos custos defesa é justamente a não condenação do segurado.

Assim, verifica-se que as seguradoras têm se mantido atualizadas quanto às novas realidades relacionadas aos aspectos atinentes à responsabilização dos administradores, bem como quanto às novas legislações sobre matérias relacionadas a este tema, considerando-se que tais fatores impactam diretamente nas coberturas ofertadas pelo seguro D&O e ensejam novas previsões de limitação de risco, como é o caso da exclusão para atos lesivos à administração pública.

VI. DIFERENCIAÇÃO ENTRE A EXCLUSÃO PARA ATOS LESIVOS À ADMINISTRAÇÃO PÚBLICA E A EXCLUSÃO DE ATOS DOLOSOS

Tratando-se de trabalho relacionado à exclusão para atos lesivos à administração pública, não se pode deixar de mencionar, ainda que de forma breve, as diferenças existentes entre esta e a cláusula de exclusão de atos dolosos comprovadamente praticados pelo segurado.

Nesse sentido, ao contrário da cláusula de exclusão de atos lesivos à administração pública, que trata de exclusão de risco, a exclusão de atos dolosos trata de exclusão de conduta. Isto é, para sua aplicação, os atos dolosos ou com culpa grave devem ter sido imputados diretamente aos segurados, bem como sua incidência está condicionada

---

15. Nessa hipótese, caso o pagamento se torne indevido, a seguradora deverá ser ressarcida do valor pago.

à ocorrência de confissão dos segurados ou decisão final transitada em julgado que reconheça a prática destes atos.

Referida exclusão decorre de disposição legal, isto é, da vedação do oferecimento de cobertura para atos dolosos, resultante da previsão expressa do artigo 762 do Código Civil que estabelece que "nulo será o contrato para garantia de risco proveniente de ato doloso do segurado, do beneficiário, ou de representante de um ou de outro".

Assim, esta é uma exclusão mandatória, prevista em todo e qualquer contrato de seguro, por força do art. 762 do Código Civil, que exige a comprovação do ato doloso, seja qual for este, para que possa ser aplicada, sendo a corrupção apenas uma das possibilidades.

Além da previsão legal, esta exclusão nas Condições Gerais decorre do artigo 22 da Circular SUSEP 256/2004, vigente à época e que previa a regulamentação geral dos seguros de danos, reproduzido pelo item 23 Lista de Verificação SUSEP a ser seguida na estruturação dos produtos:

> Art. 22. Na relação dos riscos excluídos deverão constar os danos causados por atos ilícitos dolosos ou por culpa grave equiparável ao dolo praticados pelo segurado, pelo beneficiário ou pelo representante legal, de um ou de outro.
>
> 23) Dolo ou culpa grave – Pessoa física
>
> Na relação dos riscos excluídos devem constar os danos causados por atos ilícitos dolosos ou por culpa grave equiparável ao dolo praticados pelo segurado, pelo beneficiário ou pelo representante, de um ou de outro.

Diferentemente, a exclusão para atos lesivos à administração pública é, geralmente, uma exclusão negociada, muitas vezes incluída por cláusula particular e especialmente em apólices contratadas por empresas públicas, tendo em vista os riscos diferenciados a que estão expostas, conforme já tratado.

Portanto, uma cláusula não se sobrepõe à outra, uma vez que são exclusões que têm objetivos distintos. Caso assim não o fosse, a exclusão de atos lesivos acabaria por perder a eficácia, considerando que a exclusão de atos dolosos já prevê a ausência de cobertura em caso de ato doloso reconhecidamente praticado por um segurado.

A exclusão de atos dolosos, portanto, tem escopo amplificado, já que exclui quaisquer condutas reconhecidas como dolosas, sendo a corrupção apenas uma delas. Sua aplicação é sempre individual, já que exclui cobertura apenas para aquele gestor que confessou ou foi condenado por ato doloso. Por outro lado, como tratado nos tópicos anteriores, a exclusão para atos lesivos à administração pública tem escopo específico, direcionado a reclamações com fundamento relacionado a pagamentos, favores e benefícios ilícitos, atualmente com previsão inclusive das leis que disciplinam as irregularidades excluídas de cobertura.

Além disso, as referidas cláusulas se diferenciam também no mecanismo de aplicação e pagamento dos custos de defesa. Ainda que, em alguns casos, as cláusulas de exclusão para atos lesivos à administração pública prevejam a possibilidade de pagamento dos custos de defesa ao final da reclamação, caso o segurado seja inocentado, no caso da exclusão de atos dolosos o fluxo é inverso, mantendo a lógica regular do seguro D&O, isto é, os custos de defesa devem ser adiantados, podendo a seguradora exigir posteriormente a devolução dos valores pagos, caso o pagamento se torne indevido pela condenação ou confissão do gestor.

Diante do exposto, verifica-se que, apesar das possíveis confusões que podem surgir das interpretações das referidas cláusulas, estas são distintas e devem ser interpretadas cada uma delas de acordo com as suas previsões individuais, respeitando seus escopos e mecanismos próprios de aplicação e incidência no momento de ocorrência do sinistro.

VII. CONCLUSÃO

O Seguro de Responsabilidade Civil para Diretores e Administradores (D&O) é um instrumento importante na manutenção das atividades empresariais e na preservação da segurança dos administradores para que possam exercer os atos atinentes aos cargos de gestão que lhe incumbem.

Ainda mais relevante é a contratação dos referidos seguros por empresas públicas, que são expostas à intensa atuação dos órgãos fiscalizadores e regulatórios, sendo imprescindível que haja a proteção dos administradores, que apesar de muitas vezes agirem legitimamente, ainda assim podem ser demandados em diversas esferas de controle.

Nesse cenário se insere a cláusula de exclusão para atos lesivos à administração pública, ou exclusão de comissões, cuja inserção nas apólices viabiliza a manutenção do seguro contratado por empresas públicas e sociedades de economia mista, mais expostas a riscos relacionados a corrupção, os quais não estão inseridos no escopo de cobertura do seguro D&O.

A Operação Lava-Jato trouxe à tona a relevância das referidas cláusulas excludentes, que passaram a ser aplicadas na prática pelas seguradoras, gerando discussões quanto ao seu alcance e forma de incidência. Inicialmente, a exclusão era integral e independia do resultado da reclamação. Posteriormente, foram implementadas alterações no sentido da possibilidade de restituição dos custos de defesa caso, ao final da demanda, fosse proferida decisão definitiva favorável ao segurado.

É importante que estejam claras as diferenças entre a cláusula de exclusão para atos lesivos à administração pública e a cláusula de exclusão para atos dolosos, cuja previsão é obrigatória em quaisquer apólices de seguro, com base no artigo 762 do Código Civil. A primeira trata de exclusão de risco, se relacionando com os fundamentos da reclamação, enquanto a segunda trata sobre exclusão de conduta, com aplicação fundamentada na análise individual dos atos praticados pelos segurados e decisão final condenatória.

Sobre a cláusula de exclusão para atos lesivos à administração pública, ou exclusão de comissões, são poucos os precedentes judiciais que abordam o tema. Ainda assim, com o crescimento do seguro D&O como ferramenta de proteção aos gestores e a implementação de políticas de *compliance* e anticorrupção nas empresas, é esperado que as discussões se ampliem e que haja cada vez mais clareza acerca dos riscos cobertos e excluídos em cada apólice.

REFERÊNCIAS

CARVALHOSA, Modesto. *Comentários à lei de sociedades anônimas Lei 6.404, de 15 de dezembro de 1976, com modificações das Leis 9.457, de 5 de maio de 1997, 10.303, de 31 de outubro de 2001, e 11.638, e 28 de dezembro de 2007.* 4. ed. São Paulo: Saraiva, 2009, v. 3, p. 380-381.

EIZIRIK, Nelson, et al. *Mercado de capitais – regime jurídico.* 3. ed. Rio de Janeiro: Renovar, 2011. p. 495.

FARIA, Clara Beatriz Lourenço. *O seguro D&O e a proteção ao patrimônio dos administradores.* São Paulo: Almedina, 2011.

GOLDBERG, Ilan. *Contrato de Seguro D&O.* 2. ed. São Paulo: Thomson Reuters Brasil, 2022. E-book. Disponível em https://next-proview.thomsonreuters.com/launchapp/title/rt/monografias/190058560/v2/page/RB-1.1. Acesso em: 27 jun. 2023.

MENDONÇA, Antonio Penteado. *A Petrobras e o Seguro D&O.* Editora Roncarati, 2014. Disponível em: https://www.editoraroncarati.com.br/v2/Artigos-e-Noticias/Artigos-e-Noticias/a-petrobras-e-o-seguro-de-dao.html?O=&searchphrase=all&searchword=A+Petrobr%C3%A1s+e+o+seguro+de+D. Acesso em: 27 jun. 2023.

TEIXEIRA, Bárbara Bittar. A Crise da Responsabilidade Civil e o Seguro D&O. *Revista de Direito Bancário e do Mercado de Capitais*, v. 80, p. 229-247, 2018.

CLÁUSULAS DE EXCLUSÃO NO SEGURO D&O: COBERTURA DOS CUSTOS DE DEFESA E A PRESUNÇÃO DE INOCÊNCIA

Pedro Ivo Mello

Pós-graduado pela PUC-Rio em Direito Civil Patrimonial e pela Escola Nacional de Seguros no MBA de Seguros e Resseguros (2019). Graduado pela PUC-Rio. Cocoordenador do Programa de Direito dos Seguros do Instituto Connect de Direito Social – ICDS. Professor convidado de Direito Securitário da Escola Superior de Advocacia da OAB/RJ. Membro do Instituto Brasileiro de Direito do Seguro – IBDS. Membro efetivo das Comissões de Direito do Seguro e Resseguro da OAB/SP e OAB/RJ. Advogado, cofundador do escritório Raphael Miranda Advogados.

Catarina Anselmo

Graduanda pela PUC-Rio. Membro do escritório Raphael Miranda Advogados. Advogada.

Resumo: O presente artigo objetiva analisar criticamente a legalidade de cláusulas excludentes de cobertura, presentes em apólices de seguro D&O, relacionadas à mera imputação, contra o segurado, da suposta prática de atos alegadamente relacionados a eventos não cobertos pelas apólices (como determinadas operações policiais nas quais o tomador tenha se envolvido anteriormente) ou vinculados a hipóteses de atos ilícitos não garantidos pela apólice (como atos lesivos à Administração Pública e fraudulentos). A intepretação dessas cláusulas, à luz de princípios contratuais específicos aos contratos de seguro, como a intepretação mais favorável ao segurado-aderente, não redator da apólice o contrato, assim como em observância à princípios constitucionais, notadamente o princípio da presunção de inocência, revela-se fundamental, sob risco de violação à função social do contrato de seguro e à necessária observância do interesse segurado, para fins de definição do alcance da cobertura contratada. Assim, sem pretender exaurir o tema, o estudo pretende contribuir para o debate acadêmico, oferecendo elementos para a reflexão a respeito da juridicidade de tais cláusulas de exclusão de cobertura, por vezes aplicadas sem a devida observância da presunção de inocência, com impactos diretos, principalmente, na cobertura dos custos de defesa dos segurados, essencial à preservação do interesse segurado das apólices de seguro D&O.

Sumário: I. Introdução: o seguro D&O – II. Estrutura da apólice D&O – III. A cobertura dos custos de defesa – IV. A função da cobertura dos custos de defesa – V. Adiantamento dos custos de defesa vs. Presunção de inocência – VI. Cláusulas de exclusão de cobertura; VI.1 Legalidade e interpretação; VI.2 Interesse segurado – VII. Conclusão – Referências.

I. INTRODUÇÃO: O SEGURO D&O

Consagrado na década de 30, logo após a Quebra da Bolsa de Nova York – considerado, talvez, o pior e o mais longo período de recessão econômica do século XX – o chamado Seguro D&O (Directors & Officers ou Conselheiros e Diretores, numa tradução direta) surge como um verdadeiro instrumento de proteção dos administradores e diretores de sociedades empresárias.

Nesse período, lesados pela desvalorização abrupta de suas ações e diante da falência das sociedades em que investiam, milhares de acionistas pretenderam se ver indenizados pelas companhias investidas e seus administradores.

Não por outra razão, houve exponencial crescimento de ações judiciais movidas contra os executivos dessas companhias, o que contribuiu para o desenvolvimento e fortalecimento do seguro D&O, criado com vistas à proteção do patrimônio desses diretores e administradores.

Hoje, com a sofisticação das companhias em termos de estrutura, governança corporativa e complexidade operacional, o D&O se fortalece como importante ferramenta para proteção dos executivos e das próprias companhias contra os riscos decorrentes de possíveis danos causados em razão de atos de gestão e administração.

Isso porque a assunção de um cargo de administração, sem dúvidas, revela-se uma posição arriscada, estando estes executivos sujeitos a estritos deveres jurídicos (positivos e negativos) que ultrapassam a simples honestidade exigida em qualquer relação.[1]

Aceitar um convite para a administração de uma empresa implica em *"avançar-se de peito aberto para a linha de fogo"*, risco que, por certo, os administradores não estão dispostos a enfrentar caso tenham que colocar seu património pessoal em risco.[2]

A sofisticação e vulto das ações judiciais e procedimentos arbitrais relacionados ao mercado de capitais, além dos procedimentos administrativos sancionadores no âmbito de mercados regulados e até mesmo investigações e ações de natureza criminal, potencializa sobremaneira tal risco contra os administradores, tornando muitas vezes essencial a condição de contratação de apólices D&O com coberturas financeiramente robustas para aceitação do cargo.

O risco de serem demandados em uma *securities class action* ou numa arbitragem coletiva de investidores minoritários, além de processos sancionadores perante a Comissão de Valores Mobiliários – CVM ou a *Securities Exchange Comission – SEC*, nos EUA, por exemplo, revela-se concreto hoje em dia. Não raras as vezes, os executivos veem-se envolvidos em acusações criminais, relacionadas a questões ambientais, tributárias e financeiras, com alto grau de sofisticação jurídica.

A verdade é que, em qualquer dessas hipóteses, para a maioria dos administradores a derrota processual e insolvência financeira seria iminente não fosse o seguro D&O, diante da incapacidade econômica destas pessoas suportarem com seu patrimônio

---

1. SPINELLI, Luis Felipe. *Conflito de interesses na administração de sociedades anônimas.* São Paulo: Malheiros, 2012, p. 57.
2. VASCONCELOS, Pedro Pais de. *D&O Insurance*: o seguro de responsabilidade civil dos administradores e outros dirigentes da sociedade anónima. Prof. Doutor Inocêncio Galvão Telles: 90 anos. Homenagem da Faculdade de Direito de Lisboa. Coimbra, 2007. p. 1154-1182.

pessoal sequer os vultosos custos de defesa envolvidos e, muito menos, eventuais condenações indenizatórias ou multas.

E é justamente neste contexto que atua o D&O Insurance. No início, era um seguro contratado diretamente pelos administradores com a seguradora, com o propósito de garantir os riscos que sobre ele pairavam de ser eventualmente condenado a indenizar a própria sociedade ou terceiros por atos de relacionados a seus atos de gestão. Em tese, tal contratação direta é ainda possível, mas raríssima, dado o alto custo do prêmio para emissão de tal espécie de apólice.

Em um segundo momento, as próprias companhias despertaram interesse pela contratação do seguro D&O em favor de seus executivos com cargos de direção ou membros do conselho de administração, preocupadas com a solvência do patrimônio de tais pessoas e enfrentando dificuldade de contratar profissionais dispostas a assumir tais graves riscos com seu próprio patrimônio.

Com isso, distingue-se a figura dos segurados – "directors & officers", hoje comumente extensível a qualquer pessoa com cargo que envolva a prática de atos de gestão, no mais amplo sentido da palavra – do tomador do seguro, que é a própria companhia.

Com a ampliação dos riscos assumidos pelos executivos e o aumento do volume de ações judiciais, arbitragens, processos administrativos sancionadores e investigações e ações de natureza criminal relacionadas a atos de gestão dessas companhias, tornou-se urgente o desenvolvimento do Seguro D&O.

Por isso, ao passo que a gestão das companhias se tornou atividade mais complexa e arriscada, o Seguro D&O foi verdadeiramente ressignificado e sofisticado, para abarcar uma série de riscos relacionados à responsabilidade dos administradores e oferecer coberturas compatíveis com os riscos aos quais passaram a estar expostos os segurados.

Em sua faceta mais clássica, o Seguro D&O atua na proteção do patrimônio pessoal do administrador, mediante pagamento das indenizações que eventualmente o segurado venha a ser condenado a pagar no âmbito de demandas judiciais, arbitrais, administrativas ou criminais.

No entanto, com o desenvolvimento do D&O, seu objeto deixou de estar adstrito ao pagamento das indenizações, para alcançar as próprias despesas associadas ao litígio. Assim explica Pais Vasconcelos, ao descrever o processo de sofisticação do produto:

> No início, o D&O Insurance cobria um risco apenas: o dos danos causados pelo administrador à sociedade com actos ou práticas ilícitas de gestão. Progressivamente esta cobertura veio a ser alargada aos riscos ligados à responsabilidade dos administradores perante terceiros. Passou, então, a distinguir-se a responsabilidade interna da responsabilidade externa: a primeira, do administrador perante a sociedade; a segunda, do administrador perante terceiros, que podiam ser os sócios ou investidores da sociedade, os seus trabalhadores, e até o público em geral. O âmbito material do risco coberto alargou-se a praticamente tudo o que pudesse ser exigido dos administradores a título de responsabilidade civil. A cobertura objectiva alargou-se ainda numa matéria da maior relevância: as despesas do litígio. Os valores das indemnizações pedidas em class actions são geralmente brutais e a respectiva litigância muito intensa e agressiva. Tal torna dispendiosíssima a defesa dos adminis-

tradores nessas acções. Ainda que o risco de condenação seja pequeno, ou mesmo nulo, os administradores são forçados a transaccionar em condições desvantajosas, ou mesmo a soçobrar, por falta de dinheiro com que financiar a lide. O D&O Insurance passou, por essa razão, a cobrir também os custos do litígio. Esta cobertura passou progressivamente a constituir a função principal do seguro. A seguradora suporta, em primeiro lugar, o custo do litígio e, só com o remanescente do capital coberto, a indemnização. Hoje em dia, esta é a principal cobertura do D&O Insurance. Sendo as seguradoras a custear os litígios, passaram também a patrociná-los com os seus próprios advogados. As companhias de seguros especializadas no D&O Insurance têm advogados especializados nesse tipo de litigância. Aos segurados resta apenas um dever de cooperação com a seguradora no patrocínio".[3]

Assim, o Seguro D&O passou a oferecer também cobertura para os chamados custos de defesa, entendidos como as despesas incorridas na defesa dos executivos em demandas contra eles intentadas. Esses custos compreendem honorários advocatícios, periciais, custas necessárias à interposição de recursos nos processos administrativos e judiciais, verbas sucumbenciais em caso de derreta, dentre outros.

E assim, ante a ampliação das hipóteses de responsabilização por atos de gestão ao longo dos anos e majoração dos riscos da administração de companhias, o D&O, mais especificamente, a cobertura dos custos de defesa, se firmou como um relevante produto no mercado securitário, senão essencial ao escopo do seguro D&O contemporâneo.

II. ESTRUTURA DA APÓLICE D&O

O seguro D&O é um contrato fortemente *standardizado,* ou seja, nas diferentes partes do mundo, as apólices pouco diferem.[4] Essencialmente, são três as coberturas típicas de um D&O Insurance.

Na chamada Cobertura A, a seguradora está obrigada a indenizar ou adiantar diretamente aos executivos e administradores (segurados) os valores necessários para sua defesa, além de possíveis condenações pecuniárias, decorrentes de sua responsabilização por atos praticados na gestão social.[5]

Por sua vez, a Cobertura B atua na proteção do patrimônio da própria sociedade tomadora, na qual os segurados são executivos e administradores. Ou seja, caso a sociedade desembolse valores com custos de defesa ou condenações pecuniárias oriundas de reclamações relacionadas a atos de gestão de seus executivos, a seguradora estará obrigada à ressarcir esses valores diretamente à sociedade tomadora da apólice.

Por fim, a Cobertura C visa preservar a própria empresa, pessoa jurídica, que se torna seguradora da apólice. Ainda que se entenda o Seguro D&O como uma proteção aos executivos de determinada companhia, a Cobertura C preenche uma lacuna

---

3. VASCONCELOS, Pedro Pais de, *D&O Insurance*: o seguro de responsabilidade civil dos administradores e outros dirigentes da sociedade anónima. Op. cit., p. 15.
4. VASCONCELOS, Pedro Pais de. *D&O...*, cit., a p. 1162-1166; e LACERDA, Maurício Andere von Bruck. *O seguro dos administradores no Brasil, O D&O insurance brasileiro.* Curitiba: Juruá, 2013. a p. 186-201.
5. FARIA, Clara Beatriz Lourenço de. *O seguro D&O como instrumento de proteção patrimonial dos administradores de sociedades limitadas e anônimas.* São Paulo: Almedina, 2011. Op. cit. p. 79.

importante e também oferece cobertura securitária à própria empresa tomadora da apólice. Atua, portanto, na proteção do patrimônio da empresa contra eventuais prejuízos decorrentes de ações relacionadas ao mercado de capitais, movidas em face da própria companhia, exigindo-se, normalmente, que a reclamação seja direcionada à empresa em conjunto com um de seus administradores (embora seja comum a exclusão de tal condicionante).

Trata-se de uma extensão da cobertura securitária à pessoa jurídica, promovendo a empresa, antes mera tomadora-contratante da apólice, à condição de também segurada, em reclamações relacionadas ao mercado de capitais. Essa Cobertura C, com efeito, tornou-se muitas vezes essencial, não só para os executivos, mas às próprias companhias, haja vista que os custos de defesa, multas e indenizações que envolvem reclamações relacionadas ao mercado de capitais atingem cifras extraordinárias, as quais, caso não cobertas pelo seguro D&O, acarretariam prejuízos substanciais à sociedade.

Segundo Márcia Cicarelli, estas três coberturas representariam os "pilares" do seguro D&O, sendo amplamente adotadas nas apólices comercializadas no mercado.[6]

III. A COBERTURA DOS CUSTOS DE DEFESA

Ainda que, do ponto de vista jurídico, seja comumente associado à cobertura de responsabilidade civil, a verdade é que o seguro D&O encontra sua mais importante e urgente cobertura nos chamados custos de defesa, ficando em segundo plano a preocupação típica da responsabilidade civil com indenizações a pagar a terceiros ou à própria sociedade.

Arcar com as despesas necessárias à defesa em eventual demanda é uma das principais razões pelas quais os administradores se socorreram do seguro D&O. Historicamente, no cenário norte-americano, os executivos demandados nas chamadas *class actions*, se viam derrotados não apenas pelos valores exorbitantes em caso condenação, mas principalmente pelo montante incorrido no custeio de sua defesa, logo de início.

Assim, considerando que o custo para provar a própria inocência é, por vezes, a parte mais cara de todo o procedimento,[7] a cobertura dos custos de defesa, no âmbito do Seguro D&O surge como um "resultado natural", sem a qual o "produto" perderia grande parte de sua utilidade.[8]

Desviando do modo de operação normal dos seguros, uma vez que os custos de defesa são os primeiros a ser incorridos pelos administradores segurados, é comum que as apólices D&O possuam mecanismos de adiantamento dos valores destinados ao custeio da defesa dos segurados, afastando a necessidade das seguradoras anali-

---

6. GALRÃO, Gustavo; SALVADOR, Dinir; CICARELLI, Márcia. *Café Com Seguro D&O* – Circular 553 – Ansp.
7. YOUNGMAN, Ian. *Directors' and officers' liability insurance*: a guide to International practice. 2. ed. Cambridge: Woodhead Publishing, 1999, p. 16.
8. PAOLINI, Adolfo; NAMBISAN, Deepak. *Directors' and officer's liability insurance*. Londres: Informa, 2008, p. 152.

sarem definitiva e extensamente a ocorrência do sinistro, suas causas, circunstâncias e consequências.[9]

Em realidade, sem o adiantamento dos custos de defesa pelas seguradoras, ante a essencialidade de tal cobertura para viabilizar de fato a defesa do segurado, o seguro D&O perderia sua função precípua, tornando-se inócuo. Não seria excesso dizer que, em sua função contemporânea, o interesse segurado da apólice D&O reside principalmente no adiantamento dos custos de defesa em favor do segurado, sem o qual o objeto da apólice restaria substancialmente esvaziado, eis que o direito de defesa do segurado restaria irreversivelmente prejudicado.

A viabilidade da defesa do segurado contra a acusação que lhe é imputada no âmbito de uma reclamação relacionada a um ato de gestão da companhia está essencialmente condicionada ao custeio antecipado, pela seguradora, das verbas necessárias a tal fim. Sem o adiantamento dos custos de defesa, o segurado dificilmente terá meios para se defender adequadamente, implicando em substancial aumento da probabilidade de sua condenação – o que, em última instância, seria prejudicial à própria seguradora, pois teria que arcar com o reembolso, não somente dos custos de defesa do segurado, mas também das indenizações relacionadas ao acolhimento da reclamação, incluindo-se despesas processuais e honorários advocatícios sucumbenciais, além de multas administrativas, conforme o caso.

Nesse contexto, cientes das consequências nefastas da não antecipação dos custos de defesa, as seguradoras passaram a condicionar a aceitação do risco à contratação da Cobertura B, com a condição contratual de que tais custos de defesa devem ser adiantando não pela seguradora, mas pela própria companhia tomadora da apólice, para posterior reembolso pela seguradora, no âmbito do procedimento de regulação do sinistro.

Tal mecanismo, conquanto lícito e contratualmente legítimo *a priori*, não deixa de significar potencial esvaziamento da cobertura contratada, caso o reembolso dos custos de defesa seja condicionado pela seguradora ao transito em julgado da reclamação contra o segurado. Nesta hipótese, muito comum no âmbito das regulações de sinistros D&O, não haveria assunção de risco, pela seguradora, relativamente aos custos de defesa, eis que o reembolso de tais verbas à tomadora somente seria exigível quando já decidida a reclamação em definitivo.

Não se desconhece que, em alguns casos, a conclusão sobre ser ou não devida a cobertura securitária seja definida apenas quando transitada em julgado a reclamação, já que somente então pode-se afirmar com a certeza da coisa julgado se o ato de gestão do segurado teria ou não amparo no âmbito da cobertura contratada.[10]

---

9. RAMOS, Maria Elisabete Gomes. *O seguro de responsabilidade civil dos administradores. Entre a exposição ao risco e a delimitação da cobertura*. Coimbra: Almedina, 2010. p. 483.
10. REGO, Margarida Lima e MARTINS, Maria Inês de Oliveira. Seguro D&O com Cobertura de Custos de Defesa em Processo Penal ou Sancionatório. Declaração Inicial Do Risco. Notificação Do Sinistro. Causação Dolosa Do Sinistro. Prescrição. *Revista de Direito Privado*. v. 97, p. 239-324, jan./fev. 2019.

Não obstante, a cobertura do D&O, especialmente dos custos de defesa, não pode restar suspensa por todo o período de duração do processo que discute o ato de gestão do segurado, sob pena de tornar inócuo, por tardio, o dever de prestação da garantia securitária contratada.

Logo, seja na hipótese da Cobertura A, com pagamento dos custos de defesa diretamente ao segurado, ou no caso da Cobertura B, através do reembolso dos valores incorridos pela companhia tomadora em favor do executivo, o adiantamento dos custos de defesa pela seguradora é dever essencial ao atingimento da finalidade de tal cobertura, ante o carácter fundamental que a reveste na atual funcionalidade do seguro D&O.

Por óbvio, ao fim da demanda, a conclusão pode vir ser desfavorável ao segurado, culminando em condenação por evento não coberto pela apólice, como é o caso das condutas dolosas, por exemplo. Não por outro motivo, nestes casos, há o direito da seguradora de ser ressarcida das quantias adiantadas, sob risco do segurado enriquecer-se sem causa.[11]

Nas palavras de Margarida Lima Rego:

> É absolutamente essencial que assim seja porque uma das, se não mesmo a principal utilidade deste seguro está na circunstância de, numa primeira fase, ele servir para proporcionar ao segurado todos os meios necessários a uma defesa adequada da sua posição. Numa primeira fase, ser-lhe-ão facultados os meios necessários à demonstração da sua inocência e/ou do caráter infundado das reclamações que lhe são dirigidas. Somente numa segunda fase, na eventualidade de uma condenação ou de um acordo que a dispense, serão esses mesmos factos tidos em conta, nascendo na esfera da seguradora o correspondente direito à restituição das quantias cujo pagamento, tudo visto, carecia de uma causa ou justificação jurídica, por se enquadrar numa ou mais exclusões de cobertura.[12]

Portanto, ao fim de uma investigação ou findo o processo administrativo ou judicial é que se terá a conclusão definitiva da conduta praticada ou não pelo segurado, sua natureza e enquadramento. Antes disso, entretanto, devem ser adiantados pela seguradora os custos para que o segurado faça frente à ação na qual é demandado, ainda que mediante pronto reembolso à companhia tomadora que os adiantou.

IV. A FUNÇÃO DA COBERTURA DOS CUSTOS DE DEFESA

É fato que o que assusta e motiva um gestor ou executivo a desejar a proteção de um seguro D&O é, certamente, o receio de ser derrotado pelos custos de defesa que poderá incorrer para fazer frente a quaisquer acusações de que venha a ser alvo.[13]

---

11. REGO, Margarida. Seguro D&O com Cobertura de Custos de Defesa em Processo Penal ou Sancionatório. Declaração Inicial Do Risco. Notificação Do Sinistro. Causação Dolosa Do Sinistro. Prescrição. Op. cit., p. 259.

12. REGO, Margarida. Seguro D&O com Cobertura de Custos de Defesa em Processo Penal ou Sancionatório. Declaração Inicial Do Risco. Notificação Do Sinistro. Causação Dolosa Do Sinistro. Prescrição. Op. cit., p. 259-260.

13. LACERDA, Maurício Andere von Bruck. *O seguro dos administradores no Brasil, O D&O insurance brasileiro*. Curitiba: Juruá, 2013. p. 201.

O administrador enxerga, no seguro D&O uma fonte de financiamento de sua defesa, "*capaz de ilibá-lo e demonstrar sua inocência*",[14] mediante o adiantamento pela seguradora dos custos necessários e suficientes para uma defesa digna.

Não pretende o D&O inocentar os segurados ou apagar a conduta criminosa a partir do pagamento de pena pecuniária. Afinal, o direito, de modo geral, repudia a malícia e não tolera a fraude.[15] motivo pelo qual não poderia o seguro indenizar um segurado que dolosamente causa danos a terceiros.

Na realidade, dentre suas diversas facetas, o D&O se presta, principalmente, a custear a defesa dos executivos que vierem a ser investigados, processados ou condenados por eventuais atos ilícitos, não dolosos, incorridos no período de gestão da sociedade.

A base principiológica da cobertura dos custos de defesa está na garantia da ampla defesa e do contraditório (art. 5º, LV da CFRB/88), sendo certo que o D&O busca verdadeiramente proteger o patrimônio daquele que precisa resguardar-se dos prejuízos advindos de eventual processo ou investigação.

Afinal, não é outro senão este o principal motivo da contratação do Seguro D&O: resguardar o patrimônio próprio do segurado em eventual demanda na qual vier a ser acusado. E isso inclui os custos de provar-se inocente. No entanto, a função social do Seguro D&O está ameaçada.[16]

V. ADIANTAMENTO DOS CUSTOS DE DEFESA VS. PRESUNÇÃO DE INOCÊNCIA

Toda a lógica do adiantamento dos custos de defesa está respaldada no princípio da presunção de inocência, o qual exige que o julgador esteja convencido da culpabilidade do acusado, para além da dúvida razoável, ou seja, com convicção próxima da certeza.[17] Não sendo assim, o acusado deverá ser considerado inocente, *para todos os efeitos*.

Na prática, este princípio impede que seja extraído, da mera investigação ou acusação, efeitos prejudiciais ao investigado,[18] sendo imprescindível o convencimento motivado e o exaurimento dos meios de prova para ilidir a inocência do acusado.

A acusação pelo Ministério Público ou a instauração de inquérito policial, por exemplo, não são suficientes para conclusão definitiva quanto a culpabilidade do indi-

---

14. REGO, Margarida. Adiantamento de custos de defesa nos seguros D&O. In: ANTUNES, M. J. & MARTINS, A. Soveral (Ed.). *Colóquio Internacional Governação das Sociedades, Responsabilidade Civil e Proteção dos Administradores*. Instituto Jurídico da Faculdade de Direito de Coimbra. 2019, p. 80.

15. MARTINS-COSTA, Judith. *A boa-fé no Direito Privado*: critérios para a sua aplicação. São Paulo: Saraiva, 2018, p. 552.

16. MEDEIROS, Gustavo. Função social do seguro D&O está ameaçada. *Consultor Jurídico*, 2020.

17. BADARÓ, Gustavo Henrique. *Processo penal*. São Paulo: . Thomson Reuters/Revista dos Tribunais, 2016. p. 433, 436-437.

18. ARANTES FILHO, Marcio Geraldo Britto. *Notas sobre a tutela jurisdicional da presunção de inocência e sua repercussão na conformação de normas processuais penais à Constituição brasileira*. Liberdades, 4. 2010. p. 24-43, p. 25-31.

víduo. Se não exaurido o juízo de convencimento, estamos, na verdade, diante de "*mera plausibilidade ou verossimilhança da prática dos factos*", de "*indícios suficientes*", "*indícios veementes*", ou ainda, como chama a doutrina, "*indícios razoáveis*".[19]

Se não basta a mera verossimilhança da prática delituosa para formação do convencimento livre e motivado do julgador, certamente não bastará para afastar a cobertura dos custos de defesa, cujo enquadramento depende justamente da certeza da prática e da natureza do ato praticado pelo segurado.

Isso porque o que se exige para que sejam adiantados os custos de defesa é a "mera verossimilhança" de sua cobertura na apólice contratada, partindo do pressuposto da inocência do segurado. A certeza quanto à cobertura só se concretizará ao fim do procedimento administrativo ou judicial, antes do que não cabe à seguradora emitir qualquer tipo de julgamento prévio acerca da conduta do segurado, notadamente no sentido de considerá-lo apenado por ato doloso ou relacionado a fatos e eventos não garantidos pela apólice. Afinal, seguradora não tem jurisdição.

Se determinado executivo, segurado em apólice D&O, é investigado pela prática de crimes contra a ordem tributária, por exemplo, este possuirá a legítima expectativa de receber da seguradora o adiantamento dos custos incorridos em sua defesa, até que tal conduta seja confirmada ou afastada pelo órgão jurisdicional competente, de forma definitiva. Isto porque, a instauração de inquérito policial para investigação de crimes de gestão é, não raro, evento coberto nas apólices D&O. Assim, deflagrada a investigação, há a mera verossimilhança da cobertura, obrigando a seguradora a adiantar os valores para defesa do segurado.

O que frequentemente ocorre, entretanto, é a negativa antecipada e precipitada da seguradora, sob o pretexto de existirem supostos indícios suficientes de dolo ou fraude, antes mesmo de decisão da autoridade competente, o que estaria excluído da cobertura do D&O. A seguradora, então, se antecipa, negando a cobertura, por verificar, em seu juízo próprio, "indícios suficientes" de dolo, fraude ou demais eventos excludentes de cobertura.

Infelizmente, não é rara esta prática, que simplesmente esvazia a cobertura contratada e macula o ato praticado pela seguradora de absoluta antijuricidade, seja sob o estrito espectro contratual-securitário, por tornar o objeto da cobertura contratada parcialmente estéril, ou mesmo em seu mais amplo carácter constitucional, que dever revestir todo contrato e sua função, na medida em que fere o princípio pétreo da presunção de inocência.

Com efeito, absolutamente legítimas as tradicionais exclusões de cobertura para hipóteses de *confissão* do segurado quanto à prática de ilícito *doloso* ou condenação que reconheça tal mesma espécie de ato, por sentença judicial ou arbitral *transitada em julgado*.[20]

---

19. LOPES JR., Aury. *Direito processual penal e sua conformidade constitucional*. São Paulo: Saraiva, 2014.
20. MEDEIROS, Gustavo. *Função social do seguro D&O está ameaçada*. Op. cit.

Para além dessas previsões, é dever das seguradoras o pagamento dos custos de defesa, quando contratada tal cobertura, de forma antecipada, célere e imediata, ainda q   eu a título precário, mediante apuração das *despesas incorridas e prestando a garantia, seja diretamente, seja mediante reembolso, respeitado o limite estipulado*.[21]

Ainda nesse aspecto, tornou-se usual, senão a regra, a emissão de apólices com clausulados que rejeitam o adiantamento dos custos de defesa nos casos em que haja qualquer reclamação "relacionada" a atos que atentem contra o patrimônio público e os princípios da administração pública, ou ainda, se já houver sido oferecida denúncia pelo Ministério Público, sob o pretexto de, nestas hipóteses, haver suposta "verossimilhança preponderante" ou "indícios suficientes" da prática do ato imputado ao segurado, a despeito de sua presunção de inocência, como se pudesse, em contrato, afastar-se princípio ínsito ao Estado Democrático de Direito, cláusula basilar da Constituição Federal.

É possível encontrar, ainda, clausulados em cujas redações pretende-se afastar a cobertura dos custos defesa e da própria reclamação nas hipóteses em que haja *mera acusação* contra o segurado supostamente relacionada a algum evento específico, cujos efeitos e desdobramentos a seguradora não tenha aceitado subscrever o risco, ou decorrentes de atos alegadamente lesivos à Administração Pública, dentre outras hipóteses, sem que sequer seja necessário o exame pela seguradora da verossimilhança das alegações trazidas contra o segurado na reclamação.

Em tais casos, tem-se visto, não raramente, negativas de cobertura em que a seguradora se ampara na mera acusação formulada contra o segurado, em que formulado pelo órgão acusador a suposta relação fática com o evento ou ato não coberto pela apólice, como fator suficiente para aplicação da cláusula excludente de cobertura. Em alguns sinistros, até mesmo reportagens jornalísticas, de cunho sensacionalista e juridicamente atécnico, são utilizados para justificar a negativa de cobertura.

Como brilhantemente ensina Maurício Andere Von Bruck Lacerda, a seguradora não pode recusar-se, de plano, a antecipar os valores relativos à defesa do segurado, sob a justificativa de suposto dolo ou fraude por parte deste. Destaca-se que a negativa de prestação da garantia do seguro não pode ficar sujeita à mera suposição da parte, pois implica na frustração dos objetivos do contrato e na exclusão ilegítima da garantia contratada, a qual deve basear-se em elementos concretos e provas irrefutáveis que justifiquem tal postura pela seguradora.[22]

E, sem dúvidas, os *"elementos concretos e provas irrefutáveis"* serão produzidos no bojo do processo administrativo, da investigação policial ou da demanda judicial e confirmados após seu trânsito em julgado. Seja como for, a decisão definitiva será proferida pelo órgão competente, com respaldo fático, probatório e legal. Não poderia

---

21. MEDEIROS, Gustavo. *Função social do seguro D&O está ameaçada.* Op. cit.
22. LACERDA, Maurício Andere von Bruck. *O seguro dos administradores no Brasil, O D&O insurance brasileiro.* Curitiba: Juruá, Op. cit., 209.

a seguradora fazer as vezes do juiz ou autoridade policial, chegando à conclusões antes mesmo de findo o procedimento instrutório.

Opor-se a este entendimento significaria sepultar o princípio constitucional da presunção de inocência, adotando-se a lógica inversa e esvaziando a razão de ser do seguro D&O.

Nota-se que as seguradoras estabelecem exclusões e adotam interpretações que verdadeiramente esvaziam a função social do contrato de Seguro D&O, esquivando-se de oferecer a garantia diante de qualquer "fumaça de crime".[23]

A partir da interpretação extensiva das cláusulas, as seguradoras, na realidade, criam um regramento próprio, em que é possível mitigar o princípio da presunção de inocência e alargar as exclusões constantes da apólice.

Questionadas sobre a validade da negativa da obrigação indenizatória, por parte da seguradora, com fundamento em alegada 'verossimilhança' das acusações realizadas pelo Ministério Público Federal em ação penal, as autoras portuguesas Margarida Lima Rego e Maria Inês de Oliveira Martins, brilhantemente ensinam:

> [...] não basta a alegada verossimilhança das acusações realizadas pelo Ministério Público Federal para suportar uma aplicação da correspondente exclusão e da consequente recusa de pagamento da indemnização. Decorre da Constituição brasileira que apenas o juiz competente pode, uma vez cumprido devido processo legal, afirmar que houve lugar à prática de ilícito penal, quando considere que tal se encontra provado para além de dúvida razoável. Até ao trânsito em julgado da sentença, o princípio da presunção da inocência proíbe que se afirme qualquer culpabilidade, devendo os segurados ser tratados como inocentes para todos os efeitos. Pelo contrário, a existência de simples verossimilhança da condenação é um pressuposto para que seja apresentada acusação em processo penal, já que a mera acusação contende com direitos fundamentais do acusado.[24]

Entende-se, portanto, que a negativa da cobertura dos custos de defesa, com a recusa ao adiantamento dos respetivos montantes diante da mera verossimilhança da condenação, equivaleria a afastar a cobertura frente à simples apresentação da acusação, o que esvaziaria a cobertura do seu sentido útil, que é o de custear a defesa dos segurados, e negar vigência à cláusula constitucional de presunção de inocência.

Recentemente, ao julgar caso semelhante, o Tribunal de Justiça de São Paulo, reconheceu a impossibilidade de afastar a cobertura dos custos de defesa apenas e tão somente em razão da sua relação com supostos atos lesivos à Administração Pública. Acertadamente, o Tribunal não considerou suficiente a apresentação de representação pelo Ministério Público ou imputações de danos ao erário:

> Seguro de responsabilidade civil para Conselheiros, Diretores e Administradores ("D&O"). Ação de cobrança de custos de defesa, garantia coberta pela apólice. Seguradora invoca cláusula de exclu-

---

23. MEDEIROS, Gustavo. *Função social do seguro D&O está ameaçada*. Op. cit.
24. REGO, Margarida. Adiantamento de custos de defesa nos seguros D&O. In: ANTUNES, M. J. & MARTINS, A. Soveral (Ed.). *Colóquio Internacional Governação das Sociedades, Responsabilidade Civil e Proteção dos Administradores*. Op. cit., p. 262.

são de atos lesivos contra a Administração Pública. Improcedência da representação oferecida pelo Ministério Público Federal ao Tribunal de Contas da União, que acolheu as justificativas do segurado. *Indenização devida. Cláusula de exclusão de cobertura não afasta pura e simplesmente a garantia ao reembolso de custos de defesa meramente porque relacionados a supostos atos lesivos à Administração Pública.* Segurado faz jus à cobertura caso afastada sua responsabilidade. Gastos com defesa técnica devidamente comprovados, que não excedem o limite contratado. Recurso desprovido.[25]

Por certo que não há qualquer cabimento nessa postura. Como se sabe, o Ministério Público desempenha o papel de acusação e imputação, fazendo parte da função do órgão liderar investigações e indiciar os acusados. É o Ministério Público quem precisa de indícios de autoria e materialidade para oferecer denúncia ou requerer a instauração de inquérito. Não obstante, a deflagração de qualquer procedimento, por si só, não elide a inocência do acusado, que poderá defender-se, produzir provas e recorrer de decisões injustas.

Entende-se, assim, que o oferecimento de denúncia pelo Ministério Público, por exemplo, não poderia equiparar-se a existência de "verossimilhança preponderante" ou "indícios razoáveis" de dolo ou fraude, capaz de legitimar a negativa de cobertura por parte da seguradora.

A verdade é que, a partir dessa interpretação, as seguradoras assumem a posição de querer dizer se o segurado cometeu ou não o ilícito, delimitar a natureza do ato e o enquadrar na exclusão, até mesmo nos casos em que ainda é precária a investigação policial ou administrativa.[26]

Com isso, o princípio da presunção de inocência é sepultado, dando espaço para o seu verdadeiro oposto: a noção de que apenas nos casos em que o segurado venha a ser absolvido por decisão judicial transitada em julgado ou decisão administrativa definitiva, a seguradora admite que poderá "reembolsá-lo".[27]

Essa conduta equivaleria, então, a "*dar com uma mão e tirar com a outra*", sujeitando a eficácia do contrato ao puro arbítrio de uma das partes, ao ponto de privá-lo de todo o seu efeito jurídico e subtrair os direitos resultante da natureza do negócio.[28]

VI. CLÁUSULAS DE EXCLUSÃO DE COBERTURA

VI.1 Legalidade e interpretação

Como se disse, essa prática, comum no mercado segurador, é concretizada a partir da redação de cláusulas de exclusão de cobertura. Não se nega a validade e importância das cláusulas de exclusão, pois imprescindíveis para a delimitação da cobertura contratada.

---

25. TJSP Apelação 1013965-93.2020.8.26.0562, Rel. Des. Lidia Conceição, j. 26.05.22, 36ª Câmara de Direito Privado – destacou-se.
26. MEDEIROS, Gustavo. *Função social do seguro D&O está ameaçada.* Op. cit.
27. MEDEIROS, Gustavo. *Função social do seguro D&O está ameaçada.* Op. cit.
28. MEDEIROS, Gustavo. *Função social do seguro D&O está ameaçada.* Op. cit.

O que não se pode admitir é a interpretação da cláusula de modo a afastar da cobertura o próprio objeto do seguro. Prática comum no mercado segurador é a inclusão de cláusula de exclusão de evento específico, excluindo da cobertura de custos de defesa, aqueles incorridos em uma específica investigação criminal, por exemplo.

A cláusula, em si, não revela uma grande problemática. Mas a controvérsia surge a partir da *interpretação extensiva da exclusão*. Ou seja, a seguradora expande o sentido da cláusula para abarcar outras investigações, eventualmente decorrentes de uma primeira.

Sobre isso, recentemente, o Tribunal de Justiça do Distrito Federal deparou-se com a negativa dos custos de defesa por parte de determinada seguradora, a partir da adoção de interpretação extensiva das cláusulas de evento específico. Os segurados eram investigados na chamada Operação *Circus Maximus*, deflagrada em virtude do encontro fortuito de provas (serendipidade), no curso da Operação Lava Jato.

A seguradora negou a cobertura dos custos de defesa, sob a alegação de que a operação tratava-se de desdobramento da Operação Lava Jato, expressamente excluída pela apólice contratada. Apesar disso, o Tribunal adotou interpretação restritiva da cláusula de exclusão, rejeitando a alegação da seguradora:

> Direito civil e processual civil. Apelação cível e recurso adesivo. Ação de reparação de danos com obrigação de fazer. Seguro responsabilidade civil para administradores, conselheiros e diretores. Sinistro. Ocorrência. Prescrição. Inocorrência. CDC incidência. Operação *circus maximus*. Não incidência de cláusula de exclusão de cobertura. Comprovação de pagamento de honorários. Prejudicial de prescrição rejeitada. Recurso conhecido e não provido. (…) 6. No presente caso, é patente que o Autor foi investigado pela suposta participação em crimes de corrupção passiva e ativa, crimes contra o sistema financeiro nacional, lavagem de capitais entre outros delitos, relacionados ao investimento Praça Capital/SIA/Brasília/DF e o investimento LSH/ex-Hotel Trump/Barra da Tijuca/Rio de Janeiro. A investigação ficou cognominada como 'Operação Circus Maximus' e foi deflagrada após um *encontro fortuito de provas (serendipidade) que ocorreu nas investigações da Lava Jato. 7. O fato de a Operação 'Circus Maximus' decorrer de uma colaboração premiada realizada na Operação Lava Jato não leva, por si só, à conclusão de que o Apelado faz parte da mesma investigação. Pelo contrário, os objetos das operações investigativas são distintos, com números e nomes distintos. A Lava Jato investiga* ilícitos ligados à Petrobrás, enquanto à Operação 'Circus Maximus' está relacionada ao investimento Praça Capital/SIA/Brasília/DF e ao investimento LSH/ex-Hotel Trump/Barra da Tijuca/Rio de Janeiro. 8. A própria apólice estabelece que para fins da exclusão, operação 'Lava Jato' é o inquérito policial IPL 1041/2013 – SR/DPF/PR – EPROC 5049557-14.2013.404.7000 0, instaurado em 08.11.2013, para apurar condutas que apontam para a prática de crimes contra o Sistema Financeiro Nacional e lavagem de ativos por parte de Alberto Youssef e pessoas a ele relacionadas. 9. Os procedimentos investigativos relacionados ao Autor são PIC 1.16.000.001753/2017-73, IPL 22803-9820174013400, PIC 1.16.000.002425/2018-75, IPL 452/2017. Portanto, *são procedimentos diversos dos mencionados na cláusula exclusiva*. 10. Considerando que não houve sentença transitada em julgado em face do Apelado, a Seguradora deve adiantar o pagamento dos custos de defesa decorrentes de processos e/ou procedimentos administrativos, judiciais ou arbitrais, de natureza cível ou criminal, relacionados às funções de Diretora de Administração de Recursos de Terceiros e Diretor-Presidente da BRB – Distribuidora de Títulos e Valores Mobiliários S.A. exercidas pelas Apelantes. (…)[29]

---

29. TJDF, Apelação 0722538-61.2020.8.07.0001, Rel. Des. Roberto Freitas, j. 08.09.2021, 3ª Turma Cível – destacou-se.

É a fim de evitar o esvaziamento do seguro que se aplica a interpretação restritiva do clausulado das apólices. Isto é, os termos dos contratos devem ser entendidos estritamente, aproximando-se de interpretação clara e segura.

O que se sustenta, portanto, é a necessidade de interpretação restritiva das cláusulas excludentes de cobertura ou limitativas de direitos, observando-se o (i) interesse segurado, (ii) a natureza adesiva do contrato de seguros e (iii) a intepretação *contra proferentem*, isto é, mais benéfico à parte que não redigiu aquela determinada cláusula contratual, com o escopo de se preservar a razão de ser e o sentido útil de sua contratação.

VI.2   Interesse segurado

Como antevisto, o seguro D&O atua na proteção do patrimônio pessoal daquele que precisa exercer seu direito constitucional à ampla defesa. Para além dos custos incorridos com a defesa ou a indenização pela condenação a ser paga, os interesses segurados pela apólice D&O são a ampla defesa, a presunção da inocência do segurado e a proteção de seu patrimônio.

É esse o *legítimo interesse* a que se refere o artigo 757 do Código Civil.[30] Ou seja, o interesse legítimo do segurado se confunde com a própria *causa* do contrato de seguro.

Ao contratar uma apólice D&O, o administrador espera que a seguradora, de fato, ofereça efetiva proteção contra os riscos a que se expõe na gestão de companhias.[31] Não se espera que, contratado um seguro D&O, quando necessário o acionamento da apólice, esta se revele imprestável para o que foi contratada.

Uma cláusula de exclusão de cobertura que afasta o próprio interesse segurado equivale a um clausulado inócuo. Afinal, não se pode, a partir da interpretação extensiva de determinada cláusula, desnaturar sua finalidade, a matéria e o motivo que levou as partes a contratar.[32]

O art. 13 do Decreto-Lei 73/66 positiva a chamada regra da vedação ao esvaziamento, segundo a qual as apólices não poderão conter cláusula que por qualquer modo subtraia a eficácia e validade dos contratos de seguro.[33]

---

30. MEDEIROS, Gustavo. *Função social do seguro D&O está ameaçada*. Op. cit.
31. AGUIAR JÚNIOR, Ruy Rosado de Aguiar. Teoria do interesse, engineering e o dano físico no seguro de danos. *Anais do I Congresso Internacional de Direito do Seguro do Conselho da Justiça Federal e Superior Tribunal de Justiça*: VI Fórum de Direito do Seguro "José Sollero Filho". Instituto Brasileiro de Direito do Seguro. São Paulo, Roncarati, 2015, p. 202.
32. STIGLITZ, Rubén S. *Derecho de seguros*. ed. Buenos Aires: La Ley, 2016, t. II. 6, p. 291. Tradução livre: "*A finalidade e a economia do contrato são revalorizadas como diretriz geral de interpretação e, como tal, aplicáveis no contexto do contrato de seguro quando, ao tentar alcançar o significado de uma cláusula, se percebe que sua aplicação resultaria em uma grave descaracterização da matéria (objeto) do contrato e do motivo que levou as partes a contratar*".
33. Decreto-Lei 73/66, Art. 13. *As apólices não poderão conter cláusula que permita rescisão unilateral dos contratos de seguro ou por qualquer modo subtraia sua eficácia e validade além das situações previstas em Lei*.

Sendo assim, qualquer interpretação do contrato de seguro que não leve em consideração a exata extensão do interesse do segurado sobre o objeto segurado, atenta contra a boa-fé objetiva e à função social do contrato, reduzindo o sentido útil do seguro em si.

A título ilustrativo, imagine-se uma apólice de seguro D&O, com cobertura para custos de defesa, mas que exclua a cobertura nos casos em que seja oferecida denúncia pelo Ministério Público contra o segurado. Esta previsão atenta contra obrigação fundamental da seguradora, uma vez que o objeto do seguro contratado consiste justamente no custeio da defesa dos segurados, eventualmente demandados em ações judiciais cíveis, administrativas ou criminais. Admitir a validade desta exclusão colocaria em xeque o interesse legítimo segurado, afastando da cobertura justamente aquilo que levou as partes a contratar.

Ainda que a exclusão não esteja expressa no clausulado, é igualmente inválida a interpretação adotada pela seguradora. Isso porque, comumente, as seguradoras, em desrespeito à presunção de inocência e ao princípio do juiz natural, se apegam à indícios de autoria e materialidade, às acusações do Ministério Público e a notícias veiculadas na mídia, para enquadrar a conduta do segurado em evento excluído na apólice, como nos casos de atos dolosos e fraudulentos.

Por certo que meras alegações, a instauração de inquérito policial ou o ajuizamento de demanda judicial contra o segurado não resulta na certeza do ilícito, sua natureza ou circunstâncias, impedindo a negativa válida por parte da seguradora.

Se fosse razoável excluir da cobertura securitária justamente aquilo que se pretende tutelar, o contrato de seguros seria esvaziado de funcionalidade, utilidade e se afastaria por completo da tutela do interesse legítimo segurado.

Não se olvida que a responsabilidade da seguradora está adstrita aos termos da apólice e que esta pode – e deve – conter exclusões de cobertura. O que se suscita é que esta limitação não pode se afastar da própria causa do contrato, *que é a garantia de interesse legítimo do segurado em relação a riscos predeterminados.*[34]

Assim, a interpretação de todo o clausulado, sobretudo das cláusulas de exclusão de cobertura, deve observar a função principal do contrato de seguros, qual seja, a tutela do interesse legítimo perseguido pelo segurado.

Portanto, a interpretação do clausulado à luz do interesse segurado busca manter o objetivo do seguro alinhado aos princípios constitucionais do devido processo legal e presunção de inocência, conferindo utilidade e funcionalidade ao contrato de seguro.

VII. CONCLUSÃO

O seguro D&O é, sem dúvida alguma, ferramenta essencial para gestão dos riscos que envolvem a administração das companhias, garantindo a seus gestores a devida

---

34. MIRAGEM, Bruno. O contrato de seguro e os direitos do consumidor. *Revista de Direito do Consumidor.* v. 19. n. 76. p. 239-276. out./dez. 2010.

proteção patrimonial em caso de danos causados a terceiros por atos de gestão praticados dentro da chamada "regra da decisão negocial" ou *business judgment rule*.

Em sua utilidade contemporânea, a cobertura para custos de defesa no seguro D&O, em especial na forma de custeio antecipado, ganhou ainda especial relevância, em virtude da magnitude financeira das reclamações que são deflagradas contra os segurados e a própria companhia tomadora, para as quais vultosos valores necessários à contratação da defesa dos segurados são demandados, sob pena de absoluta inviabilidade da impugnação às reclamações apresentadas contra os executivos e, muitas vezes, contra a própria sociedade tomadora (por vezes, segurada da apólice).

Deve-se refletir, portanto, sobre os limites legítimos para exclusões que, sob o pretexto de limitar o escopo de cobertura, acabam por esvaziá-la, tornando inócua, ainda que parcialmente, a finalidade e escopo da garantia contratada, notadamente da antecipação dos custos de defesa.

A interpretação extensiva e atécnica, não raras as vezes adotada para autorizar a negativa da cobertura dos custos de defesa dos segurados baseada apenas e tão somente em indícios e alegações, implica em frontal violação ao princípio fundamental da presunção de inocência, além de ferir o próprio interesse segurado.

No mais das vezes, recusa-se a cobertura antes mesmo de decisão definitiva do órgão jurisdicional competente, em franca contenda com princípios de ordem constitucional e contratual, que determinam que nenhum sujeito pode ser considerado culpado da prática de um crime a não ser por sentença transitada em julgado, estando provada a sua culpabilidade para além de dúvida razoável, observadas todas as garantias do devido processo legal.[35]

Tal postura distancia o contrato de seguro D&O de sua funcionalidade, esvaziando o sentido útil dos clausulados e frustrando os objetivos da apólice e da garantia em si. Nesse sentido, a interpretação dos clausulados deve ser tratada com seriedade, mantendo como norte o princípio – inafastável – da garantia do legítimo interesse segurado, preservando-se a utilidade e coerência aos contratos de seguros D&O, em observância aos princípios constitucionais da ampla defesa e presunção de inocência, cuja aplicabilidade é não somente necessária, mas fundamental a toda e qualquer relação contratual privada.

REFERÊNCIAS

AGUIAR JÚNIOR, Ruy Rosado de Aguiar. Teoria do interesse, *engineering* e o dano físico no seguro de danos. *Anais do I Congresso Internacional de Direito do Seguro do Conselho da Justiça Federal e Superior Tribunal de Justiça*: VI Fórum de Direito do Seguro "José Sollero Filho". Instituto Brasileiro de Direito do Seguro. São Paulo, Roncarati, 2015.

---

35. REGO, Margarida. Adiantamento de custos de defesa nos seguros D&O. In: ANTUNES, M. J. & MARTINS, A. Soveral (Ed.). *Colóquio Internacional Governação das Sociedades, Responsabilidade Civil e Proteção dos Administradores*, Op. cit., p. 264.

ARANTES FILHO, Marcio Geraldo Britto. *Notas sobre a tutela jurisdicional da presunção de inocência e sua repercussão na conformação de normas processuais penais à Constituição brasileira*. Liberdades, 4, 2010.

BADARÓ, Gustavo Henrique. *Processo penal*. São Paulo: Thomson Reuters/Revista dos Tribunais, 2016.

FARIA, Clara Beatriz Lourenço de. *O seguro D&O como instrumento de proteção patrimonial dos administradores de sociedades limitadas e anônimas*. São Paulo: Almedina, 2011.

GALRÃO, Gustavo; SALVADOR, Dinir; CICARELLI, Márcia. *Café Com Seguro D&O* – Circular 553 – Ansp. Disponível em: http://www.anspnet.org.br/site/galerias-de-videos/cafe-com-seguro-do-circular--553-ansp/.

LACERDA, Maurício Andere von Bruck. *O seguro dos administradores no Brasil*. O D&O insurance brasileiro. Curitiba: Juruá, 2013.

LOPES JR., Aury. *Direito processual penal e sua conformidade constitucional*. São Paulo: Saraiva, 2014.

MARTINS-COSTA, Judith. *A boa-fé no direito privado*: critérios para a sua aplicação. 2. ed. São Paulo: Saraiva Educação, 2018.

MEDEIROS, Gustavo. Função social do seguro D&O está ameaçada. *Consultor Jurídico*, 2020. Disponível em https://www.conjur.com.br/2020-jan-01/gustavo-medeiros-funcao-social-seguro-ameacada. Acesso em: 17 jul. 2023.

MIRAGEM, Bruno. O contrato de seguro e os direitos do consumidor. *Revista de Direito do Consumidor*. v. 19. n. 76. out./dez. 2010.

PAOLINI, Adolfo; NAMBISAN, Deepak. *Directors' and officer's liability insurance*. Londres: Informa, 2008.

RAMOS, Maria Elisabete Gomes. *O seguro de responsabilidade civil dos administradores. Entre a exposição ao risco e a delimitação da cobertura*. Coimbra: Almedina, 2010.

REGO, Margarida Lima e MARTINS, Maria Inês de Oliveira: Seguro D&O com Cobertura de Custos de Defesa em Processo Penal ou Sancionatório. Declaração Inicial Do Risco. Notificação Do Sinistro. Causação Dolosa Do Sinistro. Prescrição. *Revista de Direito Privado*. v. 97, p. 239-324, jan./fev. 2019.

REGO, Margarida. Adiantamento de custos de defesa nos seguros D&O. In: ANTUNES, M. J. & MARTINS, A. Soveral (Ed.). *Colóquio Internacional Governação das Sociedades, Responsabilidade Civil e Proteção dos Administradores*. Instituto Jurídico da Faculdade de Direito de Coimbra. 2019.

SPINELLI, Luis Felipe. *Conflito de interesses na administração de sociedades anônimas*. São Paulo: Malheiros, 2012.

STIGLITZ, Rubén S. *Derecho de seguros*. 6. ed. Buenos Aires: La Ley, 2016. t. II.

VASCONCELOS, Pedro Pais de. *D&O Insurance*: o seguro de responsabilidade civil dos administradores e outros dirigentes da sociedade anónima. Prof. Doutor Inocêncio Galvão Telles: 90 anos. Homenagem da Faculdade de Direito de Lisboa. Coimbra, 2007.

YOUNGMAN, Ian. *Directors' and officers' liability insurance*: a guide to International practice. 2. ed. Cambridge: Woodhead Publishing, 1999.

SEGURO (E&O) DE RESPONSABILIDADE CIVIL PROFISSIONAL: ASPECTOS CONCEITUAIS, REGULATÓRIOS E PROCESSUAIS

Karina Pinheiro

Doutoranda e Mestre em Direito Privado pela PUC/MG. Professora de Direito Civil na graduação e Pós-graduação. Advogada, membro do IBERC, autora de obra e artigos jurídicos.

Resumo: O objetivo do presente trabalho, desenvolvido por meio de pesquisa bibliográfica, legislativa e jurisprudencial, é apresentar os aspectos mais relevantes do contrato de seguro (E&O) de responsabilidade civil profissional, com ênfase à responsabilidade civil médica. Destacaram-se os principais preceitos conceituais, normativos e processuais; estes últimos especificamente às hipóteses de intervenção de terceiros e suas implicações nas formas de efetiva indenização dos danos injustos causados aos terceiros lesados pelos profissionais no âmbito de sua atuação profissional.

Sumário: I. Introdução – II. Seguro E&O de responsabilidade civil profissional; II.1 Contornos normativos e conceituais; II.1.1 Do contrato de seguro; II.1.2 Do contrato de seguro (E&O) de responsabilidade civil profissional; II.2 Parâmetros de imputação de responsabilidade civil ao profissional; II.3 Delineamento principiológico do seguro de responsabilidade civil profissional – III. Aspectos regulatórios do seguro (E&O) de responsabilidade civil – IV. As intervenções de terceiro nas ações de responsabilidade civil contra o profissional segurado – V. Conclusões – Referências.

I. INTRODUÇÃO

A contratação de seguro de responsabilidade civil profissional, cuja origem é atribuída aos alemães no final do século XIX, não era comum entre os brasileiros. O recrudescimento no setor de seguros dessa modalidade securitária ocorreu apenas na última década.

São múltiplos e cada vez maiores os fatores que acarretam, desde então, o aumento pela procura desse seguro, tão comum nos Estados Unidos, sobretudo no setor médico. De fato, vivemos na era dos riscos, da multiplicidade e pulverização de danos e a socialização de tais riscos atrai a preocupação e a consequente necessidade de proteção patrimonial, mormente aos profissionais no âmbito de sua atuação laboral.

O seguro de responsabilidade civil profissional, conhecido pela sigla inglesa E&O (*erros and omissions*), surge neste contexto jurídico-social como meio eficaz de tutela do interesse legítimo do segurado em proteger seu patrimônio e não de mero ressarcimento, sendo o terceiro, vítima do dano, a principal personagem, eis que, em tese, todos os prejuízos a ela causados devem ser reparados ou compensados via indenização securitária.

Nesta perspectiva, buscou-se apresentar alguns aspectos essenciais do seguro E&O de responsabilidade civil profissional, tais como seu conceito, regramento e seu tratamento processual no âmbito das hipóteses legais de intervenção de terceiros.

Para tanto, foram abordados os institutos jurídicos da responsabilidade civil, sobretudo na seara médica, do contrato de seguro e das seguintes modalidades de intervenção de terceiros: a denunciação da lide, o chamamento ao processo e a assistência.

Buscou-se uma análise legislativa, doutrinária e jurisprudencial como métodos de pesquisa científica, visando-se, assim, a atingir o objetivo almejado de apontar os principais preceitos normativos e regulatórios do seguro de RCP, bem como de propor um método hipotético-dedutivo acerca da modalidade de intervenção de terceiros em demandas de responsabilidade civil propostas contra o profissional segurado, confrontando as disposições legais previstas no Código de Processo Civil/2015[1] e no Código de Defesa do Consumidor.[2]

Assim, o presente estudo compõe-se em quatro tópicos: aspectos conceituais e normativos do contrato de seguro de responsabilidade civil profissional à luz de um delineamento principiológico; novos marcos regulatórios do seguro E&O de responsabilidade civil; a análise acerca do cabimento das hipóteses de intervenção de terceiros em ações de reparação civil contra réu que tenha sua responsabilidade civil segurada e, finalmente, a conclusão.

II. SEGURO E&O DE RESPONSABILIDADE CIVIL PROFISSIONAL

II.1 Contornos normativos e conceituais

II.1.1 Do contrato de seguro

Antes de adentrarmos à temática deste trabalho, que é o seguro de responsabilidade civil profissional, mister se faz a compreensão do contrato de seguro em geral.

Topograficamente encartado no Livro I, Parte Especial do Código Civil de 2002,[3] em seu capítulo XV, do Título VI, especificamente em seus artigos 757 a 802, trata-se de uma modalidade de contrato cada vez mais premente, tendo em vista todos os bens e interesses legítimos a que se visa proteger em virtude dos mais variados riscos a que estão expostos e, consequentemente, da multiplicidade de danos deles decorrentes.

Como uma das espécies de negócio jurídico, o contrato de seguro tem por objeto garantir a proteção dos referidos bens e interesses de natureza patrimonial, de modo a recompor eventual patrimônio perdido por um acontecimento futuro e incerto.

---

1. BRASIL. *Lei 13.105, de 16 de março de 2015*, Brasília, DF, Código de Processo Civil. Disponível em: http://www.planalto.gov.br/ccivil_03/_Ato2015-2018/2015/Lei/L13105.htm. Acesso em: 14 fev. 2022.
2. BRASIL. *Lei 8.078, de 11 de setembro de 1990*. Dispõe sobre a proteção do consumidor e dá outras providências. Disponível em: http://www.planalto.gov.br/ccivil_03/leis/l8078.htm. Acesso em: 14 fev. 2022.
3. BRASIL. Lei 10.406, de 10 de janeiro de 2002. Código Civil. Diário Oficial da União, Rio de Janeiro, 11 jan. 2002.

O art. 757 do Código Civil/02, *caput*, consagra em seu bojo o conceito de contrato de seguro:

Art. 757. Pelo contrato de seguro, o segurador se obriga, mediante o pagamento do prêmio, a garantir interesse legítimo do segurado, relativo a pessoa ou coisa, contra riscos predeterminados.

Parágrafo único. Somente pode ser parte, no contrato de seguro, como segurador, entidade para tal fim legalmente autorizada.[4]

O interesse legítimo a que se refere o art. 757 CC/02 engloba todo e qualquer interesse segurável. Dessa forma, importa ressaltar que o contrato de seguro tem por objeto não apenas coisas, mas também pessoas, bens e, até mesmo, a responsabilidade civil. Ressalte-se o seguinte entendimento de Sílvio Rodrigues acerca do contrato de seguro:

[...] Aparecem no contrato em análise duas partes: o segurador e o segurado. Este fornece àquele uma contribuição periódica e moderada chamada prêmio, em troca do risco que o segurador assume de, em caso de sinistro, indenizar o segurado dos prejuízos por ele experimentados. [...] O objeto do negócio é o risco, que o segurado transfere ao segurador. Através daquele desembolso limitado, o segurado adquire a tranquilidade resultante da persuasão de que o sinistro não o conduzirá à ruína, pois os prejuízos, que porventura lhe advierem, serão cobertos pelo segurador.[5]

A finalidade é a proteção dos referidos interesses do segurado contra eventual e possível evento danoso, mediante o pagamento de um valor denominado prêmio. O prêmio é, assim, a prestação a ser cumprida pelo segurado à seguradora para que esta lhe garanta as coberturas contempladas na apólice, relativamente ao objeto nela consignado.

O sinistro é a efetivação do dano ou evento descrito como objeto do contrato de seguro. É, portanto, o fato jurídico deflagrador do pagamento da indenização ou do capital estipulado. Exatamente por isso, a doutrina mais contemporânea defende que o seguro é um contrato de natureza comutativa e não aleatória como outrora sustentava a doutrina clássica.

Neste sentido, o entendimento prevalecente é de que há uma contraprestação da seguradora que é a segurança conferida ao segurado, vale dizer, a garantia que lhe é prestada durante toda a vigência contratual. A ocorrência ou não do sinistro é, de fato, aleatória, mas a essência do contrato, como próprio nome diz, é a segurança.

Além disso, trata-se de um contrato de consumo, a teor do que dispõe o art. 3º, § 2º do CDC. Configura-se, assim, uma típica relação jurídica consumerista formada pelo segurado como consumidor e a seguradora como fornecedora, cujo objeto é um produto de natureza imaterial entregue pela seguradora. Incidem, assim, as normas do Código de Defesa do Consumidor, além das previsões normativas do Código Civil.

O contrato de seguro é, enfim, um negócio jurídico, formalizado pelo documento denominado apólice ou bilhete de seguro, por meio do qual o segurador assume o risco

---

4. BRASIL, 2022, op. cit.
5. RODRIGUES, Sílvio. *Direito civil*: dos contratos e das declarações unilaterais da vontade. São Paulo: Saraiva, 2002, p. 330.

do sinistro, que, caso venha eventualmente a ocorrer, encarrega-se de todo o ônus e prejuízo dele decorrentes.

II.1.2 Do contrato de seguro (E&O) de responsabilidade civil profissional

Vivenciamos um caminho para uma socialização de risco, razão pela qual uma cobertura securitária se faz cada vez mais premente, pois, com toda procedência, o contrato de seguro implica transferência de risco à seguradora.

O crescimento e variedade dos riscos a que estamos expostos – sobremodo os riscos decorrentes da imputação da responsabilidade civil – culminam na ocorrência de danos injustos. O efeito lógico e consequencial do agravamento e multiplicação dos danos é a necessidade de acautelamento, de proteção dos interesses legítimos, de tal modo que se faz necessária a contratação do seguro de RCP.

Neste aspecto, a necessidade é ainda maior quando se trata do objeto do seguro de responsabilidade civil devido à sua peculiaridade em relação aos seguros de danos, qual seja, garante a cobertura de uma indenização que, a toda evidência, não se pode mensurar, que pode ser tão alta a ponto de fulminar todo o patrimônio do profissional. De fato, no seguro de dano, o valor do bem segurado é delimitado e mensurado. No seguro de responsabilidade civil não. É muito mais amplo.

Com efeito, vivemos uma nítida expansão quantitativa e qualitativa dos danos passíveis de reparação. A expansão quantitativa decorre do crescente número de demandas reparatórias exitosas. Percebe-se uma tendência em não se deixar nenhum tipo de dano sem reparação.

A expansão qualitativa, por sua vez, advém do aumento das espécies de danos em superação à tradicional dicotomia dos danos materiais e morais.

O espectro dos danos patrimoniais e extrapatrimoniais amplia-se a cada dia. Além dos danos emergentes e lucros cessantes, há ainda, a título de exemplo, os danos institucionais, danos decorrentes da perda de uma chance, danos coletivos. Relativamente aos danos extrapatrimoniais, além dos danos morais, apontam-se os danos estéticos, danos existenciais e danos à imagem.

Não se pode descurar dos danos advindos da violência obstétrica que tanto podem ser de natureza patrimonial ou de cunho extrapatrimonial. Ou seja, uma multiplicidade de danos que violam bens jurídicos distintos e autônomos.

O dano é um fato jurídico que acarreta a obrigação de indenizar. Portanto, é o pressuposto protagonista da responsabilidade civil. Não há obrigação de indenizar sem a ocorrência do dano. Sob tal raciocínio, insurge o instituto da responsabilidade civil cujo escopo, na vida social moderna, se volta à proteção das vítimas e à reparação dos danos que lhes são causados.

Os danos injustos são lesões aos bens e interesses legítimos e juridicamente protegidos. No âmbito profissional, essas violações decorrem de atos ilícitos praticados por um agente imputável, no exercício de sua atividade laboral, quando decorrentes de condutas demeritórias e contrárias ao ordenamento jurídico.

O profissional pode ser compelido a indenizar a vítima dos danos injustos que ele eventualmente der causa no exercício de sua atuação profissional, conforme os nexos de imputação de responsabilidade civil que lhe são impostos por lei. Assim, tem a possibilidade de contratação do seguro de responsabilidade civil como forma de mitigar as consequências econômicas das suas falhas profissionais ensejadoras de danos.

De fato, o seguro de responsabilidade civil revela-se como um instrumento eficaz de transferência dos riscos do profissional à seguradora que assume a garantia do pagamento da indenização à vítima do dano por ele causado, nos limites do capital estipulado na apólice.

É o entendimento do saudoso doutrinador Caio Mário da Silva Pereira:

> Seguro de responsabilidade civil tem por objeto transferir para o segurador as consequências de danos causados a terceiros, pelos quais possa o segurado responder civilmente.[6]

Diante dessa proliferação de riscos e consequentes danos, a verdade é que, não raro, há o cometimento de falhas profissionais, sobretudo no âmbito da área da saúde, razões pelas quais essa modalidade securitária é considerada uma das maiores contratações, segundo dados da SUSEP.

De fato, com base nos dados estatísticos apresentados pela Confederação Nacional de Seguros (CNSEG), foram arrecadados, em 2022, R$3.737.191.143,00 (três bilhões, setecentos e trinta e sete milhões, cento e noventa e um mil e cento e quarenta e três) reais apenas no segmento de Seguro de Responsabilidade Civil Profissional. (Dados apurados até maio/2023, conforme relatório de Arrecadação do Mercado Segurador).[7]

Relativamente às coberturas do seguro de responsabilidade civil profissional, o objeto pode abranger a responsabilidade subjetiva e objetiva; contratual e extracontratual (em que pese tal segregação esteja relativizada); os danos patrimoniais e extrapatrimoniais; os custos para a defesa do profissional segurado; as despesas emergenciais realizadas pelo segurado para tentar evitar ou minorar os danos causados a terceiros, devidamente comprovadas; sempre observado o limite do capital.

Importante consignar que a cobertura abrange não apenas a indenização a que o segurado seja condenado a pagar, mas também os valores decorrentes de acordos que ele venha a celebrar, desde que previstos na apólice e com a autorização expressa e prévia da seguradora. Ademais, são abrangidas as obrigações decorrentes de decisões emanadas de juízo arbitral.

Mister esclarecer o papel fundamental de uma assistência jurídica na fase pré--contratual. O profissional que pretende ter sua responsabilidade civil segurada deve

---

6. PEREIRA, Caio Mário da Silva. *Responsabilidade civil*. 9 ed. Rio de Janeiro: Forense, 1999, p. 313.
7. CONFEDERAÇÃO NACIONAL DE SEGUROS. *Justiça em números*. 2016. Disponível em: https://cnseg.org.br/mais-conteudos/analises-e-estatisticas. Acesso em: 30 ago. 2023.

se valer de um advogado que possa lhe orientar na fase das tratativas, tão importante para a celebração do contrato de seguro.

Isto porque nem todas as perdas possivelmente ocasionadas por uma demanda judicial são abrangidas. A premissa é simples: sem previsão pormenorizada não há cobertura. O advogado do profissional contratante deve se ater às possíveis cláusulas excludentes de coberturas que muitas seguradoras fazem constar nas minutas contratuais como "risco excluído", a fim de evitar conflitos em caso de ocorrência do sinistro.

No caso do médico, a especialidade deve estar bem definida no objeto do contrato e se a cobertura abrange os atos de seus auxiliares. As seguradoras controlam os riscos e somente estão obrigadas a pagar o que foi estritamente previsto. Neste sentido, vale mencionar que os valores dos prêmios variam proporcionalmente conforme o grau de risco da respectiva especialidade.

De fato, a obrigação da seguradora é limitada ao teto expressamente previsto na apólice, com base no que dispõe o art. 757 CC, notadamente em sua expressão final "riscos predeterminados".

Dentre as exclusões comumente verificadas nas apólices dessa modalidade securitária, destacam-se as condutas dolosas e a culpa grave do profissional, os atos profissionais praticados pelo segurado quando sua licença para exercer a profissão estiver suspensa, revogada, expirada ou não renovada e, também, atos profissionais proibidos pelo ordenamento jurídico ou por regulamentações administrativas emanadas das respectivas entidades de classe.

Portanto, por meio do seguro de responsabilidade civil, como já exposto, a seguradora assume a obrigação de pagar a indenização à qual o profissional foi condenado em decisão judicial ou arbitral, conforme será exposto nos tópicos subsequentes que tratam dos critérios de imputação de responsabilidade civil e dos aspectos regulatórios do seguro de RCP. Estes são os pontos ora enfrentados.

II.2   Parâmetros de imputação de responsabilidade civil ao profissional

Impende demonstrar como a responsabilidade civil do profissional segurado resta caracterizada, quais são os contornos dessa responsabilização que ensejam seu dever de indenizar o qual é transferido àquela que, em tese, possui condições financeiras de suportá-lo, a seguradora.

Os nexos de imputação são as hipóteses legais pelas quais se atribui a alguém o dever de indenizar, em outras palavras, os critérios de atribuição de responsabilidade civil que tanto pode ser subjetiva, baseada na tradicional culpa, quanto objetiva; ambas abrangidas pelas coberturas do seguro de RCP, a depender da atividade profissional exercida pelo segurado.

Em outra oportunidade, apontamos que:

Na teoria objetiva da responsabilidade civil enquadram-se as pessoas que estão obrigadas a indenizar os danos causados em virtude de lei ou do risco da atividade que desenvolvem, nos termos do parágrafo único do art. 927 CC. Atividades cuja potencialidade lesiva é fonte de numerosos danos e, consequentemente, motivo suficiente para a contratualização de RCP.[8]

Pois bem, como dito, o seguro de RCP pode ter como objeto a garantia de pagamento de indenização a qualquer profissional que venha a ser compelido a pagar, quer por ser subjetivamente responsável com base na culpa tradicional pela negligência, imprudência ou imperícia ou pelo abuso do direito, quer por ser objetivamente responsável com base nas hipóteses legais ou pelo risco da atividade que desempenha.

Com efeito, o art. 927, *caput*, traz em seu bojo duas espécies de ato ilícito: o culposo (art. 186 do CC) e o decorrente de abuso do direito (art. 187 do CC), este último, um ilícito que, a despeito de atribuir uma responsabilidade subjetiva, não decorre da culpa, posto que qualificado pela ilegitimidade.

Um direito que é exercido pelo seu titular de forma excessiva e transcendente aos limites éticos do ordenamento jurídico no tocante à boa-fé objetiva, aos fins econômicos, à moral e aos bons costumes.

O ato ilícito, seja ele culposo ou por abuso de direito revela, portanto, os nexos de imputação da responsabilidade civil aos profissionais segurados se, destes atos decorrerem os danos a terceiros. Exatamente por isso, são sancionados pela obrigação de reparar, a teor do que dispõe o *caput* do art. 927 CC.

Diante das mais variadas funções decorrentes do ato ilícito, mister ressaltar que o dano com ele se relaciona apenas no tocante à sua eficácia compensatória. Com efeito, o dano é um fato jurídico que desencadeia uma obrigação de indenizar e, assim, quando enseja uma indenização, vincula-se ao ato ilícito, mas com ele não se confunde.[9]

Neste contexto, insere-se o seguro de responsabilidade civil profissional, por meio do qual o segurado tem o interesse legítimo de proteção ao seu patrimônio em caso de responsabilização civil por danos injustos causados a terceiros, decorrentes de ato ilícito culposo ou por abuso de direito (arts. 186 e 187 CC, respectivamente) cometidos no âmbito da sua atuação profissional.

Como exposto, os profissionais podem responder objetivamente, em virtude de lei ou do risco da atividade que exercem; ou subjetivamente, pelo ilícito culposo ou por abuso do direito.

Convém observar que os profissionais liberais, por sua vez, enquadram-se na teoria subjetiva da responsabilidade civil, conforme determina o art. 14, § 4º, CDC.

---

8. CASTRO, Karina Pinheiro de. *Seguro (E&O) de responsabilidade civil profissional*: preceitos conceituais e normativos. Disponível em: https://www.migalhas.com.br/coluna/migalhas-de-responsabilidade-civil/356079/e--o-de-responsabilidade-civil-preceitos-conceituais-e-normativos. Acesso em: 14 fev. 2022.

9. CASTRO, Karina Pinheiro de. *Seguro de Responsabilidade Civil Médica e a relação médico-paciente*. 2 ed. Rio de Janeiro: Lumen Juris, 2021.

Dentre os profissionais liberais, a maior incidência nas contratações do seguro de RCP ocorre por profissionais da saúde, sobretudo pelos médicos, por múltiplos fatores. Dentre eles, destacam-se a crescente judicialização da saúde, a deterioração da relação médico paciente, a proliferação de riscos e danos verificados nas intervenções médicas, as precárias condições da saúde pública no Brasil, dentre outros.

Além desses fatores, conforme apontam Clenio Jair Schulze[10] e o CNJ[11] pelos dados por ele fornecidos, destaca-se o maior nível de informação e conscientização da população quanto aos seus direitos na busca por seus interesses na justiça.

Registram-se outros elementos que concorrem para a judicialização da saúde, tais como, um maior inconformismo dos pacientes e familiares em relação a tratamentos malsucedidos, problemas estruturais dos hospitais e demais serviços na área da saúde, longas jornadas de trabalho dos médicos e condições não satisfatórias de atendimentos, fatores que foram agravados durante o período da pandemia pelo Covid-19.

Todos esses fatores são considerados uma ameaça não apenas à imagem e à reputação dos profissionais no exercício da atividade médica, mas também ao seu patrimônio. Dessa forma, as contratações do seguro de responsabilidade civil também crescem proporcionalmente, como medida preventiva de proteção patrimonial.

Importa registrar também que, na contemporaneidade, um outro aspecto negativo que tem contribuído para as falhas médicas no exercício profissional é a violação da autodeterminação do paciente, ou seja, uma lesão a um direito extrapatrimonial. Tal fato é considerado como um ato ilícito por abuso do direito, razão pela qual, surge o dever de indenizar independentemente e sem prejuízo de eventuais danos físicos.

Neste sentido, no âmbito das práticas médicas, muito se tem propalado e advertido acerca do princípio do consentimento informado, livre e esclarecido do paciente como um direito subjetivo a ser respeitado com base em sua liberdade e consciência e, ao mesmo tempo, uma forma do médico se precaver de eventual imputação de responsabilidade civil.

O dano estético, por exemplo, é outra espécie de dano cuja compreensão tem sido alargada para além da mera aparência, mas considerado, inclusive, um dano à saúde, um dano que causa uma transformação morfológica interna como a lesão nos rins, no baço, no intestino, dentre outros órgãos.

Os danos patrimoniais e extrapatrimoniais na área da saúde também podem decorrer da violência obstétrica em suas múltiplas manifestações. Apesar de pouco difundida até há pouco tempo, percebe-se um crescimento em sua divulgação nos

---

10. SCHULZE, Jair Clenio. *Números de 2019 da judicialização da saúde no Brasil.* 2019. Disponível em: https://emporiododireito.com.br/leitura/numeros-de-2019-da-judicializacao-da-saude-no-brasil. Acesso em: 06 abr. 2021.

11. CONSELHO NACIONAL DE JUSTIÇA. *Justiça em números.* 2016. Disponível em: https://www.cnj.jus.br/pesquisas-judiciarias/justicaemnumeros/2016-10-21-13-13-04/pj-justica-em-numeros. Acesso em: 06 abr. 2021.

meios sociais e jurídicos, a despeito da ausência de previsão normativa até o presente momento.[12]

Em âmbito estadual, destacam-se duas leis: a Lei 23.175/2018[13] do Estado de Minas Gerais, publicada em 22 de dezembro de 2018 e em vigor desde então, bem como do Estado de Santa Catarina, Lei 17.097/2017.[14] Ambas visam a regulamentar e combater ações consideradas como violência obstétrica e trazem em seu bojo um extenso rol de situações reputadas como tais.

A violência obstétrica abrange práticas médicas durante o chamado ciclo gravídico-puerperal e são consideradas atos ilícitos, posto contrários ao ordenamento jurídico, dos quais decorrem vários danos à gestante ou parturiente.

Em outras palavras, consideram-se violência obstétrica todas as condutas positivas ou negativas que acarretam sofrimentos físicos e psicológicos à mulher no período da gestação, durante o parto e após ele, assim como toda intervenção, ainda que necessária, sem o consentimento informado, livre e esclarecido da parturiente, bem como qualquer outra forma de pressão psicológica. Condutas que devem ser, portanto, sancionadas pela indenização, sem prejuízo da responsabilidade penal do profissional da Medicina que as pratica.

II.3 Delineamento principiológico do seguro de responsabilidade civil profissional

Neste tópico, apresentam-se dois princípios contratuais contemporâneos que tiveram sua gênese na Constituição Federal de 1988, sendo recepcionados como cláusulas gerais pelo Código Civil/2002.

Tratam-se dos princípios da função social dos contratos e da boa-fé objetiva. Princípios norteadores, legitimadores e limitadores das condutas contratuais. A eficácia dos contratos está subordinada à observância principiológica contemporânea, tendente a aplicar diretamente as normas constitucionais protetoras da pessoa humana às relações privadas.

Previstos nos arts. 421 e 422 que inauguram o título dos Contratos no Livro I da Parte Especial do Código Civil/02, a função social e a boa-fé objetiva são princípios que se sobrepairam às normas positivadas por serem cláusulas gerais, abertas, pautadas nas

---

12. Tramita no Congresso Nacional um Projeto de Lei que visa a normatizar o tema – Projeto 878/2019 – que ainda se encontra em fase de tramitação na Câmara dos Deputados.
13. MINAS GERAIS. *Lei 23.175, de 21 de dezembro de 2018*. Dispõe sobre a garantia de atendimento humanizado à gestante, à parturiente e à mulher em situação de abortamento, para prevenção da violência na assistência obstétrica no Estado. 21 dez. 2018. Disponível em: https://www.legisweb.com.br/legislacao/?id=372848. Acesso em: 20 fev. 2020.
14. SANTA CATARINA. *Lei 17.097. de 17 de janeiro de /2017*. Violência obstétrica no Estado de Santa Catarina. Florianópolis: 2017. Disponível em: http://leis.alesc.sc.gov.br/html/2017/17097_2017_lei.html. Acesso em: 02 de dez.de 2019.

diretrizes da socialidade e da eticidade com o objetivo de nortear e limitar as condutas contratuais.

Relativamente ao contrato de seguro (E&O) de responsabilidade civil, tais princípios têm especial incidência. De fato, a causa objetiva dos contratos não se limita às partes contratantes, pois sua eficácia atinge a esfera jurídica de terceiros que dele não fizeram parte, no caso, o terceiro, vítima do dano.

Ademais, a boa-fé objetiva assume especial relevância no contrato de seguro, eis que sua base fundante é lastreada na transparência, lealdade, proteção, informação e cooperação das partes contratantes desde a fase das tratativas até a fase pós-contratual, ou seja, nos deveres anexos que perpassam por toda a relação contratual.

Tais deveres anexos, instrumentais ou laterais decorrem da função integrativa da boa-fé objetiva e estão previstos no supracitado art. 422 CC cujo inadimplemento acarreta a violação positiva do contrato.

Merece destaque o entendimento de Nelson Rosenvald que assim discorre:

> A boa-fé, por sua vez, tem outra finalidade imediata, ou seja, direcionar ativamente os comportamentos no trato negocial, são padrões comportamentais. Indica "arquétipos", ou seja, a conduta esperada é a conduta devida. Modelos objetivos de comportamento. Isso amplia a segurança jurídica. Os negócios jurídicos passam a ser de dotados de previsibilidade, cooperação e respeito.[15]

A boa-fé objetiva, consistente no dever comportamental, está diretamente relacionada com a boa-fé subjetiva no contrato de seguro. Para que as informações prestadas pelo segurado na fase pré-contratual sejam fidedignas dependem de sua boa-fé subjetiva, intencional. E tais informações terão influência direta sobre o valor do prêmio, sobre o objeto de cobertura, sobre a gestão dos riscos e do aporte financeiro da seguradora.

De fato, infere-se da intelecção do art. 765 CC a menção à expressão "mais estrita boa-fé" de ambas as partes, impingindo ao contrato de seguro uma exigência ainda maior sobre o dever de transparência, informação e lealdade de ambas as partes contratantes.

Pragmaticamente importa ressaltar que a veracidade das informações prestadas pelo segurado é tão fundamental que, em caso de ocorrência do sinistro, se o objeto do seguro constante da apólice não corresponder com precisão à situação fática e concreta, a seguradora poderá se eximir, com propriedade, da responsabilidade pela indenização sob um argumento muito básico: sem previsão pormenorizada não há cobertura.

No que tange ao princípio da função social, a premissa sobre a qual se fundamenta o seguro de responsabilidade civil profissional é a proteção dos interesses do segurado e do terceiro, vítima do dano, a quem a indenização é paga pela seguradora. Nessa conjuntura, destaca-se o Enunciado 544 aprovado na VI Jornada de Direito Civil promovida pelo Centro de Estudos Judiciários do Conselho da Justiça Federal:

---

15. ROSENVALD, Nelson. *Conceitos fundamentais de Direito Civil* – Boa-fé objetiva. [s.l]. [05.08.2020]. 1 vídeo. (48 min.) [Webinar]. Disponível em: https://www.youtube.com/watch?v=4yFBi-c_SCc&list=TLPQMTEwM-jIwMjKgG6v3FCVWvg&index=2. Acesso em: 15 out. 2020.

Enunciado 544 – O seguro de responsabilidade civil facultativo garante dois interesses, o do segurado contra os efeitos patrimoniais da imputação de responsabilidade e o da vítima à indenização, ambos destinatários da garantia, com pretensão própria e independente contra a seguradora.[16]

Neste contexto, aponta a civilista Camila Affonso Prado que:

O crescimento dos seguros de responsabilidade civil também nos mostra que os riscos relacionados à responsabilização civil se intensificaram e que a função deste tipo de seguro continua sendo crucial na atualidade. Afinal, seu escopo é garantir não apenas proteção financeira ao patrimônio dos segurados, mas também ao terceiro, assegurando que o dano será efetivamente reparado e liquidado por meio da indenização securitária.[17]

Neste desenho normativo-conceitual insere-se o seguro de responsabilidade civil que garante dois interesses: do profissional segurado e do terceiro, vítima do dano. Essa é a função social do contrato de seguro de RCP em sua eficácia externa ou transubjetiva, vale dizer, a tutela do terceiro que não faz parte da relação jurídica negocial.

III. ASPECTOS REGULATÓRIOS DO SEGURO (E&O) DE RESPONSABILIDADE CIVIL

No âmbito normativo, verifica-se uma restrita previsão do seguro de responsabilidade civil no caput do art. 787, inserto na seção II que trata do seguro de dano, ora transcrito:

Art. 787. No seguro de responsabilidade civil, o segurador garante o pagamento de perdas e danos devidos pelo segurado a terceiro. Art. 787. No seguro de responsabilidade civil, o segurador garante o pagamento de perdas e danos devidos pelo segurado a terceiro.

§ 1º Tão logo saiba o segurado das consequências de ato seu, suscetível de lhe acarretar a responsabilidade incluída na garantia, comunicará o fato ao segurador.

§ 2º É defeso ao segurado reconhecer sua responsabilidade ou confessar a ação, bem como transigir com o terceiro prejudicado, ou indenizá-lo diretamente, sem anuência expressa do segurador.

§ 3º Intentada a ação contra o segurado, dará este ciência da lide ao segurador.

§ 4º Subsistirá a responsabilidade do segurado perante o terceiro, se o segurador for insolvente.[18]

Ainda na esfera normativa, a Circular 637 da SUSEP (Superintendência de Seguros Privados) - que dispõe sobre o grupo de seguros de responsabilidade – define o seguro de responsabilidade civil profissional da seguinte maneira:

---

16. BRASIL. Conselho de Justiça Federal. *Enunciado 544*. O seguro de responsabilidade civil facultativo garante dois interesses, o do segurado contra os efeitos patrimoniais da imputação de responsabilidade e o da vítima à indenização, ambos destinatários da garantia, com pretensão própria e independente contra a seguradora. Disponível em: https://www.cjf.jus.br/enunciados/enunciado/161. Acesso em: 15 mar. 2020.

17. PRADO, Camila Affonso. *Perspectivas para os seguros de responsabilidade civil*. Disponível em: https://www.migalhas.com.br/coluna/migalhas-de-responsabilidade-civil/354479/perspectivas-para-os-seguros-de-responsabilidade-civil. Acesso em: 23 dez. 2021.

18. BRASIL, 2022, op. cit.

Art. 3º No seguro de responsabilidade civil, a sociedade seguradora garante o interesse do segurado, quando este for responsabilizado por danos causados a terceiros e obrigado a indenizá-los, a título de reparação, por decisão judicial ou decisão em juízo arbitral, ou por acordo com os terceiros prejudicados, mediante a anuência da sociedade seguradora, desde que atendidas as disposições do contrato.[19]

Diante da necessidade provocada pela atual realidade social na qual os danos se multiplicam e se espraiam, foram desenvolvidas novas técnicas de contratação, com possibilidades mais amplas de coberturas securitárias.

Nessa conjuntura, destacam-se os novos comandos normativos que redefinem o marco regulatório do contrato de seguro de responsabilidade civil profissional, em especial, a Circular número 637 da SUSEP, que dispõe especificamente sobre tal modalidade securitária, e que entrou em vigor no dia 01 de setembro de 2021. Nos termos do art. 4º da referida Circular, a cobertura do seguro abrange os riscos decorrentes da responsabilização civil vinculada à prestação de serviços profissionais, objeto da atividade do segurado.

Dentre as mudanças, merecem especial atenção as alterações promovidas às regras de contratação do seguro de RCP, quais sejam:

– contratação do seguro à base de ocorrências (*occurrence basis*), quando fato danoso tenha ocorrido durante o período de vigência e o segurado apresente o pedido de indenização durante tal vigência.

– contratação do seguro à base de reclamações (*claims made basis*), quando fato danoso tenha ocorrido durante o período de vigência e o terceiro apresente a reclamação ao segurado durante a vigência da apólice, ou durante eventual prazo adicional, conforme previsão no contrato.

– contratação do seguro à base de reclamações (*claims made basis*) com notificação, quando fato danoso tenha ocorrido durante o período de vigência ou durante o período de retroatividade ou, como segunda hipótese, quando o segurado tenha notificado fatos ou circunstâncias ocorridas durante a vigência da apólice e o terceiro apresente a reclamação ao segurado durante a vigência da apólice, ou durante eventual prazo adicional, conforme previsão no contrato ou, ainda, durante os prazos prescricionais, conforme previsão no contrato.

– seguro de responsabilidade civil à base de reclamações (*claims made basis*) com primeira manifestação ou descoberta, quando os danos ou o fato gerador tenham ocorrido durante o período de vigência da apólice, ou durante o período de retroatividade; e o terceiro apresente a reclamação ao segurado durante a vigência da apólice, ou durante o prazo adicional, conforme estabelecido na apólice; ou o segurado apresente o aviso à sociedade seguradora do sinistro por ele descoberto ou manifestado pela primeira vez durante a vigência da apólice, ou durante o prazo adicional, conforme estabelecido na apólice.

Portanto, a garantia da indenização condiciona-se à observância das disposições contratuais, sobretudo, das datas de ocorrência dos fatos danosos, da apresentação das reclamações pelos terceiros e de apresentação das notificações pelo segurado, a depender da modalidade de contratação.

---

19. SUPERINTENDÊNCIA DE SEGUROS PRIVADOS. *Circular 237*. Dispõe sobre os parâmetros mínimos necessários à elaboração da avaliação atuarial. Disponível em: https://www.normasbrasil.com.br/norma/circular-237-2003_9520.html. Acesso em: 14 dez. 2021.

No que tange às datas de ocorrência dos eventos danosos como uma nova forma de contratação, mister se faz a transcrição de trecho da obra do professor Ilan Goldberg:

> A esta nova forma de contratação seria relevante examinar a reclamação apresentada pelos terceiros, o que se fez com o propósito de circunscrever temporalmente a obrigação de garantia contraída pela seguradora. Em outras palavras, na contratação à base de ocorrência o que importa é, exclusivamente, o fato danoso. [...] Se o fato danoso ocorrer durante o período de vigência da apólice, haverá cobertura.[20]

Uma outra novidade regulatória diz respeito à amplitude de possibilidades de sinistro pois, além da obrigação de indenizar imposta por decisão judicial ou proveniente de acordos celebrados entre o segurado e o terceiro lesado, há previsão de que tal obrigação decorra de decisões emanadas de juízo arbitral, consoante previsão constante no art. 3º da supracitada Circular 637 da SUSEP.

IV. AS INTERVENÇÕES DE TERCEIRO NAS AÇÕES DE RESPONSABILIDADE CIVIL CONTRA O PROFISSIONAL SEGURADO

O processo é um conjunto de procedimentos formado pelas múltiplas situações jurídicas que surgem em decorrência dos fatos jurídicos que o compõem. Tais situações jurídicas podem ser direitos, deveres, capacidades, ônus, competências, capacidades, dentre outros. Fatos que vão acarretando essas situações ao longo da marcha processual.

Dessa forma, múltiplas são as relações jurídicas processuais que se compõem formando feixes de vínculos entre vários sujeitos processuais dos quais emanam direitos e deveres recíprocos.

A relação jurídica processual não se limita, pois, à concepção simplista de outrora segundo a qual era considerada uma relação triangular formada pelo Estado-juiz, autor e réu, ou seja, uma concepção há muito superada sobretudo após a entrada em vigor do CPC/2015.

Diante da complexidade e da variedade das situações jurídicas, inserem-se as intervenções de terceiros durante o trâmite processual.

Segundo o professor e processualista Daniel Amorim Assumpção Neves:

> Por intervenção de terceiros entende-se a permissão legal para que um sujeito alheio à relação jurídica processual originária ingresse em processo já em andamento. [...] É natural que, uma vez admitido no processo, o sujeito deixa de ser terceiro e passa a ser considerado parte; em alguns casos 'parte na demanda' e noutros 'parte no processo'.[21]

Merecem destaque também as precisas palavras do processualista Fredie Didier Júnior, segundo o qual:

---

20. GOLDBERG, ILAN. *O contrato de seguro D&O*. São Paulo: Thomson Reuters Brasil, 2019, p. 112.
21. NEVES, Daniel Amorim Assumpção. *Manual de Direito Processual civil* – volume único. 12 ed. Salvador: JusPodivm, 2019, p. 337.

A intervenção de terceiro é fato jurídico processual que implica modificação do processo já existente. Trata-se de ato jurídico processual pelo qual um terceiro, autorizado por lei, ingressa em processo pendente, transformando-se em parte.[22]

Dentre as modalidades de intervenções de terceiros típicas previstas no Título III do Livro III do CPC/2015, destacam-se três delas sobre as quais se debruça a análise do presente estudo, quais sejam: a denunciação da lide, o chamamento ao processo e a assistência. Longe de se pretender esgotar o estudo acerca de cada uma, o propósito é apresentar qual delas seria mais adequada e eficaz nas ações de reparação civil propostas contra o profissional segurado relativamente à seguradora na qualidade de terceira.

O motivo pelo qual se faz necessária a discussão acerca do tema é uma possível atecnia legislativa prevista no art. 101, II do Código de Defesa do Consumidor em contraponto com os dispositivos processuais relativos ao regramento das três espécies de intervenções supracitadas.

Com efeito, o mencionado art. 101 CDC, ao prever a integração processual da seguradora à demanda originária, o faz em forma de chamamento ao processo.

> Art. 101. Na ação de responsabilidade civil do fornecedor de produtos e serviços, sem prejuízo do disposto nos Capítulos I e II deste título, serão observadas as seguintes normas:
>
> I – a ação pode ser proposta no domicílio do autor;
>
> II – o réu que houver contratado seguro de responsabilidade poderá chamar ao processo o segurador, vedada a integração do contraditório pelo Instituto de Resseguros do Brasil. Nesta hipótese, a sentença que julgar procedente o pedido condenará o réu nos termos do art. 80 do Código de Processo Civil. Se o réu houver sido declarado falido, o síndico será intimado a informar a existência de seguro de responsabilidade, facultando-se, em caso afirmativo, o ajuizamento de ação de indenização diretamente contra o segurador, vedada a denunciação da lide ao Instituto de Resseguros do Brasil e dispensado o litisconsórcio obrigatório com este.

O art. 80 a que se refere o dispositivo em questão é do CPC/1973 cujo correspondente no CPC/2015 é o art. 132, abaixo transcrito:

> Art. 132. A sentença de procedência valerá como título executivo em favor do réu que satisfizer a dívida, a fim de que possa exigi-la, por inteiro, do devedor principal, ou, de cada um dos codevedores, a sua quota, na proporção que lhes tocar.[23]

Percebe-se, pois, pela literalidade do art. 101, II do CDC, que o profissional que tenha contratado seguro de responsabilidade civil, ao ser demandado, tem a faculdade legal de chamar ao processo a seguradora. E mais! Em caso de procedência do pedido, a seguradora poderá ser condenada solidariamente ao pagamento da indenização.

A essência do instituto do chamamento ao processo é o vínculo de solidariedade entre o réu, a quem é dado o nome de chamante, e o chamado, terceiro, com ele responsável solidário pelo pagamento do valor objeto da demanda.

---

22. DIDIER JR, op. cit., p. 476.
23. BRASIL. *Lei 5.869, de 11 de janeiro de 1973*, Brasília, DF, Código de Processo Civil. Disponível em: http://www.planalto.gov.br/ccivil_03/LEIS/L5869impressao.htm. Acesso em: 20 jan. 2022.

De fato, todas as hipóteses de cabimento do chamamento ao processo previstas no art. 130 CPC/2015 revelam o benefício do réu, na contestação, em trazer ao processo seus codevedores solidários: o afiançado na ação em que o fiador for réu; dos demais fiadores na ação proposta contra um ou alguns deles e dos demais fiadores solidários quando o autor/credor exigir de um ou alguns a dívida por inteiro.

Pois bem! A solidariedade não se presume, resulta da lei ou da vontade das partes nos termos do art. 265 CC/02. E, conforme art. 264 do mesmo diploma civil, a solidariedade ocorre quando, na mesma obrigação concorre mais de um credor, ou mais de um devedor, cada um com direito, ou obrigado à dívida toda.

Percebe-se, pois, que o legislador consumerista criou uma forma atípica de chamamento ao processo e, assim, uma responsabilidade solidária entre segurado e seguradora, porém, em desconformidade com as regras processuais e civis no que tange à solidariedade passiva.

Ora, no caso do seguro de responsabilidade civil, a seguradora não é devedora solidária do segurado, muito pelo contrário. Ela assume integralmente (nos limites do capital segurado) o pagamento da indenização a qual o segurado eventualmente for condenado. Dessa forma, como não há ajuste contratual, a regra do art. 101, II do CDC em comento não pode ser considerada uma previsão legal de responsabilidade solidária passiva, eis que em descompasso com o regramento processual civil.

E o chamamento ao processo tem a finalidade de inserção no processo de todos os devedores solidários para que sejam incluídos na mesma condenação, formando-se um título executivo judicial passível de execução pelo autor da demanda contra quaisquer deles, o que nos permite concluir que a seguradora deveria estar totalmente alijada dessa responsabilidade solidária.

Como pode ser a seguradora condenada ao pagamento de uma indenização que, em tese, é devida pelo profissional segurado, agente causador do dano a quem é imputada uma responsabilidade subjetiva?

Conforme já exposto, o profissional segurado responde subjetivamente conforme art. 14§ 4º CDC. Não há razão jurídico-normativa apta a respaldar o chamamento da seguradora ao processo como terceira e, assim, sofrer uma condenação por um dano cuja reparação a ela não incumbe.

Preleciona Didier Júnior, neste contexto:

> O chamamento ao processo é uma modalidade interventiva que beneficia, unicamente, o devedor solidário demandado, em detrimento do credor-autor, que terá de demandar contra quem, a princípio, embora pudesse fazê-lo, não quis promover a demanda.[24]

E continua:

---

24. DIDIER JR., op. cit., p. 512.

A intervenção com base em contrato de seguro será, no mais das vezes, a denunciação da lide, porquanto não possua a empresa seguradora vínculo de direito material com o adversário do denunciante segurado. Sucede que o Código de Defesa do Consumidor, como forma de ainda mais bem tutelar os direitos do consumidor, criou uma figura nova do chamamento ao processo em casos de seguro (art. 101, II do CDC).[25]

Os doutrinadores Flávio Tartuce e Daniel Assumpção Amorim Neves, em obra dedicada ao Direito do Consumidor em relação aos aspectos materiais e processuais, também apontam a possível atecnia do art. 101, II do CDC:

> O tipo de responsabilidade tratado pelo dispositivo legal "seria típico de denunciação da lide e não de chamamento ao processo, já que esta última modalidade de intervenção de terceiro pressupõe solidariedade passiva entre os responsáveis pela reparação, o que, evidentemente, não há entre segurador e segurado, em face do autor da ação de indenização.
>
> [...]
>
> O dispositivo legal demonstra de maneira definitiva que a Lei 8.078/1990 não respeitou o conceito das intervenções de terceiro típicas previstas pelo Código de Processo Civil. (original não grifado).[26]

Da leitura das três hipóteses de cabimento do chamamento ao processo previstas pelo art. 130 do CPC/2015, conclui-se que essa espécie de intervenção de terceiro está relacionada às situações que geram uma coobrigação a mais de um responsável pelo cumprimento da prestação devida ao credor.

Não se pode descurar do propósito do legislador consumerista de beneficiar o consumidor segurado, qual seja, facultar-lhe o ajuizamento direto contra a seguradora que, teoricamente, tem condições patrimoniais para satisfação da eventual condenação.

Contudo, a regra insculpida no questionado art. 101, II do CDC, além de ir de encontro com o enunciado 529 da Súmula do STJ, o que acabaria por culminar, inclusive, em uma improcedência liminar do pedido nos termos do art. 332, I do CPC, não tem respaldo processual.

De fato, como os profissionais liberais respondem subjetivamente a teor do art. 14 § 4º do CDC, devem sim participar do polo passivo da ação reparatória na qual poderá, pelo princípio do contraditório e ampla defesa, impugnar os fatos constitutivos do direito do autor apresentados na inicial.

Seria, então, a denunciação da lide a modalidade de intervenção de terceiro mais adequada para a ação de reparação civil proposta pela vítima contra o profissional segurado? Em outras palavras, o segurado, ao ser acionado, poderia denunciar a seguradora à lide para integrar o polo passivo da referida demanda?

A resposta é: depende! E aqui reside o ponto fulcral dessa problemática que ora se apresenta. Depende da postura da seguradora ao tomar ciência da ocorrência do sinistro. Se ela se recusar ao pagamento da indenização por algum motivo que entender

---

25. Ibidem, p. 513.
26. TARTUCE, Flávio; NEVES, Daniel Amorim Assumpção. *Manual de direito do consumidor*: direito material e processual. 6. ed. rev., atual. e ampl. Rio de Janeiro: Forense; São Paulo: Método, 2017. p. 321.

cabível, como, por exemplo, que a situação fática não fora previamente consignada na apólice, que o risco não fora acobertado, que o ato do segurado fora doloso ou praticado mediante culpa grave, enfim, algum motivo que se valha para se eximir da obrigação, surgirá inevitavelmente um conflito.

O conflito de interesses dá ensejo a uma demanda, por óbvio não solucionado extrajudicialmente. Nessa hipótese, a denunciação da lide será sim uma modalidade de terceiro adequada a fim de que o profissional segurado, uma vez condenado, possa exercer o direito de regresso contra a seguradora, a teor do que dispõe o art. 125, II do CPC, ora transcrito:

> É admissível a denunciação da lide, promovida por qualquer das partes:
>
> I – ao alienante imediato, no processo relativo à coisa cujo domínio foi transferido ao denunciante, a fim de que possa exercer os direitos que da evicção lhe resultam;
>
> II – àquele que estiver obrigado, por lei ou pelo contrato, a indenizar, em ação regressiva, o prejuízo de quem for vencido no processo.[27]

Como dito, a denunciação da lide tem natureza de demanda! Conforme as lições de Fredie Didier Jr., "a denunciação da lide é uma intervenção de terceiro provocada: o terceiro é chamado a integrar o processo, porque uma demanda lhe é dirigida".[28]

De acordo com o portal do CNMP, "a ação regressiva é fundada no direito de uma pessoa (direito de regresso) de haver de outrem importância por si despendida ou paga no cumprimento de obrigação, cuja responsabilidade direta e principal a ele pertence".[29]

A denunciação da lide é uma modalidade de intervenção de terceiro provocada por meio da qual o denunciante visa a incluir no processo uma nova ação, ou seja, uma nova demanda caso venha a sucumbir na ação principal. Seu fundamento, portanto, é o direito de regresso que pretende exercer contra o denunciado nos mesmos autos.

Trata-se de uma modalidade de intervenção que amplia subjetiva e objetivamente o processo dando origem a uma lide secundária, pois o terceiro, no caso a seguradora, assume a condição de parte e, portanto, um novo sujeito processual e, além disso, faz pedido novo.

Lado outro, se a seguradora, uma vez ciente da ocorrência do evento danoso que possa ensejar a indenização, não se recusar ao pagamento da indenização, posto que previamente previsto como objeto da apólice, ela pode integrar o processo como terceira, mas não pela denunciação da lide. Por qual razão? Pela ausência de litígio e de conflito de interesse com o profissional segurado.

E qual seria então a modalidade de intervenção de terceiro cabível nessa situação? Possivelmente a assistência.

---

27. BRASIL, 2015, op. cit.
28. DIDIER JR., op. cit., p. 380.
29. CONSELHO NACIONAL DO MINISTÉRIO PÚBLICO. *Ação Regressiva.* Disponível em: https://www.cnmp. mp.br/portal/institucional/476-glossario/8254-acao-regressiva. Acesso em: 19 jan. 2022.

A assistência é uma modalidade de intervenção que possibilita ao terceiro ingressar em uma demanda por ter um interesse jurídico em que uma das partes seja vencedora. E neste contexto se amolda o papel da seguradora. É evidente que tenha um interesse em que o réu segurado não seja vencido.

Resta saber se seria o caso de uma assistência simples ou litisconsorcial previstas, respectivamente, nos arts. 121 e 125 do CPC/2015.

Na assistência simples, o interesse jurídico é mais fraco já que o terceiro não tem uma relação jurídica com o adversário do assistido. E na assistência litisconsorcial, por sua vez, o interesse jurídico é forte, pois o terceiro poderia inclusive ter sido litisconsorte mas não foi.

Com efeito, o assistente litisconsorcial é um terceiro que se apresenta como colegitimado ou cotitular do direito invocado em juízo.

Cumpre mencionar que, nos termos do enunciado 529 da Súmula do STJ, abaixo transcrito, e decidido em sede de recurso repetitivo, não cabe o ajuizamento de ação pelo terceiro prejudicado direta e exclusivamente em face da seguradora.

No seguro de responsabilidade civil facultativo, não cabe o ajuizamento de ação pelo terceiro prejudicado direta e exclusivamente em face da seguradora do apontado causador do dano.

Assim, destaca-se o seguinte entendimento da decisão abaixo (Informativo 490 STJ):

Recurso repetitivo. Seguro de responsabilidade civil. Ajuizamento direto exclusivamente contra a seguradora. A Seção firmou o entendimento de que descabe ação do terceiro prejudicado ajuizada, direta e exclusivamente, em face da seguradora do apontado causador do dano, porque, no seguro de responsabilidade civil facultativo, a obrigação da seguradora de ressarcir os danos sofridos por terceiros pressupõe a responsabilidade civil do segurado, a qual, de regra, não poderá ser reconhecida em demanda na qual este não interveio, sob pena de vulneração do devido processo legal e da ampla defesa. Esse posicionamento fundamenta-se no fato de o seguro de responsabilidade civil facultativa ter por finalidade neutralizar a obrigação do segurado em indenizar danos causados a terceiros nos limites dos valores contratados, após a obrigatória verificação da responsabilidade civil do segurado no sinistro.[30]

Partindo-se de uma exegese legislativa e jurisprudencial e de um raciocínio coerente com o conjunto normativo que regulamenta a situação fático-jurídica em análise, como a seguradora não pode ser demandada diretamente há duas possíveis conclusões: i) ausência de responsabilidade solidária da seguradora; ii) a seguradora não pode ser parte, logo, não pode ser assistente litisconsorcial.

---

30. BRASIL. Superior Tribunal de Justiça. *Apelação cível. Recurso Especial 962.230 – RS (2007/0140983-5.* Responsabilidade cível em Acidente de trânsito. Ação de indenização. Ação direta contra a seguradora. Carência de ação reconhecida em primeiro grau. Não havendo relação de direito material entre a demandante e a seguradora ré, mantém-se a sentença de carência de ação por ilegitimidade passiva. Apelo não provido. (fl. 132, e-STJ). Ministro Luis Felipe Salomão, 8 de fevereiro de 2012. Disponível em: https://stj.jusbrasil.com.br/jurisprudencia/21599773/recurso-especial-resp-962230-rs-2007-0140983-5-stj/inteiro-teor-21599774. Acesso em 15 set. 2020.

A *contrario sensu*, se a seguradora pudesse ser demandada diretamente, não restam dúvidas de que, ao ingressar no feito por denunciação, assumiria a condição de litisconsorte.

Assim, a seguradora, uma vez ciente do ajuizamento da ação contra o segurado, caso não se furte da obrigação do pagamento da possível indenização a que o segurado possa vir a ser condenado, tem a faculdade de ingressar em juízo na qualidade de assistente simples e, desse modo, praticar todos os atos necessários e legalmente cabíveis para que ele se sagre vitorioso na demanda.

De fato, os efeitos de uma eventual sentença condenatória poderiam lhe atingir, eis que considerada uma das hipóteses de sinistro, a depender da modalidade de contratação.

Seguindo essa linha argumentativa aliada à regra do § 3º do art. 787 do CC/02 supratranscrito, segundo o qual "intentada a ação contra o segurado, dará este ciência da lide ao segurador", em cumprimento ao princípio da boa-fé objetiva; surge então uma situação fático-normativa que dará ensejo a duas posturas da seguradora: eximir-se do pagamento da possível indenização e, assim, ingressar na demanda como denunciada; ou assumir sua obrigação de indenizar o terceiro, autor da ação, caso vencedor na demanda. Nesta hipótese, terá a faculdade de intervir nessa relação jurídica processual na qualidade de assistente do profissional segurado.

V. CONCLUSÕES

Conforme exposto, destacaram-se os principais aspectos do seguro (E&O) de responsabilidade civil profissional, dentre eles: conceituação, preceitos normativos e regulatórios, a principiologia contratual lastreada nos pilares constitucionais da eticidade e socialidade, bem como as hipóteses de intervenção de terceiros legalmente previstas nas demandas ajuizadas contra o profissional que tenha sua responsabilidade civil segurada.

Demonstrou-se que o contrato de seguro de responsabilidade civil facultativo fundamenta-se na transferência à seguradora da obrigação do profissional segurado em indenizar os danos causados a terceiros no exercício profissional, no limite dos valores contratados, em caso de sinistro.

Apresentaram-se as novas formas regulatórias que alargaram as hipóteses de sinistro, quais sejam: as datas de ocorrência dos fatos danosos, a apresentação das reclamações pelos terceiros e a apresentação das notificações pelo segurado, a depender da modalidade de contratação.

Ademais, destacaram-se os princípios contratuais basilares, quais sejam, o princípio da boa-fé objetiva em virtude da mutualidade ínsita a tal modalidade securitária contextualizada pela função socioeconômica em sua eficácia externa. De fato, além de visar à proteção patrimonial do profissional segurado, garante a efetiva indenização ao terceiro, vítima do dano.

Por fim, procurou-se demonstrar uma possível antinomia legislativa relativamente ao regramento das hipóteses de intervenções de terceiros cabíveis nas demandas propostas pelo terceiro lesado contra o profissional segurado.

De fato, o art. 101, II do CDC regulamenta o chamamento ao processo da seguradora na qualidade de terceira, o que, em tese, acarretaria sua responsabilidade solidária. O CPC, por sua vez, prevê a denunciação da lide no art. 125, II como direito de regresso do segurado réu contra a seguradora.

Contudo, diante desse contexto fático-normativo, se for considerada a responsabilidade solidária da seguradora isso possibilitaria ao terceiro, de fato, ajuizar ação diretamente contra ela (essência da solidariedade), o que é vedado pelo enunciado 529 da Súmula do STJ e vai de encontro com a responsabilidade subjetiva do profissional segurado.

Por conseguinte, defende-se que, em caso de recusa da seguradora quando ciente do ajuizamento da demanda contra o segurado, conforme dispõe o § 3º do art. 787 do CC, surge um conflito de interesses e, consequentemente, uma demanda, fazendo-se adequada a denunciação da lide.

Contudo, se a seguradora não se recusar ao pagamento da indenização tendo em vista que a situação fática se enquadra nas hipóteses de cobertura previamente contratadas, defende-se a assistência simples como modalidade de intervenção de terceiros mais consentânea, na medida em que a seguradora poderá ingressar nessa demanda devido ao seu interesse jurídico em que o segurado seja vencedor, podendo, para tanto, praticar os atos processuais a fim que tal desiderato seja realmente alcançado.

Esses são os pressupostos pelos quais se propõe a releitura do art. 101, II do CDC, eis que, a prevalecer a literalidade de seu regramento, seria irrazoável e paradoxal às regras civis e processuais civis.

Propõe-se, assim, um método hipotético-dedutivo de abdicação da aplicação literal do referido dispositivo legal para que seja interpretado à luz da normatividade processual, pois as regras e princípios não são vazios e aplicados de forma isolada, mas sim, dentro de todo o contexto normativo do ordenamento jurídico.

Por fim, diante do atual cenário de socialização dos riscos, cumpre destacar o importante papel do seguro de responsabilidade civil profissional (*E&O*) como um importante e eficaz instrumento de proteção patrimonial do profissional e uma garantia de reparação às vítimas de danos como forma de realização da função compensatória da responsabilidade civil.

REFERÊNCIAS

BRAGA NETTO, Felipe; FARIAS, Cristiano Chaves de; ROSENVALD, Nelson. *Novo Tratado de Responsabilidade Civil*. 2 ed. São Paulo: Editora Saraiva, 2017.

BRAGA NETTO, Felipe. *Novo Manual de Responsabilidade Civil*. Salvador: JusPodivm, 2019.

BRAGA NETTO, Felipe; ROSENVALD, Nelson. *Código Civil Comentado*. Salvador: JusPodivm, 2020.

CASTRO, Karina Pinheiro de. *Seguro (E&O) de reponsabilidade civil profissional*: preceitos conceituais e normativos. Disponível em: https://www.migalhas.com.br/coluna/migalhas-de-responsabilidade-civil/356079/e-o-de-reponsabilidade-civil-preceitos-conceituais-e-normativos. Acesso em: 14 fev. 2022.

CASTRO, Karina Pinheiro de. *Seguro de Responsabilidade Civil Médica e a relação médico-paciente*. 2 ed. Rio de Janeiro: Lumen Juris, 2021.

CAVALIERI FILHO. Sérgio. *Programa de Responsabilidade Civil*. 8 ed. São Paulo: Atlas, 2008.

CONFEDERAÇÃO NACIONAL DE SEGUROS. *Justiça em números*. 2016. Disponível em: https://cnseg.org.br/mais-conteudos/analises-e-estatisticas. Acesso em: 30 ago. 2023.

CONSELHO NACIONAL DE JUSTIÇA. *Justiça em números*. 2016. Disponível em: https://www.cnj.jus.br/pesquisas-judiciarias/justicaemnumeros/2016-10-21-13-13-04/pj-justica-em-numeros. Acesso em: 06 abr. 2021.

CONSELHO NACIONAL DO MINISTÉRIO PÚBLICO. *Ação Regressiva*. Disponível em: https://www.cnmp.mp.br/portal/institucional/476-glossario/8254-acao-regressiva. Acesso em: 19 jan. 2022.

DIDIER JR., Fredie. *Curso de Direito Processual Civil*: introdução ao direito processual civil, parte geral e processo de conhecimento. 17 ed. Salvador: JusPodivm, 2015.

FARIAS, Cristiano Chaves de; NETTO, Felipe Braga; ROSENVALD, Nelson. *Manual de Direito Civil*: volume único. 2 ed. Salvador: JusPodivm, 2018.

GOLDBERG, ILAN. *O contrato de seguro D&O*. São Paulo: Thomson Reuters Brasil, 2019.

GOMES, Orlando. Contratos. Rio de Janeiro: Forense, 1997.

JUNQUEIRA, Thiago. Aplicação da teoria da perda de uma chance no âmbito do seguro E&O de advogados. *Revista IBERC*, Belo Horizonte, v. 5, n. 1, p. 13-28, jan./abr. 2022.

MASSON, Nathalia. *Manual de Direito Constitucional*. 8 ed. rev. ampl. e atual. Salvador: JusPodivm, 2020.

MINAS GERAIS. *Lei 23175/2018, de 21 de dezembro de 2018*. Dispõe sobre a garantia de atendimento humanizado à gestante, à parturiente e à mulher em situação de abortamento, para prevenção da violência na assistência obstétrica no Estado. 21 dez. 2018. Disponível em: https://www.legisweb.com.br/legislacao/?id=372848. Acesso em: 20 fev. 2020.

MIRANDA, Pontes de. *Tratado de Direito Privado*. Rio de Janeiro: Borsoi, 1954. t. II.

NEVES, Daniel Amorim Assumpção. *Manual de Direito Processual civil*, volume único. 12 ed. Salvador: JusPodivm, 2019

PEREIRA, Caio Mário da Silva. *Responsabilidade civil*. 9 ed. Rio de Janeiro: Forense, 1999.

PRADO, Camila Affonso. *Perspectivas para os seguros de responsabilidade civil*. Disponível em: https://www.migalhas.com.br/coluna/migalhas-de-responsabilidade-civil/354479/perspectivas-para-os-seguros--de-responsabilidade-civil. Acesso em: 23 dez. 2021.

RODRIGUES, Sílvio. *Direito civil*: dos contratos e das declarações unilaterais da vontade. São Paulo: Saraiva, 2002.

ROSENVALD, Nelson. *Conceitos fundamentais de Direito Civil – Boa-fé objetiva*. [s.l]. Nelson Rosenvald. [05/08/2020]. 1 vídeo. (48 min.) [Webinar]. Disponível em: https://www.youtube.com/watch?v=4yF-Bi-c_SCc&list=TLPQMTEwMjIwMjKgG6v3FCVVWvg&index=2. Acesso em: 15 out. 2020.

ROSENVALD, Nelson. *Curso de Direito Civil*: Responsabilidade Civil. 8 ed. Salvador: JusPodivm, 2021.

SCHULZE, Jair Clenio. *Números de 2019 da judicialização da saúde no Brasil*. 2019. Disponível em: https://emporiododireito.com.br/leitura/numeros-de-2019-da-judicializacao-da-saude-no-brasil. Acesso em: 06 abr. 2021.

STOLZE, Pablo; PAMPLONA FILHO. *Novo Curso de Direito Civil – Contratos*. Volume l. 5, 8 ed. São Paulo: Saraiva, 2018.

SUPERINTENDÊNCIA DE SEGUROS PRIVADOS. *Síntese Mensal. Agosto de 2021*. Disponível em: http://novosite.susep.gov.br/wp-content/uploads/2021/10/Sintese-Mensal-Agosto-2021.pdf. Acesso em: 02 dez. 2021.

SUPERINTENDÊNCIA DE SEGUROS PRIVADOS. *Circular 237*. Dispõe sobre os parâmetros mínimos necessários à elaboração da avaliação atuarial. Disponível em: https://www.normasbrasil.com.br/norma/circular-237-2003_9520.html. Acesso em: 14 dez. 2021.

TARTUCE, Flávio; NEVES, Daniel Amorim Assumpção. *Manual de direito do consumidor*: direito material e processual. 6. ed. rev., atual. e ampl. Rio de Janeiro: Forense; São Paulo: Método, 2017.

ADVOCACIA E SEGURO DE RESPONSABILIDADE CIVIL PROFISSIONAL

Carlos Eduardo Pianovski Ruzyk

Doutor e Mestre em Direito pela UFPR, com estágio de pesquisa na Universidade de Coimbra. Professor de Direito Civil da UFPR. Árbitro. Membro do IBERC. Presidente do IBDFAM/PR. Advogado e parecerista em temas de Direito Privado.

Lídia Suellen Noronha Lima

Mestranda em Direito Empresarial e Cidadania na UNICURITIBA. Especialista em Direito Empresarial e em Direito das Famílias e Sucessões. Bacharela em Direito pela Universidade Federal do Paraná (UFPR). Advogada.

Resumo: No exercício da profissão, o advogado é responsável pelos atos que praticar com dolo ou culpa. O suporte fático e jurídico da responsabilidade civil dos advogados está contido no artigo 32, da Lei 8.906/94, que dispõe sobre o Estatuto da Advocacia. Para a compreensão do tema da responsabilidade civil, se faz necessário revisitar as atividades desenvolvidas pelos advogados, notadamente diante das últimas alterações realizadas no Estatuto da advocacia, em especial pelas Leis 14.365/22[1] e 14.612/23. O caminho percorrido pretende conduzir a uma compreensão do estado atual da arte sobre aspectos relativos aos seguros de responsabilidade civil no contexto da atuação profissional advocatícia, sobretudo em face recente Circular 637, da Superintendência de Seguros Privados (SUSEP), publicada em 27 de julho de 2021.

Sumário: I. Introdução – II. Dos atos e das atividades profissionais exercidas pelo advogado: antessala necessária – III. Da delimitação da responsabilidade civil dos advogados – IV. Apontamentos sobre o seguro de responsabilidade civil na advocacia à luz da Circular de 637, da Superintendência de Seguros Privados (SUSEP), de 27 de julho de 2021 – V. Conclusão – Referências.

I. INTRODUÇÃO

No exercício da profissão, o advogado é responsável pelos atos que praticar com dolo ou culpa.[2] O suporte fático e jurídico da responsabilidade civil dos advogados está, ao primeiro olhar, delimitado por este enunciado contido no artigo 32, da Lei 8.906/94, que dispõe sobre o Estatuto da Advocacia.

---

1. Lei 14.365, de 2 de junho de 2022. Altera as Leis 8.906, de 4 de julho de 1994 (Estatuto da Advocacia), e 13.105, de 16 de março de 2015 (Código de Processo Civil), e o Decreto-Lei 3.689, de 3 de outubro de 1941 (Código de Processo Penal), para incluir disposições sobre a atividade privativa de advogado, a fiscalização, a competência, as prerrogativas, as sociedades de advogados, o advogado associado, os honorários advocatícios, os limites de impedimentos ao exercício da advocacia e a suspensão de prazo no processo penal.
2. Art. 32. O advogado é responsável pelos atos que, no exercício profissional, praticar com dolo ou culpa.

Nada obstante, diversos questionamentos exsurgem dessa proposição geral, ainda que constante de legislação específica. Em que consistem os atos e a atividade profissional de advocacia, tais como quais a sua natureza jurídica os seus riscos e seus limites, bem assim como situar a responsabilidade do advogado pela prática de atos que ocasionarem danos no contexto atual da responsabilidade civil brasileira.

Diante desse contexto, apresenta-se como de especial relevância o tema do seguro de responsabilidade civil derivado da atividade do advogado. Com efeito, embora, a contratação de seguro de responsabilidade civil seja, em nosso ordenamento, facultativa, as necessidades derivadas da atividade do advogado têm sido cada vez mais observadas pelo mercado segurador, em especial, na perspectiva dos seguros de responsabilidade profissional, também chamados de seguro E&O (*Erros and Omissions*).

Assim, pretende o presente ensaio, preliminarmente, apresentar um panorama geral das atividades desenvolvidas pelos advogados, para, então, revisitar a responsabilidade do advogado à luz de alguns dos principais debates a respeito da responsabilidade civil – notadamente diante das últimas alterações realizadas no Estatuto da advocacia, em especial pelas Leis 14.365/22[3] e 14.612/23.[4]

O caminho percorrido pretende conduzir a uma compreensão do estado atual da arte sobre aspectos relativos aos seguros de responsabilidade civil no contexto da atuação profissional advocatícia, sobretudo em face recente Circular 637, da Superintendência de Seguros Privados (SUSEP), publicada em 27 de julho de 2021.

II. DOS ATOS E DAS ATIVIDADES PROFISSIONAIS EXERCIDAS PELO ADVOGADO: ANTESSALA NECESSÁRIA

A Constituição da República Federativa do Brasil reconhece o exercício da advocacia como função essencial à administração da justiça, ressaltando a indispensabilidade do advogado e inviolabilidade de seus atos e manifestações no exercício da profissão e nos limites da lei.[5]

Precipuamente, é necessário assentar premissa aparentemente óbvia, mas constantemente relegada, de que a atuação do advogado é, não só indispensável, como inviolável, independente e livre, dentro dos baldrames jurídicos. A liberdade, portanto, assume posição de prevalência e destaque, também, no exercício da atividade advocatícia.

---

3. Lei 14.365, de 2 de junho de 2022. Altera as Leis 8.906, de 4 de julho de 1994 (Estatuto da Advocacia), e 13.105, de 16 de março de 2015 (Código de Processo Civil), e o Decreto-Lei 3.689, de 3 de outubro de 1941 (Código de Processo Penal), para incluir disposições sobre a atividade privativa de advogado, a fiscalização, a competência, as prerrogativas, as sociedades de advogados, o advogado associado, os honorários advocatícios, os limites de impedimentos ao exercício da advocacia e a suspensão de prazo no processo penal.
4. Lei 14.612 de 3 de julho de 2023. Altera a Lei 8.906, de 4 de julho de 1994 (Estatuto da Advocacia), para incluir o assédio moral, o assédio sexual e a discriminação entre as infrações ético-disciplinares no âmbito da Ordem dos Advogados do Brasil.
5. Art. 133. O advogado é indispensável à administração da justiça, sendo inviolável por seus atos e manifestações no exercício da profissão, nos limites da lei.

Mas a previsão legislativa não foi suficiente para o resguardo das prerrogativas inerentes à profissão, sendo necessária a manifestação da Suprema Corte brasileira de que *"o advogado – ao cumprir o dever de prestar assistência àquele que o constituiu, dispensando-lhe orientação jurídica perante qualquer órgão do Estado – converte, a sua atividade profissional, quando exercida com independência e sem indevidas restrições, em prática inestimável de liberdade".*[6]

Quer dizer que, também neste recorte, é possível identificar a liberdade em seus diferentes perfis, todas igualmente merecedoras de proteção jurídica.[7] Na referida decisão, é possível destacar ao menos duas acepções de liberdade(s) conferida à classe profissional:

> O STF tem proclamado, em reiteradas decisões, que o advogado – ao cumprir o dever de prestar assistência àquele que o constituiu, dispensando-lhe orientação jurídica perante qualquer órgão do Estado – converte, a sua atividade profissional, quando exercida com independência e sem indevidas restrições, *em prática inestimável de liberdade*. Qualquer que seja a instância de poder perante a qual atue, incumbe, ao advogado, neutralizar os abusos, fazer cessar o arbítrio, exigir respeito ao ordenamento jurídico e velar pela integridade das garantias – legais e constitucionais – outorgadas àquele que lhe confiou *a proteção de sua liberdade e de seus direitos*. O exercício do *poder-dever* de questionar, de fiscalizar, de criticar e de buscar a correção de abusos cometidos por órgãos públicos e por agentes e autoridades do Estado, inclusive magistrados, reflete *prerrogativa indisponível do advogado, que não pode, por isso mesmo, ser injustamente cerceado na prática legítima de atos que visem a neutralizar situações configuradoras de arbítrio estatal ou de desrespeito aos direitos daquele em cujo favor atua. O respeito às prerrogativas profissionais do Advogado constitui garantia da própria sociedade e das pessoas em geral, porque o advogado, nesse contexto, desempenha papel essencial na proteção e defesa dos direitos e liberdades fundamentais.*[8] Grifamos.

---

6. O Supremo Tribunal Federal já assentou que "Os atos praticados pelo advogado no patrocínio técnico da causa, respeitados os limites deontológicos que regem a sua atuação como profissional do Direito e que guardem relação de estrita pertinência com o objeto do litígio, ainda que expressem críticas duras, veementes e severas, mesmo se dirigidas ao magistrado, não podem ser qualificados como transgressões ao patrimônio moral de qualquer dos sujeitos processuais, eis que o "animus defendendi" importa em descaracterização do elemento subjetivo inerente aos crimes contra a honra. (...) O STF tem proclamado, em reiteradas decisões, que o advogado – ao cumprir o dever de prestar assistência àquele que o constituiu, dispensando-lhe orientação jurídica perante qualquer órgão do Estado – converte, a sua atividade profissional, quando exercida com independência e sem indevidas restrições, em prática inestimável de liberdade. Qualquer que seja a instância de poder perante a qual atue, incumbe, ao advogado, neutralizar os abusos, fazer cessar o arbítrio, exigir respeito ao ordenamento jurídico e velar pela integridade das garantias – legais e constitucionais – outorgadas àquele que lhe confiou a proteção de sua liberdade e de seus direitos. O exercício do poder-dever de questionar, de fiscalizar, de criticar e de buscar a correção de abusos cometidos por órgãos públicos e por agentes e autoridades do Estado, inclusive magistrados, reflete prerrogativa indisponível do advogado, que não pode, por isso mesmo, ser injustamente cerceado na prática legítima de atos que visem a neutralizar situações configuradoras de arbítrio estatal ou de desrespeito aos direitos daquele em cujo favor atua. O respeito às prerrogativas profissionais do Advogado constitui garantia da própria sociedade e das pessoas em geral, porque o advogado, nesse contexto, desempenha papel essencial na proteção e defesa dos direitos e liberdades fundamentais. [HC 98.237, rel. min. Celso de Mello, j. 15.12.2009, 2ª T, DJE de 06.08.2010.] Vide RHC 81.750, rel. min. Celso de Mello, j. 12.11.2002, 2ª T, DJ de 10.08.2007.

7. Sobre o tema da liberdade no contexto do direito civil, merece referência RUZIK, Carlos Eduardo Pianovski. *Institutos fundamentais do Direito Civil e liberdade(s)*: repensando a dimensão funcional do contrato, da propriedade e da família. Rio de Janeiro: Editora GZ, 2011.

8. HC 98.237, rel. min. Celso de Mello, j. 15.12.2009, 2ª T, DJE de 06.08.2010.] Vide RHC 81.750, rel. min. Celso de Mello, j. 12.11.2002, 2ª T, DJ de 10.08.2007.

Assim a liberdade de atuação do advogado e a proteção de suas prerrogativas profissionais possuem primazia, desde que "respeitados os limites deontológicos que regem a sua atuação como profissional do Direito e que guardem relação de estrita pertinência com o objeto do litígio".[9]

Estes baldrames possuem como referência principal a já referida Lei 8.906/94, o Código de Ética, o Código Civil e o Código de Processo Civil, assim como todo o arcabouço regulatório instituído pela Ordem do Advogados do Brasil. Todos os enunciados normativos desta órbita informam à conduta almejada deste profissional, sem olvidar o necessário olhar civil-constitucional que deve orbitar o tema.[10]

Segundo o estatuto, são atividades privativas do advogado a postulação em órgão do Poder Judiciário e nos juizados especiais; bem como as atividades de consultoria, assessoria e direção jurídicas.[11] No próprio ano de sua promulgação, Paulo Lôbo já alertava para o fato de que as hipóteses previstas no artigo primeiro do Estatuto não são *numerus clausus*. Ou seja: a enunciação das referidas atividades não dispensa outras "que por sua natureza enquadram-se na atividade própria da advocacia, ditadas pela evolução das necessidades jurídicas e sociais".[12]

No que se refere à atividade postulatória,[13] o próprio estatuto a define como de natureza contratual, ao estipular a necessidade de mandato para a sua realização.[14] Essa constatação é refletida na doutrina especializada que, como regra, estipula o fundamento da responsabilidade civil do advogado na natureza contratual dos acordos realizados entre advogados e clientes.[15]

---

9. Idem.
10. Para o aprofundamento do tema, indica-se como referência as obras de Pietro Perlingieri: PERLINGIERI, Pietro. *Il diritto civile nella legalità costituzionale*. Napoli: Edizioni Scientifiche Italiane, 1991. PERLINGIERI, Pietro. *Perfis do Direito Civil*. Rio de Janeiro: Renovar ,1999. PERLINGIERI, Pietro. *Perfis do Direito Civil*: Introdução ao Direito Civil Constitucional. 2. ed. Rio de Janeiro: Renovar, 2002. PERLINGIERI, Pietro. *O direito civil na legalidade constitucional*. Trad. Maria Cristina de Cicco. Rio de Janeiro: Renovar, 2008.
11. Art. 1º São atividades privativas de advocacia: I – a postulação a qualquer órgão do Poder Judiciário e aos juizados especiais; (Vide ADIN 1.127-8) II – as atividades de consultoria, assessoria e direção jurídicas.
12. LÔBO, Paulo Luiz. *Comentários ao Estatuto da Advocacia*. 2. ed. Brasília, DF: Livraria e Editora Brasília Jurídica: Conselho Federal da OAB, 1996, p. 23.
13. Na obra Estatuto da Advocacia e da OAB comentado, Rogéria Fagundes Dotti explica que "O art. 5º caput do Estatuto trata da capacidade postulatória, ou seja, a possibilidade de pleitear, formular requerimentos ou apresentar defesa em juízo. Apenas os advogados e membros do Ministério Público detêm a capacidade postulatória. Importante esclarecer que ela não se confunde com a capacidade processual, ou seja, com a aptidão de que dispõem as partes para exercer seus direitos diretamente em juízo, sem a necessidade de assistência ou representação. Com efeitos, todos os maiores e capazes têm capacidade processual, mas mesmo assim, para atuar em juízo, deverão fazê-lo por intermédio da atuação técnica de advogados (capacidade postulatória)". PIOVEZAN, Giovani Cárrio; FREITAS, Gustavo Tuller Oliveira. (Org.). *Estatuto da advocacia e da OAB comentado*. Curitiba: OAB/PR, 2015, p. .31. Disponível em: http://www2.oabpr.org.br/downloads/ESTATUTO_OAB_COMENTADO. pdf. Acesso em: 07 ago. 2023.
14. Art. 5º O advogado postula, em juízo ou fora dele, fazendo prova do mandato.
15. Carlos Alberto Gonçalves explica que "o mandato é uma das formas de contrato previstas no Código Civil. O mandato judicial impõe responsabilidade de natureza contratual do advogado perante os seus cientes". GONÇALVES, Carlos Alberto. *Direito civil brasileiro*. São Paulo: Saraiva, 2007, v. IV: responsabilidade civil p. 253.

Vale dizer, o mandato é uma das várias espécies de contrato previstos no Código Civil de 2002, a ele se aplicando, por óbvio, as disposições gerais do direito das obrigações. Aqui, todavia, o próprio Código Civil ressalta a distinção do mandato judicial, estipulando, por isso, a aplicação supletiva das normas relativas à espécie contratual do mandato.[16]

Ao subordinar o mandato judicial às normas da legislação processual civil, está o legislador a se referir, também, ao próprio instrumento que disciplina a representação das partes em juízo: a procuração. Destaca-se que a "procuração para a prática de atos judiciais, que se constitui no instrumento do mandato judicial, somente pode ser conferida por escrito, não se admitindo a modalidade verbal".[17]

É nesse sentido que a doutrina aponta que dentro de um mesmo contrato de mandato judicial apresentam-se dois negócios jurídicos distintos: a representação e a prestação de serviços:[18]

> Conforme difusamente observado, no mandato judicial, "torna-se nítida a presença de dois negócios – um de representação, outro de prestação de serviços – dentro do mesmo contrato. De fato, o mandatário judicial não só representa o constituinte, como presta serviços profissionais, no patrocínio de seus interesses". As relações entre procurador e cliente se regulam pelos termos da procuração e pelo contrato verbal ou escrito existentes entre as partes.[19]

Assim, embora os poderes gerais e especiais constantes do instrumento de procuração sejam integrantes da relação contratual entabulada, é no contrato de prestação de serviços de atividade advocatícia que deve ser definido o objeto da contratação de atividade advocatícia.

Por essa razão, a maior parte da doutrina encontra o fundamento da responsabilidade civil do advogado no contrato e defendem que "a prestação de serviços advocatícios é, em regra, uma obrigação de meio, uma vez que o profissional não tem como assegurar o resultado da atividade ao seu cliente".[20] A esse respeito valem os pertinentes ensinamentos de Sílvio de Salvo Venosa:

> No tocante à responsabilidade do advogado, *entre nós ela é contratual e decorre especificamente do mandato*. Veja o que estudamos a respeito do contrato de mandato, em especial quanto ao mandato judicial, no Capítulo 12 do volume 3. As obrigações do advogado consistem em defender a parte em juízo e dar-lhes conselhos profissionais. *A responsabilidade do advogado, na área litigiosa, é de uma obrigação de meio*. Nesse diapasão, assemelha-se à responsabilidade do médico em geral, conforme estudamos. O advogado está obrigado a usar de sua diligência e capacidade profissional na defesa

---

16. Seção V. Do Mandato Judicial. Art. 692. O mandato judicial fica subordinado às normas que lhe dizem respeito, constantes da legislação processual, e, supletivamente, às estabelecidas neste Código.
17. TEPEDINO, Gustavo. TEIXEIRA, Sálvio de Figueiredo. *Comentários ao Novo Código Civil*: das várias espécies de contrato, do contrato de mandato, da comissão, da agência e distribuição, da corretagem, do transporte. Rio de Janeiro: Forense, 2008, v. 10, p. 200.
18. Ibidem, p. 203.
19. Idem.
20. GAGLIANO, Pablo Stolze. PAMPLONA FILHO, Rodolfo. *Novo curso de direito civil*. 10 ed. rev. Atual. e ampl. São Paulo: Saraiva: 2012, v. 3: responsabilidade civil, p. 279.

da causa, mas não se obriga pelo resultado, que sempre é falível e sujeito às vicissitudes intrínsecas do processo.[21]

O próprio autor ressalta, todavia, que algumas atividades exercidas pelo advogado podem ser caracterizadas como obrigações de resultado, embora alerte não ser uníssona a aceitação desta possibilidade na doutrina. Cabe ressaltar com destaque à reflexão conferida à natureza da obrigação em sua obra, se de meio ou de resultado:

> No entanto, existem áreas de atuação da advocacia que, em princípio, são caracterizadas como obrigações de resultado. Na elaboração de um contrato ou de uma escritura, o advogado compromete-se, em tese, a ultimar o resultado. A matéria, porém, suscita dúvidas e o caso concreto definirá eventual falha funcional do advogado que resulte em dever de indenizar.

Além das atividades em juízo, conforme já anunciado, constituem atividades igualmente privativas dos advogados aquelas de consultoria, assessoria e direção jurídicas.

Convém destacar a constatação contemporânea à promulgação do estatuto realizada por Paulo Lôbo acerca do problema, ainda extremamente atual, consistente no elevado grau de litigiosidade judicial do nosso país, que poderia ser dirimido por meio de alternativas de resolução consensual. Assim, compreende-se que a tríade contempla esses métodos, que estariam aptos a afastar e prevenir conflitos e prejuízos futuros, mediante, por exemplo, a "tomada de decisões que consulte previamente os requisitos e condições legais",[22] com a finalidade de redução de riscos e danos.

É de se observar, portanto, que há campo para discussão relativo aos limites e ao alcance das atividades de consultoria, assessoria e direção jurídicas, sobretudo em face da realidade virtual.

Mas as dúvidas podem ir muito além, em especial diante da alteração realizada no ano de 2022 pela Lei 14.365, que incluiu o parágrafo quarto no artigo 5º do Estatuto, que passou, de forma consolidada, a ter a seguinte redação:

> Art. 5º O advogado postula, em juízo ou fora dele, fazendo prova do mandato.
>
> § 1º O advogado, afirmando urgência, pode atuar sem procuração, obrigando-se a apresentá-la no prazo de quinze dias, prorrogável por igual período.
>
> § 2º A procuração para o foro em geral habilita o advogado a praticar todos os atos judiciais, em qualquer juízo ou instância, salvo os que exijam poderes especiais.
>
> § 3º O advogado que renunciar ao mandato continuará, durante os dez dias seguintes à notificação da renúncia, a representar o mandante, salvo se for substituído antes do término desse prazo.
>
> § 4º As atividades de consultoria e assessoria jurídicas podem ser exercidas de modo verbal ou por escrito, a critério do advogado e do cliente, e independem de outorga de mandato ou de formalização por contrato de honorários. (Incluído pela Lei 14.365, de 2022)

---

21. VENOSA, Sílvio de Salva. *Direito Civil*: responsabilidade civil. 3. ed. São Paulo: Atlas, 2003, p. 175.
22. LÔBO, Paulo Luiz. *Comentários ao Estatuto da Advocacia*. 2. ed. Brasília, DF: Livraria e Editora Brasília Jurídica: Conselho Federal da OAB, 1996, p. 26.

Abre-se, aqui também, campo fértil de discussão sobre a responsabilidade por danos decorrentes do exercício de atividades de consultoria e assessoria jurídicas que ocasionarem danos ao cliente ou a terceiros, sem que exista sequer a existência de mandato outorgante de poderes e sem a formalização, ainda que verbal, de contrato de honorários.

Isso porque, seria neste contrato, como visto acima, o campo ideal para a delimitação do objeto dos serviços advocatícios, seus alcances e limites, necessários para a perquirição da responsabilidade, sem olvidar da necessária comprovação da culpa, elemento indispensável para a configuração da reponsabilidade civil dos advogados.

III. DA DELIMITAÇÃO DA RESPONSABILIDADE CIVIL DOS ADVOGADOS

Situar as atividades que são de competência privativa dos advogados é fundamental para delimitar o campo de responsabilidade civil que lhes tocam. Isso porque, a sua responsabilização profissional se restringe aos danos decorrentes de atos praticados no exercício da advocacia, sem prejuízo de eventual configuração das demais responsabilidades,[23] em especial, diante da modificação do contexto jurídico sobre o instituto da responsabilidade civil.

Neste particular, cabe apontar importante constatação, alvo de intensa reflexão na doutrina, acerca da "aproximação principiológica do direito privado com a teoria dos direitos fundamentais e com as normas abertas da Constituição que redefinem os sentidos das relações civis",[24] o que repercute, também, na responsabilidade civil ora tradada.

Tradicionalmente, doutrina e jurisprudência situam a responsabilidade civil do advogado no âmbito contratual, em sua modalidade subjetiva, uma vez que imprescindível a constatação de culpa. É sobre essas premissas que se assenta a maior parte dos estudos.[25] Na atualização da celebrada obra de Pontes de Miranda, Rui Stoco destaca que, seja qual for a situação, a responsabilidade dos advogados "será sempre por culpa e deverá sempre estar informada pelo elemento subjetivo, seja a relação contratual ou extracontratual".[26]

O art. 14, § 4º, do CDC (Lei 8.078/1990) preceitua que "a responsabilidade pessoal dos profissionais liberais será apurada mediante a verificação de culpa". Assim, só se poderá responsabilizar o advogado quando, por dolo e intenção manifesta de prejudicar ou locupletar-se, cause prejuízos ao seu cliente, ou obre com extremada culpa, atuando de modo tão insatisfatório, atabalhoado, displicente, e imperito que a relação causal entre esse agir e o resultado fique evidente. Significa ainda que, embora os advogados, assim como os demais profissionais liberais, sejam prestadores de serviços típicos, foram colocados de fora do campo de abrangência do Código de Defesa do Consumidor, por força da regra de exceção contida no referido § 4º do art. 14. Retirou-se a responsabilidade por culpa desses profissionais, ou seja,

---

23. BRAGA NETTO, Faria. FARIAS, Cristiano Chaves. ROSENVALD, Nelson. *Novo tratado de responsabilidade civil*. 2. ed. São Paulo: Saraiva, 2017, p. 1149.
24. Idem.
25. Ibidem, p. 1150, 1155.
26. MIRANDA, Pontes de. *Direito das obrigações*: direitos das obrigações, fatos ilícitos absolutos, responsabilidade, danos causados por animais, coisas inanimadas e danos, estado e servidores, profissionais. Atual. Rui Stoco. São Paulo: Ed. RT, 2012, (coleção tratado de direito provado: parte especial, 53), p. 535.

a incidência da responsabilidade subjetiva a que se referiu o Código Civil de 1916 (art. 159) e se refere o Código Civil de 2002 (art. 186), ficando essa responsabilidade delimitada no âmbito do Estatuto da Advocacia, somente respondendo por dolo ou culpa. Ora, se o princípio adotado pelo Código de Defesa do Consumidor é o da responsabilidade objetiva, ao estabelecer a responsabilidade subjetiva dos profissionais liberais, afastou-os, como exceção, do seu âmbito de abrangência, reconhecendo que estes profissionais são regidos por estatuto próprio, como ocorre com os advogados, na consideração de que a lei que estabeleça disposições gerais (Código de Defesa do Consumidor) não revoga a lei especial, ou seja, a lei específica que regulamenta determinadas profissões liberais [...].[27]

A caracterização da culpa é, portanto, indispensável para aferir a responsabilidade civil do advogado. Ela deve ser compreendida não em seu estado anímico (a partir da análise concreta do ato praticado, com base nas condições e capacidade do agente), "mas em abstrato, isto é, em uma objetiva comparação com um modelo geral de comportamento".[28] Nesse sentido é a importante explicação de Anderson Schreiber:

A apreciação em abstrato do comportamento do agente, imune aos aspectos anímicos do sujeito, justifica a expressão culpa subjetiva, sem confundi-la com a responsabilidade objetiva, que prescinde culpa. Para evitar confusões, contudo, parte da doutrina passou a reservar a tal concepção a denominação de culpa normativa, por fundar-se em juízo normativo entre a conduta concreta do sujeito e o modelo abstrato de comportamento. [...] Entende a doutrina que, para "verificar se existiu, ou não, erro de conduta, e portanto culpa, por parte do agente causador do dano, mister se faz comparar o seu comportamento com aquele que seria normal e correntio em um homem médio, fixado como padrão. Se tal comparação resultar que o dano derivou de uma imprudência, imperícia ou negligência do autor do dano, nos quais não incorreria o homem padrão, criado *in abstracto* pelo julgador, caracteriza-se a culpa, ou seja, o erro de conduta".[29]

Diversos são os estudos, conceitos e delineamentos apresentados na doutrina sobre o elemento culpa.[30] Não parece necessário, entretanto, "mensurar a culpa a partir da noção de graus, que, por si só, não fornecem nenhuma diretriz objetiva de imputação de responsabilidade.

Os standards são, no caso, os parâmetros existentes para averiguar a culpa do advogado, para além dos princípios gerais do direito, e podem ser encontrados tanto na Lei 8.906/1994[31] quanto no Código[32] de Ética e Disciplina".[33]

---

27. Ibidem, p. 536.
28. SCHREIBER, Anderson. *Novos paradigmas da responsabilidade civil*: da erosão dos filtros da reparação à diluição dos danos. 5. ed. São Paulo: Atlas, 2013, p. 35.
29. Idem.
30. Breve histórico pode ser verificado no artigo de Bruno Leonardo Câmara Carrá: O seguro E&O: uma evidência a favor da releitura da gradação da culpa. In: JUNQUEIRA, Thiago. GOLDBERG, Ilan. *Temas atuais de direito dos seguros*. São Paulo: Thompson Reuters Brasil, 2020, t. I, p. 672.
31. CAPÍTULO IX. Das Infrações e Sanções Disciplinares. Art. 34. Constitui infração disciplinar: I – exercer a profissão, quando impedido de fazê-lo, ou facilitar, por qualquer meio, o seu exercício aos não inscritos, proibidos ou impedidos; II – manter sociedade profissional fora das normas e preceitos estabelecidos nesta lei; III – valer-se de agenciador de causas, mediante participação nos honorários a receber; IV – angariar ou captar causas, com ou sem a intervenção de terceiros; V – assinar qualquer escrito destinado a processo judicial ou para fim extrajudicial que não tenha feito, ou em que não tenha colaborado; VI – advogar contra literal disposição de lei, presumindo-se a boa-fé quando fundamentado na inconstitucionalidade, na injustiça da lei ou em pronunciamento judicial anterior; VII – violar, sem justa causa, sigilo profissional; VIII – estabelecer entendimento com a parte adversa sem autorização do cliente ou ciência do advogado contrário; IX – prejudicar, por culpa grave, interesse confiado

Fato é que todos eles devem ser acompanhados do nexo de causalidade e do dano. Não há culpa sem a demonstração do nexo de causalidade entre a conduta (ou omissão) o dano ocasionado. O STJ, em recente julgamento, se pronunciou sobre o tema:

---

ao seu patrocínio; X – acarretar, conscientemente, por ato próprio, a anulação ou a nulidade do processo em que funcione; XI – abandonar a causa sem justo motivo ou antes de decorridos dez dias da comunicação da renúncia; XII – recusar-se a prestar, sem justo motivo, assistência jurídica, quando nomeado em virtude de impossibilidade da Defensoria Pública; XIII – fazer publicar na imprensa, desnecessária e habitualmente, alegações forenses ou relativas a causas pendentes; XIV – deturpar o teor do dispositivo de lei, de citação doutrinária ou de julgado, bem como de depoimentos, documentos e alegações da parte contrária, para confundir o adversário ou iludir o juiz da causa; XV – fazer, em nome do constituinte, sem autorização escrita deste, imputação a terceiro de fato definido como crime; XVI – deixar de cumprir, no prazo estabelecido, determinação emanada do órgão ou de autoridade da Ordem, em matéria da competência desta, depois de regularmente notificado; XVII – prestar concurso a clientes ou a terceiros para realização de ato contrário à lei ou destinado a fraudá-la; XVIII – solicitar ou receber de constituinte qualquer importância para aplicação ilícita ou desonesta; XIX – receber valores, da parte contrária ou de terceiro, relacionados com o objeto do mandato, sem expressa autorização do constituinte; XX – locupletar-se, por qualquer forma, à custa do cliente ou da parte adversa, por si ou interposta pessoa; XXI – recusar-se, injustificadamente, a prestar contas ao cliente de quantias recebidas dele ou de terceiros por conta dele; XXII – reter, abusivamente, ou extraviar autos recebidos com vista ou em confiança; XXIII – deixar de pagar as contribuições, multas e preços de serviços devidos à OAB, depois de regularmente notificado a fazê-lo; (Vide ADI 7020) XXIV – incidir em erros reiterados que evidenciem inépcia profissional; XXV – manter conduta incompatível com a advocacia; XXVI – fazer falsa prova de qualquer dos requisitos para inscrição na OAB; XXVII – tornar-se moralmente inidôneo para o exercício da advocacia; XXVIII – praticar crime infamante; XXIX – praticar, o estagiário, ato excedente de sua habilitação. XXX – praticar assédio moral, assédio sexual ou discriminação. (Incluído pela Lei 14.612, de 2023) § 1º Inclui-se na conduta incompatível: (Renumerado do parágrafo único pela Lei 14.612, de 2023) a) prática reiterada de jogo de azar, não autorizado por lei; b) incontinência pública e escandalosa; c) embriaguez ou toxicomania habituais. § 2º Para os fins desta Lei, considera-se: (Incluído pela Lei 14.612, de 2023), I – assédio moral: a conduta praticada no exercício profissional ou em razão dele, por meio da repetição deliberada de gestos, palavras faladas ou escritas ou comportamentos que exponham o estagiário, o advogado ou qualquer outro profissional que esteja prestando seus serviços a situações humilhantes e constrangedoras, capazes de lhes causar ofensa à personalidade, à dignidade e à integridade psíquica ou física, com o objetivo de excluí-los das suas funções ou de desestabilizá-los emocionalmente, deteriorando o ambiente profissional; (Incluído pela Lei 14.612, de 2023). II – assédio sexual: a conduta de conotação sexual praticada no exercício profissional ou em razão dele, manifestada fisicamente ou por palavras, gestos ou outros meios, proposta ou imposta à pessoa contra sua vontade, causando-lhe constrangimento e violando a sua liberdade sexual; (Incluído pela Lei 14.612, de 2023) III – discriminação: a conduta comissiva ou omissiva que dispense tratamento constrangedor ou humilhante a pessoa ou grupo de pessoas, em razão de sua deficiência, pertença a determinada raça, cor ou sexo, procedência nacional ou regional, origem étnica, condição de gestante, lactante ou nutriz, faixa etária, religião ou outro fator. (Incluído pela Lei 14.612, de 2023)

32. Art. 2º O advogado, indispensável à administração da Justiça, é defensor do Estado democrático de direito, da cidadania, da moralidade pública, da Justiça e da paz social, subordinando a atividade do seu Ministério Privado à elevada função pública que exerce. Parágrafo único. São deveres do advogado: I – preservar, em sua conduta, a honra, a nobreza e a dignidade da profissão, zelando pelo seu caráter de essencialidade e indispensabilidade; II – atuar com destemor, independência, honestidade, decoro, veracidade, lealdade, dignidade e boa-fé; III – velar por sua reputação pessoal e profissional; IV – empenhar-se, permanentemente, em seu aperfeiçoamento pessoal e profissional; V – contribuir para o aprimoramento das instituições, do Direito e das leis; VI – estimular a conciliação entre os litigantes, prevenindo, sempre que possível, a instauração de litígios; VII – aconselhar o cliente a não ingressar em aventura judicial; VIII – abster-se de: a) utilizar de influência indevida, em seu benefício ou do cliente; b) patrocinar interesses ligados a outras atividades estranhas à advocacia, em que também atue; c) vincular o seu nome a empreendimentos de cunho manifestamente duvidoso; d) emprestar concurso aos que atentem contra a ética, a moral, a honestidade e a dignidade da pessoa humana; e) entender-se diretamente com a parte adversa que tenha patrono constituído, sem o assentimento deste. IX – pugnar pela solução dos problemas da cidadania e pela efetivação dos seus direitos individuais, coletivos e difusos, no âmbito da comunidade.

33. LINS, Thiago Drummond de Paula. In: MORAES, Maria Celina Bodin de; GUEDES, Gisela Sampaio da C. *Responsabilidade Civil de Profissionais Liberais*. [Digite o Local da Editora]: Grupo GEN, 2016. E-book. ISBN 9788530972394. Disponível em: https://integrada.minhabiblioteca.com.br/#/books/9788530972394/. Acesso em: 16 ago. 2023, p. 215.

> Agravo interno no agravo em recurso especial. Ação de indenização por danos materiais e morais. Advogado. Atuação em juízo. Responsabilidade civil. Possibilidade. Culpa. Negligência na condução do feito. Comprovação. Reexame de provas. Agravo interno improvido.
>
> 1. A responsabilidade civil dos advogados por sua atuação em juízo é de meio e subjetiva, de modo que só pode ser reconhecida se provado dolo ou culpa na condução do feito, nexo causal e dano à parte do processo.
>
> 2. O Tribunal de origem, com fundamento nas provas documentais trazidas aos autos, reconheceu a comprovação da desídia do advogado, o que enseja a reparação dos danos materiais suportados pela agravada. A pretensão de rever tal entendimento, considerando as circunstâncias do caso concreto, demandaria o revolvimento de matéria fático-probatória, o que é inviável em sede de recurso especial, conforme dispõe a Súmula 7/STJ.
>
> 3. Agravo interno a que se nega provimento.
>
> (AgInt no AREsp 701.659/RS, relator Ministro Raul Araújo, Quarta Turma, julgado em 14.09.2020, DJe de 1º.10.2020).

O afastamento do subjetivismo fincado na tentativa de desvendar as intenções do agente assume especial importância diante da responsabilidade civil dos advogados. Aqui há um conjunto de normas que os circundam e informam sua conduta e atuação. É a partir destas que serão aferidos os desvios de conduta que importarem na configuração de um dano.

Com efeito, ainda que revestida por um dos principais elementos clássicos da responsabilidade civil, não há como evitar as repercussões de seus novos paradigmas, o que pode ser apreendido como instrumento possível de "tutela dos direitos inerentes à pessoa e não apenas voltado à recomposição do patrimônio ou ao seu equivalente por meio de indenização".[34]

IV. APONTAMENTOS SOBRE O SEGURO DE RESPONSABILIDADE CIVIL NA ADVOCACIA À LUZ DA CIRCULAR DE 637, DA SUPERINTENDÊNCIA DE SEGUROS PRIVADOS (SUSEP), DE 27 DE JULHO DE 2021

A frase "o futuro do seguro de responsabilidade civil é o próprio futuro do seguro, o futuro do Direito como um todo e, de certo modo, o futuro das sociedades contemporâneas"[35] demonstra a importância do tema na atualidade. Em especial no Brasil, cuja utilização, a despeito de ser ainda baixa, vem apresentando gradual crescimento. É o que se observa do mais recente relatório Divulgado pela Superintendência de Seguros Privados (SUSEP).[36]

---

34. VENTURI, Thais Goveia Pascoaloto. *Responsabilidade civil preventiva*: a proteção contra a violação dos direitos e a tutela inibitória material. São Paulo: Malheiros, 2014, p. 47.

35. TZIRULNIK, Ernesto. O futuro do seguro de responsabilidade civil. In: NERY JUNIOR, Nelson. NERY, Rosa Maria de Andrade. *Doutrinas essenciais*: responsabilidade civil. Direito das obrigações e direito negocial. São Paulo: Ed. RT, 2010, v. II, p. 715.

36. Disponível em: https://www.gov.br/susep/pt-br/central-de-conteudos/noticias/2023/agosto/susep-divulga--sintese-mensal-com-dados-do-primeiro-semestre-de-2023. Acesso em: 14 ago. 2023.

O contrato de seguro, visa, nos termos do artigo 757[37] do Código Civil, à garantia do interesse legítimo do segurado, relativo a pessoa ou a coisa, contra riscos predeterminados, mediante o pagamento de um prêmio. Orlando Gomes já anunciava que o contrato de seguro "implica transferência de risco".[38] O mercado, cada vez mais, reclama formas de prevenção e compartilhamento de responsabilidade, a exemplo da imposição de normas de *compliance*, destacando-se nesse contexto os sistemas de seguridade.

Os seguros de responsabilidade civil passam, assim, a oferecer adequações às apólices de seguro profissional, adaptando-se às necessidades de cada profissão, "as quais, de qualquer modo, sempre implementam proteção adicional à apólice básica do seguro de responsabilidade civil".[39]

Ao lado das diversas conceituações doutrinárias sobre o conceito de seguro de responsabilidade civil, a recente Circular 637, da Superintendência de Seguros Privados (SUSEP), publicada em 27 de julho de 2021 e que dispõe especificamente a respeito do seguro de responsabilidade civil, forneceu a seguinte enunciação:

> Art. 3º No seguro de responsabilidade civil, a sociedade seguradora garante o interesse do segurado, quando este for responsabilizado por danos causados a terceiros e obrigado a indenizá-los, a título de reparação, por decisão judicial ou decisão em juízo arbitral, ou por acordo com os terceiros prejudicados, mediante a anuência da sociedade seguradora, desde que atendidas as disposições do contrato.

Note-se que é a garantia, e não mais a indenização, colocada como objeto do contrato de seguro. A indenização constitui apenas a consequência jurídica da ocorrência de um dano hipoteticamente previsto em face do interesse tutelado. Bem explica Bruno Miragem a esse respeito, na atualização da obra de Pontes de Miranda:

> Sem questionamento, o momento que deflagra a eficácia da garantia securitária, no caso do seguro de responsabilidade civil, é o momento do fato que irradia seu dever de indenizar. A partir dali, ao constituir-se o dever de indenizar do segurado, surge a perda patrimonial cujo o seguro garante.[40]

A circular, ainda, classifica os seguros de responsabilidade civil conforme a natureza dos riscos a serem cobertos, elencando seis subtipos. São eles: I – riscos decorrentes da responsabilização civil vinculada ao exercício, pelo segurado, de cargos de direção ou administração em empresas são enquadrados no ramo de seguro de Responsabilidade Civil de Diretores e Administradores de Empresas (RC D&O); II – riscos decorrentes da responsabilização civil vinculada à prestação de serviços profissionais, objeto da

---

37. Art. 757. Pelo contrato de seguro, o segurador se obriga, mediante o pagamento do prêmio, a garantir interesse legítimo do segurado, relativo a pessoa ou a coisa, contra riscos predeterminados.
Parágrafo único. Somente pode ser parte, no contrato de seguro, como segurador, entidade para tal fim legalmente autorizada.
38. GOMES, Orlando. *Contratos*. Rio de Janeiro: Forense, 1998. Atual. Humberto Theodoro Junior. 18. ed. p. 411.
39. CARRÁ, Bruno Leonardo Câmara Carrá. O seguro E&O: uma evidência a favor da releitura da gradação da culpa. In: JUNQUEIRA, Thiago. GOLDBERG, Ilan. *Temas atuais de direito dos seguros*. São Paulo: Thompson Reuters Brasil, 2020, t. I, p. 664.
40. MIRANDA, Pontes de. *Direito das obrigações*: contrato de seguro. Atual. Bruno Miragem. São Paulo: Ed. RT, 2012, Coleção Tratado de Direito Privado: parte especial, 46, p. 116.

atividade do segurado, são enquadrados no ramo de seguro de Responsabilidade Civil Profissional (RC Profissional); III – riscos decorrentes da responsabilização civil vinculada aos danos ambientais são enquadrados no ramo de seguro de Responsabilidade Civil Riscos Ambientais (RC Riscos Ambientais); IV – riscos decorrentes da responsabilização civil vinculada a incidentes cibernéticos (danos aos equipamentos e sistemas de tecnologia da informação, às suas informações ou à sua segurança) são enquadrados no ramo de seguro de Responsabilidade Civil Compreensivo Riscos Cibernéticos (RC Riscos Cibernéticos); e V – riscos decorrentes da responsabilização civil, que não possuam ramo específico, são enquadrados no ramo de seguro de Responsabilidade Civil Geral (RC Geral).

Os advogados podem valer-se do seguro de Responsabilidade Civil Profissional, também chamado de *E&O* (*Error and Omissions*). Todas as modalidades podem ser contratadas à base de reclamações,[41] à base de reclamações com notificações,[42] à base de reclamações com primeira manifestação ou descoberta[43] ou à base de ocorrências.[44]

Ainda, conforme a normativa, a forma de garantir o interesse do segurado deve estar claramente expressa nas condições contratuais dos seguros de responsabilidade civil, seja por indenização direta ao segurado ou outra forma definida entre as partes. Parece ser conveniente neste ponto destacar o entendimento firmado em 2015, pelo Superior Tribunal de Justiça, sobre a impossibilidade de a vítima acionar diretamente o segurador para ser ressarcida por danos causados pelo segurado, fixado na Súmula 529/STJ, segundo a qual "no seguro de responsabilidade civil facultativo, não cabe o ajuizamento de ação pelo terceiro prejudicado direta e exclusivamente em face da seguradora do apontado causador do dano".

---

41. Art. 2º, II – seguro de responsabilidade civil à base de *reclamações* (*claims made basis*): tipo de contratação em que a indenização a terceiros, pelo segurado, obedece aos seguintes requisitos: a) os danos ou o fato gerador tenham ocorrido durante o período de vigência da apólice, ou durante o período de retroatividade; e b) o terceiro apresente a reclamação ao segurado durante a vigência da apólice, ou durante o prazo adicional, conforme estabelecido no contrato de seguro.

42. Art. 2º, III – seguro de responsabilidade civil *à base de reclamações* (*claims made basis*) *com notificações*: tipo de contratação em que a indenização a terceiros obedece aos seguintes requisitos: a) os danos ou o fato gerador tenham ocorrido durante o período de vigência da apólice, ou durante o período de retroatividade; ou b) o segurado tenha notificado fatos ou circunstâncias ocorridas durante a vigência da apólice, ou durante o período de retroatividade; e c) na hipótese "a", o terceiro apresente a reclamação ao segurado durante a vigência da apólice, ou durante o prazo adicional, conforme estabelecido na apólice; ou d) na hipótese "b", o terceiro apresente a reclamação ao segurado durante a vigência da apólice, ou durante os prazos prescricionais legais.

43. Art. 2º, IV – seguro de responsabilidade civil à *base de reclamações* (*claims made basis*) *com primeira manifestação ou descoberta*: tipo de contratação em que a indenização a terceiros obedece aos seguintes requisitos: a) os danos ou o fato gerador tenham ocorrido durante o período de vigência da apólice, ou durante o período de retroatividade; e b) o terceiro apresente a reclamação ao segurado durante a vigência da apólice, ou durante o prazo adicional, conforme estabelecido na apólice; ou c) o segurado apresente o aviso à sociedade seguradora do sinistro por ele descoberto ou manifestado pela primeira vez durante a vigência da apólice, ou durante o prazo adicional, conforme estabelecido na apólice.

44. Art. 2º, I – seguro de responsabilidade civil à base de *ocorrências* (*occurrence basis*): tipo de contratação em que a indenização a terceiros, pelo segurado, obedece aos seguintes requisitos: a) os danos ou o fato gerador tenham ocorrido durante o período de vigência da apólice; e b) o segurado apresente o pedido de indenização à seguradora durante a vigência da apólice ou nos prazos prescricionais em vigor.

A circular passou a incluir expressamente no escopo da garantia dos seguros a decisão administrativa do Poder Público que obrigue os segurados a indenizar. Remarque-se que em 2022 fora incluído no Estatuto da Advocacia o artigo § 2º-A, para prever que também no processo administrativo, o advogado contribui com a postulação de decisão favorável ao seu constituinte, e os seus atos constituem múnus público (Incluído pela Lei 14.365, de 2022).

Na linha do artigo 787, parágrafo primeiro do Código Civil, que versa sobre o dever de comunicação imediata ao segurador sobre consequências de ato seu, suscetível de lhe acarretar a responsabilidade incluída na garantia, a normativa ressalta e amplia o dever de comunicação de acordo com o tipo contratado, condicionando a garantia ao atendimento das disposições contratuais, em especial quanto às datas de ocorrência dos danos, de apresentação das reclamações pelos terceiros, de apresentação das notificações pelo segurado ou do aviso de sinistro pelo segurado.

Nesse caso de contratação de cláusula *claims made* (reclamação com notificação), a notificação da expectativa de reclamação acaba por se revestir de uma natureza de ônus:

Explica Bárbara Bassani de Souza:

> Cumpre notar que a comunicação à seguradora acerca dos fatos ou das circunstâncias potencialmente danosas, cobertas pelo seguro, deverá ser feita em qualquer que seja a base de contratação, ocorrência, reclamação ou reclamação com notificações, apesar de, nesta última, a comunicação ter o efeito de vincular a apólice a reclamações futuras que venham a ser apresentadas por terceiros prejudicados.[45]

Trata-se de assegurar que, mesmo que a reclamação do terceiro se consubstancie apenas após a vigência da apólice, resguarde-se a posição do segurado que informou a seguradora sobre a expectativa.

Não se pode olvidar, porém, hipóteses nas quais o segurado ignora a "incubação de um sinistro".[46] Em tais casos, mesmo na presença da cláusula *claims made*, entendemos que o atendimento da finalidade do contrato impõe a aplicação da cobertura considerando a data do evento, caso este tenha se consubstanciado durante a vigência da apólice, e desde que a ignorância do evento, pelo segurado, não decorra, ela própria, de com conduta negligente.

Daí porque a reflexão proposta por Fernanda Nunes Barbosa, ao afirmar que a legitimidade de cláusula *claims made* deve ser sempre compreendida "em caráter complementar, isto é, que não se reconheça a possibilidade de os contratos se seguro de responsabilidade civil limitarem temporalmente a cobertura apenas às reclamações

---

45. SOUZA, Bárbara Bassani de. *Seguro de Responsabilidade Civil Profissional*. Disponível em: https://www.tjrs.jus.br/novo/centro-de-estudos/wp-content/uploads/sites/10/2021/08/SEGURO-DE-RESPONSABILIDADE-CI-VIL-PROFISSIONAL.pdf, p. 9.

46. BARBOSA, Fernanda Nunes. O seguro de responsabilidade civil do profissional liberal: desenvolvimento e atualidades. *Pensar*: revista de ciências jurídicas, Fortaleza-CE, v. 22, n. 1, p. 170-208, 2017. Disponível em: https://periodicos.unifor.br/rpen/article/view/4430/pdf, p. 188.

realizadas durante a vigência do contrato, e não ao evento ou sinistro ocorrido durante a vigência".[47]

Outro tema que merece destaque diz respeito ao sentido possível que se pode oferecer ao disposto no artigo 762 do Código Civil, notadamente no que respeita a hipóteses de responsabilidade decorrente de dolo. Nos seguros de responsabilidade civil, como regra, estavam os danos ocasionados por atos dolosos excluídos de garantia, por força do artigo 762[48] do Código Civil. Tal fato é reprisado constantemente tanto na jurisprudência quanto na doutrina:

> O risco é a possibilidade de perda para o segurado. Uma vez ocorrida essa perda, denomina-se de sinistro ou, em outras palavras, o sinistro é o risco concretamente verificado. A ocorrência do risco deve ser independente da vontade das partes, pois, se houvesse a participação do segurado na sua realização, estaria excluída a incerteza, que é um dos seus elementos essenciais. Além disso, a própria ordem pública possui interesse na proibição de atos dolosos, de modo que o artigo 762 do Código Civil veda expressamente a realização de seguro contra atos dolosos do segurado, imputando-lhe a pena de nulidade.[49]

Nada obstante essa previsão legal, a supracitada normativa da SUSEP trouxe a impossibilidade de exclusão de garantia dos danos atribuídos ao segurado ocasionados por atos dolosos praticados por seus empregados ou pessoas a estes assemelhados:

> Art. 6º No seguro de responsabilidade civil, não podem ser excluídos da garantia os danos atribuídos ao segurado causados por:
>
> I – atos ilícitos culposos ou *dolosos* praticados por seus empregados ou pessoas a estes assemelhados;
>
> II – atos ilícitos culposos praticados pelo segurado, pelo beneficiário ou pelo representante legal de um ou de outro, se o segurado for pessoa física; ou
>
> III – atos ilícitos culposos praticados pelos sócios controladores, dirigentes, administradores legais, beneficiários, subcontratados e respectivos representantes legais, se o segurado for pessoa jurídica.

Não se trata de possibilidade de previsão de cobertura, mas de expressa impossibilidade de exclusão da garantia de danos causados por atos dolosos praticados por pessoas com vínculo de emprego com o segurado, ou pessoas a estes assemelhados. Distingue-se, assim, o ato doloso praticado pelo empregado ou outros sujeitos a estes assemelhados daquele praticado pelo próprio segurado ou seu representante – hipótese esta que está sob a vedação peremptória do referido artigo 726 do Código Civil.

Essa previsão, bem como aquelas constantes dos incisos II e III oferecem quadro ampliado de garantias para o adequado funcionamento da atividade advocatícia, cada vez mais complexa. Vale dizer, a atividade advocatícia não mais se restringe aos atos

---

47. BARBOSA, Fernanda Nunes. O seguro de responsabilidade civil do profissional liberal: desenvolvimento e atualidades. *Pensar*: revista de ciências jurídicas, Fortaleza-CE, v. 22, n. 1, p. 170-208, 2017. Disponível em:https://periodicos.unifor.br/rpen/article/view/4430/pdf, p. 188.

48. Art. 762. Nulo será o contrato para garantia de risco proveniente de ato doloso do segurado, do beneficiário, ou de representante de um ou de outro.

49. PIMENTA, Melissa Cunha. *Seguro de responsabilidade civil*: com comentários à jurisprudência atualizada do STJ. 2. ed. rev. e atual. São Paulo: Editora Dialética, 2021. E-book, p. 83.

praticados pelo próprio causídico, que necessita de apoio, segurança e garantia de eficiência para a prestação do serviço.

O seguro de responsabilidade civil assume, portanto, inegável relevância diante da impossibilidade de exclusão da garantia de atos dolosos e culposos praticados por empregados ou sujeitos a estes assemelhados e que estiverem envolvidos na cadeia do serviço prestado. A propósito, vale pontuar que o assédio moral, sexual e a discriminação foram inseridos no Estatuto da Advocacia como infrações disciplinares. A Lei 14.612, de 2023 incluiu os seguintes dispositivos no Estatuto:

XXX – praticar assédio moral, assédio sexual ou discriminação. (Incluído pela Lei 14.612, de 2023)

§ 1º Inclui-se na conduta incompatível: (Renumerado do parágrafo único pela Lei 14.612, de 2023)

a) prática reiterada de jogo de azar, não autorizado por lei;

b) incontinência pública e escandalosa;

c) embriaguez ou toxicomania habituais.

§ 2º Para os fins desta Lei, considera-se: (Incluído pela Lei 14.612, de 2023)

I – assédio moral: a conduta praticada no exercício profissional ou em razão dele, por meio da repetição deliberada de gestos, palavras faladas ou escritas ou comportamentos que exponham o estagiário, o advogado ou qualquer outro profissional que esteja prestando seus serviços a situações humilhantes e constrangedoras, capazes de lhes causar ofensa à personalidade, à dignidade e à integridade psíquica ou física, com o objetivo de excluí-los das suas funções ou de desestabilizá-los emocionalmente, deteriorando o ambiente profissional; (Incluído pela Lei 14.612, de 2023)

II – assédio sexual: a conduta de conotação sexual praticada no exercício profissional ou em razão dele, manifestada fisicamente ou por palavras, gestos ou outros meios, proposta ou imposta à pessoa contra sua vontade, causando-lhe constrangimento e violando a sua liberdade sexual; (Incluído pela Lei 14.612, de 2023)

III – discriminação: a conduta comissiva ou omissiva que dispense tratamento constrangedor ou humilhante a pessoa ou grupo de pessoas, em razão de sua deficiência, pertença a determinada raça, cor ou sexo, procedência nacional ou regional, origem étnica, condição de gestante, lactante ou nutriz, faixa etária, religião ou outro fator. (Incluído pela Lei 14.612, de 2023)

Há, é certo, outras exclusões que não podem ser reputadas, *prima facie*, como inválidas, como exposto por Thiago Junqueira:

No que se refere às exclusões de coberturas presentes nas apólices, são mais comuns a restituição ou compensação de honorários pagos pelo cliente, multas contratuais, atos dolosos do segurado, prestação de serviços sem a devida autorização ou licença e atos não relacionados à prática profissional do advogado. A equiparação da culpa grave ao dolo, para fins de exclusão da cobertura pelo segurador, na prática é muitas vezes relativizada, sob o argumento de não atendimento a um interesse legítimo do segurado/advogado.[50]

---

50. JUNQUEIRA, Thiago. Aplicação da teoria da perda de uma chance no âmbito do seguro E&O de advogados. *Revista IBERC*, Belo Horizonte, v. 5, n. 1, p. 13-28, 2021. DOI: 10.37963/iberc.v5i1.193. Disponível em: https://revistaiberc.responsabilidadecivil.org/iberc/article/view/193, p. 20. A essas exclusões, pode-se somar a hipótese de dano derivada de promessa de resultado pelo advogado, incompatível com a natureza de sua atuação de meio. Nessa linha, BARBOSA, Fernanda Nunes. O seguro de responsabilidade civil do profissional liberal: desenvolvimento e atualidades. *Pensar*: revista de ciências jurídicas, Fortaleza-CE, v. 22, n. 1, p. 170-208, 2017. Disponível em:https://periodicos.unifor.br/rpen/article/view/4430/pdf., p. 189.

Cabe reforçar, quanto ao dolo, que é vedada a exclusão nas hipóteses referidas no citado artigo 6º da Circular SUSEP 637/2021, de modo que a exclusão a esse título somente será válida quanto a atos dolosos do próprio segurado ou de seu representantes, nos exatos limites do artigo 726 do CC. No excerto transcrito, todavia, deve-se destacar a advertência do autor, quanto à impossibilidade de exclusão de cobertura por equiparação de culpa grave ao dolo, o que violaria a causa concreta inerente ao contrato de seguro de responsabilidade civil destinado a advogados. Portanto, a garantia securitária se estende a atos praticados com culpa grave, não sendo esta equiparável ao dolo.

É certo, ainda, que não é qualquer ato culposo, contudo, que ocasionará a sua responsabilidade, sendo necessária a ocorrência do nexo de causalidade entre o ato culposo praticado no exercício da advocacia e o dano efetivamente ocasionado. Ou seja: é preciso atestar não só a ocorrência do dano, como também e, sobretudo, que este é consequência direta de conduta culposa do advogado no exercício de sua atividade.

Com efeito, o seguro de responsabilidade civil profissional garantirá o interesse do segurado apenas nas hipóteses em que este for responsabilizado por danos causados a terceiros e obrigado a indenizá-los, a título de reparação, por decorrência de condenação em decisão judicial ou de juízo arbitral ou administrativa, ou por acordo como os terceiros prejudicados, desde haja a anuência da seguradora e atendidas as disposições do contrato.

É certo, porém, que nada impede à seguradora, em sede administrativa, optar pelo pagamento da indenização ao terceiro mesmo sem o trânsito em julgado de uma demanda, quando compreender que o sinistro estaria configurado.[51]

Quanto ao dano, especial relevância tem a figura da perda de uma chance. Trata-se, aliás, de hipótese frequente, uma vez que nem sempre a conduta culposa do profissional enseja diretamente o dano patrimonial ou moral propriamente ditos, mas elimina a chance certa e séria de obtenção de fruição de um dado direito ou obtenção de uma dada vantagem patrimonial.

Não se trata de dano meramente hipotético, como ensina Judith Martins-Costa:

> As chances devem ser 'sérias e reais', como no caso de alguém que ingressa em juízo, mas, no curso da lide, o advogado incorre em negligência grave (p. ex., perde o prazo para recorrer), extinguindo, assim, qualquer chance de a ação vir a ser julgada procedente. Nesse caso, não se trata de uma mera e subjetiva 'esperança de vencer a causa', nem se indeniza o fato de ter perdido a causa: o que se indeniza é, justamente, a chance de o processo vir a ser apreciado por uma instância superior. Embora a realização da chance nunca seja certa, a perda da chance pode ser certa. Por estes motivos não vemos óbice à aplicação, criteriosa, da teoria.[52]

---

51. SOUZA, Bárbara Bassani de. *Seguro de Responsabilidade Civil Profissional*. https://www.tjrs.jus.br/novo/centro-de-estudos/wp-content/uploads/sites/10/2021/08/SEGURO-DE-RESPONSABILIDADE-CIVIL-PROFISSIONAL.pdf, p. 7.
52. MARTINS-COSTA, Judith. *Comentários ao Novo Código Civil*. Do Direito das Obrigações: Adimplemento e Extinção das Obrigações. Rio de Janeiro: Editora Forense, 2003. v. V, t. II p. 360-362.

A chance deve ser certa e séria, e é, ela própria, o objeto do dano.[53]

A avaliação da extensão da chance, para fins de indenização, demanda o que se pode denominar de um "Juízo dentro do juízo",[54] com avaliação das possibilidades reais de vitória, de modo a permitir a mensuração real do dano assim consubstanciado. Não se trata, pois, de indenização medida pela perda de um bem da vida patrimonial ou existencial que se demandava no processo, mas, sim, à chance de obtenção de êxito na tutela jurisdicional desse bem da vida. Daí porque sempre se impõe uma análise de proporcionalidade pautada em probabilidades reais na delimitação do *quantum* indenizatório, o que repercute, por evidente, na delimitação da prestação a ser efetuada pela seguradora.

Por ser a responsabilidade civil pela perda de uma chance hipótese frequente, considerando a atividade do advogado como vinculada a uma prestação de meio, e não de resultado, deve-se compreender que se trata de risco segurado, mesmo na ausência de cláusula específica, haja vista integrar a causa concreta dos contratos de seguro de responsabilidade civil do advogado. Sua exclusão implicaria um esvaziamento das hipóteses seguradas, com frustração da própria finalidade econômica a que o contrato se destina.

Por fim, merece menção o dever de mitigação dos próprios prejuízos pelo segurado. Trata-se de aspecto que também deve ser observado quando da ocorrência de evento que possa ensejar responsabilidade civil, para assegurar que a cobertura securitária não seja mitigada ou, mesmo, afastada, pela omissão do segurado no cumprimento desse dever, decorrente do artigo 771 do CC[55] e do próprio princípio da boa-fé objetiva.[56]

V. CONCLUSÃO

No Brasil, o contrato de seguro de responsabilidade civil profissional possui, é de se reconhecer, previsões gerais e riscos predeterminados, sobretudo, em face do rigor da lei, que prevê que somente pode ser parte, no contrato de seguro, como segurador, entidade para tal fim legalmente autorizada.

---

53. Nesse sentido, ensinam Carlos Edison do Rêgo Monteiro Filho e Vynicius Pereira Guimarães: "O cerne da teoria da perda da chance consiste no reconhecimento, a partir da evolução do sistema de responsabilidade civil, de que um interesse jurídico – a chance – merece tutela independente. De nada mais trata a teoria, portanto, do que da autonomização do dano perda da chance em relação ao chamado dano final (vantagem perdida ou dano efetivamente perpetrado)". MONTEIRO FILHO, Carlos Edison do Rêgo; GUIMARÃES, Vynicius Pereira. Teoria da responsabilidade civil pela perda da chance: natureza do dano e aplicabilidade à seara médica. *Revista IBERC*, Belo Horizonte, v. 5, n. 1, p. 29-59, 2022. DOI: 10.37963/iberc.v5i1.190. Disponível em: https://revistaiberc. responsabilidadecivil.org/iberc/article/view/190. Acesso em: 7 set. 2023, p. 30.

54. JUNQUEIRA, Thiago. Aplicação da teoria da perda de uma chance no âmbito do seguro E&O de advogados. *Revista IBERC*, Belo Horizonte, v. 5, n. 1, p. 13-28, 2021. DOI: 10.37963/iberc.v5i1.193. Disponível em: https:// revistaiberc.responsabilidadecivil.org/iberc/article/view/193, p. 23.

55. Art. 771. Sob pena de perder o direito à indenização, o segurado participará o sinistro ao segurador, logo que o saiba, e tomará as providências imediatas para minorar-lhe as consequências.

56. BARBOSA, Fernanda Nunes. O seguro de responsabilidade civil do profissional liberal: desenvolvimento e atualidades. *Pensar*: revista de ciências jurídicas, Fortaleza-CE, v. 22, n. 1, p. 170-208, 2017. Disponível em: https://periodicos.unifor.br/rpen/article/view/4430/pdf., p. 189.

Todavia, assim como exsurgem tipos de seguros de responsabilidade civil de acordo com a especificidade da atividade econômica, seus riscos e danos; é preciso também revisitar o escopo da atividade advocatícia, suas especificidades e limites, a partir do contexto atual de modificação, dinamização e crescimento da profissão.

Na particularidade do nosso contexto, como bem apontado por Melina Girardi Fachin, "à medida que os avanços tecnológicos moldam a sociedade e a crescente demanda por responsabilidade social ganha força, é crucial examinar como a advocacia se integra a esse contexto dinâmico e como os princípios éticos e sociais dos advogados se reinventam"[57] face a tantas alterações.

Nesse contexto, igualmente importante assentar as bases conformadoras da responsabilidade civil do advogado, a fim de permitir a realização do dimensionamento de riscos por partes das seguradoras. Estas, por suas, vez, atentas às constantes modificações e demandas do próprio mercado, inovam a partir de normativas que passam a desafiar a lei e seus assentos clássicos.

Buscou-se, assim, a partir do cotejo de novidades no âmbito da atividade advocatícia, da responsabilidade civil e dos seguros de RC, confrontar a realidade a partir de uma perspectiva crítica, que nada mais é do que "a apreciação dos fenômenos que descrevem e analisam as mudanças jurídicas e sociais".[58]

REFERÊNCIAS

BRAGA NETTO, Faria. FARIAS, Cristiano Chaves. ROSENVALD, Nelson. *Novo tratado de responsabilidade civil*. 2. ed. São Paulo: Saraiva, 2017.

CARRÁ, Bruno Leonardo Câmara. O seguro E&O: uma evidência a favor da releitura da gradação da culpa. In: JUNQUEIRA, Thiago. GOLDBERG, Ilan. *Temas atuais de direito dos seguros*. São Paulo: Thompson Reuters Brasil, 2020. t. I.

FACHIN, Luiz Edson. *Direito Civil*: sentidos, transformações e fim. Rio de Janeiro: Renovar, 2015.

GAGLIANO, Pablo Stolze. PAMPLONA FILHO, Rodolfo. *Novo curso de direito civil*. 10 ed. rev. Atual. e ampl. São Paulo: Saraiva: 2012. v. 3: responsabilidade civil.

GOMES, Orlando. *Contratos*. Atualizado por Humberto Theodoro Junior. 18 ed. Rio de Janeiro: Forense, 1998.

GONÇALVES, Carlos Alberto. *Direito civil brasileiro*. São Paulo: Saraiva, 2007. v. IV: responsabilidade civil.

JUNQUEIRA, Thiago. Aplicação da teoria da perda de uma chance no âmbito do seguro E&O de advogados. *Revista IBERC*, Belo Horizonte, v. 5, n. 1, p. 13-28, 2021. DOI: 10.37963/iberc.v5i1.193. Disponível em: https://revistaiberc.responsabilidadecivil.org/iberc/article/view/193. Acesso em: 30 ago. 2023.

LINS, Thiago Drummond de Paula. In: MORAES, Maria Celina Bodin de; GUEDES, Gisela Sampaio da C. *Responsabilidade Civil de Profissionais Liberais*. [Digite o Local da Editora]: Grupo GEN, 2016. E-book. ISBN 9788530972394. Disponível em: https://integrada.minhabiblioteca.com.br/#/books/9788530972394/. Acesso em: 16 ago. 2023.

---

57. FACHIN, Melina Girardi. *Advocacia do presente, pensando no futuro*: Transformando Desafios em Compromissos. Disponível em: https://www.bemparana.com.br/publicacao/blogs/blog-questao-de-direito/advocacia-do-presente-pensando-no-futuro-transformando-desafios-em-compromissos/. Acesso em: 17 ago. 2023.
58. FACHIN, Luiz Edson. *Teoria Crítica do Direito Civil*. Rio de Janeiro: Renovar, 2003, p. 224.

LÔBO, Paulo Luiz. *Comentários ao Estatuto da Advocacia*. 2. ed. Brasília, DF: Livraria e Editora Brasília Jurídica: Conselho Federal da OAB, 1996.

MARTINS-COSTA, Judith. *Comentários ao Novo Código Civil*. Do Direito das Obrigações: Adimplemento e Extinção das Obrigações. Rio de Janeiro: Editora Forense, 2003. v. V, t. II.

MONTEIRO FILHO, Carlos Edison do Rêgo; GUIMARÃES, Vynicius Pereira. Teoria da responsabilidade civil pela perda da chance: natureza do dano e aplicabilidade à seara médica. *Revista IBERC*, Belo Horizonte, v. 5, n. 1, p. 29-59, 2022. DOI: 10.37963/iberc.v5i1.190. Disponível em: https://revistaiberc.responsabilidadecivil.org/iberc/article/view/190. Acesso em: 7 set. 2023.

MIRANDA, Pontes de. *Direito das obrigações*: contrato de seguro. Coleção Tratado de Direito Privado: parte especial, 46. Atual. Bruno Miragem. São Paulo: Ed. RT, 2012.

MIRANDA, Pontes de. *Direito das obrigações*: direitos das obrigações, fatos ilícitos absolutos, responsabilidade, danos causados por animais, coisas inanimadas e danos, estado e servidores, profissionais. Atualizado por Rui Stoco. São Paulo: Ed. RT, 2012, (coleção tratado de direito provado: parte especial, 53).

PIANOVSKI RUZYK, Carlos Eduardo. *Institutos fundamentais do Direito Civil e liberdade(s)*: repensando a dimensão funcional do contrato, da propriedade e da família. Rio de Janeiro: Editora GZ, 2011.

PIMENTA, Melissa Cunha. *Seguro de responsabilidade civil*: com comentários à jurisprudência atualizada do STJ. 2. ed., rev. e atual. São Paulo: Editora Dialética, 2021. E-book.

PIOVEZAN, Giovani Cárrio; FREITAS, Gustavo Tuller Oliveira (Org.). *Estatuto da advocacia e da OAB comentado*. Curitiba: OAB/PR, 2015, p. .31. Disponível em: http://www2.oabpr.org.br/downloads/ESTATUTO_OAB_COMENTADO.pdf. Acesso em: 07 ago. 2023.

SCHREIBER, Anderson. *Novos paradigmas da responsabilidade civil*: da erosão dos filtros da reparação à diluição dos danos. 5. ed. São Paulo: Atlas, 2013.

SOUZA, Bárbara Bassani de. *Seguro de Responsabilidade Civil Profissional*. Disponível em: https://www.tjrs.jus.br/novo/centro-de-estudos/wp-content/uploads/sites/10/2021/08/SEGURO-DE-RESPONSABILIDADE-CIVIL-PROFISSIONAL.pdf. Acesso em: 30 ago. 2023.

TEPEDINO, Gustavo. TEIXEIRA, Sálvio de Figueiredo. *Comentários ao Novo Código Civil*: das várias espécies de contrato, do contrato de mandato, da comissão, da agência e distribuição, da corretagem, do transporte. Rio de Janeiro: Forense, 2008. v. 10.

TZIRULNIK, Ernesto. O futuro do seguro de responsabilidade civil. In: NERY JUNIOR, Nelson. NERY, Rosa Maria de Andrade. *Doutrinas essenciais*: responsabilidade civil Volume II. Direito das obrigações e direito negocial. São Paulo: Ed. RT, 2010.

VENOSA, Sílvio de Salva. *Direito Civil*: responsabilidade civil. 3 ed. São Paulo: Atlas, 2003.

VENTURI, Thais Goveia Pascoaloto. *Responsabilidade civil preventiva*: a proteção contra a violação dos direitos e a tutela inibitória material. São Paulo: Malheiros, 2014.

SEGUROS DE RISCOS CIBERNÉTICOS, TRANSPORTE E GARANTIA

A GESTÃO DE RISCOS E OS CONTRATOS DE SEGUROS DE RISCOS CIBERNÉTICOS

Fernanda Paes Leme

Coordenadora da Graduação em Direito do Ibmec-RJ. Professora Titular de Direito Civil do Ibmec-RJ. Doutora em Direito Civil – UERJ (2016). Mestre em Direito Civil – UERJ (2011). Especialista em Direito Civil pela Veiga de Almeida (2009). Advogada OAB-RJ 151918. Graduada em Direito pela Universidade Cândido Mendes – UCAM (2007). Professora de Direito Civil do Ibmec-RJ. Professora convidada nos cursos de especialização da PUC-Rio, EMERJ e CEPED/UERJ. Pesquisadora.

Pedro Gueiros

Mestre em Direito Civil pela Pontifícia Universidade Católica do Rio de Janeiro (PU-C-Rio). Graduado em Direito pelo Ibmec-RJ. Pesquisador em Direito e Tecnologia no Instituto de Tecnologia e Sociedade do Rio de Janeiro (ITS Rio). Integrante do Núcleo Legalite da PUC-Rio. Advogado Orientador do Núcleo de Prática Jurídica do Ibmec-RJ.

Resumo: As potencialidades e os riscos atrelados ao uso da internet oferecem diversas oportunidades, a depender da perspectiva de quem desenvolve produtos e serviços. Em meio aos iminentes e constantes ataques cibernéticos, a modalidade de seguros voltados à proteção desses incidentes se tornaram indispensáveis à realidade de muitos agentes que manipulam informações pessoais no ambiente on-line. Mas, sob a perspectiva da responsabilidade civil, equacionar a cobertura dos seguros e verificar a deflagração da conduta culposa de agentes responsáveis pelos danos perpassa por uma necessária gestão de riscos, crucial à própria viabilidade e manutenção desta modalidade securitária nos dias atuais.

Sumário: I. Considerações iniciais: vida conectada e risco cibernético – II. Risco cibernético e sua imprescindível gestão – III. O interesse legítimo no contrato de seguro e a cobertura para multas e sanções administrativas – IV. Considerações finais: função social do seguro contra riscos cibernéticos – Referências.

I. CONSIDERAÇÕES INICIAIS: VIDA CONECTADA E RISCO CIBERNÉTICO

Em meio à franca digitalização da vida humana, as oportunidades existentes no ciberespaço crescem de forma exponencial, similar à própria natureza tecnológica. Ao considerar os efeitos decorrentes da pandemia da Covid-19, reinventar-se por meio de serviços à distância tornou-se inclusive uma tônica imperativa à continuidade de diversos serviços. Tamanha potencialidade, entretanto, vem com um custo alto. Os efeitos deletérios causados pelo uso massivo e dependente do ambiente on-line, oferece atualmente riscos que até então eram desconhecidos, a exemplo *ransomwares*,[1] *dark*

---

1. O termo pode ser entendido como "um tipo de malware que sequestra o computador da vítima e cobra um valor em dinheiro pelo resgate, geralmente usando a moeda virtual bitcoin, que torna quase impossível

patterns,[2] *phishing*,[3] dentre tantas facetas das técnicas de engenharia social que vêm sendo desenvolvidas. Dados do FBI indicam que somente no ano de 2022, os prejuízos atrelados a ataques cibernéticos cresceram de U\$S 6,9 bilhões em 2021, para U\$S 10,2 bilhões em 2022.[4]

Além disso, de acordo com levantamento de segurança de telefones móveis da Verizon, empresas com presença global foram as mais afetadas em ataques cibernéticos. Cerca de 61% afirmaram que já foram impactadas com ataques cibernéticos e 79% concordaram que o trabalho remoto afetou negativamente a segurança cibernética, aumentando a carga sobre as equipes de segurança e profissionais de Tecnologia da Informação (TI).[5] Vale lembrar que o Brasil lidera o *ranking* de países na América Latina que mais sofre ataques cibernéticos, onde, somente no ano de 2022, foram mais de 285 mil incidentes do tipo.[6]

Todos esses fatores reforçam a dimensão que a Segurança da Informação (SI) atingiu nos dias atuais. Os riscos cibernéticos se tornaram tão onipresentes que não se trata mais de uma questão de "se", mas de "quando" irão se concretizar. A eloquência desse cenário traz com si a importância da expressão "resiliência cibernética".[7] Este conceito abarca a necessidade de empresas e corporações estarem preparadas para, quando um incidente ou ataque cibernético de qualquer natureza acontecer, voltarem ao *status quo*

---

rastrear o criminoso que pode vir a receber o valor. Este tipo de 'vírus sequestrador' age codificando os dados do sistema operacional de forma com que o usuário não tenha mais acesso". TECHTUDO. *O que é ransomware? Entenda como funciona e como remover o malware*. Disponível em: https://www.techtudo.com. br/guia/2023/05/o-que-e-ransomware-entenda-como-funciona-e-como-remover-o-malware-edsoftwares. ghtml. Acesso em: 29 ago. 2023.

2. De acordo com Frazão: "As dark patterns são estratégias de design ou arquitetura de ambientes digitais que dificultam que os consumidores expressem suas reais preferências ou que os manipulam para que tomem decisões que não sejam compatíveis com suas preferências ou expectativas". FRAZÃO, Ana. *O que são 'dark patterns'?* Disponível em: https://www.jota.info/opiniao-e-analise/colunas/constituicao-empresa-e-mercado/o-que-sao-dark-patterns-12072023. Acesso em: 29 ago. 2023.

3. O *phishing* pode ser entendido como "uma técnica de fraude eletrônica criada para roubar dados pessoais ou instalar um malware (software malicioso), com a mesma finalidade. Essa coleta de informações da vítima pode incluir os seus contatos que, invariavelmente, podem ser alvos de outras ameaças virtuais". DAROS, Gabriel. *O que é phishing? Evite que roubem seus dados na internet*. Disponível em: https://www.uol.com.br/tilt/noticias/redacao/2023/01/27/o-que-e-phishing-saiba-como-evitar-que-roubem-seus-dados-na-internet.htm. Acesso em: 29 ago. 2023.

4. FEDERAL BUREAU OF INVESTIGATION. *2022 Internet Crime Report*. Disponível em: https://www.ic3.gov/Media/PDF/AnnualReport/2022_IC3Report.pdf. Acesso em: 13 ago. 2023.

5. VERIZON. *2022 Mobile Security Index*. Disponível em: https://www.verizon.com/business/resources/reports/mobile-security-index/. Acesso em: 13 ago. 2023.

6. NALIN, Carolina. *Brasil é o maior alvo de ataques cibernéticos na América Latina*. Veja ranking. Disponível em: https://oglobo.globo.com/economia/tecnologia/noticia/2023/06/brasil-e-o-maior-alvo-de-ataques-ciberneticos-na-america-latina-veja-ranking.ghtml. Acesso em: 29 ago. 2023.

7. Conforme relatório do Fórum Econômico Mundial, a "resiliência cibernética é a capacidade de uma organização de transcender quaisquer tensões, falhas, perigos e ameaças aos seus recursos cibernéticos dentro da organização e seu ecossistema, de modo que a organização possa prosseguir com confiança em sua missão, capacitar sua cultura e manter sua maneira desejada de operação". Trad. livre. WORLD ECONOMIC FORUM. *The Cyber Resilience Index: Advancing Organizational Cyber Resilience*. Disponível em: https://www.weforum. org/whitepapers/the-cyber-resilience-index-advancing-organizational-cyber-resilience/. Acesso em: 13 ago. 2023.

ante o mais rápido possível, evitando situações como as já experimentadas pelo Superior Tribunal de Justiça (STJ).[8]

A rigor, os riscos cibernéticos figuram entre os riscos de negócios mais críticos para as empresas e corporações de todo o mundo nos últimos relatórios do Fórum Econômico Mundial.[9] Isto evidencia a relevância da temática e, especialmente, a necessidade de se buscar instrumentos para gestão de tais riscos, como o seguro, objeto de análise nesse artigo.

De fato, uma das modalidades mais tradicionais de contratos, os seguros, exercem uma função essencial no desenvolvimento de atividades e negócios humanos. Seja nos primórdios das navegações ou na disponibilização de soluções movidas a Inteligências Artificiais (IAs), empreender – e até mesmo viver - é um risco.[10] Em razão das incessantes evoluções e dinamismos aos quais a sociedade perpassa, a importância dos seguros parece nunca se esvaziar, apenas se adapta às novas realidades que se apresentam.

No entanto, em razão das próprias características dos riscos cibernéticos e das consequências diversas de sua eventual concretização, o seguro, além de não ser um instrumento suficiente para gestão de tais riscos, atrai também alguns desafios de ordem prática e de ordem jurídica.

Nessa perspectiva, o presente artigo tem como objeto mediato refletir sobre o seguro enquanto instrumento de gestão dos riscos cibernéticos. Para tanto, após essa breve introdução, serão tecidas algumas considerações sobre o risco cibernético e a sua necessidade de gestão. Em seguida, tratar-se-á do seguro contra riscos cibernéticos, abordando, particularmente, os elementos essenciais do contrato de seguro, sua função social e a controvertida questão sobre a possibilidade de cobertura de eventuais sanções administrativas em razão de violação de dados pessoais.

II. RISCO CIBERNÉTICO E SUA IMPRESCINDÍVEL GESTÃO

Risco, entendido como a probabilidade de ocorrência de um evento desfavorável, sempre esteve presente na realidade da vida humana. Entretanto, o desenvolvimento social alterou substancialmente as percepções sobre o risco, a responsabilidade pela

---

8. Em 2020, após sofrer um ataque cibernético, os sistemas eletrônicos da Corte ficaram fora do ar por aproximadamente um mês, suspendendo sessões de julgamento e prazos processuais. SUPERIOR TRIBUNAL DE JUSTIÇA. *Em razão de ataque cibernético, STJ funcionará em regime de plantão até o dia 9.* Disponível em: https://www.stj.jus.br/sites/portalp/Paginas/Comunicacao/Noticias/04112020-Em-razao-de-ataque-cibernetico--S-TJ-funcionara-em-regime-de-plantao-ate-o-dia-9.aspx. Acesso em: 31 ago. 2023.

9. Disponíveis na seção Reports. WORLD ECONOMIC FORUM. *Reports.* Disponível em: https://www.weforum.org/reports. Acesso em: 04 set. 2023.

10. Como observa Schreiber: "Desconhecido no direito romano, o contrato de seguro teve origem no seguro marítimo, desenvolvido, ainda na Idade Média, para cobrir os riscos de perda de cargas em navios. Ampliou-se gradativamente para outras atividades, mas codificações importantes deixaram de tipificá-lo, caso do *Code Napoléon*, que lhe faz referência apenas como exemplo de contrato aleatório. O progresso econômico e a elevação dos riscos da atividade comercial fizeram do seguro um instrumento recorrente em diversos campos". SCHREIBER, Anderson. *Manual de Direito Civil Contemporâneo.* 6. ed. São Paulo: Saraivajur, 2023, p. 637.

sua concretização e, sobretudo, permitiu o incremento e a diversificação dos riscos existentes e/ou percebidos.

Nesse sentido, a partir de um debate travado no campo da sociologia e orientado para a tentativa de descrever as características mais marcantes da sociedade contemporânea, alguns autores[11] identificaram no risco e na "sensação de insegurança", o traço mais ressaltado da sociedade atual. Com isso, concluem que, mesmo sem uma "ruptura" com o modelo anterior da sociedade moderna e industrializada,[12] a realização da vida social, hoje, é estabelecida em torno de um novo paradigma, o risco.

Na linha proposta por Ulrich Beck, o paradigma da sociedade de risco consiste na forma de distribuição dos riscos "vindos à luz sob forma de efeitos colaterais latentes"[13] do processo de produção industrial. Com isso, o referido autor não nega a subsistência dos conflitos de distribuição de riqueza, mas afirma que "começam a convergir na continuidade dos processos de modernização as situações e os conflitos sociais de uma sociedade que distribui riqueza com os de uma sociedade que distribui riscos".[14]

A rigor, não se discute os muitos benefícios advindos das novas tecnologias e, menos ainda, que todos, invariavelmente, usufruem de tais vantagens. No entanto, junto com os tantos proveitos, surgem os riscos inerentes, a necessidade de enfrentamento e a sua gestão. Afinal, ao paradigma da sociedade de risco é atrelado ao dilema da responsabilidade.

Neste contexto, os supramencionados sociólogos contemporâneos, que se dedicam ao tema, reformularam a noção de risco no sentido de considerá-lo como resultado da modernização social. Desse modo, o risco foi dissociado da noção de "perigo" e apreendido como decorrência de uma "decisão", independentemente da consciência ao seu respeito.[15]

Esta nova conceituação tratou inicialmente de consignar que o oposto de "risco" não é "segurança", mesmo porque esta última, na atualidade, designa "uma situação na qual um conjunto específico de perigos está neutralizado ou minimizado",[16] ou seja,

---

11. Dentre os quais destacam-se: Ulrich Beck, Anthony Giddens, Scott Lash e Niklas Luhmann.

12. Ulrich Beck, Anthony Giddens e Scott Lash refutam o conceito de pós-modernidade como definidor do estágio atual de desenvolvimento da sociedade, entendendo que vivemos em uma fase de modernidade tardia ou reflexiva. BECK, Ulrich; GIDDENS, Anthony e LASH, Scott. *Modernização reflexiva*: política, tradição e estética na ordem social moderna. São Paulo: UNESP, 1997.

13. BECK, Ulrich. *Sociedade de risco*: rumo a uma outra modernidade. São Paulo: Editora 34, 2010, p. 24. Em outra passagem, o autor esclarece uma das principais características dos riscos na contemporaneidade: "Os riscos e ameaças atuais diferenciam-se, portanto, de seus equivalentes medievais, com frequência semelhantes por fora, fundamentalmente por conta da globalidade de seu alcance (ser humano, fauna, flora) e de suas causas modernas. São riscos da modernização. São um produto de série do maquinário industrial do progresso, sendo sistematicamente agravados com seu desenvolvimento ulterior". Ibidem, p. 26.

14. Ibidem, p. 25.

15. "Perigo e risco estão intimamente relacionados mas não são a mesma coisa. A diferença não reside em se um indivíduo pesa ou não conscientemente as alternativas ao contemplar ou assumir uma linha de ação específica". GIDDENS, Anthony. *As consequências da modernidade*. São Paulo: UNESP, 1991, p. 42.

16. Ibidem, p. 43.

o conceito de segurança perpassa por um "risco aceitável". Assim, a noção de risco é inerente a uma decisão tomada.

O impasse da sociedade contemporânea, portanto, diz respeito à distribuição de riscos e a atribuição de responsabilidades pelos danos decorrentes das decisões tomadas. No entanto, a lógica "distributiva" é outra diversa da "riqueza", não tanto por seu objeto, mas pelo fato de que os riscos contêm um efeito "bumerangue",[17] ou seja, também atingem aqueles que os produziram, exigindo a busca por instrumentos efetivos na gestão destes riscos.

Nesse contexto de desenvolvimento social e do surgimento de novas tecnologias, um dos tantos riscos que passou a ser conhecido é o cibernético que, de uma forma geral, indica a probabilidade de ocorrência de um evento desfavorável no ambiente virtual ou no ciberespaço. Esse evento desfavorável pode dizer respeito à própria pessoa ou ainda às atividades econômicas desenvolvidas por empresas em geral.

Ao se cogitar da esfera pessoal ou familiar, usualmente, ainda que não exclusivamente, pensa-se na utilização indevida dos dados pessoais, em golpes financeiros e até mesmo na utilização indevida da imagem. E, nesse âmbito individual ou familiar, busca-se formas de proteção que podem ser mais ou menos efetivas, ao mesmo tempo em que, a cada dia, aumenta a exposição aos riscos.

Já na esfera empresarial, os riscos e as possíveis consequências da sua concretização ganham escalas muito maiores. Isso porque, para além dos riscos diretamente incidentes sobre o negócio e a própria atividade econômica que desempenham, são também responsáveis pelos dados pessoais de todos aqueles com quem se relacionam no desenvolvimento da sua atividade.

Na perspectiva da atividade empresarial, a Superintendência de Seguros Privados (SUSEP), na Circular 638, de 2021, que dispõe sobre os requisitos de segurança cibernética a serem observados pelas entidades que operam o setor de seguros e previdência privada aberta, definiu o risco cibernético como sendo a:

> possibilidade de ocorrência de perdas resultantes do comprometimento da confidencialidade, integridade ou disponibilidade de dados e informações em suporte digital, em decorrência da sua manipulação indevida ou de danos a equipamentos e sistemas utilizados para seu armazenamento, processamento ou transmissão (Circular SUSEP 638, art. 2º, III).

Dessa conceituação, depreende-se que os riscos cibernéticos estão ligados, não só a qualquer ameaça de ataque criminoso em ambientes virtuais, mas também a falhas nos equipamentos e, também, falhas humanas.

---

17. "Em sua disseminação, os riscos apresentam socialmente um efeito bumerangue: nem os ricos e poderosos estão seguros diante deles. Os anteriormente 'latentes efeitos colaterais' rebatem também sobre os centros de sua produção. [...]. Esse efeito socialmente circular de ameaça pode ser generalizado: sob a égide dos riscos da modernização, cedo ou tarde se atinge a unidade entre culpado e vítima". BECK, Ulrich. Op. cit., p. 44.

Além disso, os riscos cibernéticos parecem ostentar as características destacadas por Ulrich Beck[18] sobre os novos riscos, como a: i) ubiquidade, isto é, por sua permanência no tempo; ii) glocalidade, enfatizando o caráter global dos novos riscos que não ficam adstritos a uma determinada região geográfica; e iii) indetectabilidade e invisibilidade, no sentido de que os mesmos não são percebidos até o momento em que efetivamente causam a lesão.

Soma-se ainda a dinamicidade do risco cibernético, em constante mutação e crescente na proporção direta da intensificação de usos das diversas tecnologias, bem como a gravidade potencial dos danos em relação à imagem, à reputação e aos negócios de forma geral e, também, a terceiros e à responsabilidade dos agentes econômicos.

Ante ao inquestionável cenário de "risco" ou de "ameaça", a gestão dos riscos cibernéticos se torna imprescindível para a própria sobrevivência das atividades desenvolvidas pelas empresas e corporações. Por certo que, diante do contexto sinteticamente apresentado, que a gestão de tais riscos requer a congregação de diferentes instrumentos e iniciativas que, conjuntamente, poderão minimizar os efeitos de eventuais sinistros.

Nessa perspectiva, a Organização dos Estados Americanos (OEA) editou um manual de suporte sobre risco cibernético destinado aos conselhos administrativos das empresas.[19] Este manual elenca cinco princípios para a gestão dos riscos cibernéticos que, em linhas gerais, apontam para necessidade de aprimoramento constante da segurança cibernética, incluindo a mudança cultural sobre o gerenciamento de tais riscos e a compreensão das suas implicações legais, para a noção de resiliência cibernética, já destacada.

Ainda sobre a gestão de tais riscos, o princípio n. 5 do referido manual da OEA determina que "a discussão sobre o risco cibernético (...) deve incluir a identificação de quais riscos evitar, quais aceitar e quais mitigar ou transferir através de seguro". Significa dizer que o risco não será afastado ou que a noção de segurança cibernética perpassa um risco aceitável ou inevitável. Ademais, também expressa a gestão do risco por meio da pulverização de possíveis efeitos patrimoniais adversos, sendo, o seguro, o instrumento vocacionado para tal, em razão de ser necessariamente comunitário, fundamentado e viabilizado pelo mutualismo.

A rigor, a técnica securitária tem como pressuposto a existência de interesses sujeitos a riscos semelhantes. Consiste, dessa maneira, precisamente na pulverização dos possíveis riscos financeiros decorrentes entre o conjunto de segurados a partir da constituição do fundo comum. Por certo que o mutualismo, assim como o seguro, não imuniza dos riscos, mas, permite a minimização dos prejuízos decorrentes da sua concretização, tendo em vista que, para suportá-los, é gerido um fundo comum que congrega os prêmios de um universo de interesses sujeitos ao mesmo risco. Mas, diante

---

18. BECK, Ulrich. Op. cit.
19. ORGANIZAÇÃO DOS ESTADOS AMERICANOS. Manual de Suporte sobre Risco Cibernético para o Conselho Administrativo. Disponível em: https://www.oas.org/pt/ssm/cicte/docs/POR-MANUAL-DE-SUPORTE-SO-BRE-RISCO-CIBERNETICO-PARA-O-CONSELHO-ADMINISTRATIVO.pdf. Acesso em: 04 set. 2023.

da incontestável realidade dos riscos cibernéticos, é natural o surgimento de um seguro específico para tal risco.

Na experiência brasileira, o seguro contra riscos cibernéticos ou, mais especificamente, o "seguro de responsabilidade civil para riscos cibernéticos" é bastante recente, tendo sido ofertado pela primeira vez em 2012. Atualmente, segundo dados da SUSEP,[20] 12 seguradoras comercializam esse tipo de cobertura, cuja arrecadação em prêmios, bem como o pagamento em sinistros foi bastante expressiva nos últimos anos.

O aumento da demanda por esse tipo de produto é explicado pelo crescimento do quantitativo de ameaças e de efetivos ataques no ambiente virtual. Por sua vez, esse fator impulsiona as empresas a buscarem diversas formas de aumentar a sua segurança cibernética e, também, a buscar instrumentos úteis para minimizar eventuais consequências de violações de segurança. Além disso, coincide com a implementação da Lei Geral de Proteção de Dados Pessoais (LGPD), com todos os seus dispositivos em vigor desde agosto de 2021.

III. O INTERESSE LEGÍTIMO NO CONTRATO DE SEGURO E A COBERTURA PARA MULTAS E SANÇÕES ADMINISTRATIVAS

Um dos pontos mais controvertidos sobre o seguro contra riscos cibernéticos diz respeito à validade e à legitimidade da cobertura para multas e sanções administrativas. Entende-se que um possível parâmetro para ambas estas análises seja o interesse legítimo, elemento essencial de todo e qualquer contrato de seguro. Isto porque, em que pese o seguro contra riscos cibernéticos ser bastante recente, como já referido, é, em verdade, a customização de um contrato antigo para um novo risco. Assim, aos dilemas que são postos, não apenas podem como devem buscar respostas na própria dogmática dos seguros em geral.

Nos termos do art. 757 do Código Civil de 2002 (CC/02), "pelo contrato de seguro, o segurador se obriga, mediante o pagamento do prêmio, a garantir interesse legítimo do segurado, relativo a pessoa ou a coisa, contra riscos predeterminados". Desta conceituação depreende-se que um dos elementos essenciais do contrato de seguro é o interesse legítimo, sujeito a riscos determinados e que será garantido mediante o pagamento do prêmio

O interesse legítimo é representativo de uma relação de valor[21] entre aquele que contrata o seguro e o bem, ou as faculdades da vida (própria ou alheia), sendo certo que esse interesse não pode ser ilícito, assim como deve ser merecedor de tutela. Logo, em decorrência da legitimidade do interesse legítimo enquanto fundamento do contrato de

---

20. SUPERINTENDÊNCIA DE SEGUROS PRIVADOS. *Painel de Inteligência do Mercado de Seguros*. Disponível em: https://www2.susep.gov.br/safe/menuestatistica/pims.html. Acesso em: 04 set. 2023.

21. "o interesse segurável, como objeto material do contrato de seguro, não é pois uma coisa, mas uma relação, como o indica a própria etimologia (interesse); mais precisamente, ele é a relação existente entre o segurado e a coisa ou pessoa sujeita ao risco". COMPARATO, Fabio Konder. *O seguro de crédito*: estudo jurídico. São Paulo: Ed. RT, 1968, p. 26.

seguro, é nulo o contrato que visa garantir risco proveniente de ato doloso do segurado, nos termos do art. 762 do CC/02.[22]

Trata-se de regra geral, constante das disposições gerais sobre o contrato de seguro e, por certo, aplicável aos seguros contra riscos cibernéticos e que se justifica porque, além de desviar o contrato dos seus fins econômicos e sociais,[23] afetaria o equilíbrio do fundo constituído. Isso, especialmente porque os riscos deixariam de ser homogêneos, o que inevitavelmente, repercutiria negativamente na esfera dos demais componentes da base mutuária do seguro.[24] Ademais, é importante consignar que a regra do art. 762 diz respeito à fase formativa do contrato, proibindo seguros para atos dolosos, preservando a aleatoriedade dos interesses seguráveis.

Se por um lado, inexistem dúvidas acerca da nulidade de seguros para atos dolosos, controverte a doutrina se a regra abarca também a culpa grave. Entende-se que a regra não abarca atos culposos, até porque, uma das motivações para a contratação de certos seguros é o reconhecimento da falibilidade humana. Mas, a par da divergência doutrinária, fato é que, em regra, é possível pactuar a exclusão de cobertura por culpa grave. Inclusive, um dos principais pontos evidentes em apólices de seguros cibernéticos, diz respeito à exclusão do pagamento na cobertura de seguros. Além disso, usual é a realização de um amplo mapeamento antes da contratação, o que se justifica tanto para o adequado dimensionamento do risco, como para evitar eventuais discussões acerca de possíveis omissões quando da contratação.

De fato, a característica essencial do risco coberto por um contrato de seguro é a sua predeterminação no contrato.[25] Não sem razão que o legislador em diversas oportunidades[26] disciplinou expressamente o risco, a contar pelo art. 757 que inaugura o capítulo referente ao seguro, definindo este contrato, assim como enumerando os seus elementos essenciais, dentre os quais, há o risco predeterminado.

Como já afirmado, os sociólogos contemporâneos[27] estudiosos do tema risco, reformularam seu conceito, dissociando-o da noção de perigo e alocando-o como resul-

---

22. Art. 762, CC/02. Nulo será o contrato para garantia de risco proveniente de ato doloso do segurado, do beneficiário, ou de representante de um ou de outro.

23. TEPEDINO, Gustavo; BARBOZA, Heloisa Helena; BODIN DE MORAES, Maria Celina. *Código Civil Interpretado conforme a Constituição da República*: teoria geral dos contratos, contratos em espécie, atos unilaterais, títulos de crédito, responsabilidade civil e privilégios creditórios (arts. 421 a 965). Rio de Janeiro: Renovar, 2006, v. II, p. 569.

24. A esse respeito, remete-se ao artigo: RITO, Fernanda Paes Leme Peyneau. Função social nos contratos de seguro: a nova ordem contratual e sua implicação para os contratos de seguro à luz do CDC e do Código Civil. *Revista Trimestral de Direito Civil* – RTDC, Rio de Janeiro: Padma, v. 41, p. 45-70, jan./mar. 2010.

25. "Não há contrato de seguro sem que exista risco definido. É da sua própria natureza que o risco seja identificado para que possa haver levantamento do grau de possibilidade do seu acontecimento. O contrato de seguro não pode ser celebrado para garantir ocorrência de risco indefinido". DELGADO, José Augusto. *Comentários ao novo Código Civil*: das várias espécies de contrato. Do seguro (arts. 757 a 802). Rio de Janeiro: Forense, 2007, v. XI, t. I, p. 181.

26. Art. 757; Art. 760; Art. 761; Art. 762; Art. 764; Art. 768; Art. 769; Art. 770; Art. 773; Art. 779; Art. 782, todos do Código Civil de 2002.

27. Ver item II.

tado de uma decisão. Esta mesma concepção é aplicável ao contrato de seguro, em que o dano ressarcível será aquele atrelado a uma decisão e não simplesmente decorrente de um perigo.

O risco coberto, sendo derivado de uma decisão, é predeterminado e não poderia deixar de ser, sob pena de impor um perigo[28] para a mutualidade. Isto porque, o prêmio pago pelo segurado corresponde a garantia ofertada pelo segurador que, por sua vez, reflete a apreciação pecuniária do risco ao qual está exposto.[29]

A partir da vigência do art. 52 da LGPD, um "risco" considerável passou a ser a eventual aplicação de sanções administrativas previstas na lei, especialmente a multa. E, embora não se trate de um risco, exclusivamente cibernético, na medida em que o tratamento de dados, eventuais incidentes e infrações podem se dar em ambiente físico ou virtual, verdade é que os maiores riscos estão no ambiente virtual.

A controvérsia sobre a possibilidade ou não de cobertura securitária para sanções e multas envolve argumentos de ordem moral, visto o seu caráter punitivo e também pedagógico, visando desestimular a reincidência de determinada conduta. Assim, questiona-se se o seu pagamento por um seguro afastaria esse propósito e, ao contrário, até mesmo representaria incentivo a uma conduta mais negligente.

O argumento de ordem moral não deve prosperar, seja por seu caráter não jurídico seja porque, ao que parece, a *ratio* da própria lei protetiva indica o propósito maior de alterar a cultura acerca do tratamento dos dados pessoais e não de obstar o desenvolvimento da atividade econômica e/ou incluir parâmetros ajurídicos para balizar juízos de valor e justificar sanções. Isso resta evidenciado pelo rol de fundamentos da disciplina da proteção de dados pessoais (Art. 2º, LGPD) que abarca um conjunto de fundamentos vertidos para a proteção da pessoa[30] e outro grupo de fundamentos voltados para os inte-

---

28. "Risco não se confunde, assim, com infortúnio ou perigo, mas a infortúnios ativamente avaliados em relação a possibilidades futuras. A palavra só passa a ser comumente utilizada em sociedades 'orientadas para o futuro', sendo característica primordial da civilização industrial moderna. [...]. Os riscos crescentes foram acompanhados pelo desenvolvimento dos sistemas de seguro, base a partir da qual as pessoas estão dispostas a assumir riscos, especialmente os das atividades náuticas do século XVI, época dos primeiros seguros marítimos. Seguro é 'algo concebível quando acreditamos num futuro humanamente arquitetado', sendo um dos meios de operar o planejamento e redistribuir o risco". BARBOZA, Heloisa Helena. Responsabilidade Civil em Face das Pesquisas em Seres Humanos: Efeitos do Consentimento Livre e Esclarecido. In: MARTINS-COSTA, Judith; MÖLLER, Letícia Ludwig (Org.). *Bioética e Responsabilidade*. Forense: Rio de Janeiro, 2009, p. 205-233, p. 211.

29. Neste sentido: "Não se ignora, portanto, que o contrato de seguro se assenta sobre a de seleção de riscos, pois é inviável que um grupo de pessoas pretenda segurar-se contra todo e qualquer risco e, por outro lado, é inútil proteger-se contra nenhum risco. É no processo de seleção de riscos que se revela o entrechoque de interesses que, em última instância, leva à celebração do contrato. O segurador busca maximizar as receitas que aufere para administrar o fundo comum que irá cobrir riscos bem delimitados, enquanto o segurado quer se proteger contra o maior número de riscos pelo menor custo possível". STJ, 3T. REsp. 763.648/PR. Rel. Min. Nancy Andrighi, Julg.: 14.06.2007. DJ: 1º.12.2007, p. 272.

30. Tais como o respeito à privacidade; autodeterminação informativa; liberdade de expressão, de informação, de comunicação e de opinião; inviolabilidade da intimidade, da honra e da imagem; direitos humanos, livre desenvolvimento da personalidade, a dignidade e o exercício da cidadania pelas pessoas naturais, previstos no Art. 2º, I, II, III, IV e VII da LGPD.

resses de mercado, tais como o desenvolvimento econômico e tecnológico e a inovação; a livre iniciativa, a livre concorrência e a defesa do consumidor (Art. 2°, V e VI, LGPD).

Ao albergar zonas de tensão entre ideias antagônicas, resta claro que a disciplina jurídica da proteção de dados pessoais assume feição compromissória. Indica a necessária proteção da pessoa humana e de sua personalidade, mas sem que isso signifique intenção de dificultar o progresso econômico tecnológico. Afinal, como já destacado em doutrina:

> Ao contrário do que se pode pensar, a LGPD não pretende frear o desenvolvimento econômico e a inovação. Pelo contrário: esse desenvolvimento, natural da tecnologia, é essencial inclusive para que novos mecanismos de proteção de dados pessoais sejam criados, fazendo alusão ao contexto de cibersegurança.[31]

Ademais, malgrado a existência de um caráter punitivo em toda e qualquer sanção, a *ratio* da lei é, como já referido, o aculturamento e a alteração da forma como os dados pessoais vinham sendo tratados até então. Corrobora essa conclusão o fato de o legislador ter dedicado um capítulo exclusivo para segurança e boas práticas (arts. 46 a 51, LGPD).

Desde a entrada em vigor da LGPD novas diretrizes passaram a transformar a gestão quanto ao uso de dados pessoais. Elevados a princípios aplicáveis a todo e qualquer tratamento de dados, a segurança (art. 6°, VII, LGPD) e a prevenção (art. 6°, VIII, LGPD) impõem aos agentes de tratamento, sejam estes controladores ou operadores, a obrigação de adotar todas as medidas técnicas e administrativas adequadas à proteção das informações pessoais, com vistas à precaução e mitigação de danos em relação ao uso irregular, acidental ou ilícito de destruição, perda, alteração, comunicação ou difusão.

Não obstante controvérsias a despeito do regime de responsabilidade civil adotado pela LGPD, fato é que eventual falha por um agente de tratamento em suas atribuições no tratamento de dados já é capaz de deflagrar a sua responsabilização perante terceiros, seja em relação ao titular de dados ou à Autoridade Nacional de Proteção de Dados (ANPD). Particularmente no que toca às medidas de segurança e boas práticas definidas na LGPD, a regulamentação dos procedimentos relacionados à concretização de incidentes de segurança demonstra o amadurecimento quanto à seriedade de condutas e ações a serem adotadas por agentes de tratamento, especialmente a partir da atuação da ANPD.[32]

Por fim, o argumento de que a contratação de um seguro poderia representar incentivo a uma conduta mais negligente, igualmente não deve prosperar, seja pela sinalização já dada pela própria ANPD no que diz respeito à aplicação das sanções administrativas.

---

31. SOUZA, Carlos Affonso; MAGRANI, Eduardo; CARNEIRO, Giovana. A Lei Geral de Proteção de Dados Pessoais: uma transformação na tutela dos dados pessoais. In: MULHOLLAND, Caitlin (Org.). *A LGPD e o novo marco normativo no Brasil*. Porto Alegre: Arquipélago, 2020, p. 51-52.

32. A título de exemplo, a ANPD deu um importante passo em 2022, descrevendo o contorno desses elementos, além de instituir o Formulário de Comunicação de Incidentes de Segurança. AUTORIDADE NACIONAL DE PROTEÇÃO DE DADOS. *Comunicação de incidente de segurança*. Disponível em: https://www.gov.br/anpd/pt-br/canais_atendimento/agente-de-tratamento/comunicado-de-incidente-de-seguranca-cis. Acesso em: 22 ago. 2023.

Em fevereiro de 2023, foi aprovado o regulamento de dosimetria e aplicação de sanções administrativas pela ANPD[33] com o objetivo de "estabelecer parâmetros e critérios para aplicação de sanções administrativas pela Autoridade Nacional de Proteção de Dados (ANPD), bem como as formas e dosimetrias para o cálculo do valor-base das sanções de multa" (art. 1º). O regulamento elenca um conjunto de parâmetros e critérios para a definição das sanções (art. 7º), bem como classifica as infrações, segundo a sua gravidade e natureza (art. 8º).

Ao analisar tanto os critérios para a definição das sanções e para a classificação das infrações, observa-se a relevância da conduta do infrator no que diz respeito à observância ou não do conjunto de regras e princípios de proteção dos dados pessoais.[34]

Por fim, cumpre ressaltar que, pela regra do art. 762 não há óbice à cobertura para eventual sanção administrativa ou multa. Inclusive, a SUSEP reconhece a possibilidade de tais coberturas, pelo menos, desde 2016[35] e que, na Circular 637, de 2021, que dispõe sobre os seguros do grupo responsabilidades, expressamente previu no art. 3º, § 3º, que "a sociedade seguradora poderá oferecer outras coberturas, além daquela descrita no caput, inclusive para os custos de defesa dos segurados, e a cobertura de multas e penalidades."

IV. CONSIDERAÇÕES FINAIS: FUNÇÃO SOCIAL DO SEGURO CONTRA RISCOS CIBERNÉTICOS

Como pode se observar, o panorama relacionado à manutenção da Segurança da Informação mudou significativamente a partir de parâmetros progressivamente mais recrudescidos em relação à proteção dos dados pessoais. Significa dizer, portanto, que muito embora os riscos atrelados aos ataques cibernéticos, em certa medida, sejam proporcionais aos cuidados e cautelas que devem ser enveredados ao manipular informações pessoais em qualquer realidade, empresarial, corporativa etc. Nesse sentido, pode-se afirmar que um processo de gestão de riscos eficaz deve ser capaz de apontar "as medidas predefinidas de ação, prevendo a qualificação contínua do risco, de forma a consistir em instrumento necessário de preparação da organização para atuar em casos de incidentes".[36]

---

33. Resolução CD/ANPD n. 4, de 24 de fevereiro de 2023.
34. Vale destacar que, recentemente, a ANPD publicizou sua primeira multa administrativa. De acordo com a decisão publicada no DOU (GOV.BR. *Diário Oficial da União*. Disponível em: https://www.gov.br/anpd/pt--br/assuntos/noticias/2022-62-dou-imprensa-nacional.pdf. Acesso em: 04 set. 2023). Após a instauração do Processo Administrativo Sancionador, a Coordenação-Geral de Fiscalização (CGF) da ANPD concluiu que a empresa Telekall Infoservice infringiu os arts. 7º e o 41 da LGPD, além do art. 5º do Regulamento de Fiscalização, totalizando uma multa de R$ 14.400,00. Nos termos do relatório que embasou a decisão da Autoridade, houve infração ao art. 7º, LGPD, "pois sua atividade comercial não está regularmente amparada por nenhuma das hipóteses de tratamento previstas" no respectivo artigo, ademais, também restou verificada a ofensa ao art. 41, LGPD, ante a "falta de comprovação da indicação do encarregado". Por fim, a ofensa ao art. 5º do Regulamento ocorreu devido ao fato de o agente ter deixado "de cumprir o dever de fornecer cópia de documentos, dados e informações relevantes para a avaliação das atividades de tratamento de dados pessoais, no prazo, local, formato e demais condições estabelecidas pela ANPD". Autoridade Nacional de Proteção de Dados. *Relatório de Instrução n. 1/2023/CGF/ANPD*. Disponível em: https://www.gov.br/anpd/pt-br/assuntos/noticias/sei_00261-000489_2022_62_decisao_telekall_inforservice.pdf. Acesso em: 04 set. 2023.
35. Circular SUSEP 541, de 2016, que regulamenta o seguro D&O.
36. MENKE, Fabiano; GOULART, Guilherme Damasio. Segurança da informação e vazamento de dados. In: DONEDA, Danilo et al (Coord.). *Tratado de proteção de dados pessoais*. Rio de Janeiro: Forense: 2021, p. 357.

Os contratos de seguros cibernéticos se apresentam como instrumentos que são indispensáveis a essa nova realidade. Afinal, são capazes de oferecer segurança às operações envolvendo o tratamento de dados pessoais, conferindo maior autonomia aos prestadores de serviços. No entanto, a contratação de um seguro cibernético não confere uma cláusula de exoneração aos contratantes. Isto é, o fato de determinado agente gozar de proteção de seguros cibernéticos não outorga a ele proteção integral face a qualquer incidente de segurança. É o que pode se interpretar até mesmo de apólices.

Esta expressão nada mais expressa do que a força atribuída à função social do contrato. Ou seja, é determinante que "os interesses individuais das partes do contrato sejam exercícios em conformidade com os interesses sociais",[37] a exemplo da dignidade da pessoa humana, a solidariedade social e todos os demais elementos socialmente relevantes, incluindo a proteção de dados pessoais, enquanto um direito fundamental indispensável ao livre desenvolvimento da personalidade humana.

O amadurecimento dessa necessária simbiose entre fornecedores de seguros cibernéticos e a adequação do compliance de dados por segurados informará os próximos passos do aperfeiçoamento tecnológico em atenção à pessoa humana. Como bem reflete Umberto Eco, os "recentes incidentes planetários na internet não devem causar espanto. Todos sabem que quanto mais avançada é uma tecnologia, melhor ela se presta ao atentado".[38]

REFERÊNCIAS

ALLIANZ. *Responsabilidade Civil por Ataques Cibernéticos*. Disponível em: https://www.allianz.com.br/content/dam/onemarketing/iberolatam/allianz-br/documents/outros-seguros/responsabilidade-civil/riscos-ciberneticos/Resp-Civil-por-Ataques-Ciberneticos_Agosto-2017.pdf. Acesso em: 29 ago. 2023.

BARBOZA, Heloisa Helena. Responsabilidade Civil em Face das Pesquisas em Seres Humanos: Efeitos do Consentimento Livre e Esclarecido. In: MARTINS-COSTA, Judith; MÖLLER, Letícia Ludwig (Org.). *Bioética e Responsabilidade*. Forense: Rio de Janeiro, 2009.

BECK, Ulrich. *Sociedade de risco*: rumo a uma outra modernidade. São Paulo: Editora 34, 2010.

BECK, Ulrich; GIDDENS, Anthony e LASH, Scott. *Modernização reflexiva*: política, tradição e estética na ordem social moderna. São Paulo: UNESP, 1997.

COMPARATO, Fabio Konder. *O seguro de crédito*: estudo jurídico. São Paulo: Ed. RT, 1968.

DAROS, Gabriel. *O que é phishing? Evite que roubem seus dados na internet*. Disponível em: https://www.uol.com.br/tilt/noticias/redacao/2023/01/27/o-que-e-phishing-saiba-como-evitar-que-roubem-seus-dados-na-internet.htm. Acesso em: 29 ago. 2023.

DELGADO, José Augusto. *Comentários ao novo Código Civil*: das várias espécies de contrato. Do seguro (arts. 757 a 802). Rio de Janeiro: Forense, 2007. v. XI. t. I.

ECO, Umberto. *Pape Satàn aleppe*: crônicas de uma sociedade líquida. Rio de Janeiro: Record, 2019.

FEDERAL BUREAU OF INVESTIGATION. *2022 Internet Crime Report*. Disponível em: https://www.ic3.gov/Media/PDF/AnnualReport/2022_IC3Report.pdf. Acesso em: 13 ago. 2023.

---

37. LÔBO, Paulo. *Direito Civil: Contratos*. 2. ed. São Paulo: Saraiva, 2014, p. 65.
38. ECO, Umberto. *Pape Satàn aleppe*: crônicas de uma sociedade líquida. Rio de Janeiro: Record, 2019, p. 74.

FRAZÃO, Ana. *O que são 'dark patterns'?* Disponível em: https://www.jota.info/opiniao-e-analise/colunas/constituicao-empresa-e-mercado/o-que-sao-dark-patterns-12072023. Acesso em: 29 ago. 2023.

GIDDENS, Anthony. *As consequências da modernidade.* São Paulo: UNESP, 1991.

GOV.BR. *Diário Oficial da União.* Disponível em: https://www.gov.br/anpd/pt-br/assuntos/noticias/2022-62-dou-imprensa-nacional.pdf. Acesso em: 04 set. 2023.

MENKE, Fabiano; GOULART, Guilherme Damasio. Segurança da informação e vazamento de dados. In: DONEDA, Danilo et al. (Coord.). *Tratado de proteção de dados pessoais.* Rio de Janeiro: Forense: 2021.

NALIN, Carolina. *Brasil é o maior alvo de ataques cibernéticos na América Latina.* Veja ranking. Disponível em: https://oglobo.globo.com/economia/tecnologia/noticia/2023/06/brasil-e-o-maior-alvo-de-ataques-ciberneticos-na-america-latina-veja-ranking.ghtml. Acesso em: 29 ago. 2023.

ORGANIZAÇÃO DOS ESTADOS AMERICANOS. Manual de Suporte sobre Risco Cibernético para o Conselho Administrativo. Disponível em: https://www.oas.org/pt/ssm/cicte/docs/POR-MANUAL-DE-SUPORTE-SOBRE-RISCO-CIBERNETICO-PARA-O-CONSELHO-ADMINISTRATIVO.pdf. Acesso em: 04 set. 2023.

PROCON-SP. *Procon-SP notifica Serasa*: Empresa deverá responder se confirma o incidente divulgado e, em caso positivo, explicar os motivos e providências adotadas. Disponível em: https://www.procon.sp.gov.br/procon-sp-notifica-serasa/. Acesso em: 22 ago. 2023.

RITO, Fernanda Paes Leme Peyneau. Função social nos contratos de seguro: a nova ordem contratual e sua implicação para os contratos de seguro à luz do CDC e do Código Civil. *Revista Trimestral de Direito Civil* – RTDC. Rio de Janeiro: Padma, v. 41, p. 45-70, jan./mar. 2010.

SANTOS, Gilmara. *Busca por seguro cibernético cresce no país, mas análise das apólices fica mais burocrática.* Disponível em: https://www.infomoney.com.br/minhas-financas/busca-por-seguro-cibernetico-cresce-no-pais-mas-analise-das-apolices-fica-mais-burocratica/. Acesso em: 13 ago. 2023.

SCHREIBER, Anderson. *Manual de Direito Civil Contemporâneo.* 6. ed. São Paulo: Saraivajur, 2023.

SUPERINTENDÊNCIA DE SEGUROS PRIVADOS. *Painel de Inteligência do Mercado de Seguros.* Disponível em: https://www2.susep.gov.br/safe/menuestatistica/pims.html. Acesso em: 04 set. 2023.

SUPERIOR TRIBUNAL DE JUSTIÇA. *Em razão de ataque cibernético, STJ funcionará em regime de plantão até o dia 9.* Disponível em: https://www.stj.jus.br/sites/portalp/Paginas/Comunicacao/Noticias/04112020-Em-razao-de-ataque-cibernetico--STJ-funcionara-em-regime-de-plantao-ate-o-dia-9.aspx. Acesso em: 31 ago. 2023.

TECHTUDO. *O que é ransomware? Entenda como funciona e como remover o malware.* Disponível em: https://www.techtudo.com.br/guia/2023/05/o-que-e-ransomware-entenda-como-funciona-e-como-remover-o-malware-edsoftwares.ghtml. Acesso em: 29 ago. 2023.

TEPEDINO, Gustavo; BARBOZA, Heloisa Helena; BODIN DE MORAES, Maria Celina. *Código Civil Interpretado conforme a Constituição da República:* teoria geral dos contratos, contratos em espécie, atos unilaterais, títulos de crédito, responsabilidade civil e privilégios creditórios (arts. 421 a 965). Rio de Janeiro: Renovar, 2006. v. II.

VERIZON. *2022 Mobile Security Index.* Disponível em: https://www.verizon.com/business/resources/reports/mobile-security-index/. Acesso em: 13 ago. 2023.

WORLD ECONOMIC FORUM. *Reports.* Disponível em: https://www.weforum.org/reports. Acesso em: 04 set. 2023.

WORLD ECONOMIC FORUM. *The Cyber Resilience Index: Advancing Organizational Cyber Resilience.* Disponível em: https://www.weforum.org/whitepapers/the-cyber-resilience-index-advancing-organizational-cyber-resilience/. Acesso em: 13 ago. 2023.

ZURICH. *Seguro para Riscos Cibernéticos.* Disponível em: https://www.zurich.com.br/pt-br/seguros-empresariais/protecao-digital. Acesso em: 29 ago. 2023.

IMPACTOS DA LEI 14.599/2023 NOS SEGUROS DE TRANSPORTE RODOVIÁRIO DE CARGA

Camila Affonso Prado

Doutora e Mestre em Direito Civil pela Universidade de São Paulo. Especialista em Direito Civil pela Universidade Presbiteriana Mackenzie. Associada-Titular do Instituto Brasileiro de Estudos de Responsabilidade Civil (IBERC). Sócia da área de Seguros, Resseguros, Previdência Privada e Saúde Suplementar do Demarest Advogados.

Lucas Nascimento

Mestre em Direito de Seguros (LL.M.) pela Queen Mary University of London. Especialista em Direito Processual Civil pela Universidade Presbiteriana Mackenzie. Bacharel em Direito pelo Centro Universitário das Faculdades Metropolitanas Unidas (FMU). Advogado da área de Seguros, Resseguros, Previdência Privada e Saúde Suplementar do Demarest Advogados.

Resumo: O artigo apresenta uma detalhada análise das mudanças implementadas pela Lei 14.599/2023 na redação do artigo 13 da Lei 11.442/2007, que dispõe sobre o transporte rodoviário de cargas e os seguros aplicáveis a essa atividade. Especificamente, são abordados os aspectos referentes aos seguros de contratação obrigatória; à estipulação de seguros em nome do transportador; aos planos de gerenciamento de riscos e às cartas de dispensa do direito de regresso emitidas por seguradoras. O objetivo do presente estudo é avaliar os impactos causados na dinâmica de contratação e operação de tais seguros, a fim de contribuir com os intensos debates que se instauraram sobre o tema após a publicação da lei, bem como auxiliar na interpretação dos novos dispositivos.

Sumário: I. Introdução – II. Contexto legislativo; II.1 Decreto-lei 73/1966 e Lei 11.442/2007; II.2 Medida Provisória 1.153/2022 – III. Impactos da Lei 14.599/2023 nos seguros de transporte rodoviário de carga; III.1 Alterações nos seguros obrigatórios e na cobertura do RC-DC; III.2 (Im) possibilidade de estipulação do seguro de RCTR-C pelo embarcador; III.3 Planos de gerenciamento de riscos e impactos na dispensa do direito de regresso – IV. Conclusão – Referências.

I. INTRODUÇÃO

O transporte rodoviário de cargas é uma modalidade de transporte crucial e a mais utilizada no Brasil, em função da alta demanda para a movimentação de mercadorias, do alcance a todas as regiões do país e, sem dúvidas, de seu menor custo quando comparado a outras modalidades.

Por meio do contrato de transporte, o transportador se obriga a conduzir a carga ao destino e a entregá-la em bom estado, assumindo um verdadeiro dever de incolumidade. Nesse sentido, a natureza da obrigação do transportador é de resultado, e ele responde objetivamente por quaisquer danos causados à carga, independentemente de ter agido com culpa ou dolo durante o transporte. Por esse motivo, há uma relação muito próxima entre o universo do Transporte e o contrato de Seguro, que funciona como um importante instrumento de proteção patrimonial tanto para aqueles que exercem a atividade de transportador, quanto para os embarcadores que desejam transportar suas mercadorias.

Atualmente, o transporte rodoviário de cargas é regulado pela Lei 11.442/2007, a qual também dispõe sobre a contratação de seguros contra perdas e danos à carga, especialmente em seu artigo 13. No final do ano de 2022, porém, o referido artigo foi alterado pela Medida Provisória 1.153/2022, que tinha como objetivo modificar a dinâmica de contratação dos seguros aplicáveis ao transporte rodoviário, partindo da premissa de que o modelo até então vigente não atendia os interesses dos transportadores.

Com o início de vigência da Medida Provisória, iniciou-se também a tramitação no Congresso Nacional do projeto visando à sua conversão em lei. Nesse contexto, foram apresentadas emendas ao texto original da Medida Provisória e, ao final, a Lei 14.599/2023 foi promulgada em 19.06.2023, alterando definitivamente a redação do artigo 13 da Lei 11.442/2007 e implementando diversas mudanças na relação entre o transporte rodoviário e o contrato de seguro.

Dentre os temas tratados no artigo 13 da Lei 11.442/2007, de acordo com a nova redação dada pela Lei 14.599/2023, aqueles que interessam ao presente artigo são:

(i) Os seguros de contratação obrigatória e facultativa do transportador e do embarcador;

(ii) A (im)possibilidade de estipulação do seguro de responsabilidade civil do transportador rodoviário de cargas pelo embarcador; e

(iii) Os planos de gerenciamento de risco e a cláusula de dispensa do direito de regresso – DDR.

Trata-se de temas bastante controversos e que têm gerado intensa discussão quanto aos impactos práticos causados aos transportadores, embarcadores e seguradoras. Isso porque a nova Lei não estabeleceu um período de *vacatio legis*, tendo entrado em vigor na data de sua publicação, em 20/06/2023, sem qualquer período de adaptação, a despeito das alterações sensíveis que promoveu. Além disso, até a finalização da redação deste artigo, o órgão regulador de seguros – a Superintendência de Seguros Privados (SUSEP) – não havia se manifestado sobre as alterações ou proposto uma atualização das normas administrativas que regulam os seguros de transporte rodoviário, mais especialmente a Circular SUSEP 354/2007,[1] a Resolução CNSP 219/2010[2] e a Circular SUSEP 422/2011.[3]

É em vista deste novo cenário, altamente controvertido, que o presente artigo tem o escopo de apresentar reflexões iniciais e contribuir para o debate a respeito do tema.

---

1. Circular SUSEP 354/2007: "Disponibiliza no sítio da SUSEP as condições contratuais do plano padronizado para o seguro de transportes e estabelece as regras mínimas para a comercialização deste seguro".
2. Resolução CNSP 219/2010: "Dispõe sobre o Seguro Obrigatório de Responsabilidade Civil do Transportador Rodoviário – Carga (RCTR-C)".
3. Circular SUSEP 422/2011: "Estabelece as regras básicas para a comercialização do Seguro de Responsabilidade Civil do Transportador Rodoviário por Desaparecimento de Carga (RCF-DC), e disponibiliza, no endereço eletrônico da SUSEP, as condições contratuais do Plano Padronizado deste seguro".

II. CONTEXTO LEGISLATIVO

II.1 Decreto-lei 73/1966 e Lei 11.442/2007

Antes de avaliarmos os impactos causados pela Lei 14.599/2023, é importante examinarmos as diferentes modalidades e o arcabouço normativo em torno dos seguros para as operações de transporte rodoviário de cargas existentes antes de sua edição.

O Decreto-Lei 73/1966 instituiu o Sistema Nacional de Seguros Privados e listou, em seu artigo 20, os seguros que são de contratação obrigatória no país, dentre eles, (i) o seguro de transporte de bens de pessoas jurídicas (alínea h), que visa a garantir os interesses do proprietário da carga (ou embarcador) contra danos às suas mercadorias durante o transporte de bens no Brasil (trata-se do seguro do ramo de "Transporte Nacional"[4]); e (ii) o seguro de responsabilidade civil dos transportadores terrestres (alínea m), que assegura os interesses do transportador por danos causados à carga de terceiros, que lhe tenham sido entregues para transporte, em decorrência de acidentes como colisão, capotagem, abalroamento, tombamento, incêndio ou explosão do veículo transportador (o "RCTR-C").

Além dos dois seguros obrigatórios mencionados acima, outras duas modalidades de seguro possuem grande relevância na operação do transporte rodoviário de cargas: (i) o seguro de responsabilidade civil facultativo do transportador por desaparecimento de carga ("RCF-DC"), que objetiva cobrir os danos causados à carga em decorrência de seu desaparecimento, concomitantemente com o do veículo, por apropriação indébita, estelionato, furto simples ou qualificado, extorsão simples ou mediante sequestro e roubo; e (ii) o seguro de responsabilidade civil facultativo de veículos ("RCF-V"), que garante danos causados a terceiros pelo veículo segurado em acidentes de trânsito, atropelamentos, colisões, entre outros. A contratação destes dois outros seguros, no entanto, era facultativa.[5]

Posteriormente, com a edição da Lei 11.442 em 2007, o legislador ratificou a obrigatoriedade do seguro RCTR-C, bem como autorizou que sua contratação fosse feita

---

4. O seguro de Transporte Nacional, na prática, garante as perdas e danos às mercadorias transportadas em território nacional, por diferentes meios de transporte. Diferentemente do seguro do transportador (RCTR-C), que garante a responsabilidade deste perante um terceiro (dono da carga), o seguro de Transporte Nacional objetiva preservar o patrimônio do próprio dono da carga, garantindo a este um conforto maior em caso de sinistro, visto que não dependerá de seguros de terceiros para recompor seu prejuízo. Assim, a despeito de ambos os seguros recaírem sobre a carga transportada, os interesses garantidos são distintos. Seguindo esse racional, o seguro de Transporte Nacional oferece coberturas mais amplas que o seguro do transportador, cuja cobertura é limitada a hipóteses específicas.

5. É importante esclarecer que a alínea 'l' do artigo 20 do Decreto-Lei 73/1966 (que determina ser obrigatória a contratação de seguros contra "danos pessoais causados por veículos automotores de vias terrestres e por embarcações, ou por sua carga, a pessoas transportadas ou não;") não se refere ao seguro de RCF-V aqui mencionado. Na verdade, o dispositivo trata do seguro DPVAT, cuja contratação é obrigatória por todos aqueles proprietários de veículo automotor e que garante cobertura para morte, invalidez permanente e despesas de assistência médica e suplementares. O seguro RCF-V, por sua vez, funciona como um complemento ao DPVAT, pois garante uma cobertura mais ampla com limites maiores e para diferentes verbas, como danos materiais.

pelo próprio transportador ou pelo contratante do serviço – isto é, o embarcador –, reconhecendo a possibilidade de estipulação da apólice por terceiros.[6] Essa era a redação original do artigo 13 da referida Lei:

> Art. 13. Sem prejuízo do seguro de responsabilidade civil contra danos a terceiros previsto em lei, toda operação de transporte contará com o seguro contra perdas ou danos causados à carga, de acordo com o que seja estabelecido no contrato ou conhecimento de transporte, podendo o seguro ser contratado:
>
> I – pelo contratante dos serviços, eximindo o transportador da responsabilidade de fazê-lo;
>
> II – pelo transportador, quando não for firmado pelo contratante.
>
> Parágrafo único. As condições do seguro de transporte rodoviário de cargas obedecerão à legislação em vigor.

Em tal caso, a contratação do seguro RCTR-C poderia ser feita pelo embarcador em nome do transportador, cabendo àquele a negociação direta das condições do seguro com a seguradora, a qual, em geral e na prática, era por muitas vezes a mesma seguradora da apólice de Transporte Nacional. De qualquer modo, o segurado da apólice de RCTR-C continuava sendo, necessariamente, o transportador. Nesse sentido, a Carta-Circular 02/2015[7] emitida pela SUSEP, em 29.01.2015, não deixava dúvidas:

> b) O embarcador *não* pode contratar, em seu nome, o seguro de RCTR-C, substituindo o transportador rodoviário de cargas. O embarcador pode ser *estipulante* do seguro RCTR-C, contratando este seguro no lugar do transportador, conforme autoriza o artigo 13 da Lei 11.442/2007. *No entanto, o segurado é, necessariamente, o transportador*. Além disso, a estipulação deve obedecer o artigo 1º, parágrafos 2º e 3º, e também o artigo 20, parágrafo 1º, todos das Condições Gerais da Resolução CNSP 219/2010. Em outras palavras, a apólice estipulada deve ser individual, para um único transportador, e caso tal transportador possua apólice do seguro RCTR-C emitida por outra seguradora, a apólice estipulada (dita adicional), deve fazer menção explícita à existência da outra apólice (dita principal).

A contratação da apólice de RCTR-C por estipulação pelo embarcador dá a ele uma série de vantagens. Isso porque, antes da estipulação, o seguro era necessariamente contratado pelo transportador e o respectivo custo do prêmio era repassado ao embarcador no valor do frete (por meio da taxa *ad valorem*), encarecendo o custo do transporte. Além disso, a regra era que os transportadores deveriam ter uma única apólice garantindo os tipos de carga que transportava, com limites de cobertura adequados, o que também elevava o prêmio e, consequentemente, a taxa *ad valorem*.

Com a possibilidade de emissão das apólices por estipulação, a partir da Resolução CNSP 134/2005 e da Lei 11.442/2007, o cenário se alterou substancialmente. Na maioria dos casos, o embarcador passou a contratar a apólice em nome do transportador, tendo a

---

6. Já anteriormente reconhecida pelo Conselho Nacional de Seguros Privados por meio da Resolução 134/2005: "Art. 2º Introduzir, no Art. 1º, do Título I – Condições Gerais, da Resolução CNSP 123, após o parágrafo 3º, um novo parágrafo, de número ordinal 4º, com a seguinte redação: § 4º *É facultada a estipulação da apólice por terceiros, sem prejuízo das disposições desta Resolução, em particular os parágrafos 2º e 3º deste artigo, e os artigos 19 e 20 destas Condições Gerais.*"

7. Carta-Circular 02/2015/SUSEP/DIRAT/CGPRO.

oportunidade de obter melhores taxas de prêmio com as seguradoras, bem como negociar limites maiores e condições de coberturas mais específicas para a sua carga, justamente para atender às suas necessidades de acordo com as particularidades de cada embarque.

Nesse contexto, outro importante elemento presente na operação de transporte de cargas é o plano de gerenciamento de risco ("PGR"), que geralmente é uma exigência das seguradoras dos embarcadores e compartilhado com aquele que executa o transporte para o cumprimento de suas previsões.

Do ponto de vista prático, o gerenciamento de riscos no transporte de bens possui como objetivo minimizar o risco de acidentes e danos à mercadoria transportada – em especial, decorrentes de roubo –, por meio da adoção de diversas medidas de segurança, tais como a consulta de perfil de motoristas, a obrigatoriedade de manutenção preventiva de veículos, a instalação de sensores e atuadores nos veículos, a utilização de rastreamento, monitoramento, escolta armada e rotas planejadas, entre outros. Logo, as medidas de gerenciamento de risco também implicam na redução dos prêmios de seguro para ambos, embarcador e transportador.

Além disso, a apólice de RCTR-C por estipulação também produzia efeitos positivos em relação ao transportador. Isso porque, além de sua responsabilidade estar garantida por uma apólice específica e mais adequada à carga de seu cliente, ao cumprir as medidas do PGR o transportador poderia se beneficiar com a dispensa do direito de regresso dada pela seguradora do embarcador.[8]

A carta de dispensa ao direito de regresso (DDR) consiste em um documento emitido pela seguradora do embarcador ao transportador informando a renúncia ao direito da ação regressiva contra o transportador responsável por eventuais danos causados à carga. Essa dispensa, no entanto, não se dava em toda e qualquer situação.

À exceção estavam, em geral, os sinistros causados por riscos cobertos pelo seguro obrigatório de RCTR-C, de modo que a dispensa se aplicava apenas aos sinistros decorrentes de riscos cobertos por seguros facultativos, como o roubo ou furto da carga, por exemplo.[9] Além disso, era exigido do transportador que cumprisse fielmente todas as medidas do PGR solicitado pelo embarcador, do qual ele deveria tomar ciência prévia, sob pena de se afastar o benefício concedido. Também era exigido que o transportador cumprisse as normas de trânsito e não agisse com culpa grave, dolo ou má-fé durante o transporte da carga.

---

8. Garantido pelo artigo 786 do Código Civil: "Paga a indenização, o segurador sub-roga-se, nos limites do valor respectivo, nos direitos e ações que competirem ao segurado contra o autor do dano."; e pela Súmula 188 do Supremo Tribunal Federal: "O segurador tem ação regressiva contra o causador do dano, pelo que efetivamente pagou, até ao limite previsto no contrato de seguro.".

9. Segundo Guilherme Henrique Lima Reinig, "dentre as condicionantes do efeito liberatório prevê-se geralmente que a DDR não é aplicável se os prejuízos decorrerem de risco amparado pelo seguro obrigatório do transportador rodoviário de cargas. A previsão tem a sua lógica. Embora o transportador não possa invocar a DDR, respondendo pelo prejuízo sofrido pelo embarcador indenizado pelo segurador do Seguro Transporte Nacional ou Internacional, ele, o transportador, estaria coberto pelo RCTR-C". Disponível em: https://www.conjur.com.br/2023-mai-22/direito-civil-atual-consideracoes-clausula-ddr-apolice-estipulacao. Acesso em: 31 ago. 2023.

Essas condições se justificavam para que a DDR não se tornasse um salvo-conduto para eventuais atos ilícitos cometidos pelo transportador em relação à carga confiada a ele. Nesse sentido, para fazer jus ao benefício da DDR, o transportador deveria observar integralmente o dever geral de cautela que dele se espera.[10]

Em resumo, portanto, diante da ocorrência de um sinistro envolvendo uma carga segurada por apólice de Transporte Nacional com concessão de DDR ao transportador, o que ocorria era: o embarcador acionava a sua apólice e, havendo cobertura, recebia a indenização de sua seguradora, que se sub-rogava nos seus direitos contra o causador do dano. Em seguida, a seguradora avaliava se o PGR atrelado à apólice do embarcador e demais condições da DDR tinham sido cumpridos. Caso positivo, a seguradora assumiria o prejuízo e não ajuizaria a ação regressiva contra o transportador. Caso contrário, isto é, em caso de descumprimento das medidas do PGR ou outras condições da DDR, a seguradora do embarcador buscaria o ressarcimento contra o transportador.

Muitos transportadores, no entanto, criticavam a dinâmica de contratação de apólice por estipulação e a concessão de DDR vinculada ao cumprimento do PGR. O principal argumento era que as empresas de transporte possuem diversos clientes, cada um com um PGR diferente e, muitas vezes, mais de um PGR a ser cumprido em um mesmo embarque fracionado,[11] de modo que o cumprimento dos diferentes planos lhes causava enorme burocracia e dificuldades operacionais e financeiras, o que, ao final, acabava por encarecer o frete.[12]

Segundo tais críticas, essa prática adotada pelo mercado impedia que os transportadores negociassem as condições de seu seguro RCTR-C e adotassem o seu próprio PGR, além de resultar em uma maior exposição às ações de regresso ajuizadas pelas seguradoras dos embarcadores, uma vez que, segundo alegavam, as DDRs possuíam condições que, muitas vezes, eram difíceis de serem completamente cumpridas.

De qualquer modo, este era o cenário que se tinha até então: (i) os seguros obrigatórios eram o RCTR-C e o Transporte Nacional, sendo que (ii) era permitido aos embarcadores que contratassem as apólices de RCTR-C por estipulação e determinassem o plano de gerenciamento de risco a ser seguido pelo transportador, o qual, por sua vez, (iii) não seria demandado, em caso de sinistro, em ação regressiva pela seguradora do embarcador quando cumpridas as condições da carta DDR.

II.2   Medida Provisória 1.153/2022

Ocorre que, em 30 de dezembro de 2022, foi publicada a Medida Provisória 1.153/2022 ("MP") que, além de dispor sobre outros assuntos, deu nova redação ao

---

10. CREMONEZE, Paulo Henrique; BRITTO, Christian Smera. *Breve reflexão sobre a cláusula DDR e o seguro de transporte*. Disponível em: https://www.migalhas.com.br/depeso/297191/breve-reflexao-sobre-a-clausula-ddr-e-o-seguro-de-transporte. Acesso em: 21 jul. 2023.

11. Isto é, com diferentes cargas de diferentes embarcadores.

12. Associação Brasileira de Transporte e Logística de Produtos Perigosos. *RCTR-C: O seguro do transportador*. Informativo ABTLP. 2014. Disponível em: http://www.abtlp.org.br/index.php/rctr-c-o-seguro-do-transportador/. Acesso em: 21 jul. 2023.

artigo 13 da Lei 11.442/2007, alterando significativamente a dinâmica de contratação dos seguros de transporte rodoviário de cargas.

A medida em questão surge em um contexto político, como um aceno do governo federal da época às empresas transportadoras e aos caminhoneiros autônomos, com o objetivo de lhes dar maior controle nas contratações de suas apólices de seguro. De acordo com as justificativas apresentadas na MP, as mudanças implementadas decorriam de fortes críticas que já haviam sido manifestadas pelos integrantes do setor de transportes. Veja-se, por exemplo, trecho da exposição de motivos da MP em que as alterações propostas são justificadas pelas burocracias e distorções existentes no setor de transportes:[13]

> Tal regra, por natural, traz enormes prejuízos para as transportadoras, uma vez que a maioria dos grandes embarcadores contrata diretamente, em nome do transportador, apólice de seguro, estabelecendo, por consequência, regras próprias em plano de gerenciamento de riscos. *Essa disparidade de exigências das seguradoras causa burocracia e grandes perdas operacionais aos operadores do transporte* [...]
>
> [...] a alteração do art. 13 da Lei 11.442 de 5 de janeiro de 2007, trazida por esta Medida Provisória [...] *é providência urgente e de rigor para corrigir distorções ora existentes no setor de transportes* que vêm produzindo um volume multimilionário de litígios judiciais, os quais assomem a cada dia, em relação a indenizações securitárias. (grifou-se)

Nesse sentido, a primeira grande alteração trazida pela MP diz respeito à vedação expressa à contratação do seguro de RCTR-C por estipulação do embarcador, o que se extrai da redação proposta para o *caput* e § 1º do artigo 13:

> Art. 13. São de contratação exclusiva dos transportadores, pessoas físicas ou jurídicas, prestadores do serviço de transporte rodoviário de cargas: (...)
>
> § 1º Cabe exclusivamente ao transportador a escolha da seguradora, vedada a estipulação das condições e características da apólice por parte do contratante do serviço de transporte.

Referida alteração foi promovida sob o argumento de que a regra que permitia a estipulação das apólices de RCTR-C trazia prejuízos às transportadoras, em virtude da imposição de diversos planos de gerenciamento de risco pelos diferentes embarcadores em operações fracionadas, e que isso lhes retirava o direito de escolher suas próprias seguradoras.

Na mesma linha, a exposição de motivos da MP afirma que os transportadores acreditam que as cartas DDR consistem em "verdadeiras armadilhas" para eles,[14] uma vez que,

---

13. BRASIL. Exposição de Motivos da Medida Provisória 1.153, de 29 de dezembro de 2022. Disponível em: https://www.planalto.gov.br/ccivil_03/_Ato2019-2022/2022/Exm/Exm-Mpv-1153-22.pdf. Acesso em: 31 ago. 2023.

14. "Vale ressaltar que o instrumento utilizado para formalizar essa pretensa avocação de responsabilidades por parte de atores alheios à efetiva operacionalização do transporte remunerado de cargas (embarcadores/proprietários da carga), denominado "Carta de Direito de Regresso", ou simplesmente "DDR", traduz-se em verdadeira armadilha para os transportadores, que deixam de realizar autonomamente a contratação do respectivo seguro – uma vez que o custo não será ressarcido pelo contratante, que alega já possuir coberturas próprias – e acabam se sujeitando a interpretações e cláusulas unilaterais impostas pelas seguradoras ou gerenciadores de risco imbricadas nas retrocitadas "DDR" que inviabilizam, em muitos e frequentes casos, quaisquer indenizações,

na prática e em função da renúncia ao direito de regresso, deixavam de averbar as cargas em seus seguros próprios, já que o custo do prêmio não seria ressarcido pelo contratante, e acabavam se expondo a inúmeras ações regressivas no futuro em virtude de interpretações desvirtuadas das cláusulas impostas pelas seguradoras ou gerenciadoras de risco.

Nesse contexto, o § 3º do artigo 13 proposto pela MP proibiu a vinculação do transportador ao PGR do embarcador:

> Art. 13. (...)
>
> § 3º Ao adquirir coberturas de seguro adicionais contra riscos já cobertos pelas apólices do transportador, o contratante do serviço de transporte não poderá vincular o transportador ao cumprimento de obrigações operacionais associadas à prestação de serviços de transporte, inclusive as previstas nos Planos de Gerenciamento de Riscos-PGR.

Em virtude de tais mudanças, e muito embora o texto da MP não diga isso de maneira expressa, cogitou-se no mercado o fim da dispensa do direito de regresso pelas seguradoras,[15] uma vez que a seguradora do embarcador não teria mais uma relação direta com o transportador, tampouco poderia vinculá-lo ao seu plano de gerenciamento de risco, cujo cumprimento, como já mencionado, é primordial para que a DDR tenha efeito.

Por outro lado, também surgiram posicionamentos no sentido de que o texto da MP não acabava integralmente com a DDR, mas apenas tornava mais difícil a sua concessão, que ficaria sujeita à maior seletividade por parte das seguradoras e a negociações mais difíceis entre as partes, e implicaria em um aumento no sucesso das ações regressivas das seguradoras, uma vez que o transportador estaria sujeito ao cumprimento dos seus próprios protocolos de segurança e qualquer desvio lhe abriria uma porta para imputação de responsabilidade.[16]

Finalmente, quanto aos seguros obrigatórios e facultativos do transportador, a MP não promoveu alterações, mantendo o RCTR-C como obrigatório, e o RCF-DC e o RCF-V como facultativos. Especificamente quanto ao RCF-DC, fez uma breve mudança no escopo de cobertura para que cobrisse os riscos de desaparecimento da carga, ocorrendo ou não o desaparecimento do veículo transportador. Nesse sentido era a redação do § 4º:

> Art. 13. (...)
>
> II – seguro facultativo de responsabilidade civil do transportador rodoviário de cargas, para cobertura de roubo da carga, quando estabelecido no contrato ou conhecimento de transporte; e (...)

---

obrigando-os a arcar com os eventuais prejuízos, sendo que esta circunstância tem onerado diariamente o combalido setor de transportes, atingido de forma especial pela instabilidade dos preços que compõem sua cesta de custos." (BRASIL. Exposição de Motivos da Medida Provisória 1.153, de 29 de dezembro de 2022. Disponível em: https://www.planalto.gov.br/ccivil_03/_Ato2019-2022/2022/Exm/Exm-Mpv-1153-22.pdf. Acesso em: 31 ago. 2023.)

15. BENTIVEGNA FILHO, Adauto. *Fim da carta DDR: entenda o que muda no seguro de carga*. SETCESP – Sindicato das Empresas de Transportes de Carga de São Paulo e Região. Disponível em: https://setcesp.org.br/noticias/fim-da-carga-ddr-entenda-o-que-muda-no-seguro-de-carga/. Acesso em: 24 jul. 2023.

16. CREMONEZE, Paulo Henrique. *Brevíssimas e iniciais considerações sobre a MP 1.153, de 29/12/22: o seguro de transporte e a cláusula DDR*. Disponível em: https://www.migalhas.com.br/depeso/379782/brevissimas-consideracoes-sobre-a-mp-1-153-22. Acesso em: 24 jul. 2023.

§ 4º O seguro de que trata o inciso II do caput não exclui e nem impossibilita a contratação de outros seguros facultativos para cobertura de furto simples e qualificado, apropriação indébita, estelionato, extorsão simples ou mediante sequestro, ou quaisquer outros sinistros, perdas ou danos causados à carga transportada. (...)

Em que pese a redação dos dispositivos acima não seja totalmente clara em relação a essa mudança de escopo da cobertura, a exposição de motivos da MP trata dessa questão de maneira expressa, demonstrando a intenção da medida:

O parágrafo quarto faculta a contratação de seguro de RCF-DC, ou análogos, que cubram o roubo, furto simples e qualificado, apropriação indébita, estelionato, extorsão simples ou mediante sequestro, da carga transportada, ocorrendo ou não o desaparecimento do veículo transportador, concomitantemente, até que seja plenamente regulamentado o seguro obrigatório previsto no inciso II do § 1º. Esse dispositivo visa parear a compulsoriedade da aquisição dessa cobertura com a efetiva disponibilidade de produtos no mercado segurador.[17]

Por se tratar de medida provisória, as alterações promovidas entraram em vigor imediatamente após a sua publicação e o texto foi encaminhado às casas do Congresso Nacional para avaliarem sua conversão em lei ordinária. A tramitação foi concluída em 20.06.2023, com a publicação da Lei 14.599/2023, que será analisada no tópico seguinte.

III. IMPACTOS DA LEI 14.599/2023 NOS SEGUROS DE TRANSPORTE RODOVIÁRIO DE CARGA

Inicialmente, vale pontuar que, no momento, existem três diferentes regimes jurídicos que merecem ser observados para os contratos de seguro de transporte rodoviário: (i) os contratos celebrados até 29.12.2022, isto é, até antes da publicação da Medida Provisória 1.153/2022, configuram ato jurídico perfeito, de modo que prevalece a sua forma de contratação e previsões conforme entabuladas até o fim de sua vigência; (ii) os contratos celebrados entre 30.12.2022 e 19.06.2023 devem observar as previsões da MP, que tinham força de lei naquele momento; e (iii) a partir de 20.06.2023, aplica-se a Lei 14.599/2023 e qualquer novo contrato de seguro ou renovação de apólice deve respeitar as suas previsões.

III.1 Alterações nos seguros obrigatórios e na cobertura do RC-DC

Como visto acima, antes da Lei 14.599/2023, a legislação determinava como seguros obrigatórios apenas o RCTR-C para os transportadores e o seguro de Transporte Nacional para os embarcadores, sendo facultativos os seguros de RCF-DC e RCF-V.

Com relação ao seguro RCTR-C, nada se alterou, mantendo-se como obrigatório.

A primeira importante modificação trazida pela nova lei diz respeito à obrigatoriedade de contratação dos seguros de responsabilidade civil por desaparecimento de

---

17. BRASIL. Exposição de Motivos da Medida Provisória 1.153, de 29 de dezembro de 2022. Disponível em: https://www.planalto.gov.br/ccivil_03/_Ato2019-2022/2022/Exm/Exm-Mpv-1153-22.pdf. Acesso em: 31 ago. 2023.

carga e responsabilidade civil de veículo, que antes eram facultativos. O *caput* do novo artigo 13 alterou a expressão "contratação *exclusiva*", que havia sido utilizada na medida provisória, para "contratação *obrigatória*", e listou os três tipos de seguro que todo transportador agora deve ter. Com isso, mudam-se também as siglas de tais ramos de seguro para RC-DC e RC-V, respectivamente, excluindo-se a letra "F" que se referia à palavra "facultativo":

> Art. 13. São de contratação obrigatória dos transportadores, prestadores do serviço de transporte rodoviário de cargas, os seguros de:
>
> I – Responsabilidade Civil do Transportador Rodoviário de Carga (RCTR-C), para cobertura de perdas ou danos causados à carga transportada em consequência de acidentes com o veículo transportador, decorrentes de colisão, de abalroamento, de tombamento, de capotamento, de incêndio ou de explosão;
>
> II – Responsabilidade Civil do Transportador Rodoviário por Desaparecimento de Carga (RC-DC), para cobertura de roubo, de furto simples ou qualificado, de apropriação indébita, de estelionato e de extorsão simples ou mediante sequestro sobrevindos à carga durante o transporte; e
>
> III – Responsabilidade Civil de Veículo (RC-V), para cobertura de danos corporais e materiais causados a terceiros pelo veículo automotor utilizado no transporte rodoviário de cargas.

Na mesma linha, a nova lei traz uma segunda mudança, mas dessa vez referente à contratação do seguro de Transporte Nacional pelo embarcador. De imediato, chamou a atenção o fato de que a nova lei disponha sobre o seguro do embarcador, uma vez que seu objetivo é alterar a Lei 11.442/2007, que, por sua vez, trata da operação de transporte rodoviário e dos seguros aplicáveis ao transportador de cargas, não ao embarcador.

Nota-se, a esse respeito, que o próprio *caput* do artigo 13 determina que o dispositivo se aplica aos seguros "*dos transportadores, prestadores do serviço de transporte rodoviário de cargas*", tendo gerado debate a inserção de um parágrafo que verse sobre seguros de outra natureza, afinal, os seguros do transportador e do embarcador, embora recaiam sobre o mesmo bem – a carga transportada – são completamente diferentes em todos os seus aspectos, garantindo interesses diversos. Vale mencionar que os pareceres emitidos pelas casas do Congresso Nacional durante a tramitação do projeto de conversão da Medida Provisória em lei não abordam ou justificam essa alteração, que não estava prevista originariamente na MP.

Em todo caso, o principal ponto é que, segundo a nova redação do § 8º do artigo 13, a contratação do seguro do embarcador, que era obrigatória por força do artigo 20, alínea h, do Decreto Lei 73/1966, passa a ser de caráter facultativo:

> Art. 13. (...)
>
> § 8º O proprietário da mercadoria, contratante do frete, independentemente da contratação pelo transportador dos seguros que cobrem suas responsabilidades previstos nos incisos I e II do caput deste artigo, poderá, a seu critério, contratar o seguro facultativo de transporte nacional para cobertura das perdas e danos dos bens e mercadorias de sua propriedade.

Aqui surge um primeiro questionamento, vale dizer, se a Lei 14.599/2023, que possui natureza de lei ordinária, poderia alterar o Decreto-Lei 73/1966, que dispõe sobre a obrigatoriedade de contratação do seguro de Transporte Nacional pelo embarcador (artigo 20, alínea h) e possui *status* formal de Lei Complementar. É importante notar que a Lei 14.599/2023 não revoga a alínea h do artigo 20 do Decreto Lei 73/1966 de maneira expressa, mas à medida em que cria um dispositivo em sentido absolutamente contrário àquele já existente, ter-se-ia, ao menos, uma revogação tácita da norma anterior pela norma posterior.[18]

De toda forma, concluir sobre a inconstitucionalidade do dispositivo em questão demandaria uma análise de direito constitucional que foge do escopo do presente artigo. Assim, até que haja discussão doutrinária sobre o tema e eventual provocação judicial acerca da constitucionalidade do referido dispositivo, o novo texto legal diz que a contratação do seguro por parte do embarcador é facultativa.

Na prática, por outro lado, parece-nos que o mais prudente seria que os proprietários de cargas mantivessem a contratação de seus próprios seguros, independentemente de qualquer debate sobre sua obrigatoriedade. Dessa maneira, o embarcador resguarda o seu patrimônio e não depende de seguros de terceiros. Segundo Aparecido Rocha, se o embarcador deixar de contratar seguro próprio e contar apenas com os seguros de responsabilidade do transportador, terá um seguro incompleto,[19] pois, como já mencionado, o seguro do embarcador costuma ter uma cobertura muito mais ampla do que o do transportador.

Tal definição, no entanto, depende da natureza da operação do embarcador e do risco referente a sua carga, como o tipo, valor e volume da carga transportada. É provável que os grandes embarcadores sigam contratando o seguro de Transporte Nacional de maneira contínua, por estarem expostos a um risco maior. Os embarcadores mais esporádicos e de cargas menores, por outro lado, podem acabar optando por não contratar o seguro em toda operação. Trata-se, portanto, de uma decisão comercial que deve necessariamente passar por uma análise de risco.

Por fim, outra alteração promovida pela Lei 14.599/2023 diz respeito ao escopo de cobertura do seguro de RC-DC, na linha do que já havia sido proposto quando da edição da Medida Provisória 1.153/2022.

Até então, o seguro de responsabilidade civil por desaparecimento de carga possuía como requisito de cobertura que o veículo também fosse subtraído juntamente com a carga.[20] Ou seja, para que houvesse cobertura securitária nos casos de furto, estelionato

---

18. Nesse sentido, dispõe a Lei de Introdução às Normas do Direito Brasileiro: Art. 2º (...) § 1º A lei posterior revoga a anterior quando expressamente o declare, quando seja com ela incompatível ou quando regule inteiramente a matéria de que tratava a lei anterior.

19. ROCHA, Aparecido. *Aplicabilidade da Lei 14.599 nos seguros de cargas*. Disponível em: https://www.editoraron-carati.com.br/v2/Artigos-e-Noticias/Artigos-e-Noticias/Aplicabilidade-da-Lei-14-599-nos-seguros-de-cargas.html. Acesso em: 28 jul. 2023.

20. Nesse sentido é a cláusula 3 das Condições Gerais Padronizadas do seguro de RCF-DC implementadas pela Circular SUSEP 422/211, que nomeia os respectivos Riscos Cobertos:
   "3.1. Estão cobertos as perdas e/ou os danos materiais sofridos pelos bens ou mercadorias pertencentes a terceiros, causados exclusivamente por: a) desaparecimento total da carga, concomitantemente com o do veículo, durante o transporte, em decorrência de: a.1) apropriação indébita e/ou estelionato; a.2) furto simples ou qualificado; a.3) extorsão simples ou mediante sequestro; b) roubo durante o trânsito, entendendo-se como

ou apropriação indébita, o desaparecimento da carga deveria ocorrer concomitantemente com o do veículo e, nos casos de roubo, a subtração da carga deveria ocorrer durante o trânsito com o autor do crime assumindo o controle do veículo mediante o emprego de violência ou grave ameaça.[21]

Referida condição possuía como objetivo restringir a cobertura securitária básica para as hipóteses em que a subtração da carga ocorresse durante o trânsito, não compreendendo as situações em que a carga seja subtraída de veículos estacionados no interior de depósitos do embarcador durante o carregamento, ou do destinatário durante a entrega, o que eventualmente poderia ser coberto mediante a contratação de cobertura adicional.

Como visto no tópico anterior, apesar de a exposição de motivos da Medida Provisória mencionar de maneira expressa a intenção de excluir esse requisito de cobertura, a redação do dispositivo apresentada naquele momento não era clara. Por sua vez, o inciso II do novo artigo 13, com a redação final dada pela Lei 14.599/2023, trouxe uma previsão mais precisa ao especificar os riscos que o seguro de RC-DC cobrirá seguido da expressão "sobrevindos *à carga* durante o transporte", não mencionando qualquer condição sobre o desaparecimento concomitante do veículo.

Em um primeiro momento, ao interpretarmos a redação utilizada no inciso II juntamente com a exposição de motivos da Medida Provisória que deu origem à lei em questão, podemos concluir que a intenção do legislador é que a cobertura do seguro de RC-DC seja destinada à subtração da carga, ocorrendo ou não a subtração do veículo. Resta saber, porém, como a SUSEP se manifestará a respeito de tal mudança, uma vez que cabe a ela regulamentar as condições contratuais dos produtos de seguro e, se este for o entendimento final, será necessário ajuste nas condições contratuais atualmente comercializadas para esse tipo de seguro.

---

tal, para a caracterização da cobertura, o desaparecimento total ou parcial da carga, desde que o autor do delito tenha assumido o controle do veículo transportador, mediante grave ameaça ou emprego de violência contra o motorista. (...)".

21. O Superior Tribunal de Justiça já se manifestou no sentido de reconhecer a validade desse requisito de cobertura, registrando que não há abusividade na sua previsão. Nesse sentido, "(...) 4. Integra o contrato padrão de Seguro Facultativo de Responsabilidade Civil do Transportador Rodoviário por Desaparecimento de Carga (RCF-DC), em conformidade com o anexo à Circular 422 da SUSEP, previsão de cobertura das perdas e/ou os danos materiais sofridos pelos bens ou mercadorias pertencentes a terceiros, *causados exclusivamente por desaparecimento total da carga, concomitantemente com o do veículo*, durante o transporte. 5. *Não há, pois, reconhecer-se abusividade no caso concreto*, senão lídima expressão do exercício da autonomia privada, máxime não se estar diante de uma relação negocial sujeita ao CDC, pois celebrada entre empresários e, notadamente, para o fomento de sua atividade econômica. (AgInt no REsp 1.819.498/PR, relator Ministro Paulo de Tarso Sanseverino, Terceira Turma, julgado em 24.10.2022, DJe de 26.10.2022.)"; e "(...) 1. Esta Corte Superior já se manifestou sobre a possibilidade de exclusão de cobertura nos casos em que o dano ao bem segurado é decorrente de apropriação indébita ou estelionato, limitando-a às hipóteses de roubo ou furto, consignando que as cláusulas contratuais de cobertura devem ser interpretadas restritivamente. 2. *No caso dos autos, a restrição contratual é ainda menor. O contrato de seguro contém cláusula que prevê a cobertura para sinistro ocorrido com carga decorrente de apropriação indébita ou estelionato, mas exclui tal direito quando, no sinistro, não se perder também o veículo transportador. Tal cláusula está redigida com destaque, permitindo sua imediata e fácil compreensão, não sendo, pois, abusiva.* (...) (AgRg no AREsp 402.139/SC, relator Ministro Raul Araújo, Quarta Turma, julgado em 20.08.2015, DJe de 11.09.2015)".

III.2 (IM)Possibilidade de estipulação do seguro de RCTR-C pelo embarcador

O segundo ponto de atenção da lei em análise, e talvez o mais debatido desde a sua promulgação, diz respeito à estipulação das apólices de seguro de RCTR-C pelo embarcador em favor do transportador, que era permitida de forma expressa pelo texto anterior da Lei 11.442/2007 e que, agora, com o novo texto, está sujeita a diferentes interpretações.

A Medida Provisória 1.153/2022, como visto no tópico precedente, vedava expressamente a estipulação do seguro de RCTR-C pelo embarcador. Vejamos, novamente, o que dizia o *caput* do artigo 13 e o § 1º durante a vigência da MP:

> Art. 13. São de contratação *exclusiva* dos transportadores, pessoas físicas ou jurídicas, prestadores do serviço de transporte rodoviário de cargas: (...)
>
> § 1º Cabe exclusivamente ao transportador a escolha da seguradora, *vedada a estipulação* das condições e características da apólice por parte do contratante do serviço de transporte. (grifou-se)

Na redação final da Lei 14.599/2023, porém, o dispositivo que trata desse tema sofreu alterações que permitem diferentes visões acerca da possibilidade de estipulação, ou seja, se a vedação foi mantida ou não. Vejamos, agora, a nova redação do *caput* do artigo 13 e seu § 5º, ao se referir aos seguros de RCTR-C e RC-DC:

> Art. 13. São de contratação *obrigatória* dos transportadores, prestadores do serviço de transporte rodoviário de cargas, os seguros de: (...)
>
> § 5º Os seguros previstos nos incisos I e II do *caput* deste artigo serão contratados mediante *apólice única* para cada ramo de seguro, por segurado, vinculados ao respectivo RNTR-C. (grifou-se)

Comparando a redação de ambos os dispositivos, nota-se facilmente que o parágrafo § 1º da MP vedava de maneira expressa a estipulação. A nova lei, por outro lado, não reproduziu a mesma vedação. Ao contrário, não há qualquer vedação ou mesmo dispositivo que se refira expressamente à estipulação. O que há é tão somente o § 5º, segundo o qual os seguros de RCTR-C e RC-DC deverão ser contratados mediante apólice única por ramo de seguro, por segurado, vinculados ao Registro Nacional do Transportador Rodoviário de Cargas (RNTR-C).

Isso poderia significar, em uma primeira análise, que se o transportador possui a obrigação de contratar o seu seguro RCTR-C e, por força do § 5º, este seguro deve ser contratado mediante uma única apólice vinculada ao seu RNTR-C, não haveria espaço para estipulação de outras apólices adicionais, justificando uma aparente vedação à estipulação imposta pela lei.

Até o momento, acadêmicos e comentaristas têm divergido sobre a interpretação do dispositivo. De um lado, alguns defendem a aplicação do princípio da legalidade para dizer que, se a Lei 14.599/2023 não proíbe expressamente a estipulação, ela continua permitida.[22] Ainda, que a lei retirou a vedação expressa que havia sido prevista pela

---

22. CREMONEZE, Paulo Henrique. *Considerações específicas sobre a Lei 14.599/2023: O transporte rodoviário de cargas e os seguros.* Editora Roncarati. Disponível em: https://www.editararoncarati.com.br/v2/phocadownload/cremoneze_03072023.pdf. Acesso em: 28 jul. 2023.

Medida Provisória 1.153/2022, de modo que a estipulação continua sendo possível.[23] De modo contrário, há também posicionamentos de que a estipulação foi vedada, visto que a contratação do seguro deve se dar por apólice única vinculada ao registro do transportador.[24]

De fato, a lei dá margem para diferentes interpretações. Todavia, nosso entendimento é de que a estipulação ainda é uma forma possível de contratação do seguro RCTR-C.

Com efeito, se compararmos a redação final da lei com a redação inicial da medida provisória, nota-se que foram realizadas importantes mudanças que não podem ser ignoradas e sequer tidas como se tivessem sido feitas sem qualquer motivo. Caso fosse a intenção do legislador manter a vedação à estipulação de maneira inquestionável, a redação original da medida provisória teria sido mantida.

Nessa mesma linha, a já mencionada troca da palavra "*exclusiva*" por "*obrigatória*" no *caput* do artigo 13 sugere que os seguros podem ser contratados por outras pessoas, e não exclusivamente pelo transportador. Ainda que o intuito do legislador tenha sido enfatizar que outros seguros passariam a ser obrigatórios além do RCTR-C e listá-los de maneira clara, se o objetivo também fosse manter a vedação à estipulação, a redação mais adequada seria "*São de contratação exclusiva e obrigatória dos transportadores (...)*", e não excluir a palavra "*exclusiva*" do *caput*, tal como foi feito.

Soma-se a esse ponto que o § 5º não deve ser interpretado isoladamente. Sua interpretação deve ser sistemática e em conjunto com o § 2º, cuja previsão é a seguinte:

Art. 13. (...)

§ 2º Os seguros previstos nos incisos I, II e III do caput deste artigo não excluem nem impossibilitam a contratação facultativa pelo transportador de outras coberturas para quaisquer perdas ou danos causados à carga transportada não contempladas nos referidos seguros.

Nos termos do § 2º acima, a lei permite que o transportador busque outras coberturas não contempladas nos seguros obrigatórios já contratados. Analisando a aplicação desse dispositivo, parece-nos que o legislador levou em conta o fato de que, historicamente, as apólices de seguro de RCTR-C contratadas diretamente pelo transportador possuíam uma cobertura mais restrita do que as apólices estipuladas pelos embarcadores, com limites inferiores e coberturas que não necessariamente abarcavam mercadorias de qualquer natureza. Na apólice estipulada, por outro lado, além de limites maiores, a cobertura observava o interesse individual de cada embarcador e as particularidades de suas cargas.

---

23. ROCHA, Aparecido. *Aplicabilidade da Lei 14.599 nos seguros de cargas*. Disponível em: https://www.editoraroncarati.com.br/v2/Artigos-e-Noticias/Artigos-e-Noticias/Aplicabilidade-da-Lei-14-599-nos-seguros-de-cargas.html. Acesso em: 28 jul. 2023.

24. *Publicada no último dia 20.06.2023, a Lei 14.599/2023 altera a Lei 11.442/2007 trazendo novas regras de contratação de seguros de responsabilidade civil pelo transportador rodoviário de cargas, que opera por conta de terceiros e mediante remuneração.* (Guia do TRC. Portal NTC&Logística – SP). Disponível em: http://www.guiadotrc.com.br/noticias/noticiaID.asp?id=37806. Acesso em: 30 ago. 2023.

Ocorre que a redação do § 2º parece ser atécnica ao se referir à possibilidade de contratação de "outras *coberturas*". Isso porque, se o transportador desejar contratar uma cobertura diferente daquelas já contempladas nos seguros de RCTR-C ou RC-DC, ele poderia fazê-lo mediante a inserção de tal cobertura em sua própria apólice única e sem a necessidade de uma previsão legal específica sobre isso.

Nesse sentido, a menção a "outras *coberturas*" pelo § 2º torna sua aplicação, na prática, inócua. Na realidade, para que tal previsão produza efeitos, a redação do § 2º deveria se referir à "contratação facultativa de outras *apólices*". Essa interpretação está em linha com a ausência de vedação expressa à estipulação e, por conseguinte, com a manutenção da possibilidade de contratação de apólices adicionais, inclusive por estipulação, em hipóteses específicas, tais como para a cobertura de mercadorias não compreendidas na apólice principal do transportador.

É importante ressaltar que a previsão da existência de apólice única de RCTR-C já existia nas normas administrativas da SUSEP juntamente com a possibilidade de estipulação. A Resolução CNSP 123/2005, na redação dada pela Resolução CNSP 134/2005, previa no artigo 1º, § 4º, do Título I – Condições Gerais, que "é facultada a estipulação da apólice por terceiros, sem prejuízo das disposições desta Resolução, em particular os parágrafos 2º e 3º deste artigo, e os artigos 19 e 20 destas Condições Gerais".

Os artigos 19 e 20, por sua vez, dispunham que o segurado não poderia manter mais de uma apólice de seguro, ou seja, que a contratação do RCTR-C deveria se dar por apólice única; e que a contratação de mais de uma apólice era permitida em determinados casos, como por exemplo, nas hipóteses em que um determinado tipo de mercadoria não estivesse garantido na apólice principal ou o limite máximo de garantia da apólice não fosse suficiente para o valor de determinado embarque. Essa era a redação dos artigos 19 e 20:

Art. 19. O segurado não poderá manter mais de uma apólice deste seguro nesta ou em outra seguradora, sob pena de suspensão de seus efeitos, sem qualquer direito à restituição do prêmio ou das parcelas do prêmio que houver pago.

Art. 20. Não obstante o disposto no artigo 19, é permitida a emissão de mais de uma apólice, com a concordância prévia de todas as seguradoras envolvidas, exclusivamente nos seguintes casos:

I – quando o segurado possuir filiais, em algum Estado da Federação, não cobertas pela apólice principal, nos termos do parágrafo 2º deste artigo, e desde que fique caracterizado, em cada uma das apólices adicionais, o local de início da viagem;

II – quando as apólices adicionais forem específicas para um determinado tipo de mercadoria, não abrangida pela apólice principal, nos termos do parágrafo 3º deste artigo;

III – quando o valor do embarque for superior ao Limite Máximo de Garantia por veículo/acúmulo e, consultada a seguradora, esta tiver recusado o risco, desde que a consulta e a recusa tenham sido formuladas dentro dos prazos previstos na apólice principal, conforme o disposto no artigo 10.

§ 1º Em todos os casos, nas apólices adicionais, deve existir menção expressa à existência da apólice principal.

§ 2º Nas (sic) situação prevista no inciso I, deverão ser discriminadas, com destaque, por ocasião da emissão da apólice principal, as filiais que não estarão cobertas pela mesma.

§ 3º Nas (sic) situação prevista no inciso II, deverão ser discriminadas, com destaque, por ocasião da emissão da apólice principal, as mercadorias que não poderão ser transportadas com a garantia da mesma, no campo "Bens não abrangidos pela presente apólice".

A Resolução CNSP 123/2005 foi revogada pela Resolução CNSP 219/2010, que permanece vigente e praticamente reproduziu o quanto estava disposto na Resolução CNSP 123/2005. A Resolução CNSP 219/2010 foi aprovada após a entrada em vigor da Lei 11.442/2007 e, como forma de esclarecer qualquer dúvida sobre a possibilidade de estipulação e, inclusive, permiti-la de forma mais abrangente, incluiu o inciso IV no artigo 20:

Art. 20. Não obstante o disposto no artigo 19, é permitida a emissão de mais de uma apólice, exclusivamente nos seguintes casos:

IV – quando as apólices adicionais forem estipuladas por um determinado embarcador, em nome do transportador, nos termos da Lei 11.442/2007 e suas alterações posteriores, atendidas as demais disposições do seguro, particularmente os parágrafos 2º e 3º do artigo 1º.

O que se vê, portanto, é que a previsão da apólice única não constitui óbice à estipulação da apólice de RCTR-C. As alterações promovidas pela Lei 14.599/2023 no artigo 13 estão, em verdade, em linha com o entendimento exposto pela SUSEP desde 2005, antes mesmo da promulgação da Lei 11.442/2007. De fato, a interpretação conjunta dos dispositivos da nova Lei 14.599/2023 quanto à ausência de vedação expressa à estipulação e à possibilidade de contratação de outras "coberturas" como exceção à regra de contratação da apólice única, está em consonância com o cenário regulatório delineado há mais de uma década.

Nesse sentido, em regra, o transportador poderá contratar seus seguros mediante apólice única para cada ramo, porém, para os casos específicos do § 2º, a contratação de apólice adicional é uma possibilidade, como por exemplo, para a garantia de cargas específicas de determinados embarcadores que não estão seguradas na apólice principal ou para incremento do limite máximo de garantia quando aquele contratado na apólice principal for insuficiente.

Adotar interpretação diversa representaria um retrocesso que, além de não estar amparado pelas normas, traria uma série de impactos negativos. Imediatamente, vislumbra-se que, se o transportador estiver limitado à cobertura de uma única apólice para garantir os embarques de todos os seus clientes com mercadorias de diferentes naturezas e valores, é possível que lhe falte seguro com a capacidade necessária, o que, consequentemente, também lhe poderia acarretar a perda de alguns desses embarques.

Além disso, cogita-se um possível aumento no valor do frete, uma vez que, nesse cenário, muitos transportadores precisariam contratar seguros de RCTR-C com limites maiores e coberturas mais abrangentes para suportar todos os embarques, os quais, por sua vez, seriam mais caros, e esse custo adicional seria repassado ao embarcador no frete. Também não se descarta a possibilidade de o transportador obter condições desfavoráveis na negociação de seu seguro em comparação com as condições outrora obtidas pelo embarcador, que usualmente negociava a estipulação do RCTR-C com a mesma seguradora com que mantinha o seu seguro de Transporte Nacional.

Com relação ao repasse do valor do prêmio do seguro ao embarcador, o novo § 9º confere ao embarcador a possibilidade de exigir a cópia da apólice de seguro contratada pelo transportador, bem como informações sobre o prêmio pago, como uma forma de fiscalizar as condições do seguro contratado, verificar o valor do prêmio pago e compará-lo com o valor do frete cobrado:

Art. 13. (...)

§ 9º O proprietário da mercadoria poderá, na contratação do frete, exigir do transportador a cópia da apólice de seguro com as condições, o prêmio e o gerenciamento de risco contratados.

Tal averiguação, contudo, não soa tão simples na prática. Isso porque, na maioria das vezes, o seguro de RCTR-C é contratado mediante apólices abertas, em que as cargas são averbadas para cobertura a cada embarque e cujo prêmio é cobrado mensalmente com base nas averbações ao longo do período. Nesse caso, a comparação entre o prêmio de seguro pago pelo transportador e o frete por ele cobrado dependeria de análises muito mais complexas do que apenas a cópia da apólice, envolvendo também todo o histórico de averbação mensal. Ou seja, a lei parece olhar para o embarcador ao dar a ele esse poder de fiscalização, mas, na realidade, seu exercício não seria tão simples.

É importante esclarecer que a previsão do § 9º também não representa qualquer intenção da nova lei em vedar a estipulação ou a emissão de apólices adicionais. Com efeito, para os casos em que o transportador tiver apenas a apólice única contratada, o § 9º assegurará ao embarcador maiores condições de negociar o valor do frete com o transportador. Por outro lado, tal dispositivo também permite que o embarcador conheça as condições de cobertura e avalie a necessidade de contratação (ou estipulação) de uma apólice adicional para cobrir eventuais riscos não incluídos na apólice principal – o que, na mesma linha de interpretação do § 2º exposta anteriormente, demonstra que a intenção da lei não é vedar a estipulação, permitindo-a em determinadas hipóteses de insuficiência das apólices contratadas pelo transportador.

Adicionalmente, Paulo Henrique Cremoneze comenta que o § 9º foi inserido na lei com o objetivo de possibilitar ao embarcador conhecer as condições do seguro e o PGR do transportador, a fim de avaliar a necessidade de contratar o seu seguro de Transporte Nacional, já que a intenção da lei seria torná-lo facultativo.[25]

Em resumo, portanto, a interpretação sistemática das novas disposições legais e das normas regulatórias nos permite concluir que a emissão de apólices adicionais e a estipulação do seguro de RCTR-C pelo embarcador continua sendo uma possibilidade, já que: (i) a lei não apresenta vedação expressa, como fazia a Medida Provisória 1.153/2022; (ii) o *caput* do artigo 13 não prevê a contratação "*exclusiva*" de seguros pelo transportador, mas sim "*obrigatória*"; (iii) em uma interpretação conjunta, o § 2º relativiza a restrição de "apólice única" imposta pelo § 5º ao permitir a contratação de apólices adicionais

---

25. CREMONEZE, Paulo Henrique. *Considerações específicas sobre a Lei 14.599/2023: O transporte rodoviário de cargas e os seguros*. Editora Roncarati. Disponível em: https://www.editoraroncarati.com.br/v2/phocadownload/cremoneze_03072023.pdf. Acesso em: 28 jul. 2023.

com garantias complementares àquelas contratadas na apólice principal; e (iv) o § 9º possibilita que o embarcador fiscalize a contratação do seguro de RCTR-C pelo transportador e avalie a necessidade de contratação ou estipulação de apólices adicionais.

III.3 Planos de gerenciamento de riscos e impactos na dispensa do direito de regresso

Finalmente, a última novidade da Lei 14.599/2023 que será tratada no presente estudo diz respeito ao § 1º do artigo 13, segundo o qual o plano de gerenciamento de riscos referente aos seguros de RCTR-C e RC-DC se mantém, contudo, deverá ser estabelecido pelo transportador em conjunto com sua seguradora, ao invés de ser associado ao seguro de Transporte Nacional do embarcador, como era feito anteriormente.

> Art. 13. (...)
>
> § 1º Os seguros previstos nos incisos I e II do caput deste artigo deverão estar vinculados a Plano de Gerenciamento de Riscos (PGR), estabelecido de comum acordo entre o transportador e sua seguradora, observado que o contratante do serviço de transporte poderá exigir obrigações ou medidas adicionais, relacionadas a operação e/ou a gerenciamento, arcando este com todos os custos e despesas inerentes a elas.

Ainda, de acordo com a parte final do dispositivo, o embarcador poderá exigir[26] a implementação de medidas de gerenciamento de risco adicionais ao PGR do transportador, desde que arque com os respectivos custos. Consequentemente, o PGR do embarcador sempre será mais rigoroso, com medidas mais singularizadas para atender às especificidades de sua carga. Assim, ao invés de apenas um PGR, agora é possível que existam dois diferentes, abrindo espaço para conflitos entre suas previsões, cuja solução não é tratada pela lei.

Segundo sugere Paulo Henrique Cremoneze, por lógica, em havendo conflito entre os planos, devem prevalecer as previsões do PGR do embarcador, por serem mais específicas, rigorosas e especiais em relação à carga transportada.[27] De fato, esse entendimento se mostra mais razoável do que outro em sentido contrário, especialmente porque o embarcador arcará pessoalmente com os custos de implantação das medidas adicionais, o que não acarretará qualquer ônus ao transportador.

Em tese, a nova lei parece confirmar a intenção da MP no sentido de aliviar o transportador do cumprimento de diferentes PGRs em um mesmo embarque fracionado. No entanto, a tendência é que os grandes embarcadores continuem estabelecendo suas regras de gerenciamento de risco, ainda que em adição àquelas do transportador, com o objetivo de atribuir maior segurança ao transporte de suas cargas e reduzir a sinistra-

---

26. É importante notar que a lei utiliza o termo "exigir" para se referir às medidas de gerenciamento de risco determinadas pelo embarcador ao transportador. Isso significa que os transportadores não podem recusar o PGR do embarcador – até porque, como mencionado, os respectivos custos serão arcados pelo próprio embarcador.

27. CREMONEZE, Paulo Henrique. *Considerações específicas sobre a Lei 14.599/2023: O transporte rodoviário de cargas e os seguros.* Editora Roncarati. Disponível em: https://www.editoraroncarati.com.br/v2/phocadownload/cremoneze_03072023.pdf. Acesso em: 28 jul. 2023.

lidade. Com isso, os transportadores continuariam expostos à responsabilização em caso de danos à carga e descumprimento do PGR.[28]

A grande questão em relação a essa mudança, no entanto, está relacionada à aplicabilidade da dispensa do direito de regresso que era concedida pelas seguradoras dos embarcadores aos transportadores. Como já mencionado, o benefício da DDR decorria do cumprimento do PGR associado à apólice do embarcador. Se agora, porém, o PGR deve ser inicialmente estabelecido entre o transportador e sua seguradora, em que situação haveria dispensa do direito de regresso pela seguradora do embarcador? Poder-se-ia dizer, como se cogitou no mercado desde a publicação da Medida Provisória 1.153/2022, que esse seria o fim da DDR?

No momento, o que se pode afirmar com certeza é que em nenhum de seus dispositivos a Lei 14.599/2023 veda a concessão de DDRs. A renúncia ao direito de regresso configura um ato privado de interesse da seguradora do embarcador, cujo exercício se dá de acordo com a autonomia de sua vontade, o que não cabe ser regulado pela lei. A par disso, com poucos meses desde a publicação da lei, ainda é cedo para dizer como o mercado reagirá à nova dinâmica e quais serão as práticas adotadas no longo prazo.

Por enquanto, tem-se notado que os embarcadores continuam aplicando seus PGRs e adotando essa medida como parte da negociação com os transportadores. Na prática, algumas seguradoras estão adaptando as cartas DDR e emitindo o que têm chamado de "DDR Ampla", que continua válida mesmo em sinistros envolvendo os riscos cobertos pelo seguro de RCTR-C, que anteriormente eram uma exceção à DDR. De fato, a nova DDR Ampla mantém o requisito de que os seguros obrigatórios devem ser contratados pelo transportador, mas deixa de prever que ela não se aplica para os riscos cobertos no RCTR-C.

Nesse novo cenário, as hipóteses de não aplicação da DDR Ampla têm sido limitadas, em geral, a: dolo do empregado ou preposto do transportador condenado por delito contra o patrimônio (desde que conhecido pela transportadora); inobservância das normas de transporte; acidentes em vias proibidas ao trânsito de veículos automotores; excesso de carga, peso ou altura, desde que seja a causa do sinistro; veículos que não estejam em boas condições e descumprimento do PGR pelo transportador.

A DDR Ampla também tem sido utilizada na negociação das taxas *ad valorem*, pois no caso de apólices de Transporte Nacional com a cobertura ampla, o seguro do embarcador continua respondendo em caso de sinistro, reduzindo a sinistralidade no RCTR-C e, consequentemente, o prêmio. Ou seja, ainda há uma possível vantagem na concessão da DDR, pois ela passa a ser um instrumento de negociação que pode impactar

---

28. Aqui vale mencionar que, ainda que possa ser alegado que o roubo de cargas caracteriza caso fortuito, e, consequentemente, configura excludente de responsabilidade do transportador, a jurisprudência reconhece que se o transportador deixar de adotar as medidas de precaução que razoavelmente dele se possam esperar, a excludente de responsabilidade não se aplica. Pondera-se, ainda, que o roubo de cargas é algo previsível nos dias de hoje, tanto que a própria lei ora analisada tornou obrigatório o seguro contra tal risco, de modo que a caracterização de caso fortuito deve ser sempre analisada em conjunto com as medidas tomadas pelo transportador para evitar tal risco. Nesse sentido, ver REsp 1.577.162/SP e REsp 927.148/SP.

na taxa do prêmio do RCTR-C, além de continuar sendo um benefício ao transportador, uma vez que diminui a quantidade de ações de regresso por parte da seguradora do embarcador, visto que as exceções para a sua não aplicação são mais limitadas.

Por outro lado, vislumbramos, por ora, uma única situação em que a DDR pode realmente ter perdido sua eficácia. Na prática, o não exercício do direito de regresso pela seguradora do embarcador estava atrelado à mitigação do risco que decorria do cumprimento, pelo transportador, do PGR a ele apresentado pelo embarcador. Agora, se o embarcador não desejar estabelecer seu PGR adicional, não haverá lugar para a DDR, uma vez que sua seguradora sequer terá qualquer interação com a conduta do transportador a respeito do risco. É dizer, a seguradora do embarcador não terá qualquer incentivo para deixar de exercer seu direito de regresso contra o transportador caso este seja responsável por danos à carga segurada.

Se, todavia, o embarcador decidir implementar um PGR adicional, pode-se dizer que ainda haverá espaço para a DDR, desde que atrelada ao cumprimento deste PGR. Ressaltamos, no entanto, que essa nova dinâmica ainda é recente e deve-se aguardar como o mercado agirá no longo prazo. Por ora, vê-se uma manutenção da DDR com novas características.

IV. CONCLUSÃO

Ao longo do presente artigo, foram analisadas as mudanças implementadas pela Lei 14.599/2023 na redação do artigo 13 da Lei 11.442/2007, que resultaram em novas dinâmicas na contratação e operação dos seguros inerentes ao transporte rodoviário de cargas no país.

No tocante aos seguros contratados pelo transportador, viu-se que os seguros de RC-DC e RC-V passaram a ser obrigatórios juntamente com o RCTR-C, e que, em relação ao embarcador, a lei determina que a contratação do seguro de Transporte Nacional passa a ser facultativa. É discutível a compatibilidade dessa última alteração com a Constituição, uma vez que a lei em questão, de natureza ordinária, estaria revogando tacitamente outra disposição prevista no Decreto-Lei 73/1966, que possui *status* formal de Lei Complementar. Até que seja exercido eventual controle de constitucionalidade, é possível que se entenda pela revogação tácita da alínea 'm' do artigo 20 do Decreto-Lei 73/1966, passando o seguro de Transporte Nacional do embarcador a ser de contratação facultativa.

Em relação ao escopo de cobertura do seguro de RC-DC, agora obrigatório, a lei dá indícios de que o requisito referente à subtração concomitante do veículo e da carga para fins de cobertura tenha sido excluído. Até a finalização da redação deste artigo, aguarda-se a nova regulamentação da SUSEP a respeito do tema e, especialmente, se haverá necessidade de adequação da cobertura e dos produtos atualmente comercializados no mercado.

Quanto à emissão de apólices adicionais de RCTR-C, entendemos que a estipulação pelo embarcador continua sendo uma possibilidade. Além de inexistir vedação legal expressa à estipulação, como fazia a Medida Provisória 1.153/2022, conclui-se que a apólice única não constitui um óbice a tal forma de contratação. Em realidade, da análise do histórico das normas administrativas da SUSEP, viu-se que a interpretação conjunta dos §§ 2º e 5º do artigo 13 revelam a possibilidade de contratação de apólices adicionais e por estipulação quando um determinado tipo de mercadoria não estiver garantido na apólice principal ou o limite máximo de garantia da apólice não seja suficiente para o valor de determinado embarque. Não obstante, até a conclusão da redação deste artigo, a maior parte do mercado segurador tem atuado de maneira conservadora e está aguardando o posicionamento da SUSEP para seguir, ou não, com a emissão das apólices por estipulação.

Por fim, a lei tornou obrigatória a implementação de planos de gerenciamento pelo transportador e sua seguradora, concedendo ao embarcador a possibilidade de exigir medidas adicionais, desde que as custeie. Em relação à DDR, a Lei 14.599/2023 não veda a sua concessão e, por ora, o mercado tem adotado DDRs com novas características, mais amplas, que têm funcionado como instrumento de negociação junto aos transportadores. Em todo caso, ainda é cedo para definir quais serão as práticas adotadas no longo prazo.

Conforme se observa, a Lei 14.599/2023 introduziu importantes mudanças nos seguros de transporte rodoviário de carga. Apesar de recentes, as alterações já têm impactado sensivelmente tanto os embarcadores como os transportadores e as seguradoras de ambos, seja do ponto de vista da dinâmica e forma da contratação dos seguros, seja com relação aos custos financeiros. Dada a importância do seguro em uma atividade tão essencial à economia brasileira, como é o transporte rodoviário de carga, o debate em torno da nova lei é necessário.

REFERÊNCIAS

ASSOCIAÇÃO BRASILEIRA DE TRANSPORTE E LOGÍSTICA DE PRODUTOS PERIGOSOS. *RCTR-C: O seguro do transportador*. Informativo ABTLP. 2014. Disponível em: http://www.abtlp.org.br/index.php/rctr-c-o-seguro-do-transportador/. Acesso em: 21 jul. 2023.

BENTIVEGNA FILHO, Adauto. *Fim da carta DDR*: entenda o que muda no seguro de carga. SETCESP – Sindicato das Empresas de Transportes de Carga de São Paulo e Região. Disponível em: https://setcesp.org.br/noticias/fim-da-carga-ddr-entenda-o-que-muda-no-seguro-de-carga/. Acesso em: 24 jul. 2023.

CREMONEZE, Paulo Henrique. *Brevíssimas e iniciais considerações sobre a MP 1.153, de 29.12.2022*: o seguro de transporte e a cláusula DDR. Disponível em: https://www.migalhas.com.br/depeso/379782/brevissimas-consideracoes-sobre-a-mp-1-153-22. Acesso em: 24 jul. 2023.

CREMONEZE, Paulo Henrique. *Considerações específicas sobre a Lei 14.599/2023*: O transporte rodoviário de cargas e os seguros. Editora Roncarati. Disponível em: https://www.editararoncarati.com.br/v2/phocadownload/cremoneze_03072023.pdf. Acesso em: 28 jul. 2023.

CREMONEZE, Paulo Henrique; BRITTO, Christian Smera. *Breve reflexão sobre a cláusula DDR e o seguro de transporte*. Disponível em: https://www.migalhas.com.br/depeso/297191/breve-reflexao-sobre-a--clausula-ddr-e-o-seguro-de-transporte. Acesso em: 21 jul. 2023.

REINIG, Guilherme Henrique Lima. *RCTR-C e MP 1.153*: considerações sobre a cláusula DDR e apólice por estipulação. Disponível em: https://www.conjur.com.br/2023-mai-22/direito-civil-atual-consideraco-es-clausula-ddr-apolice-estipulacao. Acesso em: 31 ago. 2023.

ROCHA, Aparecido. *Aplicabilidade da Lei 14.599 nos seguros de cargas*. Disponível em: https://www.editararoncarati.com.br/v2/Artigos-e-Noticias/Artigos-e-Noticias/Aplicabilidade-da-Lei-14-599-nos-se-guros-de-cargas.html. Acesso em: 28 jul. 2023.

ANÁLISE DA CONSTITUCIONALIDADE DO REGIME DE SEGUROS DE TRANSPORTE RODOVIÁRIO DE CARGA INSTITUÍDO PELA LEI 14.599/2023

Fábio Franco Pereira

Doutor e Mestre em Direito do Estado pela Faculdade de Direito da Universidade de São Paulo. Professor de Direito Constitucional e Administrativo em cursos de graduação e pós-graduação. Associado Titular do Instituto Brasileiro de Responsabilidade Civil – IBERC. Membro da Comissão de Direito Constitucional da OAB/SP. Advogado.

Resumo: O artigo analisa a constitucionalidade do regime de seguros de transporte rodoviário de carga instituído pela Lei 14.599/2023. Para isso, examina a edição do Decreto-lei 73/1966 e sua recepção pelas Constituições e Emendas Constitucionais. Determina a posição atual do Decreto-lei no ordenamento jurídico, especialmente em relação ao rol de seguros obrigatórios. Discute a jurisprudência do Supremo Tribunal Federal quanto ao regramento do sistema de seguros. Sustenta que a Medida Provisória 1.153/2022 e a Lei 14.599/2023 podem tratar de seguros obrigatórios sem violar a Constituição.

Sumário: I. Introdução – II. Edição do Decreto-lei 73/1966 – III. Recepção do Decreto-lei 73/1966 pela Constituição de 1967 e Emenda Constitucional 1/1969 – IV. Recepção do Decreto-lei 73/1966 pela Constituição de 1988 e Emendas Constitucionais – V. Medida Provisória 1.153/22 e Lei 14.599/23 – VI. Conclusão – Referências.

I. INTRODUÇÃO

Há décadas, as partes envolvidas no transporte rodoviário de carga tiveram sua atividade protegida por seguros obrigatórios e facultativos, todos previstos em normas relativamente estáveis. O Decreto-lei 73/1966, que dispõe sobre o sistema nacional de seguros privados e regula as operações de seguros e resseguros, prevê, em seu art. 20, a obrigatoriedade do seguros de transporte de bens pertencentes a pessoas jurídicas, conhecido como seguro de transporte nacional (TN) e contratado pelo embarcador para proteger sua carga (alínea "h"); Prevê, também, como obrigatório, o seguro de responsabilidade civil do transportador por danos à carga transportada, conhecido como RCTR-C (alínea "m").

Facultativamente, o transportador poderia contratar seguro de responsabilidade civil por desaparecimento da carga (RCF-DC) em virtude de alguns crimes como roubo, furto, extorsão etc. Poderia, também, contratar seguro de responsabilidade civil facultativo de veículos (RCF-V) por danos causados pelo veículo a terceiros.

O modelo foi ligeiramente alterado em 2007, com a edição da Lei 11.442, que dispõe sobre o transporte rodoviário de cargas por conta de terceiros e mediante remuneração. Em sua redação original, ratificando o que já havia sido previsto na Resolução 134/2005 do Conselho Nacional de Seguros Privados, o art. 13 da Lei previu a possibilidade de estipulação em relação ao seguro de RCTR-C. O seguro continuava obrigatório, mas poderia, agora, ser contratado pelo embarcador, em nome do transportador, eximindo-o dessa responsabilidade. Caso o embarcador não o fizesse, o transportador deveria necessariamente realizar a contratação.

Nova alteração foi realizada em 2022 pela Medida Provisória 1.153, que trouxe outra redação ao art. 13 da Lei 11.442/2007 e extinguiu a estipulação ao prever que a contratação do seguro de RCTR-C seria exclusiva dos transportadores. O projeto de lei de conversão dessa medida provisória, sancionado e promulgado como a Lei 14.599/2023, trouxe mais modificações ao art. 13. Primeiro, abriu margem para questionamentos quanto ao retorno da possibilidade de estipulação, o que não será tratado no presente artigo. Depois, mudou o caráter de obrigatoriedade de três contratos, nos termos seguintes: o seguro de transporte nacional do embarcador passou a ser facultativo (art. 13, § 8°); o seguro de responsabilidade civil do transportador por desaparecimento da carga em virtude de crimes (nomeado pela lei de RC-DC), antes facultativo passou a ser obrigatório (art. 13, II); e o seguro de responsabilidade civil por danos causados pelo veículo a terceiros recebeu a sigla de RC-V e passou a ser também obrigatório (art. 13, III).

Essas alterações trouxeram insegurança jurídica aos mercados, tanto transportador como segurador, que passaram a analisar se as disposições instituídas por lei ordinária poderiam, à luz da Constituição, remodelar o que fora previsto pelo Decreto-Lei 73/1966. Esse, portanto, será o objeto do presente artigo, que verificará a compatibilidade de todas as normas envolvidas com a Constituição e abordará a questão da hierarquia entre as espécies normativas, de modo a apontar qual o modelo válido atualmente quanto à contratação dos seguros obrigatórios no transporte rodoviário de carga.

II. EDIÇÃO DO DECRETO-LEI 73/1966

O modelo de separação tripartite dos poderes estatais teorizado pelo Barão de Montesquieu e que acabou sendo positivado nas constituições resultantes das revoluções liberais burguesas, com destaque para a dos Estados Unidos da América, previa poucas intervenções do Poder Executivo na atividade do Poder Legislativo. A principal delas era o veto de projetos de lei, voltado a impedir que deliberações do Poder Legislativo fossem transformadas em lei.

Com o desenvolvimento dos direitos sociais, de segunda geração, foi necessário aumentar a intervenção do Estado na vida social e econômica, mediante políticas públicas que, diante do princípio da legalidade, somente poderiam ser prestadas na existência de lei. Ocorre que o Poder Legislativo, por natureza lento em sua função típica, entra em decadência ao não conseguir fazer frente a alguns casos de urgência, especialmente os de natureza econômica, perdendo o papel hegemônico que detinha. Em contrapartida, o

Poder Executivo, mais ágil e habilitado para a tomada de certas decisões emergenciais, se engrandece.[1] Por isso, no Século XX, a separação tripartite clássica dos poderes estatais foi abrandada para permitir que, excepcionalmente e sob o controle parlamentar, o Poder Executivo pudesse legislar em situações nas quais não fosse possível aguardar a ação do Legislativo. A isso se deu o nome de legislação de emergência ou legiferação de urgência.

No Brasil, o primeiro exemplo desse fenômeno é o decreto-lei. Ato normativo com força de lei editado pelo chefe do Poder Executivo, o decreto-lei foi criado pela Constituição de 1937. Sua previsão como legislação de emergência estava no art. 13 da Constituição, que trazia restrições materiais e circunstanciais à edição. Contudo, esse dispositivo nunca foi utilizado. De fato, o art. 187 da Constituição dispunha que ela entraria em vigor na data de sua outorga e impunha a realização de um plebiscito nacional que dependia de regulamentação do Presidente da República. Como a consulta nunca foi realizada, faltava condição expressa de legitimidade e a Constituição de 1937 não ganhou efetiva vigência.[2]

Ao mesmo tempo, com o Estado Novo, foram dissolvidos a Câmara dos Deputados, o Senado Federal, as Assembleias Legislativas dos Estados e as Câmaras Municipais (art. 178 da Constituição), que só poderiam se reunir novamente após o plebiscito, não realizado. Enquanto o Legislativo não se reunisse novamente, o art. 180 conferia poderes ao Presidente da República para editar decretos-leis sobre todas as matérias de competência legislativa da União, incluindo seguro e resseguro. Sem qualquer limitação, portanto, 9.908 decretos-lei foram editados até 1945[3] com base nesse permissivo, incluindo códigos e leis esparsas de suma importância, muitos deles vigentes até hoje, ainda que reformados em parte.[4]

Por essa razão, o decreto-lei foi considerado instrumento de autoritarismo e banido pela Constituição de 1946. Sua reintrodução no ordenamento jurídico brasileiro se deu com a instauração do regime militar e a edição do Ato Institucional 2/1965. Os atos institucionais, espécie de decreto revolucionário, eram normas de hierarquia constitucional, editadas pelo Presidente da República ou por juntas militares, que rompiam em parte com a Constituição anterior, alterando-a, para regulamentar, juridicamente, o regime imposto de fato após a tomada à força do poder. Nesse sentido, o Ato Institucional 1/1964, em seu art. 1º, prevê a manutenção de Constituição de 1946, com as modificações nele previstas.

O Ato Institucional 2/1965, por sua vez, no art. 30, confere ao Presidente da República poderes para baixar atos complementares do Ato Institucional, bem como

---

1. Cf. FERREIRA FILHO, Manoel Gonçalves. *Do processo legislativo*. 5. ed. São Paulo: Saraiva, 2002, p. 120-130.
2. Cf. BARROS, Sérgio Resende de. Medidas, provisórias? *Revista da Procuradoria Geral do Estado de São Paulo*, São Paulo, n. 53, p. 77, jun. 2000; BASTOS. Celso Ribeiro; MARTINS, Ives Gandra. *Comentários à Constituição do Brasil*. São Paulo: Saraiva, 1988, v. 1, p. 308.
3. SAMPAIO, Nelson de Sousa. *O processo legislativo*. São Paulo: Saraiva, 1968, p. 30.
4. São exemplos, entre outros, o Código de Processo Civil (Decreto-lei 1.608/39), já revogado, o Código de Processo Penal (Decreto-lei 3.689/41), o Código Penal (Decreto-lei 2.848/40), a Lei das Contravenções Penais (Decreto-lei 3.688/41) e a Consolidação das Leis do Trabalho (Decreto-lei 5.452/43).

decretos-leis sobre matéria de segurança nacional. Atribui ao Presidente da República, também, competência para decretar o recesso do Congresso Nacional, das Assembleias Legislativas e das Câmaras Municipais, hipótese em que o chefe do Poder Executivo fica expressamente autorizado a legislar, mediante decretos-leis, sobre todas as matérias previstas nos textos constitucionais (art. 31, parágrafo único).

Em 20 de outubro de 1966, o Ato Complementar 23 decreta o recesso do Congresso Nacional até 22 de novembro de 1966 e autoriza o Presidente da República a editar decretos-leis sobre todas as matérias previstas na Constituição. O art. 5º da Constituição de 1946 atribuía à União competência para fiscalizar as operações de seguro (inciso IX) e para legislar sobre normas gerais de seguro (inciso XV, "b").[5] É nesse contexto que o Decreto-Lei 73 é editado, em 21 de novembro de 1966, com o objetivo de dispor sobre o Sistema Nacional de Seguros Privados, bem como regular as operações de seguros, resseguros e dar outras providências. Alguns meses depois de sua publicação, o Decreto-lei 73/1966 sofreu alterações pontuais pelo Decreto-lei 296/1967, que, mesmo tendo fundamento jurídico distinto, tem natureza e força idênticas.[6]

III. RECEPÇÃO DO DECRETO-LEI 73/1966 PELA CONSTITUIÇÃO DE 1967 E EMENDA CONSTITUCIONAL 1/1969

Uma das caraterísticas do poder constituinte originário, responsável pela edição de nova Constituição, é que ele é inicial. Ou seja, ao colocar em vigor um novo texto constitucional, o poder constituinte originário rompe integralmente com a ordem jurídica anterior, dando origem a uma nova. Sendo a Constituição o fundamento do ordenamento jurídico, todas as normas infraconstitucionais anteriores que não forem compatíveis com ela serão revogadas. O que for compatível, contudo, será mantido no ordenamento jurídico pelo fenômeno da recepção.

Assim, a análise de compatibilidade de normas anteriores com a nova Constituição deve ser sempre realizada sob o prisma do direito intertemporal, não havendo que se falar em inconstitucionalidade, no caso. A Constituição que ingressa no ordenamento jurídico se torna sua nova base e atua como norma posterior e superior que revoga norma anterior e inferior contrária. Não obstante sejam fruto do poder constituinte derivado, a mesma solução é aplicada diante da superveniência de emendas constitucionais, que revogam normas anteriores contrárias a ela e recepcionam aquilo que for compatível com o novo texto constitucional.

---

5. Tratava-se de competência legislativa concorrente, explicitada pelo art. 6º do texto constitucional: "A competência federal para legislar sobre as matérias do art. 5º, n. XV, letras b, e, d, f, h, j, l, o e r, não exclui a legislação estadual supletiva ou complementar".

6. O Decreto-lei 296/1967 foi editado com base no Ato Institucional 4/1966, que convocou extraordinariamente o Congresso Nacional para discutir, votar e promulgar o projeto de Constituição apresentado pelo Presidente da República. No Ato, já havia a determinação para o Congresso no sentido de que a nova Constituição deveria necessariamente ser promulgada em 24 de janeiro de 1967 (art. 8º). Como ela entraria em vigor apenas em 15 de março de 1967, o Ato Institucional deu ao Presidente da República poderes para expedir, nesse intervalo, decretos-leis sobre segurança nacional (art. 9º, *caput*) e sobre matéria administrativa e financeira (§§ 1º e 2º), nas quais as alterações ao Decreto-lei 73/1966 foram lastreadas.

A Constituição de 1967 recepcionou o Decreto-lei 73/1966, pois não havia incompatibilidade entre ambos, restando saber se isso se deu com força de lei ordinária ou lei complementar. Criada no Brasil pela Emenda Constitucional 4/1961,[7] a lei complementar tinha função bastante específica, nos termos do art. 22 da Emenda: "complementar a organização do sistema parlamentar de governo ora instituído, mediante leis votadas, nas duas casas do Congresso Nacional, pela maioria absoluta dos seus membros". Em sua origem, portanto, a lei complementar estava realmente voltada ao complemento de parcela das novas regras da Constituição que, em virtude das circunstâncias, não foi possível regulamentar pelo Ato Adicional.

O Ato Adicional foi revogado pela Emenda Constitucional 6/1963, que extinguiu o parlamentarismo e, com ele, a lei complementar como espécie normativa passível de edição pelo Congresso Nacional. Posteriormente, a Emenda Constitucional 17/1965 acrescentou o § 8º ao art. 67 da Constituição de 1946, que tornou a falar nas "leis complementares da Constituição". Não havia, porém, disciplina a respeito do seu campo material ou formalidades especiais no curso do processo legislativo. Por isso, se os decretos-leis eram atos normativos com força de lei, no momento da edição do Decreto-Lei 73/1966 essa força correspondia à da lei comum, chamada depois pelo texto constitucional de 1967 de lei ordinária.

Com a promulgação da Constituição de 1967, passam a existir expressamente três espécies normativas primárias nitidamente distintas: lei complementar, lei ordinária e decreto-lei. As diferenças entre as duas primeiras eram de ordem formal e material. No plano formal, o quórum de aprovação da lei ordinária nas duas casas do Congresso Nacional era de maioria simples (art. 33), ao passo que na lei complementar era de maioria absoluta (art. 53). Já no plano material, a lei complementar deveria tratar de temas para os quais a Constituição exigia explícita e taxativamente essa espécie normativa, cabendo à lei ordinária versar sobre qualquer matéria não reservada pela Constituição à lei complementar, vale dizer, tinha campo material residual. O decreto-lei, por fim, era editado pelo Presidente da República com os pressupostos de validade e os limites materiais previstos no art. 58, tendo força de lei.

Nos termos do art. 8º da Constituição de 1967, caberia à União fiscalizar as operações de seguros (inciso IX) e legislar sobre normas gerais de seguro (inciso XVII, "c"). Não havia nenhuma exigência de lei complementar para disciplinar a matéria securitária. Assim, o Decreto-lei 73/1966 foi recepcionado pelo texto constitucional de 1967 com força de lei ordinária.

Idêntica conclusão deve ser aplicada diante da outorga da Emenda Constitucional 1/1969. Editada por junta composta pelos Ministros da Marinha, do Exército e da Aeronáutica, formalmente é emenda constitucional e não poderia ser tida como nova Constituição. Todavia, tendo em vista que ela alterou integralmente a numeração dos artigos da Constituição de 1967, incluindo novos, bem como modificando

---

7. Conhecida como Ato Adicional, essa Emenda instituiu o parlamentarismo no Brasil.

a denominação da Constituição,[8] parcela da doutrina a considera como a sétima Constituição brasileira.[9]

No que tange à disciplina dos seguros, nenhuma mudança foi realizada, sendo o Decreto-lei 73/1966 recepcionado igualmente com força de lei ordinária. Tanto é assim que a Lei 5.627/70, de natureza ordinária, dispôs sobre capitais mínimos para as sociedades seguradoras e acabou por alterar dispositivos do Decreto-lei. Esse quadro seria bastante modificado pela Constituição de 1988.

IV. RECEPÇÃO DO DECRETO-LEI 73/1966 PELA CONSTITUIÇÃO DE 1988 E EMENDAS CONSTITUCIONAIS

A redemocratização levou à instalação da Constituinte, que promulgou a Constituição de 1988 e trouxe repercussões significativas para o tema em exame. O novo texto constitucional manteve a competência da União para fiscalizar as operações de seguro (art. 21, VIII) e legislar, agora privativamente, sobre toda a matéria envolvendo a política de seguros (art. 22, VII), o que afastou competência suplementar estadual. O regramento do contrato de seguro permaneceu sob a competência privativa da União, já que inserido no direito civil (art. 22, I). Foram repetidas, também, as distinções formais (art. 47 e 69) e materiais entre leis complementares e ordinárias, substituindo-se, por fim, o decreto-lei pela medida provisória.[10]

Houve, contudo, duas mudanças importantes. Primeiro, o art. 192 promoveu a constitucionalização do sistema financeiro nacional e tratou expressamente dos seguros e resseguros como parte integrante daquele. Além disso, a Constituição de 1988 promoveu acréscimo significativo no rol de matérias reservadas à lei complementar. Nesse sentido, o art. 192 passou a exigir lei complementar para regular os aspectos do sistema financeiro nacional ali previstos, o que deveria abranger disposições sobre "autorização e funcionamento dos estabelecimentos de seguro, previdência e capitalização, bem como do órgão oficial fiscalizador e do órgão oficial ressegurador" (inciso II).

Até a promulgação da Constituição de 1988, a legislação anterior envolvendo o sistema de seguros e o sistema financeiro nacional era ordinária ou tinha essa força. Era o caso do Decreto-lei 73/1966 e da Lei 4.595/1964, responsável pela estruturação do sistema financeiro nacional. Agora, no entanto, diante da exigência do art. 192, não havendo incompatibilidade entre essas normas e a nova Constituição, caberia supor que a recepção delas tivesse ocorrido, em princípio, com força de lei complementar.

Em relação à Lei 4.595/1964, essa conclusão preliminar seria reforçada pelo entendimento do Supremo Tribunal Federal (STF) no sentido de que o art. 192 impunha lei complementar única para tratar globalmente, de modo análogo a uma codificação, de

---

8. De "Constituição do Brasil", passou-se a "Constituição da República Federativa do Brasil".

9. SILVA, José Afonso da. *Curso de direito constitucional positivo*. 30. ed. São Paulo: Malheiros, 2008, p. 87.

10. Cf. item V, infra.

todos os temas do sistema financeiro nacional que constassem do dispositivo.[11] De fato, no mesmo julgamento, que mencionava por diversas vezes a Lei 4.595/1964, o Ministro Moreira Alves ressalta que a legislação anterior sobre o sistema financeiro nacional, "– em conformidade com a jurisprudência desta Corte – é recebida como lei complementar".[12] Trata-se de posição posteriormente moderada pelo STF, que passou a reconhecer que parte da Lei 4.595/1964 tinha força de lei ordinária, conforme será visto abaixo.

Especificamente quanto aos seguros, a tese da recepção do Decreto-lei 73/1966 com força de lei complementar foi levada à análise do STF no final da década de 1990. Isso porque a Emenda Constitucional 13/1996 alterou o inciso II do art. 192 da Constituição para extinguir o monopólio do mercado brasileiro de resseguro, detido desde 1939 pelo Instituto de Resseguros do Brasil (IRB). A nova redação tornou-se a seguinte: "Art. 192 (...) II – autorização e funcionamento dos estabelecimentos de seguro, resseguro, previdência e capitalização, bem como do órgão oficial fiscalizador".

Passava a haver, portanto, expressa menção na Constituição de que a regulação do mercado ressegurador seria realizada por órgão público específico, encarregado da fiscalização. Órgão esse, naturalmente, que não poderia mais ser o IRB, agora apenas um dos competidores no mercado nacional de resseguro. Esses pontos deveriam ser regulamentados por norma infraconstitucional e a Emenda Constitucional 13/1996 não fez nenhuma mudança no *caput* do art. 192, que continuava a exigir lei complementar para regrar os aspectos do sistema financeiro nacional mencionados.

O legislador, no entanto, acabou optando por solução diversa e editou a Lei 9.932/1999 para dispor sobre a transferência de atribuições fiscalizatórias do IRB para a Superintendência de Seguros Privados (SUSEP). Promoveu-se, assim, modificação e revogação de diversos dispositivos do Decreto-lei 73/1966 mediante lei ordinária. Na Ação Direta de Inconstitucionalidade (ADI) 2.223-7, proposta contra a Lei 9.932/1999, o argumento central do requerente envolveu vício de forma. Com base principalmente nesse fundamento, a medida cautelar foi concedida pelo Ministro Marco Aurélio, *ad referendum* do Pleno do STF, que confirmou a decisão posteriormente, suspendendo a eficácia de dispositivos da lei.

Nos debates, embora os ministros tenham afirmado, de modo geral, que o Decreto-lei 73/1966 foi recepcionado pela Constituição de 1988 com força de lei complementar, o voto do Relator, Ministro Maurício Corrêa, se baseou na ideia de que "o Decreto-lei 73/66 tem pouco de lei complementar e muito de lei ordinária".[13] Essa frase, lançada pelo Ministro durante discussão iniciada no voto do Ministro Sepúlveda Pertence, é a síntese do argumento principal de seu voto, que suspendia a eficácia apenas de parte da Lei 9.932/1999:

---

11. Cf, sobre esse posicionamento, os votos dados na ADI 4, em especial o do Ministro Relator. BRASIL. Supremo Tribunal Federal, Tribunal Pleno, ADI 4-7, Rel. Min. Sydney Sanches, DJ 25.06.1993.

12. BRASIL. Supremo Tribunal Federal, Tribunal Pleno, ADI 4-7, Rel. Min. Sydney Sanches, DJ 25.06.1993, p. 244-245.

13. BRASIL. Supremo Tribunal Federal, Tribunal Pleno, ADI 2.223-7/MC, Rel. Min. Maurício Corrêa, DJ 05.12.2003, p. 67.

(...) definição constante do artigo 1º do Decreto-lei 73/66, que tem *status* de lei complementar, porque recebido pela vigente ordem constitucional, na parte alusiva ao inciso II do artigo 192 da Lei Maior, em sua redação originária, relativamente à autorização e funcionamento dos estabelecimentos de seguro e de seus órgãos fiscalizador e ressegurador.

Reza tal disposição que "todas as operações de seguros privados realizados no País ficarão subordinadas às disposições do presente Decreto-lei", o que significa dizer que aí também se inclui o resseguro (...); no que concerne *às outras situações*, afastadas as de autorização de funcionamento, regulação e fiscalização das empresas de seguros, envolvendo a política de seguros, a competência legislativa ordinária seria da União, como preconizado no inciso VII do artigo 22 da Constituição Federal, e assim, nessa parte, o DL 73/66 teria natureza de lei ordinária.[14]

Em outras palavras, para o relator, a exigência constitucional de lei complementar somente se aplicaria a temas restritos, previstos em rol taxativo no art. 192 da Constituição: "autorização e funcionamento" dos estabelecimentos de seguros e resseguros, bem como do órgão oficial fiscalizador. Como o Decreto-lei 73/1966 trata de diversos assuntos relativos às operações de seguros, tudo aquilo que não tivesse relação direta com a disciplina da autorização e funcionamento das seguradoras e resseguradoras ou do seu órgão oficial fiscalizador, teria sido recepcionado com força de lei ordinária.

Esse também havia sido o entendimento do Ministro Marco Aurélio, quando da concessão monocrática da cautelar: "Ora, conforme registrado nas informações, não se exige lei complementar relativamente a toda e qualquer matéria vinculada a seguro e resseguro". Havia divergência entre os dois Ministros sobre os dispositivos que estariam no domínio da lei complementar ou da lei ordinária, mas desenhava-se, já, a noção de que alguns pontos do Decreto-lei 73/1966 não necessariamente pertenciam ao campo da lei complementar, de modo análogo ao que fora decidido pelo STF em relação à regulação do sistema financeiro nacional pela Lei 4.595/1964.[15]

O voto do relator, no entanto, foi vencido no julgamento da cautelar e o STF não chegou a se pronunciar definitivamente sobre o mérito da questão, pois a Emenda Constitucional 40/2003 alterou substancialmente o art. 192 da Constituição, revogando todos os seus incisos e parágrafos. Com isso, o parâmetro de controle usado na ADI 2.223-7 foi muito modificado, a ponto de não mais mencionar sequer as palavras seguro e resseguro, fazendo com que o relator declarasse prejudicado o pedido da petição inicial e determinasse seu arquivamento.

---

14. Idem, p. 54-55.
15. Na ADI 449, o STF fixou o entendimento de que "As normas da Lei 4.595, de 1964, que dizem respeito ao pessoal do Banco Central do Brasil, foram recebidas, pela CF/88, como normas ordinárias e não como lei complementar. Inteligência do disposto no art. 192, IV, da Constituição". A questão veio ao STF, pois o art. 251 da Lei 8.112/1990, que dispôs sobre o regime jurídico dos servidores públicos civis da União, das autarquias e das fundações públicas federais, excluía de suas regras os servidores do Banco Central do Brasil. Segundo o dispositivo, instituído por lei ordinária, esses servidores continuariam regidos pelas normas previstas na Lei 4.595/1964 até que fosse editada a lei complementar prevista no art. 192, da Constituição. O STF superou a questão formal, entendendo que o tema não era do domínio da lei complementar e não violava, portanto, o art. 192. Porém, declarou a inconstitucionalidade do dispositivo por violação ao art. 39 do texto constitucional. BRASIL. Supremo Tribunal Federal, Tribunal Pleno, ADI 449-2, Rel. Min. Carlos Velloso, DJ 22.11.1996.

Resta analisar, assim, a compatibilidade do Decreto-lei 73/1966 com o texto constitucional modificado pela Emenda Constitucional 40/2003 e, em caso de recepção, determinar a força com que isso se deu. Após a Emenda, o extenso texto do art. 192 passou a ter redação comparativamente sucinta:

> O sistema financeiro nacional, estruturado de forma a promover o desenvolvimento equilibrado do País e a servir aos interesses da coletividade, em todas as partes que o compõem, abrangendo as cooperativas de crédito, será regulado por leis complementares que disporão, inclusive, sobre a participação do capital estrangeiro nas instituições que o integram.

A proposta de emenda constitucional, originariamente, previa a revogação integral do art. 192 da Constituição, com o objetivo de desconstitucionalizar completamente o sistema financeiro nacional, que passaria, com isso, a ser regulado por lei ordinária. É nessa linha a manifestação do Senador José Serra, que redigiu a proposta: "Por que o sistema financeiro deve ser regulado por lei complementar, e não por lei ordinária, como sempre foi? E por que tudo deve ser regulado ao mesmo tempo?"[16] Na visão do Senador, a imposição constitucional de lei complementar, cumulada com o entendimento do STF narrado acima, no sentido de que a Constituição exigiria uma única lei para tratar de modo global da integralidade do tema, "impede o regular exercício da atividade governamental e o desenvolvimento do País".[17] De fato, dada a variedade e complexidade técnica dos assuntos envolvidos, associada ao maior rigor formal encontrado no processo legislativo complementar, a lei global do sistema financeiro nacional nunca foi editada.

A revogação completa, contudo, não vingou no processo constituinte reformador. O texto aprovado pelo Congresso Nacional como a Emenda Constitucional 40/2003 originou-se de substitutivo, que manteve o *caput* do art. 192, modificado em sua redação, revogando-se todos os seus incisos e parágrafos. Passou-se a falar em regulação por meio de leis complementares, no plural, afastando expressamente o entendimento anterior quanto à necessidade de lei global para regrar o sistema financeiro nacional e permitindo a edição de tantas leis complementares quantas o Congresso Nacional entendesse necessárias diante da dificuldade e do amadurecimento dos consensos no processo legislativo.

Além disso, com a revogação dos incisos do art. 192, não há mais nenhuma menção ao seguro e resseguro, o que abre a possibilidade de questionamentos muito importantes sobre o tema do presente artigo. De fato, antes da Constituição de 1988, não havia norma constitucional ou legal que inserisse expressa e inequivocamente os mercados segurador e ressegurador no sistema financeiro nacional. Havia, sim, o tratamento específico dos seguros em regulamentos próprios, como um sistema distinto do financeiro, que tinha aproximações e pontos de contato com ele, necessárias ao seu funcionamento e controle.

---

16. SILVA, Rafael Silveira e. *A (des)constitucionalização do sistema financeiro.* Disponível em: https://www12.senado.leg.br/publicacoes/estudos-legislativos/tipos-de-estudos/outras-publicacoes/volume-iv-constituicao-de-1988-o-brasil-20-anos-depois.-estado-e-economia-em-vinte-anos-de-mudancas/politica-economica-e--monetaria-a-des-constitucionalizacao-do-sistema-financeiro. Acesso em: 12 out. 2023, p. 26.
17. Idem.

Nesse sentido, por exemplo, o Decreto 21.828/1932 tinha força de lei e trazia o Regulamento de Seguros, posteriormente revogado pelo Decreto-lei 2.063/1940, que "Regulamenta sob novos moldes as operações de seguros privados e sua fiscalização". Quanto ao resseguro, vale mencionar o Decreto-lei 1.186/1939, que criou o IRB, e o Decreto-lei 9.735/1946, que consolidou toda a legislação relativa a ele. Nessas normas, como antecedente da SUSEP, havia, inclusive, órgão responsável pela fiscalização do setor, o Departamento Nacional de Seguros Privados e Capitalização, sem qualquer ligação com a Superintendência da Moeda e do Crédito (SUMOC), autoridade monetária criada pelo Decreto-lei 7.293/1945, antecessora do Banco Central, que não tinha competência para ingerência nos seguros.

Esse quadro, porém, sofreu alteração com a Lei 4.595/1964, que, ao estruturar o sistema financeiro nacional, listou os órgãos e pessoas jurídicas que o integrariam no art. 1º, prevendo, no inciso V, as "demais instituições financeiras públicas e privadas". No art. 17, há o conceito legal de instituição financeira:

Art. 17. Consideram-se instituições financeiras, para os efeitos da legislação em vigor, as pessoas jurídicas públicas ou privadas, que tenham como atividade principal ou acessória a coleta, intermediação ou aplicação de recursos financeiros próprios ou de terceiros, em moeda nacional ou estrangeira, e a custódia de valor de propriedade de terceiros.

De plano, nota-se que essa não é a atividade principal realizada pelas seguradoras e resseguradoras. É verdade que há aplicação de recursos financeiros próprios das seguradoras, mas sociedades empresárias de outros ramos o fazem sem que, com isso, sejam caracterizadas como instituições financeiras. Ainda, o § 1º do art. 18 prevê que

Além dos estabelecimentos bancários oficiais ou privados, das sociedades de crédito, financiamento e investimentos, das caixas econômicas e das cooperativas de crédito ou a seção de crédito das cooperativas que a tenham, também se subordinam às disposições e disciplina desta lei no que for aplicável, as bolsas de valores, companhias de seguros e de capitalização (...).

O dispositivo elenca as instituições financeiras em seu início para depois dizer que as companhias de seguros também estão subordinadas às regras da Lei 4.595/1964 "no que for aplicável". Ou seja, há nítida separação entre instituições financeiras, objeto central da Lei e integrantes do sistema financeiro nacional, e seguradoras. Disposições da Lei podem ser aplicadas ao mercado segurador, mas isso não deve implicar automaticamente no seu pertencimento ao sistema financeiro nacional, diante das explícitas distinções legais entre as instituições e suas atividades.

É por isso que, pouco tempo depois da edição da Lei 4.495/1964, o Decreto-lei 73/1966 instituiu o sistema nacional de seguros privados, em paralelo ao sistema financeiro nacional. A proximidade temporal na edição dos dois diplomas normativos são demonstrativos de que a intenção do legislador era constituir sistemas distintos. Como pontos de contato entre eles, o art. 28 do Decreto-lei determina que, a partir de sua vigência, "a aplicação das reservas técnicas das Sociedades Seguradoras será feita conforme as diretrizes do Conselho Monetário Nacional". Na mesma linha, o art. 64, revogado pela Lei Complementar 126/2007, previa que, "Para a realização da política de seguros estabelecida pelo CNSP, o Ministério da Fazenda e os órgãos do Sistema Financeiro Nacional prestarão ao IRB a colaboração necessária e lhe proporcionarão os meios para a efetivação de suas operações no exterior".

Nenhum dos dispositivos, porém, aloca o sistema nacional de seguros privados no sistema financeiro nacional. Ao contrário, reforçam a distinção entre eles. De fato, a exigência do art. 28 não teria sentido se as seguradoras fossem instituições financeiras, uma vez que já estariam naturalmente subordinadas ao Conselho Monetário Nacional. Da mesma forma, o texto revogado do art. 64 deixa claro que os órgãos do sistema financeiro nacional devem colaborar com o IRB, inclusive no que diz respeito às suas atividades no estrangeiro. O raciocínio é o mesmo: a colaboração entre um conjunto de órgãos e entidades não precisaria ser determinada por lei se pertencessem, juridicamente, ao mesmo sistema.

Invertendo essa lógica, a Constituição de 1988, em sua redação original, acabou por inserir expressamente as instituições seguradoras e resseguradoras no sistema financeiro nacional, o que, diante do histórico narrado, não é isento de críticas. Referindo-se ao hoje revogado inciso II, do art. 192 da Constituição, Rafael Silveira e Silva afirma:

> O inciso II trata de matéria relativa a seguros e previdência, a qual possui forte ligação com o mercado financeiro e de capitais. No entanto, existem centenas de particularidades que exigem aparatos legais próprios e, portanto, uma legislação à parte. A natural conexão com o mercado não era fator suficiente para justificar sua inserção no capítulo destinado ao sistema financeiro.[18]

Assim, defende-se nesse artigo a seguinte posição: tendo em vista que, com o objetivo inicial de desconstitucionalizar a matéria, a Emenda Constitucional 40/2003 acabou por retirar as instituições de seguro e resseguro da regulação do sistema financeiro nacional, elas não fazem mais parte dele e, por isso, não há mais exigência de lei complementar para disciplinar o mercado segurador. Com isso, o Decreto-lei 73/1966 foi recebido pela Emenda Constitucional 40/2003 com força de lei ordinária, podendo ser alterado pela mesma espécie normativa ou por medida provisória. Nesse sentido, toda a política de seguro (art. 22, VII, da Constituição) pode ser estabelecida e alterada por lei ordinária, constituindo um excesso legislativo, por exemplo, a fixação da política de resseguro pela Lei Complementar 126/07, algo que, nessa visão, deveria ser feito por lei ordinária.

Posição diametralmente oposta a essa tese, ainda como efeito da Emenda, seria a de que a exclusão dos estabelecimentos de seguro e resseguro do art. 192 da Constituição não trouxe alterações significativas e não importou na sua retirada do sistema financeiro nacional, de modo que o assunto deveria continuar sendo tratado exclusivamente por lei complementar. Além disso, como a redação anterior do revogado inciso II exigia lei complementar para dispor sobre a autorização e funcionamento desses estabelecimentos e agora não há mais essa restrição, poder-se-ia entender que essa espécie normativa

---

18. SILVA, Rafael Silveira e. *A (des)constitucionalização do sistema financeiro*, cit., p. 17.

mais rigorosa seria necessária para regular todos os temas relativos ao sistema financeiro nacional, incluindo todos os aspectos do mercado de seguros e resseguros.

Essa interpretação, contudo, é frontalmente contrária à intenção manifestada durante o processo constituinte reformador que levou à edição da Emenda Constitucional 40/2003, voltada à desconstitucionalização e à simplificação do processo legislativo aplicável aos temas. Portanto, mesmo que se entendesse que, a despeito da exclusão dos termos relativos às seguradoras e resseguradoras do sistema financeiro nacional no plano constitucional, ainda se exige lei complementar para regulá-las, isso somente deve se dar no plano estrutural básico, como já ocorria anteriormente. Do contrário, agravar-se-ia o problema da dificuldade do processo de regulação legislativa do mercado segurador pelo Congresso Nacional, esvaziando completamente a *mens constitutionis*.

De qualquer modo, o problema dessa posição é que, no mesmo diploma legislativo, haverá normas com força de lei complementar e outras com força de lei ordinária. Como visto acima, houve divergência nessa distinção entre os Ministros do STF quando do julgamento da ADI 2.223. O exemplo mostra que deixar para o intérprete distinguir em lei extensa sobre seguros, com diversos assuntos, quais são as normas de autorização e funcionamento dos estabelecimentos – como na redação anterior da Constituição – ou as normas estruturais básicas das seguradoras, resseguradoras e do órgão regulador – interpretação possível diante da Emenda – provoca profunda insegurança jurídica em aspecto essencial: a constitucionalidade das normas envolvidas. É o que ocorre, agora, com a Lei 14.599/2023, objeto do próximo item.

V.   MEDIDA PROVISÓRIA 1.153/22 E LEI 14.599/23

Durante a Constituinte de 1988, era muito forte a ideia declarada de remover o "entulho autoritário", expressão utilizada pelos seus membros para se referir a institutos jurídicos criados ou utilizados pelo regime militar de maneira não democrática. Um dos grandes exemplos disso podia ser encontrado nos decretos-leis, considerando o uso abusivo que deles se fez. Tendo em vista, porém, que a legislação de emergência era, como informado acima,[19] uma realidade do Século XX, a opção não foi impedir o Poder Executivo de legislar, mas sim substituir os decretos-leis pelas medidas provisórias.

Atos normativos com força de lei ordinária previstos no art. 62 da Constituição de 1988, as medidas provisórias são editadas pelo Presidente da República diante da presença de pressupostos mais rígidos do que os previstos nas Constituições anteriores para os decretos-leis. De fato, tanto a Constituição de 1967 como a Emenda Constitucional 1/1969 exigiam, alternativamente, a presença de urgência ou de relevante interesse público, ao passo que a Constituição de 1988 exige, cumulativamente, a existência de relevância e urgência. As medidas provisórias passam também pelo controle de constitucionalidade e de mérito do Congresso Nacional, que pode rejeitá-las – hipótese em que perdem a eficácia desde a edição – ou aprová-las – situação na qual são convertidas

---

19. Cf. item II, supra.

em lei ordinária. O Congresso pode, ainda, alterar o texto original da medida provisória, transformando-o em projeto de lei de conversão, que, se aprovado nas duas casas parlamentares, será enviado para a sanção ou veto do Presidente da República.

Em 29 de dezembro de 2022, utilizando o permissivo constitucional, o Presidente da República editou a Medida Provisória 1.153, que promoveu uma série de modificações na legislação de trânsito e transporte. Especificamente quanto aos seguros de transporte rodoviário de carga, a Medida Provisória alterou o art. 13 da Lei 11.442/2007 com o fim de extinguir a possibilidade de estipulação no seguro de RCTR-C. Essa mudança não trouxe consequências para a obrigatoriedade de contratação do seguro, prevista no Decreto-lei 73/1966. A diferença é que, se a partir da Lei 11.442/2007 o seguro de RC-TR-C deveria ser contratado alternativamente pelo transportador ou pelo embarcador, mediante estipulação, com a Medida Provisória, a estipulação foi vedada expressamente e a contratação deveria ser feita exclusivamente pelo transportador.

Recebida pelo Congresso Nacional, a Medida Provisória foi transformada em projeto de lei de conversão diante das muitas emendas apresentadas pelos parlamentares, as quais modificaram completamente o teor das disposições sobre seguro de transporte rodoviário de carga. Nesse sentido, o projeto abriu margem para questionar o retorno da possibilidade de estipulação. Além disso, o projeto estabeleceu que o art. 13 da Lei 11.442/2007 passaria a prever como facultativo o seguro de TN do embarcador (§ 8º), antes obrigatório, e obrigatórios os seguros de RC-DC e de RC-V (incisos II e III), antes facultativos. Partes do projeto de lei de conversão sem relação com a matéria de seguros foram vetadas pelo Presidente da República, que sancionou o restante como a Lei 14.599/2023, em 19 de junho de 2023. Desse modo, as disposições sobre seguro de transportes, tal como descritas, entraram em vigor na data da publicação da Lei no Diário Oficial da União (20 de junho de 2023).

Tendo em vista as profundas alterações do texto original da Medida Provisória, diversas de suas disposições, incluindo os trechos sobre seguros de transporte rodoviário de carga, são consideradas rejeitadas pelo Congresso Nacional. Com isso, perderiam sua eficácia desde a edição, devendo o Congresso Nacional disciplinar, por decreto legislativo, as relações jurídicas constituídas e decorrentes de atos praticados durante a vigência do texto original da Medida Provisória 1.153/2022 (art. 62, § 3º, da Constituição[20]). Tendo em vista, porém, que o Congresso Nacional não o fez no prazo constitucional, as relações jurídicas que eventualmente tenham sido constituídas entre a edição da Medida Provisória e a sanção do projeto de lei de conversão, continuarão regidas pelo texto original da Medida (art. 62, §§ 11 e 12, da Constituição[21]).

---

20. Art. 62. (...) § 3º As medidas provisórias, ressalvado o disposto nos §§ 11 e 12 perderão eficácia, desde a edição, se não forem convertidas em lei no prazo de sessenta dias, prorrogável, nos termos do § 7º, uma vez por igual período, devendo o Congresso Nacional disciplinar, por decreto legislativo, as relações jurídicas delas decorrentes.

21. Art. 62. (...) § 11. Não editado o decreto legislativo a que se refere o § 3º até sessenta dias após a rejeição ou perda de eficácia de medida provisória, as relações jurídicas constituídas e decorrentes de atos praticados durante sua vigência conservar-se-ão por ela regidas. § 12. Aprovado projeto de lei de conversão alterando o texto original da medida provisória, esta manter-se-á integralmente em vigor até que seja sancionado ou vetado o projeto.

A análise da constitucionalidade do regime de seguros de transporte rodoviário de cargas resultante dessas normas envolve a checagem da observância das regras formais relativas ao processo legislativo dos diplomas normativos. Quanto à Medida Provisória 1.153/2022, a primeira questão envolve a presença dos pressupostos de edição relativos à relevância e urgência, previstos no art. 62, *caput*, da Constituição. Para isso, é preciso abordar, ainda que sucintamente, o significado desses termos, seguindo a ordem em que são mencionados no texto constitucional.

A Constituição de 1988 não se refere mais ao "interesse público relevante", como a Constituição anterior fazia com relação ao decreto-lei. No entanto, a relevância para edição da medida provisória precisa guardar relação com o interesse público, não havendo como se conceber sua utilização para atendimento de interesses outros que não os da sociedade. Tratando-se de legiferação de urgência, forma de exercício excepcional de função legislativa pelo chefe do Poder Executivo, a relevância precisa ser extraordinária. Ou seja, a situação concreta que leva o Presidente da República a lançar mão da medida provisória há de ter importância social tal que impeça a utilização do processo legislativo normal, devido, sobretudo, à sua imprevisibilidade.[22]

A urgência, por sua vez, é caracterizada pelo risco da demora do processo legislativo, diante de cada situação concreta: "A urgência implica uma ameaça de prejuízo ao interesse público, advindo pela omissão no tratamento da situação fática identificada ou do tratamento tardio, este após exaurido o processo legislativo de elaboração da lei ordinária".[23] O processo legislativo mais célere previsto na Constituição está disciplinado nos parágrafos do art. 64, que cuidam do regime de urgência, passível de ser solicitado pelo Presidente da República em projetos de lei de sua iniciativa.

Nesse caso, cada casa do Congresso Nacional tem quarenta e cinco dias para a apreciação do projeto de lei, sob pena de sobrestamento das demais deliberações legislativas da casa, com exceção das que tenham prazo constitucional determinado, até que a votação seja concluída. Havendo emenda no Senado Federal, a Câmara dos Deputados tem dez dias para apreciá-la, também sob pena de trancamento da pauta, de modo que o prazo máximo do regime de urgência totaliza cem dias. Trata-se de parâmetro mais objetivo para aferir a urgência em um caso concreto, de tal sorte que tudo o que puder aguardar os cem dias do regime de urgência não atende ao requisito constitucional e não pode dar ensejo à edição de medida provisória, cabendo ao chefe do Poder Executivo se resignar ao processo legislativo convencional, ainda que no trâmite previsto para o regime de urgência.[24]

---

22. Cf. CLÈVE, Clèmerson Merlin. *Atividade legislativa do poder executivo*. 2. ed. São Paulo: Ed. RT, 2000, p. 174.

23. CAMARDELLI, Bárbara. Eficácia da medida provisória rejeitada: uma nova interpretação. In: FIGUEIREDO, José Purvin de; NUZZI NETO, José (Org.). *Temas de Direito Constitucional* – Estudos em Homenagem ao Advogado Público André Franco Montoro. Rio de Janeiro: Esplanada-ADCOAS, 2000, p. 85.

24. Sobre parâmetros mais objetivos para aferir a urgência, cf. CLÈVE, Clèmerson Merlin. *Atividade legislativa do Poder Executivo*. cit., p. 176-177; AMARAL JÚNIOR, José Levi Mello do. *Medida provisória e sua conversão em lei*: a emenda constitucional 32 e o papel do Congresso Nacional. São Paulo: Ed. RT, 2004, p. 159-163.

De acordo com esses critérios, o art. 3º da Medida Provisória 1.153/2022, que altera o art. 13 da Lei 11.442/2007, é inconstitucional, por ausência dos pressupostos da relevância e urgência previstos no art. 62, *caput*, da Constituição. Não havia, no momento da edição da Medida Provisória, situação fática que justificasse a não utilização do processo legislativo comum, mediante envio de projeto de lei pelo Presidente da República à Câmara dos Deputados.

Na exposição de motivos da Medida Provisória, buscou-se demonstrar a existência desses pressupostos sob alguns fundamentos. Primeiro, abordando a estipulação no seguro de RCTR-C, sustentou-se que essa forma de contratação, aliada aos planos de gerenciamento de risco distintos, provocava "burocracia e grandes perdas operacionais aos operadores do transporte, que se veem obrigados, em uma mesma viagem, a adotar diversos procedimentos a fim de atender a cada uma das companhias de seguros (...)", culminando no "(...) aumento no custo do frete que repercute diretamente na cadeia de comercialização dos produtos". Com isso, a urgência no fim da estipulação estaria em "corrigir distorções ora existentes no setor de transportes que vêm produzindo um volume multimilionário de litígios judiciais, os quais assomem a cada dia, em relação a indenizações securitárias".

Ocorre que a possibilidade de estipulação existia desde 2007, por força da redação original do art. 13 da Lei 11.442/2007, tendo-se tornado, após quinze anos, padrão no mercado de seguros, especialmente quando o transporte era contratado por grandes embarcadores. Considerando que a Medida Provisória foi editada em 29 de dezembro de 2022, nos últimos dias do governo de Jair Bolsonaro, como possível aceno às empresas de transporte de carga, não há como reconhecer a excepcionalidade e a imprevisibilidade que justificariam a subtração do tema ao processo legislativo, seja ele comum ou em regime de urgência, travado no Congresso Nacional.

A mesma conclusão deve ser aplicada à redação dada pela Medida Provisória aos demais incisos e parágrafos do art. 13 da Lei 11.442/2007. A despeito da explicação, na exposição de motivos, das intenções do legislador quanto às alterações que seriam promovidas pela Medida Provisória, a ausência de relevância e urgência para a edição é explicitada pelo trecho seguinte: "Nos demais incisos e parágrafos propostos na nova redação do art. 13 da Lei 11.442, de 5 de janeiro de 2007, constam outros aperfeiçoamentos essenciais para a temática dos seguros no transporte rodoviário de cargas, os quais vem sendo discutidos há duas décadas". Medida provisória é instrumento legislativo excepcional conferido ao chefe do Poder Executivo, não se prestando a consolidar possíveis "aperfeiçoamentos" discutidos por vinte anos, papel reservado pela Constituição ao Congresso Nacional.

Na vigência da ordem constitucional anterior, o STF entendia não poder controlar em nenhuma hipótese, sob pena de violação da separação de poderes, os pressupostos de validade dos decretos-leis, alocados na esfera de decisão política exclusiva do Executivo e do Legislativo.[25] Após a Constituição de 1988, o STF manteve o reconhecimento de que o

---

25. Significativo, nessa linha, trecho do voto do Min. Aliomar Baleeiro: "Não me parece duvidoso que a apreciação da 'urgência' ou do 'interesse público relevante' assume caráter político: – *é urgente ou relevante* o que o Presi-

juízo sobre a existência de relevância e urgência é político e discricionário do Presidente da República, cabendo ao Congresso Nacional, mediante juízo também político, efetuar o controle principal da decisão do chefe do Poder Executivo. Porém, passou a admitir que caberia ao Judiciário, por exceção, realizar o controle da existência dos pressupostos constitucionais de edição da medida provisória, em situações de abuso manifesto da competência presidencial,[26] chegando a reconhecer o vício em alguns casos.[27]

Seria o caso da Medida Provisória 1.153/2022, tendo em vista a flagrante ausência dos pressupostos de edição. O reconhecimento dessa inconstitucionalidade poderia se dar mesmo após a conversão da Medida Provisória em lei, uma vez que o STF alterou posicionamento anterior para decidir que vício provocado pela ausência de relevância e urgência não se convalida com a aprovação ou sanção do projeto de lei de conversão.[28] Contudo, até o momento de encerramento do presente artigo, não há notícia de ADI contra a Medida Provisória ou mesmo contra a Lei 14.599/2023, não havendo óbices para futuro questionamento judicial nas várias vias de controle de constitucionalidade.

Por fim, no plano formal, a principal questão para os objetivos do presente artigo é determinar se a Medida Provisória 1.153/2022 e a Lei 14.599/2023 poderiam ingressar em temas de seguro ou se, para isso, seria necessária a edição de lei complementar. Adotando-se a tese defendida no presente artigo e exposta no item anterior,[29] no sentido de que a desconstitucionalização promovida pela Emenda Constitucional 40/2003 retirou o sistema nacional de seguros privados do sistema financeiro nacional ao excluir do art. 192 da Constituição as menções a seguros e resseguros, toda a regulamentação do tema pode ser feita por lei ordinária. Portanto, como, na nova redação, a Constituição não exige lei complementar para o assunto, o Decreto-lei 73/1966 foi recepcionado pela Emenda como lei ordinária, podendo ser validamente alterado por medida provisória e por outra lei ordinária, como ocorreu no caso.

Mesmo que essa tese não venha a ser acolhida pela doutrina e pela jurisprudência, não haveria inconstitucionalidade nas duas normas. Isso porque, como também

---

dente entender como tal, ressalvado que o Congresso pode chegar a julgamento de valor contrário, para rejeitar o decreto lei. Destarte, não pode haver revisão judicial desses dois aspectos entregues ao discricionarismo do Executivo, que sofrerá apenas correção pelo discricionarismo do Congresso". BRASIL. Supremo Tribunal Federal, Tribunal Pleno, RE 62.739-SP, Rel. Min. Aliomar Baleeiro, DJ 20.12.1967.

26. BRASIL. Supremo Tribunal Federal, Tribunal Pleno, ADI 2.150-8, Rel. Min. Ilmar Galvão, DJ 28.04.2000.

27. Na ADI 4.717, o STF assentou que: "A jurisprudência deste Supremo Tribunal admite, em caráter excepcional, a declaração de inconstitucionalidade de medida provisória quando se comprove abuso da competência normativa do Chefe do Executivo, pela ausência dos requisitos constitucionais de relevância e urgência. Na espécie, na exposição de motivos da medida provisória não se demonstrou, de forma suficiente, os requisitos constitucionais de urgência do caso". BRASIL. Supremo Tribunal Federal, Tribunal Pleno, ADI 4.717, Rel. Min. Cármen Lúcia, DJe 14.02.2019. No mesmo sentido: BRASIL. Supremo Tribunal Federal, Tribunal Pleno, ADI 1.753-1-MC, Rel. Min. Sepúlveda Pertence, DJ 12.06.1998. Para estudo completo sobre o tema, cf. SANTOS, Lucas Custódio; BALBI, Guilherme; KLAFKE, Guilherme Forma. Controle da relevância e urgência em medidas provisórias pelo STF. *SUPREMA – Revista de Estudos Constitucionais*, Brasília, v. 2, n. 1, p. 369-405, jan./jun. 2022.

28. BRASIL. Supremo Tribunal Federal, Tribunal Pleno, ADI 3.330, Rel. Min. Ayres Britto, DJe 22.03.2013. BRASIL. Supremo Tribunal Federal, Tribunal Pleno, ADI 5.599, Rel. Min. Edson Fachin, DJe 25.11.2020.

29. Cf. item IV, supra.

abordado anteriormente,[30] ainda que se interprete que, após a Emenda Constitucional 40/2003, o mercado segurador permanece inserido no sistema financeiro nacional, apenas aspectos estruturais seriam matéria exclusiva de lei complementar. A Medida Provisória 1.153/2022 e a Lei 14.599/2023 tratam de questões relativas à forma de contratação de seguros de transporte rodoviário de carga, incluindo a obrigatoriedade ou a facultatividade dos contratos. São pontos que não têm ligação com a estrutura do sistema de seguros ou com – na redação anterior do art. 192 da Constituição – "autorização e funcionamento dos estabelecimentos de seguro, resseguro (...), bem como do órgão oficial fiscalizador".

Desse modo, nas duas posições, as medidas provisórias e leis ordinárias podem determinar se um seguro é obrigatório ou facultativo ou estabelecer regras de contratação, como por exemplo, vedação ou permissão de estipulação, sem incorrer em inconstitucionalidade. A questão é que, se acolhida a última posição, na linha de que a Emenda Constitucional 40/2003 não promoveu alterações significativas na ligação do sistema nacional de seguros privados com o sistema financeiro nacional, o Decreto-lei 73/1966 manteria, em parte, o *status* de lei complementar. A Lei 14.599/2023 transformou o RC--DC e o RC-V em seguros obrigatórios, sem alterar o Decreto-lei 73/1966. Não há conflito entre essas normas nesse ponto, pois art. 20 do Decreto-Lei prevê rol exemplificativo de seguros obrigatórios, ressalvando a possibilidade de outra previsão em legislação especial. Porém, notadamente quanto à disciplina dada pela Lei 14.599/2023 ao seguro de transporte nacional, há contradição frontal da nova redação do art. 13, § 8º, da Lei 11.442/2007, com o art. 20, 'h', do Decreto-lei 73/1966: enquanto, para o Decreto-lei, a contratação é obrigatória, a Lei prevê sua facultatividade.

Embora haja divisão doutrinária,[31] o STF tem firme jurisprudência no sentido que o conflito entre norma com *status* de lei complementar e lei ordinária não se resolve hierarquicamente, pois ambas estão no mesmo plano. Tendo em vista que tanto as leis complementares como as leis ordinárias extraem seu fundamento de validade da Constituição, e não uma da outra, não há que se falar em hierarquia, mas em campos materiais distintos. À lei complementar cabe apenas aquilo que a Constituição expressa e taxativamente atribuir, ao passo que à lei ordinária cabe todo o campo residual, não havendo superioridade de uma sobre a outra. Assim, se a lei ordinária disciplinar assunto reservado à lei complementar, haverá inconstitucionalidade, não ilegalidade. Por sua vez, se a lei complementar regrar matéria presente no campo da lei ordinária, o entendimento do STF é de que não haveria nulidade a ser decretada, pois o quórum de maioria simples exigido para aprovação da lei ordinária foi superado e não haveria vedação constitucional para isso. Assim, para o STF, nessa hipótese, a norma seria formalmente lei complementar e materialmente lei ordinária, podendo ser revogada ou alterada por outra lei ordinária.[32]

---

30. Cf. item IV, supra.
31. Sustentando a inexistência de hierarquia entre lei complementar e lei ordinária: MENDES, Gilmar Ferreira; BRANCO, Paulo Gustavo Gonet. *Curso de direito constitucional*. 17. ed. São Paulo: SaraivaJur, 2022, p. 497. Em sentido contrário: MORAES, Alexandre de. *Direito Constitucional*. 39. ed. Barueri: Atlas, 2023, p. 783.
32. BRASIL. Supremo Tribunal Federal, Tribunal Pleno, RE 377.457, Rel. Min. Gilmar Mendes, DJ 19/12/2008.

Aplicando-se esse raciocínio ao conflito em exame e tomando-se por base a posição de que normas referentes à estrutura básica do mercado segurador deveriam ser veiculadas por lei complementar, chegar-se-ia à conclusão de que parte das normas do Decreto-lei 73/1966 têm forma de lei complementar, mas são materialmente ordinárias. É o caso das regras referentes aos seguros obrigatórios, que não dizem respeito a pontos estruturais do sistema de seguro, tampouco têm ligação com autorização e funcionamento das seguradoras e do órgão fiscalizador. Por isso, mesmo nessa posição, cabe a conclusão de que a Lei 14.599/2023 revogou tacitamente o trecho referente à obrigatoriedade do seguro de transporte nacional de carga pela via rodoviária, previsto no art. 20, 'h', do Decreto-lei 73/1966.[33]

Não é o primeiro caso em que esse tipo de conflito ocorreu na regulamentação do mercado segurador. Ainda sob a redação original do art. 192 da Constituição, quando parcela do Decreto-lei 73/1966 tinha força de lei complementar, a Lei 8.374/1991 o alterou para dispor sobre o seguro obrigatório de danos pessoais causados por embarcações ou por sua carga (DPEM), regras vigentes ainda hoje. Do mesmo modo, a Lei 6.194/1974 criou o seguro obrigatório de danos pessoais causados por veículos automotores de via terrestre a pessoas transportadas ou não (DPVAT). Ao fazê-lo, acrescentou a letra 'l' ao art. 20 do Decreto-lei 73/1966. Até aquele momento, como visto anteriormente,[34] o Decreto-lei tinha status de lei ordinária, de modo que o acréscimo foi feito validamente. Mas, também sob a redação original do art. 192 da Constituição de 1988, a Lei 8.441/1992 realizou alterações no regime do DPVAT que não foram invalidadas. Por fim, a já citada Lei 9.932/1999, que transferiu atribuições fiscalizatórias do IRB para a SUSEP quando da quebra do monopólio do mercado ressegurador.

Embora o posicionamento do STF quanto ao conflito entre lei complementar e lei ordinária esteja pacificado, não se pode dizer que haja jurisprudência consolidada quanto à disciplina do seguro. Como visto anteriormente no caso do IRB, o STF referendou a concessão da medida cautelar que suspendia dispositivos da Lei 9.932/1999. A decisão não se deu por unanimidade, ficando a maioria com a posição de que o Decreto-lei 73/1966 tinha força de lei complementar e somente poderia ser alterado por outra lei complementar. Os Ministros Maurício Corrêa e Marco Aurélio, contudo, se filiaram à tese de que nem tudo no Decreto-lei tem *status* de lei complementar e a ADI 2.223 acabou não sendo decidida no mérito.[35]

A divergência também ocorreu no julgamento pelo STF da medida cautelar na ADI 6.262, movida em face da Medida Provisória 904/2019, que dispôs sobre a extinção do DPVAT e do DPEM e revogou, dentre outros dispositivos, o art. 20, 'l', do Decreto-Lei

---

33. A especificação é necessária pois o dispositivo do Decreto-lei 73/66 trata da obrigatoriedade do seguro de transporte nacional sem delimitar os modais de transporte aos quais se aplica. Seu regulamento (Decreto 61.867), no art. 12, menciona vários modais: ferroviário, rodoviário, aéreo e hidroviário. Como a Lei 14.599/23 alterou apenas a Lei 11.442/07, que regulamenta o transporte de carga rodoviário, sem alterar o Decreto-lei, o seguro de transporte nacional continua obrigatório para todos os outros modais que não o rodoviário.

34. Cf. item III, supra.

35. Cf. item IV, supra.

73/1966. O Ministro Edson Fachin, relator da ADI, proferiu o voto condutor da maioria na decisão da medida cautelar lastreando sua fundamentação na exigência de lei complementar para regular tanto o DPVAT como o DPEM. Para o Ministro, o art. 192 da CF, na redação dada pela Emenda Constitucional 40/2003, reclama lei complementar para tratar de pontos essenciais do sistema financeiro nacional. Em sua visão, o sistema de seguros seria um subsistema do sistema financeiro nacional, estando também subordinado à autoridade do Banco Central. Assim, "Como a legislação sobre seguro obrigatório regula aspecto essencial do sistema financeiro, para o qual, conforme o art. 192 da CRFB exige-se lei complementar, o tema não poderia ser veiculado na medida provisória", nos termos do art. 62, § 1º, III, da Constituição.[36]

Para reforçar sua argumentação, o Ministro Edson Fachin cita alterações ao Decreto-lei 73/1966 que foram realizadas pela Lei Complementar 137/2010, bem como afirma que o Poder Executivo, "em diversos projetos de lei complementar enviados ao Congresso Nacional, reconhece que o art. 192, *caput*, exige lei complementar", usando como exemplo a fundamentação do projeto de lei que resultou na Lei Complementar 126/2007. Da mensagem contida no projeto de lei, enviada à época pelo Ministro da Fazenda ao Presidente da República e depois encaminhada à Câmara dos Deputados, constou o seguinte:

> O principal aspecto que esse anteprojeto visa disciplinar é a abertura do mercado de resseguros, uma vez que desde o advento da Emenda Constitucional 13, de 1997, o resseguro deixou de ser constitucionalmente monopólio do Estado. Apesar da Lei 9.932, de 1999, ter sido introduzida visando a transferência de atribuições de governo do IRB-Brasil Resseguros S.A. para a Superintendência de Seguros Privados, bem como a abertura desse mercado, sua implementação foi prejudicada, uma vez que pairam dúvidas quanto a sua constitucionalidade, diante do art. 192 da Constituição Federal, que estabelece que a regulamentação do Sistema Financeiro Nacional seja feita por Leis Complementares. Tais incertezas vêm prejudicando a concretização de investimentos que poderiam estar sendo realizados neste setor, motivo pelo qual propõe-se a sua revogação e a introdução do regramento geral da atividade através de lei complementar.

Durante a sessão de julgamento da medida cautelar, o Ministro Luiz Fux acompanhou o relator, mas não adotou as mesmas razões de decidir. Sem tratar da questão relativa ao vício formal, encaminhou seu voto com base nos riscos orçamentários e financeiros que a extinção do DPVAT, especialmente, poderia causar. O Ministro Ricardo Lewandowski, por sua vez, abriu divergência, seguida pelos Ministros Gilmar Mendes e Celso de Mello, que restaram vencidos. De seu voto, extrai-se que o "(...) art. 192 da Constituição da República não exigiria a edição de lei complementar para disciplinar, em sua inteireza, matéria atinente a seguros e resseguros". Ao citar o precedente da ADI 2.223-MC, o Ministro afirma que o entendimento do STF teria sido o de reservar à lei complementar as funções regulatórias e de fiscalização dos estabelecimentos de seguros e resseguro, "(...) em razão do que dispunha o art. 192, II, da CF". Ulteriormente, referido inciso foi revogado pela EC 40/2003". A partir daí, conclui que, ao menos no juízo

---

36. BRASIL. Supremo Tribunal Federal, Tribunal Pleno, ADI 6.262-MC, Rel. Min. Edson Fachin, DJe 22.04.2020.

cautelar, as disposições da Medida Provisória 904/2019 "não se intrometeram na seara abrangida pelo art. 192, da CF", bem como que:

> O art. 20 do Decreto-Lei 73/1966 dispõe sobre quais os tipos de seguro são de contratação compulsória. Assim, entendo que a exclusão de um ou de alguns tipos de seguro daquele rol, retirando-lhes a obrigatoriedade por outro ato normativo, não configuraria atividade legiferante concernente a disciplinar sobre a autorização e o funcionamento dos estabelecimentos de seguro ou resseguro, de modo que, aparentemente, não seria exigível lei complementar para tanto.

Novamente, o STF não chegou a decidir o mérito da ADI, pois a Medida Provisória 904/2019 perdeu a eficácia desde a edição em virtude da não conversão em lei no prazo constitucional (art. 62, § 3º). Com isso, julgou-se a ADI 6.262 prejudicada. Desse modo, considerando que tanto essa decisão como a da ADI 2.223 se deram em sede de cautelar, com divergência relevante entre os Ministros, bem como que, houve mudança significativa na composição do STF, não há como extrair posição firme da Corte sobre a regulação do sistema de seguros, havendo ainda grande insegurança jurídica no mercado segurador sobre o destino da Lei 14.599/2023.

VI. CONCLUSÃO

O Decreto-lei 73/1966 foi editado para regular o sistema nacional de seguros privados e trouxe, no art. 20, rol exemplificativo de seguros obrigatórios. Durante a vigência da Constituição de 1967 e da Emenda Constitucional 1/1969, o Decreto-lei tinha força de lei ordinária. Com a promulgação da Constituição de 1988, o sistema financeiro nacional foi constitucionalizado e passou a abarcar, também, o mercado segurador, por força do art. 192.

A partir daí, toda a regulamentação relativa à autorização e funcionamento das seguradoras e resseguradoras, bem como do órgão oficial fiscalizador, deveria ser realizada mediante lei complementar. Com isso, abriu-se margem para inferir que o Decreto-lei 73/1966 teria sido recepcionado integralmente com força de lei complementar. No entanto, foram apresentadas duas teses no presente artigo para demonstrar que isso não ocorreu, ao menos não totalmente.

De acordo com a primeira tese, considerando a delimitação da redação original do art. 192, II, da Constituição, aos temas nele previstos, bem como o posicionamento de alguns Ministros do STF ao longo do tempo, concluiu-se que parte do Decreto-lei 73/1966 tem força de lei complementar, ao passo que outra parte, embora tenha sido formalmente recepcionada como lei complementar, é materialmente lei ordinária. É nessa última parcela que está o art. 20 e sua lista de seguros obrigatórios, aspecto não estrutural do sistema de seguros.

Conforme a segunda tese apresentada, após Emenda Constitucional 40/2003, o sistema de seguros ganhou autonomia em face do sistema financeiro nacional e não está mais albergado pelo art. 192 da Constituição, podendo ser integralmente disciplinado por lei ordinária. Consequentemente, o Decreto-lei 73/1966 foi recepcionado pela Emenda com força de lei ordinária.

Adotando-se uma ou outra das teses, a conclusão é no sentido de que a Lei 14.599/2023 não padece do vício formal relativo à espécie normativa escolhida pelo legislador. Tanto ela quanto a Medida Provisória 1.153/2022 poderiam, validamente, modificar a obrigatoriedade dos seguros de transporte rodoviário de carga, como fizeram, sem incidir em inconstitucionalidade.

A única violação à Constituição encontrada ocorreu na ausência de urgência e relevância para a edição da Medida Provisória, vício que, conforme a jurisprudência atual do STF, não se convalida pela sua conversão em lei e pode ser reconhecido no plano judicial.

REFERÊNCIAS

AMARAL JÚNIOR, José Levi Mello do. *Medida provisória e sua conversão em lei*: a emenda constitucional 32 e o papel do Congresso Nacional. São Paulo: Ed. RT, 2004.

BARROS, Sérgio Resende de. Medidas, provisórias? *Revista da Procuradoria Geral do Estado de São Paulo*, São Paulo, n. 53, p. 67-82, jun. 2000.

BASTOS. Celso Ribeiro; MARTINS, Ives Gandra. *Comentários à Constituição do Brasil*. São Paulo: Saraiva, 1988. v. 1.

CAMARDELLI, Bárbara. Eficácia da medida provisória rejeitada: uma nova interpretação. In: FIGUEIREDO, José Purvin de; NUZZI NETO, José (Org.). *Temas de Direito Constitucional* – Estudos em Homenagem ao Advogado Público André Franco Montoro. Rio de Janeiro: Esplanada-ADCOAS, 2000.

CLÈVE, Clèmerson Merlin. *Atividade legislativa do Poder Executivo*. 2. ed. São Paulo: Ed. RT, 2000.

FERREIRA FILHO, Manoel Gonçalves. *Do processo legislativo*. 5. ed. São Paulo: Saraiva, 2002.

MENDES, Gilmar Ferreira; BRANCO, Paulo Gustavo Gonet. *Curso de direito constitucional*. 17. ed. São Paulo: SaraivaJur, 2022.

MORAES, Alexandre de. *Direito Constitucional*. 39. ed. Barueri: Atlas, 2023.

SAMPAIO, Nelson de Sousa. *O processo legislativo*. São Paulo: Saraiva, 1968.

SANTOS, Lucas Custódio; BALBI, Guilherme; KLAFKE, Guilherme Forma. Controle da relevância e urgência em medidas provisórias pelo STF. *SUPREMA – Revista de Estudos Constitucionais*, Brasília, v. 2, n. 1, p. 369-405, jan./jun. 2022.

SILVA, José Afonso da. *Curso de direito constitucional positivo*. 30. ed. São Paulo: Malheiros, 2008.

SILVA, Rafael Silveira e. *A (des)constitucionalização do sistema financeiro*. Disponível em: https://www12. senado.leg.br/publicacoes/estudos-legislativos/tipos-de-estudos/outras-publicacoes/volume-iv-constituicao-de-1988-o-brasil-20-anos-depois.-estado-e-economia-em-vinte-anos-de-mudancas/politica-economica-e-monetaria-a-des-constitucionalizacao-do-sistema-financeiro. Acesso em: 12 out. 2023.

SEGURO-GARANTIA: CRITÉRIOS PARA SUA EFICAZ UTILIZAÇÃO COMO INSTRUMENTO DE GERENCIAMENTO DE RISCOS EM CONTRATOS DE INFRAESTRUTURA

Carlos Edison do Rêgo Monteiro Filho

Professor Titular de Direito Civil da UERJ. Professor Permanente e Coordenador da Linha de Direito Civil do Programa de Pós-graduação *stricto sensu* (mestrado e doutorado) da UERJ. Procurador do Estado do Rio de Janeiro. Vice-presidente do Instituto Brasileiro de Estudos de Responsabilidade Civil – IBERC. Membro do Instituto Brasileiro de Direito Civil – IBDCivil. Advogado, consultor e parecerista em temas de direito privado.

Rodrigo de Almeida Távora

Doutorando em Direito Civil e Mestre em Direito Público pela Universidade do Estado do Rio de Janeiro – UERJ. Pós-graduado em Direito da Economia e da Empresa pela Fundação Getúlio Vargas – FGV/RJ e em Parcerias Público-Privadas e Concessões pela Fundação Escola de Sociologia e Política de São Paulo – FESP. Formação avançada em contratações de infraestrutura pela Harvard Kennedy School e em Parcerias Público-Privadas pela London School of Economics and Political Science. Procurador do Estado do Rio de Janeiro. Membro do Instituto Brasileiro de Estudos de Responsabilidade Civil – IBERC. Advogado.

Resumo: O seguro-garantia é apontado como um instrumento contratual auxiliar capaz de assegurar de forma mais satisfatória a gestão de riscos e fomentar a eficiência no cumprimento de obrigações estabelecidas em contratos, destacadamente em contratações públicas de infraestrutura. Muito embora haja previsão legal expressa autorizando a sua adoção em contratações públicas, não há disciplina específica em sede normativa sobre os elementos estruturais desse tipo *sui generis* de contrato de seguro, a exemplo da ausência de critérios associados ao agravamento do risco. A despeito da ausência de disciplina normativa específica, busca-se no presente ensaio apresentar alguns critérios de interpretação que possibilitem estruturar o contrato de seguro-garantia de forma a possibilitar o cumprimento de sua função promocional.

Sumário: I. Introdução – II. Disciplina normativa do seguro-garantia – III. O seguro-garantia e as vicissitudes das contratações envolvendo a realização de obras – IV. Agravamento do risco superveniente – V. Conclusão – Referências.

I. INTRODUÇÃO

Os contratos, como regra, geram a legítima expectativa de que as obrigações nele estabelecidas sejam espontaneamente cumpridas de acordo com a forma, prazo e local preestabelecidos.[1] No entanto, a relação contratual nem sempre observa uma desejável

---

1. Conforme preleciona Clóvis do Couto e Silva, *o adimplemento atrai e polariza a obrigação. É o seu fim*. Ao discorrer sobre o conceito de obrigação como processo, esclarece o Autor que a relação obrigacional deve ser

dinâmica linear em direção ao irrestrito e pontual cumprimento das obrigações. Durante o *iter* contratual, podem surgir inúmeros fatores capazes de acarretar o atraso ou mesmo o inadimplemento definitivo das obrigações, frustrando-se, com isso, os interesses das partes contratantes.

Essas intercorrências são especialmente presentes em contratos privados de empreitada e contratações públicas envolvendo a realização de obras, pois são recorrentes as modificações ocorridas em projetos básicos e executivos de engenharia e arquitetura. No âmbito das contratações públicas, há, inclusive, preceito legal expresso autorizando a promoção de alterações unilaterais no contrato pela Administração Pública após a sua formalização, em virtude, dentre outras circunstâncias, de modificações: (i) no projeto ou especificações para melhor adequação técnica a seus objetivos; e, (ii) no valor contratual em decorrência de acréscimo ou diminuição quantitativa de seu objeto.[2]

Esse quadro de modificações e de descumprimento de obrigações contratuais observado em contratos privados de empreitada e, em especial, em contratações de obras públicas e demais arranjos contratuais públicos que podem igualmente pressupor a realização de obras, a exemplo dos contratos de concessão e de parcerias público-privadas, gera, como regra, o atraso na conclusão de obras imprescindíveis à prestação de serviços públicos, tolhendo os indivíduos de uma forma geral da oportunidade de usufruir bens indispensáveis à manutenção das condições necessárias para uma existência digna.

Em termos estritamente econômicos, o não cumprimento tempestivo de obrigações em contratos de empreitada e congêneres públicos pode acarretar a indesejável elevação dos custos associados às obras que constituem o seu objeto e ensejar a ocorrência de danos de diversos matizes. Associe-se a isso, em termos macroeconômicos, o impacto negativo que o não cumprimento de ditas obrigações pode acarretar no desenvolvimento social e econômico,[3] afetando, por exemplo, a apuração de índices de desemprego e de crescimento econômico.

---

compreendida *como algo que se encadeia e se desdobra em direção ao adimplemento, à satisfação dos interesses do credor*. COUTO E SILVA, Clóvis. *A obrigação como processo*. Rio de Janeiro: Editora FGV, 2006, p. 17.

2. Art. 124 da Lei 14.133/2021. Os contratos regidos por esta Lei poderão ser alterados, com as devidas justificativas, nos seguintes casos: I - unilateralmente pela Administração: a) quando houver modificação do projeto ou das especificações, para melhor adequação técnica a seus objetivos; b) quando for necessária a modificação do valor contratual em decorrência de acréscimo ou diminuição quantitativa de seu objeto, nos limites permitidos por esta Lei. O Código Civil também prevê hipóteses de modificação do contrato de empreitada em seus artigos 619, 620 e 621. O art. 619, em particular, prevê a hipótese de modificação em decorrência de alterações no projeto, muito embora a disciplina seja diversa das contratações públicas. Art. 619. Salvo estipulação em contrário, o empreiteiro que se incumbir de executar uma obra, segundo plano aceito por quem a encomendou, não terá direito a exigir acréscimo no preço, ainda que sejam introduzidas modificações no projeto, a não ser que estas resultem de instruções escritas do dono da obra. Parágrafo único. Ainda que não tenha havido autorização escrita, o dono da obra é obrigado a pagar ao empreiteiro os aumentos e acréscimos, segundo o que for arbitrado, se, sempre presente à obra, por continuadas visitas, não podia ignorar o que se estava passando, e nunca protestou.

3. Conforme assinala Gilberto Bercovici, *é necessária uma política deliberada de desenvolvimento, em que se garanta tanto o desenvolvimento econômico como social, que são interdependentes, não há um sem o outro*. BERCOVICI, Gilberto. *Constituição econômica e desenvolvimento*. São Paulo: Almedina, 2022, p. 126.

Com objetivo de diagnosticar o universo de contratações públicas impactadas pelo descumprimento de obrigações contratuais, o Tribunal de Contas da União realiza atualmente o contínuo monitoramento de obras paralisadas envolvendo o dispêndio de recursos federais. No âmbito desse trabalho de auditoria, revelou o referido órgão de controle que, no ano de 2023, de 21.007 obras fiscalizadas, 8.603 se encontravam paralisadas, o que representa o preocupante percentual de 41% – quase metade do objeto da fiscalização.[4]

Em tal cenário, o seguro-garantia desponta como um instrumento capaz de mitigar o problema associado ao descumprimento de obrigações contratuais, pois é apto a assegurar de forma mais satisfatória a gestão de riscos e fomentar a eficiência no cumprimento das mencionadas obrigações. Nos termos da norma geral que disciplina as contratações públicas, inclusive, é expressamente proclamado que o seguro-garantia *tem por objetivo garantir o fiel cumprimento das obrigações assumidas pelo contratado*.[5]

O presente ensaio, a partir do reconhecimento de que não há disciplina específica em sede normativa sobre os elementos estruturais do contrato de seguro-garantia, a exemplo da ausência de parâmetros associados ao agravamento do risco, busca apresentar alguns critérios de interpretação que possibilitem assegurar maior efetividade a esse tipo *sui generis* de contrato de seguro, destacadamente no âmbito das contratações públicas envolvendo obras de infraestrutura e, assim, possibilitar o cumprimento de sua relevante função promocional.

II. DISCIPLINA NORMATIVA DO SEGURO-GARANTIA

Não há na legislação brasileira o estabelecimento de disciplina específica sobre o seguro-garantia, existindo apenas previsões normativas sobre a admissibilidade desse tipo de seguro em algumas situações pontuais. É o caso, por exemplo, da Lei 6.830/80 que, em seu art. 9º, inciso II, prevê a possibilidade de o seguro-garantia ser utilizado para garantir o cumprimento de obrigações resultantes de títulos que são objeto de execuções fiscais.[6] De forma a ampliar a utilização do seguro-garantia para assegurar o cumprimento de obrigações advindas de processos judiciais em termos mais genéricos, o art. 835, § 2º, do Código de Processo Civil, prevê que esse seguro se equipara ao dinheiro e à fiança na ordem preferencial de penhora.[7]

---

4. Relatório de obras paralisadas divulgadas no sítio eletrônico do Tribunal de Contas da União. Disponível em: https://paineis.tcu.gov.br/pub/?workspaceId=8bfbd0cc-f2cd-4e1c-8cde-6abfdffea6a8&reportId=013930b6-b-989-41c3-bf00-085dc65109de. Acesso em: 04 set. 2023.
5. Nos termos do art. 97 da Lei 14.133/2021, o seguro-garantia tem por objetivo garantir o fiel cumprimento das obrigações assumidas pelo contratado perante à Administração, inclusive as multas, os prejuízos e as indenizações decorrentes de inadimplemento.
6. Art. 9º Em garantia da execução, pelo valor da dívida, juros e multa de mora e encargos indicados na Certidão de Dívida Ativa, o executado poderá: (...) II – oferecer fiança bancária ou seguro garantia.
7. Art. 835. (...) § 2º Para fins de substituição da penhora, equiparam-se a dinheiro a fiança bancária e o seguro garantia judicial, desde que em valor não inferior ao do débito constante da inicial, acrescido de trinta por cento.

Para além do objetivo de assegurar o cumprimento de obrigações estabelecidas no âmbito de processos judiciais, a Lei 8.666/93, norma geral sobre contratações públicas com vigência até o dia 30 de dezembro de 2023, enumerou o seguro-garantia dentre as garantias que poderão ser exigidas no âmbito dessas contratações. Dito diploma legal prevê que, ao contrário do que ocorre nos processos judiciais em que a garantia pode abranger o valor correspondente à integralidade da obrigação a ser cumprida, o seguro-garantia deve apenas se circunscrever ao percentual de 5% do valor das obrigações contraídas em contratações ordinárias, admitindo-se a elevação para o percentual máximo de 10% para obras, serviços e fornecimentos de grande vulto.[8]

A Lei 14.133/2021, que revoga a Lei 8.666/93 a partir do dia 30 de dezembro de 2023, por sua vez, manteve a previsão de utilização de seguro-garantia nas contratações públicas. E, com o propósito de fomentar ainda mais a utilização desse instrumento, elevou o percentual de cobertura para até 30% nas hipóteses de contratações de obras e serviços de engenharia de grande vulto, assim como autorizou a criação de cláusula contratual de retomada, introduzindo no ordenamento jurídico a obrigação de o segurador assumir a execução do contrato de forma a concluir o seu objeto na hipótese de caracterização de inadimplência do contratado.[9]

Ainda no âmbito das contratações públicas, a Lei 8.987/1995, que disciplina os contratos de concessão, não apresenta expressamente o seguro-garantia dentre as opções de garantia. A Lei 11.079/2004, que disciplina os contratos de parceria público-privada, autoriza textualmente a utilização do seguro-garantia para assegurar o cumprimento de obrigações estabelecidas nesses contratos, não dispondo, contudo, sobre os percentuais incidentes sobre os valores envolvidos na contratação, aplicando-se, na hipótese, os percentuais genericamente incidentes sobre as contratações públicas por força do que dispõe o art. 186 da Lei 14.133/2021.[10]

No campo das contratações estritamente privadas, não há disciplina legislativa específica sobre o seguro-garantia. O Código Civil, como se sabe, estabelece as diretrizes incidentes sobre os contratos de seguro em seus artigos 757 a 777, a título de disposições gerais, e propõe regramento específico associado a duas categorias distintas: seguro de dano (artigos 778 a 788) e seguro de pessoa (artigos 789 a 802).

Na esfera regulamentar, o tema foi inicialmente disciplinado pela Superintendência de Seguros Privados – SUSEP por intermédio da Circular 477/2013, encontrando-se

---

8. Art. 56. (...) § 2º A garantia a que se refere o *caput* deste artigo não excederá a cinco por cento do valor do contrato e terá seu valor atualizado nas mesmas condições daquele, ressalvado o previsto no parágrafo 3º deste artigo. § 3º Para obras, serviços e fornecimentos de grande vulto envolvendo alta complexidade técnica e riscos financeiros consideráveis, demonstrados através de parecer tecnicamente aprovado pela autoridade competente, o limite de garantia previsto no parágrafo anterior poderá ser elevado para até dez por cento do valor do contrato.

9. Art. 99. Nas contratações de obras e serviços de engenharia de grande vulto, poderá ser exigida a prestação de garantia, na modalidade seguro-garantia, com cláusula de retomada prevista no art. 102 desta Lei, em percentual equivalente a até 30% (trinta por cento) do valor inicial do contrato.

10. Art. 186. Aplicam-se as disposições desta Lei subsidiariamente à Lei 8.987, de 13 de fevereiro de 1995, à Lei 11.079, de 30 de dezembro de 2004, e à Lei 12.232, de 29 de abril de 2010.

atualmente disciplinado pela Circular 662/2022.[11] A norma regulamentar objetiva disciplinar conjuntamente as hipóteses de seguro-garantia destinadas às contratações públicas e privadas, valendo-se para tanto de inúmeras regras aplicáveis indistintamente a essa modalidade de seguro, a exemplo do estabelecimento de regras concernentes ao prazo de vigência, hipóteses de modificação, indenização e exclusão de riscos.

Tal quadro normativo, no entanto, não é capaz de fornecer critérios objetivos sobre alguns pontos centrais ligados à aplicação do seguro-garantia, notadamente no que se refere às contratações envolvendo obras públicas, impondo-se a investigação da natureza desse instrumento contratual, assim como das características das obrigações que esse instrumento busca assegurar a fim de que haja a sistematização de critérios coerentes de interpretação à luz da legalidade constitucional. É o que se passa a demonstrar no tópico seguinte.

III. O SEGURO-GARANTIA E AS VICISSITUDES DAS CONTRATAÇÕES ENVOLVENDO A REALIZAÇÃO DE OBRAS

O seguro-garantia apresenta uma relação tripartite, nele figurando o tomador, o segurador e o segurado. No seguro-garantia vinculado a contratos privados de empreitada e contratações envolvendo obras públicas, o tomador é o responsável pelo cumprimento das obrigações estabelecidas no contrato principal associadas à construção das obras e também pelo pagamento do prêmio do seguro. O segurado, por sua vez, é o destinatário final das obras especificadas no contrato principal e remunera o tomador como contrapartida pelo desenvolvimento dessas obras.

O objetivo do seguro-garantia nesses contratos é o de mitigar o risco associado ao descumprimento das obrigações contratuais a cargo do tomador, beneficiando-se, com isso, o segurado que tem nessa garantia a possibilidade de não ver comprometida a entrega das obras contratadas, o que se perfaz alternativamente pelo pagamento de indenização pelo segurador ou por intermédio da assunção direta da execução das obrigações pelo próprio segurador.

Objetiva também o seguro-garantia gerar incentivos para que as obrigações estabelecidas no contrato principal sejam efetivamente cumpridas. Nesse ponto, o segurador poderá acompanhar a execução contratual, ter livre acesso às instalações físicas em que o contrato é executado, assim como acessar auditorias técnicas e contábeis e requerer esclarecimentos ao responsável técnico pela obra.[12]

---

11. Disponível em: https://www2.susep.gov.br/safe/scripts/bnweb/bnmapi.exe?router=upload/25882. Acesso em: 04 set. 2023.
12. Nesse sentido é o que dispõe o art. 102, inciso I, da Lei 14.133/2021 no que se refere às contratações públicas. Art. 102. Na contratação de obras e serviços de engenharia, o edital poderá exigir a prestação da garantia na modalidade seguro-garantia e prever a obrigação de a seguradora, em caso de inadimplemento pelo contratado, assumir a execução e concluir o objeto do contrato, hipótese em que: I – a seguradora deverá firmar o contrato, inclusive os aditivos, como interveniente anuente e poderá: a) ter livre acesso às instalações em que for executado o contrato principal; b) acompanhar a execução do contrato principal; c) ter acesso a auditoria técnica e contábil; d) requerer esclarecimentos ao responsável técnico pela obra ou pelo fornecimento.

O segurador adquire, nesse contexto, um papel de maior protagonismo na contratação principal, exercendo atividades que não lhe são típicas. Passa o segurador a figurar, inclusive, formalmente no contrato principal e eventuais aditivos como interveniente anuente e a praticar, de forma regular durante o curso do contrato, atos materiais tendentes à verificação do cumprimento de obrigações a cargo do segurado, podendo ainda ocorrer, na hipótese de inadimplência, a intervenção direta na execução das obrigações contratuais.[13]

Esse cenário, em princípio, parece dotado de absoluta racionalidade negocial, pois a previsão de pagamento de indenização, a fiscalização permanente do cumprimento das obrigações contratuais e a possibilidade de assunção direta dessas obrigações pelo segurador em caso de inadimplemento pelo segurado, configuram situações aptas a mitigar os riscos associados à realização de obras. O seguro-garantia propiciaria, assim, a redução dos custos de transação nas relações negociais, o que, em última análise, resultaria em uma desejável melhora no ambiente de negócios e o incremento do desenvolvimento econômico no cenário brasileiro.[14]

Contudo, os contratos privados de empreitada e as contratações envolvendo obras públicas apresentam especificidades que nem sempre permitirão que o seguro-garantia cumpra a função de mitigar substancialmente o risco associado ao não cumprimento de obrigações contratuais. Dentre essas especificidades, destacam-se os seguintes fatores observados em contratos dessa natureza: (i) precariedade técnica dos projetos de engenharia e arquitetura; (ii) complexidade de arranjos contratuais em que a realização de obras é apenas um dos itens que configuram o objeto contratual; e, (iii) incompatibilidade com os percentuais legais estabelecidos para o alcance do seguro-garantia.

O primeiro fator que se apresenta crítico para a análise das potencialidades do seguro-garantia consiste na constatação de que os projetos de engenharia e arquitetura ensejam, como regra, modificações quantitativas e qualitativas supervenientes,[15] alterando-se, com isso, o panorama inicial de análise de risco, elemento central na estruturação e precificação do contrato de seguro.[16]

---

13. O já citado art. 102, inciso I, da Lei 14.133/2021 estabelece, no âmbito das contratações públicas, que o segurador deverá firmar o contrato, inclusive os aditivos, como interveniente anuente.

14. A compreensão dos custos de transação pode ser sintetizada a partir das contribuições de Ronald Coase sobre o tema. Destaca o Autor que, ao realizar transações de mercado, há custos associados a atos que lhes são inerentes, a exemplo dos atos associados à formação e execução dos contratos, e que esses atos são usualmente extremamente custosos. COASE, Ronald. O problema do custo social. *Journal of Law & Economics*, Chicago, v. 3, out. 1960. Trad. Francisco Kümmel F. Alves e Renato Vieira Caovilla. Disponível em: https://edisciplinas. usp.br/pluginfile.php/3806050/mod_resource/content/1/custosocial.pdf. Acesso em: 04 set. 2023.

15. É de ser aqui evidenciado que nem sempre será uma tarefa fácil delimitar com precisão os traços distintivos entre alterações qualitativas e quantitativas. Não só as alterações qualitativas podem pressupor modificações quantitativas no contrato, como também o incremento demasiado de alterações quantitativas poderá acarretar uma alteração qualitativa do objeto do contrato.

16. O risco é um dos elementos nucleares do contrato de seguro. Conforme sinalizam Miragem e Petersen, "é o estudo da noção de risco, que se apresenta como conceito nuclear da operação e explica sua função socioeconômica, assim como dos aspectos técnicos e operacionais da atividade desenvolvida pelo segurador, que revela, em sua completude, a realidade fática objeto do direito dos seguros, em suas dimensões institucional e material". MIRAGEM, Bruno; PETERSEN, Luiza. *Direito dos seguros*. Rio de Janeiro: Forense, 2022. p. 41.

Tal situação se mostra especialmente relevante no âmbito das contratações públicas, pois a Administração pode alterar unilateralmente os contratos de forma significativa sempre que houver modificação do projeto ou das especificações para melhor adequação técnica a seus objetivos e quando for necessária a modificação do valor contratual em decorrência de acréscimo ou diminuição quantitativa de seu objeto,[17] oscilando o percentual de acréscimos e supressões de 25 a 50% do valor total da contrato a depender da natureza da obra a ser realizada.[18]

Além disso, parte significativa desses projetos revela algum nível de insuficiência técnica, acarretando, de igual modo, modificações supervenientes nas obrigações contratuais inicialmente estabelecidas. Nas contratações públicas, em particular, a precariedade técnica dos projetos de engenharia e arquitetura se apresenta como fator que merece especial atenção, uma vez que a Administração Pública não possui, como regra, quadros técnicos que permitam a elaboração de projetos de qualidade satisfatória. Some-se a isso a dificuldade que os administradores públicos enfrentam para a especificação do objeto contratual, o que igualmente se reflete na confecção de projetos inadequados e insuficientes.

Ditas circunstâncias acarretam não só a modificação das obrigações originariamente pactuadas, como igualmente podem acarretar o atraso no seu cumprimento ou mesmo o integral descumprimento em razão da dificuldade de se adimplir obrigações lastreadas em projetos técnicos inadequados. A título ilustrativo, o Tribunal de Contas da União, ao elaborar auditoria específica sobre obras paralisadas, apurou que, dentre os motivos para as paralisações, sobressai o percentual de 47% associado a projetos básicos deficientes.[19]

O segundo fator crítico relaciona-se à complexidade das obrigações observada em modelos contratuais em que a realização de obras constitui apenas um dos itens que configuram o objeto contratual, a exemplo do que ocorre nos contratos de concessão de serviços públicos precedidos de obras públicas e nos contratos de parceria público-privada. Nesses contratos, há uma ligação estreita entre as diversas obrigações, uma vez que o financiamento é usualmente estruturado em conexão com diversos aspectos do projeto de concessão, não podendo ser tratado de forma isolada e sim em sua totalidade.[20]

---

17. Art. 124 da Lei 14.133/2021. Os contratos regidos por esta Lei poderão ser alterados, com as devidas justificativas, nos seguintes casos: I – unilateralmente pela Administração: a) quando houver modificação do projeto ou das especificações, para melhor adequação técnica a seus objetivos; b) quando for necessária a modificação do valor contratual em decorrência de acréscimo ou diminuição quantitativa de seu objeto, nos limites permitidos por esta Lei.

18. Art. 125. Nas alterações unilaterais a que se refere o inciso I do caput do art. 124 desta Lei, o contratado será obrigado a aceitar, nas mesmas condições contratuais, acréscimos ou supressões de até 25% (vinte e cinco por cento) do valor inicial atualizado do contrato que se fizerem nas obras, nos serviços ou nas compras, e, no caso de reforma de edifício ou de equipamento, o limite para os acréscimos será de 50% (cinquenta por cento).

19. Disponível em: https://portal.tcu.gov.br/biblioteca-digital/auditoria-operacional-sobre-obras-paralisadas. htm. Acesso em: 04 set. 2023.

20. Ao discorrer sobre a ideia de aplicação do conceito de totalidade ao direito obrigacional, esclarece Judith Martins-Costa que esse conceito teve por efeito alargar o âmbito conceitual do adimplemento e, por consequência,

Esses contratos pressupõem, mais precisamente, um financiamento estruturado em que o fluxo de caixa gerado pela prestação de serviços é utilizado no pagamento de obrigações financeiras, não havendo, com isso, a possibilidade objetiva de segregação das obrigações associadas à realização de obras e das demais obrigações fixadas no contrato, dentre as quais as de natureza financeira.[21]

E, por fim, o terceiro fator relevante associa-se ao percentual de cobertura do seguro-garantia. Enquanto nas contratações privadas não há limites associados à extensão da garantia, podendo alcançar o valor integral da obrigação a ser cumprida, o seguro-garantia nas contratações públicas deve apenas se circunscrever ao percentual de 5 a 10% do valor das obrigações contraídas em contratações ordinárias, admitindo-se a elevação para o percentual máximo de 30% nas hipóteses de contratações de obras e serviços de engenharia de grande vulto.

Os três fatores abordados, que podem inclusive ser observados concomitantemente em um mesmo contrato, são potenciais inibidores do integral êxito do seguro-garantia. No primeiro caso, a precariedade dos projetos pode inviabilizar a assunção do cumprimento específico das obrigações já existentes pelo segurador, pois o projeto assim elaborado pode simplesmente se revelar imprestável, não se justificando a perpetuação de obrigações com base nele estabelecidas. Em apertada síntese, é possível afirmar que a possibilidade de cumprimento específico das obrigações é diretamente relacionada à qualidade dos projetos.

No segundo caso, observa-se a dificuldade da segregação das obrigações fixadas no contrato associadas à realização de obras, havendo, assim, impropriedade técnica na sinalização de obrigações específicas a serem assumidas pelo segurador. E, no terceiro caso, a restrição quanto ao limite de cobertura do seguro-garantia pode igualmente dificultar a assunção do cumprimento específico das obrigações já existentes pelo segurador, destacadamente se o inadimplemento ocorrer na fase inicial de execução dos projetos em que, por um lado, a alocação de recursos é realizada de forma mais substancial e, de outro, a parte remanescente ultrapassará o percentual que constitui o teto legal.

Em virtude dessas dificuldades quanto ao cumprimento específico de obrigações contratuais pelo segurador, revela-se recomendável que se adote preferencialmente no seguro-garantia a opção indenizatória nos contratos privados de empreitada e nas contratações públicas – em seus mais diversos modelos – envolvendo a realização de obras. Essa opção é, inclusive, a eleita pelo Código Civil ao fixar as diretrizes gerais atinentes ao

---

do inadimplemento. MARTINS-COSTA, Judith. *Comentários ao Novo Código Civil*. Rio de Janeiro: Forense, 2003. v. V, t. II: do inadimplemento das obrigações.

21. Conforme preleciona E. R. Yescombe, o *financiamento estruturado, ou project finance, é o método empregado para viabilizar a obtenção de financiamento de longo prazo destinado a projetos de grande porte para que, por meio da técnica da "engenharia financeira", o fluxo de caixa gerado pelo próprio projeto seja empregado para pagar os valores levantados via financiamento e garantir o retorno do investimento. Ainda segundo o Autor, depende de uma avaliação detalhada das condições de construção do projeto, dos riscos operacionais e de receita, e da adequada alocação de riscos inerentes ao empreendimento entre investidores, financiadores e outras partes interessadas.* YESCOMBE, E. R. *Princípios do Project finance.* Trad. Augusto Neves Dal Pozzo. São Paulo: Contracorrente, 2022.

contrato de seguro, dispondo o art. 776, nesse esteio, que, como regra geral, o segurador é obrigado a pagar em dinheiro o prejuízo resultante do risco assumido.[22]

A previsão de assunção do cumprimento de obrigações pelo segurador em caso de inadimplência deve ser estabelecida apenas nas hipóteses em que: (i) seja possível a especificação de forma pormenorizada, segregada e objetiva da obrigação a ser cumprida; (ii) o projeto originário apresentar viabilidade técnica para ser executado continuamente; e, (iii) o remanescente da obra não ultrapassar os valores fixados como limites máximos pela legislação para a cobertura do seguro-garantia.

IV. AGRAVAMENTO DO RISCO SUPERVENIENTE

Expostos no item precedente os fatores que podem interferir diretamente no desempenho do seguro-garantia em contratações envolvendo a realização de obras, impactando diretamente na forma como a garantia correlata ao seguro deverá ser prestada, cumpre neste tópico destacar que também podem surgir fatos supervenientes que importem na própria supressão da garantia.

Diversos fatos surgidos durante a execução do contrato podem acarretar o agravamento do risco técnico e financeiro do contrato, agravamento esse que será refletido diretamente nas obrigações originariamente estabelecidas, uma vez que importam na modificação das premissas negociais que motivaram a formação do seguro-garantia. Cite-se, como exemplo de agravamento do risco, a hipótese em que o segurado, durante a execução do contrato, obtém acesso a informações privilegiadas sobre acidente envolvendo o despejo de produtos químicos ocorrido na região em que serão realizadas as obras, com potencial de substancial modificação do projeto originário e, deliberadamente, as omite do tomador e do segurador.

No âmbito estrito das contratações privadas, o agravamento do risco é disciplinado pelos artigos 768 a 770 do Código Civil.[23] Particularmente no que se refere ao exemplo citado no parágrafo precedente, dispõe o art. 769 que o segurado é obrigado a comunicar ao segurador, logo que saiba, todo incidente suscetível de agravar consideravelmente o risco coberto, sob pena de perder o direito à garantia, se provar que silenciou de má-fé. Ao estatuir essa regra, o objetivo do legislador foi o de perpetuar o dever de o segurado prestar

---

22. Art. 776. O segurador é obrigado a pagar em dinheiro o prejuízo resultante do risco assumido, salvo se convencionada a reposição da coisa. Sobre esse preceito legal, destaca Walter A. Polido a simplicidade desse procedimento para a satisfação do interesse do segurado. Segundo o Autor, não suscita qualquer tipo de dúvida a universalidade do procedimento de pagamento da indenização em dinheiro, haja vista a simplificação operacional que a operação representa. POLIDO, Walter A. Comentários ao art. 776 do Código Civil. In: GOLDBERG, Ilan; JUNQUEIRA, Thiago. (Org.). *Direito dos seguros*: comentários ao Código Civil. Rio de Janeiro: Forense, 2023, p. 350.

23. Para a análise mais acurada da disciplina conferida ao agravamento do risco, remetem os autores aos comentários por eles apresentados aos artigos 768 a 770 do Código Civil em obra coletiva que buscou abordar de forma sistemática e pormenorizada a disciplina normativa conferida ao contrato de seguro pelo Código Civil. MONTEIRO FILHO, Carlos Edison do Rêgo; TÁVORA, Rodrigo de Almeida. Comentários aos artigos 768, 769 e 770 do Código Civil. In: GOLDBERG, Ilan; JUNQUEIRA, Thiago. (Org.). *Direito dos seguros*: comentários ao Código Civil. Rio de Janeiro: Forense, 2023.

informações relevantes associadas ao risco durante toda a fase de execução contratual, obrigação já estabelecida quando da formação do contrato, nos termos dos artigos 765 e 766 do Código Civil, e que deve ser observada durante todas as etapas contratuais.[24]

A dinâmica própria da realidade social, notadamente em uma sociedade marcada pela crescente complexidade e por transformações cada vez mais velozes,[25] pode acarretar o surgimento de novos fatos que agravem o risco, fatos esses não previstos quando prestadas as informações iniciais que balizaram a formação do contrato. Dada a complexidade dos elementos sociais e econômicos produzidos pela sociedade contemporânea, que gera inúmeras novas situações de risco e o agravamento dos já existentes,[26] bem como tendo em vista a natureza específica do contrato de seguro, que pressupõe uma relação jurídica de trato sucessivo estruturada com base no princípio da boa-fé e em deveres informativos,[27] quaisquer fatos relevantes associados ao risco devem ser noticiados de forma contínua no âmbito da relação contratual.

E a consequência jurídica pela não observância da obrigação estabelecida no *caput* do art. 769 do Código Civil é a perda do direito à garantia estabelecida no contrato. O dever de comunicação estabelecido nesse dispositivo relaciona-se a qualquer circunstância que possa agravar o risco,[28] mesmo que a nova circunstância seja externa e não se vincule diretamente ao segurado.[29] Se o segurado tiver ciência inequívoca, mesmo que não tenha contribuído para a sua ocorrência, deverá informar oportunamente o

---

24. Úrsula Goulart Bastos classifica a obrigação estabelecida no art. 769 do Código Civil como um *dever de informar qualificado*. BASTOS, Úrsula Goulart. O agravamento do risco no seguro de dano. In: GOLDBERG, Ilan; JUNQUEIRA, Thiago. (Org.). *Temas atuais de Direito dos Seguros*. São Paulo: Thomson Reuters Brasil, 2020. t. I, p. 521.

25. Bauman qualifica essa sociedade de "líquido-moderna". Conforme assinala o Autor "numa sociedade líquido-moderna, as realizações individuais não podem solidificar-se em posses permanentes porque, em um piscar de olhos, os ativos se transformam em passivos, e as capacidades, em incapacidades. As condições de ação e as estratégias de reação envelhecem rapidamente e se tornam obsoletas antes de os atores terem uma chance de aprendê-las efetivamente". BAUMAN, Zygmunt. *Vida líquida*. Trad. Carlos Alberto Medeiros. Rio de Janeiro: Jorge Zahar, 2007. p. 7.

26. Conforme adverte Beck, "na modernidade tardia, a produção social de riqueza é acompanhada sistematicamente pela produção social de riscos. Consequentemente, aos problemas e conflitos distributivos da sociedade da escassez sobrepõem-se os problemas e conflitos surgidos a partir da produção, definição e distribuição de riscos científico-tecnologicamente produzidos". BECK, Ulrich. *Sociedade de risco*. Trad. Sebastião Nascimento. São Paulo: Editora 34, 2010. p. 23.

27. Martins-Costa evidencia que "desde os mais arcanos tempos da História securitária tanto o princípio da boa-fé quanto a configuração de deveres informativos a cargo das partes tiveram no contrato de seguro um campo de especialíssimas relevância e função". MARTINS-COSTA, Judith. *A boa-fé no direito privado*: critérios para a sua aplicação. 2. ed. São Paulo: Saraiva Educação, 2018. p. 372.

28. Sobre a circunstância que deve ser reportada ao segurador, os autores já tiveram oportunidade prévia de esclarecer que, diferentemente do Código Civil de 1916, que também previa em seu art. 1.455 a obrigação a cargo do segurado de comunicar qualquer fator que possa agravar o risco, o atual o atual Código qualifica esse incidente, relacionando-o apenas às hipóteses de agravamento *considerável* do risco. MONTEIRO FILHO, Carlos Edison do Rêgo; TÁVORA, Rodrigo de Almeida. Comentários aos artigos 768, 769 e 770 do Código Civil. In: GOLDBERG, Ilan; JUNQUEIRA, Thiago. (Org.). *Direito dos seguros*: comentários ao Código Civil. Rio de Janeiro: Forense, 2023.

29. Conforme esclarece Serpa Lopes "a causa do agravamento do risco pode decorrer de uma circunstância exterior, isto é, alheia à vontade do segurado". LOPES, Miguel Maria de Serpa. *Curso de Direito Civil*. 4. ed. Rio de Janeiro: Freitas Bastos, 1993. p. 413.

segurador. O silêncio do segurado em tal circunstância evidenciará a sua má-fé de forma a justificar a perda do direito à garantia.

Nesse ponto, estabelece a Circular 662/2022 da Superintendência de Seguros Privados – SUSEP que, na hipótese de ser prevista a exigência de comunicação da alteração do objeto principal ao segurador, sua não comunicação, ou sua comunicação em desacordo com os critérios estabelecidos nas condições contratuais do seguro, poderá gerar a perda da garantia se essa omissão agravar o risco e concomitantemente tiver relação com o sinistro ou estiver comprovado, pelo segurador, que o segurado silenciou de má-fé.[30]

A referida Circular dispõe ainda que a não comunicação da expectativa de sinistro ao segurador, ou envio dessa comunicação em desacordo com as disposições contratuais, poderá igualmente configurar hipótese de agravamento do risco, ensejando a perda do direito pelo segurado à garantia caso esse fato impeça o segurador de mitigar os efeitos da inadimplência junto ao tomador.[31]

Podem ocorrer, de igual sorte, atos intencionais imputáveis ao próprio segurado que importem no agravamento do risco. Essa hipótese é regida pelo art. 768 do Código Civil que dispõe que o segurado perderá o direito à garantia se agravar intencionalmente o risco objeto do contrato. No momento de formação do contrato, o segurado deve prestar todas as informações necessárias para análise de risco e, uma vez consolidadas, é possível dimensionar o risco concreto associado ao quadro fático-jurídico delineado por esse conjunto de informações. Esse mesmo quadro fático-jurídico deverá ser preservado durante a execução contratual, cabendo ao segurado, por um lado, prestar continuamente quaisquer informações relacionadas à alteração de circunstâncias que possam interferir na análise de risco e, por outro, abster-se de qualquer comportamento que possa agravar o risco.[32]

---

30. Art. 11. (...) § 2º Na hipótese de ser prevista a exigência de comunicação da alteração do objeto principal à seguradora, sua não comunicação, ou sua comunicação em desacordo com os critérios estabelecidos nas condições contratuais do seguro, somente poderá gerar perda de direito ao segurado caso agrave o risco e, concomitantemente: a) tenha relação com o sinistro; ou b) esteja comprovado, pela seguradora, que o segurado silenciou de má-fé.

31. Art. 17. (...) § 2º Na hipótese de ser prevista a exigência de comunicação da expectativa de sinistro à seguradora, sua não comunicação, ou sua não comunicação de acordo com os critérios estabelecidos nas condições contratuais do seguro, somente poderá gerar perda de direito ao segurado caso configure agravamento do risco e impeça a seguradora de adotar as medidas dos incisos II e III do artigo 29.

32. Nesse ponto, Serpa Lopes extrai da boa-fé não apenas o dever do segurado de prestar informações verdadeiras, como igualmente o dever de não omitir circunstâncias associadas à análise de risco: "Já assinalamos o aspecto moral da principal obrigação do segurado: é o dever de boa-fé nas declarações que prestar, quer no sentido positivo de dizer a verdade, quer no sentido negativo de não calar circunstâncias que, por influírem no risco, tinha o dever de informar". LOPES, Miguel Maria de Serpa. *Curso de Direito Civil*. 4ª edição. Rio de Janeiro: Freitas Bastos, 1993. p. 412. Rosenvald e Farias, por sua vez, enquadram a conduta do segurado no âmbito do chamado princípio do absenteísmo, constituindo o agravamento intencional do risco uma espécie de *venire contra factum proprium*: "Essas situações se consubstanciam no chamado princípio do absenteísmo, que, embora pareça óbvio, indica que quem quer prevenir riscos de danos patrimoniais ou existenciais perante um contrato de seguro, assim se conduz por absoluta ojeriza a um fato danoso previsível que se quer impedir que ocorra e, em sendo impossível, remediar. O agravamento intencional do risco é uma espécie de venire contra factum proprium por parte do segurado que manifesta um comportamento sucessivo contraditório, atuando

A disciplina específica conferida pelo Código Civil à matéria, vedando expressamente o agravamento intencional do risco pelo segurado, funda-se igualmente na constatação de ser elevada a probabilidade de ocorrência desse tipo de comportamento nocivo no âmbito dos contratos de seguro.[33] Dado que a avença tem por pressuposto a cobertura de riscos predeterminados,[34] observa-se a existência do intitulado *risco moral* associado à própria natureza dessa espécie contratual. O segurado, ciente de que a cobertura do risco constitui uma obrigação assumida contratualmente pelo segurador, pode ser levado a reduzir as medidas de precaução que ordinariamente adotaria caso não houvesse formalizado o contrato de seguro, podendo, inclusive, atuar de forma negligente ou mesmo dolosa com o objetivo de receber a indenização resultante da ocorrência do sinistro.[35]

Interfere o legislador, assim, de forma a coibir esse tipo de comportamento hostil por parte do segurado com o objetivo de assegurar, no plano singular, a higidez do contrato de seguro e, no plano macro, a preservação do mutualismo.[36]

Como no seguro-garantia há uma relação tripartite *sui generis*, a questão final que se coloca é saber se o agravamento do risco levado a cabo pelo tomador também pode ensejar a perda do direito à garantia. Embora não exista disciplina normativa específica sobre essa hipótese, a interpretação consentânea com o sistema normativo que rege os contratos de seguro é a que afasta a possibilidade de perda da garantia, uma vez que essa é prestada exclusivamente em favor do segurado, não havendo qualquer benefício auferido pelo tomador caso ocorra o sinistro.

---

decisivamente para a conflagração do dano que, inicialmente, desejou segurar". ROSENVALD, N.; FARIAS, C. C. *Curso de Direito Civil*. 11. ed. Salvador/BA: JusPodivm, 2021. V. 4: Contratos, p. 1369.

33. Há mesmo quem sustente ser uma das funções da disciplina do agravamento intencional do risco a sanção ao ato doloso do segurado. Nesse sentido Miragem e Petersen apontam uma dupla função: a preservação da base econômica do contrato de seguro e a sanção ao ato doloso do segurado. MIRAGEM, Bruno; PETERSEN, Luiza. Alteração do risco no contrato de seguro e critérios para sua qualificação: agravamento e diminuição relevante do risco. In: GOLDBERG, Ilan; JUNQUEIRA, Thiago. (Org.). *Temas atuais de Direito dos Seguros*. São Paulo: Thomson Reuters Brasil, 2020. t. I, p. 468.

34. A assunção de riscos pelo segurador só se torna possível a partir da análise técnica de referências de sinistralidade produzidas a partir das informações geradas pelo próprio universo de segurados, permitindo-se, com isso, a precificação do prêmio de forma mais consentânea com a realidade. Nesse ponto, Goldberg assinala que "a precificação da generalidade dos seguros dispõe de base estatística confiável, capaz de proporcionar ótimos níveis de assertividade por parte dos subscritores". GOLDBERG, Ilan. Reflexões a respeito do seguro garantia e da nova lei de licitações. *Revista IBERC*, Rio de Janeiro, v. 5, n. 2 p. 66, maio/ago. 2022. Disponível em: https://revistaiberc.responsabilidadecivil.org/iberc. Acesso em: 04 set. 2023.

35. Esclarecem nesse ponto Miragem e Petersen que o conceito de risco moral (*moral hazard*) abrange "tanto a possibilidade de o titular do interesse adotar, ao longo da relação contratual, justamente por estar garantido pelo seguro, uma postura negligente, diminuindo seu grau de vigilância, de modo a facilitar a ocorrência do sinistro (comportamento culposo), como, até mesmo, uma conduta oportunista, visando o recebimento da indenização securitária ou do capital segurado (comportamento doloso)". MIRAGEM, Bruno; PETERSEN, Luiza. *Direito dos seguros*. Rio de Janeiro: Forense, 2022. p. 47.

36. Conforme assinalam Tepedino, Konder e Bandeira, "busca-se, a partir do princípio do mutualismo, diluir os riscos pela coletividade dos segurados, que contribuem em prol de fundo mutual, formado pelas reservas técnicas, que se destinarão ao pagamento das indenizações na hipótese de sinistro". TEPEDINO, Gustavo; KONDER, Carlos Nelson; BANDEIRA, P. G. *Fundamentos do Direito Civil*: Contratos. 2. ed. Rio de Janeiro: Forense, 2021. v. 7, p. 472.

Como visto, uma das razões subjacentes à vedação da conduta que acarreta o agravamento intencional do risco associa-se ao denominado *risco moral* que, por sua vez, pressupõe a redução de medidas de precaução com o objetivo de receber a indenização resultante da ocorrência do sinistro. O tomador, no entanto, mesmo que deixe de adotar medidas preventivas que seriam ordinariamente exigíveis, não adota esse tipo de conduta no âmbito do seguro-garantia com o objetivo de receber indenização em razão da ocorrência do sinistro, não havendo, assim, sob a perspectiva teleológica, razão para aplicar extensivamente a regra estabelecida no art. 768 do Código Civil à hipótese.

Pode-se afirmar, no que diz respeito aos efeitos produzidos diretamente sobre o contrato de seguro, que a eventual negligência do tomador, sob o ponto de vista funcional, não seria abusiva, pois não busca ele, conforme acima destacado, criar uma situação específica em favor da ocorrência do sinistro que lhe favoreça.[37] A regra estabelecida no art. 768 do Código Civil deve ser funcionalizada à luz do princípio da boa-fé, que orienta os negócios jurídicos de forma geral[38] e possui especial relevância setorial na compreensão do contrato de seguro,[39] não se aplicando, de acordo com essa perspectiva, a consequência jurídica de perda da garantia na hipótese de negligência por parte do tomador.[40]

Delineado, assim, o quadro de agravamento do risco nos contratos de seguro-garantia, é de se concluir que, em inúmeras situações concretas em que se observe agravamento, esse instrumento não será capaz de cumprir seu papel de assegurar o efetivo cumprimento das obrigações estabelecidas no contrato principal. Ao revés, haverá perda da garantia nas mencionadas hipóteses de agravamento de risco, afastando-se, com isso, as alternativas legalmente previstas de pagamento de indenização ou de assunção direta das obrigações a cargo do tomador.

V. CONCLUSÃO

Buscou-se apresentar no presente ensaio, a partir do reconhecimento inicial de que o seguro-garantia faz-se capaz de mitigar problemas associados ao descumprimento de

---

37. Ao discorrer sobre o conceito de merecimento de tutela, esclarece Eduardo Nunes de Souza que representa ele o reconhecimento de que a eficácia de certa conduta particular é compatível com o sistema. Segundo o autor, trata-se de uma *consequência necessária da constatação de que certo ato é lícito do ponto de vista estático ou estrutural e, em perspectiva dinâmica ou funcional, não é abusivo (não constitui o exercício disfuncional de uma situação jurídica)*. SOUZA, Eduardo Nunes de. Merecimento de tutela: a nova fronteira da legalidade no direito civil. *Revista de Direito Privado*. São Paulo, v. 58, p. 75-110, 2014.
38. Art. 422. Os contratantes são obrigados a guardar, assim na conclusão do contrato, como em sua execução, os princípios de probidade e boa-fé.
39. Art. 765. O segurado e o segurador são obrigados a guardar na conclusão e na execução do contrato, a mais estrita boa-fé e veracidade, tanto a respeito do objeto como das circunstâncias e declarações a ele concernentes.
40. Conforme destacado por um dos autores do presente ensaio, *nas nuances do caso concreto, cabe ao intérprete superar a análise meramente estrutural (o que é?), para privilegiar a funcionalização dos interesses irradiados (para que servem?), por meio de interpretação aplicativa dos comandos infraconstitucionais à luz da Carta Magna ou pela aplicação direta dos princípios e valores constitucionais*. MONTEIRO FILHO, Carlos Edison do Rêgo. Reflexões metodológicas: a construção do observatório de jurisprudência no âmbito da pesquisa jurídica. *Revista Brasileira de Direito Civil*, v. 9, p. 1, 2016. Na mesma direção, v. também: Rumos Cruzados do Direito Civil Pós-1988 e do Constitucionalismo hoje. In: MONTEIRO FILHO, Carlos Edison do Rêgo. *Rumos Contemporâneos do Direito Civil*: Estudos em Perspectiva Civil-Constitucional. Belo Horizonte: Fórum, 2017, p. 17-35.

obrigações contratuais, um panorama crítico dos contratos privados de empreitada e das contratações públicas envolvendo a realização de obras para, ao final, sugerir alguns critérios de interpretação que possibilitem assegurar maior efetividade a esse tipo *sui generis* de contrato de seguro, destacadamente no âmbito das contratações públicas envolvendo obras de infraestrutura.

O percurso foi iniciado com a apresentação do quadro normativo existente de forma a identificar as diversas fontes legislativas e regulamentares, reconhecendo-se que não há disciplina específica em sede normativa sobre elementos estruturais do contrato de seguro-garantia.

A seguir, foram apresentadas as características gerais do seguro-garantia e evidenciadas algumas vicissitudes observadas nos contratos privados de empreitada e nas contratações públicas envolvendo a realização de obras de forma a conjugá-las com a utilização do seguro-garantia. Nesse ponto, buscou-se dar ênfase a três especificidades observadas em contratos dessa natureza: (i) precariedade técnica dos projetos de engenharia e arquitetura; (ii) complexidade de arranjos contratuais em que a realização de obras é apenas um dos itens que configuram o objeto contratual; e, (iii) incompatibilidade com os percentuais legais estabelecidos para o alcance do seguro-garantia.

A análise crítica dessas especificidades, por sua vez, revelou haver dificuldades substanciais quanto ao cumprimento específico de obrigações contratuais pelo segurador, sugerindo-se, em razão dessa análise, um primeiro critério norteador para a interpretação e aplicação do seguro-garantia: a adoção preferencial da opção indenizatória nos contratos privados de empreitada e nas contratações públicas – em seus mais diversos modelos – envolvendo a realização de obras, prestigiando-se a diretriz geral de pagamento em dinheiro estabelecida no art. 776 do Código Civil.

Paralelamente, sugeriu-se que a previsão de assunção do cumprimento de obrigações pelo segurador em caso de inadimplência deve ser estabelecida apenas nas hipóteses em que: (i) seja possível a especificação de forma pormenorizada, segregada e objetiva da obrigação a ser cumprida; (ii) o projeto originário apresentar viabilidade técnica para ser executado continuamente; e, (iii) o remanescente da obra não ultrapassar os valores fixados como limites máximos pela legislação para a cobertura do seguro-garantia.

Como etapa final, foi enfrentado o tema do agravamento do risco, apresentando-se as hipóteses em que deverá ocorrer a supressão da garantia, o que implicará na não aplicação das alternativas legalmente previstas de pagamento de indenização ou de assunção direta das obrigações a cargo do tomador.

Advirta-se, por fim, que os critérios hermenêuticos apresentados deverão ser conjugados com inúmeras medidas concretas a serem tomadas pelos diversos atores envolvidos no contrato de seguro-garantia a fim de que seja ampliada a vocação desse instrumento para mitigar problemas associados ao descumprimento de obrigações contratuais. Dentre essas medidas, destacam-se as seguintes: (i) melhoria na estruturação dos projetos e efetiva avaliação de sua solidez pelo segurador; (ii) fortalecimento dos mecanismos de gestão e governança com ênfase no acompanhamento das etapas de execução contratual; e, (iii) maior detalhamento contratual das etapas de execução contratual e respectivas obrigações, bem como das circunstâncias específicas que evidenciem o inadimplemento.

Assim, será possível utilizar o seguro-garantia como instrumento apto a mitigar com maior efetividade o descumprimento de obrigações estabelecidas em contratos privados de empreitada e de contratações públicas envolvendo a realização de obras, assegurando-se o cumprimento da sua relevante função promocional.[41]

REFERÊNCIAS

BASTOS, Úrsula Goulart. O agravamento do risco no seguro de dano. In: GOLDBERG, Ilan; JUNQUEIRA, Thiago. (Org.). *Temas atuais de Direito dos Seguros*. São Paulo: Thomson Reuters Brasil, 2020. t. I.

BAUMAN, Zygmunt. *Vida líquida*. Trad. Carlos Alberto Medeiros. Rio de Janeiro: Jorge Zahar, 2007.

BECK, Ulrich. *Sociedade de risco*. Trad. Sebastião Nascimento. São Paulo: Editora 34, 2010.

BERCOVICI, Gilberto. *Constituição econômica e desenvolvimento*. São Paulo: Almedina, 2022.

BOBBIO, Norberto. *Da estrutura à função*: novos estudos de teoria do direito. Trad. Daniela Beccaccia Versiani. São Paulo: Manoele, 2007.

COASE, Ronald. O problema do custo social. *Journal of Law & Economics*, Chicago, v. 3, out. 1960. Trad. Francisco Kümmel F. Alves e Renato Vieira Caovilla. Disponível em: https://edisciplinas.usp.br/pluginfile.php/3806050/mod_resource/content/1/custosocial.pdf. Acesso em: 04 set. 2023.

COUTO E SILVA, Clóvis. *A obrigação como processo*. Rio de Janeiro: Editora FGV, 2006.

GOLDBERG, Ilan. Reflexões a respeito do seguro garantia e da nova lei de licitações. *Revista IBERC*, Rio de Janeiro, v. 5, n. 2 p. 66, maio/ago. 2022. Disponível em: https://revistaiberc.responsabilidadecivil.org/iberc. Acesso em: 04 set. 2023.

LOPES, Miguel Maria de Serpa. *Curso de Direito Civil*. 4. ed. Rio de Janeiro: Freitas Bastos.

MARTINS-COSTA, Judith. *A boa-fé no direito privado*: critérios para a sua aplicação. 2. ed. São Paulo: Saraiva Educação, 2018.

MARTINS-COSTA, Judith. *Comentários ao Novo Código Civil*. Rio de Janeiro, Forense, 2003. v. V, t. II: do inadimplemento das obrigações.

MIRAGEM, Bruno; PETERSEN, Luiza. Alteração do risco no contrato de seguro e critérios para sua qualificação: agravamento e diminuição relevante do risco. In: GOLDBERG, Ilan; JUNQUEIRA, Thiago. (Org.). *Temas atuais de Direito dos Seguros*. São Paulo: Thomson Reuters Brasil, 2020. t. I.

MIRAGEM, Bruno; PETERSEN, Luiza. *Direito dos seguros*. Rio de Janeiro: Forense, 2022.

MONTEIRO FILHO, Carlos Edison do Rêgo. Reflexões metodológicas: a construção do observatório de jurisprudência no âmbito da pesquisa jurídica. *Revista Brasileira de Direito Civil*, v. 9, p. 1, 2016.

MONTEIRO FILHO, Carlos Edison do Rêgo. Rumos Cruzados do Direito Civil Pós-1988 e do Constitucionalismo hoje. In: MONTEIRO FILHO, Carlos Edison do Rêgo. *Rumos Contemporâneos do Direito Civil: Estudos em Perspectiva Civil-Constitucional*. Belo Horizonte: Fórum, 2017.

---

41. Ao abordar a função promocional do ordenamento, Bobbio (2007, p. 15) destaca que *a técnica do encorajamento visa não apenas a tutelar, mas também a provocar o exercício dos atos conformes, e, a introdução da técnica do encorajamento reflete uma verdadeira transformação na função do sistema normativo em seu todo e no modo de realizar o controle social*. BOBBIO, Norberto. *Da estrutura à função*: novos estudos de teoria do direito. Trad. Daniela Beccaccia Versiani. São Paulo: Manoele, 2007.

MONTEIRO FILHO, Carlos Edison do Rêgo; TÁVORA, Rodrigo de Almeida. Comentários aos artigos 768, 769 e 770 do Código Civil. In: GOLDBERG, Ilan; JUNQUEIRA, Thiago. (Org.). *Direito dos seguros*: comentários ao Código Civil. Rio de Janeiro: Forense, 2023.

POLIDO, Walter A. Comentários ao art. 776 do Código Civil. In: GOLDBERG, Ilan; JUNQUEIRA, Thiago. (Org.). *Direito dos seguros*: comentários ao Código Civil. Rio de Janeiro: Forense, 2023.

ROSENVALD, N.; FARIAS, C. C. *Curso de Direito Civil*. 11. ed. Salvador/BA: Juspodivm, 2021. v. 4: Contratos

SOUZA, Eduardo Nunes de. *Merecimento de tutela*: a nova fronteira da legalidade no direito civil. *Revista de Direito Privado*. São Paulo, v. 58, p. 75-110, 2014.

TEPEDINO, Gustavo; KONDER, Carlos Nelson; BANDEIRA, P. G. *Fundamentos do Direito Civil*: Contratos. 2. ed. Rio de Janeiro: Forense, 2021. v. 7.

YESCOMBE, E. R. *Princípios do Project finance*. Trad. Augusto Neves Dal Pozzo. São Paulo: Contracorrente, 2022.

SEGUROS DE PESSOAS E SAÚDE

REVISTANDO A DOENÇA PREEXISTENTE NO CONTRATO DE SEGURO DE VIDA: UM ESTUDO SOBRE A DENSIFICAÇÃO DO PRINCÍPIO DA BOA-FÉ OBJETIVA NAS RELAÇÕES SECURITÁRIAS[1]

Michael César Silva

Doutor e Mestre em Direito Privado pela Pontifícia Universidade Católica de Minas Gerais. Especialista em Direito de Empresa pela Pontifícia Universidade Católica de Minas Gerais. Professor Convidado da Pós-Graduação em Fashion Law da Universidade Mackenzie/SP. Professor da Escola de Direito do Centro Universitário Newton Paiva. Professor da Dom Helder Escola de Direito. Membro fundador do Instituto Brasileiro de Estudos de Responsabilidade Civil (IBERC). Advogado. Mediador Judicial credenciado pelo TJMG.

Resumo: A análise, acerca da questão envolvendo a doença preexistente e o contrato de seguro de vida, é fundamental na contemporaneidade tendo como arcabouço uma interpretação construtiva realizada a partir das circunstâncias apresentadas pelo caso concreto, e pautadas na indispensável abordagem principiológica do modelo jurídico. A relevância da abordagem principiológica se traduz no fato de que o contrato não mais possui a roupagem do liberalismo clássico. Esse deve ceder à interpretação e à análise principiológica, para atender aos preceitos do Estado Democrático de Direito e da Constituição da República de 1988. Nesse sentido, a releitura do contrato de seguro, segundo os preceitos da principiologia contratual, notadamente, com enfoque no princípio da boa-fé objetiva, visa a harmonizar o contrato de seguro de vida, em seus aspectos controversos, aos princípios fundamentais consagrados no Estado Democrático de Direito e aos contornos hodiernos do Direito Contratual. Nesse contexto, a boa-fé objetiva se destaca como elemento essencial do contrato de seguro e norteador das relações jurídicas securitárias na contemporaneidade, com peculiares repercussões no âmbito do seguro de vida.

Sumário: I. Introdução – II. Princípio da boa-fé-objetiva; II.1 O delineamento das funções do princípio da boa-fé objetiva; II.2 Os deveres anexos de conduta da boa-fé objetiva; II.2.1 O dever de informação; II.3 Corolário da boa-fé objetiva: transparência – III. Contrato de seguro – IV. Contrato de seguro de vida; IV.1 Contrato de seguro de vida: contrato tipicamente de adesão; IV.2 A doença preexistente nos contratos de seguro de vida – V. Considerações finais – Referências.

I. INTRODUÇÃO

Com o crescente desenvolvimento econômico, ligado intimamente ao incremento da técnica e industrialização no século XX, o contrato de seguro ampliou sua área de

---

1. Artigo originalmente publicado na obra coletiva "Direito civil: atualidades III: princípios jurídicos no direito privado", coordenada por FIUZA, César; SÁ, Maria de Fátima Freire de; NAVES, Bruno Torquato de Oliveira e publicada pela Editora Del Rey, com o título "A doença preexistente no contrato de seguro de vida: o princípio da boa-fé objetiva e o dever de informação." Pareceu necessário – por ocasião da revisitação do texto – que antecedeu esta versão – proceder a alteração do título para permitir uma melhor compreensão da temática em estudo.

atuação progressivamente, abrangendo outras modalidades de seguros. Desse modo, para prevenir o homem das situações de risco inerentes às atividades desempenhadas, se deu a transferência do risco para o segurador, com a finalidade de resguardar o desenvolvimento das atividades econômicas e isentar o segurado dos prejuízos inerentes ao risco.

O presente estudo propõe proceder a uma releitura do contrato de seguro de vida, à luz do princípio da boa-fé objetiva, no intuito de contribuir, diante da questão relacionada à presença da doença preexistente no referido contrato, para que os contratantes possam exercer sua liberdade contratual de forma equilibrada e cooperativa, em consonância com os preceitos fundamentais erigidos no Estado Democrático de Direito e na Constituição da República.

A pesquisa pautar-se-á na análise da estipulação do conteúdo do contrato de seguro de vida pelas partes, e sua íntima correlação com a doença preexistente, notadamente, nas hipóteses nas quais, os seguradores entendem que as informações prestadas pelos segurados deixam de eleger adequadamente os riscos a que estavam sujeitos, impondo-se, por conseguinte, a negativa de pagamento de indenização aos segurados.

Destaca-se que o princípio da boa-fé objetiva, por ser *elemento essencial* e norteador do contrato de seguro, possui indubitável relevo na interpretação do modelo jurídico, desde a fase pré-contratual até a fase pós-contratual, tendo por fundamento os parâmetros normativos delineados pela boa-fé objetiva, no Código Civil e no Código de Defesa do Consumidor.

Nesse cenário, o princípio da boa-fé objetiva assume papel fundamental no âmbito das relações jurídicas securitárias, atribuindo aos contratantes, o precípuo *dever de informação*, acerca de toda e qualquer circunstância relacionada ao conteúdo contratual, que deverá ser disponibilizada de *forma qualificada* (*clara, ostensiva, precisa e correta*) no momento de formação do contrato de seguro de vida, bem como durante toda a execução do contrato, no intuito de garantir a correta mensuração do risco e fixação do valor do prêmio do seguro, de modo a assegurar contratações que assegurem o (re)equilíbrio contratual.

Merece destaque, também, a aplicação do Código de Defesa do Consumidor aos contratos de seguro de vida, pelo fato da atividade securitária restar qualificada como uma *relação jurídica de consumo*, conforme previsão do artigo 3º, § 2º CDC, notadamente, firmada por meio de *contratos de adesão*, demandando, consequentemente, uma atuação do Estado no sentido de garantir a proteção dos segurados (vulneráveis) nas relações securitárias.

O estudo propõe assim lançar luzes sobre a temática proposta, com o objetivo de permitir a apropriada compreensão da controvérsia relacionada a doença preexistente no contrato de seguro de vida, sob a perspectiva dos preceitos ético-jurídicos delineados pelo princípio da boa-fé objetiva, com a finalidade se apresentar soluções que assegurem a efetiva tutela jurídica dos segurados (consumidores) no mercado securitário.

Por fim, a pesquisa se utilizará do método dedutivo, a partir da revisão bibliográfica, para a concretização da análise crítica proposta.

II. PRINCÍPIO DA BOA-FÉ-OBJETIVA

A boa-fé objetiva se destaca como elemento de transformação de todo o Direito Obrigacional, irradiando-se para os demais ramos do Direito, e, em especial, o Contratual, donde se verifica sua importância nas relações jurídicas, evidenciando sua inegável força normativa no ordenamento jurídico contemporâneo. O referido princípio se apresenta, como um dos mais importantes princípios do Direito Privado, especialmente, no Direito Contratual, sendo, atualmente, consagrado no ordenamento jurídico brasileiro, por meio de sua positivação no Código de Defesa do Consumidor (artigos 4º, III e 51, IV CDC) e no Código Civil (artigos 113, 187 e 422 do CC), os quais orientam a boa-fé objetiva no ordenamento jurídico.

O princípio em comento gerou profundas alterações no Direito Contratual, causadas pela relativização da autonomia privada dos contratantes, a qual passa a ser compatibilizada pela inserção dos deveres anexos de conduta nas relações jurídicas contratuais, bem como pela prevalência de funções intrínsecas ao mesmo, que visam a nortear o comportamento das partes ao adimplemento contratual, devendo ser, precipuamente, observado nas avenças, desde a fase pré-contratual (tratativas) até a fase pós-contratual (pós-eficácia das obrigações).[2]

Trata-se de uma regra de conduta, de comportamento, imposta às partes, pautada em preceitos ético-jurídicos de honestidade, probidade, retidão e correção, no intuito de não frustrar a legítima confiança – expectativa da outra parte –, tendo ainda, por finalidade estabelecer o equilíbrio nas relações jurídicas, com vistas ao seu adimplemento.[3]

II.1 O delineamento das funções do princípio da boa-fé objetiva

A boa-fé objetiva possui *caráter tridimensional*, que se exterioriza por meio de 3 (três) funções elencadas no Código Civil, quais sejam: a interpretativa (artigo 113), a de controle (artigo 187) e a integrativa (artigo 422). Destarte, as referidas funções visam a permear a aplicação da boa-fé objetiva, por todo o Direito Contratual, na busca do adimplemento da relação jurídica e da limitação ao exercício inadmissível de direitos subjetivos, permitindo-se, assim, alcançar o equilíbrio contratual almejado pelo ordenamento jurídico.

A função interpretativa da boa-fé objetiva preconiza a forma como os negócios jurídicos devem ser interpretados, com o objetivo de se revelar o sentido adequado conferido ao instrumento contratual pelas partes e o alcance do conteúdo do contrato.

---

2. Nesse sentido ver: MARQUES, Claudia Lima. *Contratos no Código de Defesa do Consumidor.* 9. ed. São Paulo: Thomson Reuters Brasil, 2019, p. 222-223.
3. ROSENVALD, Nelson. *Dignidade humana e boa-fé no Código Civil.* São Paulo: Saraiva, 2005, p. 80. Nesse sentido ver: NORONHA, Fernando. *O direito dos contratos e seus princípios fundamentais:* autonomia privada, boa-fé, justiça contratual. São Paulo: Saraiva, 1994, p. 136; NEGREIROS, Teresa. *Teoria do contrato:* novos paradigmas. 2. ed. Rio de Janeiro: Renovar, 2006, p. 122-123; CORDEIRO, António Manuel da Rocha e Menezes. *Da boa-fé no direito civil.* 3. reimp. Coimbra: Almedina, 2007, p. 632; MARTINS-COSTA, Judith. *A boa-fé no direito privado:* critérios para sua aplicação. 2. ed. São Paulo: Saraiva Educação, 2018, p. 282-283.

O princípio se apresenta como um como cânone interpretativo, ou seja, como um *referencial hermenêutico dos contratos*, pelo qual se impõe ao intérprete analisar as circunstâncias do caso concreto e a *finalidade econômico-social do contrato*,[4] para por meio de esforço hermenêutico, determinar a solução adequada ao caso, dentro dos contornos estabelecidos pela boa-fé objetiva, no intuito de não frustrar a legítima expectativa despertada.

A função de controle da boa-fé objetiva atribui limites ao exercício abusivo do direito subjetivo dos contratantes *(abuso do direito)*,[5] para se determinar até onde o mesmo é legítimo ou não, e, desta forma, obter o merecimento do ordenamento jurídico.

A boa-fé objetiva se caracteriza, assim, como *máxima de conduta ético-jurídica*,[6] que visa a coibir o abuso do direito subjetivo, qualificado pelo ordenamento jurídico como *ato ilícito de égide objetiva*, conforme previsão legal do artigo 187 do Código Civil, e, nesse contexto, atua no sentido de conformar o exercício da autonomia privada das partes na relação contratual.

Ademais, da função de controle defluem as denominadas *figuras parcelares da boa-fé objetiva*,[7] cuja finalidade precípua é a *vedação ao exercício abusivo de direitos* e a garantia do cumprimento das legítimas expectativas criadas pelos contratantes.

A função integrativa da boa-fé objetiva é fonte criadora de novos deveres especiais de conduta a serem observados pelas partes durante o vínculo obrigacional.[8] São os chamados *deveres anexos, instrumentais ou colaterais de conduta*, os quais passam a ser observados em toda e qualquer relação jurídica, com o objetivo de se garantir o fiel cumprimento do negócio jurídico em conformidade com seu fim socioeconômico.

Nesse contexto, o contrato passa a ser entendido como *relação jurídica complexa e dinâmica*,[9] compreendido pela obrigação principal (prestação) acrescida dos deveres anexos da boa-fé objetiva (obrigação secundária), os quais devem ser observados pelas partes, "durante todo o processo de contratação (negociação, conclusão e execução),

---

4. NEGREIROS, Teresa. *Teoria do contrato*: novos paradigmas. 2. ed. Rio de Janeiro: Renovar, 2006, p. 136.
5. Para maiores informações sobre o *abuso do direito*, remete-se a leitura de: SÁ, Fernando Augusto Cunha de. *Abuso do direito*. Reimpressão da Edição de 1973. Coimbra: Almedina, 1973; PINHEIRO, Rosalice Fidalgo. *O abuso do direito e as relações contratuais*. Rio de Janeiro: Renovar, 2002.
6. ROSENVALD, Nelson. *Dignidade humana e boa-fé no Código Civil*. São Paulo: Saraiva, 2005.
7. Dentre as figuras parcelares, se destacam, o *venire contra factum proprium*, o *tu quoque*, a *supressio* e a *surrectio*, o *duty to mitigate the own loss*, a *violação positiva do contrato* e o *adimplemento substancial*. Para maiores informações sobre a temática, se remete a leitura de: CORDEIRO, António Manuel da Rocha e Menezes. *Da boa-fé no direito civil*. 3. reimpressão. Coimbra: Almedina, 2007; MARTINS-COSTA, Judith. *A boa-fé no direito privado*: critérios para sua aplicação. 2. ed. São Paulo: Saraiva Educação, 2018; TOMASEVICIUS FILHO, Eduardo. *O princípio da boa-fé no direito civil*. São Paulo: Almedina, 2020; SILVA, Michael César. Convergências e assimetrias do princípio da boa-fé objetiva no direito contratual contemporâneo. *In*: BRAGA NETTO, Felipe Peixoto; SILVA, Michael César (Org.). *Direito privado e contemporaneidade*: desafios e perspectivas do direito privado no século XXI. Rio de Janeiro: Lumen Juris, 2018, v. II, p. 99-141.
8. NORONHA, Fernando. *O direito dos contratos e seus princípios fundamentais*: autonomia privada, boa-fé e justiça contratual. São Paulo: Saraiva, 1994, p. 157.
9. COUTO E SILVA, Clóvis Veríssimo do. *A obrigação como processo*. Rio de Janeiro: FGV, 2006, p. 19-20.

podendo até mesmo subsistir além desta, em momento pós-contratual",[10] alterando-se, o vínculo obrigacional estático outrora existente, restrito ao campo da prestação.

II.2 Os deveres anexos de conduta da boa-fé objetiva

A partir do princípio da boa-fé objetiva exsurgem os chamados *deveres anexos de conduta* (laterais, instrumentais, colaterais, dentre outros), os quais se introjetam em toda relação jurídica obrigacional, no intuito de instrumentalizar o correto cumprimento da obrigação principal e a satisfação dos interesses envolvidos no contrato.

Os deveres anexos de conduta podem ser compreendidos como deveres positivos e negativos, os quais por meio de sua inserção na relação jurídica compatibilizam a autonomia privada das partes, ao estabelecer *deveres de comportamento*, os quais nortearão a conduta dos contratantes, *nas fases pré-contratual, contratual e pós-contratual.*[11]

Devido à importância concretizada pelos deveres anexos de conduta nas relações jurídicas obrigacionais, a doutrina firmou entendimento no sentido de que, na hipótese de *descumprimento dos deveres anexos de conduta*, surge a chamada *violação positiva do contrato ou adimplemento ruim*,[12] pois a obrigação principal (prestação) é cumprida, porém, sobrevém a *inobservância dos deveres anexos de conduta* (obrigação secundária), ensejando, assim, o *inadimplemento* da relação jurídica avençada.

Destarte, os contratantes devem cooperar entre si, agir com lealdade, para que o contrato obtenha êxito, ou seja, se impõe as partes, o "dever de colaborar durante a execução do contrato, conforme o paradigma da boa-fé objetiva",[13] com vistas ao adimplemento.

Por fim, a boa-fé objetiva se materializa nas relações jurídicas contratuais, por meio dos deveres anexos de *proteção (ou cuidado), cooperação (ou lealdade) e de informação* (ou esclarecimento), dentre outros, pois sua enumeração não pode ser considerada taxativa.

II.2.1 O dever de informação

O dever de informação (ou de informar) impõe aos contratantes, *o dever precípuo de informação* acerca de todas as circunstâncias relevantes sobre o conteúdo contratual, para que as partes possam, livremente, exercitar sua autonomia privada.

Tem-se como o mais importante dos deveres anexos da boa-fé objetiva, pois a informação é fundamental para que os contratantes possam ser alertados sobre fatos

---

10. BIERWAGEN, Mônica Yoshizato. *Princípios e regras de interpretação dos contratos no novo Código Civil.* 2. ed. São Paulo: Saraiva, 2003, p. 56.
11. MELLO, Heloísa Carpena Vieira de. A boa-fé como parâmetro da abusividade no direito contratual. In: TEPEDINO, Gustavo (Coord.). *Problemas de direito civil-constitucional.* Rio de Janeiro: Renovar, 2001, p. 316.
12. CORDEIRO, António Manuel da Rocha e Menezes. *Da boa-fé no direito civil.* Coimbra: Almedina, 2007, p. 594-602. Nesse sentido ver: SILVA, Jorge Cesa Ferreira da. *A boa-fé e a violação positiva do contrato.* Rio de Janeiro: Renovar, 2002, p. 82-105.
13. MARQUES, Claudia Lima. *Contratos no Código de Defesa do Consumidor.* 9. ed. São Paulo: Thomson Reuters Brasil, 2019, p. 236. Nesse sentido ver: SCHIER, Flora Margarida Clock. *A boa-fé como pressuposto fundamental do dever de informar.* Curitiba: Juruá, 2006.

de que não poderiam perceber por sua própria diligência.[14] O referido dever tem por finalidade ampliar o conhecimento da informação disponibilizada aos contratantes na avença,[15] pois a vontade de contratar deve ser esclarecida, informada, desde a fase pré-contratual até a fase pós-contratual, para permitir contratações em consonância com preceitos estabelecidos pela boa-fé objetiva.

Nessa perspectiva, o dever de informação – oriundo da cláusula geral de boa-fé objetiva -, se apresenta como extremamente valorado na complexa sociedade de riscos e da informação contemporânea, pois a *informação acerca do conteúdo contratual é primordial aos contratantes*, e um importante mecanismo de reequilíbrio contratual nas relações de consumo.[16]

Evidentemente, o dever de informação se encontra diretamente relacionado ao princípio da transparência, pois, *as informações prestadas devem ser qualificadas*, ou seja, possuir *destaque, precisão e clareza em seu conteúdo*, para que os contratantes possam ter conhecimento prévio e efetivo de todas as obrigações assumidas no vínculo contratual.

Ademais, no âmbito das relações de consumo, o *direito à informação* (artigo 6º, III do CDC), estabelece a obrigatoriedade da informação, dentre os direitos básicos do consumidor, o qual constitui *dever fundamental do fornecedor em prestar informações claras e adequadas (transparentes) ao consumidor*, relacionadas aos produtos/serviços fornecidos.[17] Nesse sentido, o direito à informação apresenta *caráter dúplice*, pois importa *no dever de informar do fornecedor e no direito de ser informado do consumidor*, pois a informação adequada sobre o conteúdo do contrato é essencial, no sentido de buscar o reequilíbrio da relação contratual.

II.3   Corolário da boa-fé objetiva: transparência

O *princípio da transparência* (artigo 4º *caput* do CDC) é um dos princípios norteadores dos contratos de consumo. Preconiza a maneira como a informação deve ser prestada ao consumidor durante a contratação, a qual deve ser *clara, ostensiva, precisa e correta*, visando a sanar quaisquer dúvidas no ato da contratação e garantir o equilíbrio. É um dos instrumentos, ao lado do dever anexo de informação, aptos a proteger a liberdade de escolha do consumidor, com vistas à consagração da boa-fé objetiva e justiça contratual na relação jurídica contratual.

Logo, a transparência pressupõe a efetiva *qualificação da informação prestada* sobre aspectos relevantes da avença, ligados, principalmente, *a estipulação do conteúdo*

---

14. ROSENVALD, Nelson. *Dignidade humana e boa-fé no Código Civil*. São Paulo: Saraiva, 2005, p. 109.
15. FABIAN, Christoph. *O dever de informar no direito civil*. São Paulo: Ed. RT, 2002, p. 157.
16. MARQUES, Claudia Lima. *Contratos no Código de Defesa do Consumidor*. 9. ed. São Paulo: Thomson Reuters Brasil, 2019, p. 875.
17. FABIAN, Christoph. *O dever de informar no direito civil*. São Paulo: Ed. RT, 2002, p. 81-82. Nesse sentido ver: KHOURI, Paulo R. Roque A.. *O direito do consumidor na sociedade da informação*. São Paulo: Almedina, 2022, p. 99-104; CORDEIRO, António Manuel da Rocha e Menezes. *Direito dos seguros*. 2. ed., rev. e atual. Coimbra: Almedina, 2016, p. 618-626.

contratual, sob pena de haver violação do referido princípio, e em consequência, descumprimento boa-fé objetiva, pois a informação fornecida integra o conteúdo contratual, de modo a concretizar o reequilíbrio contratual, com vistas à consecução da igualdade material nas contratações.[18]

Entretanto, em inúmeros contratos de consumo, e notadamente, no contrato de seguro de vida, verificam-se cláusulas contratuais, que impedem a compreensão adequada do segurado em relação aos termos do contrato, por *não prestarem informações suficientes e adequadas, ou mesmo por não serem transparentes*, trazendo inúmeros prejuízos ao aderente.[19]

Nesse contexto, o sentido adequado à transparência seria de qualificar a autonomia privada, por meio da efetiva liberdade de decisão do contratante, garantida pelo fornecimento de informações adequadas e necessárias a realização do contrato, as quais devem ser fornecidas desde o momento da formação do contrato, no intuito de consagrar o (re)equilíbrio contratual.

III. CONTRATO DE SEGURO

A necessidade de segurança é intrínseca ao ser humano. Desde a antiguidade, o homem busca formas de proteção para resguardar-se de acontecimentos fortuitos. Com o desenvolvimento econômico, surge a ideia de buscar proteção econômica contra os riscos incidentes sobre a atividade econômica desenvolvida, donde exsurge a noção de seguro.[20]

O contrato de seguro é o negócio jurídico que, na contemporaneidade, teve ampliado sua área de atuação, devido ao grande desenvolvimento econômico e tecnológico, que se empreendeu no século XX, o que contribuiu para que inúmeros e novos tipos de seguros surgissem, para resguardar o patrimônio ou pessoa daquele interessado, em se proteger dos infortúnios (riscos) incidentes sobre diversos ramos da atividade econômica.[21]

---

18. MARQUES, Claudia Lima. *Contratos no Código de Defesa do Consumidor*. 9. ed. São Paulo: Thomson Reuters Brasil, 2019, p. 815-816; FABIAN, Christoph. *O dever de informar no direito civil*. São Paulo: Revista dos Tribunais, 2002, p. 68-70.

19. Nesse sentido ver: KHOURI, Paulo R. Roque A. O direito à informação e o contrato de seguro. In: MIRAGEM, Bruno; CARLINI, Angélica (Coord.). *Direito dos Seguros*: fundamentos de Direito Civil, Direito Empresarial e Direito do Consumidor. São Paulo: Ed. RT, 2014, p. 133-143.

20. GUERREIRO, Marcelo da Fonseca. *Seguros privados*: doutrina, legislação e jurisprudência. 2. ed. Rio de Janeiro: Forense Universitária, 2004, p. 1-3; MARTINS, João Marcos Brito. *O contrato de seguro*: comentado conforme as disposições do Código Civil, Lei 10.406, de 10 de janeiro de 2002. 2. ed. Rio de Janeiro: Forense Universitária, 2005, p. 5-8; SHIH, Frank Larrúbia. *Temas relevantes de direito securitário*. Rio de janeiro: Lumen Juris, 2003, p. 3-4; CAVALIERI FILHO, Sergio. *Programa de responsabilidade civil*. 16. ed. rev., atual. e ampl. Barueri, São Paulo: Atlas, 2023. [E-book].

21. Nesse sentido ver: PETERSEN, Luiza. *O risco no contrato de seguro*. São Paulo: Ed. RT, 2018, p. 21; AMARAL, José Vítor dos Santos. *Contrato de Seguro, Responsabilidade Automóvel e Boa-Fé*. Coimbra: Almedina, 2017, p. 32-33.

Nesse cenário, "O contrato de seguro afigura-se como relevante fenômeno socioeconômico, dentro do contexto contemporâneo do Direito Contratual, enquanto mecanismo de socialização dos riscos advindos do desenvolvimento das atividades econômicas, na sociedade de consumo",[22] donde se sobreleva o relevante papel que o aludido contrato assume, hodiernamente, na sociedade do hiperconsumo.

Segundo Maurício Salomoni Gravina, o contrato de seguro pode ser definido como sendo "um contrato celebrado frente ao segurador para cobrir riscos, preservar interesses, capital ou renda, conforme a garantia contratada, em contrapartida ao prêmio do seguro".[23] No mesmo sentido, Menezes Cordeiro preleciona que "no contrato de seguro, uma pessoa transfere, para outra, o risco da verificação de uma eventualidade, na esfera jurídica própria ou alheia, mediante o pagamento de determinada remuneração".[24]

Em linhas gerais, o contrato de seguro tem por finalidade, a *transferência do risco* existente na atividade econômica desenvolvida pelo segurado à sociedade especializada (seguradora), que se obriga, mediante certa contribuição em pecúnia avençada no contrato de seguro (prêmio), a garantir *interesse legítimo segurável*, relativo a bens ou pessoas contra determinados riscos previstos no contrato.

O contrato de seguro foi regulamentado no Brasil, por meio dos artigos 757 a 802 do Código Civil, sendo que a definição legal do contrato fora estabelecida no *artigo 757 do Código Civil*, segundo a qual "Pelo contrato se seguro, o segurador se obriga, mediante o pagamento do prêmio, a garantir interesse legítimo do segurado, relativo a pessoa ou a coisa, contra riscos predeterminados".[25-26]

---

22. SILVA, Michael César. *Contrato de seguro de automóveis*: releitura à luz da nova principiologia do direito contratual. Rio de Janeiro: Lumen Juris, 2012, p. 80.

23. GRAVINA, Maurício Salomoni. *Direito dos Seguros*. 2. ed. São Paulo: Almedina, 2022, p. 236. Nesse sentido ver: MARENSI, Voltaire Giavarina. *O seguro no direito brasileiro*. 8. ed. São Paulo: IOB Thomson, 2007, p. 82; ALVIM, Pedro. *O seguro e o novo Código Civil*. Organização e compilação Elizabeth Alvim Bonfioli. Rio de Janeiro: Forense, 2007, p. 5-7; GUERREIRO, Marcelo da Fonseca. *Seguros privados*: doutrina, legislação e jurisprudência. 2. ed. Rio de Janeiro: Forense Universitária, 2004, p. 7; MATOS, Robson Pedron; MOLINA, Fabiana Ricardo. *O contrato de seguro e o Código de Defesa do consumidor*. São Paulo: Quartier Latin, 2006, p. 31-33; SHIH, Frank Larrúbia. *Temas relevantes de direito securitário*. Rio de janeiro: Lumen Juris, 2003, p.42-43; CAVALIERI FILHO, Sergio. *Programa de responsabilidade civil*. 16. ed. rev., atual. e ampl. Barueri, São Paulo: Atlas, 2023. [E-book]; BARROSO, Lucas Abreu. O contrato de seguro e o direito das relações de consumo. *Revista de Direito Privado*. São Paulo: Ed. RT, a. 6, n. 22, p. 187, abr./jun. 2005; TZIRULNIK, Ernesto; CAVALCANTI, Flávio de Queiroz B.; PIMENTEL, Ayrton. *O contrato de seguro*: de acordo com o novo código civil brasileiro. 2. ed. rev., atual e ampl. São Paulo: Ed. RT, 2003, p. 29-40.

24. CORDEIRO, António Manuel da Rocha e Menezes. *Direito dos seguros*. 2. ed., rev. e atual. Coimbra: Almedina, 2016, p. 33. Nesse sentido ver: MIRAGEM, Bruno; PETERSEN, Luiza. *Direito dos seguros*. Rio de Janeiro: Forense, 2022. [E-book].

25. BRASIL. *Código Civil*. Lei 10.406, de 10 de Janeiro de 2002. Institui o Código Civil. Disponível em: https://www.planalto.gov.br/ccivil_03/leis/2002/l10406compilada.htm. Acesso em: 20 jul. 2023.

26. Nessa esteira, o *Enunciado 370 CJF* prevê que "Nos contratos de seguro por adesão, os riscos predeterminados indicados no art. 757, parte final, devem ser interpretados de acordo com os arts. 421, 422, 424, 759 e 799 do Código Civil e 1º, III, da Constituição Federal." (CONSELHO DA JUSTIÇA FEDERAL. *Jornadas de Direito Civil I, III, IV e V*: enunciados aprovados. AGUIAR JÚNIOR, Ministro Ruy Rosado de. (Org.). Brasília: Conselho da Justiça Federal (Centro de Estudos Judiciário), 2012, p. 57).

Esse contrato é classificado conforme a *natureza do risco segurável*, sendo subdividido em 2 (duas) categorias previstas no Código Civil, a saber: a dos *seguros de danos* ou dos ramos elementares (artigo 778 a 788 CC) e a dos *seguros de pessoa* (artigo 789 a 802 CC).[27]

O contrato de seguro se apresenta como uma *relação jurídica de consumo*, ensejando, por conseguinte, a aplicação da legislação consumerista brasileira, em especial, os preceitos normativos do *Código de Defesa do Consumidor* (Lei 8.078/90), conforme previsão legal do *artigo 3º, § 2º, do CDC*, o qual insere, dentre as relações de consumo, a atividade securitária.

Convém destacar, que, em face do dinamismo da atividade securitária, da massificação dos contratos e da necessidade de celeridade na conclusão das relações securitárias, o contrato de seguro é, rotineiramente, elaborado por meio de *contratos de adesão* (artigo 54 do CDC).[28]

Verifica-se, portanto, que no âmbito das relações securitárias, os segurados se encontram numa posição de patente *vulnerabilidade* perante os seguradores, em diversas matizes, demandando do Estado uma efetiva atuação, na regulação e supervisão do mercado securitário, bem como na criação de instrumentos jurídicos capazes de tutelar os segurados na contratação de seguros, com o propósito de promover o almejado (re) equilíbrio contratual.

Logo, nos casos de ocorrência de sinistro, e pendente alguma divergência sobre o *conteúdo estipulado*, o contrato de seguro deverá ser *interpretado restritiva e favoravelmente ao segurado*, com esteio na previsão legal dos artigos 46, 47 e 54 do CDC.

Ademais, se faz necessária a regulamentação e o controle exercido em face das *práticas comerciais abusivas* (artigo 39 do CDC) e das *cláusulas abusivas* (artigos 6º, IV e 51 do CDC), porventura, inseridas no contexto de contratação das relações jurídicas securitárias.

Nesse mesmo giro, se impõe, também, a aplicação consentânea dos princípios da boa-fé objetiva, informação, transparência e confiança ao referido contrato, com a finalidade de se proteger efetivamente o segurado (consumidor) no âmbito do mercado securitário.

Nos contratos de seguro, a incidência do princípio da boa-fé objetiva se tem como fundamental, pois se caracteriza como *elemento essencial*[29] das relações jurídicas securi-

---

27. Nesse sentido ver: GAMA, Guilherme Calmon Nogueira da. O seguro de pessoa no novo Código Civil. *Revista dos Tribunais*, São Paulo, v. 93, n. 826, p. 11-24, ago. 2004.

28. Nesse sentido ver: ALVIM, Pedro. *O contrato de seguro*. 3. ed. Rio de Janeiro: Forense, 1999, p. 133-136.

29. CAVALIERI FILHO, Sergio. *Programa de responsabilidade civil*. 16. ed. rev., atual. e ampl. Barueri, São Paulo: Atlas, 2023. [E-book]). Nesse sentido ver: CAVALIERI FILHO, Sergio. *Programa de direito do consumidor*. 6. ed. Barueri, São Paulo: Atlas, 2022. [E-book]; CORDEIRO, António Manuel da Rocha e Menezes. *Direito dos seguros*. 2. ed., rev. e atual. Coimbra: Almedina, 2016, p. 641-653; ALVIM, Pedro. *O contrato de seguro*. 3. ed. Rio de Janeiro: Forense, 1999, p. 214-220; POLIDO, Walter A. *Contrato de seguro*: novos paradigmas. São Paulo: Editora Roncarati, 2010, p. 93; CAMPOY, Adilson José. *Contrato de seguro de vida*. São Paulo: Ed. RT, 2014, p.

MICHAEL CÉSAR SILVA

tárias,[30] com esteio nos ditames normativos estabelecidos nos artigos 113, 187 e 422 do Código Civil e 4º, III e 51, IV do Código de Defesa do Consumidor, os quais informam a base principiológica da boa-fé objetiva no Direito Privado, com incidência durante todo o vínculo contratual. Ademais, o *artigo 765 do Código Civil*[31] consagrou, expressamente, *o princípio da boa-fé objetiva no contrato de seguro*,[32] impondo-se, por conseguinte, sua imprescindível observância pelos contratantes, com o propósito de se garantir o adimplemento contratual e a percepção da justiça contratual nas relações securitárias.

Dessarte, a inserção da boa-fé objetiva no *momento de celebração do contrato de seguro* é primordial, no intuito de estabelecer direitos e obrigações relacionados ao contrato, tendo o *dever de informação e a transparência*, aplicação destacada no tocante a apresentação de todas as informações, efetivamente necessárias, para adequada conclusão do contrato.

Flávio Tartuce explicita, ainda, que o artigo 765 do Código Civil prevê expressamente o *dever anexo de informar*, sendo que a *"quebra dos deveres anexos no contrato seguro* gera *a violação positiva do contrato* e a responsabilização independentemente de culpa daquele que o descumpriu (responsabilidade objetiva, conforme o Enunciado 24 CJF/STJ)".[33]

Por fim, no contexto das relações jurídicas securitárias, segurado e segurador devem nortear sua conduta, desde a fase pré-contratual até a fase pós-contratual, conforme os

---

19; FARIAS, Cristiano Chaves de; ROSENVALD, Nelson. *Curso de direito civil*. 13. ed. rev., atual. e ampl. São Paulo: JusPodivm, 2023, v. 4: contratos p. 1454.

30. Nesse sentido ver: THEODORO JÚNIOR, Humberto. O contrato de seguro e a regulação do sinistro. *Revista Síntese de Direito Civil e Processual Civil*, Porto Alegre, v. 5, n. 30, p. 22-23, jul./ago. 2004; GRAVINA, Maurício Salomoni. *Direito dos Seguros*. 2. ed. São Paulo: Almedina, 2022, p. 100-111; 208-214; MIRAGEM, Bruno; PETERSEN, Luiza. *Direito dos seguros*. Rio de Janeiro: Forense, 2022. [E-book].

31. Artigo 765 CC: O segurado e o segurador são obrigados a guardar na conclusão e na execução do contrato, a mais estrita boa-fé e veracidade, tanto a respeito do objeto como das circunstâncias e declarações a ele concernentes. (BRASIL. *Código Civil*. Lei 10.406, de 10 de janeiro de 2002. Institui o Código Civil. Disponível em: https://www. planalto.gov.br/ccivil_03/leis/2002/l10406compilada.htm. Acesso em: 20 jul. 2023).

32. Nesse sentido ver: GRAVINA, Maurício Salomoni. *Direito dos Seguros*. 2. ed. São Paulo: Almedina, 2022, p. 102;105; GRAVINA, Maurício Salomoni. *Princípios jurídicos do contrato de seguro*. Rio de Janeiro: Funenseg, 2015, p. 60; CAVALIERI FILHO, Sergio. *Programa de direito do consumidor*. 6. ed. Barueri, São Paulo: Atlas, 2022. [E-book]; MIRAGEM, Bruno. O direito dos seguros no sistema jurídico brasileiro: uma introdução. In: MIRAGEM, Bruno; CARLINI, Angélica (Coord.). *Direito dos Seguros*: fundamentos de Direito Civil, Direito Empresarial e Direito do Consumidor. São Paulo: Ed. RT, 2014, p. 30-31; GOLDBERG, Ilan. *Direito de seguro e resseguro*. Rio de Janeiro: Elsevier, 2012, p. 31-40; KRIGER FILHO, Domingos Afonso. *Contrato de seguro no direito brasileiro*. Niterói, Rio de Janeiro: Labor Juris, 2000, p. 117-128; TZIRULNIK, Ernesto; CAVALCANTI, Flávio de Queiroz B.; PIMENTEL, Ayrton. *O contrato de seguro*: de acordo com o novo Código Civil brasileiro. 2. ed. rev., atual e ampl. São Paulo: Ed. RT, 2003, p. 73-74; SHIH, Frank Larrúbia. *Temas relevantes de direito securitário*. Rio de janeiro: Lumen Juris, 2003, p.25-27; CAVALCANTI, Bruno Novaes B.. *O princípio da boa-fé e os contratos de seguro*. Recife: Editora Nossa Livraria, 2000; THEODORO JÚNIOR, Humberto. O contrato de seguro e a regulação do sinistro. *Revista Síntese de Direito Civil e Processual Civil*, Porto Alegre, v. 5, n. 30, p. 22, jul./ago. 2004; ALVIM, Pedro. *O contrato de seguro*. 3. ed. Rio de Janeiro: Forense, 1999, p. 130-132; AMARAL, José Vítor dos Santos. *Contrato de Seguro, Responsabilidade Automóvel e Boa-Fé*. Coimbra: Almedina, 2017, p. 21-22.

33. TARTUCE, Flavio. *Direito Civil*: teoria geral dos contratos e contratos em espécie. 18. ed. 2. Reimp. Rio de Janeiro: Forense, 2023 [E-book], destaque nosso. Nesse sentido ver: GRAVINA, Maurício Salomoni. *Direito dos Seguros*. 2. ed. São Paulo: Almedina, 2022, p. 58.

preceitos ético-jurídicos delineados pela boa-fé objetiva, principalmente, no que concerne *ao objeto segurado, às coberturas assumidas, declarações prestadas, circunstâncias, e riscos* existentes, cobertos ou excluídos, bem como demais *informações* relacionadas ao *conteúdo do contrato*.[34]

IV. CONTRATO DE SEGURO DE VIDA

O contrato de seguro de vida se apresenta como uma das espécies do seguro de pessoas, possuindo regramento legal previsto nos artigos 789 a 802 do Código Civil.

Segundo Marcelo da Fonseca Guerreiro, o seguro de vida pode ser definido como o "contrato pelo qual o segurador se obriga, em contraprestação ao recebimento do prêmio, a pagar ao próprio segurado ou a terceiro determinada quantia sob a forma de capital ou de renda, quando da verificação do evento previsto".[35] O referido contrato tem por finalidade garantir os riscos atinentes à duração da vida humana, e para tanto deve ser precedido de declarações do segurado sobre determinadas circunstâncias, dentre as quais se destacam, estado de saúde, idade, atividade profissional do segurado, sendo que nessa ótica, a análise do risco pela seguradora possui grande importância para determinação do valor do prêmio a ser pago.[36]

Ante ao exposto, o segurado deve fazer declarações verdadeiras e completas, de modo a não omitir circunstâncias que possam influir na aceitação da proposta ou na mensuração do risco e, em consequência, na fixação da taxa do prêmio, sob pena de perder o direito ao valor do seguro e pagar o prêmio vencido. Logo, nessa perspectiva, o segurado, ao contratar o seguro de vida, é obrigado a *informar à seguradora sua condição de saúde*, bem como a existência de eventuais doenças preexistentes e, demais

---

34. Nesse sentido ver: GRAVINA, Maurício Salomoni. *Direito dos Seguros*. 2. ed. São Paulo: Almedina, 2022, p. 108; BITTENCOURT, Marcello Teixeira. *O contrato de seguros e o Código de Defesa do Consumidor*. Rio de Janeiro: Ideia Jurídica, 2000, p. 9; STIGLITZ, Rubén S. *Derecho de Seguros*. 4. ed. Buenos Aires: La Ley, 2004, t. I, p. 355; BIZARRIA, Juliana Carolina Frutuoso. O dever de cooperação no contrato de seguro. *Revista de Direito Privado*, São Paulo: Ed. RT, a. 13, v. 50, p. 143-204, abr./jun. 2012; CORDEIRO, António Manuel da Rocha e Menezes. *Direito dos seguros*. 2. ed., rev. e atual. Coimbra: Almedina, 2016, p. 603.

35. GUERREIRO, Marcelo da Fonseca. *Seguros privados*: doutrina, legislação e jurisprudência. 2. ed. Rio de Janeiro: Forense Universitária, 2004, p. 128. Nesse sentido ver: CAMPOY, Adilson José. *Contrato de seguro de vida*. São Paulo: Ed. RT, 2014; CAMPOY, Adilson José. Aspectos essenciais dos contratos de seguro de pessoas. In: MIRAGEM, Bruno; CARLINI, Angélica (Coord.). *Direito dos Seguros*: fundamentos de Direito Civil, Direito Empresarial e Direito do Consumidor. São Paulo: Ed. RT, 2014, p. 195-209; MARTINS, João Marcos Brito. *O contrato de seguro*: comentado conforme as disposições do Código Civil, Lei 10.406, de 10 de janeiro de 2002. 2. ed. Rio de Janeiro: Forense Universitária, 2005, p. 132-133; ALVIM, Pedro. *O seguro e o novo Código Civil*. Organização e compilação Elizabeth Alvim Bonfioli. Rio de Janeiro: Forense, 2007, p. 149-152; KRIGER FILHO, Domingos Afonso. *Contrato de seguro no direito brasileiro*. Niterói, Rio de Janeiro: Labor Juris, 2000, p. 165.

36. TZIRULNIK, Ernesto; CAVALCANTI, Flávio de Queiroz B.; PIMENTEL, Ayrton. *O contrato de seguro*: de acordo com o novo código civil brasileiro. 2. ed. rev., atual e ampl.. São Paulo: Ed. RT, 2003, p. 154. Nesse sentido ver: MASCARENHAS, Igor de Lucena. *Eutanásia e seguro de vida*: análise do direito à percepção da indenização. Rio de Janeiro: Lumen Juris, 2017, p. 59-65; REGO, Margarida Lima. *Contrato de seguro e terceiros*: estudo de Direito Civil. Coimbra: Coimbra Editora; Lisboa: Wolters Kluwer Portugal, 2010, p. 67-70; PEREIRA, Fernanda Chaves. Fundamentos técnicos-atuariais do seguro. In: MIRAGEM, Bruno; CARLINI, Angélica (Coord.). *Direito dos Seguros*: fundamentos de Direito Civil, Direito Empresarial e Direito do Consumidor. São Paulo: Ed. RT, 2014, p. 118.

circunstâncias, as quais, poderão interferir na avaliação do risco e determinação do valor do prêmio.

Lado outro, aos seguradores, por incidência dos preceitos normativos da boa-fé objetiva erigidos no Código Civil (artigos 422 c/c 765 do CC) e no Código de Defesa do Consumidor (artigos 4º, III c/c 51, IV do CDC), em consonância com o dever de informação do fornecedor e o direito à informação do consumidor (artigos 4º, IV c/c 6º, III do CDC) se impõe o dever de informar, previamente ao segurado, de forma *clara, ostensiva, precisa e adequada*, ou seja, transparente, sobre *todo o conteúdo contraual*, notadamente, em relação às *condições específicas de contratação, cláusulas limitativas, possíveis exclusões de responsabilidade e termos técnicos* relacionados *ao contrato de seguro* firmado, sob pena de ofensa ao princípio da boa-fé objetiva, e, por conseguinte, de *interpretação mais favorável ao segurado* (artigo 47 do CDC c/c artigo 423 do CC) e de imputação de *responsabilidade civil aos seguradores*.[37]

Deste modo, é fundamental a observância da boa-fé objetiva pelos contratantes, na *concessão de informações mútuas acerca do conteúdo contratual e demais situações fáticas e técnicas relacionadas a contratação*, pois o referido princípio permeia e norteia o contrato de seguro de vida rumo ao adimplemento contratual.[38]

IV.1   Contrato de seguro de vida: contrato tipicamente de adesão

O contrato de seguro é um *contrato tipicamente de adesão*,[39] devido ao fato do segurado contratá-lo, de acordo com cláusulas previamente elaboradas unilateralmente pelo segurador na apólice, regulamentadas e aprovadas pela Superintendência de Seguros Privados (SUSEP), aceitando ou não, em bloco, as condições impostas na proposta formalizada.

Nos contratos de adesão, não há mais lugar para negociações e discussões acerca de cláusulas contratuais, pois a massificação dos contratos, imposta por meio de *cláusulas adesivas e pré-determinadas em formulários impressos*, modificou toda a realidade das contratações, permitindo aos conglomerados econômicos reduzir custos e otimizar o processo produtivo, para permitir contratações mais céleres.[40]

---

37. Nesse sentido ver: KRIGER FILHO, Domingos Afonso. *Contrato de seguro no direito brasileiro*. Niterói, Rio de Janeiro: Labor Juris, 2000, p. 131-132; GRAVINA, Maurício Salomoni. *Direito dos Seguros*. 2. ed. São Paulo: Almedina, 2022, p. 58; MARQUES, Claudia Lima. *Contratos no Código de Defesa do Consumidor*. 9. ed. São Paulo: Thomson Reuters Brasil, 2019, p. 232; NERY JÚNIOR, Nelson. Contrato de Seguro de Vida em Grupo e o Código de Defesa do Consumidor. *Revista Direito Privado*, São Paulo: Revista dos Tribunais, v. 3, n. 10, p. 174, abr./jun. 2002.

38. Nesse sentido ver: MIRAGEM, Bruno. Os direitos do segurado e os deveres do segurador no direito brasileiro atual e no Projeto de Lei do Contrato de Seguro (PLC 29/2017): exame crítico. *Revista de Direito do Consumidor*. São Paulo: Ed. RT, a. 27, v. 117, p. 105-109, maio/jun. 2018.

39. Sobre a definição de contratos de adesão, remete-se a leitura de: MARQUES, Claudia Lima. *Contratos no Código de Defesa do Consumidor*. 9. ed. São Paulo: Thomson Reuters Brasil, 2019, p. 78.

40. FIUZA, César. *Direito Civil*: curso completo. 18. ed. rev., atual. e ampl. São Paulo: Ed. RT, 2015, p. 561; RIZZARDO, Arnaldo. Código de Defesa do Consumidor nos Contratos de Seguro-Saúde e Previdência Privada. *Ajuris*, v. 22, n. 64, p. 85, jul./1995.

Logo, os consumidores aderem a *contratos pré-redigidos, padronizados, sem que possam ter conhecimento prévio, claro e preciso do conteúdo contratual,* pois não tem a oportunidade de ler e ponderar, com precaução, sobre as cláusulas que lhe são impostas.

Na maioria dos casos, o consumidor somente recebe o contrato após concluí-lo, e se soma a isso a falta de conhecimento para entender os *termos técnicos do contrato,* acrescidos a *conteúdos extensos, impressos em letras de tamanho reduzido,* que visam a desestimular a leitura e análise do conteúdo contratual pelo aderente, aceitando as condições impostas, *sem ter plena consciência de seu alcance e de seu conteúdo.*[41] Ademais, há a *imposição de várias cláusulas limitativas na contratação,* as quais *não são explícitas,* e ao contrário, por vezes se encontram inseridas *sem qualquer destaque,* o que *impede sua clara identificação no contrato.*

Desse modo, a interpretação destas situações adquire grande importância na contemporaneidade, com a inserção nas relações de consumo, do princípio da boa-fé objetiva, e em decorrência deste, o princípio da transparência e o dever de informar sobre o conteúdo do contrato, bem como à observância a função social dos contratos e da justiça contratual.

Todavia, inúmeras críticas são delineadas em relação à formação do contrato de seguro, principalmente, quanto à falta de liberdade contratual no tocante à estipulação do conteúdo do referido contrato, a qual impõe aos segurados condições por vezes, *excessivamente, onerosas.*

Destaca-se que, geralmente, os segurados aderem aos contratos *sem que possam ter informações necessárias e suficientes acerca do conteúdo contratual,* de seus direitos e obrigações, conjugado ao fato do contrato trazer em seu bojo *exacerbado tecnicismo,* dificultando, assim, a *compreensão dos termos do instrumento contratual.*

Ante ao exposto, Pedro Alvim delineia o contexto de contratação dos seguros, ao asseverar que "O fato de ser o contrato redigido pelo segurador, aliado à sua natureza técnica pouco acessível ao segurado, deixou este praticamente à mercê daquele para impor um caráter quase unilateral ao negócio. *A igualdade jurídica dissimula uma desigualdade de fato*".[42-43]

---

41. MARQUES, Claudia Lima. *Contratos no Código de Defesa do Consumidor.* 9. ed. São Paulo: Thomson Reuters Brasil, 2019, p. 161.

42. ALVIM, Pedro. *O contrato de seguro.* 3. ed. Rio de Janeiro: Forense, 1999, p. 135, destaque nosso.

43. Segundo Arnaldo Rizzardo, "Nos contratos de seguro e de previdência privada, em inúmeras cláusulas derrogam-se os princípios do Código de Defesa do Consumidor [...]. Constitui o setor em estudo um daqueles em que mais dominam as injustiças e os engodos praticados pelas entidades patrocinadoras. A observar-se com rigor as cláusulas, seguramente cerca de metade das mesmas não revelaria condições de validade. Sistematicamente as pessoas ficam lesadas, tudo sob o dogma do *pacta sunt servanda,* e de que os incautos subscritores assinaram aceitar o contrato e tiveram conhecimento do regulamento geral. [...] As propagandas e vantagens oferecidas em anúncios e capas dos regulamentos ou das apólices constituem um verdadeiro engodo. [...] Além de serem as cláusulas de difícil intelecção, não trazem qualquer garantia no tocante ao valor pagável. [...] Outras formas de chamar a atenção irradiam em convites atraentes – como 'o plano foi idealizado para proporcionar-lhe total segurança', ou "plano de assistência médica global' – quando inúmeras as restrições e raros os riscos cobertos. A propaganda, ou o anúncio, engana e ilude o interessado – infringindo-se, dentro outros preceitos, o art. 37,

Assevera-se, também, que o segurado, via de regra, é leigo, sendo que *não possui conhecimentos a fim de compreender o conteúdo contratual* (vulnerabilidade técnica/científica), possuindo *pouco ou quase nenhum acesso a informações claras, precisas e transparentes sobre o contrato* (vulnerabilidade informativa) e, ainda, avença com seguradoras que representam *grandes conglomerados econômicos* (vulnerabilidade econômica), e, contemporaneamente, diante dos avanços da tecnologia digital, realiza a contratação de seguro de vida em ambiente digital (vulnerabilidade digital/*cybervulnerabilidade*), acentuando, ainda, mais o desequilíbrio contratual existente nas relações de consumo securitárias.[44]

E tal situação é de ocorrência cotidiana nas contratações que envolvem o contrato de seguro, pois os segurados assinam as propostas de seguro, *sem que possuam prévio e completo conhecimento das condições gerais do contrato*, as quais somente lhe são apresentadas, na maioria das vezes, *a posteriori*, no ato de entrega da apólice de seguro pelas seguradoras.

Clarividente que a obrigação do segurador é informar ao segurado sobre todo o conteúdo contratual, no ato da contratação, e, sobretudo, entregar-lhe o contrato, e sanar toda e qualquer dúvida, inclusive, técnica ou jurídica, acerca das condições gerais do seguro a ser contratado.

Porém, não é o que ocorre na prática das contratações de seguro, que impõem aos segurados condições precárias para firmarem os contratos, e, por conseguinte, demandando um maior controle estatal acerca da imposição de cláusulas abusivas e do próprio processo de formação dos contratos de seguro pelas seguradoras, a partir da interpretação do contrato de forma mais favorável aos segurados, que se encontram em posição de patente inferioridade em relação aos seguradores, com o intuito de se garantir o (re)equilíbrio contratual.[45]

IV.2   A doença preexistente nos contratos de seguro de vida

O conceito de *doença preexistente* é utilizado pelas seguradoras, visando a resguardar sua atividade econômica, por meio de exclusões de doenças em relação aos seguros firmados, seja de saúde ou mesmo de vida.

---

inc. I, por omissão sobre a realidade dos benefícios." (RIZZARDO, Arnaldo. *Código de Defesa do Consumidor nos Contratos de Seguro-Saúde e Previdência Privada. Ajuris*, v. 22, n. 64, p. 87, 100-101, jul./1995).

44. Nesse sentido ver: MARQUES, Claudia Lima. *Contratos no Código de Defesa do Consumidor*. 9. ed. São Paulo: Thomson Reuters Brasil, 2019, p. 312-346; MIRAGEM, Bruno. Princípio da vulnerabilidade: perspectiva atual e funções no direito do consumidor contemporâneo. In: MIRAGEM, Bruno; MARQUES, Claudia Lima; MAGALHÃES, Lucia Ancona Lopez de. (Org.). *Direito do Consumidor: 30 anos do CDC*. São Paulo: Forense, 2020, p. 235-243; MIRAGEM, Bruno. *Curso de direito do consumidor*. 8. ed. rev., atual. e ampl. São Paulo: Thomson Reuters Brasil, 2019, p. 198-201; OLIVEIRA, Júlio Moraes. *Curso de direito do consumidor completo*. 8. ed. Belo Horizonte: Editora D'Placido, 2022, p. 127-136; BRAGA NETTO, Felipe Peixoto. *Manual de direito do consumidor à luz da jurisprudência do STJ*. 18. ed. rev., atual. e ampl. São Paulo: JusPodivm, 2023, p. 77-80.

45. Nesse sentido ver: TZIRULNIK, Ernesto. *Estudos de direito do seguro: regulação de sinistro (ensaio jurídico)*. 3. ed. rev. São Paulo: Max Limonad, 2001, p. 41; CECCONELLO, Fernanda Ferrarini G. C. Seguro de vida: morte por doença preexistente. *Revista Síntese de Direito Civil e Processual Civil*, Porto Alegre, v. 2, n. 9, p. 15-17, jan./fev. 2001, p. 17; AMARAL, José Vítor dos Santos. *Contrato de Seguro, Responsabilidade Automóvel e Boa-Fé*. Coimbra: Almedina, 2017, p. 170.

Entende-se por doença preexistente aquela tida pelo contratante antes de ingressar no plano de saúde e em relação à qual o contratante tinha pleno conhecimento (art. 1º da Resolução 2/98 do CONSU).

A preexistência da doença não se satisfaz apenas com a existência anterior da doença à celebração do contrato, *mas exige que o contratante tenha conhecimento da sua existência*. Desse modo, se o contratante tiver a doença antes de celebrar o contrato, mas o desconhecer, não estaremos diante, tecnicamente, de uma doença preexistente.[46-47]

No contrato de seguro de vida, as informações sobre o segurado são obtidas por meio da proposta e do formulário de declaração de saúde, que deve ser preenchido e assinado pelo mesmo, servindo de parâmetro para a mensuração do risco e cálculo do valor do prêmio.[48]

Portanto, a observância precípua da boa-fé objetiva pelo segurado, notadamente, em relação ao dever de informação, é indispensável na conclusão do contrato de seguro de vida, sob pena de perda do seguro, conforme previsão legal do artigo 766 do Código Civil.[49]

Por este motivo, os seguradores discutem a impossibilidade de pagamento das indenizações, nas hipóteses nas quais, entendem que as informações prestadas pelo segurado deixam de eleger toda a extensão do risco a que estarão no futuro porventura sujeitos.[50]

Destarte, conforme previsão dos artigos 765 e 766 *caput* e parágrafo único do Código Civil,[51] se houver ofensa aos ditames normativos da boa-fé objetiva por parte

---

46. ROCHA, Silvio Luís Ferreira da. Contratos de assistência médica pré-pagos e disciplina prevista na Lei 9.656, de 3 de junho de 1998. In: MARQUES, Claudia Lima; SCHMITT, Cristiano Heineck; LOPES, José Reinaldo de Lima; PFEIFFER, Roberto Augusto Castellanos (Coord.). *Saúde e responsabilidade 2*: a nova assistência privada à saúde. São Paulo: Ed. RT, 2008, Biblioteca de Direito do Consumidor, v. 36, p. 237-238.

47. Para maiores informações sobre a temática da *doença preexistente*, remete-se a leitura de: SILVEIRA, Karyna Rocha Mendes da. *Doença preexistente nos planos de saúde*. São Paulo: Saraiva, 2009. [E-book]; SANTOS, Ricardo Bechara dos. Doenças preexistentes no seguro de vida. *Cadernos de Seguro*: coletânea 1981-2001, Rio de Janeiro, Fundação Escola Nacional de Seguros, v. 1, 2001, p. 45-60.

48. Nesse sentido ver: ALMEIDA, José Carlos Moitinho de. *O contrato de seguro no direito português e comparado*. Lisboa: Livraria Sá da Costa, 1971, p. 74; CORDEIRO, António Manuel da Rocha e Menezes. *Direito dos seguros*. 2. ed., rev. e atual. Coimbra: Almedina, 2016, p. 840-841; SANTOS, Ricardo Bechara dos. *Direito de seguro no novo Código Civil e legislação própria*. Rio de Janeiro: Forense, 2006, p. 85.

49. Nesse sentido ver: MASCARENHAS, Igor de Lucena. *Eutanásia e seguro de vida*: análise do direito à percepção da indenização. Rio de Janeiro: Lumen Juris, 2017, p. 65; GOLDBERG, Ilan. *Direito de seguro e resseguro*. Rio de Janeiro: Elsevier, 2012, p. 108; KRIGER FILHO, Domingos Afonso. *Contrato de seguro no direito brasileiro*. Niterói, Rio de Janeiro: Labor Juris, 2000, p. 120-128; MIRAGEM, Bruno. Os direitos do segurado e os deveres do segurador no direito brasileiro atual e no Projeto de Lei do Contrato de Seguro (PLC 29/2017): exame crítico. *Revista de Direito do Consumidor*, São Paulo: Ed. RT, a. 27, v. 117, p. 106, maio/jun. 2018.

50. Nesse sentido ver: MARTINS, João Marcos Brito. *O contrato de seguro*: comentado conforme as disposições do Código Civil, Lei 10.406, de 10 de janeiro de 2002. 2. ed. Rio de Janeiro: Forense Universitária, 2005, p. 132-133; TZIRULNIK, Ernesto; CAVALCANTI, Flávio de Queiroz B.; PIMENTEL, Ayrton. *O contrato de seguro*: de acordo com o novo código civil brasileiro. 2. ed. rev., atual e ampl. São Paulo: Ed. RT, 2003, p. 36-38.

51. Artigo 766 CC: Se o segurado, por si ou por seu representante, fizer declarações inexatas ou omitir circunstâncias que possam influir na aceitação da proposta ou na taxa do prêmio, perderá o direito à garantia, além de ficar obrigado ao prêmio vencido.

    Parágrafo único: Se a inexatidão ou omissão nas declarações não resultar de má-fé do segurado, o segurador terá direito a resolver o contrato, ou a cobrar, mesmo após o sinistro, a diferença de prêmio. (BRASIL. *Código Civil*. Lei 10.406, de 10 de janeiro de 2002. Institui o Código Civil. Disponível em: https://www.planalto.gov.br/ccivil_03/leis/2002/l10406compilada.htm. Acesso em: 20 ago. 2023).

do segurado, este estará sujeito às penalidades legais. Outrossim, o segurado poderá ter negado o atendimento ao sinistro, e, por conseguinte, poderá, ainda, perder o direito à indenização.[52]

Neste contexto, exsurge relevante controvérsia relacionada ao contrato de seguro de vida, qual seja, a presença de *doença preexistente* na contratação do seguro, que, por conseguinte, impõe óbice ao pagamento de indenização ao segurado. A problematização se fundamenta, ainda, no fato de que é uma *prerrogativa (faculdade) da seguradora*, se julgar necessário, realizar ou não exames médicos prévios, para verificar as condições de saúde em que se encontra o segurado no ato da contratação, e, consequentemente, poder mensurar adequadamente o risco incidente sobre a vida do segurado.

Insta frisar que, a doutrina tece severas críticas a rigorosa previsão legal do artigo 766 do Código Civil, sobretudo, em relação ao seu parágrafo único, devido ao fato da norma imputar aos segurados uma situação bastante prejudicial na relação de consumo securitária.[53]

---

52. Nesse sentido ver: ALVIM, Pedro. *O contrato de seguro*. 3. ed. Rio de Janeiro: Forense, 1999, p. 496-497; TZIRULNIK, Ernesto; CAVALCANTI, Flávio de Queiroz B.; PIMENTEL, Ayrton. *O contrato de seguro*: de acordo com o novo código civil brasileiro. 2. ed. rev., atual e ampl. São Paulo: Ed. RT, 2003, p. 76.
MARTINS, Guilherme Magalhães. Novas tendências da responsabilidade civil do segurador. *Revista IBERC*, Minas Gerais, v. 1, n. 1, p. 17, nov./fev. 2019.

53. Sergio Cavalieri Filho tece relevantes considerações sobre a previsão legal do artigo 766 do CC, aduzindo que *"O parágrafo único do artigo 766* é que me preocupa porque a jurisprudência é tranquila no sentido de que *o segurado só perderá o direito à indenização se de má-fé, intencionalmente, fizer afirmações que não correspondem à realidade, omitir informações que deveriam ser prestadas, informações que teriam relevância na formação do contrato.* Vamos ao exemplo do seguro de saúde: faço um seguro de vida ou de saúde e não informo que sofro de uma determinada doença, ou seja, uma doença preexistente. Então, tem-se entendido que isso é uma afirmação falsa, fraudulenta e consequentemente violaria princípio da boa-fé. Mas, se eu não souber que tenho uma doença, se eu não souber que tenho um problema anterior? Aí, nesse caso, não estaria de má-fé e, por isso, a jurisprudência consagrou o entendimento de que a afirmação que não corresponde à verdade só tira o direito à indenização se ela for feita de má-fé, ou seja, se o segurado, conhecendo o problema de saúde, conhecendo a doença, não a informa. Então, a boa-fé é presumida e caberá à seguradora provar a má-fé do segurado para só assim não pagar indenização. Agora o parágrafo único do artigo 766 dispõe: "Se a inexatidão ou a omissão nas declarações não resultar de má-fé do segurado (pois se resultar de má-fé ele não terá direito a nada), o segurador terá o direito de resolver o contrato, ou a cobrar, mesmo após o sinistro, a diferença do prêmio". Aqui, em outras palavras, está dizendo que se o segurado estava de má-fé perderá tudo, se estiver de boa-fé, mas fizer uma afirmação, por exemplo, que estava sadio e, depois, constatou-se que ele tinha uma doença, *o segurador pode dizer que não quer mais o contrato, que este está rompido, que não pagará a indenização e ainda irá cobrar do segurado o prêmio que este devia. Quer dizer, trata-se de uma cláusula feroz, violenta contra o segurado."* (CAVALIERI FILHO, Sergio. Os Contratos de Transporte de Pessoas e de Seguro no Novo Código Civil. *Revista da EMERJ*, Rio de Janeiro: Escola da Magistratura do Estado do Rio de Janeiro. Anais dos Seminários EMERJ debate o Novo Código Civil. Parte I, p. 215-216, fev./jun. 2002, destaque nosso). Ademais, o referido autor assevera, ainda que "O parágrafo único do art. 766 do Código Civil contém disposição que não existia no Código de 1916 e que ensejou alguma controvérsia. [...]. Esse parágrafo, se interpretado literalmente, está em conflito como o Código do Consumidor, com todos os princípios do seguro e até com o disposto no *caput* do próprio art. 766. De fato, se o *caput* diz que o segurado só perde a garantia – vale dizer, o direito à indenização – se estiver de má-fé, não pode o parágrafo do mesmo artigo dizer que haverá também a perda da garantia se o segurado não estiver de má-fé. Assim, sem maiores aprofundamentos, é de se entender que, não estando o segurado de má-fé, o contrato só poderá ser resolvido antes de ocorrer o sinistro, mesmo assim não se tratando de relação de consumo. Ocorrido o sinistro, o segurado não perde o direito à indenização, só sendo admissível ao segurador cobrar a diferença do prêmio que ainda não tiver sido paga." (CAVALIERI FILHO, Sergio. *Programa de responsabilidade civil*. 16. ed. rev., atual. e ampl. Barueri, São Paulo: Atlas, 2023, [E-book]).

É importante destacar, ainda, que a previsão legal do artigo em comento, se tem como *extremamente vantajosa às seguradoras*, ao impor aos segurados (vulneráveis) uma posição de patente inferioridade, pelo que sua interpretação deve ser realizada em consonância com os ditames elencados no Código de Defesa do Consumidor e no Código Civil.

As cláusulas contratuais que impõe a exclusão de doenças preexistentes no contrato de seguro de vida, sem o prévio exame médico das condições de saúde do segurado, e prestação de informações adequadas sobre a exclusão do seguro, visam meramente a transferir o risco da atividade econômica ao segurado, e, por conseguinte, são tidas como *cláusulas abusivas*.[54]

Como na maioria dos casos, *no ato da contratação do seguro,* não há a realização de *exame médico prévio,* entende-se que se impõe às seguradoras o ônus de suportar os riscos contratuais advindos de sua atividade econômica, pois poderia ter-se precavido e não o fez.[55-56]

O segurado, ao realizar a contratação, tem seus interesses tutelados pelo princípio da boa-fé objetiva, que preconiza que as expectativas razoáveis criadas no consumidor, pelo fornecedor, em razão do produto/serviço oferecido, devem ser fielmente cumpridas, posto que se vinculam ao instrumento contratual.

Nessa esteira, a jurisprudência dos Tribunais Pátrios acolheu a possibilidade de flexibilização da interpretação das informações contidas no formulário/questionário sobre as condições de saúde do segurado, no sentido de admitir: i) *as doenças de convívio,* que não fossem causa do óbito do segurado; ii) *a doença preexistente desconhecida pelo segurado,* cuja presunção de boa-fé decorreria a favor do segurado; iii) o preceito de que *a má-fé do segurado alegada teria de ser comprovada pela seguradora.*

O Superior Tribunal de Justiça se posicionou sobre a controvérsia, aduzindo que "a seguradora que não exigiu a realização de exames médicos prévios à celebração do contrato de seguro de vida não pode se escusar do pagamento alegando omissões do segurado sobre doença preexistente, salvo a existência de comprovada má-fé por parte do segurado".[57-58]

---

54. Para maiores informações sobre as cláusulas abusivas, remete-se a leitura de: SCHMITT, Cristiano Heineck. *Cláusulas abusivas nas relações de consumo.* 4. ed. rev., atual. e ampl. São Paulo: Ed. RT, 2014.

55. Nesse sentido ver: ZULIANI, Ênio Santarelli. Código de Defesa do Consumidor e a Jurisprudência do Tribunal de Justiça do Estado de São Paulo. *Revista Síntese de Direito Civil e Processual Civil.* Porto Alegre, v. 5, n. 29, p. 47, maio/jun. 2004.

56. O *Enunciado 372 do CJF* acolheu a tese de que "Em caso de negativa de cobertura securitária por doença preexistente, cabe à seguradora comprovar que o segurado tinha conhecimento inequívoco daquela." (CONSELHO DA JUSTIÇA FEDERAL. *Jornadas de Direito Civil I, III, IV e V:* enunciados aprovados. AGUIAR JÚNIOR, Ministro Ruy Rosado de. (Org.). Brasília: Conselho da Justiça Federal, 2012, p. 57).

57. BRASIL. Superior Tribunal de Justiça. Agravo regimental no agravo de instrumento 818443/RJ. 3ª Turma. Relatora: Min. Nancy Andrighi, Brasília, 01 mar. 2007. Disponível em: https://scon.stj.jus.br/SCON/GetInteiroTeorDoAcordao?num_registro=200602117888&dt_publicacao=19/03/2007. Acesso em: 10 jul. 2023.

58. Segundo Maurício Salomoni Gravina, "A jurisprudência brasileira entende que cabe ao segurador estabelecer formulários ou exigir exames clínicos antes da contratação. Em casos assim, a má-fé do segurado deve ser comprovada nos limites destes documentos, para que o segurador possa se eximir do dever de indenizar por omissão

Nesse mesmo giro, Sergio Cavalieri Filho explicita que, "por derradeiro, que essa circunstância preexistente ao contrato de seguro e já conhecida do proponente – ou seja, uma enfermidade – só afastará a indenização se tiver sido a *causa determinante do sinistro*",[59] notadamente, em razão de se presumir a boa-fé objetiva do segurado no contrato de seguro.

> Agravo interno no Agravo em Recurso Especial. Processual civil e Civil. Alegação de omissão na decisão agravada. Inadequação recursal. *Seguro de vida. Preexistência de moléstia não declarada. Ausência de má-fé. Não solicitação de exames médicos pela seguradora.* Indenização devida. Recurso parcialmente conhecido e, no ponto, desprovido. [...] 2. Consoante o entendimento pacificado nesta Corte Superior, a *seguradora não se desobriga do dever de indenizar*, mesmo que o sinistro seja *proveniente de doença preexistente ao tempo da celebração do contrato, quando não promove o exame médico prévio*. Precedentes. 3. Se a seguradora, em contrato típico de adesão, aceita a proposta e celebra com o proponente contrato de seguro *sem lhe exigir atestado de saúde ou submetê-lo a exames*, a fim de verificar sua real condição física, *deve suportar o risco do negócio*, notadamente quando não fica comprovado que o segurado tenha agido de má-fé. 4. Agravo interno parcialmente conhecido e, no ponto, desprovido.[60]

Portanto, a partir da concepção contemporânea do princípio da boa-fé objetiva, se consolidou o entendimento de que caberia aos seguradores realizarem *prévio exame médico* no momento da assinatura do contrato de seguro de vida para resguardar-se de riscos advindos da atividade securitária, relacionados à doença preexistente.

Tal fato, se fundamenta na acintosa publicidade, muitas vezes enganosa, a qual visa a induzir o segurado a erro, pela qual as seguradoras obtêm elevados lucros, e, por conseguinte, devem consequentemente, suportar os riscos decorrentes da atividade empresarial desenvolvida, sob pena *de se imputar todos os ônus relativos ao contrato firmado, aos segurados*, os quais, na maioria das vezes, recebem pouca, ou quase nenhuma informação adequada para celebrarem o contrato de seguro de vida.

O que se verifica na prática, é que as seguradoras, aceitam firmar o contrato de seguro de vida, recebem as parcelas do prêmio, *sem realizarem o devido e necessário*

---

de informações sobre doenças preexistentes. Se não exigiu do segurado exames clínicos antes da contratação haverá uma presunção em favor do segurado." (GRAVINA, Maurício Salomoni. *Direito dos Seguros*. 2. ed. São Paulo: Almedina, 2022, p. 213).

59. CAVALIERI FILHO, Sergio. *Programa de responsabilidade civil*. 16. ed. rev., atual. e ampl. Barueri, São Paulo: Atlas, 2023, [E-book]. Nesse mesmo sentido ver: GRAVINA, Maurício Salomoni. *Direito dos Seguros*. 2. ed. São Paulo: Almedina, 2022, p. 59.

60. BRASIL. Superior Tribunal de Justiça. AgInt no AREsp 767.967/RS, 4ª Turma, Rel. Min. Raul Araújo, j. 03.08.2017, DJe 14.08.2017. Disponível em: https://scon.stj.jus.br/SCON/GetInteiroTeorDoAcordao?num_registro=201502134762&dt_publicacao=14/08/2017. Acesso em: 10 jul. 2023. Nesse mesmo sentido, Maurício Salomoni Gravina destaca os seguintes julgados do STJ sobre a temática em estudo: AgInt no AREsp 637787/SP, Rel. Ministro Lázaro Guimarães, Quarta Turma, julgado em 24.10.2017, DJe 31.10.2017; AgInt no REsp 1296733/SC, Rel. Ministro Raul Araújo, Quarta Turma, julgado em 21.09.2017, DJe 20.10.2017; AgInt no AREsp 868485/RS, Rel. Ministro Paulo De Tarso Sanseverino, Terceira Turma, julgado em 22.08.2017, DJe 06.09.2017; AgInt no AREsp 436830/PR, Rel. Ministra Maria Isabel Gallotti, Quarta Turma, julgado em 03.08.2017, DJe 08.08.2017; REsp 1665701/RS, Rel. Ministro Ricardo Villas Bôas Cueva, Terceira Turma, julgado em 09.05.2017, DJe 31.05.2017; AgRg no REsp 1357593/ DF, Rel. Ministro Marco Buzzi, Quarta Turma, julgado em 20.04.2017, DJe 02.05.2017. (GRAVINA, Maurício Salomoni. *Direito dos Seguros*. 2. ed. São Paulo: Almedina, 2022, p. 213).

exame médico sobre a saúde do segurado, como forma de resguardarem seus interesses econômicos, para posteriormente, se exonerarem da contraprestação prevista no contrato.[61]

Evidentemente, a constatação da existência ou não de doença preexistente poderia ser evitada, se as seguradoras tivessem, por precaução, realizar *exame médico prévio*, sob as *condições de saúde dos segurados antes da contratação*, bem como analisar se o *segurado procedeu ou não de má-fé em relação a omissão da doença*, evitando-se, os ônus contratuais decorrentes dos riscos da atividade securitária, *extremamente lucrativa para os seguradores*.

Em abril de 2018, *a 2ª Seção do Superior Tribunal de Justiça* pacificou a controvérsia relativa à *doença preexistente no contrato de seguro de vida*, ao editar a *Súmula 609 do STJ*, pela qual "A recusa de cobertura securitária, sob a alegação de doença preexistente, é ilícita se não houve a exigência de exames médicos prévios à contratação ou a demonstração de má-fé do segurado".[62-63] Destaca-se, por oportuno, que o posicionamento acolhido pelo STJ, buscou tutelar adequadamente os consumidores no mercado securitário, diante dos *rigores impostos pela normativa securitária erigida no artigo 766 do Código Civil*, que se demonstrou ser *excessivamente, lesiva e onerosa, aos segurados* no âmbito das relações jurídicas securitárias.

Em síntese, na hipótese de inexistência de exigência pelos seguradores de exames médicos prévios à contratação ou a efetiva comprovação de má-fé do segurado, se impõe, por conseguinte, *a assunção de responsabilidade pelo pagamento da indenização securitária*.

V. CONSIDERAÇÕES FINAIS

O contrato de seguro de vida, em face de sua relevância no Direito Securitário, ligada, diretamente, à utilidade econômica do referido contrato em sociedade, deman-

---

61. Fernanda Cecconello explicita que "O problema reside no seguinte fato: ao finalizar um contrato de vida deveria ser exigido do segurado, vários exames médicos para detectar a álea respectiva e quantificar o prêmio, eliminando a questão de ser ou não doença preexistente à contratação, bem como se o segurado teve ou não má-fé, omitindo a doença. Diante dos diagnósticos médicos não restariam dúvidas. Desde o início seria evidente a álea, sendo certeiro o cálculo atuarial do prêmio, pois já incluiria o risco assumido." (CECCONELLO, Fernanda Ferrarini G. C. Seguro de vida: morte por doença preexistente. *Revista Síntese de Direito Civil e Processual Civil*. Porto Alegre, v. 2, n. 9, p. 16, jan./fev. 2001).

62. BRASIL. Superior Tribunal de Justiça. Súmula 608, de 11 abr. 2018, *Diário da Justiça Eletrônico*, Brasília, 17 abr. 2018. Disponível em: https://www.stj.jus.br/internet_docs/biblioteca/clippinglegislacao/Sumula_608_2018_segunda_secao.pdf. Acesso em: 10 ago. 2023.

63. Maurício Salomoni Gravina assevera que "A jurisprudência tem se afirmado no sentido de que a má-fé deve ser provada pelo segurador, notadamente para desobrigar-se da garantia contratada. A doutrina também é firme nesse sentido. E cabe ao segurador o ônus da prova que o sinistro foi causado pelo segurado, nas hipóteses excludentes das leis acima referidas. No Brasil são conhecidos precedentes do STJ de que a má-fé do segurado deve ser comprovada para que o segurador possa se eximir do dever de indenizar. Tornou-se objeto da Súmula 609 da Corte: 'STJ – Súmula 609: A recusa de cobertura securitária, sob a alegação de doença preexistente, é ilícita se não houve a exigência de exames médicos prévios à contratação ou a demonstração de má-fé do segurado.'" (GRAVINA, Maurício Salomoni. *Direito dos Seguros*. 2. ed. São Paulo: Almedina, 2022, p. 419).

da uma releitura crítica do modelo jurídico, para adequá-lo aos novos contornos do Direito Contratual.

Nas relações jurídicas securitárias, *o princípio da boa-fé objetiva* se apresenta como *elemento essencial do contrato de seguro*, que busca relativizar o exercício da autonomia privada das partes – no âmbito de sua esfera de liberdade contratual –, notadamente, no tocante à estipulação do conteúdo do referido contrato, com vistas à percepção do equilíbrio negocial.

Destarte, no contrato de seguro de vida, tanto os segurados quanto os seguradores, devem nortear seu comportamento, em conformidade com os preceitos normativos da boa-fé objetiva, que se projetam desde a *fase pré-contratual até a fase pós-contratual*, sobretudo, pela incidência do dever de informar e do princípio da transparência, de modo que, disponibilizem, mutuamente, *todas as informações necessárias e suficientes* à conclusão do contrato.

Ademais, por tratar-se de uma relação de consumo e se veicular, por meio de contratos de adesão, o contrato de seguro de vida, deve ser *interpretado de maneira mais favorável aos segurados*, os quais se encontram em posição de patente inferioridade em relação aos seguradores, em razão de sua *vulnerabilidade*, em suas diversas matizes, no intuito garantir o reequilíbrio contratual e consagrar a justiça contratual nas relações jurídicas securitárias.

Em relação à controvérsia da doença preexistente nos contratos de seguro de vida, se faz imprescindível, proceder a uma análise criteriosa do momento de formação do contrato, a partir dos preceitos legais estabelecidos no Código de Defesa do Consumidor e do Código Civil, principalmente, atinentes às *informações prestadas pelas partes sobre o conteúdo contratual, e demais situações fáticas e técnicas relacionadas a contratação,* as quais, por parte dos segurados, influenciam a mensuração do risco e o valor do prêmio, e, por parte dos seguradores, importam no conhecimento das exclusões e restrições ao direito dos segurados.

Nessa perspectiva, o *dever de informar* dos seguradores é primordial, no que respeita a explicitação aos segurados, de toda informação necessária ao contrato de seguro, bem como seu fornecimento, em consonância com o *princípio da transparência*, pois, não basta apenas informar, mas, sobretudo, a *informação deve ser qualificada*, com a finalidade de possibilitar aos segurados a efetiva compreensão dos termos técnicos e das cláusulas limitativas do contrato.

Destaca-se, ainda, que as discussões envolvendo a doença preexistente no contrato de seguro, poderiam ser solucionadas, caso as seguradoras tivessem, por praxe a realização de *exame médico prévio,* sob as condições de saúde dos segurados, para ao firmarem o contrato, terem total conhecimento dos riscos e, consequentemente, a mensuração adequada do valor do prêmio, ou mesmo, exercer a possibilidade de negarem a contratação do seguro de vida.

Com a publicação da *Súmula 609 do STJ*, a controvérsia restou pacificada nas relações securitárias, sendo que na hipótese de *não ter havido a exigência de exames médicos prévios à contratação* ou *a demonstração de má-fé do segurado*, restará *devido o pagamento da indenização securitária*. É este o posicionamento acolhido pela Jurisprudência atual dos Tribunais, que entende que as seguradoras, que assim não procedem, assumem o risco da atividade econômica, e, por conseguinte, devem indenizar os segurados em caso de sinistro.

Em suma, a interpretação jurisprudencial consolidada no STJ, consagrou a efetiva tutela jurídica dos segurados, relacionada à incidência da doença preexistente no contrato de seguro de vida, diante da severa previsão legal do artigo 766 do Código Civil, *excessivamente, lesiva e onerosa, aos segurados* no contexto contemporâneo das relações jurídicas securitárias.

Por fim, se verifica que a boa-fé objetiva repercute intensamente no contrato de seguro de vida, assumindo peculiares conformações em relação à liberdade contratual das partes, com a finalidade de se garantir a proteção do segurado – parte vulnerável – no mercado securitário, e, por conseguinte, assegurar à celebração de um contrato de seguro com conteúdo equilibrado.

REFERÊNCIAS

ALMEIDA, José Carlos Moitinho de. *O contrato de seguro no direito português e comparado.* Lisboa: Livraria Sá da Costa, 1971.

ALVIM, Pedro. *O contrato de seguro.* 3. ed. Rio de Janeiro: Forense, 1999.

ALVIM, Pedro. *O seguro e o novo Código Civil.* Organização e compilação Elizabeth Alvim Bonfioli. Rio de Janeiro: Forense, 2007.

AMARAL, José Vítor dos Santos. *Contrato de Seguro, Responsabilidade Automóvel e Boa-Fé.* Coimbra: Almedina, 2017.

BARROSO, Lucas Abreu. O contrato de seguro e o direito das relações de consumo. *Revista de Direito Privado,* São Paulo: Ed. RT, a. 6, n. 22, p. 184-200, abr./jun. 2005.

BIERWAGEN, Mônica Yoshizato. *Princípios e regras de interpretação dos contratos no novo Código Civil.* 2. ed. São Paulo: Saraiva, 2003.

BITTENCOURT, Marcello Teixeira. *O contrato de seguros e o Código de Defesa do Consumidor.* Rio de Janeiro: Ideia Jurídica, 2000.

BIZARRIA, Juliana Carolina Frutuoso. O dever de cooperação no contrato de seguro. *Revista de Direito Privado.* São Paulo: Ed. RT, a. 13, v. 50, p. 143-204, abr./jun. 2012.

BRAGA NETTO, Felipe Peixoto. *Manual de direito do consumidor à luz da jurisprudência do STJ.* 18. ed. rev., atual. e ampl. São Paulo: JusPodivm, 2023.

CAMPOY, Adilson José. Aspectos essenciais dos contratos de seguro de pessoas. In: MIRAGEM, Bruno; CARLINI, Angélica (Coord.). *Direito dos Seguros:* fundamentos de Direito Civil, Direito Empresarial e Direito do Consumidor. São Paulo: Ed. RT, 2014.

CAMPOY, Adilson José. *Contrato de seguro de vida.* São Paulo: Ed. RT, 2014.

CAVALCANTI, Bruno Novaes B. *O princípio da boa-fé e os contratos de seguro.* Recife: Editora Nossa Livraria, 2000.

CAVALIERI FILHO, Sergio. Os Contratos de Transporte de Pessoas e de Seguro no Novo Código Civil. *Revista da EMERJ,* Rio de Janeiro: Escola da Magistratura do Estado do Rio de Janeiro. Anais dos Seminários EMERJ debate o Novo Código Civil. Parte I, p. 206-218, fev./jun. 2002.

CAVALIERI FILHO, Sergio. *Programa de direito do consumidor*. 6. ed. Barueri. São Paulo: Atlas, 2022. [E-book].

CAVALIERI FILHO, Sergio. *Programa de responsabilidade civil*. 16. ed. rev., atual. e ampl. Barueri, São Paulo: Atlas, 2023. [E-book].

CECCONELLO, Fernanda Ferrarini G. C. Seguro de vida: morte por doença preexistente. *Revista Síntese de Direito Civil e Processual Civil*. Porto Alegre, v. 2, n. 9, p. 15-17, jan./fev. 2001.

CONSELHO DA JUSTIÇA FEDERAL. *Jornadas de Direito Civil I, III, IV e V*: enunciados aprovados. AGUIAR JÚNIOR, Ministro Ruy Rosado de. (Org.). Brasília: Conselho da Justiça Federal, 2012.

CORDEIRO, António Manuel da Rocha e Menezes. *Da boa-fé no direito civil*. 3. reimpressão. Coimbra: Almedina, 2007.

CORDEIRO, António Manuel da Rocha e Menezes. *Direito dos seguros*. 2. ed., rev. e atual. Coimbra: Almedina, 2016.

COUTO E SILVA, Clóvis Veríssimo do. *A obrigação como processo*. Rio de Janeiro: Editora FGV, 2006.

FABIAN, Christoph. *O dever de informar no direito civil*. São Paulo: Ed. RT, 2002.

FARIAS, Cristiano Chaves de; ROSENVALD, Nelson. *Curso de direito civil*: volume 4: contratos. 13. ed. rev., atual. e ampl.. São Paulo: Juspodivm, 2023.

FIUZA, César. *Direito Civil*: curso completo. 18. ed. rev., atual. e ampl. São Paulo: Revista dos Tribunais, 2015.

GAMA, Guilherme Calmon Nogueira da. O seguro de pessoa no novo Código Civil. *Revista dos Tribunais*. São Paulo: v. 93, n. 826, p. 11-24, ago. 2004.

GOLDBERG, Ilan. *Direito de seguro e resseguro*. Rio de Janeiro: Elsevier, 2012.

GRAVINA, Maurício Salomoni. *Princípios jurídicos do contrato de seguro*. Rio de Janeiro: Funenseg, 2015.

GRAVINA, Maurício Salomoni. *Direito dos Seguros*. 2. ed. São Paulo: Almedina, 2022.

GUERREIRO, Marcelo da Fonseca. *Seguros privados*: doutrina, legislação e jurisprudência. 2. ed. Rio de Janeiro: Forense Universitária, 2004.

KHOURI, Paulo R. Roque A. O direito à informação e o contrato de seguro. In: MIRAGEM, Bruno; CARLINI, Angélica (Coord.). *Direito dos Seguros*: fundamentos de Direito Civil, Direito Empresarial e Direito do Consumidor. São Paulo: Ed. RT, 2014.

KHOURI, Paulo R. Roque A. *O direito do consumidor na sociedade da informação*. São Paulo: Almedina, 2022.

KRIGER FILHO, Domingos Afonso. *Contrato de seguro no direito brasileiro*. Niterói, Rio de Janeiro: Labor Juris, 2000.

MARENSI, Voltaire Giavarina. *O seguro no direito brasileiro*. 8. ed. São Paulo: IOB Thomson, 2007.

MARQUES, Claudia Lima. *Contratos no Código de Defesa do Consumidor*. 9. ed. São Paulo: Thomson Reuters Brasil, 2019.

MARTINS, Guilherme Magalhães. Novas tendências da responsabilidade civil do segurador. *Revista IBERC*, Minas Gerais, v. 1, n. 1, p. 1-36, nov./fev. 2019.

MARTINS, João Marcos Brito. *O contrato de seguro*: comentado conforme as disposições do Código Civil, Lei 10.406, de 10 de janeiro de 2002. 2. ed. Rio de Janeiro: Forense Universitária, 2005.

MARTINS-COSTA, Judith. *A boa-fé no direito privado*: critérios para sua aplicação. 2. ed. São Paulo: Saraiva Educação, 2018.

MASCARENHAS, Igor de Lucena. *Eutanásia e seguro de vida*: análise do direito à percepção da indenização. Rio de Janeiro: Lumen Juris, 2017.

MATOS, Robson Pedron; MOLINA, Fabiana Ricardo. *O contrato de seguro e o Código de Defesa do consumidor*. São Paulo: Quartier Latin, 2006.

MELLO, Heloísa Carpena Vieira de. A boa-fé como parâmetro da abusividade no direito contratual. In: TEPEDINO, Gustavo (Coord.). *Problemas de direito civil-constitucional*. Rio de Janeiro: Renovar, 2001.

MIRAGEM, Bruno. *Curso de direito do consumidor*. 8. ed. rev., atual. e ampl. São Paulo: Thomson Reuters Brasil, 2019.

MIRAGEM, Bruno. O direito dos seguros no sistema jurídico brasileiro: uma introdução. In: MIRAGEM, Bruno; CARLINI, Angélica (Coord.). *Direito dos Seguros*: fundamentos de Direito Civil, Direito Empresarial e Direito do Consumidor. São Paulo: Ed. RT, 2014.

MIRAGEM, Bruno. Os direitos do segurado e os deveres do segurador no direito brasileiro atual e no Projeto de Lei do Contrato de Seguro (PLC 29/2017): exame crítico. *Revista de Direito do Consumidor*. São Paulo: Ed. RT, a. 27, v. 117, p. 97-141, maio/jun. 2018.

MIRAGEM, Bruno. Princípio da vulnerabilidade: perspectiva atual e funções no direito do consumidor contemporâneo. In: MIRAGEM, Bruno; MARQUES, Claudia Lima; MAGALHÃES, Lucia Ancona Lopez de. (Org.). *Direito do Consumidor: 30 anos do CDC*. São Paulo: Forense, 2020.

MIRAGEM, Bruno; PETERSEN, Luiza. *Direito dos seguros*. Rio de Janeiro: Forense, 2022. [E-book];

NEGREIROS, Teresa. *Teoria do contrato*: novos paradigmas. 2. ed. Rio de Janeiro: Renovar, 2006.

NERY JÚNIOR, Nelson. Contrato de Seguro de Vida em Grupo e o Código de Defesa do Consumidor. *Revista Direito Privado*. São Paulo: Ed. RT, v. 3, n. 10, p. 165-210, abr./jun. 2002.

NORONHA, Fernando. *O direito dos contratos e seus princípios fundamentais*: autonomia privada, boa-fé, justiça contratual. São Paulo: Saraiva, 1994.

OLIVEIRA, Júlio Moraes. *Curso de direito do consumidor completo*. 8. ed. Belo Horizonte: Editora D'Placido, 2022.

PEREIRA, Fernanda Chaves. Fundamentos técnicos-atuariais do seguro. In: MIRAGEM, Bruno; CARLINI, Angélica (Coord.). *Direito dos Seguros*: fundamentos de Direito Civil, Direito Empresarial e Direito do Consumidor. São Paulo: Ed. RT, 2014.

PETERSEN, Luiza. *O risco no contrato de seguro*. São Paulo: Ed. RT, 2018.

PINHEIRO, Rosalice Fidalgo. *O abuso do direito e as relações contratuais*. Rio de Janeiro: Renovar, 2002.

POLIDO, Walter A. *Contrato de seguro*: novos paradigmas. São Paulo: Editora Roncarati, 2010.

REGO, Margarida Lima. *Contrato de seguro e terceiros*: estudo de Direito Civil. Coimbra: Coimbra Editora; Lisboa: Wolters Kluwer Portugal, 2010.

RIZZARDO, Arnaldo. Código de Defesa do Consumidor nos Contratos de Seguro-Saúde e Previdência Privada. *Ajuris*, v. 22, n. 64, p. 78-102, jul. 1995.

ROCHA, Silvio Luís Ferreira da. Contratos de assistência médica pré-pagos e disciplina prevista na Lei 9.656, de 3 de junho de 1998. In: MARQUES, Claudia Lima; SCHMITT, Cristiano Heineck; LOPES, José Reinaldo de Lima; PFEIFFER, Roberto Augusto Castellanos (Coord.). *Saúde e responsabilidade 2*: a nova assistência privada à saúde. São Paulo: Ed. RT, 2008. (Biblioteca de Direito do Consumidor, v. 36).

ROSENVALD, Nelson. *Dignidade humana e boa-fé no Código Civil*. São Paulo: Saraiva, 2005.

SÁ, Fernando Augusto Cunha de. *Abuso do direito*. Reimpressão da Edição de 1973. Coimbra: Almedina, 1973.

SANTOS, Ricardo Bechara dos. *Direito de seguro no novo Código Civil e legislação própria*. Rio de Janeiro: Forense, 2006.

SANTOS, Ricardo Bechara dos. Doenças preexistentes no seguro de vida. *Cadernos de Seguro*: coletânea 1981-2001, Rio de Janeiro, Fundação Escola Nacional de Seguros, v. 1, p. 45-60, 2001.

SCHIER, Flora Margarida Clock. *A boa-fé como pressuposto fundamental do dever de informar*. Curitiba: Juruá, 2006.

SCHMITT, Cristiano Heineck. *Cláusulas abusivas nas relações de consumo*. 4. ed. rev., atual. e ampl. São Paulo: Ed. RT, 2014.

SHIH, Frank Larrúbia. *Temas relevantes de direito securitário*. Rio de janeiro: Lumen Juris, 2003.

SILVA, Jorge Cesa Ferreira da. *A boa-fé e a violação positiva do contrato*. Rio de Janeiro: Renovar, 2002.

SILVA, Michael César. *Contrato de seguro de automóveis*: releitura à luz da nova principiologia do direito contratual. Rio de Janeiro: Lumen Juris, 2012.

SILVA, Michael César. Convergências e assimetrias do princípio da boa-fé objetiva no direito contratual contemporâneo. In: BRAGA NETTO, Felipe Peixoto; SILVA, Michael César (Org.). *Direito privado e contemporaneidade*: desafios e perspectivas do direito privado no século XXI. Rio de Janeiro: Lumen Juris, 2018. v. II.

SILVEIRA, Karyna Rocha Mendes da. *Doença preexistente nos planos de saúde*. São Paulo: Saraiva, 2009. [E-book].

STIGLITZ, Rubén S.. *Derecho de Seguros*. 4. ed. Buenos Aires: La Ley, 2004. t. I.

TARTUCE, Flavio. *Direito Civil*: teoria geral dos contratos e contratos em espécie. 18 ed. 2. Reimp. Rio de Janeiro: Forense, 2023, [E-book].

THEODORO JÚNIOR, Humberto. O contrato de seguro e a regulação do sinistro. *Revista Síntese de Direito Civil e Processual Civil*, Porto Alegre, v. 5, n. 30, p. 5-23, jul./ago. 2004.

TOMASEVICIUS FILHO, Eduardo. *O princípio da boa-fé no direito civil*. São Paulo: Almedina, 2020.

TZIRULNIK, Ernesto. *Estudos de direito do seguro*: regulação de sinistro (ensaio jurídico). 3. ed. rev. São Paulo: Max Limonad, 2001.

TZIRULNIK, Ernesto; CAVALCANTI, Flávio de Queiroz B.; PIMENTEL, Ayrton. *O contrato de seguro*: de acordo com o novo código civil brasileiro. 2. ed. rev., atual e ampl. São Paulo: Ed. RT, 2003.

ZULIANI, Ênio Santarelli. Código de Defesa do Consumidor e a Jurisprudência do Tribunal de Justiça do Estado de São Paulo. *Revista Síntese de Direito Civil e Processual Civil*, Porto Alegre, v. 5, n. 29, p. 37-58, maio/jun. 2004.

RESPONSABILIDADE CIVIL DAS OPERADORAS DE PLANOS DE SAÚDE: RESPONSABILIDADE SOLIDÁRIA, DANOS POR MÁ PRÁTICA ("ERRO MÉDICO") E AÇÕES REGRESSIVAS NA SAÚDE SUPLEMENTAR

Gabriel Schulman

Doutor (UERJ). Mestre em Direito (UFPR). Especialista em Direito (Universidade de Coimbra – FDUC). Membro do IBERC (Instituto Brasileiro de Estudos de Responsabilidade Civil), da Associação Internacional de Direito de Seguro (AIDA) onde integra o Grupo Nacional de Trabalho de Saúde Suplementar. Integra também o Comitê de Saúde Suplementar do TJPR, a Comissão de Saúde da OAB e o Comitê Executivo de Saúde do CNJ. É professor na Graduação e no Mestrado do Programa de Pós-Graduação em Direito (PPGD) da Universidade Positivo, bem como professor de saúde suplementar na ENS, USP, PUC-RJ, AASP. Advogado, Sócio de Trajano Neto e Paciornik Advogados.

Na travessia dessa fronteira de sombra escutei vozes que vazaram o sol.
Outras foram asas no meu voo de escrever.[1]

The legal system, populated by attorneys, evinces much greater tolerance for legal errors than for medical ones.[2]

Resumo: O presente artigo tem como escopo examinar a responsabilidade solidária dos planos de saúde na jurisprudência do Superior Tribunal de Justiça. A partir de uma perspectiva empírica, analisa-se fundamentos, desdobramentos, ações regressivas e nuances.

Sumário: I. Introdução – II. A responsabilidade solidária das operadoras de planos de saúde: nexo de imputação – III. Desdobramentos da responsabilidade solidária dos planos de saúde por falha do prestador credenciado; III.1 Atribuição (ou não) de responsabilidade solidária nos planos de saúde de autogestão, eis que não submetidos ao CDC (súmula STJ 608); III.2 Impactos da solidariedade na seleção de prestadores; III.3 Ação regressiva na saúde suplementar: curvas e desafios – IV. À guisa de conclusão – Referências.

I. INTRODUÇÃO

Um médico deixa de realizar o diagnóstico no prazo esperado e uma mãe grávida submete-se a uma cirurgia adicional. Um paciente falece após ser atacado por outro em

---

1. COUTO, Mia. *Vozes Anoitecidas*. São Paulo: Companhia das Letras, 2013. Digital.
2. WERTHEIMER, Ellen. Calling it a Leg Doesn't Make it a Leg: Doctors, Lawyers, and Tort Reform. v. 13. *Roger Williams University Law Review*, v. 6; 2008.

um hospital psiquiátrico. Nestes casos, a operadora de planos de saúde pode ser acionada em conjunto com o prestador? A natureza da relação com o beneficiário interfere na resposta? Há possibilidade de ação regressiva? Estas questões serão enfrentadas neste estudo. A propósito, os casos acima expostos são examinados nas duas seções seguintes.

A solidariedade imprime um novo olhar sobre a responsabilidade civil, alargando os horizontes da administração de danos em prol da proteção da pessoa,[3] em sintonia com a normatividade constitucional. A solidariedade reduz as barreiras para reparação do dano,[4] contudo, exige um olhar atento em sua aplicação. Como ironicamente adverte Ellen Wertheimer, na epígrafe deste artigo, "o sistema legal, povoado por advogados, evidencia uma tolerância muito maior aos erros legais do que aos médicos".

A partir da metodologia de análise empírica, no presente artigo examina-se a compreensão do Superior Tribunal de Justiça acerca da responsabilidade solidária das operadoras em relação aos atos dos seus prestadores na saúde suplementar. Serão objeto de análise os fundamentos, a compreensão sobre as operadoras de autogestão, bem como a possibilidade de ação regressiva. O recorte proposto se mostra necessário em face do enorme conjunto de situações e peculiaridades da atribuição (ou não) do dever de reparar nas várias interfaces das relações de saúde.[5]

Entende-se por "saúde suplementar" a esfera de atuação dos planos de saúde. A locução denomina, por conseguinte, a prestação de serviços de saúde realizada fora da órbita do Sistema Único de Saúde, vinculada a um sistema organizado de intermediação mediante pessoas jurídicas especializadas (operadoras de planos de saúde). Como tivemos a oportunidade de ressaltar,

> em palavras mais adequadas às interfaces entre público e privado (adiante objeto de análise), a saúde suplementar configura a prestação privada de assistência médico-hospitalar na esfera do subsistema da saúde privada por operadoras de planos de saúde.[6]

---

3. Como aponta Rodotà "il sistema della responsabilità civile è uscito dalla prigione patrimonialistica, ha allargato i suoi orizzonti grazie al principio costituzionale di solidarietà". RODOTÀ, Stefano. Il diritto di avere diritti. 12. ed. Laterza, 2018, p. 157.

4. SCHREIBER, Anderson. *Novos paradigmas da responsabilidade civil*. São Paulo: Atlas, 2009. p. 218 e 249. BODIN DE MORAES. *Danos à pessoa humana*. Rio de Janeiro: Renovar, 2003, p. 115 e ss.

5. Para outros olhares, entre tantas outras excelentes reflexões na literatura jurídica nacional, cf. AGUIAR JÚNIOR, Ruy Rosado de. Responsabilidade civil do médico. In: Sálvio de Figueiredo TEIXEIRA (Coord.). *Direito & Medicina*: aspectos jurídicos da medicina. Belo Horizonte: Del Rey, 2000. BARBOZA, Heloisa Helena. Responsabilidade civil médica no Brasil. *Revista Trimestral de Direito Civil*. Rio de Janeiro: Padma, v. 19, jul./set. 2004. KFOURI NETO, Miguel; NOGAROLI, Rafaella (Coord.). *Debates contemporâneos em direito médico e da saúde*. São Paulo: Thomson Reuters Brasil, 2020. MIRAGEM, Bruno. Responsabilidade civil médica no direito brasileiro. *Revista de Direito do Consumidor*, vol. 63. São Paulo: Ed. RT, jul. 2007. NERY JÚNIOR, Nelson; NERY, Rosa Maria Andrade. (Coord.). *Doutrinas essenciais*: responsabilidade civil: direito fundamental à saúde. São Paulo: Ed. RT, 2010. NUNES, Eduardo. *Do Erro à Culpa na Responsabilidade Civil do Médico*: Estudo na Perspectiva Civil-constitucional. Rio de Janeiro: Renovar, 2015. ROSENVALD, Nelson; MENEZES, Joyceanne Bezzera; Luciana Dadalto (Org.). *Responsabilidade Civil e Medicina*. 2. ed. Indaiatuba/SP: IBERC – Editora Foco, 2021. SCHAEFER, Fernanda. *Responsabilidade Civil dos Planos e Seguros de* Saúde. Curitiba: Editora Juruá, 2003. TEPEDINO, Gustavo. A responsabilidade médica na experiência brasileira contemporânea. *Temas de direito civil*. Rio de Janeiro: Editora Renovar, 2006. t. II.

6. SCHULMAN, Gabriel. *Planos de saúde*: saúde e contrato na contemporaneidade. Rio de Janeiro: Renovar, 2009, p. 201-202. No mesmo sentido, adotando tal definição: MELLO, Marco Aurélio. Saúde suplementar, segurança

Os planos de saúde, ou, na terminologia da Lei 9.656/1998 (Lei dos Planos de Saúde), os planos privados de assistência à saúde, consistem em uma modalidade contratual de cobertura de custos assistenciais, por meio do acesso a serviços e atendimento com livre escolha, de profissionais integrantes ou não de rede credenciada, a ser paga de maneira parcial ou integral por operadora de planos de saúde, ou ainda reembolsada. É neste campo de relações que se concentra a análise proposta, sobretudo na interface entre seus diferentes participantes, com especial atenção aos beneficiários, prestadores e operadoras de planos de saúde.

II. A RESPONSABILIDADE SOLIDÁRIA DAS OPERADORAS DE PLANOS DE SAÚDE: NEXO DE IMPUTAÇÃO

A jurisprudência é pacífica ao afirmar a responsabilidade solidária das operadoras de planos de saúde em relação aos prestadores credenciados. Para melhor compreensão desta premissa, é preciso assinalar que o termo *planos de saúde* corresponde a um gênero que comporta um grande número de modalidades de contratos de prestação de assistência à saúde.

No tocante a forma de custeio dos tratamentos (procedimentos e eventos em saúde, na terminologia técnica), é possível diferenciar os planos de saúde com regime de reembolso ao beneficiário e os contratos com pagamento direto pelo plano de saúde ao prestador. Em que pese na linguagem popular a expressão *planos de saúde* seja empregada da forma mais abrangente possível, tecnicamente denomina-se seguro saúde a modalidade em que a sistemática é de reembolso e, plano de saúde o custeio dos tratamentos pela operadora – mesmo quando não integral em vista de coparticipação.

Os seguros saúde, portanto, adotam regime de reembolso o qual é associado a livre escolha do prestador, ao passo que os planos de saúde envolvem uma rede de estabelecimentos e profissionais credenciados para escolha do beneficiário, ao que se designa de "rede credenciada" ou "rede de prestadores", com ampla divulgação aos beneficiários.[7] Apesar da relevância desta distinção, é interessante observar que não há impedimento normativo para a combinação dos sistemas e, independente da modalidade de custeio, os contratos de planos saúde (e seguro saúde) são submetidos à ANS (Agência Nacional de Saúde Suplementar)[8] e não à SUSEP.[9]

---

jurídica e equilíbrio econômico-financeiro. *Planos de saúde: Aspectos Jurídicos e Econômicos*. Rio de Janeiro: Forense. 2012, p. 4.

7. A Resolução Normativa ANS 486/2022 estabelece a obrigatoriedade de divulgação das redes assistenciais nos sites das operadoras. Esta resolução substituiu a Resolução Normativa ANS 285/2011, sobre o mesmo tema.

8. MONTONE, Januario. *Evolução e Desafios da Regulação do Setor de Saúde Suplementar*. Subsídios ao Fórum de Saúde Suplementar. Série ANS n. 4. Rio de Janeiro: ANS, 2003.

9. É o que determina a Lei 9656/1998, art. 1º, combinado com Lei 9.961/2000, reforçada pela Lei 10.185/2001. De modo análogo estabelece o Decreto 73/1966, art. 133. Compete à SUSEP disciplinar a contratação de resseguro por operadoras de Planos Privados de Assistência à Saúde. Na forma da Resolução CNSP 168, de 2007, art. 2º, na redação conferida pela Resolução CNSP 380/2020, "§ 3º. Equiparam-se à cedente a entidade fechada de previdência complementar (EFPC) e a operadora de plano privado de assistência à saúde que contratam operação de resseguro, sem prejuízo das atribuições de seu órgão regulador e fiscalizador, ficando as atribuições da

A Resolução Normativa da ANS 566/2022, em seu art. 10º, § 1º, prevê expressamente a possibilidade de "produtos que prevejam a opção de acesso à livre escolha de prestadores, o reembolso será efetuado nos limites do estabelecido contratualmente". Dessa maneira, repita-se, é possível a oferta de contratos de plano de saúde em que, apesar da rede credenciada, os beneficiários podem optar por um prestador não conveniado.

O regime jurídico dos planos de saúde – aqui tomado em sentido amplo da expressão – é aplicável inclusive às seguradoras especializadas em saúde, como determina a Lei 10.185/2001, a qual enquadrou o seguro saúde como plano privado de assistência à saúde, e a sociedade seguradora especializada em saúde como operadora de plano de assistência à saúde, com enquadramento na Lei 9.656/1998.[10]

Como também salientado acima, a responsabilidade solidária dos planos de saúde tem por pressuposto a constatação de uma falha do prestador credenciado à rede assistencial da operadora, usualmente chamada de "rede de prestadores", ou ainda de "rede credenciada", mediante a presença de profissionais e estabelecimentos conveniados. A respeito desta correlação entre responsabilidade solidária e rede credenciada, confira-se o entendimento do Superior Tribunal de Justiça:

> a operadora do plano de saúde é responsável solidariamente pelos danos causados ao autor – seu segurado – em decorrência da falha na prestação do serviço em estabelecimento hospitalar credenciado. STJ. AgInt no AgInt no AREsp 2178251 SP, 3ª. Turma, Rel. Marco Aurélio Bellizze, DJe 13.03.2023.

> A jurisprudência desta Corte Superior reconhece que a operadora de plano de saúde é solidariamente responsável pelos danos decorrentes de falha ou erro na prestação de serviços do estabelecimento ou médico conveniados. STJ. REsp 1901545 SP Rel. Min. Moura Ribeiro, 3ª, Turma DJe 11.06.2021.

> Se o contrato é fundado na prestação de serviços médicos e hospitalares próprios e/ou credenciados, no qual a operadora de plano de saúde mantém hospitais e emprega médicos ou indica um rol de conveniados, não há como afastar sua responsabilidade solidária pela má-prestação do serviço' STJ. AgRg no REsp 1.533.920/RS, Rel. Min. Marco Aurélio Bellizze, 3ª Turma. DJe 12.12.2016.

Como se extrai dos precedentes mencionados, haverá responsabilidade solidária quando o prestador que falhou compõe a rede credenciada e, inversamente, não se atribui tal responsabilidade quando o prestador não integra a rede credenciada da operadora de planos de saúde, seja porque não existe tal rede, seja porque se concede ao beneficiário, de modo cumulativo, a faculdade de livre escolha, e a possibilidade de ser atendido dentro da rede credenciada.

A livre escolha do profissional prestador – fora da rede credenciada –, por conseguinte, é hipótese que exime a operadora de planos de saúde da responsabilidade por falha do prestador, tendo em vista que o nexo de imputação não estará presente. Neste sentido, colhe-se na jurisprudência a seguinte compreensão:

SUSEP, no tocante às EFPCs e às operadoras de planos privados de assistência à saúde, limitadas à supervisão dessas operações".

10. RIBAS, Barbara Kirchner Correa. *Processo Regulatório em Saúde Suplementar no Brasil*: Dinâmica e aperfeiçoamento da regulação para a produção da saúde. 2009. Dissertação (Mestrado em Direito do Estado) – Faculdade de Direito, Universidade Federal do Paraná, Curitiba, 2009, p. 78.

RESPONSABILIDADE CIVIL DAS OPERADORAS DE PLANOS DE SAÚDE **537**

> Se o contrato for fundado na livre escolha pelo beneficiário/segurado de médicos e hospitais com reembolso das despesas no limite da apólice, conforme ocorre, em regra, nos chamados seguros-saúde, não se poderá falar em responsabilidade da seguradora pela má prestação do serviço, na medida em que a eleição dos médicos ou hospitais aqui é feita pelo próprio paciente ou por pessoa de sua confiança, sem indicação de profissionais credenciados ou diretamente vinculados à referida seguradora. A responsabilidade será direta do médico e/ou hospital, se for o caso. STJ. REsp 866.371/RS, Rel. Ministro Raul Araújo, 4ª Turma, DJe 20.08.2012.[11]

O embasamento legal da atribuição de responsabilidade solidária à operadora de planos de saúde por falha dos prestadores é majoritariamente vinculado à solidariedade da cadeia de consumo estabelecida no Código de Defesa do Consumidor[12] (CDC).

> Erro médico consistente em perfuração de intestino durante cirurgia de laparatomia realizada por médicos credenciados, com a utilização das instalações de hospital também credenciado à mesma administradora de plano de saúde. 2. Responsabilização solidária pelo acórdão recorrido dos réus (hospital e administradora de plano de saúde), com fundamento no princípio da solidariedade entre os fornecedores de uma mesma cadeia de fornecimento de produto ou serviço perante o consumidor, ressalvada a ação de regresso. STJ. REsp 1.3591.56/SP, Rel. Ministro Paulo De Tarso Sanseverino, 3ª, Turma, DJe 26.03.2015.

A imputação de responsabilidade solidária por força da cadeia de consumo é, deste modo, um entendimento reiterado no STJ. É ilustrativa a compreensão destacada no AgInt no AgInt no AREsp 1841747,[13] em que a autora grávida foi diagnosticada com Displasia Congênita de maneira tardia, o que tornou necessária uma cirurgia. A perícia destacou o procedimento "se o diagnóstico precoce fosse realizado, tendo em vista os fatores indicativos que tal alteração anatômica poderia estar presente, como a posição fetal pélvica, sexo feminino e mãe primípara".

Deste modo, constatou-se uma falha na prestação do médico conveniado, tendo em vista que deixou de cumprir os protocolos vigentes, e procedimentos compatíveis com a gravidade do quadro de saúde da paciente e considerou-se a operadora solidariamente responsável. Em harmonia com tal compreensão, a perspectiva de Claudia Lima Marques,

> a organização sistemática e em cadeia da medicina pré-paga, não mais como seguro de risco, mas como serviço garantido de prestação em caso de evento à saúde deixa clara a responsabilidade solidária entre o organizador da cadeia (fornecedor indireto, mas contratante) e o prestador de serviços médicos (fornecedor direto, médico, hospital, clínica [...]).[14]

---

11. Com igual compreensão STJ. AgRg no REsp 1.533.920/RS, Rel. Min. Marco Aurélio Bellizze, 3ª. Turma. DJe: 12.12.2016.

12. STJ. AgInt no AREsp 1380905/ES, Rel. Min. Marco Buzzi, 4ª Turma., DJe: 03/06/2019. STJ. AgRg no REsp 1.442.794/DF, Rel. Min. Marco Buzzi, 4ª Turma, DJe: 19.12.2014.

13. STJ. Rel. Min. Ricardo Villas Bôas Cueva, 3ª. Turma DJe: 14.12.2021. No mesmo sentido, "a operadora de plano de saúde deve responder solidariamente pela reparação dos danos causados por defeitos na prestação de serviços prestados por clínicas, laboratórios, hospitais e profissionais integrantes da rede conveniada, nos termos do artigo 20, caput, do Código de Defesa do Consumidor". STJ. AgRg no Resp 1.442.794/DF, Rel. Min. Marco Buzzi, 4ª Turma, DJe: 19.12.2014.

14. MARQUES, Claudia Lima. *Contratos no Código de Defesa do Consumidor*. O novo regime das relações contratuais. 8. ed. São Paulo: Ed. RT, 2016, p. 550-551.

É preciso sublinhar na saúde suplementar há uma intrincada rede de relações, que envolve beneficiários (titulares e dependentes), planos individuais e coletivos, prestadores de saúde variados (laboratórios, clínicas, hospitais, consultórios, profissionais liberais), o que torna mais complexa a análise. Uma das situações interessantes ocorre quando o paciente é tratado em um hospital credenciado, porém com profissionais não credenciados. Em tal situação, a jurisprudência tem mantido a responsabilidade solidária da operadora, mas observado esta peculiaridade para efeitos da demanda regressiva.[15] A demanda regressiva é usualmente discutida em processo autônomo, inclusive diante do óbice da denunciação da lide nas relações de consumo, fixado pelo art. 88 do Código de Defesa do Consumidor.

Ainda que a negativa de cobertura não seja objeto deste estudo,[16] é importante notar que a responsabilidade solidária entre a operadora de plano de saúde e o hospital também se aplica na hipótese de recusa no atendimento médico-hospitalar, conforme julgados do Superior Tribunal de Justiça.[17] Em precedente do TJPR, justamente em lide regressiva da operadora, considerou-se que o hospital não poderia ser responsabilizado ante o interesse exclusivo da operadora na recusa (Código Civil, art. 285).[18]

Sob outra ótica, frisa-se que a fundamentação da solidariedade toma por base o CDC é de grande importância na medida em que, como se discutirá na seção seguinte, o STJ fixou o entendimento de que nem toda relação de plano de saúde se submete à legislação de direito do consumidor o que conduz a diversos questionamentos, por exemplo, haverá responsabilidade solidária? E escolha de ingressar contra o hospital ou contra a operadora de planos de saúde não submetida ao CDC trará impactos em relação ao ônus da prova?

Outro fundamento identificado na jurisprudência do Superior Tribunal de Justiça para faixar a responsabilidade solidária das operadoras de planos de saúde se verifica, de modo específico, em relação as cooperativas de trabalho médico, da qual o exemplo mais conhecido, como se sabe, é a rede Unimed. O STJ considera haver responsabilidade solidária fundada na teoria da aparência e também diante da natureza cooperativa. É o que se constata nos AgInt no AREsp 2041068 (SP) e 1.401.846/SP:[19]

---

15. "A circunstância de os médicos que realizaram a cirurgia não integrarem o corpo clínico do hospital terá relevância para eventual ação de regresso entre os fornecedores". STJ. REsp 1.3591.56/SP, Rel. Min. Paulo De Tarso Sanseverino, 3ª Turma, DJe: 26.03.2015.

16. Sobre o tema tratamos em SCHULMAN, Gabriel. Cobertura de planos de saúde e Rol da ANS: transformações em curso na legislação (Lei 14.307/2022 e Lei 14.454/2022) e na jurisprudência. In: SCHULMAN, Gabriel; MAZZONI, Lidiane; FRATIN, Milena. (Org.). *Planos de Saúde e os impactos do Rol da ANS*: Regulação, Segurança e Novas tecnologias. Porto Alegre: Livraria do Advogado, 2023, v. 1, p. 13-29. Sobre o tema, confira-se recente levantamento, em que temos a alegria de figurar: BRASIL. Supremo Tribunal Federal (STF). *Amplitude da cobertura dos planos de saúde e rol de procedimentos da ANS*: bibliografia, legislação e jurisprudência temática. Brasília: STF, Secretaria de Altos Estudos, Pesquisas e Gestão da Informação, 2022.

17. STJ. Resp 1725092 SP. Rel. Min. Nancy Andrighi, 3ª Turma, DJe: 23.03.2018.

18. TJPR. Apelação 0024823-19.2020.8.16.0001 (Acórdão), Rel. Des.: Gilberto Ferreira, 8ª Câmara Cível, DJe: 08.10.2021.

19. Com identifica compreensão: "Tanto a Unimed executora, que prestou serviço defeituoso, quanto a Unimed contratada respondem solidariamente pela falha na prestação de serviços, independentemente de apresentarem

Deve haver responsabilidade solidária entre as cooperativas de trabalho médico que integram a mesma rede de intercâmbio, ainda que possuam personalidades jurídicas e bases geográficas distintas, sobretudo para aquelas que compuseram a cadeia de fornecimento de serviços que foram mal prestados (teoria da aparência). STJ. AgInt no AREsp 2.041.068/SP, Rel. Min. Paulo De Tarso Sanseverino, 3ª Turma, DJe 27.04.2023.

Há responsabilidade solidária entre as cooperativas de trabalho médico que integram a mesma rede de intercâmbio, ainda que possuam personalidades jurídicas e bases geográficas distintas, sobretudo para aquelas que compuseram a cadeia de fornecimento de serviços que foram mal prestados (teoria da aparência). STJ. AgInt no AREsp 1.401.846/SP, Rel. Min. Nancy Andrighi, 3ª. Turma, DJe 22.05.2019.

Em que pese a distinção da fundamentação – embasada na cadeia de consumo e natureza cooperativa –, na medida em que os contratos de planos de saúde prestados por meio da Unimed de modo geral estarão submetidos ao CDC, na prática esta distinção não será relevante. Outras distinções quanto à natureza dos planos de saúde, sobretudo nos casos de operadoras de planos de saúde de autogestão exigem atenção redobradas e serão enfrentadas na próxima seção.

III. DESDOBRAMENTOS DA RESPONSABILIDADE SOLIDÁRIA DOS PLANOS DE SAÚDE POR FALHA DO PRESTADOR CREDENCIADO

Na presente seção serão examinadas algumas repercussões jurídicas da responsabilidade solidária dos planos de saúde em relação a falha de prestadores da rede credenciada. Elegeu-se examinar as seguintes consequências: (i-) Atribuição ou exoneração da responsabilidade solidária nos planos de saúde de autogestão, eis que não submetidos ao CDC; (ii-) Impactos da solidariedade na seleção de prestadores (iii-) Possibilidade de demanda regressiva da operadora contra o prestador causador do dano.

III.1 Atribuição (ou não) de responsabilidade solidária nos planos de saúde de autogestão, eis que não submetidos ao CDC (Súmula STJ 608)

Na medida em que o fundamento mais recorrente para atribuição de responsabilidade solidária à operadora de planos de saúde é a aplicação do Código de Defesa do Consumidor, é importante enfrentar o tema de sua incidência da legislação consumerista. Por meio do enunciado da Súmula 469, o Superior Tribunal de Justiça estabeleceu o entendimento segundo o qual "Aplica-se o Código de Defesa do Consumidor aos contratos de plano de saúde". Tal compreensão significava que todas as operadoras de planos de saúde estavam submetidas à legislação consumerista. Nesse sentido era a compreensão durante muitos anos, com a consequente atribuição da responsabilidade solidária, como estudado na seção anterior:

---

personalidades jurídicas distintas, uma vez que as empresas se apresentam ao consumidor como entidade una com abrangência em todo o território brasileiro". STJ. AgInt no AREsp 1180880. Rel. Min. Lázaro Guimarães, 4ª Turma, DJe: 22.08.2018. O entendimento é consolidado: STJ. REsp 1665698 CE, Rel. Min. Ricardo Villas Bôas Cueva, 3ª Turma, DJe: 31.05.2017.

O entendimento predominante no âmbito desta Corte é de que a relação de consumo caracteriza-se pelo objeto contratado, no caso a cobertura médico-hospitalar, sendo irrelevante a natureza jurídica da entidade que presta os serviços, ainda que sem fins lucrativos, quando administra plano de saúde remunerado a seus associados. Agravo regimental não provido. STJ. AgRg no AREsp 564.665/PB, Rel. Ministro Ricardo Villas Bôas Cueva, 3ª Turma, DJe 13.03.2015.

Aplicação do Código de Defesa do Consumidor ao contrato de plano de saúde administrado por entidade de autogestão. É cediço nesta Corte que "a relação de consumo caracteriza-se pelo objeto contratado, no caso a cobertura médico-hospitalar, sendo desinfluente a natureza jurídica da entidade que presta os serviços, ainda que se diga sem caráter lucrativo, mas que mantém plano de saúde remunerado. STJ. REsp 469.911/SP, Rel. Ministro Aldir Passarinho Júnior, 4ª Turma, DJe 10.03.2008.

Em mudança de sua compreensão, o STJ revogou o enunciado da súmula 469 e aprovou a Súmula STJ 608, que estabeleceu a seguinte interpretação: "Aplica-se o CDC aos contratos de plano de saúde, salvo aos administrados por entidades de autogestão" (DJe 17.04.2018).

Os planos de saúde de autogestão[20] são operadoras que oferecem assistência à saúde, sem finalidade lucrativa, aos seus beneficiários, vale realçar, estritamente aos sócios, administradores, empregados (ou servidores públicos), e ex-empregados (ex-servidores públicos) – aposentados ou não, ou ainda ao grupo familiar.[21] Os beneficiários devem possuir vínculo empregatício ou estatutário, com a entidade instituidora, ou ainda devem ser integrantes de determinada categoria profissional, que sejam seus associados ou associados de seu instituidor. Portanto, consistem em planos de saúde desprovidos de finalidade lucrativa e sem oferta ao mercado.

Além da entidade de autogestão, estão envolvidos o instituidor, o mantenedor e o patrocinador. Designa-se instituidor a pessoa jurídica com ou sem fins econômicos, que cria a entidade de autogestão. Mantenedor é a pessoa jurídica de direito privado que celebra um termo de garantia com a entidade de autogestão para garantia dos riscos decorrentes da operação do plano de saúde. Patrocinador é a instituição que participa do custeio das despesas do plano de privado de assistência à saúde.

A partir de 2012,[22] o STJ gradativamente mudou sua compreensão sobre os planos de saúde de autogestão, para afastar a existência da relação de consumo, mesmo sob a égide da Súmula STJ 469, publicada dois anos antes, e acima transcrita ao início desta seção. Em sua atividade construtiva, o Superior Tribunal de Justiça revisitou o tema da incidência do CDC aos planos de saúde, para conferir um tratamento especial às operadoras de autogestão. Para tanto, entre outros fundamentos, considerou-se como

---

20. A Lei 9.656/1998, art. 1º, § 1º, inc. II e § 2º, expressamente inclui sob seu regime os planos de saúde de autogestão. Os planos de saúde de autogestão são definidos pela Resolução Normativa ANS 137/2006, conforme redação dada pela Resolução Normativa ANS 148/2007.

21. Na autogestão, admite-se a contratação pelo grupo familiar até o quarto grau de parentesco consanguíneo, até o segundo grau de parentesco por afinidade, criança ou adolescente sob guarda ou tutela, curatelado, cônjuge ou companheiro dos beneficiários.

22. STJ. REsp 1121067 PR, Rel. Min. Massami Uyeda, 3ª Turma, DJe: 03.02.2012. STJ. REsp 1285483 PB, Rel. Min. Luis Felipe Salomão, 2ª Seção, DJe: 16.08.2016. STJ. REsp 1644829 SP, Rel. Min. Nancy Andrighi, 3ª Turma, DJe: 23.02.2017. STJ. AgInt no AREsp 943838 SP, Rel. Min. Maria Isabel Gallotti, 4ª. Turma, DJe: 27/06/2017. STJ. REsp 1673366 RS, Rel. Min. Ricardo Villas Bôas Cueva. 3ª Turma, DJe: 21.08.2017.

notas distintivas a maneira de constituição, de administração, as diferenças de regime estabelecidas na Lei dos planos de saúde, bem como, sobretudo, a ausência de oferta ao mercado e a inexistência de finalidade lucrativa. Com base nestes elementos, concluiu-se pela ausência de relação de consumo.

Na medida em que as operadoras de autogestão tiveram afastada a aplicação do Código de Defesa do Consumidor, justifica-se perguntar, como fica a responsabilidade civil da operadora em tal cenário em relação aos atos dos prestadores credenciados?

Para responder a esta pergunta optou-se por uma análise empírica da jurisprudência do STJ. Promoveu-se em 07 de setembro de 2023 a busca pelos termos autogestão e solidária, em qualquer ordem, não identificou nenhum acórdão, em que pese tenha se obtido uma base de 178 decisões monocráticas.

Graficamente, representa-se o resultado da pesquisa com a Tabela 1 abaixo:

Tabela 1 – Pesquisa no Portal do STJ	
Data da última atualização	07.09.2023
Termos empregados	Autogestão, solidária
Acórdãos	zero
Decisões monocráticas	178

A variação do segundo termo para "solidariedade" não gerou resultados úteis, isto é, não permitiu obter acórdãos que enfrentasse a aplicação da responsabilidade solidária de modo distinto às operadoras de autogestão. Embora tenham sido localizados dois acórdãos nos resultados, enfrentam a temática da "solidariedade intergeracional", ou seja, versam sobre as regras de reajuste por faixa etária de modo que o significante "solidariedade" assume um significado diverso daquele buscado nesta pesquisa.

O termo "auto-gestão", com hífen, não nos parece uma grafia adequada, no entanto, foi empregada para fins da pesquisa empírica. A pesquisa deste termo no Portal de Pesquisa de Jurisprudência do STJ, sem outras expressões associadas, gerou como resultado apenas 3 acórdãos, dos quais apenas um sobre planos de saúde e que trata de conflito de competência, ou seja, impertinente para a temática sob exame. Essa grafia então não foi considerada mais ao longo da pesquisa. Vale lembrar que de acórdão com o manual do STJ, consultado na data da pesquisa, "As palavras digitadas no singular são resgatadas também no plural".[23]

Com a licença a quem está lendo para uma simplificação na comparação, pode-se dizer que a solidariedade aqui analisada se relaciona ao sentido do Código Civil, vale realçar, solidariedade passiva dos devedores, enquanto a "solidariedade intergeracional"

---

23. STJ. *Jurisprudência – Pesquisa*. Disponível em: https://www.stj.jus.br/sites/portalr/Jurisprudencia/Pesquisa/Dicas-de-Pesquisa. Acesso em 1º dez. 2021.

está mais próxima ao sentido constitucional.[24] Julgados sobre reajuste foram desconsiderados porque usualmente não tratam de direito de danos, ou não o fazem no sentido aqui discutido. Ilustrativamente, decidiu-se que a cláusula de aumento de mensalidade de plano de saúde baseada em mudança faixa etária "encontra fundamento no mutualismo (regime de repartição simples) e na solidariedade intergeracional, além de ser regra atuarial e asseguradora de riscos".[25]

Estabelecidas tais premissas metodológicas, cabe promover a discussão. A associação entre autogestão e responsabilidade solidária é uma pergunta que merece atenção porque se o fundamento da responsabilidade solidária é fundamentalmente as normas do Código de Defesa do Consumidor, certamente o afastamento da incidência da legislação consumerista precisa ser examinado.

Em síntese, a indagação consiste em averiguar se houve mudança no entendimento sobre a solidariedade dos planos de saúde diante do advento da Súmula STJ 608? Vale dizer, na medida em que foi afastada a incidência do CDC aos planos de autogestão, não subsiste o fundamento para considerar que há responsabilidade solidária. Sobre o tema, como se verá adiante, apesar do resultado exposto no quadro acima, que sugere não haver acórdão sobre o tema, foram localizados de forma esparsa acórdãos, o que consiste em uma discrepância que não se soube explicar.

Em harmonia com tal linha de raciocínio, no AREsp 1801847[26] foi proferida decisão monocrática que concluiu por afastar da responsabilidade da operadora por sua natureza de autogestão.

> Operadora de saúde de autogestão. Inaplicabilidade da lei protetiva assentada em recente modificação de enunciado sumular da Corte Superior. Responsabilidade afastada porquanto inexistente relação de subordinação com o profissional.

Sobre o trecho acima, é interessante notar que subordinação profissional não é o critério usual para atribuir responsabilidade solidária com base no Código de Defesa do Consumidor que simplesmente exige uma cadeia de consumo. Mostra-se razoável presumir que a ressalva se deva a uma preocupação em afastar a aplicação do Código Civil, arts. 932 e 933 que estabelece, a responsabilidade do empregador por atos dos prepostos, que guarda proximidade com a terminologia "responsabilidade por subordinação profissional" adotada no julgado.

No caso concreto, verificou-se uma falha na intubação para anestesia que ocasionou uma perfuração no esôfago e a paciente que tinha indicação para intervenção pouca invasiva, ficou internada por longo período inclusive em UTI. O caso é ainda mais rico na medida em que se reconheceu a responsabilidade solidária do chefe da equipe e

---

24. Sobre tais significados, cf. BODIN DE MORAES, Maria Celina de. *Risco, solidariedade e responsabilidade objetiva. Revista dos Tribunais*, São Paulo, v. 95, n. 854, p. 11-37, dez. 2006.
25. STJ. AgInt nos EDcl no AREsp 1132511/DF, Rel. Min. Ricardo Villas Bôas Cueva, 3ª Turma, DJe: 23.08.2018.
26. STJ. AREsp 1801847. Decisão Monocrática. Min. Luis Felipe Salomão. DJe: 02.12.2021.

do próprio hospital, o que permite recordar a intrincada rede de relações presente na atenção à saúde.

Outras decisões monocráticas recentes se alinham à interpretação de que em face da não incidência da legislação de proteção do consumidor, descabe a atribuição de responsabilidade solidária das operadoras de autogestão por atos dos prestadores.[27]

No movimento de transformação da jurisprudência sobre o tema, verificou-se também uma discussão sobre a própria transição, seja em razão do caráter recente da Súmula STJ 608, seja pelo caráter ainda recente das repercussões do enunciado sumular é possível identificar decisões que ressaltam a falta de prequestionamento ou mesmo da não existência da súmula ao tempo da apreciação pelos tribunais, a ensejar do mesmo modo, a falta de prequestionamento. É exemplar o AREsp 1695027,[28] em que de forma monocrática se negou provimento ao recurso que alegava violação à súmula 608 do próprio STJ, por falta de prequestionamento – justamente por não existir tal enunciado ao tempo da prolação do acórdão recorrido.

Na mesma linha, o acórdão que apreciou o AgInt no AREsp: 1750535[29] determinou a manutenção da responsabilidade solidária da operadora, ao considerar a prequestionamento, destacou-se o entendimento da Súmula STJ 518 que define que "Para fins do art. 105, III, a, da Constituição Federal, não é cabível recurso especial fundado em alegada violação de enunciado de súmula", não admitida a eventual violação à súmula 608 como apta a ensejar o provimento do recurso.

Sob outro vértice, é importante enfrentar o exame do Recurso especial 1285483, no qual se apreciou a possibilidade de responsabilizar hospital psiquiátrico por danos à incolumidade física de pacientes, bem como de alcançar a operadora de plano de saúde.[30] Em primeiro, é peculiar a situação fática, que envolveu o assassinato de um paciente por outro. Em segundo, é preciso levar em conta a densidade do tema da saúde mental, que representa desafios próprios.[31] Ademais, a demanda reparatória foi movida em face da CASSI, Caixa de Assistência dos Funcionários do Banco do Brasil, a qual constitui operadora de planos de saúde na modalidade autogestão.

---

27. STJ. AREsp 1513129. Decisão Monocrática. Rel. Min. Ricardo Villas Bôas Cueva. DJe: 17.08.2021.
28. STJ. AREsp 1695027, Rel. Min. Moura Ribeiro, Decisão Monocrática. DJe: 25.03.2021.
29. STJ. AgInt no AREsp 1750535. Rel. Min. Moura Ribeiro, 3ª Turma, DJe: e 28.05.2021.
30. STJ, Resp 1285483, Rel. Min. Luis Felipe Salomão, 2ª Seção, DJe: 16.08.2016. Na jurisprudência inglesa, um dos precedentes relevantes é *Thorne v Northern Group HMC* (1964), em que se considerou que a saúde mental é um critério para estabelecer um nível diferenciado de dever: "as a matter of general principle a hospital is under a duty to take precautions to avoid the possibility of injury, whether self-inflicted or otherwise, occurring to patients who it knows, or ought to know, have a history of mental illness". Apesar da fuga de uma paciente do hospital, entendeu-se que não seria possível responsabilizar o hospital. O caso foi referido em Savage v South Essex Partnership NHS Foundation Trust. REINO UNIDO. House Of Lords Session. *Opinions Of the Lords of Appeal*. Savage v South Essex Partnership NHS Foundation Trust. 2008.
31. Cf. ALMEIDA JUNIOR, Vitor Almeida. Responsabilidade civil dos profissionais liberais no campo da saúde mental: direitos e deveres de psiquiatrias e psicólogos. In: BODIN DE MORAES, Maria Celina; GUEDES, Gisela Sampaio da Cruz (Org.). *Responsabilidade civil de profissionais liberais*. Rio de Janeiro: Forense, 2016, p. 79-123.

A causa de pedir, deste modo, era a alegação de que o plano de saúde possui o dever de verificar e controlar a qualidade dos serviços da rede credenciada. Em primeiro grau, foi reconhecida a legitimidade passiva da CASSI e determinou-se o pagamento de pensão alimentar à autora, filha da vítima. Em segundo grau, a decisão foi revertida, sob o fundamento de que a escolha do prestador foi do beneficiário.

De maneira diversa aos precedentes apresentados até aqui, ao enfrentar o tema, o Tribunal de Justiça da Paraíba não utilizou como fundamento quer a incidência do CDC, quer a circunstância do hospital compor a rede credenciada. A ratio decidendi enfocou a ausência de dever de cuidar da integridade física do beneficiário. Nos termos do acórdão, não estava caracterizado um "erro médico", mas uma falha de prestação do Hospital no tocante à segurança,

> Se existe parte a ser indicada no polo passivo da demanda, em tese, deve ser a Casa de Saúde Santa Maria Ltda., que deveria zelar pelo bem-estar do paciente, dando-lhe toda a assistência necessária, inclusive a segurança pessoal. Ressalte-se, por oportuno, que, no caso em testilha não existiu erro médico, tão propalado na exordial, como também no parecer da Procuradoria de Justiça. Se existisse, aí sim a empresa responsável pelo Plano de Saúde também deveria ser responsabilizada, haja vista o corpo médico ser parte integrante do plano, no que tange à prestação de serviços. No caso dos autos o que aconteceu foi o assassinato de uma pessoa por outra, também paciente do hospital, cabendo, em tese, ao homicida ser responsabilizado pelo ocorrido.
>
> A responsabilidade da agravante, a meu ver, cinge-se ao cumprimento das cláusulas contratuais, com internamento e outros consectários legais, não referente à integridade física do paciente, a qual caberia ao hospital onde ficou internado, e, mais, por escolha da própria parte.
>
> Assim, conforme resta demonstrado nos autos, a agravante prestou serviços de natureza hospitalar ao falecido, o que configura sem dúvidas, relação de consumo. No entanto, mesmo analisando a matéria sob o pálio da Lei Consumerista e adotando-se o art. 14 do CDC, que atribui responsabilidade objetiva ao prestador de serviços, no caso dos autos tal dispositivo não deve ser aplicado, tendo em vista que o fato se deu não em decorrência de intervenção cirúrgica, erro médico ou outro, mas pela inexistência de cuidados da Casa de Saúde Santa Maria Ltda., pois não deu a proteção física devida ao extinto. (fls. 111/115)

Ao examinar o caso, o STJ manteve a improcedência da demanda, contudo, com base em novos fundamentos. Considerou-se que a natureza de autogestão da CASSI afasta a caracterização da relação de consumo, e, por consequência, a responsabilização solidária.

Com entendimento diverso, extrai-se de acórdão proferido pelo Tribunal de Justiça do Estado do Pernambuco a condenação solidária do plano de saúde de autogestão, mesmo sem haver relação de consumo. Considerou-se que a operada é responsável pela escolha de entidades hospitalares e profissionais credenciados e com base no disposto no Código Civil, art. 932, entendeu-se pela responsabilidade da operadora.

A utilização do Código Civil em substituição ao Código de Defesa do Consumidor nas relações com as operadoras de autogestão constitui um movimento natural e observado também fora do âmbito das discussões do direito de danos.[32] A caracterização do

---

32. Para fins de comparação, é possível observar na jurisprudência do STJ que com afastamento da incidência do CDC aos planos de saúde de autogestão, também se identificou a aplicação do Código Civil para enfrentar o

profissional credenciado como um preposto, no entanto, é uma construção delicada, e que depende de um exame mais profundo.

Note-se próprio acórdão em exame sublinhou a responsabilidade solidária "daqueles que participam da introdução do serviço no mercado por eventuais prejuízos causados ao consumidor", ao mesmo tempo em o acórdão nega haver relação de consumo em relação à operadora de planos de saúde. Observa-se que neste caso não houve uma falha na prestação da atenção à saúde, mas a negativa de cobertura. A respeito, o acórdão destacou a falha no dever de informação como um fundamento complementar para imposição do dever de reparar.

III.2 Impactos da solidariedade na seleção de prestadores

Um dos desdobramentos interessantes da responsabilidade solidária das operadoras de planos consiste na possibilidade de seleção dos prestadores. Significa dizer que o risco de atribuição de responsabilidade por atos dos prestadores constitui um fundamento para estabelecimento de critérios para o credenciamento, observada a necessidade de equacionar a rede credenciada, tal como determinado na legislação setorial.[33]

> Diante do híbrido regime jurídico ao qual as Cooperativas de Trabalho Médico estão sujeitas (Lei 5.764/71 e Lei 9.656/98), jurídica é a limitação, de forma impessoal e objetiva, do número de médicos cooperados, tendo em vista o mercado para a especialidade e o necessário equilíbrio financeiro da cooperativa. A interpretação harmônica das duas leis de regência consolida o interesse público que permeia a atuação das cooperativas médicas e viabiliza a continuidade das suas atividades, mormente ao se considerar a responsabilidade solidária existente entre médicos cooperados e cooperativa e o possível desamparo dos beneficiários que necessitam do plano de saúde. STJ. REsp 1396255/SE, Rel. Min. Maria Isabel Gallotti, 4ª Turma, DJe 14.12.2021.

No mesmo sentido:

> A negativa de ingresso de profissional na cooperativa de trabalho médico não pode se dar somente em razão de presunções acerca da suficiência numérica de associados na região exercendo a mesma especialidade, havendo necessidade de estudos técnicos de viabilidade. Por outro lado, atingida a capacidade máxima de prestação de serviços pela cooperativa, aferível por critérios objetivos e verossímeis, impedindo-a de cumprir sua finalidade, é admissível a recusa de novos associados. O princípio da porta aberta (livre adesão) não é absoluto, devendo a cooperativa de trabalho médico, que também é uma operadora de plano de saúde, velar por sua qualidade de atendimento e situação financeira estrutural, até porque pode ser condenada solidariamente por atos danosos de cooperados a usuários do sistema (a exemplo de erros médicos), o que impossibilitaria a sua viabilidade de prestação de serviços. STJ, REsp 1901911/SP, Rel. Min. Ricardo Villas Bôas Cueva, 3ª Turma, DJe: 31.08.2021.

---

tema da cobertura, de modo que o impacto da não incidência da legislação consumerista. Nesse sentido, consignou-se: "O fato de não ser aplicável o CDC aos contratos de plano de saúde sob a modalidade de autogestão não atinge o princípio da força obrigatória do contrato, sendo necessária a observância das regras do CC/2002 em matéria contratual, notadamente acerca da boa-fé objetiva e dos desdobramentos dela decorrentes". STJ. AgInt no AREsp 835.892/MA, Rel. Min. Antonio Carlos Ferreira, 4ª Turma, DJe: 30.08.2019.

33. Cf. Lei 9656/1998, art. 17; Resolução Normativa ANS 567/2022; Resolução Normativa ANS 489/2022; Nota 393/2010/GGEOP/DIPRO/ANS, e Nota 315/2015/GGREP/DIPRO/ANS.

Como se pode constatar, é possível identificar na jurisprudência do STJ a associação entre a atribuição da responsabilidade solidária à operadora por ato de seu prestador com a possibilidade de recusa de prestadores, inclusive quando se trata de cooperativa. Esta premissa deve ser equilibrada com a necessidade de uma rede de prestadores de dimensões adequadas, o estabelecimento de critérios de avaliação dos prestadores. De maneira diversa, não foram localizados julgados que admitissem um controle pela operadora do tratamento a ser adotado, ou seja, os tribunais têm valorizado em primeiro plano a autonomia do médico assistente,[34] em detrimento do risco que suas escolhas possam significar, em determinadas situações a saúde do paciente, com reflexos inclusive no campo do direito de danos.

Por sua vez, para endereçar o risco da operadora de plano de saúde arcar com danos decorrentes da conduta dos prestadores credenciados pode-se cogitar a adoção de cláusulas sobre danos causados por prestadores e imposição de contratação de seguros de responsabilidade profissional pelos estabelecimentos e profissionais de saúde.

III.3 Ação regressiva na saúde suplementar: curvas e desafios

No âmbito do SUS, a jurisprudência nega a possibilidade de demandar diretamente o profissional de saúde, por força do disposto na Constituição da República, art. 37, § 6º. Conforme estabeleceu o STF, ao apreciar o Tema 940:

> Responsabilidade Civil – Indenização – Réu Agente Público – Artigo 37, § 6º, da Constituição Federal – Alcance – Admissão na origem – Recurso Extraordinário – Provimento. A teor do disposto no art. 37, § 6º, da Constituição Federal, a ação por danos causados por agente público deve ser ajuizada contra o Estado ou a pessoa jurídica de direito privado prestadora de serviço público, sendo parte ilegítima para a ação o autor do ato, assegurado o direito de regresso contra o responsável nos casos de dolo ou culpa.[35]

Diversamente, na saúde suplementar, admite-se a possibilidade do paciente eleger contra quem promoverá a demanda. Ademais, está consagrado na jurisprudência a responsabilidade solidária da operadora em relação a rede prestadora credenciada, com base na solidariedade entre os fornecedores de uma mesma cadeia de fornecimento de produto ou serviço perante o consumidor.

O mecanismo de solidariedade facilita a proteção da vítima do evento danoso. A natureza solidária na cadeia de consumo está definida no Código de Defesa do Consumidor. Conforme dispõe o Código Civil, arts. 264 e 275, a solidariedade passiva permite ao credor (paciente) cobrar de qualquer dos devedores a integralidade da dívida.[36] Além disso, de uma maneira simplificada, pode-se dizer que por força da solidariedade passiva

---

34. SCHULMAN, Gabriel. Duas novidades surpreendentes na jurisprudência do STJ sobre a cobertura de tratamentos por planos de saúde: necessidade de registro de medicamentos na Anvisa (2018) e caráter taxativo do rol da ANS (2020). *Revista do Advogado – AASP*, n. 146, jun. 2020. p. 53-67.
35. STF. RE 1.027.633/SP. Rel. Min. Marco Aurélio, DJe: 06.12.2019.
36. FARIAS, Cristiano Chaves de; ROSENVALD, Nelson. *Curso de direito civil*: Obrigações. 11. ed. Salvador: Jus-Podivm, 2017. p. 302.

o paciente (credor) possui a faculdade de eleger contra quem promoverá a demanda. Estas afirmações, em que pese não sejam inexatas, demandam um refinamento, que se passa a explorar.

Afirmar que há livre escolha do paciente em relação ao polo passivo da demanda, ou seja, a livre escolha entre operadora de plano de saúde, médico e hospital é possível por força da solidariedade, mas nem sempre haverá corresponsabilidade. Para melhor compreensão do tema, é preciso observar as seguintes premissas: (i-) o médico não responde por falha do hospital; (ii-) o chefe de cirurgia pode ser responsabilizado por atos da equipe;[37] (iii-) a responsabilidade do hospital por falha do médico depende de prévia apuração da culpa do profissional (CDC, art. 14º, § 4º),[38] ainda que o hospital responda de forma objetiva; (iv-) a responsabilidade solidária do hospital depende do vínculo com o médico;[39] consoante exposto acima, (v-) a responsabilidade da operadora de plano de saúde não será solidaria quando constituir de entidade de autogestão.

Em relação à premissa (iii-), da listagem acima, no sentido de que a responsabilidade do hospital poderá depender de prévia comprovação de culpa quando decorrer de ato de sua equipe, confira-se o seguinte entendimento:

> Segundo a jurisprudência do STJ, quanto aos atos técnicos praticados de forma defeituosa pelos profissionais da saúde vinculados de alguma forma ao hospital, respondem solidariamente a instituição hospitalar e o profissional responsável, apurada a sua culpa profissional; nesse caso, o hospital é responsabilizado indiretamente por ato de terceiro, cuja culpa deve ser comprovada pela vítima de modo a fazer emergir o dever de indenizar da instituição, de natureza absoluta (artigos 932 e 933 do Código Civil), sendo cabível ao juiz, demonstrada a hipossuficiência do paciente, determinar a inversão do ônus da prova (artigo 6º, inciso VIII, do CDC). Em circunstâncias específicas como a destes autos, na qual se imputa ao hospital a responsabilidade objetiva por suposto ato culposo dos médicos a ele vinculados, deve ser admitida, excepcionalmente, a denunciação da lide, sobretudo com o intuito de assegurar o resultado prático da demanda e evitar a indesejável situação de haver decisões contraditórias a respeito do mesmo fato. STJ. REsp 1832371. Rel. Min. Nancy Andrighi, 3ª Turma, DJe 1º.07.2021.

---

37. "Em regra, o cirurgião chefe dirige a equipe, estando os demais profissionais, que participam do ato cirúrgico, subordinados às suas ordens, de modo que a intervenção se realize a contento. No caso ora em análise, restou incontroverso que o anestesista, escolhido pelo chefe da equipe, agiu com culpa, gerando danos irreversíveis à autora, motivo pelo qual não há como afastar a responsabilidade solidária do cirurgião chefe, a quem estava o anestesista diretamente subordinado. Uma vez caracterizada a culpa do médico que atua em determinado serviço disponibilizado por estabelecimento de saúde (art. 14, § 4º, CDC), responde a clínica de forma objetiva e solidária pelos danos decorrentes do defeito no serviço prestado, nos termos do art. 14, § 1º, CDC". STJ. REsp 605.435/RJ, Rel. Min. Luis Felipe Salomão, 4ª Turma. DJe: 16.11.2009.
38. "O conceito normativo de culpa, adotado atualmente, torna a tarefa da vítima um pouco mais fácil, bastando demonstrar que o profissional liberal se desviou das normas técnicas fixadas para o exercício de sua especialidade. A comparação da conduta do profissional, no caso concreto, com o standard de conduta exigido para aquele tipo de situação deve ser tanto mais rígida quanto mais especializado for o profissional. Quanto maior for a qualificação (e a especialização) do profissional liberal, tanto mais elevado será o padrão de conduta exigido e mais rigorosa também será a comparação". BODIN DE MORAES, Maria Celina; GUEDES, Gisela Sampaio da Cruz. Anotações sobre a responsabilidade civil do profissional liberal. Civilistica.com. Rio de Janeiro, a. 4, n. 2, 2015. Disponível em: http://civilistica.com/anotacoes-sobre-a-responsabilidade-civil-do-profissional-liberal/. Acesso em: 10 jan. 2022.
39. STJ. REsp 1.145.728/MG, Rel. Min. Luis Felipe Salomão, 4ª. Turma, DJe: de 08.09.2011. STJ. AgInt no AREsp 1794157/SP, Rel. Min. Paulo De Tarso Sanseverino, 3ª Turma DJe: 1º.12.2021.

Note-se que que neste caso o STJ inclusive controverteu sobre a vedação da denunciação da lide no campo das relações de consumo (CDC, art. 88), para facilitar a comprovação dos fatos na esfera da saúde por envolverem, naquele caso, a apreciação prévia da culpa. A necessidade de comprovação de culpa, no entanto, está longe de ser um tema isento de controvérsias, seja na doutrina,[40] seja no âmbito do próprio STJ.[41]

A solidariedade da operadora de planos de saúde em relação aos prestadores, não pode desconsiderar, portanto, a possibilidade de dissociação entre a responsabilidade médica e a responsabilidade hospitalar. Além disso, a responsabilidade objetiva da operadora de planos de saúde e do próprio hospital exige lembrar que a responsabilidade pessoal dos profissionais liberais é apurada mediante verificação de culpa (CDC, art. 14º, § 4º).

O adimplemento de uma prestação em que há solidariedade passiva faculta ao codevedor cobrar aos demais, na forma do Código Civil, art. 283. É preciso atentar que o fundamento da demanda regressiva das partes condenadas de forma solidária a reparar por danos tem por base o Código Civil, arts. 934 e 285, ou seja, envolverá apreciar a causa do dano e não apenas a divisão aritmética do pagamento. Para compreender tal distinção, vale lembrar a lição de Caio Mário, quando ensina que "a solidariedade passiva tem de ser encarada externa e internamente, isto é; nas relações dos devedores com o credor e nas dos devedores entre si".[42] Efetuada a condenação da reparação por danos por um ou mais codevedores, surge uma nova relação entre os condenados solidariamente, e que pode se desdobrar em demanda regressiva autônoma[43] em que a solidariedade já deixou de existir.

Considerar como fundamento apenas a regra que permite ao codevedor cobrar os demais significaria desconsiderar a distinção entre o nexo de imputação e o nexo de causalidade,[44] assim como o papel da responsabilidade solidária de facilitar a cobrança, mas sem impedir a discussão mais aprofundada na demanda regressiva.

No caso da reparação por danos entre personagens da saúde suplementar não se pode afirmar que a demanda regressiva se limite a uma *simples cobrança de valores*; usualmente, nem será simples, muito menos se limitará a cobrança de quantia certa. Ao contrário, via de regra, será indispensável uma análise mais profunda, que enfrentará

---

40. CATALAN, Marcos. *A morte da culpa na responsabilidade contratual*. São Paulo: Ed. RT, 2013.

41. "Conforme jurisprudência uníssona desta Corte, não há espaço jurídico para discussão a respeito de culpa do hospital, em decorrência da responsabilidade do médico, quando o paciente especificamente procura o hospital e recebe atendimento inadequado por parte dos profissionais disponibilizados entre os integrantes do corpo clínico". STJ. AgRg no AREsp 353.195/RJ, Rel. Min. Sidnei Beneti, 3ª Turma. DJe: 05.11.2013.

42. SILVA Pereira, Caio Mário da Silva. *Instituições de direito civil*. 29. ed. rev. e atual. Rio de Janeiro: Forense, 2017. v. II, p. 104.

43. À título de exemplo: STJ. AgInt nos EDcl nos EDcl no AREsp 1569919/AM, Rel. Min. Moura Ribeiro, 3ª Turma. DJe: 24.06.2020.

44. ALTHEIM, Roberto. *Direito de danos*: pressupostos contemporâneos do dever de indenizar. Curitiba: Juruá, 2008. MALHEIROS, Pablo Malheiros da Cunha. *A imputação sem nexo causal e a responsabilidade por danos*. Curitiba. Juruá. 2013.

elementos como culpa e seu grau,[45] as divergências sobre os protocolos clínicos e padrões esperados, natureza da relação entre as partes, nexo causal, limitações contratuais e ônus probatório, o qual é distinto nas relações empresariais.[46]

A produção de prova enfrentará o desafio do ônus probatório, do tempo e da dificuldade de participação do paciente, que não é parte na demanda regressiva. Ainda que se possa cogitar a imposição do dever de colaboração com a Justiça, a participação do paciente como parte certamente é distinta de sua participação na lide regressiva.

Outro ingrediente que aumenta a complexidade da discussão é a possibilidade de haver cobertura securitária do médico ou do hospital por meio de seguro facultativo de responsabilidade civil, a qual não pode ser confundida com o papel do plano de saúde. A distinção se traduz por exemplo na existência de limites de valores cobertos nas apólices de seguros, na ausência da participação da segurada na lide, o que dependeria de denunciação da lide, normalmente obstada pelo disposto no CDC, art. 88. Os impactos dos custos da reparação por danos não podem ser ignorados nos sistemas público e privado de saúde. Ademais, identifica-se um aumento dos riscos com a maior sofisticação, complexidade e intensificação de novas tecnologias na saúde, como adverte Harpwood.[47]

Adicionalmente, a falta de critérios na apuração da conduta clínica esperada ou mesmo uma condução inadequada da administração das lides de responsabilidade de profissionais e estabelecimentos de saúde fomenta a *medicina defensiva*,[48] ou seja a super utilização dos cuidados de saúde,[49] com o emprego desnecessário de procedimentos, exames e medicamentos, o que provoca graves impactos à saúde do paciente e pesados custos ao sistema. À título de exemplo, são frequentes a realização de exames invasivos desnecessários e o uso de excessivo de antibióticos.[50]

---

45. Em instigante voto-vista, o Min. Paulo de Tarso Sanseverino aduz: "desnecessário que, nos mesmos autos, se produzam provas para averiguar a responsabilidade subjetiva do médico, o que poderá ser realizado em ação de regresso a ser eventualmente proposta pelo hospital". STJ. REsp 1832371. Rel. Min. Nancy Andrighi, 3ª Turma, DJe 1º.07.2021. A necessidade de comprovação de culpa quando a causa de pedir é a falha do médico, é, no entanto, tema controvertido no STJ, sendo possível localizar precedentes em que a apreciação da culpa é condição *sine qua non* para a consequente responsabilização do hospital pelo ato do médico, discutido no acórdão deste mesmo recurso especial.

46. Nesse sentido, TJSP. Agravo de Instrumento 21277124120208260000, Rel. Des.: Galdino Toledo Júnior, 9ª Câmara de Direito Privado, DJe: 09.06.2021.

47. HARPWOOD, Vivienne. *Principles of Tort Law*. 4. ed. Reino Unido: Cavendish Publishing, 2000. p. 143. Vale também recordar sua instigante questão: "Can the judge make a choice between two bodies of medical opinion?". Obra citada, p. 135.

48. WILLIAMS, Preston; WILLIAMS Joana, WILLIAMS, Bryce. The fine line of defensive medicine. *Journal of Forensic and Legal Medicine*. v. 80. 2021.

49. "Defensive medicine means that physicians conduct extra tests and procedures that have little or no value to patients – or that even have negative value – but that reduce the risk of a later malpractice claim". BLACK, Bernard S., *et. al. Medical malpractice litigation*: how it works, why tort reform hasn't helped. Washington (EUA): Cato Institute, 2021. p. 3.

50. O tema é recorrente na literatura médica. Ilustrativamente, VENTO, Sandro et al. Defensive medicine: It is time to finally slow down an epidemic. *World journal of clinical cases*, v. 6, n. 11, p. 406-409, out. 2018. TEBANO Gianpiero et. al. Defensive medicine among antibiotic stewards: the international ESCMID AntibioLegalMap survey. *Journal of Antimicrobial Chemotherapy*, v. 73, n. 7, jul. 2018.

É exemplar da complexidade da ação regressiva a situação examinada pelo TJDF, em que na ação regressiva movida pela operadora de plano de saúde, foi afastada a caracterização de falha do profissional de saúde que atendeu o paciente:

> Trata-se de ação regressiva na qual o plano de saúde requer a condenação regressiva do médico em razão da ação de indenização de danos morais e materiais movida pela paciente. Os dois laudos periciais realizados por diferentes profissionais são taxativos no sentido de que não houve falha na prestação do serviço médico, sendo as cirurgias bem indicadas e a forma de execução irreparável, afastando a possibilidade de responsabilização civil subjetiva e a respectiva condenação regressiva do médico que realizou o procedimento cirúrgico. TJDF. Apelação 0008701532015 8070001 – Segredo de Justiça. Rel. Desa. Leila Arlanch, 7ª Turma Cível, DJE: 30.03.2021.

Ademais, na medida em que a causalidade não se confunde com o nexo de imputação, ou seja, a razão de reparar e a causa do dano, será preciso levar em conta os elementos que permitiram estabelecer a responsabilidade na demanda primitiva e também as próprias funções da responsabilidade civil ao fixar o quantum para que a ação regressiva reflita a participação (ou não) dos envolvidos. Como ensina Rosenvald:[51]

> Uma coisa é a abordagem do nexo de imputação, isto é, da razão pela qual se atribui uma obrigação de indenizar. Neste campo o relevo da culpa é diminuto nas relações de mercado, prevalecendo a teoria do risco e a imputação objetiva. Outra coisa, é desviar os olhos da finalidade reparatória da responsabilidade civil e, concretizando a sua função preventiva, procurar uma outra forma de se conferir efetividade a este modelo jurídico.

Como se observa, são múltiplos os desafios para o ajuizamento da ação regressiva pela operadora de planos de saúde. Estas dificuldades no plano jurídico, somada as relações comerciais e os custos envolvidos podem ser levantados como hipóteses para um número não frequente de demandas regressivas na saúde suplementar. Neste sentido, em pesquisa no Portal de Jurisprudência do STJ, com os verbetes "ação regressiva" e "plano de saúde", realizada em 07.02.2022, foram encontrados apenas três acórdãos, o que inviabilizou uma avaliação da compreensão do entendimento jurisprudencial da corte.

Como se sabe, na responsabilidade civil objetiva não é necessário discutir a culpa (e nem a ilicitude) da conduta de quem causou o dano (ou mesmo a quem se atribui o dever de reparar), em vista da determinação legal ou em vista risco inerente à atividade (Código Civil, art. 927), inclusive por fato de terceiro (Código Civil, arts. 932 e 933). De modo distinto, na demanda regressiva, eis que baseada na responsabilidade subjetiva, será necessário avaliar o grau (ou percentual) de responsabilidade,[52] interesses envolvidos, o que não será relevante na demanda do paciente, pautada pela solidariedade.

---

51. ROSENVALD, Nelson. *As funções da responsabilidade civil*: a reparação e a pena civil. São Paulo: Atlas, 2013. p. 172.

52. Analogamente ocorre nas relações entre hospital e médico, consignou-se "Conforme jurisprudência uníssona desta Corte, não há espaço jurídico para discussão a respeito de culpa do hospital, em decorrência da responsabilidade do médico, quando o paciente especificamente procura o hospital e recebe atendimento inadequado por parte dos profissionais disponibilizados entre os integrantes do corpo clínico". STJ. AgRg no AREsp 353.195/ RJ, Rel. Min. Sidnei Beneti, 3ª Turma. DJe: 05.11.2013.

A operadora do plano de saúde, na condição de fornecedora de serviço, responde perante o consumidor pelos defeitos em sua prestação, seja quando os fornece por meio de hospital próprio e médicos contratados ou por meio de médicos e hospitais credenciados, nos termos dos arts. 2º, 3º, 14 e 34 do Código de Defesa do Consumidor, art. 1.521, III, do Código Civil de 1916 e art. 932, III, do Código Civil de 2002. Essa responsabilidade é objetiva e solidária em relação ao consumidor, mas, na relação interna, respondem o hospital, o médico e a operadora do plano de saúde nos limites da sua culpa.

Extrai-se de outro acórdão do STJ, o seguinte excerto:

No que se refere ao quinhão que caberia a cada devedor, em se tratando de responsabilidade solidária, mostra-se cabível no percentual de 50% para cada um, ressalvado previsão em contrato. Ademais, não se mostra imperativa a discussão acerca do grau de responsabilidade dos codevedores, na medida em que, na responsabilidade solidária, todos os devedores respondem cada qual pela sua dívida, tendo o credor o direito de efetuar a cobrança integral da dívida em relação a qualquer um deles, podendo, inclusive, ser apresentado contra o outro ação de regresso para reaver o valor excedente à cota parte por ele paga. STJ. AgRg no REsp 1533920 Rel. Min. Marco Aurélio Bellizze, 3ª Turma, DJe 12.12.2016.

O trecho do acórdão, acima transcrito, chega a mencionar que haveria uma proporção de 50% para cada um, para em seguida ressalvar que na solidariedade passiva inexiste uma fração da dívida de cada devedor, e sim uma dívida que pode ser cobrada, no todo ou em parte, de qualquer um dos codevedores (Código Civil, arts. 264 e 275).

Naturalmente, não é uma proporção matemática baseada na simples divisão do número de partes que estabelece o valor do débito a ser pago na demanda regressiva. Como já exposto, na lide regressiva não está em causa apenas uma relação de solidariedade passiva de codevedores a qual se resolve pelo reembolso a quem pagou a dívida integralmente pelos demais codevedores. Na ação regressiva será necessário observar na relação entre os "antigos" codevedores a fonte da obrigação, vale realçar, a origem da prestação de pagar quantia certa à título de reparação por danos em favor do paciente/beneficiário do plano de saúde. É ilustrativo desta compreensão a decisão do TJSP[53] que reformou sentença que em ação regressiva proposta por hospital e plano de saúde contra médico havia condenado o profissional a ressarcir um terço do valor do débito. Aplicou-se a compreensão de que o interesse envolvido é do causador do dano, e, por força da aplicação conjugada dos arts. 285 e 934 determinou-se ao médico o pagamento integral.

Longe de ser uma simples divisão entre os codevedores do valor pago na lide primitiva, a ação regressiva é uma nova lide, em que é preciso enfrentar as nuances da responsabilidade civil na saúde, expostas ao longo deste estudo.

IV. À GUISA DE CONCLUSÃO

As ideias acima expostas exploraram alguns dos desafios necessários para enfrentar a atribuição de responsabilidade civil na saúde suplementar. A respeito, cumpre sublinhar a seguinte síntese:

---

53. TJSP. Apelação 1000715-79.2015.8.26.0299, Rel. Des. Enéas Costa Garcia, 1ª Câmara de Direito Privado, DJe: 27.11.2018.

1. De acordo com a jurisprudência do Superior Tribunal de Justiça, há responsabilidade solidária dos planos de saúde em relação aos atos praticados por prestadores da rede credenciada.

2. Em julgados em que há negativa de cobertura de procedimentos, tem sido admitida a responsabilidade solidária, sem observar se houve uma falha do prestador (por exemplo ao deixar de consultar a operadora), ou da operadora (por uma negativa considerada indevida).

3. A promulgação da Súmula STJ 608, que subtraiu da incidência das normas de direito do consumidor as entidades de planos de saúde autogestão, teve como consequência afastar o reconhecimento da solidariedade destas entidades por atos da rede credenciada, contudo, não foram localizados precedentes que enfrentam o tema posteriores à edição da súmula.

4. A natureza solidária da responsabilidade na saúde suplementar não exime o beneficiário (paciente) de observar a natureza da atuação dos envolvidos, haja vista que nem toda situação em que há condenação do médico a reparar danos implica atribuição do dever de reparar ao hospital; e vice-versa. Nesse sentido, a circunstância do prestador compor (ou não) a rede credenciada e integrar ou não o corpo clínico do hospital são aspectos a serem examinados.

5. Novos temas, inclusive a responsabilidade por violação à Lei Geral de Proteção de Dados Pessoais (LGPD) renovam a importância do estudo do tema. Não foram identificados julgados em que haja atribuição do responsabilidade solidária da operadora de planos de saúde em violação ao direito fundamental à proteção de dados pessoais, porém considera-se que se trata de uma temática que exige atenção.

6. Observados a racionalidade e duração razoável do processo, a vedação da denunciação da lide como mecanismo de proteção do consumidor merece ser revisita no campo da saúde privada, sobretudo nas situações em que a demanda tem por fundamento a atribuição de responsabilidade por falha do profissional liberal. Não se discute aqui a denunciação da lide em face da seguradora, mas dos próprios envolvidos, de forma direta ou indireta no dano.

7. Os desafios da responsabilidade civil na saúde se aprofundam no campo da saúde suplementar, em face da complexidade e multiplicidade das relações entre os diferentes personagens (players), tais como o estipulante e subestipulante da apólice, o titular e seus dependentes, os distintos prestadores etc.

8. Como adverte Caio Mário, em trecho acima reproduzido, é preciso compreender a solidariedade de maneira externa e interna, ou seja, relações dos devedores com o credor e em face dos devedores entre si. Como consequência, a condenação solidária ao dever de reparar, ou mesmo a compreensão de que há litisconsórcio passivo necessário, não significa que na demanda de regresso as questões se resumam a apurar a fração da dívida partilhada entre os que figuraram como réus da demanda primitiva, que aliás, pode inclusive ter sido movida apenas contra a operadora de plano de saúde, já que a solidariedade permite ao paciente assim agir.

9. A lide regressiva não é simples, e muito menos constitui mera medida de cobrança da divisão do valor pago na condenação solidária em demanda movida pelo paciente. Na demanda regressiva, via de regra será preciso averiguar o nexo de causalidade, o nexo de atribuição, os interesses envolvidos, enfim, determinar a responsabilidade do causador do dano (ou dos causadores) e sua extensão.

Com estas singelas proposições, espera-se contribuir ao importante debate e trazer à luz algumas discussões consideradas relevantes, sempre na perspectiva de colaborar na promoção de um direito em movimento e em constante transformação. Como nos lembra Mia Couto, "Quem viveu pregado a um só chão não sabe sonhar outros lugares".[54]

---

54. COUTO, Mia. *Antes do mundo nascer*. São Paulo: Companhia das Letras, 2009. Digital.

REFERÊNCIAS

AGUIAR JÚNIOR, Ruy Rosado de. Responsabilidade civil do médico. In: TEIXEIRA, Sálvio de Figueiredo (Coord.). *Direito & Medicina*: aspectos jurídicos da medicina. Belo Horizonte: Del Rey, 2000.

ALMEIDA JUNIOR, Vitor Almeida. Responsabilidade civil dos profissionais liberais no campo da saúde mental: direitos e deveres de psiquiatrias e psicólogos. In: BODIN DE MORAES, Maria Celina; GUEDES, Gisela Sampaio da Cruz (Org.). *Responsabilidade civil de profissionais liberais*. Rio de Janeiro: Forense, 2016.

ALTHEIM, Roberto. *Direito de Danos: Pressupostos Contemporâneos do Dever de Indenizar*. Curitiba: Juruá, 2008.

BARBOZA, Heloisa Helena. Responsabilidade civil médica no Brasil. *Revista Trimestral de Direito Civil*. Rio de Janeiro: Padma, v. 19, jul./set. 2004.

BLACK, Bernard S. et. al. *Medical malpractice litigation*: how it works, why tort reform hasn't helped. Washington (EUA): Cato Institute, 2021.

BODIN DE MORAES, Maria Celina. *Danos à pessoa humana*. Rio de Janeiro: Renovar, 2003.

BODIN DE MORAES, Maria Celina. Risco, solidariedade e responsabilidade objetiva. *Revista dos Tribunais*, São Paulo, v. 95, n. 854, p. 11-37, dez. 2006.

BODIN DE MORAES, Maria Celina; GUEDES, Gisela Sampaio da Cruz. Anotações sobre a responsabilidade civil do profissional liberal. *Civilistica.com*. Rio de Janeiro, a. 4, n. 2, 2015. Disponível em: http://civilistica.com/anotacoes-sobre-a-responsabilidade-civil-do-profissional-liberal/. Acesso em: 10 jan. 2022.

CATALAN, Marcos. *A morte da culpa na responsabilidade contratual*. São Paulo: RT, 2013.

BRASIL. Supremo Tribunal Federal (STF). *Amplitude da cobertura dos planos de saúde e rol de procedimentos da ANS*: bibliografia, legislação e jurisprudência temática. Brasília: STF, Secretaria de Altos Estudos, Pesquisas e Gestão da Informação, 2022.

COUTO, Mia. *Antes do mundo nascer*. São Paulo: Companhia das Letras, 2009. Digital.

COUTO, Mia. *Vozes Anoitecidas*. São Paulo: Companhia das Letras, 2013. Digital.

BLACK, Bernard S. et. al. *Medical malpractice litigation*: how it works, why tort reform hasn't helped. Washington (EUA): Cato Institute, 2021.

FARIAS, Cristiano Chaves de; ROSENVALD, Nelson. *Curso de direito civil*: Obrigações. 11. ed. Salvador: JusPodivm, 2017.

HARPWOOD, Vivienne. *Principles of Tort Law*. 4. ed. Reino Unido: Cavendish Publishing, 2000.

KFOURI NETO, Miguel; NOGAROLI, Rafaella (Coord.). *Debates contemporâneos em direito médico e da saúde*. São Paulo: Thomson Reuters Brasil, 2020.

MALHEIROS, Pablo Malheiros da Cunha. *A imputação sem nexo causal e a responsabilidade por danos*. Curitiba. Juruá. 2013.

MARQUES, Claudia Lima. *Contratos no Código de Defesa do Consumidor*. O novo regime das relações contratuais. 8. ed. São Paulo: Ed. RT, 2016.

MELLO, Marco Aurélio. Saúde suplementar, segurança jurídica e equilíbrio econômico-financeiro. *Planos de saúde: Aspectos Jurídicos e Econômicos*. Rio de Janeiro: Forense. 2012.

MIRAGEM, Bruno. Responsabilidade civil médica no direito brasileiro. *Revista de Direito do Consumidor*. São Paulo: Ed. RT, v. 63, jul. 2007.

MONTONE, Januario. *Evolução e Desafios da Regulação do Setor de Saúde Suplementar*. Subsídios ao Fórum de Saúde Suplementar. Série ANS n. 4. Rio de Janeiro: ANS, 2003.

NERY JÚNIOR, Nelson; NERY, Rosa Maria Andrade. (Coord.). *Doutrinas essenciais: responsabilidade civil*: direito fundamental à saúde. São Paulo: Ed. RT, 2010.

NUNES, Eduardo. *Do Erro à Culpa na Responsabilidade Civil do Médico*: Estudo na Perspectiva Civil-constitucional. Rio de Janeiro: Renovar, 2015.

RIBAS, Barbara Kirchner Correa. *Processo Regulatório em Saúde Suplementar no Brasil*: Dinâmica e aperfeiçoamento da regulação para a produção da saúde. 2009. Dissertação (Mestrado em Direito do Estado) – Faculdade de Direito, Universidade Federal do Paraná, Curitiba, 2009.

RODOTÀ, Stefano. *Il diritto di avere diritti*. 12. ed. Laterza, 2018.

ROSENVALD, Nelson. *As funções da responsabilidade civil*: a reparação e a pena civil. São Paulo: Atlas, 2013.

ROSENVALD, Nelson; MENEZES, Joyceanne Bezzera; Luciana Dadalto (Org.). *Responsabilidade Civil e Medicina*. 2. ed. Indaiatuba/SP: IBERC – Editora Foco, 2021.

SCHAEFER, Fernanda. *Responsabilidade Civil dos Planos e Seguros de* Saúde. Curitiba: Editora Juruá, 2003.

SCHREIBER, Anderson. *Novos paradigmas da responsabilidade civil*. São Paulo: Atlas, 2009.

SCHULMAN, Gabriel. Cobertura de planos de saúde e Rol da ANS: transformações em curso na legislação (Lei 14.307/2022 e Lei 14.454/2022) e na jurisprudência. In: SCHULMAN, Gabriel; MAZZONI, Lidiane; FRATIN, Milena. (Org.). *Planos de Saúde e os impactos do Rol da ANS*: Regulação, Segurança e Novas tecnologias. Porto Alegre: Livraria do Advogado, 2023. v. 1.

SCHULMAN, Gabriel. Duas novidades surpreendentes na jurisprudência do STJ sobre a cobertura de tratamentos por planos de saúde: necessidade de registro de medicamentos na Anvisa (2018) e caráter taxativo do rol da ANS (2020). *Revista do Advogado – AASP*, n. 146, jun. 2020.

SCHULMAN, Gabriel. *Planos de saúde*: saúde e contrato na contemporaneidade. Rio de Janeiro: Renovar, 2009.

SILVA Pereira, Caio Mário da Silva. *Instituições de direito civil*. 29. ed. rev. e atual. Rio de Janeiro: Forense, 2017. v. II.

STJ. *Jurisprudência – Pesquisa*. Disponível em: https://www.stj.jus.br/sites/portalr/Jurisprudencia/Pesquisa/Dicas-de-Pesquisa. Acesso em: 1º dez. 2024.

TEBANO Gianpiero et. al. Defensive medicine among antibiotic stewards: the international ESCMID AntibioLegalMap survey. *Journal of Antimicrobial Chemotherapy*, v. 73, n. 7, Jul. 2018.

TEPEDINO, Gustavo. A responsabilidade médica na experiência brasileira contemporânea. *Temas de direito civil*. Rio de Janeiro: Editora Renovar, 2006. t. II.

VENTO, Sandro et al. Defensive medicine: It is time to finally slow down an epidemic. *World journal of clinical cases*, v. 6, n. 11, p. 406-409, out. 2018.

WERTHEIMER, Ellen. Calling it a Leg Doesn't Make it a Leg: Doctors, Lawyers, and Tort Reform. v. 13, Issue 1, article 6, *Roger Williams University Law Review*, 2008.

WILLIAMS, Preston; WILLIAMS Joana, WILLIAMS, Bryce. The fine line of defensive medicine. *Journal of Forensic and Legal Medicine*. v. 80. 2021.

A INTERPRETAÇÃO DO ROL DA ANS E O DILEMA DA COBERTURA DE PRÓTESES MAMÁRIAS PELAS SEGURADORAS DE PLANO DE SAÚDE

Alice Silva Amidani

Especialista em Advocacia Civil pela Fundação Escola Superior do Ministério Público do Rio Grande do Sul (FMP/RS) e ESAN (Escola Superior da Advocacia Nacional). Graduada em Direito pela Universidade Paulista – UNIP, Campus Brasília. Membro da Comissão da Advocacia Pública da OAB/DF. Sócia do Escritório Souza Melo & Terto.

Resumo: As cirurgias estéticas no Brasil ganharam holofotes nos últimos anos, em especial as mamoplastias, chamando a atenção das operadoras e seguradoras de plano de saúde em como isso poderia afetar suas relações contratuais. Contudo, uma cirurgia plástica pode ter caráter reparador quando necessária ao tratamento de saúde, mesmo que também gere efeitos também no âmbito estético. Nesse cenário surgem conflitos interpretativos das cláusulas contratuais e da dimensão da responsabilidade civil dos agentes envolvidos nesse procedimento, principalmente quando se faz necessário considerar a interpretação do rol da ANS e a evolução da jurisprudência pátria sobre o assunto, bem como dos clamores sociais que culminaram na Lei nº 14.454/2022.

Sumário: I. Introdução: a repercussão social e jurídica das cirurgias de implante de próteses mamárias – II. Os paradigmas interpretativos do rol da ANS – III. O contexto das cirurgias estéticas no Brasil – IV. O aumento da demanda durante a pandemia e a influência das redes sociais nos padrões de beleza – V. A motivação cirúrgica e a necessidade de cobertura – VI. Das próteses mamárias e casos de cobertura conforme o rol da ANS – VII. Da responsabilidade civil da seguradora – VIII. Conclusão – Referências.

I. INTRODUÇÃO: A REPERCUSSÃO SOCIAL E JURÍDICA DAS CIRURGIAS DE IMPLANTE DE PRÓTESES MAMÁRIAS

O intuito deste texto é demonstrar a plausibilidade da cobertura das cirurgias mamárias que estejam relacionadas com o caráter terapêutico do implante, troca ou explante das próteses de silicone, mesmo com a alteração da linha interpretativa do STJ em relação aos procedimentos do Rol da ANS de forma taxativa ou o advento da Lei 14.454/2022. Dessa forma, iniciamos nossa reflexão analisando o desenrolar da discussão no STJ e também buscando compreender como a estética e a incansável busca por padrões idealizados tem trazido consequências à saúde mental, principalmente aos mais jovens em decorrência do uso acentuado das redes sociais.

Nélson Rodrigues elucida muito bem a frustração dessas pessoas quando nos diz que "A beleza interessa nos primeiros quinze dias; e morre, em seguida, num insuportável tédio visual", pois os problemas de autoestima não podem simplesmente ser sanados com uma intervenção cirúrgica. Algo que também deve ser levado em consideração é o protagonismo do Brasil em escala mundial no número de cirurgias plásticas e o seu considerável aumento na pandemia, momento em que se deu uma nova perspectiva nas temáticas quem envolvem saúde e qualidade de vida.

É desse grande número de demandas e do estereótipo criado pela sociedade que nasce a problemática desse tema, as cirurgias de natureza reparadora que estão relacionadas às próteses de silicone tem sua cobertura negada sob o pretexto de ser uma cirurgia meramente estética. Para formarmos um entendimento a respeito é necessário também compreender do que se tratam e como são executadas às referidas cirurgias e assim tentamos demonstrar em breves linhas suas caraterísticas e peculiaridades.

Por fim, nos aprofundamos no estudo das obrigações e da responsabilidade civil de toda a cadeia de consumo das cirurgias plásticas em cada um dos seus atores. Destaque especial foi destinado às seguradoras de plano de saúde e as nuances da jurisprudência do STJ para destrinchar a linha de raciocínio dos posicionamentos adotados pelos tribunais ao direito de reparação que os assegurados fazem jus ante a negativa indevida e esclarecer as consequências do REsp 1733013 e dos embargos de divergência 1886929 e 1889704, a respeito da taxatividade do Rol da ANS, são capazes de afetar a cobertura desses procedimentos.

II. OS PARADIGMAS INTERPRETATIVOS DO ROL DA ANS

A amplitude da cobertura e os deveres obrigacionais das seguradoras em razão do rol da ANS se tornou uma pauta latente no judiciário nessa última década, em especial ao Superior Tribunal de Justiça. Por muito tempo o legislador se absteve da responsabilidade de delimitar com clareza a forma como deveria ser interpretado, o que fez restar esse papel aos tribunais, tornando-os protagonistas nessa discussão que aparentemente teve um fim no começo de 2023. A jurisprudência do STJ caminhava para a consolidação do entendimento de que a interpretação do rol deveria ser exemplificativa, sob o fundamento de que o agente mais capaz para determinar a necessidade do tratamento seria o próprio médico responsável pelo paciente, de modo que se não houvesse previsão expressa no rol da ANS, mas o procedimento fosse indicado como o único cabível naquelas circunstâncias – observado o quadro clínico do interessado – a seguradora deveria arcar com a cobertura.

Em um primeiro momento, esses julgados representaram para muitos um grande avanço sob o prisma social, tendo em vista que se passou a resguardar tratamentos que até então não estavam inclusos no rol da ANS por serem considerados ainda como experimentais, vários destes direcionados a pessoas com deficiência (PcD), em sua maioria crianças diagnosticadas com Transtorno do Espectro Autista (TEA) e Síndrome de Down (SD). A inclusão de procedimentos no rol da ANS à época era considerada extremamente morosa, razão pela qual essa demora poderia significar nesses casos a defasagem no desenvolvimento das crianças com deficiência, pois o acesso a tais tratamentos, principalmente nos primeiros anos de vida, são fundamentais para proporcionar condições para o pleno desenvolvimentos desses indivíduos e negar-lhes isso seria equivalente a negar-lhes qualidade de vida, inclusive no que se refere a longevidade.

Entretanto, as Terceira e Quarta Turmas do STJ passaram a sutilmente desenvolver linhas interpretativas divergentes sobre a interpretação do rol, a Terceira analisando mais sob o viés social enquanto a Quarta tendia pela defesa sob a perspectiva contratual. Esse contexto culminou no julgamento do REsp 1733013/PR no final de 2019, de relatoria do Ministro Luis Felipe Salomão pela Quarta Turma. O referido recurso especial foi um marco na tentativa de buscar um cerne comum na jurisprudência do próprio STJ por meio de um *overruling*, mas também tentar desafogar a matéria nos tribunais em âmbito nacional. Em resumo, o resultado tentou equilibrar a necessidade dos consumidores no aspecto amplo de adesões ao plano de saúde em face dos serviços ofertados por cada tipo de cobertura, chegando a conclusão de que o rol não poderia ser interpretado como meramente exemplificativo pois poderia acarretar em desarmonia nas relações de consumo e afetar os demais usuários que contrataram o serviço em razão do direito à saúde, buscando preços acessíveis.

O REsp 1733013/PR significou uma verdadeira disruptura no STJ, que ao invés de dar segurança jurídica aos julgamentos, criou em realidade uma polarização maior entre as turmas e os tribunais do país. Dessa forma, em junho de 2022 a Segunda Seção do STJ teve que levar a julgamento o EREsp 1886929/SP, também de relatoria do Ministro Salomão, que apesar do voto vencido da Ministra Nancy Andrighi, decidiu por fixar a interpretação do Rol da ANS como taxativo, com a possibilidade de contratação de cobertura ampliada e a título excepcional de tratamento indicado pelo médico ou odontólogo assistente, desde que (i) não tenha sido indeferido expressamente pela ANS, na incorporação do procedimento ao Rol; (ii) haja comprovação da eficácia do tratamento à luz da medicina baseada em evidências; (iii) haja recomendações de órgãos técnicos de renome nacionais e estrangeiros; e (iv) seja realizado, quando possível, o diálogo interinstitucional do magistrado com entes ou pessoas com expertise técnica na área da saúde.[1]

Aparentemente, a questão estava superada, mas tomou outros deslindes quando o Congresso Nacional em setembro de 2022 publicou a Lei 14.454, que visa estabelecer critérios que permitam a cobertura de exames ou tratamentos de saúde que não estão incluídos no rol mínimo de procedimentos da ANS. Entretanto, até o momento há pouca efetividade à referida legislação, tendo em vista que ainda não foi devidamente regulamentada, abrindo brecha para análises casuística sobre a cobertura fora do rol, tornando a interpretação muito conveniente às operadoras de saúde, e deixando novamente o consumidor na posição de recorrer ao judiciário para esclarecer as lides.[2]

---

1. EREsp 1.886.929/SP, relator Ministro Luis Felipe Salomão, Segunda Seção, julgado em 08.06.2022, DJe de 03.08.2022.
2. MACHADO, Rafael. *Sem regulamentação, lei do rol da ANS não avança e pacientes buscam judicialização.* Disponível em: https://futurodasaude.com.br/lei-do-rol-da-ans/ Acesso em: 31 jul. 2023.

Ao que tudo indica, a discussão está longe de acabar, pois em novembro de 2022 a União Nacional das Instituições de Autogestão em Saúde – Unidas ingressou com a ADI 7.265/DF, sob relatoria do Ministro Roberto Barroso, impugnando os dispositivos da Lei 14.454/2022 para aplicar interpretação conforme a Constituição Federal sobre o livre exercício da atividade privada, a função reguladora do estado na atividade econômica, bem como a preservação do direito dos próprios beneficiários na relação de consumo. Dessa forma, como ainda não houve um desfecho, continuam a desaguar nos tribunais demandas referentes à negativa de cobertura pelas seguradoras, mas agora em um cenário ainda mais desafiador para os operadores do direito.

III. O CONTEXTO DAS CIRURGIAS ESTÉTICAS NO BRASIL

Segundo o Presidente da Sociedade Brasileira de Direito Médico e Bioética (ANADEM), "Todo cirurgião plástico um dia será processado".[3] Apesar de em um primeiro momento tal afirmativa soar um tanto quanto leviana, ganha um tom de sobriedade diante da colocação do Brasil a nível mundial quanto ao número de cirurgias plásticas. A datar de 2010, o Brasil ganhou os holofotes do mundo por ocupar a terceira colocação nesse ranking, ademais, a Sociedade Internacional de Cirurgia Plástica Estética (Isaps)[4] atesta o avanço exponencial do número de cirurgias plásticas realizadas no país, que desde 2011 se manteve atrás somente dos Estados Unidos, o até então líder absoluto.

Apesar do leve recuo em 2015,[5] os números brasileiros continuaram crescendo, levando o Brasil à primeira colocação apenas quatro anos depois,[6] tornando-se responsável por 13,1% de todos os procedimentos estéticos no mundo.[7] Os dados divulgados em 2019 apontam que foram realizados aproximadamente dois milhões e meio de procedimentos estéticos no país, destes, um milhão quatrocentos e noventa e oito mil foram cirurgias plásticas, o que significa dizer que no Brasil são realizadas mais de quatro mil cirurgias plásticas por dia. A mais procurada foi a mamoplastia para implante de silicone, a qual sozinha representou 15,8% do total de procedimentos realizados.

Outro fator extremamente relevante nessa equação é o sujeito passivo da relação de consumo, entender quem é o público-alvo e seus motivos é a chave para fechar essa conta que só cresce. Só na última década a Sociedade Brasileira de Cirurgia Plástica

---

3. CANAL, Raul, *Revista Plástica Paulista*, n. 62. São Paulo, 2017. p. 16.
4. UOL, Redação da, *Brasil está em 3º lugar em ranking de países que mais realizam cirurgia plástica*. Disponível em: https://www.uol.com.br/tilt/ultimas-noticias/redacao/2010/08/09/brasil-esta-em-3-lugar-em-ranking--de-paises-que-mais-realizam-cirurgia-plastica.htm. Acesso em: 15 ago. 2021.
5. LENHARO, Mariana. *Cai número de plásticas no Brasil, mas país ainda é 2º no ranking, diz estudo*. Disponível em: http://g1.globo.com/bemestar/noticia/2016/08/cai-numero-de-plasticas-no- brasil-mas-pais-ainda-e--2-no-ranking-diz-estudo.html. Acesso em: 15 ago. 2021.
6. COLTRO, Pedro. *Revista Revide*, edição 1000. Disponível em: http://www2.cirurgiaplastica.org.br / blog/2020/02/13/lider-mundial/. Acesso em: 15 ago. 2021.
7. SILVA, Lorena. *Brasil lidera ranking de procedimentos estéticos em jovens*. Disponível em: https://lorena.r7.com/ categoria/saude/Brasil-lidera-ranking-de-procedimentos-esteticos-em-jovens#:~:text=De%20acordo%20 com%20da%20dos%20da,at%C3%A9%2018%20anos%20de%20idade. Acesso em: 31 jul. 2023.

constatou um aumento de 141% nos procedimentos em jovens de 13 a 18 anos,[8] e outro dado divulgado pela Sociedade Brasileira de Cirurgia Plástica (SBCP) revela que apenas em 2016, de todos os procedimentos estéticos do país, cerca de 6,6% foram realizados em menores de 18 anos.[9] Este grupo em especial possui algumas restrições aos implantes mamários, que só são aconselhados para mulheres com mais de 17 anos, consequentemente, no tocante às próteses mamárias a faixa etária seguinte, correspondente às moças de 19 a 34 anos de idade, é a que mais busca o referido procedimento, chegando a alcançar 53,9% das cirurgias.[10]

A Pesquisa Nacional de Saúde do Escolar – PeNSE, em parceria com o Ministério da Saúde e apoio do Ministério da Educação, seguindo as referências da Organização Mundial da Saúde – OMS (World Health Organization – WHO) realiza amostragens da saúde dos adolescentes desde 2009. Na pesquisa divulgada no segundo semestre de 2021, constatou-se que o Distrito Federal tem o maior índice de insatisfação com o corpo, alcançando 28,9% dos estudantes, coincidentemente, outro dado alarmante mostra que 23,1% sentiam que a vida não valia mais a pena ser vivida.[11]

Ao analisar a presente problemática deve-se ter sempre em mente a lógica dos seguros de automóveis: não obstante todo o aparato legal e de fiscalização, quanto mais veículos são adquiridos e trafegam pelas cidades, a tendência é aumentar o número de acidentes. Assim, diante da quantidade voluptuosa de cirurgias estéticas no Brasil e a inclinação lógica de se romper conflitos de interesses, não pode o operador do Direito se manter alheio a essa realidade, haja vista que dessa relação podem surgir lides das mais variadas naturezas e com diversas complexidades.

IV. O AUMENTO DA DEMANDA DURANTE A PANDEMIA E A INFLUÊNCIA DAS REDES SOCIAIS NOS PADRÕES DE BELEZA

Mesmo a pandemia de SARS-CoV não conseguiu conter o avanço dos procedimentos estéticos, pelo contrário, a Sociedade Internacional de Cirurgia Plástica Estética (Isaps) atestou um aumento de 50% nas procuras somente no primeiro semestre de 2021 em comparação com o ano anterior.[12] Muitas celebridades, influencers e pessoas comuns aproveitaram a quarentena e o isolamento social para realizar procedimentos

---

8. XAVIER, Danielle. *Brasil lidera ranking mundial de cirurgias plásticas.* Disponível em: https://digitais.net.br/2020/12/brasil-lidera-ranking-mundial-de-cirurgias-plasticas/. Acesso em: 15 ago. 2021.

9. LOURENÇO, Tainá. *Cresce em mais de 140% o número de procedimentos estéticos em jovens.* Jornal da USP, 2021. Disponível em: https://jornal.usp.br/atualidades/cresceu-mais-de-140-o-numero-de-procedi mentos--esteticos-em-jovens-nos-ultimos-dez-anos/. Acesso em: 31 jul. 2023.

10. HANOVER, New Hampshire. *PR newswire* – Brasil: Pesquisa global mais recente da ISAPS informa aumento contínuo de cirurgias estéticas em todo o mundo. Disponível em: https://patrocinados.estadao.com.br/medialab/agenciacomunicacao/prnewswire/prnewsbrasil/pr-newswire-brasilpe squisa-global-mais-recente-da-isaps--informa-aumento-continuo-de-cirurgias-esteticas-em-todo-omundo/#:~: text=A%20maior%20parte%20das%20mamoplastias,%2C1%25%20do%20total). Acesso em: 15 ago. 2021.

11. IBGE, *PeNSE – Pesquisa Nacional de Saúde Escolar de 2019.* Disponível em: https://www.ibge.gov.br/es tatisticas/sociais/educacao/9134-pesquisa-nacional-de-saude-do-escolar.html?=&t=o-que-e. Acesso em: 12 ago. 2021.

12. SOCIEDADE BRASILEIRA DE DEMARTOLOGIA, REGIONAL GOIÁS. *Cresce procura por cirurgias e intervenções estéticas.* Disponível em: https://www.sbdgo.org.br/novo/Home/noticia/315. Acesso em: 31 jul. 2023.

estéticos e retrataram o pré e o pós-operatório em suas redes sociais em uma espécie de "ostentação" de plásticas e harmonizações faciais numa busca sem fim para alcançar a nova e efêmera tendência de visual. Enquanto diversos estabelecimentos e negócios fechavam suas portas, a indústria da estética se manteve a pleno vapor.

A possibilidade do trabalho em modalidade remota e as recomendações e protocolos de segurança indicando que as pessoas permanecessem em suas residências proporcionou a muitos unir o útil ao agradável, vislumbrando a oportunidade perfeita para realizar procedimentos estéticos e a recuperação do pós-operatório em casa. Dessa forma, a Sociedade Americana de Cirurgiões Plásticos (American Society of Plastic Surgeons) apurou um aumento de 40% nas cirurgias de implante de próteses mamárias,[13] sendo que muitas pacientes projetam no seu corpo um desejo de se tornar mais atraentes, ou parecidas com alguma pessoa famosa, inspiradas por ideal de beleza, que quase chega a ser utópico. Por outra face, o contexto de isolamento durante a pandemia despertou em alguns um olhar para a saúde e autoconhecimento.

Ter de conviver consigo pode se tornar uma árdua tarefa quando não nos aceitamos e principalmente atrelado ao uso excessivo das redes sociais. Jean Twenge, professora de psicologia da Universidade de San Diego nos Estados Unidos, também autora do livro "The Narcissism Epidemic", estuda justamente essa temática e sustenta que existe uma concatenação entre o aumento de distúrbios psicológicos, como ansiedade e depressão, com o uso das redes sociais,[14] especialmente em relação aos jovens. O psicólogo Michel da Matta Simões, pesquisador da Faculdade de Filosofia, Ciências e Letras de Ribeirão Preto (FFCLRP) da USP, em estudo sobre essa sistemática analisa o papel das redes sociais e de como a procura por procedimentos estéticos, especialmente para os jovens, é em sua maioria motivada por demandas sociais "que exigem dessas pessoas mais do que elas podem ou se sentem capazes de oferecer" e o desejo de se sentir ajustado aos parâmetros impostos.

Nesse sentido, o psicólogo acredita que essas interações virtuais criam padrões intangíveis de modo que "Todo esse mecanismo dificulta a integração daquilo que se tem a oferecer e torna os recursos pessoais de cada um insuficientes, porque, aquilo que é natural é imperfeito e, portanto, diferente daquilo que se posta e compartilha".[15] Todos esses fatores demonstram aspectos comportamentais que induzem os indivíduos a suprir na sua aparência as rupturas existentes na sua autoestima e dilemas íntimos que quando não são bem resolvidos podem se manifestar através de doenças psicológicas e distúrbios mentais. O Dr. Victor Cutait, cirurgião plástico membro da Sociedade Brasileira de Ci-

---

13. CUTAIT, Victor. *Procura por cirurgias plásticas aumenta durante pandemia*. Disponível em: http://www.revistaferidas.com.br/procura-por-cirurgias-plasticas-aumenta-durante-pandemia/. Acesso em: 15 ago. 2021.

14. WENGE, Jean. Have smartphones destroyed a generation? *Revista "The Atlantic"*. Disponível em: https://www.theatlantic.com/magazine/archive/2017/09/has-the-smartphone-destroyed-a-generation/534198/. Acesso em: 15 ago. 2021.

15. COLAB, PUC Minas – Laboratório de Comunicação Digital da FCA / PUC Minas. *Efeito Zoom: pandemia faz aumentar cirurgias plásticas*. Disponível em: https://blogfca.pucminas.br/colab/cirurgias-plasticas/. Acesso em: 31 jul. 2023.

rurgia Plástica (SBCP) e professor da Universidade Nove de Julho (UniNove) diante dos seus mais de 20 anos experiência na área, expõe que ser notável "o aumento de pessoas que vêm me procurando neste momento para realizar um sonho antigo e solucionar uma questão de autoestima que ficou ainda mais evidente durante o isolamento".[16]

Em 2019, a Royal Society for Public Halth, do Reino Unido, produziu um estudo sobre quais sentimentos estão atrelados a cada rede social e como isso afeta o comportamento do indivíduo, concluindo que o Instagram é a mais prejudicial à saúde do usuário.[17] É possível notar a veracidade dessa tese quando se torna cada vez mais comum os pacientes irem aos consultórios dos cirurgiões plásticos com fotos de celebridades, desejando um procedimento que os tornem mais parecidos com aquele padrão de beleza que está na moda e é divulgado na internet. Vale mencionar que um dos maiores atrativos dessa rede social são os chamados filtros, pois por meio deles o usuário ao fazer uma fotografia ou produzir um vídeo, pode realizar pequenos retoques, ou melhor dizendo, distorções na sua aparência, seja na sua cor e até mesmo nos seus traços, alguns inclusive disponibilizam efeitos para se estar com maquiagem o tempo todo como se fosse algo natural.[18]

Sutilmente, ao manipular os sentimentos das pessoas, é introduzido no seu inconsciente a necessidade de realizar procedimentos estéticos, produzir "retoques" desnecessários, manter um perfil de felicidade plena e vida perfeita, influenciando principalmente os jovens que são mais suscetíveis a essas mídias sociais. Além disso, as modalidades de trabalho remoto geraram o que foi batizado pela Sociedade Brasileira de Cirurgia Plástica (SBCP) como "efeito zoom",[19] que em síntese significou o aumento da procura por procedimentos no rosto, tendo em vista que as lives e videoconferências realizadas nesse período ressaltavam traços e expressões faciais, muitas advindas da própria idade, e que passaram a incomodar os pacientes. Em contrapartida, com o controle da pandemia e a retomada gradativa das atividades sociais e econômicas, outras áreas que já não eram mais vistas pelas câmeras voltaram ao foco das cirurgias plásticas, especialmente as mamas.[20]

Em suas obras, Umberto Eco ao se aprofundar sobre o conceito do belo entende que este é criado pelos indivíduos a sua imagem e semelhança de forma como cada um se vê representado, e claro, a todo novo momento histórico essa representação se

---

16. CUTAIT, Victor. *Procura por cirurgias plásticas aumenta durante pandemia*. Disponível em: http://www.revistaferidas.com.br/procura-por-cirurgias-plasticas-aumenta-durante-pandemia/. Acesso em: 15 ago. 2021.

17. RSPH, Royal Society for Publlic Helth, *Instagram Ranked Worst for Young People's Mental Health*. Disponível em: https://www.rsph. org.uk/about-us/news/instagram-ranked-worst-for-young-people-s-mental-health. html. Acesso em: 15 ago. 2021.

18. SANTA MÔNICA, Hospital. *Filtros do Instagram*: como afetam a autoimagem do jovem? Disponível em: https://hospitalsantamonica.com.br/filtros-do-instagram/. Acesso em: 15 ago. 2021.

19. COLAB, PUC Minas – Laboratório de Comunicação Digital da FCA / PUC Minas. *Efeito Zoom*: pandemia faz aumentar cirurgias plásticas. Disponível em: https://blogfca.pucminas.br/colab/cirurgias-plasticas/. Acesso em: 31 jul. 2023.

20. ESTADO DE MINAS. *Procura por cirurgias plásticas dispara pós-pandemia; confira as principais*. Disponível em: https://www.em.com.br/app/noticia/bem-viver/2022/05/26/interna_bem_viver,1368949/procura-por--cirurgias-plasticas-dispara-pos-pandemia-confira-as-principais.shtml. Acesso em: 31 jul. 2023.

transforma.[21] Quando a estética é abordada, não lidamos apenas com a fisionomia das pessoas, mas sim com a sua autoestima, consequentemente, com o reflexo da identidade dos indivíduos e, portanto, é natural que isso afete também a sua saúde mental.

Ao pincelar brevemente sobre o assunto já é possível despontar o quão complexos são os efeitos da estética na vida das pessoas, haja vista ela estar presente a todo momento, mesmo que inconscientemente, nas relações humanas. Não se deve ignorar o fato que há situações em que um procedimento estético pode alterar a vida de alguém e lhe dar um novo significado, como no caráter reparador em razão de um acidente, trauma ou doença que lhe tenha causado alguma espécie de deformação; auxiliar nos dilemas de confiança e autoafirmação; bem como até mesmo ascender um casamento.

V. A MOTIVAÇÃO CIRÚRGICA E A NECESSIDADE DE COBERTURA

O maior tabu das cirurgias estéticas até hoje é a sua motivação, fazendo com que esse dilema ultrapasse os interesses pessoais de cada um e rotineiramente seja discutido em nossa sociedade, repleta de preconceitos e julgamentos e por conseguinte, levado em consideração também pelos planos de saúde. Em atenção a este último é imperioso destacar a regulação dessa prestação de serviços e sua fiscalização pela Agência Nacional de Saúde Suplementar (ANS), que exclui a cobertura de procedimentos, órteses e próteses para fins estéticos, que não visão a restauração parcial ou total da função ou órgão afetado. Entretanto, alguns procedimentos mesmo quando possuem finalidade essencialmente clínica, acarretam consequências no âmbito estético, um exemplo claro sobre isso são as próteses mamárias, o que ocasionou uma brecha para a negativa pelos Planos de Saúde e criou um empasse sobre a cobertura do procedimento.

Assim, as seguradoras passaram a negar a cobertura das intervenções que envolviam implantes de silicone com o pretexto de caracterizar uma cirurgia estética, ignorando o seu caráter reparador e fundamentando-se de maneira distorcida nas cláusulas contratuais e nas Resoluções Normativas da ANS. Em razão dessa negativa, aquelas pacientes que possuíam condições financeiras para arcar com as despesas médico-hospitalares custearam o procedimento na rede privada, até mesmo para evitar maiores constrangimentos e transtornos em um momento da vida que por si só já é extremamente delicado. Porém, aquelas que se sentiram injustiçadas ou porque não teriam meios suficientes para bancar por conta própria o tratamento sem comprometer sua renda, decidiram levar essa briga para os tribunais fazendo com que essa discussão chegasse ao STJ, a fim de uniformizar um entendimento sobre a matéria, que vem amplamente aplicado o entendimento de que se exclui da cobertura somente àqueles procedimentos com finalidade meramente estética,[22] ou seja, cujo intuito não detém razões de saúde.[23]

---

21. ECO, Umberto. *História da Beleza*. Rio de Janeiro: Record, 2010, p. 418.
22. AgInt no AREsp 1763328/DF; Rel. Ministro Raul Araújo, Quarta Turma, julgado em 12.04.2021, DJe 12.05.2021.
23. AgInt no REsp 1886340/SP; Rel. Ministro Ricardo Villas Bôas Cueva, Terceira Turma, julgado em 18.05.2021, DJe 24.05.2021.

ROL DA ANS E COBERTURA DE PRÓTESES MAMÁRIAS PELAS SEGURADORAS DE PLANO DE SAÚDE

A Corte Superior chegou à conclusão de que existem situações em que para evitar males à saúde da paciente, é necessário implantar ou até mesmo trocar as próteses e, portanto, quando o procedimento possui essencialmente um caráter reparador a negativa da cobertura resta indevida sob a justificativa de ser um procedimento estético. Porém, mesmo após reiterados julgados é extremamente comum que ao solicitar administrativamente, apesar da respectiva orientação médica para o procedimento e dos reiterados julgados, ocorra a negativa da cobertura sob o pretexto de ser uma cirurgia estética pelo simples fato de envolver as próteses de silicone. Por essa razão, cada vez mais ocorre a judicialização dessas demandas, que envolve os mais diversos sentimentos, como dor, humilhação, medo e frustração, colocando a consumidora numa situação em que precisa reviver constantemente este trauma e expondo momentos de fragilidade.

VI. DAS PRÓTESES MAMÁRIAS E CASOS DE COBERTURA CONFORME O ROL DA ANS

O implante mamário existe há mais de 50 anos,[24] mas na sua origem o procedimento utilizado era bastante diferente do que é aplicado hoje, tudo graças aos avanços da medicina. Os estudos nessa área visam tornar a cirurgia mais segura e com maiores índices de sucesso, atendendo as necessidades e o padrão de qualidade desejado pelas pacientes. No início, as próteses de silicone possuíam uma superfície mais lisa, ocasionando as chamadas contraturas capsulares,[25] as quais serão abordadas com maior profundidade em tópico posterior.

Como alternativa, foram criados outros tipos de membranas externas para proporcionar mais aderência e adaptabilidade da prótese pelo organismo. Dessa forma, o maior avanço das próteses não foi no conteúdo, que hoje podem ser de solução salina ou gel de silicone,[26] mas sim no revestimento, que além de se adaptar à mama, deve ser capaz de conter as partículas de silicone e impedir que a substância entre em contato direto com o organismo para evitar infecções.[27] Com a evolução na tecnologia das próteses mamárias, houve consequentemente um crescimento expressivo de implantes mamários, principalmente das mamoplastias de aumento com finalidade estética com formatos redondos e anatômicos.[28]

Contudo, é preciso se atentar também àqueles casos em que os implantes são indicados para tratamentos de saúde e, portanto, devem ser cobertos pelas seguradoras.

---

24. MOREIRA, Fernando; *Primeiro implante de silicone nos seios completa 50 anos.* Disponível em: https://blogs. oglobo.globo.com/pagenotfound/post/primeiro-implante-de-silicone-nos-seios-completa-50-anos-438650. html. Acesso em: 19 set. 2021.

25. PEPINO, Luciana. *As diferenças entre os tipos de revestimentos de implantes de silicone.* Disponível em: https:// www.lucianapepino.com.br/blog/cirurgia-plastica/tipos-de-implantes-de-silicone/. Acesso em: 25 set. 2021.

26. FARINAZZO, Mário. *Entenda os diferentes tipos de implantes mamários.* Disponível em: https://mariofarinazzo. com.br/implantes-mamarios-entenda-os-tipos/. Acesso em: 25 set. 2021.

27. SAMPAIO, Marcelo. *História dos Implantes de Silicone.* Disponível em: http://www.clinica marcelosampaio. com.br/artigo-historia-dos-implantes-de-silicone/. Acesso em: 19 set. 2021.

28. GRILLO, Marcos. *Quais os tipos de implantes mamários e suas diferenças?* Disponível em: https://marcosgrillo. com.br/implantes-mamarios/. Acesso em: 25 set. 2021.

Para tanto, a Agência Nacional de Saúde Suplementar produziu o Parecer Técnico 19/GEAS/GGRAS/DIPRO/2019[29] com a finalidade de orientar e garantir a cobertura das cirurgias mamárias reparadoras, bem como proporcionar o implante para mulheres transexuais em processo de redesignação de gênero. Outrossim, entende-se que a restauração é um procedimento uno,[30] ou seja, todos os atos necessários ao procedimento devem ser cobertos, como exames, anestesia, próteses, cirurgia e internação. Além disso, a restauração mamária em sua grande maioria está atrelada à tratamentos de câncer de mama ou tumores, sendo que no Brasil é o câncer que mais mata mulheres e em 70% dos casos são identificados em estágios avançados,[31] contabilizando em 2018 quase 60 mil diagnósticos.

Nesse sentido, o STJ já demonstrou que a restauração não se resume a isso, devendo haver a cobertura quando o caso também é uma decorrência lógica de um tratamento coberto pela seguradora, tal como a técnica de gastroplastia (cirurgia bariátrica). O médico que acompanha o paciente é autoridade capaz de entender as suas necessidades, assim como as peculiaridades do caso para fazer o diagnóstico, sendo assim, se é indicado tratar uma doença que é coberta pela seguradora não faria sentido cobrir somente parte dos procedimentos e não finalizar o tratamento.[32] A conclusão sobre a ausência do viés estético em razão do caráter reparador culminou na tese sobre a abusividade na negativa de cobertura e tornou-se firme no Superior Tribunal de Justiça, por isso vem sendo amplamente aplicada também pelo TJDFT[33] e outros tribunais nos últimos anos.

Assim, significa dizer que cabe ao magistrado interpretar os fatos à luz das normas vigentes no ordenamento jurídico de modo que ao entender pela necessidade da reconstrução da mama no caso concreto, configure então a necessidade da cobertura pelo Plano de Saúde. Dessa forma, também são consideradas decorrências lógicas as complicações cirúrgicas[34] – independente da sua motivação. Isto posto, a cobertura dos implantes mamários deve ser analisada caso a caso, tendo sempre como fundamento a determinação médica ante o estado de saúde da paciente e interpretando as normas de forma mais favorável ao consumidor, logo, os cenários de traumas e lesões às mamas[35] também devem ser autorizados pelos Planos de Saúde, ainda que afete apenas uma delas, garantindo toda a assistência médica necessária.

---

29. ANS; *Cobertura:* mama e sistema linfático (mastectomia / mastoplastia). Parecer Técnico 19/GEAS/GGRAS/DIPRO/2019; publicado em 17 de maio de 2019.
30. TJ-SP – AC: 10078039120178260011 SP 1007803-91.2017.8.26.0011, Relator: Edson Luiz de Queiróz, Data de Julgamento: 19.11.2019, 9ª Câmara de Direito Privado, Data de Publicação: 19.11.2019.
31. STJ. *O tribunal da cidadania e a luta contra o câncer de mama;* Disponível em: https://www.stj.jus.br/sites/portalp/Paginas/Comunicacao/Noticias/11102020-O-Tribunal-da-Cidadania-e-a-luta-contra-o-cancer-de-mama.aspx. Acesso em: 10 out. 2021.
32. AgInt no AREsp 1763328/DF, Rel. Ministro Raul Araújo, Quarta Turma, julgado em 12.04.2021, DJe 12.05.2021.
33. TJDFT – Acórdão 1013507, Relatora Des. Leila Arlanch, 7ª Turma Cível, Data de Julgamento: 19.04.2017, Publicado no DJe: 03.05.2017.
34. ANS; *RN 465/2021;* Art. 11; Disponível em: https://www.in.gov.br/en/web/dou/-/resolucao-normativa-rn-n--465-de-24-de-fevereiro-de-2021-306209339. Acesso em: 03 out. 2021.
35. ANS. *Qualidade da Saúde: Recolocação de próteses de silicone.* Disponível em: http://www. Ans.gov.br/a-ans/sala-de-noticias-ans/qualidade-da-saude/1285-recolocacao-de-proteses-de-silicone. Acesso em: 10 out. 2021.

Significa dizer que mesmo em um caso em que a cirurgia fora motivada por razões exclusivamente estéticas, se do procedimento advirem complicações que representam risco a saúde, como por exemplo contrair uma infecção hospitalar, a seguradora deverá cobrir o tratamento pois se trata de um novo fato, e o nexo causal não se rompe apenas pelo fato de ser uma consequência de uma cirurgia estética. Por outro lado, o explante mamário nada mais é do que a remoção das próteses de silicone. Trata-se de um procedimento rápido que leva em torno de 2 a 3 horas, normalmente realizando-se o novo corte por cima da cicatriz do implante e a depender da orientação médica a paciente pode retornar para casa ainda no mesmo dia.[36]

O movimento para retirar as próteses tem ganhado visibilidade nos últimos anos, crescendo na mídia e ganhando apoio principalmente dos grupos mais jovens, indo em contramão aos implantes de aumento, visando valorizar a beleza natural. Muitas das mulheres que tomam essa decisão relatam desconfortos causados pelas próteses, dificuldades de amamentar e para algumas a persistência das inseguranças e problemas de autoestima, por essas razões, desde 2015 os explantes mamários aumentaram em 49,7% segundo a Sociedade Internacional de Cirurgia Plástica Estética.[37] Esses sintomas são denominados de "Breast Implant Illness", popularmente conhecidos como doença do silicone,[38] e apesar dos estudos desenvolvidos na área, ainda não é uma doença reconhecida[39] e assim não possui cobertura securitária.

É fundamental que a paciente continue o acompanhamento médico e a realização periódica de exames após a cirurgia, dessa forma é possível identificar alguma complicação ou os primeiros indícios que caracterizem causas de deformidades nos seios, tais como a contratura capsular, ruptura, rippling, e Síndrome Autoimune Induzida por Adjuvantes (ASIA),[40] que necessariamente ensejam na troca da prótese.[41] Dessas complicações o encapsulamento é a mais comum e pode existir em até 4 graus, trata-se em breves linhas de um mecanismo de proteção do organismo,[42] que considera a prótese um corpo estranho e acaba a rejeitando. O cirurgião plástico Flávio Garcia, da clínica Dream Plastic, explica que o processo de encapsulamento se trata de quando por meio de um sistema de defesa do próprio organismo "a cápsula começa a apertar a prótese e,

---

36. MORALE, Rogério. *Explante Mamário*. Disponível em: https://www.clinicalipohd.com.br/procedimentos/explante-mamario. Acesso em: 03 out. 2021.

37. MORENO, Vitor. *Explante vira tendência entre mulheres que aderiram ao silicone no passado*; Disponível em: https://f5.folha.uol.com.br/viva-bem/2021/04/explante-vira-tendencia-entre-mulheres-que-aderiram-ao-silicone-no-passado.shtml. Acesso em: 03 out. 2021.

38. AMATO, Fernando. *Explante mamário é uma tendência para 2021*. Disponível em: https://www.amato.co m.br/explante-mamario-e-uma-das-tendencias-para-2021/. Acesso em: 10 out. 2021.

39. MORAES, Madson de; *Explante mamário e o BII: o que diz a ciência?* Disponível em: http://www2.cirurgia plastica.org.br/blog/2021/04/26/explante-mamario-e-a-ciencia/. Acesso em: 03 out. 2021.

40. PEPINO, Luciana. *Explante mamário*. Disponível em: https://www.lucianapepino.com.br/cirurgiaplastica/explante-mamario/. Acesso em: 03 out. 2021.

41. HOSPITAL SÍRIO-LIBANÊS. *Três situações que exigem a substituição da prótese de silicone*; Disponível em: https://www.hospitalsiriolibanes.org.br/imprensa/noticias/Paginas/Tres-situacoes-que-exigem-a-substituicao-da-protese-de-silicone.aspx. Acesso em: 10 out. 2021.

42. SILICONE CENTER. *Encapsulamento de prótese*: saiba tudo sobre o assunto! Disponível em: https://silicone-center.com.br/blog/encapsulamento-da-protese-saiba-tudo-sobre-esse-assunto/. Acesso em 10 out. 2021.

com o passar do tempo, ele é cada vez mais comprimido. Até que o material do silicone não aguenta a pressão e se rompe".[43]

Os implantes com tecnologias mais recentes proporcionam uma durabilidade muito maior, enquanto os modelos mais antigos possuíam prazos de validade que variavam de 10 a 15 anos[44] e por isso podem causar o encapsulamento haja vista que 4% das próteses, durante um período de 10 anos tendem a apresentar algum grau de contratura[45] e por essa razão o melhor momento para se realizar a troca é um pouco antes do término da validade.[46] Quando findo o prazo e a troca das próteses não ocorre, podem surgir pequenas rupturas que provocam micro vazamentos do silicone, gerando inflamações nos tecidos vizinhos. Nessas circunstâncias o procedimento para troca pode se tornar ainda mais invasivo pela necessidade de se realizar uma raspagem para retirada de parte deste tecido,[47] o que dificulta a nova colocação, fazendo com que a paciente precise até mesmo permanecer um período sem próteses em alguns casos.

Como se trata de uma relação consumerista, não podemos deixar de mencionar que as cláusulas contratuais devem ser interpretadas de forma mais benéfica ao consumidor, mesmo quando limitadoras. Por essa razão, de acordo com a ANS, nesses casos não apenas o procedimento, mas também as próprias próteses deverão ser cobertas pelas seguradoras, respeitando por óbvio o período de carência e as condições para se caracterizar os eventos de urgência ou emergência. Situação semelhante já foi analisada pelo TJSP que acertadamente enxergou o viés reparador do procedimento de reconstrução da mama em razão do encapsulamento da prótese da paciente caracterizando a negativa indevida pelo Plano de Saúde, ao interpretar as cláusulas a favor da consumidora e condenando a seguradora ao pagamento das despesas médicas.[48]

Situação semelhante seria por exemplo o encapsulamento ou até mesmo rompimento completo das próteses em razão de um acidente, como em decorrência de uma batida entre veículos. Ou seja, apesar de em momento pregresso o implante ter ocorrido por razões estéticas, o encapsulamento ocorre em virtude de caso fortuito ou força maior e representa latente risco a saúde, dessa forma, não pode a seguradora negar a cobertura

---

43. MARTINS, João Paulo. *Entenda o encapsulamento da prótese de silicone, que ocorreu com a apresentadora Xuxa*; Disponível em: https://www.revistaencontro.com.br/canal/atualidades/2018/07/entend a-o-encapsulamento-da-protese-de-silicone-que-ocorreu-com-a-apr.html#:~:text=O%20encapsulamento%2 0de%20 pr%C3%B3tese%20de,a%20press%C3%A3o%20e%20se%20rompe. Acesso em: 10 out. 2021.

44. PEPINO, Luciana. *Próteses de silicone tem validade?* Disponível em: https://www.lucianapepino.com.br/bl og/ validade-da-protese-de-silicone/. Acesso em: 10 out. 2021.

45. VIDALE, Giulia. *Próteses de silicone nos seios tem prazo de validade?* Disponível em: https:// veja. abril.com.br/ saude/protese-de-silicone-tem-prazo-de-validade/. Acesso em: 10 out. 2021.

46. MEDEIROS, Adriano. *Encapsulamento da prótese? E agora?* Disponível em: https://adrianomedeiros.med.br/ encapsulamento-na-protese-e-agora/. Acesso em; 10 out. 2021.

47. TUA SAÚDE. *Quando trocar as próteses de silicone*. Disponível em: https://www.tuasaude.com/ quando-trocar-a-protese-desilicone/#:~:text=Pr%C3%B3teses%20que%20tenham%20prazo%20decada%2010%20 anos%20seja%20recomendada. Acesso em: 10 out. 2021.

48. TJSP; Apelação Cível 1007803-91.2017.8.26.0011; Relator (a): Edson Luiz de Queiróz; Órgão Julgador: 9ª Câmara de Direito Privado; Foro Regional XI – Pinheiros – 2ª Vara Cível; Data do Julgamento: 19.11.2019; Data de Registro: 19.11.2019.

da restauração das mamas sob a simples justificativa de que o procedimento envolve o implante de próteses de silicone. Em vista disso, nota-se que a motivação que enseja a cobertura pela seguradora tanto para o implante, explante ou troca de próteses habita numa razão comum, o caráter reparador da cirurgia. Assim é primordial que o julgador verifique nas lides, principalmente com base na opinião do médico que acompanha a paciente, a existência da necessidade de reconstrução da mama, característica esta que é capaz de afastar o cunho estético do procedimento e gerar a obrigação do Plano de Saúde de custear o tratamento.

VII. DA RESPONSABILIDADE CIVIL DA SEGURADORA

Os contratos de seguro de plano de saúde voltaram a se tornar assunto diante das mudanças do mercado e dos riscos provocados pelo surgimento da Pandemia do coronavírus.[49] Entretanto, mesmo no século passado alguns já enxergavam o grande impacto que esses contratos teriam para a sociedade, como o vanguardista e ex-primeiro Ministro britânico, Winston Churchill, que em suas palavras dizia-se "tão convencido de que o seguro pode, mediante um desembolso módico, livrar as famílias de catástrofes irreparáveis".[50] Todavia, nem tudo são flores, e muitos assegurados vivem, verdade seja dita, uma relação de amor de ódio com as seguradoras de plano de saúde.

Exemplo real disso são os casos das pacientes que carecem da cirurgia reparadora por meio do implante de silicone cujos pedidos são negados. Nesse ponto, a responsabilidade civil da seguradora se demonstra de análise mais densa que as demais explanadas anteriormente, porém não há nenhum mistério sob o aspecto da solidariedade[51] da seguradora com hospital e do médico da rede credenciada,[52] mantendo a lógica da relação consumerista.[53] Ocorre que diante da negativa pela asseguradora e do eminente risco à saúde, não é viável para muitos jurisdicionados aguardar até o final do processo para proteger o seu direito.

Desse modo, após intenso desgaste e com muito custo os pacientes acabam realizando o tratamento sem a cobertura do plano de saúde. Assim, o que era a princípio um processo voltado para proporcionar a cobertura e assim realizar o procedimento estimado, torna-se o meio pelo qual é solicitado o reembolso das despesas médico-hospitalares no tratamento, bem como requerer uma indenização diante da recusa indevida da seguradora, como o que acontece nas cirurgias reparadoras de implante

---

49. TRIBUNA DO NORTE; *Pandemia alterou a percepção do risco e mudou o mercado, diz diretor da MAPFRE no Nordeste*; Disponível em: http://www.tribunadonorte.com.br/noticia/pandemia-alterou-a-percepa-a-o-do--risco-e-mudou-o-mercado-diz-diretor-da-mapfre-no-nordeste/523196. Acesso em: 17 out. 2021.

50. SOBREIRA, Danilo; *Seguros pessoais e de vida ganham sentido de urgência*; Disponível em: https://www.revistaapolice.com.br/2020/06/eguros-pessoais-e-de-vida-ganham-sentido-de-urgencia/. Acesso em: 18 out. 2021.

51. AgInt no REsp 1639724/DF, Rel. Ministro Antonio Carlos Ferreira, Quarta Turma, julgado em 24.08.2020, DJe 31.08.2020.

52. FARIAS, Cristiano Chaves de, ROSENVALD, Nelson, NETTO, Felipe Peixoto Braga; *Curso de Direito Civil*. 2. ed. 2015; Editora Atlas; v. 3; *Responsabilidade Civil*; Capítulo 7, p. 744.

53. REsp 1359156/SP, Rel. Ministro Paulo de Tarso Sanseverino, Terceira Turma, julgado em 05.03.2015, DJe 26.03.2015.

mamário. Contudo, vale lembrar que ao reembolso dos valores se aplica os limites da tabela prevista no contrato e que o tratamento deverá ser realizado em instituição que componha a rede credenciada pelo plano.[54]

Ademais, não pode o paciente por mera liberalidade escolher o hospital para o procedimento e requerer o reembolso, situação que só é permitida em casos de excepcionalidade comprovada,[55] como em uma situação de urgência, emergência[56] ou quando não há profissionais credenciados para aquele tratamento na localidade do paciente.[57] Para fins de contextualização, é de grande valia também mencionar o tópico da taxatividade do Rol da ANS e o grande impasse que a Segunda Seção do STJ viveu nos últimos anos, tendo em consideração que a Terceira Turma entendia pelo seu caráter exemplificativo.[58] Ao se aprofundar na análise jurisprudencial do Superior Tribunal de Justiça acerca do assunto, percebe-se de antemão que os julgados da Terceira Turma, em especial os referentes à contratos de seguro como dos planos de saúde, seguem uma visão mais humanista de interpretação.

Este fato é ainda mais asseverado com a indicação ao Prêmio Nobel da Paz do Ministro Moura Ribeiro, presidente da Terceira Turma à época. Tal reconhecimento foi devido a aplicação do chamado "capitalismo humanista" na *Apelação com revisão 991.06.05460-3/SP* – a qual versa sobre o contrato de seguro habitacional – conceituado por ele da seguinte forma:[59]

> O capitalismo humanista é o viés do direito econômico dentro daquilo que se chama de capital e que precisa ter uma visão social. O capital não precisa ser tenebroso. Não temos nada contra o capital, só queremos que ele se amolde aos princípios que gregos e romanos nos deixaram assentados aos direitos da personalidade. O capital deve passar por nós de tal modo que a Constituição possa ser implementada pelo piso da dignidade humana e haja uma real distribuição preconizada na lei.

Em contrapartida, a Quarta Turma passou a seguir, desde o final de 2019,[60] uma vertente mais contratualista de "pacta sunt servanda". Esse movimento é encabeçado

---

54. STJ; *Apenas situações excepcionais obrigam plano de saúde a reembolsar despesas fora da rede credenciada*; Disponível em: https://www.stj.jus.br/sites/portalp/Paginas/Comunicacao/Noti cias/17112020-Apenas-situ-acoes-excepcionais-obrigam-plano-de-saude-a-reembolsar-despesas-fora-da-rede-credenciada.aspx. Acesso em: 19 out. 2021.

55. AgInt nos EDcl no AREsp 1813558/RJ, Rel. Ministro Marco Aurélio Bellizze, Terceira Turma, julgado em 09.08.2021, DJe 13.08.2021.

56. AgInt no AREsp 1400256/SP, Rel. Ministro Raul Araújo, Quarta Turma, julgado em 03.05.2021, DJe 28.05.2021.

57. CUNHA, Maria Luisa Nunes da. *Planos de saúde não são obrigados a reembolsar despesas a beneficiários que buscaram serviços fora da rede credenciada*; Disponível em: https://www.migalhas.com.br/depeso/336 602/planos-de-saude-nao-sao-obrigados-a-reembolsar-despesas-a-beneficiarios-que-buscaram-servicos-fora--da-rede-credenciada. Acesso em: 19 out. 2021.

58. AgInt no REsp 1902656/SP, Rel. Ministra Nancy Andrighi, Terceira Turma, Julgado em 11.05.2021, DJe 14.05.2021.

59. STJ; *Aplicação do capitalismo humanista inspira indicação do ministro Moura Ribeiro ao Nobel da Paz*. Disponível em: https://www.stj.jus.br/sites/portalp/Paginas/Comunicacao/Noticias/Aplicacao-do-capitalismo-humanista-inspira-indicacao-do-ministro-Moura-Ribeiro-ao-Nobel-da-Paz.aspx. Acesso em: 21 out. 2021.

60. CAMPOS, Wilson Knoner. *Cobertura dos planos de saúde e rol da ANS: impactos de eventual "overruling" do STJ*; Disponível em: https://www.migalhas.com.br/depeso/351959/cobertura-dos-planos-de-saude-e-rol-da-ans. Acesso em: 23 out. 2021.

principalmente pelo Ministro Luis Felipe Salomão, Relator do REsp 1733013/PR, argumentando para tanto que tamanha flexibilização fere a segurança jurídica e o equilíbrio contratual pelo aumento dos riscos nessa relação e acabaria por prejudicar a manutenção do seguro a todos os associados.[61] Isto posto, o REsp 1733013/PR aduz que o Rol da ANS não é uma simples lista de procedimentos, mas na verdade um instrumento criado pelo legislador para harmonizar a relação contratual.

Em outras palavras, a seguradora estaria respaldada no exercício regular do direito, excluindo a responsabilidade civil nos casos em que ocorrer negativa de cobertura de procedimentos não contemplados no Rol. Assim, o referido julgado da se tornou um marco na jurisprudência securitária do Superior Tribunal de Justiça, o que provocou uma ruptura interpretativa muito abrupta sobre o assunto. Desde então, as decisões proferidas pela Quarta Turma passaram a se orientar pelo REsp 1733013/PR, tornando cada vez mais nítida a divergência entre as turmas.

Seguindo essa visão mais humanizada, a Terceira Turma tinha se manifestado com o intuito de defender que a mera recusa indevida para a cobertura de procedimento para tratamento de saúde já gera uma angústia e aflição capazes de extrapolar o mero dissabor. Logo, essas circunstâncias podem agravar o quadro do paciente pelo abalo causado na esfera psicológica pois já se encontra em momento de fragilidade e a negativa da cobertura per se já tem a propriedade de gerar a indenização moral ao paciente.[62] Por outro lado, a Quarta Turma segue uma linha de interpretação mais conservadora sobre os danos morais, que para serem caracterizados devem ser motivados por questões além do simples descumprimento contratual pela negativa – como quando há uma questão considerada de urgência ou emergência.[63] Inclusive, aduz ainda que estes devem ser afastados em circunstância que o juízo entenda existir dúvida razoável sobre a cobertura.[64]

Em vista disso, a Segunda Seção voltou a se reunir em setembro de 2021 para tratar desta interpretação e finalmente uniformizar o entendimento do STJ sobre a referida temática em análise aos embargos de divergência 1886929 e 1889704, contudo, a própria Ministra Nancy pediu vista diante do voto relator do Ministro Salomão pela taxatividade do Rol.[65] O julgamento só se encerrou apenas em junho do ano seguinte, com o voto vencido da Ministra Nancy, criando em síntese a tese que o rol da ANS possui em regra interpretação taxativa, salvo calvos excepcionais quando preenchidos requisitos como não ter a incorporação indeferida expressamente pela ANS, comprovação da eficácia, recomendação por órgão técnicos renomados e quando possível o diálogo entre o julga-

---

61. REsp 1733013/PR, Rel. Ministro Luis Felipe Salomão, Quarta Turma, julgado em: 10.12.2019, DJe 20.02.2020.
62. AgInt no AREsp 1828487/SP, Rel. Ministro Ricardo Villas Bôas Cueva, Terceira Turma, julgado em 27.09.2021, DJe 30.09.2021.
63. FARIAS, Cristiano Chaves de, ROSENVALD, Nelson, BRAGA NETTO, Felipe Peixoto. *Curso de Direito Civil.* 2. ed. São Paulo: Atlas, 2015, v. 3: Responsabilidade Civil; Capítulo 7, p. 759.
64. AgInt no AREsp 1771663/PR, Rel. Ministro Raul Araújo, Quarta Turma, julgado em 20.09.2021, DJe 15.10.2021.
65. STJ; *Relator vota pela natureza taxativa do rol de procedimentos da ANS; pedido de vista suspende julgamento.* Disponível em: https://www.stj.jus.br/sites/portalp/Paginas/Comunicacao/ Noticias/16092021-Relator-vo-ta-pela-natureza-taxativa-do-rol-de-procedimentos-da-ANS--pedido-de-vista-suspende-julgament o.aspx. Acesso em: 17 out. 2021.

dor e profissionais da área da saúde, bem deixou claro a possibilidade da contratação de cobertura ampliada ou aditivo contratual para cobrir procedimentos extrarrol da ANS.

Porém, independente da análise sobre o Rol da ANS no julgamento dos EREsp 1886929 e EREsp 1889704, principalmente pelo fato que mesmo com o advento da Lei 14.454/2022 a discussão ainda não se encerrou, assim, é essencial frisar que essa divergência na matéria de Plano de Saúde vai além, estendendo-se também à configuração dos danos morais em razão da negativa indevida. Discordância esta que reside na repercussão danosa ao consumidor e sua extensão quando ocorre a recusa da cobertura e se ela seria capaz de ensejar uma indenização moral. Dessa forma, a doutrina não poderia olvidar-se de formar o seu entendimento acerca do assunto, de modo que grandes pensadores do Direito concordam com a indenização moral em caso de recusa indevida,[66] isso se deve pois além do caráter reparador, existe também o viés compensatório e impeditivo da Responsabilidade Civil.

Faz-se mister salientar que a judicialização das demandas de planos de saúde já é algo levado em consideração pelas seguradoras, é o que chamamos de análise de risco,[67] onde a empresa tenta prever todas as situações para se preparar e decidir qual é a mais vantajosa. Destarte, apesar de todo o esforço despendido pelo poder judiciário nos últimos anos para chegar a um consenso e sanar os conflitos gerados pelos dilemas contratuais dos planos de saúde, continua sendo mais lucrativo negar a cobertura em um primeiro momento e fazer com que o empasse se estenda aos tribunais e por lá se demore até mesmo por décadas. Isto posto, além do sofrimento causado ao consumidor pelo suposto erro na interpretação de cláusulas em um momento de vulnerabilidade ao consumidor, a recusa em situações já há muito debatidas que são motivadas por questões econômicas que visam o maior lucro para as empresas no mínimo beiram a má-fé contratual e por isso não restam, ou pelo menos não deveriam restar, qualquer dúvida aos tribunais sobre a necessidade da condenação da seguradora à indenização em danos morais pela negativa de cobertura.

VIII. CONCLUSÃO

Nesses tempos de modernidade líquida, a aparência e a atração física alcançaram um status que norteiam as relações humanas. Desse modo, nos traz preocupação os estudos desenvolvidos que apontam o poder das redes sociais que influenciam as pessoas a estarem em constante conflito com a sua realidade ao ponto de afetar sua saúde mental. Em meio a esse impasse extremamente subjetivo, quando o indivíduo ainda é acometido por uma complicação de saúde a sua aflição ganha novas proporções.

Assim, no momento de tamanha vulnerabilidade, não só pela hipossuficiência em comparação ao plano de saúde, mas também pela fragilidade da vida humana, seu sofri-

---

66. FARIAS, Cristiano Chaves de, ROSENVALD, Nelson, NETTO, Felipe Peixoto Braga; *Curso de Direito Civil*. 2. ed. Atlas, 2015; v. 3: Responsabilidade Civil, Capítulo 10, p. 852.

67. VERDE GHAIA; *Você sabe o que é análise de risco jurídico?* Disponível em: https://www.verdeghaia.com.br/voce-sabe-o-que-e-analise-de-risco-juridico/. Acesso em: 23 out. 2021.

mento é aumentado pela negativa do tratamento. Mesmo o grande avanço tecnológico na medicina, bem como nas próteses mamárias, não é capaz de inibir por completo as preocupações da paciente que precisa de um tratamento de saúde. Desse modo, faz-se mister salientar que o referido tratamento quando possui o fim terapêutico afasta o viés meramente estético da cirurgia e, portanto, deve ser coberto pela seguradora nas formas determinadas pela ANS.

Tal assunto já foi reiteradas vezes discutido nos tribunais de todo o país e levado também ao Superior Tribunal de Justiça, o qual já confirmou a referida tese. Não por menos, a responsabilidade civil nesse contexto se desdobra pelas diversas obrigações que derivam de um mesmo fato e a situação de maior discussão é a responsabilização do médico pela particularidade do profissional autônomo. Todavia, não podemos nos confundir nos institutos na delimitação da responsabilidade e sempre ter em mente a vulnerabilidade do paciente nessa relação para lhe garantir a devida proteção.

Vale ressaltar que ainda existem margens para discussões dentro dessa temática, como o aspecto da indenização moral pela negativa de cobertura, que ainda não há consenso nem mesmo entre as turmas do STJ. Em que pese o julgamento dos EREsp 1886929 e EREsp 1889704, pela taxatividade do rol salvo situações excepcionais, são justamente nessas brechas que os planos de saúde vêm a oportunidade de continuar descumprindo sua obrigação calculando sua margem de lucro, especialmente com a falta de regulamentação da Lei 14.454/2022 – ainda passível de declaração de inconstitucionalidade.

Portanto, apesar da grande evolução interpretativa desses conflitos, ainda não há um desfecho completo neste dilema que ainda subestima as consequências do sofrimento na esfera psicológica da paciente que necessita passar por uma reparação mamária, numa visão limitada da função social do contrato. Não obstante, finalizando também com um bordão de Nelson Rodrigues, "para se fazer entender, você precisa repetir uma mesma ideia até cansar, por mais óbvia que seja" e justamente com esse conceito em mente, seguimos defendendo a posição mais humanista para proporcionar a justa reparação ante a negativa de cobertura.

REFERÊNCIAS

AMATO, Fernando. *Explante mamário é uma tendência para 2021*. Disponível em : https://www.amato.co m.br/explante-mamario-e-uma-das-tendencias-para-2021/. Acesso em: 10 out. 2021.

ANS. *Cobertura: Mama e sistema linfático (mastectomia / mastoplastia)*. Parecer técnico 19/GEAS/GGRAS/ DIPRO/2019; publicado em 17 de maio de 2019.

ANS. *RN 465/2021*; Art. 11; Disponível em: https://www.in.gov.br/en/web/dou/-/resolucao-normativa-rn--n-465-de-24-de-fevereiro-de-2021-306209339 . Acesso em: 03 out. 2021.

ANS. *Qualidade da Saúde: Recolocação de próteses de silicone*; Disponível em: http://www. ans.gov.br /a-ans/ sala-de-noticias-ans/qualidade-da-saude/1285-recolocacao-de-proteses-de-silicone. Acesso em: 10 out. 2021.

ARAÚJO, Ana Thereza Meirelles. *Relação médico-paciente*: Informação e compreensão como pressupostos fundamentais à prevenção de litígios; Disponível em: https://www.migalhas.com.br/ coluna/migalhas-de-responsabilidade-civil/346654/relacao-medico-paciente-prevencao-de-litigios. Acesso em: 12 out. 2021.

BORGES, Gustavo Silveira. *Erro médico nas cirurgias plásticas*: compreensão do fenômeno da metamorfose da pessoa em paciente para além das fronteiras jurídicas. 2013. Tese de Doutorado - Faculdade de Direito da Universidade Federal do Rio Grande do Sul.

CAMPOS, Luiz Carlos. *Cuidados no pós-operatório no implante de silicone*. Disponível em: https://www.drluizcarloscampos.com.br/noticia/Cuidados-no-pos-operatorio-no-implante-de-silico ne. Acesso em: 14 out. 2021.

CAMPOS, Wilson Knoner. *Cobertura dos planos de saúde e rol da ANS*: impactos de eventual "overruling" do STJ. Disponível em: https://www.migalhas.com.br/depeso/351959/cobertura-dos-planos-de-sau-de-e-rol-da-ans. Acesso em: 23 out. 2021.

CANAL, Raul. *Revista Plástica Paulista*. n. 62. p. 16. São Paulo, 2017.

CERVANTES, André. *Revista Plástica Paulista*, n. 62. p. 16. São Paulo, 2017.

COELHO, Natalia Bacaro. *A obrigação de meio e de resultado do médico*. Disponível em: https:// www.miga-lhas.com.br/depeso/318760/a-obrigacao-de-meio-e-de-resultado-do-medico. Acesso em: 17 out. 2021.

COIMBRA, Luiz Fernando Santos Lippi, Coppola, Beatriz de Figueredo, FERRAZ, André Santos. *Ações de reparação por danos concorrenciais e as funções da responsabilidade civil* – Breves reflexões. Disponível em: https://www.migalhas.com.br/coluna/migalhas-de-responsabilidade-civil/352936/acoes-de-repa-racao-por-danos-concorrenciais-e-a-responsabilidade-civil. Acesso em: 12 out. 2021.

COLAB, PUC Minas – Laboratório de Comunicação Digital da FCA / PUC Minas. *Efeito Zoom: pandemia faz aumentar cirurgias plásticas*. Disponível em: https://blogfca.pucminas.br/colab/cirurgias-plasticas/. Acesso em: 31 jul. 2023.

COLTRO, Pedro. *Revista Revide*, edição 1000. Disponível em: http://www2.cirurgiaplastica. org.br / blog/2020/02/13/lider-mundial/. Acesso em: 15 ago. 2021.

CUNHA, Maria Luisa Nunes da. *Planos de saúde não são obrigados a reembolsar despesas a beneficiários que buscaram serviços fora da rede credenciada*; Disponível em: https:// www.migalhas.com.br/depe-so/336602/planos-de-saude-nao-sao-obrigados-a-reembolsar-despe sas-a-beneficiarios-que-busca-ram-servicos-fora-da-rede-credenciada. Acesso em: 19 out. 2021.

CUTAIT, Victor. *Procura por cirurgias plásticas aumenta durante pandemia*. Disponível em: http://www.revi staferidas.com.br/procura-por-cirurgias-plasticas-aumenta-durante-pandemia/. Acesso em: 15 ago. 2021.

DINIZ, Maria Helena; *Curso de Direito Civil Brasileiro. Teoria Geral das Obrigações*. 31. ed. São Paulo: Sa-raiva, 2016. v. 2.

ECO, Umberto. *História da Beleza*. Rio de Janeiro: Record, 2010.

ESTADO DE MINAS. *Procura por cirurgias plásticas dispara pós-pandemia; confira as principais*. Disponível em: https://www.em.com.br/app/noticia/bem-viver/2022/05/26/interna_bem_viver,1368949/ procu-ra-por-cirurgias-plasticas-dispara-pos-pandemia-confira-as-principais.shtml. Acesso em: 31 jul. 2023.

FARIAS, Cristiano Chaves de, ROSENVALD, Nelson, NETTO BRAGA, Felipe Peixoto. *Curso de Direito Civil*. 2. ed. São Paulo: Atlas, 2015. v. 3: Responsabilidade Civil.

FARINAZZO, Mário. *Entenda os diferentes tipos de implantes mamários*. Disponível em: https://mario fari-nazzo.com.br/implantes-mamarios-entenda-os-tipos/. Acesso em: 25 set. 2021.

GRANATO, Vanessa, COSTA, Ariadne. *Cirurgias Plásticas Reparadoras e Estéticas*: a Responsabilidade e a Obrigação Cível do Cirurgião. Disponível em: https://www.research gate.net/publication/282468079_Ci-rurgias_Plasticas_Reparadoras_e_Esteticas_a_Responsabilidade_e_a_Obrigacao_Civel_do_Cirurgiao. Acesso em: 21 out. 2021.

GRILLO, Marcos; *Quais os tipos de implantes mamários e suas diferenças?* Disponível em: https://marcosgrillo.com.br/implantes-mamarios/. Acesso em: 25 set. 2021.

HANOVER, New Hampshire. *PR Newswire* – Brasil: Pesquisa global mais recente da ISAPS informa aumento contínuo de cirurgias estéticas em todo o mundo. Disponível em: https:// patrocinados.estadao.com.br/medialab/agenciacomunicacao/prnewswire/prnewsbrasil/pr-newswi re-brasilpesquisa-global-mais-recente-da-isaps-informa-aumento-continuo-de-cirurgias-esteticas-em-todo-omundo/#:~:text=A%20 maior%20parte%20das%20mamoplastias,%2C1%25%20do%20 total). Acesso em: 15 ago. 2021.

HOSPITAL SÍRIO-LIBANÊS. *Três situações que exigem a substituição da prótese de silicone*. Disponível em: https://www.hospitalsiriolibanes.org.br/imprensa/noticias/Paginas/Tres-situacoes -que-exigem-a--substituicao-da-protese-de-silicone.aspx. Acesso em: 10 out. 2021.

IBGE, *PeNSE – Pesquisa Nacional de Saúde Escolar de 2019*. Disponível em: https://www.ibge.gov.br/estatisticas/sociais/educacao/9134-pesquisa-nacional-de-saude-do-esc olar.html?=&t=o-que-e. Acesso em: 12 ago. 2021.

LENHARO, Mariana. *Cai número de plásticas no Brasil, mas país ainda é 2º no ranking, diz estudo*. Disponível em: http://g1.globo.com/bemestar/noticia/2016/08/cai-numero-de-plasticas-no- brasil-mas-pais-ainda-e-2-no-ranking-diz-estudo.html. Acesso em: 15 ago. 2021.

LOPES, Maisa de Souza; ZALCMAN, Vivian Gerstler; ZALCMAN, André. A flexibilização do nexo causal como um dos dilemas atuais da responsabilidade civil. *V Congresso Nacional da FEPODI*. 2017. Disponível em: http://conpedi.danilolr.info/publi cacoes/696vp84u/bloco-unico/8B97Vnrf1ATJbdRU.pdf. Acesso em: 17 out. 2021.

LOURENÇO, Tainá. *Cresce em mais de 140% o número de procedimentos estéticos em jovens*. Jornal da USP, 2021. Disponível em: https://jornal.usp.br/atualidades/cresceu-mais-de-140-o-numero-de-procedi mentos-esteticos-em-jovens-nos-ultimos-dez-anos/. Acesso em: 31 jul. 2023.

MACHADO, Rafael. *Sem regulamentação, lei do rol da ANS não avança e pacientes buscam judicialização*. Disponível em: https://futurodasaude.com.br/lei-do-rol-da-ans/. Acesso em: 31 jul. 2023.

MARTINS, João Paulo. *Entenda o encapsulamento da prótese de silicone, que ocorreu com a apresentadora Xuxa*. Disponível em: https://www.revistaencontro.com.br/canal/atualidades/ 2018/07/entenda-o-encapsulamento-da-protese-de-silicone-que-ocorreu-com-a-apr.html#:~:text= O%20encapsulamento%20 de%20pr%C3%B3tese%20de,a%20press%C3%A3o%20e%20se%20rompe. Acesso em: 10 out. 2021.

MEDEIROS, Adriano. *Encapsulamento da prótese? E agora?* Disponível em: https://adriano medeiros.med.br/encapsulamento-na-protese-e-agora/. Acesso em: 10 out. 2021.

MELO, José Mário Delaiti. *Responsabilidade Civil do Médico*. Boletim Conteúdo Jurídico, v. 236, p. 1-14, 2013.

MORAES, Madson de; *Explante mamário e o BII*: o que diz a ciência? Disponível em: http://www2.cirurgia plastica.org.br/blog/2021/04/26/explante-mamario-e-a-ciencia/. Acesso em: 03 out. 2021.

MORALE, Rogério. *Explante Mamário*. Disponível em: https://www.clinicalipohd.com.br /procedimentos/ex plante-mamario. Acesso em: 03 out. 2021.

MOREIRA, Fernando. *Primeiro implante de silicone nos seios completa 50 anos*. Disponível em: https://blogs.oglobo.globo.com/pagenotfound/post/primeiro-implante-de-silicone-nos-seios-completa-50-an os-438650.html. Acesso em: 19 set. 2021.

MORENO, Vitor. *Explante vira tendência entre mulheres que aderiram ao silicone no passado*. Disponível em: https://f5.folha.uol.com.br/viva-bem/2021/04/explante-vira-tendencia-entre-mulheres-que-aderiram-ao-silicone-no-passado.shtml. Acesso em: 03 out. 2021.

NOGAROLI, Rafaella. *Responsabilidade civil nas cirurgias robóticas: Breve estudo de Direito Comparado*; Disponível em: https://www.migalhas.com.br/coluna/migalhas-de-responsabilidade civil/339725/responsabilidade-civil-nas-cirurgias-roboticas. Acesso em: 12 out. 2021.

PEPINO, Luciana. *As diferenças entre os tipos de revestimentos de implantes de silicone*. Disponível em: https://www.lucianapepino.com.br/blog/cirurgia-plastica/tipos-de-implantes-de-silicone/. Acesso em: 25 set. 2021.

PEPINO, Luciana. *Explante mamário*. Disponível em: https://www.lucianapepino.com.br/cirurgiaplastica/explante-mamario/. Acesso em: 03 out. 2021.

PEPINO, Luciana. *Próteses de silicone tem validade?* Disponível em: https://www.lucianapepino.com.br/blog/validade-da-protese-de-silicone/. Acesso em: 10 out. 2021.

ROSENVALD, Nelson; CORREIA, Atala; MONTEIRO FILHO, Carlos Edson do Rêgo; KHOURI, Paulo Roque, SCHAEFER, Fernanda. *Reparabilidade dos danos à autodeterminação do paciente: uma perspectiva bioética*. Disponível em: https://www.migalhas.com.br/coluna/migalhas-de-responsabilidade-civil/331272/reparabilidade-dos-danos-a-autodeterminacao-do-paciente--uma-perspectiva-bioetica. Acesso em: 13 out. 2021.

RSPH, Royal Society for Publlic Helth, *Instagram Ranked Worst for Young People's Mental Health*. Disponível em: https://www.rsph.org.uk/about-us/news/instagram-ranked-worst-for-young-peo ple-s-mental--health.html. Acesso em: 15 ago. 2021.

SAMPAIO, Marcelo. *História dos Implantes de Silicone*; Disponível em: http://www.clinica marcelosampaio.com.br/artigo-historia-dos-implantes-de-silicone/. Acesso em: 19 set. 2021.

SANTA MÔNICA, Hospital . *Filtros do Instagram: como afetam a autoimagem do jovem?* Disponível em: https://hospitalsantamonica.com.br/filtros-do-instagram/. Acesso em: 15 ago. 2021.

SILICONE CENTER; *Encapsulamento de prótese*: saiba tudo sobre o assunto! Disponível em:https://siliconecenter.com.br/blog/encapsulamento-da-protese-saiba-tudo-sobre-esse-assunto/. Acesso em: 10 out. 2021.

SILVA, Eduardo C. da. *Defesa jurídica do cirurgião plástico*. Disponível em: https://www.migalhas.com.br/depeso/300122/defesa-juridica-do-cirurgiao-plastico. Acesso em: 15 out. 2021.

SILVA, Lorena. *Brasil lidera ranking de procedimentos estéticos em jovens*. Disponível em: https://lorena.r7.com/categoria/saude/Brasil-lidera-ranking-de-procedimentos-esteticos-em-jovens#:~:text=De%20acordo%20com%20dados%20da,at%C3%A9%2018%20anos%20de%20idade. Acesso em 31 jul. 2023.

SOBREIRA, Danilo; *Seguros pessoais e de vida ganham sentido de urgência*. Disponível em: https://www.revistaapolice.com.br/2020/06/eguros-pessoais-e-de-vida-ganham-sentido-de-urgencia/. Acesso em: 18 out. 2021.

SOCIEDADE BRASILEIRA DE DERMATOLOGIA, REGIONAL GOIÁS. *Cresce procura por cirurgias e intervenções estéticas*. Disponível em: https://www.sbdgo.org.br/novo/Home/noticia/315. Acesso em: 31 jul. 2023.

SOUZA, Andrea Mazzaro de; *Responsabilidade civil objetiva*: das excludentes de nexo de causalidade e a teoria do risco integral. Disponível em: https://jus.com.br/artigos/21951/ responsabilidade-civil-objetiva-das-excludentes-de-nexo-de-causalidade-e-a-teoria-do-risco-integral. Acesso em: 12 out. 2021.

STJ. *Apenas situações excepcionais obrigam plano de saúde a reembolsar despesas fora da rede credenciada*; Disponível em: https://www.stj.jus.br/sites/portalp/Paginas/Comunicacao/Noticias/ 17112020-Apenas--situacoes-excepcionais-obrigam-plano-de-saude-a-reembolsar-despesas-fora-da-rede-credenciada.aspx. Acesso em: 19 out. 2021.

STJ. *Aplicação do capitalismo humanista inspira indicação do ministro Moura Ribeiro ao Nobel da Paz*. Disponível em: https://www.stj.jus.br/sites/portalp/Paginas/Comunicacao/Noticias/Aplica cao-do-capitalismo-humanista-inspira-indicacao-do-ministro-Moura-Ribeiro-ao-Nobel-da-Paz.asp x. Acesso em: 21 out. 2021.

STJ. *O tribunal da cidadania e a luta contra o câncer de mama.* Disponível em: https://www. stj.jus.br/sites/portalp/Paginas/Comunicacao/Noticias/11102020-O-Tribunal-da-Cidadania-e-a-luta-contra-o-cancer-de-mama.aspx. Acesso em: 10 out. 2021.

STJ. *Relator vota pela natureza taxativa do rol de procedimentos da ANS; pedido de vista suspende julgamento.* Disponível em: https://www.stj.jus.br/sites/portalp/Paginas/Comunicacao/ Noticias/16092021-Relator--vota-pela-natureza-taxativa-do-rol-de-procedimentos-da-ANS-pedido-de-vista-suspende-julgamento.aspx. Acesso em: 17 out. 2021.

THEODORO JÚNIOR, Humberto. *O erro médico e a responsabilidade civil* – parte 5. Disponível em: http://genjuridico.com.br/2020/02/10/solidariedade-medico-hospital/#_ftn2. Acesso em: 17 out. 2021.

TJDFT. Acórdão 1013507, Relatora Des. Leila Arlanch, 7ª Turma Cível, Data de Julgamento: 19.04.2017, Publicado no DJe: 03.05.2017.

TJDFT. *Responsabilidade do hospital*; Disponível em: https://www.tjdft.jus.br/consultas/jurispru dencia/jurisprudencia-em-temas/cdc-na-visao-do-tjdft-1/responsabilidade-civil-no-cdc/responsabilidade--do-hospital. Acesso em: 18 out. 2021.

TJDFT. *Responsabilidade do profissional liberal*; Disponível em: https://www.tjdft.jus.br/consultas/jurisprudencia/jurisprudencia-em-temas/cdc-na-visao-do-tjdft-1/responsabilidade-civil-no-cdc/responsabilidade-do-profissional-liberal. Acesso em: 17 out. 2021.

TRIBUNA DO NORTE. *Pandemia alterou a percepção do risco e mudou o mercado, diz diretor da MAPFRE no Nordeste.* Disponível em: http://www.tribunadonorte.com.br/noticia/pandemia-alterou-a-percepa-a-o--do-risco-e-mudou-o-mercado-diz-diretor-da-mapfre-no-nordeste/523196. Acesso em: 17 out. 2021.

TUA SAÚDE. *Quando trocar as próteses de silicone.* Disponível em: https://www.tuasaude.com/ quando-trocar-a-protese-desilicone/#:~:text=Pr%C3%B3teses%20que%20tenham%20prazo%20 decada%2010%20 anos%20seja%20recomendada. Acesso em: 10 out. 2021.

UOL, Redação da, *Brasil está em 3º lugar em ranking de países que mais realizam cirurgia plástica.* Disponível em: https://www.uol.com.br/tilt/ultimas-noticias/redacao/2010/08/09/brasil-esta-em-3-lugar-em-rankin g-de-paises-que-mais-realizam-cirurgia-plastica.htm. Acesso em: 15 ago. 2021.

VERDE GHAIA; *Você sabe o que é análise de risco jurídico?* Disponível em: https://www.verdeghaia.com.br/voce-sabe-o-que-e-analise-de-risco-juridico/. Acesso em: 23 out. 2021.

VIDALE, Giulia; *Próteses de silicone nos seios tem prazo de validade?* Disponível em: https:// veja. abril.com.br/saude/protese-de-silicone-tem-prazo-de-validade/. Acesso em: 10 out. 2021.

WENGE, Jean. Have smartphones destroyed a generation? *Revista "The Atlantic".* Disponível em: https:// www.theatlantic.com/magazine/archive/2017/09/has-the-smartphone-destroyed-a-generation/53 4198/. Acesso em: 15 ago. 2021.

WOLKOFF, Alexander Porto Marinho. *A teoria do risco e a responsabilidade civil objetiva do empreendedor.* Disponível em: http://www.tjrj.jus.br/c/document_library/get_file?uuid=ae2e5cc8-fa16-4af2-a11f--c79a97cc881d. Acesso em: 15 out. 2021.

XAVIER, Danielle. *Brasil lidera ranking mundial de cirurgias plásticas.* Disponível em: https://digitais.net.br/2020/12/brasil-lidera-ranking-mundial-de-cirurgias-plasticas/. Acesso em: 15 ago. 2021.

SEGURO E PROCESSO

PANORAMA ATUAL DA AÇÃO DIRETA DA VÍTIMA NO BRASIL

Gustavo de Medeiros Melo

Doutor e Mestre em Direito Processual Civil (PUC-SP), professor no Curso de Especialização em Direito Processual Civil (PUC-SP), membro do Instituto Brasileiro de Direito Processual (IBDP), do Centro de Estudos Avançados de Processo (CEAPRO), do Instituto Brasileiro de Estudos de Responsabilidade Civil (IBERC) e do Instituto Brasileiro de Direito do Seguro (IBDS). Sócio do Chalfin, Goldberg & Vainboim Advogados (São Paulo).

Resumo: Este ensaio apresenta o estágio atual da ação direta da vítima (terceiro prejudicado) no Brasil, considerando a evolução por que vem passando o seguro de responsabilidade civil à luz da função social do contrato e seus desdobramentos processuais à luz do acesso à Justiça.

Sumário: I. Introdução – II. Os primeiros sinais – III. Construção da ação direta no STJ: estipulação em favor de terceiro – IV. Uniformização de 2012: mudança na qualificação do seguro de responsabilidade civil – V. Crítica à redação do enunciado sumular – VI. Os fundamentos do precedente uniformizador: litisconsórcio necessário? – VII. Importante *"obiter dictum"*: ação direta exclusiva para cobrança do complemento – VIII. Abrandamentos da súmula 529: responsabilidade civil incontroversa – IX. Garantia com ampla função social e duplo interesse – X. Conclusões – Referências.

I. INTRODUÇÃO

O presente ensaio abordará a ação direta da vítima (terceiro prejudicado) no seguro facultativo de responsabilidade civil (CC, art. 787),[1] dessa vez para expor o estado atual em que se encontra esse assunto no Brasil. A exposição começa pelo reconhecimento dela nos tribunais brasileiros, avança com sua estabilização em nível de uniformização de jurisprudência e segue examinando seus desdobramentos materiais e processuais até o momento.

A ação direta é a história de um casamento perfeito do processo com o direito material. Em outros termos, uma técnica processual a serviço da compreensão evoluída em torno do seguro de responsabilidade civil e do acesso à Justiça.

II. OS PRIMEIROS SINAIS

A ação direta é a forma pela qual o credor, em seu nome próprio, pode reclamar do *devedor do seu devedor* o cumprimento de determinada prestação inadimplida, a

---

1. Nos seguros obrigatórios, o cabimento da ação direta não encontra dificuldade à luz do art. 788 do CC/2002, nem mesmo no passado: COMPARATO, Fábio Konder. Seguro de responsabilidade civil – Ação direta da vítima do dano contra o segurador – Inadmissibilidade. *Revista de Direito Mercantil*. São Paulo: Ed. RT, n. 01, p. 117. 1971.

GUSTAVO DE MEDEIROS MELO

fim de obter do primeiro o que este deve ao segundo, sem que haja vínculo contratual entre autor e réu.[2]

Em matéria de seguros, é assunto estudado no mundo há quase um século. Seus primeiros passos se deram na França, em 1930, por construção dos tribunais franceses em torno de dispositivos do Código de Napoleão que asseguravam à vítima um privilégio sobre o crédito, imobilizando o valor devido pela seguradora.[3] O México veio em seguida com sua Lei de Seguros de 1935 (art. 147).

No Brasil, os primeiros trabalhos começaram a surgir na década de 40, mais por interesse prático de profissionais ligados à area de seguros do que propriamente uma investigação sistemática da doutrina. Aos poucos, o tema da ação direta foi despertando comentários de civilistas[4] e processualistas,[5] com variações em torno do seu cabimento e da formação do litisconsórcio passivo.

III. CONSTRUÇÃO DA AÇÃO DIRETA NO STJ: ESTIPULAÇÃO EM FAVOR DE TERCEIRO

Os acidentes de tráfego envolvendo automóveis e veículos de transporte rodoviário de carga (ou de pessoas) abriram discussões interessantes no plano processual que provocaram um novo desenho na funcionalidade dos seguros de responsabilidade civil.

Normalmente, a vítima do sinistro ajuíza ação de ressarcimento contra a pessoa supostamente responsável pelo dano, e esta promove a denunciação da lide à sua seguradora de responsabilidade civil, formando incidente paralelo à demanda principal (CPC, art. 125, II).[6] Encerrada a fase de conhecimento com condenação do réu na lide principal e

---

2. HALPERIN, Isaac. *La accion directa de la victima contra el asegurador del responsable civil del daño*. Buenos Aires: La Ley, 1944, p. 67; PORTO, Mario Moacyr. Seguro de responsabilidade – Ação direta da vítima contra a seguradora. *Ação de responsabilidade civil e outros estudos*. São Paulo: Ed. RT, 1966, p. 48; REGO, Margarida Lima. *Contrato de Seguro e Terceiros* – Estudos de Direito Civil. Lisboa: Coimbra, 2010, p. 638.

3. PORTO, Mário Moacyr. Seguro de responsabilidade – Ação direta da vítima contra a seguradora. *Ação de responsabilidade civil e outros estudos*. São Paulo: Ed. RT, 1966, p. 52.

4. FIGUEIRA, Andrade. J. G. de. A ação direta da vítima contra a companhia seguradora de responsabilidade civil. *RT*, 139, 1942, p. 440; ROSÁRIO, Abelardo Barreto do. Ação da Vítima contra o Segurador. *RF*, 89, 1942, p. 391; PORTO, Mario Moacyr. Seguro de responsabilidade – Ação direta da vítima contra a seguradora. *Ação de responsabilidade civil e outros estudos*. São Paulo: RT, 1966, p. 48; TZIRULNIK, Ernesto. Conceito de seguro de Responsabilidade Civil. *Seguros & Riscos* – Legislação. n. 30, abril de 1989, p. 42; DIAS, José de Aguiar. *Da responsabilidade civil*. 10. ed. Rio de Janeiro: Forense, 1997, v. II, n. 260, p. 845; PEREIRA, Caio Mário da Silva. *Responsabilidade civil*. 9. ed. Rio de Janeiro: Forense, 1998, n. 269, p. 331; TZIRULNIK, Ernesto. O futuro do seguro de responsabilidade civil. *Revista dos Tribunais*. São Paulo: Ed. RT, v. 782, p. 73. dez. 2000.

5. ARMELIN, Donaldo. A ação direta da vítima contra a seguradora de responsabilidade civil: fundamentos e regime das exceções. *III Fórum de Direito do Seguro José Sollero Filho*. São Paulo: EMTS, 2003, p. 181; SILVA, Ovídio A. Baptista da. Ação direta da vítima contra o segurador. In: DIDIER JR., Fredie et alii (Coord.). *O terceiro no processo civil brasileiro e assuntos correlatos*: Estudos em homenagem ao Professor Athos Gusmão Carneiro. São Paulo: Ed. RT, 2010; THEODORO JR. Humberto. Uma novidade no campo da intervenção de terceiros no processo civil: a denunciação da lide *per saltum* (ação direta). In: DIDIER JR., Fredie et alii (Coord.). *O terceiro no processo civil brasileiro e assuntos correlatos*: Estudos em homenagem ao Professor Athos Gusmão Carneiro. São Paulo: Ed. RT, 2010.

6. Temos críticas ao uso da denunciação da lide. Atualmente, o chamamento ao processo é a forma de intervenção mais adequada ao seguro de responsabilidade: MELO, Gustavo de Medeiros. *Ação direta da vítima no seguro de*

de sua seguradora na lide secundária, chega o momento de executar os valores devidos. Na prática, as dificuldades para encontrar bens do executado, muitas vezes já insolvente ou em lugar incerto e não sabido, criou a necessidade de buscar formas alternativas de entregar o bem da vida ao terceiro prejudicado (ou seus familiares).

A fórmula então encontrada nos tribunais foi permitir que o autor da ação pudesse direcionar sua *execução* contra o denunciado, nos limites de responsabilidade deste último, como forma de atingir um patrimônio solvável que pudesse satisfazer o direito reconhecido na sentença.[7] Criou-se assim a *técnica da execução direta*, quebrando o velho esquema tradicional que não permitia o atalho do autor contra aquele que havia sido convocado pelo réu a lhe dar guarida, caso este viesse a perder a disputa.[8]

Com o tempo, o caminho da *execução direta* passou a ganhar adeptos na doutrina processual, em matéria de denunciação da lide,[9] até ser absorvido pelo CPC/2015 no ambito do cumprimento de sentença (CPC, art. 128, parágrafo único).[10]

Pois bem. Nesse mesmo contexto, os mesmos problemas ligados ao acesso à Justiça e à efetividade do processo impulsionaram um movimento semelhante no contencioso securitário, dessa vez para abrir um atalho já na fase de conhecimento do processo. A ideia era encontrar uma maneira de justificar o acionamento do terceiro contra a seguradora daquele que lhe causou o dano. Assim nasceu a *ação direta*.

Mas havia um problema. Esse caminho abrevidado não estava previsto no Código Civil de 1916. Como seria possível justificá-lo sem os obstáculos da ilegitimidade ativa e passiva? Uma solução foi encontrada. O Superior Tribunal de Justiça passou a

---

responsabilidade civil. São Paulo: Contracorrente, 2016, p. 104 e ss.; MELO, Gustavo de Medeiros. Intervenção de terceiros no Direito Securitário. In: IBDP; SCARPINELLA BUENO, Cassio (Org.). *Prodireito: Direito Processual Civil*: Programa de Atualização em Direito: Ciclo 3. Porto Alegre: Artmed Panamericana, 2018, p. 81-102.

7. Num dos primeiros precedentes, o Min. Ruy Rosado de Aguiar registrou: "Sempre me pareceu que o instituto da denunciação da lide, para servir de instrumento eficaz à melhor prestação jurisdicional, deveria permitir ao juiz proferir sentença favorável ao autor, quando fosse o caso, também e diretamente contra o denunciado, pois afinal ele ocupa a posição de litisconsorte do denunciante. (...) O lesado tem o direito de ser ressarcido diretamente de quem se obrigara à cobertura, figurou no processo como litisconsorte e exerceu amplamente a defesa dos seus interesses." (4ª T., REsp 97.590-RS, j. 15.10.96).

8. Outro acórdão digno de nota, que lançou as primeiras críticas ao formato tradicional da denunciação da lide, já fazendo ali uma aproximação com o chamamento ao processo do CDC: 1º TAC-SP, 4ª Câmara, AI 1.071.186-1, j. 24.04.2002, com destaque para os votos do relator, Juiz Gomes Corrêa, e do 3º Juiz Rizzatto Nunes.

9. CARNEIRO, Athos Gusmão. *Intervenção de Terceiros*. 15. ed. São Paulo: Saraiva, 2003, p. 136; THEODORO JR., Humberto. *Curso de Direito Processual Civil*. 48. ed. Rio de Janeiro: Forense, 2008, v. I, n. 120-b, p. 153; NERY JR., Nelson & NERY, Rosa M. de Andrade. *Código de Processo Civil Comentado e legislação extravagante*. 12. ed. São Paulo: Ed. RT, 2012, p. 356; SILVA, Ovídio A. Baptista da. *O seguro e as sociedades cooperativas* – Relações Jurídicas Comunitárias. Porto Alegre: Livraria do Advogado, 2008, p. 105 e 111; CARVALHO, Fabiano & BARIONI, Rodrigo. Eficácia da sentença na denunciação da lide: execução direta do denunciado. In: DIDIER Jr., Fredie & ARRUDA ALVIM WAMBIER, Teresa (Coord.). *Aspectos polêmicos e atuais sobre os terceiros no processo civil (e assuntos afins)*. São Paulo: Ed. RT, 2004, p. 365; FILHO, Castro. Do litisconsórcio na denunciação da lide. In: FUX, Luiz; NERY JR., Nelson & ARRUDA ALVIM WAMBIER, Teresa (Coord.). *Processo e Constituição* – Estudos em homenagem ao Prof. José Carlos Barbosa Moreira. São Paulo: Ed. RT, 2006, p. 436.

10. CPC, Art. 128. Feita a denunciação pelo réu: (...) Parágrafo único. Procedente o pedido da ação principal, pode o autor, se for o caso, requerer o cumprimento da sentença também contra o denunciado, nos limites da condenação deste na ação regressiva.

582 GUSTAVO DE MEDEIROS MELO

qualificar o seguro de responsabilidade como uma *estipulação em favor de terceiro* (CC, art. 436), abrindo o caminho para as vítimas de acidentes automobilísticos acionarem a companhia seguradora com quem o causador do dano havia contratado a garantia.[11]

Dessa forma, por mais de uma década, a jurisprudência dos tribunais brasileiros aceitou a ação direta de forma *autônoma*, ou seja, voltada exclusivamente contra o segurador. Até o final do ano de 2011, por exemplo, havia a orientação segundo a qual "*o fato de o segurado não integrar o polo passivo da ação não retira da seguradora a possibilidade de demonstrar a inexistência do dever de indenizar*".[12]

Por outro lado, não obstante esse caminho pavimentado, a questão do litisconsórcio sempre esteve presente no holofote da doutrina.[13-14]

Desde quando se consagrou o reconhecimento da ação direta nos primeiros acórdãos da Corte Superior,[15] alguns ministros, em posição minoritária, registraram voto divergente no sentido de ser necessária a presença do segurado na lide, sob pena de extinção do processo sem julgamento de mérito. O fundamento invocado para essa solução era a garantia do *contraditório* e da *ampla defesa* (CF, art. 5º, LV).[16] Outras vezes

---

11. STJ: "Civil e Processual civil. Contrato de Seguro. Legitimidade ativa *ad causam*. Beneficiário. Estipulação em favor de terceiro. Ocorrência. Art. 1.098, CC. Doutrina. Recurso provido. I – A legitimidade para exercer o direito de ação decorre da lei e depende, em regra, da titularidade de um direito, do interesse juridicamente protegido, conforme a relação jurídica de direito material existente entre as partes celebrantes. II – As relações jurídicas oriundas de um contrato de seguro não se encerram entre as partes contratantes, podendo atingir terceiro beneficiário, como ocorre com os seguros de vida ou de acidentes pessoais, exemplos clássicos apontados pela doutrina. III – Nas estipulações em favor de terceiro, este pode ser pessoa futura e indeterminada, bastando que seja determinável, como no caso do seguro, em que se identifica o beneficiário no momento do sinistro. IV – O terceiro beneficiário, ainda que não tenha feito parte do contrato, tem legitimidade para ajuizar ação direta contra a seguradora, para cobrar a indenização contratual prevista em seu favor. V – Tendo falecido no acidente o terceiro beneficiário, legitimados ativos *ad causam*, no caso, os seus pais, em face da ordem da vocação hereditária" (4ª T., REsp 257.880-RJ, Min. Sálvio de Figueiredo Teixeira, j. 03.04.2001, *RSTJ*, 168/377). No mesmo sentido: STJ, 4ª T., REsp 294.057-DF, Min. Ruy Rosado de Aguiar, j. 28.06.2001, DJ 12.11.2001.
12. STJ, 3ª T., REsp 1.245.618-RS, Min. Fátima Nancy, j. 22.11.2011.
13. Na literatura nacional: ARMELIN, Donaldo. A ação direta da vítima contra a seguradora de responsabilidade civil: fundamentos e regime das exceções. *III Fórum de Direito do Seguro José Sollero Filho*. São Paulo: EMTS, 2003, p. 181; FARIA, Juliana Cordeiro de. O Código Civil de 2002 e o novo paradigma do contrato de seguro de responsabilidade civil: a viabilidade do direito de ação da vítima contra a seguradora. *IV Fórum de Direito do Seguro José Sollero Filho. Contrato de Seguro*: Uma Lei para todos. São Paulo: IBDS, 2006, p. 398. Na Espanha: CONDE, Mª Ángeles Calzada. *El Seguro de Responsabilidad Civil*. Navarra: Aranzadi, 2005, p. 132. No México: MAGALLANES, Pablo Medina. "La acción directa del tercero en contra del segurador en los seguros del Responsabilidad Civil en México". *1º Fórum de Direito do Seguro José Sollero Filho*. São Paulo: Max Limonad, 2000, p. 250.
14. Já era preocupação de Mário Moacyr Porto em texto clássico de 1959: "A ressalva tem toda procedência, pois o pagamento do seguro não exaure o direito da vítima, quando se verificar que o seguro é insuficiente para satisfazer toda a indenização. Nesse caso – é irrecusável – o segurado, autor do dano, responderá pelo remanescente. Mas, apurada a responsabilidade do segurado na ação direta promovida contra a seguradora, como seria possível impor ao segurado, estranho à lide, o pagamento do saldo de um crédito que se apurou sem a sua audiência? A verdade é que a ação em referência é subsidiária e dependente, em relação ao procedimento contra o autor do dano" (Seguro de responsabilidade – Ação direta da vítima contra a seguradora. *Ação de responsabilidade civil e outros estudos*. São Paulo: Ed. RT, 1966, p. 20-21).
15. STJ, 4ª T., REsp 257.880-RJ, Min. Sálvio de Figueiredo Teixeira, j. 03.04.2001; REsp 294.057-DF, Min. Ruy Rosado de Aguiar, j. 28.06.2001; 3ª T., REsp 228.840-RS, rel. p/ acórdão Min. Menezes Direito, j. 26.06.2000.
16. Cf. votos vencidos dos ministros Barros Monteiro e Aldir Passarinho Jr.: STJ, REsp 257.880-RJ e REsp 294.057-DF.

esse entendimento chegou a prevalecer em acórdãos da 4ª Turma,[17] o que contrastava com a jurisprudência da 3ª Turma, sempre liberal no trato do litisconsórcio, dando à vítima o direito de escolher de quem preferia cobrar o pagamento da indenização.[18]

Esse dissídio precisava ser resolvido pelos canais de uniformização de jurisprudência. A essa altura, o regime jurídico dos contratos de seguro já não era o mesmo. Estava em vigor o Código Civil de 2002, que dedicou ao seguro facultativo de responsabilidade civil o seguinte comando: *"No seguro de responsabilidade civil, o segurador garante o pagamento de perdas e danos devidos pelo segurado a terceiro"* (CC, art. 787). Os efeitos dessa mudança só serão compreendidos uma década e meia depois. Voltaremos a esse ponto.

IV. UNIFORMIZAÇÃO DE 2012: MUDANÇA NA QUALIFICAÇÃO DO SEGURO DE RESPONSABILIDADE CIVIL

Em 2012, as duas turmas de Direito Privado do STJ se reuniram para dissipar a divergência em torno do litisconsórcio. Em nível de recurso especial representativo da controvérsia, a 2ª Seção mudou a qualificação que vinha dando a esse contrato e passou a entender que a modalidade facultativa *não constitui uma estipulação em favor de terceiro*, mas sim um seguro voltado a proteger os interesses do *próprio segurado*.

Segundo o STJ, se esse seguro pressupõe o reconhecimento prévio da responsabilidade do segurado, o terceiro não pode acionar a seguradora sem que o suposto responsável seja convocado a expor suas razões sobre a dinâmica dos fatos. Assim, a nova qualificação jurídica condiciona a legitimidade da vítima à citação do segurado a título de litisconsorte passivo necessário. Em outras palavras, permite-se a ação direta, desde que condicionada ao litisconsórcio entre seguradora e segurado.

A tese então aprovada ficou definida da seguinte forma: *"1.1. Descabe ação do terceiro prejudicado ajuizada direta e exclusivamente em face da seguradora do apontado causador do dano. 1.2. No seguro de responsabilidade civil facultativo a obrigação da seguradora de ressarcir danos sofridos por terceiros pressupõe a responsabilidade civil do segurado, a qual, de regra, não poderá ser reconhecida em demanda na qual este não interveio, sob pena de vulneração do devido processo legal e da ampla defesa".*[19]

Posteriormente, em maio de 2015, a Corte aprovou a Súmula 529 com esse enunciado: *"No seguro de responsabilidade civil facultativo, não cabe o ajuizamento de ação pelo terceiro prejudicado direta e exclusivamente em face da seguradora do apontado causador do dano".*[20]

---

17. STJ, 4ª T., REsp 256.424-SE, rel. p/ ac. Min. Aldir Passarinho, j. 29.11.2005; REsp 943.440-SP, Min. Aldir Passarinho, j. 12.04.2011.
18. STJ, 3ª T., REsp 1.245.618-RS, Min. Fátima Nancy, j. 02.11.2011.
19. STJ, 2ª Seção, REsp 962.230-RS, Min. Luis Felipe Salomão, j. 08.02.2012.
20. No mês seguinte apareceu a Súmula 537: *"Em ação de reparação de danos, a seguradora denunciada, se aceitar a denunciação ou contestar o pedido do autor, pode ser condenada, direta e solidariamente junto com o segurado, ao pagamento da indenização devida à vítima, nos limites contratados na apólice".*

Em suma, o precedente paradigma da ação direta foi motivado pela necessidade de proteger o contraditório e a ampla defesa tanto do segurado quanto da seguradora. Para esta, a justificativa foi no sentido de que a companhia não tem condições de se defender em relação aos fatos sem a presença do suposto causador do dano.[21]

V. CRÍTICA À REDAÇÃO DO ENUNCIADO SUMULAR

A redação do enunciado foi muito infeliz. Redigido na ordem indireta, começando pelo sentido negativo, a mensagem deixou a falsa impressão de haver sido "vedada" a ação direta, conforme tem parecido a muitos operadores do Direito, especialmente os que não militam no mercado de seguros.[22]

Não foi isso, todavia, que aconteceu.[23] Para o STJ, o terceiro pode, sim, litigar diretamente com a seguradora, desde que não seja exclusivamente contra ela. O autor deve apenas requerer a citação do segurado para integrar o processo na condição de litisconsorte passivo. É o que consta de outro enunciado do tribunal redigido para seu repertório de jurisprudência em teses: *"Em ação de reparação de danos, a seguradora possui legitimidade para figurar no polo passivo da demanda em litisconsórcio com o segurado, apontado causador do dano"* (Edição n. 10: Seguro, item 10). Uma ação direta *condicionada*, portanto.

É justamente isso. Se a ação direta é a colocação da seguradora na linha de frente com a vítima, e se o tribunal está reconhecendo sua legitmidade passiva para responder a esse tipo de demanda, então isso significa que a ação direta não foi vedada, mas sim admitida. Em outras palavras, o enunciado da Súmula 529 do STJ poderia ter sido mais pedagógico com a simples mensagem: *no seguro de responsabilidade civil facultativo, o terceiro prejudicado pode ajuizar a ação de ressarcimento diretamente contra a seguradora do responsável pelo dano, desde que requeira a citação deste como litisconsorte passivo.*

---

21. Em outro precedente, dessa vez da 4ª Turma, o Min. Luis Felipe Salomão voltou a dizer "Assim, preservam-se, a um só tempo, os anseios de um processo justo e célere e o direito da parte contrária (seguradora) ao devido processo legal, uma vez que, a par de conceder praticidade ao comando judicial, possibilita o exercício do contraditório e da ampla defesa, com todos os meios e recursos a ela inerentes (STJ, 4ª T., REsp 1.076.138-RJ, j. 22.05.2012).

22. Não é raro encontrar em sentenças e acórdãos afirmações do tipo: *"a jurisprudência majoritária de nossos Tribunais veda a ação direta da vítima contra companhia seguradora, devendo ser aplicada à hipótese a Súmula 529..."* (TJSP, 35ª Câmara de Direito Privado, AI 2138917-72.2017.8.26.0000, Des. Gilberto Leme, j. 13.11.2017).

23. Na Teoria Geral do Processo, esse fenômeno dos enunciados mal redigidos foi bem observado por Fredie Didier Jr.: "Há casos em que o tribunal, por não compreender corretamente a jurisprudência que ele mesmo produziu (*norma processual* criada jurisprudencialmente), redige enunciados da súmula imprecisos. A imprecisão dos enunciados produz os efeitos difusos e deletérios que toda falha na comunicação produz. Mas, aqui, em proporções muito maiores. O próprio tribunal que redigiu o verbete da súmula, os demais tribunais (a ele vinculados ou não) e os juízes singulares são conduzidos a uma interpretação equivocada do direito processual, estimulada pela má redação do texto sumulado. Multiplica-se a má aplicação do direito indefinidamente" (*Sobre a teoria geral do processo, essa desconhecida*. 5. ed. Salvador: JusPodivm, 2020, p. 143).

VI. OS FUNDAMENTOS DO PRECEDENTE UNIFORMIZADOR: LITISCONSÓRCIO NECESSÁRIO?

A requalificação jurídica aplicada pela Corte Superior nos parece correta. De fato, não se trata de estipulação em favor de terceiro. O seguro de responsabilidade civil é uma garantia *voltada a proteger os interesses legítimos do segurado relacionados com o seu patrimonio sujeito aos riscos de ameaça por danos causados a terceiros.*[24]

Mas uma coisa não exclui a outra. O fato de ser uma estipulação em favor do próprio segurado não constitui impedimento para o terceiro demandar a seguradora em regime de litisconsórcio facultativo com o segurado.

Há muito expusemos as razões pelas quais esse polo passivo não precisa ser necessariamente duplo.[25] Primeiro, à luz do sistema processual brasileiro, não há imposição de lei nesse sentido e nem a relação jurídica de direito material reclama a presença indispensável do segurado no processo (CPC, art. 114). Segundo, o segurado (não convocado) não pode ser atingido pela eficácia da sentença proferida no regime da ação direta, muito menos pela autoridade da coisa julgada. Nada impede também que ele ingresse no processo, seja como intervenção voluntária a título de assistente, seja como chamado pela seguradora a integrar a relação processual como corréu.

Por outro lado, em muitas situações, o segurado prefere mesmo não ter qualquer espécie de envolvimento no litígio travado entre sua seguradora e o terceiro. O motivo principal da contratação do seguro pode ser justamente o interesse de não ser constrangido ou ameaçado pela reclamação das vítimas.[26] Aliás, é esse o moderno escopo do seguro de responsabilidade civil como garantia de *prevenção* e de *indenidade* do segurado.[27]

Por fim, em relação à defesa da seguradora, a preocupação carrega certo exagero. Em muitas situações, a seguradora teve pleno acesso a tudo o que aconteceu em volta do sinistro, tendo instaurado o procedimento de regulação para ouvir pessoas, testemunhas, especialistas, autoridades, elaborando laudos periciais, documentos, ficando inclusive até mais instruída do que o próprio segurado. Nessas circunstâncias, não faz sentido pensar que a presença deste na lide é necessária para assegurar o direito de defesa da companhia.

---

24. VEIGA COPO, Abel B. Especial referencia a la delimitación del riesgo en los seguros de responsabilidad civil y acción directa. *Revista IBERC*, Belo Horizonte, v. 5, n. 2, p. 248, maio/ago. 2022.
25. MELO, Gustavo de Medeiros. *Ação direta da vítima no seguro de responsabilidade civil*. São Paulo: Contracorrente, 2016.
26. IRIBARREN, Miguel. A ação direta da vítima perante a seguradora no seguro de responsabilidade civil, à luz do Projeto de Lei de Seguros Privados n. 3.555/04. *IV Fórum de Direito do Seguro José Sollero Filho*. São Paulo: IBDS, 2006, p. 617; CALERO, Fernando Sánchez. "La acción directa del tercero damnificado contra el asegurador". *Revista Ibero-latinoamericana de Seguros*. Javegraf: Bogotá, n. 10, 1997, p. 71; CAMPOS, Diogo José Paredes Leite de. *Seguro da Responsabilidade Civil Fundada em Acidentes de Viação* – Da Natureza Jurídica. Coimbra: Almedina, 1971, p. 40 e 79.
27. VEIGA COPO, Abel B. Especial referencia a la delimitación del riesgo en los seguros de responsabilidad civil y acción directa. *Revista IBERC*, Belo Horizonte, v. 5, n. 2, p. 248, maio/ago. 2022.

VII. IMPORTANTE *"OBITER DICTUM"*: AÇÃO DIRETA EXCLUSIVA PARA COBRANÇA DO COMPLEMENTO

O precedente qualificado de 2012 apresentou um dado curioso que merece atenção e análise. O Min. Luis Felipe Salomão fez a seguinte ponderação no final do seu voto: "De resto, há de ser mencionado um detalhe importante acerca da caminhada da jurisprudência do STJ sobre o tema: quase todos os precedentes, sobretudo os da Terceira Turma, cujas ementas aparentemente contradizem a tese ora proposta, na verdade a chancelam, seja porque a ação fora proposta concomitantemente em face da seguradora e do segurado, *seja porque alguns casos ostentavam particularidades aptas a autorizar a ação direta e exclusiva do terceiro em face da Seguradora (por exemplo, em caso de ressarcimento parcial do dano realizado diretamente pela Seguradora, admitindo a relação jurídica com o terceiro)"*.

Observe-se o recado final: alguns casos ostentam *particularidades* que podem autorizar a ação direta exclusiva do terceiro. Qual particularidade? Segundo o relator, isso se dá quando a seguradora promove o ressarcimento parcial do dano, relacionando-se diretamente com a vítima. A cobertura parcial conferida pela seguradora significa que ela reconheceu a responsabilidade civil do segurado como causador (ou responsável) pelo sinistro. Logo, eventual ação que o terceiro venha a mover para cobrar o *complemento (diferença)* da indenização não requer mais a presença daquele na relação processual. A questão em torno de sua responsabilidade está superada. A ação pode ser ajuizada direta e exclusivamente contra a seguradora, diferentemente do que diz a Súmula 529 do STJ.

A afirmação acima constitui aquilo que na teoria do precedente se chama *"obiter dictum"*, um apontamento lateral do julgador sobre questão não envolvida na espécie fática, mas importante como guia de interpretação e esclarecimento da norma extraída do precedente (*ratio decidendi*).[28] Muitas vezes, colocações periféricas como essa podem abrir janelas para uma discussão futura, construindo novas rotas ao desenvolvimento do direito e à unidade do sistema. Foi o que aconteceu aqui.

VIII. ABRANDAMENTOS DA SÚMULA 529: RESPONSABILIDADE CIVIL INCONTROVERSA

O precedente qualificado da ação direta, no fundo, ensinou que a exigência do litisconsórcio passivo comporta exceções. Logo, não é necessário ou obrigatório. Aquela semente lançada em 2012 germinou em outro importante acórdão proferido anos depois.

Em 2017, o STJ se debruçou exclusivamente sobre essa questão, dessa vez não mais *"en passant"*, mas sim como fundamento determinante da decisão. A vítima de um acidente de trânsito ajuizou ação de reparação de danos contra determinada seguradora, reclamando que ela teria indenizado apenas o concerto de sua moto, sem cobrir as

---

28. MARINONI, Luiz Guilherme. *Julgamento nas Cortes Supremas*: precedente e decisão do recurso diante do novo CPC. São Paulo: Ed. RT, 2015, p. 55.

despesas hospitalares, a perda financeira decorrente dos dias de paralisação sem poder trabalhar, e os danos morais decorrente do transtorno causado pelo sinistro.

A seguradora suscitou preliminar de ilegitimidade passiva, que foi acolhida pelo Tribunal de Justiça do Estado do Mato Grosso para extinguir o processo sem resolução do mérito. Na Corte Superior, entretanto, o desfecho foi diferente. A 3ª Turma entendeu que, na pretensão de *complementação* de indenização decorrente de seguro de responsabilidade civil facultativo, a seguradora pode ser demandada direta e exclusivamente pelo terceiro prejudicado no sinistro. Isso porque o pagamento efetuado na esfera administrativa constitui uma nova relação jurídica substancial entre as partes.

Portanto, quando se trata de demanda para cobrança da diferença do valor indenizatório, não há necessidade de o segurado figurar no polo passivo, nem há que se falar em restrição ao direito de defesa da seguradora.[29] São hipóteses em que a obrigação de indenizar do segurado se revela *incontroversa*, quando ele reconhece a culpa pelo acidente de trânsito ao acionar o seguro de automóvel contratado, ou quando firma acordo extrajudicial com a vítima, sob anuência da seguradora, ou quando esta celebra acordo diretamente com a vítima.

No caso concreto, a orientação jurisprudencial foi abrandada porque o segurado declarou sua culpa na causação do sinistro e reconheceu sua obrigação indenizatória perante a vítima.

É interessante notar que esse acórdão faz menção justamente àquele "*obter dictum*" apontado no *leading case* de 2012, quando o Min. Luis Felipe Salomão vislumbrou possível abrandamento na exigência da Súmula 529. A norma então extraída do novo precedente foi no sentido de que a ação de cobrança do saldo devedor pelo terceiro não requer a citação do segurado justamente porque não se discute mais sua responsabilidade.

Os tribunais estaduais, por sua vez, vêm seguindo essa linha de raciocínio para justificar a não aplicação da Súmula 529 em demandas de cobrança do *complemento* indenizatório pleiteado pelo terceiro.[30] Para efeito do *distinguishing* exigido na aferição dos precedentes, são situações particulares na vida do direito material que impõem certas flexões na incidência da Súmula 529 do STJ, a comprovar que o litisconsórcio passivo pode ser *facultativo*, a depender de uma escolha estratégica a ser feita pelo terceiro (vítima).

Por fim, além das hipóteses acima, podemos adicionar mais uma. A seguradora é demandada para ressarcimento pelos danos decorrentes do cumprimento *atrasado* de

---

29. STJ, 3ª T., REsp 1.584.970-MT, Min. Ricardo Villas Bôas Cueva, j. 24.10.2017.

30. No TJSP, em litígio onde houve anuência da seguradora ao pagamento de indenização por lucros cessantes, o Des. Gilson Delgado Miranda registrou: "*cai por terra qualquer tese defensiva, como a necessidade de aguardar eventual trânsito em julgado em ação a ser promovida contra sua segurada*" (28ª Câmara de Direito Privado, Ap. 0020367-52.2011.8.26.0554, j. 20.10.2015). No mesmo sentido: TJSP, 28ª Câmara de Direito Privado, Ap. 1118925-41.2014.8.26.0100, Des. Cesar Luiz de Almeida, j. 10.04.2018; 29ª Câmara, Ap. 1006692-96.2017.8.26.0100, Des.ª Maria Cristina de Almeida Bacarim, j. 28.05.2019; 29ª Câmara, Ap. 1024022-78.2018.8.26.0001, Des. Carlos Dias Motta, j. 26.07.2019; 25ª Câmara, Ap. 1006392-05.2016.8.26.0510, Des. Edgard Rosa, j. 25.10.2018; 35ª Câmara, Ap. 1045220-84.2018.8.26.0224, Des. Morais Pucci, j. 02.10.2019.

sua obrigação (mora). Como se sabe, o descumprimento pela seguradora do seu *dever* de regular e liquidar o sinistro na forma e no prazo convencionado pode gerar danos *adicionais* ao segurado e ao terceiro, passíveis de indenização não sujeita aos limites fixados na apólice.[31]

Os tribunais chamam esse fenômeno de ilícito *extracontratual*.[32] A jurisprudência do STJ é firme no sentido de que "*O atraso indevido no pagamento da indenização securitária consiste em ato ilícito, que impõe reparação própria e de natureza extracontratual, ou seja, com amparo nas normas relativas à responsabilidade civil*".[33]

Pois bem. Essa espécie de demanda, quando movida pela vítima, também não requer a citação obrigatória do segurado, porque o ato ilítico que constitui sua causa de pedir diz respeito ao comportamento da companhia de seguros no âmbito da regulação do sinistro, e não mais ao acidente e sua autoria.[34]

Eis o panorama atual da ação direta no Brasil. A experiência judiciária ensinou que a exigência do litisconsórcio passivo necessário pressupõe um falso problema. A vítima tem o direito de escolher quem ela pretende acionar: só o segurado, só a seguradora dele ou ambos em conjunto.

Um litisconsórcio *facultativo* a ser pensado e estruturado estrategicamente com seus ônus e bônus.[35]

---

31. O caso líder nessa matéria é o sinistro do Novo Hotel Cacique julgado pelo TJSP na década de 80, com destaque para o voto do 3º juiz, Des. Cândido Rangel Dinamarco: "A conclusão é de que, não pago integralmente o valor do seguro no prazo contratualmente estabelecido, responde a Seguradora pelos prejuízos decorrentes da sua mora, suportados pelo segurado. Em outras palavras, da mora culposa emerge o direito à indenização pelos prejuízos comprovados, não se aplicando ao contrato de seguro a prefixação dos lucros cessantes ditada pelo art. 1.061 do CC" (TJSP, 1ª Câmara Cível, Ap. 69.057-1, Des. Luís de Macedo, j. 02.12.1986, *RT*, 618/53).

32. Preferimos classificar essa obrigação da seguradora como de natureza *contratual*, porque inerente aos deveres de regulação e liquidação do sinistro. Nesse sentido: STIGLITZ, Rubén S. "Mora del asegurador". *Temas de derecho de seguros*. Bogotá: Grupo Editorial Ibañez, 2010, p. 137-139; PIZA, Paulo Luiz de Toledo. A mora da seguradora e o controle da regulação de sinistro pela resseguradora. *II Fórum de Direito do Seguro José Sollero Filho*. São Paulo: IBDS, 2002, p. 167; TZIRULNIK, Ernesto. *Regulação de Sinistro (ensaio jurídico)*. 3. ed. São Paulo: Max Limonad, 2001, p. 67-73 e 105; THEODORO JR., Humberto. O contrato de seguro e a regulação do sinistro. *Revista dos Tribunais*. São Paulo: Ed. RT, v. 832, p. 74. fev. 2005; OLIVEIRA, Eduardo Ribeiro de. Contrato de seguro – alguns tópicos. In: FRANCIULLI NETTO, Domingos; MENDES, Gilmar Ferreira & FILHO, Ives Gandra da Silva Martins (Coord.). *O novo Código Civil* – Estudos em homenagem ao Professor Miguel Reale. São Paulo: LTr, 2003, p. 737-739.

33. STJ, 4ª T., REsp 631.198-RJ, Min. Luis Felipe Salomão, j. 02.10.2008; 4ª T., AgInt no REsp 1.192.274-SP, Min. Raul Araújo, j. 02.02.2017; 4ª T., REsp 285.702-RS, Min. Ruy Rosado de Aguiar, j. 29.05.2001, *RT*, 796/225; 3ª T., REsp 839.123-RJ, Min. Sidnei Beneti, j. 15.09.2009; 3ª T., REsp 1.604.052-SP, Min. Ricardo Villas Bôas Cueva, j. 16.08.2016; 3ª T., AgInt no REsp 1.584.442-MG, Min. Moura Ribeiro, j. 18.03.2019. No TJSP: 28ª Câmara Extraordinária, Ap. 0001430-41.2014.8.26.0084, Des. Ênio Zuliani, j. 13.12.2016.

34. Inaplicabilidade da Súmula 529: TJSP, 35ª Câmara de Direito Privado, AI 2138917-72.2017.8.26.0000, Des. Gilberto Leme, j. 13.11.2017; 36ª Câmara de Direito Privado, Ap. 3002107-29.2013.8.26.0157, Des. Walter Cesar Exner, j. 22.06.2016; 32ª Câmara de Direito Privado, Ap. 1003799-20.2014.8.26.0236, Des. Ruy Coppola, j. 14.04.2016; TJRS, 12ª Câmara Cível, Ap. 5024186-15.2020.8.21.0010/RS, Des. Claudia Maria Hardt, j. 24.03.2022.

35. Conforme sustentamos em tese de doutoramento defendida há exatos 10 anos, depois publicada com versão comercial: MELO, Gustavo de Medeiros. *Ação direta da vítima no seguro de responsabilidade civil*. São Paulo: Contracorrente, 2016.

IX. GARANTIA COM AMPLA FUNÇÃO SOCIAL E DUPLO INTERESSE

Como observado, os movimentos que vêm mexendo na estrutura processual da ação direta foram impulsionados pela prática judiciária que pôs à prova a regra absoluta do litisconsórcio. Além disso, é importante notar que um outro movimento paralelo também passou a tocar em assunto nunca abordado pelo Tribunal Superior, nem mesmo pelo precedente qualificado de 2012: a *teoria do reembolso*.

Por muito tempo reinou a concepção de que o seguro de responsabilidade era uma garantia de "reembolso". Ou seja, só servia para repor o patrimônio do segurado já desfalcado pela indenização que ele pagou à vítima. Uma mentalidade difundida pela doutrina mais tradicional, praticada pelos tribunais e adotada pela Superintendência de Seguros Privados (SUSEP).

A crítica, porém, que se levantou contra essa concepção era a de que esse seguro não pode ser um instrumento de restauração tardia do patrimônio. A garantia securitária precisa ser preventiva para chegar *antes do desembolso a ser efetuado pelo segurado*, de preferência destinando o produto da indenização diretamente à vítima do sinistro. Evita-se com isso que o segurado, muitas vezes também atingido pelo sinistro, se desfalque em circunstância de crise.

Com essa dinâmica, o seguro de responsabilidade civil assume uma função social ampla como garantia de *duplo* interesse: *(a)* mantém incólume o patrimônio do segurado e *(b)* recompõe o patrimônio da vítima. Essa *dupla* função, que vem sendo apontada há muito pela doutrina nacional[36] e estrangeira,[37] em eventos acadêmicos de referência,[38] é o centro de gravidade que define, a partir do direito material, todas as consequências que se projetam no plano das relações processuais que dele derivam.[39]

Em 2018, essa discussão chegou pela primeira vez no Superior Tribunal de Justiça. No julgamento do Recurso Especial 1.738.247-SC, a 3ª Turma afirmou expressamente a mudança de chave operada no seguro de responsabilidade civil a partir do Código Civil de 2002.

Um acidente automobilístico ocorrido entre dois caminhões no Estado de Santa Catarina abriu uma discussão sobre o agravamento de risco e suas consequências en-

---

36. TZIRULNIK, Ernesto. O futuro do seguro de responsabilidade civil. *Revista dos Tribunais*. São Paulo: Ed. RT, v. 782, p. 72. dez. 2000.

37. Na Argentina: HALPERIN, Isaac. *La accion directa de la victima contra el asegurador del responsable civil del daño*. Buenos Aires: La Ley, 1944, p. 118. Em Portugal: CAMPOS, Diogo José Paredes Leite de. *Seguro da Responsabilidade Civil Fundada em Acidentes de Viação – Da Natureza Jurídica*. Coimbra: Almedina, 1971, p. 37; MOITINHO DE ALMEIDA, J. C. *O Contrato de Seguro no Direito Português e Comparado*. Lisboa: Livraria Sá da Costa, 1971, p. 267.

38. Enunciado 544 do Centro de Estudos Judiciários do Conselho da Justiça Federal – VI Jornada de Direito Civil: *"O seguro de responsabilidade civil facultativo garante dois interesses, o do segurado contra os efeitos patrimoniais da imputação de responsabilidade e o da vítima à indenização, ambos destinatários da garantia, com pretensão própria e independente contra a seguradora"*.

39. MELO, Gustavo de Medeiros. Coisa julgada a favor de terceiros em matéria securitária. *Revista de Processo*. São Paulo: Ed. RT, v. 287, p. 335, jan. 2019.

volvendo condutor do veículo em estado de embriaguez. Antes de chegar na conclusão favorável ao autor da ação, a Corte teceu longas considerações sobre o verdadeiro papel desse seguro como garantia preventiva não limitada à função de simples reembolso: "*O seguro de responsabilidade civil se transmudou após a edição do Código Civil de 2002, de forma que deixou de ostentar apenas uma obrigação de reembolso de indenizações do segurado para abrigar também uma obrigação de garantia da vítima, prestigiando, assim, a sua função social*".[40]

Esse precedente assentou também que o seguro de responsabilidade se destina a proteger não só o segurado, mas também a indenizar a vítima do dano: "*A garantia de responsabilidade civil não visa apenas proteger o interesse econômico do segurado relacionado com seu patrimônio, mas, em igual medida, também preservar o interesse dos terceiros prejudicados à indenização*".[41]

Em 2019, o tema do agravamento de risco e embriaguez ao volante voltou à pauta da 3ª Turma pelo Recurso Especial 1.684.228-SC, reafirmando a Corte a mesma orientação dada no ano anterior. Aqui, é interessante observar o voto da Min. Fátima Nancy Andrighi, que, mesmo vencida na conclusão do julgamento, acompanhou a crítica feita à teoria do reembolso, desenvolvendo ponderações sobre a dupla função do seguro de responsabilidade civil: "*Por isso é que na atualidade, forte no princípio da função social do contrato, concebe-se que o seguro de responsabilidade civil encerra dupla garantia: a primeira, sob um viés individual, de conferir proteção à esfera patrimonial do segurado e, a segunda, sob um viés social, de viabilizar o devido pagamento da indenização à vítima*".[42]

Na sequência, a Ministra defende a superação da teoria do reembolso, sob pena de conivência com situações que, segundo ela, configuram dupla iniquidade.[43]

---

40. STJ, 3ª T., REsp 1.738.247-SC, Min. Ricardo Villas Bôas Cueva, j. 27.11.2018.
41. Voto do Min. Paulo de Tarso Sanseverino: "Voltando os olhos para o contrato de seguro automobilístico de responsabilidade civil, deve-se observar que a vetusta *teoria do reembolso*, restou superada pela jurisprudência desta Corte. Relembre-se que pela teoria do reembolso o segurado deveria primeiro indenizar o terceiro lesado pelo evento danoso para que, então, a seguradora o reembolsasse das despesas até o limite previsto na apólice. Ocorre que tal exigência conduzia a situações de grande injustiça perante as vítimas inocentes (terceiros) do sinistro, pois, em muitas oportunidades, o segurado não possui patrimônio suficiente para suportar as despesas dos danos causados a terceiros, deixando as seguradoras em uma cômoda posição frente ao seguro de responsabilidade civil, pois nada havia para reembolsar ao segurado que nada despendera. Por isso, a jurisprudência desta Corte, inclusive em sede de recursos repetitivos, passou a admitir a ação direta do terceiro prejudicado contra a seguradora, exigindo apenas a inclusão no polo passivo do segurado".
42. STJ, 3ª T., REsp 1.684.228-SC, j. 27.08.2019.
43. Voto da Min. Nancy Andrighi: "Nessa linha de raciocínio, visualiza-se, por exemplo, que esta Corte relativizou a tradicional concepção do seguro de responsabilidade civil facultativo como seguro de reembolso, em que a cobertura securitária pressupõe a prévia condenação do segurado pelo ato ilícito e o pagamento da respectiva indenização à vítima, para só então haver a recomposição do patrimônio daquele. Se assim fosse estruturada, a sistemática do seguro, na prática, se revestiria de uma dupla iniquidade, tanto para o segurado, que viria a ser duramente atingido em sua estabilidade patrimonial pela necessidade de pagar primeiro para ser reembolsado depois, tanto para a vítima, que, já prejudicada pelo ato danoso, correria o sério risco de ter a seu favor sentença judicial transitada em julgado e não receber a indenização, simplesmente por não ter o segurado condições financeiras para suportar o pagamento do quantum indenizatório".

Eis o ponto alto de toda essa discussão nos dias de hoje com reflexos importantes nos tribunais brasileiros.[44] O mecanismo do reembolso é antagônico, porque produz o desfalque prévio do segurado para depois buscar sua restauração, e ainda deixa a vítima à mercê da iniciativa e da solvabilidade daquele que lhe causou o dano. Mecanismo duplamente perverso.

Em boa hora, a SUSEP abandonou esse critério indenizatório, como ficou claro na última Circular 637/2021, que dispõe sobre os grupos de seguros de responsabilidade civil, para a qual foi dada a seguinte justificativa: *"Foi incluída a permissão de indenização direta ao terceiro prejudicado, como alternativa ao reembolso ao segurado".*[45] Em voto proferido no processo administrativo, o corpo técnico da autarquia assinalou que *"A forma de garantir o interesse do segurado deixa de ser exclusiva pela via do reembolso, passando a contemplar o pagamento direto ao terceiro prejudicado, ou outras ajustadas nas condições contratuais (art. 3º, § 1º)".*[46]

Essa mudança de paradigma ocorrida no seguro de responsabilidade civil estimula o pagamento direto pela seguradora, reforça o correspondente direito de exigir esse pagamento pela vítima (ação direta) e, o que é mais importante, proporciona a verdadeira *indenidade* desejada pelo segurado.

X. CONCLUSÕES

1. O moderno seguro de responsabilidade civil constitui garantia de *duplo interesse* na medida em que destina o produto da indenização diretamente à vítima, evitando assim o desfalque patrimonial do segurado. Garantia preventiva de indenidade avessa ao mecanismo de reembolso.

2. A ação direta do terceiro prejudicado é uma técnica processual a serviço desse programa de proteção desenhado pelo direito material, um esforço doutrinário e jurisprudencial voltado a proporcionar melhor acesso à Justiça às vítimas do infortúneo.

3. A experiência judiciária ensinou que a exigência do litisconsórcio passivo obrigatório entre segurado e seguradora, no processo de ação direta, constitui um exagero da Súmula 529 do STJ, sendo dispensável nos casos em que a responsabilidade do segurado é dada como *incontroversa.*

REFERÊNCIAS

ARMELIN, Donaldo. A ação direta da vítima contra a seguradora de responsabilidade civil: fundamentos e regime das exceções. *III Fórum de Direito do Seguro José Sollero Filho.* São Paulo: EMTS, 2003.

CALERO, Fernando Sánchez. La acción directa del tercero damnificado contra el asegurador. *Revista Ibero-latinoamericana de Seguros.* Javegraf: Bogotá, n. 10, 1997.

---

44. TJSP, 23ª Câmara, Ap. 0001355-09.2004.8.26.0001, Des. Sérgio Shimura, j. 24.04.2013.
45. Parecer Eletrônico 61/2020/CORES/CGRES/DIR1/SUSEP.
46. Voto Eletrônico 13/2021/DIR1.

CAMPOS, Diogo José Paredes Leite de. *Seguro da Responsabilidade Civil Fundada em Acidentes de Viação* – Da Natureza Jurídica. Coimbra: Almedina, 1971.

CARNEIRO, Athos Gusmão. *Intervenção de Terceiros*. 15. ed. São Paulo: Saraiva, 2003.

CARVALHO, Fabiano & BARIONI, Rodrigo. Eficácia da sentença na denunciação da lide: execução direta do denunciado. In: DIDIER JR., Fredie & ARRUDA ALVIM WAMBIER, Teresa (Coord.). *Aspectos polêmicos e atuais sobre os terceiros no processo civil (e assuntos afins)*. São Paulo: Ed. RT, 2004.

CASTRO FILHO, Casto. Do litisconsórcio na denunciação da lide. In: FUX, Luiz; NERY JR., Nelson & ARRUDA ALVIM WAMBIER, Teresa (Coord.). *Processo e Constituição* – Estudos em homenagem ao Prof. José Carlos Barbosa Moreira. São Paulo: Ed. RT, 2006.

COMPARATO, Fábio Konder. Seguro de responsabilidade civil – Ação direta da vítima do dano contra o segurador – Inadmissibilidade. *Revista de Direito Mercantil*. São Paulo: Ed. RT, n. 01, 1971.

CONDE, Mª Ángeles Calzada. *El Seguro de Responsabilidad Civil*. Navarra: Aranzadi, 2005.

DIAS, José de Aguiar. *Da responsabilidade civil*. 10. ed. Rio de Janeiro: Forense, 1997, v. II.

DIDIER JR., Fredie. *Sobre a teoria geral do processo, essa desconhecida*. 5. ed. Salvador: JusPodivm, 2020.

FARIA, Juliana Cordeiro de. O Código Civil de 2002 e o novo paradigma do contrato de seguro de responsabilidade civil: a viabilidade do direito de ação da vítima contra a seguradora. *IV Fórum de Direito do Seguro José Sollero Filho*. Contrato de Seguro: Uma Lei para todos. São Paulo: IBDS, 2006.

FIGUEIRA, Andrade. J. G. de. A ação direta da vítima contra a companhia seguradora de responsabilidade civil. *RT*, 139, 1942.

HALPERIN, Isaac. *La accion directa de la victima contra el asegurador del responsable civil del daño*. Buenos Aires: La Ley, 1944.

IRIBARREN, Miguel. A ação direta da vítima perante a seguradora no seguro de responsabilidade civil, à luz do Projeto de Lei de Seguros Privados n. 3.555/04. *IV Fórum de Direito do Seguro José Sollero Filho*. São Paulo: IBDS, 2006.

MAGALLANES, Pablo Medina. La acción directa del tercero en contra del asegurador en los seguros del Responsabilidad Civil en México. *1º Fórum de Direito do Seguro José Sollero Filho*. São Paulo: Max Limonad, 2000.

MARINONI, Luiz Guilherme. *Julgamento nas Cortes Supremas*: precedente e decisão do recurso diante do novo CPC. São Paulo: Ed. RT, 2015.

MELO, Gustavo de Medeiros. *Ação direta da vítima no seguro de responsabilidade civil*. São Paulo: Contracorrente, 2016.

MELO, Gustavo de Medeiros. Coisa julgada a favor de terceiros em matéria securitária. *Revista de Processo*. São Paulo: Ed. RT. v. 287, jan. 2019.

MELO, Gustavo de Medeiros. Intervenção de terceiros no Direito Securitário. In: IBDP; SCARPINELLA BUENO, Cassio (Org.). *Prodireito: Direito Processual Civil: Programa de Atualização em Direito: Ciclo 3*. Porto Alegre: Artmed Panamericana, 2018.

MOITINHO DE ALMEIDA, J. C. *O Contrato de Seguro no Direito Português e Comparado*. Lisboa: Livraria Sá da Costa, 1971.

NERY JR., Nelson & NERY, Rosa M. de Andrade. *Código de Processo Civil Comentado e legislação extravagante*. 12. ed. São Paulo: Ed. RT, 2012.

OLIVEIRA, Eduardo Ribeiro de. Contrato de seguro – alguns tópicos. In: NETTO, Domingos Franciulli; MENDES, Gilmar Ferreira & FILHO, Ives Gandra da Silva Martins (Coord.). *O novo Código Civil* – Estudos em homenagem ao Professor Miguel Reale. São Paulo: LTr, 2003.

PEREIRA, Caio Mário da Silva. *Responsabilidade civil*. 9. ed. Rio de Janeiro: Forense, 1998.

PIZA, Paulo Luiz de Toledo. A mora da seguradora e o controle da regulação de sinistro pela resseguradora. *II Fórum de Direito do Seguro José Sollero Filho*. São Paulo: IBDS, 2002.

PORTO, Mario Moacyr. Seguro de responsabilidade – Ação direta da vítima contra a seguradora. *Ação de responsabilidade civil e outros estudos*. São Paulo: Ed. RT, 1966.

REGO, Margarida Lima. *Contrato de Seguro e Terceiros* – Estudos de Direito Civil. Lisboa: Coimbra, 2010.

ROSÁRIO, Abelardo Barreto do. Ação da Vítima contra o Segurador. *RF*, 89, 1942.

SILVA, Ovídio A. Baptista da. *O seguro e as sociedades cooperativas* – Relações Jurídicas Comunitárias. Porto Alegre: Livraria do Advogado, 2008.

SILVA, Ovídio A. Baptista da. Ação direta da vítima contra o segurador. In: DIDIER JR., Fredie *et alii* (Coord.). *O terceiro no processo civil brasileiro e assuntos correlatos*: Estudos em homenagem ao Professor Athos Gusmão Carneiro. São Paulo: Ed. RT, 2010.

STIGLITZ, Rubén S. "Mora del assegurador". *Temas de derecho de seguros*. Bogotá: Grupo Editorial Ibañez, 2010.

THEODORO JR., Humberto. *Curso de Direito Processual Civil*. 48. ed. Rio de Janeiro: Forense, 2008, v. I.

THEODORO JR., Humberto. Uma novidade no campo da intervenção de terceiros no processo civil: a denunciação da lide *per saltum* (ação direta). In: DIDIER JR., Fredie et alii (Coord.). *O terceiro no processo civil brasileiro e assuntos correlatos*: Estudos em homenagem ao Professor Athos Gusmão Carneiro. São Paulo: Ed. RT, 2010.

THEODORO JR., Humberto. O contrato de seguro e a regulação do sinistro. *Revista dos Tribunais*. São Paulo: Ed. RT, v. 832. fev. 2005.

TZIRULNIK, Ernesto. Conceito de seguro de Responsabilidade Civil. *Seguros & Riscos* – Legislação. n. 30, abr. 1989.

TZIRULNIK, Ernesto. O futuro do seguro de responsabilidade civil. *Revista dos Tribunais*. São Paulo: Ed. RT, v. 782. dez. 2000.

TZIRULNIK, Ernesto. *Regulação de Sinistro (ensaio jurídico)*. 3. ed. São Paulo: Max Limonad, 2001.

VEIGA COPO, Abel B. Especial referencia a la delimitación del riesgo en los seguros de responsabilidad civil y acción directa. *Revista IBERC*, Belo Horizonte, v. 5, n. 2, maio/ago. 2022.

SEGURO DE RESPONSABILIDADE CIVIL. CAMINHOS PARA A IMPLEMENTAÇÃO DO *DUTY TO DEFEND* NO BRASIL

Cassio Gama Amaral

Mestre em Direito (*Juriste Manager International*) pela Grand École de Commerce de Lyon, France. Mestre em Administração pela Universidade Federal da Bahia. Advogado licenciado no Brasil, Portugal, Inglaterra e País de Gales. Advogado licenciado no Brasil, Portugal, Inglaterra e País de Gales.

Marcelo Catania Ramos

Graduado em Direito pela Faculdade de Direito da Universidade de São Paulo, Largo de São Francisco. Advogado.

Resumo: Apesar de largamente utilizado em diversos países, o *duty to defend* não é oferecido no mercado brasileiro como uma cobertura/utilidade adicional nos seguros de responsabilidade civil. Dentre outros motivos, isso deriva de questionamentos sobre a sua legalidade e sobre como seria implementado na prática processual. Advogando pela oferta e utilização dessa cobertura/utilidade no Brasil, este artigo busca identificar caminhos para que o *duty to defend* seja implementado.

Sumário: I. Introdução – II. A experiência estrangeira do *duty to defend* – III. *Duty to defend* e a regulação brasileira do seguro de responsabilidade civil geral – IV. *Duty to defend* na prática processual brasileira – V. Conclusão – Referências.

I. INTRODUÇÃO

Sob os influxos da Lei da Liberdade Econômica,[1] os reguladores do mercado securitário têm procurado contribuir para o desenvolvimento e aprimoramento da indústria. Nos últimos anos, novas políticas públicas de fomento foram postas em prática, de maneira que novas normas e diretrizes foram estabelecidas para diferentes ramos do seguro com vistas ao aumento da penetração e eficiência dos produtos securitários. Dentre outros objetivos, há um retardado, mas reconhecido esforço em se promover a liberdade competitiva entre as seguradoras, incentivar o desenvolvimento de novos produtos e coberturas, bem como simplificar a regulação do contrato de seguro.[2]

A tendência à modernização e ao fomento de novos produtos e práticas no mercado securitário brasileiro traz à lume coberturas que, embora largamente adotadas em outras

---

1. Lei 13.874, de 20 de setembro de 2019.
2. Conforme se infere, por exemplo, da Exposição de Motivos à Circular Susep 621, de 12 de fevereiro de 2021.

jurisdições, ainda não são utilizadas no Brasil,[3] a exemplo do chamado *duty to defend*, de ampla aplicação em outros países no âmbito de apólices de seguro de responsabilidade civil, mas inexistente no Brasil.

Nesse contexto, o objetivo deste artigo consiste em apresentar contribuições jurídicas para que o *duty to defend* possa despontar como uma utilidade a ser ofertada pelas seguradoras no Brasil. Para tanto, serão analisados aspectos de direito material e processual que podem afetar a sua viabilidade e implementação.

II. A EXPERIÊNCIA ESTRANGEIRA DO *DUTY TO DEFEND*

O seguro, como contrato de garantia,[4] está umbilicalmente ligado ao dever de indenizar, que se torna exigível pela materialização do evento futuro e incerto garantido nos termos do contrato (apólice).

No seguro de responsabilidade civil, espécie do gênero seguro de dano, a seguradora garante interesse legítimo do segurado de evitar ou mitigar os efeitos de responsabilização cível por danos causados a terceiros. Se o segurado cometer um ato ilícito que prejudique terceiro, a seguradora, observadas as condições e limitações da apólice, terá o dever de, recompondo o patrimônio do segurado,[5] indenizar o terceiro (vítima), seja diretamente ou por meio de reembolso ao segurado.

Além da garantia prestada por prejuízos provocados a terceiros que o segurado seja responsável, é comum que a apólice de seguro de responsabilidade civil proveja cobertura para os custos de defesa do segurado,[6] *i.e.*, custas e despesas processuais, honorários de advogados e peritos e demais despesas necessárias para que ele se defenda num processo em que lhe é imputada responsabilidade. A seguradora pode ter o dever de indenizar os custos de defesa ao final do processo ou de adiantá-los, a depender do prescrito na apólice.

Ao lado do dever de indenizar ínsito ao seguro de responsabilidade civil, países como os Estados Unidos da América e Reino Unido[7] possuem experiência já sedimentada com o *duty to defend*.

---

3. Há de fato um recente e importante esforço dos reguladores e players do mercado brasileiro em direção à modernização, como, exemplo, a estruturação de *Insured Linked Securities* (ILS), do qual os *catastrophe bonds* são espécie, valor mobiliário ofertado, desde o final da década de 1990, em crescente escala nos mercados (de capitais ou privado) estrangeiros. Por meio da Resolução CNSP 396, de 11 de dezembro de 2020, importou-se tal forma alternativa de pulverização de riscos. Atualmente, o tema é regulado pela Lei 14.430, de 3 de agosto de 2022 e Resolução CNSP 453, de 19 de dezembro de 2022.

4. Artigo 757 do Código Civil (Lei 10.406, de 10 de janeiro de 2002). COMPARATO, Fábio Konder. *O seguro de crédito: estudo jurídico*. São Paulo: Ed. RT, 1968, p. 136.

5. MIRANDA, Pontes de. *Direito das obrigações: contrato de seguros (continuação)*. Atual. Bruno Miragem. São Paulo: d. RT, 2012, p. 114-115.

6. Artigos 2º, V, e 3º, § 3º, da Resolução Susep 637, de 27 de julho de 2021.

7. Outros países também reconhecem o *duty to defend* como uma cobertura fornecida pela seguradora e, por vezes, regulada. Por exemplo, na Espanha, as seguradoras têm o dever de defender o segurado em juízo, salvo estipulação em contrário prevista na apólice (*articulo 74 da Ley 50/1980, de 8 de octubre, de Contrato de Seguro*: "*Salvo pacto en contrario, el asegurador asumirá la dirección jurídica frente a la reclamación del perjudicado, y serán de su cuenta los gastos de defensa que se ocasionen. El asegurado deberá prestar la colaboración necesaria en orden a la dirección jurídica asumida por el asegurador. No obstante lo dispuesto en el párrafo anterior, cuando*

Pelo *duty to defend*, a seguradora assume o compromisso contratual[8] de defender o segurado no caso deste ser citado em processo que busca atribuir-lhe responsabilidade por danos provocados a terceiro. Nesse caso, a seguradora assume a direção do litígio, nomeando o advogado que representará o segurado e arcando com os custos de defesa decorrentes, incluindo os honorários do advogado eleito pela seguradora.

Há tanto vantagens para a seguradora quanto para o segurado na contratação do *duty to defend*. Para o segurado, o *duty to defend* proporciona o conforto de que, em caso de litígio, não precisará dispender tempo e recursos na procura e contratação de advogado e na coordenação de sua defesa ao longo da tramitação do processo.[9] Isso porque a seguradora é quem contratará o advogado, que, segundo sua experiência, pode fornecer uma defesa satisfatória em nome do segurado. É também a seguradora que arcará diretamente com os custos e despesas decorrentes do processo, sem a necessidade de o segurado desembolsar recursos e aguardar o reembolso pela seguradora, no mais das vezes ao término do processo.

As vantagens do *duty to defend* para o segurado repercutem de modo distinto, a depender de sua situação e do tipo de risco que o seguro visa a cobrir. Contratar uma apólice com *duty to defend* pode ser mais interessante para aqueles segurados que possuem pouca ou nenhuma experiência prévia com litígios (*e.g.*, entidades do terceiro setor e empresas de menor porte). Pode ser mais interessante também em litígios de menor complexidade, mas com maior recorrência, nos quais a reputação do segurado não esteja *a priori* em jogo (*e.g.*, acidentes de trânsito, defeitos na prestação de serviços ou atraso na entrega de produtos). Nesses casos, a seguradora pode contribuir de forma mais decisiva do que o segurado na defesa pelo fato de, em tese, possuir experiência e histórico de atuações em casos semelhantes, conhecendo os advogados mais preparados para conduzir os processos, além de ter maior poder de barganha na negociação dos honorários.[10]

---

quien reclame esté también asegurado con el mismo asegurador o exista algún otro posible conflicto de intereses, éste comunicará inmediatamente al asegurado la existencia de esas circunstancias, sin perjuicio de realizar aquellas diligencias que por su carácter urgente sean necesarias para la defensa. El asegurado podrá optar entre el mantenimiento de la dirección jurídica por el asegurador o confiar su propia defensa a otra persona. En este último caso, el asegurador quedará obligado a abonar los gastos de tal dirección jurídica hasta el límite pactado en la póliza").

8. O *duty to defend* tem origem contratual, inferindo-se, portanto, do texto da apólice. RICHMOND, Douglas R. Using extrinsic evidence to excuse a liability insurer's duty to defend, 74, *SMU Law Review*. 119, p. 121, 2021. BAKER, Tom; LOGUE, Kyle D. *In defense of the restatement of liability insurance law*. Michigan Law, University of Michigan: Law and Economics Research Papers Series, Paper n. 17-001, 2017, p. 787.

9. "We have explained that the insured would reasonably expect a defense by the insurer in all personal injury actions against him. If he is to be required to finance his own defense and then, only if successful, hold the insurer to its promise by means of a second suit for reimbursement, we defeat the basic reason for the purchase of the insurance. In purchasing his insurance the insured would reasonably expect that he would stand a better chance of vindication if supported by the resources and expertise of his insurer that if compelled to handle and finance the presentation of his case. He would, moreover, expect to be able to avoid the time, uncertainty and capital outlay in finding and retaining an attorney of his own." SCHWARCZ, Daniel, ABRAHAM, Kenneth S. *Insurance law and regulation*: cases and materials. 6. ed. Saint Paul: LEG, Inc. d/b/a West Academic, 2015, p. 591. Ainda: GOLDBERG, Ilan. *O contrato de seguro D&O*. 2. ed. São Paulo: Thomson Reuters Brasil, 2022, *e-book*, p. RB-3.14.

10. Diferente é a situação em apólices cujos riscos garantidos trazem repercussões mais graves e personalíssimas ao segurado. Justamente por isso que o *duty to defend* é incomum em certas apólices, como nas de seguro de responsabilidade civil de diretores e administradores: TRAUTMAN, Lawrence J., ALTENBAUMER-PRICE, Kara. D&O insurance: a primer. *American University Business Law Review* 1, n. 2 (2012), p. 337-367.

De outro lado, para a seguradora, o *duty to defend* pode ser tão interessante que há quem diga que defender o segurado é um direito da seguradora,[11] especialmente no cenário em que o sinistro resta caracterizado somente se a seguradora tiver exercido a direção sobre o processo, tudo com vistas a otimizar os custos de defesa e aumentar eficiência no litígio.[12]

Para que a seguradora possa dirigir adequadamente o processo para o segurado, este deve cumprir com o seu dever de cooperação. Como ordinariamente o segurado estará em posse dos fatos e provas que poderão ser apresentados em sua defesa, cabe a ele fornecer as informações e subsídios à seguradora, para que esta possa apresentar uma defesa robusta em seu nome.[13]

Valeu ressaltar, contudo, que a cobertura de custos de defesa não equivale ao *duty to defend*.[14] A direção do processo pela seguradora não se confunde com a garantia prestada para cobertura de despesas e custos que o segurado venha a incorrer ao longo da tramitação do processo.

O *duty to defend* e o *duty to indemnify* são independentes.[15] O primeiro tem aplicação mais ampla que o segundo: não necessariamente o dever de defender o segurado

---

11. BARKER. Tom, LOGUE, Kyle D. *Insurance law and policy*: cases and materials. 3. ed. New York: Wolters Kluwer Law & Business, 2013, p. 474.

12. Não se ignoram as desvantagens do *duty to defend*, notadamente em casos de conflito de interesses entre o segurado e seguradora na direção do processo. Por exemplo, ao passo que eventual reconhecimento de que o segurado agiu com dolo aproveita à seguradora – por ser exclusão padrão nos contratos de seguro –, não favorece o segurado que, além de ter sua responsabilidade civil reconhecida, arcará sozinho com a indenização. Assim, num litígio que envolva alegação de dolo, pode ressurgir um conflito de interesses na execução do *duty to defend*. RAMOS, Maria Elisabete Gomes. *O seguro de responsabilidade civil dos administradores*: entre a exposição ao risco e a delimitação da cobertura. Coimbra: Almedina, 2010, p. 478. GOLDBERG, Ilan. *O contrato de seguro D&O*. 2. Ed. São Paulo: Thomson Reuters Brasil, 2022, *e-book*, p. RB-3.14. Em casos de conflito de interesse, as cortes norte-americanas têm indicado que o advogado eleito pela seguradora deve defender os interesses do segurado, assim como que o segurado poderá eleger o seu advogado, sem prejuízo da obrigação da seguradora de arcar com os custos de defesa correspondentes. SCHWARCZ, Daniel, ABRAHAM, Kenneth S. *Insurance law and regulation*: cases and materials. 6. ed. Saint Paul: LEG, Inc. d/b/a West Academic Publishing, 2015, p. 607; MIGUENS, Héctor José. Responsabilidad de directores de sociedades em los Estados Unidos. Cuestiones Relacionadas con la defensa de los accionados y acuerdos transaccionales en las acciones procesuales. *Revista Quaestio Iuris*, Rio de Janeiro, v. 12, n. 01, p. 8. 2019.

13. STEMPEL, Jeffrey W., PETER, Swisher N., KNUTSEN, Erik S. *Principles of insurance law*. 4. ed. New Providence, NJ: Lexis Nexis, 2011, p. 592. MIGUENS, Héctor José. Responsabilidad de directores de sociedades em los Estados Unidos. Cuestiones Relacionadas con la defensa de los accionados y acuerdos transaccionales en las acciones procesuales, *Revista Quaestio Iuris*. Rio de Janeiro, v. 12, n. 01, p. 9-10, 2019.

14. "It should be noted that the Aetna policy does not contain a separate 'duty to defend' clause. Its proviso is to reimburse Valassis/Brandon for defense costs as part of the 'losses' covered by the policy. Valassis/Brandon fail to recognize the distinction between a 'recovery of defense costs' and a 'duty to defend.' The former includes defense costs as a part of the losses for which the Aetna policy will reimburse, if covered. A commitment by the insurance company to reimburse the defense costs of the insured does not create a duty to defend on the part of the insurance company." Valassis Communications v. Aetna Casualty, 97 F.3d 870 (6th Circuit. 1996). Também reconhecendo que a cobertura dos custos de defesa pode se dar de duas formas: pelo *duty to defend* ou apenas pelo *duty to indemnify*: GOLDBERG, Ilan. *O contrato de seguro D&O*. 2. ed. São Paulo: Thomson Reuters Brasil, 2022, *e-book*, p. RB-3.14

15. "The duty to defend is broader than the obligation to indemnify, from which it must be distinguished. The duty to defend exists whenever an insurer ascertains facts which give rise to the potential of liability to indemnify. Unlike the obligation to indemnify, which is only determined when the insured's underlying liability is esta-

culminará no dever de indenizá-lo pelos prejuízos que for condenado a indenizar ao terceiro. A seguradora deve defender o segurado se for juridicamente possível que este seja responsabilizado por danos cobertos pela apólice, ainda que o litígio tenha alegações manifestamente falaciosas e pedido notoriamente improcedente.[16] Também haverá o dever de defender se houver chance de, ao final do processo, a responsabilidade do segurado recair sob a cobertura da apólice, ou seja, ainda que, no início do processo, seja tanto possível que o resultado do processo leve à conclusão de que não há cobertura, quanto possível que o sinistro seja coberto, a seguradora deverá cumprir com o *duty to defend*.[17] Esse é o postulado da regra conhecida como *four corners of the complaint* ou *eight-corners rule*.[18-19]

---

blished, the duty to defend must be assessed at the very outset of a case. An insurer may have a duty to defend even when it ultimately has no obligation to indemnify, either because no damages are awarded in the underlying action against the insured, or because the actual judgment is for damages not covered under the policy." Ringler Associates v. Maryland Casualty, 80 1165, 96 Cal.Rptr.2d 136 (Court of Appeals of California 4th. 2000). Ainda: MARTINEZ. Leo P., RICHMOND, Douglas R. *Cases and materials on insurance law*. 7. ed. St. Paul: LEG, Inc. d/b/a West Academic Publishing, 2013, p. 299; e RICHMOND, Douglas R. Using extrinsic evidence to excuse a liability insurer's duty to defend, *SMU Law Review*. 119, v. 74, p. 122-123. 2021.

16. "Most primary liability insurance policies not only provide indemnity to the insured; they also provide the right to a defense of all claims alleging liability that would be covered by the policy if the allegations are true. This coverage provides important 'litigation insurance', since the costs of defending against even unsuccessful lawsuits can be substantial. Older policies indicated that this duty to defend existed even if the allegations are 'groundless, false, or fraudulent'. Most recent policies have dropped this clarification, although it seems likely that courts will continue to interpret policies as though they contained this clarification. In any event, it is clear that, as the court says repeatedly, in general the duty to defend is broader than the duty to indemnify." SCHWARCZ, Daniel, ABRAHAM, Kenneth S. *Insurance law and regulation: cases and materials*. 6. ed. Saint Paul: LEG, Inc. d/b/a West Academic Publishing, 2015, p. 577. "[D]uty is not limited to meritorious suits and may even extend to actions which are groundless, false, or fraudulent, so long as the allegations against the insured even arguably come within the policy coverage." Detroit Edison v. Michigan Mut. Ins. Co., 301 N.W.2d 832, 835 (Michigan Court of Appeals. 1980). Ainda: MARTINEZ. Leo P., RICHMOND, Douglas R. *Cases and materials on insurance law*. 7. ed. St. Paul: LEG, Inc. d/b/a West Academic Publishing, 2013, p. 316.

17. "An insurer's duty to defend is separate from its duty to indemnify. The fact that an insurer may ultimately not be liable as the indemnifier of the insured does not establish that it has no duty to defend. The duty to defend is broader than the duty to indemnify and is measured by the reasonable expectations of the insured [and the allegations found in the complaint] ... Accordingly, '[a]n insurer is not absolved from its duty to defend the lawsuit merely because it is forbidden by law or contract to indemnify the liability-causing action'. [Citation] 'An insurer, bound to defend an action against its insured, must defend against all of the claims involved in that action, even though some ... of them ultimately result in recovery for damages not covered by the policy" ... "An insurer ... bears a duty to defend its insured whenever it ascertains facts which give rise to the potential of liability under the policy." [Citing the well-known case Gray v. Zurich Insurance Co., 419 P.2d 168 (Cal. 1966)]". STEMPEL, Jeffrey W., PETER, Swisher N., KNUTSEN, Erik S. *Principles of insurance law*. 4. ed. New Providence, NJ: Lexis Nexis, 2011, p. 593.

18. "There are two approaches to determining an insurer's duty to defend. First, there is the so-called four-corners or eight-corners rule, also known as the complaint allegation rule or the exclusive pleading rule. Under what we'll call the eight-corners rule, the factual allegations in the plaintiff's complaint or petition are compared with the policy, and the insurer owes a defense only if those allegations potentially implicate the insurer's duty to indemnify the insured. As the explanation of the rule indicates, the "eight corners" describe the four corners of the complaint or petition combined with the four corners of the insurance policy. Under the eight-corners rule, facts outside the pleadings are not material to the determination of the insurer's duty to defend." RICHMOND, Douglas R. Using extrinsic evidence to excuse a liability insurer's duty to defend, Article 4, *SMU Law Review* 119, v. 74, p. 123. 2021.

19. Essa regra não é isenta de críticas, notadamente nos casos em que a seguradora tenha elementos, além do que é alegado, na petição inicial, pelo terceiro contra o segurado, para infirmar o seu dever de defender (*e.g.*, se

Exemplificativamente, mesmo que, em uma petição inicial, se alegue que o segurado agiu com dolo, para o que não há cobertura em apólices de seguro de responsabilidade civil, se for juridicamente possível que o segurado seja responsabilidade civilmente por mera culpa, para o que a apólice presta cobertura,[20] a seguradora deverá defender o segurado no processo.

Em virtude da regra do *four-corners* e da independência entre os *duty to defend* e *to indemnify*, a seguradora pode adotar, basicamente, quatro condutas a partir do momento em que o segurado lhe informa de um litígio movido por terceiro:[21] *(i)* cumprir com o *duty to defend*, de modo incondicionado, sem fazer nenhuma ressalva quanto ao *duty to indemnify; (ii)* cumprir com o *duty to defend*, ressalvando o seu direito de negar cobertura ao final do processo; *(iii)* recusar-se a defender o segurado; e *(iv)* defender o segurado, mas promover demanda para declarar que não está obrigada a cumprir com o *duty to defend* e/ou *duty to indemnify*.

Na primeira hipótese acima [item *(i)*], a seguradora estará vinculada ao seu dever de indenizar, seja porque, de modo expresso ou tácito, afirmou ou ao menos revelou, transpareceu, pela sua conduta, que anuía com o seu dever de indenizar os prejuízos decorrentes do processo ajuizado contra o segurado.[22]

Na segunda hipótese acima [item *(ii)*], a seguradora, por não ter elementos para concluir pela existência ou não de cobertura securitária, mas reconhecendo que a dúvida a leva a cumprir com o dever de defender, assume a direção do processo, com a ressalva de que pode vir a negar cobertura, se, ao fim do processo movido pelo terceiro (vítima), concluir que não há cobertura securitária para a responsabilidade atribuída ao segurado.[23]

---

tiver regulado o sinistro e aferido que o segurado agiu com fraude). RICHMOND, Douglas R. Using extrinsic evidence to excuse a liability insurer's duty to defend, *SMU Law Review* 119, v. 74, Article 4, p. 124-126. 2021.

20. Como é a realidade no Brasil (artigos 757 e 762 do Código Civil). "Na complexidade da vida contemporânea, cada pessoa está exposta a riscos e a ser responsabilizada por atos seus ou das pessoas cujos atos lhe determinem a responsabilidade. Tanto se pode segurar o risco de ser ofendido como o risco de se ofender. A responsabilidade que se pode segurar é a de ato culposo (não doloso) da pessoa segurada, ou a de fato, ou a de ato-fato de outrem, culposo ou doloso, ou de animal. Somente não é segurável a responsabilidade do segurado por fato oriundo de dolo." MIRANDA, Pontes de. *Direito das obrigações: contrato de seguros (continuação)*; atualizado por Bruno Miragem, São Paulo: Ed. RT, 2012, p. 113.

21. SCHWARCZ, Daniel, ABRAHAM, Kenneth S. *Insurance law and regulation*: cases and materials. 6. ed. Saint Paul: LEG, Inc. d/b/a West Academic, 2015, p. 584.

22. "Under New York common law, an insurer, who undertakes the defense of an insured, may be estopped from asserting a defense to coverage, no matter how valid, if the insurer unreasonably delays in disclaiming coverage and the insured suffers prejudice as a result of that delay. Globe Indem. Co. v. Franklin Paving Co., 77 A.D.2d 581, 430 N.Y.S.2d 109, 111 (2d Dep't 1980). Further, prejudice to an insured may be presumed 'where an insurer, though in fact not obligated to provide coverage, without asserting policy defenses or reserving the privilege to do so, undertakes the defense of the case, in reliance on which the insured suffers the detriment of losing the right to control its own defense.' Albert J. Schiff Assocs. Inc. v. Flack, 51 N.Y.2d 692, 699, 435 N.Y.S.2d 972, 417 N.E.2d 84 (1980)". Bluestein Sander v. Chicago Insurance Co., 99 Civ. 11519 (RCC) (Southern District of New York. 2001).

23. Inclusive, permite-se que, no curso da demanda ajuizada pelo terceiro, a seguradora pare de defender o segurado, quando constatar que não estão presentes os requisitos da apólice para pagamento da indenização securitária. SCHWARCZ, Daniel, ABRAHAM, Kenneth S. *Insurance law and regulation: cases and materials*. 6. ed. Saint Paul: LEG, Inc. d/b/a West Academic, 2015, p. 587. Por exemplo, se, na ação movida por terceiro, há dois pedidos, um que tem cobertura securitária (*e.g.*, danos materiais provocados num acidente de trânsito), e o outro que

Na terceira hipótese acima [item *(iii)*], se a seguradora, mesmo intimada pelo segurado para cumprir com seu dever de defender em determinado litígio, recusa-se, equivocadamente,[24] a defendê-lo e, assim, viola o *duty to defend*, tribunais norte-americanos entendem que, em caso de o segurado vir a perder o processo contra o terceiro, a seguradora deverá indenizá-lo.[25] Mas também há quem entenda que a violação do *duty to defend* não leva, de modo automático, ao dever de indenizar, porque os requisitos de um e de outro dever são distintos.[26]

Na quarta hipótese acima [item *(iv)*], a seguradora, a fim de evitar os prejuízos de negar o *duty to defend* logo no início do processo ajuizado pelo terceiro, ao mesmo tempo em que assume a defesa do segurado, inicia processo para declarar que cabe ao segurado dirigir a sua defesa, seja porque não estão presentes os requisitos do *duty to defend*, seja os do *duty to indemnify*. Na experiência norte-americana, muitas vezes esse processo movido pela seguradora fica suspenso enquanto o litígio entre segurado e terceiro não é decidido.[27]

III. *DUTY TO DEFEND* E A REGULAÇÃO BRASILEIRA DO SEGURO DE RESPONSABILIDADE CIVIL GERAL

A despeito da experiência estrangeira com o *duty to defend* e de muitos *players* em atividade no mercado segurador brasileiro façam parte de grupos multinacionais, essa cobertura não tem sido comercialmente oferecida no território brasileiro, diante, dentre outros motivos, do receio de eventuais questionamentos sobre a sua legalidade (para além do apetite em si das seguradoras em fornecerem essa cobertura).

Ocorre que não há impeditivo legal para o *duty to defend* ser oferecido nas apólices de seguro de responsabilidade civil. Inclusive, as novas normas editadas pelo legislador, Conselho Nacional de Seguros Privados (CNSP) e Superintendência de Seguros Privados (Susep) deixam isso evidente.

---

não tem cobertura (*e.g.*, danos morais), se transitar em julgado a sentença que julgou improcedente o primeiro pedido, continuando o processo apenas em relação ao segundo pedido, a seguradora poderá se isentar do seu dever de defender o segurado.

24. Além de defender que não há *duty to defend* porque não há a possibilidade de o segurado encontrar cobertura na apólice por danos decorrentes do processo movido pelo terceiro, a seguradora poderá se recusar a defender o segurado se esse não exige a cobertura do *duty to defend* logo no início do processo, conforme decidido em Washington v. Federal Kemper Ins. Co., 60 Md. App. 288, 482 A.2d 503 (Appellate Court of Maryland. 1985).

25. "The denial of liability on the part of the insuring company and its refusal to defend the suits constituted such a breach of the contract that the insured was released from his obligation to leave the management thereof to it, and was justified in proceeding to defend on his own account. The law is well settled that, where one is bound either by law or agreement to protect another from liability, he is bound by the result of a litigation to which such other is a party, provided he had notice of the suit and an opportunity to control and manage it." Lamb v. Belt Casualty Co., 3 Cal.App.2d 624, 40 P.2d 311 (California Court of Appeals. 1935). MARTINEZ. Leo P., RICHMOND, Douglas R. *Cases and materials on insurance law*. 7. ed. St. Paul: LEG, Inc. d/b/a West Academic Publishing, 2013, p. 301-302.

26. SCHWARCZ, Daniel, ABRAHAM, Kenneth S. *Insurance law and regulation*: cases and materials. 6. ed. Saint Paul: LEG, Inc. d/b/a West Academic, 2015, p. 586-587.

27. SCHWARCZ, Daniel, ABRAHAM, Kenneth S. *Insurance law and regulation*: cases and materials. 6. ed. Saint Paul: LEG, Inc. d/b/a West Academic, 2015, p. 585-586.

Sob os influxos do Código Civil de 1916[28] e da teoria do reembolso,[29] a Circular Susep 57, de 4 de novembro de 1981, previa, nas condições gerais de seu clausulado padrão, que o seguro de responsabilidade civil geral tinha por objeto reembolsar o segurado, após o trânsito em julgado ou acordo entre o terceiro e o segurado, desde que autorizado pela seguradora.

Ademais, referido clausulado padrão estabelecia que "proposta qualquer ação civil, o Segurado dará imediato aviso à Seguradora, nomeando, de acordo com ela, os advogados de defesa". Essa redação, pouco clara, não encampava, mas também não proibia, o *duty to defend* conhecido da experiência estrangeira. O clausulado padrão também previa que a seguradora devia instruir o segurado ao longo da ação movida pelo terceiro.

A Circular Susep 336, de 22 de janeiro de 2007, que dispôs sobre "a operacionalização das apólices de seguro de responsabilidade civil à base de reclamações", previu, pela primeira vez, que esse seguro pode ter por objeto não apenas o reembolso das despesas incorridas pelo segurado, como também o pagamento direto ao terceiro (vítima) (artigo 3º, II e II). No entanto, nada dispôs sobre o *duty to defend*.

A Circular Susep 437, de 14 de junho de 2012, que revogou a supracitada Circular Susep 57/1981, dispôs sobre o clausulado padrão das apólices de seguro de responsabilidade civil geral, permitindo que as seguradoras propusessem novas coberturas. A referida norma prescrevia que as apólices deveriam conter cláusula "sobre a defesa em juízo civil" (artigo 7º, I, 'b') e, em seu Anexo II (*i.e.*, no clausulado padrão), que o segurado "ficará obrigado a constituir, para a defesa (...) de seus direitos, procurador", podendo a seguradora "intervir na ação, na qualidade de assistente" e, inclusive, "dirigir os entendimentos" relativos "à liquidação do sinistro, com os reclamantes". Além disso, a seguradora deveria reembolsar os custos de defesa, "somente quanto o pagamento advenha de sentença judicial ou acordo autorizado" por ela. Ou seja, o clausulado padrão não encampava a sistemática do *duty to defend*, pela qual a seguradora arca diretamente com os custos de defesa e dirige a condução de todo o processo movido contra o segurado.

Simultaneamente às Circulares Susep 336/2007 e 437/2012, vigoravam a Carta Circular SUSEP/DETEC/GAB/ 3/2006 e a Carta Circular SUSEP/DETEC/GAB/ 05/2008, as quais dispunham sobre questão que tangencia o *duty to defend*, na medida em que vedavam que as seguradoras ofertassem serviços advocatícios ao segurado, inclusive mediante indicação do advogado que poderia patrociná-lo em ação ajuizada por terceiro (vítima). Por força dessas cartas-circulares, a Susep determinou que a seguradora poderia apenas reembolsar os custos de defesa, cabendo ao segurado a livre escolha de seu advogado.

---

28. "Art. 1.432. Considera-se contrato de seguro aquele pelo qual uma das partes se obriga para com a outra, mediante paga de um prêmio, a indenizá-la do prejuízo resultante de riscos futuros, previstos no contrato."

29. Conforme apontado e criticado em TZIRULNIK, Ernesto. O futuro do seguro de responsabilidade civil. *Revista dos Tribunais*, São Paulo, v. 782, dez. 2000, p. 68-77; THEODORO J. Humberto. O seguro de responsabilidade civil – disciplina material e processual, *Revista de Direito Privado* 46/308. São Paulo: Ed. RT, 2011, p. 308. Vide também, nesse sentido, MELO. Gustavo de Medeiros. Ação direta da vítima contra a seguradora no seguro de responsabilidade civil. *Revista de Processos*, v. 243, p. 42. maio 2015.

Ao acolher o entendimento da Seccional de São Paulo da Ordem de Advogados do Brasil[30] (OAB-SP), referendado pela Procuradoria Federal,[31] a Susep acabou por frear qualquer ânimo que pudesse haver para que o *duty to defend* – e a mera recomendação de um advogado ou previsão de uma rede referenciada de escritórios de advocacia – fosse oferecido como cobertura.[32]

Esse entendimento foi revisto pela Circular Susep 621, de 12 de fevereiro de 2021, que, ao dispor sobre as regras e critérios "para operação das coberturas dos seguros de danos", revogou a Carta Circular SUSEP/DETEC/GAB/ 05/2008.[33] A Circular Susep 621/2021 permitiu que a cobertura que "se dê por meio de prestação de serviços" possa prever uma rede referenciada pela seguradora ou possa ser der de livre escolha do segurado quem executará os serviços. A possibilidade de a cobertura securitária estar adstrita a uma rede referenciada deve ser enaltecida, na medida em que traz previsibilidade às partes e tem o potencial de reduzir o prêmio cobrado em comparação com apólices cuja cobertura autorize a livre escolha.[34]

Interessante notar que a OAB-SP contribuiu para a Consulta Pública 16/2020, que antecedeu a edição da Circular Susep 621/2021, tendo nada dito sobre a revogação da Carta Circular SUSEP/DETEC/GAB/ 05/2008 e permissão de que as indenizações sejam prestadas por meio de uma rede referenciada.

E quer-se crer que nem haveria de ser diferente. No que tange ao *duty to defend*, pode-se assinalar que a seguradora não está ofertando propriamente um serviço jurídico ao segurado, mas, antes, que arcará com os custos por eles suportados e o auxiliará na defesa, dirigindo a sua coordenação, inclusive mediante indicação de advogado. O *duty*

---

30. Entendimento sufragado pelo Tribunal de Ética e Disciplina da OAB-SP em 2011, no processo E-3.988/201, relatado pelo. Dr. Pedro Paulo Wendel Gasparini e julgado em 19.05.2011.

31. Parecer PF–SUSEP/Coordenadoria de Consultas, Assuntos Societários e Regimes Especiais 24.161/2006.

32. Em crítica à posição da Susep e OAB-SP: "Antes do advento da Circular SUSEP/DETEC/GAB 003/2006, quando os segurados eram acionados por terceiros as seguradoras, mediante o requerimento dos segurados, podiam indicar advogados à realização de suas defesas, o que ocorria mediante o pagamento dos honorários às expensas das seguradoras, abatendo-os das importâncias seguradas. Dita prática se passava regularmente. Muitas vezes os segurados nem mesmo conheciam advogados interessados ou aptos ao patrocínio de suas defesas, o que vinha ao encontro da indicação, pela seguradora, frise-se, a partir de pedido expresso dos segurados. A lista de advogados passíveis de indicação pela seguradora era preparada considerando a expertise dos mesmos, a habitualidade com que defendiam reclamações dessa natureza, o que gerava menor dispêndio de recursos pela seguradora e, para os segurados, a apresentação de defesa consistente, elaborada por profissional habituado a tal espécie de ação judicial." GOLDBERG, Ilan. *O contrato de seguro D&O*. 2. Ed. São Paulo: Thomson Reuters Brasil, 2022, *e-book*, p. RB-3.14.

33. A Carta Circular SUSEP/DETEC/GAB/ 3/2006 havia sido revogada em 20 de março de 2015, pela Carta Circular SUSEP/DIRAT/CGPRO/ 4/2015.

34. Como pontuado pela própria Susep na Exposição de Motivos à Circular Susep 621/2021: "Todas essas medidas buscam reduzir carga regulatória e burocracias desnecessárias, além de dar mais flexibilidade para contratos e estruturação de produtos diversificados e mais apropriados (*suitability*) às necessidades dos consumidores. Por exemplo, é razoável argumentar que coberturas vinculadas à prestação de serviços com livre escolha de prestadores de serviço pelos segurados encareçam os produtos, mas os consumidores que querem esse serviço (de maior valor agregado) devem tê-los à sua disposição. Da mesma forma, os consumidores que preferem produtos com indicação de rede referenciada de prestadores de serviço pela seguradora, que tendem a ser mais baratos, também devem ter essa possibilidade à sua disposição. Não é papel da regulação impedir esse conjunto de opções."

to defend, por outro lado, não se revela como a divulgação de um serviço de advocacia (artigos 1º, § 3º, e 14 da Lei 8.906, de 4 de julho de 1994), mas como uma cobertura para que o segurado não participe dos ônus e responsabilidades de atuar diretamente num litígio, os quais são transferidos à seguradora. Em se tratando de uma cobertura, o segurado poderá ou não a acioná-la, guardando consigo, portanto, o direito de eleger o advogado que lhe convier.

Ademais, a Circular Susep 621/2021 removeu a previsão de clausulado padrão para os seguros de danos em geral, no qual se inclui o seguro de responsabilidade civil, prevendo que o registro do produto na Susep é automático, não havendo necessidade de a Susep aprovar os produtos e coberturas oferecidas pelas seguradoras.

Com objetivo semelhante a esse, foi editada a Circular Susep 637, de 27 de julho de 2021 que revogou as supramencionadas Circulares Susep 336/2007 e 437/2012. Superou-se, assim, a predileção, em apólices de seguro de responsabilidade civil, por clausulados padrões definidos pela própria Susep. Disso também decorre a possibilidade de não mais se limitar a cobertura securitária ao reembolso das despesas e aos danos resultantes de decisão transitada em julgado (artigo 3º, *caput* e § 1º).

A Circular Susep 637/2021 permitiu que as seguradoras ofereçam outras coberturas, inclusive para os custos de defesa do segurado. Também permitiu que a cobertura seja prestada por meio "da utilização de profissionais referenciados" ou mediante livre escolha do segurado "no caso de ser comercializada cobertura para os custos de defesa" (artigo 9º, II).

Interessante notar que a minuta inicial, elaborada em 22.01.2021, pela Susep, ao longo do processo administrativo que depois culminou na Consulta Pública 06/2021 e na Circular Susep 637/2021, previa que a cobertura para os custos de defesa seria necessariamente exercida pela livre escolha de profissionais pelo segurado.[35] Esse texto foi retificado na minuta de 03.03.2021,[36] o que se confirmou ao final, quando da publicação da Circular Susep 637/2021.

Diante da superação do entendimento pretérito às Circulares Susep 621/2021 e 637/2021, entende-se que, atualmente, as seguradoras podem, em relação à cobertura de custos de defesa, permitir que o segurado (i) escolha livremente o advogado que o patrocinará em eventual litígio; (ii) escolha, entre os escritórios de advocacia referenciados pela seguradora, o advogado que lhe aprouver; e (iii) contrate o *duty to defend* para que a seguradora assuma efetivamente a direção de sua defesa, arque com os respectivos custos e nomeie advogado em seu nome.

---

35. "Art. 9º Deve haver expressa menção, nas condições contratuais dos seguros de responsabilidade civil, sobre: II – a livre escolha, pelos segurados, dos seus advogados, no caso de ser comercializada cobertura para os custos de defesa e/ou os honorários dos advogados dos segurados".

36. "Art. 9º Deve haver expressa menção, nas condições contratuais dos seguros de responsabilidade civil, sobre: (...) II – a possibilidade de livre escolha ou da utilização de profissionais referenciados, pelos segurados, no caso de ser comercializada cobertura para os custos de defesa".

A possibilidade de as apólices de seguro de responsabilidade civil contarem com essas diferentes coberturas para os custos de defesa parece ir ao encontro dos múltiplos interesses dos segurados. Como se assinalou anteriormente, para certo ramo de seguro de responsabilidade, pode ser interessante contratar o *duty to defend* (*e.g.*, apólice de seguro de responsabilidade civil geral contratada por uma concessionária de energia elétrica ou de telefonia móvel, com grande volume de ações contrárias); para certo segurado pode não o sê-lo (*e.g.*, segurado fabricante de bens de capital, com baixa litigiosidade).

Essa flexibilidade na contratação de cobertura para os custos de defesa se amolda à Lei 13.874, de 20 de setembro de 2019, que, ao reforçar a força normativa da autonomia privada e da liberdade econômica (artigos 2º, I, e 3º, V e VIII), prescreveu que deve ser privilegiado o desenvolvimento e comercialização de novos produtos e serviços, quando as normas infralegais se tornarem desatualizadas (artigo 3º, VI).[37]

Isso é reforçado pela Resolução CNSP 407, de 29 de março de 2021,[38] que prevê regras "para a elaboração e a comercialização de contratos de seguros de danos para cobertura de grandes riscos". Se a apólice de seguro de responsabilidade civil for classificada como de grandes riscos,[39] a liberdade negocial é reforçada, inclusive com prevalência sobre as exigências regulamentares específicas que versem sobre os planos de seguro (artigo 4º, I e § 1º). Ou seja, caso a apólice seja classificada como de grandes riscos, o cabimento do *duty to defend* não deveria encontrar óbice algum.

As vantagens de se contratar *duty to defend* foram reforçadas, no Brasil, a partir de abril de 2012, quando o Superior Tribunal de Justiça sanou as divergências e sedimentou o entendimento de que a vítima pode ajuizar ação direta[40] contra a seguradora emissora da apólice de seguro facultativo[41] de responsabilidade civil, desde que inclua o segurado

---

37. A Lei 13.874/2019 também estabeleceu que é considerado abuso do poder regulatório a redação de normas que impeçam a inovação e a adoção de modelos de negócio (artigo 4º, IV), a reforçar que o *duty to defend* pode ser ofertado como uma cobertura adicional no seguro de responsabilidade civil.

38. "A análise dessa Resolução revela, inegavelmente, a influência da chamada Lei da Liberdade Econômica – Lei 13.874, de 20.9.2019 que, entre outras alterações introduzidas, acrescentou o art. 421-A ao Código Civil, outorgando, assim, maior relevância à autonomia privada dos contratantes." GOLDBERG, Ilan. *O contrato de seguro D&O*. 2. Ed. São Paulo: Thomson Reuters Brasil, 2022, *e-book*, p. RB-3.5.

39. Para tanto, o contrato de seguro deve observar os requisitos do artigo 2º, II, da Resolução CNSP 407/2021, *i.e.*, ter "a) limite máximo de garantia (LMG) superior a R$ 15.000.000,00 (quinze milhões de reais); b) ativo total superior a R$ 27.000.000,00 (vinte e sete milhões de reais), no exercício imediatamente anterior; ou c) faturamento bruto anual superior a R$ 57.000.000,00 (cinquenta e sete milhões de reais), no exercício imediatamente anterior."

40. Favoravelmente à ação direta pode-se citar: AGUIAR, José Dias. *Da responsabilidade civil*. Rio de Janeiro: Forense, 1997, v. II, p. 845; TZIRULNIK, Ernesto. O futuro do seguro de responsabilidade civil. *Revista dos Tribunais*, São Paulo, v. 782, dez. 2000, p. 68-77; FARIA, Juliana Cordeiro de. O chamamento ao processo como técnica de efetividade do seguro de responsabilidade civil. In: JAYME, Fernando Gonzaga; FARIA, Juliana Cordeiro de; LAUAR, Maira Terra. (Coord.) *Processo civil*: novas tendências. Estudos em homenagem ao Prof. Humberto Theodoro Júnior. Belo Horizonte: Del Rey, 2008, p. 464-466; THEODORO J. Humberto. O seguro de responsabilidade civil – disciplina material e processual, *Revista de Direito Privado* 46/308. São Paulo: Ed. RT, 2011, p. 299-321; MELO. Gustavo de Medeiros. Ação direta da vítima contra a seguradora no seguro de responsabilidade civil. *Revista de Processos*, v. 243 p. 41-58, maio 2015; Enunciado 544 da VI Jornada de Direito Civil do Conselho da Justiça Federal. De outro lado, contrariamente à ação direta: SANTOS, Ricardo Bechara. *Direito de seguro no cotidiano: coletânea de ensaios jurídicos*. Rio de Janeiro, Forense, 1999, p. 509.

41. Para os seguros obrigatórios de responsabilidade civil (*e.g.*, responsabilidade civil do proprietário de aeronaves, do transportador rodoviário de cargas e do construtor de imóveis em zona urbana), o direito posto é expresso

no polo passivo[42]. Pacificou-se, assim, a ação direta condicionada, que encarta espécie de litisconsórcio passivo necessário de mão única, dado que a vítima pode demandar apenas contra o segurado, mas, caso queira demandar contra a seguradora, deve demandar necessariamente[43] também contra o segurado.

Esse entendimento jurisprudencial, favorável à ação direta condicionada, reforça as vantagens do *duty to defend*, à medida em que se mostra mais eficiente que a seguradora e o segurado tenham suas defesas coordenadas e custeadas pela seguradora, comparativamente à situação em que ambos os réus coordenem suas defesas de modo independente[44] e incorram, separadamente, com os honorários de seus respectivos advogados.

IV. *DUTY TO DEFEND* NA PRÁTICA PROCESSUAL BRASILEIRA

Visto que não há impedimento legal à sua implementação no Brasil, resta avaliar como o *duty to defend,* em apólices de seguro facultativo de responsabilidade civil, pode ser colocado em prática, considerando o direito processual civil vigente.

Tradicionalmente,[45] a seguradora intervém no processo na qualidade de litisdenunciada: o terceiro (vítima) demanda o segurado – ação principal –, e esse, ao contestar a ação (artigo 126 do Código de Processo Civil), denuncia a lide à seguradora – ação secundária (que precisa ser julgada apenas se a principal for procedente). O fundamento desse tipo de denunciação à lide reside no direito de regresso que, por força da apólice de seguro de responsabilidade civil, o segurado detém contra a seguradora (artigo 125, II, do Código de Processo Civil).[46]

---

em permitir que a vítima demande judicialmente apenas a seguradora, sem necessidade de o segurado integrar a lide (artigo 788 do Código Civil).

42. "Para os efeitos do artigo 543-C, do CPC [de 1973], definiu-se o seguinte: a) descabe ação do terceiro prejudicado ajuizada direta e exclusivamente em face da seguradora do apontado causador do dano; b) de fato, no seguro de responsabilidade civil facultativo, a obrigação da seguradora de ressarcir danos sofridos por terceiros pressupõe a responsabilidade civil do segurado, a qual, de regra, não poderá ser reconhecida em demanda na qual este não interveio, sob pena de vulneração do devido processo legal e da ampla defesa." REsp 962.230/RS, Min. Rel. Luis Felipe Salomão, Segunda Seção, j. 08.02.2012.

43. Há poucas exceções a esse litisconsórcio passivo necessário. O Superior Tribunal de Justiça entendeu que a vítima terá legitimidade para propor ação direta incondicionada (*i.e.*, apenas contra a seguradora), se a causa de pedir tiver como premissa que há uma relação jurídica de direito material entre a vítima e seguradora, como ocorre no caso de a seguradora ter indenizado a vítima, mas essa venha a juízo reclamar eventual diferença, por se entender credora de valor superior ao indenizado. STJ, REsp 1.584.970/MT, Min. Rel. Ricardo Villas Bôas Cueva, Terceira Turma, j. 24.10.2017.

44. Ainda que os atos prejudiciais de um litisconsorte não sejam eficazes em relação ao outro litisconsorte (artigos 117 e 391 do Código de Processo Civil), não se pode ignorar o prejuízo, notadamente em caso de litisconsórcio simples, que, por exemplo, uma confissão, alegação mal deduzida ou contradição de um litisconsorte pode proporcionar ao outro.

45. THEODORO J. Humberto. O seguro de responsabilidade civil – disciplina material e processual, *Revista de Direito Privado,* 46/308. São Paulo: Ed. RT, 2011, p. 309; MELO. Gustavo de Medeiros. Ação direta da vítima contra a seguradora no seguro de responsabilidade civil. *Revista de Processos,* v. 243, mai. 2015, p. 41-58.

46. Em sede de recurso repetitivo, o Superior Tribunal de Justiça firmou a tese que "em ação de reparação de danos movida em face do segurado, a Seguradora denunciada, a ele litisconsorciada, pode ser condenada direta e solidariamente junto com este a pagar a indenização devida à vítima, nos limites contratados na apólice." REsp

Na denunciação da lide, a seguradora pode tanto contestar a ação secundária, quanto a ação principal para defender, portanto, que não há cobertura no seguro, tampouco dever de o segurado indenizar o terceiro.

A despeito da funcionalidade que vem cumprindo na prestação jurisdicional ao terceiro e segurado, a denunciação da lide não atende as características do *duty to defend*, pois, ao integrar a lide secundária e primária, a seguradora não dirigirá o processo. Além disso, se o autor (vítima) contestar a denunciação à lide, pode ser rejeitada a integração da seguradora à lide.[47] De outro lado, pela denunciação à lide, o segurado poderá pedir que seja indenizado pela seguradora, mas não que essa cumpra o dever de defendê-lo, por essa questão não se relacionar com as hipóteses do artigo 125 do Código de Processo Civil.

Outra técnica processual comumente utilizada é o chamamento ao processo. Em lides consumeristas, o fornecedor de produtos e serviços pode[48] chamar ao processo – conquanto na fase ordinária[49] – a seguradora de quem contratou seguro de responsabilidade civil (artigo 101, II, do Código de Defesa do Consumidor).

Por seu turno, o Código de Processo Civil estabelece que o chamamento ao processo tem lugar em casos de solidariedade (artigo 130, III), levando à conclusão de que a seguradora não pode ser chamada ao processo quando não houver solidariedade entre ela e o réu perante o autor. Isso, contudo, não é empecilho para o chamamento ao processo em lides consumeristas, pois, a par da expressa previsão legal supracitada, poder-se-ia arguir que há solidariedade na cadeia de consumo, em benefício do consumidor.[50]-[51]

925.130/SP, Min. Rel. Luis Felipe Salomão, Segunda Seção, j. 8.2.2012. Por meio desse julgado, o Superior Tribunal de Justiça permitiu a técnica da execução direta, superando a incomunicabilidade das relações jurídicas (i) da vítima com o segurado; e do (ii) segurado com a seguradora.

47. Não é incomum que a jurisprudência negue a denunciação à lide por entender que a sua tramitação trará prejuízos à tramitação da lide principal, por tornar mais complexa a tramitação do caso e a instrução probatória. Por exemplo: TJSP, agravo de instrumento 2006108-11.2023.8.26.0000, Rel. Des. Lavínio Donizetti Paschoalão, 38ª Câmara de Direito Privado, j. 30.05.2023.

48. Trata-se de uma faculdade à disposição do segurado que, inclusive, sequer é obrigado a acionar o seguro. JORGE, Flávio C. *Chamamento ao processo*. São Paulo: Ed. RT, 1997, p. 22; MELO. Gustavo de Medeiros. Ação direta da vítima contra a seguradora no seguro de responsabilidade civil. *Revista de Processos*, v. 243, p. 41-58, maio 2015.

49. PANTALEÃO, Izabel Cristina P. A Intervenção de Terceiros no CPC/2015. In: DIDIER JR, Fridie (Org.). *Coleção Novo CPC. Doutrina selecionada 1*. Parte Geral. 2. ed. Salvador: JusPodivm, 2016, p. 1052.

50. "O direito material instituiu uma garantia para a vítima consistente na responsabilização solidária da seguradora e do segurado, apta a lhe assegurar a indenização, a exemplo do que já era o anseio do legislador consumerista. Ora, a vítima tem, hodiernamente, o lídimo direito próprio de exigir o pagamento das perdas e danos também da seguradora que, por sua vez, é responsável solidária até os limites da apólice. O instrumento processual, portanto, deve ser apto a tornar mais efetivo o direito material, amoldando-se à nova estrutura contratual. O chamamento ao processo é esse instrumento adequado à efetividade do direito da vítima (solidariedade) e do próprio segurado (indenidade patrimonial), como já vinha se operando para as relações de consumo." FARIA, Juliana Cordeiro de. O chamamento ao processo como técnica de efetividade do seguro de responsabilidade civil. In: JAYME, Fernando Gonzaga; FARIA, Juliana Cordeiro de; LAUAR, Maira Terra. (Coord.). *Processo civil: novas tendências*. Estudos em homenagem ao Prof. Humberto Theodoro Júnior. Belo Horizonte: Del Rey, 2008, p. 466. Ainda, STJ, REsp 1.107.613/SP, Min. Rel. Marco Buzzi, 4ª Turma, j. 25.06.2013.

51. Além da questão atinente à solidariedade, há movimento doutrinário que, ao se apoiar na função social do contrato de seguro de responsabilidade civil, entende que, mesmo para os seguros facultativos, teria lugar a ação direta condicionada e/ou o chamamento ao processo da seguradora: TZIRULNIK, Ernesto. O futuro do seguro de responsabilidade civil. *Revista dos Tribunais*, São Paulo, v. 782, p. 68-77, dez. 2000; THEODORO J.

A técnica processual do chamamento ao processo não incorpora o *duty to defend*, pois, chamada a seguradora ao processo pelo segurado, ambos apresentarão suas respectivas defesas, salvo em caso de a seguradora cumprir voluntariamente com o *duty to defend* expresso na apólice. Por meio do chamamento ao processo, o segurado poderá chamar a seguradora para que indenize o consumidor no seu lugar, observadas as condições e limites da apólice, mas não que essa cumpra o dever de defendê-lo, porque essa questão não está relacionada com a solidariedade prescrita nos artigos 130, III, do Código de Processo Civil, e 101, II, do Código de Defesa do Consumidor.

A exemplo do que se assinalou sobre a ação direta condicionada, caso a seguradora passe a integrar o polo passivo da lide com o segurado, na condição de litisconsorte da ação principal (chamamento ao processo) ou de litisdenunciada (denunciação da lide), a relevância da contratação do *duty to defend* é acentuada, porquanto se mostra, no mais das vezes, eficiente e econômica a coordenação das defesas pela seguradora.

Outra hipótese de intervenção de terceiros que, nas relações securitárias, costuma ser usada é a assistência. Isso porque a seguradora é juridicamente interessada que a sentença, em processo em curso entre o terceiro e o segurado, seja favorável a este (artigo 119 do Código de Processo Civil), podendo, portanto, intervir no processo para assistir o segurado, enquanto busca também proteger a sua situação jurídica, evitando que uma sentença desfavorável ao segurado lhe obrigue a recompor o patrimônio deste ou de terceiros, conforme o caso. Contudo, ao assistir o segurado, não haverá espaço para a seguradora deduzir demanda própria para, por exemplo, buscar declaração de que o segurado não tem cobertura securitária.[52]

Aqui trata-se de assistência simples, uma vez que a seguradora não possui relação jurídica com o "adversário do assistido" (artigo 124 do Código de Processo Civil). A opção pela assistência constava, por exemplo, nos clausulados-padrão das supramencionadas, e revogadas, Circulares Susep 57/1981 e 437/2012.[53]

Se a seguradora, obrigada contratualmente a cumprir com o *duty to defend*, intervir no processo na qualidade de assistente simples, o assistido (segurado) ainda terá a prerrogativa de reconhecer o pedido, renunciar ao seu direito e transigir sobre o bem jurídico em disputa (artigo 122 do Código de Processo Civil). Disso conclui-se que a assistência não se conforma ao *duty to defend*, salvo se a seguradora estiver coordenando

---

Humberto. O seguro de responsabilidade civil – disciplina material e processual, *Revista de Direito Privado* 46/308. São Paulo: Ed. RT, 2011, p. 299-321; MELO. Gustavo de Medeiros. Ação direta da vítima contra a seguradora no seguro de responsabilidade civil. *Revista de Processos*, v. 243, maio 2015, p. 41-58; Enunciado 544 da VI Jornada de Direito Civil do Conselho da Justiça Federal.

52. "A assistência é a modalidade de intervenção de terceiros segundo a qual o assistente oferece ajuda ao assistido, para que este saía vencedor na demanda. O assistente não aduz pretensão, podendo ser definida na ajuda em que uma pessoa presta a uma das partes principais do processo, com vista a melhorar suas condições para obter a tutela jurisdicional." PANTALEÃO, Izabel Cristina P. A Intervenção de Terceiros no CPC/2015. *In* DIDIER JR, Fridie (Org.). *Coleção Novo CPC. Doutrina Selecionada 1*. Parte Geral. 2. ed. Salvador: JusPodivm, 2016, p. 1046.

53. Também é citada pela doutrina: NERY JR., Nelson e NERY, Rosa Maria de Andrade. *Código de Processo Civil comentado*, 19. ed. rev. atual. e ampl. São Paulo: Thomson Reuters Brasil, 2020, p. 493.

CAMINHOS PARA A IMPLEMENTAÇÃO DO *DUTY TO DEFEND* NO BRASIL

a defesa do segurado, caso em que sequer haverá necessidade de a seguradora intervir como assistente.

A par das três hipóteses de intervenção de terceiro aventadas, uma alternativa que pode se demonstrar mais eficaz é compreender o *duty to defend* como a outorga de um mandato pelo segurado à seguradora, para que essa adote os atos necessários para defendê-lo em juízo.[54]-[55]

Desse modo, a seguradora terá mandato para escolher o advogado do segurado – sem se prescindir da outorga de uma procuração judicial deste ao advogado eleito pela seguradora[56] – e, para no melhor interesse do mandante (segurado), perseguir uma boa condução de sua defesa, sob pena de responder pelos danos que a falha no cumprimento do mandato (*duty to defend*) causar ao segurado.[57]

Espécie de atuação semelhante costuma ser acordada em contratos de compra e venda de participação societária, quando o vendedor remanesce responsável por parte ou totalidade das contingências processuais existentes anteriormente à celebração (ou implementação das condições suspensivas) do negócio jurídico. Nesses casos, é comum que o vendedor tenha a opção de constituir o advogado que atuará em nome da sociedade alienada, dirigindo a sua defesa.

Logo, pode-se compreender o *duty to defend* como um mandato do segurado para que a seguradora dirija a defesa, nomeando advogado em seu nome. O segurado continuará no polo passivo da ação na qual lhe é imputada responsabilidade civil, mas com a seguradora coordenando, em seu benefício, a sua defesa.

Por fim, especialmente com as mudanças trazidas pelos artigos 18 e 190 do Código de Processo Civil, pode-se utilizar a via da legitimação extraordinária voluntária. O primeiro artigo inovou ao prescrever que terceiro poderá pleitear direito alheio em nome próprio se autorizado pelo ordenamento jurídico, e não mais pela lei.[58]

---

54. Conforme prescrito no Código Civil: "Art. 653. Opera-se o mandato quando alguém recebe de outrem poderes para, em seu nome, praticar atos ou administrar interesses. A procuração é o instrumento do mandato."

55. Nas palavras de Pontes de Miranda: "Quanto à cláusula de representação do contraente pelo segurador, como a cláusula de outorga de poderes ao procurador do segurador, não se há de acolher a opinião de René Demongue, que via, aí, contrato inominado, nem a de Enrico Allorio, que apontava substituição processual (...), nem se há de ter a cláusula como simples cláusula integrada ao contrato. Numa e noutra, a cláusula é de outorga de poderes ao segurador, procuração com poderes especiais para juízo (Código Civil, arts. 1.324-1.330). No contrato pode ser estabelecida a irrevogabilidade (Código Civil, art. 1.317, 1, 1ª parte), ou resultar dos termos do contrato em que se deu ao segurador o dever de pagar diretamente ao terceiro (art. 1.317, II, 2ª parte). Mas a outorga de procura não pré-exclui a legitimação judicial do contraente. No fundo, o segurador assume dever especial de diligência perante os juízos e a responsabilidade por seus procuradores, mesmo porque a cláusula de outorga de poderes ao procurador do segurador o que em verdade contém é a outorga de poderes ao segurador, com a explicitude quanto ao substabelecimento (art. 1.328 do Código Civil)." MIRANDA, Pontes de. *Direito das obrigações*: contrato de seguros (continuação). Atual. Bruno Miragem, São Paulo: Ed. RT, 2012, p. 121-122.

56. Conforme artigos 103 a 105 do Código de Processo Civil.

57. Conforme prescrito no Código Civil: "Art. 667. O mandatário é obrigado a aplicar toda sua diligência habitual na execução do mandato, e a indenizar qualquer prejuízo causado por culpa sua ou daquele a quem substabelecer, sem autorização, poderes que devia exercer pessoalmente".

58. "A legitimação extraordinária deve ser encarada como algo excepcional e deve decorrer de autorização do ordenamento jurídico, conforme prevê o art. 18 do novo CPC brasileiro – não mais da "lei" como exige o art. 6º

O segundo artigo mencionado (190 do Código de Processo Civil) inovou ao permitir que as partes celebrem negócios jurídicos processuais atípicos, *i.e.*, convencionem, em litígios que admitam a autocomposição, sobre os ônus, poderes, faculdades e deveres processuais, antes ou durante o processo.[59]

Interpretando-se conjuntamente os artigos 18 e 190 do Código de Processo Civil, pode-se concluir perfeitamente pelo cabimento da legitimação extraordinária voluntária,[60] pela qual o legitimado ordinário cede a sua legitimidade para que terceiro (legitimado extraordinário) atue, em nome próprio, para a defesa do direito alheio (do legitimado ordinário, titular do direito material).

Se o titular de um direito transmissível pode cedê-lo por completo a um terceiro, não parece haver óbice, diante dos referidos dispositivos processuais, para que ele ceda a sua legitimidade *ad causam* em postular, defender esse seu direito em juízo.[61] Essa

---

do CPC-736. O NCPC adotou a lição de Arruda Alvim, Barbosa Moreira e Hermes Zaneti Jr. segundo os quais seria possível a atribuição de legitimação extraordinária sem previsão expressa na lei, desde que seja possível identificá-la no ordenamento jurídico, visto como sistema. A inspiração legislativa é clara. (...) Sob a vigência do CPC/1973, é pacífico o entendimento de que não se admite legitimação extraordinária negocial: por um negócio jurídico, não se poderia atribuir a alguém a legitimação para defender interesses de outrem em juízo. Isso porque o art. 6º do CPC/1973 reputa a lei, e apenas ela, a fonte normativa de legitimação extraordinária." DIDIER JR., Fredie. Fonte normativa da legitimação extraordinária no novo Código de Processo Civil: a legitimação extraordinária de origem negocial. *Revista de Processo*, São Paulo: Ed. RT, n. 232, p. 70-71. 2014.

59. "Essa disciplina do art. 190 deixa um branco (ordenação discricional, dirá Pontes de Miranda) para que se possam estabelecer negócios jurídicos de direito pré-processual ('antes do processo' ou fora dele) sobre a matéria, nada obstante com os pressupostos de direito material mais o pressuposto de eficácia processual, é dizer, o controle de validade e o controle de qualidade decorrentes da comunicação de conhecimento dirigida ao juiz. Note-se: a norma deu aos negócios jurídicos de direito material a possibilidade de celebrar pacto adjeto pré-processual sobre o rito que desejem as partes contratuais estabelecer para resolver eventuais litígios. A eficácia jurídica desses negócios jurídicos pré-processuais apenas se dão (sic) no processo, quando neles ingressem e deles conheça o juiz. Os efeitos dimanam do negócio jurídico pré-processual já agora processualizado, após a sua introdução no processo (art. 200 do CPC-2015). Aqui, a comunicação de conhecimento ao juiz é pressuposto de eficácia endoprocessual, podendo o juiz recusar-lhe a aplicação se compreender que carecem de validade uma ou mais regras estabelecidas." DA COSTA, Adriano Soares. Para uma teoria dos fatos jurídicos processuais. In: ALVIM, Teresa Arruda; DIDIER Jr., Fredie. (Coord.) *Doutrinas essenciais* – Novo Processo Civil: teoria geral do processo II. v. 2. 2. ed. em *e-book*. "O tema, no Brasil, ganhou forte impulso por conta do art. 190 do CPC, que consagrou uma cláusula geral de negociação processual, que permite a formulação de negócios processuais atípicos." DIDIER Jr., Fredie.; CABRAL, Antonio do Passo. Negócios jurídicos processuais atípicos e execução. *In* ALVIM, Teresa Arruda; DIDIER Jr., Fredie. (Coord.) *Doutrinas essenciais* – Novo Processo Civil: teoria geral do processo II. v. 2. 2. ed. em *e-book*.

60. "O art. 18 do NCPC exige, para atribuição da legitimação extraordinária, autorização do 'ordenamento jurídico', e não mais da lei. Além disso, o art. 189 do NCPC consagrou a atipicidade da negociação processual – o tema foi tratado no capítulo sobre a teoria dos fatos jurídicos processuais. Negócio jurídico é fonte de norma jurídica, que, por isso mesmo, também compõe o ordenamento jurídico. *Negócio jurídico pode ser fonte normativa da legitimação extraordinária.*" DIDIER JR., Fredie. Fonte normativa da legitimação extraordinária no novo Código de Processo Civil: a legitimação extraordinária de origem negocial. *Revista de Processo*, São Paulo: Ed. RT, n. 232, p. 71-72. 2014.

61. "É possível, também, negociação para transferir a legitimidade *ad causam* para um terceiro, sem transferir o próprio direito, permitindo que esse terceiro possa ir a juízo, em nome próprio, defender direito alheio – pertencente àquele que lhe atribui negocialmente a legitimação extraordinária. Nesse caso, teremos uma legitimação extraordinária exclusiva decorrente de um negócio jurídico: somente esse terceiro poderia propor a demanda. Não há óbice algum: se o titular do direito pode transferir o próprio direito ao terceiro ("pode o mais"), pode transferir apenas a legitimidade ad causam, que é uma situação jurídica que lhe pertence ("pode o menos"). Essa transferência implica verdadeira renúncia dessa posição jurídica, por isso há de ser interpretada restritivamente

conclusão vale tanto para a legitimidade ativa quanto para a passiva: no primeiro caso, o paralelo com a cessão de crédito torna evidente a sua possibilidade, bastando que o legitimado extraordinário, ao ajuizar a ação, comprove que o titular do direito lhe cedeu a sua legitimidade *ad causam*, o que poderia ocorrer, por exemplo, nas hipóteses de ações de ressarcimento movidas pelas seguradoras contra terceiros causadores de danos por ela indenizados; no segundo caso, basta que o titular da obrigação cientifique a contraparte da assunção da legitimidade pelo terceiro, para que possa demandar contra este, legitimado extraordinário; ou, ainda, ausente tal comunicação, que o legitimado extraordinário conteste a ação, pedindo a substituição processual, ao mesmo tempo em que defenda o direito em litígio, em benefício do legitimado ordinário.[62]

Preocupação levantada pela doutrina sobre a possível fuga do processo[63] por parte do legitimado ordinário que tenha cedido a sua legitimidade passiva a terceiro desconhecido ou incerto, pode ser amenizada pela permanência da legitimidade com o legitimado ordinário (*i.e.*, a assunção da legitimidade extraordinária passiva é ineficaz perante o autor) ou com a utilização da citação por edital, nos casos em que não for possível encontrar, pelos meios ordinários, o legitimado extraordinário. Também não há fuga, pois a sentença proferida será eficaz contra o legitimado ordinário (substituído).[64]

Em suma, o legitimado extraordinário, ainda que autorizado pelo ordenamento jurídico a ingressar na lide e conduzi-la validamente, não é o titular do bem da vida em disputa,[65] o qual remanesce com o cedente da legitimidade. É justamente o que acontece

---

(art. 114 do Código Civil). (...) É importante lembrar: o negócio é para a transferência de legitimação ad causam ativa. Não se cuida de transferência do direito – não se trata, portanto, de cessão de crédito. Não há transferência da situação jurídica material, enfim." DIDIER JR., Fredie. Fonte normativa da legitimação extraordinária no novo Código de Processo Civil: a legitimação extraordinária de origem negocial. *Revista de Processo*, São Paulo: Ed. RT, n. 232, p. 72-74. 2014. "Agora, o art. 18, do CPC/15, permite esta autorização pelo ordenamento jurídico. Portanto, é necessário indagar quais as consequências desta modificação terminológica. Visando atender aos limites pretendidos neste texto, iremos apenas analisar a legitimidade extraordinária contratual. Ora, pela análise da cláusula geral de negócio processual (art. 190, do CPC/15), o legislador passou a permitir, mediante acordo de vontades, a transferência da legitimidade processual para outrem que, ao aceitar, atuará como seu substituto processual. (...) E ao titular do direito material é admitida a ampla negociação de sua legitimidade processual, sem alterar a sua condição de detentor do bem jurídico discutido em juízo. Logo, além dos casos previstos em lei, há amplo poder de disposição da sua condição de parte no âmbito processual, sem afetar a titularidade do direito material." ARAÚJO, José Henrique Mouta. Legitimidade extraordinária no CPC/15: ajustes e poderes das partes e do assistente processual. *Revista Brasileira de Direito Processual*, n. 99, p. 207-220, jul./set. 2017.

62. Diante dos artigos 337, XI, 338 e 339 do Código de Processo Civil, é recomendável que o legitimado ordinário também conteste a ação e nela atue enquanto não transitar em julgado decisão que reconheça a legitimidade *ad causam* do legitimado extraordinário.

63. DIDIER JR., Fredie. Fonte normativa da legitimação extraordinária no novo Código de Processo Civil: a legitimação extraordinária de origem negocial. *Revista de Processo*, São Paulo: Ed. RT, n. 232, p 74. 2014.

64. "Como já mencionado, apesar da vedação do art. 506, do CPC/15, a coisa julgada pode atingir para prejudicar a situação jurídica do substituído e titular do direito material. A sua omissão ou revelia e a substituição processual pelo assistente, não impede que os efeitos jurídicos atinjam sua esfera jurídica." ARAÚJO, José Henrique Mouta. Legitimidade extraordinária no CPC/15: ajustes e poderes das partes e do assistente processual. *Revista Brasileira de Direito Processual*, n. 99, p. 207-220, jul./set. 2017.

65. MOREIRA, José Carlos Barbosa. Apontamentos para um estudo sistemático da legitimação extraordinária. *Direito Processual Civil (ensaios e pareceres)*. Rio de Janeiro: Borsoi, 1971, p. 60.

com o *duty to defend* que tenha contornos processuais, porquanto a seguradora será parte legítima extraordinária, defendo, em juízo, a posição jurídica do segurado.

Assim, uma vez previsto o *duty to defend* na apólice, com contornos de negócio jurídico processual (*i.e.*, com a assunção da legitimidade pela seguradora), bastará que a seguradora e o segurado informem a vítima da assunção da legitimidade, extraordinária, pela seguradora; ou que o segurado, uma vez citado, comunique a seguradora para que essa intervenha no processo, em seu nome, mas defendendo direito do segurado.[66]

O Superior Tribunal de Justiça tem definido algumas diretrizes para o negócio jurídico processual,[67] nada, dispondo, especificamente sobre a legitimidade extraordinária voluntária. Já o Tribunal de Justiça do Estado de São Paulo possui tanto julgado que admitiu a legitimidade extraordinária decorrente de negócio jurídico processual,[68] quanto a inadmitiu, por, nesse caso, entender que o negócio jurídico processual depende da participação das partes que integram a lide.[69]

A diminuta jurisprudência sobre o negócio jurídico processual revela que há um caminho até que novas práticas, como a legitimação extraordinária voluntária, possam ser bem compreendidas e difundidas pelos jurisdicionados. Espera-se que velhos hábitos não sejam empecilhos para a utilização do *duty to defend*, com contornos de negócio jurídico processual, no Brasil.[70]

---

66. A legitimidade extraordinária negocial – e o *duty to defend* – pode ser ajustada de modo que seja autônoma e concorrente, *i.e.*, a permitir que a seguradora defenda o segurado em juízo, sem impedir que esse, se assim desejar, também intervenha diretamente no processo, no qual o terceiro busca responsabilizá-lo. MOREIRA, José Carlos Barbosa. Apontamentos para um estudo sistemático da legitimação extraordinária. *Direito Processual Civil (ensaios e pareceres)*. Rio de Janeiro: Borsoi, 1971, p. 61.

67. Por exemplo, que o juiz não está adstrito ao negócio jurídico avençado quando esse afetar as suas prerrogativas, porque os negócios jurídicos processuais atípicos autorizados pelo Código de Processo Civil seriam os bilaterais. Outrossim, o juiz deve interpretar o objeto do negócio jurídico de modo restritivo. REsp 1.738.656/RJ, Min. Rel. Nancy Andrighi, Terceira Turma, j. 3.12.2019; REsp 1.810.444/SP, Rel. Ministro Luis Felipe Salomão, Quarta Turma, j. 23.02.2021.

68. "Aliás, ainda que não fosse autorizado pelo ordenamento jurídico, admite-se a legitimação extraordinária voluntária, que também restou comprovada nos autos, pois os demais coproprietários assinaram declaração informando que optaram pelo ajuizamento da ação em nome de somente um dos condôminos, com vistas à economia e celeridade processuais, amoldando-se tal manifestação de vontade ao negócio jurídico processual do Art. 190 do CPC." TJSP, apelação 1016620-80.2018.8.26.0506, Des. Rel. Rodolfo Pellizari, 6ª Câmara de Direito Privado, j. 15.12.2021.

69. "Sobre tal questão preliminar, anota-se que a lei processual é expressa ao restringir a legitimidade ativa ao titular do direito material em disputa, salvo as exceções previstas no ordenamento jurídico (CPC, arts. 17 e 18). Há quem sustente a possibilidade de os contratantes, mediante o chamado negócio jurídico processual, outorgarem legitimação extraordinária a outrem, que não o efetivo titular do direito material. Contudo, para que se caracterize negócio jurídico processual, é indispensável que dele participem os figurantes da relação processual, pelo que se depreende do disposto nos arts. 190 e 191 do CPC." TJSP, apelação 1019139-54.2019.8.26.0001, Des. Rel. Ricardo Pessoa de Mello Belli, 19ª Câmara de Direito Privado, j. 1º.07.2020.

70. Conforme bem colocado pela doutrina: "A modificação redacional do art. 18 está a autorizar a legitimação extraordinária ou, se se preferir, a substituição processual voluntária, assim entendida aquela que não decorre diretamente de lei ou da Constituição Federal, mas, sim, da própria vontade dos sujeitos? A resposta mais correta é a positiva. Importa dar rendimento máximo ao novo texto do caput do art. 18, extraindo dele regra até então desconhecida pelo ordenamento jurídico brasileiro, a que admite que as partes possam, de comum acordo, autorizar que uma vá em juízo, em nome próprio, buscar a tutela jurisdicional para direito alheio. Trata-se, neste sentido, de hipótese alcançada pelo caput do art. 190. Como todo contrato, a responsabilidade

V. CONCLUSÃO

A regulação atualmente em vigor sobre o seguro de responsabilidade civil geral revela que a seguradora, para a cobertura de custos de defesa, pode oferecer ao segurado não só que este escolha, livremente ou a partir de uma rede referenciada, o advogado que o representará num processo movido por terceiro, como também que a seguradora coordene a direção de sua defesa e arque com os respectivos custos (*duty to defend*).

A implementação prática do *duty to defend* pode ou não passar pela celebração de um negócio jurídico com efeitos processuais. Sem efeitos processuais, a legitimidade para figurar no processo remanescerá com o segurado, o qual, uma vez citado, poderá acionar a cobertura do *duty to defend* para que a seguradora, como sua mandatária, assuma a direção do processo.

Uma alternativa viável é que, com o *duty to defend*, o segurado ceda a sua legitimidade passiva ordinária para a seguradora que, com legitimidade extraordinária voluntária, poderá postular pela substituição processual. Desse modo, atuará em nome próprio para defender a posição jurídica do segurado.

Com as recentes atualizações da legislação processual e da regulamentação, espera-se que a cobertura do *duty to defend*, de ampla aceitação na experiência estrangeira, possa ser mais uma alternativa de segurança, eficiência e comodidade para os segurados no Brasil.

REFERÊNCIAS

AGUIAR, José Dias. *Da responsabilidade civil*. Rio de Janeiro: Forense, 1997. v. II.

ARAÚJO, José Henrique Mouta. Legitimidade extraordinária no CPC/15: ajustes e poderes das partes e do assistente processual. *Revista Brasileira de Direito Processual*, n. 99, p. 207-220, jul./set. 2017.

BARKER. Tom, LOGUE, Kyle D. *Insurance law and policy*: cases and materials. 3. ed. New York: Wolters Kluwer Law & Business, 2013.

BUENO, Cassio Scarpinella. *Curso sistematizado de direito processual civil*: teoria geral do direito processual civil: parte geral do código de processo civil. 10. ed. São Paulo: Saraiva Educação, 2020. v. 1.

COMPARATO, Fábio Konder. *O seguro de crédito: estudo jurídico*. São Paulo: Ed. RT, 1968.

DA COSTA, Adriano Soares. Para uma teoria dos fatos jurídicos processuais. In: ALVIM, Teresa Arruda; DIDIER Jr., Fredie. (Coord.) *Doutrinas essenciais* – Novo Processo Civil: teoria geral do processo II. v. 2. 2. ed.

DIDIER JR., Fredie. Fonte normativa da legitimação extraordinária no novo Código de Processo Civil: a legitimação extraordinária de origem negocial. *Revista de Processo*, São Paulo: Ed. RT, n. 232, p. 69-76. 2014.

---

pelo adequado adimplemento das obrigações nele pactuadas, bem assim todos os assuntos a ele relacionados, inclusive na perspectiva da prestação de contas dos custos inerentes ao agir em juízo, não trazem nenhuma peculiaridade para a hipótese aqui aventada. O que será indispensável, em tais casos, é que se comprove que, por ato negocial, se operou a devida legitimação extraordinária. A coisa julgada, em tais casos, alcança quem não agiu em juízo, o que se fez substituir. Não há como entender diferentemente, sob pena de se esvaziar a razão de ser e isso mesmo quando o assunto é tratado na sua perspectiva tradicional do instituto." BUENO, Cassio Scarpinella. *Curso sistematizado de direito processual civil*: teoria geral do direito processual civil: parte geral do código de processo civil. 10. ed. São Paulo: Saraiva Educação, 2020, v. 1, p. 499.

DIDIER Jr., Fredie; CABRAL, Antonio do Passo. Negócios jurídicos processuais atípicos e execução. In: ALVIM, Teresa Arruda; DIDIER Jr., Fredie. (Coord.) *Doutrinas essenciais* – Novo Processo Civil: teoria geral do processo II. v. 2. 2. ed .

FARIA, Juliana Cordeiro de. O chamamento ao processo como técnica de efetividade do seguro de responsabilidade civil. In: JAYME, Fernando Gonzaga; FARIA, Juliana Cordeiro de; LAUAR, Maira Terra. (Coord.) *Processo civil*: novas tendências. Estudos em homenagem ao Prof. Humberto Theodoro Júnior. Belo Horizonte: Del Rey, 2008.

GOLDBERG, Ilan. *O contrato de seguro D&O*. 2. ed. São Paulo: Thomson Reuters Brasil, 2022. *e-book*.

JORGE, Flávio C. *Chamamento ao processo*. São Paulo: Ed. RT, 1997.

LOGUE, Kyle D. In defense of the restatement of liability insurance law. *Michigan Law, University of Michigan*: Law and Economics Research Papers Series. Paper n. 17-001, 2017.

MARTINEZ. Leo P., RICHMOND, Douglas R. *Cases and materials on insurance law*. 7. ed. St. Paul: LEG, Inc. d/b/a West Academic Publishing, 2013.

MELO. Gustavo de Medeiros. Ação direta da vítima contra a seguradora no seguro de responsabilidade civil. *Revista de Processos*, v. 243, p. 41-58, maio 2015.

MIGUENS, Héctor José. Responsabilidad de directores de sociedades em los Estados Unidos. Cuestiones Relacionadas con la defensa de los accionados y acuerdos transaccionales em las acciones procesuales. *Revista Quaestio Iuris*. Rio de Janeiro, v. 12, n. 01, p. 1-38. 2019.

MIRANDA, Pontes de. *Direito das obrigações*: contrato de seguros (continuação). Atual. Bruno Miragem, São Paulo: Ed. RT, 2012.

MOREIRA, José Carlos Barbosa. Apontamentos para um estudo sistemático da legitimação extraordinária. *Direito Processual Civil (ensaios e pareceres)*. Rio de Janeiro: Borsoi, 1971.

NERY JR., Nelson e NERY, Rosa Maria de Andrade. *Código de Processo Civil comentado*. 19. ed. rev. atual. e ampl. São Paulo: Thomson Reuters Brasil, 2020.

PANTALEÃO, Izabel Cristina P. A Intervenção de Terceiros no CPC/2015. In: DIDIER JR, Fridie (Org.). *Coleção Novo CPC. Doutrina selecionada 1*. Parte Geral. 2. ed. Salvador: JusPodivm, 2016.

RAMOS, Maria Elisabete Gomes. *O seguro de responsabilidade civil dos administradores*: entre a exposição ao risco e a delimitação da cobertura. Coimbra: Almedina, 2010.

RICHMOND, Douglas R. Using extrinsic evidence to excuse a liability insurer's duty to defend, *SMU Law Review* 119, v. 74, Article 4, p. 118-162, 2021.

SANTOS, Ricardo Bechara. *Direito de seguro no cotidiano*: coletânea de ensaios jurídicos. Rio de Janeiro, Forense, 1999.

SCHWARCZ, Daniel, ABRAHAM, Kenneth S. *Insurance law and regulation: cases and materials*. 6. ed. Saint Paul: LEG, Inc. d/b/a West Academic Publishing, 2015.

STEMPEL, Jeffrey W., PETER, Swisher N., KNUTSEN, Erik S. *Principles of insurance law*. 4. ed. New Providence, NJ: Lexis Nexis, 2011.

THEODORO J. Humberto. O seguro de responsabilidade civil – disciplina material e processual. *Revista de Direito Privado*, 46/308. São Paulo: Ed. RT, p. 299-321, 2011.

TRAUTMAN, Lawrence J., ALTENBAUMER-PRICE, Kara. D&O insurance: a primer. *American University Business Law Review* 1, n. 2, 2012.

TZIRULNIK, Ernesto. O futuro do seguro de responsabilidade civil. *Revista dos Tribunais*, São Paulo, v. 782, p. 68-77, dez. 2000.

O PAPEL DO SEGURO DE RESPONSABILIDADE CIVIL NA RESOLUÇÃO ADEQUADA DE CONFLITOS ENVOLVENDO PROFISSIONAIS DA MEDICINA E PACIENTES: O PAPEL DAS SEGURADORAS

Luciana Dadalto

Doutora em Ciências da Saúde pela faculdade de Medicina da UFMG. Mestre em Direito Privado pela PUCMinas.

Igor de Lucena Mascarenhas

Doutorando em Direito pela UFBA e Doutorando em Direito pela UFPR. Mestre pela UFPB. Especialista em Direito da Medicina pelo CDB (Coimbra). Professor de Medicina do UNIFIP Centro Universitário. Membro consultor da comissão especial de Direito Médico do Conselho Federal da Ordem dos Advogados do Brasil.

> Os tribunais deste país não deveriam ser os locais onde começa a resolução de litígios. Devem ser os locais onde as disputas terminam depois de métodos alternativos de resolução de disputas terem sido considerados e tentados.
>
> Justice Sandra Day O'Connor[1]

Resumo: A partir da crescente Judicialização da Medicina no Brasil, o presente artigo tem como objetivo refletir sobre o papel do seguro de responsabilidade profissional na resolução adequada de conflitos envolvendo profissionais da medicina e paciente. O método escolhido foi o hipotético dedutivo, a partir de revisão bibliográfica e análise documental que demonstrou ser o contrato de seguro de responsabilidade profissional um meio de garantia de direitos existenciais e personalíssimos do segurado médico. Diante desta verificação, este trabalho defende a necessidade de que as seguradoras atuem na fase pré-processual e evitem a judicialização do conflito.

Sumário: I. Considerações iniciais – II. Judicialização da medicina em números – III. O contrato de seguro como instrumento de proteção ao patrimônio, imagem e honra – IV. Seguradoras como partícipes da resolução extrajudicial do conflito – V. Conclusões – Referências.

I. CONSIDERAÇÕES INICIAIS

Carolina Souza, médica cirurgiã neurológica, realizou um procedimento cirúrgico em João da Silva, 19 anos; neste, houve um evento adverso que, apesar de não ter comprometido a cognição, causou sequelas físicas graves no paciente.

---

1. Comunicação oral citada por RAY, Larry; CLARE, Anne L. The Multi-Door Courthouse Idea: Building the Courthouse of the Future... Today. *Ohio St. J. on Disp. Resol.*, v. 1, p. 7, 1985.

Após seis meses do fato, os pais de João – autorizados pelo filho – procuram Carolina e propõem a realização de um acordo extrajudicial no qual o paciente abriria mão de: (i) ajuizar ação de indenização por dano moral alegando erro médico; (ii) denunciar a médica no CRM por negligência, imprudência e imperícia; (iii) denunciar a profissional pelo crime de lesão corporal grave.

Após uma longa negociação sem a presença de profissionais da advocacia, as partes chegam em um acordo: Carolina pagaria R$500.000,00 (quinhentos mil reais), divididos em dez prestações de R$50.000,00 (cinquenta mil reais).

A médica, então, procura um escritório de advocacia especializado em Direito Médico com o objetivo de contratar os serviços para formalização do acordo extrajudicial. Na primeira reunião, ela afirma aos profissionais que possui seguro de responsabilidade profissional com cobertura de indenização de até R$1.000.000,00 (hum milhão de reais) e que, portanto, realizou o acordo.

Os profissionais da advocacia, ao lerem o contrato de seguro, constatam que não há cobertura para acordos extrajudiciais e prontamente, informam o fato para Carolina. Em conversa com a seguradora, obtêm a informação de que a única forma de a empresa arcar com o valor do acordo seria através da formalização dele na via judicial.

A médica, então, conversa com os pais de João e explica o caso, sugerindo o ajuizamento de uma ação para que ela, prontamente, ofereça o acordo nos autos do processo. Contudo, eles ficaram desconfiados, buscaram um profissional da advocacia sem experiência em judicialização da medicina e deixaram de atender Carolina. Dias depois, a médica foi citada para se defender em uma ação de indenização por erro médico, com um valor dez vezes superior ao anteriormente pactuado.

Na petição inicial, os autores informam que: (i) as partes tentaram realizar um acordo extrajudicial, que não foi exitoso por causa do seguro da médica; (ii) que não desejam realizar acordo judicial; (iii) que fizeram uma denúncia contra a médica no CRM; (iv) que fizeram uma denúncia contra a médica junto ao Ministério Público e que, em razão disso, tramita um inquérito policial para averiguação de possível crime de lesão corporal grave.

Este fato é baseado em um caso real atendido pelos autores deste artigo em sua prática advocatícia. A partir dele, objetiva-se analisar o cenário da judicialização da medicina no Brasil, dos seguros de responsabilidade profissional médica e, especialmente, defender a necessidade de que as seguradoras alterem seus contratos a fim de permitir a realização de acordos extrajudiciais.

II. JUDICIALIZAÇÃO DA MEDICINA EM NÚMEROS

É preciso, inicialmente, diferenciar o fenômeno da judicialização da saúde da judicialização da medicina. O primeiro se refere a demandas judiciais ajuizadas por pacientes com o objetivo de efetivar o direito constitucional à saúde, cuja prestação de tratamentos, procedimentos e fármacos foi negada pelo Poder Público em quaisquer uma de suas três esferas.[2] Já o segundo se trata do ajuizamento de processos judiciais e administrativos fruto de conflitos na relação assistencial entre médicos e pacientes,[3] ou seja, da busca ao Poder Judiciário ou da Esfera Administrativa (Conselho Regional de Medicina) pelo paciente que se sente lesado por uma suposta ação ou omissão do médico.

Como o objetivo do presente artigo é analisar apenas os dados que envolvem a Judicialização da Medicina, os elementos aqui discutidos referem-se apenas ao que se convencionou – inadvertidamente[4] – a chamar no Poder Judiciário brasileiro de *erro médico*.

Segundo dados do Insper Instituto de Ensino e Pesquisa, em levantamento feito com Conselho Nacional de Justiça no ano de 2019, processos envolvendo erro médico equivalem a apenas 2,9% dos processos que envolvem temas relacionados à judicialização da saúde:[5]

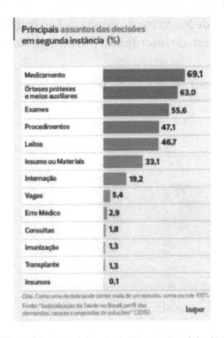

Gráfico 01: Principais assuntos das decisões em segunda instância[6]

---

2. DADALTO, Luciana; LESSA, Moyana Mariano Roble. O direito à vida e a judicialização da saúde. *Revista Civilística*, a. 10. n. 1. 2021, Disponível em: http://civilistica.com/o-direito-a-vidae-a-judicializacao/. 28 ago. 2021.
3. VASCONCELOS, Camila. Judicialização da Medicina: diálogos entre os Poderes médico e Judiciário. *R. Dir. Gar. Fund.*, Vitória, v. 18, n. 3, p. 65-92, set./dez. 2017.
4. Tecnicamente falando, ao menos de acordo com a Organização Mundial da Saúde, "erro médico" não existe. A existência de um erro tem natureza multifatorial, de modo que se mostra inadequado, e até injusto, nominar de "erro médico", o que não é, necessariamente, causado por um médico. Nesse sentido, alguns eventos são de ordem pessoal e causados diretamente por profissional médico, porém outros são decorrentes da prática de outros profissionais de saúde. Se o erro for praticado por profissional médico, seria possível, alegar que houve um erro médico, porém, essa afirmação só pode ser feita após a análise da conduta e a sua submissão ao contraditório e ampla defesa.
5. Disponível em: https://www.insper.edu.br/conhecimento/direito/judicializacao-da-saude-dispara-e-ja-custa-r-13-bi-a-uniao/.
6. INSPER. *Judicialização da saúde dispara e já custa R$ 1,3 bi à União*. Disponível em: https://www.insper.edu.br/conhecimento/direito/judicializacao-da-saude-dispara-e-ja-custa-r-13-bi-a-uniao/. Acesso em: 29 ago. 2023.

Em contrapartida, é curioso perceber que, atualmente, no Painel de Estatísticas Processuais de Direito à Saúde do CNJ[7] de agosto de 2023 o termo *erro médico* não é mais encontrado. Tal fato possibilita inferir que o CNJ já compreende a diferença entre Direito da Saúde e Direito da Medicina.

Apesar disso, o atual cenário jurídico é de extremo conflito. De acordo com dados do CNJ, o Brasil vive uma explosão de demandas categorizadas como *erro médico* e, no ano de 2021, teve mais de 35.000 (trinta e cinco mil) novos processos distribuídos na primeira instância discutindo os desfechos adversos.[8]

No que tange aos processos administrativos perante os Conselhos Regionais de Medicina há, nos últimos cinco anos, um aumento considerável no número de processos éticos profissionais, conforme se depreende da prestação de contas da atividade conselhal do Conselho Regional de Medicina do estado de São Paulo (CREMESP) – conselho regional com o maior número de inscritos do Brasil –, de 2022.[9]

Gráfico 02: processos instaurados CREMESP

Interessante notar que, o crescimento no número de profissionais da Medicina também é uma realidade no Brasil. A pesquisa Demografia Médica no Brasil 2023, realizada pela Associação Médica Brasileira e a Faculdade de Medicina da USP demonstra que:

→nos últimos 10 anos, houve um aumento de 84% nos números de profissionais especialistas no Brasil.

---

7. CONSELHO NACIONAL DE JUSTIÇA. Painel de Estatísticas Processuais de Direito à Saúde. Disponível em: https://paineisanalytics.cnj.jus.br/single/?appid=a6dfbee4=-bcad4861-98-ea4-5183b29247e&sheet-3c5ac970-a768-4020-b709-b919224ac429&opt=ctxmenu,currsel. Acesso em: 29 ago. 2023.
8. BRASIL. *CNJ registra quase 35 mil novos processos por erro médico no país.* Disponível em https://www.tvjustica.jus.br/index/detalhar-noticia/noticia/486597. Acesso em: 10 set. 2022.
9. Conselho Regional de Medicina do Estado de São Paulo. Atividade conselhal: prestação de contas 2022. Disponível em: https://transparencia.cremesp.org.br/?siteAcao=processos_etico_profissionais. Acesso em: 29 ago. 2023.

→De 2000 a 2023 o número de médicos mais do que dobrou, enquanto no mesmo período a população brasileira cresceu 27%.

Evolução do número de médicos e da população geral, de 1980 a 2022
| Brasil, 2023

Ano	Médicos (indivíduos)	Médicos (registros)	População
1980	113.495	137.347	121.150.573
1990	182.033	219.084	146.917.459
2000	219.896	291.926	169.590.693
2010	310.844	364.757	190.755.799
2023*	562.206	618.593	215.206.320

*Janeiro de 2023.
Nota: Nesta análise foram usados o número de médicos (indivíduos) e o número de registros de médicos (inscrições nos CRMs).
População: estimativas de população do Instituto Brasileiro de Geografia e Estatística (IBGE).
▸ Fonte: Scheffer M. et al., Demografia Médica no Brasil 2023

Fonte: Associação Médica Brasileira. Demografia Médica no Brasil 2023.[10]

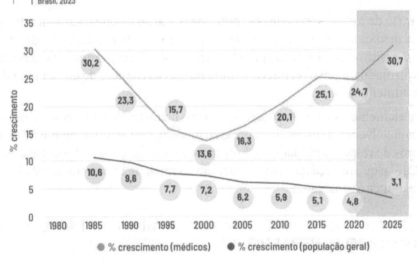

Fonte: Associação Médica Brasileira. Demografia Médica no Brasil 2023.[11]

---

10. Disponível em: https://amb.org.br/wp-content/uploads/2023/02/DemografiaMedica2023_8fev-1.pdf. Acesso em: 26 jul. 2023.
11. Disponível em: https://amb.org.br/wp-content/uploads/2023/02/DemografiaMedica2023_8fev-1.pdf. Acesso em: 26 jul. 2023.

→ A entrada de estudantes nas Faculdades de Medicina cresceu exponencialmente, em resposta direta ao aumento de faculdades

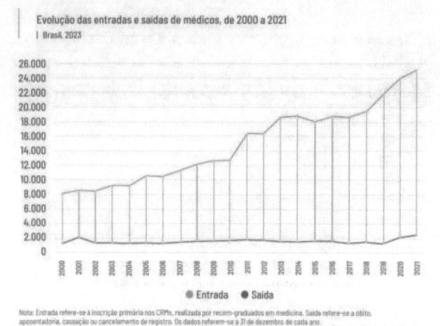

Fonte: Associação Médica Brasileira. Demografia Médica no Brasil 2023.[12]

O cotejo de todos estes dados permite a verificação de que o aumento da judicialização da medicina acompanha o aumento do número de profissionais da Medicina formados. Assim, como os dados projetam que nos próximos anos haverá ainda mais médicos formados, é possível inferir como grandes as chances de que a judicialização continue aumentando.

Paralelamente ao acréscimo de profissionais no mercado e aumento do número de processos envolvendo a discussão sobre erro médico, houve um aumento na demanda por seguros de responsabilidade civil profissional em mais de 200% entre os anos de 2015-2021,[13] o que reforça que a judicialização da medicina tem gerado uma busca por maior segurança e proteção.

III. O CONTRATO DE SEGURO COMO INSTRUMENTO DE PROTEÇÃO AO PATRIMÔNIO, IMAGEM E HONRA

A convivência em sociedade inevitavelmente expõe as pessoas a situações que envolvem riscos, e é exatamente a existência destes riscos que impulsiona a demanda por

---

12. Disponível em: https://amb.org.br/wp-content/uploads/2023/02/DemografiaMedica2023_8fev-1.pdf. Acesso em: 26 jul. 2023.
13. CASTRO, Karina Pinheiro de. Seguro (E&O) de responsabilidade civil profissional: aspectos conceituais, regulatórios e processuais. *Revista IBERC*, Belo Horizonte, v. 5, n. 2, p. 89-110, 2022.

seguros.[14] Portanto, é possível afirmar que contrato de seguro surge da necessidade de proteção contra a incerteza e o risco; sem a presença do deste, o seguro perde sua razão de ser. Margarida Lima Rego[15] enfatiza que o risco é o elemento central no contexto dos seguros: quando a probabilidade atinge 100%, estamos diante da certeza, enquanto 0% de probabilidade representa a impossibilidade; ou seja, , a celebração de um contrato de seguro justifica-se sempre que existir um risco externo situado entre 0% e 100%.

Ao contratar um seguro, o segurado opta por desembolsar uma quantia – conhecida como prêmio – com o propósito de assegurar-se contra possíveis adversidades decorrentes de eventos futuros e incertos. Significa dizer que o segurado cede ao segurador um valor, visando receber uma proteção financeira em caso de ocorrência de um sinistro. Assim, estabelece-se uma relação em que o segurado se torna um devedor do prêmio – um débito certo – enquanto o segurador potencialmente assume a posição de devedor, condicionado à materialização do infortúnio para efetivar uma obrigação contingente.

O seguro se forma quando um conjunto de indivíduos contribui financeiramente para criar um fundo mutual,[16] ou seja, não há seguro se apenas uma única pessoa tiver interesse na contratação. Deste modo, a soma das contribuições individuais resulta na formação de um capital que será usado para compensar os riscos que ocorrem.

Ocorre que nem todos os segurados terão acesso ao valor depositado, uma vez que o montante a ser pago em caso de sinistros é distribuído entre todos os contribuintes do fundo mútuo, por isso, o risco que cada pessoa enfrenta torna-se compartilhado, já que se ocorrerem os eventos segurados, o fardo do seguro será dividido entre todos os membros do grupo.[17]

No entanto, devido à diversidade de participantes no mutualismo, o risco e o custo do seguro são distribuídos entre eles;[18] assim, como há uma colaboração mútua na criação do fundo, eventuais perdas individuais serão cobertas pelo grupo. Neste contexto, o enunciado 544 da VI Jornada de Direito Civil do CJF estabelece que "o seguro de responsabilidade civil facultativo garante dois interesses, o do segurado contra os efeitos patrimoniais da imputação de responsabilidade e o da vítima à indenização, ambos destinatários da garantia, com pretensão própria e independente contra a seguradora".

Todavia, no âmbito do Direito Médico, essa premissa contratual de proteção estritamente financeira não é verdadeira, pois o processo judicial (cível ou criminal), administrativo e ético possuem impacto não apenas no aspecto financeiro, mas sobretudo

---

14. PEREIRA, Fernanda Chaves. Fundamentos técnicos-atuariais do seguro. In: MIRAGEM, Bruno; CARLINI, Angélica. *Direitos dos Seguros*: fundamentos de Direito Civil, Direito Empresarial e Direito do Consumidor. São Paulo: Ed. RT, 2014. p. 118.

15. REGO, Margarida Lima. *Contrato de seguro e terceiros*: estudos de Direito Civil. Coimbra: Wolters Kluwer Portugal / Coimbra Editora, 2010. p. 67-70.

16. Margarida Lima Rego destaca que a viabilidade econômica do contrato de seguro está pautada no fato de que o valor pago (prêmio) é maior que o valor atuarial do risco contra o qual se busca proteção. Cf. REGO, Margarida Lima. *Contrato de seguro e terceiros*: estudos de Direito Civil. Coimbra: Wolters Kluwer Portugal / Coimbra Editora, 2010. p. 382.

17. CAMPOY, Adilson José. *Contrato de Seguro de vida*. São Paulo: Ed. RT, 2014. p. 19.

18. SILVA, Ivan de Oliveira. *Curso de Direito do Seguro*. São Paulo: Saraiva, 2012. p. 46.

relativo à honra e imagem profissional.[19] Desta forma, o profissional da medicina que contrata um seguro de responsabilidade profissional, para além da proteção financeira, busca garantia de assistência jurídica com foco em evitar processos e/ou, em casos de ajuizamento de ações judiciais, a diminuição de risco de condenação mediante o custeio de assessoria jurídica – especializada – e pericial (despesas com perito e assistentes técnicos). Ocorre que, por vezes, mesmo quando a ação é julgada improcedente, os profissionais sofrem danos existenciais, pois é comum que apenas a existência de uma ação judicial contra ele gere ao profissional problemas emocionais, gasto de tempo e prejuízo à imagem.[20]

É possível afirmar, por todo o exposto, que o seguro de responsabilidade profissional é uma proteção à figura do profissional e não, tão somente, à sua saúde financeira,[21] situação demonstrada na imagem abaixo – feita pelos autores deste artigo:

Custos Diretos do processo
- Despesas com advogado
- Despesas com peritos
- Custas processuais
- Despesas com assistentes técnicos

Custos indiretos
- Dano à imagem e honra profissional
- Prejuízo financeiro em razão de um questionamento acerca da competência profissional
- Intranquilidade
- Danos psicológicos
- Medo de prisão / cassação / condenaçao financeira futura

Custos Sociais
- Majoração da Medicina Defensiva

Verifica-se, assim, que a atuação preventiva se mostra fundamental para evitar os desdobramentos processuais, notadamente em razão do longo período de transcurso do processo judicial tendo em vista a necessidade de prova pericial, salvo quando –

---

19. Medical malpractice cases also entail professional and personal costs, especially the rupture of doctor-patient relationships. Cf. RAPOSO, Vera Lúcia. I (Won't) See You in Court Alternative Dispute Resolution for Medical Liability Conflicts: Examples from Europe. *European Review of Private Law*, v. 28, n. 6, p. 1275, 2020.

20. Texto original: "But the system also creates an enormous drain on all sides as well. It is emotionally stressful and expensive. So even a win is still a losing proposition in some respects. I am thankful for my employer, insurance company, and lawyers who stood by and defended me". Cf. GALLEGOS, Alícia. *Surgeon Beats $27 Million Malpractice Case After Contentious Trial*. 2023. Disponível em https://www.medscape.com/viewarticle/994826?form=fpf. Acesso em 26 de jul. 2023.

21. Em sentido contrário, Larissa Cristina Lourenço e Elcio Nacur Rezende apontam que a proteção dada pelo contrato de seguro é exclusivamente financeira. Cf. LOURENÇO, Larissa Cristina; REZENDE, Elcio Nacur. Seguro de responsabilidade civil médica não garante segurança do paciente. *Revista de Direito Sanitário*, v. 22, n. 2, p. e0006-e0006, 2022.

conforme definido pelo STJ no REsp 1540580/DF[22] – a demanda trata exclusivamente de negligência informacional em que a discussão se restringe ao cenário documental.

A partir da experiência advocatícia dos autores, ainda que não sirva para fins científicos e estatísticos, é possível observar que a resolução sobre o mérito de processos nos quais se discute erro do profissional da medicina supera a marca de uma década, quando incluída a discussão recursal.[23] E, por vezes, enquanto a ação tramita, o caso se torna uma verdadeira ferida aberta que continua produzindo efeitos negativos na vida de todos os envolvidos.

Desta forma, dentro de um cenário de resolução adequada dos conflitos, mostra-se fundamental que os profissionais da Medicina – respaldados pela seguradora contratada – passem a explorar alternativas à resolução de conflitos para além do Judiciário.

IV. SEGURADORAS COMO PARTÍCIPES DA RESOLUÇÃO EXTRAJUDICIAL DO CONFLITO

Como ilustra o caso que abre este artigo, atualmente, os contratos de seguros de responsabilidade profissional na medicina possuem cláusulas que dificultam a realização de acordos extrajudiciais, pois na maior parte dos contratos o prêmio só é pago em caso de acordo realizado no âmbito judicial.

Contudo, deve-se fomentar uma postura de composição extrajudicial como mecanismo de mitigar, ainda mais, os danos sofridos pelo segurado, afinal, as seguradoras devem garantir proteção jurídica apta a evitar danos patrimoniais e extrapatrimoniais ao profissional da medicina segurado.

Isso porque, conforme ensinamento de Vera Lucia Raposo,[24] o modelo clássico judicial de resolução de conflitos precisa dar espaço para o campo de resolução de conflitos mais adequado, baseado em uma estrutura menos adversarial e formal, porém formado por atores mais capacitados para discussão interdisciplinar entre Direito e Medicina. Ademais, André Dias Pereira[25] ensina que o sistema jurídico tradicional tende a criar má distribuições de riqueza e justiça, pois condena situações lícitas e absolve em situações ilícitas. E, além, estudos estadunidenses reforçam tal tendência ao destacar que em ¼ das demandas apresentam decisões divergentes da análise técnica da conduta praticada.[26]

---

22. BRASIL. STJ – REsp: 1540580 DF 2015/0155174-9, Relator: Ministro Lázaro Guimarães (Desembargador convocado do TRF 5ª Região), Data de Julgamento: 02.08.2018, T4 – Quarta Turma, Data de Publicação: DJe 04.09.2018.

23. A título de curiosidade, os autores do presente trabalho possuem mais de uma dezena de processos que discutem responsabilidade profissional médica que ainda não foram encerrados na primeira instância, alguns, inclusive, com pendência de realização de audiência de instrução, tamanha a dificuldade de nomeação de peritos habilitados para a discussão do caso.

24. RAPOSO, Vera Lúcia. I (Won't) See You in Court Alternative Dispute Resolution for Medical Liability Conflicts: Examples from Europe. *European Review of Private Law*, v. 28, n. 6, 2020. p. 1275.

25. PEREIRA, André Gonçalo Dias. *Direito dos pacientes e responsabilidades médicas*. Coimbra: Coimbra Editora, 2015. p. 90.

26. KACHALIA, Allen; MELLO, Michelle M. New directions in medical liability reform. *New England Journal of Medicine*, v. 364, n. 16, p. 1564-1572, 2011.

Neste contexto, deslocar o conflito da seara estritamente judicial para campos mais adequados como os métodos de Resolução Adequada de Conflitos (RAC) se mostra fundamental para uma resolução efetiva.[27]

Não se pode olvidar que a avaliação da eficácia do sistema judicial deve ser baseada na garantia do acesso à justiça, na rapidez das decisões (garantindo uma duração razoável dos processos) e na previsibilidade das resoluções.[28] Além disso, é importante que os procedimentos judiciais sejam economicamente acessíveis e que as decisões sejam equitativas, expeditas e consistentes, tanto em termos de qualidade quanto de tempo.[29] Desta forma, considerando a demora na resolução dos conflitos pela via judicial, os custos diretos elevados e a falta de previsibilidade das decisões, tem-se que o deslocamento para o campo dos métodos adequados de resolução de conflitos pode evitar a litigância e garantir uma maior eficiência na resolução das disputas.

Importante destacar que na RAC, a despeito de ainda existir um conflito a ser pacificado, o grau de litigância é menor e tende a ser reduzido ao longo do tempo. Ademais, a RAC reforça a necessidade de que o interesse em resolver o conflito seja construído em um campo de diálogo, transparência e boa-fé, impondo a prática do *full disclosure / medical disclosure* – entendido como a comunicação transparente entre o profissional da medicina quando há dano grave ou potencialmente grave, não intencional, causado a paciente durante a assistência prestada pelo profissional.[30]

Saliente-se que, baseados em uma política de *disclosure*, os profissionais e a instituição envolvidas devem expor com uma boa comunicação, liderança, flexibilidade, transparência e empatia as razões pelas quais o resultado adverso ocorreu, o reconhecimento da culpa ou não, conforme o caso, o que será feito para que não ocorra com terceiros e uma proposta de reparar o dano causado, caso este tenha ocorrido e haja os elementos de responsabilização.[31]

A título de exemplo, o estado americano do Colorado implementou uma prática exitosa de *disclosure* no centrada em 3Rs: reconhecer, responder e resolver.[32] A experiência resultou em uma redução de litigância em 50% e redução de custos de 23%. Em sentido próximo, a University of Michigan Health System (UMHS) implantou um sistema de transparência que resultou em uma menor incidência de conflitos e, quando

---

27. Nesse cenário podemos citar a negociação, mediação, conciliação e arbitragem.
28. Cf. SHERWOOD, Robert M., SHEPHERD, Geoffrey and SOUZA, Celso Marcos de. Judicial systems and economic performance. The Quarterly Review of Economics and Finance, v. 34, Summer 1994. p. 7 e PINHEIRO, Armando Castelar. Direito e Economia num mundo globalizado: cooperação ou confronto? In: TIMM, Luciano Benetti (Org.). *Direito & Economia*. 2. ed. Porto Alegre: Livraria do Advogado, 2008. p. 23.
29. PINHEIRO, Armando Castelar. Direito e Economia num mundo globalizado: cooperação ou confronto? In: TIMM, Luciano Benetti (Org.). *Direito & Economia*. 2 ed. Porto Alegre: Livraria do Advogado, 2008. p. 25.
30. BARROS, João Pedro Leite; MARTINS, Mariana Wolff. Enunciado 14 – Disclosure, compliance e mediação. In: KFOURI NETO, Miguel; NOGAROLI, Rafaella (Org.). *Debates contemporâneos em direito médico e da saúde*. 2. ed. São Paulo: Thomson Reuters Brasil, 2022.
31. LEE, Liz et al. Conflict resolution: practical principles for surgeons. *World Journal of surgery*, v. 32, p. 2331-2335, 2008.
32. QUINN, Richert E.; EICHLER, Mary C. The 3Rs program: the Colorado experience. *Clinical obstetrics and gynecology*, v. 51, n. 4, p. 709-718, 2008.

existentes, por intermédio de RACs, apresentaram mais rápida solução e com menores dispêndios financeiros.[33]

É essencial, contudo, observar que os interesses da seguradora e do profissional da Medicina podem ser díspares diante de um conflito: enquanto a primeira possui como foco exclusivo proteger o patrimônio do réu/médico e seu próprio fundo mutual, o segundo tem como foco principal a proteção de seu nome, de sua imagem e de sua honra. Ou seja, é possível que a seguradora se recuse a indenizar sob o argumento de quebra de contrato. Por esta razão, Kenneth A. DeVille[34] alerta que os médicos que pretendem buscar meios adequados de mitigar os eventuais conflitos devem observar – antes da contratação do seguro – as cláusulas contratuais,

Atualmente, a ausência de segredo de justiça na maior parte dos processos que envolvem o erro médico deixa o profissional vulnerável à exposição da demanda em portais público de pesquisa e, também, em portais de notícias. Assim, os profissionais da Medicina podem vivenciar o célebre ensinamento de Warren Buffett: a construção de uma reputação demora décadas, mas bastam cinco minutos para destruí-la.

Logo, deve-se compreender que a possibilidade de que terceiras pessoas saibam da existência de tramitação de ações judiciais contra o profissional da medicina gera impactos diretos no nome, na imagem e boa fama profissional e que estes aspectos não podem ser considerados apenas extrapatrimonialmente, na medida em que a boa fama representa uma forma de mensuração do êxito profissional e remuneração profissional.

A fama do profissional é, segundo Genival Veloso,[35] um elemento de majoração dos honorários médicos na medida em que o aumento da procura pelos serviços do profissional exigirá um natural acréscimo da sua remuneração. Desta forma, um prejuízo a imagem do profissional resultaria em um dano financeiro, este que supostamente seria o elemento central de um contrato de seguro tradicional.

Ademais, é preciso compreender que a busca pela proteção do bom nome com mecanismos de resolução de conflitos representa uma forma de proteção patrimonial e extrapatrimonial nas relações paciente-profissionais da medicina, afinal, o nome é um dos principais ativos do profissional.

Neste sentido, cláusulas contratuais e posturas administrativas que forçam os segurados a esperarem a judicialização para custeio das indenizações podem majorar os danos diretos (financeiros) e, sobretudo, indiretos (imagético e psicológicos). Isto porque sujeitam o profissional ao temor constante do ajuizamento de uma ação judicial e, a caso este efetivamente venha a ocorrer, ao sofrimento causado por eventual delonga na composição judicial.

---

33. BOOTHMAN, Richard C. et al. A better approach to medical malpractice claims? The University of Michigan experience. *Journal of health & life sciences law*, v. 2, n. 2, p. 125-159, 2009.
34. DEVILLE, Kenneth A. The jury is out: pre-dispute binding arbitration agreements for medical malpractice claims: law, ethics, and prudence. *The Journal of legal medicine*, v. 28, n. 3, p. 333-395, 2007.
35. FRANÇA, Genival Veloso de. *Direito Médico*. 15. ed. Rio de Janeiro: Forense, 2019. p. 136.

A alteração destas cláusulas e posturas por parte das seguradoras viabilizará acordos extrajudiciais e, consequentemente, reduzirá a judicialização da medicina e dos custos, especialmente, os advocatícios e periciais. Significa dizer que, ao cobrir pelos métodos extrajudiciais de resolução de conflito, a seguradora tem um maior controle de danos, em especial os danos indiretos e não mensuráveis por ela, mas suportados de forma cristalina pelo segurado.

Em resumo, o apego das seguradoras à existência de processo judicial para custear o acordo realizado entre as partes inviabiliza a proteção integral ao profissional da Medicina.[36] Portanto, é necessária – por parte das seguradoras e também dos profissionais – uma nova postura; uma postura que deixe de compreender a resolução heterocompositiva judicial como fonte única de pacificação e reconheça nos métodos adequados de resolução de conflitos um caminho menos tortuoso e danoso para todos os envolvidos.

V. CONCLUSÕES

Percebe-se, com o caso de Carolina, que se a Medicina constrói protocolos de atuação, o Direito securitário também precisa construir protocolos de análise individualizada dos casos de responsabilidade médica, notadamente para estabelecer qual a melhor forma de abordagem e resolução.

Não se está aqui a defender, contudo, que a decisão acerca da forma de resolução de conflitos seja exclusiva do segurado (profissional da medicina) e nem que a proteção seja banalizada com a formalização de acordos infundados. O que se propõe aqui é uma mudança nos contratos de seguro de responsabilidade médica com o objetivo de efetivar a avença pactuada: o profissional paga para ter segurança de que, quando e se precisar, receberá uma prestação funcional e eficaz do que foi contratado.

Assim, instaurado o conflito, cabe ao profissional procurar a seguradora para apresentação do caso, dos potenciais danos envolvidos e da necessária construção de uma estratégia defensiva / resolutiva do conflito, sob pena de termos um contrato de seguro que, em verdade, não se propõe a proteger efetivamente o contratante. Ou seja, o espectro de proteção das seguradoras deve ser muito mais amplo, sob pena de gerar uma parcial proteção que, ao fim e cabo, podem maximizar os danos indiretos do processo.

Todavia, isso depende de uma mudança da cultura jurídica de conflito e da proposta adversarial, feita por todas as partes envolvidas: o paciente precisa mudar a postura de querer processar/destruir o médico; o advogado do paciente e do profissional da medicina precisa expor os riscos e benefícios de cada um dos mecanismos de resolução; o profissional da medicina precisa estar aberto à uma postura mais dialógica e, por vezes, humilde; a seguradora precisa refletir sobre os danos que serão a ela transferidos, mas, sobretudo, os danos suportados individualmente pelo seu contratante. Inclusive, em um cenário de admissibilidade de maior proteção contratual, pode-se cogitar uma possível majoração da apólice em razão do maior nível de proteção.

---

36. HENDERSON, Stanley D. Contractual Problems in the Enforcement of Agreements to Arbitrate Medical Malpractice. *Va. L. Rev.*, v. 58, p. 947, 1972.

No caso explanado, a ausência de amparo securitário gerou dano para ambas as partes (médica e paciente). Veja-se:

- Carolina passou a responder a três processos, em diferentes searas – cível, penal e administrativa; desenvolveu crises de ansiedade que necessitaram de tratamento específico e contínuo; abandonou a cirurgia neurológica e passou apenas a atender como neurologista clínica.

- João e seus pais fizeram uma vaquinha online para arcar com os custos dos cuidados de saúde; mudaram da capital para uma cidade do interior; a mãe de João teve que parar de trabalhar e o pai agora trabalha das 07h às 22h.

Em suma, verifica-se que a visão reducionista do contrato de seguro de responsabilidade profissional médica apenas às demandas judiciais se traduz em uma visão arcaica e pouco resolutiva em face das expectativas de todos os envolvidos. Desta feita, ampliar o espectro protetivo para formas mais adequadas e céleres, para além de coletivamente desejável, também satisfaz os interesses individuais em conflito.

REFERÊNCIAS

ASSOCIAÇÃO MÉDICA BRASILEIRA. Demografia Médica no Brasil 2023. Disponível em: https://amb. org.br/wpcontent/uploads/2023/02/DemografiaMedica2023_8fev-1.pdf. Acesso em: 26 jul. 2023.

BARROS, João Pedro Leite; MARTINS, Mariana Wolff. Enunciado 14 – Disclosure, compliance e mediação. In: KFOURI NETO, Miguel; NOGAROLI, Rafaella (Org.). *Debates contemporâneos em direito médico e da saúde*. 2. ed. São Paulo: Thomson Reuters Brasil, 2022.

BOOTHMAN, Richard C. et al. A better approach to medical malpractice claims? The University of Michigan experience. *Journal of health & life sciences law*, v. 2, n. 2, p. 125-159, 2009.

CAMPOY, Adilson José. *Contrato de Seguro de vida*. São Paulo: Ed. RT, 2014.

CASTRO, Karina Pinheiro de. Seguro (E&O) de responsabilidade civil profissional: aspectos conceituais, regulatórios e processuais. *Revista IBERC*, Belo Horizonte, v. 5, n. 2, p. 89-110, 2022.

CONSELHO NACIONAL DE JUSTIÇA. *Painel de Estatísticas Processuais de Direito à Saúde*. Disponível em: https://paineisanalytics.cnj.jus.br/single/?appid=a6dfbee4=-bcad4861-98-ea4-5183b29247e&sheet-3c5ac970-a768-4020-b709-b919224ac429&opt=ctxmenu,currsel. Acesso em: 29 ago. 2023.

CONSELHO REGIONAL DE MEDICINA DO ESTADO DE SÃO PAULO. *Atividade conselhal*: prestação de contas 2022. Disponível em: https://transparencia.cremesp.org.br/?siteAcao=processos_etico_profissionais. Acesso em: 29 ago. 2023.

DADALTO, Luciana; LESSA, Moyana Mariano Roble. O direito à vida e a judicialização da saúde. In: *Revista Civilística*, a. 10. n. 1. 2021, Disponível em: http://civilistica.com/o-direito-a-vidae-a-judicializacao/. 28 ago. 2021.

DEVILLE, Kenneth A. The jury is out: pre-dispute binding arbitration agreements for medical malpractice claims: law, ethics, and prudence. *The Journal of legal medicine*, v. 28, n. 3, p. 333-395, 2007.

FRANÇA, Genival Veloso de. *Direito Médico*. 15. ed. Rio de Janeiro: Forense, 2019.

GALLEGOS, Alícia. *Surgeon Beats $27 Million Malpractice Case After Contentious Trial*. 2023. Disponível em: https://www.medscape.com/viewarticle/994826?form=fpf. Acesso em: 26 de jul. 2023.

HENDERSON, Stanley D. Contractual Problems in the Enforcement of Agreements to Arbitrate Medical Malpractice. *Va. L. Rev.*, v. 58, p. 947, 1972.

INSPER. *Judicialização da saúde dispara e já custa R$ 1,3 bi à União*. Disponível em: https://www.insper.edu.br/conhecimento/direito/judicializacao-da-saude-dispara-e-ja-custa-r-13-bi-a-uniao/. Acesso em: 29 ago. 2023.

KACHALIA, Allen; MELLO, Michelle M. New directions in medical liability reform. *New England Journal of Medicine*, v. 364, n. 16, p. 1564-1572, 2011.

LEE, Liz et al. Conflict resolution: practical principles for surgeons. *World Journal of surgery*, v. 32, p. 2331-2335, 2008.

LOURENÇO, Larissa Cristina; REZENDE, Elcio Nacur. Seguro de responsabilidade civil médica não garante segurança do paciente. *Revista de Direito Sanitário*, v. 22, n. 2, p. e0006-e0006, 2022.

PEREIRA, André Gonçalo Dias. *Direito dos pacientes e responsabilidades médicas*. Coimbra: Coimbra Editora, 2015.

PEREIRA, Fernanda Chaves. Fundamentos técnicos-atuariais do seguro. In: MIRAGEM, Bruno; CARLINI, Angélica. *Direitos dos Seguros*: fundamentos de Direito Civil, Direito Empresarial e Direito do Consumidor. São Paulo: Ed. RT, 2014.

PINHEIRO, Armando Castelar. Direito e Economia num mundo globalizado: cooperação ou confronto? In: TIMM, Luciano Benetti (Org.). *Direito & Economia*. 2 ed. Porto Alegre: Livraria do Advogado, 2008.

QUINN, Richert E.; EICHLER, Mary C. The 3Rs program: the Colorado experience. *Clinical obstetrics and gynecology*, v. 51, n. 4, p. 709-718, 2008.

RAPOSO, Vera Lúcia. I (Won't) See You in Court Alternative Dispute Resolution for Medical Liability Conflicts: Examples from Europe. *European Review of Private Law,* v. 28, n. 6, 2020.

REGO, Margarida Lima. *Contrato de seguro e terceiros*: estudos de Direito Civil. Coimbra: Wolters Kluver Portugal / Coimbra Editora, 2010.

SHERWOOD, Robert M., SHEPHERD, Geoffrey and SOUZA, Celso Marcos de. Judicial systems and economic performance. *The Quarterly Review of Economics and Finance*, v. 34, Summer 1994.

SILVA, Ivan de Oliveira. *Curso de Direito do Seguro*. São Paulo: Saraiva, 2012.

VASCONCELOS, Camila. Judicialização da Medicina: diálogos entre os Poderes médico e Judiciário. *R. Dir. Gar. Fund.*, Vitória, v. 18, n. 3, p. 65-92, set./dez. 2017.